# 中国古代家训集

主编 李顺保

副主编 李平凡 李异凡 李欣欣

学苑出版社

图书在版编目（CIP）数据

中国古代家训集 / 李顺保主编. — 北京：学苑出版社，2020.6
 ISBN 978-7-5077-5954-9

Ⅰ.①中… Ⅱ.①李… Ⅲ.①家庭道德—中国—古代 Ⅳ.① B823.1

中国版本图书馆 CIP 数据核字（2020）第 099664 号

责任编辑：任彦霞
出版发行：学苑出版社
社　　址：北京市丰台区南方庄 2 号院 1 号楼
邮政编码：100079
网　　址：www.book001.com
电子信箱：xueyuanpress@163.com
联系电话：010-67601101（营销部）、010-67603091（总编室）
印　刷　厂：北京兰星球彩色印刷有限公司
开本尺寸：787×1092　1/16
印　　张：67.50
字　　数：1391 千字
版　　次：2020 年 6 月第 1 版
印　　次：2020 年 6 月第 1 次印刷
定　　价：298.00 元

前言

中国家训文化系中华传统文化的重要组成部分，是文明古国的基因。家训文化历史悠久，严格地讲，自家庭出现就产生了家训，逐步形成家庭教育文化。文字产生后的家训，始自西周，至晚清，连绵有近三千年的历史。家训文化社会影响深远，古代家训作品多出自明君、贤臣、卿大夫、文人、学者之手，他们都是政治家、思想家、哲学家、教育家、军事家、文学家、史学家等，故而对家庭、对社会、对国家之影响极其深远，对今日之社会亦具有重要借鉴意义。古代家训作品数量颇多，各朝各代层出不穷，仅我们搜集在本书中就有277篇之多，作者269位。

家庭是社会组织的细胞，是国家结构的基石。家训虽立足于家庭教育，但其对社会发展的历史意义和现实意义是不言而喻的。

家训文化博大精深，宝藏丰富，应予大力挖掘，发扬光大。为实施中华优秀传统文化传承发展工程，弘扬中华优秀传统文化，提升"学家训、立家规、树家风"的社会精神的核心价值，继续营造文明社会，我们重温历代家训经典，开拓国学研究，编纂《中国古代家训集》，为家庭、社会的文明教育贡献绵薄之力。

中国古代家训的名称和体裁繁多，其名称除以家训为主外，尚有家范、家诫、家戒、家则、家规、家语、家仪、家书、格言、宗规、族规、宗训、贻谋、彝训、铭箴等等。其体裁以专著为主外，尚有散文、诗、词、赋、训诫、家书等。

我们搜集、学习、研究、诠释古代家训文化，解析和总结中国古代家训文化的精髓有如下九点：

一、中国古代家训文化精髓

1. 美德教育

此指对人们的思想、精神、品质、道德、人格等方面的教育，是家训文化的第一要素，即核心价值所在，含有个人美德、家庭美德、仕途美德、社会美德，即今所言的世界观、人生观、认知观、价值观等。美德教育是人的立身之本，是善与恶的分水岭。"四维"：礼、义、廉、耻；"五常"：仁、义、礼、智、信；"八德"：孝、悌、忠、信、礼、义、廉、耻，乃是家训中首要的美德教育的核心思想，引用、诠释较为多见，涉及个人品质、家庭风貌、社会秩序、国家精神，要营造文明国度的经纬，舍此则别无他求。中央纪委监察部网络中心编《中国家规》序文指出："中华文化的价值观具体表现为中华的美德体系，如仁、义、礼、智、信'五常'，孝、悌、忠、信、礼、义、廉、耻'八德'等。中华美德是中华文化的精髓，蕴含丰富的道德资源，不论在历史上还是现实中，都有其永久的价值。中华民族在长期历史中所形成的传统美德是中华民族在漫长发展历程中能够生生不息的主要支撑，是社会主义核心价值观的重要基础、根脉。"同时又指出："传习和继承我国人民在长期实践中形成的美德，对推进社会主义道德建设，涵养社会主义核心价值，具有十分重要的意义。"学家训，立家规，树家风是国家发展、民族进步、社会和谐的重要基点。

2. 爱国教育

家训文化强调："修身、齐家、治国、平天下。"修身、齐家的目的是治理国家，使社会太平、平稳、安定，无纷乱，无战争，无分裂。民族团结，社会平稳，国家强盛，民众则安居乐业。《大学》："古之欲明德于天下者，先治其国；欲治其国者，先齐其家；欲齐其家者，先修其身；欲修其身者，先正其心；欲正其心者，先诚其意；欲诚其意者，先致其知，致知在格物。格物而后知至，知至而后意诚，意诚而后心正，心正而后身修，身修而后家齐，家齐而后国治，国治而后天下平。"此文在阐释个人教育的终极目标是营造社会和谐、国家平稳之事上最为详尽。翻开我国五千年历史，自夏朝建立以来，虽经改朝换代，但国家是统一的，不可轻易否认家训在爱国教育中的辉煌业绩。再看看历代历朝的反外侮、反分裂的爱国明君、爱国贤臣、爱国将领、爱国人士、爱国民众，无一不自幼受"修身、齐家、治国、平天下"的爱国教育！诸多脍炙人口的著名诗文，如南宋爱国贤臣文天祥的"人生自古谁无死,留取丹心照汗青",南宋爱国诗人陆游的《示儿》"死去元知万事空,但悲不见九州同。王师北定中原日,家祭无忘告乃翁",南宋抗金名将岳飞之母给岳飞背上刺字"尽忠报国",北魏元景安的"大丈夫宁可玉碎,不能瓦全"的精神,明末杰出思想家顾炎武的"天下兴亡,匹夫有责"等,仍为现今爱国教育之典范。由于国家的统一、昌盛、平稳,华人侨胞引以为荣,自称"汉人""唐人""中国人"。《中国家规》"序"中亦言:"古代社会里,《大学》八条目中的修、齐、治、平,治国平天下是极少数人的事,适用于大多数人的是修身和齐家,即使是治国平天下也要以修身齐家为基础。"天下之本在国,国之本在家,家之本在身。

3. 爱民教育

家训文化中又一主题,在家教子弟未进入仕途前就已着手爱民教育。在担任官宦时,视民众为子弟,爱民如子,倾听民众的呼声和诉求,解决民众的疾苦,预防和纠正民间的冤假错案,不苛求,不严酷,争做贤臣。在此重点提出:"先天下之忧而忧,后天下之乐而乐"的北宋名臣、文学家范仲淹首创义田的爱民精神,范氏晚年解职返乡,将俸禄积蓄购置义田一千多亩,全部收入用于救济孤寡老人、贫瘠民众、残疾无劳动力者等,并制定《义庄规矩》,至晚清宣统年间,增至五千三百亩,维持达近千年之久。诸如此类,历史记载甚多,又如"六尺巷"故事等,不一而足。

4. 律己教育

家训文化中的律己教育内容颇为丰富。第一,对子女自幼开始教育、管束、培养忠贞思想,高贵品德,高尚情操,率真人格,造就对家、对国有贡献之人才。第二,严格认真教育学习文化,分三阶段:幼年期家教认字,少年期进私塾,青年期入书院。总要多读、多背、多写《四书》《五经》、古诗词歌赋及史籍等。史载战国时苏秦"头悬梁,锥刺股"、西汉大文学家匡衡"凿壁借光"、晋代车胤"囊萤夜读"、晋代孙康"映雪读书"等刻苦学习的事迹,是家训常用的励志教育的范例。第三,孝道教育是家训文化的必备项目,"百善孝为先",刘玭《诫子弟书》:"立身以孝悌为基。"孝顺父母及长辈,敬重师长,友爱兄弟姐妹,和睦邻里,团结同僚,营造和睦的家庭、和谐的社会,国家方可平稳安定。第四,感恩教育是在孝道教育后的进深教育。《左传》记载的"衔环结草"的典故,《史记·魏公子(信陵君)列传》"人有德于公子,公子不可忘也;公子有德于人,愿公子忘之也",《璎珞经》"善有善报"及"受人滴水之恩,当涌泉相报"等，自幼培养造就向善、感恩之心。第五，勤俭持家的律己教育是家训文化的普遍规律，几乎植根于每一篇家训之中。树勤俭持家之家风，戒奢侈浪费之恶习。朱柏庐《朱子治家格言》："一粥一饭，当思来之不易；半丝半缕，恒念物力艰难。……自奉必须俭约，宴客切勿流连。器具质而洁，瓦缶胜金玉；饮食约而精，园蔬愈珍馐；勿营华屋。勿谋良田。"《尚书·大禹谟》："克勤于邦，克俭于家。"自幼熏陶克勤克俭家风，进入仕途，担当官宦，亦可保持廉政之品德。司马光言："俭，德之共也。"第六，严格管教，约束子弟远离陋习，不赌博、不嫖娼、不酗酒、不偷盗、不械斗、不坑蒙、不拐骗等等。刘德新《余庆堂十二戒》最为全面：戒妄念、戒恃财、戒挟势、戒怙富、戒骄傲、戒残刻、戒放荡、戒豪华、戒轻薄、戒酗酒、戒赌博、戒宿娼。初犯者苛责、警告、公示，再犯者予以体罚，触犯律条者则扭送官衙绳之以法，仍不悔改者则除祖籍，死后不得入族葬祖茔地。第七，谨慎交友，选择志同道合之益友，互帮互助。张英："人生以择友为第一事。"史载管宁"割席断交"之典故，《荀子·劝学》："蓬生麻中，不扶而直。"《太子少傅箴》："近朱者赤，近墨者黑。"《孔子家语》："与善人居，如入芝兰之室，久而不闻其香，即与之化矣；与不善人居，如入鲍鱼之肆，久而不闻其臭，亦与之化矣。"《论语·季氏》："益者三友，损者三友。友直，友谅，友多闻，益矣；友便辟，友善柔，友便佞，损矣。"此等典故、名人警句皆是家训文化中的教子择友的标准。曾国藩择友的"八交，九不交"标准是最佳注脚，"八交"："交胜己者，交德盛者，交趣味者，交每事吃亏者，交直言者，交志趣远大者，交惠在当厄者，交体谅人者。""九不交"："不交志不同者；不交善于奉承的人；不交恩怨颠倒、全无性情者；不交不孝敬长辈、不友爱兄弟的人；不交迂人；不交落井下石的人；不交好占便宜的人，特别是不要发生经济往来；不交德薄的人；不交忘恩负义的人。"第八，家训文化在律己教育中创立"功过格"，系由宋代程朱学派所创立，即逐日自行登记行为善与恶的自勉自省的簿格，具体言之，自己将每日所做的好事（善行）记入"功格"中，将所做错事（恶行）记入"过格"中，并用正负数字标示。每日对照相关项目，给善行打正分，给恶行打负分。月底小计，装订成册，年底再总计，累计功和过，转入下月或下年。元代郑太和创立"劝惩簿"，两者相似，俗语为"好坏事记录本"。此是律己，是约束言行、积功行善的自律修身之法。

5. 勤政教育

古代家训文化中对将入仕途或已入仕途为官者的勤政教育，内容含有两部分，一是勤政，一是廉洁（又称廉政）。第一，所谓勤政者，即勤奋工作，尽职尽责，不懒政，不消极怠工，不推诿，不拖拉，不投机取巧。吕祖谦言："当官之法惟有三事，曰清、曰慎、曰勤。"其"两袖清风，勤政为民，名传万古"亦是官宦之座右铭。欧阳修语："忧劳可以兴国，逸豫可以亡身。"《论语·子路》："其身正，不令而行；其身不正，虽令不从。"清代王夫之："居其位，安其职，尽其诚而不逾其度。"《颜氏家训》："国之用才，大较不过六事。……能守一职，便无愧耳。"勤政之的，一理国，二为民，若有触犯者必以严惩不贷，包拯《家训》："后世子孙仕宦，有犯赃滥者，不得放归本家，亡殁之后，不得葬于大茔之中。不从吾志，非吾子孙。"且"仰工刊石，竖于堂屋东壁，以昭后世"。第二，廉洁教育亦是家训文化之重。刘向曰："治官事则不营私家，在公家则不言利。"明·朱祖文直言："为清官死，死有余荣。"民族英雄岳飞的至理名言："文官不爱钱，武官不惜死，不患天下之不太平。"西晋陶侃母、郑善果母，西凉李歆母，唐代崔玄暐母、李景母等教子成"名臣""清官"的故事，亦已为古代家训中勤政廉洁教育的范例。第三，勤政教育使其子弟入仕途为官宦后，珍惜名节，保持和维护良好家风，发扬中华民族精神。名气、气节、节操、声誉等，是官宦人士的最高境界。明代理学家、状元、翰林修撰罗伦言："有好名节，与日月争光。……足以奠苍生，足以垂后世。"

6. 平等教育

春秋时的政治家管仲最早提出"四民"：士、农、工、商，在社会上存在等级之差、类别之异。古代家训对此四民进行平等教育，不歧视，不排斥，并身体力行之。家训子弟读书时亦从事务耕，学农事，学工技，一旦担当官宦，仍平等待四民。若不入仕，亦可务农，亦可丁技，亦可从商，均视为平等，无贵贱之分。

7. 守法教育

中国古代家训中的德育，首为法教，法大如天，"天理先放在头顶"（吕坤《近溪隐君家训》），奉公守法是做人的第一准则。"国有国法，家有家规。"家训自幼进行"家规""族规"教育，成人后又进行国法教育，遵纪守法是思想意识的起步，也是做"贤臣""明臣""清官"的基石。家训守法教育的具体操作即按时纳税，上缴钱粮。姚舜牧《药言》："若要宽，先为官，钱粮切不可拖赖，吾家世来先完钱粮。"多篇家训、家规中制定有每岁秋收后先完纳粮、后留家用的严格规定。《袁氏世范》："凡有家产，必有税赋。须是先截留输纳之资，却将赢余分给自用。……纳税虽有省限，须先纳为安。"遵守当地府衙、乡里的法规，参加公益活动，造桥修路宜助财力，周济贫苦弱者。不得凌驾于法之上，若有违法乱纪者，定当绑赴府署，接受法律制裁，绝不宽恕、包庇或助其逃匿。

8. 科学教育

古代家训中的科学教育早期是从破除迷信和移风易俗始，后期亦有少数鼓励学习数理化知识。贬拒迷信，不信鬼神，不交巫婆。战国时期的政治家、水利家西门豹为河神娶妇的典故是家训中反对迷信的范例。移风易俗，家训中都竭力主张婚丧嫁娶祭祀、节庆等仪式一律从简，不得铺张浪费，所省财物，宜抚恤穷人。魏武帝曹操反对厚葬，提倡薄葬，而且身体力行。石成金《天基遗言》所列"后事十条"："不厚敛，不报丧，不斋醮，不伴材，不开吊，不久停，不坐夜，不奢送，不荤供，不烧锞。"最为详尽，今日亦可借鉴。

9. 组织教育

组织似借用今日名词，但古代借用经纬比喻组织成国家、团体的结构，即有上下左右的关系和联结，此组织的经纬整而不乱，则网成组织方可稳定而牢固。古代的组织是以"天地君亲师"织造的，宣传敬天法地、忠君爱国、孝亲顺长、尊师重教。"天地君亲师"的思想发端于《国语》，始见于《荀子》，成型于东汉《太平经》。著名国学大师钱穆先生言："天地君亲师五字，始见《荀子》书中。此下两千年，五字深入人心，常挂口头。其在中国文化、中国人生中的意义价值之重大，自可想象。"天者，大自然环境也；地者，培育万物之土也，故有"大地母亲"之称；君者，一国之明主也；亲者，父母、兄弟、姐妹、四邻之群也；师者，老师、师长也。古代家训的精神皆以此五者的经纬为中心而组织制定，人必遵守，不可违抗，此即古代的组织纪律。无此纪律约束的经纬而织的网，国家岂有一统！

中国古代家训文化航行于三千余年的历史长河中，不是一蹴而就，而是经历萌芽、成长、发展、成熟、繁荣、鼎盛阶段，最终形成我国传统文化中独特的、独有的家训文化，也是我国非物质文化遗产。

下面简要介绍和阐释我国古代家训发展史，以提供学习、研究、解析古代家训之需。

二、中国古代家训发展简史

1. 萌芽成长期

追溯历史，文字记载家训始自西周姜尚的《太公家教》，嗣后有《姬旦家训》，散见于《尚书》中有周文王、周武王家训。以及《列女传》中贤母之母训。春秋时的《孔子庭训》，再见于《四书》《五经》中的训言及《战国策》《史记》中的家训典故，对后期家训文化产生极大影响。汉代，家训文化进入成长期，家训篇幅逐渐增多，刘邦《手敕太子文》、东方朔《诫子书》、孔臧《诫子书》、刘向《诫子歆书》、曹操《曹操家训》、诸葛亮《诫子书》、嵇康《家诫》、陆景《诫盈》、向朗《诫子遗言》、王昶《家诫》、沐并《诫子俭葬书》、班昭《女诫》、蔡邕《女训》、郑玄《诫子益恩书》、王修《诫子书》、魏文帝《戒子言》、刘备《敕后主辞》等，多数以专著问世。

2. 发展成熟期

家训文化进入南北朝、隋、唐时代已发展成熟，其中《颜氏家训》为其代表，史称"家训之祖"，不仅内容涉及范围广，且论理透彻，深受后世推崇、膜拜。其他尚有：刘义隆《诫江夏王义恭书》、徐勉《诫子崧书》、颜延之《庭诰》、羊祜《诫子书》等。入唐后，有著名的唐太宗李世民的《帝范》，是帝王家训中最为系统化、理论化的专著，是后世明君必读之书。再有：苏瓌《中枢龟镜》、姚崇《遗戒》、柳玭《柳玭家训》、杜甫《杜甫家训》、元稹《诲侄等书》、颜真卿《与绪汝书》等。

3. 壮大繁荣期

宋元时代是家训文化的壮大繁荣期，特别推荐南宋儒家刘清之在大儒朱熹支持指导下编纂《戒子通录》，集我国南宋前家训之大成，共收集164位明君、贤臣、名人的172篇家训，在家训文化中占有重要地位，故收载入《四库全书》中，足见其历史价值。现代家训文化研究学者，极少涉足，且无刊本，舍此对南宋前家训文化研究就欠缺完整性和系统性，鉴于此，我们在编撰《中国古代家训集》时，全文收录，并加注释，为研究古代家训文化学者们提供营养。再者，南宋袁采编著《袁氏世范》亦是家训文化中的佼佼者，后世学者誉为"家训之亚"，足见其价值。再重点推荐元代郑太和《郑氏规范》，是浙江省浦江县郑宅镇郑义门的家规，以德治家，名誉华夏，元顺帝（惠宗）赐予"江南第一家"称号巨匾。郑氏家族十五代同居300年不分家，郑义门173人为官，最高为礼部尚书，无一贪官，无一免职。北宋是我国政治开明、文化鼎盛、经济繁荣的时期，屡出政治家、哲学家、理学家、文学家、书画家，诸如包拯、王安石、司马光、范仲淹、苏轼、米芾、程颢、程颐，南宋朱熹、陆游、岳飞等，出自上述名人之手的家训亦较有名,诸如《包拯家训》、司马光《家范》《居家杂仪》、叶梦德《石林家训》、陆游《放翁家训》、朱熹《朱文公政训》、陆九韶《居家正本制用》、许衡《训子诗》、张养浩《家训》、方元亮《家训》、赵鼎《家训笔录》等。

4. 登峰鼎盛期

明清时期的家训文化出现登峰鼎盛的盛况,家训作品骤然增多,仅本书收录就有66篇之多,占全书家训的近三分之二(63%),因篇幅有限,不能一一列举(敬请读者参阅"目录"和"正文")。明清家训作品中,首推朱柏庐《朱子治家格言》,世称《朱子家训》,是我国古代家训名著,对民间影响极大,在家训中独占鳌头,上至达官贵人,下至平民百姓,家喻户晓,人人皆知,流传之广,影响之深,远远超过了家训中的任何一部。此书政府首肯,贤臣推崇,名家赞许,百姓膜拜,经历350余年而不衰,可算古代家训文化中的奇迹。诚然,明清家训颇多,但各有侧重,如《余庆堂十二戒》《天基遗言·后事十条》等,现今都可借鉴施行。最后不得不言及晚清时期重臣的领头人,如曾国藩、左宗棠、张之洞等,从其家书中不难看出忧国忧民之情怀。

我们在编撰《中国古代家训集》时,首先着重收集家训作品,做到"齐""全""新",注释详细,可供不同文化层次的读者学习。因古代家训作品皆由明君、贤臣、名家、名人所编撰,其文笔功底亦深,故又可作为古汉语读本学习,另外又涉及历史事件、典故等,故也可作为古代史学习的参考资料。鉴于以上三点,我们在注释时,尽量做到这三方面的阐释,以助读者一臂之力。

本书取材繁体字竖排木刻版本,今改简化字横排本,少数古体字、异体字、假借字一律改为现代标准化汉字,并标出现代汉语标准化标点符号。凡竖排版原文"见右""见左",横排本改为"见上""见下"等,每篇家训的作者生平事迹和版本选择及其他等,皆在每篇家训正文前已略加说明,不再赘述。

我们在搜集、编撰、解析、注释古代家训作品时,也借鉴和引用古代家训研究者、学者、专家的资料和见解,在此深表谢忱!该书能顺利出版问世,得到学苑出版社陈辉社长和任彦霞编辑的大力支持和刘丰编审认真批阅,亦表衷心感谢!

因我们才疏学浅,错误和不足之处在所难免,恳请读者斧正!

七十有九叟李顺保写于金城苔花斋

二〇一九年二月十九日

目录

姬旦家训	[西周] 姬旦	001
教子二则	[春秋] 孔子	003
手敕太子文	[西汉] 刘邦	005
诫子书	[西汉] 东方朔	007
诫子书	[西汉] 孔臧	008
诫子歆书	[西汉] 刘向	009
曹操家训	[三国] 曹操	011
诫子俭葬书	[三国] 沐并	015
家诫	[三国] 嵇康	017
诫盈	[三国] 陆景	020
诫江夏王义恭书	[南北朝] 刘义隆	022
诫子崧书	[南北朝] 徐勉	025
颜氏家训	[北齐] 颜之推	028
帝范	[唐] 李世民	127
杜甫家训	[唐] 杜甫	138
诲侄等书	[唐] 元稹	139
与绪汝书	[唐] 颜真卿	141
太公家教	[唐] 佚名	142
戒从子诗	[北宋] 范质	150
乐善三则	[北宋] 李昌龄	153

包拯家训	[北宋] 包拯 / 155
教子学父	[北宋] 欧阳修母 / 156
戒子侄诗	[北宋] 韩琦 / 158
家范	[北宋] 司马光 / 160
居家杂仪	[北宋] 司马光 / 255
袁氏世范	[南宋] 袁采 / 259
西山政训	[南宋] 真德秀 / 327
石林家训	[南宋] 叶梦得 / 331
石林治生家训要略	[南宋] 叶梦得 / 339
家训笔录	[南宋] 赵鼎 / 342
放翁家训	[南宋] 陆游 / 345
朱文公政训	[南宋] 朱熹 / 351
戒子通录	[南宋] 刘清之 / 353
居家正本制用	[南宋] 陆九韶 / 498
家训	[南宋] 方元亮 / 502
家训	[元] 张养浩 / 504
训子诗	[元] 许衡 / 506
与子勋书	[元] 陈栎 / 507
郑氏规范	[元] 郑太和 / 509
《侯城杂诫》二则	[明] 方孝孺 / 525
庭帏杂录（节录）	[明] 袁衷等录 / 527
霍渭崖家训	[明] 霍韬 / 535
杨忠愍公遗笔	[明] 杨继盛 / 551
庞氏家训	[明] 庞尚鹏 / 556
示季子懋书	[明] 张居正 / 568
近溪隐君家训	[明] 吕坤 / 570
闺范	[明] 吕坤 / 571
孝睦房训辞	[明] 吕坤 / 576
为善说示诸儿	[明] 吕坤 / 577
序《海虞徐氏家规》	[明] 徐有贞 / 579

朱子治家格言和劝言	[明] 朱用纯 / 581
夜行烛三则	[明] 曹端 / 587
家规辑略	[明] 曹端 / 590
许云邨贻谋	[明] 许相卿 / 595
诫子弟书	[明] 陈献章 / 603
诫子书	[明] 薛瑄 / 604
诫子书	[明] 李应升 / 606
高忠宪公家训	[明] 高攀龙 / 608
了凡四训	[明] 袁黄 / 612
药言	[明] 姚舜牧 / 629
廷尉公训约	[明] 何尔健 / 644
彭氏家训	[明] 彭端吾 / 649
李文节公家训	[明] 李廷机 / 653
家诫要言	[明] 吴麟征 / 655
宋氏家要部	[明] 宋诩 / 661
宋氏家规部	[明] 宋诩 / 677
何氏家规	[明] 何伦 / 685
温氏母训	[明] 温璜 / 693
谕子十则	[明] 吕维祺 / 700
家训	[明] 叶瞻山 / 701
家训	[清] 傅山 / 704
张杨园训子语	[清] 张履祥 / 714
传家十四戒	[清] 王夫之 / 721
家训	[清] 张习孔 / 723
孝友堂家规	[清] 孙奇逢 / 732
孝友堂家训	[清] 孙奇逢 / 737
仲氏家训	[清] 孙奇遇 / 746
家戒	[清] 冯班 / 748
奉常家训	[清] 王时敏 / 776
于清端公治家规范	[清] 于成龙 / 783

德星堂家订	[清]许汝霖	787
聪训斋语	[清]张英	793
恒产琐言	[清]张英	815
静用堂家训	[清]涂天相	825
蒋氏家训	[清]蒋伊	829
诫子书	[清]聂继模	834
家训	[清]王太岳	838
白公家训	[清]白云上	841
训子书	[清]纪昀	844
谕子书	[清]洪亮吉	851
双节堂庸训	[清]汪辉祖	855
敬义堂家训	[清]纪大奎	945
家范辑要	[清]邓淳	962
里堂家训	[清]焦循	978
治家格言	[清]彭定求	983
资敬堂家训	[清]王师晋	987
高氏塾铎	[清]高拱京	1005
庭训	[清]靳辅	1010
天基遗言	[清]石成金	1013
丰川家训	[清]王心敬	1018
余庆堂十二戒	[清]刘德新	1021
训子书	[清]林则徐	1034
曾文正公家训	[清]曾国藩	1040
致儿子书	[清]张之洞	1056
与子书	[清]左宗棠	1058

姬旦家训

[西周] 姬旦

  姬旦（生卒年不详），姓姬，名旦，因封地在周，爵为上公，史称周公。西周初期杰出的政治家、思想家、军事家、教育家，被尊为"元圣"和儒学先驱。周公是周文王第四子，周武王的弟弟，周成王的叔父。周公一生的功绩，《尚书大传》总括为"一年救乱，二年克殷，三年践奄，四年建侯卫，五年营成周，六年制礼乐，七年致政成王"。

  本文取《史记·鲁周公世家》为底本校对。

戒子伯禽

  我文王①之子，武王②之弟，成王③之叔父，我于天下亦不贱矣。然我一沐三捉发④，一饭三吐哺⑤，起以待士，犹恐失天下之贤人。子之⑥鲁，慎无以国骄人⑦。

戒侄成王

  为人父母，为业至长久，子孙骄奢忘之，以亡其家，为人子可不慎乎！故昔在殷王中宗⑧，严恭敬畏天命，自度治民，震惧不敢荒宁⑨，故中宗飨国七十五年。其在高宗⑩，久劳于外，为与小人，作其即位，乃有亮闇⑪，三年不言，言乃欢，不敢荒宁，密靖⑫殷国，至于小大无怨，故高宗飨国五十五年。其在祖甲⑬，不义为王，久为小人于外⑭，知小人之依，能保施小民，不侮鳏寡，故祖甲飨国三十三年。

  自汤至于帝乙⑮，无不率祀明德，帝无不配天者。在今后嗣王纣⑯，诞淫厥佚，不顾天及民之从也。

  文王日中昃⑰不暇食，飨国五十年。

【注释】

① 文王：周文王，姬姓，名昌，商纣时为西伯昌，亦称伯昌。商末周族领袖，史称周

文王，建都丰京（今西安市长安区沣河河西）。
② 武王：姬姓，名发，周文王之嫡次子，西周王朝的建立者，杰出的政治家、军事家。周武王灭殷商纣王而建立西周，建都于镐京（今西安市长安区沣河河东）。
③ 成王：名姬诵，周武王之子，西周王朝第二位君主，继位时年幼，由叔父周公摄政，平定三监之乱，分封诸侯，归政于周成王。
④ 一沐三捉发：又作"一沐三握发"，形容渴求贤才，谦恭下士。沐，洗头；捉，握；用手攥住。洗头时有贤才登门，即刻攥住头发出来见客。
⑤ 一饭三吐哺：哺，熟肉，此指口中含的食物。三，泛指多次。与"一沐三捉发"同是形容渴求贤才，谦恭下士。吃一顿饭要停顿多次出来会见贤才。
⑥ 子：周公之子伯禽，代父受封于鲁，为鲁国的始祖。之：到，至，往。
⑦ 此句意为千万要慎重，不可以拥有鲁国而对民众骄横跋扈。
⑧ 殷王中宗：商朝国王祖乙，第十三任国王，在位十九年，庙号中宗。
⑨ 荒宁：荒废懈怠，贪图安逸。《尚书·无逸》："治民祗惧，不敢荒宁。"
⑩ 高宗：此指商朝第二十三任君主武丁，在位五十八年，庙号高宗。
⑪ 亮闇（àn）：亦作"谅闇""谅阴""亮阴"。指士大夫居丧。汉·蔡邕："敢曰亮闇，叙我忧痛。"
⑫ 密靖：平安，安定。《史记·鲁周公世家》裴骃注："密，安也。"
⑬ 祖甲：商朝第二十五任君主，亦称且甲、帝甲，在位三十三年，庙号世宗。
⑭ 不义为王，久为小人于外：此记祖甲贤于兄祖庚，其父武丁想让祖甲继承王位，祖甲认为废长立次为不义，遂逃亡民间之事。武丁死，祖庚立，祖庚死，祖甲立。
⑮ 汤：成汤，又称武汤，商朝的建立者，商朝第一位君主，庙号太祖。帝乙，商朝第三十任君主，在位二十六年，商纣王之父。
⑯ 纣：商纣王，商朝最后一位国王，因暴虐成性，荒淫无度，后被周武王所灭。
⑰ 昃（zè）：太阳偏西。成语"昃食宵衣"，意为太阳偏西时才吃饭，天未亮就起床穿衣。旧时称颂帝王勤于政事的套话。《说文解字》："昃，日在西方时侧也。"

教子二则

[春秋] 孔子

孔子（公元前551—公元前479年），名丘，字仲尼，山东曲阜人。春秋时期鲁国人，官至司空、大司寇。春秋时期著名思想家、哲学家、教育家，我国儒家学说创始人，后称孔圣人，其学说对我国后世思想界、教育界影响巨大，孔子修编《诗经》《尚书》及鲁史《春秋》，由弟子辑录《论语》为儒学重要代表作。此"二则"取自《论语·季氏》和《论语·阳货》。

陈亢问于伯鱼①曰："子亦有异闻②乎？"

对曰："未也。尝独立③，鲤趋而过庭④。曰：'学《诗》⑤乎？'对曰：'未也。''不学《诗》，无以言⑥。'鲤退而学诗。他日，又独立，鲤趋而过庭。曰：'学礼⑦乎？'对曰：'未也。''不学礼，无以立⑧。'鲤退而学礼，闻斯二者⑨。"

陈亢退而喜曰："闻一得三⑩，闻诗，闻礼，又闻君子之远⑪其子也。"

子谓伯鱼曰："女为周南、召南⑫矣乎？人而不为周南、召南，其犹正墙面而立⑬也与！"

【注释】

① 陈亢：字子亢，又字子禽，陈人，孔子的学生。伯鱼：孔鲤，字伯鱼，孔子的儿子。
② 异闻：有异于其他弟子所听到的教育。这是陈亢出于私意怀疑孔子暗中对其子有更好教育的发问。
③ 尝独立：指孔子曾站在堂前。尝，曾经。
④ 趋而过庭：小步走到堂前。趋，古代子见父、下见上须趋步而行，表示尊敬。
⑤ 诗：《诗经》，是我国古代最早的诗歌集，共三百零五篇，分风、雅、颂三体。
⑥ 无以言：指在社会上或官场上无法说话。
⑦ 礼：指当时的礼仪制度。
⑧ 无以立：指不遵守礼仪制度就无法立身处世。
⑨ 闻斯二者：听说这两件事。斯，这。

⑩ 闻一得三：问了一件事，得知三件事。
⑪ 远（yuàn）：不亲近。这里指没有偏私，无异于孔子门人的教育。
⑫ 女：通"汝"（rǔ），你。为：学习。周南、召南：《诗经·国风》中的两组诗歌，共二十五篇。
⑬ 正墙面而立：面向墙壁而立，什么也看不见，意为一步不可行。

手敕太子文

[西汉] 刘邦

刘邦（公元前256—公元前195年，又作公元前247—公元前195年），字季，江苏徐州沛县人。汉朝开国皇帝，即汉高祖，谥号"汉高帝"，庙号汉太祖。中国历史上杰出的政治家，卓越的战略家和军事指挥家，汉民族和汉文化的伟大开拓者之一。

《手敕太子文》系刘邦临终前谕告太子刘盈（汉惠帝）的文书。录自《全汉文》。

吾遭乱世，当秦禁学，自喜谓读书无益。洎践阼①以来时方省书，乃使人知作者之意。追思昔所行，多不是。

尧舜②不以天下与子而与他人，此非为不惜天下，但子不中立耳。人有好牛马尚惜，况天下耶。吾以尔是元子③，早有立意，群臣咸称汝友四皓④，吾所不能致，而为汝来，为可任大事也。今定汝为嗣⑤。

吾生不学书，但读书问字而遂知耳。以此故不大工，然亦足自辞解。今视汝书，犹不如吾。汝可勤学习。每上疏宜自书⑥，勿使人也。

汝见萧、曹、张、陈诸公侯⑦，吾同时人，倍年于汝者皆拜，并语于汝诸弟。

吾得疾遂困，以如意母子⑧相累，其馀诸儿，皆自足立，哀此儿犹小也。

【注释】

① 洎践阼（zuò）：到作君主。洎，及，到。践，履。阼，古代庙寝堂前两阶，主阶在东，称作阼阶，阼阶上为主位。后指皇帝即位。
② 尧舜：古代两位贤明的部落君主。
③ 元子：嫡长子。《尚书·微子之命》："猷，殷王元子。"
④ 四皓：秦末东园公唐秉、甪（lù）里先生周术、绮里季吴实、夏黄公崔广避乱隐居商山，四人皆八十岁有余，须眉皓白，时称"商山四皓"。

⑤ 嗣：继承人。
⑥ 每上疏宜自书：每次献上皇帝的奏章应自己写。
⑦ 萧、曹、张、陈诸公侯：指萧何、曹参、张良、陈平四个大汉朝功臣，开国元勋。
⑧ 如意母子：刘邦的宠姬戚夫人和儿子赵隐王如意。

诫子书

[西汉]东方朔

东方朔(公元前154—公元前93年),本姓张,字曼倩,山东陵县人。西汉著名文学家,工辞赋,著《答客难》《非有先生论》。西汉官员,曾任常侍郎,官至太中大夫。

本文录自《汉魏六朝三名家集》。

明者处世,莫尚于中①,优哉游哉,与道相从。首阳②为拙,柳惠③为工。饱食安步,以仕代农。依隐玩世,诡时不逢。是故才尽者身危,好名者得华。有群者累生,孤贵者失和。遗余者不匮,自尽者无多。圣人之道,一龙一蛇,形见神藏,与物变化,随时之宜,无有常象。

【注释】

① 中:儒家最高的道德准则。处世不偏不倚、无过不及。《说文解字》:"中,和也。"
② 首阳:首阳山,今山西永济市南。相传伯夷、叔齐反对周武王逃避到此山,拒食周粟而亡。
③ 柳惠:柳下惠,春秋时鲁国大夫,以善于讲究贵族礼节而著称。其为官曾三遭罢黜,仍忠心于鲁。

诫子书

[西汉] 孔臧

孔臧（约公元前201年—公元前123年），孔子十一代孙，西汉经学家孔安国从兄，生平不详。汉武帝时任太常，后获罪免职。本文录自《孔丛子》。

侍中子国①，明达②渊博，雅学绝伦，言不及利，行不欺名，动遵礼法，少小长操，故虽与群臣并参侍，见待崇礼，不供亵事③，独得掌御唾壶④。朝廷之士莫不荣之。此汝所亲见。《诗》不云乎："勿念尔祖，聿修厥德。"⑤又曰："操斧伐柯，其则不远。"⑥远则尼父⑦，近则子国，于以立身，其庶⑧矣乎！

【注释】

① 侍中子国：侍中，官名。两汉为侍从皇帝左右的亲信官职。子国，孔安国，字子国，西汉鲁人，孔子十代孙，西汉经学家。官任汉武帝侍中、谏议大夫、临淮太守。
② 明达：明了通达。《旧唐书》："善为好学，兼善天文算历，明达时务。"佛家又指三明三达。
③ 不供亵（xiè）事：不从事管理亵器，即夜壶（尿壶）的事。
④ 御唾壶：御，皇帝，此指汉武帝。唾壶，痰盂。
⑤ 此句出自《诗经·大雅·文王》。意为如要追思你祖父文王的品德，你就得先修炼自己的品德。此"祖"，后泛指祖先、先辈。
⑥ 此句出自《诗经·豳风·伐柯》。意为拿着斧头的柄，去砍树做另一个斧头柄，照你手中的斧柄的尺寸做就可以了，两者相距不远。比喻按最近的方法去做。
⑦ 尼父：孔子，子姓，孔氏，名丘，字仲尼。春秋时著名的思想家、教育家、哲学家，儒学创始人。别称尼父、孔夫子。后世尊称孔圣人、大成至圣先师。
⑧ 庶（shù）：将近，几乎，差不多。《孟子·梁惠王下》："王之好乐甚，则齐国其庶几乎？"

诫子歆书

[西汉] 刘向

刘向（约公元前77—公元前6年），原名刘更生，字子政，江苏沛县人。西汉经学家、目录学家、文学家。西汉官员，汉宣帝时任谏大夫，汉元帝时任宗正，汉成帝时任光禄大夫，改名"向"。所撰《别录》为我国最早的图书分类目录。著作仍有《新序》《说苑》《列女传》《列仙传》《洪范五行》等。

此文是写给其子刘歆的书信，警示少年得志，戒骄戒躁。录自《全汉文》。

告歆无忽①：若②未有异德③，蒙恩甚厚，将何以报？董生④有云："吊者在门，贺者在闾。"言有忧则恐惧敬事，敬事则必有善功而福至也。又曰："贺者在门，吊者在闾。"言受福则骄奢，骄奢则祸至，故吊随而来。齐顷公⑤之始，藉霸者之余威，轻侮诸侯，亏跂蹇之容⑥，故被鞍之祸⑦，遁服⑧而亡，所谓"贺者在门，吊者在闾"也。兵败师破，人皆吊之，恐惧自新，百姓爱之，诸侯皆归其所夺邑⑨，所谓"吊者在门，贺者在闾"也，今若年少，得黄门侍郎⑩，要显处也。新拜⑪，皆谢贵人⑫，叩头谨，战战栗栗，乃可必免。

【注释】

① 告歆无忽：歆，刘歆，字子骏，后改名刘秀，字颖叔，刘向之子。西汉古文经学派的创始人、目录学家、天文学家。与父共任天禄阁秘书，撰成《七略》。后因谋诛王莽，事泄自杀。无忽，不要轻忽。无，通"毋"。
② 若：你，汝。《尔雅》："若，汝也。"
③ 异德：非同凡响的功德。
④ 董生：西汉儒学家董仲舒，西汉河北景县人，思想家、哲学家、政治家、教育家，著《春秋繁露》。
⑤ 齐顷公：春秋时齐国国君，齐桓公之孙。
⑥ 亏跂蹇之容：指齐顷公帷妇人使观晋使者跂足，跂行，以示侮辱晋国使臣。
⑦ 鞍之祸：晋齐在鞍决战，齐顷公自恃强大，结果全军覆没。
⑧ 遁服：改换装束以隐没身份。

⑨ 此句记载齐顷公在兵败回国后，励精图治，逐渐强大，鲁卫等国便返还其所取侵地。
⑩ 黄门侍郎：官名，省称黄门郎。皇帝近侍之臣，可传达诏令，出入禁中。
⑪ 新拜：指刚刚受封为官。
⑫ 贵人：显贵的高官。旧时新官要逐个登门拜谢朝中大臣，并借此结交权贵。

曹操家训

[三国] 曹操

曹操（155—220年），字孟德，小名阿瞒，安徽亳州人。东汉末年杰出的政治家、军事家、文学家、书法家。三国时曹魏政权的奠基人。实行屯田制，消灭群雄，统一北方。开创建安文学，提倡薄葬。谥号"武皇帝"，庙号"太祖"。著《魏武帝集》《观沧海》《龟虽寿》等，今人整理出《曹操集》。

诸儿令

今寿春、汉中、长安①先欲使一儿各往督领②之，欲择慈孝不违吾命，亦未知用谁也。儿虽小时见爱，而长大能善，必用之。吾非有二言③也。不但不私臣吏，儿子亦不欲有所私。（录自《曹操集》）

诫子植

吾昔为顿丘④令，年二十三。思此时所行，无悔于今。今汝年亦二十三矣，可不勉欤⑤！（录自《曹操集》）

曹植私开司马门下令

始者谓子建⑥，儿中最可定大事。

自临菑侯⑦植私出，开司马门⑧至金门⑨，令吾异目视此儿矣。（录自《曹操集》）

内诫令

孤不好鲜饰严具⑩，所用杂新皮韦笥⑪，以黄韦缘中⑫。遇乱事无韦笥，乃更作方竹严具，以皂韦衣之⑬，粗布作里此孤之平常所用者也。内中妇曾置严具，于时为之推坏。今方竹严具缘漆甚华好。（《御览》七一七引魏武内严器诫令》《书钞》一三六）

百炼利器⑭,以辟不祥,摄服奸宄⑮者也。(《御览》三四五)

吾衣被皆十岁也,岁岁解浣补纳⑯之耳。(《御览》八一九)

今贵人位为贵人⑰,金印蓝绶⑱,女人爵位之极⑲。(《御览》六九一)

吏民多制文绣之服,履丝不得过绛紫金黄丝织履⑳。前于江陵得杂彩㉑丝履,以与家,约当著尽此履㉒,不得效作也。(《御览》六九七)

孤有逆气病㉓,常储水卧头。以铜器盛,臭恶㉔。前以银作小方器,人不解,谓孤喜银物,今以木作。(《御览》七五六)

昔天下初定,吾便禁家内不得香熏㉕。后诸女配国家为其香㉖,因此得烧香。吾不好烧香,恨不遂所禁㉗,今复禁不得烧香,其以香藏衣著身亦不得。(《御览》九八一)

房室不洁,听得烧枫胶及蕙草㉘。(《御览》九八二)

遗令

吾夜半觉小不佳,至明日饮粥汗出,服当归汤。

吾在军中持法是也,至于小忿怒,大过失,不当效也。天下尚未安定,未得遵古㉙也。吾有头病,自先著帻㉚。吾死之后,持大服如存时㉛,勿遗。百官当临㉜殿中者,十五举音㉝,葬毕便除服。其将兵屯戍者,皆不得离屯部。有司各率乃职㉞。殓以时服㉟,葬于邺之西冈上,与西门豹㊱祠相近,无藏金玉珍宝。

吾婢妾与伎人皆勤苦,使著铜雀台㊲,善待之。于台堂上安六尺床,施繐帐㊳,朝晡上脯糒之属㊴,月旦十五日,自朝至午,辄向帐中作伎乐。汝等时时登铜雀台,望吾西陵墓地。余香可分与诸夫人,不命祭㊵。诸舍中无所为,可学作组履卖也。吾历官所得绶㊶,皆著藏中。吾余衣裘,可别为一藏,不能者,兄弟可共分之。(录自《曹操信》)

【注释】

① 寿春:今安徽省寿县。汉中:今陕西省汉中。长安:今西安市。
② 督领:统率和治理。
③ 二言:没有二话,即说一不二。
④ 顿丘:今河南省清丰县西南。
⑤ 可不勉欤:能不努力上进吗?

⑥ 子建：曹植，字子建，曹操第三子。三国时著名文学家，建安文学的代表，著《洛神赋》《白马篇》《七哀诗》等。生前封陈王，谥号"思"。

⑦ 临菑侯：曹植的封爵。今山东淄博市东北旧临淄。

⑧ 司马门：王宫的外门，在宫墙内有司马官守卫，故叫司马门。此门是邺城王宫的南门，魏王专用门。

⑨ 金门：王宫的宫门，门外有金马，故名，在洛阳。又名金马门。

⑩ 孤不好鲜饰严具：我不喜欢装饰美丽的盛梳妆用品的器具。孤，古代王侯自谦词。严具，盛梳妆用品的器具，即"庄具"，因避汉明帝刘庄讳改。

⑪ 杂新皮韦笥（sì）：掺杂新皮制成的箱子。韦笥，皮箱。韦，熟皮。

⑫ 缘中：镶在中间。

⑬ 以皂韦衣之：用黑皮罩在外面。衣，罩。

⑭ 利器：指兵器。曹操曾铸五把宝刀，取名为"百辟刀"，赐给他的儿子。

⑮ 奸宄（guǐ）：犯法作乱的人。《三国志》："禁断淫祀，奸宄逃窜，郡界肃然。"

⑯ 解浣（huàn）补纳：拆洗缝补收起。浣，洗衣服。纳，缝补、补缀。

⑰ 贵人：妃嫔的称号，地位次于皇后。据《魏志·武帝纪》，建安十八年，献帝聘曹操的三个女儿为贵人。

⑱ 蓝绂（fú）：蓝色的绶带。绂，系在印环上的丝带。

⑲ 爵位之极：官位到了顶点。极，顶点。

⑳ "履丝"句：织鞋用丝的颜色不得超过绛紫金黄色。古代以绛紫金黄色为贵。

㉑ 杂彩：各种花色丝织品。

㉒ 约当著尽此履：约定穿完这些鞋子。

㉓ 逆气病：气自下而逆上，即从腹部上冲至心肋部，引起头痛、心痛、胸痛等。

㉔ 臭恶：不好的臭味。

㉕ 香薰：薰香。古代把香料燃着放在薰笼中，以香薰衣被。下面的"烧香"也指薰香。

㉖ 诸女配国家为其香：指三个女儿当了贵人，为她们薰香。

㉗ 恨不遂所禁：遗憾的是没实行我的禁令。遂，顺从。

㉘ 枫胶及蕙草：枫胶，枫树脂，有香气。蕙草，一种香草，又名佩兰。

㉙ 遵古：指遵守丧葬的古礼，如服孝和用金玉珍贵宝物陪葬。

㉚ 著帻（zhù zé）：戴头巾。著，戴。帻，头巾。

㉛ 持大服如存时：穿的礼服和活时所穿一样。大服，礼服。存时，活着的时候。

㉜ 临：哭吊死者。《集韵》："临，哭也。"《史记》："遂为义帝发丧，临三日。"

㉝ 十五举音：哭十五声。《史记·孝文本纪》记载：西汉文帝死前规定，凡来吊丧的官员，早晚各哭十五声，其余时间不得擅哭。

㉞ 有司各率乃职：主管官员各自遵守你们的职责。有司，主管官员。率，遵守，遵循。

乃职，你们的职务。

㉟ 殓以时服：入殓时穿当时所穿的衣服。殓，装殓，给尸体穿衣下棺。时服，合乎时令的衣服。曹操死在正月，就用初春衣服装殓。

㊱ 西门豹：战国魏人，我国历史上著名的无神论者。他作邺县县令时，兴修水利，发展生产，并革除当地河神娶妇的迷信，受到人民的尊敬。后人为他立祠，表示怀念。

㊲ 使著（zhuó）铜雀台：把他们安置到铜雀台。著，安排安置。铜雀台，建安十五年冬，曹操所筑，地址在今河北省临漳县西南邺镇。现在还有残余的台阶。

㊳ 穗帐：用稀疏的麻布制作的柩前灵幔。穗，麻布。

㊴ 朝晡上脯糒（bèi）之属：早晚供上肉干、干饭之类的祭品。晡，下午。脯，干肉。糒，干粮。

㊵ 不命祭：不使用香来祭祀。

㊶ 绶：古代用丝带拴玉和印。《史记》："怀黄金之印，结紫绶于要。"

诫子俭葬书

[三国] 沐并

沐并（生卒年不详），字德信，河北献县人。三国时魏国名将，始任三府长吏，后任济阴太守。此文系临终前劝诫儿子薄葬，受到后世赞许。

此文录自《三国志·魏书·常林传注》。

告云、仪等：夫礼者，生民之始教，而百世之中庸也。故力行也，则为君子；不务者，终为小人。然非圣人，莫能履其从容也。是以富贵者，有骄奢之过，而贫贱者讥于固陋，于是养生送死，苟窃非礼。由斯观之，阳虎①玙璠②，甚于暴骨；桓魋③石椁，不如速朽。此言儒学拨乱反正、鸣鼓矫俗之大义也，未是夫理穷尽、性陶冶变化之实论也。若能原始要终，以天地为一区，万物为刍狗④，该览元通⑤，求形景之宗，同祸福之素，一死生之命，吾有慕于道矣。

夫道之为物，惟恍惟惚。寿为欺魄，夭为凫没。身沦有无，与神消息，含悦阴阳，甘梦太极。奚以棺椁为牢，衣裳为缠，尸系地下，长幽桎梏，岂不哀哉！昔庄周⑥阔达，无所适莫，又杨王孙⑦裸体，贵不久容耳。至夫末世，缘生怨死之徒，乃有含珠鳞柙⑧，玉床象衽⑨，杀人以殉，圹穴之内，锢⑩以纩絮，藉以蜃炭⑪，千载僵燥，托类神仙。于是大教陵迟⑫，竞于厚葬，谓庄子为放荡，以王孙为戮尸，岂复识古有衣薪之鬼，而野有狐狸之齿⑬乎哉！

吾以材质滓浊，污于清流，昔忝⑭国恩，历试宰守，所在无效，代匠伤指，狼跋首尾，无以雪耻，如不可求，从吾所好。今年过耳顺⑮，奄然无常，苟得获没，即以吾身袭于王孙⑯矣。上冀以赎市朝之通⑰罪，下以亲道化之灵祖。顾尔幼昏，未知臧否⑱？若将逐俗，抑废吾志，私称从命，未必为孝，而犯魏颗⑲听治之贤，尔为弃父之命，谁或矜⑳之？使死而有知，吾将尸视！

【注释】

① 阳虎：姬姓，阳氏，名虎，一名货，春秋时期鲁国季孙氏的家臣。《左传》："季平子行东野，还，未至……卒于房。阳虎将以玙璠敛。"季平子执掌鲁国政，阳虎以玉

制棺椁存之，以为至尊。
② 玙璠：玙、璠，两种美玉。
③ 桓魋（tuí）：桓魋，即向魋，河南商丘人。春秋时期宋国司马，受宠于宋景公，后获罪遭难，外逃至曹，后奔卫国。
④ 刍狗：古代祭祀用草扎成的狗，喻轻贱无用之物。《道德经》："天地不仁，以万物为刍狗。"
⑤ 元通：天地万物的本原。
⑥ 庄周：庄子，姓庄，名周，字子休，宋国蒙人。战国时期哲学家、思想家、文学家。著《庄子》。
⑦ 杨王孙：西汉无神论者。认为生死是事物的自然变化，著《裸葬论》，反对厚葬风习，临终遗嘱子女，以"存囊盛尸"，倾埋土中。
⑧ 椰（jiǎ）：一种香木。以椰为棺名曰"鳞椰"。
⑨ 象祆：象，神灵之象。古代以麟、凤、龟、龙为神灵之物，称之为"象物"。祆，床席。
⑩ 锢：监禁使隔绝。在棺中隔以纟絮之物，以保护尸体。
⑪ 蜃炭：蜃灰，蜃灰与木炭。《周礼》："掌除墙屋，以蜃灰攻之。"置于墓中保持干燥。
⑫ 大教陵迟：重要的教导和训诫。《礼记》："五者，天下之大教也。"陵迟，本意为斜平、迤逦渐平之貌，引申为衰颓。
⑬ 胔（zì）：带腐肉的尸骨，又指尸体。《礼记》："掩骼埋胔。"
⑭ 忝（tiǎn）：辱，有愧于，常用于谦词。《三国志》："臣忝当大任，义在安国。"
⑮ 耳顺：《论语》"六十而为耳顺"，后以"耳顺"为六十岁的代称。
⑯ 王孙：古代贵族子弟的通称。
⑰ 逋（bū）：欠，拖欠。《正韵》："逋，欠也。"
⑱ 臧否（pǐ）：好歹，褒贬，评价等。《诗经·大雅·抑》："于呼小子，未知臧否。"
⑲ 魏颗：姬姓，令狐氏，名颗，因出于魏氏，故称魏颗。春秋晋国犨（chōu）之子，仕为卿。《左传·宣公十五年》载此"结草报恩"的故事：颗父有嬖妾无子，病，命颗在其死后将妾出嫁。及犨病重弥留之际，则又命颗杀妾殉葬。父死后，颗将父妾嫁出，并说：疾病则乱，我听其治（有序不乱）时之言。后，颗搞秦国之师，得到该妇人之父结草相助而俘秦军大将。
⑳ 矜：通"怜"。怜悯、同情。《诗经·小雅·巷伯》："矜此劳人。"

家 诫

[三国] 嵇康

嵇康（224—263年），字叔夜，安徽宿县人。三国时魏国文学家、思想家、音乐家、官员，官至中散大夫，世称"嵇中散"。精诗文，为"竹林七贤"之一，与阮籍齐名，著《嵇中散集》。通乐理，善鼓琴。后遭陷害被司马昭杀害。

本文取鲁迅辑校《嵇康集》为底本校注。

人无志，非人也。但君子用心所欲，准行自当。量其善者，必拟议而后动。若志之所之，则口与心誓，守死无贰[1]。耻躬不逮，期于必济。若心疲体解[2]，或牵于外物，或累于内欲。不堪近患，不忍小情，则议于去就。议于去就，则二心交争。二心交争，则向所以见役之情胜矣。或有中道而废，或有不成一篑而败之。以之守则不固，以之攻则怯弱。与之誓则多违，与之谋则善泄。临乐则肆情，处逸则极意。故虽繁华熠熠，无结秀之勋。终年之勤，无一旦之功。斯君子所以叹息也。若夫申胥[3]之长吟，夷叔[4]之全洁，展季[5]之执信，苏武[6]之守节，可谓固矣。故以无心守之，安而体之，若自然也。乃是守志之盛者耳。所居长吏，但宜敬之而已矣。不当极亲密，不宜数往，往当有时。其有众人，又不当独在后，又不当宿。所以然者，长吏喜问外事，或时发举，则怨者谇人所说，无以自免也。若行寡言，慎备自守，则怨责之路解矣。其立身当清远。若有烦辱，欲人之尽命，托人之请求，则当谦言辞谢，其素不豫[7]此辈事，当相亮耳。若有怨急，心所不忍，可外违拒，密为济之。所以然者，上远宜适之几，中绝常人淫辈之求，下全束脩无累之称，此又秉志之一隅也。凡行事先自审其可，若于宜，宜行此事，而人欲易之，当说宜易之理。若使彼语殊佳者，勿羞折遂非，若理不足，而更以情求来守。人虽复云云，当坚执所守，此又秉志之一隅也。不须行小小束脩之意气，若见穷乏，而有可以赈济者，便见义而作。若人从我有所求欲者，先自思省，若有所损废多，于今日所济之义少，则当权其轻重而拒之。虽复守辱不已，犹当绝之。然大率人之告求，皆彼无我有，故来求我，此为与之多也。自不如此，而为轻竭。不忍面言，强副小情。未为有志也。

夫言语，君子之机，机动物应，则是非之形著矣，故不可不慎。若于意不善了，而本意欲言，则当惧有不了之失，且权忍之。已后视向不言此事，无他不可，则向言或有不可。然则能不言，全得其可矣。且俗人传吉迟传凶疾，又好议人之过阙⑧，此常人之议也。坐中所言，自非高议。但是动静消息，小小异同，但当高视，不足和⑨答也。非义不言，详静敬道，岂非寡悔之谓？人有相与变争，未知得失所在，慎勿豫之也。且默以观之，其是非行自可见。或有小是不足是，小非不是非，至竟可不言以待之。就有人问者，犹当辞以不解。近论议亦然。若会酒坐，见人争语，其形势似欲转盛，便当无何舍去之，此将斗之兆也。坐视必见曲直，倘不能不有言，有言必是在一人，其不是者，方自谓为直，则谓曲我者有私于彼，便怨恶之情生矣。或便获悖辱之言。正坐视之，大⑩见是非，而争不了，则仁而无武，于义无可，故当远之也。然大都争讼者，小人耳。正复有是非，共济汗漫⑪，虽胜可足称哉！就不得远取醉为佳。若意中偶有所讳，而彼必欲知者，若守不已，或劫以鄙情，不可惮此小辈，而为所逸，引以尽其言。今正坚语，不知不识，方为有志耳。

自非知旧邻比，庶几已下，欲请呼者，当辞以他故，勿往也。外⑫荣华则少欲，自非至急，终无求欲，上美也。不须作小小卑恭，当大谦裕；不须作小小廉耻，当全大让。若临朝让官，临义让生，若孔文举⑬求代兄死，此忠臣烈士之节。凡人自有公私，慎勿强知人知。彼知我知之，则有忌于我。今知而不言，则便是不知矣。若见窃语私议，便舍起，勿使忌人也。或时逼迫，强与我共说。若其言邪险，则当正色以道义正之。何者？君子不容伪薄之言故也。一旦事败，便言某甲昔知吾事，是以宜备之深也。凡人私语，无所不有，宜预以为意，见之而走。或偶知其私事，与同则不可，不同则彼恐事泄，思害人以灭迹也。非意所钦重者，而来戏调，蚩笑⑭人之阙者，但莫应从小共，转至于不共，亦勿大冰矜趋，以不言答之。势不得久，行自止也。自非监临⑮相与，无他宜适。有壶榼⑯之意，束脩⑰之好，此人道所通，不须逆也。过此以往，自非通穆⑱。匹帛之馈，车服之赠，当深绝之。何者？人皆薄义而重利，今以自竭⑲者，必有为而作损，货徽⑳欢施而求报，其俗人之所甘愿，而君子之所大恶也。又慎不须离楼㉑，强劝人酒。不饮自已，若人来劝，己辄当为持之，勿稍逆也。见醉醺醺便止，慎不当至困醉，不能自裁也。

【注释】

① 贰：背离，变节。《国语》："君立臣从，何贰之有？"
② 解（xiè）：通"懈"，松弛，懈怠。《易·杂卦》："解，缓也。"
③ 申胥：申包胥，又称王孙包胥，湖北监利人。春秋时期楚国大夫，伍子胥之知交。公元前506年，吴国破楚。申包胥到秦求救，在宫廷痛哭七天七夜，终使秦发兵救楚。史称"哭秦庭"。
④ 夷叔：伯夷、叔齐的并称。商末孤竹君二子，均谦让王位，逃至首阳山，因不食周粟而饿死。今当作抱节守志的古代典范。
⑤ 展季：柳下惠，本名展获，字禽，又名展季。见前注 p15③。
⑥ 苏武：字子卿，西汉陕西西安人。天汉元年奉命赴匈奴，匈奴多方威胁诱降，又将其放逐北海牧羊，手持汉节坚贞不屈，历时十九年始归汉，其志节为千古所唱。
⑦ 豫：通"与"，参与。《正韵》："豫，与'与'通。"
⑧ 阙（quē）：过错，过失。《报任少卿书》："次之，又不能拾遗补阙。"
⑨ 和（hè）：附和，唱和。《文选》："曲高和寡。"
⑩ 鲁迅疑此处"大"字应为"失"。
⑪ 汗漫：广泛，不着边际，漫无标准。《新唐书》："可以为有司之责，舍是则汗漫而无所守。"
⑫ 外：疏远，远离。
⑬ 孔文举：孔融，字文举，山东曲阜人。汉末文学家，曾任北海相、少府、大中大夫等职。孔子第二十世孙。为"建安七子"之一。后因触怒曹操被杀。明人辑有《孔北海集》。
⑭ 蚩笑：讥笑。蚩通"嗤"。
⑮ 监临：从上视下为临。犹监察。《汉书·朱博传》："高皇帝……置御史大夫，位次丞相……总领百官，上下监临。"文中以"监临"代指官。
⑯ 壶榼（kē）：古代盛酒或茶水的器具。亦指铺陈酒具饮酒。
⑰ 束修（xiū）：古代学生送给老师的学费。修，古代称干肉。《论语》："自行束修以上，吾未尝无诲焉。"
⑱ 通穆：相处和睦的知交。
⑲ 自竭：竭己力以赠人。
⑳ 徼（yāo）：通"邀"，求取。《潜夫论》："乃义士且徼其名，贪夫且以求其赏尔。"
㉑ 离楼：亦作"离娄"。乖巧玲珑的样子。

诫 盈

[三国] 陆景

陆景（生卒年不详），字士任，上海松江人。三国时东吴丞相之孙，大司马陆抗之次子，陆机、陆云（文学家）之兄，东吴吴末帝孙皓的妹夫。文学家，著《陆景集》《典语》等。东吴官员，官累任骑都尉、偏将军、中夏水军督，封毗陵侯。王浚灭吴，陆景兵败身亡。

富贵，天下之至乐；位势，人情之所趋。然古之智士，或山藏林窜，忽而不慕①，或功成身退，逝若脱屣②者，何哉？盖居高畏其危，处满惧其盈。富贵荣势，本非祸始，而多以凶终者，持之失德，守之背道，道德丧而身随之矣。是以留侯③、范蠡④，弃贵如遗⑤；叔敖⑥、萧何⑦，不宅美地。此皆知盛衰之分，识倚伏之机⑧，故身全名著，与福始卒。自此以来，重臣贵戚，隆盛之族，莫不罹患构祸⑨，鲜以善终，大者破家，小者灭身。唯金、张⑩子弟，世履忠笃，故保贵持宠，祚钟昆嗣⑪。其余祸败，可为痛心。

【注释】

① 忽：轻视，藐视，不重视。不慕：不爱慕，不向往。
② 逝：离开。脱屣（xǐ）：脱鞋。表示辞官如同脱鞋，不足介意。
③ 留侯：张良，字子房，西汉初，辅佐刘邦统一天下，封为留侯，旋以养病为名退隐。
④ 范蠡：字少伯，春秋末楚国人。辅佐勾践灭吴雪耻，功成后，携西施离越王经商。
⑤ 遗：便溺。
⑥ 叔敖：孙叔敖，春秋时楚国令尹，为官清廉，多次拒绝楚王的封地。临终时嘱咐儿子不受楚王赐给的肥沃之地。
⑦ 萧何：汉初丞相，其田宅都在荒僻之地，且无墙垣。
⑧ 倚伏之机：《老子》："福兮祸之所伏，祸兮福之所倚。"即指祸福相互转化的契机。
⑨ 罹（lí）患：遭受祸患、患病、忧患、苦难等。《诗经·王风·兔爰》："我生之后，逢此百罹。"构祸：遭遇灾祸。
⑩ 金：指汉武帝时大臣金日磾，曾与霍光、桑弘羊同受汉武帝遗诏辅佐昭帝，昭帝时

封秅侯。自武帝至平帝，七代为内侍。张：指汉武帝时大臣张汤，曾任廷尉、御史大夫等职，以执法严酷著称，后代任侍中、中常侍者十余人。

⑪ 祚（zuò）：赐福，福。《国语》："皇天嘉之，祚以天下。"钟：聚集，集中。昆嗣：后代子孙。

诫江夏王义恭书

[南北朝] 刘义隆

刘义隆（407—453 年），南北朝南朝刘宋皇帝，宋文帝，系宋武帝刘裕之子，小字车儿。年号元嘉，谥号"文皇帝"，庙号"太祖"。当政时，曾兴盛，但在对北魏战争中失利，北魏军大举南下，刘宋衰退而败。

此文系宋文帝刘义隆和儿子江夏王临别时所作。录自《宋书·江夏文献王义恭传》。

汝以弱冠，便亲方任①。天下艰难，家国事重，虽曰守成，实亦未易，隆替安危②，在吾曹耳，岂可不感寻③王业，大惧负荷！今既分张④，言集未日⑤，无由复得动相规诲，宜深自砥砺，思而后行。

开布诚心，厝怀平当⑥，亲礼国士，友接佳流，识别贤愚，鉴察邪正，然后能尽君子之心，收小人之力。汝神意爽悟，有日新之美⑦，而进德修业，未有可称，吾所以恨之而不能已已者也。汝性褊急⑧，袁太妃亦说如此。性之所滞，其欲必行，意所不在，从物回改，此最弊事宜，应慨然立志，念自裁抑。何至丈夫方欲赞世成名，而无断者哉！

今粗疏十数事，汝别时可省也。远大者岂可具言，细碎复非笔可尽。礼贤下士，圣人垂训。骄侈矜尚⑨，先哲所去。豁达大度，汉祖⑩之德。猜忌褊急，魏武⑪之累。《汉书》称卫青⑫云："大将军遇士大夫以礼，与小人有恩。"西门安于⑬，矫性齐美。关羽张飞，任偏同弊。行己举事，深宜鉴此。若事异今日，嗣子幼蒙，司徒便当周公之事⑭，汝不可不尽祗顺⑮之理。苟有所怀，密自书陈，若形迹之间深宜慎护。至于尔时⑯，安危天下，决汝二人耳，勿忘吾言！

今既进袁太妃供给，计足充诸用，此外一不须复有求取，近亦具白此意。唯脱应大飨，致而当时，遇有所乏，汝自可少多供奉耳。汝一月日自用不可过三十万，若能省此益美。西楚殷旷⑰，常宜早起。接待宾侣，勿使留滞。判急务讫，然后可入问讯，既睹颜色，审起居，便应即出，不须久停，以废庶事也。下日及夜，自所余闲，府舍住止，园池堂观，略所谙究，计当无须改作。司徒亦云：

"尔若脱于左右之宜,须小小回易。"当以始至一治为限,不须纷纭,日求新异。凡审狱多决当时,难可逆虑,以实为难,汝复不习,殊当未有次第。讯前一二日,取讯簿密与刘湛⑱辈共详大不同也,至讯日,虚怀博尽,慎无以喜怒加人。能择善者而从之,美自归已。不可专意自决,以矜独断之明也。万一如此,必有大各,非唯讯狱,君子用心,自不应尔。刑狱不可拥滞,一月可再讯。

凡事皆应慎密,亦宜预敕⑲左右。人有至诚所陈,不可漏泄,以负忠信之款也。古人言:"君不密则失臣,臣不密则失身。"或相谗构,勿轻信受,每有此事,当善察之。名器⑳深宜慎惜,不可妄以假人。昵㉑近爵赐,尤应裁量。吾于左右,虽为少恩,如闻外论不以为非也。以贵陵物㉒,物不服;以威加人,人不厌,此易达事耳。声乐嬉游,不宜令过,㧓捕㉓渔猎,一切勿为。供用奉身,皆有节度,奇服异器,不宜兴长。汝嫔侍㉔左右,已有数人,既始至西,未可忽忽㉕复有所纳。

【注释】

① 方任:国家重任。指地方长官的职位。曹操文:"双金重紫,显以方任。"
② 隆替安危:民族的兴衰,国家的安危。隆,兴盛。替,衰败。
③ 感寻:感怀思索。
④ 分张:离别,分离,离散。《南齐书》:"岱初作遗命,分张家财,封置箱中。"
⑤ 言集未日:相逢之日不知是何时。
⑥ 厝(cuò)怀平当:置心怀于公平合理。厝,安置,措办。
⑦ 此句出自《易·大畜》:"日新其德"。天天更新之意。
⑧ 褊急:气量狭隘,性情急躁。《诗经·魏风·葛屦序》毛序:"魏地陿隘,其民机巧趋利,其君俭啬褊急。"孔颖达注:"褊急,言性躁。"
⑨ 矜尚:矜夸自傲,夸耀。《史通》:"惟二家各相矜尚。"
⑩ 汉祖:汉高祖刘邦。
⑪ 魏武:魏武帝曹操。
⑫ 卫青:西汉名将。汉武帝时官至大将军。曾七次出兵解除了匈奴对汉边疆的威胁。
⑬ 西门:西门豹,战国时魏国著名政治家、军事家、水利家。安于:董安于,春秋时晋国政治家、战略家、建筑家。
⑭ 周公之事:周公,西周初年政治家,周武王之弟。武王死,成王年幼,周公摄政,治理国家大事。
⑮ 祗顺:恭敬顺从。《三国志》:"朕统承汉序,祗顺天命。"

⑯ 尔时：此时，现在。《南齐书》："尔时盘石之心既固，义无贰计，廗迫时难，相引求全。"
⑰ 西楚殷旷：淮北、汝南、南郡等地，古称西楚。殷旷，地域辽阔。
⑱ 刘湛：字弘仁，河南邓州人。南北朝刘宋的功臣之一，立刘义隆为帝，官侍中。
⑲ 敕：告诫。《说文解字》："敕，诫也。"
⑳ 名器：此句出自《左传·成公二年》："唯器与名，不可以假人。"杜预注："器，车服；名，爵号。"
㉑ 昵（nì）：亲近，亲昵。《尚书·说命》："官不及私昵。"
㉒ 以贵陵物：以权贵欺凌于物。
㉓ 摴蒱（chū pú）：古代博戏，盛行于汉魏。后作赌博的通称。
㉔ 嫔侍：宫嫔侍从。
㉕ 忽忽：形容时间过得很快。此处指在短短的时间里。《离骚》："欲少留此灵琐兮，日忽忽兮其将暮。"

诫子崧书

[南北朝] 徐勉

徐勉（466—535年），字修仁，江苏镇江人。南北朝时南梁文学家、官员，历任吏部尚书、中书令，为官清廉，百官推崇备至，谥号"简肃"。本文录自《南史·徐勉传》。

吾家世清廉，故常居贫素，至于产业之事，所未尝言，非直不经营而已。薄躬①遭逢，遂至今日，尊官厚禄，可谓备之。每念叨窃②若斯，岂由才致！仰藉③先代风范，及以福庆，故臻此耳。古人所谓："以清白遗子孙，不亦厚乎！""遗子黄金满籯，不如一经。"④详求此言，信非徒语。吾虽不敏，实有本志，庶得遵奉斯义，不敢坠失。所以显贵以来，将三十载，门人故旧，亟荐⑤便宜，或使创辟田园，或劝兴立邸店，又欲舳舻⑥运致，亦令货殖聚敛。若此事众，皆拒而不纳，非谓拔葵去织⑦，且欲省息纷纭。中年聊于东田间营小园，非在播艺，以要利人，正欲穿池种树，少寄情赏。又以郊际闲旷，终可为宅，傥⑧获悬车⑨致事，实欲歌哭于斯，慧日、十住等，既应营婚，又须住止⑩。吾清明门宅，无相容处，所以尔者，亦复有以。前割西边施宣武寺，既失西厢，不复方幅⑪，意亦谓此逆旅舍耳。何事须华，常恨时人谓是我宅。古往今来，豪富继踵，高门甲第，连闼⑫洞房，宛其死矣，定是谁室？但不能不为培塿⑬之山，聚石移果，杂以花卉，以娱休沐⑭，用托性灵，随便架立，不在广大，惟功德处，小以为好，所以内中逼促⑮，无复房宇。近营东边儿孙二宅，乃藉十住南还之资，其中所须，犹为不少，既牵挽不至，又不可中途而辍，郊间之园，遂不办保，货⑯与韦黯，乃获百金，成就两宅，已消其半。寻园价所得，何以至此！由吾绝始历年，粗已成立，桃李茂密，桐竹成荫，塍陌⑰交通，渠畎⑱相属。华楼回榭⑲，颇有临眺之美。孤峰薄丛，不无纠纷⑳之兴，渎㉑中并饶菰蒋㉒，湖里殊富芰㉓荷，虽云人外，城阙密迩，韦生欲之，亦雅有情趣。

追述此事，非有各心，盖是笔势所至耳。忆谢灵运㉔《山家诗》云："中为天地物，今成鄙夫有。"吾此园有之二十载矣，今为天地物，物之与我，相校几何哉！此吾所余，今以分汝，营小田舍，亲累既多，理亦须此。且释氏㉕之教，以财物谓之外命，儒典亦称："何以聚人？曰财。"况汝曹常情，安得忘此！闻汝所买姑苏㉖熟田地，甚为舄卤㉗，弥复可安？所以如此，非物竞故也！虽事异寝丘㉘，聊可仿佛。孔子曰："居家理治，可移于官。"既已营之，宜使成立，进退两亡，更贻耻笑。若有所获，汝可自分赡，内外大小，宜令得所，非吾所知，又复应沾之诸女耳。汝既居长，故有此及。凡为人长，殊复不易，当使中外谐缉㉙，人无闲言，先物后己，然后可贵。老生云："后其身而身先，若能尔者，更招巨利。"汝当自勖㉚！见贤思齐㉛！不宜忽略以弃日也。弃日乃是弃身，身名美恶，岂不大哉！可不慎欤！

今之所敕，略言此意，正谓为家已来。不事资产，既立墅舍，以乖旧业，陈其始末，无愧怀抱。兼吾年时朽暮，心力稍殚，牵课奉公，略不克举，其中余暇，裁可自休。或复冬日之阳，夏日之阴，良辰美景，文案闲隙，负杖蹑屦㉜，逍遥陋馆，临池观鱼，披林听鸟，浊酒一杯，弹琴一曲，求数刻之暂乐，庶居常以待终，不宜复劳家闲细务。汝交关既定，此书又行，凡所资须，付给如别。自兹以后，吾不复言及田事，汝亦勿复与吾言之。假使尧水汤旱㉝，吾岂知如何？若其满庾盈箱㉞，尔之幸遇。如斯之事，并无俟令吾知也。记云："夫孝者，善继人之志，善述人之事。"今且望汝全吾此志，则无所恨矣。

【注释】

① 薄躬：自身，谦词。杜甫诗："何补参军乏，欢娱到薄躬。"
② 叨窃：不当得而自得。自谦之词。《魏书》："小人叨窃，遂忝名位。"
③ 仰藉：仰望依靠，依赖。《明史·朝鲜》："招集辽民前后数十万，亦小邦所仰藉也。"
④ 此语出自《汉书·韦贤传》："遗子黄金满籯，不如一经。"籯（yíng），同"籯"，竹笼。
⑤ 亟（qì）荐：屡次。亟，荐，皆言屡次。宋代叶适文："潘彦庶少有五色笔，本州亟荐送。"
⑥ 舳（zhú）舻：原指船头和船尾。此处指以船搞运输。《前赤壁赋》："舳舻千里，旌旗蔽空。"
⑦ 拔葵去织：拔掉自家种的冬葵，去掉自家从事的纺织，表示做官不与民争利。典出《汉书·董仲舒传》。
⑧ 傥：同"倘"。倘若，如果。

⑨ 悬车：亦作"县车"。谓辞官居家，废车不用。《晋书》："昔郑武公年过八十，入为周司徒，虽过悬车之年，必有可用。"亦指七十岁。

⑩ 住止：住宅。止通"址"。《南史》："母住止单陋。"

⑪ 方幅：方正，长阔相等。

⑫ 闼（tà）：门楼上的小屋。《西京赋》："飞上闼而仰眺。"

⑬ 培（pǒu）塿：亦作"附娄""部娄"。小土丘。《晋书》："当为崇冈峻阜，何能为培塿乎。"

⑭ 休沐：休息沐浴。古代官吏的例假。

⑮ 内中逼促：房内狭小拥挤。

⑯ 货：卖；售。

⑰ 塍（chéng）陌：田间的小路界。《郊居赋》："渐沼沚于雷垂，周塍陌于堂下。"

⑱ 渠畎：田间水沟。

⑲ 华楼回榭：华丽的楼台和曲回的水榭。

⑳ 纠纷：交错杂乱貌。

㉑ 㳡：小沟渠。《说文解字》："㳡，沟也。"

㉒ 菰蒋（gū jiāng）：植物名，即茭白。李白诗："海月破圆景，菰蒋生绿池。"

㉓ 芰（jì）：古指菱，俗称菱角。

㉔ 谢灵运：原名公义，字灵运，世称"谢客"。河南太康人。南朝宋时诗人、文学家、旅行家。

㉕ 释氏：佛祖释迦牟尼。亦指佛教。

㉖ 姑苏：苏州古称。

㉗ 舄（xì）卤：盐碱地。

㉘ 寝丘：春秋时楚国封邑，在今河南沈丘县东南。寝，丑陋之貌。以"寝"取名，冀其丑而人皆不取，因此可以长久保留。因此，把欲长久保留称为"寝丘"或"寝丘之志"。见《吕氏春秋·异宝》。

㉙ 中外谐缉：中外，家庭内外。谐缉，和谐齐一。

㉚ 勖（xù）：勉励。李白《古风》："勖君青松心，努力保霜雪。"

㉛ 见贤思齐：向德才兼备的贤人学习（看齐）。《论语·里仁》："见贤思齐焉，见不贤而内自省也。"

㉜ 蹑屩（juē）：足穿草鞋。屩，草鞋。

㉝ 尧水汤旱：尧时大水成灾，商汤有七年旱灾，皆上古灾害之年。

㉞ 满庾（yǔ）盈箱：形容收获很多。庾，露天的谷仓。

颜氏家训

[北齐] 颜之推

颜之推(531—约590年后),字介,今山东临沂人。南北朝时期的杰出学者、文学家、官员。他一生坎坷,正值南北分裂的割据时代,初任梁元帝散骑侍郎,后投北齐,任黄门侍郎,齐亡入周,任御史上士,隋开皇中,召为学士。颜氏著作颇多,但存世者仅有《家训》和《还冤志》。

《颜氏家训》七卷,二十篇,主要讲述修身治家、辩正时俗,兼论字画音训、品第文艺等,内容广泛,文笔朴实,是我国古代家庭教育读本之一,对后世家庭教育产生较深影响,故后人称其为"古今家训之祖"。

《颜氏家训》版本较多,南宋大儒刘清之将其载入《戒子通录》中,明代又收载《永乐大典》,至清代再收载《四库全书》(皆为节录本)。清代学者赵曦明作注、卢文弨补注,收载《抱经堂丛书》中,是为最佳刻本。今编纂此书,将《戒子通录》中的《颜氏家训》删去,改用《抱经堂丛书》刻本,取其"全""精"。

卷第一
序致 教子 兄弟 后娶 治家

序致第一

夫圣贤之书,教人诚孝,慎言检迹①,立身扬名,亦已备矣。魏、晋已来,所著诸子,理重事复,递相模敩②,犹屋下架屋,床上施床耳。吾今所以复为此者,非敢轨物范世也,业以整齐门内,提撕③子孙。夫同言而信,信其所亲;同命而行,行其所服。禁童子之暴虐,则师友之诫,不如傅婢④之指挥。止凡人之斗阋⑤,则尧、舜之道,不如寡妻⑥之诲谕。吾望此书为汝曹之所信,犹贤于傅婢、寡妻耳。

吾家风教,素为整密。昔在龆龀⑦,便蒙诱诲。每从两兄⑧,晓夕温清⑨。规行矩步,安辞定色⑩,锵锵翼翼⑪,若朝严君⑫焉。赐以优言,问所好尚,励短引长，莫不恳笃。年始九岁，便丁荼蓼⑬，家涂离散，百口索然。慈兄鞠养，苦辛备至。有仁无威，导示不切。虽读《礼》《传》⑭，微爱属文，颇为凡人之所陶染，肆欲轻言，不修边幅。年十八九，少知砥砺，习若自然，卒难洗荡。二十已后，大过稀焉。每常心共口敌，性与情竞，夜觉晓非，今悔昨失⑮，自怜无教，以至于斯。追思平昔之指，铭肌镂骨，非徒古书之诫，经目过耳也。故留此二十篇，以为汝曹后车⑯耳。

教子第二

上智不教而成，下愚虽教无益，中庸之人，不教不知也⑰。古者，圣王有胎教之法：怀子三月，出居别宫，目不邪视，耳不妄听，音声滋味，以礼节之。书之玉版，藏诸金匮⑱。子生咳提⑲，师保⑳固明，孝仁礼义，导习之矣。凡庶纵不能尔，当及婴稚，识人颜色，知人喜怒，便加教诲，使为则为，使止则止。比及数岁，可省笞罚。父母威严而有慈，则子女畏慎而生孝矣。吾见世间，无教而有爱，每不能然。饮食运为，恣其所欲，宜诫翻奖，应呵反笑，至有识知，谓法当尔。骄慢已习，方复制之，捶挞至死而无威，忿怒日隆而增怨，逮于成长，终为败德。孔子云："少成若天性，习惯如自然。"㉑是也。俗谚曰："教妇初来，教儿婴孩。"诚哉斯语！

凡人不能教子女者，亦非欲陷其罪恶。但重于呵怒，伤其颜色，不忍楚挞㉒，惨其肌肤耳。当以疾病为谕，安得不用汤药针艾救之哉！又宜思勤督训者，可愿苛虐于骨肉乎！诚不得已也。

王大司马母魏夫人㉓，性甚严正。王在湓城㉔时，为三千人将，年逾四十，少不如意，犹捶挞之，故能成其勋业。梁元帝时，有一学士，聪敏有才，为父所宠，失于教义。一言之是，遍于行路，终年誉之。一行之非，揜藏㉕文饰，冀其自改。年登婚宦，暴慢日滋，竟以言语不择，为周逖抽肠衅鼓云。

父子之严，不可以狎；骨肉之爱，不可以简。简则慈孝不接，狎则怠慢生焉。由命士以上，父子异宫㉖，此不狎之道也。抑搔痒痛，悬衾箧枕㉗，此不简之教也。或问曰："陈亢喜闻君子之远其子㉘，何谓也？"对曰："有是也。盖君子之不亲教其子也㉙，《诗》有讽刺之辞，《礼》有嫌疑之诫，《书》有悖乱之事，《春秋》有邪僻之讥，易有备物之象。皆非父子之可通言，故不亲授耳。"

齐武成帝子琅邪王㉚，太子母弟也，生而聪慧，帝及后并笃爱之，衣服饮食，与东宫相准。帝每面称之曰："此黠儿也，当有所成。"及太子即位，王居别宫，礼数优僭，不与诸王等，太后犹谓不足，常以为言。年十许岁，骄恣无节，器服玩好，必拟乘舆，常朝南殿，见典御进新冰，钩盾献早李，还索不得，遂大怒，诃㉚曰："至尊已有，我何意无？"不知分齐㉜，率皆如此。识者多有叔段㉝、州吁㉞之讥。后嫌宰相，遂矫诏斩之，又惧有救，乃勒麾下军士，防守殿门，既无反心，受劳而罢，后竟坐此幽薨㉟。

　　人之爱子，罕亦能均，自古及今，此弊多矣。贤俊者自可赏爱，顽鲁者亦当矜怜，有偏宠者，虽欲以厚之，更所以祸之。共叔之死，母实为之。赵王之戮，父实使之㊱。刘表之倾宗覆族㊲，袁绍之地裂兵亡㊳，可为灵龟明鉴㊴也。

　　齐朝有一士大夫，尝谓吾曰："我有一儿，年已十七，颇晓书疏，教其鲜卑语及弹琵琶，稍欲通解，以此伏㊵事公卿，无不宠爱，亦要事也。"吾时俯而不答。异哉，此人之教子也！若由此业，自致卿相，亦不愿汝曹为之。

兄弟第三

　　夫有人民而后有夫妇，有夫妇而后有父子，有父子而后有兄弟，一家之亲，此三而已矣。自兹以往，至于九族㊶，皆本于三亲焉，故于人伦为重者也，不可不笃。兄弟者，分形连气之人也，方其幼也，父母左提右挈，前襟后裾，食则同案，衣则传服，学则连业，游则共方，虽有悖乱之人，不能不相爱也。及其壮也，各妻其妻，各子其子，虽有笃厚之人，不能不少衰也。娣姒㊷之比兄弟，则疏薄矣。今使疏薄之人，而节量亲厚之恩，犹方底而圆盖，必不合矣。惟友悌深至，不为旁人㊸之所移者，免夫！

　　二亲既殁，兄弟相顾，当如形之与影，声之与响，爱先人之遗体㊹，惜己身之分气㊺，非兄弟何念哉？兄弟之际，异于他人，望深则易怨，地亲则易弭。譬犹居室，一穴则塞之，一隙则涂之，则无颓毁之虑，如雀鼠之不恤㊻，风雨之不防㊼，壁陷楹沦，无可救矣。仆妾之为雀鼠，妻子之为风雨，甚哉！

　　兄弟不睦，则子侄不爱。子侄不爱，则群从疏薄。群从疏薄，则僮仆为雠敌矣。如此，则行路皆踏㊽其面而蹈其心，谁救之哉！人或交天下之士，皆有欢爱，而失敬于兄者，何其能多而不能少也！人或将数万之师，得其死力，而失恩于弟者，何其能疏而不能亲也！

　　娣姒者，多争之地也，使骨肉居之，亦不若各归四海，感霜露而相思㊾，伫日月之相望也。况以行路之人，处多争之地，能无间者，鲜矣。所以然者，以其当公务而执私情，处重责而怀薄义也。若能恕己而行，换子而抚⁵⁰，则此患不生矣。

人之事兄，不可同于事父，何怨爱弟不及爱子乎？是反照而不明也。沛国刘琎，尝与兄瓛⁵¹连栋隔壁，瓛呼之数声不应，良久方答，瓛怪问之，乃曰："向来未着衣帽故也。"以此事兄，可以免矣。

江陵⁵²王玄绍，弟孝英、子敏，兄弟三人，特相友爱，所得甘旨新异，非共聚食，必不先尝，孜孜色貌，相见如不足者。及西台⁵³陷没，玄绍以形体魁梧，为兵所围，二弟争共抱持，各求代死，终不得解，遂并命⁵⁴尔。

后娶第四

吉甫，贤父也，伯奇⁵⁵，孝子也，以贤父御孝子，合得终于天性，而后妻间之，伯奇遂放。曾参⁵⁶妇死，谓其子曰："吾不及吉甫，汝不及伯奇。"王骏⁵⁷丧妻，亦谓人曰："我不及曾参，子不如华、元⁵⁸。"并终身不娶，此等足以为诫。其后，假继惨虐孤遗，离闲骨肉，伤心断肠者，何可胜数。慎之哉！慎之哉！

江左⁵⁹不讳庶孽⁶⁰，丧室之后，多以妾媵⁶¹终家事。疥癣蚊虻，或未能免，限以大分，故稀斗阋之耻。河北⁶²鄙于侧出⁶³，不预人流⁶⁴，是以必须重娶，至于三四，母年有少于子者。后母之弟，与前妇之兄，衣服饮食，爱及婚宦，至于士庶贵贱之隔，俗以为常。身没之后，辞讼盈公门，谤辱彰道路，子诬母为妾⁶⁵，弟黜兄为佣，播扬先人之辞迹⁶⁶，暴露祖考之长短，以求直己者，往往而有。悲夫！自古奸臣佞妾，以一言陷人者众矣！况夫妇之义，晓夕移之，婢仆求容，助相说引，积年累月，安有孝子乎！此不可不畏。

凡庸之性，后夫多宠前夫之孤，后妻必虐前妻之子。非唯妇人怀嫉妒之情，丈夫有沈惑之僻，亦事势使之然也。前夫之孤，不敢与我子争家，提携鞠养，积习生爱，故宠之。前妻之子，每居已生之上，宦学婚嫁，莫不为防焉，故虐之。异姓宠则父母被怨，继亲虐则兄弟为雠，家有此者，皆门户之祸也。

思鲁⁶⁷等从舅殷外臣，博达之士也。有子基、谌，皆已成立，而再娶王氏。基每拜见后母，感慕呜咽，不能自持，家人莫忍仰视。王亦凄怆，不知所容，旬月求退，便以礼遣，此亦悔事也。

《后汉书》⁶⁸曰："安帝时，汝南⁶⁹薛包孟尝，好学笃行，丧母，以至孝闻。及父娶后妻而憎包，分出之。包日夜号泣，不能去，至被殴杖。不得已，庐于舍外，且入而洒扫。父怒，又逐之，乃庐于里门⑦，昏晨不废⑦。积岁余，父母惭而还之。后行六年服，丧过乎哀。既而弟子求分财异居，包不能止，乃中分其财。奴婢引其老者，曰：'与我共事久，若不能使也。'田庐取其荒顿者，曰：'吾少时所理⑦，意所恋也。'器物取其朽败者，曰：'我素所服食，身口所安也。'弟子数破其产，还复赈给。建光⑦中，公车⑦特征，至拜侍中⑦。包性恬虚，称疾不起，以死自乞。有诏赐告⑦归也。"

治家第五

夫风化者，自上而行于下者也，自先而施于后者也。是以父不慈则子不孝，兄不友则弟不恭，夫不义则妇不顺矣。父慈而子逆，兄友而弟傲，夫义而妇陵⑦，则天之凶民，乃刑戮之所摄，非训导之所移也。

笞怒废于家，则竖子之过立见⑦。刑罚不中，则民无所措手足⑦。治家之宽猛，亦犹国焉。

孔子曰："奢则不孙，俭则固；与其不孙也，宁固。"⑧又云："如有周公之才之美，使骄且吝，其余不足观也已。"⑧然则可俭而不可吝已。俭者，省约为礼之谓也；吝者，穷急不恤之谓也。今有施则奢，俭则吝。如能施而不奢，俭而不吝，可矣。

生民之本，要当稼穑而食，桑麻以衣。蔬果之畜，园场之所产。鸡豚之善，埘圈之所生。爰及栋宇器械，樵苏脂烛，莫非种殖之物也。至能守其业者，闭门而为生之具以足，但家无盐井⑧耳。今北土风俗，率能躬俭节用，以赡衣食。江南奢侈，多不逮焉。

梁孝元世，有中书舍人⑧，治家失度，而过严刻，妻妾遂共货刺客，伺醉而杀之。

世间名士，但务宽仁。至于饮食饟馈，僮仆减损，施惠然诺，妻子节量，狎侮宾客，侵耗乡党⑧。此亦为家之巨蠹矣。

齐吏部侍郎房文烈⑧，未尝嗔怒，经霖雨绝粮，遣婢籴米，因而逃窜，三四许日，方复擒之。房徐曰："举家无食，汝何处来？"竟无捶挞。尝寄人宅，奴婢彻屋为薪略尽，闻之颦蹙⑧，卒无一言。

裴子野⑧有疏亲故属饥寒不能自济者，皆收养之。家素清贫，时逢水旱，二石米为薄粥，仅得遍焉，躬自同之，常无厌色。邺下⑧有一领军⑧，贪积已甚，家童八百，誓满一千。朝夕每人肴膳，以十五钱为率，遇有客旅，更无以兼。后坐事伏法，籍其家产，麻鞋一屋，弊衣数库，其余财宝，不可胜言。南阳[89]有人，为生奥博，性殊俭吝，冬至后女婿谒之，乃设一铜瓯酒，数脔獐肉，婿恨其单率，一举尽之。主人愕然，俯仰[91]命益，如此者再。退而责其女曰："某郎[92]好酒，故汝常贫。"及其死后，诸子争财，兄遂杀弟。

妇主中馈[93]，惟事酒食衣服之礼耳，国不可使预政，家不可使干蛊[94]。如有聪明才智，识达古今，正当辅佐君子，助其不足，必无牝鸡晨鸣，以致祸也。

江东妇女，略无交游，其婚姻之家，或十数年间，未相识者，惟以信命赠遗，致殷勤焉。邺下风俗，专以妇持门户，争讼曲直，造请逢迎，车乘填街衢，绮罗盈府寺，代子求官，为夫诉屈。此乃恒、代之遗风乎[95]？南间贫素，皆事外饰，车乘衣服，必贵整齐。家人妻子，不免饥寒。河北人事，多由内政，绮罗金翠，不可废阙，羸马悴奴，仅充而已。倡和之礼，或尔汝之[96]。

河北妇人，织纴组紃之工，黼黻锦绣罗绮之工，大优于江东也。

太公[97]曰："养女太多，一费也。"[98]陈蕃[99]曰："盗不过五女之门。"女之为累，亦以深矣。然天生蒸民[100]，先人传体，其如之何？世人多不举女，贼行骨肉，岂当如此，而望福于天乎？吾有疏亲，家饶妓媵，诞育将及，便遣阍竖[101]守之。体有不安，窥窗倚户，若生女者，辄持将去[102]，母随号泣，使人不忍闻也。

妇人之性，率宠子婿而虐儿妇。宠婿，则兄弟之怨生焉；虐妇，则姊妹之谗行焉。然则女之行留，皆得罪于其家者，母实为之。至有谚云："落索阿姑餐。"[103]此其相报也。家之常弊，可不诫哉！

婚姻素对，靖侯[104]成规。近世嫁娶，遂有卖女纳财，买妇输绢，比量父祖，计较锱铢，责多还少，市井[105]无异。或猥婿在门，或傲妇擅室，贪荣求利，反招羞耻，可不慎欤！

借人典籍，皆须爱护，先有缺坏，就为补治，此亦士大夫百行之一也。济阳江禄[106]，读书未竟，虽有急速，必待卷束整齐，然后得起，故无损败，人不厌其求假焉。或有狼藉几案，分散部帙，多为童幼婢妾之所点污，风雨虫鼠之所毁伤，实为累德。吾每读圣人之书，未尝不肃敬对之，其故纸有《五经》[107]词义，及贤达姓名，不敢秽用[108]也。

吾家巫觋[109]祷请，绝于言议。符书[110]章醮[111]亦无祈焉，并汝曹所见也。勿为妖妄之费。

【注释】

① 检迹：检，检点，约束。迹，行为。《乐府诗集》："伯阳为我诚，检迹投清轨。"
② 模敩（xiào）：模拟，仿效。敩同"效"。
③ 提撕：提拉。此处意为提醒、教育。
④ 傅婢：在富人家照顾孩子的婢女。
⑤ 斗阋（xì）：争吵。
⑥ 寡妻：正妻。《诗经·大雅·思齐》："刑于寡妻。"
⑦ 龆龀（tiáo chèn）：儿童换乳牙。此指童年。《东观汉记》："龆龀励志，白首不衰。"
⑧ 两兄：颜协有子为之仪、之推、之善。此文为之推著，两兄当为之仪、之善。《南史·颜协传》："子之仪、之推。"《元和姓纂》载颜协生之仪、之推、之善，《颜氏家庙碑》亦有之善其名。
⑨ 温清（qìng）：冬天暖被褥，夏天凉竹席。此处泛指侍奉父母。清，寒冷、凉。《礼记》："凡为人子之礼，冬暖而夏清，昏定而晨省。"
⑩ 安辞定色：礼仪之始，应衣冠整齐，和颜悦色，辞语得体。《礼记》："安定辞。"
⑪ 锵锵翼翼：行走有恭敬的姿态。《广雅》："锵锵，走也。翼翼敬也，和也。"
⑫ 严君：此处指父亲。《易·家人》："家人有严君焉，父母之谓也。"
⑬ 荼（tú）蓼：原意为处境艰辛，此指父亡。荼，苦菜。蓼，辛辣野菜。丁：当，碰上，逢上。
⑭ 《礼》《传》：《周礼》和《春秋左传》。《北齐书·颜之推传》："世善《周官》《左氏》学。"《周礼》系三礼之首（《仪礼》和《礼记》）。左丘明撰《春秋》，又称《左氏春秋》。
⑮ 今悔昨失：今天后悔、悔恨昨天过失。《淮南子》高诱注："月悔朔，今悔昨。"意同陶渊明辞："觉今是而昨非。"
⑯ 后车：后面的车，此指借鉴，警戒。《汉书》："前车覆，后车戒。"
⑰ 中庸之人，不教不知也：智力中等的普通人、寻常人（非上智与下愚的人），不教育则不知道理。《论语》："唯上智与下愚不移。"《后汉书》："上智下愚，谓之不移；中庸之流，要在教化。"
⑱ 金匮：贵金属打造的柜子，放置贵重物品。《大戴礼》："胎教之道，书之玉版，藏之金匮，置之宗庙，以为后世戒。"匮，柜的古体字。
⑲ 咳（hái）提：即孩提，二三岁间。咳，《说文解字》："古文咳从子"，为"孩"。
⑳ 师保：先秦负责教育皇室贵族子弟的官，分师和保两类，统称师保。《礼记》："师也者，教之以事而喻诸德者也；保也者，慎其身以辅翼之而归诸道者也。"师负责品德教育，保负责培养国家管理人才。

㉑ 此句出自贾谊《新书·保傅》。少成：从小养成的习惯。天性：人生具有的先天性本性。

㉒ 楚挞：用南方荆条编成刑杖，鞭打人。楚，南方。挞，鞭打。

㉓ 王大司马：王僧辩，字君才，南朝梁人，官任大司马。魏夫人：王僧辩之母。事见《梁书·王僧辩传》。

㉔ 湓城：今江西省九江市西，为湓水入长江之处。湓城，亦称湓口。

㉕ 揜（yǎn）藏：揜，通"掩"。遮盖，收而藏之。

㉖ 此句出自《礼记·内则》，意为学而优则仕之人，父子分居。

㉗ 抑搔痒痛，悬衾箧枕：按摩搔痒止痛，父母起床后，子女收拾卧具，叠被子，悬挂好，把枕头收进箱子里。《礼记》："疼痛苛痒，而敬抑搔之……悬衾，箧枕，敛簟而襡之。"

㉘ 此句出自《论语·季氏》，是孔子对子孔鲤的"庭训"。

㉙ 此句出自《论语·季氏》，是说孔子对儿子没有特殊，超过对弟子的单独教育培养，一视同仁。

㉚ 齐武成帝子琅邪王：北齐第五位皇帝高湛为齐武成帝，其第三子高俨，初封东平王，父亡改封琅邪王。

㉛ 诟（gòu）：骂。

㉜ 不知分齐：不知道本分定限。

㉝ 叔段：共叔段，姬姓，名段，一名叔段。春秋时郑国国君郑庄公之弟，因母偏宠，品质低下，终因叛乱而被郑庄公平定。

㉞ 州吁：姬姓，卫氏，名州吁。春秋时卫国国君卫庄公之子，杀兄卫桓公，后被杀。以上两人之事，均见《左传》。

㉟ 坐此幽薨（hōng）：因触犯此事而秘密处死。薨，诸侯之死。《礼记》："天子死曰崩，诸侯曰薨。"此段之事，见《北齐书·琅邪王俨传》。

㊱ 赵王之戮，父实使之：汉高祖刘邦宠妃戚夫人之子赵王如意，倍受宠爱，戚夫人想以如意代太子，而太子系刘邦原配皇后吕后之子，事未成而刘邦驾崩，吕氏毒死如意，又残忍危害戚夫人。事见《史记·吕后本纪》。

㊲ 刘表之倾宗覆族：刘表，汉荆州牧，有二子，刘琦、刘琮。刘琮娶继母的侄女为妻，深受继母爱而厌恶刘琦，琦自知自危，请求外出任职。刘表死，继母蔡氏立琮继承父位，兄弟反目。曹操大军攻荆州，琦外逃，琮投降。事见《后汉书·刘表传》。

㊳ 袁绍之地裂兵亡：袁绍为汉冀州牧，有三子，袁谭、袁熙、袁尚。袁绍后妻宠爱袁尚，排挤袁谭外出任职。袁绍于官渡之战败于曹操，绍病亡，袁尚假立遗命为继承人，兄弟反目，兵戎相见，后被曹操各个击破。事见《后汉书·袁绍传》。

㊴ 灵龟明鉴：古人以龟壳占卜，铜镜照形，比喻可用以借鉴。

㊵ 伏：通“服”。服侍，服务。

㊶ 九族：家族中九代人。我、父、祖父、曾祖、高祖、子、孙、曾孙、玄孙。

㊷ 娣姒（dì sì）：古人称兄妻为娣，弟妻为姒，现称“妯娌”（zhóu li）。《尔雅》：“长妇谓稚妇为娣妇，稚妇谓长妇为姒妇。”

㊸ 旁人：此指妻子。

㊹ 遗体：此指自身。因自身是从父母身上分享出来。《礼记》：“曾子曰：‘身也者，父母之遗体也。’”有时也指兄弟。此遗体非指死者的尸体。

㊺ 分气：指兄弟。自身是“连气”，即“同气”，共同分得父母的精气。

㊻ 恤：忧虑。《诗经·国风·召南》：“谁谓雀无角，何以穿我屋？……谁谓鼠无牙，何以穿我墉？”此指毁家的动物，与下之仆妾、妻相呼应。

㊼ 防：提防、预防。《诗经·豳风·鸱号》：“予室翘翘，风雨所漂摇。”

㊽ 踖（jí）：践踏。《释名》：“踖，藉也，以足藉也。”

㊾ 感霜露而相思：此语出自《诗经·秦风·蒹葭》：“蒹葭苍苍，白露为霜。所谓伊人，在水一方。”

㊿ 换子而抚：兄弟之间互换儿子抚养，此说兄弟间互相爱侄如子。

(51) 沛国刘琎，尝与兄瓛：沛国，古地名，今江苏萧县。刘瓛字子圭，沛郡相人，志高好学，博通训义，其弟刘琎，字子璥，品质正直，儒雅风度不及其兄，而文采则超过。(《南史·刘瓛传》)。

(52) 江陵：古地名，今湖北省荆州市。

(53) 西台：古地名，江陵因位置在西，亦名西台。

(54) 并命：相从而死。

(55) 伯奇：古代周宣王重臣尹吉甫之长子，母亡，继母欲立其子伯封为太子，乃离间吉甫父子情，吉甫一怒之下放逐伯奇于野，伯奇受冤委屈而作琴曲《履霜操》以抒情怀，其父醒悟，召回伯奇，而射杀后妻。见汉蔡邕《琴操·履霜操》。

(56) 曾参：曾子，字子舆，春秋时期鲁国人，孔子弟子。

(57) 王骏：西汉汉成帝朝大臣。

(58) 华、元：曾参的三子曾华和长子曾元。《汉书·王吉传》：“吉子骏，为少府，时妻死，因不复娶，或问之，骏曰：‘德非曾参，子非华、元，亦何敢娶。’”

(59) 江左：江东。广义指长江下游以东地区。古代地理以东为左，以西为右，故江左即江东。狭义指安徽芜湖长江以下的南岸地区。此指广义上的江左。

(60) 庶孽：旧时称非正妻而是婢妾所生的子女。

(61) 妾媵（yìng）：春秋时期的婚姻制度，诸侯嫁女，须由宗室之妹或侄女陪嫁，名曰妾媵，又名媵。后世为正妻以外的婢妾之通称。

(62) 河北：黄河以北地区。

(63) 侧出：非正妻所生的子女之通称。

(64) 人流：正常有身份人的行列。王利器《集解》："人流之流，与士流、学流、文流、某家者流之流意同。"

(65) 子：此指前妻之子。母：此指后母。

(66) 先人之辞迹：先辈们的言辞和行迹，即不可告人的隐私。

(67) 思鲁：颜思鲁，颜之推之长子。

(68) 后汉书：书名。南朝宋历史学家范晔编撰东汉历史的纪传体史书，与《史记》《汉书》《三国志》全称"前四史"。

(69) 汝南：古郡名，今河南上蔡地区。

(70) 里门：古代行政管辖，二十五家为里，里门系乡里之门。

(71) 昏晨不废：薛包坚持每日的晨省夕安。

(72) 理：据王利器考证，"此盖传抄者避唐高宗李治讳改"，"理"应为"治"。

(73) 建光：汉安帝年号，公元121—122年。

(74) 公车：汉代官府名，公车令系卫尉的下属机构，负责宫殿中司马门的警卫工作。

(75) 侍中：官名。始置于秦，至南宋废。

(76) 赐告：汉代制度，将官属归家养病，谓之赐告。吏病满三月当免，天子优赐其告。

(77) 陵：通"凌"，以下侮上。

(78) 此句见于《吕氏春秋·荡兵》："家无怒笞，则竖子婴儿之有过也立见。"竖子：指未成年人。

(79) 此句见于《论语·子路》。此句意为滥施刑罚，则民众动则犯法，不知如何举动方好。中（zhòng）：合适，适当。措：安放。

(80) 此句见于《论语·述而》。孙：同"逊"，谦让，恭顺。固：固塞鄙陋，短浅见识。

(81) 此句见于《论语·泰伯》。

(82) 盐井：产井盐的井。盐分海盐、池盐、岩盐和井盐。此指家中没有盐井，故不能产盐。左思《蜀都赋》："家有盐泉之井。"

(83) 中书舍人：官职名，系中书上省下属官，担当起草诏令，参与机密议事，权力甚重。

(84) 乡党：周代行政管辖制，以五百家为一党，以一万二千家为一乡。后乡党泛指乡里、乡邻。

(85) 文烈：房文烈，河北清河人。父房景伯，祖父房法寿。此段记述房文烈任齐国吏部侍郎时之事。

(86) 颦蹙（pín cù）：皱眉蹙额，一副不快乐的样子。

(87) 裴子野：字子原，南朝梁人，文士，以孝行著称。注《三国志》裴松之曾孙。事见《梁书》传。

⑧⑧ 邺下：邺城，北齐的首都，今河南临漳地区。

⑧⑨ 领军：领军大将的省称。此指鲜卑族人厍（shè）狄伏连，事见《北齐书·慕容俨传》。

⑨⓪ 南阳：古郡名，今河南南阳、湖北襄阳地区。

⑨① 俯仰：随事应付、周旋。

⑨② 郎：六朝人称呼婿为郎，后称富贵人家的男青年为郎，再后称"少爷"。

⑨③ 中馈：家庭中的饮食之事，旧时多为妇女主持。《易·家人》："无攸遂，在中馈。"

⑨④ 干蛊（gǔ）：通常称子能担当父所不能胜任之事为"干蛊"。此"干蛊"指主事的意思。《易·蛊》："干父之蛊。"王弼注："干父之事，能承先轨，堪其任者也。"

⑨⑤ 恒、代之遗风：北魏建都平城（今山西大同）县，县属代郡，郡属恒州。此遗风指北魏遗留下的旧风俗习惯。

⑨⑥ 尔汝之：旧时富贵人家夫妻之间交谈用"尔""汝"相称被认为大不敬，但在北魏时期的风俗中贵族之家不拘泥于此。

⑨⑦ 太公：姜太公，吕尚，见前正文p1。

⑨⑧ 此句见《太平御览》卷四八五所引《六韬》（后人托名姜太公撰）："太公曰：'养女太多，四盗也。'"

⑨⑨ 陈蕃：字仲举，河南平舆人。后汉末年名士大臣，此语系陈蕃上疏中用语，意为五个女儿先后出嫁需置办嫁妆，致家贫如洗，连盗贼都不愿光顾。

⑩⓪ 蒸民：众多的民众。《诗经·大雅·蒸民》："天生蒸民。"

⑩① 阍（hūn）竖：守门人。

⑩② 辄持将去：立即将女婴抱走而杀死。

⑩③ 落索阿姑餐：冷落萧索。阿姑，儿媳对婆婆（丈夫母亲）的称谓。此句意为儿媳虐待公婆，把极差的饭菜给婆婆吃，以此报复。

⑩④ 靖侯：颜含，字宏都，琅琊人，东晋官员，系颜之推九世祖。东晋权臣桓温要和颜家论婚嫁，被颜含拒绝，并立下规矩，婚姻勿贪势家。

⑩⑤ 市井：古指商贸买卖之处，《管子·小匡》："处商必就市井。"此指做买卖。

⑩⑥ 济阳江禄：济阳，古县名，今河南兰考东北。江禄，字彦遐，南朝梁国文人，事见《南史·江夷传》。

⑩⑦ 五经：书名。南北朝以《周易》《尚书》《毛诗》《礼记》《春秋左氏传》为《五经》。

⑩⑧ 秽用：不敢将《五经》书卷用于覆瓿、当薪、糊窗等污秽等地方之用。

⑩⑨ 巫觋（xí）：女巫名巫，男巫名觋，男女巫合称"巫觋"。《荀子·正论》注："女曰巫，男曰觋。"

⑩⑩ 符书：旧时道士用以驱鬼请神或祛病延寿的神秘画符之文书。

⑪① 章醮（jiào）：原是向神祈祷的祭祀，后演变为道士把给天曹上奏章做祈祷的活动称为"章醮"。

卷第二
风操 慕贤
风操第六

吾观《礼经》，圣人之教：箕帚匕箸①，咳唾唯诺②，执烛沃盥③，皆有节文④，亦为至矣。但既残缺，非复全书。其有所不载，及世事变改者，学达君子，自为节度，相承行之，故世号士大夫风操。而家门颇有不同，所见互称长短。然其阡陌，亦自可知。昔在江南，目能视而见之，耳能听而闻之。蓬生麻中⑤，不劳翰墨⑥。汝曹生于戎马之间，视听之所不晓，故聊记录，以传示子孙。

《礼》曰："见似目瞿，闻名心瞿。"⑦有所感触，恻怆心眼。若在从容平常之地，幸须申其情耳。必不可避，亦当忍之。犹如伯叔兄弟，酷类先人，可得终身肠断，与之绝耶？又："临文不讳，庙中不讳，君所无私讳。"⑧益知闻名，须有消息，不必期于颠沛而走也。梁世谢举⑨，甚有声誉，闻讳必哭，为世所讥。又有臧逢世，臧严⑩之子也，笃学修行，不坠门风。孝元⑪经牧江州⑫，遣往建昌督事，郡县民庶，竞修笺书，朝夕辐辏，几案盈积，书有称"严寒"者，必对之流涕，不省取记，多废公事，物情⑬怨骇，竟以不办而还。此并过事也。

近在扬都，有一士人讳审，而与沈氏交结周厚，沈与其书，名而不姓，此非人情也。

凡避讳者，皆须得其同训以代换之：桓公⑭名白，博有五皓⑮之称；厉王名长⑯，琴⑰有修短之目。不闻谓布帛为布皓，呼肾肠为肾修也。梁武小名阿练，子孙皆呼练为绢，乃谓销炼物为销绢物，恐乖其义。或有讳云者，呼纷纭为纷烟。有讳桐者，呼梧桐树为白铁树，便似戏笑耳。

周公名子曰禽，孔子名儿曰鲤，止在其身，自可无禁。至若卫侯、魏公子⑱、楚太子，皆名虮虱。长卿名犬子⑲，王修名狗子⑳，上有连及，理未为通，古之所行，今之所笑也。北土多有名儿为驴驹、豚子者，使其自称及兄弟所名，亦何忍哉？前汉有尹翁归，后汉有郑翁归，梁家亦有孔翁归，又有顾翁宠，晋代有许思妣㉑、孟少孤㉒。如此名字，幸当避之。

今人避讳，更急于古。凡名子者，当为孙地㉓。吾亲识中有讳襄、讳友、讳同、讳清、讳和、讳禹，交疏造次，一座百犯，闻者辛苦，无僇赖㉔焉。

昔司马长卿慕蔺相如，故名相如㉕，顾元叹慕蔡邕，故名雍㉖，而后汉有朱伥字孙卿㉗，许暹字颜回㉘，梁世有庾晏婴㉙、祖孙登㉚，连古人姓为名字，亦鄙事也。

昔刘文饶㉛不忍骂奴为畜产，今世愚人遂以相戏，或有指名为豚犊者，有识傍观，犹欲掩耳，况当之者乎？

近在议曹㉜，共平章㉝百官秩禄，有一显贵，当世名臣，意嫌所议过厚。齐朝有一两士族文学之人，谓此贵曰："今日天下大同，须为百代典式，岂得尚作关中旧意？明公定是陶朱公㉞大儿耳！"彼此欢笑，不以为嫌。

昔侯霸㉟之子孙，称其祖父曰家公。陈思王㊱称其父为家父，母为家母。潘尼㊲称其祖曰家祖：古人之所行，今人之所笑也。今南北风俗，言其祖及二亲，无云家者。田里猥人，方有此言耳。凡与人言，言己世父，以次第称之，不云家者，以尊于父，不敢家也。凡言姑姊妹女子子：已嫁，则以夫氏称之；在室，则以次第称之。言礼成他族，不得云家也。子孙不得称家者，轻略之也。蔡邕㊳书集，呼其姑姊为家姑家姊。班固㊴书集，亦云家孙。今并不行也。

凡与人言，称彼祖父母、世父母、父母及长姑，皆加尊字，自叔父母已下，则加贤字，尊卑之差也。王羲之㊵书，称彼之母与自称己母同，不云尊字，今所非也。

南人冬至岁首，不诣丧家。若不修书，则过节束带㊶以申慰。北人至岁之日，重行吊礼。礼无明文，则吾不取。南人宾至不迎，相见捧手而不揖，送客下席而已。北人迎送并至门，相见则揖，皆古之道也，吾善其迎揖。

昔者，王侯自称孤、寡、不穀㊷，自兹以降，虽孔子圣师，与门人言皆称名也。后虽有臣仆之称，行者盖亦寡焉。江南轻重，各有谓号，具诸《书仪》㊸。北人多称名者，乃古之遗风，吾善其称名焉。

言及先人，理当感慕，古者之所易，今人之所难。江南人事不获已，须言阀阅㊹，必以文翰，罕有面论者。北人无何㊺便尔话说，及相访问。如此之事，不可加于人也。人加诸己，则当避之。名位未高，如为勋贵所逼，隐忍方便，速报取了。勿使烦重，感辱祖父。若没，言须及者，则敛容肃坐，称大门中㊻，世父、叔父则称从兄弟门中，兄弟则称亡者子某门中，各以其尊卑轻重为容色之节，皆变于常。若与君言，虽变于色，犹云亡祖亡伯亡叔也。吾见名士，亦有呼其亡兄弟为兄子弟子门中者，亦未为安贴也。北土风俗，都不行此。太山羊侃㊼，梁初入南。吾近至邺[48]，其兄子肃访侃委曲，吾答之云："卿从门中在梁，如此如此。"肃曰："是我亲第七亡叔，非从也。"祖孝征[49]在坐，先知江南风俗，乃谓之云："贤从弟门中，何故不解？"

古人皆呼伯父、叔父，而今世多单呼伯叔。从父[50]兄弟姊妹已孤，而对其前，呼其母为伯叔母，此不可避者也。兄弟之子已孤，与他人言，对孤者前，呼为兄子弟子，颇为不忍。北土人多呼为侄。案：《尔雅》[51]《丧服经》[52]《左传》，侄虽名通男女，并是对姑之称。晋世已来，始呼叔侄。今呼为侄，于理为胜也。

别易会难，古人所重。江南饯送，下泣言离。有王子侯，梁武帝弟，出为东郡[53]，与武帝别，帝曰："我年已老，与汝分张，甚以恻怆。"数行泪下。侯遂密云[54]，赧然而出。坐此被责，飘飖舟渚，一百许日，卒不得去。北间风俗，不屑此事，歧路言离，欢笑分首。然人性自有少涕泪者，肠虽欲绝，目犹烂然。如此之人，不可强责。

凡亲属名称，皆须粉墨，不可滥也。无风教[55]者，其父已孤，呼外祖父母与祖父母同，使人为其不喜闻也。虽质于面，皆当加外以别之。父母之世叔父，皆当加其次第以别之。父母之世叔母，皆当加其姓以别之。父母之群从世叔父母及从祖父母，皆当加其爵位若姓以别之。河北士人，皆呼外祖父母为家公家母。江南田里间亦言之。以家代外，非吾所识。

凡宗亲世数，有从父，有从祖[56]，有族祖[57]。江南风俗，自兹已往，高秩[58]者，通呼为尊，同昭穆[59]者，虽百世犹称兄弟。若对他人称之，皆云族人。河北士人，虽三二十世，犹呼为从伯从叔。梁武帝尝问一中土人曰："卿北人，何故不知有族？"答云："骨肉易疏，不忍言族耳。"当时虽为敏对，于礼未通。

吾尝问周弘让[60]曰："父母中外姊妹，何以称之？"周曰："亦呼为丈人[61]。"自古未见丈人之称施于妇人也[62]。吾亲表所行，若父属者，为某姓姑。母属者，为某姓姨。中外丈人之妇，猥俗呼为丈母[63]，士大夫谓之王母、谢母云。而《陆机[64]集》有《与长沙顾母书》，乃其从叔母也，今所不行。

齐朝士子，皆呼祖仆射[65]为祖公，全不嫌有所涉也，乃有对面以相戏者。

古者，名以正体，字以表德，名终则讳之，字乃可以为孙氏[66]。孔子弟子记事者，皆称仲尼。吕后[67]微时，尝字高祖为季。至汉爰种，字其叔父曰丝。王丹[68]与侯霸[69]子语，字霸为君房。江南至今不讳字也。河北士人全不辨之，名亦呼为字，字固呼为字。尚书王元景[70]兄弟，皆号名人，其父名云，字罗汉，一皆讳之，其余不足怪也。

《礼·闲传》云："斩缞[71]之哭，若往而不反。齐缞[72]之哭，若往而反。大功[73]之哭，三曲而偯；小功[74]缌麻[75]，哀容可也，此哀之发于声音也。"《孝经》云："哭不偯。"[76]皆论哭有轻重质文之声也。礼以哭有言者为号，然则哭亦有辞也。江南丧哭，时有哀诉之言耳。山东重丧，则唯呼苍天，期功[77]以下，则唯呼痛深，便是号而不哭。

江南凡遭重丧，若相知者，同在城邑，三日不吊则绝之。除丧[78]，虽相遇则避之，怨其不己悯也。有故及道遥者，致书可也，无书亦如之。北俗则不尔。江南凡吊者，主人之外，不识者不执手。识轻服而不识主人，则不于会所而吊，他日修名[79]诣其家。

阴阳说[80]云："辰为水墓，又为土墓，故不得哭。"王充[81]《论衡》云："辰日不哭，哭则重丧。"今无教者，辰日有丧，不问轻重，举家清谧，不敢发声，以辞吊客。道书又曰："晦歌朔哭，皆当有罪，天夺其算。"丧家朔望[82]，哀感弥深，宁当惜寿，又不哭也？亦不谕。

偏傍[83]之书，死有归杀[84]。子孙逃窜，莫肯在家。画瓦书符[85]，作诸厌胜[86]。丧出之日，门前然[87]火，户外列灰[88]，祓送家鬼，章断注连[89]。凡如此比，不近有情，乃儒雅之罪人，弹议[90]所当加也。

已孤，而履岁[91]及长至[92]之节，无父，拜母、祖父母、世叔父母、姑、兄、姊，则皆泣。无母，拜父、外祖父母、舅、姨、兄、姊，亦如之。此人情也。

江左朝臣，子孙初释服[93]，朝见二宫[94]，皆当泣涕，二宫为之改容。颇有肤色充泽，无哀感者，梁武薄其为人，多被抑退。裴政[95]出服，问讯[96]武帝，贬瘦枯槁，涕泗滂沱，武帝目送之曰："裴之礼不死也。"[97]

二亲既没，所居斋寝[98]，子与妇弗忍入焉。北朝顿丘李构[99]，母刘氏，夫人亡后，所住之堂，终身锁闭，弗忍开入也。夫人，宋广州刺史纂[100]之孙女，故构犹染江南风教。其父奖，为扬州刺史，镇寿春[101]，遇害。构尝与王松年[102]、祖孝征数人同集谈谦。孝征善画，遇有纸笔，图写为人。顷之，因割鹿尾，戏截画人以示构，而无他意。构怆然动色，便起就马而去。举坐惊骇，莫测其情。祖君寻悟，方深反侧[103]，当时罕有能感此者。吴郡陆襄[104]，父闲被刑，襄终身布衣蔬饭，虽姜菜有切割，皆不忍食。居家惟以掐摘供厨。江宁[105]姚子笃，母以烧死，终身不忍啖炙。豫章[106]熊康父以醉而为奴所杀，终身不复尝酒。然礼缘人情，恩由义断,亲以噎死,亦当不可绝食也。

《礼经》:父之遗书,母之杯圈,感其手口之泽[107],不忍读用。政[108]为常所讲习,雠校繕写,及偏加服用,有迹可思者耳。若寻常坟典[109],为生什物,安可悉废之乎?既不读用,无容散逸,惟当缄保,以留后世耳。

思鲁等第四舅母,亲吴郡张建女也,有第五妹,三岁丧母。灵床上屏风,平生旧物,屋漏沾湿,出曝晒之,女子一见,伏床流涕。家人怪其不起,乃往抱持。荐席淹渍,精神伤怛,不能饮食。将以问医,医诊脉云:"肠断矣!"因尔便吐血,数日而亡。中外怜之,莫不悲叹。

《礼云》:"忌日不乐。"正以感慕罔极,恻怆无聊[110],故不接外宾,不理众务耳。必能悲惨自居,何限于深藏也?世人或端坐奥室[111],不妨言笑,盛营甘美,厚供斋食。迫有急卒,密戚至交,尽无相见之理。盖不知礼意乎!

魏世王修[112]母以社日[113]亡。来岁社日,修感念哀甚,邻里闻之,为之罢社。今二亲丧亡,偶值伏腊[114]分至[115]之节,及月小晦后,忌之外,所经此日,犹应感慕,异于余辰,不预饮宴、闻声乐及行游也。

刘绦、缓、绥,兄弟并为名器,其父名昭[116],一生不为照字,惟依《尔雅》火旁作召耳。然凡文与正讳相犯,当自可避。其有同音异字,不可悉然。刘字之下,即有昭音。吕尚[117]之儿,如不为上。赵壹[118]之子,倘不作一。便是下笔即妨,是书皆触也。

尝有甲设谦席,请乙为宾,而旦于公庭见乙之子,问之曰:"尊侯早晚顾宅?"乙子称其父已往[119],时以为笑。如此比例,触类慎之,不可陷于轻脱。

江南风俗,儿生一期[120],为制新衣,盥浴装饰,男则用弓矢纸笔,女则刀尺针缕,并加饮食之物,及珍宝服玩,置之儿前,观其发意所取,以验贪廉愚智,名之为试儿。亲表[121]聚集,致宴享焉。自兹已后,二亲若在,每至此日,尝有酒食之事耳。无教之徒,虽已孤露[122],其日皆为供顿,酣畅声乐,不知有所感伤。梁孝元年少之时,每八月六日载诞之辰,常设斋讲。自阮修容[123]薨殁之后,此事亦绝。

人有忧疾,则呼天地父母,自古而然。今世讳避,触途急切。而江东士庶,痛则称祢[124]。祢是父之庙号,父在无容称庙,父殁何容辄呼?《仓颉篇》[125]有倄字,《训诂》[126]云:"痛而謼[127]也,音羽罪反[128]。"今北人痛则呼之。《声类》[129]音于耒反,今南人痛或呼之。此二音随其乡俗,并可行也。

梁世被系劾者，子孙弟侄，皆诣阙三日，露跣[130]陈谢[131]。子孙有官，自陈解职。子则草屩粗衣，蓬头垢面，周章[132]道路，要候执事，叩头流血，申诉冤枉。若配徒隶，诸子并立草庵于所署门，不敢宁宅，动经旬日，官司驱遣，然后始退。江南诸宪司弹人事，事虽不重，而以教义见辱者，或被轻系而身死狱户者，皆为怨雠，子孙三世不交通矣。到洽[133]为御史中丞，初欲弹刘孝绰[134]，其兄溉[135]先与刘善，苦谏不得，乃诣刘涕泣告别而去。

兵凶战危，非安全之道。古者，天子丧服以临师，将军凿凶门而出。父祖伯叔，若在军阵，贬损自居，不宜奏乐谦会及婚冠吉庆事也。若居围城之中，憔悴容色，除去饰玩，常为临深履薄[136]之状焉。父母疾笃，医虽贱虽少，则涕泣而拜之，以求哀也。梁孝元在江州，尝有不豫。世子方等[137]亲拜中兵参军[138]李猷焉。

四海之人，结为兄弟，亦何容易。必有志均义敌，令终如始者，方可议之。一尔之后，命子拜伏，呼为丈人，申父友之敬。身事彼亲，亦宜加礼。比见北人，甚轻此节，行路相逢，便定昆季[139]，望年观貌，不择是非，至有结父为兄，托子为弟者。

昔者，周公一沐三握发，一饭三吐餐[140]，以接白屋之士[141]，一日所见者七十余人。晋文公以沐辞竖头须，致有图反[142]之诮。门不停宾，古所贵也。失教之家，阍寺[143]无礼，或以主君寝食嗔怒，拒客未通，江南深以为耻。黄门侍郎[144]裴之礼，号善为士大夫，有如此辈，对宾杖之。其门生僮仆，接于他人，折旋[145]俯仰，辞色应对，莫不肃敬，与主无别也。

慕贤第七

古人云："千载一圣，犹旦暮也。五百年一贤，犹比髆也。"[146]言圣贤之难得，疏阔如此。倘遭不世明达君子，安可不攀附景仰之乎？吾生于乱世，长于戎马，流离播越，闻见已多。所值名贤，未尝不心醉魂迷向慕之也。人在年少，神情未定，所与款狎[147]，熏渍陶染，言笑举动，无心于学，潜移暗化，自然似之。何况操履艺能，较明易习者也？是以与善人居，如入芝兰之室，久而自芳也。与恶人居，如入鲍鱼之肆，久而自臭也[148]。墨子悲于染丝[149]，是之谓矣。君子必慎交游焉。孔子曰："无友不如己者。"[150]颜、闵[151]之徒，何可世得！但优于我，便足贵之。

世人多蔽，贵耳贱目，重遥轻近。少长周旋，如有贤哲，每相狎侮，不加礼敬。他乡异县，微藉风声，延颈企踵，甚于饥渴。校其长短，核其精粗，或彼不能如此矣。所以鲁人谓孔子为东家丘¹⁵²，昔虞国宫之奇¹⁵³，少长于君，君狎之，不纳其谏，以至亡国，不可不留心也。

用其言，弃其身，古人所耻¹⁵⁴。凡有一言一行，取于人者，皆显称之，不可窃人之美，以为己力。虽轻虽贱者，必归功焉。窃人之财，刑辟之所处。窃人之美，鬼神之所责。

梁孝元¹⁵⁵前在荆州，有丁觇¹⁵⁶者，洪亭民耳，颇善属文，殊工草隶。孝元书记，一皆使之。军府¹⁵⁷轻贱，多未之重，耻令子弟以为楷法，时云："丁君十纸，不敌王褒¹⁵⁸数字。"吾雅爱其手迹，常所宝持。孝元尝遣典签¹⁵⁹惠编送文章示萧祭酒¹⁶⁰，祭酒问云："君王比赐书翰，及写诗笔，殊为佳手，姓名为谁？那得都无声问？"编以实答。子云叹曰："此人后生无比，遂不为世所称，亦是奇事。"于是闻者稍复刮目。稍仕至尚书仪曹郎¹⁶¹，末为晋安王¹⁶²侍读¹⁶³，随王东下。及西台¹⁶⁴陷殁，简牍湮散，丁亦寻卒于扬州。前所轻者，后思一纸，不可得矣。

侯景¹⁶⁵初入建业¹⁶⁶，台门虽闭，公私草扰，各不自全。太子左卫率羊侃¹⁶⁷坐东掖门，部分经略，一宿皆办，遂得百余日抗拒凶逆。于时，城内四万许人，王公朝士，不下一百，便是恃侃一人安之，其相去如此。古人云："巢父、许由¹⁶⁸，让于天下；市道小人，争一钱之利¹⁶⁹。"亦已悬矣。

齐文宣帝¹⁷⁰即位数年，便沈¹⁷¹湎纵恣，略无纲纪。尚能委政尚书令杨遵彦¹⁷²，内外清谧，朝野晏如，各得其所，物无异议，终天保¹⁷³之朝。遵彦后为孝昭¹⁷⁴所戮，刑政于是衰矣。斛律明月¹⁷⁵齐朝折冲¹⁷⁶之臣，无罪被诛，将士解体，周¹⁷⁷人始有吞齐之志，关中至今誉之。此人用兵，岂止万夫之望而已哉！国之存亡，系其生死。

张延隽之为晋州行台¹⁷⁸左丞，匡维主将，镇抚疆埸，储积器用，爱活黎民，隐¹⁷⁹若敌国矣。群小不得行志，同力迁之。既代之后，公私扰乱，周师一举，此镇先平。齐亡之迹，启于是矣。

【注释】

① 箕帚匕箸：此指打扫卫生、吃饭用餐等都有一定的动作规范，可参见《礼记·曲礼上》。箕，粪箕。帚，扫帚。匕，匙。箸，筷子。
② 咳唾唯诺：此句见《礼记·内则》："在父母舅姑之所，不敢哕噫、嚏咳、欠伸、跛

倚、睇视，不敢唾洟。"又《礼记·曲礼上》："抠衣趋隅，必慎重唯诺。"是说在长辈前应遵守此规矩，以示尊敬和孝道。

③ 执烛沃盥：执烛，手执蜡烛，古人饮酒时的宾主礼仪。《礼记·少仪》："执烛，不让不辞不歌。"沃盥，古代父母洗手洗脸时，儿女侍奉毛巾的礼仪，以示孝道。《礼记·内则》："进盥，少者奉槃，长者奉水，请沃盥。盥卒，授巾，问所欲而敬进之。"

④ 节文：节制规范。《礼记·坊记》："礼者，因人之情，而为之节文，以为民坊者也。"

⑤ 蓬生麻中：蓬草，软草本植物，不能直立生成，而麻为硬草本植物，直立生成。蓬生长在麻中自然也直立了。比喻人生长的环境对人的成长的影响，类似"近朱者赤，近墨者黑"。此句见《荀子·劝学》："蓬生麻中，不扶而直。"

⑥ 不劳翰墨：据王利器考证，"翰墨"当是"绳墨"之误，是。绳墨，木匠用的墨斗，画直线的工具。

⑦ 此句见《礼记·杂记下》。瞿：惊恐不安。

⑧ 此句见《礼记·典礼上》。意为在撰文、宗庙祭祀、面见国君时，都可不必避讳自己及先人的名讳。

⑨ 谢举：字言扬，河南太康人。南朝梁文士，中书令谢览之弟。见《梁书·谢举传》。

⑩ 臧严：南朝梁文士，事见《梁书·文学传》。

⑪ 孝元：梁元帝萧绎，字世诚，小字七符，江苏常州人（又说山东临沂）。

⑫ 江州：古地名，今江西九江。

⑬ 物情：人情，古代谓人亦有为物。《国语·周语》："今以美物归汝。"美物即美人。

⑭ 桓公：齐桓公，姜姓，名小白。春秋五霸之一。

⑮ 五皓：五白，古代赌博之戏，因避齐桓公小白之名讳，而改称五皓。

⑯ 厉王名长：淮南厉王，刘长，汉高祖少子。见《汉书·淮南厉王传》。

⑰ 琴：据王利器考证，疑"琴"系"性"之误，是。

⑱ 魏公子：程氏考证为"韩公子"。《史记·韩世家》记载：襄王十二年，太子婴死，公子咎与公子虮虱在楚国当人质。

⑲ 长卿名犬子：司马相如，字长卿，小名犬子。四川成都人。汉文学家、诗人、辞赋家，汉赋四大家之一。官任武骑常侍。事见《史记·司马相如传》。

⑳ 王修名狗子：王修字敬仁，小名苟子，山东临沂人。东晋著作郎、书法家。苟与狗通用于六朝时期。

㉑ 许思妣：许永，字思妣，晋朝文士。

㉒ 孟少孤：孟陋，字少孤，武昌人。晋代文人，隐士。事见《晋书·隐逸传》。

㉓ 当为孙地：应当为孙子留有余地。

㉔ 无憀赖：无所依从和依靠。

㉕ 此句是汉文学家司马相如（成都人，字长卿）因敬慕战国时赵国大臣蔺相如完璧归

赵，亦对同僚大臣廉颇谦让，而使廉颇负荆请罪，言归于好，共同抗敌之佳话，改名相如。事见《史记·司马相如列传》和《史记·廉颇蔺相如列传》。

㉖ 此句意为顾元叹，又名顾雍，因敬慕东汉文学家、书法家，多才多艺的蔡邕，而改名雍。雍古同"邕"。顾氏事见《三国志·吴传》，蔡氏事见《后汉书·蔡邕传》。

㉗ 孙卿：荀子，名卿。战国时期的著名思想家、教育家。汉代人避汉宣帝名询之讳，故以"孙"代"荀"。后汉朱佽字荀卿，改"孙卿"。

㉘ 颜回：颜渊，名回，字子渊，春秋时期鲁国人，孔子的高足，以高尚品质著称。

㉙ 晏婴：又名晏子，春秋时期齐国大夫，辅助齐灵公、齐庄公、齐景公三世执政。时齐人将其言行记录并编辑成《晏子春秋》。

㉚ 孙登：字公和，号苏门先生，河南辉县人。三国魏晋隐士，事见《晋书·隐逸传》。

㉛ 刘文饶：刘宽，字文饶，陕西华阴人。汉高祖十五世孙，后汉名臣。事见《后汉书·刘宽传》。

㉜ 议曹：议论颜之推入周任御史大夫事。

㉝ 平章：原指官名，此指商讨、研究、磋商。

㉞ 陶朱公：范蠡别号陶朱公，春秋时期越国大夫，助越王勾践灭吴国夫差。此句是指范蠡二儿子在楚国杀人被抓，范的大儿子携千金赴楚营救，因吝啬钱财，招致其弟被杀。事见《史记·越王勾践世家》。

㉟ 侯霸：字君房，河南新密人，汉时官任大司徒。事见《后汉书》。

㊱ 陈思王：三国曹魏著名文学家，曹操之子曹植，封地为陈，亦称陈王，死后谥号"思"，后人称陈思王。事见《三国志》。

㊲ 潘尼：字正叔，河南荥阳人。潘岳之侄。西晋文学家，与潘岳齐名，世称"两潘"。事见《晋书·潘岳传》。

㊳ 蔡邕（yōng）：字伯喈，河南杞县人。东汉文学家、书法家，且精通经史、音律、天文，又多才多艺。事见《后汉书》。

㊴ 班固：字孟坚，陕西咸阳人。汉史学家、文学家。继承父业，续编《汉书》，撰《白虎通义》。事见《后汉书·班彪传》。

㊵ 王羲之：字逸少，山东临沂人。晋代著名书法家，官至右军将军，人称"王右军"。事见《晋书·王羲之传》。

㊶ 束带：紧束衣带，整饰衣冠，以示尊敬。

㊷ 孤、寡、不谷：皆为古时帝王诸侯的谦词，如孤家、寡人、朕。《吕氏春秋·士容》篇注："孤、寡，谦称也。"《淮南子·人间》篇注："不谷，不禄也，人君谦以自称也。"

㊸ 书仪：谢元撰《内外书仪》四卷，蔡超撰《书仪》二卷，周舍撰《书仪疏》一卷，皆失传。

㊹ 阀阅：同“代阅”，指家世。

㊺ 无何：无故无由。

㊻ 大门中：自称已故的祖父和父亲。以下言“门中”，皆为称自己家族中的死者。

㊼ 羊侃：字祖忻，山东泰安人。自魏入梁名将，官任泰山太守，升至尚书。侯景之乱时，坚守建康（南京）病逝。事见《梁书·羊侃传》。

㊽ 邺：北齐都城，今河北临漳县。

㊾ 祖孝征：祖珽，字孝征，河北容城人。北齐诗人、官员，官至尚书左仆射，封燕郡公。

㊿ 从父：伯父、叔父的通称。

(51) 尔雅：系我国最早解释词义的专著，今本三卷，十九篇。

(52) 丧服经:《仪记》中的《丧服篇》。

(53) 东郡：建康以东的郡。

(54) 密云：欲哭无泪。《易·小畜》:“密云不雨。”

(55) 风教：教化。《毛诗序》:“风，风也，教也；风以动之，教以化之。”

(56) 从祖：父的堂叔、伯叔。

(57) 族祖：祖父的堂叔、伯叔。

(58) 秩：旧时官吏的工资，引申为官员的职位和级别。

(59) 昭穆：古代宗庙和墓地按辈分排列的制度。以始祖居中。

(60) 周弘让：河南汝南人。周弘正之弟，南朝陈太常卿光禄大夫，加金章紫绶。

(61) 丈人：指对亲戚长辈的通称。

(62) 此句意丈人之称，不用于妇人。但多数作者考证认为古代称婆婆亦称“丈人”，颜氏有误。

(63) 丈母：此指父辈的妻子。

(64) 陆机：字士衡，江苏苏州人。西晋著名的文学家、书法家。官至后将军，河北大都督。西晋诗坛代表，誉为“太康之美”。

(65) 祖仆射（yè）：祖珽，字孝征，北齐官侍中为左仆射。仆射，官职名。

(66) 为孙氏：用来作孙辈的氏。上古时，氏是姓的分支，用以区别子孙之所自出。汉魏后，姓氏合，姓亦称氏。

(67) 吕后：汉高祖刘邦的妻子，名雉。汉惠帝之母，惠帝崩，吕后临朝主政八年。

(68) 王丹：字仲回，京兆下邽人。汉代官员，任太子太傅。事见《后汉书·王丹传》。

(69) 侯霸：字君房，河南新密人。汉代任大司徒。事见《后汉书·侯霸传》。

(70) 王元景：王昕，字元景，山东寿光人。北齐尚书。弟王晞，字叔朗，小名沙弥，父王云，字罗汉。

(71) 斩缞（cuī）：旧时五种丧服之一，且为最重，以粗麻布制成，左右和下边不缝。儿子、未嫁女儿对亡父母，媳妇对亡公婆，妻子对亡夫，重孙对亡曾祖父母，服斩縗，守孝三年。见《仪礼·丧服》。
㋄ 齐縗：旧时五种丧服之一，次于斩縗，以粗麻布制成，以其缉边，故称"齐縗"。丈夫为亡妻，孙为亡祖父母，服齐縗，守孝一年。亡曾祖父母，服齐縗五个月。亡高祖父母，服齐縗三个月。
㋅ 大功：旧时五种丧服之一，以熟布做成，比齐縗为细，比小功为粗。
㋆ 小功：旧时五种丧服之一，以熟布制成，比大功细，比缌麻粗。
㋇ 缌麻：旧时五种丧服之最轻者。
㋈ 哭不偯（yǐ）：气竭而息，声不委曲。《孝经·丧亲》："孝子之丧亲也，哭不偯。"
㋉ 期功：服丧服之期限，如斩縗三年，齐縗一年。功，指大功、小功丧服。
㋊ 除丧：除去丧礼之服，守孝期止。《礼记·丧服小纪》："故期而祭，礼也。期而除丧，道也。"
㋋ 名：古时名刺，今日之名片。古名刺用竹木削片制成，上书自己姓名，后用纸质，拜访时用。
㋌ 阴阳说：误，应为"阴阳家"。
㋍ 王充：字仲任，浙江上虞人。东汉哲学家、思想家。撰《论衡》三十卷。此句出自《论衡·辨祟》。
㋎ 朔望：朔，阴历每月初一。望，阴历每月十五日。
㋏ 偏傍：此指旁门左道，不正经。
㋐ 归杀：亦作"归煞""回煞"，旧时迷信说人死后某日灵魂要回家一次，叫"归煞"，家里人必须外出躲避。此种迷信习俗，汉魏时已有之，直至现代消亡。
㋑ 画瓦书符：画瓦，旧时在瓦片上画图像以镇邪。书符，在书纸上画符号，以驱邪。
㋒ 厌胜：古代的一种巫术，用以诅咒制胜人或物。
㋓ 然：古通"燃"。
㋔ 户外列灰：在门外铺草灰，以观死人魂魄之行迹，同时亦阻止鬼魂入门。
㋕ 章断注连：上表以求断绝死者殃及传染家人。
㋖ 弹议：弹劾、检举、旁议官员的过失。
㋗ 履岁：指元旦，履端岁首。
㋘ 长至：冬至的别称。
㋙ 释服：丧期已满，除去丧服。与"出服"义同。
㋚ 二宫：帝和太子，帝宫和东宫（太子宫）。
㋛ 裴政：字德表，山西闻喜人。隋代襄阳总管，政绩显著。撰《承圣实录》。
㋜ 问讯：僧尼的礼仪，先打一恭，再手举指眉心，后再放下。梁武帝信佛，故裴政见帝行僧礼。
㋝ 此句见《南史·裴邃传》。裴之礼，字子义，母亡居丧，只吃粗茶淡饭，家庙在光宅寺西，庙堂弘敞，松柏环绕，环境优雅。范云的家庙在三桥，蓬草乱生，环境恶劣。梁武帝一日外出，路过两家的家庙，感叹而言："范为己死，裴为更生。"

⑨⑧ 斋寝：戒斋（素食）时居住的房屋。皇帝的名"斋宫"。

⑨⑨ 顿丘李构：顿丘，郡名，西晋置，今河南清丰西南地区。李构，字祖基，河南浚县人，齐官员，李奖之子。事见《北史·李崇传》。

⑩⓪ 广州刺史纂：广州刺史（州官）刘纂。

⑩① 寿春：古县名，今安徽寿县。

⑩② 王松年：北齐给事黄门侍郎。

⑩③ 反侧：惶恐不安。

⑩④ 陆襄：字师卿，本名衮，江苏苏州人。父陆闲，南齐扬州别驾，齐永元年，萧遥光谋反遭诛。陆闲及子绛遇害。陆襄年十四，布衣素食，终其一生，以仁孝著称。

⑩⑤ 江宁：古地名，今南京。

⑩⑥ 豫章：古地名，今南昌。

⑩⑦ 此句见《礼记·玉藻》："父没而不能读父之书，手泽存焉尔；母没而杯圈不能饮焉，口泽之气存焉尔。"手泽和口泽，指手汗和口之唾水。杯圈，木制的口杯。

⑩⑧ 政：通"正"，只。

⑩⑨ 坟典：三坟五典之略语。《三坟》即伏羲、神农、黄帝之书。《五典》即少昊、颛顼、高辛、唐、虞之书。后作古书的代称。

⑩⑩ 无聊：此指不快乐。《楚辞·九思》："心烦愦兮意无聊。"王逸注："聊，乐也。"

⑪⑪ 奥室：深隐的房间。

⑪⑫ 王修：字叔治，山东乐昌人。东汉官员，室至大司农郎中令。

⑪⑬ 社日：古代祀社神之日。各朝代时间有变异。

⑪⑭ 伏腊：即伏祭和腊祭之日。伏祭在夏季伏日，腊祭在农历十二月。

⑪⑮ 分至：分，指春分和秋分。至，指夏至和冬至。

⑪⑯ 昭：刘昭，字宣卿，平原高唐人，任剡令。子刘绦，字言明，二子刘缓，字含度，二子皆系官员。绥，据多人考证系衍字，刘昭无此子。

⑪⑰ 吕尚：姜姓，吕氏，名尚，俗称姜太公，曾辅助周武王灭殷，后封于齐。事见《史记·姜太公世家》。

⑪⑱ 赵壹：本名懿，因《后汉书》作于晋朝，避司马懿名讳改作"壹"，嬴姓，赵氏，字元叔，甘肃天水人。东汉辞赋家。事见《后汉书·赵壹传》。

⑪⑨ 已往：已亡。

⑫⓪ 期（jī）：一周年。

⑫① 亲表：中表，父亲姐妹（姑母）的子女称外表，母亲兄弟（舅）姐妹（姨）的子女称内表，互称中表。

⑫ 孤露：魏晋时，以父亡为孤露，也称"偏露"，意为孤单无依靠。
⑬ 阮修容：修容，古代宫嫔的位号，为九嫔之一。阮修容系梁高祖的嫔妃，生子为梁世祖，追封母为文宣太后。
⑭ 祢（mí）：亡父在宗庙中的称呼。《春秋公羊传》何休注："生称父，死称考，入庙称祢。"
⑮ 仓颉篇：仓颉，古传造字者。《仓颉篇》系古代字书，相传为秦丞相李斯所撰。
⑯ 训诂：解释古代汉语典籍中的字句。训者，说释而教之。诂，训古言也。
⑰ 謼（hū）：同"呼"。
⑱ 羽罪反：即用"羽"的声母和"罪"的韵母反切出的字的读音为"倄"。反，指反切，系古代注音方法。
⑲ 声类：古书名，十卷，李登魏左校令撰。
⑳ 露跣：露即露髻，不戴帽而露出发髻。跣，即光脚不穿鞋。
㉑ 陈谢：陈述谢罪。
㉒ 周章：惊恐不安。
㉓ 到洽：字茂㳂，彭城武原人。官任御史中丞。事见《梁书·到洽传》。
㉔ 刘孝绰：字孝绰，江苏徐州人。本名冉，小字阿士。南朝梁官员，官任廷尉，与到洽同僚，且友善。事见《梁书·刘孝绰》。
㉕ 溉：到溉，字茂灌，系到洽之兄。事见《梁书·到灌传》。
㉖ 临深履薄：此句出自《诗经·小雅·小旻》："如临深渊，如履薄冰"之缩语。
㉗ 方等：梁元帝之长子，字实相。事见《梁书·世祖二子传》。
㉘ 中兵参军：官职名。隋朝皇帝皇子府，设功曹史、录事、记室、中兵参军等。
㉙ 昆季：兄弟，长为昆，幼为季。
㉚ 此句出自《史记·鲁周公世家》，记载周公求贤若渴之事，洗一次头要三次手握已散之发，一顿饭要停食二次，以接待来访宾客。
㉛ 白屋之士：古代平民住房不粉刷，称其白屋。白屋之士，即平民也。
㉜ 图反：想法相反。
㉝ 阍寺：看门人。
㉞ 黄门侍郎：官职名，属门下省，置侍中给事、黄门侍郎各四人。
㉟ 折旋：古代行礼须曲行，为礼仪之一。
㊱ 此句出自《孟子外书·性善辨》和《鬻子》第四，此外《吕氏春秋·观世》《庄子·齐物论》亦有雷同之词。髆，同"膊"，肩胛。
㊲ 款狎：款洽狎习，指相互之间关系亲密。
㊳ 此句出自《说苑·杂言》，意同"潜移默化"，即近朱者赤，近墨者黑。
㊴ 此句出自《墨子·所染》："子墨子见染丝者而叹曰：'染于苍则苍，染于黄则黄，所

入者变，其色亦变，五入而已则为五色矣，故染不可不慎也。'"

⑮ 此句出自《论语·学而》。无，同"毋"。

⑯ 颜、闵：孔子之弟子颜回、闵损。

⑰ 东家丘：邻居丘家，指孔子。鲁国人不认识孔子圣人，乃知邻居丘家，说明孔子在当时尚未成名，只知孔丘是邻居。事见陈琳《为曹洪与魏文帝书》。

⑱ 虞国宫之奇：春秋时晋国伐虢，借道虞国，虞国大臣宫之奇进谏阻止借道，而虞国国君不从。晋国灭虢国后，班师途中乘机灭虞。事见《左传·僖公五年》。

⑲ 此句出自《左传·宋公九年》，意为采纳了某人的意见，却抛弃某人，古人认为是可耻的行为。

⑳ 梁孝元：梁元帝萧绎，事见《梁书·元帝纪》。

㉑ 丁觇（chān）：擅长草、隶书，世称"丁真永草"。

㉒ 军府：梁元帝萧绎当时是湘东王，持节都督荆湘郢益宁南梁六州诸军事、西中郎将、荆州刺史，故称其办公处为军府。

㉓ 王褒：字子渊，琅琊临沂人。萧梁时书法家，后入仕北周。事见《周书·王褒传》。

㉔ 典签：官职名。原为掌管文书的小吏。南朝以诸王出镇，朝廷派典签，名为辅助，实为监视，故权力甚大，称为"签帅"。

㉕ 萧祭酒：祭酒，官职名，主祭祀。萧祭酒，萧子云，书法家。王褒的姑父。

㉖ 尚书仪曹郎：萧梁时尚书省设郎二十二人，仪曹郎是其一。

㉗ 晋安王：梁简文帝萧纲于梁天监五年封晋安王。

㉘ 侍读：给诸王讲学者名侍读。

㉙ 西台：台为台省，南北朝时称中央政府为台省。梁元帝在湖北江陵称帝，江陵在西，故称西台。元帝承圣三年（554年）西魏攻陷江陵，杀元帝，故言"西台陷殁"。

㉚ 侯景：字万景，南朝梁怀朔镇人。初为北朝大将，后投南朝萧梁为河南王，不久举兵叛变，攻破萧梁都城，梁武帝被拘饿死，侯景称帝，史称"侯景之乱"。后被梁将陈霸先、王僧辩击败，被杀。事见《梁书》《南史·贼臣传》。

㉛ 建业：古地名，又称"建康"，今江苏省南京市。

㉜ 羊侃：北朝人，后投梁，著名将军，统带东宫警卫部队（太子左卫率），侯景攻打建康时，羊侃主持防卫工作。事见《梁书》。

㉝ 巢父、许由：皆系唐尧时高士，尧曾以天下让位于二人，皆不受，后传位于舜。事见皇甫谧《高士传》。

㉞ 此句出自《晋书·华谭传》："或问谭曰：'谚言人之相去，如九牛毛。宁有此理乎？'谭对曰：'昔许由、巢父，让天下之贵；市道小人，争半钱之利。此之相去，何啻九牛毛也！'闻者称善。"

㉟ 文宣帝：名高洋，字子建，北齐国君，荒淫无道，暴虐成性。事见《北齐书·文宣

帝纪》。
⑰ 沈：古通"沉"。
⑫ 杨遵彦：杨愔（yīn），字遵彦，陕西华阴人。官任北齐尚书令，拜骠骑大将军，封开封王，以贤能著称。北齐孝昭篡位，被杀。
⑬ 天保：北齐文宣帝年号（550—559年）。
⑭ 孝昭：名高演，字延安，北齐孝昭帝，是文宣帝之舅。文宣帝死，废幼主自立。事见《北齐书·孝昭帝纪》。
⑮ 斛律明月：名光，字明月，北齐名将斛律金之子，官任太子太保，善骑射，颇多战功。
⑯ 折冲：击退敌军之战车。冲，战车之一种。
⑰ 周：此指北周。
⑱ 行台：朝廷派遣督诸军于外的大臣。见《南史》。
⑲ 隐：威重、庄重。

卷第三
勉学
勉学第八

自古明王圣帝，犹须勤学，况凡庸乎！此事遍于经史，吾亦不能郑重，聊举近世切要，以启寤①汝耳。士大夫子弟，数岁已上，莫不被教，多者或至《礼》《传》，少者不失《诗》《论》。及至冠婚，体性稍定。因此天机，倍须训诱。有志尚者，遂能磨砺，以就素业②。无履立者，自兹堕慢，便为凡人。人生在世，会当有业。农民则计量耕稼，商贾则讨论货贿，工巧则致精器用，伎艺则沉思法术，武夫则惯习弓马，文士则讲议经书。多见士大夫耻涉农商，羞务工伎，射则不能穿札，笔则才记姓名，饱食醉酒，忽忽无事，以此销日，以此终年。或因家世余绪，得一阶半级，便自为足，全忘修学。及有吉凶大事，议论得失，蒙然张口，如坐云雾。公私宴集，谈古赋诗，塞默低头，欠伸而已。有识旁观，代其入地。何惜数年勤学，长受一生愧辱哉！

梁朝全盛之时，贵游子弟③，多无学术，至于谚云："上车不落则著作④，体中何如则秘书⑤。"无不熏衣剃面，傅粉施朱，驾长檐车⑥，跟高齿屐⑦，坐棋子方褥⑧，凭斑丝隐囊⑨，列器玩于左右，从容出入，望若神仙。明经求第⑩，则顾人答策⑪。三九⑫公䜩，则假手赋诗。当尔之时，亦快士⑬也。及离乱之后，朝市迁革，铨衡选举，非复囊者之亲。当路秉权，不见昔时之党。求诸身而无所得，施之世而无所用。被褐而丧珠，失皮而露质，兀若枯木，泊⑭若穷流，鹿独⑮戎马之间，转死沟壑之际。当尔之时，诚驽材也。有学艺者，触地而安。自荒乱已来，诸见俘虏。虽百世小人⑯，知读《论语》《孝经》者，尚为人师。虽千载冠冕，不晓书记者，莫不耕田养马。以此观之，安可不自勉耶！若能常保数百卷书，千载终不为小人也。

夫明《六经》⑰之指，涉百家之书，纵不能增益德行，敦厉风俗，犹为一艺，得以自资。父兄不可常依，乡国不可常保，一旦流离，无人庇荫，当自求诸身耳。谚曰："积财千万，不如薄伎在身。"伎之易习而可贵者，无过读书也。世人不问愚智，皆欲识人之多，见事之广，而不肯读书，是犹求饱而懒营馔，欲暖而惰裁衣也。夫读书之人，自羲、农⑱已来，宇宙之下，凡识几人，凡见几事，生民之成败好恶，固不足论，天地所不能藏，鬼神所不能隐也。

有客难主人⑲曰：“吾见强弩长戟，诛罪安民，以取公侯者有矣。文义习吏，匡时富国，以取卿相者有矣。学备古今，才兼文武，身无禄位，妻子饥寒者，不可胜数，安足贵学乎？”主人对曰：“夫命之穷达，犹金玉木石也。修以学艺，犹磨莹雕刻也。金玉之磨莹，自美其矿璞⑳，木石之段块，自丑其雕刻。安可言木石之雕刻，乃胜金玉之矿璞哉！不得以有学之贫贱，比于无学之富贵也。且负甲为兵，咋笔㉑为吏，身死名灭者如牛毛，角立杰出者如芝草㉒。握素披黄㉓，吟道咏德，苦辛无益者如日蚀㉔，逸乐名利者如秋荼㉕，岂得同年而语矣。且又闻之：‘生而知之者上，学而知之者次’㉖。所以学者，欲其多知明达耳。必有天才，拔群出类，为将则暗与孙武㉗、吴起㉘同术，执政则悬得管仲㉙、子产㉚之教，虽未读书，吾亦谓之学矣㉛。今子即不能然，不师古之踪迹，犹蒙被而卧耳。”

人见邻里亲戚有佳快者，使子弟慕而学之，不知使学古人，何其蔽也哉？世人但见跨马被甲，长槊强弓，便云我能为将。不知明乎天道，辨乎地利㉜，比量逆顺，鉴达兴亡之妙也。但知承上接下，积财聚谷，便云我能为相。不知敬鬼事神，移风易俗，调节阴阳，荐举贤圣之至也。但知私财不入，公事夙办，便云我能治民。不知诚已刑物，执辔如组㉝，反风灭火㉞，化鸱为凤之术㉟也。但知抱令守律，早刑晚舍㊱，便云我能平狱。不知同辕观罪㊲，分剑追财㊳，假言而奸露㊴，不问而情得之察也㊵。爰及农商工贾，厮役奴隶，钓鱼屠肉，饭牛牧羊，皆有先达，可为师表，博学求之，无不利于事也。

夫所以读书学问，本欲开心明目，利于行耳。未知养亲者，欲其观古人之先意承颜㊶，怡声下气㊷，不惮劬劳，以致甘腝㊸，惕然惭惧，起而行之也。未知事君者，欲其观古人之守职无侵，见危授命㊹，不忘诚㊺谏，以利社稷，恻然自念，思欲效之也。素骄奢者，欲其观古人之恭俭节用，卑以自牧㊻，礼为教本，敬者身基，瞿然自失，敛容抑志也。素鄙吝者，欲其观古人之贵义轻财，少私寡欲，忌盈恶满，赒穷恤匮㊼，赧然悔耻，积而能散也。素暴悍者，欲其观古人之小心黜已，齿弊舌存㊽，含垢藏疾㊾，尊贤容众㊿，苶(51)然沮丧，若不胜衣也(52)。素怯懦者，欲其观古人之达生委命，强毅正直，立言必信(53)，求福不回(54)，勃然奋厉，不可恐慑也。历兹以往，百行皆然。纵不能淳，去泰去甚(55)。学之所知，施无不达。世人读书者，但能言之，不能行之，忠孝无闻，仁义不足。加以断一条讼，不必得其理。宰千户县，不必理其民。问其造屋，不必知楣横而棁竖(56)也。

问其为田，不必知稷早而黍迟也。吟啸谈谑，讽咏辞赋，事既优闲，材增迂诞，军国经纶，略无施用。故为武人俗吏所共嗤诋，良由是乎！

夫学者所以求益耳。见人读数十卷书，便自高大，凌忽长者，轻慢同列。人疾之如雠敌，恶之如鸱枭(57)。如此以学自损，不如无学也。

古之学者为己，以补不足也。今之学者为人，但能说之也(58)。古之学者为人，行道以利世也。今之学者为己，修身以求进也。夫学者犹种树也，春玩其华，秋登其实。讲论文章，春华也。修身利行，秋实也。

人生小幼，精神专利，长成已后，思虑散逸，固须早教，勿失机也。吾七岁时，诵《灵光殿赋》(59)，至于今日，十年一理，犹不遗忘。二十之外，所诵经书，一月废置，便至荒芜矣。然人有坎壈(60)，失于盛年，犹当晚学，不可自弃。孔子云："五十以学《易》，可以无大过矣。"(61) 魏武(62)、袁遗(63)，老而弥笃，此皆少学而至老不倦也。曾子(64) 七十乃学，名闻天下。荀卿(65) 五十，始来游学，犹为硕儒。公孙弘(66) 四十余，方读《春秋》，以此遂登丞相。朱云(67) 亦四十，始学《易》《论语》。皇甫谧(68) 二十，始受《孝经》《论语》，皆终成大儒，此并早迷而晚寤也。世人婚冠未学，便称迟暮，因循面墙，亦为愚耳。幼而学者，如日出之光，老而学者，如秉烛夜行，犹贤乎瞑目而无见者(69) 也。

学之兴废，随世轻重。汉时贤俊，皆以一经弘圣人之道，上明天时，下该人事，用此致卿相者多矣。末俗(70) 已来不复尔，空守章句，但诵师言，施之世务，殆无一可。故士大夫子弟，皆以博涉为贵，不肯专儒。梁朝皇孙以下，总丱(71) 之年，必先入学，观其志尚，出身已后，便从文史，略无卒业者。冠冕为此者，则有何胤、刘瓛、明山宾、周舍、朱异、周弘正、贺琛、贺革、萧子政、刘绦(72)等，兼通文史，不徒讲说也。洛阳亦闻崔浩、张伟、刘芳，邺下又见邢子才(73)。此四儒者，虽好经术，亦以才博擅名。如此诸贤，故为上品，以外率多田野闲人，音辞鄙陋，风操蚩(74) 拙，相与专固，无所堪能，问一言辄酬数百(75)，责其指归，或无要会。邺下谚云："博士买驴，书券三纸，未有驴字。"使汝以此为师，令人气塞。孔子曰："学也禄在其中矣。"(76) 今勤无益之事，恐非业也。夫圣人之书，所以设教，但明练经文，粗通注义，常使言行有得，亦足为人。何必"仲尼居"(77)即须两纸疏义，燕寝讲堂，亦复何在(78)？以此得胜，宁有益乎？光阴可惜，譬诸逝水。当博览机要，以济功业。必能兼美，吾无闲焉(79)。

俗间儒士，不涉群书，经纬(80) 之外，义疏而已。吾初入邺，与博陵崔文彦交游，尝说《王粲集》中难郑玄《尚书》事㊶。崔转为诸儒道之，始将发口，悬见排蹙，云："文集只有诗赋铭诔㊷，岂当论经书事乎？且先儒之中，未闻有王粲也。"崔笑而退，竟不以粲集示之。魏收㊸之在议曹，与诸博士议宗庙事，引据《汉书》，博士笑曰："未闻《汉书》得证经术。"收便忿怒，都不复言，取《韦玄成㊹传》，掷之而起。博士一夜共披寻之，达明，乃来谢曰："不谓玄成如此学也。"

夫老、庄之书，盖全真养性，不肯以物累己也。故藏名柱史㊺，终蹈流沙㊻。匿迹漆园㊼，卒辞楚相，此任纵之徒耳。何晏、王弼㊽，祖述玄宗㊾，递相夸尚，景㊿附草靡，皆以农、黄㉕之化，在乎己身，周、孔㉖之业，弃之度外。而平叔以党曹爽㉗见诛，触死权之网也。辅嗣㉘以多笑人被疾，陷好胜之阱也。山巨源㉙以蓄积取讥，背多藏厚亡之文也。夏侯玄㉚以才望被戮，无支离拥肿之鉴也。荀奉倩㉛丧妻，神伤而卒，非鼓缶之情也㉜。王夷甫㉝悼子，悲不自胜，异东门之达㉞也。嵇叔夜㉟排俗取祸，岂和光同尘之流也。郭子玄㊱以倾动专势，宁后身外己之风也。阮嗣宗㊲沈酒荒迷，乖畏途相诫之譬也。谢幼舆㊳赃贿黜削，违弃其余鱼之旨也。彼诸人者，并其领袖，玄宗所归。其余桎梏尘滓之中，颠仆名利之下者，岂可备言乎！直取其清谈雅论，剖玄析微，宾主往复，娱心悦耳，非济世成俗之要也。洎于梁世，兹风复阐，《庄》《老》《周易》，总谓《三玄》。武皇、简文，躬自讲论。周弘正㊴奉赞大猷，化行都邑，学徒千余，实为盛美。元帝在江、荆间，复所爱习，召置学生，亲为教授，废寝忘食，以夜继朝，至乃倦剧愁愤，辄以讲自释。吾时颇预末筵，亲承音旨，性既顽鲁，亦所不好云。

齐孝昭帝㊵侍娄太后㊶疾，容色憔悴，服膳减损。徐之才㊷为灸两穴，帝握拳代痛，爪入掌心，血流满手。后既痊愈，帝寻疾崩，遗诏恨不见山陵㊸之事。其天性至孝如彼，不识忌讳如此，良由无学所为。若见古人之讥欲母早死而悲哭之，则不发此言也。孝为百行之首，犹须学以修饰之，况余事乎！

梁元帝尝为吾说："昔在会稽㊹，年始十二，便已好学。时又患疥，手不得拳，膝不得屈。闲斋张葛帏避蝇独坐，银瓯贮山阴甜酒，时复进之，以自宽痛。率意自读史书，一日二十卷，既未师受，或不识一字，或不解一语，要自重之，不知厌倦。"帝子之尊，童稚之逸，尚能如此，况其庶士，冀以自达者哉！

古人勤学，有握锥投斧㊺，照雪聚萤㊻，锄则带经㊼，牧则编简㊽，亦为勤笃。梁世彭城刘绮，交州刺史勃之孙，早孤家贫，灯烛难办，常买荻尺寸折之，然明夜读。孝元初出会稽，精选寮寀⑮，绮以才华，为国常侍兼记室⑯，殊蒙礼遇，终于金紫光禄⑰。义阳⑱朱詹，世居江陵，后出扬都⑲，好学，家贫无资，累日不爨，乃时吞纸以实腹。寒无毡被，抱犬而卧。犬亦饥虚，起行盗食，呼之不至，哀声动邻，犹不废业，卒成学士，官至镇南录事参军⑳，为孝元所礼。此乃不可为之事，亦是勤学之一人。东莞㉑臧逢世，年二十余，欲读班固《汉书》，苦假借不久，乃就姊夫刘缓乞丐客刺㉒书翰纸末，手写一本，军府服其志尚，卒以《汉书》闻。

齐有宦者内参㉓田鹏鸾，本蛮人㉔也。年十四五，初为阍寺㉕，便知好学，怀袖握书，晓夕讽诵。所居卑末，使彼苦辛，时伺闲隙，周章询请。每至文林馆㉖，气喘汗流，问书之外，不暇他语。及睹古人节义之事，未尝不感激沉吟久之。吾甚怜爱，倍加开奖。后被赏遇，赐名敬宣，位至侍中开府㉗。后主之奔青州，遣其西出，参伺动静，为周军所获。问齐主何在，绐云："已去，计当出境。"疑其不信，欧捶服之，每折一支㉘，辞色愈厉，竟断四体而卒。蛮夷童卪，犹能以学成忠，齐之将相，比敬宣之奴不若也。

邺平之后，见徙入关㉙。思鲁㉚尝谓吾曰："朝无禄位，家无积财，当肆筋力，以申供养。每被课笃，勤劳经史，未知为子，可得安乎？"吾命之曰："子当以养为心，父当以学为教。使汝弃学徇财，丰吾衣食，食之安得甘？衣之安得暖？若务先王之道，绍家世之业，藜羹缊褐㉛，我自欲之。"

《书》曰："好问则裕。"㉜《礼云》："独学而无友，则孤陋而寡闻。"㉝盖须切磋相起明也。见有闭门读书，师心自是，稠人广坐，谬误差失者多矣。《谷梁传》㉞称公子友与莒挐相搏，左右呼曰"孟劳"。"孟劳"者，鲁之宝刀名，亦见《广雅》㉟。近在齐时，有姜仲岳谓："'孟劳'者，公子左右，姓孟名劳，多力之人，为国所宝。"与吾苦争。时清河郡守邢峙㊱，当世硕儒，助吾证之，赧然而伏。又《三辅决录》㊲云："灵帝殿柱题曰：'堂堂乎张，京兆田郎。'"盖引《论语》，偶以四言，目京兆人田凤㊳也。有一才士，乃言："时张京兆及田郎二人皆堂堂耳。"闻吾此说，初大惊骇，其后寻愧悔焉。江南有一权贵，读误本《蜀都赋》㊴注，解"蹲鸱，芋也"，乃为"羊"字。人馈羊肉，答书云："损惠㊵蹲鸱。"举朝惊骇，不解事义，久后寻迹，方知如此。元氏之世㊶，在洛京㊷时，有一才学重臣，新得《史记音》㊸，而颇纰缪，误反"颛顼"字，顼当为许录反，错作许缘反，遂谓朝士言："从来谬音'专旭'，当音'专翾'耳。"此人先有高名，翕然信行。期年之后，更有硕儒，苦相究讨，方知误焉。《汉书·王莽赞》云："紫色𪋻声，余分闰位。"⑭谓以伪乱真耳。昔吾尝共人谈书，言乃王莽形状，有一俊士，自许史学，名价甚高，乃云："王莽非直鸱目虎吻⑮，亦紫色𪋻声。"又《礼乐志》云："给太官挏马酒。"李奇注："以马乳为酒也，挏挏乃成。"二字并从手。挏挏，此谓撞捣挺挏之，今为酪酒亦然⑯。向学士又以为种桐时，太官酿马酒乃熟。其孤陋遂至于此。太山羊肃，亦称学问，读潘岳⑰赋："周文弱枝之枣"⑱，为杖策之杖。《世本》⑲："容成⑳造历。"以历为碓磨之磨。

谈说制文，援引古昔，必须眼学，勿信耳受。江南闾里㉑间，士大夫或不学问，羞为鄙朴，道听途说，强事饰辞：呼征质为周、郑，谓霍乱为博陆，上荆州必称陕西，下扬都言去海郡，言食则糊口，道钱则孔方，问移则楚丘，论婚则宴尔㉒，及王则无不仲宣㉓，语刘则无不公干㉔。凡有一二百件，传相祖述，寻问莫知原由，施安时复失所。庄生有乘时鹊起之说㉕，故谢朓诗曰："鹊起登吴台。"㉖吾有一亲表，作《七夕》诗云："今夜吴台鹊，亦共往填河㉗。"《罗浮山记》㉘云："望平地树如荠。"故戴暠㉙诗云："长安树如荠。"又邺下有一人《咏树》诗云："遥望长安荠。"又尝见谓矜诞为夸毗㉚，呼高年为富有春秋㉛，皆耳学之过也。

夫文字者，坟籍根本。世之学徒，多不晓字：读《五经》者，是徐邈㉜而非许慎㉝。习赋诵者，信褚诠㉞而忽吕忱㉟。明《史记》者，专徐、邹㊱而废篆籀㊲。学《汉书》者，悦应、苏㊳而略《苍》《雅》㊴。不知书音是其枝叶，小学乃其宗系。至见服虔㊵、张揖㊶音义则贵之，得《通俗》㊷《广雅》而不屑。一手之中，向背如此，况异代各人乎？

夫学者贵能博闻也。郡国㊸山川，官位姓族，衣服饮食，器皿制度，皆欲根寻，得其原本。至于文字，忽不经怀㊹，己身姓名，或多乖舛，纵得不误，亦未知所由。近世有人为子制名：兄弟皆山傍立字，而有名峙者；兄弟皆手傍立字，而有名机者；兄弟皆水傍立字，而有名凝者。名儒硕学，此例甚多。若有知吾钟之不调，一何可笑。

吾尝从齐主㊺幸并州㊻，自井陉㊼关入上艾县㊽，东数十里，有猎闾村。后百官受马粮在晋阳东百余里亢仇城侧。并不识二所本是何地，博求古今，皆未能晓。及检《字林》㊾《韵集》㊿，乃知猎闾是旧䄍余聚㊿，亢仇旧是䝎犺亭㊿，悉属上艾。时太原王劭[183]欲撰乡邑记注，因此二名闻之，大喜。

吾初读《庄子》"螝[184]二首"，《韩非子》[185]曰："虫有螝者，一身两口，争食相龁，遂相杀也"，茫然不识此字何音，逢人辄问，了无解者。案：《尔雅》诸书，蚕蛹名螝，又非二首两口贪害之物。后见《古今字诂》[186]，此亦古之虺字，积年凝滞，豁然雾解。

尝游赵州[187]，见柏人[188]城北有一小水，土人亦不知名。后读城西门徐整[189]碑云："洦流东指。"众皆不识。吾案《说文》，此字古魄字也，洦，浅水貌。此水汉来本无名矣，直以浅貌目之，或当即以洦为名乎？

世中书翰，多称勿勿，相承如此，不知所由，或有妄言此忽忽之残缺耳。案：《说文》："勿者，州里[190]所建之旗也，象其柄及三斿之形，所以趣[191]民事。故悤[192]遽者称为勿勿。"

吾在益州[193]，与数人同坐，初晴日晃，见地上小光，问左右："此是何物？"有一蜀竖就视，答云："是豆逼耳。"相顾愕然，不知所谓。命取将来，乃小豆也。穷访蜀士，呼粒为逼，时莫之解。吾云："《三苍》《说文》，此字白下为匕，皆训粒，《通俗文》音方力反。"众皆欢悟。

愍楚友婿[194]窦如同从河州[195]来，得一青鸟，驯养爱玩，举俗呼之为鹖。吾曰："鹖出上党[196]，数曾见之，色并黄黑，无驳杂也。故陈思王[197]《鹖赋》云：'扬玄黄之劲羽。'"试检《说文》："鸐雀似鹖而青，出羌中。"《韵集》音介。此疑顿释。

梁世有蔡朗者讳纯，既不涉学，遂呼莼为露葵。面墙之徒，递相仿效。承圣[198]中，遣一士大夫聘齐[199]，齐主客郎[200]李恕问梁使曰："江南有露葵否？"答曰："露葵是莼，水乡所出。卿今食者绿葵菜耳。"李亦学问，但不测彼之深浅，乍闻无以核究。

思鲁等姨夫彭城刘灵，尝与吾坐，诸子侍焉。吾问儒行、敏行[201]曰："凡字与谘议名同音者，其数多少，能尽识乎？"答曰："未之究也，请导示之。"吾曰："凡如此例，不预研检，忽见不识，误以问人，反为无赖所欺，不容易也。"因为说之，得五十许字。诸刘叹曰："不意乃尔！"若遂不知，亦为异事。

校定书籍，亦何容易，自扬雄[202]、刘向[203]，方称此职耳。观天下书未遍，不得妄下雌黄[204]。或彼以为非，此以为是，或本同末异，或两文皆欠，不可偏信一隅也。

【注释】

① 寤：古通"悟"，醒悟、明白、理解。
② 素业：清素之职业，此指儒业。
③ 贵游子弟：贵族中无官职的子弟。无官职的王公贵族叫贵游。
④ 著作：著作郎，官名，掌管编纂国史。
⑤ 秘书：官名，负责掌管典籍或起草文书的官。
⑥ 长檐车：古代一种车，车幔覆盖整个车身之车。
⑦ 高齿屐：装有高齿的木底鞋，是当时士族所穿着。
⑧ 棋子方褥：一种绣有方格如围棋图案的丝织品制成的方形坐垫。
⑨ 隐囊：靠枕。以细软织品填充的囊状物，放置坐侧，可靠坐，亦可侧身曲肱以隐之。
⑩ 明经求第：汉魏晋南北朝以明经答题取士，此与隋唐正式设置明经科不同。
⑪ 顾人答策：顾，通"雇"。答策，回答策试秀才、孝廉的问题。
⑫ 三九：三公九卿，泛指朝廷达官贵人。
⑬ 快士：杰出人物、佳士、优秀人物。
⑭ 泊：卢文弨（《抱经堂丛书》作者）认为"泊"疑当作"洦"，洦，浅水也。
⑮ 鹿独：落拓，流离颠沛。
⑯ 百世小人：累世都是平民百姓。魏晋南北朝时门阀盛行时的特殊称谓。
⑰ 六经：《诗》《书》《礼》《易》《乐》《春秋》六种书的总称。但《乐》无书，西汉时只有《五经》，此六经是经书的泛称。
⑱ 羲、农：伏羲氏、神农氏，皆为我国传说中的上古时的帝王。
⑲ 难：诘难。主人：指作者颜之推本人。
⑳ 矿璞：未经冶炼的矿石和未经雕琢的玉石。
㉑ 咋笔：啃咬笔头。过去使用毛笔时有用嘴咬笔头的习惯。《北齐书·徐之才传》："小吏好嚼笔。"
㉒ 芝草：灵芝草，古人认为是祥瑞之物。
㉓ 握素披黄：素，白色的绢，在纸发明前，用以抄写书籍。黄，古时用黄檗汁染纸防虫蛀。素、黄均代表书籍。
㉔ 日蚀：又称日食，月亮运行至地球和太阳之间而形成的不多见的天象。此处指少见。
㉕ 秋荼（tú）：荼是一种苦菜，至秋则愈加茂盛。此处比喻多。
㉖ 此句出自《论语·季氏》："孔子曰：'生而知之者，上也；学而知之者，次也。'"
㉗ 孙武：字长卿，齐国人，春秋时杰出军事家，仕吴为将，率吴军攻破楚国。撰我国最早最杰出的兵书《孙子兵法》。后人称孙子、孙武子、兵圣。事见《史记》。
㉘ 吴起：山东菏泽人。卫国人，战国时的军事家，善用兵，初任鲁将，继任魏将。著

《吴起》四十八篇，已佚。事见《史记》。

㉙ 管仲：名夷吾，字仲，谥号"敬"，又称管子、管敬仲。春秋齐国宰相，辅助齐桓公成春秋五霸之首。著《管子》。事见《史记》。

㉚ 子产：公孙侨，字子产，号成子，春秋时政治家、思想家。事见《史记》。

㉛ 此句出自《论语·学而》："虽曰未学，吾必谓之学也。"

㉜ 此句出自《孙子·计》："天者，阴阳寒暑时制也；地者，远近险易广狭生死也。"

㉝ 执辔（pèi）如组：语出《诗经·邶风·简兮》。辔，马缰绳。组，丝织成的宽带。古代四驾马车，每马两条缰绳，驾车者手牵八条缰绳，排成似丝带样。《吕氏春秋》亦引用此句，嗣后《毛诗传》《韩诗外传》均用此句，比喻领导有方。

㉞ 反风灭火：此是记述刘昆之事，刘昆任汉光武帝江陵令，县内连年火灾，刘昆向火叩头，多能降雨止风，使火熄灭，意为仁德能感动上天。事见《后汉书·儒林传》。反，通"返"。

㉟ 化鸱（chī）为凤之术：事见《后汉书·循吏传》，陈元之母向薄亭长仇览状告其子不孝，仇览亲至陈家向其子讲述孝道，陈元感化后成为孝子。邻里民谣曰："父母何在在我庭，化我鸱鸮哺所生。"鸱，鸱鸮（xiāo），猫头鹰，古代视为恶鸟的象征。凤，凤凰，古代视为吉祥鸟的象征。

㊱ 早刑晚舍：刑宁早，纵舍宁迟，是酷吏之习也。

㊲ 同辕观罪：共同犯罪。事见《左传》："郤犨与长鱼矫争田，执而梏之，与其父母妻子同一辕。"

㊳ 分剑追财：事见《太平御览》引《风俗通》，记载沛郡有富家，家产二千余万，其子幼时丧母，其女不贤。父病，令家产全部属女，但遗一剑于子，并言："儿年十五，以还付之。"其后不肯与儿，乃状告太守大司空何武，何武根据主人遗嘱，判财产归还其子。

㊴ 假言而奸露：事见《魏书·李崇传》，记载李崇任扬州刺史时，苟泰之子三岁被诱拐。几年后，苟氏发现其子在同县赵奉伯家，即告官府，但赵氏坚称为己之子。李崇令苟、赵与子隔离。几旬后，派人通知两家言儿子暴病身亡，苟泰则放声痛哭，悲不自胜。而赵奉伯无动于衷。李崇知情后，判小儿归还苟泰。

㊵ 不问而情得之察也：事见《晋书·陆云传》，记载陆云任浚仪令时破凶杀案一例之事，凶犯未定，盘问被害人之妻亦无果，关押十天后无罪获释，暗中派人尾随，且言不出十里，有人等候迎接她，果如陆云所言，抓获后凶犯供述俩人私通，谋杀亲夫。

㊶ 先意承颜：指孝子先尊重父母之意而顺承其志。语出《礼记·祭义》："君子之所谓孝者，先意承志，谕父母于道。"先意承志，同先意承颜。

㊷ 怡声下气：声气和悦，形容恭敬。语出《礼记·内则》："下气怡声，问衣燠寒。"

㊸ 腝（ruǎn）：柔软之肉。

㊹ 见危授命：在危急情况接受任务。语出《论语》："见利思义，见危授命，久要不忘平身之言。"

㊺ 诚：避隋文帝父"忠"字讳改。

㊻ 卑以自牧：谦卑自守。语出《易·谦》："谦谦君子，卑以自牧也。"牧，自守。

㊼ 赒（zhōu）穷恤匮：周济穷人，体恤贫民。赒，周济，救济。匮，缺乏。

㊽ 齿弊舌存：齿亡舌存，意为事物刚者易亡折，而柔者易生存。语出《说苑·敬慎》："常枞有疾，老人往问焉。……（常枞）张其口而示老子曰：'吾舌存乎？'老子曰：'然。''吾齿存乎？'老子曰：'亡。'常枞曰：'子知之乎？'老子曰：'夫舌之存也，岂非以其柔耶？齿之亡也，岂非以其刚耶？'"

㊾ 含垢藏疾：包容污垢，隐藏恶物。语出《左传》："山薮藏疾，……国君含垢。"意为宽仁大度。

㊿ 尊贤容众：尊重贤士，容纳众人。语出《论语》："君子尊贤而容众，嘉善而矜不能。"

(51) 苶（nié）：疲倦。

(52) 不胜衣：谦虚恭敬而退让。语出《礼记》："文子其中退然如不胜衣，其言呐呐然如不出诸其口。"

(53) 言必信：语出自《论语·子路》："言必信。"

(54) 求福不回：祈求福运，不违祖先的规定。语出《诗经·大雅·旱麓》："岂弟君子，求福不回。"

(55) 去泰去甚：去其过甚，意即宜适中。语出《老子》："是以圣人去甚、去奢、去泰。"

(56) 楣横而棁（zhuō）竖：房屋的楣是横放的，而梁上短柱是竖放的。楣，房屋的横梁。棁，梁上短柱。

(57) 鸱枭（chī xiāo）：鸱，猛禽，一指猫头鹰。枭，食母鸟。皆为恶鸟。

(58) 此句出自《论语·宪问》."古之学者为己，今之学者为人。"孔安国注："为己，履而行之；为人，徒能言之。"

(59) 灵光殿赋：东汉文学家王逸之子，王延寿所作。灵光殿，西汉鲁恭王建造。

(60) 坎壈（lǎn）：困顿，不得志。

(61) 此句见于《论语·述而》，朱熹注："学易，是明乎吉凶消长之理，进退存亡之道，故可以无大过。"

(62) 魏武：魏武帝曹操。

(63) 袁遗：字伯业，袁绍堂兄。河南商水人。初任长安令，后任山阳太守。《魏志·武帝纪》注，曹操尝称："长大而能勤学者，惟吾与袁伯业耳。"

(64) 曾子：曾参，孔子的弟子。"七十乃学"误，应为"十七乃学"，曾子比孔子小四十七岁，应十七岁从其学。

(65) 荀卿：荀子，名况，字卿。战国时赵国人，战国时期的思想家、政治家、文学家、教育家，尊之号为“卿”，著《荀子》。事见《史记·孟荀列传》。

(66) 公孙弘：名弘，字季，山东寿光人。汉朝丞相，封平津侯。著《公孙弘》。事见《汉书·公孙弘传》《史记·平津侯主父列传》。

(67) 朱云：字游，汉代平陵人。为人狂直。初任杜陵令，后任槐里令。事见《汉书·朱云传》。

(68) 皇甫谧：字士安，甘肃灵台人。晋代历史学家、文学家、针灸学家。事见《晋书·皇甫谧传》。

(69) 此句出自《说苑·建本》：“师旷曰：‘少而好学，如日出之阳；壮而好学，如日中之光；老而好学，如秉烛之明。秉烛之明，孰与日未行乎？’”

(70) 末俗：末世的风俗。语见《汉书》：“今末俗之弊，政事烦多。”

(71) 总丱（guàn）：童年。丱，儿童的发髻分开成两角形。《诗经·齐风·甫田》：“总角丱分。”角：小髻。

(72) 何胤、刘瓛、明山宾、周舍、朱异、周弘正、贺琛、贺革、萧子政、刘绦：均为官员又能学习，精通儒学。以上十人皆为梁朝人士，《梁书》有传。

(73) 崔浩、张伟、刘芳：三人均为北魏洛阳城有名儒学大师。邢子才：北齐儒家。

(74) 蚩：通“媸”，丑陋。

(75) 问一言辄酬数百：问一句则回答几百句。南北朝盛行的经典义疏之学，对经文和注都烦琐地解释。

(76) 此句出自《论语·卫灵公》。

(77) 仲尼居：仲尼，孔子的字。居，一种坐的姿势。仲尼居是《孝经·开宗明义》第一章第一句。

(78) 燕寝讲堂，亦复何在：仲尼居或是燕寝闲居，或是讲习教室，如今都不存在，争论又有何意！

(79) 吾无闲焉：闲，通“间”，嫌隙，不足之处，此指批评。语见《论语》：“禹，吾无间然矣。”

(80) 经纬：此处指儒学经典。六经有《诗》《书》《礼》《乐》《易》《春秋》和《孝经》合称“七纬”。又有《论语谶》《河图》《洛书》等，合称“谶纬”。

(81) 王粲：字仲宣，山东邹城人。汉末文学家，为“建安七子”之一。著《王粲集》十一卷，已佚。郑玄，字康成，山东高密人。汉代经学大家，称“郑学”。《王粲集》中难郑玄《尚书》事，见《困学纪闻》卷二。

(82) 诗赋铭诔（lěi）：四者皆为文体名，与诗同为有韵之文。

(83) 魏收：字伯起，小字佛助，河北晋州人。北齐文学家、史学家。事见《北齐书·魏收传》。

㉘ 韦玄成：韦贤的小儿子，字少翁，鲁国邹人。官任谏大夫，至丞相。事见《汉书·韦贤传》。
㉙ 藏名柱史：隐藏埋名于柱下史的官职处。柱史，即柱下史的简称，为周时的官名，即管理图书的官。老子曾担任周朝的柱下史。
㉚ 终蹈流沙：传说老子西行，进入今新疆沙漠，不知所终。
㉛ 漆园：今山东曹县，战国时庄子任漆园吏，隐匿于此。事见《史记·老子韩非列传》。
㉜ 何晏、王弼：皆为曹魏时玄学家，喜好老子、庄子哲学。何晏事见《三国志·魏志·曹真传》。王弼事见《三国志·魏志·钟会传》。
㉝ 玄宗：道教。道家把"道"别称为玄宗。
㉞ 景：是"影"的本字。此句意为影子附着小草随风倒下。
㉟ 农、黄：神农氏和黄帝。道家以神农氏和黄帝为宗。
㊱ 周、孔：周公与孔子。儒家以周、孔为宗。
㊲ 平叔：何晏的字，曹魏时玄学家。曹爽：字昭伯，曹真之子，曹魏明帝之宠臣，明帝亡后辅政，后为司马懿所杀。事见《三国志·魏志·曹真传》。
㊳ 辅嗣：王弼的字，曹魏时的玄学家。
㊴ 山巨源：山涛，字巨源，西晋大臣，讲玄学的"竹林七贤"之一。事见《晋书》。
㊵ 夏侯玄：字太初，曹魏玄学家，官至征西将军。后被司马师杀害。事见《三国志·魏志》。
㊶ 荀奉倩：荀粲，字奉倩。荀妻亡，甚悲伤，岁末亦亡，时年二十九岁。事见《荀粲列传》。
㊷ 鼓缶之情：此事系记载庄子妻亡，鼓缶而悲歌的故事。事见《庄子·至乐论》。缶，古代盛酒的瓦器。
㊸ 王夷甫：名戎，从弟王衍，丧幼子，衍悲不自胜，情之所钟。事见《晋书·王戎传》。
⑩ 东门之达：魏国东门有吴氏，其子死而不悲，自认为无子时不忧，今子死，与无子同，何有忧？事见《列子·力命》。
⑪ 嵇叔夜：嵇康，字叔夜。曹魏玄学家，为"竹林七贤"之一。拒绝山涛推荐任官职，不愿随波逐流，后被司马昭杀害。
⑫ 郭子玄：郭象，字子玄，河南洛阳人。晋代官员。少有才，好老、庄。东海王越引为太傅主簿，主张置身于后反能占先，将生命置之度外反能安身。事见《晋书·郭象传》。
⑬ 阮嗣宗：阮籍，字嗣宗，河南开封人。曹魏诗人，"竹林七贤"之一。曾任步兵校尉，世称"阮步兵"。拒绝晋武帝求婚，醉而佯作疯，故免罪。事见《晋书·阮籍传》。
⑭ 谢幼舆：谢鲲，字幼舆，河南方康人。西晋玄学家，不徇功名，以节俭知足为是。事见《晋书·谢鲲传》。

⑩⑤ 周弘正：河南汝南人。南朝大臣，官至尚书右仆射。周弘让之兄。
⑩⑥ 齐孝昭帝：名演，字延安，北齐君主，公元560年在位。事见《北齐书》。
⑩⑦ 娄太后：齐孝昭帝太后，娄氏，讳昭君，司徒内干之女。事见《北齐书·神武明皇后传》。
⑩⑧ 徐之才：字士茂，江苏丹阳人，北齐名医，著《雷公药对》《徐王方》等，皆亡佚。
⑩⑨ 山陵：帝王或皇后坟墓之统称。《广雅·释丘》："秦名天子冢曰山，汉曰陵。"
⑩ 会稽：古郡名，今浙江省绍兴市。
⑪ 握锥：此指战国时谋士苏秦头悬梁、锥刺股，勤奋学习之事。事见《战国策》。投斧：此指文党在山中伐木，投斧挂树，转而求学之事。事见《太平御览》。
⑫ 照雪：此指孙康幼时家贫，白天打工，夜则借雪光读书而成才之事。事见《太平御览》。聚萤：此记东晋车武子幼时家贫，夜读无油，则以囊盛数十萤火虫，借萤火虫之光，夜以继日读书之事。事见《晋书》。
⑬ 锄则带经：汉朝倪宽，年轻时耕种农田，随身携带经书，休息则读书学习成才之事。
⑭ 牧则编简：此指汉代温舒，字长君，父为里监门，使温舒牧羊，取蒲叶为牒，编用书写学习成才之事。事见《汉书》。
⑮ 寮寀（liáo cǎi）：官职名。寮通"僚"。寀，古代指官。寮寀，同幕僚属官，即同僚。
⑯ 国常侍：系国王、君主设置的左右常侍官。记室：中记室参军的简称，主管奏章文书等工作。见《隋书·百官志》。
⑰ 金紫光禄：金紫大夫和光禄大夫的简称，梁时官分十八班，金紫、光禄大夫是十四班，已属显赫之官位。见《隋书·百官志》。
⑱ 义阳：古郡名，今河南省信阳市。
⑲ 扬都：古地名，又名建业，今江苏省南京市。
⑳ 镇南录事参军：官名。萧绎在梁武帝大同六年（公元540年）担任使持节都督江州诸军事、镇南将军、江州刺史。录事参军系镇南军属下。
㉑ 东莞：古县名，今山东莒县。
㉒ 客刺：名刺，似今之名片。
㉓ 内参：宦官。
㉔ 蛮人：南方人，亦指少数民族同胞。
㉕ 阍寺：官名，阍人寺之简称，皇宫深宫之守门官。《礼记·内则》："深宫固门，阍寺守之。"
㉖ 文林馆：北齐置设的掌管著作、校理典籍及培养学生的官署。
㉗ 侍中：官职名。开府：开建府署，开府仪仗同三司（太尉、司徒、司空）。
㉘ 支：古通"肢"，四肢。
㉙ 此句是述北周攻占北齐都城邺城，灭北齐，北齐君臣作为俘虏，被押送长安。事见

《北齐书·后主纪》。

⑬⓪ 思鲁：颜之推长子颜思鲁。

⑬① 藜羹缊褐：用嫩藜做成的汤，用乱麻做成的衣服。

⑬② 此句出自《商书·仲虺之诰》。裕：充足、富裕。

⑬③ 此句出自《礼记·学记》。

⑬④ 谷梁传：是《谷梁春秋》《春秋谷梁传》的简称，为儒家经典之一。《左传》《公羊传》《谷梁传》全称"《春秋》三传"。

⑬⑤ 广雅：书名，三国魏张揖著，系研究古汉语词汇和训诂的重要著作，因收载众多古字书，故名《广雅》。

⑬⑥ 邢峙：字士峻，河北河间人。官任清河太守。

⑬⑦ 三辅决录：书名。汉太仆越岐著，挚虞注，七卷。

⑬⑧ 田凤：汉京兆人，官任汉灵帝时尚书郎。

⑬⑨ 蜀都赋：南朝文学家左思撰写的《三都赋》(《魏都赋》《吴都赋》《蜀都赋》)之一。

⑭⓪ 损惠：答谢别人馈赠礼物的敬辞。意为馈赠者降低身份而惠及于己。

⑭① 元氏之世：指北魏时期。元氏为北魏皇帝之姓。

⑭② 洛京：古都名，今洛阳。北魏孝文帝迁都洛阳。

⑭③ 《史记音》：书名。梁轻车都尉参军邹诞生著，三卷。见《隋书·经籍志》。

⑭④ 紫色䵷声：紫，间色。䵷同"蛙"，邪音。余分闰位：古时言非正统的帝位为闰位。指王莽篡位，为非正统帝位。

⑭⑤ 此句见《汉书·王莽传》："莽，所谓鸱目虎吻，豺狼之声者也。"王莽面像有一双如猫头鹰的眼和老虎一样的胡须。

⑭⑥ 此句见《礼乐志》。挏马乃是太官下属的酿酒师，负责酿酒。李奇注，误。

⑭⑦ 潘岳：西晋文学家。

⑭⑧ 弱枝之枣：枣名，其味口爽甜美。

⑭⑨ 世本：书名。记载上自黄帝下至春秋时诸侯大夫氏族、世系、居处、制作等事，战国史官撰，十五卷，原书已佚。

⑮⓪ 容成：黄帝之臣。

⑮① 闾里：乡里。贾公彦注《周礼·天官·小宰》："在六乡则二十五家为闾，在六遂则二十五家为里。"

⑮② 婚则宴尔：此句出自《诗经·邶风·谷风》："宴尔新婚，如兄如弟。"

⑮③ 仲宣：王粲，字仲宣，见上注⑧①。

⑮④ 公干：刘桢，字公干，汉末文学家，"建安七子"之一。

⑮⑤ 此句记述《庄子》言："鹊上高城之垝，而巢于高榆之颠，城坏巢折，凌风而起。故

君子之居世也，得时则蚁行，失时则鹊起也。"

⑮ 此句出自谢朓《和伏武昌登孙权故城诗》："鹊起登吴山，凤翔陵楚甸。"与颜氏所引有差异。

⑯ 填河：搭桥以渡天上的银河。传说每年七月七日（七夕）牛郎、织女在群鹊搭成的鹊桥上相会。

⑰ 罗浮山记：晋代袁彦伯撰。罗浮山在博罗县西北，罗山之西有浮山，浮海而至，与罗山合并，故称罗浮山。

⑱ 戴暠：浙江绍兴人。南北朝梁的诗人。撰《度关山诗》："昔听《陇头吟》，平居已流涕；今上关山望，长安树如荠。"

⑲ 夸毗：谄谀、取媚。与"矜诞"之意反。

⑳ 富有春秋：是指年轻人尚多年岁而富有，与年高之意反。春秋，指年岁、年龄。

㉑ 徐邈：字景山。曹魏东莞人，四十四岁官任中书舍人，著《五经音训》。

㉒ 许慎：字叔重，汝南召陵人。东汉经学家、文学家。著《说文解字》，集古文经学训诂之大成。又著《五经异义》十卷。

㉓ 褚诠：即褚诠之，宋御史，著《百赋音》十卷。

㉔ 吕忱：字伯雍，任城人。西晋文学家，著《字林》七卷。

㉕ 徐、邹：徐，徐野民，南朝宋中散大夫，著《史记音义》十二卷。邹，邹诞生，见上注⑭。

㉖ 篆籀：篆，大篆。籀，小篆。皆为战国、秦时通行古书字体，相传系李斯定制。

㉗ 应、苏：应，应劭，字仲瑗，汝南南顿人。后汉官任萧令、御史、营陵令、泰山太守。苏，苏林，字孝友，陈留外黄人，魏官任给事中，封安成亭侯。

㉘ 《苍》《雅》：《苍》，指《三苍》，又名《三仓》，含《仓颉篇》《训纂篇》《滂喜篇》三篇古字书。《雅》，指《尔雅》，古代古文字训诂之书。

㉙ 服虔：初名重，又名祇，字子慎，河南荥阳人。东汉经学家，官任九江太守。撰《春秋左氏传解谊》。

㉚ 张揖：字稚让，三国魏国清河人，官任博士，古文字训诂学家。撰《广雅》。

㉛ 通俗：即服虔撰《通俗文》一卷，训释经史用字，原书已佚。清任大椿等有辑本。

㉜ 郡国：汉代区划分郡与国，郡直属于朝廷皇室，国分封于诸王侯成属国。

㉝ 经怀：留心，留意。

㉞ 齐主：北齐文宣帝高阳。

㉟ 并州：古地名，州所在晋阳，今山西省太原市。

㊱ 井陉：即井陉山，太行山八陉之一，今属河北省井陉市。

㊲ 上艾县：属并州管辖县之一。

㊳ 《字林》：字书，晋吕忱撰，已佚。

⑱《韵集》：韵书，晋吕静撰，已佚。
⑱ 钀（liè）余聚：古村落名，今山西省平定县境内。古属上艾县。
⑱ 馒馗（mǎn qiú）亭：古亭名，属上艾县，今山西省平定县境内。
⑱ 王劭：字君懋，南朝齐太原晋阳人，官任中书舍人。撰《齐书》。
⑱ 魍：传说中的一种有两口的怪物，魍通"虺"字。
⑱ 韩非子：古书名。战国时哲学家韩非死后，其后人搜集其遗著又加入他人论述韩非学的文章编成。相传韩非为秦丞相李斯所杀。
⑱ 古今字诂：书名，魏国博士张揖著，三卷，已佚。
⑱ 赵州：古州名。今河北隆尧东旧城，古名阿广。
⑱ 柏人：古县名。今河北隆尧西。
⑱ 徐整：字文操，江西南昌人。官任吴国太常卿。著《毛诗谱》。
⑲ 州里：古代二千五百户为州，二十五家为里。此泛指乡里。
⑲ 趣（cù）：催，催促。
⑲ 怱（cōng）：急速，急遽。
⑲ 益州：古州名，今四川成都。
⑲ 友婿：同门女婿互称，今称"连襟"。
⑲ 河州：古州名，今甘肃临夏。
⑲ 上党：古郡名，今山西省长治县东南。
⑲ 陈思王：曹植，曹操之子，建安文学的代表人物。封地陈，亦称陈王，谥号"思"，故称陈思王。
⑲ 承圣：梁元帝年号。
⑲ 齐：指北齐。
⑳ 主客郎：官职名。隶属礼部尚书。
㉑ 儒行、敏行：两人均为刘灵之子，颜之推的男侄。
㉒ 扬雄：字子云，四川成都人。西汉文学家、哲学家、语文学家。著《方言》《法言》《太玄》等，皆亡佚。
㉓ 刘向：字子政，江苏沛县人。西汉文学家、经学家、目录学家。著《别录》已佚。另有《列女传》《说苑》等。
㉔ 雌黄：橙黄色的矿物，可制作颜料，古文以黄纸为书字，有误，则用雌黄涂改之，故称改易文字为雌黄。

卷第四
文章 名实 涉务
文章第九

夫文章者，原出《五经》：诏、命、策、檄①，生于《书》者也。序、述、论、议②，生于《易》者也。歌、咏、赋、颂③，生于《诗》者也。祭、祀、哀、诔④，生于《礼》者也。书、奏、箴、铭⑤，生于《春秋》者也。朝廷宪章，军旅誓、诰⑥，敷显仁义，发明功德，牧民建国，施用多途。至于陶冶性灵，从容讽谏，入其滋味，亦乐事也。行有余力，则可习之⑦。然而自古文人，多陷轻薄：屈原露才扬己，显暴君过⑧；宋玉体貌容冶，见遇俳优⑨；东方曼倩⑩，滑稽不雅；司马长卿，窃赀无操⑪；王褒⑫过章《僮约》；扬雄⑬德败《美新》；李陵⑭降辱夷虏；刘歆⑮反复莽世；傅毅⑯党附权门；班固⑰盗窃父史；赵元叔⑱抗竦过度；冯敬通⑲浮华摈压；马季长⑳佞媚获诮；蔡伯喈㉑同恶受诛；吴质㉒诋忤乡里；曹植㉓悖慢犯法；杜笃㉔乞假无厌；路粹㉕隘狭已甚；陈琳㉖实号粗疏；繁钦㉗性无检格；刘桢㉘屈强输作；王粲㉙率躁见嫌；孔融、祢衡㉚，诞傲致殒；杨修㉜、丁廙㉝，扇动取毙；阮籍㉞无礼败俗；嵇康㉟凌物凶终；傅玄㊱忿斗免官；孙楚㊲矜夸凌上；陆机㊳犯顺履险；潘岳㊴干没取危；颜延年㊵负气摧黜；谢灵运㊶空疏乱纪；王元长㊷凶贼自诒；谢玄晖㊸侮慢见及。凡此诸人，皆其翘秀者，不能悉记，大较如此。至于帝王，亦或未免。自昔天子而有才华者，唯汉武、魏太祖、文帝、明帝、宋孝武帝㊹，皆负世议，非懿德之君也。自子游、子夏㊺、荀况、孟轲㊻、枚乘、贾谊㊼、苏武㊽、张衡㊾、左思㊿之俦[51]，有盛名而免过患者，时复闻之，但其损败居多耳。每尝思之，原其所积，文章之体，标举兴会，发引性灵，使人矜伐[52]，故忽于持操，果于进取。今世文士，此患弥切，一事惬当，一句清巧，神厉九霄，志凌千载，自吟自赏，不觉更有傍人。加以砂砾[53]所伤，惨于矛戟，讽刺之祸，速乎风尘，深宜防虑，以保元吉。

学问有利钝，文章有巧拙。钝学累功，不妨精熟。拙文研思，终归蚩鄙。但成学士，自足为人。必乏天才，勿强操笔。吾见世人，至无才思，自谓清华，流布丑拙，亦以众矣，江南号为诊痴符[54]。近在并州，有一士族，好为可笑诗赋，誂撇⑤邢、魏诸公⑥，众共嘲弄，虚相赞说，便击牛酾酒，招延声誉。其妻，明鉴妇人也，泣而谏之。此人叹曰："才华不为妻子所容，何况行路！"至死不觉。自见之谓明⑤，此诚难也。

学为文章，先谋亲友，得其评裁，知可施行，然后出手。慎勿师心自任⑧，取笑旁人也。自古执笔为文者，何可胜言。然至于宏丽精华，不过数十篇耳。但使不失体裁，辞意可观，便称才士。要须动俗盖世，亦俟河之清乎⑨！

不屈二姓，夷、齐⑥之节也。何事非君，伊、箕⑥之义也。自春秋已来，家有奔亡，国有吞灭，君臣固无常分矣。然而君子之交绝无恶声，一旦屈膝而事人，岂以存亡而改虑？陈孔璋⑥居袁裁书，则呼操为豺狼。在魏制檄，则目绍为蛇虺⑥。在时君所命，不得自专，然亦文人之巨患也，当务从容消息之。

或问扬雄曰："吾子少而好赋？"雄曰："然。童子雕虫篆刻，壮夫不为也。"余窃非之曰：虞舜歌《南风》之诗⑥，周公作《鸱鸮》之咏⑥，吉甫、史克⑥《雅》《颂》之美者，未闻皆在幼年累德也。孔子曰："不学《诗》，无以言。"⑥"自卫返鲁，乐正，《雅》《颂》各得其所。"⑥大明孝道，引诗证之。扬雄安敢忽之也？若论"诗人之赋丽以则，辞人之赋丽以淫"⑥，但知变之而已，又未知雄自为壮夫何如也？著《剧秦美新》⑦，妄投于阁⑦，周章怖慑，不达天命，童子之为耳。桓谭⑦以胜老子，葛洪⑦以方仲尼，使人叹息。此人直以晓算术，解阴阳，故著《太玄经》⑦，数子为所惑耳。其遗言余行，孙卿⑦、屈原之不及，安敢望大圣之清尘⑦！且《太玄》今竟何用乎？不啻覆酱瓿⑦而已。

齐世有席毗者，清干之士，官至行台尚书，嗤鄙文学，嘲刘逖⑦云："君辈辞藻，譬若荣华，须臾之玩，非宏才也。岂比吾徒十丈松树，常有风霜，不可凋悴矣！"刘应之曰："既有寒木，又发春华，何如也？"席笑曰："可哉！"

凡为文章，犹人乘骐骥，虽有逸气，当以衔勒⑦制之，勿使流乱轨躅⑧，放意填坑岸也。

文章当以理致为心肾，气调为筋骨，事义为皮肤，华丽为冠冕。今世相承，趋本弃末⑧，率多浮艳。辞与理竞，辞胜而理伏。事与才争，事繁而才损。放逸者流宕而忘归，穿凿者补缀而不足。时俗如此，安能独违？但务去泰去甚⑧耳。必有盛才重誉，改革体裁者，实吾所希。

古人之文，宏材逸气，体度风格，去今实远。但缉缀疏朴，未为密致⑧耳。今世音律谐靡，章句偶对，讳避精详，贤于往昔多矣。宜以古之制裁为本，今之辞调为末，并须两存，不可偏弃也。

吾家世文章，甚为典正，不从流俗。梁孝元在蕃邸[84]时，撰《西府新文》[85]，讫无一篇见录者，亦以不偶于世，无郑、卫之音[86]故也。有诗赋铭诔书表启疏二十卷，吾兄弟始在草土[87]，并未得编次，便遭火荡尽，竟不传于世。衔酷茹恨，彻于心髓！操行见于《梁史[88]·文士传》及孝元《怀旧志》[89]。

沈隐侯[90]曰："文章当从三易：易见事，一也；易识字，二也；易读诵，三也。"邢子才[91]常曰："沈侯文章，用事不使人觉，若胸臆语也。"深以此服之。祖孝征[92]亦尝谓吾曰："沈诗云：'崖倾护石髓[93]。'此岂似用事邪？"

邢子才、魏收俱有重名，时俗准的，以为师匠。邢赏服沈约而轻任昉[94]，魏爱慕任昉而毁沈约，每于谈燕，辞色以之。邺下纷纭，各有朋党。祖孝征尝谓吾曰："任、沈之是非，乃邢、魏之优劣也。"

《吴均集》有《破镜赋》[95]。昔者，邑号朝歌，颜渊不舍。里名胜母，曾子敛襟：盖忌夫恶名之伤实也。破镜乃凶逆之兽，事见《汉书》，为文幸避此名也。比世往往见有和人诗者，题云敬同，《孝经》云："资于事父以事君而敬同。"不可轻言也。梁世费旭[96]诗云："不知是耶[97]非。"殷沄[98]诗云："飘飏云母舟。"简文曰："旭既不识其父，沄又飘飏其母。"此虽悉古事，不可用也。世人或有文章引《诗》"伐鼓渊渊"[99]者，《宋书》已有屡游之诮。如此流比，幸须避之。北面事亲，别舅摛《渭阳》[100]之咏。堂上养老，送兄赋桓山之悲[101]，皆大失也。举此一隅，触涂宜慎。

江南文制，欲人弹射，知有病累，随即改之，陈王[102]得之于丁廙也。山东风俗，不通击难。吾初入邺，遂尝以此忤人，至今为悔。汝曹必无轻议也。

凡代人为文，皆作彼语，理宜然矣。至于哀伤凶祸之辞，不可辄代。蔡邕为胡金盈[103]作《母灵表颂》曰："悲母氏之不永，然委我而夙丧。"又为胡颢[104]作其父铭曰："葬我考议郎君。"《袁三公颂》曰："猗歟我祖，出自有妫。"王粲为潘文则《思亲诗》云："躬此劳悴，鞠予小人；庶我显妣，克保遐年。"而并载乎邕、粲之集，此例甚众。古人之所行，今世以为讳。陈思王《武帝诔》，遂深永蛰之思。潘岳《悼亡赋》，乃怆手泽[105]之遗。是方父于虫，匹妇于考也。蔡邕《杨秉碑》云："统大麓[106]之重。"潘尼《赠卢景宣诗》云："九五思龙飞[107]。"孙楚《王骠骑诔》云："奄忽登遐。"[108]陆机《父诔》云："亿兆宅心，敦叙百揆。"[109]《姊诔》云："倪天之和。"[110]今为此言，则朝廷之罪人也。王粲《赠杨德祖诗》云："我君饯之，其乐泄泄⑪。"不可妄施人子，况储君⑫乎！

挽歌辞者，或云古者《虞殡》⑬之歌，或云出自田横⑭之客，皆为生者悼往告哀之意。陆平原⑮多为死人自叹之言，诗格既无此例，又乖制作本意。

凡诗人之作，刺箴美颂，各有源流，未尝混杂，善恶同篇也。陆机为《齐讴篇》⑯，前叙山川物产风教之盛，后章忽鄙山川之情，殊失厥体。其为《吴趋行》⑰，何不陈子光⑱、夫差⑲乎？《京洛行》，胡不述赧王⑳、灵帝㉑乎？

自古宏才博学，用事误者有矣。百家杂说，或有不同，书傥湮灭，后人不见，故未敢轻议之。今指知决纰缪者，略举一两端以为诫。《诗》云："有鹭雉鸣。"又曰："雉鸣求其牡。"㉒毛《传》㉓亦曰："鹭，雌雉声。"又云："雉之朝雊，尚求其雌。"郑玄㉔注《月令》亦云："雊，雄雉鸣。"潘岳赋曰："雉鹭鹭以朝雊。"是则混杂其雄雌矣。《诗》云："孔怀兄弟。"孔，甚也；怀，思也，言甚可思也。陆机《与长沙顾母书》，述从祖弟士璜死，乃言："痛心拔脑，有如孔怀。"心既痛矣，即为甚思，何故方言有如也？观其此意，当谓亲兄弟为孔怀。《诗》云："父母孔迩。"㉕而呼二亲为孔迩，于义通乎？《异物志》㉖云："拥剑状如蟹，但一螯偏大尔。"何逊㉗诗云："跃鱼如拥剑。"是不分鱼蟹也。《汉书》："御史府中列柏树，常有野鸟数千，栖宿其上，晨去暮来，号朝夕鸟。"㉘而文士往往误作乌鸢用之。《抱朴子》㉙说项曼都诈称得仙，自云："仙人以流霞一杯与我饮之，辄不饥渴。"㉚而简文㉛诗云："霞流抱朴碗。"亦犹郭象㉜以惠施㉝之辨为庄周言也。《后汉书》："囚司徒崔烈以银铛锁。"银铛，大锁也。世间多误作金银字。武烈太子㉞亦是数千卷学士，尝作诗云："银锁三公脚，刀撞仆射头。"为俗所误。

文章地理，必须惬当。梁简文㉟《雁门太守行》乃云："鹅军㊱攻日逐㊲，燕骑荡康居㊳，大宛㊴归善马，小月㊵送降书。"萧子晖㊶《陇头水》云："天寒陇水急，散漫俱分泻，北注徂黄龙㊷，东流会白马㊸。"此亦明珠之颣㊹，美玉之瑕，宜慎之！

王籍㊺《入若耶溪》诗云："蝉噪林逾静，鸟鸣山更幽。"江南以为文外断绝，物无异议。简文吟咏，不能忘之，孝元讽味，以为不可复得，至《怀旧志》载于《籍传》。范阳卢询祖㊻，邺下才俊，乃言："此不成语，何事于能！"魏收亦然其论。《诗》云："萧萧马鸣，悠悠旆旌。"毛《传》曰："言不喧哗也。"吾每叹此解有情致，籍诗生于此耳。

兰陵萧悫⁽¹⁴⁷⁾，梁室上黄侯之子，工于篇什。尝有《秋诗》云："芙蓉露下落，杨柳月中疏。"时人未之赏也。吾爱其萧散，宛然在目。颍川荀仲举⁽¹⁴⁸⁾、琅邪诸葛汉⁽¹⁴⁹⁾，亦以为尔。而卢思道⁽¹⁵⁰⁾之徒，雅所不惬。

何逊⁽¹⁵¹⁾诗实为清巧，多形似之言。扬都⁽¹⁵²⁾论者，恨其每病苦辛，饶贫寒气，不及刘孝绰⁽¹⁵³⁾之雍容也。虽然，刘甚忌之，平生诵何诗，常云："'蘧车⁽¹⁵⁴⁾响北阙'，懵懵⁽¹⁵⁵⁾不道车。"又撰《诗苑》，止取何两篇，时人讥其不广。刘孝绰当时既有重名，无所与让。唯服谢朓⁽¹⁵⁶⁾，常以谢诗置几案间，动静辄讽味。简文爱陶渊明⁽¹⁵⁷⁾文，亦复如此。江南语曰："梁有三何，子朗最多。"三何者，逊及思澄⁽¹⁵⁸⁾、子朗⁽¹⁵⁹⁾也。子朗信饶清巧。思澄游庐山，每有佳篇，亦为冠绝。

名实第十

名之与实，犹形之与影也。德艺周厚，则名必善焉。容色姝丽，则影必美焉。今不修身而求令名于世者，犹貌甚恶而责妍影于镜也。上士⁽¹⁶⁰⁾忘名，中士立名，下士窃名。忘名者，体道合德⁽¹⁶¹⁾，享鬼神之福佑，非所以求名也。立名者，修身慎行，惧荣观之不显，非所以让名也。窃名者，厚貌深奸⁽¹⁶²⁾，干浮华之虚构，非所以得名也。

人足所履，不过数寸，然而咫尺之途，必颠蹶于崖岸，拱把之梁⁽¹⁶³⁾，每沉溺于川谷者，何哉？为其旁无余地故也。君子之立己，抑亦如之。至诚之言，人未能信，至洁之行，物或致疑，皆由言行声名，无余地也。吾每为人所毁，常以此自责。若能开方轨⁽¹⁶⁴⁾之路，广造舟之航，则仲由之言信，重于登坛之盟⁽¹⁶⁵⁾，赵熹之降城，贤于折冲⁽¹⁶⁶⁾之将矣。

吾见世人，清名登而金贝⁽¹⁶⁷⁾入，信誉显而然诺亏，不知后之矛戟，毁前之干橹⁽¹⁶⁸⁾也。虑子贱⁽¹⁶⁹⁾云："诚于此者形于彼。"⁽¹⁷⁰⁾人之虚实真伪在乎心，无不见乎迹，但察之未熟耳。一为察之所鉴，巧伪不如拙诚，承之以羞大矣。伯石让卿⁽¹⁷¹⁾，王莽辞政⁽¹⁷²⁾，当于尔时，自以巧密。后人书之，留传万代，可为骨寒毛竖也。近有大贵，以孝著声，前后居丧，哀毁逾制，亦足以高于人矣。而尝于苫块⁽¹⁷³⁾之中，以巴豆涂脸，遂使成疮，表哭泣之过。左右童竖，不能掩之，益使外人谓其居处饮食，皆为不信。以一伪丧百诚者，乃贪名不已故也。

有一士族，读书不过二三百卷，天才钝拙，而家世殷厚，雅自矜持，多以酒犊珍玩，交诸名士，甘其饵者，递共吹嘘。朝廷以为文华，亦尝出境聘。东莱王韩晋明[174]笃好文学，疑彼制作，多非机杼，遂设谦言，面相讨试。竟日欢谐，辞人满席，属音赋韵，命笔为诗，彼造次即成，了非向韵。众客各自沉吟，遂无觉者。韩退叹曰："果如所量！"韩又尝问曰："玉珽杼上终葵首[175]，当作何形？"乃答云："珽头曲圜，势如葵叶[176]耳。"韩既有学，忍笑为吾说之。

治点子弟文章，以为声价，大弊事也。一则不可常继，终露其情。二则学者有凭，益不精励。

邺下有一少年，出为襄国[177]令，颇自勉笃。公事经怀，每加抚恤，以求声誉。凡遣兵役，握手送离，或赍梨枣饼饵，人人赠别，云："上命相烦，情所不忍。道路饥渴，以此见思。"民庶称之，不容于口。及迁为泗州别驾[178]，此费日广，不可常周，一有伪情，触涂难继，功绩遂损败矣。

或问曰："夫神灭形消，遗声余价，亦犹蝉壳蛇皮，兽远[179]鸟迹耳，何预于死者，而圣人以为名教乎？"对曰："劝也，劝其立名，则获其实。且劝一伯夷，而千万人立清风矣；劝一季札[180]，而千万人立仁风矣。劝一柳下惠[181]，而千万人立贞风矣；劝一史鱼[182]，而千万人立直风矣。故圣人欲其鱼鳞凤翼，杂沓参差，不绝于世，岂不弘哉？四海悠悠，皆慕名者，盖因其情而致其善耳。"抑又论之，祖考之嘉名美誉，亦子孙之冕服墙宇也，自古及今，获其庇荫者亦众矣。夫修善立名者，亦犹筑室树果，生则获其利，死则遗其泽。世之汲汲[183]者，不达此意，若其与魂爽[184]俱升，松柏偕茂者[185]，惑矣哉！

涉务第十一

士君子之处世，贵能有益于物耳，不徒高谈虚论，左琴右书，以费人君禄位也。国之用材，大较不过六事：一则朝廷之臣，取其鉴达治体，经纶博雅[186]；二则文史之臣，取其著述宪章，不忘前古；三则军旅之臣，取其断决有谋，强干习事；四则藩屏之臣[187]，取其明练风俗，清白爱民；五则使命之臣，取其识变从宜，不辱君命[188]；六则兴造之臣，取其程功节费，开略有术，此则皆勤学守行者所能辨也。人性有长短，岂责具美于六涂[189]哉？但当皆晓指趣，能守一职，便无愧耳。

吾见世中文学之士，品藻[190]古今，若指诸掌[191]，及有试用，多无所堪。居承平之世，不知有丧乱之祸。处庙堂之下，不知有战陈[192]之急。保俸禄之资，不知有耕稼之苦。肆吏民之上，不知有劳役之勤，故难可以应世经务也。晋朝南渡[193]，优借士族。故江南冠带，有才干者，擢为令、仆已下尚书郎、中书舍人[194]已上，典掌机要。其余文义之士，多迂诞浮华，不涉世务。纤微过失，又惜行捶楚，所以处于清高，盖护其短也。至于台阁令史[195]，主书监帅[196]，诸王签省[197]，并晓习吏用，济办时须，纵有小人之态，皆可鞭杖肃督，故多见委使，盖用其长也。人每不自量，举世怨梁武帝父子[198]爱小人而疏士大夫，此亦眼不能见其睫[199]耳。

梁世士大夫，皆尚褒衣博带，大冠高履，出则车舆，入则扶侍，郊郭之内，无乘马者。周弘正[200]为宣城王[201]所爱，给一果下马[202]，常服御之，举朝以为放达。至乃尚书郎乘马，则纠劾之。及侯景之乱[203]，肤脆骨柔，不堪行步，体羸气弱，不耐寒暑，坐死仓猝者，往往而然。建康令王复性既儒雅，未尝乘骑，见马嘶喷陆梁，莫不震慑，乃谓人曰："正是虎，何故名为马乎？"其风俗至此。

古人欲知稼穑之艰难，斯盖贵谷务本之道也。夫食为民天，民非食不生矣，三日不粒，父子不能相存。耕种之，莳鉏[204]之，刈获之，载积之，打拂之，簸扬之，凡几涉手，而入仓廪，安可轻农事而贵末业哉？江南朝士，因晋中兴[205]，南渡江，卒为羁旅，至今八九世，未有力田，悉资俸禄而食耳。假令有者，皆信僮仆为之，未尝目观起一坺[206]土，耘一株苗。不知几月当下，几月当收，安识世间余务乎？故治官则不了，营家则不办，皆优闲之过也。

【注释】

① 诏、命、策、檄：诏、命、策皆是皇帝颁发命令、文告的三种文体。檄，多用于声讨、征伐、晓喻的文体。
② 序、述、论、议：均为古代文体名。序，文章或书籍的序言。述，记叙文。论、议，古代议论文。
③ 歌、咏、赋、颂：皆为古代诗和韵文的文体名。歌、咏，诗的文体。《乐府古题序》："诗之流为二十四名：赋、颂、铭、赞、文、诔、箴、诗、行、咏、吟、题、怨、叹、章、篇、操、引、谣、讴、歌、曲、词、调，皆诗人六义之余，而作者之旨。"赋，讲究骈偶，多用典故，韵文与散文相错。颂，用于赞颂的文体。
④ 祭、祀、哀、诔（lěi）：皆为古祭祀哀悼类文体名。祭，祭文。祀，古代祭祀时的乐歌。哀、诔，哀悼亡人的文体，哀又特指哀悼短夭者的文章。
⑤ 书、奏、箴、铭：书、奏，指臣下向朝廷呈送的书简或奏章。箴，用于规劝、批评、训诫的文章。《文心雕龙》："箴者，针也，所以攻疾防患，喻针石也。"铭，用于赞

尝、铭记或警示的文章。《文心雕龙》："铭者，名也，言敷于下，情进于上也。"

⑥ 宪章，军旅誓、诰：宪章，最重要的朝廷官方文书。誓，誓言、誓约，告诫将士或互相约束的言辞。《礼记》："约信曰誓。"诰，以上训下的号令式的文书。《尚书·正义》："马融云：'军旅曰誓，会同曰诰。'诰、誓俱是号令之辞，意小异耳。"

⑦ 此句出自《论语·学而》："弟子入则孝，出则弟，谨而信，泛爱众，而亲仁。行有余力，则以学文。"此句意为在践行忠孝仁义时，或有多余过剩的精力，不妨学习撰写此类文章。

⑧ 暴君，指楚王。屈原：战国时楚国贵族，文学家，著《离骚》，后投汨罗江而亡。显暴君过：凸显国君的过失。

⑨ 宋玉：战国时期楚国文学家，擅长辞赋，屈原后辈人才，撰写《讽赋》《登徒子好色赋》等。相传宋玉系楚国美男子，能善歌舞以侍奉楚王。俳优：古代歌舞艺人。

⑩ 东方曼倩：东方朔，字曼倩，山东惠民人。西汉文学家，汉武帝官员，任太中大夫。事见《汉书》传。

⑪ 司马长卿：司马相如，字长卿，四川成都人。西汉文学家，擅长辞赋。司马相如与卓文君的爱情故事，至今流传不衰。无操：事见两人私奔后家徒四壁，卖酒为生，回到成都，后卓文君之父，分与财产为富人。

⑫ 王褒：字子渊，四川资中人。西汉文学家、官员，任谏议大夫。著《僮约》一文，讲述他到寡妇杨惠家事，封建社会认为非礼，故颜之推谓王氏显露过错行为。

⑬ 扬雄：一作"杨雄"，字子云，四川成都人。西汉文学家、哲学家、语言学家。汉成帝官员，任给事黄门郎。扬作《美新》即《剧秦美新》，文中对王莽篡位歌功颂德，故颜之推批判之。

⑭ 李陵：字少卿，甘肃泰安人。汉代名将，汉武帝时任骑都尉，曾率兵攻击匈奴，因寡不敌众，战败被俘而降。司马迁为其辩护而遭宫刑。事见《史记·李将军传》。

⑮ 刘歆：字骏，后改秀，字颖叔，江苏沛县人。西汉末经学家、目录学家、天文学家。王莽当政，任"国师"，后谋杀王莽事泄而自杀。事见《汉书·楚元王传》。

⑯ 傅毅：字武仲，陕西兴平人。东汉文学家。汉章帝时任兰台令史，曾依附大将军窦宪为司马。事见《汉书·文苑传》。

⑰ 班固：字孟坚，陕西咸阳人。东汉史学家，继承父业，完成班彪遗著《史记后传》，被人告发私改国史而下狱，经弟班超力辩而获释，嗣后完成其遗著《汉书》，书未成而卒，后由其妹班昭等人修完。

⑱ 赵元叔：名壹，字元叔，甘肃天水人。东汉文学家，才高气傲，屡获罪，后得免。事见《后汉书·文苑传》。

⑲ 冯敬通：名衍，字敬通，陕西西安人。东汉文学家，官任曲阳令，曾诛斩恶贼，但未封赏而受压抑。事见《后汉书·冯衍传》。

⑳ 马季长：马融，字季长，陕西兴平人。东汉经学家、文学家。《后汉书·马融传》："惩于邓氏，不敢违忤势家，遂为梁冀草奏李固，又作《大将军西第颂》，以此颇为正直所羞。"

㉑ 蔡伯喈：蔡邕，字伯喈，河南开封人。东汉文学家、书法家。董卓为司徒时，举高第。董卓被杀，蔡邕惧司徒王允，叹惜而赞董卓，王允怒而杀之。事见《后汉书·蔡邕传》。

㉒ 吴质：字季重，山东定陶人。三国时魏文学家，官任振威将军，封列侯。吴氏傲慢乡里，而受乡里歧视。事见《三国志·魏志·王粲传》。

㉓ 曹植：曹操之子，文学家。封陈王。魏文帝时，曹植酒后悖慢，胁迫使者，文帝贬为安乡侯。事见《三国志·魏志·陈思王植传》。

㉔ 杜笃：字季雅，陕西西安人。东汉文学家。常与当地县令往来，屡次以私事乞求，终至闹翻，县令押送杜笃赴京师。事见《后汉书·文苑传》。

㉕ 路粹：字文蔚，河南开封人。东汉文学家。官任尚书郎，后任军谋祭酒。孔融有过，曹操使路粹奏孔融数罪，孔融被害，人惧其笔。事见《三国志·魏志》。

㉖ 陈琳：字孔璋，江苏扬州人。曹魏文学家，"建安七子"之一。陈琳办事粗率疏急。事见《三国志·魏志·王粲传》。

㉗ 繁（pó）钦：字伯川，河南禹县人。曹魏文学家。性格无检点。事见《三国志·魏志·王粲传》。

㉘ 刘桢：字公干，山东东平人。曹魏文学家，"建安七子"之一。太子曹丕命夫人甄氏出拜，坐中众人皆离坐跪伏，唯刘桢独一人平视甄氏，太祖曹操闻之大怒，虽免死，但罚在尚方作苦力。事见《三国志·魏志·王粲传》。

㉙ 王粲：字仲宣，山东邹城人。曹魏文学家，"建安七子"之一，与曹植并称"曹王"。性格率而急躁，又急于做官。事见《三国志·魏志》。

㉚ 孔融：字文举，山东曲阜人。曹魏文学家，"建安七子"之一。官任北海相，世称"孔北海"。为人傲慢，因言语偏激，触怒曹操被杀。事见《后汉书·孔融传》。

㉛ 祢衡：字正平，山东临邑人。曹魏文学家。性格傲慢，擅长辩论，因触怒江夏太守黄祖被杀。事见《后汉书》。

㉜ 杨修：字德祖，陕西华阴人。曹魏文学家。官任曹操主簿，积极谋划曹植取太子位，事败，曹操借故杀之。

㉝ 丁廙（yì）：字敬礼。曹魏文学家。官任黄门侍郎，因谋划曹植取太子位，事败，丁廙及兄丁仪皆被魏文帝杀害。

㉞ 阮籍：字嗣宗，河南人。曹魏文学家、思想家。官任步兵校尉，世称"阮步兵"。为"竹林七贤"之一。阮氏蔑视礼教，伤风败俗，常醉酒佯狂而自保。

㉟ 嵇康：字叔夜，安徽濉溪人。曹魏文学家、思想家。官任中散大夫，世称"嵇中

散”，为“竹林七贤”之一。因不满司马氏掌握政权，为司马昭所杀。

㊱ 傅玄：字休奕，陕西辉县人。西晋文学家、哲学家。官任司隶校尉、散骑常侍。因与同僚争论大声喧哗，有失礼仪而免官。事见《晋书》。

㊲ 孙楚：字子荆，山西太原人。西晋文学家。官任著作郎。孙氏以才气自负，常蔑视上司。事见《晋书》。

㊳ 陆机：字子衡，上海人。西晋文学家。官任平原内史，世称“陆平原”。赵王司马伦专权篡位，陆机为其僚属。因造反作乱而被害。事见《晋书·陆机传》。

㊴ 潘岳：字安仁，河南荥阳人。西晋文学家。官任河南令、著作郎。性格轻躁、趋炎附势，后因孙秀诬其作乱，被赵王伦杀害。事见《晋书·潘岳传》。

㊵ 颜延年：颜延之，字延年，山东临沂人。南朝宋诗人，与谢灵运齐名，世称“颜谢”。官任金紫光禄大夫。因作《五君咏》，词旨不逊，被宋文帝免职。事见《南史·颜延之传》。

㊶ 谢灵运：谢玄之孙，河南太康人。南朝宋诗人。官任康乐公，世称“谢康乐”。后因谋叛被杀。事见《南史·谢灵运传》。

㊷ 王元长：王融，字元长，山东临沂人。南朝齐文学家。齐武帝死，王氏拥立竟陵王萧子良，事败被杀。事见《南史·王弘传》及《南齐书》。

㊸ 谢玄晖：谢朓，字玄晖，河南太康人。南朝齐诗人。官任宣城太守、尚书吏部郎。因蔑视江祏（shí），被陷害死于狱中。事见《南史》及《南齐书》。

㊹ 汉武、魏太祖、文帝、明帝、宋孝武帝：汉武，汉武帝刘彻。魏太祖，曹操。文帝，魏文帝曹丕。明帝，魏明帝曹叡。宋孝武帝，南朝宋孝武帝刘骏。

㊺ 子游、子夏：皆系孔子弟子。《论语·先进》：“文学：子游、子夏。”

㊻ 荀况、孟轲：皆为战国时期的思想家、政治家、教育家。荀况，即荀子。孟轲，即孟子。

㊼ 枚乘、贾谊：皆为西汉文学家。枚乘，字叔，江苏淮阴人，著《七发》。贾谊，河南洛阳人，又是政论家，时称“贾生”。事见《汉书·枚乘传》和《汉书·贾谊传》。

㊽ 苏武：字子卿，陕西西安人。天汉元年，出使匈奴，坚持十九年不屈，后返汉朝。事见《汉书·苏建传》。

㊾ 张衡：河南南阳人。东汉科学家、文学家。事见《后汉书·张衡传》。

㊿ 左思：字太冲，山东淄博人。西晋文学家。事见《晋书·文苑传》。

(51) 俦（chóu）：同一类人物，同伴。

(52) 矜伐：夸耀才能或功绩。

(53) 砂砾：细碎的砂粒。此比喻言辞。

(54) 詅（líng）痴符：古代南方方言。指没有才学而好夸耀的人。詅，叫卖。詅痴，叫卖痴呆。

⑤⑤ 诽撇：以言戏人，戏言嘲弄。
⑤⑥ 邢、魏诸公：邢，邢邵，字子才，河北任丘人。北齐文学家。魏，魏收，字伯起，小字佛助，河北曲阳人。北齐文学家，与邢齐名，世称"邢魏"。
⑤⑦ 自见之谓明：自己能认清自己可以称得上聪明。此句出自《韩非子·喻老》："知之难，不在见人，在自见，故曰：'自见之谓明'。"
⑤⑧ 师心自任：师心，以自己的心意为师。此句指固执己见，自以为是。
⑤⑨ 俟河之清乎：只有等待黄河之水变清时才有可能吧！古代黄河水夹带泥沙，混浊不清，若水清几乎不可能。比喻艰难。
⑥⑩ 夷、齐：伯夷、叔齐，系商朝孤竹君之子。周灭商后，逃往首阳山，因耻食周粮而亡。事见《孟子·离娄上》和《史记·伯夷传》。历史歌颂二人高风亮节之典型。
⑥① 伊、箕：伊尹、箕子，皆为商朝大臣。伊尹，名挚，官任宰相，助商汤伐夏桀成功，后被太甲杀害。箕子，商纣王叔父，规劝纣王无效而佯狂。
⑥② 陈孔璋：陈琳，字孔璋。曹魏文学家，"建安七子"之一。初从袁绍，发檄文："（曹）操豺狼野心，潜包祸谋。"嗣后降曹操，官任司空军谋祭酒。事见《魏志·袁绍传》。
⑥③ 蛇虺（huǐ）：两者皆为蛇类。比喻凶残狠毒之人。
⑥④ 此句意为相会虞舜作古代乐曲《南风》。《孔子家语·辩乐》："南方之薰兮，可以解吾民之愠兮；南风之时兮，可以阜吾民之财兮。"
⑥⑤ 此句意为周公作《鸱鸮》致周成王以表其志。《鸱鸮》系《诗经·豳风》之一首。《毛诗序》："《鸱鸮》，周公救乱也。成王未闻周公之志，公乃为诗以遗王。"
⑥⑥ 吉甫：尹吉甫，周宣王大臣。史克，鲁国史官。二人皆作诗歌颂，美化其君主。
⑥⑦ 此句出自《论语·季氏》。
⑥⑧ 此三句出自《论语·子罕》。
⑥⑨ 此句出自扬雄《法言·吾子》。
⑦⑩ 剧秦美新：文章名。扬雄撰，该文章评论秦朝，美化王莽新政权。
⑦① 妄投于阁：糊里糊涂地从阁楼跳下。此事见《汉书·扬雄传》，王莽当政，扬雄校书天禄阁，狱吏欲收扬雄，雄乃从阁上跳下，几死。
⑦② 桓谭：字君山，沛国相人。东汉哲学家、经学家。官至议郎给事中，著《新论》二十九篇，自认超过老子。事见《汉书·扬雄传》。
⑦③ 葛洪：字稚川，号抱朴子，江苏句容人。东晋道教学者、医学家。著《抱朴子》，自认可与孔子比肩。事见《抱朴子·尚博》。
⑦④ 太玄经：又名《扬子太玄经》，扬雄撰。
⑦⑤ 孙卿：荀子、荀卿。见前注。
⑦⑥ 清尘：车行后扬起的尘埃。清，敬词。用于对尊贵者的敬词，成语"望尘莫及"是也。

⑦ 不啻覆酱瓿（bù）：无异于酱瓶上的盖子。瓿，古代盛酒等的器皿名。
⑧ 刘逖：字子长，江苏徐州人。魏末学者和官员，任中书侍郎等职。事见《北齐书·文苑传》。
⑨ 衔勒：衔，是横在马口中的铁，用以抽勒。勒，是套在马头上带嚼口的笼头。两者可驾驭马匹。此处比喻文章要有节制。
⑩ 轨躅（zhú）：轨迹。
⑪ 趋本弃末：本，指文章的理致、根本。末，指文章的词藻，为表。程小铭注《颜氏家训》认为根据句意，应为"趋末弃本"。
⑫ 去泰去甚：意为不要过分，不走极端。句见《老子》："是以圣人去甚，去奢，去泰。"
⑬ 缉缀疏朴，未为密致：文章遣词造句，缝接拼合，简略质朴，而不够严密细致。此是颜之推用古骈文的标准要求而产生的偏见。
⑭ 蕃邸：蕃王的官邸。此指梁元帝被封为湘东王时在镇江的住处。
⑮ 西府新文：书名。萧淑撰，十一卷。梁元帝命萧淑辑录各位臣僚的文章编辑而成。当时颜之推之父颜协正担任镇西府咨议参军，而未收录其文章，故颜之推有异议。
⑯ 郑、卫之音：春秋时郑国和卫国的乐曲，有淫荡之声。语见《论语·卫灵公》。
⑰ 草土：居丧。古代父母亡，其子女睡草席，枕土块，故称草土。
⑱ 梁史：书名。此指陈朝大著作郎许亨所著《梁史》五十三卷。
⑲ 怀旧志：书名。梁元帝著。
⑳ 沈隐侯：沈约，字休文，浙江湖州人。南朝梁文学家、史学家。官任尚书仆射，至尚书令。封建昌县侯，谥号"隐"。故称赏隐侯。著《宋书》，其他著作已佚。事见《梁书·沈约传》。
㉑ 邢子才：邢邵，字子才。河北任丘人。北魏北齐官员、文学家。
㉒ 祖孝征：祖珽，字孝征。见前注p56㊾。
㉓ 石髓：石钟乳。事见《晋书·嵇康传》："康遇王烈共入山，尝得石髓如饴，即自服半，余半与康，皆凝而为石。"
㉔ 任昉：字彦升，小字阿堆，山东寿光人。南朝梁文学家，擅长表、奏、书、启诸文体。沈约擅长著诗，时人称"任笔沈诗"。著《述异论》《杂传》《地理书钞》《文集》《地记》等。
㉕ 吴均集：书名，二十卷，吴均著。吴均，字叔庠，吴兴人。南朝梁文学家，通史学，文体新颖，创"吴均体"。《破镜赋》已佚。
㉖ 费旭：王利器认作费昶。《乐府诗集》卷十七载梁费昶《巫山高》。
㉗ 此句系颜之推所引异文，或作改之。
㉘ 殷澐：卢文绍疑当作"殷芸"，见前注。又疑作"褚澐"，河南阳泽人。两者必有一

讹（程小铭语）。

⑨ 伐鼓渊渊：此诗句见《诗经·小雅·采芑》。

⑩ 渭阳：《诗经·秦风·渭阳》："渭阳，秦康公念母也。康公之母，晋献公之女。"此事言，母亡见舅，如见母。现母在北堂，与舅离别引用《渭阳》，其意不妥。

⑩ 此句"桓山之悲"，喻父死而卖子之悲。而今父尚健在，送兄用此语，其意不妥。

⑩ 陈王：曹植，封陈思王，曹操之子，曹魏文学家，"建安七子"之一。

⑩ 胡金盈：汉代大臣胡广之女。

⑩ 胡颢：汉代大臣胡广之孙。

⑩ 手泽：手汗。后世多用以称先人或前辈们的遗墨、遗物等。

⑩ 大麓：带领记录天子皇帝之事。

⑩ 九五：乾卦九五，后称帝位为九五之尊。龙飞：喻圣人飞起如龙而为天子。

⑩ 奄忽：迅速、急速、迅疾。登遐：同"登假"，原为对死人之讳称，后专指帝王之死。

⑩ 敦叙：亲睦和顺。百揆：百官。

⑩ 俔天之和：俔，好比。和，《诗经·大雅·大明》："大邦有子，俔天之妹。"此句意为好比天仙女一般。

⑪ 泄泄：快乐的样子。句出自《左传·隐公元年》："大隧之中，其乐也融融。"

⑫ 储君：皇位的继承人，在未登基前的称呼。

⑬ 虞殡：葬歌、挽歌名，今之哀乐。语出《左传·哀公十一年》："公孙夏命其徒歌《虞殡》。"

⑭ 田横：狄县人。齐国贵族。楚汉时自立齐王，后为汉军所破，率众逃至海岛，汉高祖命他至洛阳，田横不愿称臣于汉，于途中自杀。田横之弟子作悼词悲歌之。

⑮ 陆平原：陆机。官任平原内史，世称"陆平原"。自撰《挽歌诗》三首。

⑯ 齐讴篇：《齐讴行》，乐府杂曲歌名。见《乐府诗集》卷六十四。此诗句有鄙视齐景公的诗句，颜之推认为"殊失厥体"。

⑰ 吴趋行：陆机所处吴地的歌曲名，见《乐府诗集》卷六十四。

⑱ 子光：春秋时吴王阖庐，曾谋杀吴王僚而自立王位，又屡败楚兵，后与越王勾践的战争中负伤而亡。

⑲ 夫差：春秋时吴王阖庐之子。夫差破越国，败齐国，与晋国争霸，越国乘机起兵灭吴，夫差自杀。

⑳ 赧王：周赧王，系周朝的亡国之君。

㉑ 灵帝：汉灵帝刘宏，执政腐败昏庸，故有黄巾起义。

㉒ 雉鸣求其牡：雉，野鸡，此指雌性。牡，雄性，此指雄性野鸡。鸳雉，雌性野鸡。此句出自《诗经·邶风·匏有苦叶》。

⑬ 毛《传》:《毛诗故训传》之简称,系春秋时鲁人大毛公所作,是研究《诗经》的重要参考文献。
⑭ 郑玄:字康成,山东高密人。东汉经学家,为汉代经学的集大成者。《月令》为《礼记》中的篇名。
⑮ 父母孔迩:迩,近。此句出自《诗经·周南·汝坟》。
⑯ 异物志:书名。汉代杨孚议郎撰。
⑰ 何逊:字仲言,山东苍山人。南朝梁诗人、官员,官任尚书水部郎。诗与阴铿齐名,世号阴何。文与刘孝悼齐名,世称"何刘"。
⑱ 此句出自《汉书·朱博传》。
⑲ 抱朴子:书名。东晋道家、医药学、化学家葛洪撰,分内外篇,内篇二十卷,言"神仙方药,鬼怪变化,养生延年,禳邪却祸之事"。外篇五十二卷,言:"人间得失,世事臧否?"
⑳ 此句出自《抱朴子·祛惑》。
㉑ 简文:简文帝。
㉒ 郭象:字子玄,河南洛阳人。西晋哲学家,好老庄学说。官至黄门侍郎、太傅主簿。
㉓ 惠施:惠子,名施,河南商丘人。战国时著名哲学家、政治家、思想家。中国名家学派的创始人。
㉔ 武烈太子:萧姓,名方等,字实相。梁元帝长子,南讨军兵败溺死,谥号"忠壮",梁元帝即位,改谥号"武烈太子"。事见《南史》。
㉕ 梁简文:梁简文帝。
㉖ 鹅军:古阵名。《左传·昭公二十一年》:"郑翩愿为鹳,其御愿为鹅。"鹳、鹅皆古阵名。
㉗ 日逐:匈奴王号,其位低于左贤王。
㉘ 康居:古西域国名,东临乌孙、大宛,南接大月氏、安息,西与奄蔡接壤。
㉙ 大宛:古西域国名,北临康居,西南接大月氏。盛产名马。
㉚ 小月:小月氏,古西域国名。此句诗,王利器考证有误,非梁简文帝诗,实为梁褚翔诗。
㉛ 萧子晖:字景光,江苏常州人。梁萧子恪之弟。南朝梁文学家,撰《冬草赋》。见《梁书·萧子恪传》。
㉜ 黄龙:古地名,今辽宁朝阳。又名龙城、和龙城、龙都。
㉝ 白马:王利器注,此白马,当为白马津,在滑州白马县北三十里。
㉞ 颣(lèi):丝绸织品上的疙瘩结。此指瑕疵、毛病、缺陷。
㉟ 王籍:字文海,山东临沂人。南北朝梁文学家。事见《梁书·文学传》。
㊱ 卢询祖:河北涿州人。北齐文学家。
㊲ 兰陵萧悫:萧悫,字仁祖,兰陵(今江苏常州)人。北齐诗人、官员,官任太子洗马。

⑭⑧ 荀仲举：字士高，安徽阜阳人。北齐官员，任南沙令，老年出任义宁太守。北齐文学家。事见《北齐书·文苑传》。

⑭⑨ 诸葛汉：即诸葛颖，字汉，山东临沂人，又言江苏丹阳人。北齐文学家。事见《北史·文苑传》。

⑮⓪ 卢思道：字子行，河北涿州人。隋朝诗人、官员。官任北齐给事黄门侍郎、北周武阳太守、隋散骑侍郎。

⑮① 何逊：字仲言。见上注⑫⑦。

⑮② 扬都：古地名，又名建业，今江苏省南京市。

⑮③ 刘孝绰：原名冉，小字阿士，彭城人。南朝梁文学家、官员。任秘书丞等职。

⑮④ 蓬车：王利器据抱经堂改"蓬居"。其他诗人有赞同"车"者，有赞同"居"者。

⑮⑤ 懂懂（huà）：乖戾的样子。《玉篇》："懂，乖戾也。"

⑮⑥ 谢朓：字玄晖，见注㊸。

⑮⑦ 陶渊明：一名潜，字元亮，江西九江人。东晋著名诗人，官员。官至彭泽令。著《陶渊明集》。

⑮⑧ 思澄：何思澄，字元静。江苏丹徒（又说山东郯城）人。南朝梁人，文学家、官员，官至武陵王录事参军。

⑮⑨ 子朗：何子朗，字世明，江苏丹徒（又说山东郯城）人。何思澄宗族。南朝梁文学家、官员，任员外散骑侍郎。英年早亡。事见《梁书·文苑传》。

⑯⓪ 上士：非指士大夫，而是指高水平的人。下面"中士""下士"亦是指水平中、低的人士。

⑯① 体道合德：以道为体，与道德相融洽。

⑯② 厚貌深奸：外表形象似敦朴，而内心深藏奸险。

⑯③ 拱把之梁：很小的独木桥。拱，两手合围。把，只手所握。

⑯④ 方轨：车辆并行的道路。此指平坦大道。

⑯⑤ 登坛之盟：春秋时诸侯会盟。仲由，即子路，孔子弟子。事见《左传·哀公十四年》。

⑯⑥ 折冲：冲，冲车，古代战车之一种。折，折反。意为使敌车后撤。事见《后汉书·赵熹传》。

⑯⑦ 金贝：货贝。《汉书·食货志》："金刀龟贝，所以通有无也。"

⑯⑧ 干橹：盾牌。此二句见《韩非子·难一》，是卖矛和盾的人宣传语，矛盾无解。

⑯⑨ 虙（fú）子贱：又名宓子贱，名不齐。春秋时鲁国人，孔子弟子。

⑰⓪ 此句出自《孔子家语·屈节解》。此句意为在这件事上做得真诚，就给另一件事树立榜样。孔子曰："诚于此者刑乎彼。"刑，古通"形、型"。

⑰① 伯石让卿：指春秋时郑国的伯石假意辞让任卿的官职。事见《左传·襄公三十年》。

⑰② 王莽辞政：指东汉末王莽假意推辞大司马职位，而嗣后篡位执政。事见《汉书·王

莽传》。
⑰ 苫（shān）块："寝苫枕块"之简称。古代父母亡，儿孙以草垫为席，以土块为枕，守孝居丧在灵位和坟墓旁。《仪礼》："居倚庐，寝苫枕块。"
⑭ 韩晋明：山西晋中人。北齐人。最留心学问，北齐学者，后封东莱王。事见《北齐书·韩轨传》。
⑮ 玉珽杼上终葵首：玉珽，即玉笏，系古代天子所持的玉制手板。杼，削薄的意思。终葵：齐人谓椎为终葵。此句意为把玉珽从下向上削薄至椎头止。《说文解字》："珽，大圭，长三尺，杼上，终葵首。"
⑯ 葵叶：指终葵的叶子。此终葵为草名。此二句意为该世族不甚明白韩晋明所问是何意，亦不知齐人认椎名为终葵，随意答以"葵叶"。
⑰ 襄国：古县名，今河北邢台。
⑱ 泗州：古郡名，今江苏徐州。别驾：官职名，为刺史的佐吏，刺史巡视，别驾乘驿车随行，故名别驾。
⑲ 兽迒（háng）：野兽足迹。
⑳ 季札：又称公子札。春秋时吴国贵族，多次推辞君位。事见《史记·吴太伯世家》。
㉑ 柳下惠：展禽，展氏，名获，字禽。春秋时鲁国大夫，以善守礼节著称，成语"坐怀不乱"，即指柳下惠故事。食邑在柳下，谥号"惠"，世称"柳下惠"。事见《孟子·万章下》。
㉒ 史鱼：又称史鰌。春秋时卫国大夫，以正直敢谏著称。事见《论语·卫灵公》。
㉓ 汲汲：心情急切不安的样子。
㉔ 魂爽：魂魄。《左传·昭公二十五年》："心之精爽，是谓魂魄。"
㉕ 此句出自《诗经·小雅·天保》："如松柏之茂"。
㉖ 经纶：整理丝缕，引申为处理国家杂乱之大事。博雅：指学识渊博纯正。
㉗ 藩屏之臣：地方的高级官员，为中央服务。
㉘ 不辱君命：完成君主的使命，而不致使君命受辱。语出《论语·子路》："使于四方，不辱君命。"
㉙ 六涂：涂古通"途"。此指上文所言"六事"，即六类之臣的职责。
㉚ 品藻：鉴定、评定、评议等级。
㉛ 若指诸掌：了如指掌，对事情的了解如看清自己掌中物一样清楚明白。
㉜ 战陈：古代作战的阵法。陈，古通"阵"。
㉝ 晋朝南渡：晋朝（西晋）被灭后，晋元帝于建武元年（公元317年）南渡长江，在建康（今江苏南京）建立东晋事。
㉞ 令：尚书令，尚书省的长官。仆：即左、右仆射（yè），尚书省的副职。尚书郎：南朝梁时尚书省分二十二曹，每曹设郎一人，总称尚书郎，担当掌管文书起草之事。

尚书省是中央政府的最高行政机关。中书舍人：中书省下属职官，负责进呈奏案之事。事见《晋书·职官志》。

⑲⑤ 台阁：尚书省又一名称。令史：尚书省里的低级官员。

⑲⑥ 主书：也是尚书省里的低级官员。监帅：监督军务的官员。

⑲⑦ 签：南朝在外任诸王处设有典签，本为处理文书之小吏，实际担当监督诸王的作用，遂有帅签之称。此处之签，即"典签"。省：即州郡的省事，亦是尚书省下属的低级官员。

⑲⑧ 梁武帝父子：南朝梁的君主梁武帝萧衍及其子梁简文帝萧纲和梁元帝萧绎。

⑲⑨ 眼不能见其睫：眼能见百步之外，而不见己之眼睫毛，比喻不易见小人。语出《韩非子·喻老》："臣患智之如目也，能见百步之外，而不能自见其睫。"睫，眼睫毛。

⑳⓪ 周弘正：字思行，南朝学者，在梁、陈任官职。

⑳① 宣城王：萧文帝之子萧大器，封宣城郡王。

⑳② 果下马：马名。一种视为珍贵的小巧易骑的小马，高不过三尺，可以在果树下行走，故名果下马，供富贵人乘骑游玩。

⑳③ 侯景之乱：此指梁武帝太清二年（548年）北朝降将侯景叛乱，攻破国都，梁武帝被困而死，史称"侯景之乱"。

⑳④ 莱鉏：莱，同"薅"，锄草。鉏，同"锄"。

⑳⑤ 中兴：西晋亡，东晋兴于江南，故称"中兴"。

⑳⑥ 垎（bá）：耕地翻起的土。《说文解字》："垎，治也。一曰舀土谓之垎。"

卷第五
省事 止足 诫兵 养生 归心
省事第十二

铭金人云："无多言，多言多败；无多事，多事多患。"① 至哉斯戒也！能走者夺其翼，善飞者减其指②，有角者无上齿，丰后者无前足，盖天道不使物有兼焉也。古人云："多为少善，不如执一③；鼫鼠五能，不成伎术④。"近世有两人，朗悟士也，性多营综，略无成名，经不足以待问，史不足以讨论，文章无可传于集录，书迹未堪以留爱翫，卜筮射六得三，医药治十差⑤五，音乐在数十人下，弓矢在千百人中，天文、画绘、棋博、鲜卑语、胡书⑥，煎胡桃油⑦，炼锡为银，如此之类，略得梗概，皆不通熟。惜乎，以彼神明，若省其异端，当精妙也。

上书陈事，起自战国，逮于两汉，风流⑧弥广。原其体度：攻人主之长短，谏诤之徒也；讦群臣之得失，讼诉之类也；陈国家之利害，对策之伍也；带私情之与夺，游说之俦也。总此四涂⑨，贾诚⑩以求位，鬻言以干禄。或无丝毫之益，而有不省之困，幸而感悟人主，为时所纳，初获不赀之赏，终陷不测之诛，则严助⑪、朱买臣⑫、吾丘寿王⑬、主父偃⑭之类甚众。良史所书，盖取其狂狷⑮一介，论政得失耳，非士君子守法度者所为也。今世所睹，怀瑾瑜而握兰桂者，悉耻为之。守门诣阙，献书言计，率多空薄，高自矜夸，无经略之大体，咸秕糠之微事，十条之中，一不足采，纵合时务，已漏先觉，非谓不知，但患知而不行耳。或被发奸私，面相酬证，事途回穴⑯，翻惧愆尤；人主外护声教，脱⑰加含养⑱，此乃侥幸之徒，不足与比肩也。

谏诤之徒，以正人君之失尔，必在得言之地，当尽匡赞之规，不容苟免偷安，垂头塞耳。至于就养⑲有方，思不出位，干非其任，斯则罪人。故《表记》⑳云："事君，远而谏，则谄也。近而不谏，则尸利㉑也。"《论语》曰："未信而谏，人以为谤己也。"㉒

君子当守道崇德，蓄价待时，爵禄不登，信由天命。须求趋竞，不顾羞惭，比较材能，斟量功伐㉓，厉色扬声，东怨西怒。或有劫持宰相瑕疵，而获酬谢，或有喧聒时人视听，求见发遣。以此得官，谓为才力，何异盗食致饱，窃衣取温哉！世见躁竞得官者，便谓"弗索何获"。不知时运之来，不求亦至也。见静退未遇者，便谓"弗为胡成"。不知风云不与，徒求无益也。凡不求而自得，求而不得者，焉可胜算乎！

齐之季世㉔，多以财货托附外家，喧动女谒。拜守宰㉕者，印组㉖光华，车骑辉赫，荣兼九族，取贵一时。而为执政所患，随而伺察，既以利得，必以利殆，微染风尘，便乖肃正，坑阱殊深，疮痏未复，纵得免死，莫不破家，然后噬脐㉗亦复何及。吾自南及北，未尝一言与时人论身分也，不能通达，亦无尤焉。

王子晋㉘云："佐饔得尝，佐斗得伤。"㉙此言为善则预，为恶则去，不欲党人非义之事也。凡损于物，皆无与焉。然而穷鸟入怀，仁人所悯。况死士归我，当弃之乎？伍员㉚之托渔舟，季布㉛之入广柳㉜，孔融之藏张俭㉝，孙嵩之匿赵岐㉞，前代之所贵，而吾所行也，以此得罪，甘心瞑目。至如郭解㉟之代人报雠，灌夫㊱之横怒求地，游侠㊲之徒，非君子之所为也。如有逆乱之行，得罪于君亲者，又不足恤焉。亲友之迫危难也，家财己力，当无所吝。若横生图计，无理请谒，非吾教也。墨翟㊳之徒，世谓热腹，杨朱㊴之侣，世谓冷肠。肠不可冷，腹不可热，当以仁义为节文尔。

前在修文令曹㊵，有山东学士与关中太史竞历㊶，凡十余人，纷纭累岁，内史牒付议官平之。吾执论曰："大抵诸儒所争，四分并减分两家㊷尔。历象之要，可以晷景㊸测之。今验其分至薄蚀㊹，则四分疏而减分密。疏者则称政令有宽猛，运行致盈缩㊺，非算之失也。密者则云日月有迟速，以术求之，预知其度，无灾祥也。用疏则藏奸而不信，用密则任数㊻而违经。且议官所知，不能精于讼者，以浅裁深，安有肯服？既非格令所司，幸勿当㊼也。"举曹贵贱，咸以为然。有一礼官，耻为此让，苦欲留连，强加考核。机杼既薄㊽，无以测量，还复采访讼人，窥望长短，朝夕聚议，寒暑烦劳，背春涉冬，竟无予夺，怨诮滋生，赧然而退，终为内史所迫，此好名之辱也。

止足第十三

《礼》云："欲不可纵，志不可满。"㊾宇宙可臻其极，情性不知其穷，唯在少欲知足，为立涯限尔。先祖靖侯㊿戒子侄曰："汝家书生门户，世无富贵。自今仕宦不可过二千石㉑，婚姻勿贪势家㉒。"吾终身服膺，以为名言也。

天地鬼神之道，皆恶满盈。谦虚冲损，可以免害。人生衣趣以覆寒露，食趣以塞饥乏耳。形骸之内，尚不得奢靡，己身之外，而欲穷骄泰邪？周穆王㉝、秦始皇㊄、汉武帝㊄，富有四海，贵为天子，不知纪极㊄，犹自败累，况士庶乎？常以二十口家，奴婢盛多，不可出二十人，良田十顷，堂室才蔽风雨，车马仅代杖策，蓄财数万，以拟吉凶急速，不啻此㊄者，以义散之。不至此者，勿非道求之。

仕宦称泰，不过处在中品，前望五十人，后顾五十人，足以免耻辱，无倾危也。高此者，便当罢谢，偃仰私庭。吾近为黄门郎㊄，已可收退。当时羁旅，惧罹谤讟㊄，思为此计，仅未暇尔。自丧乱已来，见因托风云，侥幸富贵，且执机权，夜填坑谷，朝欢卓㊄、郑㊄，晦泣颜㊄、原㊄者，非十人五人也。慎之哉！慎之哉！

诫兵第十四

颜氏之先，本乎邹、鲁，或分入齐，世以儒雅为业，遍在书记。仲尼门徒，升堂者七十有二㊄，颜氏居八人㊄焉。秦、汉、魏、晋，下逮齐、梁，未有用兵以取达者。春秋世，颜高、颜鸣、颜息、颜羽之徒㊄，皆一斗夫耳。齐有颜涿聚㊄，赵有颜冣㊄，汉末有颜良㊄，宋有颜延之㊄，并处将军之任，竟以颠覆。汉郎颜驷，自称好武，更无事迹。颜忠以党楚王受诛，颜俊以据武威见杀，得姓已来，无清操者，唯此二人，皆罹祸败。顷世乱离，衣冠之士，虽无身手，或聚徒众，违弃素业，侥幸战功。吾既羸薄，仰惟前代，故置心于此，子孙志之。孔子力翘门关㊄，不以力闻，此圣证㊄也。吾见今世士大夫，才有气干，便倚赖之，不能被甲执兵，以卫社稷。但微行险服㊄，逞弄拳腕，大则陷危亡，小则贻耻辱，遂无免者。

国之兴亡，兵之胜败，博学所至，幸讨论之。入帷幄之中，参庙堂之上，不能为主尽规以谋社稷，君子所耻也。然而每见文士，颇读兵书，微有经略。若居承平之世，睥睨宫阃㊄，幸灾乐祸，首为逆乱，诖误㊄善良。如在兵革之时，构扇反复，纵横㊄说诱，不识存亡，强相扶戴。此皆陷身灭族之本也。诫之哉！诫之哉！

习五兵㊄，便乘骑，正可称武夫尔。今世士大夫，但不读书，即称武夫儿，乃饭囊酒瓮㊄也。

养生第十五

神仙之事，未可全诬。但性命在天，或难钟值㊄。人生居世，触途㊄牵萦。

幼少之日，既有供养之勤。成立之年，便增妻孥之累。衣食资须，公私驱役。而望遁迹山林，超然尘滓，千万不遇一尔。加以金玉之费，炉器⑧¹所须，益非贫士所办。学如牛毛，成如麟角。华山之下，白骨如莽，何有可遂之理？考之内教⑧²，纵使得仙，终当有死，不能出世⑧³，不愿汝曹专精于此。若其爱养神明，调护气息，慎节起卧，均适寒暄，禁忌食饮，将饵药物，遂其所禀，不为夭折者，吾无间然⑧⁴。诸药饵法，不废世务也。庾肩吾⑧⁵常服槐实，年七十余，目看细字，须发犹黑。邺中朝士，有单服杏仁、枸杞、黄精、术、车前得益者甚多，不能一一说尔。吾尝患齿，摇动欲落，饮食热冷，皆苦疼痛。见《抱朴子》牢齿之法，早朝叩齿三百下为良⑧⁶。行之数日，即便平愈，今恒持之。此辈小术，无损于事，亦可修也。凡欲饵药，陶隐居⑧⁷《太清方》中总录甚备，但须精审，不可轻脱。近有王爱州在邺学服松脂⑧⁸，不得节度，肠塞而死，为药所误者甚多。

　　夫养生者先须虑祸，全身保性，有此生然后养之，勿徒养其无生也。单豹⑧⁹养于内而丧外，张毅⑨⁰养于外而丧内，前贤所戒也。嵇康著《养生》之论，而以傲物受刑。石崇⑨¹冀服饵之征，而以贪溺取祸，往世之所迷也。

　　夫生不可不惜，不可苟惜。涉险畏之途，干祸难之事，贪欲以伤生，逸豫而致死，此君子之所惜哉！行诚孝⑨²而见贼，履仁义而得罪，丧身以全家，泯躯而济国，君子不咎也。自乱离已来，吾见名臣贤士，临难求生，终为不救，徒取窘辱，令人愤懑。侯景之乱，王公将相，多被戮辱，妃主姬妾，略无全者。唯吴郡太守张嵊⑨³，建义不捷，为贼所害，辞色不挠。及鄱阳王世子谢夫人⑨⁴，登屋诟怒，见射而毙。夫人，谢遵女也。何贤智操行若此之难？婢妾引决⑨⁵若此之易？悲夫！

归心第十六

　　三世⑨⁶之事，信而有征，家世归心⑨⁷，勿轻慢也。其间妙旨，具诸经论⑨⁸，不复于此，少能赞述。但惧汝曹犹未牢固，略重劝诱尔。

　　原夫四尘五荫⑨⁹，剖析形有。六舟三驾⑩⁰，运载群生：万行归空，千门⑩¹入善，辩才智惠，岂徒《七经》⑩²、百氏之博哉？明非尧、舜、周、孔所及也。内外两教⑩³，本为一体，渐积为异⑩⁴，深浅不同。内典⑩⁵初门，设五种禁⑩⁶。外典⑩⁷仁义礼智信，皆与之符。仁者，不杀之禁也；义者，不盗之禁也；礼者，不邪之禁也；智者，不酒之禁也；信者，不妄之禁也。至如畋狩军旅，燕享刑罚，因民之性，不可卒除，就为之节，使不淫滥尔。归周、孔而背释宗⑩，何其迷也！

俗之谤者，大抵有五：其一，以世界外事及神化无方为迂诞也；其二，以吉凶祸福或未报应为欺诳也；其三，以僧尼行业多不精纯为奸慝也；其四，以糜费金宝减耗课役为损国也；其五，以纵有因缘⑩如报善恶，安能辛苦今日之甲，利益后世之乙乎？为异人也。今并释之于下云。

释一曰：夫遥大之物，宁可度量？今人所知，莫若天地。天为积气，地为积块，日为阳精，月为阴精，星为万物之精，儒家所安也。星有坠落，乃为石矣。精若是石，不得有光，性又质重，何所系属？一星之径，大者百里，一宿首尾，相去数万。百里之物，数万相连，阔狭从斜，常不盈缩。又星与日月，形色同尔，但以大小为其等差。然而日月又当石也？石既牢密，乌兔⑩焉容？石在气中，岂能独运？日月星辰，若皆是气，气体轻浮，当与天合，往来环转，不得错违，其间迟疾，理宜一等。何故日月五星二十八宿⑪，各有度数，移动不均？宁当气坠，忽变为石？地既滓浊，法应沉厚，凿土得泉，乃浮水上。积水之下，复有何物？江河百谷，从何处生？东流到海，何为不溢？归塘尾闾⑫，渫何所到？沃焦⑬之石，何气所然？潮汐去还，谁所节度？天汉⑭悬指，那不散落？水性就下，何故上腾？天地初开，便有星宿。九州⑮未划，列国未分，翦疆区野，若为躔次⑯？封建已来，谁所制割？国有增减，星无进退，灾祥祸福，就中不差；乾象之大，列星之伙，何为分野，止系中国？昴⑰为旄头，匈奴之次。西胡、东越、雕题、交阯⑱，独弃之乎？以此而求，迄无了者，岂得以人事寻常，抑必宇宙外也。

凡人之信，唯耳与目。耳目之外，咸致疑焉。儒家说天，自有数义：或浑或盖，乍宣乍安⑲。斗极⑳所周，管维㉑所属，若所亲见，不容不同。若所测量，宁足依据？何故信凡人之臆说，迷大圣㉒之妙旨，而欲必无恒沙㉓世界、微尘数劫㉔也？而邹衍㉕亦有九州之谈。山中人不信有鱼大如木，海上人不信有木大如鱼。汉武不信弦胶㉖，魏文㉗不信火布㉘。胡人见锦，不信有虫食树吐丝所成。昔在江南，不信有千人毡帐，及来河北，不信有二万斛船。皆实验也。

世有祝师㉙及诸幻术，犹能履火蹈刃，种瓜移井，倏忽之间，十变五化。人力所为，尚能如此。何况神通感应，不可思量，千里宝幢㉚，百由旬㉛座，化成净土㉜，踊出妙塔㉝乎？

释二曰：夫信谤之征，有如影响。耳闻目见，其事已多，或乃精诚不深，业缘未感，时傥差阑，终当获报耳。善恶之行，祸福所归。九流百氏[134]，皆同此论，岂独释典为虚妄乎？项橐[135]、颜回之短折，伯夷、原宪[136]之冻馁，盗跖[137]、庄蹻[138]之福寿，齐景[139]、桓魋[140]之富强，若引之先业[141]，冀以后生，更为通耳。如以行善而偶钟祸报，为恶而傥值福征，便生怨尤，即为欺诡。则亦尧、舜之云虚，周、孔之不实也，又欲安所依信而立身乎？

释三曰：开辟已来，不善人多而善人少，何由悉责其精洁乎？见有名僧高行，弃而不说。若睹凡僧流俗，便生非毁。且学者之不勤，岂教者之为过？俗僧之学经律[142]，何异世人之学《诗》《礼》？以《诗》《礼》之教，格朝廷之人，略无全行者。以经律之禁，格出家之辈，而独责无犯哉？且阙行之臣，犹求禄位。毁禁之侣，何惭供养乎？其于戒行，自当有犯。一披法服，已堕僧数，岁中所计，斋讲诵持，比诸白衣[143]，犹不啻山海也。

释四曰：内教多途，出家自是其一法耳。若能诚孝在心，仁惠为本，须达[144]、流水[145]，不必剃落须发。岂令罄井田而起塔庙，穷编户以为僧尼也？皆由为政不能节之，遂使非法之寺，妨民稼穑，无业之僧，空国赋算，非大觉[146]之本旨也。抑又论之：求道者，身计也；惜费者，国谋也。身计国谋，不可两遂。诚臣徇主而弃亲，孝子安家而忘国，各有行也。儒有不屈王侯高尚其事，隐有让王辞相避世山林。安可计其赋役，以为罪人？若能偕化黔首[147]，悉入道场，如妙乐[148]之世，禳祛[149]之国，则有自然稻米，无尽宝藏，安求田蚕之利乎！

释五曰：形体虽死，精神犹存。人生在世，望于后身似不相属。及其殁后，则与前身似犹老少朝夕耳。世有魂神，示现梦想，或降童妾，或感妻孥，求索饮食，征须福佑，亦为不少矣。今人贫贱疾苦，莫不怨尤前世不修功业。以此而论，安可不为之作地乎？夫有子孙，自是天地间一苍生耳，何预身事？而乃爱护，遗其基址，况于己之神爽，顿欲弃之哉？凡夫蒙蔽，不见未来，故言彼生与今非一体耳。若有天眼，鉴其念念[150]随灭，生生[151]不断，岂可不怖畏邪？又君子处世，贵能克己复礼[152]，济时益物。治家者欲一家之庆，治国者欲一国之良，仆妾臣民，与身竟何亲也，而为勤苦修德乎？亦是尧、舜、周、孔虚失愉乐耳。一人修道，济度几许苍生？免脱几身罪累？幸熟思之！汝曹若观俗计，树立门户，不弃妻子，未能出家。但当兼修戒行，留心诵读，以为来世津梁。人生难得，无虚过也。

儒家君子，尚离庖厨，见其生不忍其死，闻其声不食其肉。高柴[153]、折像[154]，未知内教，皆能不杀，此乃仁者自然用心。含生之徒，莫不爱命。去杀之事，必勉行之。好杀之人，临死报验，子孙殃祸，其数甚多，不能悉录耳，且示数条于末。

梁世有人，常以鸡卵白和沐，云使发光，每沐辄二三十枚。临死，发中但闻啾啾数千鸡雏声。

江陵刘氏，以卖鳝羹为业。后生一儿头是鳝，自颈以下，方为人耳。

王克为永嘉郡守，有人饷羊，集宾欲宴。而羊绳解，来投一客，先跪两拜，便入衣中。此客竟不言之，固无救请。须臾，宰羊为羹，先行至客。一脔⑮入口，便下皮内，周行遍体，痛楚号叫。方复说之。遂作羊鸣而死。

梁孝元在江州时，有人为望蔡县令，经刘敬躬乱⑯，县廨被焚，寄寺而住。民将牛酒作礼，县令以牛系幡柱⑰，屏除形像，铺设床坐，于堂上接宾。未杀之顷，牛解，径来至阶而拜，县令大笑，命左右宰之。饮啖醉饱，便卧檐下。稍醒而觉体痒，爬搔隐胗，因尔成癞，十许年死。

杨思达为西阳郡守，值侯景乱，时复旱俭，饥民盗田中麦。思达遣一部曲⑱守视，所得盗者，辄截手腕，凡戮十余人。部曲后生一男，自然无手。

齐有一奉朝请⑲，家甚豪侈，非手杀牛，啖之不美。年三十许，病笃，大见牛来，举体如被刀刺，叫呼而终。

江陵高伟，随吾入齐，凡数年，向幽州淀中捕鱼。后病，每见群鱼啮之而死。

世有痴人，不识仁义，不知富贵并由天命。为子娶妇，恨其生资不足，倚作舅姑之尊。蛇虺其性，毒口加诬，不识忌讳，骂辱妇之父母，却成教妇不孝己身，不顾他恨。但怜己之子女，不爱己之儿妇。如此之人，阴纪其过，鬼夺其算⑳。慎不可与为邻，何况交结乎？避之哉！

【注释】

① 此句出自《说苑·敬慎》："孔子之周，观于太庙，右陛之侧，有金人焉，三缄其口，而铭其背曰：'古之慎言人也。戒之哉！戒之哉！无多言，多言多败；无多事，多事多患。'"此句意为多言必有失，多事必有忧患！
② 指：据考证，疑为"趾"之误。古字指、趾相通用。
③ 执一：专一。《吕氏春秋·执一》："王者，执一而为万物正。"
④ 鼯鼠：《说文解字》："鼯，五伎鼠也，能飞不能过屋，能缘不能穷木，能游不能度谷，能穴不能掩身，能走不能先人。"伎术：技能、技术。
⑤ 差：古通"瘥"（chài），病愈。

⑥ 胡书：胡人的文字，此指鲜卑文字。
⑦ 胡桃油：胡人作画的一种材料。《北齐书·祖珽传》："珽善为胡桃油以涂画。"
⑧ 风流：遗风。《汉书·赵充国辛庆忌传》："今之歌谣慷慨，风流犹存。"
⑨ 四涂：指以上四种体度情况。涂，通"途"，道路。
⑩ 贾诚：贾忠。诚，避隋文帝父杨忠讳，忠改诚。
⑪ 严助：浙江绍兴人。西汉辞赋家、官员。官任中大夫、会稽太守，因与淮南王刘安谋反被杀。
⑫ 朱买臣：字翁子，西汉苏州人。官任会稽太守、主爵都尉。后被杀。
⑬ 吾丘寿王：字子赣，西汉赵人。官任侍中中郎、光禄大夫侍中。后被杀。
⑭ 主父偃：主父系复姓，西汉临淄人。官任中大夫、齐相。后被杀。
⑮ 狂狷：狂，志向高远的人。狷，拘谨自守的人。此语出自《论语·子路》："不得中行而与之，必也狂狷乎！狂者进取，狷者有所不为也。"
⑯ 回穴：回，通"迴"。纡曲、变化不定。
⑰ 脱：或者。此指推度。
⑱ 含养：包容养育。
⑲ 就养：此指侍奉国君。《礼记·檀弓》："事君有犯而无隐，左右就养有方。"
⑳ 表记：《礼记》的篇名。
㉑ 尸利：如同尸体一样，只享受祭祀而不作为。比喻受禄而懒政。
㉒ 此句出自《论语·子张》。
㉓ 功伐：功劳。
㉔ 齐之季世：齐，指北齐。季世，指北齐的末世、衰世。
㉕ 守宰：地方长官。
㉖ 印组：印绶。绶为系官印的丝带。
㉗ 噬脐：自己咬自己的肚脐。比喻后悔不已。
㉘ 王子晋：周灵王之太子。
㉙ 此句出自《国语·周语》："佐饔者尝焉，佐斗者伤焉。"饔：厨师之官。
㉚ 伍员：字子胥，春秋时吴国大夫。其父伍奢在楚国被害，伍员逃至吴国，官任大夫，助吴王阖闾夺取王位，后率吴兵破楚国。事见《史记·伍子胥列传》。
㉛ 季布：汉朝初期楚国人，为项羽部将，项羽败，汉高祖刘邦曾高薪聘任。
㉜ 广柳：广柳车。装棺柩的大车。
㉝ 孔融：字文举，山东曲阜人。见前注 p86㉚。张俭，字元节，山阳高平人。官任督邮，因揭露中常侍侯览罪行与之结怨。后侯览下令逮捕张俭，张俭逃亡孔融兄处，不遇，时孔融年十六，隐匿张俭藏之。后事暴露，张俭逃脱，孔融兄弟二人争死。事见《后汉书·党锢传》。

㉞ 孙嵩之匿赵岐：此指后汉孙嵩藏匿赵岐的故事。赵岐，字邠卿，京兆长陵人。后汉官员，厌恶羞辱宦官，被京兆尹捕杀其家属，赵岐出逃北海，埋名隐姓，卖饼为生。时孙嵩逛街市，赏识赵岐，遂带赵归，藏于墙壁之中而避难。事见《后汉书·赵岐传》。

㉟ 郭解：字翁伯，河南济人。身短小而精悍，能代人报仇，号称汉代“侠者之王”。事见《史记·游侠传》。

㊱ 灌夫：字仲儒，河南许昌人。游侠。西汉时官任中郎将、太仆。武安侯田蚡为汉代丞相，想掠夺魏其田，灌夫打抱不平，怒斥田蚡而结下怨仇，以不敬罪被诛。

㊲ 游侠：古指敢于反抗，不守社会秩序，乐于救人于危难中的人。

㊳ 墨翟：墨子。春秋战国时的思想家、政治家。墨家的创始人。

㊴ 杨朱：字子居，战国时魏国的哲学家、思想家，开创杨朱学派，与儒学、墨家齐驱。

㊵ 修文令曹：隋代开皇十年，设置的修订法令之局。

㊶ 关中太史竞历：关中，地名，今陕西。太史，掌管历法的官。竞历，争论历法。

㊷ 四分：古代四分历。减分：古代减分历。事见《后汉书·律历志》。

㊸ 晷景：日晷上晷表的投影。晷，古代用测量太阳影以确立时间的仪器。景，古通“影”。

㊹ 分至薄蚀：分，春分，秋分。至，夏至，冬至。薄蚀，日蚀和月蚀。

㊺ 盈缩：亦称“赢缩”。是指岁星超位而前为赢，岁星在位之后为缩。语见《汉书·天文志》。

㊻ 任数：顺应天数。

㊼ 当：判罪、判罚。《字汇·田部》：“当，断罪曰当，言使罪法相当。”

㊽ 机杼：胸臆，胸怀。既薄：相关知识和才能浅薄及欠缺。

㊾ 此句见于《礼记·曲礼》。

㊿ 先祖靖侯：颜之推的九世祖。颜含：字宏都，谥号“靖侯”。事见《晋书·孝友传》。

(51) 二千石：官员工资数。汉制，郡守工资为二千石。石，粮食一担，即十斗。

(52) 势家：诸家考证，应为“世家”之误。

(53) 周穆王：西周国王，姬姓，名满，昭王之子，事见《穆天子传》。

(54) 秦始皇：嬴政。秦朝第一任皇帝，统一中国，建立秦朝，建立中央集权制，统一度量衡和文字。

(55) 汉武帝：名刘彻，汉景帝之子，西汉第七任皇帝。

(56) 纪极：终极，限度。

(57) 不啻此：不过于此也。不啻，不但，不止。

(58) 黄门郎：黄门侍郎，官职名。属门下省，负责侍从皇帝，传达诏命，后世为皇帝顾问。

(59) 讟（dú）：怨言。

(60) 卓：卓氏，战国时、秦汉时之富商。

㉑ 郑：程郑，汉初富商。
㉒ 颜：颜渊，孔子弟子。
㉓ 原：原宪，字子思，亦称原思。春秋鲁国人，孔子之弟子。
㉔ 升堂者七十有二：此指孔子有学问造诣精深的弟子有七十二名。
㉕ 颜氏居八人：即孔子弟子中有颜回、颜无繇、颜幸、颜高、颜祖、颜之仆、颜哙、颜何等颜氏八人。事见《史记·仲尼弟子列传》。
㉖ 此四人，皆为春秋末期鲁国人。事见《左传》。
㉗ 颜涿聚：春秋末期齐国人。事见《韩非子·十过》。
㉘ 颜聚：战国时赵国将领，后被秦俘。事见《史记·赵世家》。《战国策》作颜最。
㉙ 颜良：三国时袁绍大将，与曹操作战，被关羽所杀。事见《三国志·袁绍传》。
㉚ 颜延之：字延年。南朝宋国山东临沂人。宋之政治家、文学家。官任金紫光禄大夫。文章与谢灵运齐名。
㉛ 孔子力翘门关：孔子有举起城门之功，却不以力闻名天下。翘，同"招"，举之意。
㉜ 圣证：原为书名，三国魏王肃撰《圣证论》。此指取证于圣人之言。
㉝ 微行险服：微服私访。
㉞ 睥睨（pì nì）宫闱（kǔn）：窥视帝王后宫。睥睨，窥视，偷看。宫闱，帝王后宫。
㉟ 诖（guà）误：连累；贻误。
㊱ 纵横：战国时策略合纵和连横的简称。合纵系苏秦主张联合六国拒秦，连横系张仪主张六国结盟共同服从秦国领导。
㊲ 五兵：五种兵器。各朝代所指有差异。周朝指戈、殳、戟、酋矛、夷矛。事见《周礼·夏官·司兵》。
㊳ 饭囊酒瓮：无用之人，俗说酒囊饭袋。瓮，古代陶制盛酒的器具。
㊴ 钟值：适逢相遇。
㊵ 触途：各方面，方方面面，处处。
㊶ 炉器：炼丹炉。
㊷ 内教：佛教。
㊸ 出世：佛教语。佛教认为人世间之事为俗事，脱离人世，超凡脱俗，称出世。
㊹ 间然：间隙，毛病，找空子，此指批评、指责。
㊺ 庾肩吾：字子慎，南朝梁人。官员，任度支尚书、江州刺史。
㊻ 此句见于《抱朴子·应难》，每晨叩齿三百次，固牙不松动。
㊼ 陶隐居：即陶弘景，字通明，江苏丹阳人。南朝医药学家，著《太清草本集要》。官任齐诸王侍读。晚年隐居江苏容县句曲山，号称华阳隐居。
㊽ 松脂：松树分泌的树脂，可入药，《本草纲目》："久服，轻身，不老延年。"
㊾ 单豹：人名。先秦人，鲁国人。善于养身，但结果被饿虎扑食。

⑩ 张毅：人名。先秦人，善于交际，结果染上内热病而亡。
⑪ 石崇：字季伦，河北南皮人。西晋文学家、官员，历任散骑常侍、荆州刺史。后被赵王司马伦所杀。事见《晋书·石苞传》。
⑫ 诚孝：忠孝，避隋文帝杨忠名讳而改。
⑬ 张嵊：字四山，江苏苏州人。南朝梁人，官员，任吴兴太守。侯景之乱时，举兵讨伐，兵败被害。谥号"忠贞"。
⑭ 谢夫人：鄱阳王世子萧嗣之妻。
⑮ 引决：自杀。
⑯ 三世：佛教语，指过去、现在、未来三世。
⑰ 归心：思想上归附。《论语·尧曰》："兴灭国，继绝世，举逸民，天下之民归心焉。"此处指皈依佛教。
⑱ 经论：佛教以经、律、论为三藏。经是佛经，论是解释经文，律是戒规。
⑲ 四尘：佛教称色、香、味、触为四尘。五荫：又名"五阴"，旧译"五蕴"，是指色、受、想、行、识为五荫。
⑳ 六舟：六度，佛教语。系指布施、持戒、忍辱、精进、静虑、智慧六种人由生死之处度至涅槃彼岸的法门。三驾：即三乘，是指驾乘羊车、鹿车、牛车。
㉑ 千门：佛教语，指众多的修行法门。
㉒ 七经：《诗》《书》《礼》《易》《春秋》《乐》《论语》七部儒家经典。
㉓ 内外两教：内教指佛教，外教指儒学（教）。
㉔ 渐积为异：佛教和儒学（教）两者之间存在差异和不同。
㉕ 内典：佛教典籍。
㉖ 五禁：佛教语。即五戒：戒杀、盗、淫、妄语、饮酒。
㉗ 外典：儒学典籍。
㉘ 释宗：佛教语。佛祖名释迦牟尼，故以释代佛教。
㉙ 因缘：佛教语。因是指原因，缘是指条件，即产生结果的原因和条件。
㉚ 乌兔：古代神话说日中有乌，月中有兔。
㉛ 五星：指金星、木星、水星、火星、土星，五大行星。二十八宿：是指黄道带和赤道带上二十八个星的位置，用来测量日、月、五星运行的参照物，即标志。
㉜ 归塘：归墟，传说中的海中无底海沟。语见于《列子·汤问》。尾间：传说中泄海水之处，语见于《庄子·秋水》。
㉝ 沃焦：传说东海南部的大石山。名见于嵇康《养生论》。
㉞ 天汉：银河。
㉟ 九州：古代我国行政区的划分为冀州、兖州、青州、徐州、扬州、荆州、豫州、梁州和雍州九个州。

⑯ 躔次：古代天文学中指日月星辰运行的轨迹。古人认为九州各与天上一定的区域相对应，谓之分野。
⑰ 昴：星名，二十八宿之一，名昴星。
⑱ 交阯：南方之别称。《后汉书·南蛮传》："《礼记》称南方曰蛮、雕题、交阯，其俗男女同川而浴，故曰交阯。"
⑲ 浑、盖、宣：古代关于天体形态的三种学说，浑天说认为天地形如鸟卵，天包地。盖天说认为天似斗笠，地似盘，天罩着地，中高外围低。宣夜说认为日月星辰飘浮在无际的虚空之中。语见于《晋书·天文志》。
⑳ 斗：北斗七星。极：北极星。
㉑ 管维：又名斡维。转运的枢纽，北斗七星的斗枢。
㉒ 大圣：佛教语。佛家对佛或菩萨的称呼。
㉓ 恒沙：恒河沙数的简称。此言意为多不胜数。恒河为流经印度和孟加拉国的大河，其泥沙多不胜数之比喻。
㉔ 微尘：佛教语。指极微之物。劫：佛教语。指天地自形成至毁灭为一劫。语见《法华经》。
㉕ 邹衍：别称驺衍、邹子，战国末期齐国人。阴阳家代表人物，五行学说创始人。著《邹子》。
㉖ 弦胶：仙家煮凤喙及麟角，合煎作胶，名续弦胶，或名连金泥，用以粘连已断弓弩之弦及刀剑断裂。事见《云笈七签》。
㉗ 魏文：指魏文帝。
㉘ 火布：火浣之布。
㉙ 祝师：男巫师。
㉚ 宝幢：寺庙中悬挂的幢旗。
㉛ 由旬：又译为"俞旬""由延""逾缮那"。印度国古代的长度计量单位。
㉜ 净土：佛教语。极乐世界，是无五浊（劫浊、见浊、烦恼浊、众生浊、命浊）的世界。
㉝ 踊出妙塔：从地下冒出的宝塔。事见于《妙法莲华经见宝塔品》："佛前有七宝塔，高五百由旬，纵广二百五十由旬，从地涌出，住在空中，种种宝物而庄校之。"
㉞ 九流：战国时期的九大学派，即儒家、道家、法家、墨家、纵横家、阴阳家、名家、杂家、农家。百氏：指春秋战国时的诸子百家。
㉟ 项橐：春秋人，《战国策》："项橐生七岁而为孔子师。"相传项橐七岁时在路上拦阻孔子提问三个问题，孔子未能回答，而称其为师，但他英年早逝。
㊱ 原宪：字子思，又字原思，春秋时鲁国人，孔子弟子。其乐于蓬户褐衣蔬食。事见《庄子·让王》《史记·仲尼弟子传》。
㊲ 盗跖：春秋末期人。聚党数千人，日杀无辜，横行天下，竟以寿终。事见《庄

子·盗跖》。
⑬ 庄蹻：战国时期人。楚庄王之后，楚威王之将军，能大为盗，亦以寿终。事见《淮南子·主术》高诱注文。
⑬ 齐景：齐景公。
⑭ 桓魋（tuí）：向魋，春秋时宋国大夫。
⑭ 业：佛教语。即"羯磨"。佛教认为"业"是决定人的生死轮回。业有行动、语言、思想三个方面，又分别指身业、口业（或语业）、意业。
⑭ 经律：佛教书籍分类名。凡记述佛的言论的书名经，凡阐释记述戒律的书名律。
⑭ 白衣：因佛教徒穿黑衣，故称世俗之人为白衣。
⑭ 须达：人名。舍卫国给孤独长者名，是祇园精舍的施主。事见《经律异相》《须达经》。
⑭ 流水：人名。流水见干涸池中有鱼千条，随即将二十头大象载皮囊盛水灌池中以救鱼，后鱼活。事见《金光明经》。
⑭ 大觉：佛教语。指佛教的大悟大觉。《阿育王经》："如来大觉于菩提树下觉诸法。"
⑭ 黔首：老百姓。古代平民头戴黑色的头巾而名。《史记·秦始皇本纪》："二十六年……更名民曰黔首。"
⑭ 妙乐：西印度的古国名。
⑭ 儴佉：儴佉，印度古神话中的国王名，即转轮王。事见《佛说弥勒大成佛经》。
⑮ 念念：梵语"刹那"的译文，指瞬间。
⑮ 生生：佛教语。指人生轮回。
⑮ 克己复礼：克制私欲，谨守法礼。此语出自《论语·颜渊》："克己复礼为仁，一日克己复礼，天下归仁焉。"
⑮ 高柴：孔子弟子，不杀生，不折枝而成名。《孔子家语·弟子行》："高柴启蛰不杀，方长不折。"
⑮ 折像：后汉人。不杀生，不折枝。事见《后汉书·方术传》："像幼有仁心，不杀昆虫，不折萌芽。"
⑮ 脔（luán）：切成块的肉。
⑮ 此句事见于《梁书·武帝纪》，梁孝元帝在江州时，大同八年春正月，刘敬躬叛乱，望蔡县衙署被烧毁，县令寄住在寺庙内。
⑮ 幡柱：刹柱，是佛塔顶上相轮等矗立部分。此处应指寺庙中悬挂旗幡的高竿。
⑮ 部曲：古代军队的编制单位。见《后汉书·百官志》。
⑮ 奉朝请：散闲岗位上的官员。见《宋书·百官志》。
⑯ 算：寿命。

卷第六
书证
书证第十七

《诗》云："参差荇菜。"①《尔雅》云："荇，接余也。"字或为莕。先儒解释皆云：水草，圆叶细茎，随水浅深。今是水悉有之，黄花似莼，江南俗亦呼为猪莼，或呼为荇菜。刘芳②具有注释。而河北俗人多不识之，博士③皆以参差者是苋菜，呼人苋为人荇，亦可笑之甚。

《诗》云："谁谓荼苦？"④《尔雅》《毛诗传》并以荼，苦菜也。又《礼》云："苦菜秀。"案《易统通卦验玄图》曰："苦菜生于寒秋，更冬历春，得夏乃成。"今中原苦菜则如此也。一名游冬，叶似苦苣而细，摘断有白汁，花黄似菊。江南别有苦菜，叶似酸浆，其花或紫或白，子大如珠，熟时或赤或黑，此菜可以释劳。案：郭璞⑤注《尔雅》，此乃蘵黄蒢也。今河北谓之龙葵。梁世讲《礼》者，以此当苦菜；既无宿根，至春方生耳，亦大误也。又高诱⑥注《吕氏春秋》曰："荣而不实曰英。"苦菜当言英，益知非龙葵也。

《诗》云："有杕之杜。"⑦江南本并木傍施大，《传》曰："杕，独貌也。"徐仙民⑧音徒计反。《说文》曰："杕，树貌也。"在《木部》。《韵集》音次第之第，而河北本皆为夷狄之狄，读亦如字，此大误也。

《诗》云："駉駉牡马。"⑨江南书皆作牝牡之牡，河北本悉为放牧之牧。邺下博士见难云："《駉颂》既美僖公牧于坰野之事，何限草鹜⑩乎？"余答曰："案：《毛传》云：'駉駉，良马腹干肥张也。'其下又云：'诸侯六闲⑪四种：有良马，戎马，田马，驽马。'若作放牧之意，通于牝牡，则不容限在良马独得駉駉之称。良马，天子以驾玉辂⑫，诸侯以充朝聘郊祀⑬，必无草也。《周礼·圉人职》：'良马，匹一人。驽马，丽⑭一人。'圉人⑮所养，亦非草也。颂人举其强骏者言之，于义为得也。《易》曰：'良马逐逐⑯。'《左传》云：'以其良马二。'亦精骏之称，非通语也。今以《诗传》良马，通于牧草，恐失毛生⑰之意，且不见刘芳《义证》⑱乎？"

《月令》⑲云："荔挺出。"郑玄⑳注云："荔挺，马薤也。"《说文》云："荔，似蒲而小，根可为刷。"《广雅》云："马薤，荔也。"《通俗文》亦云马蔺。《易统通卦验玄图》云:"荔挺不出,则国多火灾。"蔡邕《月令章句》云:"荔似挺。"高诱注《吕氏春秋》云:"荔草挺出也。"然则《月令注》荔挺为草名,误矣。河北平泽率生之。江东颇有此物,人或种于阶庭,但呼为旱蒲,故不识马薤。讲《礼》者乃以为马苋。马苋堪食,亦名豚耳,俗名马齿。江陵尝有一僧,面形上广下狭。刘缓幼子民誉,年始数岁,俊晤善体物,见此僧云:"面似马苋。"其伯父绦因呼为荔挺法师。绦亲讲《礼》名儒,尚误如此。

《诗》云:"将其来施施。"[21]《毛传》云:"施施,难进之意。"郑《笺》云:"施施,舒行貌也。"《韩诗》[22]亦重为施施。河北《毛诗》皆云施施。江南旧本,悉单为施,俗遂是之,恐为少误。

《诗》云:"有渰萋萋,兴云祁祁。"[23]《毛传》云:"渰,阴云貌。萋萋,云行貌。祁祁,徐貌也。"《笺》云:"古者,阴阳和,风雨时,其来祁祁然,不暴疾也。"案:渰已是阴云,何劳复云"兴云祁祁"耶?"云"当为"雨",俗写误耳。班固《灵台》诗云:"三光宣精,五行布序,习习祥风,祁祁甘雨。"此其证也。

《礼》云:"定犹豫,决嫌疑。"[24]《离骚》曰:"心犹豫而狐疑。"先儒未有释者。案:《尸子》[25]曰:"五尺犬为犹。"《说文》云:"陇西谓犬子为犹。"吾以为人将犬行,犬好豫在人前,待人不得,又来迎候,如此返往,至于终日,斯乃豫之所以为未定也,故称犹豫。或以《尔雅》曰:"犹如麂,善登木[26]。"犹,兽名也,既闻人声,乃豫缘木,如此上下,故称犹豫。狐之为兽,又多猜疑,故听河冰无流水声,然后敢渡。今俗云:"狐疑,虎卜[27]。"则其义也。

《左传》曰:"齐侯痎,遂痁。"[28]《说文》云:"痎,二日一发之疟。痁,有热疟也。"案:齐侯之病,本是间日一发,渐加重乎故,为诸侯忧也。今北方犹呼痎疟,音皆。而世间传本多以痎为疥,杜征南[29]亦无解释,徐仙民音介,俗儒就为通云:"病疥,令人恶寒,变而成疟。"此臆说也。疥癣小疾,何足可论,宁有患疥转作疟乎!

《尚书》曰:"惟影响。"[30]《周礼》云:"土圭[31]测影,影朝影夕。"《孟子》曰:"图影失形。"[32]《庄子》云:"罔两问影。"[33]如此等字,皆当为光景之景。凡阴景者,因光而生,故即谓为景。《淮南子》呼为景柱[34],《广雅》云:"晷柱[35]挂景。"并是也。至晋世葛洪《字苑》,傍始加彡,音于景反。而世间辄改治《尚书》《周礼》《庄》《孟》从葛洪字,甚为失矣。

太公《六韬》[36],有天陈、地陈、人陈、云鸟之陈[37]。《论语》曰:"卫灵公问陈于孔子。"㊳《左传》:"为鱼丽之陈。"㊴ 俗本多作阜旁车乘之车。案诸陈队,并作陈、郑之陈。夫行陈之义,取于陈列耳,此六书为假借也,《仓》㊵《雅》㊶及近世字书,皆无别字。唯王羲之㊷《小学章》,独阜旁作车,纵复俗行,不宜追改《六韬》《论语》《左传》也。

《诗》云:"黄鸟于飞,集于灌木。"㊸《传》云:"灌木,丛木也。"此乃《尔雅》之文,故李巡㊹注曰:"木丛生曰灌。"《尔雅》末章又云:"木族生为灌。"族亦丛聚也。所以江南《诗》古本皆为丛聚之丛,而古丛字似最字,近世儒生,因改为最,解云:"木之最高长者。"案:众家《尔雅》及解《诗》无言此者,唯周续之㊺《毛诗注》,音为徂会反,刘昌宗㊻《诗注》,音为在公反,又祖会反:皆为穿凿,失《尔雅》训也。

"也"是语已及助句之辞,文籍备有之矣。河北经传,悉略此字,其间字有不可得无者,至如"伯也执殳"㊼,"于旅也语"㊽,"回也屡空"㊾,"风,风也,教也"㊿,及《诗传》云:"不戢,戢也;不傩,傩也。"㉛"不多,多也。"㉜如斯之类,倘削此文,颇成废阙。《诗》言:"青青子衿。"㉝《传》曰:"青衿,青领也,学子之服。"按:古者,斜领下连于衿,故谓领为衿。孙炎㉞、郭璞注《尔雅》,曹大家㉟注《列女传》,并云:"衿,交领也。"邺下《诗》本,既无"也"字,群儒因谬说云:"青衿、青领,是衣两处之名,皆以青为饰。"用释"青青"二字,其失大矣! 又有俗学,闻经传中时须也字,辄以意加之,每不得所,益成可笑。

《易》有蜀才注,江南学士,遂不知是何人。王俭㊱《四部目录》,不言姓名,题云:"王弼㊲后人。"谢炅、夏侯该㊳,并读数千卷书,皆疑是谯周㊴,而《李蜀书》一名《汉之书》,云:"姓范名长生,自称蜀才。"㊵ 南方以晋家渡江后㊶,北间传记,皆名为伪书,不贵省读,故不见也。

《礼·王制》云:"羸股肱。"郑注云:"谓揎衣出其臂胫。"今书皆作攘甲之攘。国子博士萧该㊷云:"攘当作揎,音宣,攘是穿着之名,非出臂之义。"案《字林》㊸,萧读是,徐爰㊹音患,非也。

《汉书》:"田肯贺上。"江南本皆作"宵"字。沛国刘显㊺,博览经籍,偏精班《汉》,梁代谓之《汉》圣。显子臻㊻,不坠家业。读班史,呼为田肯。梁元帝尝问之,答曰:"此无义可求,但臣家旧本,以雌黄改'宵'为'肯'。"元帝无以难之。吾至江北,见本为"肯"。

《汉书·王莽赞》云："紫色䵷声，余分闰位。"⁶⁷ 盖谓非玄黄之色，不中律吕之音也。近有学士，名问甚高，遂云："王莽非直鸢髆虎视，而复紫色䵷声。"亦为误矣。

　　简策字，竹下施朿，末代隶书，似杞、宋之宋，亦有竹下遂为夹者，犹如刺字之傍应为朿，今亦作夹。徐仙民《春秋·礼音》，遂以筴为正字，以策为音，殊为颠倒。《史记》又作悉字，误而为述，作妒字，误而为姤，裴、徐、邹⁶⁸皆以悉字音述，以妒字音姤。既尔，则亦可以亥为豕字音，以帝为虎字音乎！

　　张揖⁶⁹云："虙，今伏羲氏也。"孟康⁷⁰《汉书》古文注亦云："虙，今伏。"而皇甫谧⁷¹云："伏羲或谓之宓羲。"按诸经史纬候，遂无宓羲之号。虙字从虍，宓字从宀，下俱为必，末世传写，遂误以虙为宓，而《帝王世纪》因更立名耳。何以验之？孔子弟子虙子贱为单父⁷²宰，即虙羲之后，俗字亦为宓，或复加山。今兖州永昌郡城，旧单父地也，东门有"子贱碑"，汉世所立，乃曰："济南伏生⁷³，即子贱之后。"是知虙之与伏，古来通字，误以为宓，较可知矣。

　　《太史公记》⁷⁴曰："宁为鸡口，无为牛后。"此是删《战国策》耳。案：延笃⁷⁵《战国策音义》曰："尸，鸡中之主。从，牛子。"然则，"口"当为"尸"，"後"当为"从"，俗写误也。

　　应劭⁷⁶《风俗通》云："《太史公记》：'高渐离⁷⁷变名易姓，为人庸保，匿作于宋子⁷⁸，久之作苦，闻其家堂上有客击筑⁷⁹，伎痒，不能无出言。'"案：伎痒者，怀其伎而腹痒也。是以潘岳《射雉赋》亦云："徒心烦而伎痒。"今《史记》并作"徘徊"，或作"彷徨不能无出言"，是为俗传写误耳。

　　《太史公》论英布⁸⁰曰："祸之兴自爱姬，生于妒媚，以至灭国。"⁸¹又《汉书·外戚传》亦云："成结宠妾妒媚之诛。"⁸²此二"媚"并当作"媢"，媢亦妒也，义见《礼记》《三苍》。且《五宗世家》亦云："常山宪王后妒媢。"⁸³王充《论衡》云："妒夫媢妇生，则忿怒斗讼。"⁸⁴益知媢是妒之别名。原英布之诛为意贲赫耳，不得言媚。

　　《史记·始皇本纪》："二十八年，丞相隗林、丞相王绾等，议于海上。"诸本皆作山林之"林"。开皇⁸⁵二年五月，长安民掘得秦时铁称权，旁有铜涂镌铭⁸⁶二所。其一所曰："廿六年，皇帝尽并兼天下诸侯，黔首大安，立号为皇帝，乃诏丞相状、绾⁸⁷，法度量则不壹嫌疑者，皆明壹之。"凡四十字。其一所曰："元年，制诏丞相斯、去疾⁸⁸，法度量，尽始皇帝为之，皆围刻辞焉。今袭号而刻辞不称始皇帝，其于久远也，如后嗣为之者，不称成功盛德，刻此诏囗左，使毋疑。"凡五十八字，一字磨灭，见有五十七字，了了分明。其书兼为古隶。余被敕写读之，与内史令李德林⁸⁹对，见此称权，今在官库。其"丞相状"字，乃为状貌之"状"，丬旁作犬，则知俗作"隗林"，非也，当为"隗状"耳。

《汉书》云："中外禔福。"⁹⁰字当从示。禔，安也，音匙匕之匙，义见《苍》《雅》《方言》。河北学士皆云如此。而江南书本，多误从手，属文者对耦，并为提挈之意，恐为误也。

或问："《汉书注》：'为元后父名禁，故禁中为省中。'何故以'省'代'禁'？"答曰："案：《周礼·宫正》：'掌王宫之戒令纠禁。'郑注云：'纠，犹割也，察也。'李登云：'省，察也。'张揖云：'省，今省詧也。'然则小井、所领二反⁹¹，并得训察。其处既常有禁卫省察，故以'省'代'禁'。詧，古察字也。"

《汉明帝纪》⁹²："为四姓小侯立学。"⁹³按：桓帝加元服⁹⁴，又赐四姓及梁、邓小侯帛，是知皆外戚也。明帝时，外戚有樊氏、郭氏、阴氏、马氏为四姓。谓之小侯者，或以年小获封，故须立学耳。或以侍祠⁹⁵猥朝⁹⁶，侯非列侯，故曰小侯，《礼》云："庶方小侯。"⁹⁷则其义也。

《后汉书》云："鹳雀衔三鳝鱼。"多假借为鱣鲔之鱣。俗之学士，因谓之为鱣鱼。案：魏武《四时食制》："鱣鱼大如五斗奁，长一丈。"郭璞注《尔雅》："鱣长二三丈。"安有鹳雀能胜一者，况三乎？鱣又纯灰色，无文章也。鳝鱼长者不过三尺，大者不过三指，黄地黑文；故都讲云："蛇鳝，卿大夫服之象也。"《续汉书》及《搜神记》⁹⁸亦说此事，皆作"鳝"字。孙卿⁹⁹云："鱼鳖鰌鱣。"及《韩非》《说苑》皆曰："鱣似蛇，蚕似蠋。"并作"鱣"字。假"鱣"为"鳝"，其来久矣。

《后汉书》："酷吏樊晔¹⁰⁰为天水郡守，凉州为之歌曰：'宁见乳虎穴，不入冀府寺。'"而江南书本"穴"皆误作"六"。学士因循，迷而不寤。夫虎豹穴居，事之较者。所以班超¹⁰¹云："不探虎穴，安得虎子！"宁当论其六七耶！

《后汉书·杨由¹⁰²传》云："风吹削肺。"此是削札牍之柿耳。古者，书误则削之，故《左传》云"削而投之"是也。或即谓札为削，王褒《童约》曰："书削代牍。"苏竟¹⁰³书云："昔以摩研编削之才。"皆其证也。《诗》云："伐木浒浒。"¹⁰⁴毛《传》云："浒浒，柿貌也。"史家假借为肝肺字，俗本因是悉作脯腊之脯，或为反哺之哺。学士因解云："削哺，是屏障之名。"既无证据，亦为妄矣！此是风角[105]占候耳。《风角书》[106]曰:"庶人风者,拂地扬尘转削。"若是屏障,何由可转也!

《三辅决录》[107]云:"前队大夫范仲公,盐豉蒜果共一筒。""果"当作魏颗[108]之"颗"。北土通呼物一由,改为一颗,蒜颗是俗间常语耳。故陈思王《鹞雀赋》曰:"头如果蒜,目似擘椒。"又《道经》云:"合口诵经声璅璅,眼中泪出珠子磥。"其字虽异,其音与义颇同。江南但呼为蒜符,不知谓为颗。学士相承,读为裹结之裹,言盐与蒜共一苞裹,内筒中耳。《正史削繁》[109]音义又音蒜颗为苦戈反,皆失也。

有人访吾曰:"《魏志》蒋济[110]上书云'弊攰之民',是何字也?"余应之曰:"意为攰即儳是倦之儳耳。张揖、吕忱并云:'支傍作刀剑之刀,亦是剜字。'不知蒋氏自造支傍作筋力之力,或借剜字,终当音九伪反。"

《晋中兴书》:"太山羊曼[111],常颓纵任侠,饮酒诞节,兖州号为黮伯[112]。"此字皆无音训。梁孝元帝常谓吾曰:"由来不识。唯张简宪见教,呼为嘇羹之嘇。自尔便遵承之,亦不知所出。"简宪是湘州刺史张缵[113]谥也,江南号为硕学。案:法盛世代殊近,当是耆老相传。俗间又有黮黮语,盖无所不施,无所不容之意也。顾野王[114]《玉篇》误为黑傍沓。顾虽博物,犹出简宪、孝元之下,而二人皆云重边。吾所见数本,并无作黑者。重沓是多饶积厚之意,从黑更无义旨。

《古乐府》歌词,先述三子,次及三妇,妇是对舅姑之称。其末章云:"丈人且安坐,调弦未遽央。"[115]古者,子妇供事舅姑,旦夕在侧,与儿女无异,故有此言。丈人亦长老之目,今世俗犹呼其祖考为先亡丈人。又疑"丈"当作"大",北间风俗,妇呼舅为大人公。"丈"之与"大",易为误耳。近代文士,颇作《三妇诗》,乃为匹嫡并耦己之群妻之意,又加郑、卫之辞[116],大雅君子,何其谬乎!

《古乐府》歌百里奚[117]词曰:"百里奚,五羊皮。忆别时,烹伏雌,吹扊扅[118];今日富贵忘我为!""吹"当作炊煮之"炊"。案:蔡邕《月令章句》曰:"键,关牡也,所以止扉,或谓之剡移。"然则当时贫困,并以门牡木作薪炊耳。《声类》作扊,又或作扂。

《通俗文》,世间题云"河南服虔[119]字子慎造"。虔既是汉人,其《叙》乃引苏林[120]、张揖。苏、张皆是魏人。且郑玄以前,全不解反语,《通俗》反音,甚会近俗。阮孝绪[121]又云"李虔所造"。河北此书,家藏一本,遂无作李虔者。《晋中经簿》[122]及《七志》[123],并无其目,竟不得知谁制。然其文义允惬,实是高才。

殷仲堪《常用字训》，亦引服虔《俗说》，今复无此书，未知即是《通俗文》，为当有异？或更有服虔乎？不能明也。

或问："《山海经》[124]，夏禹及益[125]所记，而有长沙、零陵、桂阳、诸暨，如此郡县不少，以为何也？"答曰："史之阙文，为日久矣。加复秦人灭学[126]，董卓焚书[127]，典籍错乱，非止于此。譬犹《本草》[128]神农所述，而有豫章、朱崖、赵国、常山、奉高、真定、临淄、冯翊等郡县名，出诸药物。《尔雅》周公[129]所作，而云'张仲孝友'[130]；仲尼修《春秋》，而《经》[131]书孔丘卒。《世本》[132]左丘明所书，而有燕王喜、汉高祖。《汲冢琐语》[133]，乃载《秦望碑》[134]。《仓颉篇》李斯所造，而云'汉兼天下，海内并厕，豨黥韩覆[135]，畔讨灭残'。《列仙传》[136]刘向所造，而《赞》云七十四人出佛经。《列女传》[137]亦向所造，其子歆又作《颂》[138]，终于赵悼后[139]，而传有更始韩夫人[140]、明德马后及梁夫人嫕[141]。皆由后人所羼，非本文也。"

或问曰："《东宫旧事》[142]何以呼鸱尾为祠尾？"答曰："张敞[143]者，吴人，不甚稽古，随宜记注，逐乡俗讹谬，造作书字耳。吴人呼祠祀为鸱祀，故以祠代鸱字。呼绀为禁，故以糹傍作禁代绀字。呼盏为竹简反，故以木傍作展代盏字。呼镴字为霍字，故以金傍作霍代镴字。又金傍作患为镮字，木傍作鬼为魁字，火傍作庶为炙字，既下作毛为髻字。金花则金傍作华，窗扇则木傍作扇。诸如此类，专辄[144]不少。"

又问："《东宫旧事》'六色罽緅[145]'，是何等物？当作何音？"答曰："案：《说文》云：'菾，牛藻也，读若威。'《音隐》[146]：'坞瑰反。'即陆机[147]所谓'聚藻，叶如蓬'者也。又郭璞注《三苍》亦云：'蕴，藻之类也，细叶蓬茸生。'然今水中有此物，一节长数寸，细茸如丝，圆绕可爱，长者二三十节，犹呼为菾。又寸断五色丝，横着线股间绳之，以象菾草，用以饰物，即名为菾。于时当绀六色罽，作此菾以饰绳带，张敞因造糸旁畏耳，宜作隈。"

柏人[148]城东北有一孤山，古书无载者。唯阚骃[149]《十三州志》以为舜纳于大麓，即谓此山，其上今犹有尧祠焉。世俗或呼为宣务山，或呼为虚无山，莫知所出。赵郡士族有李穆叔[150]、季节[151]兄弟、李普济[152]，亦为学问，并不能定乡邑此山。余尝为赵州[153]佐，共太原王邵读柏人城西门内碑。碑是汉桓帝时柏人县民为县令徐整所立，铭曰："山有巏嶅，王乔[154]所仙。"方知此巏嶅山也。巏字遂无所出。嶅字依诸字书，即旄丘之旄也。旄字，《字林》一音亡付反，今依附俗名，当音权务耳。入邺，为魏收[154]说之，收大嘉叹。值其为《赵州庄严寺碑铭》，因云："权务之精。"即用此也。

或问："一夜何故五更？更何所训？"答曰："汉、魏以来，谓为甲夜、乙夜、丙夜、丁夜、戊夜，又云鼓，一鼓、二鼓、三鼓、四鼓、五鼓，亦云一更、二更、三更、四更、五更，皆以五为节。《西都赋》[155]亦云：'卫以严更之署。'[156]所以尔者，假令正月建寅[157]，斗柄[158]夕则指寅，晓则指午矣。自寅至午，凡历五辰[159]。冬夏之月，虽复长短参差，然辰间辽阔，盈不过六，缩不至四，进退常在五者之间。更，历也，经也，故曰五更尔。"

《尔雅》云："朮，山蓟也。"郭璞注云："今朮似蓟而生山中。"案：朮叶其体似蓟，近世文士，遂读蓟为筋肉之筋，以耦地骨用之，恐失其义。

或问："俗名傀儡子[160]为郭秃，有故实乎？"答曰："《风俗通》云：'诸郭皆讳秃。'当是前代人有姓郭而病秃者，滑稽戏调，故后人为其象，呼为郭秃，犹《文康》[161]象庾亮耳。"

或问曰："何故名治狱参军为长流乎？"答曰："《帝王世纪》云：'帝少昊[162]崩，其神降于长流之山，于祀主秋。'案：《周礼·秋官》，司寇[163]主刑罚，长流之职，汉、魏捕贼掾[164]耳。晋、宋以来，始为参军，上属司寇，故取秋帝所居为嘉名焉。"

客有难主人曰："今之经典，子皆谓非，《说文》所言，子皆云是，然则许慎胜孔子乎？"主人抚掌大笑，应之曰："今之经典，皆孔子手迹耶？"客曰："今之《说文》，皆许慎手迹乎？"答曰："许慎检以六文[165]，贯以部分，使不得误，误则觉之。孔子存其义而不论其文也。先儒尚得改文从意，何况书写流传耶？必如《左传》止戈为武[166]，反正为乏[167]，皿虫为蛊，亥有二首六身[168]之类，后人自不得辄改也，安敢以《说文》校其是非哉？且余亦不专以《说文》为是也，其有援引经传，与今乖者，未之敢从。又相如《封禅书》曰：'导一茎六穗于庖，牺双觡共抵之兽。'此导训择，光武诏云：'非徒有豫养导择之劳'是也。而《说文》云：'导是禾名。'引《封禅书》为证。无妨自当有禾名导，非相如所用也。'禾一茎六穗于庖'，岂成文乎？纵使相如天才鄙拙，强为此语，则下句当云'麟双觡共抵之兽'，不得云牺也。吾尝笑许纯儒，不达文章之体，如此之流，不足凭信。大抵服其为书，隐括有条例，剖析穷根源，郑玄注书，往往引以为证。若不信其说，则冥冥不知一点一画，有何意焉。"

世间小学者，不通古今，必依小篆，是正书记。凡《尔雅》《三苍》《说文》，岂能悉得苍颉本指哉？亦是随代损益，互有同异。西晋已往字书，何可全非？但令体例成就，不为专辄耳。考校是非，特须消息。至如"仲尼居"，三字之中，两字非体，《三苍》"尼"旁益"丘"，《说文》"尸"下施"几"。如此之类，何由可从？古无二字，又多假借，以中为仲，以说为悦，以召为邵，以间为闲。如此之徒，亦不劳改。自有讹谬，过成鄙俗，"乱"旁为"舌"，"揖"下无"耳"，"鼋""鼍"从"龟"，"奋""夺"从"雚"，"席"中加"带"，"恶"上安"西"，"鼓"外设"皮"，"凿"头生"毁"，"离"则配"禹"，"壑"乃施"豁"，"巫"混"经"旁，"皋"分"泽"片，"猎"化为"獦"，"宠"变成"竉"，"业"左益"片"，"灵"底着"器"，"率"字自有律音，强改为别。"单"字自有善音，辄析成异。如此之类，不可不治。吾昔初看《说文》，蚩薄世字，从正则惧人不识，随俗则意嫌其非，略是不得下笔也。所见渐广，更知通变，救前之执，将欲半焉。若文章著述，犹择微相影响者行之，官曹[169]文书，世间尺牍，幸不违俗也。

案：弥亘字从二闲舟，《诗》云："亘之秬秬"是也。今之隶书，转舟为日。而何法盛[170]《中兴书》乃以舟在二间为舟航字，谬也。《春秋说》以人十四心为德，《诗说》以二在天下为酉，《汉书》以货泉为白水真人[171]，《新论》[172]以金昆为银，《国志》[173]以天上有口为吴，《晋书》以黄头小人为恭，《宋书》以召刀为邵，《参同契》[174]以人负告为造。如此之例，盖数术谬语，假借依附，杂以戏笑耳。如犹转贡字为项，以叱为匕，安可用此定文字音读乎？潘、陆[175]诸子《离合诗》[176]《赋》《栻卜》[177]《破字经》[178]，及鲍昭[179]《谜字》，皆取会流俗，不足以形声论之也。

河间邢芳语吾云："《贾谊传》云：'日中必熭。'注：'熭，暴也。'曾见人解云：'此是暴疾之意，正言日中不须臾，卒然便昃耳。'此释为当乎？"吾谓邢曰："此语本出太公《六韬》，案字书，古者暴晒字与暴疾字相似，唯下少异，后人专辄加傍日耳。言日中时，必须暴晒，不尔者，失其时也。晋灼[180]已有详释。"芳笑服而退。

【注释】

① 此句出自《诗经·周南·关雎》，是第一首描述爱情的诗。
② 刘芳：字伯文，江苏徐州人。北魏官员，任太常卿。著《毛诗笺音义证》十卷。事见《魏书·刘芳传》。

③ 博士：古代学者的官名。
④ 此句出自《诗经·邶风·谷风》。
⑤ 郭璞：字景纯，山西闻喜人。东晋文学家、训诂学家。郭氏注《尔雅》五卷，《图》十卷。
⑥ 高诱：河北涿州人。东汉史学家、训诂学家，著《吕氏春秋注》等。
⑦ 此句见于《诗经·唐风·有杕之杜》。杕（dì）：孤立的树木。杜：木名，杜梨，即棠梨。
⑧ 徐仙民：名邈。东晋官员，任中书舍人、骁骑将军。撰《毛诗音》。
⑨ 此句出自《诗经·鲁颂·駉》。駉駉（jiōng）：肥壮的马。牡马：雄性马。
⑩ 草（cǎo）：雌性马。骘（zhì），雄性马。
⑪ 六闲：古代宫廷养马的六处马厩。
⑫ 玉辂：用玉装饰的帝王车乘。
⑬ 郊祀：古代于郊外举行祭祀天地之礼，是为大祀。
⑭ 驾马：劣质马。丽：双，偶。郑玄注《周礼》："丽，耦也。"一人驾驶两匹劣马。
⑮ 圉人：马侩，马的饲养员。
⑯ 良马逐逐：出自《易·大畜》："九三，良马逐，利艰贞。"
⑰ 毛生：毛苌，撰《诗传》十卷。
⑱ 刘芳《义证》：魏人刘芳撰《毛诗笺音义证》。
⑲ 月令：《礼记》的篇名。
⑳ 郑玄：东汉经学家。
㉑ 此句出自《诗经·王风·丘中有麻》。
㉒ 韩诗：汉代韩婴撰。
㉓ 此句出自《诗经·小雅·大田》。
㉔ 此句出自《礼记·曲礼》："决嫌疑，定犹豫。"
㉕ 尸子：书名。尸佼，尊称尸子，战国时期著名政治家、思想家、道家，先秦诸子百家之一。山西曲沃人。著《尸子》二十篇。
㉖ 此句出自《尔雅·释兽》。
㉗ 虎卜：古代卜筮的一种，以虎爪画地，观其奇偶数以卜食。
㉘ 此句见于《左传·昭公二十年》。齐侯：即齐景公。疥：小疟。痁：大疟。
㉙ 杜征南：杜预，字无凯，西晋官员、学者。官任征南大将军，故称杜征南，著《春秋左氏经传集解》。
㉚ 此句出自《尚书·大禹谟》，意为吉凶之预报，如影随形，响应声之真实而不假。
㉛ 土圭：古代用以测太阳阴影、正四时和测度土地的器具。
㉜ 此句出自《孟子外书·孝经》："传言失指，图影失形，言治者尚核实。"图景：画面上的景物。

㉝ 此句出自《庄子·齐物论》。罔两：景外的微阴处。

㉞ 景柱：影柱。古代测日影，定时间的表柱。

㉟ 晷柱：晷表。日晷上测量日影的杆竿。

㊱ 六韬：兵书名。姜尚（姜太公）撰《六韬》五卷。六韬：《文韬》《武韬》《龙韬》《虎韬》《豹韬》《犬韬》。

㊲ 陈：古通"阵"。作战时的阵法。

㊳ 此句出自《论语·卫灵公》。

㊴ 鱼丽之陈：军阵名，即鱼丽之阵法。《左传·桓公五年》赵岐注："车战二十五乘为偏，以车居前，以伍次之，承偏之隙，而弥缝缺漏也，五人为伍，此盖鱼丽阵法。"

㊵ 仓：书名，即《仓颉篇》。

㊶ 雅：书名，即《尔雅》。

㊷ 王羲之：字逸少，山东临沂人。东晋著名书法家、官员，官至右军将军、会稽内史，世称"王右军"。

㊸ 此句出自《诗经·周南·葛覃》。黄鸟：即黄鹂。

㊹ 李巡：河南驻马店人。东汉宦官。著《尔雅注》三卷。

㊺ 周续之：字道祖，山西代县人。南朝宋人，著《毛诗六义》《公羊传注》《礼论》等，已亡佚。事见《宋书·隐逸传》。

㊻ 刘昌宗：东晋时期南方经师，著《诗注》。

㊼ 伯也执殳（shū）：此句出自《诗经·卫风·伯兮》。伯：兄弟中老大。执：掌，拿，握。殳：古兵器中的铁杖，长一丈二尺，无刃。

㊽ 于旅也语：此句出自《仪礼·乡射礼记》，意为射礼完毕后方可言语。

㊾ 回也屡空（kòng）：此句出自《论语·先进》："回也其庶乎，屡空。"回：即颜渊（回），孔子的弟子。庶：庶几，差不多。空：贫穷。

㊿ 风，风也，教也：此句出自《诗大序》。第一个"风"，指《诗经》的十五国风。第二个"风"通"讽"，微言劝告。

㉛ 此句出自《诗经·小雅·桑扈》："不戢不傩（nuó）。"不：语助词。戢：和也。傩：敬也。

㉜ 此句出自《诗经·大雅·卷阿》："矢诗不多。"不：语助词。

㉝ 此句出自《诗经·郑风·子衿》。

㉞ 孙炎：字叔然，三国魏国人。郑玄之门徒，世称"东州大儒"，注《尔雅》，已亡佚。

㉟ 曹大家（gū）：即班昭，汉代史学家，班固之妹。嫁曹世叔，夫亡，被汉和帝召入宫，任皇后贵人之师，号曹大家（曹大姑，家通"姑"），撰《列女传》，已亡佚。

㊱ 王俭：字仲宝，山东临沂人。南齐官员，官任太子舍人、秘书丞。撰《元徽四部书目》（即《四部目录》）《七志》等。

(57) 王弼：字辅嗣，三国时魏国山阳人。魏官员，官任尚书郎。撰《道略论》，注《易》《老子》。事见《三国志·魏志·钟会传》。

(58) 谢炅：名不见经传。夏侯该：多注家皆认为是夏侯泳，南朝梁人，撰《汉书音》《四声韵略》。

(59) 谯周：字允南，蜀巴西西充国人。三国时蜀国官员，官至光禄大夫，入晋后，官任骑都尉。撰《法训》《五经论》《古史考》，但皆亡佚。事见《三国志·蜀志》。

(60) 范长生：范贤，隐居四川青城，三国时蜀国人，自号蜀才。

(61) 此句指西晋灭亡后，司马睿在建康（今南京）建立东晋之事。

(62) 萧该：江苏常州人。南朝梁至隋学者。撰《汉书音义》《文选音义》。

(63) 字林：书名。晋吕忱著，但已亡佚。

(64) 徐爰：字长玉，江苏丹阳人。生于晋，死于南朝宋。官员，官任中散大夫。撰《礼记音》。

(65) 刘显：字嗣芳，安徽淮北市人。南朝梁诗人。官员，官任尚书仪曹郎、中书侍郎、尚书左丞等职。谥号“遐”。

(66) 显子臻：刘显之子有三，长子莠，次子荏，三子臻。刘臻，字宣挚，安徽濉溪人。南朝梁至隋代学者、官员。官任中书舍人、中书侍郎。著有《文集》。事见《隋书·列传》。

(67) 紫色：不正之色。鼃声：不正之声。闰位：不正之位，比喻非正统帝位。

(68) 裴：裴骃，字龙驹，山西闻喜人。南朝史学家。父裴松之，孙裴子野，世称“史学三裴”。官至中郎参军。著《史记集解》。徐：徐广，字野民，山东莒县人。晋朝官员、学者，撰《晋纪》《答礼问》。邹：邹诞生，南朝梁人，学者，著《史记集注》，与裴骃、司马贞，世称“史记三大家”。

(69) 张揖：字稚让，河北清河人。三国时魏官员、博士。著《广雅》《古今字诂》《埤仓》。

(70) 孟康：字公休，河北邢台人。三国时曹魏著名学者，著《汉书音义》《老子注》。官任散骑侍郎、中书令等职。

(71) 皇甫谧：字士安，甘肃灵台人。魏晋史学家、文学家、医学家。著《帝王世纪》《高士传》《玄晏春秋》《列女传》《针灸甲乙经》。

(72) 单父：地名，今山东省菏泽市单县。

(73) 伏生：字子贱，山东滨州人。秦朝博士，今文《尚书》学者，皆出其门。事见《汉书》。

(74) 太史公记：即《史记》。作者司马迁，因官任太史公，汉、魏、南北朝人称《史记》为《太史公记》。

(75) 延笃：字叔坚，河南南阳人。东汉官员，官任侍中、京兆尹，学者。著《战国策音

⑦⑥ 应劭：字仲瑗，河南项城人。东汉学者，著《汉官仪》《风俗通义》。东汉官员，任泰山太守。

⑦⑦ 高渐离：战国末期燕国人。音乐家，擅长击弦乐器。荆轲好友，荆轲刺秦王失败后被杀。秦灭六国后，高渐离再击杀秦王，事败被杀。

⑦⑧ 宋子：地名，今河北省赵县北部宋城村和各子村之间。高渐离曾隐匿在此。

⑦⑨ 筑：乐器名。古代弦乐器，形似琴，有十三弦，弦下有柱，起源于楚，宋代后失传。1993年考古学家在长沙古墓中发现实物。

⑧⑩ 英布：黥布，安徽六安人。汉初三大名将（韩信、彭越、英布）之一。曾犯法而黥面，故称黥布。汉封淮南王。汉初，因彭越、韩信相继被汉高祖刘邦吕后杀害，故举兵反叛，战败被杀。

⑧① 此句出自《史记·黥布列传》的太史公司马迁的评语。事由汉高祖刘邦吕后诛杀韩信、彭越二人，英布恐惧，私下聚兵，以备应急。此时英布爱姬患病就医，中大夫贲赫与医家对门，数次与姬在医家共饮，且有馈赠。英布疑二人通奸，欲捕杀贲赫，贲赫逃至长安告发英布谋反，朝廷追查，英布遂反，兵败被杀。

⑧② 此句出自《汉书·外戚传》，记载汉成帝的皇后赵飞燕及妹赵昭仪专宠十余年，但皆未生育。成帝死后，司隶解光上奏汉哀帝言赵氏姐妹杀害后宫所产诸子，但无效。汉平帝时赵被废为庶人，赵氏自杀。

⑧③ 常山宪王：刘舜，汉景帝之子，立为常山王，多幸姬，遭王后妒忌，刘舜病，后不侍奉，刘舜死，谥号"宪"。此事败露，汉朝廷遂废王后。事见《五宗世家》。

⑧④ 此句见于《论衡·论死》："妒夫媢（mào）妻，同室而处，淫乱失行，忿怒斗讼。"

⑧⑤ 开皇：隋文帝年号，公元581—600年。开皇二年，即公元582年。

⑧⑥ 铜涂（dù）镌铭：镀铜的镌刻的铭文。涂，后作"镀"。

⑧⑦ 状、绾：秦丞相隗林和王绾。

⑧⑧ 斯、去疾：秦左丞相李斯和右丞相冯去疾。

⑧⑨ 李德林：字公辅，安平人。北齐与颜之推同在文林馆，入隋任内史令。事见《隋书》。

⑨⑩ 此句出自《汉书·司马相如传》："遐迩一体，中外褆福，不亦康乎？"褆（zhī）：安宁，安享。

⑨① 二反：两个反切音。

⑨② 汉明帝纪：书名。应为《后汉书·明帝纪》。

⑨③ 小侯：古代称功臣子孙或外戚子弟之封侯者，以其非列侯，故称"小侯"。四姓即汉代外戚樊氏、郭氏、阴氏、马氏。立学：设置学校。

⑨④ 元服：古代称行冠礼（成人礼）为加元服。

㊉ 侍祠：侍祠侯，位次九卿以下者，但侍祠而无朝位，称侍祠侯。
㊏ 猥朝：猥朝侯。汉蔡邕《独断》："其次下士但侍祠无朝位次，小国侯以肺腑宿卫亲，公主子孙奉坟墓在京者，亦随时见会，谓之猥朝侯也。"
㊐ 此句出自《礼记·曲礼》："庶方小侯，入天子之国曰某人，于外曰子，自称曰孤。"
㊕ 搜神记：书名。东晋史学家干宝著的一部古代民间传说中神奇怪异故事的小说集，原书已散。今本是后人缀缉增益而成，20卷，共载454则大小故事。
㊖ 孙卿：荀卿、荀子。此句出自《荀子·富国》。
⑩ 樊晔：字仲华，河南南阳人。东汉天水郡太守，为政严猛。事见《后汉书·酷吏列传》。
⑪ 班超：字仲升，陕西咸阳人。东汉著名军事家、外交家。汉史学家班彪之幼子，其兄班固，其妹班昭皆为汉著名史学家。
⑫ 杨由：字哀侯，四川成都人。事见《后汉书·杨由传》。
⑬ 苏竟：字伯况，陕西扶风人。西汉博士，官任中部都尉。著《记梅篇》。事见《后汉书·苏竟传》。
⑭ 此句出自《诗经·小雅·伐木》。浒浒（xǔ）：伐木声。今本作"许许"。
⑮ 风角：古代占卜术，观察四方四隅之风，以占卜吉凶。
⑯ 风角书：讲述风角占卜之书。
⑰ 三辅决录：书名。汉代赵岐撰，晋代挚虞注。记汉代三辅（京兆尹、左冯翊、右扶风管辖京畿三地区）的事。此书已亡佚。
⑱ 魏颗：姬姓，令狐氏，名颗。春秋时晋国大夫。
⑲ 正史削繁：书名。南朝梁阮孝绪撰。
⑳ 蒋济：字子通，楚国平阿人。三国时曹魏名臣，辅佐曹魏四代君王，官任护军将军、太尉，封昌陵亭侯、都乡侯，谥号"景侯"。
㉑ 羊曼：字祖延，山东泰安人。晋代官员，历任黄门侍郎、尚书吏部郎、晋陵太守，因公事有误免职，后被叛军杀害。事见《晋书·羊曼传》。
㉒ 此句见于《晋书·羊曼传》："时州里称陈留阮放为宏伯，高平郗鉴为方伯，泰山胡毋辅之为达伯，济阴卞壶为裁伯，陈留蔡谟为朗伯，阮孚为诞伯，高平刘绥为委伯，而曼为髦伯，凡八人，号兖州八伯……"
㉓ 张缵：字伯绪。河北固安南人。南朝梁藏书家，官员。官任吏部尚书、湘州刺史。侯景之乱时，参与诸王混战，被岳阳王萧詧所杀。谥号"简宪"。事见《梁书·张缅传》，张缵系张缅三弟。
㉔ 顾野王：原名顾体伦，字希冯，江苏苏州人。南朝梁陈间官员、训诂学家、史学家。因仰慕西汉冯野王，遂改名顾野王。官任太学博士、黄门侍郎、光禄大夫等。著《玉篇》，字书，30卷。

⑮ 此句出自《乐府·清调曲·相逢行》。未遽央：仓促未尽。

⑯ 郑、卫之辞：春秋时郑国和卫国的歌词，多淫荡。

⑰ 百里奚：姜姓，百里氏，名奚，字子明，山西平陆人。春秋时著名的政治家、思想家。虞国大夫，虞国亡，流落楚国。秦穆公识才，用五张羊皮赎回，官任宰相，使秦国成为春秋五霸之一，而成秦贤相。后人称"五羖大夫"。

⑱ 此歌词系百里奚之妻所歌。百里奚中年漂泊流离失所，妻儿分离不能跟随。百里奚任秦相，某日相府宴请诸官员，府中洗衣妇援琴抚弦，歌唱此词，百里奚大惊，发现是结发妻子，二人抱头痛哭，感动在场的官员。事记载于《风俗通》。

⑲ 服虔：字子慎，初名重，又名祇，后更名虔，河南荥阳人。东汉经学家、官员，官任尚书侍郎，升迁九江太守。著《春秋左氏解谊》《春秋左氏音》《通俗文》《汉书音训》。

⑳ 苏林：字孝友，三国曹魏人，官任散骑常侍，通文字训诂。

㉑ 阮孝绪：字士宗，河南尉氏人。南朝梁目录学家，著《七录》《全梁文》。事见《梁书·处士传》。

㉒ 晋中经簿：书名，又名《中经新簿》，三国曹魏荀勖撰，开创古代图书四部分类法。

㉓ 七志：书名。南朝宋王俭撰，图书目录分类专著，原书已亡佚。

㉔ 山海经：书名。先秦时期作品，作者不详，是一部古代地理、神话著作。晋代郭璞作注。

㉕ 益：伯益，又名伯翳、柏益，黄帝第四代孙。因助大禹治水有功，禹依据民心天意，将帝位禅让于伯益，伯益坚辞，避居箕山。大禹之子夏启继帝位，六年后杀害了伯益。

㉖ 秦人灭学：指秦国丞相李斯执行秦始皇之令大肆焚书，是古代史上著名事件。

㉗ 董卓焚书：董卓，字仲颖，甘肃临洮人。东汉时汉献帝太师，专断朝政，残暴专横，曹操与袁绍起兵反对。董卓后被王允、吕布所杀。

㉘ 本草：《神农本草经》，神农氏系上古之帝王，传说他尝百草以鉴别药草性能。该书系中医四大名著之一，是我国最早的中药学著作，共载药三百六十五种，分上品、中品、下品三品，是中药发展的源头。

㉙ 周公：姬姓，名旦，周文王之四子，辅助周武王灭商，建立周朝，又辅助周成王管理朝政。周公是西周的政治家、思想家、军事家、教育家。因采邑在周，爵为上公，故称周公。

㉚ 张仲孝友：此句出自《诗经·小雅·六月》："侯谁在矣，张仲孝友。"毛注："善父母为孝，善兄弟为友。"张仲：周宣王时的卿士，以孝友名闻天下。

㉛ 经：书名。此指《春秋左氏传》。

㉜ 世本：书名。春秋时鲁国人左丘明，官任鲁国太史，撰《春秋左氏传》，《世本》即左丘明作。

㉝ 汲冢琐语：书名。晋太康二年（公元281年），汲郡人不准盗魏襄王墓发现的竹简

书，中有《琐语》十一篇，记载战国时各国占卜，怪异的相书。
⑭ 秦望碑：秦始皇赴浙江会稽（今绍兴）祭奠大禹所立的纪功碑。
⑮ 豨黥韩覆：豨，陈豨，山东菏泽人，汉高祖刘邦时的著名将领。黥，黥布，正名英布。韩，韩信。三人在汉高祖死后谋反，均被吕后杀害。覆：败，灭。
⑯ 列仙传：书名。旧题西汉刘向撰，二卷，记载赤松子等神仙故事七十则，后有赞语。《列女传》又名《古列女传》，西汉刘向编撰，七篇七卷。
⑰ 颂：《列女传颂》，刘向之子刘歆所著。
⑱ 赵悼后：战国时赵悼襄王之妻。
⑲ 更始韩夫人：东汉刘圣公，先为更始将军，其宠姬故名更始韩夫人。
⑳ 梁夫人嫕（yì）：汉和帝的姨妹。
㉑ 东宫旧事：书名，《旧唐书》题张敞著。东宫，古代宫殿因方位得名，而后指太子储君居住处，又称"青宫"（东属春，春色青）、"储宫"（储君，皇位继承人）。此书记载晋太子的仪礼风俗之类的事。
㉒ 张敞：字子高，山西临汾人。西汉大臣，官任侍中尚书，后任京兆尹。
㉓ 专辄：专断，专擅。《说文解文注》："凡人有所倚恃而妄为之。"
㉔ 六色罽緤（jì wěi）：六种色彩斑斓的毡类毛织品（罽）和丝织品（緤）。
㉕ 音隐：书名。即《说文音隐》四卷，后已散佚。今有毕沅辑本。
㉖ 陆机：字士衡，江苏苏州人。西晋著名文学家、书法家。三国时曾任孙吴任牙门将，吴亡入西晋，官任后将军、河北大都督。著《毛诗草木虫鱼疏》二卷、《辨亡论》《吊魏武帝文》。
㉗ 柏人：古县名，西汉置，今河北隆尧。
㉘ 阚骃：字玄阴，敦煌人。南北朝时北魏著名地理学家、经学家。著《十三州志》，事见《魏书》。
㉙ 李穆叔：李公绪，字穆，河北隆尧人。北齐人，魏末任冀州司马。著《典言》《丧服章句》。事见《北史·李公绪传》。
㉚ 季节：李概，字季节，李公绪之弟，河北隆尧人。事见《北史·李公绪传》。
㉛ 李普济：赵郡平棘人。北齐官员，官任北海太守。事见《北史·李雄传》。
㉜ 赵州：古州名，今河北隆尧东旧城。
㉝ 王乔：王子乔，本名姬晋，字子乔，人称太子晋、王子晋或王子乔。东周人，传说中的神仙，为黄帝后裔，东周灵王姬泄心的太子。事见《列仙传》。
㉞ 魏收：字伯起，小字佛助。北齐曲阳人。南北朝时期史学家、文学家、官员。北魏骠骑大军魏子建之子。官任北魏中书监、尚书右仆射。事见《北齐书》《北史》。
㉟ 西都赋：东汉史学家、文学家班固编写的一首赋，歌颂长安的壮丽宏大，宫殿之奇伟华美。出自《昭明文选》，与《东都赋》合称《两都赋》。

⑯ 卫以严更之署：卫者，保卫也。严者，督行、管理也。更之署，夜鼓打更的郎署。郎在内，所居为署。卫卒在外。
⑰ 建寅：夏历以寅月为岁首，故称建寅。
⑱ 斗柄：北斗七星中，玉衡、开阳、摇光三星组成斗柄，称"杓"。
⑲ 五辰：早晨上午的五个时辰，即寅、卯、辰、巳、午时。古代用十二地支表示一昼夜十二个时辰，一个时辰等于现时的两个小时。
⑳ 傀儡子：傀儡戏，今木偶戏。
㉑ 文康：乐舞名。因舞扮演晋太尉庾亮，亮谥号"文康"，故名。事见《隋书·音乐志》。
㉒ 少昊：传说中上古时部落首领，嬴姓，名挚，又名少白皋、少皓、少颢，五方上帝之一，又名白帝。
㉓ 司寇：主管刑狱和纠察的官员，类似今公安局的局长。
㉔ 掾：古代官府中辅助官吏的通称，类似今机关中的助理。
㉕ 六文：即六书。古人分析汉字造字的六种方法：象形、指事、会意、形声、转注、假借。
㉖ 止戈为武：武字由"止"和"戈"组成。戈是古代的冷兵器，停止使用武器，才是真正的武。《孙子兵法》中的"不战而屈人之兵"之意同。
㉗ 反正为乏：古汉字"乏"是"正"字的反写。
㉘ 亥有二首六身：晋国时的"亥"字体，是有两个字头六个字身。
㉙ 官曹：官吏的办事机构。
㉚ 何法盛：南朝宋人，官至湘东太守，著《晋中兴书》，又名《中兴书》。
㉛ 货泉：钱币上有"货泉"二字的钱，是东汉王莽时的货币名。白水真人：即"货泉"二字拆开后的文字组合。泉含白、水二字，货的繁体字分解真人二字，但稍有牵强之意。
㉜ 新论：书名，又名《桓子新论》，东汉桓谭著，早亡佚。
㉝ 国志：书名。即《三国志》，西晋陈寿撰。
㉞ 参同契：书名。《周易参同契》之简称，东汉魏伯阳著。
㉟ 潘、陆：潘，潘岳，即潘安，字安仁，河南中牟人，西晋著名文学家、政治家。陆，即陆机，见上注。潘陆在文学上并称"潘江陆海"。
㊱ 离合诗：古文杂体诗的一种，常见之一种是拆开字形合成诗句。
㊲ 栻卜：占卜的书名。栻，古代占卜时间的器具，后称"星盘"。
㊳ 破字经：书名。破字即拆字。
㊴ 鲍昭：鲍照，字明远，山东郯城人。南宋文学家，与颜延之、谢灵运合称"元嘉三大家"。
㊵ 晋灼：河南人。晋官员，官任尚书郎。文学家，著《汉书集注》《汉书音义》。

卷第七

音辞 杂艺 终制

音辞第十八

夫九州之人，言语不同，生民已来，固常然矣。自《春秋》标齐言之传，《离骚》① 目楚词之经，此盖其较明之初也。后有扬雄著《方言》②，其言大备。然皆考名物之同异，不显声读之是非也。逮郑玄注《六经》，高诱解《吕览》《淮南》，许慎造《说文》，刘熹③ 制《释名》，始有譬况④ 假借以证音字耳。而古语与今殊别，其间轻重清浊，犹未可晓。加以内言外言⑤、急言徐言⑥、读若⑦之类，益使人疑。孙叔然⑧ 创《尔雅音义》，是汉末人独知反语。至于魏世，此事大行。高贵乡公⑨ 不解反语，以为怪异。自兹厥后，音韵锋出，各有土风，递相非笑，指马之谕⑩，未知孰是。共以帝王都邑，参校方俗，考核古今，为之折衷。摧而量之，独金陵与洛下⑪ 耳。南方水土和柔，其音清举而切诣，失在浮浅，其辞多鄙俗。北方山川深厚，其音沈浊而鈋钝⑫，得其质直，其辞多古语。然冠冕君子，南方为优。闾里小人，北方为愈。易服而与之谈，南方士庶，数言可辩。隔垣而听其语，北方朝野，终日难分。而南染吴、越，北杂夷虏，皆有深弊，不可具论。其谬失轻微者，则南人以钱为涎，以石为射，以贱为羡，以是为舐。北人以庶为戍，以如为儒，以紫为姊，以洽为狎。如此之例，两失甚多。至邺已来，唯见崔子约、崔瞻⑬ 叔侄，李祖仁⑭、李蔚⑮ 兄弟，颇事言词，少为切正。李季节著《音韵决疑》，时有错失。阳休之⑯ 造《切韵》，殊为疏野。吾家儿女，虽在孩稚，便渐督正之。一言讹替，以为己罪矣。云为品物，未考书记者，不敢辄名，汝曹所知也。

古今言语，时俗不同。著述之人，楚、夏⑰ 各异。《仓颉训诂》⑱ 反稗为逋卖，反娃为于乖。《战国策》音刎为免，《穆天子传》音谏为间。《说文》音戛为棘，读皿为猛。《字林》音看为口甘反，音伸为辛。《韵集》以成、仍、宏、登合成两韵，为、奇、益、石分作四章。李登⑲《声类》以系音羿，刘昌宗《周官音》⑳ 读乘若承。此例甚广，必须考校。前世反语，又多不切，徐仙民《毛诗音》反骤为在遘，《左传音》切椽为徒缘，不可依信，亦为众矣。今之学士，语亦不正。古独何人，必应随其伪僻乎？《通俗文》曰："入室求曰搜。"反为兄侯。然则兄当音所荣反。今北俗通行此音，亦古语之不可用者。玙璠，鲁人宝玉，当音余烦，江南皆音藩屏之藩。岐山当音为奇，江南皆呼为神只之只。江陵陷没，此音被于关中，不知二者何所承案。以吾浅学，未之前闻也。

北人之音，多以举、莒为矩。唯李季节云："齐桓公与管仲于台上谋伐莒，东郭牙望见桓公口开而不闭，故知所言者莒也。然则莒、矩必不同呼。"此为知音矣。

夫物体自有精粗，精粗谓之好恶。人心有所去取，去取谓之好恶。此音见于葛洪、徐邈。而河北学士读《尚书》云好生恶杀。是为一论物体，一就人情，殊不通矣。

甫者，男子之美称，古书多假借为父子。北人遂无一人呼为甫者，亦所未喻。唯管仲、范增[21]之号，须依字读耳。

案：诸字书，焉者鸟名，或云语词，皆音于愆反。自葛洪《要用字苑》分焉字音训。若训何训安，当音于愆反，"于焉逍遥"，"于焉嘉客"[22]，"焉用佞"，"焉得仁"[23]之类是也。若送句及助词，当音矣愆反，"故称龙焉"，"故称血焉"[24]，"有民人焉"，"有社稷焉"[25]，"托始焉尔"[26]，"晋、郑焉依"[27]之类是也。江南至今行此分别，昭然易晓。而河北混同一音，虽依古读，不可行于今也。

邪者，未定之词。《左传》曰："不知天之弃鲁邪？抑鲁君有罪于鬼神邪？"[28]《庄子》云："天邪地邪？"[29]《汉书》云："是邪非邪？"[30]之类是也。而北人即呼为也，亦为误矣。难者曰："《系辞》云：'乾坤，《易》之门户邪？'[31]此又为未定辞乎？"答曰："何为不尔！上先标问，下方列德以折之耳。"

江南学士读《左传》，口相传述，自为凡例，军自败曰败，打破人军曰败。诸记传未见补败反，徐仙民读《左传》，唯一处有此音，又不言自败、败人之别，此为穿凿耳。

古人云："膏粱难整。"以其为骄奢自足，不能克励也。吾见王侯外戚，语多不正，亦由内染贱保傅[32]，外无良师友故耳。梁世有一侯，尝对元帝饮谑，自陈"痴钝"，乃成"飔段"，元帝答之云："飔异凉风，段非干木。"谓"郢州"为"永州"，元帝启报简文，简文云："庚辰吴入，遂成司隶。"如此之类，举口皆然。元帝手教诸子侍读[33]，以此为诫。

河北切攻字为古琮，与工、公、功三字不同，殊为僻也。比世有人名暹，自称为纤。名琨，自称为衮。名洸，自称为汪。名剡，自称为掞。非唯音韵舛错，亦使其儿孙避讳纷纭矣。

杂艺第十九

真草书迹，微须留意。江南谚云："尺牍㉞书疏，千里面目也。"承晋、宋余俗，相与事之，故无顿狼狈者。吾幼承门业，加性爱重，所见法书亦多，而玩习功夫颇至，遂不能佳者，良由无分故也。然而此艺不须过精。夫巧者劳而智者忧，常为人所役使，更觉为累。韦仲将㉟遗诫，深有以也。

王逸少㊱风流才士，萧散名人，举世惟知其书，翻以能自蔽也。萧子云㊲每叹曰："吾著《齐》书，勒成一典，文章弘义，自谓可观。唯以笔迹得名，亦异事也。"王褒地胄清华㊳，才学优敏，后虽入关，亦被礼遇。犹以书工，崎岖碑碣㊴之间，辛苦笔砚之役，尝悔恨曰："假使吾不知书，可不至今日邪？"以此观之，慎勿以书自命。虽然，厮猥之人，以能书拔擢者多矣。故道不同不相为谋也㊵。

梁氏秘阁㊶散逸以来，吾见二王㊷真草多矣，家中尝得十卷。方知陶隐居㊸、阮交州㊹、萧祭酒㊺诸书，莫不得羲之之体，故是书之渊源。萧晚节所变，乃右军㊻年少时法也。

晋、宋以来，多能书者。故其时俗，递相染尚，所有部帙，楷正可观，不无俗字，非为大损。至梁天监之间，斯风未变。大同㊼之末，讹替滋生。萧子云改易字体，邵陵王㊽颇行伪字。朝野翕然，以为楷式，画虎不成㊾，多所伤败。至为一字，唯见数点，或妄斟酌，逐便转移。尔后坟籍，略不可看。北朝丧乱之余，书迹鄙陋，加以专辄造字，猥拙甚于江南。乃以百念为忧，言反为变，不用为罢，追来为归，更生为苏，先人为老，如此非一，遍满经传。有姚元标㊿工于楷隶，留心小学，后生师之者众。泊于齐末，秘书缮写，贤于往日多矣。

江南闾里间有《画书赋》，乃陶隐居弟子杜道士所为。其人未甚识字，轻为轨则，托名贵师，世俗传信，后生颇为所误也。

画绘之工，亦为妙矣。自古名士，多或能之。吾家尝有梁元帝手画蝉雀白团扇及马图，亦难及也。武烈太子㉛偏能写真，坐上宾客，随宜点染，即成数人，以问童孺，皆知姓名矣。萧贲、刘孝先、刘灵㉜，并文学已外，复佳此法。玩阅古今，特可宝爱。若官未通显，每被公私使令，亦为猥役。吴县顾士端出身湘东王国侍郎，后为镇南府刑狱参军，有子曰庭，西朝㉝中书舍人，父子并有琴书之艺，尤妙丹青，常被元帝所使，每怀羞恨。彭城刘岳，橐之子也，仕为骠骑府管记、平氏县㊴令，才学快士，而画绝伦。后随武陵王㊵入蜀，下牢㊶之败，遂为陆护军㊷画支江寺壁，与诸工巧杂处。向使三贤都不晓画，直运素业，岂见此耻乎？

弧矢之利，以威天下㊸，先王所以观德择贤，亦济身之急务也。江南谓世之常射，以为兵射，冠冕儒生，多不习此，别有博射㊹，弱弓长箭，施于准的㊺，揖让升降，以行礼焉。防御寇难，了无所益。乱离之后，此术遂亡。河北文士，率晓兵射，非直葛洪一箭，已解追兵，三九㊻宴集，常縻荣赐。虽然要轻禽，截狡兽，不愿汝辈为之。

卜筮者，圣人之业也，但近世无复佳师，多不能中。古者，卜以决疑，今人生疑于卜，何者？守道信谋，欲行一事，卜得恶卦，反令怅怅㊼，此之谓乎！且十中六七，以为上手，粗知大意，又不委曲。凡射奇偶，自然半收，何足赖也。世传云："解阴阳者，为鬼所嫉，坎壈贫穷，多不称泰。"吾观近古以来，尤精妙者，唯京房㊽、管辂㊾、郭璞㊿耳，皆无官位，多或罹灾，此言令人益信。倘值世网严密，强负此名，便有诖误，亦祸源也。及星文风气，率不劳为之。吾尝学《六壬式》㉑，亦值世闲好匠，聚得《龙首》《金匮》《玉轸变》《玉历》十许种书，讨求无验，寻亦悔罢。凡阴阳之术，与天地俱生，亦吉凶德刑，不可不信。但去圣既远，世传术书，皆出流俗，言辞鄙浅，验少妄多。至如反支㉒不行，竟以遇害，归忌㉓寄宿，不免凶终。拘而多忌，亦无益也。

算术亦是六艺㉔要事，自古儒士论天道，定律历者，皆学通之。然可以兼明，不可以专业。江南此学殊少，唯范阳祖暅㉕精之，位至南康太守。河北多晓此术。

医方之事，取妙极难，不劝汝曹以自命也。微解药性，小小和合，居家得以救急，亦为胜事，皇甫谧、殷仲堪㉖则其人也。

《礼》曰："君子无故不彻琴瑟。"㉗古来名士，多所爱好。洎于梁初，衣冠子孙，不知琴者，号有所阙。大同以末，斯风顿尽。然而此乐愔愔㉘雅致，有深味哉！今世曲解，虽变于古，犹足以畅神情也。唯不可令有称誉，见役勋贵，处之下坐，以取残杯冷炙之辱。戴安道㉙犹遭之，况尔曹乎！

《家语》㉚曰："君子不博，为其兼行恶道故也。"《论语》云："不有博弈者乎？为之，犹贤乎已。"㉛然则圣人不用博弈为教，但以学者不可常精，有时疲倦，则倘为之，犹胜饱食昏睡，兀然端坐耳。至如吴太子以为无益，命韦昭㉜论之。

王肃[78]、葛洪、陶侃[79]之徒，不许目观手执，此并勤笃之志也。能尔为佳。古为大博则六箸[80]，小博则二茕[81]，今无晓者。比世所行，一茕十二棋，数术浅短，不足可玩。围棋有手谈、坐隐[82]之目，颇为雅戏，但令人耽愦，废丧实多，不可常也。

投壶[83]之礼，近世愈精。古者，实以小豆，为其矢之跃也[84]。今则唯欲其骁[85]，益多益喜，乃有倚竿、带剑、狼壶、豹尾、龙首[86]之名。其尤妙者，有莲花骁[87]。汝南周璝[88]，弘正之子，会稽贺徽[89]，贺革之子，并能一箭四十余骁。贺又尝为小障，置壶其外，隔障投之，无所失也。至邺以来，亦见广宁、兰陵诸王，有此校具，举国遂无投得一骁者。弹棋[90]亦近世雅戏，消愁释愦，时可为之。

终制第二十

死者，人之常分，不可免也。吾年十九，值梁家丧乱，其间与白刃为伍者，亦常数辈。幸承余福，得至于今。古人云："五十不为夭。"吾已六十余，故心坦然，不以残年为念。先有风气之疾，常疑奄然，聊书素怀，以为汝诫。

先君先夫人[91]皆未还建邺旧山[92]，旅葬江陵[93]东郭。承圣末，已启求扬都，欲营迁厝[94]。蒙诏赐银百两，已于扬州小郊北地烧砖，便值本朝沦没，流离如此，数十年间，绝于还望。今虽混一[95]，家道馨穷，何由办此奉营资费？且扬都污毁，无复孑遗，还被下湿，未为得计。自咎自责，贯心刻髓。计吾兄弟，不当仕进。但以门衰，骨肉单弱，五服[96]之内，傍无一人，播越他乡，无复资荫。使汝等沉沦厮役，以为先世之耻。故腼冒人间，不敢坠失[97]。兼以北方政教严切，全无隐退者故也。

今年老疾侵，傥然奄忽，岂求备礼乎？一日放臂[98]，沐浴而已，不劳复魄[99]，敛以常衣。先夫人弃背[100]之时，属世荒馑，家涂空迫，兄弟幼弱，棺器率薄，藏[101]内无砖。吾当松棺二寸，衣帽已外，一不得自随，床上唯施七星板[102]，至如蜡弩牙、玉豚、锡人[103]之属，并须停省，粮罂明器，故不得营，碑志旒旐[104]，弥在言外。载以鳖甲车[105]，衬土而下，平地无坟[106]。若惧拜扫不知兆域，当筑一堵低墙于左右前后，随为私记耳。灵筵勿设枕几，朔望祥禫[107]，唯下白粥清水干枣，不得有酒肉饼果之祭。亲友来馈酹者，一皆拒之。汝曹若违吾心，有加先妣，则陷父不孝，在汝安乎？其内典功德[108]，随力所至，勿刳竭生资，使冻馁也。四时祭祀，周、孔所教，欲人勿死其亲，不忘孝道也。求诸内典，则无益焉。杀生为之，翻增罪累。若报罔极之德[109]，霜露之悲[110]，有时斋供，及七月半盂兰盆，望于汝也。

孔子之葬亲也，云："古者，墓而不坟。丘东西南北之人也，不可以弗识也。"于是封之崇四尺。然则君子应世行道[111]，亦有不守坟墓之时，况为事际所逼也！吾今羁旅，身若浮云，竟未知何乡是吾葬地，唯当气绝便埋之耳。汝曹宜以传业扬名为务，不可顾恋朽壤[112]，以取湮没也。

【注释】

① 离骚：战国时楚国文学家、辞赋家屈原所撰的楚辞名著，世称"离骚体"。离者，别也；骚者，愁也。

② 方言：书名。语言训诂书。汉代扬雄撰，十三卷，汇集古今各地的同义词语和通行地域。

③ 刘熹：或称刘熙，字成国，山东昌乐人。东汉经学家、训诂学家，著《释名》训诂书。官至南安太守。

④ 譬况：古代汉字注音家，首创古代汉字的注音方法之一，是用描述性的语言来说明某汉字发音的口舌齿位置的情况。是四种汉字注音法之一。

⑤ 内言外言：古代汉字注音家譬况注音术语。内言，发洪音；外言，发细音。

⑥ 急言徐言：古代汉字注音家譬况注音术语。急言，发音急促；徐言，发音徐缓。

⑦ 读若：又名"读如"。训诂学术语，其作用有二：一是用常见字的同音标注读音；二是说明假借。出自《说文解字》。

⑧ 孙叔然：孙炎，字叔然，山东博兴人。三国时经学家，人称"东州大儒"。著《尔雅音义》。

⑨ 高贵乡公：即曹髦，字彦士，安徽亳州人。官高贵乡公，后任三国时曹魏第四位皇帝。

⑩ 指马之谕：战国时公孙龙提出"物莫非指，而指非指""白马非马"等命题，讨论名与实之间的关系。阐述事物应各任自然，不分彼此、是非、长短、多少之理，后遂以"指马"为争辩是非、差别的代称。

⑪ 金陵：今江苏南京。洛下：今河南洛阳。

⑫ 鈋钝：滞浊徐缓。

⑬ 崔子约：崔瞻叔父，北齐司空祭酒。崔瞻：字彦通。北齐官员，官至吏部尚书、骠骑大将军。

⑭ 李祖仁：李岳，字祖仁。北周中散大夫。李蔚之兄。

⑮ 李蔚：南北朝北周人。唐高祖李渊的七叔，唐朝追封为蔡烈王。

⑯ 阳休之：字子烈，北京人。北魏前军将军阳固之子，仕魏中侍郎，北齐任吏部尚书

左仆射。

⑰ 楚：春秋战国时期楚国地域，位于长江以南地区，代表南方。夏：指华夏大地，中原地区，此代表北方。南方和北方存在语言上的差异。

⑱ 仓颉训诂：书名。后汉杜林著。

⑲ 李登：三国时魏左校令。著《声类》，是最早的古代韵书，现亡佚。

⑳ 周官音：书名，刘昌宗著。

㉑ 管仲：号仲父。范增：号亚父。两个“父”字仍读“父”，不读“甫”。

㉒ 此句出自《诗经·小雅·白驹》，“于焉逍遥”即这里非常逍遥。“于焉嘉客”即这里是嘉宾。

㉓ 此句出自《论语·公冶长》。“焉用佞”即哪里用得上口才。“焉得仁”即哪里算仁。

㉔ 此句出自《周易·坤》，意为所以称龙，所以称血。

㉕ 此句出自《论语·先进》，意为有人民，有祭祀的社和稷。

㉖ 托始焉尔：此句出自《春秋公羊传·隐公二年》。

㉗ 晋、郑焉依：此句出自《左传·隐公六年》，意为可以依靠晋国和郑国。

㉘ 此句出自《左传·昭公二十六年》。

㉙ 此句出自《庄子·太宗师》。

㉚ 此句出自《汉书·外戚传》。

㉛ 此句出自《周易·系辞下》。

㉜ 保傅：负责保育、教育王公贵族子弟的人。

㉝ 侍读：南北朝时诸王的属官。又指陪侍帝王读书论学或皇子授课讲学。

㉞ 尺牍：汉代皇帝的诏书写于一尺一寸长的书版（竹简或木简）上，称尺一牍，简称尺牍。后世有纸，用于书信的通称。

㉟ 韦仲将：即韦诞，字仲将，陕西西安人。三国曹魏书法家、制墨家。官至光禄大夫。

㊱ 王逸少：王羲之，字逸少。东晋著名书法家。事见《晋书》。

㊲ 萧子云：字景乔，南朝梁著名书法学、史学家、文学家。著《晋书》《东宫新记》。

㊳ 王褒：字子渊，山东临沂人。北周文学家、书法家，与萧子云齐名。官至吏部尚书、左仆射。地胄清华，是指门第高贵之家。

㊴ 碑碣：石碑和墓志碑等的总称。碑，长方形的刻石。碣，圜首形、上小下大或在方圆之间的刻石。

㊵ 道不同不相为谋也：此句出自《论语·卫灵公》，意为目标理想不同的人不可共商计划，思考问题不同。

㊶ 秘阁：皇宫中珍藏图书之处，称内府。梁氏指梁武帝。

㊷ 二王：指东晋书法大家王羲之、王献之父子二人。

㊸ 陶隐居：陶弘景。见前注 p96 (87)。

㊹ 阮交州：阮研，字文几，晋朝官至交州刺史，世称“阮交州”。

㊺ 萧祭酒：萧子云，见上注㊲，官任国子祭酒，世称“萧祭酒”。

㊻ 右军：王羲之，见上注㊱，官至右军将军，世称“王右军”。

㊼ 天监、大同：皆为梁武帝年号。

㊽ 邵陵王：萧纶，为梁武帝第六子，封邵陵王。

㊾ 画虎不成：“画虎不成反类犬”的略语。语出《后汉书·马援传》，此成语之源。

㊿ 姚元标：河南安阳人。北魏光禄大夫、书法家。事见《北史·崔浩传》。

(51) 武烈太子：名方等，字实相，梁元帝长子，年二十二岁殁，谥号“武烈”。

(52) 萧贲：字文涣，江苏常州人。南齐竟陵王萧子良之孙，擅长书画。刘孝先：江苏徐州人。南朝梁官任侍中、诗人。刘灵：颜之推的姨妹夫。见前注。

(53) 西朝：江陵，梁元帝建都之都城。

(54) 平氏县：古县名，今河南省桐柏县。

(55) 武陵王：萧纪，字世询，梁武帝第八子，封武陵王。

(56) 下牢之败：梁元帝承圣二年，武陵王萧纪叛变，在下牢被陆法和击败。下牢，古地名，今湖北宜昌。

(57) 陆护军：陆法和，梁元帝之将，击溃武陵王叛军，官至司徒。事见《北齐书》。

(58) 此句出自《周易·系辞下》：“弦木为弧，剡木为矢，弧矢之利，以威天下。”弧：弓。矢：箭。

(59) 博射：古代一种以骑马射箭的游戏，如同博弈。

(60) 准的：箭靶子，古名射垛，由皮和毡做成。

(61) 三九：三公九卿。见前注。

(62) 忕（shì）忕：恐惧不安。

(63) 京房：字君明，本姓李，推律自定为京氏，河南清川人。西汉人，善占卜，后被处死。事见《汉书·京房传》。

(64) 管辂：字公明，山东德州人。三国曹魏人，善占卜。事见《三国志·魏志·管辂传》。

(65) 郭璞：字景纯，山西闻喜人。晋朝人，著名学者、文学家、训诂学家，精阴阳历算，善占卜，好经术。后被王敦杀害。事见《晋书》。

(66) 六壬式：书名。运用阴阳五行进行占卜吉凶的方法，纯粹之迷信。

(67) 反支：反支日为禁忌日。

(68) 归忌：不宜回家之忌日。与上同样是迷信。

(69) 六艺：古代教育学生的六种科目，即礼、乐、射、御、书、数。

(70) 祖暅（xuǎn）：祖暅之，字景烁，河北涞水人。南朝梁人，古代著名天文学家、数学家祖冲之之子，精通天文历算。

⑦ 殷仲堪：河南西华人，东晋人，官员，仕荆州刺史。精医学，著《殷荆州要方》，已亡佚。

⑫ 此句出自《礼记·曲礼》："大夫无故不彻县，士无故不彻琴瑟。"彻：通"撤"。

⑬ 愔愔（yīn）：和悦祥和。杜预注《左传》："愔愔，安和貌。"

⑭ 戴安道：戴逵，字安道，安徽濉溪人。晋代文人、音乐家，善操琴。武陵王司马晞招其演奏，戴氏破琴，对使者言："戴安道不为王门伶人。"事见《晋书·隐逸传》。

⑮ 家语：书名，即《孔子家语》，又名《孔氏家语》，儒家类著作，记录孔子及弟子的思想言行的著作。疑是王肃的伪作。

⑯ 此句出自《论语·阳货》。贤：超越。已：止。犹贤乎已，即不作为。

⑰ 韦昭：韦曜，字弘嗣，江苏丹阳人。因避晋讳而改名。三国时吴国文学家、史学家、经学家。著《博弈论》。事见《三国志·吴志·韦曜传》。

⑱ 王肃：字子雍，山东郯城人。三国曹魏著名经学家。官任黄门侍郎，封兰陵侯。著《孔子家语》，疑为伪作。

⑲ 陶侃：字士行，江西九江人。东晋名将，官任荆州刺史，见属下博弈，将其器具投之于江。事见《晋中兴书》。

⑳ 箸：博戏时所用的竹棍。

㉑ 茕（qióng）：骰子。

㉒ 手谈、坐隐：皆为围棋的别称。《世说新语·巧艺》："王中郎以围棋是坐隐，支公以围棋为手谈。"

㉓ 投壶：古代宴会礼制，又是一种娱乐。宾主依次入住，用矢（似箭）投入壶中，以投中多少矢定胜负。

㉔ 其矢之跃也：语出《礼记·投壶》："壶颈修七寸，腹修五寸，口径二寸半，容斗五升。壶中实小豆焉，为其矢之跃而出也。壶去席二矢半，矢以柘若棘，毋去其皮。"

㉕ 骁：指矢投入壶口内，又弹出壶外。

㉖ 倚竿、带剑、狼壶、豹尾、龙首：皆为"骁"的名目。详见司马光《投壶格》："倚竿，箭斜倚壶口中。带剑，贯耳不至地者。狼壶，转旋口上而倚竿者。龙尾（豹尾），倚竿而箭羽正向己者。龙首，倚竿而箭首正向己者。"

㉗ 莲花骁：投壶游戏骁的名目之一种。

㉘ 周瑎：周弘正，字子瑎。南北朝汝南人，是投壶高手。

㉙ 贺徽：贺革，字子徽。南北朝齐国投壶高手，隔障投壶，十中九。

㉚ 弹棋：古代棋名。二人对局，黑白棋各六枚，先布棋子，下呼上击之。事见《艺经》。

㉛ 先君先夫人：指作者颜之推的已亡父母。

㉜ 建邺：今南京，东晋、南朝的宋、齐、梁、陈的都城，亦称建业。旧山：故乡之谓。

⑨³ 旅葬江陵：灵柩葬于他乡为旅葬，又称客葬。江陵，今湖北江陵。

⑨⁴ 迁厝（cuò）：迁葬灵柩。厝，浅埋以待改葬。

⑨⁵ 混一：统一。指隋文帝灭陈，统一中国于开皇九年（589年）。

⑨⁶ 五服：古代丧服制度，以亲疏为等差，五服名为斩衰、齐衰、大功、小功、缌麻。

⑨⁷ 坠失：废弛。此处作辞官隐退。

⑨⁸ 放臂：死亡。

⑨⁹ 复魄：古代招魂复魄的仪式，即将刚亡者的衣服升屋，并呼喊其名，以招死者魂魄。

⑩⁰ 弃背：死亡。

⑩¹ 藏：寿藏之谓，即坟墓。

⑩² 七星板：古代棺木中垫尸体的木板之称谓。

⑩³ 蜡弩牙、玉豚、锡人：皆为陪葬物品。

⑩⁴ 碑志：刻在碑上的文字，此指墓志铭。疏旐（liú zhào）：铭旌，古人用以书写高尚品质和言行。

⑩⁵ 鳖甲车：灵车。古代灵车车盖似鳖甲而得名，见《释名·释丧制》。

⑩⁶ 坟：古代土葬，封土成土堆，似小丘者名坟，无坟头而平地者名墓。

⑩⁷ 朔望：农历每月初一为朔，十五日为望。祥禫：丧祭名。祥分大祥和小祥，大祥是父母丧后两周年的祭礼，小祥是父母丧后一周年的祭礼。禫是除去丧服的祭礼。见《仪礼》。

⑩⁸ 内典：佛经。功德：佛教语，指念佛、诵经、布施等事为功德仪式。

⑩⁹ 罔极之德：句出《诗经·小雅·蓼莪》："欲报之德，昊天罔极。"《集传》："言父母之恩如天，欲极之以德，而其思之大如天无穷，不知所以为报也。"

⑩ 霜露之悲：抒发思念亲人之伤悲。《礼记·祭义》："霜露既降，君子履之，必有凄怆之心，非其寒之谓也。"注："非其寒之谓，谓悽怆及怵惕，皆为感时念亲也。"

⑪ 应世行道：应付世事，实践自己的力行主张。

⑫ 朽壤：腐败的土壤，此指坟墓。

帝 范

[唐] 李世民

李世民（599—649年），唐朝第二代皇帝，即唐太宗。唐代杰出的政治家、军事家。在位时通过一系列变革措施，致使社会安定，经济繁荣，文化昌盛，民族和睦，史称"贞观之治"。李世民晚年撰《帝范》，共四卷、十二篇及前序和后序，实为对皇太子李治（唐高宗）的"家训"。

本文取《永乐大典》作底本校注。

序

序曰：朕[1]闻大德曰生，大宝曰位。辨其上下，树之君臣，所以抚育黎元，钧陶庶类[2]。自非克明克哲[3]，允武允文[4]，皇天眷命，历数在躬[5]，安可以滥握灵图[6]，叨临神器[7]！是以翠妫[8]荐唐尧之德，元圭[9]赐夏禹之功。丹字[10]呈祥，周开八百之祚；素灵[11]表瑞，汉启重世之基。由此观之，帝王之业，非可以力争者矣。昔隋季版荡[12]，海内分崩。先皇以神武之姿，当经纶之会，斩灵蛇而定王业，启金镜而握天枢[13]。然由五岳含气[14]，三光戢曜[15]，豺狼[16]尚梗，风尘[17]未宁。朕以弱冠[18]之年，怀慷慨之志，思靖[19]大难，以济苍生。躬擐甲胄[20]，亲当矢石。夕对鱼鳞[21]之阵，朝临鹤翼之围，敌无大而不摧，兵何坚而不碎，剪长鲸[22]而清四海，握檃枪[23]而廓八纮[24]。乘庆天潢[25]，登晖璇极[26]，袭重光[27]之永业，继大宝之隆基。战战兢兢，若临深而御朽。日慎一日，思善始而令终。汝以幼年，偏钟慈爱，义方多阙，庭训有乖。擢自维城[28]之居，属以少阳[29]之任，未辨君臣之礼节，不知稼穑之艰难。每思此为忧，未尝不废寝忘食。自轩昊[30]以降，迄至周隋，以经天纬地之君，纂业承基之主，兴亡治乱，其道焕焉。所以披镜前踪[31]，博览史籍，聚其要言，以为近诫云耳。

君体第一

夫人者国之先，国者君之本。人主之体，如山岳焉，高峻而不动；如日月焉，贞明而普照。兆庶之所瞻仰，天下之所归往。宽大其志，足以兼包；平正其心足以制断。非威德无以致远，非慈厚无以怀人。抚九族[32]以仁，接大臣以礼。奉先思孝，处位思恭，倾己[33]勤劳，以行德义。此乃君之体也。

建亲第二

夫六合[34]旷道，大宝重任。旷道不可偏制，故与人共理之；重任不可独居，故与人共守之。是以封建亲戚，以为藩卫，安危同力，盛衰一心。远近相持，亲疏两用。并兼路塞，逆节不生。

昔周之兴也，割裂山河，分王宗族，内有晋郑[35]之辅，外有鲁卫之虞[36]。故卜祚灵长[37]，历年数百。

秦之季也，弃淳于之策，纳李斯[38]之谋，不亲其亲，独智其智，颠覆莫恃，二世而亡。斯岂非枝叶不疏，则根柢难拔。股肱既殒，则心腹无依者哉！

汉初定关中[39]，戒亡秦之失策，广封懿亲，过于古制。大则专都偶国[40]，小则跨郡连州。末大则危，尾大难掉。六王[41]怀叛逆之志，七国受鈇钺之诛[42]。此皆地广兵强，积势之所致也。

魏武创业，暗于远图。子弟无封户之人，宗室无立锥之地。外无维城以自固，内无磐石以为基。遂乃大器保于他人，社稷亡于异姓。

语曰："流尽其源竭，条落则根枯。"此之谓也。夫封之太强，则为噬脐之患；致之太弱，则无固本之基。由此而言，莫若众建宗亲而少力。使轻重相镇，忧乐是同。则上无猜忌之心，下无侵冤之虑。此封建之鉴也。斯二者，安国之基。君德之宏，唯资博达。设分悬教[43]，以术化人。应务适时，以道制物。术以神隐为妙，道以光大为功。括苍旻以体心[44]，则人仰之而不测；包厚地以为量，则人循之而无端。荡荡难名，宜其宏远。且敦穆九族，放勋流美[45]于前；克谐烝乂[46]，重华[47]垂誉于后。无以奸破义，无以疏间亲。察之以德，则邦家俱泰，骨肉无虞，良为美矣。

求贤第三

夫国之匡辅，必待忠良。任使得人，天下自治。故尧命四岳[48]，舜举八元[49]，以成恭己之隆，用赞钦明之道。士之居世，贤之立身，莫不戢翼隐鳞[50]，待风云之会。怀奇蕴异，思会遇之秋。是明君旁求俊乂，博访英贤，搜扬侧陋。不以卑而不用，不以辱而不尊。

昔伊尹，有莘之媵臣[51]。吕望，渭滨之贱老[52]。夷吾困于缧绁[53]。韩信[54]弊于逃亡。商汤[55]不以鼎俎为羞，姬文[56]不以屠钓为耻，终能献规景亳[57]，光启殷朝；执旄牧野，会昌周室。齐成一匡之业，实资仲父之谋。汉以六合为家，是赖淮阴之策。

故舟航之绝海也，必假桡楫之功；鸿鹄之凌云也，必因羽翮之用；帝王之为国也，必藉匡辅之资。故求之斯劳，任之斯逸。照车十二[58]，黄金累千，岂如多士之隆，一贤之重！此乃求贤之贵也。

审官第四

夫设官分职，所以阐化宣风。故明主之任人，如巧匠之制木，直者以为辕，曲者以为轮；长者以为栋梁，短者以为栱角[59]。无曲直长短，各有所施。明主之任人，亦由是也。智者取其谋，愚者取其力，勇者取其威，怯者取其慎，无智、愚、勇、怯，兼而用之。故良匠无弃材，明主无弃士。不以一恶忘其善。勿以小瑕掩其功。割政分机，尽其所有。然则函牛之鼎[60]，不可处以烹鸡。捕鼠之狸，不可使以搏兽。一钧[61]之器，不能容以江汉之流。百石之车，不可满以斗筲[62]之粟。何则？大非小之量，轻非重之宜。

今人智有短长，能有巨细。或蕴百而尚少，或统一而为多。有轻才者，不可委以重任；有小力者，不可赖以成职。委任责成，不劳而化，此设官之当也。斯二者治乱之源。立国制人，资股肱以合德；宣风道俗，俟明贤而寄心。列宿腾天，助阴光之夕照；百川决地，添溟渤之深源。海月之深朗，犹假物而为大。君人御下，统极理时，独运方寸之心，以括九区之内，不资众力，何以成功？必须明职审贤，择材分禄。得其人则风行化洽，失其用则亏教伤人。故云："则哲惟难。[63]"良可慎也！

纳谏第五

夫王者高居深视，亏听阻明，恐有过而不闻，惧有阙而莫补。所以设鞀树木[64]，思献替之谋；倾耳虚心，伫忠正之说。言之而是，虽在仆隶刍荛[65]，犹不可弃也；言之而非，虽在王侯卿相，未必可容。其义可观，不责其辩；其理可用，不责其文。至若折槛怀疏，标之以作戒；引裾却坐，显之以自非。故云忠者沥其心，智者尽其策。臣无隔情于上，君能遍照于下。

昏主则不然。说者拒之以威；劝者穷之以罪。大臣惜禄而莫谏，小臣畏诛而不言。恣暴虐之心，极荒淫之志。其为雍塞，无由自知。以为德超三皇⑥⑥，材过五帝⑥⑦。至于身亡国灭，岂不悲哉！此拒谏之恶也。

去谗第六

夫谗佞之徒，国之蟊贼也。争荣华于旦夕，竞势利于市朝⑥⑧。以其谄谀之姿，恶忠贤之在己上；奸邪之志，恐富贵之不我先。朋党相持，无深而不入；比同相习，无高而不升。令色巧言，以亲于上；先意承旨，以悦于君。朝有千臣，昭公⑥⑨去国而不悟；弓无九石，宣王⑦⓪终身而不知。以疏间亲，宋有伊戾⑦①之祸；以邪败正，楚有郤宛⑦②之诛。斯乃暗主昏君之所迷惑，忠臣孝子⑦③之可泣冤。

故聚兰欲茂，秋风败之；王者欲明，谗人蔽之。此奸佞之危也！斯二者，危国之本。砥躬砺行，莫尚于忠言；败德败正，莫逾于谗佞。今人颜貌同于目际，犹不自瞻，况是非在于无形，奚能自睹！何则？饰其容者，皆解窥于明镜，修其德者，不知访于哲人。讵自庸愚，何迷之甚！良由逆耳之辞难受，顺心之说易从。彼难受者，药石之苦喉也；此易从者，鸩毒之甘口也！明王纳谏，病就苦而能消；暗主从谀，命因甘而致殒。可不诫哉！可不诫哉！

诫盈第七

夫君者，俭以养性，静以修身。俭则人不劳，静则下不扰。人劳则怨起，下扰则政乖⑦④。人主好奇技淫声，鸷鸟猛兽，游幸无度，田猎不时。如此则徭役烦，徭役烦则人力竭，人力竭则农桑废焉。人主好高台深池，雕琢刻镂，珠玉珍玩，黼黻絺绤⑦⑤。如此则赋敛重，赋敛重则人才遗，人才遗则饥寒之患生焉。乱世之君，极其骄奢，恣其嗜欲。土木衣绨绣⑦⑥，而人短褐⑦⑦不全；犬马厌刍豢，而人糟糠不足。故人神怨愤，上下乖离，佚⑦⑧乐未终，倾危已至。此骄奢之忌也。

崇俭第八

夫圣世之君，存乎节俭。富贵广大，守之以约；睿智聪明，守之以愚⑦⑨。不以身尊而骄人，不以德厚而矜物。茅茨不剪，采椽不斫，舟车不饰，衣服无文，土阶不崇，大羹不和。非憎荣而恶味，乃处薄而行俭。故风淳俗朴，比屋可封⑧⓪。斯二者，荣辱之端。奢俭由人，安危在己。五关⑧①近闭，则嘉命远盈；千欲内攻，则凶源外发。是以丹桂抱蠹，终摧荣耀之芳；朱火含烟，遂郁凌云之焰。以是知骄出于志，不节则志倾；欲生于心，不遏则身丧。故桀纣肆情而祸结，尧舜约己而福延，可不务㊁乎！

赏罚第九

夫天之育物，犹君之御众。天以寒暑为德，君以仁爱为心。寒暑既调，则时无疾疫；风雨不节，则岁有饥寒。仁爱下施，则人不凋弊；教令失度，则政有乖违。防其害源㊃，开其利本㊄。显罚以威之，明赏以化之。威立则恶者惧，化行则善者劝。适己而妨于道，不加禄焉；逆己而便于国，不施刑焉。故赏者不德君，功之所致也；罚者不怨上，罪之所当也。故《书》曰："无偏无党，王道荡荡。"㊅ 此赏罚之权㊆也。

务农第十

夫食为人天㊇，农为政本。仓廪实则知礼节，衣食足则志廉耻。故躬耕东郊㊈，敬授人时。国无九岁之储，不足备水旱；家无一年之服，不足御寒暑。然而莫不带犊佩牛，弃坚就伪。求什一之利，废农桑之基。以一人耕而百人食，其为害也，甚于秋螟。莫若禁绝浮华，劝课耕织，使人还其本，俗反其真，则竞怀仁义之心，永绝贪残之路，此务农之本也。斯二者，制俗之机。子育黎黔㊉，惟资威惠。惠而怀也，则殊俗归风，若披霜而照春日；威可惧也，则中华慴轨㊊，如履刃而戴雷霆㊋。必须威惠并驰，刚柔两用，画刑不犯㊌，移木无欺。赏罚既明，则善恶斯别；仁信普著，则遐迩宅心㊍。劝穑务农，则饥寒之患塞；遏奢禁丽，则丰厚之利兴。且君之化下，如风偃草。上不节心，则下多逸志。君不约己，而禁人为非，是犹恶火之燃，添薪望其止焰。忿池之浊，挠浪欲止其流，不可得也。莫若先正其身㊎，则人不言而化矣。

阅武第十一

夫兵甲者，国之凶器也。土地虽广，好战则人彫㊏；邦国虽安，亟战则人殆㊐。彫非保全之术，殆非拟寇之方。不可以全除，不可以常用，故农隙讲武，习威仪也。是以勾践轼蛙㊑，卒成霸业。徐偃㊒弃武，遂以丧邦。何则？越习其威，徐忘其备。孔子曰："不教人战，是谓弃之。"㊓故知弧矢之威，以利天下。

此用兵之机也。

崇文第十二

　　夫功成设乐，治定制礼。礼乐之兴，以儒为本。宏风导俗，莫尚于文；敷教训人，莫善于学。因文而隆道，假学以光身。不临深溪，不知地之厚；不游文翰，不识智之源。然则质蕴吴竿，非筈⑩羽不美；性怀辨慧，非积学不成。是以建明堂，立辟雍⑩。博览百家，精研六艺⑩，端拱⑩而知天下，无为而鉴古今。飞英声⑩，腾茂实⑩，光于不朽者，其唯学乎！此文术也。

　　斯二者递为国用。至若长气亘地，成败定乎笔端。巨浪滔天，兴亡决乎一阵。当此之际，则贵干戈而贱庠序⑩。及乎海岳既晏⑩，波尘已清，偃七德⑩之余威，敷九功之大化⑩。当此之际，则轻甲胄而重诗书。是知文武二途，舍一不可，与时优劣，各有其宜。武士儒人，焉可废也！

后序

　　此十二条者，帝王之大纲也。安危兴废，咸在兹焉。古人有云："非知之难，惟行之不易。行之可勉，惟终实难。"⑩是以暴乱之君，非独明于恶路；圣哲之主，非独见于善途。良由大道远而难遵，邪径近而易践。小人俯从其易，不得力行其难，故祸败及之；君子劳处其难，不能力居其易，故福庆流之。故知祸福无门，惟人所召。欲悔非于既往，惟慎祸于将来。当择圣主为师，毋以吾为前鉴。取法于上，仅得为中。取法于中，故为其下。自非上德，不可效焉。吾在位以来，所制多矣。奇丽服翫，锦绣珠玉，不绝于前，此非防欲也。雕楹刻桷，高台深池，每兴其役，此非俭志也。犬马鹰鹘，无远必致，此非节心也。数有行幸，以亟劳人，此非屈己也。斯事者，吾之深过，勿以兹为是而后法焉。但我济育苍生，其益多，平定寰宇，其功大。益多损少，人不怨。功大过微，德未亏。然犹之尽美之踪，于焉多愧；尽美之道，顾此怀惭。况汝⑪无纤毫之功，直缘基而履庆，若崇善以广德，则业泰身安；若肆情⑫以从非，则业倾身丧。且成迟败速者，国基也。失易得难者，天位也。可不惜哉！

【注释】

①朕：皇帝自称的专用名词，自秦始皇始用。

② 钧陶：亦作"陶钧"，即制陶器所用的转轮。比喻秉持国政者。庶类：万类、万物，此指国事。
③ 克明克哲：能够睿智和智慧，明辨是非，甄别贤愚。
④ 允武允文：武能治国，文能安邦。
⑤ 躬：自己，自身。《诗经·卫风·氓》："静言思之，躬自悼矣。"
⑥ 灵图：帝王符应。借指皇权。
⑦ 神器：帝王的玉玺、宝鼎之类。借指帝位、皇权。《魏都赋》吕延济注："神器，帝位。"
⑧ 翠妫（guī）：水名，传说为黄帝得河图处，后为歌颂帝王应瑞而继帝位之词。
⑨ 元圭：黑色的玉。旧说黄帝以玄圭（即元圭）赐给禹，奖励他治水之功。
⑩ 丹字：传说周文王时有赤雀衔丹书入丰（丰为当时周国的国都）。后把"丹书"当作帝王受命的一种"祥瑞"。
⑪ 素灵：白帝子。据《汉书·高帝本纪》载，汉高祖刘邦在秦末曾任亭长，一次路过丰西泽时，把挡路的一条蛇（白帝子）斩为两段。
⑫ 版荡："板荡"。《诗·大雅》有《板》《荡》二篇，均言周厉王无道。比喻隋炀帝的暴虐无道超过周厉王。
⑬ 天枢：北斗七星（天枢、天璇、天玑、天权、玉衡、开阳、摇光）之一，喻指权柄。
⑭ 五岳含气：中国五岳名山（泰山、华山、恒山、嵩山、衡山）。含气，郁而不清。比喻隋朝末期群雄蜂起，社会混乱不安定。
⑮ 三光：日、月、星。戢曜：隐而不明。比喻社会动乱。
⑯ 豺狼：比喻隋末群雄割据。
⑰ 风尘：此指战争、战事。
⑱ 弱冠：古礼二十成人，虽加冠，体尚未壮，故曰弱。从二十至二十九岁，通名弱冠。李世民十八岁起兵。二十四岁平定天下，故自称弱冠之年。
⑲ 靖：平定、安定。
⑳ 擐（huàn）：穿。甲胄（zhòu）：铠甲和头盔。《左传》："躬擐甲胄。"
㉑ 鱼鳞：古阵名。鹤翼：古阵名。
㉒ 长鲸：大鱼。此比喻其他军事力量。
㉓ 欃（chán）枪：彗星的别名，古代称这种星为凶星，认为是兵乱的先兆。
㉔ 八纮：地域，大地的极限。泛指天下。《晋书》："八纮同轨，祥瑞屡臻。"
㉕ 天潢：皇族，皇室。
㉖ 璇极：天子之位。
㉗ 重光：宫殿名，喻为太子。大宝：帝位。
㉘ 擢：提升。维城：藩障。李治曾被封为晋王。
㉙ 少阳：东宫，太子。

㉚ 轩昊：指轩辕、少昊，泛指三皇五帝。

㉛ 披镜：借鉴。前踪：指唐以前君臣治乱之实迹。

㉜ 九族：一说为父族四、母族三、妻族二；二说是从自己算起，上至高祖，下至玄孙；三说为族兄弟、再从兄弟、堂兄弟、兄弟。此处泛指亲族。

㉝ 倾己：即不以我为尊贵，不以我为才智。倾，下。

㉞ 六合：指上下和东西南北四方，泛指天下。

㉟ 晋：成王母弟叔虞始封于唐，其地有晋水，后因称“晋”。郑：宣王母弟桓公友始封于郑，后因称“郑”。

㊱ 鲁：周公之子伯禽封于鲁，因而称为“鲁国”。卫：周公诛管叔、蔡叔之后，封其弟康叔于原商王所在的地方，建立了“卫国”。虞：防。

㊲ 卜祚（zuò）：用占卜预测帝位。《广雅》：“祚，主也。”《礼记》：“成王幼，不能莅祚。”灵长：绵延长久，广远绵长。

㊳ 李斯：字通古，河南上蔡人。秦代著名政治家、文学家、书法家。辅助秦王统一中国，官至宰相。反对分封制，坚持郡县制。

㊴ 关中：古地名。古代指函谷关以西。

㊵ 专都偶国：形容诸侯王权势过大，足以与朝廷抗衡。

㊶ 六王：指汉初楚王戊、赵王遂、胶西王卬、济南王辟光、菑川王贤、胶东王雄渠。

㊷ 七国：指汉初吴、楚、赵、济南、淄川、胶东、胶西等七个诸侯国。鈇钺：指刑戮。

㊸ 悬教：悬法。古代公布法令，悬挂在宫阙上，故称“悬法”。《含元殿赋》：“东风发春，悬法象魏，与人惟新。”

㊹ 苍旻（mín）：苍天。陶渊明诗：“苍旻遐缅，人事无已。”体心：统之于心。

㊺ 放勋：帝尧名。流美：流布美善。

㊻ 克谐：能够和谐。烝乂：淳厚的样子。

㊼ 重华：帝舜名。

㊽ 四岳：古时分掌四时、方岳的官，主管方岳巡守之事。

㊾ 八元：《左传·文公十八年》载高辛氏有才子八人，即伯奋、仲堪、叔献、季仲、伯虎、仲熊、叔豹、季狸，谓之“八元”。

㊿ 戢翼隐鳞：收敛翅膀，停止飞翔。隐鳞，龙隐匿鳞甲，不再翱翔。比喻贤者隐居待时。

(51) 伊尹：商汤臣。有莘：古国名。媵臣：古时诸侯嫁女，派大夫随行，称为“媵臣”。

(52) 吕望：吕尚。姓姜，名尚。其祖先封于吕，故亦称吕尚。渭水遇文王出，说“吾太公望子久矣”，因号为太公望，世称“姜太公”。贱老：年老穷困。

(53) 夷吾：管仲，春秋初期的政治家、军事家，齐桓公的相国。缧绁（léi xiè）：捆绑犯人的黑绳索。借指监狱、囚禁。

(54) 韩信：江苏淮阴人。西汉开国功臣，杰出的军事家。

(55) 商汤：成汤，商朝开国君主，号商太祖。

(56) 姬文：周文王。

(57) 景亳：商汤时的都城。

(58) 照车十二：言珠宝之光，能照亮十二辆车。极言其珠宝之多。晋《物理论》："黄金累千，不如一贤。"

(59) 栱：立柱和横梁之间成弓形的承重件。角：桷，方形的椽子。

(60) 函：包容。鼎：牲器。《三礼鼎器图》云："鼎有牛羊豕三鼎，古制也。"

(61) 钧：古代重量单位，三十斤为一钧。

(62) 斗筲：容量极小的盛器。筲为一种竹制容器，仅容一斗二升。

(63) 则哲惟难：此句出自《书·皋陶谟》："惟帝其难之，知人则哲。"哲，明智。此句意为帝尧也感到知人之难。

(64) 鞀：鼗鼓，俗称为"拨浪鼓"。树木：即谤木。见《后汉书·杨震传》："臣闻尧舜之时，谏鼓谤木，立之于朝。"

(65) 仆：供役使的人。隶：奴隶或差役的称谓。刍荛：指割草打柴的人，后指草野鄙陋之人。

(66) 三皇：传说中的伏羲、神农、黄帝。

(67) 五帝：传说中的黄帝、颛顼、帝喾、尧、舜。

(68) 市朝：指争名争利之所。《战国策》："臣闻争名者于朝，争利者于市。今三川、周室，天下之市朝也。"

(69) 昭公：春秋宋国国君宋昭公，因暴虐无道，被逐出国，方悟朝有千臣，左右献媚取宠，而致流亡，后被杀。

(70) 宣王：西周第十一代君主周宣王，其拉弓实力不过三石，左右奉承，虚称九石，周宣公终身不知。

(71) 伊戾：春秋时宋平公的太子痤的师傅。太子不喜欢伊戾，伊戾便在平公那里进谗言，平公囚痤，将痤缢死。事见《左传·襄公二十六年》。

(72) 郤宛：春秋时期楚昭王的左尹。他为人正直，国人很喜欢他，可费无极出于妒忌在执政面前进谗言，郤宛被迫自杀。事见《左传·昭公二十七年》。

(73) 忠臣：指郤宛。孝子：指宋太子痤。

(74) 乖：不和谐，不顺。《说文解字》："乖，戾也。"

(75) 黼黻（fǔ fú）：古代礼服上所绣的花纹。《淮南子》："黼黻之美，在于杼轴。"絺绤（chī xì）：一般指细葛布和粗葛布。这里指刺绣。

(76) 缇（tí）：丹黄色帛。绣：刺绣。缇绣即橘红色的丝织物。

(77) 短褐：兽毛或粗麻制成的短衣，古时贫贱人所穿的衣服。《墨子》："昔者齐康公，兴乐万，万人不可衣短褐，不可食糟糠。"

⑱ 佚：同"逸"。《论语》："乐骄乐，乐佚游，乐宴乐，损矣。"
⑲ 守之以愚：安于愚拙而不取巧。
⑳ 比屋可封：言尽人皆贤，家家都有可封爵之德行。《汉书》："明圣之世，国多贤人，故唐虞之时，可比屋可封。"
㉑ 五关：指耳、目、鼻、口、身。
㉒ 务：勉力从事。这里指应努力做到节俭。《战国策》："欲富国者，务广其地。"
㉓ 防其害源：此指使民不犯法。
㉔ 开其利本：使民各务其业。
㉕ 此句出自《尚书·洪范》，意为没有偏向，不结党营私，治国为政之道就会宽广而平坦。
㉖ 权：秤锤。引申为准则、权衡、法度。
㉗ 夫食为人天：民以食为天。源出《左传》和《史记·郦食其传》："王者以民人为天，而民人以食为天。"
㉘ 躬耕：古代帝王在规定时间内亲自进行耕田活动。东郊：古代天子亲耕南郊，诸侯耕于东郊。唐太宗亲耕是在贞观三年，其时唐高祖尚在，故云躬耕东郊，而不言南郊。
㉙ 黎黔：一作"黔黎"。百姓。《赠刘仲宪》："奈何温饱不自谋，日为黎黔欲长哭。"
㉚ 慴（shè）：恐惧，害怕。軏（yuè）：车辕端横木。
㉛ 履刃：立足于刀刃之上。戴雷霆：言雷霆之发于上，令人畏惧。
㉜ 画刑不犯：据《史记·五帝本纪》载，唐虞之时，对触犯墨、劓、膑、宫、大辟等五刑，只在其衣饰上画出标志，而不执行肉刑。
㉝ 遐迩（xiá ěr）：远近。《盐铁论》："故人主得其道，则遐迩潜行而归之，文王是也。"
宅心：归心，定一。《汉高祖功臣颂》："万邦宅心，骏民效足。"
㉞ 正其身：此句出自《论语·子路》："其身正，不令而行；其身不正，虽令不从。"
㉟ 彫：通"凋"。草木衰落；损伤，衰败。《三国志》："臣恐民力彫尽，下不堪命也。"
㊱ 亟：急，这里作"忘"解。殆：危险。
㊲ 勾践：春秋时越国国君。勾践被吴王夫差所败，其后卧薪尝胆，发奋图强，终于一举灭掉吴国。轼蛙：事出《吴越春秋》。轼，即车前横木。坐在车上，伏身于车前横木以表示敬意。勾践见蛙，而俯凭车之横木以敬之，是敬它见敌而有怒气，以此来激励士兵对吴国的怒气。
㊳ 徐偃：徐偃王。周穆王时徐国的国君。周穆王令楚兵灭其国。据《说苑》记载：徐偃王临死时曾后悔说："吾修于文德，而不明武备；好行仁义之道，而不知诈人之术。"
㊴ 此句出自《论语·子路》，意为使未经训练的民众去与敌作战，无疑让民众去白白送死。

⑩ 筈（kuò）：箭尾。陆机文："离合非有常，譬彼弦与筈。"
⑩ 辟雍：西周时天子所设的大学。东汉以后，历代都有辟雍。
⑩ 六艺：礼、乐、射、御、书、数。
⑩ 端拱：端身拱身。这里指悠闲静坐，无为而知天下事。
⑩ 飞英声：飞扬英美之名。《史记·司马相如列传》："俾万世得激清流，扬微波，蜚英声，腾茂实。"
⑩ 腾茂实：腾传茂实之德。此处见上条《史记》。
⑩ 庠序：原为古代地方所设的学校，与帝王的辟雍、诸侯的泮宫等大学相对而言，后泛指学校。
⑩ 海岳：四海五岳。《文心雕龙》："海岳降神，才英秀发。"晏：通"安"。安谧，平静。
⑩ 偃：息。七德：指武功的七德。《左传·宣公十二年》："七德：一曰禁暴，二曰戢兵，三曰保大，四曰定功，五曰安民，六曰合众，七曰丰财。"
⑩ 九功：指六府三事。水火金木土谷，叫做六府；正德、利用、厚生，叫做三事。《左传·文公七年》："六府三事，谓之九功。"《梁书》："文治九功，武苞七德。"大化：指广远深入的教育。《尚书·大诰》："肆予大化，诱我友邦君。"
⑩ 此句出自《贞观政要·慎终》，意为了解它并无困难，去做却很困难；去做也并不困难，困难是能否善始善终。
⑪ 汝：指太子。
⑫ 肆情：放肆情欲。嵇康《家诫》："临乐则肆情，处逸则极意。"

杜甫家训

[唐] 杜甫

杜甫（712—770年），字子美，原籍湖北襄阳，后迁居河南巩义。唐代著名诗人，与李白齐名，世称"李杜"，杜诗显示唐由盛转衰的历史过程，故称"诗史"，著《杜工部集》。杜甫曾官任检校工总员外郎，故世称"杜工部"。

本《家训》摘录自《杜工部集》《杜诗镜铨》。

宗武生日

小子①何时见？高秋②此日生。自从都邑③语，已伴老夫名。诗是吾家事，人传世上情。熟精《文选》④理，休觅彩衣轻⑤。凋瘵⑥筵初秩⑦，欹斜⑧坐不成。流霞⑨分片片，涓滴就徐倾。

【注释】

① 小子：指杜甫幼子宗武。
② 高秋：深秋，天高气爽的秋天。又指农历九月初九重阳节，此指重阳节，是宗武生日。
③ 都邑：城市。大城市曰都，小城市曰邑。此指京都长安。《铁围山丛谈》："上元结灯，天下止三日，都邑旧亦然。"
④ 文选：《昭明文选》，系由南朝梁萧统（昭明太子）编选，选录自先秦至梁的诗文辞赋，分三十八类，共七百余首。是现存最早的诗文选集，是研究我国梁以前文学的重要参考资料。
⑤ 休觅彩衣轻：不要像春秋晚期思想家孝养父母，七十岁为讨父母欢心，在父母前穿五彩花衣服，学小儿啼哭。事载《列女传》、曹植《灵芝篇》。
⑥ 凋瘵（diāo zhài）：衰败之象，困穷之民。白居易《忠州刺史谢上表》："下安凋瘵，上副忧勤，未死之间，斯展微劾。"
⑦ 秩：十年。白居易《思旧》："已开第七秩，饱食仍安眠。"
⑧ 欹（qī）斜：侧斜，歪斜不正，歪向一侧。
⑨ 流霞：传说中神仙的饮料，又泛指美酒。北周·庾信诗："愁人坐狭邪，喜得送流霞。"

诲侄等书

[唐] 元稹

元稹（779—831年），字微之，河南洛阳人。唐朝著名诗人，与白居易齐名，世称"元白"。为新乐府运动的倡导者之一，著《莺莺传》《元氏长庆集》。唐朝官员，官监察御史、中书门下平章事、武昌军节度使。

告仑等：吾谪窜①方始，见汝未期，粗以所怀，贻诲于汝。

汝等心志未立，冠岁行登②，古人讥十九童心，能不自惧。吾不能远谕他人，汝独不见吾兄之奉家法乎！吾家世俭贫，先人遗训，常恐置产怠子孙，故家无樵苏之地③，尔所详也。吾窃见吾兄，自二十年来，以下士之禄，持窭绝之家，其间半是乞丐羁游④，以相给足。然而吾生三十二年矣，知衣食之所自，始东都为御史时，吾常自思，尚不省受吾兄正色之训，而况于鞭笞诘责乎！呜呼！吾所以幸而为兄者，则汝等又幸而为父矣。有父如此，尚不足为汝师乎！吾尚有血诚，将告于汝。

吾幼乏岐嶷⑤，十岁知方⑥，严毅之训不闻，师友之资尽废。忆得初读书时，感慈旨⑦一言之叹，遂志于学。是时尚在凤翔⑧，每借书于齐仓曹家，徒步执卷就陆姊夫师授，栖栖勤勤⑨其始也。若此至年十五，得明经及第，因捧先人旧书于西窗下钻仰沉吟，仅干不窥园井⑩矣。如是者十年，然后粗沾一命，粗成一名。及今思之，上不能及乌鸟之报⑪，下未能减亲戚之饥寒，抱衅⑫终身，偷活今日。故李密⑬云："生愿为人兄，得奉养之日长。"吾每念此言，无不雨涕⑭。汝等又见吾自为御史来，效职无避祸之心，临事有致命之志，尚知之乎？吾此意，虽吾兄弟，未忍及此。盖以往岁忝职⑮谏官，不忍小见，妄干朝听，谪弃河南，泣血西归，生死无告。不幸余命不殒，重戴冠缨，常誓效死君前，扬名后代，殁有以谢先人于地下耳。呜呼！及其时而不思，既思之而不及，尚何言哉！

今汝等父母天地，兄弟成行，不于此时佩服诗书以求荣达，其为人耶？其曰人耶？吾又以吾兄所识，易涉悔尤。汝等出入游从，亦宜切慎，吾诚不宜言及于此。吾生长京城，朋从不少，然而未尝识倡优之门，不曾于喧哗纵观，汝信之乎？吾终鲜⑯姊妹，陆氏诸生，念之倍汝。小婢子等，既抱吾殁身之恨，未有吾克己之诫，日夜思之，若忘生次⑰，汝因便录此书寄之，庶其自发。千万努力，无弃斯须⑱。稹付仑、郑等。

【注释】

① 谪窜：指元稹被贬职离京。

② 冠岁行登：加冠之年即将到来。

③ 樵苏之地：樵苏，本为打柴割草，以充作燃料。此指薄田。

④ 羁（jī）游：作客他乡。羁旅无定。陆游《寒夜》："羁游少欢乐，短景极匆忙。"

⑤ 岐嶷（nì）：形容幼年聪慧。《东观汉记》："马客卿，幼岐嶷，年六岁，能接应诸公，专对宾客。"

⑥ 知方：懂得道理。《论语》："比及三年，可使有勇，且知方也。"

⑦ 慈旨：慈母之教诲。

⑧ 凤翔：今陕西省宝鸡市凤翔县。

⑨ 栖栖勤勤：栖栖亦作"恓恓"，忙碌不停。勤勤，认真、努力。

⑩ 不窥园井：此指汉代儒学大家董仲舒，三年无暇观赏花园景致，专心治学的故事，后用以比喻埋头学习，不为外事分心。

⑪ 乌乌之报：相传小乌鸦能反哺老乌鸦，借以为孝养父母亲人之辞。又称"乌乌反哺"。

⑫ 抱衅：负罪。《三国志》："臣自抱衅归藩，刻肌刻骨，追思罪戾。"

⑬ 李密：224—287年，西晋犍为武阳（今四川彭山）人。字令伯。少仕蜀为郎。蜀亡，晋武帝征为太子洗马，他以祖母无依靠为名，上《陈情表》固辞，"乌乌之报"典故即出于此文。祖母逝，密乃出仕，先后任洗马、温令、汉中太守等职。

⑭ 雨涕：涕泪如雨，形容伤心。

⑮ 忝职：惭愧地就任。《魏书》："窃名忝职，身为违傲。"

⑯ 鲜：少。《陈情表》："既无伯叔，终鲜兄弟。"

⑰ 生次：生命的存在。唐·元稹《告赠皇考皇妣文》："追念顾复，若亡生次。"

⑱ 斯须：短暂时间，瞬间。杜甫《丹青引》："斯须九重真龙出，一洗万古凡马空。"

与绪汝^①书

[唐] 颜真卿

颜真卿（709—784年），字清臣，山东临沂人。唐代著名书法家、进士，官至武部员外郎。安史之乱时，举兵抵抗，唐代宗时官任吏部尚书、太子太师，封鲁郡公。唐德宗时，被叛将杀害。追赠司徒，谥号"文忠公"。其书法世称"颜体"。

本文取《全唐文·卷三三七》作底本校注。

政^②可守，不可不守。吾去岁中言事得罪，又不能逆道殉时，为千古罪人也。虽贬居远方^③，终身不耻。绪汝等当须会吾之志，不可不守也。

【注释】

① 绪汝：颜真卿之子。
② 政：通"正"，正道，正事。《墨子·节葬》："上稽之尧、舜、禹、汤、文、武之道，而政逆之。"
③ 贬居远方：此指颜真卿得罪权臣杨国忠，被贬为平原太守之事，世称"颜平原"。今山东德州平原县。

太公家教

[唐] 佚名*

本《太公家教》取自《鸣沙石室佚书》①。

余乃生逢乱代,长值危时。②望乡失土,波迸流离③。只欲隐山居住,不能忍冻受饥。只欲扬名伐复④,无晏婴⑤之机。才轻德薄,不堪人师⑥。徒消人食,浪费人衣!随缘信业⑦,且逐时之。随辄以讨其坟典⑧,简择诗书,依经傍史,灼⑨礼时宜,为书一卷,助幼童儿,用传于后,幸愿思之。则《经》论上下⑩,《易》辩刚柔⑪,则《诗》分儒雅⑫,礼乐兴行。信义成著⑬,仁道立焉。⑭

得人一牛,还人一马,往而不来,非成礼也。知恩报恩,风流儒雅,有恩不报,岂成人也。⑮事君尽忠,事父尽敬。礼闻来学,不闻往教。舍父事师,敬同于父。慎其言语,整其容貌。善能行孝,勿贪恶事,莫作诈巧⑯。直实在心,勿生欺诳。孝心事父,晨省暮看⑰,知饥知渴,知暖知寒。忧时共戚,乐时同欢⑱。父母有疾,甘美不餐,食无求饱,居无求安。闻乐求乐,闻喜不看。不修身体,不整衣冠。得至疾愈,止亦不难。弟子事师,敬同于父。习其道也,学其言语。黄金白银,乍可⑲相与,好言善述,漫出口舌⑳。忠㉑臣无境外之交,弟子有束修㉒之好。一日为师,终日为父。一日为君,终日为主。

教子之法,常令自慎,言不可失,行不可亏。他离㉓莫越,他事莫知。他贫莫笑,他病莫欺。他财莫取,他色莫侵。他强莫触,他弱莫欺。他弓莫挽,他马莫骑。弓折马死,偿㉔他无疑。财能害己,必须畏之。酒能败身,必须戒之。色能置害,必须远之。忿能积恶,必须忍之。心能造恶,必须戒之。口能招祸,

---

* 编者注:《太公家教》首次被发现并流传始于唐代,其作者及著作年代无从考证。敦煌学者王重民在其著作《敦煌古籍叙录》(中华书局,1974)中提出,《太公家教》系唐宋时代民间的"童蒙读本";学者高国潘(南京大学文学院教授)认为《太公家教》作者系唐代民间一饱经沧桑的老人,根据是本文的序言。至于《太公家教》中的"太公"是假借姜太公(西周姜尚)之名,还是另有所指,也存在学术争议。

必须慎之。见人善事，必须赞之。见人恶事，必须掩之。邻有灾难，必须救之。见人斗打，即须谏之。意欲去处，即须审之。见人不是，即须教之。非是时流，即须避之。罗网之鸟，悔不高飞。吞钩之鱼，恨不忍饥。人生误计，恨不三思。祸将及己，恨不忍之。其父出行，子须从后。路逢尊者，齐脚敛手㉕。尊人之前，不得唾地。尊人赐酒，必须拜受。尊者赐肉，骨不与苟㉖。尊者赐果，怀核在手，苦㉗也弃之，为礼大丑。对客之前，不得唾涕，亦不漱口。忆而莫忘，终身无咎。

立身之本，义让为先。贱莫与交，贵莫与亲。他奴莫与㉘语，他婢莫与言。高败㉙之家，慎莫为婚。市道㉚接利，莫与为邻。敬上爱下，泛爱尊贤。孤儿寡妇，特可矜怜。乃可无官，不得失婚。身须择行，口须择言。恶人同会，祸必及身。养儿之法，莫听诳言。育女之法，不听离母。男年长大，莫听好酒。女年长大，莫听游走。丈夫好酒，宣拳捋肘㉛。行不择地，言不择口。触突尊卑，斗乱用友。女人游走，逞其姿首。男女杂合，风声大丑。惭耻尊亲，损辱门户。妇人送客，不出闺庭。行其言语，下气低声。出行逐伴，隐影藏形。门前送客，莫出齐听㉜。一行有失，百行俱倾。能与此礼，无事不精。新妇事父，音声莫听，形影不睹。夫之妇兄，不得对语。孝养翁家㉝，敬事夫主㉞。泛爱尊贤，教示男女。行则缓步，言必小语。劝事女功㉟，莫学歌舞。

小为人子，长为人父，出则敛容㊱，动则庠序㊲。敬慎口言，终身无苦。希见今时，贫家养女，不解麻布，不闲针缕。贪食不作，好喜游走。女年长大，聘为人妇，不敬君家㊳，不畏夫主㊴。大人使命，说辛道苦。夫骂一言，及应十矩㊵。损辱兄弟，连累父母。本不是人，状同猪狗。含血损人，先恶其口。十言九中，不语者胜。小为人子，长为人父㊶。居必择邻，慕近良友，侧立齐庭㊷，厚㊸待宾客，侣无亲疏，来者当受，合食与食，合酒与酒，闭门不看，还同猪狗。扶贫作富，事须方寸。看客不贫，古今实语，握发吐餐㊹，先有常据，闭门不看，不如狗鼠。高山之树，苦于风雨。路边之树，苦于刀斧。当道作舍，苦于客侣。不慎之家，苦于官府。牛羊不圈，苦于狼虎。禾熟不收，苦于雀鼠。屋漏不覆，苦于梁柱。兵将不慎，败之军旅。人生不学，费其言语。近朱者赤，近墨者黑㊺。蓬生麻中，不扶自直㊻。近佞者谄，近偷者贼。近愚者痴，近圣者明，近贤者德，近淫者色。

贫人多力，勤耕之人，必丰谷食。勤学之人，必居官职。良田不耕，损人功力。养子不教，费人衣食。与人共食，慎莫先尝。与人同饮，莫先举筯[47]。行不当路，坐不当壁[48]。当[49]路逢尊者，侧立其旁，有问善对，必须审详。子从外来，必须省堂。未见尊者，莫入私房。若得饮食，慎莫先尝。飨[50]其祖宗，始到耶[51]娘，次霈兄弟，后及儿郎，食必先让，劳必先当。知过必改，得能莫忘。与人相识，先政[52]容仪。称名道字，然后相知。陪年已长，则父事之。十年已上，则兄事之，五年已外，则肩随之[53]。三人同行，必有我师焉，择其善者而从之，其不善者而改[54]之[55]。滞不择职，贫不择妻，饥不择食，寒不择衣。小人为财相煞，君子以得相知。欲求其长，必取其短。欲求其圆，先取其方。欲求其强，先取其弱。欲求其刚，先取其柔。欲防外敌，先须自防。欲扬[56]人恶，便是自扬。伤人之语，还是自伤。凡人不可貌相，海水不可斗量。茅茨[57]之家，必出公王。蒿艾之下，必有兰芳。助祭得食，助斗得伤。仁慈者寿，凶暴者亡。清清之事，为酒所伤。

闻人善事，乍可称扬。知人有过，密掩深藏。是故网谈彼短[58]，靡恃己长。鹰鹞虽迅，不能快于风雨。日月虽明，不照覆盆之下。唐虞[59]虽圣，不能化其明主。微子虽贤，不能谏其暗君[60]。比干[61]虽惠，不能自免其身。蛟龙虽猛[62]，不煞岸上之人。刀剑虽利，不能煞清洁之士。罗网虽细，不能执无事之人。非灾横祸，不入慎者[63]之门。人无远虑，必有近忧[64]。斜径[65]怀于良，谗言败于善人。君子合红为大，海水博纳如川。宽则得众，敏则有功。以法治人，人即得治，治国信谗，必煞忠臣，治家信谗，家必败亡。兄弟信谗，分别异居。夫妇信谗，男女生分。朋友信谗，必致死怨。天雨五谷，荆棘蒙恩。抱薪救火，火必成灾。扬汤止[66]沸，不如去薪。千人排门，不如一人拔关。一人守隘，万人莫当。贪心害己，利口伤身。

瓜[67]田不整履，李下不[68]整冠。圣君虽渴，不饮盗泉[69]之水。暴风急雨，不入寡妇之门。孝子不隐情于父，忠臣不隐情于君。法不化君子，礼不知于小人。君浊则用武，君清则用文。多言不益其体，日伎不妨其身。明君不爱邪佞之臣，慈父不爱无力之子。道之以德，齐之以礼。小人不择地而息，君子固穷。小人不择官而事，屈厄之人，不羞执鞭之事，饥寒之身，不羞乞苍之耻。贫不可欺，富不可恃。阴阳相崔，终而复始，太公[70]未遇，钓鱼渭水，相如[71]未达，卖卜于节。天居山鲁连海水，孔鸣盘桓，候时而起。鹤鸣九皋[72]，声闻于天。电里燃火，烧气成云。家中有恶，人必知之。身有德行，人必称传。孟母三移，为子择邻㉒。只患己所不知,患己不知人也。己㉔欲立身,先立于人,己欲达者㉕,先达于㉖人。立身行道,始于事亲。孝无终始,不离其身。终身慎行,恐辱先人。己所不欲,勿施于人㉗。近鲍者臭,近兰者香㉘。近愚者暗,近智者良㉙。明珠不营㉚,焉㉛发其光。人生不学,言不成章。

小儿学者,如日出之光。长而学者,如日中之光。老而学者,如日暮之光。老而不学,冥冥如夜。柔必胜刚,弱必胜强。齿坚即折,若柔则长。女慕贞洁,男效才良。行善获福,行恶得殃。所见不长,学问不广,智慧不长。欲知其君,视其所使。欲知其父,先视其子。欲作其木,视其文理。欲知其人,先知如婢。君子固穷,小人穷斯滥矣。病则无法,醉则无忧。饮人狂药,不得责人之礼。圣人避其酒客,君子恐其酒失㉜,知者之子,多患㉝不见之过,愚夫之子,多患小人过。女无明镜,不知面之精丽。将军之门,必出勇夫。博学之家,必有君子。是以人相知相㉞道行,鱼相忘于江湖。人无良友,不知行之得失,是以结交朋友,须择良贤。寄儿㉟托孤,意重则密。荣则同荣,辱则同辱㊱难则相救,危则相扶。勤是无价之宝,学是明月神珠。积财千万,不如明解一《经》㊲。良田千顷,不如薄艺术随躯。慎是护身之符,谦是百行之本。香饵之下,必有㊳悬钩之鱼。重赏之下,必有勇夫。有功㊴者可赏㊵,有㊶过者可诛。慈父不爱无力之子,只爱有力之奴。养男不教,为人养奴。养女不教,不如养狗。痴人思妇,贤女敬夫。孝是百得之本,故无其大者乎!㊷

【注释】

① 《鸣沙石室佚书》于1899年(光绪二十五年)由敦煌太清宫方丈道士土圆箓发现于敦煌莫高窟藏经洞,编号16号(《太清宫大方丈道会司王师法真墓志》)。《鸣沙石室佚书》一卷,系唐人写本,抄写人生平不详。1913年影印出版,后被大家罗振玉、王维国收载入《鸣沙石室佚书》等书中。今翻录自甘肃省图书馆藏书影印本。在敦煌遗书中,存有《太公家教》36个写本之多,其中有9个写本后有年代题记,最早为唐大中四年(850年),最晚为北宋开宝九年(976年),足见《太公家教》是当时广泛流行的家教读物。本书收录《太公家教》共580句,计2610字。通篇绝大多数为四言,可称"四字经"。因系唐人写本,在极个别的地方加以补字,如"孟母三移,为子择邻",另有漏字、错别字等,均予更正。

② 余乃生逢乱代,长值危时:我出身在乱世君主更迭之时,生长又遇到战乱危厄,可算"生不逢时""生不逢辰"。

③ 波迸流离：背井离乡，颠沛流离。
④ 扬名伐复：原文为"杨"，误，今据文义改。扬名后代。
⑤ 晏婴：字仲，谥号"平"，又称晏子，山东高密人。春秋著名政治家、思想家、外交家，齐国上大夫。此句意为又没有晏婴的聪明才智。
⑥ 不堪人师：不能为人师表。不堪，不能胜任，不能承当。
⑦ 随缘信业：相信缘分，顺其自然。
⑧ 讨其坟典：攻读我国最早最古的三坟五典书籍。孔安国《尚书》序："伏羲、神农、黄帝之书，谓之三坟，言大道也；少昊、颛顼、高辛、唐、虞之书谓之五典，言常道也。"
⑨ 灼：明白透彻。成语"真知灼见"。
⑩ 经论上下：《经》书是阐释君臣、尊卑、长幼、上下伦理。
⑪ 易辨刚柔：《易》经是讲解刚强与柔和的相互补充，恰到好处，刚柔相济。
⑫ 诗分儒雅：原文为"诗分流儒雅"，流为衍字，今据文义删去。《诗经》分风、雅、颂。
⑬ 著：《小尔雅》："著，明也。"昭著，显明，显著，显扬。
⑭ 以上为唐人抄写时另加的序，主要意为"助幼童儿，用传于后"。词句文字皆非《太公家教》正文。
⑮ 此两句阐述，礼尚往来，来而不往，非礼也，及知恩图报，乃能成人。
⑯ 诈巧：欺骗巧诈。《庄子》："子之道，狂狂汲汲，诈巧虚伪事也，非可以全真也。"
⑰ 晨省暮看：旧时侍奉父母的日常礼节，早晨向父母问安，晚上要将父母的被褥铺好，侍候父母就寝。《礼记》："凡为人子之礼，冬温而夏清，昏定而晨省。"后世又称"晨省昏定"或"昏定晨省"或"晨昏定省"。
⑱ 忧时共戚：忧愁时一起悲哀。戚，悲哀，忧伤。乐时同欢：快乐时一起高兴。与成语"休戚与共""休戚相关"意同。
⑲ 乍可：怎可。《龙筋凤髓判》："鸡冠比玉，乍可依稀？鱼目参珠，曾何仿佛？"
⑳ 舌：原文无，今据文义加为"漫出口舌"或"漫出其口"。
㉑ 忠：原文无，今据文义加为"忠臣"或"人臣"。
㉒ 束修：又名"束脩"，古时称干肉为脩，上下级、亲戚、朋友之间相互馈赠的一种礼物，后用作学生向老师赠送的礼物，逐步演变为学费，教师的报酬。
㉓ 离：草名。此指篱笆，即不要翻越他人家的篱笆围墙。
㉔ 偿：原文为"常"，误，今据文义改。弓折断，马死亡，一定要赔偿。
㉕ 齐脚敛手：双脚收齐，双手收敛于两侧，似现代立正姿势，表示对路遇长者的尊敬。
㉖ 苟：应为"狗"之误，同音之字易误。
㉗ 苦：原文为"若"，误，今据文义改。

㉘ 与：原文无此字，今据文义加。
㉙ 高败：另写本作"衰败"，误。
㉚ 市道：市井，普通人。《汉书》："天人之所不予，必有祸而无福，市道皆共知之。"
㉛ 宣拳捋（luō）肘：伸出拳头，卷起袖子，饮酒猜拳。《世说新语》："旧日韩康伯，捋肘无风骨。"
㉜ 齐听：乃"齐厅"之误，中央大厅。
㉝ 翁家：丈夫的父母之家。
㉞ 夫主：旧时丈夫为家主，故称夫主。《后汉书》："正色端操，以事夫主。"
㉟ 女功：又名"女红"。指旧时女子所做的纺织、缝纫、刺绣等工作，古代女子"四德"之一。
㊱ 敛容：原文为"剑客"，误，据另写本改。正容，端庄的脸色。《汉书·霍光传》："光每朝见，上虚己敛容，礼下之已甚。"《琵琶行》："整顿衣裳起敛容。"
㊲ 庠（xiáng）序：古代的地方学校，后也泛指学校或教育事业。《孟子·滕文公上》："夏曰校，殷曰庠，周曰序。"《孟子·梁惠王上》："谨庠序之教，申之以孝悌之义。"
㊳ 君家：丈夫之家。《孔雀东南飞》："非为织作迟，君家妇难为。"
㊴ 夫主：旧时丈夫为一家之主，故称"夫主"。《列女传·班昭》："正色端操，以事夫主。"
㊵ 矩：疑为"句"之误。此句意为以一还十。
㊶ 小为人子，长为人父：与上重复雷同，疑为衍文，当删去。
㊷ 庭：原文为"听"，误。今据文义改"庭"或"厅"。
㊸ 厚：原文为"后"，误。今据另写本改。
㊹ 握发吐餐：即"握发吐哺"和"一沐三握发，一饭三吐哺"。记载周公辅助周成王，工作繁忙，周公洗澡，有人汇报，握着湿发从浴室出来，反复多次；吃饭时亦如此，不等嚼完，又得吐出，忙着见来者，反复多次。
㊺ 近朱者赤，近墨者黑：靠着朱砂变红，靠着墨变黑。比喻接近好人可使人学好，接近坏人使人学坏。《太子少傅箴》："故近朱者赤，近墨者黑；声和则响清，形正则影直。"
㊻ 蓬生麻中，不扶自直：蓬草长在大麻田里，不用扶持，自然挺直。比喻人生活在好的环境里，得到健康成长。《荀子·劝学》："蓬生麻中，不扶自直。"《史记》："蓬生麻中，不扶而直。"
㊼ 举觞（shāng）：原文为"杞觞"，误，今据另写本改。举杯饮酒。觞，古代酒杯。《战国策》："酒酣，请鲁君举觞。"
㊽ 壁：原文为"辈"，误。今据另写本改。壁墙，后又名影壁、照壁。传说阻挡鬼怪进家的墙壁。
㊾ 当：按此文四言体，此字系衍字，应删去。

㊾ 飨（xiǎng）：祭献。
㊿ 耶：父亲。杜甫《兵车行》："耶娘妻子走相送，尘埃不见咸阳桥。"
㊼ 政：正。《说文解字》："政，正也。"端正；整理。
㊽ 肩随之：并肩而行。比喻共同担负。
㊾ 改：原文为"盖"，误，今据文义改。
㊿ 此句与《论语·述而》相同。
㊺ 扬：原文为"杨"，误，今据文义改。
㊻ 茅茨：茅草盖的屋顶，又指茅屋。此指崇尚俭朴。《韩非子》："尧之王天下也，茅茨不剪，采椽不斫。"
㊽ 短：原文为"矩"，误，今据另写本改。
㊾ 唐虞：唐尧虞舜的并称，后世称尧所建为唐，舜所建为虞。《论语》："唐虞之际，于斯为盛。"
⑥ 微子：子姓，宋氏，名启，后世称微子、微子启、宋微子。商王帝乙的长子，商纣王的长兄，多次亲谏商纣王，纣终不可谏，而遭灭国之灾。暗君：指昏庸无能的商纣王。
㉑ 比干：子姓，比氏，名干，河南淇县人。商王文丁的次子，商纣王的叔叔。商朝重臣，官拜少师（丞相），敢于直言劝谏，后被商纣王处以剖心之刑。
㉒ 猛：原文为"圣"，误，今据另写本改。
㉓ 者：原文缺字，今据另写本改。
㉔ 此句亦见《论语·卫灵公》，意为人若没有长远的考虑，一定会有眼前的忧患。
㉕ 斜径：歪斜的小路。此指小人之道。《鹿门隐书》："圣人之道犹坦途，诸子之道犹斜径。"
㉖ 止：原文为"至"，误，今据文义改。《三国志》："扬汤止沸，使不焦烂。"又语："扬汤止沸，不如釜底抽薪。"薪，柴火。
㉗ 瓜：原文为"荒"，误，今据文义改。古乐府《君子行》："君子防未然，不处嫌疑间，瓜田不纳履，李下不整冠。"意为经过瓜田，不弯腰提鞋子，走在李树下，不举手整理帽子。避免偷瓜、摘李子的嫌疑。比喻注意避免嫌疑。
㉘ 不：原文缺字，今据文义补。
㉙ 盗泉：原文为"道泉"，误，今据文义改。古代的盗泉，在今山东新泰市石莱乡道泉峪村。《尸子》："（孔子）过于盗泉，渴矣，而不饮，恶其名也。"《后汉书·列女传》："妾闻志士不饮盗泉之水，廉者不受嗟来之食。"
㉚ 太公：姜太公、姜子牙。此指姜太公渭水钓鱼遇周文王之事。
㉛ 相如：司马相如，字长卿，四川成都人。西汉时期著名的文学家，擅长辞赋，杰出的政治家，官任武骑常侍。此句是指司马相如和卓文君的爱情故事中，司马相如卖

卜算命在街市。

⑫ 皋：古同"皋"，沼泽。《诗经·小雅·鹤鸣》："鹤鸣于九皋，声闻于野。"

⑬ 孟母三移，为子择邻：孟母即孟子（孟轲）之母，为选择良好的环境教育孟子，三次迁居，最后迁居学校旁，孟子勤奋读书，后成儒学大家，世称"亚圣"。《列女传·母仪》："孟子生有淑质……幼被慈母三迁之教。"《三字经》："昔孟母，择邻处。"

⑭ 己：原文无，今据另写本补。自己，自身。

⑮ 者：原文无，今据另写本补。达：地位显达而有名声。《前出师表》："不求闻达于诸侯。"

⑯ 于：原文无，今据另写本补。

⑰ 此句亦见于《论语·颜渊》和《论语·卫灵公》。浅意为：自己都不要的，也不要推给他人。深意为：自己做不到的，更不能要求他人做到。此是儒家行为准则之一。

⑱ 此句亦见于《孔子家语·六本第十五》："与善人居，如入芝兰之室，久而不闻其香，即与之化矣；与不善人居，如入鲍鱼之肆，久而不闻其臭，亦与之化矣。"亦见于《后汉书》《说苑·杂言》。此句意同"近朱者赤，近墨者黑"。

⑲ 良：原文缺，今据另写本补。

⑳ 营：经营，营市。《诗经·小雅·黍苗》："召伯营之。"

㉑ 焉：文言文中的疑问词，怎么，哪儿。《三国志》："食其禄，焉避其难？"

㉒ 失：原文为"仕"，误，今据另写本改。

㉓ 知者之子，多患：原文为"知者"，今据另写本补。

㉔ 相（xiāng）：及。《集韵》："相，及也。"

㉕ 儿：原文为"死"，今据另写本改。

㉖ 此句即"荣辱与共"之意，光荣与耻辱共同分享与承担。

㉗ 经：泛指古代经典著作，后世泛指《四书》《五经》。《三字经》："人遗子，金满籯，我教子，惟一经。"《汉书》："遗子黄金满籯，不如教子一经。"

㉘ 有：原文缺，今据另写本补。

㉙ 有功：原文为"卜功之"，误，今据另抄本改。

㉚ 赏：原文为"偿"，误，今据另写本改。

㉛ 有：原文缺，今据另写本补。

㉜ 此句另写本为"恭行孝悌，行追贤圣"。供参考。

戒从子诗

[北宋] 范质

范质（911—964年），字文素，河北邢台人。后唐进士，后周、宋初任宰相，宋太祖封鲁国公。范氏为官清廉，性耿直，多善事。著《五代通录》《范鲁公集》《诗八百言》等。

此文系范质任宰相，从子投书求高官，范质作此诗以教子。本文录自《范鲁公集》。

去年初释褐[①]，一命列蓬邱，适会飞龙[②]庆，王泽[③]天下流。尔得六品[④]阶，无乃太为优。如何志为满，意欲凌霄游？苦言品位卑，寄书来我求。省之再三叹，不觉泪盈眸。吾家本寒素，门地寡公侯。先子有令德，乐道尝优游，积善有余庆[⑤]，清白为诒谋。伊余奉家训，孜孜务进修。夙夜事勤肃，言行思悔尤[⑥]，出门择交友，防慎畏薰莸[⑦]。省亲尝惧怗，恐掇庭闱[⑧]羞。童年志于学，不敢堕箕裘[⑨]。二十中甲科，赪尾化为虬[⑩]。三十入翰苑[⑪]，步武向瀛洲[⑫]。四十登辅佐，貂冠[⑬]侍冕旒[⑭]。备位行一纪，将何助帝猷[⑮]？既非救旱雨，岂是济川舟？天子未遐弃，日益素食忧。黄河润九里，草木皆浸渍。吾宗凡九人，继踵升官次。门内无白丁，森森朱绿紫。鹓行[⑯]暨内职，亚尹州从事，府橡监省官，高低皆清美。悉由侥倖升，不因资考至。朝廷悬爵秩，命之曰公器，才奢禄及身，有功赏于世。非才又非功，安得专厚利！寒衣内府[⑰]帛，饥食太仓[⑱]米，不蚕复不穑，未尝勤四体，虽然一家荣，岂塞众人议！颙颙[⑲]十目窥，龊龊[⑳]千人指，借问尔与吾，如何不自愧！

戒尔学立身，莫若先孝悌。怡怡奉亲长，不敢生骄易。战战复兢兢，造次[㉑]必于是。戒尔学干禄[㉒]，莫若勤道艺。尝闻诸格言，学而优则仕。不患人不知，惟患学不至。戒尔远耻辱，恭则近乎礼。自卑而尊人，先彼而后己。相鼠[㉓]与茅鸱[㉔]，宜鉴诗人刺。戒尔勿放旷，放旷非端士[㉕]。周孔垂名教，齐梁尚清议。南朝称八达[㉖]，千载秽青史。戒尔勿嗜酒，狂药非佳味。能移谨厚性，化为凶险类。古今倾败者，历历皆可记。戒尔勿多言，多言众所忌。苟不慎枢机[㉗]，灾厄从此始。是非毁誉间，适足为身累。

举世重交游，拟结金兰㉘契。忿怨从易生，风波当时起。所以古人疾，蘧蒢㉙与戚施㉚。举世重任侠㉛，俗呼为气义。为人赴急难，往往陷囚系，所以马援㉜书，勤勤告诸子。举世贱清素，奉身好华侈。肥马衣轻裘，扬扬过闾里，虽得市童怜，还为识者鄙。我本羁旅㉝臣，遭逢尧舜理㉞，位重才不充，戚戚怀忧畏，深泉与薄冰，蹈之唯恐坠。尔曹当闵㉟我，勿使增罪戾。闭门敛踪迹，缩首避名势。势位难久居，毕竟何足恃！物盛则必衰，有隆还有替。速成不坚牢，亟走㊱多颠踬㊲。灼灼园中花，早发还先萎。迟迟涧畔松，郁郁含晚翠。赋命有疾徐，青云难力致。寄语谢诸郎，躁进㊳徒为耳。

【注释】

① 释褐（hè）：脱去布衣，即做官之意。褐，贫贱人的衣服。
② 飞龙：此句出自《易·乾》："九五，飞龙在天，利见大人。"孔颖达注："谓有圣德之人得居王位"。古人以"九五至尊""飞龙"比喻帝王。
③ 王泽：泽，雨露。指皇帝的恩赐像干旱时的雨露。
④ 六品：古代官吏等级分为九品，一品为最高，九品为最低。
⑤ 此句出自《易·乾·文言》："积善之家，必有余庆。"
⑥ 悔尤：同"尤悔"。过失与悔恨。此句出自《论语》："言寡尤，行寡悔，禄在其中矣。"
⑦ 薰莸（yóu）：薰，香草。莸，臭草。《左传·僖公四年》："一薰一莸，十年尚犹有臭。"杜预注："十年有臭，言善易消，恶难除。"
⑧ 庭闱：父母住地。借以称父母。《文选》李善注："庭闱，亲之所居。"
⑨ 箕裘：先祖的事业。语出《礼记·学记》："良冶之子，必学为裘；良弓之子，必学为箕。"箕，畚箕。裘，皮衣。
⑩ 虬（qiú）：古代传说中的一种有角的龙。
⑪ 翰苑：翰林院的别称。
⑫ 瀛洲：原为传说中的仙山。唐皇李世民网罗人才，特作文学馆，以房玄龄等十八人为学士，号十八学士，中选者为天下人所慕，谓之"登瀛洲"。
⑬ 貂冠：貂为侍从官员帽上的装饰物，借指皇帝的侍从官员。
⑭ 冕旒（liú）：原为帝王、诸侯及卿大夫的礼冠，外黑内红，前后悬垂玉串。宋后臣下都不用冕。"冕旒"为皇帝的代称。
⑮ 猷：谋划，计划。《尚书·盘庚》："听予一人之作猷。"
⑯ 鹓行（yuān háng）：同"鸳行"。指朝官的行列，也指同僚。《梁书》："此曹旧用文

⑰ 内府：唐时府兵制军府分内府和外府，亦称内军和外军。守卫内府（五府三卫和东宫三府三卫）之卫士规定应由五品以上官吏的子孙充当。
⑱ 太仓：古代京城的大粮仓。
⑲ 颙（yóng）颙：原指波涛汹涌，此处形容众目睽睽。
⑳ 齖齖：拘谨，谨小慎微。此处形容人所共指。
㉑ 造次：仓促匆忙。语出《论语·里仁》："造次必于是，颠沛必于是。"意为即便在仓促匆忙之时，也要慎戒。
㉒ 干禄：此句出自《论语·为政》："子张学干禄。"意为求取功名禄位。
㉓ 相鼠：为《诗经·国风·相鼠》篇名。诗中言人无礼仪，还不如鼠之有皮。
㉔ 茅鸱：语出《左传·襄公二十八年》："穆子不悦，使工为之诵《茅鸱》。"杜预注："工，乐师。《茅鸱》，逸诗，刺不敬。"
㉕ 端士：正人君子。《三国志》："训以恭慎之至言，辅以天下之端士。"
㉖ 八达：晋朝光逸、胡毋辅之、谢鲲、阮放、毕卓、羊曼、桓彝、阮孚八人相为友善，皆放达不拘礼法，时称"八达"。事见《晋书·光逸传》。
㉗ 枢机：比喻事物运动的关键。《易·系辞上》："言行，君子之枢机。"
㉘ 金兰：谓友情契合。后用作结拜兄弟姐妹的代称。语出《易·系辞上》："二人同心，其利断金；同心之言，其臭如兰。"臭：气味。
㉙ 蘧篨（qú chú）：又作"蘧除"。谄谀献媚的人。《论衡》："蘧篨多佞。"
㉚ 戚施：与"蘧篨"意同。《魏书》："蘧篨戚施，邪媚是钦。"
㉛ 任侠：旧时把抑强扶弱的行为叫"任侠"。《史记》："季布者，楚人也。为气任侠，有名于楚。"
㉜ 见本书马援《诫兄子马严马敦书》。
㉝ 羁旅：同"羇旅"，客居他乡之人。《左传》："羇旅之臣。"
㉞ 遭逢尧舜理：尧对舜行三年考核，命舜摄位行政，尧死舜继位。比喻得到皇帝的赏识和重用。
㉟ 闵：通"悯"。同情，怜悯。《诗经·周颂闵予小子》："闵予小子，遭家不造。"
㊱ 亟走：急速奔走。亟同"急"。
㊲ 踬（zhì）：被绊倒。比喻遭受挫折。《南史》："僧孺硕学，而中年遭踬。"
㊳ 躁进：热衷于仕途，急于进取。《旧唐书》："朝议责其躁进也。"

乐善三则

[北宋]李昌龄

李昌龄（937—1008年），字天锡，河南商丘人。北宋进士，官任拾遗、户部员外郎、广州、滁州知府，官至参知政事。著《乐善录》。

本文取《乐善录》为底本校注。

施惠

世间万物，久聚必散，自然之理也。夫金谷宝货。虽万乘之贵，久聚亦散。然必所以散者，盖为养天下而散也。苟不为此而散，必若鹿台钜桥① 而散，其散一也。以是言之，则金谷宝货，国家不能久聚而不散也，常人可久聚而不散乎？予见世之愚者，尝聚金谷宝货，自谓可使子孙世世而不能散，此真痴汉耳？诚可怪笑。及夫物之当散也，不以水火去，则盗贼去，兵革狱讼去。不肖子孙去，此事自古皆然，非止今日。是故邓通② 之铜山，不能有万日；石崇③ 之金谷，何尝传百年。金谷宝货不可久聚也如此。故予欲积善之家，常以其余者广施惠于亲戚朋友、故旧邻里之不足者，小民之贫困者，人有患难疾苦者。苟能如是而散之，则彼将复聚于吾子孙者，无有穷极，盖阳功阴德厚矣。予特为是说，以勉世人迷而不悟者云，君子毋谓不知言也。

养生

人之养生，唯不可不足。若粗足以奉甘旨，供祭祀，养妻子，备凶荒之外，夫复何用？良田万顷，日食二升；大厦千间，夜眠八尺。何必区区劳心役己，末岁穷年汩汩④ 于殖货利哉！夫如是者，乃一守钱奴，为儿孙作马牛也。或曰："何谓作马牛？"予对曰："夫富者之为利，莫非放债取厚利，恃势而兼并。致使贫下之民，终日逐利以偿其债负；中人之家，终身营家业以待其吞并。其或事穷力尽，则卖妻鬻子，身为奴仆而后已。凡此之类，无非为儿孙作马牛也。"呜呼！不徒死作马牛，而且生作马牛矣。彼所以不自知其为马牛者，未变其头角与免鞭策耳。苟曰为子孙计，则何不积阴德以遗之，开义方以教之，使子孙自取富贵。故《易》曰："积善之家，必有余庆。"⑤《传》曰："爱子教之以义方。"⑥ 何区区为彼作奴仆，殖货利哉？倘子孙贤，必能为我守之。其或不肖，则我聚而彼散，反取笑于识者。此理昭然，不必贤智者知其然，虽愚者亦知其然也。予尝悯人之苟富贵者，不悟其身为儿孙作马牛，故特为是说以警之。

子弟

今子弟之大失者有三：自少即思衣服之鲜华，饮食之丰美，惟利己之骄惰安逸，而不恤⑦人之规正，一也；不知诵读经史，惟事嬉游度日。稠人广坐论古今之道，则懵无所知，闻世俗之言，则欣然而喜。既不知耻，习以为常，二也；身既无学，且复忌人之学。故于胜己者则远而不近，于佞⑧己者则悦而相亲。所言莫非庸下，所思莫非颇僻，三也。有此三失，父母兄弟所不喜，君子长者所不与，上官钜人所不肯荐扬。欲立身成名起家以光其祖宗，可乎？苟能甘淡泊而务学问，近有德而远下流。所知者圣贤之道，所闻者正大之言，所交者正大之士，所行者向上之事。如此，岂不足以成名乎哉！为子弟者，幸毋以予言为耋⑨。

【注释】

① 鹿台钜（jù）桥：鹿台系商纣王所建的宫苑，现河南鹤壁，是殷纣聚财之处。钜桥是商纣王储存粮食的仓库，今河北省曲周县。周武王灭殷纣，"散鹿台之财，发钜桥之粟，以振贫弱萌隶"。
② 邓通：四川乐山人。汉文帝男宠，赐铜山，自铸钱，富甲天下。汉景帝即位，首先把邓通革职，追夺铜山，抄没家产，邓通穷困而饿死街头。
③ 石崇：字季伦，河北南皮人。西晋时文学家、官员、富豪。劫商致商，营建金谷园，穷奢极欲，为"金谷二十四友"之一，后被晋惠帝杀害。
④ 汩（gǔ）汩：生活辛辛苦苦，动荡不安定。杜甫诗："汩汩避群盗，悠悠经十年。"
⑤ 此句出自《经·乾·文言》，意为修善积德的个人和家庭，必然会有许多的吉庆和喜事。
⑥ 此句出自《左传·隐公三年》。
⑦ 恤：忧，忧愁。此指不听别人的规劝。
⑧ 佞（ning）：巧言谄媚。《说文解字》："佞，巧谄高材也。"
⑨ 耋（dié）：年老，七八十岁的年纪。此处指不要把我说的话，当成老人的糊涂话。

包拯家训

[北宋] 包拯

包拯（999—1062年），字希仁，安徽合肥人。北宋名臣，官任天章阁待制、龙图阁直学士，官至枢密副使。知开封府，以廉洁著称，执法严峻，不畏权贵，后世称"包青天"。因官名，又称"包待制""包龙图"。追赠礼部尚书，谥号"孝肃"。又称"包孝肃"。有《包孝肃公奏议》传世。

此文取《宋史·包拯传》作底本校注。

包孝肃公家训云："后世子孙仕宦有犯赃滥①者，不得放归本家②；亡殁之后，不得葬大茔③中。不从吾志，非吾子若④孙也。"共三十七字。其下押字又云："仰珙刊石，竖于堂屋东壁，以诏后世。"又十四字。珙者，孝肃之子也。

【注释】

① 赃滥：贪污钱财。滥，贪。
② 本家：泛指同宗同姓和同宗族的人。此指包氏本家。
③ 大茔：祖先的坟地。此指包氏坟地。
④ 若：连词。和、与的意思。

教子学父

[北宋] 欧阳修母

欧阳修之母郑氏（生卒年不详），古代四大贤母之一。欧母出身江南名族，嫁绵州军事推官欧阳观，生子欧阳修。修四岁父亡，欧母勇敢挑起持家和教养子女的重担，督教甚严，家贫无纸笔，以荻画地教子，含辛茹苦抚养儿子成长。欧阳修入朝为官后，封欧母为魏国夫人。

本文取《欧阳文忠公集·泷冈阡表》为底本校注。

汝父为吏廉而好施与，喜宾客，其俸禄虽薄，常不使有余，曰："毋以是为我累。"故其亡也，无一瓦之覆，一垄之植，以庇而为生，吾何恃而能自守邪？吾于汝父，知其一二，以有待于汝也。自吾为汝家妇，不及事吾姑，然知汝父之能养也。汝孤而幼，吾不能知汝之必有立，然知汝父之必将有后①也。吾之始归②也，汝父免于母丧方逾年，岁时祭祀，则必涕泣曰："祭而丰不如养之薄也。"间御酒食，则又涕泣曰："昔常不足而今有余，其何及也！"吾始一二见之，以为新免于丧适然耳。既而，其后常然，至其终身未尝不然。吾虽不及事姑，而以此知汝父之能养也。汝父为吏，尝夜烛治官书③，屡废④而叹。吾问之，则曰："此死狱也，我求其生不得尔。"吾曰："生可求乎？"曰："求其生而不得，则死者与我皆无恨也，矧⑤求而有得邪！以其有得，则知不求而死者有恨也。夫常求其生，犹失之死，而世常求其死也。"回顾乳者⑥抱汝而立于旁，因指而叹曰："术者谓我岁行在戌将死，使其言然，吾不及见儿之立也。后当以我语告之。"其平居教他子弟常用此语，吾耳熟也，故能详也。其施于外事，吾不能知。其居于家无所矜饰，而所为如此，是真发于中者邪。呜呼！其心厚于仁者邪，此我知汝父之必将有后也，汝其勉之！夫养不必丰，要于孝。利虽不得博于物，要其心之厚于仁。吾不能教汝，此汝父之志也。

【注释】

① 汝父之必将有后：古人云："有德者，必有后。"故欧阳修母有此语。
② 归：古代女子出嫁。《说文解字》："归，女嫁也。"
③ 治官书：审查整理官府文件。
④ 屡废：屡次放下（官府文件）。
⑤ 矧（shěn）：况且，另外。柳宗元《敌戒》："矧今之人，曾不是思。"
⑥ 乳者：乳娘，奶妈。

戒子侄诗

[北宋] 韩琦

韩琦（1008—1075年），字雅圭，河南安阳人。北宋进士，官任陕西安抚使，与范仲淹齐名，世称"韩范"。官至宰相，续连三朝。反对王安石变法，为保守派首领。封魏国公。著《安阳集》。

本文取《安阳集》为底本校注。

春色清且明，节盛一百五。寒食①遵遗俗，泼火霁微雨，非才忝国恩，因病得吾土②。何以知殊荣，此日奉祖宗。新安为皇考③，丰安则王父④。松楸各万株，岗势拥城府。二茔⑤相去间，近止一舍许。前晓揭旌牙⑥，蠲洁⑦且罍俎⑧。芬馨达孝诚，僾若⑨侍容语。礼成无一违，观者竞墙堵。退惟愚小子，未老膺旄斧，顾已胡能然，世德大门户，思为后嗣戒，永永著家矩。子侄听吾言：汝各志心膺⑩。汝曹生绮纨，得仕匪⑪艰苦。学业勤则成，富贵汝自取。仁睦周吾亲，忠义报吾主⑫。闻须求便官，坟陇善完补。死则托二茔，慎勿葬他所，得从祖考游，魂魄自宁处。无惑葬师⑬言，背亲图福祐。有一废吾言，汝行则臣虏⑭，宗族正⑮其罪，声伐可鸣鼓⑯。宗族不绳之，鬼得而诛汝！

【注释】

① 寒食：指寒食节。清明节前一天（或两天），是日禁火寒食，相传是纪念介之推的祭日。
② 因病得吾土：因病暂时离职，返回故土。
③ 皇考：古代对曾祖父的尊称。
④ 王父：祖父。《尚书·牧誓》孔颖达："王父是祖也。"
⑤ 二茔：此指曾祖和祖父的两座坟墓。
⑥ 旌牙：古代用羽毛装饰的旗子。
⑦ 蠲（juān）洁：清洁。《墨子》："酒醴粢盛，不敢不蠲洁。"
⑧ 罍俎（léi zǔ）：罍，古代器名，用于盛酒和水。俎，古代祭祀用的礼器。二者均代表地位和富贵。

⑨ 僾若：仿佛。
⑩ 心膂：心、脊骨，皆人体重要部位，指将家戒铭刻于心。
⑪ 匪：假借为"非"。《易·涣》："匪夷所思。"
⑫ 主：皇帝。《吕氏春秋》："今世之主。"
⑬ 葬师：旧时丧葬看风水，择时日之类的人。《古诗源》："山川而能语，葬师食无所。"
⑭ 虏：俘获的人。《说文解字》："虏，获也。"
⑮ 正：正法，治罪。《周礼》："贼杀其亲，则正之。"
⑯ 声伐可鸣鼓：鸣鼓讨伐，告慰祖宗。

家 范

[北宋] 司马光

司马光(1019—1086年),字君实,山西夏县涑水乡人,人称"涑水先生"。北宋名臣,著名史学家。进士,历任翰林学士、御史中丞、右谏议大夫等职。司马光守旧祖制,反对王安石变法,且辞官居洛阳,潜心著述历史名著《资治通鉴》。宋哲宗时复出,任尚书左仆射兼门下侍郎,废除新法。为相八月病卒,追封温国公,谥号"文正"。遗著尚有《司马文正公集》《稽古录》《家范》等。

《家范》十卷,十九篇。所言皆治家之准绳。本文选自《四库全书·子部》。

提要

《家范》十卷,宋·司马光撰。是书见于《宋史·艺文志》《文献通考》[1]者,卷目俱与此相合,盖犹当时原本。自颜之推作《家训》以教子弟,其议论甚正,而词旨泛滥,不能尽本诸经训。至狄仁杰,著有《家范》一卷,史志虽载其目,而书已不传。光因取仁杰旧名,别加甄辑,以示后学准绳。首载《周易》家人卦辞,《大学》《孝经》《尧典》《诗》"思齐篇"语,则即其全书之序也。其后自"治家"至"乳母"凡十九篇,皆杂采史传,事可为法则者。亦间有光所论说,与朱子《小学》[2]义例差异,而用意略同。其节目备具,切于日用,简而不烦,实足为儒者治行之要。朱子尝论《周礼》师氏云:"至德以为道本,明道先生[3]以之;敏德以为行本,司马温公[4]以之。"观于是编,其型方训俗之规尤可以概见矣。

【注释】

① 文献通考:书名,宋代马端临著,三百四十八卷二十四门类。记载收录上古至宋时的典章制度,兼采经史、会要、传记、奏疏、论议及其他文献。
② 小学:书名。宋朱熹、刘子澄编,共六卷,分内外两篇,系儿童教育读本。
③ 明道先生:程颢,字伯淳,北宋哲学家、教育家、诗人,理学奠基人。世称"明道先生"。
④ 司马温公:司马光,卒后追封温国公,故又称"司马温公"。

卷一

《周易》①：☲离下巽上，《家人》②，利女贞。《彖》③曰：《家人》，女正位乎内，男正位乎外。男女正，天地之大义也。家人有严君焉，父母之谓也。父父，子子，兄兄，弟弟，夫夫，妇妇，而家道正。正家而天下定矣。

《象》④曰：风自火出，《家人》。君子以言有物，而行有恒。

初九：闲有家⑤，悔亡。《象》曰：闲有家，志未变也。

六二：无攸遂，在中馈⑥，贞吉。《象》曰：六二之吉，顺以巽也。

九三：家人嗃嗃⑦，悔，厉，吉。妇子嘻嘻⑧，终吝。《象》曰：家人嗃嗃，未失也。妇子嘻嘻，失家节也。

六四：富家，大吉。《象》曰：富家大吉，顺在位也。

九五：王假⑨有家，勿恤，吉。《象》曰：王假有家，交相爱也。

上九：有孚⑩威如，终吉。《象》曰：威如之吉，反身之谓也。

《大学》⑪曰："古之欲明明德于天下者，先治其国。欲治其国者，先齐其家。欲齐其家者，先修其身。欲修其身者，先正其心。欲正其心者，先诚其意。欲诚其意者，先致其知。致知，在格物⑫。物格而后知至，知至而后意诚，意诚而后心正，心正而后身修，身修而后家齐，家齐而后国治，国治而后天下平。自天子以至于庶人，一是皆以修身为本，其本乱而末治者否矣。其所厚者薄，而其所薄者厚，未之有也！"此谓知本，此谓知之至也。所谓治国必先齐其家者，其家不可教而能教人者，无之。故君子不出家而成教于国。孝者所以事君也，弟者所以事长也，慈者所以使众也。《诗》⑬云："桃之夭夭，其叶蓁蓁。之子于归，宜其家人。"宜其家人，而后可以教国人。《诗》云："宜兄宜弟。"宜兄宜弟，而后可以教国人。《诗》云："其仪不忒，正是四国。"⑭其为父子，兄弟足法，而后民法之也。此谓治国在齐其家。

《孝经》⑮曰："闺门之内，具礼矣乎！"严父、严兄，妻子、臣妾，犹百姓徒役⑯也。

昔四岳荐舜于尧，曰："瞽子⑰，父顽、母嚚⑱、象傲⑲。克谐以孝，烝烝乂⑳，不格奸。"帝曰："我其试哉！"女于时，观厥刑于二女。厘降二女于妫汭㉑，嫔于虞。帝曰："钦哉！"

《诗》称文王㉒之德，曰："刑于寡妻，至于兄弟，以御于家邦。"㉓此皆圣人正家以正天下者也。降及后世,爰自卿士以至匹夫,亦有家行隆美可为人法者,今采集以为《家范》。

【注释】

① 周易:亦称《易经》,简称《易》,是儒家重要经典著作之一。该书通过八卦形式推测自然和社会的变化,具有朴素辩证法的观点。
② 家人:《易经》六十四卦之一,朱熹注:"外内各得其正,故为家人。"
③ 彖(tuàn):《彖传》(zhuàn),亦称《彖辞》。《易经》中解释各卦基本观点的篇名。
④ 象:《易》用卦爻等符号象征自然变化的人事休咎,即象征之意。
⑤ 闲有家:防止家中发生意外变故。朱熹注:"以刚阳处有家之始,能防闲之。"
⑥ 无攸遂,在中馈:主妇料理家务,无差错。朱熹注:"柔顺中正,女子正位乎内者也。"
⑦ 嗃(hè)嗃:严厉。朱熹注:"嗃嗃,严厉之象。"
⑧ 嘻嘻:欢送、喜乐。
⑨ 假(gé):至,到。通"格"。《诗经·商颂·玄鸟》:"四海来假,来假祁祁。"
⑩ 有孚:孚,信用。处家人之终,居家道之成,刑于寡妻,以著于外者也,故曰:"有孚。"
⑪ 大学:儒家经典著作之一,亦"四书"之一,是儒家讲解伦理、政治、哲学的基本纲领。
⑫ 格物:"格物致知",穷究事物的原理而获得知识。
⑬ 诗:《诗经》之简称,是儒家经典著作之一,共三百零五篇,分"风""雅""颂"三大类。大抵是周初至春秋中期的作品,对我国文学发展有深远影响。
⑭ 仪:法度,律法。忒(tè):差错,差误。正:匡正,治理。四国:四方部落,即国家之意。
⑮ 孝经:儒家经典著作之一,主要阐述孝道和宣传宗法思想。
⑯ 妻子:妻与子。臣妾:古代对奴隶的称谓。男奴名臣,女奴名妾。徒役:古代十等之下的奴隶。
⑰ 瞽(gǔ)子:舜的父亲。舜父愚蠢无才,好似无目不辨好恶,史称"瞽子""父瞽""瞽叟"。瞽,瞎眼;盲人;也指无识别能力。《论语》:"未见颜色而言,谓之瞽。"
⑱ 母嚚(yín):舜母愚蠢而顽固。
⑲ 象傲:舜之弟名象,傲慢且无德行。
⑳ 烝(zhēng)烝乂(yì):淳厚善良。乂,治理。
㉑ 妫汭:古河名,今山西永济南,南为妫水,北为汭水。
㉒ 文王:此指周文王。
㉓ 此诗句引自《诗经·大雅·思齐》。刑:法度,示范。寡:国王自谦称为"寡人",其正妻自谦称为"寡妻"。

治家

卫石碏①曰:"君义、臣行、父慈、子孝、兄爱、弟敬,所谓六顺也。"

齐晏婴②曰:"君令臣共、父慈子孝、兄爱弟敬、夫和妻柔、姑慈妇听,礼也。君令而不违,臣共而不贰,父慈而教,子孝而箴,兄爱而友,弟敬而顺,夫和而义,妻柔而正,姑慈而从,妇听而婉,礼之善物也。"夫治家莫如礼。男女之别,礼之大节也,故治家者必以为先。《礼》③:"男女不杂坐,不同椸枷④,不同巾栉⑤,不亲授受。嫂叔不通问,诸母不漱裳。外言不入于梱⑥,内言不出于梱。女子许嫁,缨⑦,非有大故,不入其门。姑姊妹、女子子,已嫁而反,兄弟弗与同席而坐,弗与同器而食。男女非有行媒,不相知名。非受币,不交不亲,故日月以告君,斋戒以告鬼神,为酒食以召乡党僚友,以厚其别也。"

又,男女非祭非丧,不相授器。其相授,则女受以篚⑧。其无篚,则皆坐奠之,而后取之。外内不共井,不共湢浴,不通寝席,不通乞假。男子入内,不啸不指,夜行以烛,无烛则止。女子出门,必拥蔽其面,夜行以烛,无烛则止。道路,男子由右,女子由左。

又,子生七年,男女不同席,不共食。男子十年,出就外傅⑨,居宿于外。女子十年不出。

又,妇人送迎不出门,见兄弟不逾阈⑩。

又,国君、夫人、父母在,则有归宁⑪。没,则使卿宁。

鲁公⑫父文伯之母,如季氏⑬,康子在其朝⑭,与之言,弗应。从之及寝门⑮,弗应而入。康子辞于朝而入见,曰:"肥⑯也不得闻命,无乃罪乎?"曰:"寝门之内,妇人治其业焉,上下同之。夫外朝,子将业君之官职焉;内朝,子将庀⑰季氏之政焉,皆非吾所敢言也。"

公父文伯之母,季康子之从祖叔母⑱也。康子往焉。阖⑲而与之言,皆不逾阈。仲尼闻之,以为别于男女之礼矣。

汉万石君石奋,无文学,恭谨,举无与比。奋长子建、次甲、次乙、次庆,皆以驯行孝谨,官至二千石。于是景帝曰:"石君及四子皆二千石,人臣尊宠,乃举集其门。"故号奋为"万石君"。孝景季年,万石君以上大夫禄归老于家,子孙为小吏,来归谒,万石君必朝服见之,不名⑳。子孙有过失,不诮让㉑,为便坐㉒,对案不食。然后诸子相责,因长老肉袒固谢罪,改之乃许。子孙胜冠者在侧，虽燕㉓必冠，申申如也㉔。僮仆䜣䜣如也㉕，唯谨。其执丧，哀戚甚。子孙遵教，亦如之。万石君家以孝谨闻乎郡国，虽齐、鲁诸儒质行，皆自以为不及也。

建元二年㉖，郎中令王臧以文学获罪皇太后。太后以为儒者文多质少，今万石君家不言而躬行，乃以长子建为郎中令，少子庆为内史。建老白首，万石君尚无恙。每五日，洗沐归谒㉗亲，入子舍，窃问侍者，取亲中裙厕牏㉘，身自浣洒，复与侍者，不敢令万石君知之，以为常。万石君徙居陵里。内史庆醉归，入外门不下车，万石君闻之，不食。庆恐，肉袒谢罪，不许。举宗及兄建肉袒，万石君让曰："内史贵人，入闾里，里中长老皆走匿，而内史坐车自如，固当！"乃谢罢庆。庆及诸子入里门，趋至家。万石君元朔五年㉙卒，建哭泣哀思，杖乃能行。岁余，建亦死。诸子孙咸孝，然建最甚。㉚

樊重㉛，字君云。世善农稼，好货殖。重性温厚有法度，三世共财，子孙朝夕礼敬，常若公家。其营经产业，物无所弃，课役童隶，各得其宜，故能上下戮力㉜，财利岁倍，乃至开广田土三百余顷。其所起庐舍，皆重堂高阁，陂㉝渠灌注。又，池鱼牧畜，有求必给。尝欲作器物，先种梓漆㉞，时人嗤之。然积以岁月，皆得其用。向之笑者，咸求假㉟焉。赀㊱至巨万，而赈赡宗族，恩加乡闾。外孙何氏兄弟争财，重耻之，以田二顷解其忿讼。县中称美，推为三老㊲。年八十余终，其素所假贷人间数百万，遗令焚削文契。债家闻者皆惭，争往偿之。诸子从敕㊳，竟不肯受。

南阳冯良㊴，志行高洁，遇妻子㊵如君臣。

宋侍中谢弘微㊶，从叔混㊷，以刘毅㊸党见诛。混妻晋阳公主改适琅邪王练㊹，公主虽执意不行，而诏与谢氏离绝，公主以混家委之。弘微、混仍世宰相，一门两封㊺，田业十余处，童役千人，唯有二女，年并数岁。弘微经纪生业，事若在公。一钱、尺帛，出入皆有文薄。宋武受命㊻，晋阳公主降封东乡君，节义可嘉，听还谢氏。自混亡，至是九年，而室宇修整，仓廪充盈，门徒不异平日。田畴垦辟，有加于旧。东乡叹曰："仆射生平重此一子，可谓知人，仆射为不亡矣。"中外亲姻㊼、里党、故旧，见东乡之归者，入门莫不叹息，或为流涕，感弘微之义也。弘微性严正，举止必修礼度，婢仆之前不妄言笑，由是尊卑大小，敬之若神。及东乡君薨㊽，遗财千万，园宅十余所，及会稽、吴兴、琅邪诸处。太傅安、司空琰㊾时事业，奴僮犹数百人。公私或谓：室内资财，宜归二女；田宅僮仆，应属弘微。弘微一物不取，自以私禄营葬。混女夫殷睿，素好樗蒱㊿，闻弘微不取财物，乃滥夺其妻妹及伯母两姑之分，以还戏责(51)。内人皆化弘微之让，一无所争。弘微舅子领军将军刘湛(52)谓弘微曰："天下事宜有裁衷，卿此不问，何以居官！"弘微笑而不答。或有讥以谢氏累世财产充殷，君一朝弃掷，譬弃物江海，以为廉耳。弘微曰："亲戚争财，为鄙之甚。今内人尚能无言，岂可道之使争！今分多共少，不至有乏，身死之后，岂复见关(53)！"

刘君良(54)，瀛洲乐寿人，累世同居，兄弟至四从(55)，皆如同气。尺布斗粟，相与共之。隋末，天下大饥，盗贼群起，君良妻欲其异居，乃密取庭树鸟雏交置(56)巢中，于是群鸟大相与斗，举家怪之。妻乃说君良，曰："今天下大乱，争斗之秋，群鸟尚不能聚居，而况人乎！"君良以为然，遂相与析居(57)。月余，君良乃知其谋，夜揽妻发，骂曰："破家贼，乃汝耶！"悉召兄弟，哭而告之，立逐其妻，复聚居如初。乡里依之，以避盗贼，号曰"义成堡"。宅有六院，共一厨。子弟数十人，皆以礼法。贞观六年(58)，诏旌表其门。

张公艺，郓州寿张(59)人，九世同居，北齐、隋、唐，皆旌表其门。麟德(60)中，高宗封泰山，过寿张，幸其宅，召见公艺，问所以能睦族之道，公艺请纸笔以对，乃书"忍"字百余以进。其意以为宗族所以不协，由尊长衣食，或者不均，卑幼礼节，或有不备。更相责望，遂成乖争。苟能相与忍之，则常睦雍矣。

唐河东节度使柳公绰(61)，在公卿间最名，有家法。中门东有小斋，自非朝谒之日，每平旦辄出至小斋，诸子仲郢(62)等皆束带，晨省于中门之北。公绰决公私事，接宾客，与弟公权(63)及群从弟再食，自旦至暮，不离小斋。烛至，则以次命子弟一人执经史立烛前，躬读一过毕，乃讲议居官治家之法，或论文，或听琴，至人定(64)钟，然后归寝，诸子复昏定(65)于中门之北。凡二十余年，未尝一日变易。其遇饥岁，则诸子皆蔬食，曰："昔吾兄弟侍先君为丹州刺史，以学业未成不听食肉，吾不敢忘也。"姑姊妹侄有孤嫠(66)者，虽疏远，必为择婿嫁之，皆用刻木妆奁，缬文绢(67)为资装。常言："必待资装丰备，何如嫁不失时。"及公绰卒，仲郢一遵其法。

国朝公卿能守先法久而不衰者，唯故李相昉家(68)。子孙数世二百余口，犹同居共爨(69)。田园邸舍所收及有官者俸禄，皆聚之一库，计口日给饼饭，婚姻、丧葬所费，皆有常数。分命子弟掌其事，其规模大抵出于翰林学士宗谔(70)所制也。

夫人爪之利，不及虎豹；膂力之强，不及熊罴；奔走之疾，不及麋鹿；飞飏之高，不及燕雀。苟非群聚以御外患，则反为异类食矣。是故圣人教之以礼，使之知父子兄弟之亲。人知爱其父，则知爱其兄弟矣；爱其祖，则知爱其宗族矣。如枝叶之附于根干，手足之系于身首，不可离也。岂徒使其粲然条理以为荣观哉！乃实欲更相依庇，以捍外患也。

吐谷浑阿豺㉑有子二十人，病且死，谓曰："汝等各奉吾一支箭，将玩之。"俄而，命母弟慕利延曰："汝取一支箭折之。"慕利延折之。又曰："汝取十九支箭折之。"慕利延不能折。阿豺曰："汝曹㉒知否？单者易折，众者难摧。戮力一心，然后社稷㉓可固。"言终而死。彼戎狄也，犹知宗族相保以为强，况华夏乎？圣人知一族不足以独立也，故又为之甥舅、婚媾、姻娅以辅之。犹惧其未也，故又爱养百姓以卫之。故爱亲者，所以爱其身也；爱民者，所以爱其亲也。如是则其身安若泰山，寿如箕翼㉔，他人安得而侮之哉！故自古圣贤，未有不先亲其九族㉕，然后能施及他人者也。彼愚者则不然，弃其九族，远其兄弟，欲以专利其身。殊不知身既孤，人斯戕之矣，于利何有哉！昔周厉王㉖弃其九族，诗人刺之曰："怀德惟宁，宗子惟城；毋俾城坏，毋独斯畏。苟为独居，斯可畏矣！"㉗

宋昭公㉘将去群公子，乐豫㉙曰："不可。公族，公室之枝叶也。若去之则本根无所庇荫矣。葛藟㉚犹能庇其根本，故君子以为比，况国君乎？此谚所谓'庇焉而纵寻斧焉'者也，必不可。君其图之，亲之以德，皆股肱也。谁敢携贰㉛？若之何去之！"昭公不听，果及于乱。

华亥㉜欲代其兄合比为右师，谮于平公而逐之。左师曰："汝亥也，必亡。汝丧而宗室，于人何有？人亦于汝何有？"既而，华亥果亡。

孔子曰："不爱其亲而爱他人者，谓之悖德；不敬其亲而敬他人者，谓之悖礼。以顺则逆，民无则焉，不在于善，而皆在于凶。德虽得之，君子不贵也。"故欲爱其身而弃其宗族，乌在其能爱身也！

孔子曰："均无贫，和无寡，安无倾。"㉝善为家者，尽其所有而均之，虽粝食不饱，敝衣不完，人无怨矣。夫怨之所生，生于自私及有厚薄也。

汉世谚曰："一尺布尚可缝，一斗粟尚可舂。"言尺布可缝而共衣，斗粟可舂而共食。讥文帝㉞以天下之富，不能容其弟也。

梁中书侍郎裴子野㉟，家贫，妻子常苦饥寒。中表贫乏者，皆收养之。时逢水旱，以二石米为薄粥，仅得遍焉，躬自同之，曾无厌色。此得睦族之道者也。

【注释】

① 卫石碏（què）：卫，春秋时小国名。石碏，卫国卿大夫。
② 晏婴：字平仲，今山东高密人，春秋时齐国卿大夫，撰《晏氏春秋》。
③ 礼：亦称《礼记》，是儒家经典著作之一，为秦汉前各种礼仪论著的选集。其下引文出自《礼记·曲礼上》。
④ 椸（yí）枷：晾衣服的竹竿，也指衣架。枷，衣架。
⑤ 巾栉（zhì）：头巾和女子的梳子和篦子的总称。
⑥ 梱（kǔn）：门限、门橛，今之门也。横于门下者名阈，直树于门中者名梱，同"阃"。
⑦ 缨（yīng）：古代女子许嫁时佩带的一种彩色带子以系香囊等。
⑧ 篚（fěi）：用竹皮编制的圆形坐垫。
⑨ 傅：教学的老师。
⑩ 阈：门槛。
⑪ 归宁：旧称已嫁女子回娘家省视父母。《诗经·周南·葛覃》："归宁父母。"
⑫ 鲁公：姬姓，字伯禽，亦称禽父。周公之长子，鲁国的始封君，故称"鲁公"。
⑬ 如：往，去。季氏：季孙氏，鲁桓公季友的后裔，鲁公室最强者。
⑭ 康子：季康氏。朝：向外拜望。
⑮ 从：跟从，跟随。寝门：内堂之门。
⑯ 肥：季康子自称。
⑰ 庀（pǐ）：治理。
⑱ 从（zòng）祖叔母：祖父兄弟之妻。
⑲ 闱（wěi）：斜开门。此门指寝门。
⑳ 不名：不称名道姓。位卑者或幼辈见尊长的礼节之一。
㉑ 诮（qiào）让：谴责，责问。
㉒ 便坐：坐在非正室的偏房内。
㉓ 燕：古通"宴"。安闲休息之时。
㉔ 申申如也：容貌舒展而安详的样子。
㉕ 䜣（xīn）䜣如也：谨慎恭敬的样子。
㉖ 建元二年：西汉汉武帝刘彻建元二年，即公元前139年。
㉗ 谒（yè）：下对上，幼对长的进见。
㉘ 中裙：内裤。厕牏：便器。
㉙ 元朔五年：汉武帝元朔丁巳，即公元前124年。
㉚ 以上两自然段，记载万石君事，出自《史记·万石张叔列传》。
㉛ 樊重：字君云，西汉末年河南南阳市唐河县湖阳镇人，生卒年不详。性情温和厚道，

做事尊重法度。樊重生宏、丹二子，娴都一女，嫁南顿令刘钦，生刘演、刘仲、刘秀三子。刘秀即东汉光武帝，公元25年称帝，樊重之外孙。

㉜ 戮（lù）力：协力，通力合作，努力，合力。《史记·项羽本纪》："臣与将军戮力而攻秦。"

㉝ 陂（bēi）：池塘。《礼记·月令》："毋漉陂池。"注："蓄水曰陂。"

㉞ 梓（zǐ）漆：梓树和漆树。

㉟ 假：古通"借"。

㊱ 赀（zī）：同"资"。广指财富、资产。

㊲ 三老：古代负责教化的乡官。战国时期魏有三老，秦置乡三老，汉增置县三老，东汉有郡三老，间置国三老。

㊳ 从敕（chì）：服从樊重的遗令。敕，自上命下之令词。

㊴ 冯良：东汉河南省南阳人，出身低微，少做县吏，志行高洁。《后汉书·卷五十三》有冯良列传。

㊵ 遇：对待，相待。《史记·魏公子列传》："公子遇臣厚。"妻子：此指妻与子。

㊶ 宋侍中谢弘微：本名密，字弘微，南朝宋人，官至侍中，掌管机要之官，实为宰相之任。

㊷ 混：名谢混，字书源，东晋河南太康人，娶晋阳公主为妻。官历任中书令、中领军、尚书左仆射，后与刘毅结党被诛。

㊸ 刘毅：东汉湖北枣阳人，北海敬王刘睦之子，封望平侯，后获罪被夺爵。事载《后汉书·卷八十上·文苑列传第七十上》。

㊹ 王练：字玄明，琅琊临沂人。

㊺ 两封：两次被封爵。

㊻ 宋武：南朝宋武帝刘裕。受命：受天之命而登皇位。

㊼ 中外亲姻：母方亲戚。

㊽ 薨（hōng）：古代称诸侯或有爵位的人死亡。

㊾ 太傅安：太傅谢安，谢琰之父。司空琰：司空谢琰，谢混之父。

㊿ 摴（chū）蒱：亦同"樗蒱""樗蒲"，古代博戏之一种，盛行于汉魏，并作为赌博的通称。

㉛ 戏责（zhài）：责同"债"。戏责，赌博的债款。

㉒ 刘湛：字弘仁，南朝宋河南邓州人。建立南朝宋的功臣之一，官侍中，领将军，后因立刘义康为帝，被宋文帝刘义隆捕杀。

㉓ 关：发放，领取。

㉔ 刘君良：隋末唐初人，瀛洲饶阳（今河北衡水）人，隋唐名士。四世同居，贞观六年，诏旌表其门闾。

㉕ 四从（cóng）：四代同一宗族而非至亲的堂房。

㊱ 交置：交互放置。
㊲ 析居：分居，分家。《金史》："父子兄弟往往析居。"
㊳ 贞观六年：贞观，唐太宗李世民年号。六年壬辰，即公元632年。
㊴ 寿张：古地名，今山东省聊城市阳谷县寿张镇。
㉠ 麟德：唐高宗李治年号。公元664—665年。
㉑ 柳公绰：字宽，小字起之，陕西铜川人。唐朝名臣、书法家。官至河东节度使（今山西总管）、户部尚书、兵部尚书，获赠太子太保，谥号"元"。唐著名书法家柳公权之兄。
㉒ 仲郢（yǐng）：柳公绰之子，字谕蒙。元和进士，官历任监察御史、侍御史、吏部郎中、谏议大夫等职。著《尚书二十四司箴》和《文集》三十卷。
㉓ 公权：柳公权，字诚悬。唐朝著名书法家，创"柳体"，与颜真卿齐名，世称"颜柳"。诗人，《全唐诗》存其诗五首。唐代官员，进士出身，官历任秘书省校书郎、侍书、太子少师，封河东郡公，追赠太子太师。
㉔ 人定：亥时的别名，半夜21—23点。
㉕ 昏定：昏定晨省，又作"晨昏定省"。子女晚间服侍父母就寝，早晨省视问安。
㉖ 孤嫠（lí）：孤儿和寡妇。韩愈《复志赋》："嗟日月其何何兮，携孤嫠而北旋。"
㉗ 缬（xié）：有花纹的丝织品，亦是古代的一种彩色印染法。文绢：绣花的丝织品。
㉘ 李昉：字明远，河北饶阳人。五代至北宋初名相、文学家。进士出身，官历任右拾遗、集贤殿直学士、翰林学士、中书舍人、参知政事、平章事等职。追赠司徒，谥号"文正"。参编《太平御览》《文苑英华》《太平广记》。
㉙ 爨（cuàn）：灶。此指同灶吃饭，俗说同吃一锅饭，意为不分家。
㉚ 宗谔：李宗谔，字昌武，李昉之子。进士，官至谏议大夫，参与《太宗实录》《续通典》修编。
㉛ 吐谷浑（tǔ yù hún）：古代西北部的民族，原是鲜卑族的一支，游牧于今辽宁，后迁今甘肃、青海，南北朝隋唐时甚强大，后期为吐蕃所灭而消亡。阿豺：吐谷浑之王，树洛干之弟，本名慕容阿豺。兼并羌、氐，统治数千里，开创最为强大的时代。事见《宋书·卷九十六·列传第五十六》《魏书·卷一百一·列传第八十九》。
㉜ 汝曹：尔等，你们，你等。杜甫《渡江》："戏问垂纶客，悠悠见汝曹。"
㉝ 社稷（jì）：国家古代的代称。社，土地神；稷，谷神。《孟子·尽心下》："民为贵，社稷次之，君为轻。"
㉞ 箕翼：古代观测天体星象二十八宿（xiù）之一，分东、南、西、北四组，每组七宿。"箕"为箕星，为"东方苍龙"之一；"翼"为翼星，为"南方朱鸟"之一。寿如箕翼一样长久。宋词《念奴娇》："旬垂彝鼎，寿龄更比箕翼。"
㉟ 九族：高祖、曾祖、祖、父母、己身、子、孙、曾孙、玄孙九代人。

(76) 周厉王：姬姓，名胡，西周第十位君主，是古代史上暴君之一。

(77) 此诗引自《诗经·大雅·板》。君子示德于人以安宁，太子固城建国，反之则城毁国亡。

(78) 宋昭公：子姓，宋氏，名杵臼，宋成公之少子，春秋时期宋国国君。宋昭公暴虐无道，在狩猎时被卫伯（一作帅甸）杀害，在位 8 年（公元前 619—公元前 611 年）。

(79) 乐豫：春秋宋国人，子姓，名固，宋庄公之孙，宋襄公堂兄，宋昭公时任大司马，又称大司马固，别名子鱼。

(80) 葛藟（lěi）：又名千岁藟，落叶灌木，其根、茎、果实可供药用。此二句引自《左传》。

(81) 携（xié）贰：离心，有二心，叛离。《国语》："其刑矫诬，百姓携贰，明神不蠲。"以上三句引自《左传》。

(82) 华亥：春秋时期宋国人，宋昭公时任右师宰相。合比：华亥之兄华合比。后因华向之动乱，华氏在宋国消失。

(83) 此句出自《论语·季氏》，意为各得其分则财无乏，平和则民无少，上下相安则国无倾覆之患。

(84) 文帝：汉文帝刘恒，汉高祖刘邦第四子，在位二十三年，开创了"文景之治"。

(85) 裴子野：字几原，山西闻喜人，南朝梁史学家、文学家。官历任著作郎、员外郎、中书侍郎、鸿胪卿等职。著《宋略》二十卷。著名史学家裴松之的长孙。

卷二

祖

为人祖者，莫不思利其后世，然果能利之者鲜①矣。何以言之？今之为后世谋者，不过广营生计以遗之，田畴连阡陌，邸肆跨坊曲②，粟麦盈囷仓③，金帛充箧笥④，慊慊然⑤求之犹未足，施施然⑥自以为子子孙孙，累世用之莫能尽也。然不知以义方⑦训其子，以礼法齐其家。自于数十年中，勤身苦体以聚之，而子孙于时岁之间，奢靡游荡以散之，反笑其祖考之愚，不知自娱。又怨其吝啬，无恩于我，而厉虐之也。始则欺绐攘窃⑧，以充其欲，不足，则立券举债于人，俟其死而偿之。观其意，惟患其考之寿也。甚者至于有疾不疗，阴行鸩毒⑨，亦有之矣。然则向之所以利后世者，适足以长子孙之恶，而为身祸也。

顷尝有士大夫，其先亦国朝名臣也，家甚富而尤吝啬，斗升之粟，尺寸之帛，必身自出纳，锁而封之，昼而佩钥于身，夜则置钥于枕下，病甚困绝不知人，子孙窃其钥，开藏室，发箧笥，取其财。其人后苏，即扪枕下，求钥不得，愤怒遂卒。其子孙不哭，相与争匿其财，遂致斗讼。其处女亦蒙首执牒⑩，自讦⑪于府庭，以争嫁资，为乡党笑。盖由子孙自幼及长，惟知有利，不知有义故也。夫生生之资⑫，固人所不能无，然勿求多余，多余希⑬不为累矣。使其子孙果贤耶，岂蔬粝布褐不能自营，至死于道路乎！若其不贤耶，虽积金满堂，奚益哉？多藏以遗子孙，吾见其愚之甚也。然则贤圣皆不顾子孙之匮乏邪，曰："何为其然也？"昔者圣人遗子孙以德、以礼；贤人遗子孙以廉、以俭。舜自侧微⑭积德，至于为帝，子孙保之，享国百世而不绝。周自后稷⑮、公刘⑯、太王⑰、王季⑱、文王⑲，积德累功，至于武王⑳而有天下。其《诗》曰："诒厥孙谋，以燕翼子。"㉑言丰德泽，明礼法，以遗后世而安固之也。故能子孙承统八百余年，其支庶㉒犹为天下之显。诸侯棋布于海内，其为利，岂不大哉！

孙叔敖㉓为楚相，将死，戒其子曰："王数封我矣，吾不受也。我死，王则封汝，必无受利地。楚越㉔之间有寝邱㉕者，此其地不利而名甚恶，可长有者唯此也。"孙叔敖死，王以美地封其子，其子辞，请寝邱。累世不失。

汉相国萧何㉖，买田宅必居穷僻处，为家不治垣屋，曰："令后世贤，师吾俭；不贤，无为势家所夺。"

太子太傅疏广㉗乞骸骨归乡里，天子赐金二十斤，太子赠以五十斤。广日令家具设酒食，请族人、故旧、宾客，相与娱乐。数问其家金余尚有几何，趣㉘卖以共具。居岁余，广子孙窃谓其昆弟㉙、老人、广所爱信者曰："子孙冀及君时，颇立产业基址，今日饮食费且尽，宜从大人所劝，说君买田宅。"老人即以闲暇时为广言此计。广曰："吾岂老悖㉚，不念子孙哉！顾自有旧田庐，令子孙勤力其中，足以共衣食，与凡人齐。今复增益之，以为赢余，但教子孙怠惰耳。贤而多财，则损其志；愚而多财，则益其过。且大富者，众之怨也。吾既亡以教化子孙，不欲益其过而生怨。"

涿郡太守杨震㉛，性公廉，子孙常蔬食步行。故旧长者，或欲令为开产业，震不肯，曰："使后世称为清白吏子孙，以此遗之，不亦厚乎！"

南唐德胜军节度使兼中书令周本㉜，好施，或劝之曰："公春秋高，宜少留余赀，以遗子孙。"本曰："吾系草屦㉝，事吴武王㉞，位至将相，谁遗之乎？"

近故张文节㉟公为宰相，所居堂室，不蔽风雨，服用饮膳，与始为河阳书记㊱时无异。其所亲或规之曰："公月入俸禄几何，而自奉俭薄如此，外人不以公清俭为美，反以为有公孙布被之诈。"文节叹曰："以吾今日之禄，虽侯服玉食，何忧不足？然人情由俭入奢则易，由奢入俭则难。此禄安能常恃！一旦失之，家人既习于奢，不能顿俭，必至失所，曷若无失其常！吾虽违世，家人犹如今日乎！"闻者服其远虑。此皆以德业遗子孙者也，所得顾不多乎！

晋光禄大夫张澄㊲，当葬父，郭璞㊳为占墓地，曰："葬某处，年过百岁，位至三司，而子孙不蕃；某处，年岁减半，位裁乡校，而累世贵显。"澄乃葬其劣处，位止光禄，年六十四而亡。其子孙昌炽，公侯将相，至梁、陈不绝。虽未必因葬地而然，足见其爱子孙厚于身矣。先公既登侍从㊴，常曰："吾所得已多，当留以遗子孙。"处心如此，其顾念后世不亦深乎！

【注释】

① 鲜（xiǎn）：少。《尔雅》："鲜，寡也。"郭璞注："谓少。"
② 坊曲：城市的街道里巷之通称。
③ 囷（qūn）仓：贮藏粮的仓库。囷是古代圆形谷仓。仓是方形的谷仓。
④ 箧笥（qiè sì）：竹子编制的大小箱子。
⑤ 慊（qiè）慊然：满足快意的样子。
⑥ 施（shī）施然：喜悦夸耀的样子。
⑦ 义方：指家教。《三字经》："窦燕山，有义方，教五子，名俱扬。"
⑧ 攘（rǎng）窃：偷窃，盗窃。《尚书·微子》："今殷民乃攘窃神祇之牺牷牲，用以容，将食无灾。"
⑨ 鸩（zhèn）毒：鸩为传说中的毒鸟。鸩毒是毒酒，可致人亡。
⑩ 蒙首执牒（dié）：蒙面手拿牒版，诉讼于府衙公堂。
⑪ 讦（jié）：斥责别人的过失，揭发别人的隐私。《说文解字》："讦，面相斥罪相告讦也。"
⑫ 生生之资：生活必需品。前一个"生"系动词，后一个"生"系名词。
⑬ 希：同"稀"。稀少，罕见。《尔雅》："希，罕也。"
⑭ 舜：中国上古史部落首领，尧的继承者。姚姓，有虞氏，名重华，世称"虞舜"。
侧：不在朝廷之谓。微：贫贱之谓。
⑮ 后稷：古代周族的始祖，姬姓，名弃，世称"农业始祖"，善于耕种粮食，传播农耕文化。
⑯ 公刘：姬姓，名刘，创建部落国家，古代商朝时期周国国君，致力农耕，周至自此兴盛。
⑰ 太王：古公亶（dǎn）父。古代商朝时期周国国君，周文王的祖父。
⑱ 王季：季历，周文王的父亲，商朝时周国国君。周武王追尊为"王季"。
⑲ 文王：商朝时期周国国君，姓姬，名昌。商纣王为西伯，故又称"西伯昌"。被商纣王囚于羑（yǒu）里，演化《周易》，后成中国宝典。

⑳ 武王：周武王，姬姓，名发。西周王朝的开国君主，在位十五年。
㉑ 此句出自《诗经·大雅·文王有声》，意为子孙的将来善做安排。诒：通"贻"，遗留，留下。厥：文言代词，其，他的。孙：通"顺"。孙谋：顺天下之谋略。燕：安也。翼：羽翼也。子：子孙，此指周武王之子周成王。以帮助（羽翼庇护）后代安定王业。
㉒ 支庶：古代称正妻（嫡妻）所生长子及继承先祖嫡系之子为"嫡子"，嫡妻之次子及次子以下称"支子"，妾生之子称"庶子"。支庶系支子和庶子的合称。
㉓ 孙叔敖：芈姓，蒍（wěi）氏，名敖，字叔孙，湖北荆州人。官任春秋楚国令尹（宰相），辅佐楚庄王成为春秋五霸之一。
㉔ 楚越：春秋楚国，今湖南、湖北一带。春秋越国，今浙江一带。
㉕ 寝邱：寝邱邑，一名沈邑，今安徽省临泉县，古时属楚国，与越国相邻。
㉖ 萧何：江苏丰县人。秦末辅佐刘邦建立汉朝，史称"萧相国"，"汉初三杰"之一，谥号"文终侯"。
㉗ 太子太傅疏广：疏广，字仲翁，西汉山东枣庄人。博士，汉宣帝时太子太傅，主教太子道德品质，为太子六傅之一的太子宫（东宫）官职。
㉘ 趣（cù）：古同"促"，催促，急促。从速，赶快。
㉙ 昆弟：同昆仲，指兄和弟，亦指近房和远房同辈的兄弟。
㉚ 悖（bèi）：惑乱，昏庸，糊涂。《战国策·楚策》："先生老悖乎？"
㉛ 涿（zhuō）郡：汉高帝置，治所在今河北涿州。太守，郡长官名，汉初称"太守"或"郡守"。杨震：字伯起，东汉陕西华阴人，时称"关西孔子"。官历任荆州刺史、涿郡太守、司徒、太尉等职。
㉜ 周本：五代安徽宿松人，官历任五代十国之一南唐德胜军（今安徽合肥市）节度使兼中书令、太尉、平西王等职。
㉝ 屦（juē）：草鞋。《释名》："屦，草履也。"
㉞ 吴武王：杨行密，字化源，五代安徽合肥人。唐昭宗李晔时任淮南节度使，封吴王。后其子溥称帝，追尊其为太祖武皇帝。
㉟ 张文节：即张知白，宋代河北沧州人。进士，官历任京东转运使、给事中、工部尚书、宰相，谥号"文节"。
㊱ 河阳：春秋时期晋邑，汉置县，今河南孟州。书记：官名，负责官府文书。
㊲ 张澄：南朝梁时河南信阳人，张惠绍之子，官任卫尉卿、太子左卫，谥号"愍"。
㊳ 郭璞：字景纯，晋时山西闻喜人。博学，又擅长阴阳卜筮之术。
㊴ 先公：对已亡之父或祖之称，此指光父司马池，司马光之父。侍从，宋代自大学士至诸阁待制、六部尚书、侍郎为侍从。司马池曾任天章阁待制。

卷三
父

陈亢①问于伯鱼②曰:"子亦有异闻乎?"对曰:"未也。尝独立,鲤趋而过庭。曰:'学《诗》乎?'对曰:'未也。''不学《诗》,无以言。'鲤退而学《诗》。他日,又独立。鲤趋而过庭。曰:'学《礼》乎?'对曰:'未也。''不学《礼》,无以立。'鲤退而学《礼》。"闻斯二者,陈亢退而喜曰:"问一得三,闻《诗》,闻《礼》,又闻君子之远其子也。"

曾子③曰:"君子之于子,爱之而勿面,使之而勿貌,遵之以道而勿强言。心虽爱之,不形于外,常以严庄莅之,不以辞色悦之也。不遵之以道,是弃之也。然强之,或伤恩,故以日月渐摩④之也。"

北齐黄门侍郎颜之推⑤《家训》曰:"父子之严,不可以狎;骨肉之爱,不可以简。简则慈孝不接,狎则怠慢生焉。由命士以上,父子异宫,此不狎之道也;抑搔痒痛,悬衾箧枕,此不简之教也。"

石碏⑥谏卫庄公曰:"臣闻爱子,教之以义方,弗纳于邪。骄奢淫逸,所自邪也。四者之来,宠禄过也。"自古知爱子不知教,使至于危辱乱亡者,可胜数哉!夫爱之,当教之使成人。爱之而使陷于危辱乱亡,乌在其能爱子也!人之爱其子者,多曰:"儿幼,未有知耳,俟其长而教之。"是犹养恶木之萌芽,曰:"俟其合抱而伐之。"其用力顾不多哉!又如开笼放鸟而捕之,解缰放马而逐之,曷若勿纵勿解之为易也!

《曲礼》⑦:"幼子常视毋诳⑧。"

"立必正方,不倾听⑨。"

"长者与之提携,则两手奉长者之手。负剑辟咡诏⑩之,则掩口而对。"

《内则》⑪:"子能食食⑫,教以右手。能言,男唯女俞⑬。男鞶革,女鞶丝⑭。六年,教之数与方名⑮。七年,男女不同席,不共食;八年,出入门户及即席饮食,必后长者,始教之让;九年,教之数日⑯。十年,出就外傅,居宿于外,学书计。十有三年,学《乐》、诵《诗》、舞勺⑰。成童舞象⑱、学射御。"

曾子之妻出外,儿随而啼。妻曰:"勿啼!吾归,为尔杀豕。"妻归,以语曾子。曾子即烹豕以食儿,曰:"毋教儿欺也。"

贾谊⑲言："古之王者，太子始生，固举以礼，使士负之，过阙则下，过庙则趋，孝子之道也。故自为赤子而教，固已行矣。提孩有识，三公三少⑳，固明孝、仁、礼、义。以道习之，逐去邪人，不使见恶行。于是皆选天下之端士、孝弟、博闻、有道术者，以卫翼之。使与太子居处出入。故太子乃生而见正事，闻正言，行正道，左右前后皆正人也。夫习与正人居之，不能毋正。犹生长于齐，不能不齐言也。习与不正人居之，不能毋不正，犹生长于楚，不能不楚言也。"

《颜氏家训》曰："古者圣王，子生孩提，师保固明仁孝礼义，道之矣。凡庶纵不能尔，当及婴稚，识人颜色，知人喜怒，便加教诲，使为则为，使止则止。比及数岁，可省笞罚。父母威严而有慈，则子女畏慎而生孝矣。吾见世间，无教而有爱，每不能然。饮食运为，恣其所欲，宜诫翻奖，应呵反笑，至有识知，谓法当尔。骄慢已习，方乃制之，捶挞至死而无威，忿怒日隆而增怨。逮于长成，终为败德。孔子云：'少成若天性，习惯如自然'是也。谚云：'教妇初来，教儿婴孩。'诚哉斯语！"

"凡人不能教子女者，亦非欲陷其罪恶，但重于诃怒，伤其颜色，不忍楚挞惨其肌肤尔。当以疾病为喻，安得不用汤药针艾救之哉！又宜思勤督训者，岂愿苟虐于骨肉乎！诚不得已也。"

"王大司马㉑母卫夫人，性甚严正。王在湓城，为三千人将，年逾四十，少不如意，犹捶挞之，故能成其勋业。"

"梁元帝㉒时，有一学士，聪敏有才，少为父所宠，失于教义。一言之是，遍于行路，终年誉之；一行之非，掩藏文饰，冀其自改。年登婚宦，暴慢日滋，竟以语言不择，为周逖抽肠衅鼓㉓云。"然则爱而不教，适所以害之也。《传》称鸤鸠㉔之养其子，朝从上下，暮从下上，平均如一。至于人，或不能，然《记》曰："父之于子也，亲贤而下无能。"使其所亲果贤也，所下果无能也，则善矣。其溺于私爱者，往往亲其无能，而下其贤，则祸乱由此而兴矣。

《颜氏家训》曰："人之爱子，罕亦能均。自古及今，此弊多矣。贤俊者自可赏爱，顽鲁者亦当矜怜。有偏宠者，虽欲以厚之，更所以祸之。共叔之死，母实为之㉕。赵王之戮，父实使之㉖。刘表之倾宗覆族㉗，袁绍之地裂兵亡㉘，可谓灵龟明鉴㉙。"此通论也。

曾子出其妻，终身不取妻。其子元请焉，曾子告其子曰："高宗㉚以后妻杀孝己㉛，尹吉甫以后妻放伯奇㉜。吾上不及高宗，中不比吉甫，庸知其得免于非乎！"

后汉尚书令朱晖㉝，年五十，失妻。昆弟欲为继室，晖叹曰："时俗希不以后妻败家者。"遂不娶。今之人年长而子孙具者，得不以先贤为鉴乎！

《内则》曰："子妇未孝、未敬，勿庸疾怨，姑教之。若不可教，而后怒之。不可怒，子放妇出，而不表礼㉞焉。"

君子之所以治其子妇，尽于是而已矣。今世俗之人，其柔懦者，子妇之过尚小，则不能教而嘿㉟藏之。及其稍著，又不能怒而心恨之。至于恶积罪大，不可禁遏，则喑呜郁悒，至有成疾而终者。如此有子，不若无子之为愈也。其不仁者，则纵其情性，残忍暴戾，或听后妻之谗，或用嬖宠㊱之计，捶扑过分，弃逐冻馁，必欲置之死地而后已。《康诰》㊲称："子弗祗服厥父事㊳，大伤厥考心。于父不能字㊴厥子，乃疾㊵厥子。"谓之元恶大憝㊶，盖言不孝不慈，其罪均也。

【注释】

① 陈亢（kàng）：字子元，又字子禽，又名原亢。春秋时陈国人，孔子的学生。
② 伯鱼：孔鲤，字伯鱼，孔子的儿子。
③ 曾子：名参，字子舆。孔子的学生，以孝著称，相传是《大学》的作者，后世尊为"宗圣"。
④ 渐摩：亦作"渐磨"，浸润，感化教育。《汉书·董仲舒传》："渐民以仁，摩民以谊。"
⑤ 颜之推：字介，山东临沂人。北齐文学家。初仕梁元帝散骑侍郎，后入北齐任黄门侍郎，齐亡入周，任御史上士，隋开皇中，召为学士。著有《颜氏家训》。
⑥ 石碏：春秋时卫国大夫。
⑦ 曲礼：《礼记》的篇名，记载战国至秦汉年间饮食、起居、丧葬等各种礼制的细节。
⑧ 视：同"示"，展示，现示。毋诳（kuāng）：不要（不可）欺诈。
⑨ 倾听：侧着头听，不礼貌，应正面站立听。
⑩ 负：驮在背上。剑：挟在身旁。两者泛指怀抱。辟（bì）：避免。咡（èr）：口耳相近，即两人侧着头交谈。诏：下对上，幼对长谈话。
⑪ 内则：《礼记》的篇名，记载男女居室事父母、舅姑之法。即是家庭主要遵循的礼则。
⑫ 食食（sì shí）：吃食物。前者为动词，后者为名词。
⑬ 唯、俞（yú）：应答声。
⑭ 鞶（pán）革：用皮革制成的小袋，用装佩巾。鞶丝：用丝织成的小袋，用装佩巾。
⑮ 数：此指数（shǔ）和数（shù），前者为动词，后者为名词。方名：方位名称，如东、南、西、北、中等。
⑯ 数（shǔ）日：朔望与六（lù）甲。六甲即干支计时间、日期、年度法。
⑰ 舞勺（sháo）：古代指儿童学的文舞。
⑱ 舞象：古代儿童学的武舞。

⑲ 贾谊：今河南洛阳人。西汉政论家、文学家。汉文帝时博士、太中大夫，后贬为长沙王太傅。著有《过秦论》《陈政事疏》，后人辑《贾谊集》。

⑳ 三公：指太师、太傅、太保。三少（shào）：指少师、少傅、少保。

㉑ 王大司马：王僧辩，字君才。山西祁县人。南朝梁名将，官历任都督、大司马、太子太傅、扬州牧等职。

㉒ 梁元帝：萧绎，字士诚。南朝梁皇帝。著《今楼子》《梁元帝集》。

㉓ 周迪：周迪，河南孟津人。南朝梁元帝时官任高州刺史，封临汝县侯。后为临川太守，骆牙诱捕，施以酷刑，剖腹抽肠，以血涂鼓做祭祀。衅鼓：用杀牲之血涂于鼓上。

㉔ 鸤鸠（shī jiū）：又名鹪（jiá）鹩（jú）、布谷、桑鸠、郭公等名的鸟。

㉕ 共叔之死，母实为之：共叔即共叔段，春秋时郑武公之次子，深受母武姜偏爱。郑武公死，长子郑庄公即位，母武姜与共叔段密谋夺取皇位，被郑庄公一举消灭。事见《左传·隐公元年》。

㉖ 赵王之戮，父实使之：赵王指汉朝吕禄，吕后之侄。吕后死后，吕禄之父吕释之唆使吕禄、吕产聚兵谋反，被周勃、陈平等杀戮，诸吕遂灭。

㉗ 刘表之倾宗覆族：刘表，字景升，东汉时任荆州刺史、荆州牧，因惑于后妻蔡氏之言而恶长子刘琦，病死后，次子刘琮继位而投降曹操，致使刘表家族倾覆。

㉘ 袁绍之地裂兵亡：袁绍，字本初，东汉末为北方群雄之一，系最强诸侯。建安五年（200年）官渡之战，被曹操所败。袁绍死亡，其子袁谭、袁尚相互攻击，先后为曹操所灭。

㉙ 灵龟明鉴：用于历史借鉴。灵龟，古代占卜所用龟甲。明鉴，明镜。

㉚ 高宗：武丁，商朝第二十三代国王，庙号"高宗"。

㉛ 孝己：高宗武丁之子，有孝贤行，其母早亡，高宗惑于后妻之言，将孝己放逐而死。

㉜ 尹吉甫：周宣王时贤臣，其子尹伯奇。伯奇母死，尹吉甫惑于后妻之言，放逐伯奇于民。后尹吉甫感悟，射杀后妻，寻求伯奇归。

㉝ 朱晖：字文季，五代后汉官员，历任卫士令、临淮太守、尚书令。

㉞ 不表礼：不表明其犯礼之过。

㉟ 嘿：同"默"。

㊱ 嬖（bì）宠：被宠爱的人。《说文解字》："便嬖，爱也。"

㊲ 康诰：《尚书》中的篇名。记载康叔前往封地殷上任前，周公对康叔的训词。

㊳ 子：儿子。弗：不、没有。祗：敬，恭敬。服：担任，做事。厥：其，他的。父事：父亲的事。

㊴ 字：爱。《左传·昭公元年》："乐王鲋字而敬。"注："字，爱也。"

㊵ 疾：厌恶、憎恨。《孟子·梁惠王上》："疾其君者。"

㊶ 元恶大憝（duì）：元，大也。憝，罪恶也。即大恶大罪，元凶魁首。

母

　　为人母者，不患不慈，患于知爱而不知教也。古人有言曰："慈母败子。"爱而不教，使沦于不肖，陷于大恶，入于刑辟①，归于乱亡。非他人败之也，母败之也。自古及今，若是者多矣，不可悉数。

　　周大任之娠文王②也，目不视恶色，耳不听淫声，口不出敖言。文王生而明圣，卒为周宗③。君子谓大任能胎教。古者妇人任子，寝不侧，坐不边，立不跸④，不食邪味，割不正不食，席不正不坐，目不视邪色，耳不听淫声。夜则令瞽⑤诵诗，道正事。如此，则生子形容端正，才艺博通矣。彼其子尚未生也，固已教之，况已生乎！

　　孟轲⑥之母，其舍近墓，孟子之少也，嬉戏为墓间之事，踊跃筑埋。孟母曰："此非所以居之也。"乃去。舍市傍，其嬉戏为衒卖⑦之事。孟母又曰："此非所以居之也。"乃徙。舍学宫之傍，其嬉戏乃设俎豆⑧，揖让进退。孟母曰："此真可以居子矣！"遂居之。孟子幼时，问东家杀猪何为，母曰："欲啖汝。"既而悔曰："吾闻古有胎教，今适有知而欺之，是教之不信。"乃买猪肉食。既长就学，遂成大儒。彼其子尚幼也，固已慎其所习，况已长乎！

　　汉丞相翟方进⑨继母随方进之长安，织履，以资方进游学。

　　晋太尉陶侃⑩，早孤贫，为县吏番阳⑪，孝廉范逵⑫尝过侃，时仓卒无以待宾。其母乃截发，得双髲⑬，以易酒肴。逵荐侃于庐江太守，召为督邮，由此得仕进。

　　后魏钜鹿魏缉母房氏⑭，缉生未十旬，父溥卒。母鞠育不嫁，训导有母仪法度。缉所交游，有名胜⑮者，则身具酒馔。有不及己者，辄屏卧不餐，须其悔谢乃食。

　　唐侍御史赵武孟⑯，少好田猎，尝获肥鲜以遗母。母泣曰："汝不读书，而田猎如是，吾无望矣！"竟不食其膳。武孟感激勤学，遂博通经史，举进士，至美官。

　　天平节度使柳仲郢⑰母韩氏，常粉苦参、黄连和以熊胆以授诸子，每夜读书使噙之，以止睡。

　　太子少保李景让⑱母郑氏，性严明，早寡家贫，亲教诸子。久雨，宅后古墙颓陷，得钱满缸。奴婢喜，走告郑。郑焚香祝之曰："天盖以先君余庆⑲，憨⑳妾母子孤贫，赐以此钱。然妾所愿者，诸子学业有成，他日受俸，此钱非所欲也。"亟命掩之。此唯患其子名不立也。

齐相田稷子㉑受下吏金百镒，以遗其母。母曰："夫为人臣不忠，是为人子不孝也。不义之财，非吾有也。不孝之子，非吾子也。子起矣。"稷子遂惭而出，反其金而自归㉒于宣王，请就诛。宣王悦其母之义，遂赦稷子之罪，复其位，而以公金赐母。

汉京兆尹隽不疑㉓，每行县录囚徒㉔，还，其母辄问不疑，有所平反，活几何人耶？不疑多有所平反，母喜，笑为饮食，言语异于它时。或亡所出，母怒，为不食。故不疑为吏，严而不残。

吴司空孟仁㉕尝为监鱼池官，自结网捕鱼，作鲊㉖寄母。母还之曰："汝为鱼官，以鲊寄母，非避嫌也！"

晋陶侃为县吏，尝监鱼池，以一坩鲊遗母。母封鲊责曰："尔以官物遗我，不能益我，乃增吾忧耳！"

隋大理寺卿郑善果㉗，母翟氏，夫郑诚，讨尉迟迥㉘战死。母年二十而寡，父欲夺其志。母抱善果曰："郑君虽死，幸有此儿。弃儿为不慈，背死夫为无礼。"遂不嫁。善果以父死王事，年数岁拜持节大将军，袭爵开封县公，年四十授沂州刺史，寻㉙为鲁郡太守。母性贤明，有节操，博涉书史，通晓政事。每善果出听事，母辄坐胡床㉚，于障㉛后察之。闻其剖断合理，归则大悦，即赐之坐，相对谈笑。若行事不允，或妄嗔怒，母乃还堂，蒙袂而泣，终日不食。善果伏于床前不敢起。母方起，谓之曰："吾非怒汝，乃惭汝家耳。吾为汝家妇，获奉洒扫，知汝先君忠勤之士也，守官清恪，未尝问私，以身殉国。继之以死，吾亦望汝副其此心。汝既年小而孤，吾寡耳，有慈爱无威，使汝不知礼训，何可负荷忠臣之业乎？汝自童稚袭茅土㉜，汝今位至方岳，岂汝身致之邪？不思此事而妄加嗔怒，心缘骄乐，堕于公政，内则坠尔家风，或失亡官爵；外则亏天子之法，以取辜戾㉝。吾死日，何面目见汝先人于地下乎？"母恒自纺绩，每至夜分而寝。善果曰："儿封侯开国，位居三品，秩俸幸足，母何自勤如此？"答曰："吁！汝年已长，吾谓汝知天下理，今闻此言，故犹未也。至于公事，何由济乎？今此秩俸，乃天子报汝先人之殉命也，当散赡六姻㉞，为先君之惠，奈何独擅其利，以为富贵乎？又，丝枲㉟纺绩，妇人之务。上自王后，下及大夫士妻，各有所制。若堕业者，是为骄逸。吾虽不知礼，其可自败名乎？"自初寡，便不御脂粉，常服大练㊱，性又节俭，非祭祀、宾客之事，酒肉不妄陈其前。静室端居，未尝辄出门阁。内外姻戚有吉凶事，但厚加赠遗，皆不诣其门。非自手作，及庄园、禄赐所得，虽亲族礼遗，悉不许入门。善果历任州郡，内自出馔，于衙中食之，公廨所供，皆不许受，悉用修理公宇及分僚佐。善果亦由此克己，号为清吏，考为天下最。

唐中书令崔玄暐㊲，初为库部员外郎，母卢氏尝戒之曰："吾尝闻姨兄辛玄驭㊳云：'儿子从官于外，有人来言其贫窭不能自存，此吉语也；言其富足，车马轻肥，此恶语也。'吾尝重其言。比见中表仕宦者，多以金帛献遗其父母。父母但知忻悦，不问金帛所从来。若以非道得之，此乃为盗而未发者耳，安得不忧而更喜乎？汝今坐食俸禄，苟不能忠清，虽日杀三牲，吾犹食之不下咽也。"玄暐由是以廉谨著名。

李景让，宦已达，发斑白，小有过，其母犹挞之。景让事之，终日常兢兢。及为浙西观察使，有左右都押牙忤㊴景让意，景让杖之而毙。军中愤怒，将为变。母闻之。景让方视事，母出，坐厅事，立景让于庭下而责之曰："天子付汝以方面，国家刑法，岂得以为汝喜怒之资，妄杀无罪之人乎？万一致一方不宁，岂惟上负朝廷，使垂老之母衔羞入地，何以见汝先人乎？"命左右褫其衣坐之，将挞其背。将佐皆至，为之请，不许。将佐拜且泣，久乃释之。军中由是遂安。此惟恐其子之入于不善也。

汉汝南功曹范滂㊵，坐党人㊶被收，其母就与诀曰："汝今得与李杜㊷齐名，死亦何恨！既有令名，复求寿考，可兼得乎？"滂跪受教，再拜而辞。

魏高贵乡公㊸将讨司马文王㊹，以告侍中王沈㊺、尚书王经㊻、散骑常侍王业㊼。沈、业出走告文王，经独不往。高贵乡公既薨，经被收。辞母，母颜色不变，笑而应曰："人谁不死，但恐不得死所，以此并命，何恨之有？"

唐相李义府㊽专横，侍御史王义方㊾欲奏弹之，先白其母曰："义方为御史，视奸臣不纠则不忠，纠之则身危而忧及于亲，为不孝；二者不能自决，奈何？"母曰："昔王陵㊿之母杀身以成子之名，汝能尽忠以事君，吾死不恨。"此非不爱其子，惟恐其子为善之不终也。然则为人母者，非徒鞠育其身使不罹水火，又当养其德使不入于邪恶，乃可谓之慈矣！

汉明德马皇后(51)无子，贾贵人生肃宗(52)。显宗(53)命后母养之，谓曰："人未必当自生子，但患爱养不至耳。"后于是尽心抚育，劳瘁过于所生。肃宗亦孝性淳笃，恩性天至，母子慈爱，始终无纤介之间。古今称之，以为美谈。

隋番州刺史陆让[54]母冯氏，性仁爱，有母仪。让即其孽子也，坐赃当死。将就刑，冯氏蓬头垢面诣[55]朝堂，数让罪，于是流涕呜咽，亲持杯粥劝让食，既而上表求哀，词情甚切。上愍然[56]为之改容，于是集京城士庶于朱雀门[57]，遣舍人宣诏曰："冯氏以嫡母[58]之德，足为世范，慈爱之道，义感人神。特宜矜免，用奖风俗。让可减死，除名。"复下诏褒美之，赐物五百段，集命妇[59]与冯相识，以旌宠异。

齐宣王[60]时，有人斗死于道，吏讯之。有兄弟二人，立其傍，吏问之。兄曰："我杀之。"弟曰："非兄也，乃我杀之。"期年，吏不能决，言之于相[61]。相不能决，言之于王[62]。王曰："今皆舍之，是纵有罪也；皆杀之，是诛无辜也。寡人度[63]其母能知善恶。试问其母，听其所欲杀活。"相受命，召其母问曰："母之子杀人，兄弟欲相代死。吏不能决，言之于王。王有仁惠，故问母何所欲杀活。"其母泣而对曰："杀其少者。"相受其言，因而问之曰："夫少子者，人之所爱，今欲杀之，何也？"其母曰："少者，妾[64]之子也；长者，前妻之子也。其父疾且死之时属[65]于妾曰：'善养视之。'妾曰：'诺！'今既受人之托，许人以诺，岂可忘人之托，而不信其诺耶？且杀兄活弟，是以私爱废公义也。背言忘信，是欺死者也。失言忘约，已诺不信，何以居于世哉？予虽痛子，独谓行何！"泣下沾襟。相入，言之于王。王美其义，高其行，皆赦。不杀其子，而尊其母，号曰"义母"。

魏芒[66]慈母者，孟杨氏之女，芒卯之后妻也，有三子。前妻之子有五人，皆不爱慈母。遇之甚异，犹不爱慈母。乃令其三子不得与前妻之子齐衣服、饮食。进退、起居甚相远。前妻之子犹不爱。于是，前妻中子犯魏王[67]令，当死。慈母忧戚悲哀，带围减尺[68]，朝夕勤劳，以救其罪。人有谓慈母曰："子不爱母至甚矣，何为忧惧勤劳如此？"慈母曰："如妾亲子，虽不爱妾，妾犹救其祸而除其害。独假子而不为，何以异于凡人？且其父为其孤也，使妾而继母。继母如母，为人母而不能爱其子，可谓慈乎？亲其亲而偏其假，可谓义乎？不慈且无义，何以立于世？彼虽不爱妾，妾可以忘义乎？"遂讼之。魏安釐王闻之，高其义，曰："慈母如此，可不赦其子乎？"乃赦其子而复其家。自此之后，五子亲慈母雍雍[69]若一。慈母以礼义渐之，率导八子，咸为魏大夫卿士。

汉安众令汉中程文矩，妻李穆姜[70]，有二男，而前妻四子，以母非所生，憎毁日积。而穆姜慈爱温仁，抚字益隆，衣食资供，皆兼倍所生。或谓母曰："四子不孝甚矣，何不别居以远之？"对曰："吾方以义相导，使其自迁善也。"及前妻长子兴疾困笃，母恻隐，亲自为调药膳，恩情笃密。兴疾久乃瘳，于是呼三弟，谓曰："继母慈仁，出自天爱，吾兄弟不识恩养，禽兽其心。虽母道益隆，我曹过恶亦已深矣！"遂将三弟诣南郑狱，陈母之德，状己之过，乞就刑辟。县言之于郡。郡守表异其母，蠲除家徭，遣散四子，许以修革⑦。自后训导愈明，并为良士。

今之人，为人嫡母而疾其孽子，为人继母而疾其前妻之子者，闻此四母之风，亦可以少愧矣？

鲁师春姜⑫嫁其女，三往而三逐。春姜问其故，以轻侮其室人⑬也。春姜召其女而笞之，曰："夫妇人以顺从为务。贞悫⑭为首。今尔骄溢不逊以见逐，曾不悔前过。吾告汝数矣，而不吾用。尔非吾子也。"笞之百，而留之三年。乃复嫁之。女奉守节义，终知为人妇之道。令之为母者，女未嫁，不能诲也。既嫁，为之援，使挟己⑮以凌其婿家。及见弃逐，则与婿家斗讼，终不自责其女之不令也。如师春姜者，岂非贤母乎？

【注释】

① 辟（pì）：刑罚，引申法律，法度。《说文解字》："辟，法也。"
② 周大任：任姓，即太任，商朝王季之妃，周文王之母。文王：即周文王姬昌。
③ 卒：副词。终于，到底。《史记》："卒廷见相如。"周宗：周朝的祖宗，创建者。
④ 跸（bì）：一脚偏立。《篇海类编》："跸，足偏任也。"此句出自《列女传》。
⑤ 瞽（gǔ）：盲人。古代以盲人为乐官。词句似今之胎教。
⑥ 孟轲：孟子，名轲，字子舆，今山东邹城人。战国时期思想家、政治家、教育家，孔子学说的继承人，后世称为"亚圣"，著有《孟子》传世，是儒家经典之一。此指孟母三迁的故事。
⑦ 衒（xuàn）卖：卖弄商品以兜售。衒同"炫"，炫耀，自夸。屈原《天问》："妖夫曳衒，何号于市？"
⑧ 俎（zǔ）豆：俎和豆都是古代祭祀用的礼器。
⑨ 翟方进：字子威，汉朝河南上蔡人。少孤，继母织鞋卖钱资助学习，后官至丞相，封高陵侯，谥号"恭"。
⑩ 陶侃：字士行、士衡，东晋江西九江人。官历任县史、荆州刺史、江州刺史、太尉等职。谥号"恒"。
⑪ 番阳：秦置，西汉改鄱县，今江西鄱阳县。
⑫ 范逵：晋朝番阳人，举孝廉，官任会稽太守。
⑬ 髲（bì）：头发。可制成假发以售。

⑭ 后魏：此指南北朝的魏朝，为有别于三国时的曹魏，历史称为"后魏"。魏溥之妻为房氏，房氏生魏缉不过百日，溥病故，房氏为表不改嫁，哺食儿子，在大殓时刻割下左耳以示决心。事见《魏书·列女传》。

⑮ 名胜：此指名流人物。

⑯ 赵武孟：唐代甘肃张掖人。官任长安丞、右台御史等职。著《河西人物志》。

⑰ 柳仲郢：字谕蒙，唐代陕西耀州人。柳公绰之子，元和进士，官历任谏议大夫、刑部尚书、太平节度使。母韩皋之女，教子有方。

⑱ 李景让：字后己，唐代辽宁辽阳人。官历任右拾遗、太子少保，谥号"孝"。

⑲ 先君：祖先。余庆：先祖的余泽、恩泽。

⑳ 愍（mǐn）：怜恤、哀怜。《广韵》"愍，怜也。"《字汇》："愍，恤也。"

㉑ 田稷子：即田稷，战国时齐国人，齐宣王宰相。其故事载《列女传·母仪传》。

㉒ 自归：自行投案，投案自首。《史记》："贼窘自归，具以实告解。"

㉓ 隽不疑：字曼倩，汉代河北沧县人。官历任青州刺史、京兆尹。京兆尹相当于今首都市长。

㉔ 行（xíng）县：巡视下属各县。录囚徒：审察记录囚徒有无冤假错案。

㉕ 孟仁：原名孟宗，字慕武，因避讳孙皓（字庄宗）而改名，三国时期吴国湖北鄂城人。官历任监池司马、司空。

㉖ 鲊（zhǎ）：用盐、米粉腌制的鱼，如腌鱼、糟鱼之类。

㉗ 郑善果：隋唐时期河南浚县人。隋朝任沂州刺史、鲁郡太守，入唐任大理寺卿、刑部尚书。其母翟氏，其父郑诚。此文记载翟氏教育其子的故事，见《旧唐书·列传第十二》。

㉘ 尉迟迥：北周时山西代县人。魏文帝之女婿，封蜀公，后与隋文帝战，兵败自杀。

㉙ 寻：顷刻，不久，旋即。《桃花源记》："未果，寻病终。"

㉚ 胡床：亦称"交床""交椅""绳床"，是古代一种可以折叠的轻便坐具，似今日马扎类。此床由西域传入，故称"胡床"。

㉛ 障：同"鄣"（zhàng），屏风之类遮挡物。

㉜ 袭茅土：袭，承袭，继承。茅土，分封地，古代皇帝分封诸侯时，举行用茅草包好一块土赐给诸侯的仪式，作为分封的象征。

㉝ 辜戾（lì）：罪责。

㉞ 六姻：即六亲，六类亲属，古说不一：①《新书》："父、昆弟、从父昆弟、从祖昆弟、曾祖昆弟、族昆弟。"②《汉书》："父、母、兄、弟、妻、子。"③《老子》："父、母、兄、弟、夫、妇。"④《左传》："父子、兄弟、姑姊、甥舅、昏媾、姻亚。"⑤《史记》："外祖父母、父母、姊妹、妻兄弟之子、从母之子、女之子。"⑥《汉书》："诸父、诸舅、兄弟、姑姊、昏媾、姻亚。"此泛指所有亲属。

㉟ 枲（xǐ）：麻。《尔雅》："枲，麻也。"
㊱ 大练：粗糙厚实的丝织衣服。《后汉书》："常衣大练，裙不加缘。"
㊲ 崔玄暐：名晔，以字行，唐朝人。官历任天官郎中、凤阁侍郎、同平章事、中书令、宰相等职。追赠太师，谥号"文献"。事载《旧唐书》《新唐书》中的《崔玄暐传》。
㊳ 辛玄驭：名骥，字玄驭，唐代甘肃临洮人。崔玄暐的姨兄，唐朝官任屯田员外郎。文献记载"屯田郎中""辛元驭""辛邱驭"，皆误。
㊴ 忤（wǔ）：违反、违背。《字汇》："忤，违也，逆也。"
㊵ 范滂：字孟博，后汉河南漯河人。东汉时期党人名士，举孝廉，官任冀州请诏使、光禄勋主事、功曹等职。因执政严明，弹劾权贵，被诬告为党人，英勇就义，死时三十三岁。事载《后汉书·党锢列传》。
㊶ 坐党人：坐，连坐。党人，又名朋党，是指有相同政见而结成的党羽组织。东汉末期，宦官和外戚把持朝政，御史有一群具有极高气节的官员，与宦官外戚斗争，称其为党人。
㊷ 李杜：此指李膺和杜密，二人均为东汉名士，与范滂皆为朋党党人。
㊸ 魏高贵乡公：曹髦，字彦士，安徽亳县人，三国时期魏国第四位皇帝，曹丕之孙，曹霖之子，即位前封为高贵乡公。后被司马昭所杀，无庙号，无谥号。
㊹ 司马文王：即司马昭，字子上，河南温县人。三国时期曹魏权臣，司马懿之子。灭蜀汉，受封晋公，后为晋王。死后，其子司马炎称帝，建立晋朝，追赠其父司马昭为晋文帝。
㊺ 王沈：字元逵，晋朝荆州刺史，谥号"穆"。
㊻ 王经：三国时山东临清人，官历任尚书、郡守、刺史、司隶校尉。
㊼ 王业：三国魏晋人，官任散骑常侍。
㊽ 李义府：李义甫，唐朝河北饶阳人。官历任监察御史、太子舍人、中书舍人，唐高宗时宰相，武则天心腹大臣，时号"笑中刀""人猫"，后因重修《氏族志》而获罪流放巂州死。
㊾ 王义方：唐代江苏涟水人，官任侍御史，因弹劾宰相李义府，被贬莱州司户参军，隐居不出。
㊿ 王陵：西汉江苏沛县人。刘邦与项羽作战，王陵之母在项羽营中，项羽持之以招降王陵，王母为让王陵辅佐刘邦，伏剑而亡。
㉛ 明德马皇后：后汉陕西兴平人，伏波将军马援之小女，汉明帝刘庄的皇后，德冠朝野，四十余岁而终，谥号"明德"。马皇后是我国第一位女史学家，著《明帝起居注》。事载《后汉书·卷十》。
㉜ 肃宗：汉章帝刘炟，汉明帝第五子，母贾贵人。谥号"章"，庙号"肃宗"。
㉝ 显宗：汉明帝刘庄，皇后马氏。谥号"明"，庙号"显宗"。

(54) 陆让：隋代山西长治人，官任番州（今广州市）刺史，是妾所生。

(55) 诣（yì）：前往，到某地去。《玉篇》："诣，往也，到也。"

(56) 上愍（mǐn）然：上司怜悯、哀怜。李密《陈情表》："祖母刘，愍臣孤弱，躬亲抚养。"

(57) 朱雀门：今南京市南城门，始建于晋，城门上有两铜雀，雀为神鸟，朱指南方，故名。

(58) 嫡母：妾生之子女对父亲正妻之称谓。

(59) 命妇：泛指有封号的妇女，一般多指官员母、妻，俗称"诰命夫人"，享受各种仪节上的待遇。

(60) 齐宣王：妫姓，田氏，名辟疆，战国时期齐国国君，齐威王之子。生于公元前350年，公元前319年即位，卒于公元前301年。

(61) 相（xiàng）：战国时期的最高官位。

(62) 王：此指齐宣王。

(63) 度（duó）：推测，估计。《诗经·小雅·巧言》："他人有心，予忖度之。"

(64) 妾：此为妇女自称之谦词，而非妾妻之妾。

(65) 属（zhǔ）：古通"嘱"，叮嘱，嘱咐。

(66) 魏芒：芒卯，一作孟卯，战国时齐国人，任魏国相，有贤名。事载《战国策·魏策》《史记·魏世家》。芒卯后妻孟杨氏之女，有贤名，子称慈母。

(67) 魏王：此指战国时期魏国君王魏安釐王，姬姓，魏氏，名圉，魏昭王之子，魏国第六位国君。谥号"安釐"。

(68) 带围减尺：腰带的长度以示人之胖瘦。芒卯后妻朝夕辛苦勤劳，腰围减尺，示人已瘦。

(69) 雍雍：和谐，和乐。《礼记》："鸾和之美，肃肃雍雍。"

(70) 汉：此指后汉。程文矩：后汉陕西汉中人，官任安众县令（今河南镇平县），其妻李穆姜，程老乡李法之姐，有贤名。事载《后汉书》。

(71) 修革：修心革面，改过自新。

(72) 鲁：春秋时期鲁国。师：周代称乐官为师，后则为乐师名。春姜：鲁国的乐官。

(73) 室人：丈夫家平辈之妇女之总称。

(74) 悫（què）：忠厚、诚实。《广韵》："悫，善也，诚也。"

(75) 挟己：倚仗自己的势力优势。

卷四
子上

《孝经》① 曰:"夫孝,天之经也,地之义也,民之行也。天地之经,而民是则之。"② 又曰:"不爱其亲而爱他人者,谓之悖德;不敬其亲而敬他人者,谓之悖礼。以顺则逆,民无则焉。不在于善,而皆在于凶德。虽得之,君子不贵③也。"④ 又曰:"五刑之属三千⑤,而罪莫大于不孝。"⑥ 孟子曰:"不孝有五:惰其四,不顾父母之养,一不孝也;博弈好饮酒,不顾父母之养,二不孝也;好货财,私妻子,不顾父母之养,三不孝也;从耳目之欲,以为父母戮,四不孝也;好勇斗狠以危父母,五不孝也。"⑦ 夫为人子,而事亲或亏,虽有他善累百,不能掩也,可不慎乎!

《经》曰:"君子之事亲也,居则致其敬,养则致其乐,病则致其忧,丧则致其哀,祭则致其严。"⑧

孔子曰:"今之孝者,是谓能养。至于犬马,皆能有养。不敬,何以别乎?"⑨《礼》⑩:子事父母,鸡初鸣,咸盥漱,盛容饰以适父母之所。父母之衣衾、簟席、枕几不传,杖、履祗敬之,勿敢近。敦牟⑪、卮匜⑫,非馂⑬莫敢用。在父母之所,有命之,应唯敬对,进退周旋慎齐。升降、出入揖逊。不敢哕噫、嚏、咳、欠、伸、跛、倚、睇视,不敢唾洟。寒不敢袭,痒不敢搔。不有敬事,不敢袒裼⑭。不涉不撅⑮。

为人子者,出必告,反必面⑯。所游必有常,所习必有业,恒言不称老。

又:"为人子者,居不主奥,坐不中席,行不中道,立不中门。食飨不为概⑰,祭祀不为尸⑱。听于无声,视于无形。不登高,不临深,不苟訾⑲,不苟笑。孝子不服暗⑳,不登危,惧辱亲也。"

宋武帝㉑即大位,春秋已高,每旦朝继母萧太后㉒,未尝失时刻。彼为帝王尚如是,况士民乎!

梁临川靖惠王宏㉓,兄懿㉔为齐中书令,为东昏侯㉕所杀,诸弟皆被收。僧慧思㉖藏宏,得免。宏避难潜伏,与太妃异处,每遣使恭问起居。或谓:"逃难须密,不宜往来。"宏衔泪答曰:"乃可无我,此事不容暂废。"彼在危难尚如是,况平时乎!

为子者不敢自高贵，故在《礼》："三赐不及车马。"㉗不敢以富贵加于父兄。

　　国初，平章事王溥，父祚㉘有宾客，溥常朝服侍立。客坐不安席。祚曰："豚犬，不足为之起。"此可谓居则致其敬矣。

　　《礼》："子事父母，鸡初鸣而起，左右佩服以适父母之所。及所，下气怡声，问衣燠寒，疾痛苛痒，而敬抑搔之。出入则或先或后，而敬扶持之。进盥，少者奉槃，长者奉水，请沃盥，卒，授巾。问所欲而敬进之，柔色以温之。"父母之命，勿逆勿怠。若饮之、食之，虽不嗜，必尝而待。加之衣服，虽不欲，必服而待。

　　又，"子妇无私货，无私畜㉙，无私器。不敢私假，不敢私与。"

　　又，为人子之礼，冬温而夏清，昏定而晨省，在丑夷㉚不争。

　　孟子㉛曰："曾子养曾皙，必有酒肉。将彻㉜，必请所与。问有余，必曰：'有。'曾皙死，曾元养曾子，必有酒肉。将彻，不请所与。问有余，曰：'亡㉝矣。'将以复进也。此所谓养口体者也。若曾子，则可谓养志也。事亲若曾子者，可也。"

　　老莱子㉞孝奉二亲，行年七十，作婴儿戏，身服五采斑斓之衣。尝取水上堂，诈跌仆卧地，为小儿啼，弄雏㉟于亲侧，欲亲之喜。

　　汉谏议大夫江革㊱，少失父，独与母居。遭天下乱，盗贼并起，革负母逃难，备经险阻，常采拾以为养，遂得俱全于难。革转客下邳㊲，贫穷裸跣行㊳，佣以供母，便身之物，莫不毕给。建武㊴末年，与母归乡里，每至岁时，县当案比㊵，革以老母不欲摇动，自在辕中挽车，不用牛马。由是乡里称之曰"江巨孝"。

　　晋西河人王延㊶，事亲色养，夏则扇枕席，冬则以身温被，隆冬盛寒，体无全衣，而亲极滋味。

　　宋会稽何子平㊷，为扬州从事吏，月俸得白米，辄货市粟麦。人曰："所利无几，何足为烦？"子平曰："尊老在东，不办得米，何心独飨白粲！"每有赠鲜肴者，若不可寄至家，则不肯受。后为海虞令，县禄唯供养母一身，不以及妻子。人疑其俭薄。子平曰："希禄本在养亲，不在为己。"问者惭而退。

　　同郡郭原平㊸养亲，必以己力，佣赁以给供养。性甚巧，每为人佣作，止取散夫价。主人没食，原平自以家贫，父母不办有肴饭，唯餐盐饭而已。若家或无食，则虚中竟日，义不独饱，须日暮作毕，受直㊹归家，于里籴买，然后举灶。

　　唐曹成王皋㊺为衡州刺史，遭诬在治㊻，念太妃㊼老，将惊而戚，出则囚服就辟，入则拥笏垂鱼㊽，坦坦施施，贬潮州刺史，以迁入贺。既而事得直㊾，复还衡州，然后跪谢告实。此可谓养则致其乐矣。

《礼》㊾：父母有疾，冠者不栉㊾，行不翔㊾，言不惰，琴瑟不御。食肉不至变味，饮酒不至变貌，笑不至矧㊾，怒不罶，疾止复故。

文王之为世子，朝于王季㊾，日三。鸡初鸣而衣服，至于寝门外，问内竖之御者㊾曰："今日安否？何如？"内竖曰："安。"文王乃喜。及日中，又至。亦如之。及莫㊾又至，亦如之。其有不安节，则内竖以告文王，文王色忧，行不能正履。王季复膳，然后亦复初。武王帅而行之，不敢有加焉。文王有疾，武王不脱冠带而养。文王一饭亦一饭，文王再饭亦再饭。旬有二日乃间㊾。

汉文帝㊾为代王时，薄太后㊾常病。三年，文帝目不交睫，衣不解带，汤药非口所尝弗进。

晋范乔父粲㊾，仕魏，为太宰中郎。齐王芳被废，粲遂称疾阖门不出，阳狂不言，寝所乘车，足不履地。子孙常侍左右，候其颜色，以知其旨。如此三十六年，终于所寝之车。乔与二弟并弃学业，绝人事，侍疾家庭。至粲没，不出里邑。

南齐庾黔娄㊾为孱陵令，到县未旬，父易在家遘疾，黔娄忽心惊，举身流汗。即日弃官归家，家人悉惊。其忽至时，易病始二日。医云："欲知差剧㊾，但尝粪甜苦。"易泄利，黔娄辄取尝之。味转甜滑，心愈忧苦。至夕，每稽颡北辰㊾，求以身代。俄闻空中有声，曰："征君㊾寿命尽，不可延，汝诚祷既至，改得至月末。"晦，而易亡。

后魏孝文帝㊾幼有至性，年四岁时，献文㊾患痈，帝亲自吮脓。

北齐孝昭帝㊾，性至孝。太后不豫，出居南宫。帝行不正履，容色贬悴，衣不解带，殆将旬。殿去南宫五百余步，鸡鸣而出，辰时方还，来去徒行，不乘舆辇。太后所苦小增，便即寝伏阁外，食饮药物，尽皆躬亲。太后惟常心痛，不自堪忍。帝立侍帷前，以爪掐手心，血流出袖。此可谓病则致其忧矣。

《孝经》㊾曰："孝子之丧亲也，哭不哀，礼无容，言不文，服美不安，闻乐不乐，食旨不甘，此哀戚之情也。三日而食，教民无以死伤生，毁不灭性，此圣人之政也。丧不过三年，示民有终也。为之棺椁衣衾而举之，陈其簠簋㊾而哀戚之。擗踊㊾哭泣，哀以送之。卜其宅兆，而安厝之。为之宗庙，以鬼享之。春秋祭祀，以时思之。生事爱敬，死事哀戚，生民之本尽矣，死生之义备矣，孝子之事亲终矣。"君子之于亲丧固所以自尽也，不可不勉。丧礼备在方册㊾，不可悉载。

孔子曰㊾："少连、大连㊾善居丧，三日不怠，三月不解，期悲哀，三年忧，东夷之子也。"高子皋㊾执亲之丧也，泣血三年，未尝见齿，君子以为难。

颜丁[75]善居丧，始死，皇皇[76]焉，如有求而弗得。及殡，望望[77]焉，如有从而弗及。既葬，慨焉，如不及其反而息。

唐太常少卿苏颋[78]遭父丧，睿宗[79]起复为工部侍郎，颋固辞。上使李日知[80]谕旨，日知终坐不言而还，奏曰："臣见其哀毁，不忍发言，恐其殒绝[81]。"上乃听其终制[82]。

左庶子李涵[83]为河北宣慰使，会丁母忧，起复本官而行。每州县邮驿公事之外，未尝启口。蔬饭饮水，席地而息。使还，请罢官，终丧制。代宗[84]以其毁瘠，许之。自余能尽哀竭力以丧其亲，孝感当时，名光后来者，世不乏人。此可谓丧则致其哀矣。

古之祭礼详矣，不可遍举。孔子曰："祭如在。"[85]君子事死如事生，事亡如事存。斋三日，乃见其所为斋者。祭之日，乐与哀半，飨之必乐，已至必哀。外尽物，内尽志。"入室，僾[86]然必有见乎其位。周还出户，肃然必有闻乎其容声。出户而听，忾[87]然必有闻乎其叹息之声。"是故先王之孝也，色不忘乎目，声不绝乎耳，心志嗜欲不忘乎心。致爱则存，致悫则著[88]，著存不忘乎心，夫安得不敬乎！齐齐乎[89]其敬也，愉愉乎[90]其忠也，勿勿乎[91]其欲其飨之也。《诗》[92]曰："神之格思，不可度思，矧可射[93]思。"此其大略也。

孟蜀[94]太子宾客[95]李郸，年七十余，享祖考，犹亲涤器。人或代之，不从，以为无以达追慕之意。此可谓祭则致其严矣。

《孝经》[96]曰："身体发肤，受之父母，不敢毁伤，孝之始也。"

曾子有疾[97]，召门弟子曰："启[98]予足，启予手。《诗》[99]云：'战战兢兢，如临深渊，如履薄冰。'而今而后吾知免夫小子[100]。"

乐正子春[101]下堂而伤足，数月不出，犹有忧色。门弟子曰："夫子之足瘳矣，数月不出，犹有忧色，何也？"乐正子春曰："善，如尔之问也！善，如尔之问也！吾闻诸曾子，曾子闻诸夫子曰：'天之所生，地之所养，惟人为大。父母全而生之，子全而归之，可谓孝矣。不亏其体，不辱其身，可谓全矣，故君子顷步[102]而弗敢忘孝也，今予忘孝之道，予是以有忧色也。一举足而不敢忘父母，一出言而不敢忘父母。一举足而不敢忘父母，是故道而不径，舟而不游，不敢以先父母之遗体行殆；一出言而不敢忘父母，是故恶言不出于口，忿言不反于身。不辱其身，不羞其亲，可谓孝矣。"或曰：亲有危难，则如之何？亦忧身而不救乎？曰：非谓其然也。孝子奉父母之遗体，平居一毫不敢伤也；及其徇仁蹈义，虽赴汤火无所辞，况救亲于危难乎！古以死徇其亲者多矣。

晋末，乌程人潘综遭孙恩乱[103]，攻破村邑。综与父骠共走避贼，骠年老行迟，贼转逼。骠语综："我不能去，汝走可脱，幸勿俱死。"骠困乏坐地，综迎贼叩头曰："父年老，乞赐生命。"贼至，骠亦请贼曰："儿少自能走，今为老子不去。孝子不惜死，可活此儿。"贼因斫骠，综乃抱父于腹下。贼斫综头面，凡四创，综当时闷绝。有一贼从傍来会曰："卿举大事，此儿以死救父，云何可杀？杀孝子不祥。"贼乃止，父子并得免。

齐射声校尉庾道愍[104]，所生母漂流交州[105]，道愍尚在襁褓。及长，知之，求为广州绥宁府佐[106]。至府，而去交州尚远，乃自负担，冒岭自达。及至州，寻求母，经年不获，日夜悲泣。尝入村，日暮雨骤，乃寄止一家。有妪负薪自外还，道愍心动，因访之，乃其母也。于是俯伏号泣。远近赴之，莫不挥泪。

梁湘州主簿吉翂[107]，父天监初为原乡令[108]，为吏所诬，逮诣廷尉[109]。翂年十五，号泣衢路，祈请公卿。行人见者，皆为陨涕。其父理虽清白，而耻为吏讯，乃虚自引咎，罪当大辟。翂乃挝登闻鼓[110]，乞代父命。武帝嘉异之，尚以其童稚，疑受教于人，敕廷尉蔡法度严加胁诱，取其款实。法度乃还寺[111]，盛陈徽缥[112]，厉色问曰："尔求代父死，敕已相许，便应伏法。然刀锯至剧，审能死不？且尔童孺，志不及此，必人所教，姓名是谁？若有悔异，亦相听许。"对曰："囚虽蒙弱，岂不知死可畏惮！顾诸弟幼藐，唯囚为长，不忍见父极刑，自延视息。所以内断胸臆，上干万乘。今欲殉身不测，委骨泉壤。此非细故，奈何受人教耶？"法度知不可屈挠，乃更和颜诱，语之曰："主上知尊侯无罪行，当释。亮观君神仪明秀，足称佳童。今若转辞，幸父子同济[113]。奚以此妙年，苦求汤镬[114]？"曰："凡鲲鲕[115]蝼蚁，尚惜其生，况在人！斯岂愿齑粉。但父挂深劾，必正刑书。故思殒仆，冀延父命。"翂初见囚，狱掾依法备加桎梏。法度矜之，命脱其二械，更令著一小者。翂弗听，曰："翂求代父死，死囚岂可减乎！"竟不脱械。法度以闻，帝乃宥其父子。丹阳尹王志[116]求其在廷尉故事并诸乡居，欲于岁首，举充纯孝。曰："异哉王尹！何量翂之薄也。夫父辱子死，斯道固然，若翂有靦[117]面目，当其此举，则是因父买名，一何甚辱！"拒之而止。此其章章尤著者也。

【注释】

① 孝经：儒家经典十三经之一，是儒家的伦理著作，以孝为中心，论述孝道。作者各

说不一，以孔门后学所作较为合理。共十八章。现行版本是唐玄宗李隆基注本。

② 此句出自《孝经·三才章第七》。

③ 君子不贵：圣贤君子不敬重而鄙视之。

④ 此句出自《孝经·圣治章第九》。

⑤ 五刑：古代五种刑罚。秦前为墨刑（黥刑，刺面漆黑）、劓刑（割鼻）、刖刑（割膝盖骨）、宫刑（腐刑，割男女生殖器）、大辟（死刑）。秦汉时期为黥、劓、斩左右趾、枭首、菹其骨肉。隋唐后为死刑、流（流放、充军）、徒刑（服劳役）、杖刑（荆条或竹板或木棍敲打背臀腿）、笞刑（用竹板敲打）。属三千：属于五刑的有三千种罪行。

⑥ 此句出自《孝经·五刑章第十一》。

⑦ 此句出自《孟子·离娄下》。

⑧ 此句出自《孝经·纪孝行章第十》。

⑨ 此句出自《论语·为政》。

⑩ 礼：此句出自《礼记·内则》。

⑪ 敦牟：敦，古代青铜制的食器。牟，古代的土制的釜具。

⑫ 卮匜（zhī yí）：卮，古代的一种盛酒器。匜，古代青铜制的盥洗器具。

⑬ 馂（jùn）：剩下的食物。《礼记》孔氏疏"馂者，食余之名"。

⑭ 袒裼（tǎn xī）：脱去外衣露出内衣。《仪礼》注："裼者，免上衣见裼衣。"又一说，脱去外衣露出肉体。《玉篇》："裼，脱衣见体也。"

⑮ 不涉不撅（juē）：不徒步涉水，不掀起衣服。

⑯ 出必告，反必面：子女出门必告知父母去向，回家时亦必向父母面告外出情况。

⑰ 概：古代漆饰的酒尊。《周礼》："凡祼事用概。"郑玄注："脩、谟、概、散，皆器名。"

⑱ 尸：古代祭祀时，代表死者受祭的活人，一般以臣下或死者晚辈充任。

⑲ 訾（zǐ）：又作"訿"。毁谤非议。《元史》："相訾纷纷。"《礼记》："不苟訾"。

⑳ 服闇（àn）：服，从事，做……事。闇通"暗"，暗冥。在暗冥中做事。

㉑ 宋武帝：刘裕，字德舆，小字寄奴，祖籍江苏徐州，迁居江苏镇江。南朝宋的建立者，定都南京，国号宋，史称宋武帝。

㉒ 萧太后：宋武帝刘裕之继母，即孝懿萧皇后，江苏常州人。

㉓ 王宏：萧宏，字宣达，江苏常州人。南朝梁文帝萧顺第六子，梁武帝萧衍之弟。封临川郡王、任扬州刺史加都督，官至太尉，骠骑大将军。谥号"靖惠"。

㉔ 懿：萧懿，字元达。南朝梁武帝之长兄，官历任晋陵太守、中书令，追封长沙郡王，谥号"宣武"。

㉕ 东昏侯：萧宝卷，字智藏。南朝齐第六位皇帝，性残暴奢侈，被梁武帝萧衍兵围建康时所杀。追封东昏侯。

㉖ 慧思：俗姓李，河南上蔡人。南朝时期高僧，陈光大年间（567—568年）避难，居南岳，信徒甚众。陈宣帝迎住栖玄寺。

㉗ 此句出自《礼记·曲礼上》，三赐：皇帝对官员的赏赐，又名"三命"，一命受爵，二命受衣服，三命受车马。若三命接受车马荣誉超过父兄为非礼，而不敢受。

㉘ 国初：北宋初年，因此文为北宋司马光撰，故称国初。平章事：中书门下平章事之简称，唐宋时的宰相。王溥：字齐物，宋初山西祁县人，官历任后周太祖、周世宗、周恭帝、宋太祖两代四朝宰相。王氏又是著名的史学家，著《世宗实录》《唐会要》《五代会要》。父祚：王溥之父王祚，官历任隋州刺史、宿防御史、左领军卫上将军等职。

㉙ 私畜：私下蓄积钱货。畜，通"蓄"。

㉚ 丑夷：同辈人。丑，众。夷，同"侪"（chái），同类。

㉛ 此段引文出自《孟子·离娄上》。孟子：名轲，字子舆，山东邹城人。战国时思想家、政治家、教育家，儒学大家，孔子学说的继承人，有"亚圣"之称，著《孟子》。曾子：名参（shēn），字子舆，山东嘉祥人，春秋儒家，孔子的学生，相传著《大学》，有"宗圣"之称。曾皙：即曾点，曾参之父。曾元：曾参之子。

㉜ 彻：尽，终了。文中指吃饭将完毕终了。

㉝ 亡（wú）：通"无"，没有。《说文解字注》："亡，亦假借为有无之无。"

㉞ 老莱子：春秋末期楚国隐士，以孝著称，事载《孝子传》。

㉟ 弄雏：做幼儿游戏。弄，游戏。雏，幼儿。

㊱ 江革：字次翁，山东淄博人。后汉官员，拜谏议大夫。

㊲ 下邳：今江苏睢宁县。

㊳ 裸跣行：赤身光脚走路。

㊴ 建武：汉光武帝刘秀年号，即公元25—56年。

㊵ 案比：又称案户比民，是汉代的户口登记和核查。《东观汉记》："方今八月案比之时，谓案验户口次比之也。"

㊶ 王延：字延元，西晋山西离石人。九岁丧母，继母虐待，王延竭力尽孝，感悟继母。年六十方入仕，官历任尚书左丞、金紫光禄大夫。

㊷ 何子平：南朝宋浙江绍兴人，官历任南朝宋海虞县令，今江苏常熟市。

㊸ 郭原平：字长泰，南朝宋浙江萧山人，南朝宋时名士，事载《宋史·列传五十一·孝义》。

㊹ 直：值、工资。《后汉书·班超传》："为官写书，受直以养老母。"

㊺ 曹成王皋：即曹成王李皋，字子兰，唐太宗李世民孙，嗣曹王爵位，官历任衡州刺史、湖南观察使、江南西道节度使、荆南节度使、山南东道节度使等职。追赠右仆射、太子太师。谥号"成"。事载《旧唐书·列传第八十一》。

㊻ 在治：治，惩办、治罪、处罪。在治，在接受治罪的时间内。

㊼ 太妃：皋之母。太妃即对父王遗孀妃子的称呼，魏晋后诸王之母的封号。
㊽ 笏（hù）：朝笏，大臣上朝时手中握的记事板。鱼：鱼符，臣子佩戴的信物。
㊾ 直：中直，辨明冤屈，申雪。苏轼《子姑神记》："妾虽死不敢诉也，而天使见之，为直其冤。"
㊿ 礼：指《礼记·曲礼上》。
㉛ 栉（zhì）：梳头发。白居易《与元九书》："今俟罪浔阳，除盥栉食寝外无余事。"
㉜ 翔：张开两臂似鸟飞。《说文解字》："翔，回飞也。"
㉝ 笑不至矧（shěn）：笑不露齿。矧，齿龈。《礼记·曲礼上》郑玄注："齿本曰龈，大笑则见。"
㉞ 文王：此指周文王姬昌。世子：天子，诸侯的嫡长子。此指周文王系父之嫡长子。王季：周文王之父，周武王继位追尊为王季。
㉟ 内竖：古代宫中传达王命的小吏。御者：值班人。
㊱ 莫（mù）：同"暮"。《说文解字》："莫，日且冥也。"日落黄昏时。
㊲ 间：应为"閒"（jiàn），病愈。《论语·子罕》："病閒。"孔安国注："病少差曰閒也。"
㊳ 汉文帝：即西汉第四任皇帝刘恒，八岁封为代王。
㊴ 薄太后：汉文帝刘恒之母，即薄姬，今江苏苏州人。汉高祖刘邦俘虏秦末魏王豹，夺其妃薄姬，纳于后宫，召幸，生刘恒。刘恒称帝，尊母薄姬为皇太后，史称薄太后。事载《史记·外戚世家》。
㊵ 范乔：字伯孙，晋代河南民权人，父范粲，字承明，官任曹魏太宰中郎。齐王曹芳被废，范粲装疯而不仕。事载《晋书·隐逸列传》。
㊶ 庾黔娄：字子贞，南朝齐国河南新野人，官任孱（chàn）陵县令（今湖北省公安县）。事载《南史》。
㊷ 差：同"瘥"，病愈。剧：疾病加重。
㊸ 稽：稽首，磕头跪拜。颡：额头。北辰：北斗星。对着北斗星辰，磕头跪拜，祈祷疾病痊愈。
㊹ 征君：此指庾黔娄之父庾易，曾被朝廷征召而未就的隐士之称。
㊺ 后魏：又称"北魏"，即南北朝之北魏，以区别三国曹魏。魏孝文帝拓跋宏，又名元宏，北魏第七位皇帝。事载《魏书·帝纪第七》。
㊻ 献文：此指北魏献文帝拓跋弘，北魏文成帝之长子，北魏孝文帝之父。年号天安，皇兴。谥号"献文"。事载《魏书·帝纪第六》《北史·魏本纪第二》。
㊼ 孝昭帝：即高演，字延安，南北朝北齐第三位皇帝，年号皇建，谥号"孝昭"，庙号"肃宗"。事载《北齐书·帝纪第六》。
㊽ 孝经：此段出自《孝经·丧亲章第十八》。
㊾ 簠簋（fǔ guǐ）：两者均为古代青铜制的食器，簠为长方形，簋为圆形。《周礼》郑玄

注:"方曰簠,圆曰簋,盛黍稷稻粱器。"

⑦ 擗(pǐ):捶胸。踊:顿足。形容极度悲伤的样子。

⑦ 方册:典籍。方,古代书写用的木板。册,古代文书用的竹简,编简名为册。

⑦ "孔子曰"句出自《礼记·杂礼下》。

⑦ 少(shǎo)连、大连:古代鲜卑族名贤人。

⑦ 高子皋:即高柴,字子羔,又名字皋。春秋魏国人,孔子弟子。

⑦ 颜丁:春秋时鲁国人。此段故事见《礼记·檀弓下》。

⑦ 皇皇:内心惊恐不安的样子。成语"人心皇皇(惶惶)"。

⑦ 望望:恋恋不舍的样子,依恋。《礼记》郑玄注:"望望,瞻顾之貌也。"唐董思恭《感怀》:"望望勿超远,何由见所思?"

⑦ 苏颋(tǐng):字廷硕,唐朝陕西扶风人。唐代政治家、文学家,进士出身,官历任监察御史、太常少卿、工部侍郎、中书侍郎、礼部尚书、拜相。追赠尚书右丞相,谥号"文宪"。著《苏颋集》。

⑦ 睿宗:唐睿宗,李旦,又名李旭、李轮,唐高宗李治第八子,前后两次称帝,禅位唐玄宗李隆基。

⑧ 李日知:河南荥阳人。唐代进士出身,官历任司刑丞、宰相。事载《旧唐书·列传第一百三十八》。

⑧ 殒绝:昏厥。《周书》:"殒绝于地。"

⑧ 终制:服满父丧三年孝期。古代时的"丁忧守制"。

⑧ 李涵:唐朝中期宗室,官历任尚书右仆射、襄武县公、太子太保。事载《旧唐书·列传第七十六》。

⑧ 代宗:唐代宗李豫,唐肃宗李亨长子,唐朝第八位皇帝。谥号"睿文孝武皇帝",庙号"代宗"。

⑧ 祭如在:语出《论语·八佾》:"祭如在,祭神如神在。"

⑧ 僾(ài):仿佛。《礼记》:"祭之日,入室,僾然必有见乎其位。"

⑧ 忾(xì):叹息。《诗经·国风·下泉》:"忾我寤叹,念彼周京。"

⑧ 致悫(què)则著:悫,诚实,谨慎。对先人至诚,则其色、其声、其喜好,明显存在孝子心中。

⑧ 齐齐乎:整齐严肃的样子。《礼记》陈澔注:"齐齐,整肃之貌。"

⑨ 愉愉乎:和顺的样子。《礼记》孙希旦注:"愉愉乎其忠者,言其和顺之发于诚也。"

⑨ 勿勿乎:勤恳不懈的样子。《礼记》郑玄注:"勿勿,犹勉勉也。"

⑨ 此句出自《诗经·大雅·抑》。意为思想境界高远,常人所不能及,难道可以讨厌他吗?

⑨ 斁(yì):讨恶,厌恶。

⑨ 孟蜀:指五代十国中的后蜀,孟知祥所建,定都成都,为高祖。事载《新五代史》

《旧五代史》。

⑼ 太子宾客：唐代始置，为太子宫属官。职责是《新唐书·百官志四上》："掌侍从规谏，赞相礼仪。"

⑽ 此句出自《孝经·开宗明义章第一》。

⑾ 此段出自《论语·泰伯》。

⑿ 启：同"晵"，视，看。《广雅》："晵，视也。"

⒀ 此句出自《诗经·小雅·小旻》。

⒁ 吾知免夫小子：弟子，我已自知免于患难了。小子，对弟子的爱称。

⒂ 乐正子春：复姓乐正，名子春，春秋时期鲁国人，曾子的弟子，以至孝闻名。此段故事出自《礼记·祭义》。

⒃ 顷（kuǐ）步：同"跬"，半步。《礼记》郑玄注："顷，当为跬，声之误也。"陆德明释文："一举足为跬，再举足为步。"

⒄ 潘综：晋末南北朝宋初，浙江湖州人，以死救父出名，事载《宋史·孝义传》。孙恩：字灵秀，晋代安徽滁县人。以"五斗米道"邪教聚众造反，攻陷绍兴及东吴诸郡，自称"征东将军"，进攻临海失败，跳海自杀。史称"海寇之始"，海盗代名词。

⒅ 庾（yǔ）道愍（mǐn）：南朝宋、齐河南鄢陵县人，以孝道著称，官任南朝齐射声校尉。

⒆ 交州：西汉治所在今越南北宁省仙游东，后移至今广西梧州、广东番禺区等地。

⒇ 绥宁：今广西宾阳县。府佐：地方行政官员。

㉑ 吉翂（fēn）：字彦霄，南北朝湖北钟祥人，梁武帝湘州（今湖北省大悟县）主簿，将帅幕僚，兼掌管文书之官。

㉒ 天监：南北朝梁武帝萧衍年号，公元502—519年。原乡令：今浙江安吉县，县令。

㉓ 廷尉：最高司法长官。

㉔ 挝（zhuā）：敲打、击。《玉篇》："挝，打鼓也。"登闻鼓：古代设朝堂外的悬鼓，供臣民击鼓鸣冤或上奏谏议给皇上。

㉕ 寺：此指大理寺，似今最高法院。

㉖ 徽纆（mò）：绳索。三股曰徽，二股曰纆。用于捆绑俘虏或罪犯的绳索。《易·坎》："上六，系用徽纆，置于丛棘。"

㉗ 同济（jì）：共同度过（这次危难）。济，渡过。《广韵》："济，渡也。"

㉘ 汤镬（huò）：古代的一种酷刑，把犯人投入盛有滚开水的无足大鼎中活活煮死。

㉙ 鲲鲕蝼蚁：比喻位卑力微之小人物。鲲鲕（ér），鱼卵。《国语》："鱼禁鲲鲕。"韦昭注："鲲，鱼子也；鲕，未成鱼也。"

㉚ 王志：南北朝梁代临沂人，官任丹阳尹，官至散骑常侍，书法家，世称"书圣"。谥号"安"。

㉛ 觍（tiǎn）：惭愧的样子。《诗经·小雅·何人斯》："有觍面目，视人罔极。"

卷五
子下

《书》称舜:"烝烝乂,不格奸"①,何谓也? 曰:言能以至孝,和顽嚚,昏傲②,使进进以善自治,不至于大恶也。

曾子耘瓜,误斩其根。晳怒,建大杖以击其臂,曾子仆地而不知人。久之乃苏,欣然而起,进于曾晳曰:"向③也! 参得罪于大人,用力教参,得无疾乎?"退而就房,援琴而歌,欲令曾晳闻之,知其体康也。孔子闻之而怒,告弟子曰:"参来,勿内④。"曾参自以为无罪,使人请于孔子。孔子曰:"汝不闻乎? 昔舜之事瞽瞍,欲使之,未尝不在于侧;索而杀之,未尝可得。小捶则待过,大杖则逃走,故瞽瞍不犯不父之罪,而舜不失烝烝之孝。今参事父,委身以待暴怒,殪⑤而不避,身既死而陷父于不义,其不孝孰大焉? 汝非天子之民乎? 杀天子之民,其罪奚若⑥?"曾参闻之,曰:"参,罪大矣!"遂造孔子而谢过,此之谓也。

或曰:"孔子称色难。色难者,观父母之志趣,不待发言而后顺之者也。然则《经》⑦何以贵于谏争乎?"曰:"谏者,为救过也。亲之命可从而不从,是悖戾也;不可从而从之,则陷亲于大恶。然而不谏是路人,故当不义则不可不争也。"或曰:"然则争之能无咈⑧亲之意乎?"曰⑨:"所谓'争'⑩者,顺而止之,志在必于从也。"孔子曰:"事父母几谏。见志不从,又敬不违,劳而不怨。"

《礼》⑪:"父母有过,下气怡色,柔声以谏。谏若不入,起敬起孝⑫。说⑬则复谏。不说,则与其得罪于乡党州闾⑭,宁熟谏。父母怒,不说而挞之流血,不敢疾怨,起敬起孝。"又曰⑮:"事亲有隐而无犯。"又曰⑯:"父母有过,谏而不逆。"又曰⑰:"三谏而不听,则号泣而随之,言穷无所之也。"或曰:"谏则彰亲之过,奈何?"曰:"谏诸内,隐诸外者也,谏诸内,则亲过不远。隐诸外,故人莫得而闻也。且孝子善则称亲,过则归己。《凯风》⑱曰:'母氏圣善,我无令人。'其心如是,夫又何过之彰乎?"

或曰:"子孝矣,而父母不爱,如之何?"曰:"责己而已。昔舜父顽、母嚚、象傲,日以杀舜为事。舜往于田,日号泣于旻天⑲。于父母负罪引慝,只载见瞽瞍⑳,夔夔斋栗㉑,瞽瞍亦允若,诚之至也。如瞽瞍者犹信而顺之,况不至是者乎?"

曾子曰："父母爱之，喜而不忘；父母恶之，惧而弗怨。"㉒

汉侍中薛包㉓，好学笃行。丧母，以至孝闻。及父娶后妻而憎包，分出之。包日夜号泣，不能去。至被殴杖，不得已，庐于舍外，且入而洒扫。父怒，又逐之。乃庐于里门，晨昏不废。积岁余，父母惭而还之。

晋太保王祥㉔至孝，早丧亲，继母朱氏不慈，数谮之，由是失爱于父，每使扫除牛下㉕，祥愈恭敬。父母有疾，衣不解带，汤药必亲尝。有丹柰㉖结实，母命守之，每风雨，祥辄抱树而泣。其笃孝纯至如此。母终，居丧毁悴，杖而后起。

西河人王延㉗，九岁丧母，泣血三年，几至灭性。每至忌月，则悲泣三旬。继母卜氏，遇之无道，恒以蒲穰㉘及败麻头与延贮衣。其姑闻而问之，延知而不言，事母弥谨。卜氏尝盛冬思生鱼，敕延求而不获，杖之流血。延寻汾凌㉙而哭，忽有一鱼长五尺，踊出冰上，延取以进母。卜氏心悟，抚延如己生。

齐始安王谘议刘沨㉚父绍，仕宋，位中书郎。沨母早亡，绍被敕纳路太后兄女为继室。沨年数岁，路氏不以为子，奴婢辈捶打之无期度。沨母亡日，辄悲啼不食，弥为婢辈所苦。路氏生潇，沨怜爱之，不忍舍，常在床帐侧。辄被驱捶，终不肯去。路氏病，经年，沨昼夜不离左右。每有增加，辄流涕不食。路氏病瘥㉛，感其意，慈爱遂隆。路氏富盛，一旦为沨立斋宇，筵席不减侯王。

唐宣歙观察使崔衍父伦为左丞㉜，继母李氏，不慈于衍。衍时为富平㉝尉，伦使于吐蕃，久方归。李氏衣敝衣㉞以见伦，伦问其故，李氏称伦使于蕃中，衍不给衣食。伦大怒，召衍责诟，命仆隶拉于地，袒其背，将鞭之。衍泣涕，终不自陈。伦弟殷闻之，趋往，以身蔽衍，杖不得下，因大言曰："衍每月俸钱皆送嫂处，殷所具知，何忍乃言衍不给衣食？"伦怒乃解。由是伦遂不听李氏之谮。及伦卒，衍事李氏益谨。李氏所生次子，每多取母钱㉟，使其主以书契征负于衍，衍岁为偿之。故衍官至江州刺史㊱而妻子衣食无所余。子诚孝而父母不爱，则孝益彰矣，何患乎！

或曰："妻子失亲之意，则如之何？"曰："《礼》㊲：'子甚宜其妻，父母不悦，出㊳。'子不宜其妻，父母曰：'是善事我。'子行夫妇之礼焉，没身不衰。"

汉司隶校尉鲍永㊴，事后母至孝。妻尝于母前叱狗，永去之。

齐征北司徒记室刘瓛㊵，母孔氏，甚严明。瓛年四十余，未有婚对。建元㊶中，高帝与司徒褚彦回㊷为瓛娶王氏女。王氏穿壁挂履，土落孔氏床上，孔氏不悦，瓛即出其妻。

唐凤阁舍人李迥秀㊸，母氏庶贱，其妻崔氏尝叱媵婢㊹，母闻之不悦，迥秀即时出妻。或止之曰："贤室虽不避嫌疑，然过非出状，何遽如此？"迥秀曰："娶妻本以养亲，今违忤颜色，何敢留也！"竟不从。

后汉郭巨㊺，家贫，养老母，妻生一子三岁，母常减食与之。巨谓妻曰："贫乏不能供给，共汝埋子。子可再有，母不可再得。"妻不敢违，巨遂掘坑二尺余，得黄金一釜。或曰："郭巨非中道㊻。"曰："然，以此教民，民犹厚于慈而薄于孝。"

或曰：五母㊼ 在《礼》㊽，律皆同服。凡人事嫡、继、慈、养之情，乌能比于所生？或者疑于伪与？曰：是何言之悖也？在《礼》：为人后者，斩衰㊾三年。《传》曰：何以三年也？受重者必以尊服，服㊿之。何如而可为之后？同宗则可为之后。如何而可以为人后？支子可也。为所后者之祖、父母、妻、妻之父母、昆弟、昆弟之子若子。继母如母。《传》曰：继母何以如母？继母之配父与因母同。故孝子不敢殊也。慈母如母。《传》曰：慈母者，何也？妾之无子者，妾子之无母者，父命妾曰："以为子。"命子曰："女㉛以为母。"若是，则生养之，终其身如母，死则丧之三年如母，贵父之命也。况嫡母，子之君也，其尊至矣。

梁中军田曹行参军庾沙弥㉜，嫡母刘氏寝疾。沙弥晨昏侍侧，衣不解带。或应针灸，辄以身先试。及母亡，水浆不入口累日。初进大麦薄饮，经十旬，方为薄粥，终丧，不食盐酱。冬日不衣绵纩，夏日不解衰绖㉝，不出庐户，昼夜号恸，邻人不忍闻。所坐荐㉞，泪沾为烂。墓在新林，忽有旅松㉟百许株枝叶郁茂，有异常松。刘好啖甘蔗，沙弥遂不复食之。

汉丞相翟方进㊱，既富贵，后母犹在，进供养甚笃。太尉胡广㊲年八十，继母在堂，朝夕赡省，旁无几杖，言不称老。

汉显宗㊳命马皇后母养肃宗㊴，肃宗孝性纯笃，母子慈爱，始终无纤介之间。帝既专以马氏为外家，故所生贾贵人不登极位。贾氏亲宗，无受宠荣者。及太后崩，乃策书㊵加贵人玉㊶赤绶㊷而已。

古人有丁兰㊸者，母早亡，不及养，乃刻木而事之。彼贤者，孝爱之心发于天性，失其亲而无所施，至于刻木，犹可事也，况嫡继慈养之存乎？圣人顺贤者之心而为之礼，岂有圣人而教人为伪者乎？

葬者，人子之大事。死者以窀穸㊹为安，宅兆而未葬，犹行而未有归也。是以孝子虽爱亲，留之不敢久也。古者，天子七月，诸侯五月，大夫三月，士逾月。诚由礼物有厚薄，奔赴有远近，不如是不能集也。

国家诸令，王公以下皆三月而葬，盖以待同位外姻之会葬⑥者适时之宜，更为中制⑥也，《礼》：未葬不变服，啜粥，居倚庐，寝苦枕块⑥，既虞⑥而后有所变。盖孝子之心，以为亲未获所安，己不敢即安也。

汉蜀郡太守廉范⑥，王莽大司徒丹⑥之孙也。父遭丧乱，客死于蜀汉，范遂流寓西州。西州平，归乡里。年五十，辞母西迎父丧。蜀都太守张穆，丹之故吏，重资送范。范无所受，与客步负丧归葭萌⑥。载船触石破没，范抱持棺柩，遂俱沉溺。众伤其义，钩求得之，疗救仅免于死，卒得归葬。

宋会稽贾恩⑥，母亡未葬，为邻火所逼，恩及妻栢氏号泣奔救。邻近赴助，棺槥得免，恩及栢氏俱烧死。有司奏，改其里为"孝义里"，蠲⑥租布三世，追赠"恩显亲左尉"。

会稽郭原平⑥，父亡，为茔圹凶功不欲假人，己虽巧而不解作墓，乃访邑中有茔墓者，助之运力，经时展勤，久乃闲练。又自卖丁夫⑥以供众费。窀穸之事，俭而当礼，性无术学，因心自然。葬毕，诣所买主，执役无懈，与诸奴分务，让逸取劳，主人不忍使，每遣之。原平服勤，未尝暂替。佣赁养母，有余聚以自赎。

海虞令何子平⑥，母丧去官，哀毁逾礼，每至哭踊，顿绝方苏。属大明⑥末，东土饥荒，继以师旅，八年不得营葬。昼夜号哭，常如袒括⑥之日，冬不衣絮，暑不就清凉，一日以数合米为粥，不进盐菜。所居屋败，不蔽风日，兄子伯与欲为葺理，子平不肯，曰："我情事未伸，天地一罪人耳，屋何宜覆？"蔡兴宗⑥为会稽太守，甚加矜赏，为营冢圹。

新野庾震⑥丧父母，居贫无以葬，赁书以营事，至手掌穿，然后成葬事。

贤者于葬，何如其汲汲⑥也。今世俗信术者妄言，以为葬不择地及岁月日时，则子孙不利，祸殃总至，乃至终丧除服，或十年，或二十年，或终身，或累世，犹不葬，至为水火所漂焚，他人所投弃，失亡尸柩，不知所之者，岂不哀哉！人所贵有子孙者，为死而形体有所付也。而既不葬，则与无子孙而死道路者奚以异乎？《诗》⑥云："行有死人，尚或殣⑥之。"况为人子孙，乃忍弃其亲而不葬哉！

唐太常博士吕才⑥《叙葬书》⑥曰："《孝经》云：'卜其宅兆，而安厝⑥之。'"盖以窀穸既终，永安体魄，而朝市迁变，泉石交侵，不可前知，故谋之龟筮。近代或选年月，或相墓田，以为一事失所，祸及死生。按《礼》：天子、诸侯、大夫葬，皆有月数，则是古人不择年月也。《春秋》：'九月丁巳葬定公⑥，雨，不克葬；戊午日中，乃克葬，是不择日也。'郑简公[88]司墓之室，当道[89]，毁之则朝而窆[90]，不毁则日中而窆。子产不毁。是不择时也。古之葬者，皆于国都之北，域有常处，是不择地也。今葬者，以为子孙富贵贫贱夭寿，皆因卜所致。夫子文为令尹而三已[91]，柳下惠为士师而三黜[92]，讨其邱垅，未尝改移。而野俗无识，妖巫妄言，遂于躄踊之际，择葬地而希官爵；荼毒之秋，选葬时而规[93]财利。"斯言至矣。夫"死生有命，富贵在天"[94]，固非葬所能移。就使能移，孝子何忍委其亲不葬而求利己哉？世又有用羌胡[95]法，自焚其柩收烬骨而葬之者，人习为常，恬莫[96]之怪。呜呼！讹俗悖戾，乃至此乎！或曰：旅宦远方，贫不能致其柩，不焚之何以致其就葬？曰：如廉范辈，岂其家富也？延陵季子[97]有言："骨肉归复于土，命也，魂气则无不之也。"舜为天子，巡狩至苍梧[98]而殂，葬于其野。彼天子犹然，况士民乎！必也无力不能归其柩，即所亡之地而葬之，不犹愈于毁焚乎？或曰：生事之以礼，死葬之以礼，祭之以礼，具此数者，可以为大孝乎？曰："未也。"天子以德教加于百姓，刑于四海为孝；诸侯以保社稷为孝；卿大夫以守其宗庙为孝；士以保其禄位为孝。皆谓能成其先人之志，不坠其业者也。

晋庾衮[99]父戒衮以酒，衮尝醉，自责曰："余废先人之戒，其何以训人？"乃于父墓前自杖三十。可谓能不忘训辞矣。

《诗》[100]云："题彼脊令，载飞载鸣，我日斯迈，而月斯征。夙兴夜寐，无忝尔所生。"

《经》[101]曰："立身行道，扬名于后世，以显父母，孝之终也。"又曰[102]："事亲者，居上不骄，为下不乱，在丑[103]不争。居上而骄则亡，为下而乱则刑，在丑而争则兵。三者不除，虽日用三牲之养，犹为不孝也。"

《内则》[104]曰："父母虽没，将为善，思贻父母令名，必果；将为不善，思贻父母羞辱，必不果。"

公明仪[105]问于曾子曰："夫子可以为孝乎？"曾子曰："是何言欤！是何言欤！君子之所谓孝者，先意承志，谕父母于道。参直养者也，安能为孝乎。"

曾子曰："身也者，父母之遗体也。行父母之遗体，敢不敬乎？居处不庄非孝也，事君不忠非孝也，莅官不敬非孝也，朋友不信非孝也，战陈无勇非孝也。五者不备，灾及其亲，敢不敬乎？亨熟膻芗[106]，尝而荐之，非孝也。君子之所谓孝也，国人称愿然[107]，曰：'幸哉！有子如此！'所谓孝也已。"为人子能如是，可谓之孝有终矣。

【注释】

① 书：此指《书经》，即《尚书》。称：颂、赞、称道。舜：上古部落首领，继承尧帝位，称舜帝。此句出自《书经·尧典》，蔡沈注："言舜不幸遭此，而能和以孝，使之烝烝以善自治，而不至于大为奸恶也。"烝：进。乂（yì）：治理。

② 和顽嚚（yín），昏傲：《尚书·尧典》："父顽，母嚚，象傲，克谐以孝。"舜之父无德无义。舜之母，乃后母，愚顽奸诈。象是舜的异母之弟，傲慢、狂妄。舜皆以孝道与他们和谐相处。据《尚书·尧典》，此句有误，应为"和顽嚚象傲"。

③ 向：刚才，向来。《金史》："向见年少妇人自水边小径去矣。"

④ 内（nà）：通"纳"。进来，入。《说文解字》："内，入也。自外而入也。"

⑤ 殪（yì）：死，杀死。《尔雅》："殪，死也。"

⑥ 奚若：如何，怎样。《礼记·檀弓下》郑玄注："奚若，何如也。"

⑦ 经：此指《孝经·谏诤章第十五》。

⑧ 咈（fú）：违背，今作"拂"。违逆。《世要论争》："咈人之耳，违人之意。"

⑨ 此句出自《论语·里仁》。

⑩ 争：直言规劝。后作"诤"。

⑪ 此句出自《礼记·内则》。

⑫ 起敬起孝：起，作"更"解。更敬更孝。

⑬ 说（yuè）：古通"悦"。喜悦，高兴，愉快。

⑭ 乡党州闾：《周礼》言，二十五家为闾，四闾为族，五族为党，五党为州，五州为乡。此指乡里民众。

⑮ 此句出自《礼记·檀弓上》。此句意为和亲人相处，虽有隐私而无冒犯。

⑯ 此句出自《礼记·祭义》。此句意为父母有过错，子女可以劝谏，但不能忤逆他们。

⑰ 此两句出自《礼记·曲礼下》。此句意为以情动人，而作规劝。

⑱ 凯风：《诗经·国风·邶风》中一篇。此句意为母亲善待我们，我们却无善举报答母亲。

⑲ 旻（mín）天：秋天。《说文解字》："旻，秋天也。"此泛指苍天。

⑳ 瞽瞍：舜父之名，又名"瞽叟"。

㉑ 夔（kuí）夔斋栗：此句出自《书经·大禹谟》。战战兢兢，诚惶诚恐。

㉒ 此句出自《礼记·祭义》。

㉓ 薛包：字孟尝，后汉河南汝南人。官任侍中。

㉔ 王祥：晋代江苏临沂人，晋武帝拜太保，谥号"元"。事载《晋书·王祥传》。

㉕ 牛下：牛的排泄物。此事载晋·干宝《搜神记·卷十一》。

㉖ 丹柰：又名"丹柰""朱柰"，柰的一种，有白、赤、青三色，白者名素柰，赤者名丹柰，青者名绿柰。

㉗ 王延：字延元，西晋西河人。官历任尚书左丞、金紫光禄大夫。事载《晋书·列传第五十八》。
㉘ 蒲穰（ráng）：水生植物香蒲的瓤状花絮，蓬松而不保暖。
㉙ 汾：汾河，黄河第二支流，位于山西省内。凌："冰凌"。
㉚ 齐：指南齐。始安王：南齐始安王，即萧遥光，字元晖，初任中书郎，屡任辅国将军、湘州刺史。谘议：咨议参军，为王公府、军府佐吏。刘沨：字处和，南朝南齐河南南阳人，官任始安王谘议。后因始安王有异志，刘沨谏诤不从，事败被杀。
㉛ 瘥（chài）：病愈。
㉜ 崔衍：字著，唐朝山东临朐人。官任安徽宣城（宣州）、歙县（歙州）观察使，谥号"懿"。崔伦：崔衍之父，字叙，进士出身，官历任吏部员外郎、尚书左丞，谥号"敬"。左丞：总辖吏部、户部、礼部之官。
㉝ 富平：今陕西省富平县。
㉞ 衣（yì）敝衣（yī）：穿破烂的旧衣服。前衣为动词，后衣为名词。
㉟ 母钱：此指借贷的本钱，相对子钱（利息）而言。母钱原意为朝廷铸钱的标准样板钱。
㊱ 江州：今湖北宣都县。刺史：州长官。
㊲ 礼：词句出自《礼记·内则》。
㊳ 出：休弃。《大戴礼记·本命》："妇有七去：不顺父母去，无子去，淫去，妒去，有恶疾去，多言去，窃盗去。"七去，七种休妻的理由。
㊴ 鲍永：字君长，后汉河北盐山人。官历任尚书仆射、谏议大夫、司隶校尉。封关内侯。事载《后汉书》。
㊵ 刘瓛：字子珪，南北朝齐安徽睢溪人，儒家大家，官任司徒记室，谥号"贞简先生"。事载《南朝齐·列传第二十》。
㊶ 建元：南齐高帝萧道成年号，公元479—482年。
㊷ 褚彦回：褚渊，字彦回，南齐河南禹县人。官任尚书右仆射、中书令、尚书令、司空、骠骑将军。谥号"文简"。事载《南齐书·列传第四》。
㊸ 李迥秀：字茂之，唐朝陕西泾阳人。进士出身，官任考功员外郎，武则天时升凤阁舍人（中书舍人），后任鸿胪卿、兵部尚书等职，追赠侍中。事载《新唐书·卷九十九》。
㊹ 媵（yìng）婢：古代陪嫁的贴身丫头。《列女传》："使媵婢取酒而进之。"
㊺ 郭巨：东汉河南林县人，一说河南温县人。以孝闻名，他"埋儿孝母"的故事收录《内丘县志》中，《搜神记》《二十四孝》亦收载，但遭后人非议（鲁迅《朝花夕拾》）。
㊻ 中（zhòng）道：合乎道义，《礼记·中庸》："从容中道，圣人也。"郭巨孝母是正道，

埋子则是不当之举。

㊼ 五母：此指嫡母、继母、慈母、养母、生母。

㊽ 此段出自：《礼仪·丧服》。

㊾ 斩衰（cuī）：丧服名。亲属中按亲疏（近亲和远亲），丧服分五类：斩衰、齐衰、大功、小功、缌麻。斩衰是最重的丧服，用最粗的生麻布制衣，断处外露不缉边，丧服上衣叫“衰”，故称“斩衰”。

㊿ 服：动词，穿衣。上“尊服”为名词。

(51) 女（rǔ）：通“汝”，你，第二人称，代词。《集韵》：“女，尔也，通作汝。”

(52) 庾沙弥：南北朝梁河南鄢陵人，以孝道闻名。官历任三军之首的中军、田曹行参军、邵陵王参军、长城县令。事载《南史》。

(53) 衰绖（cuī dié）：丧服中的麻带，在首为首绖，在腰为腰绖。

(54) 荐：草席、草垫子。《广雅》：“荐，席也。”如草荐，荐席。

(55) 旅松：不种而生的松树。

(56) 翟方进：字子威，后汉河南上蔡人。西汉后期著名政治家，官历任朔方刺史、京兆尹、宰相。封高陵侯，谥号“恭”。事载《汉书·翟方进传》。

(57) 胡广：字伯始，后汉湖北监利人。后汉学者、官员。官历任尚书郎、尚书仆射、汝南太守、大司农、司徒、太尉等职。封安乐乡侯，谥号“文恭”。著《百官箴》《汉官解诂》。事载《后汉书·列传第三十四》。

(58) 汉显宗：汉明帝刘庄，初名刘阳，后汉第二位皇帝，汉光武帝刘秀第四子，在位十九年。谥号“孝明皇帝”，庙号“显宗”。事载《后汉书·显宗孝明帝纪第二》。马皇后：明德皇后马氏。

(59) 肃宗：汉章帝刘炟，后汉第三位皇帝，汉明帝刘庄第五子，母贾贵人。谥号“孝章皇帝”，庙号“肃宗”。事载《后汉书·肃宗孝章帝纪第三》。

(60) 策书：同“册书”，帝王用册立、封赠的诏书。

(61) 玉：此指皇帝的玉玺、玉印。

(62) 赤绶：指系在玉玺上的红色丝带。

(63) 丁兰：后汉人，以刻木事亲闻名，全国多地，如无锡、杭州、襄樊、马鞍山、莆田、兴平、徐州、台湾广为流传，事载《孝子传》《初学记》《二十四孝》。

(64) 窀穸（zhūn xī）：墓穴。《春秋左传诂》：“古字作屯夕，后加穴，以窀穸为墓穴。”

(65) 同位：同等地位的人。外姻：母、妻等女方的姻亲。会葬：共同会商葬事。

(66) 中（zhōng）制：符合制度规定。

(67) 寝苫：睡在草垫上。枕块：以土块作枕头，即枕以土块。

(68) 既虞：古代的一种葬礼仪式，即葬后拜祭。

(69) 廉范：字叔度，后汉陕西长安人，赵将廉颇之后辈。官历任云中郡守，匈奴不敢进犯，又任蜀郡太守。事载《后汉书·廉范传》。

⑦⓪ 王莽：字巨君，西汉河北邯郸人，汉元帝皇后侄。西汉政治家、改革家。西汉末年，汉哀帝早亡，王莽乘机窃取皇位称帝，改国号为"新"，年号"始建国"，史称"王莽改制"。在位十五年，后被绿林军所杀，新朝亡。事载《汉书·王莽传》。丹：廉丹，廉范之祖父。

⑦① 葭萌：今四川广元。

⑦② 贾恩：南北朝宋时浙江诸暨人，以孝道闻名，追赠"天水部显亲县左尉"。事载《宋书·孝义》。

⑦③ 蠲（juān）：通"捐"。免除，除去，去掉。如蠲免钱粮。

⑦④ 郭原平：字长恭，南北朝宋时浙江绍兴人，名士，事亲至孝。事载《宋书·列传第六十三》。

⑦⑤ 丁夫：壮健男子。《三国志》："又多残老，少有丁夫。"此指服力役的人夫，即出卖自己的劳力。

⑦⑥ 何子平：南北朝宋时安徽霍山人，官任吴郡海虞县令，今江苏常熟市。事载《宋义·孝义》。

⑦⑦ 大明：南朝宋孝武帝年号。公元457—464年。

⑦⑧ 袒括：古丧礼，死者已小敛，吊丧者袒衣括发而吊。《礼记·檀弓上》："主人即小敛，袒、括发。"

⑦⑨ 蔡兴宗：字兴宗，南北朝宋时河南商丘民权人。南北朝宋官员，历任东阳太守、吏部尚书、尚书右仆射、会稽太守、左光禄大夫等职。事载《宋书·列传第十七》《南史·列传第十九》。

⑧⓪ 庾震：字彦文，南北朝梁时河南新野人。事载《南史·孝义传》。

⑧① 汲汲（jí）：形容心情急切的样子，急于得到。《礼记·问丧》孔颖达注："汲汲然者，促急之情也。"《五柳先生传》："不戚戚于贫贱，不汲汲于富贵。"

⑧② 此句出自《诗经·小雅·小弁》。

⑧③ 行有死人，尚或墐（jìn）之：道路上见有死人，还有善人去埋葬他。墐，掩埋，埋葬。

⑧④ 吕才：今山东聊城唐高县人。唐代哲学家、无神论者、自然科学家、音乐家。著《叙葬书》《叙禄命》《因明注解立破义图》等。官任唐太宗太常博士、太常丞、太子司更大夫等职。事载《旧唐书·吕才列传》《新唐书·吕才列传》。

⑧⑤ 叙葬书：吕才撰，批判《葬书》的迷信思想和做法。葬书，东晋郭璞撰，阐释风水迷信思想。

⑧⑥ 厝（cuò）：古人将棺材停放在屋中待安葬，或浅埋以待改葬。

⑧⑦ 定公：即鲁定公，春秋时鲁国国君，在位十五年，谥号"定"。

⑧⑧ 郑简公：姬姓，郑氏，名嘉。春秋时郑国第十六位第二十任国君，郑僖公子，在位

⑧⑧ 十六年。此段故事出自《左传·昭公十二年》。

⑧⑨ 司墓之室：郑国掌管墓地的大夫徒属的家。当道：挡道，即此房屋正好阻挡直通墓穴的墓道。

⑨⑩ 窆（biǎn）：将棺木葬入墓穴。《说文解字》："窆，葬下棺也。"

⑨① 子文：即斗谷于菟，字子文，春秋时楚国人，楚成王任令尹，相当后世宰相之职。三已：三次起，三次落。事见《论语·公冶长》："令尹子文，三仕为令尹，无喜色；三已之，无愠色。"

⑨② 柳下惠：春秋时期鲁国大夫，名展禽，任掌管刑狱（士师）官，以善于讲究贵族礼节著称。三黜：三次被罢免。此事见《论语·微子》。

⑨③ 觇（kuī）：通"窥"，暗中谋划。

⑨④ 此句出自《论语·颜渊》。

⑨⑤ 羌胡：古代泛指我国西部和北部的少数民族。

⑨⑥ 恬（tián）：毫不动心，安然，不在乎，无动于衷。莫（mò）：没有，无，没有谁。《墨子》："莫能守。"

⑨⑦ 延陵季子：即季札，春秋时吴王寿梦第四子，称"公子札"。春秋时政治家、外交家、音乐评论家。因谦让不受王位，封于延陵（今江苏常州），故称"延陵季子"。此句出自《礼记·檀弓下》。

⑨⑧ 苍梧：今湖南宁远县苍梧山，又名九嶷山。相传舜巡视而死于苍梧山野，亦葬于此。

⑨⑨ 庾衮：字叔褒，晋朝河南鄢陵人。明穆皇后伯父。事载《晋书·列传第五十八》。

⑩⑩ 此句出自《诗经·小雅·小宛》。题（dì）：看，视。《小尔雅》："题，视也。"脊令：即鹡鸰鸟，俗称"张飞鸟"，泛指鸟纲鹡鸰科鹡鸰属各种候鸟，飞则鸣（一只离群，群鸟鸣叫），行则摇。忝（tiǎn）：辱，有愧于。《说文解字》："忝，辱也。"此诗句意为，远看那鹡鸰鸟，边飞边鸣叫，我天天在外奔波劳碌，你月月在外远行，起早贪黑不停歇，无辱生我父母之英名。

⑩① 此句出自《孝经·开宗明义章第一》。

⑩② 此句出自《孝经·纪孝行章第十》。

⑩③ 丑：同辈，同类。《礼记》："比物丑类。"

⑩④ 此句出自《礼记·内则》。

⑩⑤ 公明仪：战国时鲁国人，音乐家。"对牛弹琴"典故出于公明仪。此段出自《礼记·祭义》。

⑩⑥ 亨（pēng）熟膻芗（xiāng）：亨，"烹"的本字。《诗》："七字亨葵及菽。"膻芗，牛羊肠间的脂肪煮熟后的香气。《礼记》："燔燎膻芗。"

⑩⑦ 称：称赞，赞许，颂扬。愿然：诚心如愿，心愿得到满足，羡慕，倾慕，仰慕的样子。

卷六
女

《礼》①：女子十年不出，姆②教婉娩听从，执麻枲，治丝茧，织纴组䌖，学女事以共衣服。观于祭祀，纳酒浆笾豆菹醢③，礼相助奠。十有五年而笄，二十而嫁。古者妇人先嫁三月，祖庙未毁，教于公宫；祖庙既毁，教于宗室。教以妇德、妇言、妇容、妇功，教成祭之，牲用鱼，芼④之以蘋藻⑤，所以成妇顺也。⑥

曹大家《女戒》⑦曰："今之君子徒知训其男，检其书传，殊不知夫主之不可不事，礼义之不可不存。但教男而不教女，不亦蔽于彼此之教乎？"《礼》：八岁始教之书，十五而志于学矣！独不可依此以为教哉。夫云妇德，不必才明绝异也；妇言，不必辩口利辞也；妇容，不必颜色美丽也；妇功，不必工巧过人也。清闲、贞静、守节、整齐，行己有耻，动静有法，是谓妇德。择辞而说，不道恶语，时然后言，不厌于人，是谓妇言。盥浣尘秽，服饰鲜洁，沐浴以时，身不垢辱，是谓妇容。专心纺绩，不好戏笑，洁斋酒食，以奉宾客，是谓妇功。此四者，女之大德，而不可乏者也。然为之甚易，唯在存心耳。凡人，不学则不知礼义。不知礼义，则善恶是非之所在皆莫之识也。于是乎有身为暴乱而不自知其非也，祸辱将及而不知其危也。然则为人，皆不可以不学，岂男女之有异哉？是故女子在家，不可以不读《孝经》《论语》及《诗》《礼》，略通大义。其女功，则不过桑麻、织绩、制衣裳、为酒食而已。至于刺绣华巧，管弦歌诗，皆非女子所宜习也。古之贤女，无不好学，左图右史⑧，以自儆戒。

汉和熹邓皇后⑨，六岁能《史书》⑩，十二通《诗》《论语》。诸兄每读经传，辄下意难问⑪，志在典籍，不问居家之事。母常非之，曰："汝不习女工，以供衣服，乃更务学，宁当举博士耶？"后⑫重违母言，昼修妇业，暮诵经典，家人号曰"诸生"⑬。其余班婕妤⑭、曹大家之徒，以学显当时，名垂后来者多矣。

汉珠崖⑮令女名初，年十三。珠崖多珠，继母连大珠以为系臂。及令死，当还葬。法，珠入于关者，死。继母弃其系臂珠，其男年九岁，好而取之，置母镜奁中，皆莫之知。遂与家室奉丧归，至海关。海关候吏搜索，得珠十枚于镜奁中。吏曰："嘻！此值法，无可奈何，谁当坐⑯者？"初在左右，心恐继母去置奁中，乃曰："初坐之。"吏曰："其状如何？"初对曰："君子不幸，夫人解系臂去之。初心惜之，取置夫人镜奁中，夫人不知也。"吏将初劾⑰之。继母意以为实，然怜之。因谓吏曰："愿且待，幸无劾儿。儿诚不知也。儿珠，妾系臂也。君不幸，妾解去之，心不忍弃，且置镜奁中。迫奉丧，忽然忘之。妾当坐之。"初固曰："实初取之。"继母又曰："儿但让耳，实妾取之。"因涕泣不能自禁。女亦曰："夫人哀初之孤，强名之以活初身，夫人实不知也。"又因哭泣，泣下交颈。送丧者尽哭哀恸，傍人莫不为酸鼻挥涕。关吏执笔劾，不能就一字。关候垂泣，终日不忍决，乃曰："母子有义如此，吾宁坐之，不忍加文。母子相让，安知孰是？"遂弃珠而遣之。既去，乃知男独取之。

宋会稽寒人⑱陈氏，有女无男。祖父母年八九十，老无所知。父笃癃疾⑲，母不安其室。遇岁饥，三女相率于西湖采菱莼，更日⑳至市货卖，未尝亏怠，乡里称为义门，多欲娶为妇。长女自伤茕独㉑，誓不肯行。祖父母寻相继卒，三女自营殡葬，为庵舍居墓侧。

又诸暨东洿里㉒屠氏女，父失明，母痼疾，亲戚相弃，乡里不容。女移父母，远住纻舍，昼采樵，夜纺绩，以供养。父母俱卒，亲营殡葬，负土成坟。乡里多欲娶之，女以无兄弟，誓守坟墓不嫁。

唐孝女王和子者，徐州人，其父及兄为防狄卒，戍泾州㉓。元和㉔中，吐蕃寇边，父兄战死，无子，母先亡。和子年十七，闻父兄殁于边，披发徒跣缞裳㉕，独往泾州，行乞，取父兄之丧归徐营葬，植松柏，剪发坏形，庐于墓所。节度使王智兴㉖以状奏之，诏旌表门闾㉗。

此数女者，皆以单茕事其父母，生则能养，死则能葬，亦女子之英秀也。

唐奉天㉘窦氏二女，虽生长草野，幼有志操。永泰㉙中，群盗数千人剽掠其村落。二女皆有容色，长者年十九，幼者年十六，匿岩穴间。盗曳出之，骑逼以前。临壑谷，深数百尺，其姊先曰："吾宁就死，义不受辱！"即投崖下而死。盗方惊骇，其妹从之自投，折足败面，血流被体，盗乃舍之而去。京兆尹第五琦㉚嘉其贞烈，奏之，诏旌表门闾，永蠲其家丁役。二女遇乱，守节不渝，视死如归，又难能也。

汉文帝㉛时，有人上书："齐太仓令淳于意㉜有罪，当刑。"诏狱逮系长安。意有五女，随而泣。意怒，骂曰："生女不生男，缓急无可使者。"于是少女缇萦伤父之言，乃随父西，上书曰："妾父为吏，齐中称其廉平，今坐法当刑。妾切痛死者不可复生，而刑者不可复属③，虽欲改过自新，其道莫由，终不可得。妾愿入身为官婢，以赎父刑罪，便得改行自新也。"书闻，上悲其意。此岁中亦除肉刑法㉞。缇萦一言而善，天下蒙其泽，后世赖其福，所及远哉！

后魏㉟孝女王舜者，赵邹人也。父子春与从兄长忻不协。齐亡之际，长忻与其妻同谋，杀子春。舜时年七岁。又二妹，粲年五岁，璠年二岁，并孤苦，寄食亲戚。舜抚育二妹，恩义甚笃。而舜阴有复仇之心，长忻殊不备。姊妹俱长，亲戚欲嫁，辄拒不从。乃密谓二妹曰："我无兄弟，致使父仇不复，吾辈虽女子，何用生为？我欲共汝报复，何如？"二妹皆垂涕曰："唯姊所命。"夜中，姊妹各持刀逾墙入，手杀长忻夫妇，以告父墓。因诣县请罪，姊妹争为谋首，州县不能决。文帝闻而嘉叹，原罪。《礼》："父母之仇，不与共戴天。"舜以幼女，蕴志发愤，卒袖白刃，以揕㊱仇人之胸，岂可以壮男子，反不如哉！

【注释】

① 礼：此段出自《礼记·内则》和《礼记·昏义》。
② 姆：教育未出嫁女子的年过五十而无子女的妇女。
③ 笾（biān）豆：祭祀和宴会时用的器皿。笾为竹制，盛果脯；豆为木制，盛酱菜。菹醢（zū hǎi）：切碎的菜和肉等。
④ 芼（mào）：择取、采取。《诗》："参差荇菜，左右芼之。"
⑤ 蘋（pín）藻：水草名，古人常采做祭祀用，出自《左传·襄公二十八年》。
⑥ 古者……妇顺也：此句出自《诗经·召南·采蘋》汉朝郑玄注文。成妇顺，妇女之美德。
⑦ 曹大家：班昭，后汉陕西咸阳人。后汉史学家、文学家。史学家班彪之女、班固之妹，担当皇后和妃嫔的教师，夫君为曹世叔，故称曹大家。续编《汉书》，著《东征赋》《女诫》等。女戒：书名，又称《女诫》，系班昭著训女之书，共七篇：卑弱、夫妇、敬慎、妇行、专心、曲从、和叔妹。
⑧ 左图右史：左边图书，右边史书，形容拥有许多图书。
⑨ 邓皇后：邓绥，东汉河南新野人。东汉汉和帝刘肇皇后，东汉著名的女政治家，汉和帝27岁猝死，邓皇后执政十六年，兴灭国，继绝世，使危机四伏的东汉王朝转危为安。谥号"和熹"。事载《后汉书·皇后纪第十》。
⑩ 史书：周宣王太使籀所撰，为学童启蒙读本。
⑪ 下意：虚心请教。难问：即问难，提出疑问，请求解答。《论衡》："皆无非专精讲习，不知难问。"

⑫ 后：此指邓皇后。
⑬ 诸生：富有知识文化的儒生。《管子》尹知章注："谓授诸生之官而任之以职也，生，谓知学之士也。"非"生员"，科举制度萌发于南北朝，成形于唐朝。
⑭ 班婕妤（jié yú）：汉成帝刘骜妃子，西汉女作家、著名才女，是班固、班超、班昭的祖姑，名不详。诸多作品已佚失，现存仅三篇。事载《汉书·外戚传》。婕妤，古代女官名。此指西汉宫中嫔妃等级名，共分十四等，婕妤仅次于昭仪，为第二等。
⑮ 珠崖：古地名，今海南琼山，盛产珍珠。此段故事出自刘向《列女传·珠崖二义》。
⑯ 坐：定罪，坐罪。《仓颉篇》："坐，罪也。"此处指获罪坐牢。
⑰ 劾（hé）：审理，判决。《说文解字》："劾，法有辜也。"
⑱ 会稽：古地名，今浙江绍兴市。寒人：家境贫穷的人。此事出自《南史·孝义传上》。
⑲ 笃（dǔ）：病重，病危。癃（lóng）疾：小便不通或淋沥不畅。亦指老年衰弱多病，足不能行走。
⑳ 更日：按日轮换。
㉑ 茕（qióng）独：孤独无靠。无兄弟曰茕，无子曰独。成语"茕茕孑立"。
㉒ 诸暨：古地名，今浙江省暨县。东洿里：巷道名。
㉓ 泾州：古地名，今甘肃省泾川县。
㉔ 元和：唐宪宗李纯年号，公元806—820年。
㉕ 披发徒跣缞裳：披着头发，光脚走路，指着重丧孝服。
㉖ 王智兴：字匡谏，唐朝河南温县人。官历任御史中丞、节度使，封雁门郡王，追赠太尉。事载《旧唐书·列传第一百六》《新唐书·列传第九十七》。
㉗ 诏：指皇帝下发的文件诏书。旌（jīng）表：古代用立牌坊或挂匾额进行表彰的方式。门闾：指城门与里巷门。《吕氏春秋》高诱注："门，城门；闾，里门也。"
㉘ 奉天：唐代设置地名，今陕西省乾县。
㉙ 永泰：唐代宗李豫年号，公元765—766年。
㉚ 第五琦：字禹珪，唐朝陕西西安人。官历任京兆尹、户部侍郎、同中书门下平章事、监察御史、诸道转运盐铁使等职，封扶风郡公，赠太子少保。事载《旧唐书·第五琦传》。
㉛ 汉文帝：见上注p193㊳。
㉜ 淳于意：姓淳于，名意，山东淄博人。西汉名医，书写出我国医学史上第一部医案，名"诊籍"。曾官任齐太仓令，掌管中央粮仓。事载《史记·扁鹊仓公列传》。
㉝ 属（zhǔ）：连接，连续。此指引申肉刑致死再不能恢复生命。
㉞ 此据《汉书·刑法志》："孝文帝即位十三年，除肉刑三。"
㉟ 后魏：此指南北朝时期的北朝北魏。
㊱ 揕（zhèn）：刀刺。《史记》："臣左手把其袖，右手揕其胸。"

孙

《书》①曰:"辟不辟,忝厥祖。"《诗》②云:"无忘尔祖,聿修厥德。"然则为人怠于德,是忘其祖也,岂不重哉!

晋李密③,犍为④人,父早亡,母何氏改醮⑤。密时年数岁,感恋弥至,烝烝⑥之性,遂以成疾。祖母刘氏躬自抚养。密奉事以孝谨闻,刘氏有疾则泣,侧息,未尝解衣。饮膳汤药,必先尝后进。仕蜀为郎,蜀平,泰始⑦诏征为太子洗马。密以祖母年高,无人奉养,遂不应命。上疏⑧曰:"臣无祖母,无以至今日。祖母无臣,无以终余年。母孙二人更相为命,是以私情区区⑨,不敢弃远。臣密今年四十有四,祖母刘氏今年九十有六,是臣尽节于陛下之日长,而报养刘氏之日短也。乌鸟⑩私情,乞愿终养。"武帝⑪矜而许之。

齐彭城郡丞刘瓛⑫,有至性,祖母病疽经年,手持膏药,渍指为烂。

后魏张元⑬,芮城人,世以纯至为乡里所推。元年六岁,其祖以其夏中热,欲将元就井浴,元固不肯。祖谓其贪戏,乃以杖击其头曰:"汝何为不肯浴?"元对曰:"衣以盖形,为覆其亵⑭。元不能亵露其体于白日之下。"祖异而舍之。年十六,其祖丧明三年,元恒忧泣,昼夜读佛经,礼拜以祈福佑。每言"天人师乎?元为孙不孝,使祖丧明,今愿祖目见明,元求代暗"。夜梦见一老翁,以金鎞疗其祖目,元于梦中喜跃,遂即惊觉,乃遍告家人。三日,祖目果明。其后,祖卧疾再周,元恒随祖所食多少,衣冠不解,旦夕扶侍。及祖没,号踊,绝而复苏。随其父,水浆不入口三日。乡里感叹异之。县博士杨辄等二百余人上其状,有诏表其门闾。此皆为孙能养者也。

唐仆射李公⑮,有居第在长安修行里,其密邻即故日南杨相⑯也。丞相早岁与之有旧,及登庸⑰,权倾天下。相君选妓数辈,以宰府不可外馆,栋宇无便事者,独书阁东邻乃李公冗舍⑱也,意欲吞之。垂涎少俟⑲,且迟迟于发言。忽一日,谨致一函,以为必遂。及复札,大失所望。又逾月,召李公之吏得言者,欲以厚价购之。或曰:"水竹别墅交质⑳。"李公复不许。又逾月,乃授公之子弟官,冀其稍动初意,竟亡㉑回命。有王处士者,知书善棋,加之敏辩,李公寅夕与之同处,丞相密召,以诚告之,托其讽谕㉒。王生怀奉其旨,勇于展效。然以李公褊直,伺良便者久之。一日,公遘病,生独侍前,公谓曰:"筋衰骨虚,风气因得乘间而入,所谓空穴来风,枳枸来巢也。"生对曰:"然,向聆西院,枭㉓集树杪，某心忧之，果致微恙。空院之来妖禽，犹枳枸来巢矣。且知赍器㉔换缊，未如鬻之，以赡医药。"李公卞急，揣知其意，怒发上植，厉声曰："男子寒死，馁死，鹏㉕窥而死，亦其命也。先人之敝庐，不忍为权贵优笑之地。"挥手而别。自是，王生及门，不复接矣。

平卢节度使杨损㉖，初为殿中侍御史，家新昌里，与路岩㉗第接。岩方为相，欲易其厩以广第。损宗族仕者十余人，议曰："家世盛衰，系权者喜怒，不可拒也。"损曰："今尺寸土，皆先人旧物，非吾等所有，安可奉权臣邪！穷达，命也。"卒不与。岩不悦，使损按狱黔中㉘。年余还。彼室宅，尚以家世旧物，不忍弃失，况诸侯之于社稷，大夫之于宗庙乎！为人孙者，可不念哉！

【注释】

① 此句出自《尚书·太甲上》。此句是伊尹警戒太甲的话，做国君（郡）而不遵守法度，不履行国君的责任，将有辱祖先。辟（pì）：前为国君、天子；后为法、法度。忝（tiǎn）：辱。厥：代词，相当于"其"。
② 此句出自《诗经·大雅·文王》。其意为不要忘记你的祖先，在于自己自修高尚品格。聿（yù）：发语词，用于句首或句中。《玉篇》："聿，辞也。"
③ 李密：字令伯，西晋四川乐山人。官历任太子洗马，温令、汉中太守等职。父早亡，母改嫁，与祖母相依为命，故上《陈情表》辞官侍奉祖母晚年。事载《晋书·孝友传》。
④ 犍为：古地名，今四川省乐山市犍为县（彭山区）。
⑤ 改醮（jiào）：旧称改嫁、再嫁。醮，旧时婚俗以酒祭神的仪式。
⑥ 烝烝（zhēng）：淳厚的孝德。《尚书·尧典》王引之《经义述闻》注："谓之烝烝者，言孝德之厚美也。"
⑦ 泰始：晋武帝司马炎年号，公元265—274年。
⑧ 上疏：奏章。此系晋代名臣李密向晋武帝司马炎的表文，名曰《陈情表》。
⑨ 区区：拳拳之心，形容感情恳切。
⑩ 乌鸟：即乌鸦，乌鸦有反哺之情，小乌鸦捕虫喂养老乌鸦。
⑪ 武帝：晋武帝司马炎。
⑫ 刘瓛：字子珪，沛国相县（今安徽宿州）人，南朝齐学者、文学家。事见《南齐书》。
⑬ 张元：南北朝后魏山西芮城人，字孝始，以至孝闻名。事载《北史·孝行传》。

⑭ 亵（xiè）：贴身内衣，也指家居所穿的便服。《说文解字》："亵，私服也。"
⑮ 李公：李讷，字敦止，唐朝河北赵县人。进士出身，官历任浙东观察使、朗州刺史、河南尹、兵部尚书，赠太子傅。
⑯ 杨相：杨收，字藏之。唐朝陕西大荔人，官至宰相。
⑰ 登庸：选拔重用，也指登帝位和科举考试中举。《尚书·尧典》孔注："庸，用也，任用。"
⑱ 冗（rǒng）舍：多余的房屋。
⑲ 俟：等待。《论语》："如其礼乐，以俟君子。"
⑳ 交质：以物品作抵押。
㉑ 亡（wú）：古通"无"。《集韵》："无，或作亡。"
㉒ 讽喻：不正面直言，而用委婉、含蓄、暗示的言语说明其意。
㉓ 枭（xiāo）：各种鸟的泛称。此指一种食母的恶鸟。比喻不祥之物。
㉔ 赍（jī）器：无用的物件。
㉕ 鵩（fú）：鸟名，似鸮，古人相传为不吉祥之鸟。《广韵》："鵩，不祥鸟。"
㉖ 杨损：字子默，唐朝华阴人。官历任绛州刺史、京兆尹、御史大夫、刑部尚书、平卢节度使、太平军节度使等职。
㉗ 路岩：字鲁瞻，唐朝山东冠县人。进士出身，官历任兵部侍郎、左仆射、剑南西川节度使等职，封魏国公。
㉘ 按狱：视察监狱。黔中：今贵州省。

伯叔父

《礼·服》①："兄弟之子，犹子也。"盖圣人缘情制礼，非引而进之也。

汉第五伦②性至公。或问伦曰："公有私乎？"对曰："吾兄子尝病，一夜十往，退而安寝。吾子有病，虽不省视，而竟夕不眠。若是者岂可谓无私乎？"伯鱼贤者，岂肯厚其兄子不如其子哉！直以数往视之，故心安；终夕不视，故心不安耳。而伯鱼更以此语人，益所以见其公也。

宗正刘平③，更始④时，天下乱，平弟仲为贼所杀。其后贼复忽然而至，平扶侍其母，奔走逃难。仲遗腹女⑤始一岁，平抱仲女而弃其子。母欲还取，平不听，曰："力不能两活，仲不可以绝类。"遂去而不顾。

侍中淳于恭⑥，兄崇卒，恭养孤幼，教诲学问，有不如法，辄反杖，用杖自箠以感悟之，儿渐而改过。

侍中薛包⑦，弟子求分财异居，包不能止，乃中分其财。奴婢引其老者，曰:"与我共事久,若不能使也。"田庐取其荒顿者,曰:"吾少时所理,意所恋也。"器物取其朽败者,曰:"我素所服食,身口所安也。"弟子数破其产,辄复赈给。

晋右仆射邓攸⑧,永嘉⑨末,石勒⑩过泗水,攸以牛马负妻子而逃。又遇贼,掠其牛马。步走,担其儿及其弟子绥。度不能两全,乃谓其妻曰:"吾弟早亡,唯有一息,理不可绝,止应自弃我儿耳。幸而得存,我后当有子。"妻泣而从之。乃弃其子而去。卒以无嗣,时人义而哀之,为之语曰:"天道无知,使邓伯道无儿。"弟子绥⑪,服攸丧三年。

太尉郗鉴⑫,少值永嘉乱,在乡里,甚穷馁。乡人以鉴名德,传共饭之。时兄子迈、外甥周翼并小,常携之就食。乡人曰:"各自饥困,以君贤,欲共相济耳!恐不能兼有所存。"鉴于是独往,食讫,以饭着两颊边,还,吐与二儿。后并得存,同过江。迈位至护军,翼为剡县⑬令。鉴之薨也,翼追抚育之恩,解职而归,席苫心丧三年。世有杀其孤规财利者,独何心哉!

【注释】

① 此句出自《礼记·服问》。
② 第五伦:字伯鱼,后汉陕西咸阳人。官任会稽太守。事载《后汉书·列传第三十一》。
③ 刘平:字公子,本命旷,后改平,后汉江苏徐州人。举孝廉,官任济阳郡丞、全椒长、宗正等职。事载《后汉书·列传》。
④ 更始:王莽新朝末淮阳王刘玄年号,公元23—25年。
⑤ 遗腹女:父丧后出生的女孩。
⑥ 淳于恭:字孟孙,后汉山东安丘人。官任侍中、议郎。事载《后汉书·列传第二十九》。
⑦ 薛包:东汉河南驻马店人。东汉著名孝子,官至侍中。
⑧ 邓攸:字伯道,晋朝河南睢人。官任太子中庶子、吴郡太守、上属右仆射。事载《晋书·列传》。
⑨ 永嘉:晋怀帝司马炽年号,公元307—313年。
⑩ 石勒:字世龙,羯族,晋朝山西榆社人。十六国时后赵的第一任国君。泗水:河流名,山东中部。
⑪ 绥:邓攸弟弟的儿子名邓绥。

⑫ 郗鉴：字道徽，晋朝湖南隆回人。官历任安西将军、东骑将军、晋太尉等职。封南昌县令，谥号"文成"。
⑬ 剡（shàn）县：古地名，今浙江嵊州。

侄

宋义兴人许昭先①，叔父肇之，坐事系狱，七年不判。子侄二十许人，昭先家最贫薄，专独申诉，无日在家。饷馈肇之，莫非珍新。资产既尽，卖宅以充之。肇之诸子倦怠，惟昭先无有懈息，如是七载。尚书沈演之②嘉其操行，肇之事由此得释。

唐柳泌③叙其父天平节度使仲郢④行事云："事季父太保如事元公⑤，非甚疾，见太保未尝不束带。任大京兆盐铁使，通衢遇太保，必下马端笏，候太保马过方登车。每暮束带迎太保马首，候起居。太保屡以为言，终不以官达稍改。"太保常言于公卿同云："元公之子，事某如事严父。"古之贤者，事诸父⑥如父，礼也。

【注释】

① 许昭先：南朝宋江苏宜兴人。以孝行闻名，征为征虏参军、主簿，皆固辞不就。事载《宋书·列传五十一》。宋：南北朝宋。义兴：古地名，今江苏宜兴。
② 沈演之：字台真，南北朝宋时浙江德清人。官历任右卫将军、侍中右卫将军、国子祭酒、吏部尚书、太子右卫等职。赠散骑常侍、金紫光禄大夫。谥号"贞侯"。事载《宋书·列传第二十三》。
③ 柳泌：本命杨仁昼，唐朝方士、诗人，官任台州刺史，专职炼制仙丹，毒害唐宪宗，唐穆宗杀之。事载《旧唐书》《新唐书》。
④ 仲郢：即刘仲郢，字谕蒙，唐朝陕西铜川人。唐朝官员，历任监察御史、侍御史、吏部郎中、京兆尹、谏议大夫、太平军节度使等职。文学家。事载《新唐书·列传第八十八》。
⑤ 季父：叔父。太保：官名，此指刘仲郢的叔父柳公权，唐代著名书法家、诗人。元公：柳公绰，字宽，小字起之，柳公权之兄。唐朝名臣、书法家。官历任京兆尹、河东节度使、户部尚书、兵部尚书等职，赠太子太保。谥号"元"。别称柳元公。事载《旧唐书·列传第一百一十五》《新唐书·列传第八十八》。
⑥ 诸父：对同族伯叔辈的通称，即指伯父和叔父。《庄子》成玄英注："诸父，伯叔也。"

卷七

兄

凡为人兄不友其弟者，必曰："弟不恭于我。"自古为弟而不恭者，孰若象①！万章②问于孟子，曰："父母使舜完廪，捐阶，瞽瞍焚廪③；使浚井，出，从而揜④之。象曰：'谟盖都君咸我绩⑤。牛羊父母，仓廪父母。干戈朕、琴朕、弤朕、二嫂使治朕栖。'⑥象往入舜宫，舜在床琴。象曰：'郁陶⑦思君尔！'忸怩⑧。舜曰：'惟兹臣庶⑨，汝其于予治。'不识舜不知象之将杀己与？"曰：⑩"奚而不知也？象忧亦忧，象喜亦喜。"曰：⑪"然则，舜伪喜者与！"⑫曰："否！昔者有馈生鱼于郑子产⑬。子产使校人⑭畜之池。校人烹之，反命曰：'始舍之，圉圉⑮焉，少则洋洋焉，攸然而逝⑯。'子产曰：'得其所哉！得其所哉！'校人出，曰：孰谓子产智？子既烹而食之，曰：'得其所哉，得其所哉！'故君子可欺以其方⑰，难罔以非其道。彼以爱兄之道来，故诚信而喜之，奚伪焉！"万章问曰："象日以杀舜为事，立为天子，则放之，何也？"孟子曰："封之也。或曰放焉。"万章曰："舜流共工于幽州⑱，放驩兜于崇山⑲，杀三苗于三危⑳，殛鲧于羽山㉑，四罪而天下咸服，诛不仁也。象至不仁，封之有庳㉒。有庳之人奚罪焉？仁人固如是乎？在他人则诛之，在弟则封之？"曰㉓："仁人之于弟也，不藏怒焉，不宿怨焉，亲爱之而已矣。亲之欲其贵也，爱之欲其富也。封之有庳，富贵之也。身为天子，弟为匹夫，可谓亲爱之乎？""敢问或曰放者，何谓也？"㉔曰："象不得有为于其国，天子使吏治其国，而纳其贡赋焉，故谓之放，岂得暴彼民哉！虽然，欲常常而见之，故源源而来。不及贡，以政接于有庳。"㉕

汉丞相陈平㉖，少时家贫，好读书，有田三十亩，独与兄伯居。伯常耕田，纵平使游学。平为人长美色。人或谓陈平："贫何食而肥若是？"其嫂嫉平之不视家产，曰："亦食糠籺㉗耳。有叔如此，不如无有。"伯闻之，逐其妇而弃之。

御史大夫卜式㉘，本以田畜为事，有少弟。弟壮，式脱身出，独取畜羊百余，田宅财物尽与弟。式入山牧，十余年，羊致千余头，买田宅。而弟尽破其产，式辄复分与弟者数矣。

隋吏部尚书牛弘㉙弟弼，好酒，酗。尝醉，射杀弘驾车牛。弘还宅，其妻迎谓曰："叔射杀牛。"弘闻，无所怪问，直答曰："作脯㉚。"坐定，其妻又曰："叔忽射杀牛，大是异事！"弘曰："已知。"颜色自若，读书不辍。

唐朔方节度使李光进㉛，弟河东节度使光颜㉜先娶妇，母委以家事。及光进娶妇，母已亡。光颜妻籍家财，纳管钥于光进妻。光进妻不受，曰："娣妇㉝逮事先姑㉞，且受先姑之命，不可改也。"因相持而泣，卒令光颜妻主之矣。

平章事韩滉㉟，有幼子，夫人柳氏所生也。弟滉戏于掌上，误坠阶而死。滉禁约夫人勿悲啼，恐伤叔郎意。为兄如此，岂妻妾他人所能间㊱哉？

【注释】

① 象：舜帝的异父同母的弟弟。
② 万章：战国时齐国人，孟子学生。此段问答句出自《孟子·万章上》。
③ 完廪（lǐn）：重新整修谷仓（粮仓）。捐阶：撤去舜登谷仓的梯子。另说为"旋梯"，即舜旋从梯子下，舜父和弟不知，放火焚仓，舜逃过一难。瞽瞍：舜之父。
④ 浚（jùn）井：挖深井，企图埋葬舜。出：舜从井中出而父及弟不知。掩（yǎn）：通"掩"，此指将井掩埋。
⑤ 谟（mó）：策划、谋划。《尔雅》："谟，谋也。"盖：覆，掩埋；另说盖上井盖。都君：舜居成都三年，故称都君，此指舜。咸：全、都。《说文解字》："咸，皆也，悉也。"我：此指舜之弟象。绩：功绩、业绩、成绩。
⑥ 干戈：干，盾也；戈，戟也。朕（zhèn）：第一人称代词，我或我的。自秦始皇起专用作皇帝的自称。弤（dǐ）：有雕饰的琱（diāo）弓。二嫂：指舜的妻子娥皇、女英，她们是尧的两位女儿。治朕栖：整理我的床。栖：床。此句意为二嫂应为我的妻。
⑦ 郁陶：思之甚而气不畅。
⑧ 忸怩：惭色。
⑨ 臣庶：百官，众臣。此指象。
⑩ 此句是孟子回答万章语。奚：疑问代词，何？什么？《小尔雅》："奚，何也？"
⑪ 曰：此是万章语，认为这是舜伪装喜悦给别人看。
⑫ 曰：此是孟子的答话。
⑬ 郑子产：公孙侨，春秋时郑国大夫，执郑国要政四年余，国强民富，史称贤人。
⑭ 校人：主管池沼的小官员。
⑮ 圉（yǔ）圉：要死不活的样子。
⑯ 攸然而逝：悠悠的样子游走而看不到。
⑰ 方：规则，道理。《庄子》："是所以语大义之方，论万物之理也。"

⑱ 共工：相传是尧的臣，被舜流放于幽州。幽州：古地名，古"九州"之一，位于我国河北、北京和天津北部地区。
⑲ 驩（huān）兜：传说是共工同伙的恶人。崇山：古地名，南部山名，今湖南大庸县。
⑳ 三苗：尧时"四凶"（共工、三苗、鲧、驩兜）之一，亦名"四罪"。三危：西部地区。
㉑ 殛（jí）：诛，杀死。《说文解字》："殛，诛也。"鲧：禹之父，因治水失败，被舜杀害于羽山。羽山：东部山名，今山东境内。
㉒ 有庳（bēi）：古地名，又名"鼻墟""鼻亭"。今湖南道县。
㉓ 曰：以下是孟子对万章的答语。
㉔ 此句是万章问语，"放"为何意？
㉕ 曰：此句是孟子答万章语。
㉖ 陈平：汉初河南原阳人。西汉政治家、军事家。初任项羽都尉，后归顺刘邦，六出奇计，协助刘邦统一天下，封曲逆侯。后与周勃平定诸吕，迎立刘恒为汉文帝，任丞相。事载《史记·陈丞相世家》。
㉗ 覈（hé）：果核。《说文解字》："覈，实也。"覈通"核"，米麦舂余的粗屑，多指粗粮。
㉘ 卜式：西汉河南洛阳人，一说内蒙古河套人，以牧羊致富，捐资一半家产，助汉巩固北方边防。后官任齐王丞相、齐王太傅、御史大夫等职，赐关内侯。事载《汉书·卷五十八》。
㉙ 牛弘：本姓裛，字里仁，隋朝甘肃灵台人。隋初官任散骑常侍、秘书监，后任吏部尚书，赠光禄大夫，文安侯。谥号"宪"。事载《隋书·列传十四》。
㉚ 脯（fǔ）：熟牛肉干。
㉛ 李光进：原姓阿跌氏，因功赐姓李，突厥族人。唐朝著名将领，官历任御史大夫、代州刺史、朔方节度使等职。追赠尚书左仆射。史载《旧唐书》《新唐书》列传中。
㉜ 光颜：李光颜，李光进之弟，字光远。唐朝中期著名将领，官历任忠武军节度使、同平章事、司徒、侍中等职，追赠太尉。谥号"忠"。事载《旧唐书》《新唐书》列传中。
㉝ 娣妇：兄妻对弟妻之称谓。《尔雅》："长妇对稚妇为娣妇。"
㉞ 先姑：指丈夫的亡母。《国语》韦昭注："夫之母曰姑，殁曰先姑。"
㉟ 韩滉：字太冲，唐朝长安人。唐代中期政治家、画家。官历任吏部员外郎、户部侍郎、同中书门下平章事、江淮转运使等职。封晋国公。谥号"忠肃"，有画作《五牛图》。事载《旧唐书》《新唐书》列传中。
㊱ 间：离间，挑拨。

弟

　　弟之事兄，主于敬爱。齐射声校尉刘璠①，瓛兄，夜隔壁呼璠。璠不答，方下床着衣，立，然后应。瓛怪其久。璠曰："向束带来竟②。"

　　梁安成康王秀③，于武帝布衣昆弟④，及为君臣，小心畏敬，过于疏贱者。帝益以此贤之。若此，可谓能敬矣！

　　后汉议郎郑均⑤，兄为县吏，颇受礼馈⑥，均数谏止，不听，即脱身为佣。岁余，得钱帛归，以与兄，曰："物尽可复得。为吏坐赃，终身捐弃。"兄感其言，遂为廉洁。均好义笃实，养寡嫂孤儿，恩礼甚至。

　　晋咸宁⑦中疫颍川⑧，庾衮二兄俱亡。次兄毗⑨复危殆。疠气方炽，父母诸弟皆出次于外，衮独留不去。诸父兄强之，乃曰："衮性不畏病。"遂亲自扶持，昼夜不眠。其间复抚柩哀临不辍。如此十有余旬，疫势既歇，家人乃反。毗病得差⑩，衮亦无恙。父老咸曰："异哉此子！守人所不能守，行人所不能行，岁寒然后知松柏之后凋，始知疫疠之不相染也。"

　　右光禄大夫颜含⑪，兄畿，咸宁中得疾，就医自疗，遂死于医家。家人迎丧，旐⑫每绕树而不可解，引丧者颠仆，称畿言曰："我寿命未死，但服药太多，伤我五脏耳，今当复活，慎无葬也。"其父祝之曰："若尔有命复生，其非骨肉所愿，今但欲还家，不尔葬也。"乃解。及还，其妇梦之⑬曰："吾当复生，可急开棺。"妇颇说之。其夕，母及家人又梦之，即欲开棺，而父不听。含时尚少，乃慨然曰："非常之事，古则有之。今灵异至此，开棺之痛，孰与不开相负？⑭"父母从之，乃共发棺，有生验以手刮棺，指抓尽伤，气息甚微，存亡不分矣。饮哺将获，累月犹不能语。饮食所须，托之以梦。阖家营视，顿废生业，虽在母妻，不能无倦也。含乃绝弃人事，躬亲侍养，足不出户者，十有三年。石崇⑮重含淳行，赠以甘旨，含谢而不受。或问其故，答曰："病者绵昧⑯，生理未全，既不能进啖，又未识人惠，若当谬留，岂施者之意也？"畿竟不起。含二亲既终，两兄既殁，次嫂樊氏因疾失明，含课励家人，尽心奉养。日自尝省药馔，察问息耗，必簪屦束带，以至病愈。

　　后魏正平太守陆凯⑰兄琇，坐咸阳王禧谋反事，被收，卒于狱。凯痛兄之死，哭无时节，目几失明，诉冤不已，备尽人事。至正始初，世宗⑱复琇官爵。凯大喜，置酒集诸亲曰："吾所以数年之中抱病忍死者，顾门户计尔。逝者不追，今愿毕矣。"遂以其年卒。

唐英公李勣[19]，贵为仆射，其姊病，必亲为燃火煮粥，火焚其须鬓。姊曰："仆射妾[20]多矣，何为自苦如是？"勣曰："岂为无人耶？顾今姊年老，勣亦老，虽欲久为姊煮粥，复可得乎？"若此，可谓能爱矣！

夫兄弟至亲，一体而分，同气异息。《诗》[21]云："凡今之人，莫如兄弟。"又云："兄弟阋[22]于墙，外御其侮。"言兄弟同休戚，不可与他人议之也。若己之兄弟且不能爱，何况他人？己不爱人，人谁爱己？人皆莫之爱，而患难不至者，未之有也。《诗》[23]云"毋独斯畏"，此之谓也。兄弟，手足也。今有人断其左足，以益右手，庸何利乎？虺[24]一身两口，争食相龁，遂相杀也。争利而害，何异于虺乎？

《颜氏家训》论兄弟曰："方其幼也，父母左提右挈，前襟后裾，食则同案，衣则传服，学则连业，游则共方，虽有悖乱之人，不能不相爱也。及其壮也，各妻其妻，各子其子，虽有笃厚之人，不能不少衰也。娣姒之比兄弟，则疏薄矣。今使疏薄之人而节量亲厚之恩，犹方底而圆盖，必不合也。唯友悌深至，不为旁人之所移者，可免夫。兄弟之际，异于他人，望深虽易怨，比他亲则易弭。譬犹居室，一穴则塞之，一隙则涂之，无颓毁之虑。如雀鼠之不恤，风雨之不防，壁陷楹沦，无可救矣。仆妾之为雀鼠，妻子之为风雨，甚哉！兄弟不睦，则子侄不爱。子侄不爱，则群从疏薄。群从疏薄，则童仆为仇敌矣。如此，则行路皆踏[25]其面而蹈其心，谁救之哉？人或交天下之士，皆有欢爱，而失敬于兄者，何其能多而不能少也？人或将数万之师，得其死力，而失恩于弟者，何其能疏而不能亲也？娣姒者，多争之地也。所以然者，以其当公务而就私情，处重责而怀薄义也。若能恕己而行，换子而抚，则此患不生矣。人之事兄不同于事父，何怨爱弟不如爱子乎？是反照而不明矣。"

吴太伯[26]及弟仲雍，皆周太王之子，而王季历之兄也。季历贤，而有圣子昌，太王欲立季历以及昌。于是太伯、仲雍二人乃奔荆蛮，文身断发，示不可用，以避季历。季历果立，是为王季，而昌为文王。太伯之奔荆蛮，自号句吴。荆蛮义之，从而归之千余家，立为吴太伯。子[27]曰："太伯，其可谓至德也已矣，三以天下让，民无得而称焉。"

伯夷、叔齐，孤竹君[28]之二子也。父欲立叔齐。及父卒，叔齐让伯夷。伯夷曰："父命也。"遂逃去。叔齐亦不肯立而逃之。国人立其中子。

宋宣公舍其子与夷而立穆公。穆公疾，复舍其子冯[29]而立与夷。君子曰：

"宣公可谓知人矣！主穆公，其子飨之，命以义[30]夫！"

吴王寿梦[31]卒，有子四人，长曰诸樊，次曰余祭，次曰夷昧，次曰季札。季札贤，而寿梦欲立之。季札让，不可，于是乃立长子诸樊。诸樊卒，有命授弟余祭，欲传以次，必致国于季札而止。季札终逃去不受。

汉扶阳侯韦贤[32]病笃，长子太常丞弘坐宗庙事系狱，罪未决。室家[33]问贤当为后者。贤恚恨，不肯言。于是贤门下生[34]博士义倩等与室家计，共矫贤令，使家丞上书言大行[35]，以大河都尉玄成为后。贤薨，玄成在官闻丧，又言当为嗣，玄成深知其非贤雅意，即阳为病狂，卧便利[36]中，笑语昏乱。征至长安，既葬，当袭爵，以病狂不应召。大鸿胪奏状，章下丞相御史案验，遂以玄成实不病劾奏之。有诏勿劾，引拜[37]，玄成不得已受爵。宣帝[38]高其节，时上欲淮阳宪王[39]为嗣，然因太子[40]起于细微，又早失母，故不忍也。久之，上欲感风宪王，辅以礼让之臣，乃召拜玄成为淮阳中尉。

陵阳侯丁綝卒，子鸿当袭封，上书让国于弟盛[41]，不报。既葬，挂衰绖[42]于冢庐而逃去。鸿与九江人鲍骏相友善，及鸿亡封，与骏遇于东海，阳狂不识骏。骏乃止而让之曰："《春秋》之义[43]，不以家事废王事；今子以兄弟私恩而绝父不灭之基，可谓智乎？"鸿感语垂涕，乃还就国。

居巢侯刘般卒，子恺当袭爵，让于弟宪[44]，遁逃避封。久之，章和[45]中，有司奏请绝恺国[46]。肃宗[47]美其义，特优假之，恺犹不出。积十余岁，至永元十年[48]，有司复奏之。侍中贾逵[49]上书称："恺有伯夷之节，宜蒙矜宥[50]，全其先公[51]，以增圣朝尚德之美。"和帝[52]纳之，下诏曰："王法崇善，成人之美，其听宪嗣爵。遭事之宜，后不得以为比[53]。"乃征恺，拜为郎。

后魏高凉王孤，平文皇帝[54]之第四子也，多才艺，有志略。烈帝[55]元年，国有内难，昭成为质于后赵[56]。烈帝临崩，顾命迎立昭成。及崩，群臣咸以新有大故，昭成来，未可果，宜立长君。次弟屈，刚猛多变，不如孤之宽和柔顺。于是大人梁盖等杀屈，共推孤为嗣。孤不肯，乃自诣邺[57]奉迎，请身留为质。石季龙[58]义而从之。昭成即王位，乃分国半部以与之。然兄弟之际，宜相与尽诚，若徒事形迹，则外虽友爱而内实乖离矣。

宋祠部尚书蔡廓，奉兄轨如父，家事大小皆咨而后行。公禄赏赐，一皆入轨[59]。有所资须，悉就典者请焉。从武帝在彭城[60]，妻郄氏书求夏服。时轨为给事中，廓答书曰："知须夏服，计给事自应相供，无容别寄。"向使[61]廓从妻言，乃乖离之渐也。

梁安成康王秀与弟始兴王憺㊷友爱尤笃，憺久为荆州刺史，常以所得中分秀。秀称心受之，不辞多也。若此，可谓能尽诚矣！

卫宣公恶其长子急子㊸，使诸齐，使盗待诸莘，将杀之。弟寿子㊹告之使行，不可，曰："弃父之命，恶用子矣！有无父之国则可也。"及行，饮以酒，寿子载其旌㊺以先，盗杀之。急子至，曰："我之求也，此何罪，请杀我乎！"又杀之。

王莽末，天下乱，人相食。沛国赵孝弟礼㊻，为饿贼所得，孝闻之，即自缚诣贼曰："礼久饿羸瘦，不如孝肥。"饿贼大惊，并放之，谓曰"且可归，更持米糒㊼来"。孝求不能得，复往报贼，愿就烹。众异之，遂不害。乡党服其义。

北汉淳于恭兄崇㊽将为盗所烹，恭请代，得俱免。又，齐国倪萌、梁郡车成二人，兄弟并见执于赤眉㊾，将食之。萌、成叩头，乞以身代，贼亦哀而两释焉。

宋大明㊿五年，发三五丁[51]，彭城孙棘弟萨应充行，坐违期不至。棘诣郡辞列："棘为家长，令弟不行，罪应百死，也以身代萨。"萨又辞列自引。太守张岱[52]疑其不实，以棘、萨各置一处，报云："听其相代，颜色并悦，甘心赴死。"棘妻许又寄语属[53]棘："君当门户，岂可委罪小郎？且大家临亡，以小郎属君，竟未妻娶，家道不立，君已有二儿，死复何恨？"岱依事表上。孝武[54]诏，特原罪，州加辟命[55]，并赐帛二十匹。

梁江陵[56]王玄绍、孝英、子敏，兄弟三人，特相友爱，所得甘旨新异，非共聚食，必不先尝。孜孜色貌[57]，相见如不足者，及西台[58]陷没，玄绍以须面魁梧，为兵所围，二弟共抱，各求代死，解不可得，遂并命云。

夫贤者之于兄弟，或以天下国邑让之，或争相为死；而愚者争锱铢之利，一朝之忿，或斗讼不已，或干戈相攻，至于破国灭家，为他人所有，乌在其能利也哉？正由智识褊浅，见近小而遗远大故耳，岂不哀哉！《诗》[59]云："彼令兄弟，绰绰有裕。不令兄弟，交相为瘉。"其是之谓欤。子产[60]曰："直钧，幼贱有罪。"然则兄弟而及于争，虽俱有罪，弟为甚矣！世之兄弟不睦者，多由异母或前后嫡庶[61]更相憎嫉，母既殊情，子亦异党。

晋太保王祥，继母朱氏，遇祥无道。朱子览[62]，年数岁，见祥被楚挞，辄涕泣抱持。至于成童，每谏其母，少止凶虐。朱屡以非理使祥，览辄与祥俱。又虐使祥妻，览妻亦趋而共之。朱患之，乃止。祥丧父之后，渐有时誉，朱深疾之，密使鸠祥。览知之，径起取酒。祥疑其有毒，争而不与。朱遽夺，反之。自后，朱赐祥馔，览先尝。朱辄惧览致毙，遂止。览孝友恭恪，名亚于祥，仕至光禄大夫。

后魏仆射李冲[83]，兄弟六人，四母所出，颇相忿阋[84]。及冲之贵，封禄恩赐，皆与共之，内外辑睦。父亡后，同居二十余年，更相友爱，久无间然，皆冲之德也。

北齐南汾州刺史刘丰[85]，八子俱非嫡妻所生。每一子所生丧，诸子皆为制服三年。武平、仲晖[86]所生丧，诸弟并请解官，朝廷义而不许。

唐中书令韦嗣立[87]，黄门侍郎承庆[88]异母弟也。母王氏遇承庆甚严，每有杖罚，嗣立必解衣请代。母不听，辄私自杖。母察知之，渐加恩贷。兄弟苟能如此，奚异母之足患哉！

【注释】

① 刘琎：字子璥，南北朝齐人，刘瓛（见前注p211⑫）之弟。官历任秘书郎、武陵王参军、射声校尉等职。事载《南朝齐·列传第二十九》。

② 向：刚才。《史记》："向来道边有卖饼家。"束带：系好腰带，意为穿好衣服。竟：结束，完毕，完成。《玉篇》："竟，终也。"此句意为刚才将衣服整齐穿好。表示对兄的敬重。

③ 王秀：字彦达，即萧秀，萧衍之弟，南北朝梁宗室。文学家，官历任南徐、江、荆、郢、定诸州刺史。封安成郡王，谥号"康"。事载《梁书·列传第十六》。

④ 武帝：此指梁武帝萧衍。布衣：平民，此指萧衍未称帝、萧秀未封王时。昆弟：兄弟。

⑤ 郑均：字仲虞，后汉山东微山县人。官任尚书、议郎。赐尚书禄以终身，世人称"白衣尚书"。事载《后汉书·列传第十七》。

⑥ 礼馈：赠送礼品，此指行贿。

⑦ 咸宁：晋武帝司马炎年号，公元275—280年。

⑧ 咸宁中疫颍（yǐng）川：晋武帝中期瘟疫流行于颍川，今河南省许昌市禹州市，以颍川得名。

⑨ 毗：即庾毗，庾衮之次兄。

⑩ 差（chài）：病愈，古通"瘥"。《广韵》："差，病除也。"

⑪ 颜含：字弘都，晋朝山东莘县人。东晋名臣，颜回第二十六世孙。官历任太傅司马越参军、东阳太守、黄门侍郎、大司农、侍中、散骑常侍、光禄大夫等职。封平西县侯。谥号"靖"。史载《晋书·列传第五十八》。

⑫ 旐（zhào）：俗称"魂幡"。旧时出丧时用以为棺柩引路的旗子。各时代，旗色各有差异。
⑬ 其妇：此指颜几之妻。梦之：梦到颜几。
⑭ 此句意为开棺之痛苦与违背他的意愿不开棺，两者相比，应该选择开棺。
⑮ 石崇：字季伦，晋朝河北南皮人。官历任散骑侍郎、荆州刺史、卫尉等职。文学家。事载《晋书·列传第三》。
⑯ 绵眛：久病绵绵，心智糊涂不明白。
⑰ 陆凯：字智君，南北朝北魏河北蔚县人。官历任黄门侍郎、正平太守。谥号"惠"。
⑱ 世宗：南北朝北魏宣武帝元恪，北魏孝文帝元宏之次子，在位十六年（500—515年），庙号"世宗"。正始：北魏宣武帝元恪的年号，公元504—508年。
⑲ 李勣：本姓徐，名世勣，字懋功，山东东明人。唐初大将，官任右武侯大将军，封曹国公，赐姓李，因避讳唐太宗李世民，单名勣。贞观三年，因战功封英国公，官至司空。著《新修本草》。事载《旧唐书》《新唐书》列传中。
⑳ 妾：此指女奴。
㉑ 此下两句出自《诗经·小雅·常棣》。两句意为当今的人们情谊，岂能比得上兄弟之亲情。兄弟虽矛盾而争斗于内，但有外侮，则能同心抵御之。
㉒ 阋（xì）：争吵，争讼。兄弟阋墙，即自家兄弟互相争吵，甚至诉讼。
㉓ 此句出自《诗经·大雅·板》："怀德维宁，宗子维城，无俾城坏，无独斯畏。"意为施之以德，国家安宁稳定，周王的嫡子就在城墙之中安定，莫让城墙毁坏，莫要孤独忧心忡忡。
㉔ 虺（huǐ）：古代传说的一种毒蛇。
㉕ 蹢（jí）：践踏。《广韵》："蹢，践也。"
㉖ 吴太伯：一作"泰伯"，系周太王（即古公亶父，商代人，改国号名"周"，周武王追尊为太王）之长子，太王欲立幼子季历（即王季），太伯与仲雍（季历之兄）同避江南（荆蛮），改从当地文身断发风俗，被立为吴君，史称吴太伯。王李（公李）立，传位子昌，为西伯，即周文王。此事载《史记·周本纪第四》。
㉗ 此句出自《论语·泰伯》。
㉘ 孤竹君：名初，字子朝，商朝孤竹国国君。长子伯夷，中子，三子叔齐。伯夷和叔齐为避继君位，隐居首阳山，因周灭商，绝食而亡。事载《吕氏春秋》《史记·伯夷列传第一》。
㉙ 宋宣公：名力，春秋时宋国第十三任国君，在位十六年。宋戴公之孙，宋武公之子。谥号"宣"。与夷：宋宣公之子。穆公：名和，宋宣公之弟，继承宋宣公君位，谥号"穆"。冯：宋穆公之子。事载《史记·宋微子世家第八》。
㉚ 命以义：以"义"命之。用"义"来称谓他。
㉛ 寿梦：春秋时吴国国君，姬姓，字熟姑。自寿梦立，吴国强盛，史称吴王。事载

《左传》《史记·吴太伯世家第一》。

㉜ 韦贤：字长孺，西汉山东邹县（今山东邹城）人。善求学，号称邹鲁大儒。西汉大臣，官历任博士、给事终、大鸿胪。赐关内侯、封扶阳侯，担任丞相。事载《汉书·列传》。弘：韦贤之长子，官任太常丞。

㉝ 室家：泛指家庭中成员。《诗经》："宜尔室家，乐尔妻孥。"询问韦贤，谁为后者（继承人）？

㉞ 门下生：同"门生"，汉代特指再传弟子。

㉟ 大行：古代称刚死而尚未定谥号的皇帝、皇后。《后汉书》韦昭注："天子崩，未有谥，故称大行也。"此指上报韦贤死，以韦贤之子玄成为继承人。

㊱ 便利：便溺，大小便。

㊲ 引拜：引领拜见，皇帝面见。

㊳ 宣帝：汉宣帝刘询，庙号"中宗"，谥号"宣"。

㊴ 淮阳宪王：刘钦，汉宣帝次子，封淮阳王，谥号"宪"。

㊵ 太子：此指刘奭（shì），汉宣帝时立为太子，后继位，为汉元帝。庙号"高宗"，谥号"孝元皇帝"。

㊶ 丁綝：字幼春，后汉河南舞阳人。后汉名将，随汉光武帝刘秀多立战功，官任河南太守，封新安乡侯，再封陵阳侯。事载《后汉书·列传第二十七》。鸿：丁鸿，丁綝之子，字孝公，官侍中、司徒。成：丁成，丁之子，丁鸿之弟。

㊷ 衰绖（dié）：古代丧服名。丧服胸前缀麻布，名衰；围头的麻绳，名首绖；缠腰的麻绳，名腰绖。合称衰绖。

㊸ 《春秋》之义：《春秋》，书名，儒家经典著作之一，相传系孔子编修的春秋时期的史书。以史写经，以微言明大义，以褒贬笔法写春秋史。

㊹ 刘般：字伯兴，汉宣帝之玄孙。汉光武帝封菑（zī）丘侯，汉明帝封居巢侯，汉章帝官任宗正。恺：刘恺，刘般之子，字伯豫，官历任侍中、太尉。宪：刘宪，刘般之子，刘恺之弟。

㊺ 章和：汉章帝刘炟年号，公元87—88年。

㊻ 绝恺国：取消刘恺封国的资格。

㊼ 肃宗：即汉章帝刘炟，在位十三年。庙号"肃宗"，谥号"章帝"。

㊽ 永元十年：公元98年。永元，汉和帝年号。

㊾ 贾逵：字景伯，后汉陕西咸阳人。官至侍中。

㊿ 矜宥（jīn yòu）：矜怜宽宥。矜，怜悯，同情。《小尔雅》："矜，惜也。"宥，宽恕，原谅。《说文解字》："宥，宽也。"

㉛ 全：保全，保留。先公：此指刘般。此句意为保全刘般的封地，由次子刘宪继承，对长子刘恺另加重用。

(52) 和帝：即汉和帝刘肇，后汉第四位皇帝，在位十七年。庙号“穆宗”，谥号“孝和皇帝”。

(53) 比：比照（比例），仿照（此例）。《左传》杜预注：“比方善事，使相从也。”

(54) 平文皇帝：即北魏平文帝（拓跋郁律）。孤：北魏平文帝的第四子。

(55) 烈帝：北魏皇帝的先祖之一，第七任代王。

(56) 昭成：名什翼犍，北魏平文帝之次子，继烈帝为代王。质：人质。此指昭成为人质而困于后赵。后赵：东晋后十六国之一。公元 319 年羯族石勒称赵王，329 年灭前赵，次年称帝，史称“后赵”。

(57) 邺：后赵建都河北邢台，后迁都邺，今河北临漳。

(58) 石季龙：即后赵太祖石虎，字季龙，在位十五年。庙号“太祖”。

(59) 蔡廓：字子度，南北朝宋时河南民权人。官历任著作佐郎、御史中丞、祠部尚书等职。轨：蔡轨，蔡廓之兄。

(60) 武帝：南北朝时期宋武帝。彭城：古地名，今江苏省徐州市。

(61) 向使：假如，假使，如果。杜甫《九成宫》：“向使国不亡，焉为巨唐有？”

(62) 王秀：见上注③。憺：即萧憺，字僧达，萧秀之弟，官任荆州刺史、安西将军。封始兴郡王，谥号“忠武”。史载《梁书·列传第十六》。

(63) 卫宣公：春秋时卫国国君，在位十九年，谥号“宣”。急子：卫宣公之子，夷姜所生。

(64) 寿子：卫宣公之子，宣姜所生，急子的同父异母之弟。宣姜生寿子、朔子，朔子后为太子。

(65) 旌：用羽毛装饰的旗子。急子用白旌，卫宣公命盗见白旌杀之，寿子打白旌先行，欲代兄死。事载《左传》。

(66) 沛国：后汉沛国，今安徽巢湖。赵孝：字长平，沛国人，以孝道闻世，官任谏议大夫、卫尉。礼：赵礼，赵孝之弟，官任御史中丞。

(67) 糒（bèi）：“米饭”，干饭，干粮。《资治通鉴》：“命士少休，食干糒。”

(68) 淳于恭：字孟孙，东汉北海人，不慕荣名。事载《后汉书》。崇：淳于崇，淳于恭之兄。

(69) 赤眉：西汉末年樊崇等领导的农民起义军，因用赤色涂眉，故称“赤眉军”。事载《汉书·王莽传》。

(70) 大明：南北朝宋孝武帝刘骏年号，公元 457—464 年。

(71) 发：征发，征调。《西门豹治邺》：“西门豹即发民凿十二渠。”三五丁：三五十五岁的男子（丁），可服劳役。

(72) 张岱：字景山，南北朝宋时四川成都人。官任水部郎，司徒掾、吴兴太守。谥号“贞”，此非明末清初文学家张岱。

(73) 许：孙棘妻许氏。属：同“嘱”。

㉔ 孝武：南北朝宋孝武帝刘骏，庙号"世祖"，谥号"孝武"。
㉕ 辟命：天子或诸侯的命令、征召。
㉖ 梁：南北朝时期南朝的第三个朝代，萧衍称帝，定都建康（今南京），国号梁。江陵：古地名，今湖北省荆州市。
㉗ 孜孜色貌：和颜悦色的样子。
㉘ 西台：官署名，即御史台、中书省、刑部的别称。又指浙江省富春山地名。
㉙ 此句出自《诗经·小雅·角弓》。令：善。绰：宽。裕：饶。瘉（yù）：病。朱熹注："此善兄弟，则绰绰有裕而不变，彼不善之兄弟，则由此而交相病矣。"此句意为兄弟彼此以善相待者，则家和万事兴；而不以善意相待的兄弟，则可家毁人亡。
㉚ 子产：即公孙侨，字子产，一字子美。春秋时著名政治家，郑国卿，执政二十三年，使郑国兴旺。此句出自《左传·昭公元年》。直：即使。《诗词曲语辞汇释》："直，与'就使''即使'之'就'字、'即'字相当，假定之辞。"钧：同。《孟子·告子上》："钧是人也，或为大人，或为小人，何也？"赵岐注："钧，同也。"《书经》："厥罪惟钧。"
㉛ 前：前母。后：继母。嫡：嫡母。庶：庶母。
㉜ 王祥：字休征，山东省临沂西孝友村人。曹魏及西晋大臣，魏朝官任大司农、司空、太尉等职。西晋官任太保，封睢陵王。谥号"元"。王祥以孝继母闻名，二十四孝中"卧冰求鲤"者，有"孝圣"之称。事载《晋书·列传》。朱子览：王览，王祥继母朱氏所生的异母之弟。
㉝ 李冲：字思顺，北魏时甘肃张掖人。南北朝北魏名臣，官历任侍中、吏部尚书、太子少傅、尚书仆射。追赠司空，谥号"文穆"。事载《魏书·列传第四十一》。
㉞ 㐹阋（xì）：㐹怒争执，争吵，兄弟内部不团结。
㉟ 刘丰：字丰生，南北朝北齐宁夏灵武人。官任灵州镇城大都督、左卫将军、南汾州刺史等职。赠大司马、司徒公、尚书令。谥号"忠"。事载《北齐书·列传第十九》。
㊱ 每一子所生丧：刘丰于每生一子，子亲生母皆去世。武平、仲瞳：刘丰的长子、次子。
㊲ 韦嗣立：字延构，唐朝河南原阳人。唐朝诗人、官员。官历任凤阁侍郎、兵部尚书、同平章事、参知政事等职。谥号"孝"。
㊳ 承庆：韦嗣立的同父异母之兄，韦承庆，字延休，进士出身，官历任凤阁侍郎、天官侍郎、黄门侍郎等职。谥号"温"。

姑姐妹

齐攻鲁，至其郊，望见野妇人抱一儿、携一儿而行。军且及之，弃其所抱，抱其所携而走于山。儿随而啼，妇人疾行不顾。齐将问儿曰："走者尔母耶？"曰："是也。""母所抱者谁也？"曰："不知也。"齐将乃追之，军士引弓将射之，曰："止！不止，吾将射尔。"妇人乃还。齐将问之曰："所抱者谁也？所弃者谁也？"妇人对曰："所抱者，妾兄之子也；弃者，妾之子也。见军之至，将及于追，力不能两护，故弃妾之子。"齐将曰："子之于母，其亲爱也，痛甚于心，令释之而反抱兄之子，何也？"妇人曰："己之子，私爱也。兄之子，公义也。夫背公义而向私爱，亡兄子而存妾子，幸而得免，则鲁君不吾畜①，大夫不吾养，庶民国人不吾与也。夫如是，则胁肩无所容，而累足无所履也。子虽痛乎，独谓义何？故忍弃子而行义。不能无义而视鲁国。"于是齐将案②兵而止，使人言于齐君曰："鲁未可伐。乃至于境，山泽之妇人耳，犹知持节行义，不以私害公，而况于朝臣士大夫乎？请还。"齐君许之。鲁君闻之，赐束帛百端③，号曰"义姑姊"。

梁节姑姊之室失火，兄子与己子在室中，欲取其兄子，辄得其子，独不得兄子。火盛，不得复入。妇人将自趣④火，其友止之曰："子本欲取兄之子，惶恐卒误得尔子，中心谓何？何至自赴火？"妇人曰："梁国岂可户告人晓也？被⑤不义之名，何面目以见兄弟、国人哉！吾欲复投吾子，为失母之恩。吾势不可生。"遂赴火而死。

汉郃阳任延寿妻季儿有三子。季儿兄季宗与延寿争葬父事，延寿与其友田建阴杀季宗。建独坐死。延寿会赦⑥，乃以告季儿。季儿曰："嘻！独今乃语我乎？"遂振衣欲去，问曰："所与共杀吾兄者，为谁？"曰："与田建。田建已死，独我当坐之，汝杀我而已。"季儿曰："杀夫不义，事⑦兄之仇亦不义。"延寿曰："吾不敢留汝，愿以车马及家中财物尽以送汝，惟汝所之。"季儿曰："吾当安之？兄死而仇不报，与子同枕席而使杀吾兄，内不能和夫家，外又纵兄之仇，何面目以生而戴天履地乎？"延寿惭而去，不敢见季儿。季儿乃告其大女曰："汝父杀吾兄，义不可以留，又终不复嫁矣。吾去汝而死，汝善视汝两弟。"遂以襁自经⑧而死。左冯翊王让闻之，大其义，令县复其三子而表其墓。

唐冀州女子王阿足，早孤，无兄弟，唯姊一人。阿足初适⑨同县李氏，未有子而亡。时年尚少，人多聘之。为姊年老孤寡，不能舍去，乃誓不嫁，以养其姊。每昼营田业，夜便纺绩，衣食所须，无非阿足出者，如此二十余年。及姊丧，葬送以礼。乡人莫不称其节行，竞令妻女求与相识。后数岁，竟终于家。

【注释】

① 鲁君：春秋时鲁国国君。畜：收容，容留。《左传》："获罪于两君，天下谁畜之？"
② 案：古通"按"，停止、抑制。《三国志·诸葛亮传》："若不能当，何不案兵束甲，北面而事之。"
③ 端：量词。布匹一匹为两端，帛百端即帛五十匹。
④ 趣（qū）：古通"趋"，快步走。《篇海类编》："趣，与趋同。"
⑤ 被（pī）：同"披"。蒙受。
⑥ 会赦：遇到赦免的机会。
⑦ 事：通"释"。放弃。
⑧ 襁（qiǎng）：绳索。经：缢死、上吊。《字汇》："经，缢也。"
⑨ 适：女子出嫁。《玉篇》："适，女子出嫁。"

夫

夫妇之道，天地之大义，风化之本原也，可不重欤！《易》①："艮下兑上，咸。彖曰：止而说，男下女，故取女吉也。巽下震上，恒。彖曰：刚上而柔下，雷风相与。"盖久常之道也。是故《礼》②："婿冕而亲迎，御轮三周。"所以下之也。既而婿乘车先行，妇车从之，反尊卑之正也。《家人》③："初九，闲有家，悔亡。"正家之道，靡不在初，初而骄之，至于狼犺④，浸不可制，非一朝一夕之所致也。昔舜为匹夫，耕渔于田泽之中，妻天子之二女⑤，使之行妇道于翁姑，非身率以礼义，能如是乎？

汉鲍宣⑥妻桓氏，字少君。宣尝就少君父学，父奇其清苦，故以女妻之，装⑦送资贿甚盛。宣不悦，谓妻曰："少君生富骄，习美饰，而吾实贫贱，不敢当礼。"妻曰："大人以先生⑧修德守约，故使贱妾侍执巾栉⑨，既奉承君子，惟命是从。"宣笑曰："能如是，是吾志也。"妻乃悉归侍御服饰，更着短布裳，与宣共挽鹿车⑩，归乡里，拜姑毕，提瓮出汲，修行妇道，乡邦称之。

扶风梁鸿⑪家贫而介洁⑫势家⑬慕其高节，多欲妻之，鸿并绝不许。同县孟氏有女，状肥丑而黑，力举石臼，择对不嫁，行年三十。父母问其故，女曰："欲得贤如梁伯鸾者。"鸿闻而聘之。女求作布衣麻履，织作筐缉绩之具。及嫁，始以装饰，入门七日，而鸿不答。妻乃跪床下请曰："窃⑭闻夫子高义，简斥⑮数妇，妾亦偃蹇⑯数夫矣。今而见择，敢不请罪？"鸿曰："吾欲裘褐⑰之人，可与俱隐深山者尔。今乃衣绮缟⑱，傅粉墨，岂鸿所愿哉！"妻曰："以观夫子之志尔。妾自有隐居之服。"乃更椎髻，着布衣，操作具而前。鸿大喜，曰："此真梁鸿之妻也！能奉我矣！"字之曰"德曜"⑲。遂与偕隐。是皆能正其初者也。夫妇之际，以敬为美。

晋臼季⑳使，过冀㉑，见冀缺㉒耨，其妻馌㉓之，敬，相待如宾。与之归，言诸文公㉔曰："敬，德之聚也，能敬必有德，德以治民，君请用之。"文公从之，卒为晋名卿。

汉梁鸿避地于吴，依大家皋伯通，居庑下，为人赁舂。每归，妻为具食，不敢于鸿前仰视，举案齐眉㉕。伯通察而异之，曰："彼佣，能使其妻敬之如此，非凡人也。"方舍之于家。

晋太宰何曾㉖，闺门整肃，自少及长，无声乐嬖幸之好。年老之后，与妻相见，皆正衣冠，相待如宾，己南向，妻北面再拜，上酒，酬酢既毕，便出。一岁如此者，不过再三焉。若此，可谓能敬矣！

昔庄周㉗妻死，鼓盆而歌。汉山阳太守薛勤㉘，丧妻不哭，临殡曰："幸不为夭，夫何恨！"太尉王龚㉙妻亡，与诸子并杖行服，时人两讥之。晋太尉刘实㉚丧妻，为庐杖之制，终丧不御肉，轻薄笑之，实不以为意。彼庄、薛弃义，而王、刘循礼，其得失岂不殊哉？何讥笑焉！

《易·恒》㉛："六五，恒其德。贞，妇人吉。夫子凶。《象曰》：妇人贞吉，从一而终也。夫子制义，从妇凶也。"丈夫生而有四方之志，威令所施，大者天下，小者一官，而近不行于室家，为一妇人所制，不亦可羞哉！昔晋惠帝㉜为贾后所制，废武悼杨太后于金墉，绝膳而终。囚愍怀太子于许昌，寻杀之。唐肃宗㉝为张后所制，迁上皇于西内，以忧崩。建宁王倓㉞以忠孝受诛。彼二君者，贵为天子，制于悍妻，上不能保其亲，下不能庇其子，况于臣民！自古及今，以悍妻而乖离六亲、败乱其家者，可胜数哉！然则悍妻之为害大也。故凡娶妻，不可不慎择也。既娶而防之以礼，不可不在其初也。其或骄纵悍戾，训厉禁约而终不从，不可以不弃也。夫妇以义合，义绝则离之。今士大夫有出妻者，众则非之，以为无行，故士大夫难之。按《礼》有七出㉟，顾所以出之，用何事耳！若妻实犯礼而出之，乃义也。昔孔氏三世出其妻，其余贤士以义出妻者众矣，奚亏于行哉！苟室有悍妻而不出，则家道何日而宁乎！

【注释】

① 易：此指《易经》，又名《周易》。相传系周文王姬昌所著，儒门圣典，六经之首，设教之书。

② 此句出自《礼记·昏义》。意为夫婿头上应加冕，亲自驾婚车绕三圈，然后交接给驾驶员，表示亲自、庄重、守礼。

③ 家人：《周易》中的《家人》卦，卦辞为"利女贞"。

④ 狼犹：高傲，为非作歹。《世说新语》："处仲狼犹刚愎。"

⑤ 二女：舜帝的两位妻子，娥皇、女英，是尧帝的两位女儿。

⑥ 鲍宣：字子都，汉朝安徽南陵人。西汉官历任大司空、谏大夫。王莽时遇害。

⑦ 装：同"妆"。此指嫁妆。

⑧ 大人：此指桓少君称其父。先生：此指丈夫鲍宣。

⑨ 侍：侍奉。执：拿。巾：头巾类。栉（zhì）：梳子。此为嫁与人为妻的婉转说辞。

⑩ 鹿车：古代的一种人力小车。事载《后汉书·鲍宣妻传》。成语"鹿车共挽"出自此。

⑪ 梁鸿：字伯鸾，东汉陕西咸阳人，东汉隐士、诗人。事载《后汉书·梁鸿传》。

⑫ 介洁：耿介高洁。《抱朴子》："是以介洁而无政事者，非拨乱之器。"

⑬ 势家：有权势之人家。

⑭ 窃：第一人称的谦词，如窃闻、窃思。《论语》："窃比于我老彭。"

⑮ 简斥：疏远。《后汉书·梁鸿传》李贤注："斥，远也。"

⑯ 偃蹇（yǎn jiǎn）：婉转委曲而拒绝。

⑰ 裘褐（qiú hè）：粗陋衣服。《庄子》成玄英注："裘褐，粗衣也。"

⑱ 绮缟（qǐ gǎo）：泛指精美而有花纹的丝织品。

⑲ 德曜（yào）：品德高尚，光彩照人。此是梁鸿为妻取名孟光，字德曜。事载《后汉书·梁鸿传》《列女传·梁鸿妻》。成语"举案齐眉"典故亦出于此。

⑳ 臼季：即胥臣，字季子，春秋时晋国政治家、教育家。因封在臼（今山西运城），又称臼季。曾任司空，又称司空季子。事载《左传·僖公三十三年》《国语》。

㉑ 冀：古地名，今西河津。

㉒ 冀缺：郤缺之别名，春秋时晋国人，因其父芮封冀，故又称冀缺。官任下军大夫、相。谥号"成子"。事载《左传·僖公三十三年》《国语·晋语》。

㉓ 馌（yè）：给耕者送饭。《说文解字》："馌，饷田也。"

㉔ 文公：此指晋文公，姬姓，名重耳，系春秋时晋国第二十二位君主，在位九年，勤王败楚，先秦霸主之一。事载《左传》《史记》。"寒食节"起于晋文公。

㉕ 举案齐眉：案，古代有脚的托盘。梁鸿的妻子给丈夫送饭，总是将端饭的盘子举得高高的，与眉毛齐平。后表示夫妻相敬。

㉖ 何曾：字颖孝，春秋时晋国河南太康人。西晋开国元勋，官历任司隶校尉、尚书、征北将军、司徒、太宰等职。封郎陵侯。谥号"孝"，后改"元"。事载《晋书·列传三》。

㉗ 庄周：字子休，宋国蒙人。战国时著名的思想家、哲学家、文学家，创立庄学，是道家学派的主要代表人物，世称"庄子"。著《庄子》。

㉘ 薛勤：东汉山阳太守。"一屋不扫，何以扫天下"名言出自薛勤与陈蕃的对话。事载《后汉书》。

㉙ 王龚：字伯宗，东汉山东微山人，官历任青州刺史、汝南太守、司空、太尉等职。事载《后汉书·列传第四十六》。

㉚ 刘实：西晋官太傅。

㉛ 此句出自《周易》的"恒"卦。朱熹注："以柔中而应刚中，常久不易，正而固矣。然乃妇人之道，非夫子之宜也，故其象占如此。"

㉜ 晋惠帝：司马衷，字正度，司马炎次子，西晋第二位皇帝，但痴呆不任事，由杨太后（晋武帝司马炎之皇后，谥号"武悼"）之父杨骏辅政。惠帝贾皇后（贾南风）设计杀害杨骏，废掉杨太后于金墉（今河南洛阳），囚禁愍怀太子[即司马遹(yù)，晋惠帝之长子，字熙祖，谥号"愍怀"]并毒于河南许昌，史称"八王之乱"。事载《晋书·帝纪第四》《资治通鉴·晋纪》。

㉝ 唐肃宗：李亨，唐玄宗李隆基第三子，唐朝第七位皇帝，在位六年，尊父皇玄宗为太上皇。李亨病重，张皇后想废太子李豫，而囚禁于飞龙殿，李亨惊死，庙号"肃宗"，将太上皇玄宗迁于西内（甘露殿），忧郁而亡，庙号"玄宗"，谥号"明皇"。

㉞ 倓（dàn）：李倓，唐肃宗第三子，封建宁王。唐肃宗听信李辅国、张良娣谗言而赐死李倓。事后肃宗后悔。唐代宗追封为齐王，追谥"承天皇帝"。事载《旧唐书》《新唐书》。

㉟ 七出：七种休妻的理由。《仪礼·丧服》贾公彦注："七出者：无子，一也；淫泆，二也；不事舅姑，三也；口舌，四也；盗窃，五也；妒忌，六也；恶疾，七也。"亦作"七去"。《大戴礼记·本命》："妇有七去：不顺父母，去；无子，去；淫，去；妒，去；有恶疾，去；多言，去；盗窃，去。"七出和七去大同小异。

卷八
妻上

太史公①曰："夏之兴也以涂山②，而桀之放也以妹喜③；殷之兴也以有娀④，纣之杀也嬖妲己⑤；周之兴也以姜嫄⑥及大任，而幽王之擒也，淫于褒姒⑦。故《易》基'乾''坤'，《诗》始《关雎》。夫妇之际，人道之大伦也。《礼》之用，唯婚姻为兢兢。夫乐调而四时和，阴阳之变，万物之统也，可不慎欤！"

为人妻者，其德有六：一曰柔顺，二曰清洁，三曰不妒，四曰俭约，五曰恭谨，六曰勤劳。夫天也，妻地也；夫日也，妻月也；夫阳也，妻阴也。天尊而处上，地卑而处下。日无盈亏，月有圆缺。阳唱而生物，阴和而成物。故妇人专以柔顺为德，不以强辩为美也。汉曹大家⑧作《女戒》，其首章曰："古者生女三日，卧之床下，明其卑弱，主下人也。谦让恭敬，先人后己，有善莫名，有恶莫辞，忍辱含垢，常若畏惧。"又曰："阴阳殊性，男女异行。阳以刚为德，阴以柔为用。男以强为贵，女以柔为美。故鄙谚有云：'生男如狼，犹恐其尪⑨；生女如鼠，犹恐其虎。'然则修身莫若敬，避强莫若顺。故曰：敬顺之道，妇人之大礼也。"又曰："妇人之得意于夫主，由舅姑之爱己也。舅姑之爱己，由叔妹之誉己也。由此言之，我臧否誉毁⑩，一由叔妹。叔妹之心，诚不可失也。皆知叔妹之不可失，而不能和之以求亲，其蔽也哉！自非圣人，鲜能无过，虽以贤女之行，聪哲之性，其能备乎！是故室人和则谤掩，外内离则恶扬，此必然之势也。夫叔妹者，体敌而名尊，恩疏而义亲，若淑媛谦顺之人，则能依义以笃好，崇恩以结援，使徽美显章，而瑕过隐塞。舅姑矜善，而夫主嘉美，声誉曜于邑邻，休光延于父母。若夫蠢愚之人，于叔则托名以自高，于妹则因宠以骄盈。骄盈既施，何和之有？恩义既乖，何誉之臻？是以美隐而过宣，姑忿而夫愠，毁誉布于中外，耻辱集于厥身，进增父母之羞，退益君子之累，斯乃荣辱之本，而显否之基也，可不慎哉！然则求叔妹之心，固莫尚于谦顺矣。谦则德之柄，顺则妇之行，兼斯二者，足以和矣！"若此，可谓能柔顺矣！妻者，齐也。一与之齐，终身不改。故忠臣不事二主，贞女不事二夫。

《易》曰："柔顺利贞，君子攸行。"又曰："用六，利永贞。"晏子⑪曰："妻柔而正。"言妇人虽主于柔，而不可失正也。故后妃逾国，必乘安车辎軿⑫；下堂，必从傅母保阿⑬；进退则鸣玉环珮，内饰则结纫绸缪⑭；野处则帷裳壅蔽，所以正心一意，自敛制也。《诗》⑮云："自伯之东，首如飞蓬。岂无膏沐，谁适为容。"故妇人，夫不在，不为容饰，礼也。

卫世子共伯⑯早死，其妻姜氏守义。父母欲夺而嫁之，誓而不许，作《柏舟》⑰之诗以见志。

宋共公夫人伯姬⑱，鲁人也。寡居三十五年。至景公⑲时，伯姬之宫夜失火，左右曰："夫人少避火。"伯姬曰："妇人之义，保傅不具⑳，夜不下堂。待保傅之来也。"保母至矣，傅母未至也。左右又曰："夫人少避火。"伯姬不从，遂逮于火而死。

楚昭王㉑夫人贞姜，齐女也。王出游，留夫人渐台㉒之上而去。王闻江水大至，使使者迎夫人，忘持其符。使者至，请夫人出。夫人曰："王与宫人约，令召宫人必持符。今使者不持符，妾不敢从。"使曰："今水方大至，还而取符，则恐后矣！"夫人不从。于是使者反取符，未还，则水大至，台崩，夫人流而死。

蔡人妻，宋人㉓之女也。既嫁，而夫有恶疾，其母将再嫁之。女曰："夫人之不幸也，奈何去之？适人之道，一与之醮㉔，终身不改，不幸遇恶疾，彼无大故，又不遣妾，何以得去？"终不听。

梁寡妇高行，荣于色而美于行。早寡不嫁，梁贵人多争欲娶之者，不能得。梁王㉕闻之，使相聘焉。高行曰："妾夫不幸早死，妾守养其幼孤，贵人多求妾者，幸而得免。今王又重之。妾闻妇人之义，一往而不改，以全贞信之节。今慕贵而忘贱，弃义而从利，无以为人。"乃援镜持刀以割其鼻，曰："妾已刑矣，所以不死者，不忍幼弱之重孤也。士之求妾，以其色也，今刑余之人，殆可释矣！"于是相以报王。王大其义而高其行，乃复其身，尊其号曰："高行。"

汉陈孝妇，年十六而嫁，未有子。其夫当行戍，夫且行时，属孝妇曰："我生死未可知，幸有老母，无他兄弟备养，吾不还，汝肯养吾母乎？"妇应曰："诺。"夫果死不还。妇乃养姑不衰，慈爱愈固，纺绩织纴以为家业，终无嫁意。居丧三年，父母哀其年少无子而早寡也，将取而嫁之。孝妇曰："夫行时，属妾以其老母，妾既许诺之，夫养人老母而不能卒，许人以诺而不能信，将何以立于世？"欲自杀。其父母惧而不敢嫁也，遂使养其姑二十八年。姑八十余，以天年终，尽卖其田宅财物以葬之，终奉祭祀。淮阳太守以闻，孝文皇帝㉖使使者赐黄金四十斤，复之终身无所与，号曰"孝妇"。

吴许升妻吕荣，郡遭寇贼，荣逾垣走。贼持刀追之。贼曰："从吾则生，不从吾则死。"荣曰："义不以身受辱寇虏也。"遂杀之。是日疾风暴雨，雷电晦冥，贼惶恐，叩头谢罪，乃殡葬之。

沛刘长卿妻，五更桓荣㉗之孙也。生男五岁而长卿卒。妻防远嫌疑，不肯归宁㉘。儿年十五，晚又夭殁。妻虑不免，乃豫刑其耳以自誓。宗妇相与愍㉙之，共谓曰："若家殊无他意，假令有之，犹可因姑姊妹以表其诚，何贵义轻身之甚哉！"对曰："昔我先君五更，学为儒宗，尊为帝师。五更以来，历代不替。男以忠孝显，女以贞顺称。《诗》云：'无忝尔祖，聿修厥德。'是以豫自刑剪，以明我情。"沛相王吉上奏高行，显其门闾，号曰"行义恒娥㉚"。县邑有祀必膰㉛焉。

度辽将军皇甫规㉜卒时，妻年犹盛而容色美。后董卓为相国，闻其名，聘以軿辎百乘，马四十匹，奴婢钱帛充路。妻乃轻服诣卓门，跪自陈请，辞甚酸怆。卓使傅奴侍者，悉拔刀围之，而谓曰："孤之威教，欲令四海风靡，何有不行于一妇人乎？"妻知不免，乃立，骂卓曰："君羌胡之种，毒害天下，犹未足邪！妾之先人，清德奕世。皇甫氏文武上才，为汉忠臣，君亲非其趣使走吏㉝乎！敢欲行非礼于尔君夫人耶？"卓乃引车庭中，以其头悬轭㉞，鞭扑交下。妻谓持杖者曰："何不重乎？速尽为惠！"遂死车下。后人图画，号曰"礼宗"㉟云。

魏大将军曹爽从弟文叔妻㊱，谯郡夏侯文宁之女，名令女。文叔早死，服阕㊲，自以年少无子，恐家必嫁己，乃断发以为信。其后家果欲嫁之。令女闻，即复以刀截两耳。居止尝依爽。及爽被诛，曹氏尽死，令女叔父上书，与曹氏绝婚，强迎令女归。时文宁为梁相，怜其少执义，又曹氏无遗类，冀其意沮㊳，乃微使人讽之。令女叹且泣曰："吾亦悔之，许之是也。"家以为信，防之少懈。令女于是窃入寝室，以刀断鼻，蒙被而卧。其母呼与语，不应。发被视之，流血满床席。举家惊惶，奔往视之，莫不酸鼻。或谓之曰："人生世间，如轻尘栖弱草耳，何至辛苦乃尔！且夫家夷灭已尽，守此欲谁为哉？"令女曰："闻仁者不以盛衰改节，义者不以存亡易心。曹氏前盛之时，尚欲保终，况今衰亡，何忍弃之？禽兽之行，吾岂为乎？"司马宣王㊴闻而嘉之，听使乞子养为曹氏后㊵。

后魏钜鹿㊶魏溥妻房氏者，慕容垂贵乡太守常山房湛女也。幼有烈操，年十六，而溥遇疾且卒，顾谓之曰："死不足恨，但痛母老家贫，赤子蒙眇㊷，抱怨于黄垆㊸耳。"房垂泣而对曰："幸承先人余训，出事君子，义在偕老。有志不从，盖其命也。今夫人在堂，弱子襁褓，顾当以身少相卫，永释长往㊹之恨。"俄而溥卒。及将大敛，房氏操刀割左耳，投之棺中，仍曰："鬼神有知，相期泉壤。"流血滂然，丧者哀惧。姑刘氏辍哭而谓曰："新妇何至于此？"对曰："新妇少年，不幸早寡，实虑父母未量至情，觊持此自誓耳。"闻知者莫不感怆。时子缉生未十旬⑮，鞠育于后房之内，未曾出门。遂终身不听丝竹，不预坐席。缉年十二，房父母仍存，于是归宁。父兄尚有异议，缉窃闻之，以启其母。房命驾，绐云⑯他行，因而遂归，其家弗知之也。行数十里方觉，兄弟来追，房哀叹而不反⑰。其执意如此。

荥阳⑱张洪祁妻刘氏者，年十七夫亡。遗腹生一子，二岁又没。其舅姑年老，朝夕养奉，率礼无违。兄矜其少寡，欲夺嫁之。刘自誓不许，以终其身。

陈留⑲董景起妻张氏者，景起早亡，张时年十六，痛夫少丧，哀伤过礼，蔬食长斋。又无儿息，独守贞操，期以阖棺。乡曲高之，终见标异。

隋大理卿郑善果母崔氏，周⑳末，善果父诚讨尉迟迥，力战死于陈㉑。母年二十而寡，父彦睦欲夺其志。母抱善果曰："妇人无再适男子之义。且郑君虽死，幸有此儿。弃儿为不慈，背夫为无礼，宁当割耳剪发，以明素心。违礼灭慈，非敢闻命。"遂不嫁，教养善果，至于成名。自初寡，便不御脂粉，常服大练，性又节俭，非祭祀宾客之事，酒肉不妄陈其前。静室端居，未尝辄出门阃。内外姻戚有吉凶事，但厚加赠遗，皆不诣㉒其家。

韩觊妻于氏，父实，周大左辅㉓。于氏年十四适于觊，虽生长膏腴，家门鼎贵，而动遵礼度，躬自俭约，宗党敬之。年十八，觊从军没，于氏哀毁骨立，恸感动路。每朝夕奠祭，皆手自捧持。及免丧，其父以其幼少无子，欲嫁之，誓不许。遂以夫孽子㉔世隆为嗣，身自抚育，爱同己生，训导有方，卒能成立。白孀居以后，唯时或归宁。至于亲族之家，绝不往来。有尊亲就省谒者，送迎皆不出户庭。蔬食布衣，不听声乐，以此终身。隋文帝㉕闻而嘉叹，下诏褒美，表其门闾，长安中号为"节妇闾"。

周虢州司户㉖王凝妻李氏，家青、齐㉗之间。凝卒于官，家素贫，一子尚幼。李氏携其子，负其遗骸以归。东过开封，止旅舍，主人见其妇人独携一子而疑，不许其宿。李氏顾天已暮，不肯去。主人牵其臂而出之。李氏仰天恸曰："我为妇人，不能守节，而此手为人执耶！不可以一手并污吾身。"即引斧自断其臂。路人见者，环聚而嗟之，或为之泣下。开封尹㉘闻之，白其事于朝，官为赐药封疮㉙，恤李氏而笞其主人。若此，可谓能清洁矣！

【注释】

① 太史公：司马迁，字子长，陕西韩城人。西汉史学家、思想家、文学家。初任郎中，后任太史令。世称"太史公"。所著《太史公书》，后称《史记》，是我国最早的通史，开创了纪传体史书的形式，是我国历史名著。

② 涂山：相传为夏禹娶涂山氏及会诸侯处，由此夏朝兴盛。

③ 妹（mò）喜：有施氏之女，夏桀攻打有施氏，娶有施氏之女妹喜，宠爱有加，商汤灭夏而亡。

④ 有娀（sōng）：古国名。《史记》："桀败于有娀之墟。"今山西应城。

⑤ 妲己：商纣王的宠妃，姓己，武王灭商时被杀。

⑥ 姜嫄：一作姜原，周始祖后稷之母。神话传说她在荒野踏到巨人脚印而怀孕生稷。另一说是帝喾之妻。

⑦ 褒姒：周幽王之宠妃。褒国人，姓姒。申侯攻杀幽王，褒姒被俘。

⑧ 曹大家：班昭，东汉史学家，班彪之女，班固之妹。汉和帝时任皇后和妃嫔教师。以其夫为曹世叔，被称为曹大家。著有《东征赋》《女诫》等。

⑨ 尪（wāng）：品德、行为不正。

⑩ 臧否（zāng pǐ）：褒与贬；好与坏；肯定与否定。誉毁：赞誉与毁谤，称赞与诋毁。

⑪ 晏子：即晏婴，字平仲，山东高密人。春秋时齐国大夫，世称"晏子"，著有《晏子春秋》，记载有关他的言行。

⑫ 安车：用一匹马拉的小车。辎軿（zī píng）：辎车是后面开门的篷车，軿车前面开门。

⑬ 傅母：古代负责辅导、保育贵族子女的老妇人。《谷梁传》："妇人之义，傅母不在，宵不下堂。"保阿：贴身女佣，此指照料生活起居的婢女。

⑭ 结纫（rèn）：将两股以上的线、丝之类捻成一股并打结。绸缪：指妇女的带结。

⑮ 此句出自《诗经·国风·卫·伯兮》。意为夫君往东方出征，我头发乱如蓬草，非是无洗发润发的洗发膏，夫君不在，我梳妆打扮又为谁呢？即为"女为悦己者容"。

⑯ 世子：古代诸侯或藩王的正式继承人，春秋时太子、世子通用。共伯：名余，周朝卫厘侯世子。

⑰ 柏舟：《诗经·国风·鄘（yōng）》中的一首诗，是描写寡妇守节，自比柏舟坚固的自誓之诗。

⑱ 宋共公：名瑕，春秋时宋国第二十五任国君，宋文公之子。其妻伯姬，春秋时鲁国女，后因宋宫失火而烧死。事载《史记·宋微子世家第八》。

⑲ 景公：宋景公，名栾，春秋时宋国第二十八任国君，宋元公之子。事载《史记·宋微子世家第八》。

⑳ 保傅：保阿和傅母，见上注⑬。不具：全不在身旁。具，同"俱"。

㉑ 楚昭王：名壬，楚平王之子，春秋时楚国国君，中兴之主。其妻贞姜，齐国人。事载《史记·楚世家第十》。

㉒ 渐台：台名，楚国所建之台，因建在水中，故名。

㉓ 蔡人：春秋时蔡国人。宋人：春秋时宋国人。

㉔ 醮（jiào）：古代冠礼、婚礼的一种仪节，此指婚礼。《说文解字》："醮，冠娶礼祭。"

㉕ 梁王：春秋战国时期魏国，又名梁国之国君。

㉖ 孝文皇帝：即汉文帝刘恒，汉朝第三位皇帝，与其子汉景帝，强国富民，史称"文景之治"。庙号"太宗"，谥号"孝文皇帝"。

㉗ 五更：安置年老致仕的官员。古代设"三老五更"的官位，天子以父兄之礼养之。刘长卿妻，事载《后汉书·列女传》。桓荣：字春卿，东汉安徽怀远人。官历任太子少傅、太常，汉明帝拜为五更，封关内侯。事载《后汉书·列传第二十七》。

㉘ 归宁：旧谓已嫁女子回娘家省视父母。《诗经·周南·葛覃》："归宁父母。"

㉙ 愍（mǐn）：同"悯"。怜悯、哀怜、怜恤。

㉚ 嫠（lí）：亦称嫠妇、嫠人，即寡妇。《左传》杜预注："嫠，寡妇也。"

㉛ 膰（fán）：送祭肉。《后汉书》李贤注："膰，祭余肉也，尊敬之。"

㉜ 皇甫规：字威名，后汉甘肃灵台人。东汉名将、学者，官历任太山太守、度辽将军、尚书、弘农太守、护羌校尉等职。史载《后汉书·列传第五十五》。皇甫规妻：扶风马氏女，规之继室。事载《后汉书·列女传》。

㉝ 君亲：指夫君皇甫规。非：莫非，不是。其：代词，指董卓。趣使：通"驱使"。走吏：替人奔波的小吏。

㉞ 轭（è）：牲口拉车时驾在颈上的短粗曲木。《说文解字》："轭，辕前也。"

㉟ 礼宗：遵礼奉法的典范。

㊱ 曹爽：字昭伯，三国安徽亳县人，曹操侄孙，官任武卫将军、大将军等职，封武安侯，后被司马懿谋杀。事载《三国志·魏书》。从弟：堂弟。文叔：曹文叔，曹爽之堂弟，早卒。妻名令女，汉亳县夏侯文宁的女儿。事载《列女传》。

㊲ 服阕（què）：服丧三年，期满。

㊳ 沮（jǔ）：阻止、终止。《广韵》："沮，止也。"意沮：初意改变而终止。

㊴ 司马宣王：司马懿，字仲达，三国魏之重臣，其后晋武帝司马炎，追赠司马懿为宣帝。因当时司马炎未称帝，故称司马懿为魏宣王。

㊵ 曹氏后：曹氏家族的后人。

㊶ 钜鹿：古地名，今河北省平乡县。魏溥妻房氏，事载《魏书·列传第十八》。

㊷ 蒙眇：视物模糊又瘦小虚弱而不知事的小孩。

㊸ 黄垆（lú）：极深的地下，犹言黄泉，即死亡也。《淮南子》："上际九天，下契黄垆。"高诱注："黄泉下垆土也。"

㊹ 长往：对死去魏溥的讳称。

㊺ 缉：魏溥之子，名魏缉。十旬：百日。旬，十日。

㊻ 绐（dài）云：谎说，谎称，哄骗。

㊼ 反：通“返”，回之意。此指不返回家。

㊽ 荥（xíng）阳：古地名，今河南荥阳。

㊾ 陈留：古地名，今河南开封。

㊿ 周：此指南北朝的北周。郑善果：河南郑州人。官历任隋沂州刺史、鲁郡太守、大理卿。归唐任民部尚书、礼部尚书、刑部尚书等职。事载《旧唐书·列传第十二》。

(51) 陈（zhèn）：同“阵”。战阵。

(52) 诣（yì）：前往，去到。《史记》：“乘传诣长安。”《玉篇》：“诣，往也，到也。”

(53) 此段韩觊妻，洛阳于氏女，字茂德，父实，周大左辅之事，载于唐代魏征主编的《隋书》的《韩觊妻传》中。父实：字宾实，北周洛阳人。官历任渭州刺史、上柱国、燕国公爵、大左辅等职。

(54) 孽子：韩觊的妾所生之子，名韩世隆，为继承人。

(55) 隋文帝：杨坚，陕西华阴人。隋朝开国皇帝，古代伟大的政治家、战略家。庙号“高祖”谥号“文皇帝”。事载《隋书·本纪第一》。

(56) 周：此指五代十国的后周。虢州：古地名，今河南卢氏县。司户：司户参军之简称，掌管户口、籍账、道路、婚嫁、田宅、杂徭等事。

(57) 青：古地名青州，今山东临淄地区。齐：齐州，古地名，今山东济南一带。

(58) 开封尹：开封最高行政长官，似今日河南开封市长。

(59) 疮：伤口，也做“创”。《玉篇》：“疮，古作创。”

卷九

妻下

《礼》，自天子至于命士，媵妾皆有数，惟庶人无之，谓之匹夫匹妇。是故《关雎》① 美后妃，乐得淑女以配君子，慕窈窕，思贤才，而无伤淫之心。至于《樛木》《螽斯》《桃夭》《芣苢》《小星》②，皆美其无妒忌之行。文母③ 十子，众妾百斯男，此周之所以兴也。诗人美之。然则妇人之美，无如不妒矣。

晋④ 赵衰从晋文公在狄，取狄女叔隗，生盾。文公返国，以女赵姬妻衰，生原同、屏括、楼婴。赵姬请逆⑤ 盾与其母。衰辞而不敢。姬曰：“不可。得宠而忘旧，不义；好新而慢故，无恩；与人勤于隘厄，富贵而不顾⑥，无礼。弃此三者，何以使人？必逆叔隗！"及盾来，姬以盾为才，固请于公，以为嫡子⁷，而使其三子下之。以叔隗为内子⁸，而己下之。

楚庄王夫人樊姬⁹曰："妾幸得备扫除，十有一年矣，未尝不捐衣食，遣人之郑卫求美人而进之于王也。妾所进者九人，今贤于妾者二人，与妾同列者七人。妾知妨妾之爱、夺妾之贵也。妾岂不欲擅王之爱、夺王之宠哉？不敢以私蔽公也！"

宋女宗⑩者，鲍苏之妻也。既入，养姑甚谨。鲍苏去而仕于卫，三年而娶外妻焉。女宗之养姑愈谨，因往来者请问鲍苏不辍，赂遗外妻甚厚。女宗之姒谓女宗曰："可以去矣。"女宗曰："何故？"姒曰："夫人既有所好，子何留乎？"女宗曰："妇人以专一为贞，以善从为顺。贞顺者，妇人之所宝，岂以专夫室之爱为善哉？若抗夫室之好，苟以自荣，则吾未知其善也。夫《礼》，天子妻妾十二，诸侯九，大夫三，士二。今吾夫固士也，其有二，不亦宜乎！且妇人有七去⑪，七去之道，妒正为首。姒不教吾以居室之礼，而反使吾为见弃之行，将安用此？"遂不听，事姑愈谨。宋公闻而美之，表其闾，号曰"女宗"。

汉明德马皇后，伏波将军援⑫之女也。年十三选入太子宫，接待同列，先人后己，由此见宠。及帝⑬即位，常以皇嗣未广，每怀忧叹，荐达左右，若恐不及。后宫有进见者，每加慰纳。若数所宠引⑭，辄增隆遇，未几立为皇后。是知妇人不妒，则益为君子所贤。欲专宠自私，则愈疏矣！由其识虑有远近故也。

后唐太祖正室刘氏，代北人⑮也。其次妃曹氏，太原人也。太祖封晋王，刘氏封秦国夫人，无子，性贤，不妒忌，常为太祖言："曹氏相⑯，当生贵子，宜善待之。"而曹氏亦自谦退，因相得甚欢。曹氏封晋国夫人，后生子，是谓庄宗⑰。太祖奇之。及庄宗即位，册尊曹氏为皇太后，而以嫡母刘氏为皇太妃。太妃往谢太后，太后有惭色。太妃曰："愿吾儿享国无穷，使吾曹获没于地，以从先君⑱，幸矣！他复何言？"庄宗灭梁入洛，使人迎太后归洛，居长寿宫。太妃恋陵庙，独留晋阳⑲。太妃与太后甚相爱，其送太后往洛，涕泣而别，归而相思慕，遂成疾。太后闻之，欲驰至晋阳视疾；及其卒也，又欲自往葬之。庄宗泣谏，群臣交章请留，乃止。而太后自太妃卒，悲哀不饮食，逾月亦崩。庄宗以妾母加于嫡母⑳，刘后犹不愠，况以妾事女君㉑如礼者乎！若此，可谓能不妒矣。

《葛覃》㉒美后妃恭俭节用，服浣濯之衣。然则妇人固以俭约为美，不以侈丽为美也。

汉明德马皇后，常衣大练㉔，裙不加缘㉕。朔望㉖，诸姬主朝请㉗，望见后袍衣疏粗，反以为绮縠㉘，就视乃笑。后辞曰："此缯㉙特宜染色，故用之耳。"六宫莫不叹息。性不喜出入游观，未尝临御窗牖，又不好音乐。上时幸苑囿离宫，希㉚尝从行。彼天子之后犹如是，况臣民之妻乎？

汉鲍宣妻桓氏，归侍御服饰，着短布裳，挽鹿车㉛。

梁鸿妻屏绮缟，着布衣、麻履，操缉绩之具㉜。

唐岐阳公主适殿中少监杜悰㉝，谋曰："上所赐奴婢，卒不肯穷屈㉞。奏请纳㉟之。"上嘉叹，许可。因锡㊱其直㊲，悉自市寒贱可制指者。自是闭门，落然不闻人声。悰为澧州刺史，主后悰行。郡县闻主且至，杀牛羊犬马，数百人供具。主至，从者不过二十人、六七婢，乘驴阘茸㊳，约所至不得肉食。驿吏立门外，舁㊴饭食以返。不数日间，闻于京师，众哗，说以为异事。悰在澧州三年，主自始入后三年间，不识刺史厅屏。彼天子之女犹如是，况寒族乎？若此，可谓能节俭矣。

古之贤妇未有不恭其夫者也，曹大家《女诫》曰："得意一人，是谓永毕；失意一人，是谓永讫㊵。"由斯言之，夫不可不求其心。然所求者，亦非谓佞媚苟亲也。固莫若专心正色，礼义贞洁耳。耳无途听，目无邪视，出无冶容，入无废饰，无聚群辈，无看视门户，此则谓专心正色矣。若夫动静轻脱，视听陕输㊶，入则乱发坏形，出则窈窕作态，说所不当道，观所不当视，此谓不能专心正色矣。是以冀缺之妻馌其夫，相待如宾。梁鸿之妻馈其夫，举案齐眉。若此，可谓能恭谨矣！

《易·家人》："六二，无攸遂，在中馈。"㊷《诗·葛覃》美后妃，在父母家，志在女功，为绨绤㊸，服劳辱之事。《采蘋》㊹《采蘩》㊺，美夫人能奉祭祀。彼后夫人犹如是，况臣民之妻，可以端居终日，自安逸乎？

鲁大夫公父文伯㊻退朝，朝其母。其母方绩，文伯曰："以歜之家而主犹绩乎？惧干季孙㊼之怒也？其以歜为不能事主乎？"母叹曰："鲁其亡乎？使僮子备官㊽而未之闻耶？王后亲织玄紞㊾，公侯之夫人加之以纮綖㊿。卿之内子为大带[51]，命妇[52]成祭服，列士[53]之妻加之以朝衣，自庶士[54]以下皆衣其夫。社而赋事，烝而献功[55]，男女效绩，愆则有辟[56]，古之制也。今我寡也，尔又在下位，朝夕处事，犹恐忘先人之业，况有怠惰，其何以避辟！吾冀而朝夕修我曰：'必无废先人。'尔今曰：'胡不自安？'以是承君[57]之官，余惧穆伯[58]之绝嗣也。"

汉明德马皇后，自为衣袿[59]，手皆瘃[60]裂。皇后犹尔，况他人乎？

曹大家《女诫》曰："晚寝早作，勿惮夙夜，执务私事，不辞剧易。所作必成，手迹[61]整理，是谓勤也。"若此，可谓能勤劳矣。

为人妻者,非徒备此六德[62]而已。又当辅佐君子,成其令名。是以《卷耳》[63]求贤审官,《殷其雷》[64]劝以义,《汝坟》[65]勉之以正,《鸡鸣》[66]警戒相成。此皆内助之功也。自涂山至于太姒[67],其徽风[68]著于经典,无以尚之。周宣王姜后[69],齐女也。宣王尝晏起,后脱簪珥,待罪永巷[70],使其傅母通言于王曰:"妾之淫心见矣,至使君王失礼而晏朝,以见君王乐色而忘德也,敢请婢子之罪。"王曰:"寡人不德,实自生过,非后之罪也。"遂复姜后而勤于政事,早朝晏退,卒成中兴之名。故《鸡鸣》乐击鼓以告旦,后夫人必鸣珮而去,君所礼也。

齐桓公好淫乐,卫姬[71]为之不听。

楚庄王初即位,狩猎毕弋,樊姬[72]谏,不止,乃不食鸟兽之肉。三年,王勤于政事不倦。

晋文公避骊姬[73]之难,适齐。齐桓公妻之,有马二十乘,公子安之。从者以为不可,将行,谋于桑下,蚕妾在其上,以告姜氏。姜氏杀之,而谓公子曰:"子有四方之志?其闻之者,吾杀之矣!"公子曰:"无之。"姜曰:"行也,怀与安,实败名。"公子不可。姜与子犯谋,醉而遣之,卒成霸功。

陶大夫答子[74]治陶,名誉不兴,家富三倍。妻数谏之,答子不用。居五年,从车百乘归休[75],宗人击牛而贺之,其妻独抱儿而泣。姑怒而数[76]之曰:"吾子治陶五年,从车百乘归休,宗人击牛而贺之。妇独抱儿而泣,何其不祥也!"妇曰:"夫人能薄而官大,是谓婴害;无功而家昌,是谓积殃。昔令尹子文[77]之治国也,家贫而国富,君敬之,民戴之,故福结于子孙,名垂于后世。今夫子则不然,贪富务大,不顾后害,逢祸必矣!愿与少子俱脱。"姑怒,遂弃之。处期年,答子之家果以盗诛,唯其母以老免,妇乃与少子归,养姑终卒天年。

楚王闻于陵子终[78]贤,欲以为相。使使者持金百镒,往聘迎之。于陵子终入谓其妻曰:"楚王欲以我为相,我今日为相,明日结驷连骑,食方丈于前,子意可乎?"妻曰"夫子织屦[79]以为食,业本辱而无忧者,何也?非与物无治乎,左琴右书,乐在其中矣!夫结驷连骑,所安不过容膝;食方丈于前,所饱不过一肉。以容膝之安、一肉之味而怀楚国之忧,其可乎?乱世多害,吾恐先生之不保命也。"于是,子终出谢使者而不许也。遂相与逃而为人灌园[80]。

汉明德马皇后,数规谏明帝,辞意款备。时楚狱[81]连年不断,囚相证引,坐系者甚众。后虑其多滥,乘间言及,帝恻然感悟,夜起彷徨,为思所纳,卒多有降宥[82]。时诸将奏事及公卿较议难平者,帝数以试后。后辄分解趣理,各得其情。每于侍执之际，辄言及政事，多所毗补⑧，而未尝以家私干欲。

河南乐羊子⑭尝行路，得遗金一饼，还，以与妻。妻曰："妾闻志士不饮盗泉⑮之水，廉者不受嗟来之食⑯，况拾遗求利，不污其行乎？"羊子大惭，乃捐金于野，而远寻师学。一年来归，妻跪问其故。羊子曰："久行怀思，无它异也。"妻乃引刀趋机而言曰："此织生自蚕茧，成于机杼，一丝而累，以至于寸，累寸不已，遂成丈匹。今若断斯织也，则捐失成功，稽废时月。夫子积学，当日知其所亡，以就懿德⑰。若中道而归，何异断斯织乎？"羊子感其言，复还终业，遂七年不反。妻常躬勤养姑，又远馈羊子。

吴许升少为博徒，不治操行。妻吕荣尝躬勤家业，以奉养其姑。数劝升修学，每有不善，辄流涕进规。荣父积忿疾⑱升，乃呼荣，欲改嫁之。荣叹曰："命之所遭，义无离二。"终不肯归。升感激自励，乃寻师远学，遂以成名。

唐文德长孙皇后⑲崩，太宗谓近臣曰："后在宫中，每能规谏，今不复闻善言，内失一良佐，以此令人哀耳！"此皆以道辅佐君子者也。

汉长安大昌里人妻，其夫有仇人，欲报其夫而无道径。闻其妻之孝有义，乃劫其妻之父，使要其女为中⑳，谲㉑父呼其女告之。女计念：不听之，则杀父，不孝；听之，则杀夫，不义。不孝不义，虽生不可以行于世。欲以身当之，乃且许诺曰："旦日在楼新沐，东首卧则是矣！妾请开牖户待之。"还其家，乃谲其夫，使卧他所。因自沐，居楼上东首，开牖户而卧。夜半，仇家果至，断头持去，明而视之，乃其妻首也。仇人哀痛之，以为有义，遂释，不杀其夫。

光启㉒中，杨行密㉓围秦彦㉔、毕师铎㉕。扬州城中食尽，人相食。军士掠人而卖其肉。有洪州商人周迪，夫妇同在城中，迪馁且死，其妻曰："今饥穷势不两全，君有老母，不可以不归，愿鬻㉖妾于屠肆，以济君行道之资。"遂诣屠肆自鬻，得白金十两以授迪，号泣而别。迪至城门，以其半赂守者，求去。守者诘之，迪以实对，守者不之信，与共诣屠肆验之，见其首已在案上。众聚观，莫不叹息，竞以金帛遗之。迪收其余骸，负之而归。古之节妇，有以死徇其夫者，况敢庸奴㉗其夫乎！

【注释】

① 关雎：《诗经·国风·周南》开篇第一首诗名，君子求爱之情诗。
② 樛木、螽斯、桃夭、芣苢、小星：此五首均为《诗经》中的诗名，皆属情诗，赞美女

性的诗。
③ 文母：此指周文王之妻，生十子。周文王众妾生百子。
④ 晋：春秋时之晋国，事载《史记·晋世家第十》。晋文公：名重耳，晋献公之子，因骊姬之乱，流亡在外十九年，在狄国娶狄少女为妻，狄长女叔隗（wěi 或 kuí 或 guī）为赵衰妻，生赵盾。重耳在秦穆公支持和帮助下返晋，立为晋国国君，经强国富民而成春秋五霸中第二位霸主。赵衰：字子余，春秋时晋国政治家、战略家，跟随重耳流亡十九年，是辅佐晋文公称霸的五贤士之一，谥号"成季"。事载《史记·赵世家第十三》。赵盾：即赵宣子，赵衰之子，晋国卿大夫，执掌朝政，杰出的政治家、战略家，维护了晋国的霸业。
⑤ 逆：迎接。《尔雅》："逆，迎也。"《国语》韦昭注："逆，亲迎也。"
⑥ 勤：愁苦。隘：穷困。厄：苦难。此句意为可以共同度困难，而不能同享富贵是不道德的。
⑦ 嫡子：家族继承人。此事为赵姬固请赵衰立叔隗所生之盾为正室所生的家族继承者，亦称嫡长子。
⑧ 内子：古代称卿大夫的嫡妻。此句意为赵姬以叔隗为正妻，自己为次。
⑨ 楚庄王：芈（mǐ）姓，熊氏，名旅（又名侣、吕），春秋时楚国国君，春秋五霸之一。谥号"庄"。成语"一鸣惊人"就出自楚庄王。事载《史记·楚世家》。樊姬：楚庄王之妻，助庄王成霸主。事载《列女传·卷之二》："楚之霸，樊姬之力也。"
⑩ 女宗：春秋时宋国人鲍苏之妻。事载《古列女传》《列女传》。女宗似为"女子楷模"的代名词。
⑪ 七去：又名"七出"，丈夫休妻的七种理由。
⑫ 援：马援，字文渊，后汉陕西茂陵人。西汉末至东汉初著名军事家，东汉开国功臣之一。官至伏波将军，封新息侯，谥号"忠诚"。成语"老当益壮""马革裹尸"皆出自马援。事载《后汉书·列传第十四》。
⑬ 帝：此指后汉汉明帝刘庄，汉光武帝刘秀第四子，东汉第二位皇帝。
⑭ 若：助词，用于句首。《尚书·大诰》："若昔朕其逝。"数（shuò）：多次、屡次。宠引：荐引爱宠。此指荐引姬妾女宠。
⑮ 后唐：五代十国时期由沙陀族建立的王朝，定都洛京（河南洛阳）。太祖：李克用，别号"李鸦儿"。剿灭黄巢，周旋朱温。子李存勖建立后唐，追谥"武皇帝"，庙号"太祖"。正妻刘氏，代北人：泛指今山西恒山和河北小五台山以北地区。唐昭宗封"晋王"。
⑯ 相：相貌，容貌。此指古代面相术。
⑰ 庄宗：即李存勖，李克用长子，建后唐，称帝，庙号"庄宗"。谥号"光圣神闵孝皇帝"。
⑱ 吾儿：此指李存勖。没：同"殁"。此句为死有葬身之地。先君：此指太祖李克用。
⑲ 晋阳：古地名，今山西太原西南古城，今存晋祠。

⑳ 庄宗以妾母加于嫡母：庄宗使妾母曹氏的地位超过了嫡母刘氏。
㉑ 愠（yùn）：怒，怨恨。
㉒ 女君：皇后，此指太后曹氏。
㉓ 葛覃：《诗经·国风·周南》第二首诗，为后妃自作，共三段，每段六句。
㉔ 大练：粗糙厚实的丝织品。
㉕ 缘：衣边装饰性丝带、花边。
㉖ 朔望：朔，农历每月初一。望，农历每月十五。
㉗ 朝（cháo）请：此指各种嫔妃朝见皇后的进见之仪式。
㉘ 绮縠（qǐ hú）：华丽的、精美的绉纱类的丝织品。
㉙ 缯（zēng）：丝织品的总称。古称"帛"，后汉称"缯"。《说文解字》："缯，帛也。"
㉚ 希：通"稀"，稀少，很少，罕见。《尔雅》："希，罕也。"
㉛ 此段可参见该书第七卷"夫"门。
㉜ 此段可参见该书第七卷"夫"门。
㉝ 岐阳公主：唐宪宗李纯之女，嫁殿中少监杜悰。杜悰，字永裕，唐朝陕西西安人。娶岐阳公主，官历任驸马都尉、尚书左仆射、剑南东川节度使、太傅等职。
㉞ 辛：以后。肯：助动词，接受，愿意。穷屈（qū）：屈从，听使唤。
㉟ 纳：归还，接纳。
㊱ 锡（cì）：通"赐"，赐予。《尔雅》："锡，赐也。"
㊲ 直：值，价格。《正字通》："直，物价曰值。"此句为赐予价值相同的购买奴婢的钱。
㊳ 阘茸（tà róng）：指地位卑下或体质弱的人，贾谊《吊屈原文》："阘茸尊显兮，馋谀得志。"
㊴ 舁（yú）：抬。如舁夫即轿夫。
㊵ 此句意为妻子得到丈夫的爱，可终生幸福；若失去丈夫的爱，则终生痛苦。
㊶ 陕输：不安定的样子。《后汉书·列女传》李贤注："陕输，不定貌。"
㊷ 此句出自《易·家人》，意为没有殒坠，在家中主持饮食家务之事。
㊸ 绨绤（chī xì）：细葛布和粗葛布。
㊹ 采苹：《诗经·国风·召南》中的一首诗。意为女子出嫁前采集苹藻，举行祭祀，向祖宗告别辞行。
㊺ 采蘩：《诗经·国风·召南》中的一首诗。朱熹注释为诸侯夫人辛勤采蘩，诚敬以奉祀。关于此诗女主人系谁？历来有多种说法，一说女宫，一说贵族夫人，一说是家人等。
㊻ 公父文伯：名歜（chù），春秋时鲁国大夫，敬姜之子，谥号"文"。
㊼ 干：触犯，冒犯，冲犯。《说文解字》："干，犯也。"季孙：此指季孙氏，春秋战国鲁国的卿家贵族，作为三桓之首，掌握鲁国实权。
㊽ 僮子：此指公父文伯年少时，尚不谙事理。备官：居官。
㊾ 玄紞（dǎn）：古代礼冠上系塞耳玉的丝带。此指皇后亲自做女红。

(50) 纮綖（hóng yán）：古代冠冕上装饰的丝带。此句意为公侯夫人的女红活要比皇后多。
(51) 卿之内子：卿大夫的妻子。大带：又称绅，古代礼服所用腰带。朝服、祭服有大带和革带之分，革带以熟皮制成，以系佩韨，大带加于革带之上，用丝织成。
(52) 命妇：泛指有封号的妇女。
(53) 列士："元士"，古称天子之上士，有别于诸侯之士。
(54) 庶士：官府小吏，此指下士。
(55) 社：春分祭祀。事：农桑之事。烝：冬祭。献功：奉献五谷布帛之类。
(56) 愆（qiān）：过期，超时。辟：罪，罪行。《汉书》："言奇者见疑，行殊者得辟。"
(57) 君：此指公父文伯之父。
(58) 穆伯：即孟穆伯，春秋时鲁国人，官任卿。
(59) 衣袿（guī）：妇女的上衣。
(60) 瘃（zhú）：冻疮。
(61) 手迹：亲手所做之事。
(62) 六德：人妻六德是柔顺、清洁、不妬、俭约、恭谨、勤劳。
(63) 卷耳：《诗经·国风·周南》中的一首诗。毛诗注："后妃之志也，又当辅佐君子，求贤审官，知臣下之勤劳。内有进贤之志，而无险诐私谒之心，朝夕思念，至于忧勤也。"又有解释为抒写怀人情感的诗。
(64) 殷其雷：《诗经·国风·召南》中的一首诗。《诗经直解》："既劝以大义，又望其生还，可谓得情理之正者也。"
(65) 汝坟：《诗经·国风·周南》中的一首诗。毛诗注文认为是赞美文王的教化在汝坟这个国家施行很好，妇女能劝诫丈夫尽力正直卫国的民歌。
(66) 鸡鸣：《诗经·国风·齐》中的一首诗。朱熹注为贤妃欲令君早起而视朝。
(67) 涂山：大禹之妻，涂山人氏，今安徽怀远县。太姒：周文王之正妃，周武王之母。两者皆聪明淑贤。
(68) 徽风：美好的风范。《梁书》："徽风遐被，盛业日新。"
(69) 周宣王：姬姓，名静，西周第十一代君主，庙号"世宗"，谥号"宣王"。姜后：齐国公主，周宣王的王后，辅助周宣王治国有方，才有宣王中兴。
(70) 后：此指王后姜氏。脱：摘掉，免去之意。簪珥（zān ěr）：古代高贵妇女的首饰。永巷：单独关押宫中女性犯罪者的监狱。此句意为因周宣王懒政，姜后自免王后而待罪永巷，承担责任而教育周宣王改错，宣王被感动，从此勤于政事，而使周朝中兴。
(71) 卫姬：春秋时齐桓公夫人，卫侯之女。曾辅助齐桓公成霸业。后任用刁竖等人，不听卫姬言，怠于政事，霸业遂衰。
(72) 樊姬：楚庄王之妻，在引导和帮助楚庄王成就霸主事业的过程中，做出很大贡献。
(73) 骊姬：晋献公之妃，阴险狡诈，使计离间晋献公与儿子申生、重耳、夷吾之父子情，迫使申生自杀，重耳、夷吾逃亡，改立自己所生之子奚齐为太子，史称"骊姬之乱"。晋文公重耳，流亡齐国娶齐宗女为妻，爱妻而忘返国，随从赵衰、狐偃密谋于桑树下，齐女姜氏的侍者（蚕妾）闻之而告姜氏，姜氏担心泄密而杀之。赵衰与子犯（即咎犯，又名狐偃，重耳之舅）将重耳灌醉而返晋，遂成霸业。事载《史记·晋世家》。

⑭ 答子：姓答，官任陶邑（今山东定陶）大夫，而称"答子"。

⑮ 归休：回家休息。《庄子》："归休乎君，予无所用天下为！"

⑯ 数（shǔ）：数落，数说。

⑰ 子文：春秋时楚国政治家，楚国著名的令尹（宰相）。

⑱ 于陵子终：此指陈仲子，因居陵（今山东邹平县）故称。字子终。春秋时楚国贤者，事载《列女传·楚于陵妻》。

⑲ 屦（jù）：鞋。汉后称履。

⑳ 灌园：从事田园劳动。后谓隐居生活。《史记》："于陵子终辞三公为人灌园。"

㉑ 楚狱：楚地的诉讼案狱。

㉒ 宥（yòu）：宽恕、原谅、宽容。《说文解字》："宥，宽也。"

㉓ 毗（pí）补：辅佐，增益补阙，裨补。

㉔ 此段故事出自《后汉书·列女传》。乐羊子妻，西汉河南虞城人。教导其夫做人的高尚品德和学习及做事不可半途而废。后因盗贼企图侵犯她而自杀，太守以礼葬之，号曰"贞义"。

㉕ 盗泉：古泉名，故址在今山东省泗水县。《尸子》载孔子过盗泉，渴而不饮，恶其名也。《淮南子》："曾子立廉，不饮盗泉。"

㉖ 嗟来之食：故事出自《礼记·檀弓下》，意为侮辱性的施舍。

㉗ 懿德：美德。《诗经·大雅·烝民》："民之秉彝，好是懿德。"

㉘ 疾：痛恨，厌恶，憎恨。

㉙ 文德长孙皇后：名长孙无垢，陕西长安人。长孙晟之女，唐太宗李世民之妻，生性节俭，母仪天下。谥号"文德"。

㉚ 要（yāo）：胁迫，强迫，威胁。如"要挟"。中：中人，中介人。如作中人。

㉛ 谲（jué）：欺诈，诡诈。《说文解字》："谲，权诈也。"

㉜ 光启：唐僖宗李儇年号，公元885—888年。

㉝ 杨行密：五代时安徽合肥人。唐昭宗时官任淮南节度使，封吴王。后其子杨溥称帝，追尊其为"太祖武皇帝"。

㉞ 秦彦：本名秦立，唐朝山东滕州人。官任和州刺史。

㉟ 毕师铎：唐朝山东曹县人。曾与王仙芝聚众造反，后败于黄巢。

㊱ 鬻（yù）：卖。《说文解字》："鬻，卖也。"

㊲ 庸奴：见识浅陋之人，含有鄙夷之意，即愚夫。此指大夫为愚夫。

卷十

舅甥

秦康公①之母，晋献公之女。文公遭骊姬之难，未反而秦姬卒。穆公纳文公。康公时为太子，赠送文公于渭之阳，念母之不见也，曰："我见舅氏，如母存焉！"故作《渭阳》②之诗。

汉魏郡霍谞③，有人诬谮舅宋光于大将军梁商④者，以为妄刊文章，坐系洛阳诏狱，掠考困极。谞时年十五，奏记于商，为光讼冤，辞理明切。商高谞才志，即为奏，原光罪，由是显名。

晋司空郗鉴⑤，颊边贮饭以活外甥周翼。鉴薨，翼为剡令，解职而归，席苫心丧三年。此皆舅甥之有恩者也。

【注释】

① 秦康公：名罃（yīng），春秋时秦国人，秦穆公之子，秦穆公之妻系晋献公之女，名秦姬。晋文公重耳系晋献公之子，故秦姬系重耳之姐妹，秦康公罃与晋文公重耳是甥舅关系。秦康公为太子时，曾在渭水之阳接送逃亡的重耳，并作《渭阳》之诗。
② 此系《诗经·国风·秦》中的一首诗，相传系秦康公送行舅父重耳之作："我送舅氏，曰至渭阳。何以赠之，路车乘黄。我送舅氏，悠悠我思。何以赠之，琼瑰玉佩。"渭阳：渭水的北岸。河之北岸、山之南坡称"阳"。
③ 霍谞（xū）：字叔智，后汉河北临漳人，以救舅宋光冤狱而闻名。
④ 梁商：字伯夏，后汉宁夏固原人，官任大将军。谥号"忠"。
⑤ 此段故事详见《伯叔父》一节末段。

舅姑

晏子称①："姑慈而从，妇听而婉，礼之善物也。"

《礼》："子妇有勤劳之事，虽甚爱之，姑纵之而宁数休②之。子妇未孝未敬，勿庸疾怨，姑教之。若不可教，而后怒之；不可怒，子放妇出③而不表④礼焉。"

季康子⑤问于公父文伯之母曰："主亦有以语肥也？"对曰："吾闻之先姑⑥曰：'君子能劳，后世有继。'子夏⑦闻之，曰：'善哉！'商⑧闻之曰：'古之嫁者，不及舅姑⑨，谓之不幸。'夫妇，学于舅姑者，礼也。"

唐礼部尚书王珪子敬直，尚⑩南平公主。礼有妇见舅姑之仪。自近代，公主出降，此礼皆废。珪曰："今主上⑪钦明，动循法制，吾受公主谒见，岂为身荣，所以成国家之美耳！"遂与其妻就席而坐，令公主亲执笲⑫，行盥馈之道，礼成而退。是后，公主下降，有舅姑者，皆备妇礼，自珪也。

【注释】

① 晏子称：此举出自《左传·昭公十六年》。晏子，名婴，字仲，山东高密人。春秋时齐国著名的政治家、思想家、外交家。谥号"平"。
② 数休：多次，屡次劝说休息。
③ 子放妇出：教儿子休妻。六出理由之一。
④ 表：表明（妇的过失）。
⑤ 季康子：即季孙肥，姬姓，季氏，名肥，谥号"康"，史称史康子。春秋时鲁国的权臣。
⑥ 先姑：指去世丈夫的母亲。《国语》韦昭注："夫之母曰姑，殁曰先姑。"
⑦ 子夏：即卜商，字子夏，春秋末期河南温县人，孔子十哲之一，"孔门七十二贤"之一的弟子。
⑧ 商：子夏的自称。
⑨ 不及：未赶上公婆，是嫁前公婆已去世的婉转说法。舅姑：公婆。
⑩ 王珪：字叔玠，唐初陕西眉县人。官历任谏议大夫、侍中、礼部尚书。唐初四大名相之一。谥号"懿"。事载《旧唐书》《新唐书》王珪传。敬直：王珪次子，娶唐太宗第三女南平公主为妻，后南平公主改嫁刘玄意。尚：娶帝王之女为妻。《史记》："诸男皆尚秦公主。"又如"尚主"。
⑪ 主上：此指唐太宗李世民。
⑫ 笲（fán）：古代新妇向舅姑行赘礼时常用的竹制的盛干果等的器具。

妇

　　《内则》：妇事舅姑，与子事父母略同。

　　舅没则姑老。冢妇所祭祀宾客，每事必请于姑。介妇请于冢妇①。舅姑使冢妇，毋怠、不友、无礼于介妇。舅姑若使介妇，无敢敌耦②于冢妇，不敢并行，不敢并命，不敢并坐。

　　凡妇不命适③私室，不敢退。妇将有事，大小必请于舅姑。子妇无私货，无私蓄，无私器，不敢私假，不敢私与。妇或赐之饮食、衣服、布帛、佩帨④、茝兰⑤，则受而献诸舅姑。舅姑受之则喜，如新受赐。若反赐之，则辞。不得命，如更⑥受赐，藏以待乏。妇若有私亲兄弟，将与之，则必复请其故，赐而后与之⑦。

曹大家《女戒》曰："舅姑之意，岂可失哉！固莫尚于曲从矣！"⑧姑云不尔而是，固宜从命；姑云尔而非，犹宜顺命。勿得违戾⑨是非，争分曲直，此则所谓曲从矣。故《女宪》⑩曰："妇如影响，焉不可赏！"

汉广汉姜诗⑪妻，同郡庞盛之女也。诗事母至孝，妻奉顺尤笃。母好饮江水，去舍六七里，妻常溯流而汲。后值风，不时得还，母渴，诗责而遣⑫之。妻乃寄止邻舍，昼夜纺绩，市珍羞⑬，使邻母以意自遗其姑。如是者久之。姑怪问，邻母具对。姑感惭呼还，恩养愈谨。其子后因远汲溺死，妻恐姑哀伤，不敢言，而托以行学不在。

河南乐羊子，从学七年不反，妻常躬勤养姑。尝有它舍鸡，谬入⑭园中，姑盗杀而食之。妻对鸡不餐而泣。姑怪，问其故。妻曰："自伤居贫，使食它肉⑮。"姑竟弃之。然则舅姑有过，妇亦可几谏也。

后魏乐部郎⑯胡长命妻张氏，事姑王氏甚谨。太安⑰中，京师禁酒，张以姑老且患，私为酝之，为有司所纠⑱。王氏诣曹⑲，自首由己私酿。张氏曰："姑老抱患，张主家事，姑不知酿。"主司不知所处。平原王陆丽⑳以状奏，文成㉑义而赦之。

唐郑义宗妻卢氏，略涉书史，事舅姑甚得妇道。尝夜有强盗数十人，持杖鼓噪，逾垣而入。家人悉奔窜，唯有姑独在堂。卢冒白刃，往至姑侧，为贼捶击，几至于死。贼去后，家人问，何独不惧？卢氏曰："人所以异禽兽者，以其有仁义也。邻里有急，尚相赴救，况在于姑而可委弃？若万一危祸，岂宜独生！"其姑每云："古人称：'岁寒然后知松柏之后凋也。'吾今乃知卢新妇之心矣！"若卢氏者，可谓能知义矣。

《诗·何彼秾矣》㉒，美王姬也。虽则王姬，亦下嫁于诸侯，车服不系其夫，下王后一等，犹执妇道，以成肃雍之德。

舜妻，尧之二女。行妇道于虞氏。

唐岐阳公主，宪宗之嫡女，穆宗之母妹㉓。母，懿安郭皇后㉔，尚父子仪㉕之孙也。适工部尚书杜悰㉖，逮事舅姑。杜氏大族，其他宜为妇礼者，不翅㉗数千人。主卑委怡顺㉘，奉上抚下，终日惕惕㉙，屏息拜起，一同家人礼。度二十余年，人未尝以丝发间指为贵骄。承奉大族，时岁献馈，吉凶赒助㉚，必经亲手。姑凉国太夫人㉛寝疾，比丧及葬，主奉养，蚤㉜夜不解带，亲自尝药，粥饭不经心手，一不以进。既而哭泣哀号，感动它人。彼天子之女，犹不敢失妇道，奈何臣民之女，乃敢恃其贵富以骄其舅姑？为妇若此，为夫者宜弃之，为有司者治其罪可也。

【注释】

① 此句意为：老公公亡，婆婆年高，家中主事应接冢（zhǒng）妇，即长子妇，虽如此，但遇祭祀和宴请宾客等大事，仍应请示婆婆。家中非长子妇之诸妇，必须服从长子妇领导。

② 敌耦：亦作"敌偶"，犹匹敌。

③ 适：去，往。《尔雅》："适，往也。"成语"无所适从"。

④ 佩帨（shuì）：佩巾，似今日女性之手绢。在家挂门右，外出系身左，用于擦拭不洁之物。

⑤ 茝（chǎi）兰：白芷和兰草的合名，泛指香草。李白诗："芬馥茝兰荪。"

⑥ 更（gèng）：再次，再，又。《正字通》："更，再也，复也。"

⑦ 此句意为若要赠送娘家兄弟，事先必讲清原因，然后再赐予。

⑧ 此句意为保持家庭安稳，只好委曲顺从婆婆的意见。

⑨ 违戾（lì）：违背。

⑩ 女宪：东汉史学家班昭撰写《女诫》时参考和引用该书，现已亡佚。

⑪ 姜诗：后汉四川射洪县人，事母至孝，官阳江县令。

⑫ 遣：休弃妻子。

⑬ 市珍羞：（用纺织的布卖的钱）买来佳馔。羞，古通"馐"。

⑭ 谬（miù）入：误入（乐羊子园中）。

⑮ 它肉：此指窃鸡的肉，非自家的鸡肉。

⑯ 后魏：即南北朝北魏。乐部郎：掌管乐部的官员。

⑰ 太安：北魏文成帝拓跋濬年号，公元 455—459 年。

⑱ 有司：主管某部门的官吏。纠：检举，举发，纠察。

⑲ 诣（yì）：到，至。《仓颉篇》："诣，至也。"曹：古代分科办事的官署或部门。

⑳ 陆丽：原名步六孤丽，鲜卑族，北魏官历任司徒、侍中，封平原王。谥号"简"。

㉑ 文成：即北魏文成帝拓跋濬，谥号"文成"。

㉒ 此为《诗经·国风·召南》中的一首名为"何彼秾矣"的诗，此诗歌颂周文王之孙女周武王之女姬下嫁齐襄公的送亲情景，"不敢挟贵人以骄其夫家"，以执妇道之美德。

㉓ 宪宗：唐宪宗李纯。穆宗：唐穆宗李恒。母妹：同母之妹。
㉔ 郭皇后：唐宪宗之皇后，唐穆宗和岐阳公主之母，郭子仪之孙女。谥号"懿安"。
㉕ 子仪：郭子仪，唐朝陕西渭南华县人。唐代名将、政治家、军事家。官历任朔方节度使、中书令、兵部尚书、司徒、太尉等职。唐德宗尊称"尚父"。谥号"忠武"。事载《旧唐书》《新唐书》。
㉖ 适：女子出嫁。杜悰：字永裕，唐朝陕西长安人。唐宪宗之女岐阳公主之夫。官历任京兆尹、淮南节度使、左仆射、同平章事、工部尚书等职。赠太子太傅、太师，封邠国公。事载《新唐书》。
㉗ 不翅：同"不啻"，不止，不只。
㉘ 主：指岐阳公主。卑委：谦卑恭顺。怡顺：和悦柔顺。
㉙ 惕惕：小心谨慎。
㉚ 吉凶：喜事和丧事。赗助：以财物相助。
㉛ 凉国太夫人：杜悰之母，岐阳公主的婆母，封"凉国夫人"。太：辈分更高的长者。
㉜ 蚤（zǎo）：古通"早"。

妾

《内则》："虽婢妾，衣服饮食必后长者。"

妾事女君，犹臣事君也，尊卑殊绝，礼节宜明。是以"绿衣黄裳"①，诗人所刺；慎夫人与窦后②同席，袁盎③引而却之；董宏请尊丁傅④，师丹⑤劾奏其罪。皆所以防微杜渐，抑祸乱之原也。或者主母屈己以下之，犹当贬抑退避，谨守其分，况敢挟其主父与子之势，陵慢⑥其女君乎？

卫宗二顺⑦者，卫宗室灵王之夫人及其傅妾也。秦灭卫君，乃封灵王世家，使奉其祀。灵王死，夫人无子而守寡，傅妾有子代后。傅妾事⑧夫人，八年不衰，供养愈谨。夫人谓傅妾曰："孺子养我甚谨，子奉祀而妾事我，我不愿也。且吾闻，主君⑨之母不妾事人，今我无子，于礼斥绌⑩之人也，而得留以尽节，是我幸也。今又烦孺子不改故节，我甚内惭！吾愿出居外，以时相见，我甚便之。"傅妾泣而对曰："夫人欲使灵氏受三不祥耶？公⑪不幸早终，是一不祥也；夫人无子而婢妾有子，是二不祥也；夫人欲居外，使婢妾居内，是三不祥也。妾闻忠臣事君，无时懈倦；孝子养亲，患无日也。妾岂敢以少贵之故，变妾之节哉？供养，固妾之职也，夫人又何勤乎？"夫人曰："无子之人，而辱主君之母，虽子歇尔，众人谓我不知礼也。吾终愿居外而已。"傅妾退而谓其子曰："吾闻君子处顺,奉上下之仪,修先古之礼,此顺道也。今夫人难我,将欲居外,使我处内,逆也。处逆而生,岂若守顺而死哉?"遂欲自杀。其子泣而守之,不听。夫人闻之,惧,遂许傅妾留,终年供养不衰。

后唐庄宗[12]不知礼,尊其所生为太后,而以嫡母为太妃。太妃不以慍,太后不敢自尊,二人相好,终始不衰,是亦近世所难。

【注释】

① 绿衣黄裳:《诗经·国风·邶风·绿衣》中的一首诗,据朱熹注释,此诗是春秋时庄公惑于嬖妾,夫人庄姜贤而失位,故作此诗,用以绿衣黄裳,来比贱妾尊显,而正嫡幽微,使我忧之不能自已也。绿衣,古时指贱色。黄,黄色,古时为尊色。今衣为绿色,裳为黄色,则贵贱颠倒。

② 慎夫人:西汉文帝刘恒的妾,汉称"夫人"。窦后:西汉文帝刘恒的嫡妻,汉称"后"。慎夫人和窦后同席,是一种违规行为。

③ 袁盎:字丝,后汉江苏徐州人。官历任中郎、陇西都尉、吴相、楚王礼相等职。

④ 董宏:西汉哀帝时官高昌侯。丁:汉哀帝之母丁后。傅:汉哀帝之祖母傅太后。

⑤ 师丹:子仲公,西汉山东诸城人。官任大司空,封高乐侯。汉哀帝系汉成帝同母兄弟之子,封定陶王。哀帝即位后,尊汉成帝之母为太皇太后,汉成帝之后为皇太后,而哀帝祖母傅太后和母丁后仍是以定陶王的身份定称号。此时董宏上书言傅太后和丁后同样应尊为太皇太后和太后。师丹等坚决反对,认为尊卑之礼、人伦之序不可更改,事后被傅太后免为庶人。汉平帝即位,加封"义阳侯"。谥号"节"。事载《汉书·师丹传第五十六》)。

⑥ 陵慢:欺凌轻慢。

⑦ 卫宗:战国时魏国的宗室。二顺:两位和顺之人,此指魏灵王的夫人和傅妾。

⑧ 事:侍奉,伺候。李白诗:"安能摧眉折腰事权贵。"此指傅以妾的身份侍奉夫人。

⑨ 主君:古时家长。此指傅妾之子。

⑩ 斥绌:通"斥黜"(chù),弃逐,黜免。《后汉书》:"诸无功德者,宜皆斥黜。"

⑪ 公:此指卫灵王。

⑫ 唐庄宗:小字亚子,唐末山西太原人,名李存勖,唐末五代军事家,五代十国后唐的开国皇帝。庙号"庄宗"。

乳母(保姆附)

《内则》[①]:异为孺子室于宫中,择于诸母与可者[②],必求其宽裕、慈惠、温良、恭敬、慎而寡言者，使为子师，其次为慈母，其次为保母。皆居于室，他人无事不往。

鲁孝公义保③臧氏。初，孝公父武公与其二子（长子括、中子戏）朝周宣王④。宣王立戏为鲁太子。武公薨，戏立，是为懿公。孝公时号公子称，最少。义保与其子俱入宫养公子称。括之子曰伯御，与鲁人作乱，攻杀懿公而自立，求公子称于宫中，入杀之。义保闻伯御将杀称，衣其子以称之衣⑤，卧于称之处，伯御杀之。义保遂抱称以出，遇称之舅鲁大夫于外。舅问："称死乎？"义保曰："不死，在此。"舅曰："何以得免？"义保曰："以吾子代之。"义保遂抱以逃。十一年，鲁大夫皆知称之在保，于是请周天子杀伯御，立称，为孝公。

秦攻魏，破之，杀魏王，诛诸公子，而一公子不得。令魏国曰："得公子者，赐金千镒；匿之者，罪至夷。"公子乳母与公子俱逃。魏之故臣见乳母，识之，曰："乳母固无恙乎？"乳母曰："嗟乎！吾奈公子何？"故臣曰："今公子安在？吾闻秦令曰：'有能得公子者，赐金千镒；匿之者，罪至夷！'乳母倘知其处乎？而言之，则可以得千金；知而不言，则昆弟无类⑥矣！"乳母曰："吁！我不知公子之处。"故臣曰："我闻公子与乳母俱逃。"曰："吾虽知之，亦终不可以言。"故臣曰："今魏国已破亡，族已灭矣！子匿之，尚谁为乎？⑦"母曰："吁！夫见利而反上者逆，畏死而弃义者，乱也。今持逆乱而以求利，吾不为也。且夫，凡为人养子者，务生之，非为杀之也，岂可以利赏畏诛之故，废正义而行逆节哉！妾不能生而令公子禽⑧矣！"乳母遂抱公子逃于深泽之中。故臣以告秦军，追见，争射之。乳母以身为公子蔽矢，矢著身者数十，与公子俱死。秦君闻之，贵其能守忠死义，乃以卿礼葬之，祠以太牢，宠其兄为五大夫⑨，赐金百镒。

唐初，王世充⑩之臣独孤武都⑪谋叛归唐，事觉诛死。子师仁始三岁，世充怜其幼，不杀，命禁掌之。其乳母王兰英求自髡钳⑫，入保养师仁，世充许之。兰英鞠育备至。时丧乱凶饥，人多饿死，兰英乞丐捃拾，每有所得，辄归哺师仁，自惟啖土饮水而已。久之，诈为捃拾，窃抱师仁奔长安。高祖⑬嘉其义，下诏曰："师仁乳母王氏，慈惠有闻，抚育无倦，提携遗幼，背逆归朝⑭，宜有褒隆，以锡其号，可封寿永郡君⑮。"

五代汉凤翔节度使侯益⑯入朝，右卫大将军王景崇⑰叛于凤翔，有怨于益，尽杀其家属七十余人。益孙延广⑱尚襁褓，乳母刘氏以己子易之，拖延广而逃，乞食于路，以达大梁⑲，归于益家。呜呼！人无贵贱，顾其为善何如耳！观此乳保,忘身徇义,字人之孤,名流后世,虽古烈士[20],何以过哉!

【注释】

① 内则:此指《礼记·内则》。
② 诸母:此指君主的诸位姬妾。可者:家臣中有能力者。
③ 鲁孝公:西周鲁国国君,谥号"孝"。义保:鲁孝公的保母,因重义,而赐"义保"之称。
④ 周宣王:姬姓,名靖(又作静),周厉王之子,西周第十一代君主。
⑤ 衣(yì):此指义保用公子称的衣服,穿在自己儿子的身上,代称被杀。
⑥ 昆弟:兄弟。无类:无遗类,无幸存者。
⑦ 尚为谁乎:还能为谁(尽忠)呢?
⑧ 禽:古通"擒"。擒拿,抓捕。《史记》:"遂禽杀蚩尤。"
⑨ 宠:皇帝(此指秦君)所赐予。五大夫:秦汉时的爵位名,在二十等爵中位于第九位。
⑩ 王世充:字行满,本姓支,隋朝陕西临潼人。隋炀帝时任江都郡丞。隋炀帝死,废杨侗,自立称帝,国号郑。后兵败降唐,为仇人所杀。
⑪ 独孤武都:王世充手下官员,因意见相左,而叛王降唐,事泄密被杀。儿子名师仁,由乳母王兰英抚养。
⑫ 髡(kūn)钳:古代刑法名。剃去头发叫髡,用铁圈束颈叫钳。《汉书》:"当黥者,髡钳为城旦舂。"
⑬ 高祖:即唐高祖李渊,字叔德,唐朝甘肃秦安人(一说陕西狄道人)。灭隋建唐王朝,传次子李世民,自称太上皇。庙号"高祖"。
⑭ 背逆:背离。归朝:回归当朝,指唐朝。
⑮ 郡君:汉唐对命妇的封号。唐制外命妇,四品母、妻为郡君。
⑯ 侯益:五代十国后汉山西平遥人,官任后唐、后晋护国军节度使、凤翔节度使。凤翔:古地名,今陕西凤翔。
⑰ 王景崇:五代十国后汉河北邢台人,官任右卫大将军兼领凤翔巡检使。叛乱兵败,自焚死。
⑱ 延广:侯益之孙,官任宁州团练使、灵州知府。
⑲ 大梁:古地名,今河南开封。
⑳ 烈士:古指有抱负有作为刚强不屈的坚贞人士。曹操诗:"烈士暮年,壮心不已。"

居家杂仪

[北宋] 司马光

此文录自《古今图书集成·明伦汇编·家范典》。

凡为家长,必谨守礼法,以御群子弟及家众。分之以职,授掌仓廪、庖厨、舍业、田园之类;授之以事,谓朝夕所干及非常之事,而责其成功。制财用之节,量入以为出。称家①之有无,以给上下之衣食及吉凶之费。皆有品节,而莫不均一。尽其所有而均之,虽粝食不饱,蔽衣不完,人无怨心。裁省冗费,禁止奢华,常须稍存赢余,以备不虞②。

凡诸卑幼,事无大小,毋得专行。必咨禀于家长。

凡为子为妇者,毋得蓄私财。俸禄及田宅所入,尽归之父母舅姑。当用则请而用之。不敢私假,不敢私与。

凡子事父母,孙事祖父母同。妇事舅姑,孙妇亦同。天欲明,咸起,盥洗手也。漱栉梳头,总所以束发,具冠带。昧爽③,天将明也。适父母舅姑之所,省问。此即礼之晨省也。父母舅姑起,子供药物。药物乃关身切务。人子必当亲自供进,不可但委婢仆。妇具晨羞④,俗谓点心。供具毕,乃退,各行其事。将食,子妇请所欲于家长。卑幼各不得恣所欲。退而供之。尊长举箸,子妇乃各退就食。丈夫妇人,各设食于他所,依长幼而坐,其饮食必均一。幼子又食于他所,亦依长幼,席地而坐,男坐于左,女坐十右。及夕,食亦如之。既夜,父母舅姑将寝,则安置而退。此即礼之昏定也。居闲无事,则侍于父母舅姑之所,容貌必恭,执事必谨,言语应对,必下气怡声。出入起居,必谨扶卫之。不敢涕唾喧呼于父母舅姑之侧。父母舅姑不命之坐,不敢坐。不命之退,不敢退。

凡子受父母之命,必籍记而佩之,时省而速行之,事毕则反⑤命焉。或所命有不可行者,则和色柔声,具是非利害而白之,待父母之许,然后改之。若不许,苟于事无大害者,亦当曲从⑥。若以父母之命为非,而直行己志,虽所执皆是,犹为不顺之子,况未必是乎!

凡父母有过,下气怡色,柔声以谏。谏若不入,起敬起孝。悦则复谏。不悦,与其得罪于乡党州闾⑦,宁熟谏。父母怒,不悦而挞之流血。不敢疾怨,起敬起孝。

凡为人子弟者，不敢以富贵加于父兄宗族。

凡为人子者，出必告，反必面。有宾客不敢坐于正厅，升降不敢由东阶，上下马不敢当厅，凡事不敢自拟于其父。

凡父母舅姑有疾，子妇无故不离侧，亲调尝药饵而供之。父母有疾，子色不满容，不戏笑，不宴游。舍置余事，专以迎医检方合药为务。疾已，复初。

凡子事父母，父母所爱，亦当爱之。所敬亦当敬之。至于犬马尽然，而况于人乎！

凡子事父母，乐其心，不违其志。乐其耳目，安其寝处。以其饮食忠，养之。幼事长，贱事贵，皆仿此。

凡子妇，未敬未孝，不可遽有憎疾，姑教之。若不可教，然后怒之。若不可怒，然后笞之。屡笞而终不改，子放妇出。然亦不明言其犯礼也。子甚宜其妻，父母不悦，出。子不宜其妻，父母曰："是善事我。"子行夫妇之礼焉，没身不衰。

凡为宫室，必辨内外，深宫固门。内外不共井，不共浴堂，不共厕。男治外事，女治内事。男子昼无故不处私室，妇人无故不窥中门⑧。男子夜行以烛。妇人有故，出中门，必拥蔽其面，如盖头面帽之类。男仆非有缮修及有大故，谓水火盗贼之类，不入中门，入中门，妇人必避之。不可避，亦必以袖遮其面。女仆无故，不出中门，有故出中门，亦必拥蔽其面，小婢亦然。铃下苍头⑨，但主通内外之言，传致内外之物，毋得辄升堂室，入庖厨。

凡卑幼于尊长，晨亦省问，夜亦安置。坐而尊长过之，则起。出遇尊长于涂，则下马。不见尊长，经再宿以上，则再拜。五宿以上，则四拜。贺冬至正旦⑩，六拜。朔望⑪，四拜。凡拜数，或尊长临时减而止之，则从尊长之命。

吾家同居，宗族众多，冬至朔望聚于堂上，丈夫处左西上，妇人处右东上，皆北向共为一列，各以长幼为序，共拜家长毕，长兄立于门之左，长姊立于门之右，皆南向，诸弟妹以次拜迄各就列，丈夫西上，妇人东上，共受卑幼拜。受拜迄，先退。后辈立受拜于门东西，如前辈之仪。若卑幼自远方至见尊长，遇尊长三人以上同处者，先共再拜，叙寒暄，问起居，又曰再拜而止。

凡受女婿及外甥拜，立而扶之，外孙则立而受之，可也。

凡节序及非时家宴上寿于家长，卑幼盛服，序立，如朔望之仪，先再拜。子弟之最长者，一人进立于家长之前，幼者一人搢笏执酒盏立于其左，一人搢笏执酒注⑫立于其右。长者搢笏，跪斟酒，祝曰："伏愿某官备膺五福⑬，保族宜家。"尊长饮毕，授幼者盏注，反其故处。长者出笏，俯伏兴退，与卑幼皆再拜。家长命诸卑幼皆再拜而坐。家长命侍者遍酢诸卑幼，诸卑幼皆起，序立如前，俱再拜。就坐，饮讫。家长命易服，皆退。易便服，还复就坐。

凡子始生，若为之求乳母，必择良惠妇人稍温谨者。子能食，饲之教以右手，子能言，教之自名，及唱诺万福安置。稍有知，则教之以恭敬尊长。有不识尊卑长幼者，则严诃禁之。六岁教之数与方名⑭，男子始习书字，女子始习女工⑮之小者。七岁男女不同席，不共食，始诵《孝经》《论语》，虽女子亦宜诵之。自七岁以下谓之孺子，早寝晏起，食无时。八岁出入门户及即席饮食，必后长教始教之以谦。让男子诵《尚书》⑯，女子不出中门。九岁男子诵《春秋》及诸史，始为之讲解使晓义理，女子亦为之讲解《论语》《孝经》及《列女传》⑰《女戒》⑱之类，略晓大意。十岁男子出就外傅⑲，居宿于外，读《诗》《礼》《传》，为之讲解，使知仁义礼智信。自是以往。可以读孟荀扬子⑳，博观群书。凡所读书，必择精要者而读之。其异端非圣贤之书传，宜禁之勿使妄观，以惑乱其志。观书皆通，始可学文辞。女子则教以婉娩㉑听从及女工之大者。未冠笄㉒者，质明㉓而起，总角靧面㉔以见尊长，为供养祭祀，则左执酒食。若既冠笄，则皆责以成人之礼，不得复言童幼矣。

凡内外仆妾，鸡初鸣咸起，栉总盥漱衣服，男仆洒扫厅事及庭。铃下苍头洒扫中庭，女仆洒扫堂室。设椅桌，陈盥漱栉靧之具。主父主母既起，则拂床襞迭衣衾侍立左右，以备使令。退而具饮食。得闲则浣濯纫缝，先公后私。及夜则复拂床展衾。当昼，内外仆妾，惟主人之命，各从其事，以供百役。

凡女仆，同辈兄弟所使，谓长者为姊，后辈诸子所使，谓前辈为姨。务相雍睦，其有斗争者，主父主母闻之，即诃禁之。不止，即杖之。理曲者，杖多，一止一不止，独杖不止者。

凡男仆，有忠信可任者，重其禄。能干家事者，次之。其专务欺诈，背公徇私，屡为盗窃，弄权犯上者，逐之。

凡女仆，年满不愿留者，纵之。勤奋少过者，资而嫁之。其两面二舌，饰虚造谗，离间骨肉者，逐之。屡为盗窃者，逐之。放荡不谨者，逐之。有离叛之志者，逐之。

【注释】

① 称家：举家，全家。《尹文子》："田父称家大怖，复以告邻人。"
② 不虞：出乎意料的事。《孟子·离娄上》："有不虞之誉，有求全之毁。"
③ 昧爽：寅时的别称，早晨三点至五点。
④ 晨羞：唐·李咸用文："秋果楂梨涩，晨羞笋蕨鲜。"
⑤ 反：后多作"返"。《后赤壁赋》："反而登舟，放手中流，听其所止而休焉。"
⑥ 曲从：委曲顺从。苏东坡文："既非所望，其可曲从？"
⑦ 乡党：乡里。州间：古代地方基层行政单位州和间的连称。此泛指乡里。
⑧ 中门：厅堂与各房之间的门。
⑨ 铃下：旧时在铃阁之下，有警则掣铃以呼的侍卫、门卒。苍头：汉代的奴仆以深青色巾包头，故称奴仆为苍头。
⑩ 正旦：又名"岁首""三元"。正月初一。
⑪ 朔望：农历每月初一为朔，《说文解字》："朔，月一日始苏也。"十五为望，《康熙字典》："望，月满之名也。"
⑫ 搢（jìn）笏：插笏版于腰带之上。酒注：酒壶。
⑬ 备膺：承当，承受。五福：古代以寿、富、康宁、好德、善终为五福。成语"五福临门"。
⑭ 方名：东、西、南、北四方的名称。
⑮ 女工：又名"女红""女功"，旧时指妇女从事纺织、刺绣、缝纫、烹饪等事。
⑯ 尚书：又名《书》，系儒家核心经典之一，尚即上，即上古之书，它是我国上古历史文献和上古事迹著作的汇编。
⑰ 列女传：汉刘向撰，记载古代妇女事迹一百零四则，分母仪、贤明、仁智、贞操、节义、辩通、嬖孽七类。
⑱ 女戒：东汉班昭所撰的训诫妇女的读物，凡分卑弱、夫妇、敬慎、妇行、专心、曲从、叔妹七篇。又名《女诫》。
⑲ 外傅：古代贵族子弟出外就学所从之老师。
⑳ 孟荀扬子：指《孟子》《荀子》及汉扬雄所著《法言》《太玄》。
㉑ 婉娩：仪容柔顺的样子。《礼记》："姆教婉娩听从。"
㉒ 冠笄（jī）：古代成年礼。《礼记》郑玄注："男二十而冠，女许嫁而笄，成人之礼。"
㉓ 质明：天刚亮之时。
㉔ 总角：古代男女在未成年之前，束发为两结，形状如角，故称总角。靧（huì）面：洗脸。《太平御览》："崔林义之女，有才学，春日以桃花靧儿面。"

袁氏世范

[南宋] 袁采

袁采（生卒年不详），字君载，宋代浙江衢州人。隆兴元年进士，初为县令，后官至监登闻鼓院。淳熙戊戌年（1178年）任浙江乐清县令，撰《训俗》，后府判刘镇作序时改《世范》。

《袁氏世范》收载明《永乐大典》，嗣后又收编入清《四库全书》，赞许曰："《颜氏家训》之亚！"后又编入《知不足斋丛书》。今选《四库全书》为底本，以《知不足斋丛书》为参校本。

提要

《袁氏世范》三卷，宋·袁采撰。考《衢州府志》，采，字君载，信安人，登进士第三，宰剧邑，以廉明刚直称，仕至监登闻检院。陈振孙《书录解题》称采尝宰乐清，修县志十卷。王圻《续文献通考》又称，其令政和时，著有《政和杂志》《县令小录》，今皆不传。是编即其在乐清时所作，分睦亲、处己、治家三门。题曰：《训俗》府判刘镇为之序，始更名《世范》。其书于立身处世之道，反覆详尽，所以砥砺末俗者极为笃挚。虽家塾训蒙之书意求通俗，词句不免于鄙浅，然大要明白切要，使览者易知、易从，固不失为《颜氏家训》之亚也。明·陈继儒尝刻之《秘笈》中，字句讹脱特甚。今以《永乐大典》所载宋本互相校勘，补遗正误。仍从《文献通考》所载，勒为三卷云。

袁采自序

近世老师宿儒①，多以其言集为《语录》，传示学者，盖欲以所自得者，与天下共之也。然皆议论精微，学者所造未至，虽勤诵深思，犹不开悟②，况中人以下乎！至于小说诗话之流，特贤于己，非有裨③于名教，亦有作为家训，戒示子孙，或不该详，传焉未广。采朴鄙④，好论世俗事而性多忘，人有能诵其前言而已，或不记忆，续以所言，私笔之久而成编，假而录之者颇多，不能遍应，乃锓木⑤以传。昔子思⑥论中庸之道,其始也。夫妇之愚皆可与知,夫妇之不肖皆可能行。极其至妙,则虽圣人亦不能知、不能行,而"察乎天地"。今若以"察乎天地"者而语诸人,前辈之《语录》,固已连篇累牍⑦。姑以夫妇之所与知、能行者,语诸世俗,使田夫野老、幽闺妇女皆晓然于心目间。人或好恶不同,互是迭非⑧,必有一二契其心者,庶几⑨息争省刑,俗还醇厚。圣人复起,不吾废也。初,余目是书为《俗训》,府判⑩同舍刘公更曰《世范》,似过其实,三请易之,不听,终强从其所云。

绍熙改元长至⑪,三衢梧坡袁采书于徽州婺源⑫琴堂。

《袁氏世范》序

思所以为善,又思所以使人为善者,君子之用心也。三衢袁公君载,德足而行成,学博而文富,以论思献纳之姿⑬,屈试一邑学道⑭。爱人之政,武城弦歌⑮不是过矣!一日,出所为书三卷示镇⑯曰:"是可以厚人伦而美习俗,吾将版行于兹邑⑰,子其为我是正而为之序。"镇熟读详味者数月,一曰睦亲、二曰处己、三曰治家,皆数十条目,其言则精确而详尽,其意则敦厚而委曲。习而行之,诚可以为孝悌、为忠恕、为善良,而有士君子之行矣。然是书也,岂唯可以施之乐清,达诸四海可也!岂惟可以行之一时,垂诸后世可也。噫!公为一邑而切切⑱,焉欲以为己者⑲!为人如此,则他日致君泽民,其思所以兼善天下⑳之心,盖可知矣!镇于公为太学同舍生㉑,今又蒙赖于桑梓㉒,荷意不鄙,乃敢冠以觥觫㉓之文,而欲目是书曰《世范》可乎!君载讳采,淳熙戊戌中元日㉔,承议郎新权通判隆兴军府㉕事刘镇序。

同年郑公景元贻书㉖谓余曰:"昔温国公㉗尝有意于是,止以《家范》名其书,不曰'世'也。若欲为一世之范模,则有箕子㉘之书在,今恐名之者未必人不以为谄,而受之者或以为僭㉙,宜从其条目。"此真确论,正契余心,敢不敬从。且刊其言于左㉚,使见之者知其不为府判刘公之云亡,而私变其说也。采谨书。

重刻《袁氏世范》序

苏老泉《族谱亭记》㉛,义主于"积之有本末,施之有次第。"顾通篇专举乡之望人以为戒,其词隐,其旨远㉜,读之者或未能得其微意之所存焉。若兹《世范》一书,则凡以"睦亲"、以"处己"、以"治家"者,靡不明白切要㉝,使人易知易从。《俗训》云乎哉㉞，即以达之四海，垂之后世无不可已。吴门袁子又恺㉟，新修家谱于汝南㊱，文献蒐罗大备矣，近获陶斋、谢湖两先生㊲珍藏《世范》，附梓于后，正如夏鼎商彝㊳。灿陈几席㊴，令人不作三代㊵以下想。微特袁氏所当世宝，抑亦举世有心人亟奉为典型者也。此书曾刊于陶南村《说郛》㊶、钟瑞先《唐宋丛书》中㊷。类多讹缺。今属宋雕善本，雠校精审。沈晦数百年乃得又恺重登梨枣㊸，顿还旧观，诚作者之厚幸也夫！

乾隆五十三年戊申㊹立冬日　震泽杨复吉㊺撰。

【注释】

① 老师宿儒：又称"老手宿儒"。原指长期钻研儒学说，并取得成就的人。后泛指年高最尊的老师和素有声望的博学之士。
② 犹不开悟：还没有开窍、明白。
③ 裨（bì）：补益，好处。《说文解字》："裨，接益也。"
④ 采朴鄙：袁采质朴鄙野。这是作者的谦词。王安石诗："咨予愁病躯，朴鄙人所戏。"
⑤ 锓木：犹锓板，雕刻印刷的木板。元代高昂文："特命工锓木，以广其传。"
⑥ 子思：姓孔名伋（jí），字子思，孔子嫡孙，相传曾受业于曾子。战国初期的哲学家、思想家、教育家。儒家"五大圣人"之一，尊为"术圣"。著《中庸》《子思子》《孝经》。中庸之道，就是处理事情不偏不倚、无过无不及的处世态度。
⑦ 连篇累牍：篇幅和文辞冗长。《隋书·李谔传》："连篇累牍，不出月露之形。"
⑧ 互是迭非：互说是非。
⑨ 庶几：或许可以，表示期望或可能。《史记·秦始皇本纪》："寡人以为善，庶几息兵革。"
⑩ 府判：官名，府一级的长官。带"判"字，为京城派来而且是高职务兼低职务的官。
⑪ 绍熙：南宋光宗的年号（1190—1194年）。改元：君主改用新年号纪年，指1190年。长至：夏至日。
⑫ 三衢：县名，浙江衢县，今浙江省衢州市衢江区。宋代名衢州，因境内有三衢山，故又称三衢。梧坡：三衢县内的地名，本书作者袁采的家乡。徽州：北宋命名，今安徽省歙县。婺源：古县名，今江西省上饶市婺源县。
⑬ 论思献纳之姿：具有治国安邦之才。
⑭ 屈试一邑学道：委屈下到县级考试。
⑮ 此句出自《论语·阳货》。孔子到武城，耳闻弦歌声，因学生子游做武城的长官，很有业绩。"武城弦歌"典故，用以比喻出任县令颇有政绩。
⑯ 示镇：刘镇，即作此序者。
⑰ 兹邑：本县，即乐清县。

⑱ 切切：急迫，急切。《盐铁论》："论执政之得失，何不徐徐道理相喻，何至切切如此乎？"
⑲ 焉欲以为己者：哪里是为己。
⑳ 此语出自《孟子·尽心上》，意为不仅利己，而且利国利民。
㉑ 太学同舍生：太学同宿舍的同学。
㉒ 蒙赖于桑梓：依仗故乡。桑和梓本是宅旁的树，后喻故乡。
㉓ 骫骳（wěi bèi）：文笔纡曲或委靡无风骨。《汉书·贾邹枚路传》："其文骫骳，曲随其事，皆得其意。"
㉔ 淳熙戊戌：公元1178年。熙：同"熙"。中元日：七月十五日。
㉕ 承议郎：六品文官，唐代立，金代废。新权：新近暂代理。通判：官名。由中央委派地方，担当知州知府的副官，负有监察权，实为皇帝的耳目。隆兴：今江西南昌。军府：将帅的府署。
㉖ 同年：科举考试同榜或同一年考中者之互称。贻书：赠送书信。
㉗ 温国公：司马光，北宋著名史学家、文学家、政治家，追封温国公，人称温公、司马温公，温国公。
㉘ 箕子：名胥余，商纣王的叔父，封国箕地，故称箕子。《尚书》中的《洪范》篇，相传箕子为武王而作，陈述治国大法。
㉙ 僭（jiàn）：过分。《诗经·商颂·殷武》："不僭不滥，不敢怠遑。"
㉚ 左：古书繁体字竖排，左为后。改简化字横排版，则为下（右）。
㉛ 苏老泉：即苏洵，字明允，号老泉，宋代眉山人。嘉祐年与其子苏轼、苏辙同至京师，翰林学士欧阳修得其文二十二篇，推荐于宰相韩琦，授秘书省校书郎。后世称苏洵为老苏，苏轼为大苏，苏辙为小苏，合称"三苏"。《族谱亭记》：刻在族墓前亭子上的石文。这是苏洵借谱写亭记讥讽里人并训诫族子的地方。全文见《苏文公文钞》卷之十。
㉜ 其旨远：它的意思深奥而不俗。
㉝ 靡：无。切要：十分必要。
㉞ 《俗训》：《袁氏世范》的最初拟名。乎哉：表示疑问。
㉟ 吴门：吴县又称吴门，今江苏苏州吴中区。又恺：袁廷梼，字又恺。清代乾隆时吴县人。袁采家族的后代。
㊱ 汝南：在今河南省汝南县。
㊲ 陶斋、谢湖两先生：袁表、袁褧（jiǒng）。袁褧，字尚之，号谢湖，袁表之弟，长于书画诗文，撰《田舍集》《奉天刑赏录》《游都三稿》等。袁表，字邦正，号陶斋，明代吴县人，官临江通判，撰《江南春集》《闽中十子诗》。
㊳ 夏鼎商彝（yí）：夏禹时的烹饪器和商代的祭器。后泛指古董。
㊴ 灿陈几席：灿烂地陈列在祭祀的供桌上。

㊵ 三代：指夏、商、周。
㊶ 陶南村：陶宗仪，字九成，号南村，元末明初浙江黄岩人。勤于著述，集成《南村辍耕录》。又著《国风尊经》《南村诗集》《沧浪棹歌》《说郛》。《说郛》：辑前人笔记小说，共一百卷。
㊷ 钟瑞先：钟人杰，字瑞先，明代钱塘人。《唐宋丛书》：钟瑞先编辑。共收书九十一种，一百四十九卷。
㊸ 梨枣：旧时多以梨木和枣木刻版印书，故以"梨枣"为印书的代称。
㊹ 乾隆五十三年戊申：公元1788年。
㊺ 震泽：原本吴江县地，清代分设震泽县，属江苏苏州府，民国并入吴江县。杨复吉：字列侯，号慧楼。乾隆进士。著《乡月楼学古文》《元文选》《昭代丛书续集》《虞初余志》《元稗类钞》《燕窝谱》等。

卷之上
睦亲
性不可以强合

人之至亲，莫过于父子、兄弟。而父子、兄弟有不和者，父子或因于责善，兄弟或因于争财。有不因责善、争财而不和者，世人见其不和，或就其中分别是非，而莫名其由。盖人之性，或宽缓，或褊急①，或刚暴，或柔懦，或严重，或轻薄，或持检，或放纵，或喜闲静，或喜纷挐②，或所见者小，或所见者大，所禀自是不同。父必欲子性合于己，予之性未必然。兄必欲弟之性合于己，弟之性未必然。其性不可得而合，则其言行亦不可得而合。此父子、兄弟不和之根源也。况凡临事之际，一以为是，一以为非，一以为当先，一以为当后，一以为宜急，一以为宜缓，其不齐如此，若互欲同于己，必致争论，争论不胜，至于再三，至于十数，则不和之情自兹而启，或至于终身失欢。若悉悟此理，为父兄者，通情于子弟，而不责子弟之同于己。为子弟者，仰承于父兄，而不望父兄惟己之听，则处事之际，必相和协，无乖争之患。孔子曰："事父母，几谏，见志不从，又敬不违，劳而不怨"。③此圣人教人和家之要术也，宜孰④思之。

人必贵于反思

人之父子，或不思各尽其道，而互相责备者，尤启不和之渐也。若各能反思，则无事矣。为父者曰："吾今日为人之父，盖前日尝为人之子矣！凡吾前日事亲之道，每事尽善，则为子者得于见闻，不待教诏而知效。倘吾前日事亲之道有所未善。将以责其子，得不有愧于心！"为子者曰："吾今日为人之子，则他日亦当为人之父。今吾父之抚育我者如此，畀付⑤我者如此，亦云厚矣！他日吾之待其子，不异于吾之父，则可俯仰无愧⑥。若或不及，非惟有负于其子，亦何颜以见其父！"然世之善为人子者，常善为人父；不能孝其亲者，常欲虐其子。此无他，贤者能自反，则无往而不善。不贤者不能自反，为人子则多怨，为人父则多暴。然则自反之说，惟贤者可以语此。

父子贵慈孝

慈父固多败子，子孝而父或不察。盖中人之性，遇强则避，遇弱则肆。父严而子知所畏，则不敢为非。父宽则子玩易，而恣其所行矣！子之不肖，父多优容；子之愿悫⑦，父或责备之无已。惟贤智之人即无此患。至于兄友而弟或不恭，弟恭而兄或不友，夫正而妇或不顺，妇顺而夫或不正，亦由此强即彼弱，此弱即彼强。积渐而致之。为人父者，能以他人之不肖子喻己子；为人子者，能以他人之不贤父喻己父，则父慈而子愈孝，子孝而父益慈，无偏胜之患矣。至于兄弟、夫妇，亦各能以他人之不及者喻之，则何患不友、恭、正、顺者哉！

处家贵宽容

自古人伦，贤否⑧相杂。或父子不能皆贤，或兄弟不能皆令，或夫流荡，或妻悍暴，少有一家之中无此患者。虽圣贤亦无如之何。身有疮痍疣赘，虽甚可恶，不可决去，惟当宽怀处之。能知此理，则胸中泰然矣！古人所以谓父子、兄弟、夫妇之间，人所难言者如此。

父兄不可辩曲直

子之于父，弟之于兄，犹卒伍之于将帅，胥吏之于官曹。奴婢之于雇主，不可相视如朋辈，事事欲论曲直。若父兄言行之失，显然不可掩，子弟止可和颜几谏。若以曲理而加之，子弟尤当顺受，而不当辩。为父兄者又当自省。

人贵能处忍

人言："居家久和者，本于能忍。"然知忍而不知处忍之道，其失尤多。盖忍或有藏蓄之意。人之犯我，藏蓄而不发，不过一再而已。积之既多，其发也，如洪流之决，不可遏矣。不若随而解之，不置胸次，曰："此其不思尔！"曰："此其无知尔！"曰："此其失误尔！"曰："此其所见者小尔。"曰："此其利害宁几何！"不使之入于吾心，虽日犯我者十数，亦不至形于言而见于色⑨。然后，见忍之功效为甚大，此所谓善处忍者。

亲戚不可失欢

骨肉之失欢，有本于至微而终至不可解者。止由失欢之后，各自负气，不肯先下尔。朝夕群居，不能无相失。相失之后，有一人能先下气，与之话言，则彼此酬复，遂如平时矣。宜深思之。

家长尤当奉承

兴盛之家，长幼多和协，盖所求皆遂，无所争也。破荡之家，妻孥⑩未尝有过，而家长每多责骂者，衣食不给，触事不谐，积忿无所发，惟可施于妻孥之前而已。妻孥能知此，则尤当奉承。

顺适老人意

高年之人，作事有如婴孺，喜得钱财微利，喜受饮食、果食小惠，喜与孩童玩狎。为子弟者，能知此而顺适其意，则尽其欢矣！

孝行贵诚笃

人之孝行，根于诚笃，虽繁文末节⑪不至，亦可以动天地、感鬼神。尝见世人有事亲不务诚笃，乃以声音笑貌缪为恭敬者，其不为天地鬼神所诛则幸矣！况望其世世笃孝而门户昌隆者乎？苟能知此，则自此而往，凡与物接，皆不可不诚。有识君子，试以诚与不诚者，较其久远，效验孰多！

人不可不孝

人当婴孺之时，爱恋父母至切。父母于其子婴孺之时，爱念尤厚，抚育无所不至。盖由气血初分，相去未远，而婴孺声音笑貌自能取爱于人。亦造物者设为自然之理，使之生生不穷。虽飞走微物亦然，方其子初脱胎卵之际，乳饮哺啄，必极其爱。有伤其子，则护之不顾其身。然人于既长之后，分稍严而情稍疏。父母方求尽其慈，子方求尽其孝。飞走之属稍长，则母子不相识认，此人之所以异于飞走也。然父母于其子幼之时，爱念抚育，有不可以言尽者。子虽终身承颜致养，极尽孝道，终不能报其少小爱念抚育之恩，况孝道有不尽者。凡人之不能尽孝道者，请观人之抚育婴孺，其情爱如何，终当自悟。亦犹天地生育之道，所以及人者至广至大，而人之回报天地者何在？有对虚空焚香跪拜，或召羽流斋醮⑫上帝，则以为能报天地，果足以报其万分之一乎？况又有怨咨于天地者，皆不能反思之罪也。

父母不可妄憎爱

人之有子,多于婴孺之时爱忘其丑。恣其所求,恣其所为。无故叫号,不知禁止,而以罪保母。陵轹⑬同辈,不知戒约,而以咎他人。或言其不然,则曰:"小,未可责。"日渐月渍,养成其恶,此父母曲爱之过也。及其年齿渐长,爱心渐疏,微有疵失,遂成憎怒,摭⑭其小疵,以为大恶。如遇亲故,妆饰巧辞,历历陈数,断然以大不孝之名加之,而其子实无他罪,此父母妄憎之过也!爱憎之私,多先于母氏,其父若不知此理,则徇其母氏之说,牢不可解。为父者须详察此。子幼必待以严,子壮无薄其爱。

子弟须使有业

人之有子,须使有业。贫贱而有业,则不至于饥寒;富贵而有业,则不至于为非。凡富贵之子弟,耽酒色,好博奕,异衣服,饰舆马,与群小为伍,以至破家者,非其本心之不肖,由无业以度日,遂起为非之心。小人赞其为非,则有哺啜⑮钱财之利,常乘间而翼⑯成之。子弟痛宜省悟。

子弟不可废学

大抵富贵之家教子弟读书,固欲其取科第,及深究圣贤言行之精微。然命有穷达⑰,性有昏明⑱,不可责其必到,尤不可因其不到而使之废学。盖子弟知书,自有所谓无用之用者存焉。史传载故事,文集妙词章,与夫阴阳、卜筮、方技、小说,亦有可喜之谈。篇卷浩博,非岁月可竟。子弟朝夕于其间,自有资益,不暇他务。又必有朋旧业儒者,相与往还谈论,何至饱食终日,无所用心,而与小人为非也。

教子当在幼

人有数子,饮食、衣服之爱,不可不均一;长幼尊卑之分,不可不严谨;贤否是非之迹,不可不分别。幼而示之以均一,则长无争财之患;幼而教之以严谨,则长无悖慢之患;幼而教之以是非分别,则长无为恶之患。今人之于子,喜者其爱厚,而恶者其爱薄,初不均平,何以保其他日无争!少或犯长,而长或陵少⑲,初不训责,何以保其他日不悖!贤者或见恶,而不肖者或见爱,初不允当,何以保其他日不为恶!

父母爱子贵均

人之兄弟不和，而至于破家者，或由于父母憎爱之偏，衣服、饮食、言语、动静，必厚于所爱，而薄于所憎。见爱者意气日横，见憎者心不能平。积久之后，遂成深仇。所谓爱之，适所以害之也。苟父母均其所爱，兄弟自相和睦，可以两全，岂不甚善！

父母常念子贫

父母见诸子中有独贫者，往往念之，常加怜恤，饮食、衣服之分，或有所偏私。子之富者，或有所献，则转以与之。此乃父母均一之心。而子之富者或以为怨，此殆未之思[20]也，若使我贫，父母必移此心于我矣。

子孙当爱惜

人于子孙，虽见其作事多拂己意，亦不可深憎之。大抵所爱之子孙，未必孝，或早夭，而暮年依托及身后葬、祭，多是所憎之子孙，其他骨肉皆然，请以他人已验之事观之。

父母多爱幼子

同母之子，而长者或为父母所憎，幼者或为父母所爱，此理殆不可晓。窃尝细思其由，盖人生一二岁，举动笑语，自得人怜，虽他人犹爱之，况父母乎！才三四岁至五六岁，恣性啼号，多端乖劣，或损动器用，冒犯危险。凡举动言语，皆人之所恶。又多痴顽，不受训戒，故虽父母亦深恶之。方其长者可恶之时，正值幼者可爱之日，父母移其爱长者之心，而更爱幼者。其憎爱之心，从此而分，遂成迤逦[21]。最幼者当可恶之时，下无可爱之者，父母爱无所移，遂终爱之。其势或如此，为人子者，当知父母爱之所在。长者宜少让，幼者宜自抑。为父母者又须觉悟，稍稍回转，不可任意而行，使长者怀怨而幼者纵欲，以致破家可也。

祖父母多爱长孙

父母于长子多不之爱，而祖父母于长孙常极其爱。此理亦不可晓，岂亦由爱少子而迁及[22]之耶？

舅姑当奉承

凡人之子,性行不相远,而有后母者,独不为父所喜。父无正室而有宠婢者亦然。此固父之昵于私爱,然为子者要当一意承顺,则天理久而自协。凡人之妇,性行不相远,而有小姑者,独不为舅姑㉓所喜。此固舅姑之爱偏,然为儿妇者要当一意承顺,则尊长久而自悟。或父或舅姑终于不察,则为子为妇无可奈何,加敬之外,任之而已。

同居贵怀公心

兄弟子侄同居,至于不和,本非大有所争。由其中有一人设心不公,为己稍重,虽是毫末,必独取于众。或众有所分,在己必欲多得,其他心不能平,遂启争端,破荡家产。驯小得而致大患,若知此理,各怀公心,取于私则皆取于私,取于公则皆取于公。众有所分,虽果实之属,直不数十文,亦必均平,则亦何争之有!

同居长幼贵和

兄弟子侄同居,长者或恃长,陵轹卑幼㉔。专用其财,自取温饱,因而成私。簿书㉕出入,不令幼者预知。幼者至不免饥寒,必启争端。或长者处事至公,幼者不能承顺,盗取其财,以为不肖之资,尤不能和。若长者总持大纲,幼者分干细务,长必幼谋㉖,幼必长听㉗,各尽公心,自然无争。

兄弟贫富不齐

兄弟子侄贫富厚薄不同,富者既怀独善之心,又多骄傲。贫者不生自勉之心,又多妒嫉,此所以不和。若富者时分惠其余,不恤其不知恩,贫者知自有定分,不望其必分惠,则亦何争之有!

分析财产贵公当

朝廷立法,于分析一事,非不委曲详悉,然有果是窃众营私,却于典卖契㉘中称"系妻财置到",或诡名置产,官中不能尽行根究。又有果是起于贫寒,不因父祖资产,自能奋立,营置财业。或虽有祖宗财产,不因于众,别自殖立㉙私产,其同宗之人,必求分析。至于经县、经州、经所在官府累十数年,各至破荡而后已。若富者能反思，果是因众成私，不分与贫者，于心岂无所慊[30]！果是自置财产，分与贫者，明则为高义，幽则为阴德，又岂不胜如连年争讼，妨废家务，及资备裹粮[31]，资绝证佐[32]，与嘱托吏胥，贿赂官员之徒费耶！贫者亦宜自思，彼实窃众，亦由辛苦营运以至增置，岂可悉分有之！况实彼之私财，而吾欲受之，宁不自愧！苟能知此，则所分虽微，必无争讼之费也。

同居不必私藏金宝

人有兄弟子侄同居，而私财独厚，虑有分析之患者，则买金银之属而深藏之，此为大愚。若以百千金银计之，用以买产，岁收必十千。十余年后，所谓百千者，我已取之，其分与者皆其息也，况百千又有息焉！用以典质营运[33]，三年而其息一倍，则所谓百千者吾已取之，其分与者，皆其息也，况又三年再倍。不知其多少，何为而藏之箧笥[34]，不假此收息以利众也！余见世人有将私财假于众，使之营家，久而止取其本者，其家富厚，均及兄弟子侄，绵绵不绝，此善处心之报也。亦有窃盗众财，或寄妻家，或寄内外姻亲[35]之家，终为其人用过，不敢取索及取索而不得者多矣！亦有作妻家、姻亲之家置产，为其人所掩有者多矣！亦有作妻名置产，身死而妻改嫁，举以自随者亦多矣。凡百君子，幸详鉴此，止须存心。

分业不必计较

兄弟同居，甲者富厚，常虑为乙所扰。十数年间，或甲破坏，而乙乃增进，或甲亡而其子不能自立，乙反为甲所扰者有矣！兄弟分析，有幸应分人典卖，而己欲执赎，则将所分田产，丘丘段段[36]平分，或以两旁分与应分人，而己分处中，往往应分人未卖，而己分先卖，反为应分人执邻取赎者多矣！有诸父俱亡，作诸子均分，而无兄弟者分后独昌，多兄弟者分后浸微[37]者。有多兄弟之人不愿作诸子均分，而兄弟各自昌盛，胜于独据全分者。有以兄弟累众而己累独少，力求分析而分后浸微，反不若累众之人昌盛如故者。有以分析不平，屡经官求再分，而分到财产随即破坏，反不若被论之人昌盛如故者。世人若知智术不胜天理，必不起争讼之心。

兄弟贵相爱

兄弟义居[38]，固世之美事。然其间有一人早亡，诸父与子侄其爱稍疏，其心未必均齐。为长而欺瞒其幼者有之，为幼而悖慢其长者有之。顾见义居而交争者，其相疾有甚于路人。前日之美事，乃甚不美矣！故兄弟当分，宜早有所定。兄弟相爱，虽异居异财，亦不害为孝义。一有交争，则孝义何在！

众事宜各尽心

兄弟子侄有同门异户而居者，于众事宜各尽心，不可令小儿婢仆有扰于众，虽是细微，皆起争之渐。且众之庭宇，一人勤于扫洒，一人全不之顾，勤扫洒者已不能平，况不之顾者又纵其小儿婢仆，常常狼藉，且不容他人禁止，则怒詈失欢多起于此。

同居相处贵爱

同居之人，有不贤者，非理以相扰，若间或一再，尚可与辩，至于百无一是，且朝夕以此相临，极为难处。同乡及同官亦或有此，当宽其怀抱，以无可奈何处之。

友爱弟侄

父之兄弟，谓之伯父、叔父，其妻，谓之伯母、叔母。服制[39]减于父母一等者，盖谓其抚字教育有父母之道，与亲父母不相远。而兄弟之子谓之犹子，亦谓其奉承报孝，有子之道，与亲子不相远。故幼而无父母者，苟有伯叔父母，则不至于无所养，老而无子孙者，苟有犹子，则不至于无所归。此圣王制礼立法之本意。今人或不然，自爱其子，而不顾兄弟之子。又有因其无父母，欲兼其财，百端以扰害之，何以责其犹子之孝，故犹子亦视其伯叔父母如仇雠矣！

和兄弟教子善

人有数子，无所不爱，而于兄弟则相视如仇雠。往往其子因父之意，遂不礼于伯父、叔父者，殊不知己之兄弟，即父之诸子，己之诸子，即他日之兄弟。我于兄弟不和，则己之诸子更相视效，能禁其不乖戾否？子不礼于伯叔父，则不孝于父，亦其渐也。故欲吾之诸子和同，须以吾之处兄弟者示之。欲吾子之孝于己，须以其善事伯叔父者先之。

背后之言不可听

凡人之家有子弟及妇女好传递言语，则虽圣贤同居，亦不能不争。且人之作事不能皆是，不能皆合他人之意，宁免其背后评议？背后之言，人不传递，则彼不闻知，宁有忿争？惟此言彼闻，则积成怨恨。况两递其言，又从而增易之，两家之怨，至于牢不可解。惟高明之人，有言不听，则此辈自不能离间其所亲。

同居不可相讥议

同居之人或相往来，须扬声曳履⁴⁰使人知之，不可默造⁴¹。虑其适议及我，则彼此愧惭，进退不可。况其间有不晓事之人，好伏于幽暗之处，以伺人之言语。此生事兴争之端，岂可久与同居！然人之居处，不可谓僻静无人，而辄讥议人，必虑或有闻之者。俗谓⁴²："墙壁有耳。"又曰："日不可说人，夜不可说鬼。"

妇女之言寡恩义

人家不和，多因妇女以言激怒其夫及同辈。盖妇女所见不广不远，不公不平。又其所谓舅姑、伯叔、妯娌皆假合⁴³，强为之称呼，非自然天属。故轻于割恩，易于修怨。非丈夫有远识，则为其役而不自觉，一家之中乖变生矣！于是有亲兄弟子侄，隔屋连墙，至死不相往来者。有无子而不肯以犹子为后，有多子而不以与其兄弟者。有不恤兄弟之贫，养亲必欲如一，宁弃亲而不顾者，有不恤兄弟之贫，葬亲必欲均费，宁留丧而不葬者，其事多端，不可概述。亦尝见有远识之人，知妇女之不可谏诲，而外与兄弟相爱，常不失欢，私救其所急，私周其所乏，不使妇女知之。彼兄弟之贫者，虽深怨其妇女，而重爱其兄弟，至于当分析之际，不敢以贫故而贪爱其兄弟之财产者，盖由见识高远之人，不听妇女之言，而先施之厚，因以得兄弟之心也。

婢仆之言多间斗

妇女之易生言语者，又多出于婢妾之间斗。婢妾愚贱，尤无见识，以言他人之短失，为忠于主母。若妇女有见识，能一切勿听，则虚伪之言不复敢进。若听之信之，从而爱之，则必再言之，又言之，使主母与人遂成深仇，为婢妾者方洋洋得志。非特婢妾为然，仆隶⁴⁴亦多如此。若主翁听信，则房族、亲戚、故旧皆大失欢，而善良之仆佃，皆翻致⁴⁵诛责矣！

亲戚不宜频假贷

房族、亲戚、邻居，其贫者才有所阙，必请假焉⁴⁶。虽米、盐、酒、醋计钱不多，然朝夕频频，令人厌烦。如假借衣服、器用，既为损污，又因以质钱。借之者历历⁴⁷在心，日望其偿，其借者非惟不偿，又行行⁴⁸常自若，且语人曰："我未尝有纤毫假贷于他。"此言一达，岂不招怨怒。

亲旧贫者随力周济

一应亲戚、故旧，有所假贷，不若随力给与之。言借，则我望其还，不免有所索。索之既频，而负偿冤主反怒曰："我欲偿之，以其不当频索。"则姑已之。方其不索，则又曰："彼不下气问我，我何为而强还之！"故索亦不偿，不索亦不偿，终于交怨而后已。盖贫人之假贷，初无肯偿之意，纵有肯偿之意，亦何由得偿！或假贷作经营，又多以命穷计绌⁴⁹而折阅⁵⁰。方其始借之时，礼甚恭，言甚逊，其感恩之心可指日以为誓。至他日责偿之时，恨不以兵刃相加。凡亲戚、故旧，因财成怨者多矣！俗谓"不孝怨父母，欠债怨财主"。不若念其贫，随吾力之厚薄，举以与之。则我无责偿之念，彼亦无怨于我。

子孙常宜关防

子孙有过，为父祖者多不自知，贵宦尤甚。盖子孙有过，多掩蔽父祖之耳目。外人知之，窃笑而已，不使其父祖知之。至于乡曲贵宦，人之进见有时，称道盛德之不暇，岂敢言其子孙之非！况又自以子孙为贤，而以人言为诬，故子孙有弥天之过，而父祖不知也。间有家训稍严，而母氏犹有庇其子之恶，不使其父知之。富家之子孙不肖，不过耽酒、好色、赌博、近小人，破家之事而已。贵宦之子孙，不止此也，其居乡也，强索人之酒食，强贷人之钱财，强借人之物而不还，强买人之物而不偿。亲近群小，则使之假势以陵人。侵害善良，则多致饰词以妄讼⁵¹。乡人有曲理犯法事，认为己事，名曰"担当"。乡人有争讼，则伪作父祖之简⁵²，干恳州县，求以曲为直。差夫借船，放税免罪，以其所得为酒色之娱，殆非一端也。其随侍也，私令市贾⁵³买物，私令吏人买物，私托场务买物，皆不偿其直⁵⁴。吏人补名，吏人免罪，吏人有优润⁵⁵，皆必责其报。典买婢妾，限以抵价，而使他人填赔。或同院子游狎，或干场务放税。其他妄有求觅，亦非一端，不恤误其父祖，陷于刑辟⁵⁶也。凡为人父祖者，宜知此事，常关防⁵⁷，更常询访，或庶几⁵⁸焉。

子弟贪缪勿使仕宦

子弟有愚缪[59]贪污者,自不可使之仕宦。古人谓:"治狱多阴德,子孙当有兴者。"谓:"利人而人不知所自,则得福。"今其愚缪,必以狱讼事悉委胥辈[60]改易事情,庇恶陷善,岂不与阴德相反!古人又谓:"我多阴谋,道家所忌。"谓:"害人而人不知所自,则得祸。"今其贪污,必与胥辈同谋,货鬻[61]公事,以曲为直,人受其冤无所告诉,岂不谓之阴谋!士大夫试历数乡曲,三十年前宦族,今能自存者仅有几家?皆前事所致也。有远识者必信此言。

家业兴替系子弟

同居父兄子弟,善恶贤否相半,若顽狠刻薄,不惜家业之人先死,则其家兴盛未易量也。若慈善、长厚、勤谨之人先死,则其家不可救矣!谚云:"莫言家未成,成家子未生;莫言家未破,破家子未大。"亦此意也。

养子长幼宜异

贫者养他人之子,当于幼时。盖贫者无田宅可养暮年,惟望其子反哺,不可不自其幼时衣食抚养,以结其心。富者养他人之子,当于既长之时。今世之富人养他人之子,多以为讳故[62],欲及其无知之时抚养,或养所出至微[63]之人,长而不肖,恐其破家,方议逐去,致有争讼。若取于既长之时,其贤否可以粗见,苟能温淳守己,必能事所养为所生,且不致破家,亦不致兴讼也。

子多不可轻与人

多子固为人之患,不可以多子之故,轻以与人。须俟其稍长,见其温淳守己,举以与人,两家获福。如在襁褓,即以与人,万一不肖,既破他家,必求归宗[64],往往兴讼,又破我家,则两家受其祸矣!

养异姓子有碍

养异姓之子,非惟祖先神灵不歆[65]其祀,数世之后,必与同姓通婚姻者,律禁甚严,人多冒之,至启争讼。设或人不之告,官不之治,岂可不思理之所在?江西[66]养子,不去其所生之姓,而以所养之姓冠于其上,若复姓者,虽于经律无见，亦知恶其无别如此。

立嗣择昭穆相顺

同姓之子，昭穆[67]不顺，亦不可以为后。鸿雁微物，犹不乱行，人乃不然，至于叔拜侄，于理安乎？况启争端，设不得已，养弟，养侄、孙以奉祭祀，惟当抚之如子，以其财产与之。受所养者，奉所养如父，如古人为嫂制服[68]。如今世为祖承重[69]之意，而昭穆不乱，亦无害也。

庶孽[70]遗腹宜早辨

别宅子[71]、遗腹子[72]宜及早收养教训，免致身后论讼。或已习为愚下之人，方欲归宗，尤难处也。女亦然，或与杂滥之人通私，或婢妾因他事逐出，皆不可不于生前早有辨明，恐身后有求归宗而暗昧不明，子孙被其害者。

三代不可借人用

世有养孤遗子[73]者，及长，使为僧、道，乃从其姓，用其三代。有族人出家，而借用有荫人[74]三代，此虽无甚利害，然有还俗[75]求归宗者，官以文书为验，则不可断，以为非。此不可不防微也。

收养义子当绝争端

贤德之人见族人及外亲子弟之贫，多收于其家，衣食教抚如己子，而薄俗乃有贪其财产，于其身后，强欲承重，以为"某人尝以我为嗣矣。"故高义之事使人病于难行。惟当于平昔别其居处，明其名称。若己嗣未立，或他人之子弟年居己子之长，尤不可不明嫌疑于平昔也。娶妻而有前夫之子，接脚夫[76]而有前妻之子，欲抚养不欲抚养，尤不可不早定，以息他日之争。同入门[77]及不同入门，同居及不同居，当质之于众，明之于官，以绝争端。若义子[78]有劳于家，亦宜早有所酬。义兄弟有劳有恩，亦宜割财产与之，不可拘文，而尽废恩义也。

孤女财产随嫁分给

孤女有分[79]，必随力厚嫁。合得田产，必依条分给。若吝于目前，必致嫁后有所陈诉。

孤女宜早议亲

寡妇再嫁，或有孤女，年未及嫁。如内外亲戚有高义者，宁若与之议亲，使鞠养于舅姑之家，俟其长而成亲。若随母而归义父之家，则嫌疑之间，多不自明。

再娶宜择贤妇

中年以后丧妻，乃人之大不幸。幼子稚女无与之抚存，饮食衣服，凡闺门之事无与之料理，则难于不娶。娶在室⑧之人，则少艾⑧¹之心，非中年以后之人所能御。娶寡居之人，或是不能安其室者，亦不易制。兼有前夫之子，不能忘情，或有亲生之子，岂免二心！故中年再娶为尤难。然妇人贤淑自守，和睦如一者，不为无人，特难值⑧²耳。

妇人不必预外事

妇人不预外事者，盖谓夫与子既贤，外事自不必预。若夫与子不肖，掩蔽妇人之耳目，何所不至？今人多有游荡、赌博，至于鬻田园，甚至于鬻其所居，妻犹不觉。然则夫之不贤，而欲求预外事何益也！子之鬻产，必同其母而伪书契字者有之。重息以假贷而兼并之人，不惮⑧³于论讼，贷茶、盐以转货，而官司⑧⁴责其必偿，为母者终不能制。然则子之不贤而欲求预外事何益也！此乃妇人之大不幸，为之奈何！苟为夫能念其妻之可怜，为子能念其母之可怜，顿然悔悟，岂不甚善！

寡妇治生⑧⁵难托人

妇人有以其夫蠢懦而能自理家务，计算钱谷出入，人不能欺者。有夫不肖而能与其子同理家务，不致破家荡产者。有夫死子幼而能教养其子，敦睦内外姻亲，料理家务，至于兴隆者，皆贤妇人也。而夫死子幼，居家营生最为难事。托之宗族，宗族未必贤；托之亲戚，亲戚未必贤。贤者又不肯预人家事，惟妇人自识书算而所托之人衣食自给，稍识公义，则庶几焉。不然，鲜⑧⁶不破家。

男女不可幼议婚

人之男女，不可于幼小之时便议婚姻。大抵女欲得托，男欲得偶，若论目前，悔必在后。盖富贵盛衰，更迭不常。男女之贤否，须年长乃可见。若早议婚姻，事无变易固为甚善，或昔富而今贫，或昔贵而今贱，或所议之婿流荡不肖，或所议之女很戾不检。从其前约，则难保家；背其前约，则为薄义，而争讼由之以兴，可不戒哉！

议亲贵人物相当

男女议亲，不可贪其阀阅[87]之高，资产之厚。苟人物不相当，则子女终身抱恨，况又不和而生他事者乎！

嫁娶当父母择配偶

有男虽欲择妇，有女虽欲择婿，又须自量我家子女如何。如我子愚痴庸下[88]，若娶美妇，岂特不和，或有他事。如我女丑拙狠妒，若嫁美婿，万一不和，卒为其弃出者有之。凡嫁娶因非偶而不和者，父母不审之罪也。

媒妁之言不可信

古人谓"周人恶媒"[89]，以其言语反复。绐[90]女家则曰："男富。"绐男家则曰："女美。"近世尤甚。绐女家则曰："男家不求备礼，且助出嫁遣之资。"绐男家则厚许其所迁之贿，且虚指数目。若轻信其言而成婚，则责恨见欺，夫妻反目，至于仳离[91]者有之。大抵嫁娶固不可无媒，而媒者之言不可尽信。如此，宜谨察于始。

因亲结亲尤当尽礼

人之议亲，多要因亲及亲[92]，以示不相忘，此最风俗好处。然其间妇女无远识，多因相熟而相简，至于相忽。遂至于相争而不和，反不若素不相识而骤议亲者。故凡因亲议亲，最不可托熟，阙其礼文[93]，又不可忘其本意。极于责备，则两家周致无他患矣！故有侄女嫁于姑家，独为姑氏所恶，甥女嫁于舅家，独为舅妻所恶。姨女嫁于姨家，独为姨氏所恶，皆由玩易于其初，礼薄而怨生，又有不审于其初之过者。

女子可怜宜加爱

嫁女须随家力，不可勉强。然或财产宽余，亦不可视为他人，不以分给。今世固有生男不得力而依托女家，及身后葬祭皆由女子者，岂可谓生女之不如男也！大抵女子之心最为可怜，母家富而夫家贫，则欲得母家之财以与夫家；夫家富而母家贫，则欲得夫家之财以与母家。为父母及夫者，宜怜而稍从之。及其有男女嫁娶之后，男家富而女家贫，则欲得男家之财以与女家，女家富而男家贫，则欲得女家之财以与男家。为男女者，亦宜怜而稍从之。若或割贫益富，此为非宜，不从可也。

妇人年老尤难处

人言"光景百年，七十者稀"，为其倏忽易过。而命穷之人晚景最不易过，大率五十岁前，过二十年如十年，五十岁后过十年不啻⑨ 二十年。而妇人之享高年者，尤为难过。大率妇人依人而立，其未嫁之前，有好祖不如有好父，有好父不如有好兄弟，有好兄弟不如有好侄，其既嫁之后，有好翁⑩不如有好夫，有好夫不如有好子，有好子不如有好孙。故妇人多有少壮享富贵而暮年无聊者，盖由此也。凡其亲戚，所宜矜念⑯。

收养亲戚当虑后患

人之姑、姨、姊、妹及亲戚妇人，年老而子孙不肖，不能供养者，不可不收养。然又须关防，恐其身故之后，其不肖子孙却妄经官司，称其人因饥寒而死，或称其人有遗下囊箧⑰之物。官中受其牒⑱，必为追证，不免有扰。须于生前令白⑲之于众，质之于官，称身外无余物，则免他患。大抵要为高义之事，须令无后患。

分给财产务均平

父、祖高年，怠于管干，多将财产均给子孙。若父、祖出于公心，初无偏曲，子孙各能戮力，不事游荡，则均给之后，既无争讼，必至兴隆。若父、祖缘有过房之子⑳，缘有前母、后母之子，缘有子亡而不爱其孙，又有虽是一等子孙，自有憎爱，凡衣食财物所及，必有厚薄，致令子孙力求均给，其父、祖又于其中暗有轻重，安得不起他日争端！若父、祖缘其子孙内有不肖之人，虑其侵害他房，不得已而均给者，止可逐时均给财谷，不可均给田产。若均给田产，彼以为己分所有，必邀求尊长立契典卖，典卖既尽，窥觑他房，从而婪取，必至兴讼，使贤子贤孙被其扰害，同于破荡，不可不思。大抵人之子孙或十数人，皆能守己，其中有一不肖，则十数人皆受其害，至于破家者有之。国家法令百端，终不能禁。父、祖智谋百端,终不能防。欲保延家祚⑩者,览他家之已往,思我家之未来,可不修德熟虑,以为长久之计耶!

遗嘱公平维后患

遗嘱之文,皆贤明之人为身后之虑。然亦须公平,乃可以保家。如劫于悍妻黠妾⑩,因于后妻爱子,中有偏曲厚薄,或妄立嗣,或妄逐子,不近人情之事,不可胜数,皆所以兴讼破家也。

遗嘱之文宜预为

父、祖有虑子孙争讼者,常欲预为遗嘱之文,而不知风烛不常,因循不决⑩,至于疾病危笃,虽心中尚了然,而口不能言,手不能动,饮恨而死者多矣!况有神识昏乱者乎!

置义庄不若置义学⑩

置义庄以济贫族,族久必众,不惟所得渐微,不肖子弟得之,不以济饥寒,或为一醉之适,或为一掷之娱,致有以其合得券历⑩预质于人,而所得不其半者,此为何益!若其所得之多,饱食终日,无所用心,扰暴乡曲,紊烦官司而已。不若以其田置义学及依寺院置度僧田,能为儒者择师训之,既为之食,且有以周其困乏。质不美者,无田可养,无业可守,则度以为僧。非惟不至失所狼狈,辱其先德⑩,亦不至生事扰人,紊烦官司也。

【注释】

① 褊(biǎn)急:气量狭隘,性情急躁。《南史》:"猜忌褊急,魏武之累。"
② 纷挐(ná):混乱,错杂。王粲《闲邪赋》:"情纷挐以交横,意惨凄而增悲。"
③ 此句出自《论语·里仁》,意为侍奉父母,要和声细语地规劝他们改正错误,不听从规劝,仍毕恭毕敬,不违背初衷,见机规劝,即使劳心,也无丝毫怨恨。
④ 孰:古同"熟"。示程度深。《荀子·议兵》:"凡虑事欲孰。"
⑤ 畀(bì)付:给予,付与。苏轼文:"安全陋躯,畀付善地。"
⑥ 俯仰无愧:立身端正,仰对天,俯对人,都问心无愧。
⑦ 愿悫(què):亦作"悫愿"。朴实,诚实,谨慎善良。宋朱熹文:"韶故名郡,士多愿悫。"
⑧ 贤否(pǐ):贤人和恶人。《儒林外史》:"虽说施恩不望报,却也不可这般贤否不明。"

⑨ 形于言：表现在言语上。见（xiàn）于色：表现在脸色上。见同"现"。
⑩ 孥（nú）：儿女。宋·秦观诗："独携三尺琴，笑别妻与孥。"
⑪ 繁文末节：繁琐的仪式和细小的礼节。宋代苏轼文："仪者必又曰：'省去繁文末节，则一岁可以再郊。'"
⑫ 羽流：又作"羽容"，道士。斋醮（jiào）：俗称"道场"，请僧、道设斋坛，举行僧、道仪式，向神佛祈祷，超度亡人。
⑬ 陵轹（lì）：同"凌轹"，欺压。陵和轹皆是欺压之意。《史记》："楚灵王兵强，陵轹中国。"
⑭ 摭（zhí）：拾取。《礼记》孔颖达注："摭，犹拾取也。"
⑮ 哺啜（bǔ chuò）：吃喝。哺，吃；啜，喝。
⑯ 翼：羽翼。这里指添翼，帮助，辅助。《尚书·益稷》："予欲左右有民，汝翼。"
⑰ 穷达：困顿与显达，不得志。《墨子》："穷达、赏罚、幸否、有极，人之知力，不能为焉。"
⑱ 昏明：愚昧和明智。昏，糊涂；明，明白。《左传》："圣人以兴，乱人以废，废兴、存亡、昏明之术，皆兵之由也。"
⑲ 陵少（shào）：欺负少年。
⑳ 殆未之思：大概未想到。殆：大概。未之思：未思之，即未想到。
㉑ 迤逦（yǐ lǐ）：曲折连绵。此指没完没了，难以改正。
㉒ 迁及：转移到。
㉓ 舅姑：丈夫的父母，即公婆。
㉔ 陵轹卑幼：欺负地位低下的幼者。
㉕ 簿书：账目，账本，账簿。
㉖ 长（zhǎng）必幼谋：长辈一定要为晚辈谋划。
㉗ 幼必长听：晚辈一定要听从长辈。
㉘ 典卖契：典卖物品的契约。典，抵押；典卖，抵押活卖，到期卖方可以赎回；契，契约文书。
㉙ 殖立：发展创立。
㉚ 慊（qiàn）：遗憾。《孟子·公孙丑》："彼以其富，我以吾仁；彼以其爵，我以吾义。吾何慊乎哉？"
㉛ 裹粮：携带干粮（以备远行去打官司）。
㉜ 资绝证佐：出资将对方的证据转移或销毁。佐：佐证，证据。
㉝ 典质营运：典当经商。典和质都是典当，抵押；营运，指经商。
㉞ 箧笥（qiè sì）：箧和笥都是用竹编制的箱子。
㉟ 内外姻亲：由婚姻关系而形成的亲属。妻子的娘家亲属是外姻亲；丈夫家亲属是内姻亲。
㊱ 丘丘段段：一块一块，一垄一垄。

㊲ 浸微：逐渐衰败而消失。苏洵《审势》："浸微浸消，释然而溃。"浸，渐。
㊳ 义居：孝义之家世代同堂。《宋史·孝义传》："六世义居，室无异爨。"
㊴ 服制：旧时按与死者血缘关系的亲疏和尊卑，穿戴不同等级的丧服制度。分斩衰、齐衰、大功、小功、缌麻五等。
㊵ 扬声曳履（yè lǚ）：高声说话，拖着鞋走路。扬声，高声；曳履，拖着鞋。
㊶ 默造：无声到达。造，到。
㊷ 俗谓：通俗地说，大家通常认为。
㊸ 假合：聊为凑合。
㊹ 仆隶：男佣人，男仆。
㊺ 翻致：反转招致。翻，反转。
㊻ 请假焉：请求向某人借贷。假，借；与，相当"于之"，这个"之"指代被借人。
㊼ 历历：清楚明白。杜甫《历历》："历历开元事，分明在眼前。"
㊽ 行行（hàng hàng）：刚强负气。《论语》："子路，行行如也。"郑注："行行，刚强之貌。"
㊾ 命穷计绌（chù）：命运困窘，计谋不足。穷，困窘；绌，不足。
㊿ 折阅：低价售价。阅，卖。
51 妄讼：胡乱荒诞地打官司。
52 简：信函，书信。《诗经·小雅·出车》："畏此简书。"
53 市贾（gǔ）：市场上的商人。《左传·昭公十三年》："同恶相求，如市贾焉。"
54 直：同"值"。价值，钱财。《战国策·齐策》："象床之直千金。"
55 优润：丰厚的利益。
56 刑辟：刑事法律。辟，法律。《旧唐书·杨嗣复传》："天后重行刑辟。"
57 关防：设关预防，防备，防范。
58 庶几：或许可以。《史记·秦始皇本纪》："寡人以为善，庶几息兵革。"
59 缪（miù）：纰缪，错误。《庄子·盗跖》："多辞缪说，不耕而食，不识而衣。"
60 悉委胥辈：全部委托官府中的小官。胥，古代官府中的小官；辈，级别。
61 货鬻（yù）：出卖货物。鬻，出卖。
62 以为讳故：因忌讳的原因（指忌讳孩子知道亲生父母）。
63 所出：亲生父母。至微：最贫穷。至，最；微，地位低下，此指贫穷。
64 归宗：出嗣异姓别支或流落在外的人还归本宗。《新唐书》："因诏外继嗣王者皆归宗。"
65 歆（xīn）：欣喜，欢喜。《国语·周语下》："以言德于民，民歆而德之，则归心焉。"
66 江西：旧时苏、浙、皖一带长江以北为江西。今江西省。
67 昭穆：古代宗法制度，宗庙或墓地的排列辈次。以始祖居中，第二、四、六……代，位于始祖的左边为"昭"；第三、五、七……代，位于始祖的右边为"穆"。《周礼》："辨庙祧之昭穆。"

⑱ 制服：指丧服。见前注 p281㊴。
⑲ 承重：承受丧祭和宗庙的重任。
⑳ 庶孽（niè）：妾生的儿子。
㉑ 别宅子：无正式夫妻关系的私生子。
㉒ 遗腹子：父生前母怀孕，生于父死后的子女。
㉓ 孤遗子：即"遗孤子"。指父母双亡的孤儿。
㉔ 有荫人：旧时因先人有功而得到封赏的人。
㉕ 还俗：佛教用语。出家的僧、尼，恢复俗家的身份。
㉖ 接脚夫：亦称接脚婿。旧指寡妇在家再招的丈夫。
㉗ 同入门：指儿子随再婚的父亲或母亲一起进入新家，成为家庭成员。
㉘ 义子：又称"螟蛉之子"，无血缘关系而收养的儿子。俗称干儿子。
㉙ 孤女：父母双亡的女子。《三国志·魏志·太祖纪》："第五伯鱼，三娶孤女，谓之挝妇翁。"
㉚ 在室：女子已订婚而未嫁，或已嫁而被休回娘家，后泛指女子未婚，称"在室"。《仪礼》郑玄注："言在室者，谓已许婚。"
㉛ 少艾（shào ài）：年轻而美丽的女子。《孟子·万章上》："知好色，则慕少艾。"
㉜ 值：碰上，遇到。诸葛亮《出师表》："值河间岁试。"
㉝ 惮（dàn）：怕，畏惧。《周礼·考工记·矢人》："虽有疾风，亦弗之能惮矣。"
㉞ 官司：官府，政府。《抱朴子·酒诫》："严令重申，官司搜索。"
㉟ 治生：经营家业，谋划生计。
㊱ 鲜：很少。《礼·中庸》："民鲜能久矣。"注："鲜，罕也。"
㊲ 阀阅：泛指门第、家世。宋·秦观《王俭论》："自晋以阀阅用人，王谢二氏，最为望族。"
㊳ 庸下：平庸低下。《贞观政要·礼乐》："可才识庸下，而偃仰自高。"
㊴ 周人恶媒：周，周到，引申为通达之人厌恶婚姻介绍人。
㊵ 绐（dài）：欺骗，欺诈。《史记·项羽本纪》："项王至阴陵迷失道，问一田父，田父绐曰：'左'。"
㊶ 仳（pǐ）离：旧时特指妻子被遗弃而离去。《诗经·王风·中谷有蓷》："有女仳离，嘅其叹矣。"郑玄注："有女遇凶年而见弃，与其君子别离。"
㊷ 因亲及亲：由亲到亲，即亲上加亲。
㊸ 阙其礼文：不讲究礼节。阙同"缺"。文，修饰，引申为讲究。
㊹ 不啻（chì）：不止，不只。如不啻如此。
㊺ 翁：丈夫的父亲，即公公。
㊻ 矜（jīn）念：怜悯惦念。
㊼ 橐箧（qiè）：橐，袋子；箧，箱子。古代用此盛贵重物品。这里指珍贵的东西。
㊽ 牒（dié）：文件，证书。此指申诉书。

⑨ 令白：让（她）说明白。
⑩ 过房之子：又称"过继""过嗣""继嗣"。自己无子而以兄弟或他人之子为子。
⑪ 保延家祚：保持延续家族的幸福。
⑫ 悍妻黠妾：凶恶之妻，狡猾之妾。
⑬ 因循不决：因循守旧，行动不决断。
⑭ 义庄：购置田地房屋，取其收入救济家族内之贫穷户，其产业为一族之公有，称义庄。《宋史·范仲淹传》："置义庄里中，以赡族人。"义学：免费的私塾，资金来源为地方公益金或私人筹资。义学由北宋范仲淹创立。
⑮ 合得券（quàn）历：应得到的契书数目。合得，应得到的；券，券契或约书；历，数目。
⑯ 先德：有德行的前辈。《大慈恩寺三藏法师传》："后复北游，询求先德。"

卷之中
处己
人之智识有高下

人之智识，固有高下，又有高下殊绝者。高之见下，如登高望远，无不尽见。下之视高，如在墙外，欲窥墙里。若高下相去差近，犹可与语，若相去远甚，不如勿告，徒费口烦舌尔。譬如弈棋，若高低止较三五著，尚可对弈，国手与未识筹局之人对弈，果何如哉！

处富贵不宜骄傲

富贵乃命分偶然，岂宜以此骄傲乡曲！若本自贫窭①，身致富厚，本自寒素，身致通显，此虽人之所谓贤，亦不可以此取尤②于乡曲；若因父、祖之遗资而坐享肥浓，因父、祖之保任而驯致通显，此何以异于常人！其间有欲以此骄傲乡曲，不亦羞而可怜哉！

礼不可因人轻重

世有无知之人，不能一概礼待乡曲，而因人之富贵、贫贱设为高下等级。见有资财、有官职者，则礼恭而心敬。资财愈多，官职愈高，则恭敬又加焉。至视贫者、贱者，则礼傲而心慢，曾不少顾恤。殊不知彼之富贵，非我之荣；彼之贫贱，非我之辱。何用高下分别如此！长厚有识君子，必不然也。

穷达自两途

操履③与升沉自是两途。不可谓操履之正,自宜荣贵,操履不正,自宜困厄④。若如此,则孔、颜应为宰辅,而古今宰辅达官不复小人矣。盖操履自是吾人当行之事,不可以此责效于外物。责效不效,则操履必怠,而所守或变,遂为小人之归矣。今世间多有愚蠢而享富厚,智慧而居贫寒者,皆自有一定之分,不可致诘⑤。若知此理,安而处之,岂不省事!

世事更变皆天理

世事多更变,乃天理如此。今世人往往见目前稍稍荣盛,以为此生无足虑,不旋踵而破坏者多矣!大抵天序十年一换甲⑥,则世事一变。今不须广论久远,只以乡曲十年前、二十年前比论⑦目前,其成败兴衰何尝有定势!世人无远识,凡见他人兴进及有如意事则怀妒,见他人衰退及有不如意事则讥笑。同居及同乡人最多此患。若知事无定势,则自虑之不暇,何暇妒人、笑人哉!

人生劳逸常相若

应高年享富贵之人,必须少壮之时尝尽艰难,受尽辛苦,不曾有自少壮享富贵安逸至老者。早年登科及早年受奏补⑧之人,必于中年龃龉⑨不如意,却于暮年方得荣达。或仕宦无龃龉,必其生事窘薄,忧饥寒,虑婚嫁。若早年宦达,不历艰难辛苦,及承父、祖生事之厚,更无不如意者,多不获高寿。造物乘除之理,类多如此。其间亦有始终享富贵者,乃是有大福之人,亦千万人中间有之,非可常也。今人往往机心巧谋,皆欲不受辛苦,即享富贵至终身,盖不知此理,而又非理计较,欲其子孙自少小安然享大富贵,尤其蔽惑⑩也,终于人力不能胜天。

贫富定分任自然

富贵自有定分。造物者既设为一定之分,又设为不测之机,役使天下之人朝夕奔趋,老死而不觉。不如是,则人生天地间全然无事,而造化之术穷矣。然奔趋而得者不过一二,奔趋而不得者盖千万人。世人终以一二者之故,至于劳心费力,老死无成者多矣!不知他人奔趋而得,亦其定分中所有者。若定分中所有,虽不奔趋,迟以岁月,亦终必得。故世有高见远识,超出造化机关⑪之外,任其自去自来者，其胸中平夷⑫，无忧喜，无怨尤。所谓奔趋及相倾之事，未尝萌于意间⑬，则亦何争之有！前辈谓："死生贫富，生来注定，君子赢得为君子，小人枉了为小人。"此言甚切，人自不知耳！

忧患顺受则少安

人生世间，自有知识以来，即有忧患不如意事。小儿叫号，皆其意有不平。自幼至少，至壮，至老，如意之事常少，不如意之事常多。虽大富贵之人，天下之所仰羡，以为神仙，而其不如意处各自有之，与贫贱人无异，特其所忧虑之事异耳，故谓之缺陷世界。以人生世间，无足心满意者。能达此理而顺受之，则可少安。

谋事难成则永久

凡人谋事，虽日用至微者，亦须龃龉而难成，或几成而败，既败而复成。然后，其成也永久平宁，无复后患。若偶然易成，后必有不如意者。造物微机不可测度如此，静思之则见此理，可以宽怀。

性有所偏在救失

人之德性出于天资者，各有所偏。君子知其有所偏，故以其所习为而补之，则为全德之人。常人不自知其偏，以其所偏而直情径行⑭，故多失。《书》言九德⑮，所谓宽、柔、愿、乱、扰、直、简、刚、强者，天资也；所谓栗、立、恭、敬、毅、温、廉、塞、义者，习为也。此圣贤之所以为圣贤也。后世有以性急而佩韦⑯，性缓而佩弦⑰者，亦近此类。虽然，己之所谓偏者，苦不自觉，须询之他人乃知。

人行有长短

人之性行虽有所短，必有所长。与人交游，若常见其短，而不见其长，则时日不可同处；若常念其长，而不顾其短，虽终身与之交游可也。

人不可怀慢伪妒疑之心

处己接物，而常怀慢心、伪心、妒心、疑心者，皆自取轻辱于人，盛德君子所不为也。慢心之人，自不如人，而好轻薄人。见敌己以下之人，及有求于我者，面前既不加礼，背后又窃讥笑。若能回省其身，则愧汗浃背⑱矣。伪心之人，言语委曲，若甚相厚⑲，而中心乃大不然。一时之间，人所信慕，用之再三，则踪迹露见，为人所唾去矣。妒心之人，常欲我之高出于人，故闻有称道人之美者，则忿然不平，以为不然。闻人有不如人者，则欣然笑快，此何加损于人，祗厚怨耳！疑心之人，人之出言未尝有心，而反复思绎⑳曰："此讥我何事？此笑我何事？"则与人缔怨，常萌于此。贤者闻人讥笑，若不闻焉，此岂不省事！

人贵忠信笃敬

言忠信，行笃敬，乃圣人教人取重于乡曲之术。盖财物交加，不损人而益己，患难之际，不妨人而利己，所谓忠也。有所许诺，纤毫必偿，有所期约，时刻不易，所谓信也。处事近厚，处心诚实，所谓笃也。礼貌卑下，言辞谦恭，所谓敬也。若能行此，非惟取重于乡曲，则亦无人而不自得。然"敬"之一事，于己无损，世人颇能行之，而矫饰假伪㉑，其中心则轻薄，是能敬而不能笃者，君子指为谀佞㉒，乡人久亦不归重㉓也。

厚于责己而薄于责人

忠、信、笃、敬，先存其在己者，然后望其在人。如在己者未尽，而以责人，人亦以此责我矣。今世之人，能自省其忠、信、笃、敬者盖寡，能责人以忠、信、笃、敬者皆然也。虽然，在我者既尽，在人者亦不必深责。今有人能尽其在我者，固善矣，乃欲责人之似己，一或不满吾意，则疾之已甚，亦非有容德者，只益贻怨于人耳！

处事当无愧心

今人有为不善之事，幸其人之不见不闻，安然自肆，无所畏忌。殊不知人之耳目可掩，神之聪明不可掩。凡吾之处事，心以为可，心以为是，人虽不知，神已知之矣。吾之处事，心以为不可，心以为非，人虽不知，神已知之矣！吾心即神，神即祸福，心不可欺，神亦不可欺。《诗》曰："神之格思，不可度思，矧可射思。"㉔ 释者㉕以谓"吾心以为神之至也"，尚不可得而窥测，况不信其神之在左右，而以厌射之心处之，则亦何所不至哉！

为恶祷神为无益

人为善事而未遂，祷之于神，求其阴助，虽未见效，言之亦无愧。至于为恶事而未遂，亦祷之于神，求其阴助，岂非欺罔！如谋为盗贼而祷之于神，争讼无理而祷之于神，使神果从其言而幸中，此乃贻㉖怒于神，开其祸端耳！

公平正直人之当然

凡人行己公平正直者，可用此以事神，而不可恃此以慢神；可用此以事人，而不可恃此以傲人。虽孔子亦以敬鬼神，事大夫，畏大人为言，况下此者哉！彼有行己不当理者，中有所慊，动辄知畏，犹能避远灾祸，以保其身。至于君子而偶罹于灾祸者，多由自负以召致之耳！

悔心为善之几㉗

人之处事，能常悔往事之非，常悔前言之失，常悔往年之未有知识，其贤德之进，所谓长日加益而人不自知也。古人谓："行年㉘六十而知五十九之非"者，可不勉哉！

恶事可戒而不可为

凡人为不善事而不成，正不须怨天尤人，此乃天之所爱，终无后患。如见他人为不善事常称意者，不须多羡，此乃天之所弃。待其积恶深厚，从而殄灭㉙之。不在其身，则在其子孙。姑少待之，当自见也。

善恶报应难穷诘

人有所为不善，身遭刑戮，而其子孙昌盛者，人多怪之，以为天理有误，殊不知此人之家，其积善多，积恶少。少不胜多，故其为恶之人身受其报，不妨福祚㉚延及后人。若作恶多而享寿富安乐，必其前人之遗泽㉛将竭，天不爱惜，恣其恶深，使之大坏也。

人能忍事则无争心

人能忍事，易以习熟㉜，终至于人以非理相加，不可忍者，亦处之如常。不能忍事，亦易以习熟，终至于睚眦㉝之怨，深不足较者，亦至交詈㉞争讼，期以取胜而后已，不知其所失甚多。人能有定见，不为客气㉟所使，则身心岂不大安宁！

小人当敬远

人之平居,欲近君子而远小人者,君子之言多长厚端谨,此言先入于吾心,及吾之临事,自然出于长厚端谨矣。小人之言多刻薄浮华,此言先入于吾心,及吾之临事,自然出于刻薄浮华矣。且如朝夕闻人尚气好凌人之言,吾亦将尚气好凌人而不觉矣。朝夕闻人游荡、不事绳检㊱之言,吾亦将游荡、不事绳检而不觉矣!如此非一端,非大有定力,必不免渐染之患也。

老成之言更事多

老成之人,言有迂阔,而更事为多。后生虽天资聪明,而见识终有不及。后生例以老成为迂阔,凡其身试见效之言,欲以训后生者,后生厌听而毁诋者多矣!及后生年齿渐长,历事渐多,方悟老成之言可以佩服,然已在险阻艰难备尝之后矣!

君子有过必思改

圣贤犹不能无过,况人非圣贤,安得每事尽善!人有过失,非其父兄,孰肯诲责。非其契爱㊲,孰肯谏谕!泛然相识,不过背后窃议之耳。君子惟恐有过,密访人之有言,求谢而思改。小人闻人之有言,则好为强辩,至绝往来,或起争讼者有矣。

言语贵简寡

言语简寡,在我,可以少悔;在人,可以少怨。

小人为恶不必谏

人之出言举事,能思虑循省,而不幸有失,则在可谏可议之域。至于恣其性情,而妄言妄行,或明知其非,而故为之者,是人必挟其凶暴强悍,以排人之议己。善处乡曲者,如见似此之人,非惟不敢谏诲,亦不敢置于言议之间,所以远侮辱也。尝见人不忍平昔所厚之人有失,而私纳忠言,反为人所怒,曰:"我与汝至相厚,汝亦谤我耶?"《孟子》曰:"不仁者,可与言哉?"

觉人不善知自警

不善人虽人所共恶,然亦有益于人。大抵见不善人则警惧,不至自为不善。

不见不善人则放肆，或至自为不善而不觉。故家无不善人，则孝友之行不彰；乡无不善人，则诚厚之迹不著。譬如磨石，彼自销损耳，刀斧资之以为利。老子云："不善人乃善人之资。"㊳谓此尔。若见不善人而与之同恶相济，及与之争为长雄㊴，则有损而已，夫何益？

门户当寒生不肖子

乡曲有不肖子弟，耽酒好色，博弈游荡，亲近小人，豢养驰逐，轻于破荡家产，至为乞丐窃盗者，此其家门厄数如此，或其父、祖稔恶㊵至此。未闻有因谏诲而改者。虽其至亲，亦当处之无可奈何，不诿诿㊶，徒厚其怨。

正己可以正人

勉人为善，谏人为恶，固是美事。先须自省。若我之平昔自不能为人，岂惟人不见听，亦反为人所薄。且如己之立朝可称，乃可诲人以立朝㊷之方。己之临政有效，乃可诲人以临政之术。己之才学为人所尊，乃可诲人以进修之要。己之性行为人所重，乃可诲人以操履㊸之详。己能身致富厚，乃可诲人以治家之法。己能处父母之侧而谐和无间，乃可诲人以至孝之行。苟惟不然㊹，岂不反为所笑！

浮言不足恤

人之出言至善，而或有议之者。人有举事至当，而或有非之者。盖众心难一，众口难齐。君子之出言举事，苟揆之吾心，稽之古训，询之贤者，于理无碍，则纷纷之言皆不足恤，亦不必辩。自古圣贤，当代宰辅，一时守令，皆不能免，况居乡曲，同为编氓㊺，尤其无所畏，或轻议己，亦何怪焉！大抵指是为非，必妒忌之人，及素有仇怨者。此曹㊻何足以定公论，正当勿恤、勿辩也。

谀諛㊼之言多奸诈

人有善诵我之美，使我喜闻而不觉其谀者，小人之最奸黠㊽者也。彼其面谀我而我喜，及其退与他人语，未必不窃笑我为他所愚也。人有善揣人意之所向，先发其端，导而迎之，使人喜其言与己暗合者，亦小人之最奸黠者也。彼其揣我意而果合，及其退与他人语，又未必不窃笑我为他所料也。此虽大贤，亦甘受其侮而不悟，奈何！

凡事不为已甚

人有詈人而人不答者,人必有所容也。不可以为人之畏我,而更求以辱之,为之不已。人或起而我应,恐口噤而不能出言矣!人有讼人而人不校者,人必有所处也。不可以为人之畏我,而更求以攻之,为之不已。人或出而我辩,恐理亏而不能逃罪矣!

言语虑后则少怨尤

亲戚故旧,人情厚密之时,不可尽以密私之事语之,恐一旦失欢,则前日所言,皆他人所凭,以为争讼之资。至有失欢之时,不可尽以切实之语加之,恐忿气既平之后,或与之通好结亲,则前言可愧。大抵忿怒之际,最不可指其隐讳之事,而暴其父、祖之恶。吾之一时怒气所激,必欲指其切实而言之,不知彼之怨恨深入骨髓。古人谓"伤人之言,深于矛戟"是也。俗亦谓"打人莫打膝,道人莫道实"。

与人言语贵和颜

亲戚故旧,因言语而失欢者,未必其言语之伤人,多是颜色辞气暴厉,能激人之怒。且如谏人之短,语虽切直,而能温颜下气,纵不见听,亦未必怒。若平常言语无伤人处,而词色俱厉,纵不见怒,亦须怀疑。古人谓:"怒于室者色于市。"方其有怒,与他人言,必不卑逊。他人不知所自,安得不怪!故盛怒之际与人言语,尤当自警。前辈有言:"诫酒后语,忌食时嗔,忍难忍事,顺自强人。"常能持此,最得便宜。

老人当敬重

高年之人,乡曲所当敬者,以其近于亲也。然乡曲有年高而德薄者,谓刑罚不加于己,轻詈辱人,不知愧耻。君子所当优容而不较也。

与人交游贵和易

与人交游,无问高下,须常和易,不可妄自尊大,修饰边幅。若言行崖异[49],则人岂复相近!然又不可太亵狎,樽酒[50]会聚之际,固当歌笑尽欢,恐嘲讥中触人讳忌,则忿争兴焉。

才行高人自服

行高人自重，不必其貌之高；才高人自服，不必其言之高。

小人作恶必天诛

居乡曲间，或有贵显之家，以州县观望而凌人者。又有高资之家，以贿赂公行而凌人者。方其得势之时，州县"不能谁何㉛"，鬼神犹或避之，况贫穷之人，岂可与之较！屋宅坟墓之所邻，山林田园之所接，必横加残害，使归于己而后已。衣食所资，器用之微，凡可其意者，必夺而有之。如此之人，惟当逊㉜而避之，逮㉝其稔恶之深，天诛之加，则其家之子孙，自能为其父、祖破坏，以与乡人复仇也。乡曲更有健讼之人，把持短长，妄有论讼，以致追扰，州县不敢治其罪。又有恃其父兄子弟之众，结集凶恶，强夺人所有之物。不称意，则群聚殴打，又复贿赂州县，多不竟其罪。如此之人，亦不必求以穷治㉞，逮其稔恶之深，天诛之加，则无故而自罹于宪网，有计谋所不及救者。大抵作恶而幸免于罪者，必于他时无故而受其报。所谓"天网恢恢，疏而不漏"㉟也。

君子小人有二等

乡曲士夫，有挟术以待人，近之不可，远之则难者，所谓君子中之小人，不可不防，虑其信义有失，为我之累也。农、工、商、贾、仆、隶㊱之流，有天资忠厚，可任以事、可委以财者，所谓小人中之君子，不可不知，宜稍抚之以恩，不复虑其诈欺也。

居官居家本一理

士大夫居家能思居官之时，则不至干请把持而挠时政。居官能思居家之时，则不至狠愎暴恣㊲而贻人怨。不能回思者皆是也。故见㊳任官每每称寄居官㊴之可恶，寄居官亦多谈见任官之不韪㊵，并与其善者而掩之也。

小人难责以忠信

"忠信"二字，君子不守者少，小人不守者多。且如小人以物市于人，敝恶之物，饰为新奇；假伪之物，饰为真实。如绢帛之用胶糊，米麦之增湿润，肉食之灌以水，药材之易以他物。巧其言词，止于求售，误人食用，有不恤㉛也。其不忠也类如此。负人财物久不偿，人苟索之，期以一月，如期索之，不售㉜。又期以一月，如期索之，又不售。至于十数期而不售如初。工匠制器，要其定资，责其所制之器，期以一月，如期索之不得。又期以一月，如期索之，又不得。至于十数期而不得如初。其不信也类如此，其他不可悉数㉝。小人朝夕行之，略不之怪。为君子者往往忿懥㉞，直欲深治之，至于殴打论讼。若君子自省其身，不为不忠不信之事，而怜小人之无知。及其间有不得已而为自便之计，至于如此，可以少置之度外也。

戒货假药

张安国舍人㉟知抚州日，以有卖假药者，出榜戒约，曰："陶隐居㊱、孙真人因《本草》㊲《千金方》济物利生，多积阴德，名在列仙。自此以来，行医货药，诚心救人，获福报㊳者甚众。不论方册所载，只如近时，此验尤多，有只卖一真药，便家资巨万。或自身安荣享高寿，或子孙及第，改换门户，如影随形，无有差错。又曾眼见货卖假药者，其初积得些小家业，自谓得计，不知冥冥之中，自家合得禄料㊴都被减克。或自身多有横祸，或子孙非理破荡，致有遭天火、被雷震者。盖缘买药之人，多是疾病急切，将钱告求卖药之家，孝子顺孙只望一服见效，却被假药误赚，非惟无益，反致损伤。寻常误杀一飞禽走兽，犹有果报，况万物之中人命最重！无辜被祸，其痛何穷！"词多，更不尽载。舍人此言，岂止为假药者言之，有识之人，自宜触类㊵。

言貌重则有威

市井街巷，茶坊酒肆，皆小人杂处之地。吾辈或有经由，须当严重其辞貌㊶，则远轻侮之患。倘有讥议，亦不必听，或有狂醉之人，宜即回避，不必与之较可也。

衣服不可侈异㊷

衣服举止异众，不可游于市，必为小人所侮。

居乡曲务平淡

居于乡曲，舆马衣服不可鲜华。盖乡曲亲故，居贫者多，在我者揭然㊸异众，贫者羞涩，必不敢相近，我亦何安之有！此说不可与口尚乳臭者言。

妇女衣饰务洁净

妇女衣饰，惟务洁净，尤不可异众。且如十数人同处，而一人衣饰独异，众所指目，其行坐能自安否？

礼义制欲之大闲⁷⁴

饮食，人之所欲，而不可无也，非理求之，则为饕⁷⁵为馋。男女，人之所欲，而不可无也，非理狎之，则为奸为淫。财物，人之所欲，而不可无也，非理得之，则为盗为贼。人惟纵欲，则争端起而狱讼兴。圣王虑其如此，故制为礼⁷⁶，以节人之饮食、男女，制为义，以限人之取与⁷⁷。君子于是三者⁷⁸，虽知可欲而不敢轻形于言，况敢妄萌于心！小人反是。

见得思义则无过

圣人云："不见可欲，使心不乱。"此最省事之要术。盖人见美食而必咽，见美色而必凝视，见钱财而必起欲得之心，苟非有定力者，皆不免此。惟能杜其端源，见之不顾，则无妄想，无妄想则无过举矣！

人为情惑则忘返

子弟有耽于情欲，迷而忘返。至于破家而不悔者，盖始于试为之。由其中无所见，不能识破，遂至于不可回。

子弟当谨交游

世人有虑子弟血气未定，而酒色、博弈之事，得以昏乱其心，寻至于失德破家，则拘之于家，严其出入，绝其交游⁷⁹，致其无所见闻，朴野蠢鄙⁸⁰，不近人情。殊不知此非良策，禁防一弛，情窦顿开，如火燎原，不可扑灭。况拘之于家，无所用心，却密为不肖之事，与外出何异！不若时其出入，谨其交游，虽不肖之事习闻既熟，自能识破，必知愧而不为。纵试为之，亦不至于朴野蠢鄙，全为小人之所摇荡也。

家成于忧惧破于怠忽

起家之人，生财富庶，乃日夜忧惧，虑不免于饥寒。破家之子，生事日消，乃轩昂自恣㉝，谓"不复可虑"。所谓"吉人凶其吉，凶人吉其凶"㉜，此其效验，常见于已壮未老，已老未死之前。识者当自默喻㉝。

兴废有定理

起家之人见所作事无不如意，以为智术巧妙如此，不知其命分偶然，志气洋洋㉞，贪多图得。又自以为独能久远，不可破坏，岂不为造物者所窃笑！盖其破坏之人，或已生于其家，曰"子"，曰"孙"，朝夕环立㉟于侧者，皆他日为父、祖破坏生事之人，恨其父、祖目不及见耳！前辈有建第宅㊱，宴工匠于东庑㊲曰："此造宅之人。"宴子弟于西庑，曰："此卖宅之人。"后果如其言。近世士大夫有言："目所可见者，谩尔㊳经营；目所不见者，不须置之谋虑。"此有识君子，知非人力所及，其胸中宽泰与蔽迷㊴之人如何？

用度宜量入为出

起家之人，易于增进成立者，盖服、食、器、用及吉凶百费规模浅狭，尚循其旧故。日入之数多于日出，此所以常有余。富家之子，易于倾覆破荡者，盖服、食、器、用及吉凶百费规模广大，尚循其旧。又分其财产，立数门户，则费用增倍于前日。子弟有能省用，远谋损节㊵犹虑不及，况有不之悟者，何以支吾乎！古人谓"由俭入奢易，由奢入俭难"，盖谓此尔。大贵人之家，尤难于保成㊶。方其致位通显，虽在闲冷，其俸给亦厚，其馈遗亦多。其使令之人满前，皆州郡廪给㊷。其服、食、器、用虽极于华侈，而其费不出于家财。逮其身后，无前日之俸给、馈遗，使令之人，其日用百费，非出家财不可。况又析一家为数家，而用度仍旧，岂不至于破荡！此亦势使之然。为子弟者各宜量节。

起家守成宜为悠久计

人之居世，有不思父、祖起家艰难，思与之延其祭祀，又不思子孙无所凭藉，则无以脱于饥寒。多生男女，视如路人。耽于酒色，博弈游荡，破坏家产，以取一时之快，此皆家门不幸。如此，冒干刑宪㊸，彼亦不恤，岂教诲、劝谕、责骂之所能回！置之无可奈何而已。

节用有常理

人有财物，虑为人所窃，则必缄縢扃鐍[94]封识[95]之甚严。虑费用之无度而致耗散，则必算计较量，支用之甚节。然有甚严而有失者，盖百日之严，无一日之疏，则无失。百日严而一日不严，则一日之失与百日不严同也。有甚节而终至于匮乏者，盖百事节而无一事之费，则不至于匮乏。百事节而一事不节，则一事之费与百事不节同也。所谓百事者，自饮食、衣服、屋宅、园馆、舆马、仆御、器用、玩好，盖非一端。丰俭随其财力，则不为之费，不量财力而为之，或虽财力可办而过于侈靡，近于不急，皆妄费也。年少主家事者，宜深知之。

事贵预谋后则时失

中产之家，凡事不可不早虑。有男而为之营生，教之生业，皆早虑也。至于养女，亦当早为储蓄衣衾、妆奁之具，及至遣嫁，乃不费力。若置而不问，但称临时，此有何术？不过临时鬻田庐，及不恤女子之羞见人也。至于家有老人，而送终之具不为素办，亦称临时，亦无他术，亦是临时鬻田庐，及不恤后事之不如仪也。今人有生一女而种杉万根者，待女长，则鬻杉以为嫁资，此其女必不至失时也。有于少壮之年置寿衣、寿器、寿茔者，此其人必不至三日、五日无衣无棺可敛，三年、五年无地可葬也。

居官居家本一理

居官当如居家，必有顾藉[96]；居家当如居官，必有纲纪。

子弟当习儒业

士大夫之子弟，苟无世禄可守，无常产可依，而欲为仰事俯育[97]之计，莫如为儒。其才质之美，能习进士业者，上可以取科第致富贵，次可以开门教授，以受束脩之奉[98]。其不能习进士业者，上可以事笔札[99]，代笺简之役[100]，次可以习点读[101]，为童蒙之师。如不能为儒，则医卜、僧道、农圃、商贾、伎术，凡可以养生而不至于辱先者，皆可为也。子弟之流荡，至于为乞丐、盗窃，此最辱先之甚。然世之不能为儒者，乃不肯为医卜、僧道、农圃、商贾、伎术等事，而甘心为乞丐、盗窃者，深可诛[102]也。凡强颜于贵人之前，而求其所谓应副[103]，折腰于富人之前，而托名于假贷，游食于寺观，而人指为"穿云子"[104]，皆乞丐之流也。居官而掩蔽众目，盗财入己，居乡而欺凌愚弱，夺其所有，私贩官中所禁茶、盐、酒、酤[105]之属，皆窃盗之流也。世人有为之而自不愧者何哉！

荒怠淫逸之患

凡人生而无业，及有业而喜于安逸，不肯尽力者，家富则习为下流，家贫则必为乞丐。凡人生而饮酒无算，食肉无度，好淫滥，习博弈者，家富则致于破荡，家贫则必为盗窃。

周急贵乎当理

人有患难不能济，困苦无所诉，贫乏不自存，而其人朴讷[106]怀愧，不能言于人者，吾虽无余，亦当随力周助。此人纵不能报，亦必知恩。若其人本非窘乏，而以干谒[107]为业，挟持谀佞之术[108]，遍谒贵人富人之门，过州干州，过县干县，有所得则以为己能，无所得则以为怨仇。在今日则无感德之心，在他日则无报德之事。正可以不恤不顾待之，岂可割吾之不敢用，以资人之不当用！

不可轻受人恩

居乡及在旅[109]，不可轻受人之恩。方吾未达之时，受人之恩，常在吾怀[110]，每见其人，常怀[111]敬畏。而其人亦以有恩在我，常有德色。及我荣达之后，遍报则有所不及，不报则为亏义。故虽一饭一缣[112]，亦不可轻受。前辈见人仕宦而广求知己，戒之曰："受恩多则难以立朝。"宜详味此。

受人恩惠当记省

今人受人恩惠，多不记省，而有所惠于人，虽微物亦历历在心。古人言："施人勿念，受施勿忘。"诚为难事。

人情厚薄勿深较

人有居贫困时，不为乡人所顾，及其荣达，则视乡人如仇雠。殊不知乡人不厚于我，我以为憾，我不厚于乡人，乡人他日亦独不记耶！但于其平时薄我者，勿与之厚，亦不必致怨。若其平时不与吾相识，苟我可以济助之者，亦不可不为也。

报怨以直乃公心

圣人[113]言："以直报怨。"[114]最是中道[115]，可以通行。大抵以怨报怨，固不足道，而士大夫欲邀长厚之名者，或因宿仇纵奸邪而不治，皆矫饰不近人情。圣人之所谓"直"者，其人贤，不以仇而废之。其人不肖，不以仇而庇之。是非去取，各当其实。以此报怨，必不至递相酬复[116]，无已时也。

讼不可长

居乡，不得已而后与人争，又大不得已而后与人讼，彼稍服其不然则已之。不必费用财物，交结胥吏，求以快意，穷治其仇。至于争讼财产，本无理而强求得理，官吏贪谬，或可如志，宁不有愧于神明！仇者不伏，更相诉讼，所费财物，十数倍于其所直。况遇贤明有司[117]，安得以无理为有理耶！大抵人之所讼，互有短长，各言其长而掩其短，有司不明，则牵连不决，或决而不尽其情。胥吏得以受赇[118]而弄法，蔽者[119]之所以破家也。

暴吏害民必天诛

官有贪暴，吏有横刻，贤豪之人不忍乡曲众被其恶，故出力而讼之。然贪暴之官必有所恃，或以其有亲党在要路[120]，或以其为州郡所深喜，故常难动摇。横刻之吏，亦有所恃，或以其为见任官之所喜，或以其结州曹吏之有素[121]，故常无忌惮。及至人户有所诉，则官求势要之书以请托[122]，吏以官库之钱而行赂，毁去簿历[123]，改易案牍[124]。人户虽健讼，亦未便轻胜。兼论讼官吏之人，又只欲劫持官府，使之独畏己，初无为众除害之心。常见论讼州县官吏之人，恃为官吏所畏，拖延税赋不纳。人户有折变，己独不受折变。人户有科敷[125]，己独不伏科敷。睨[126]立庭下，抗对长官；端坐司房，骂辱胥辈；冒占官产，不肯输租；欺凌善弱，强欲断治；请托公事，必欲以曲为直，或与胥吏通同为奸，把持官员，使之听其所为，以残害乡民。如此之官吏，如此之奸民，假以岁月，纵免人祸，必自为天所诛也！

民俗淳顽当求其实

士大夫相见，往往多言某县民淳，某县民顽。及询其所以然，乃谓见任官赃污狼藉，乡民吞声饮气而不敢言，则为淳；乡民列其恶诉之州郡监司[127]，则为顽。此其得顽之名，岂不枉哉？今人多指奉化县[129]为顽，问之奉化人，则曰："所讼之官，皆有入己赃，何谓奉化为顽？"如黄岩[129]等处，人言皆然，此正圣人所谓："斯民也，三代之所以直道而行也。"[130]何顽之有！今具其所以为顽之目：应纳税赋而不纳，及应供科配而不供，则为顽；若官中因事广科，从而隐瞒，其民户不肯供纳，则不为顽。官吏断事，出于至公，又合法意，乃任私忿，求以翻异[131]，则为顽；官吏受财，断直为曲，事有冤抑，次第陈诉，则不为顽。官员清正，断事自己，豪横之民无所行赂，无所措谋，则与胥吏表里撰合[132]语言，妆点事务，妄兴论讼[133]，则为顽；若官员与吏为徒[134]，百般诡计，掩人耳目，受接贿赂，偷盗官钱，人户有能出力为众论诉，则不为顽。

官有科付[135]之弊

县、道有非理横科[136]及预借官物者，必相率而次第陈讼。盖两税自有常额，足以充上供州用县用；役钱亦有常额，足以供解发支雇[137]。县官正己以率下，则民间无隐负[138]不输，官中无侵盗妄用，未敢以为有余，亦何不足之有！惟作县之人不自检己[139]，吃者、着者、日用者，般挈[140]往来，送遗给托，置造器用，储蓄囊箧，及其他百色[141]之需，取给于手分、乡司[142]。为手分、乡司者，岂有将己财奉县官，不过就簿历之中，恣为欺弊，或揽人户税物而不纳，或将到库之钱而他用，或伪作过军、过客券，旁及修葺廨舍[143]，而公求支破，或阳为解发而中途截拨，其弊百端，不可悉举。县官既素受其污唤[144]，往往知而不问，况又有懵然不晓财赋之利病。及晓之者，又与之通同作弊。一年之间，虽至小邑[145]，亏失数千缗[146]，殆不觉也。于是有横科预借之患，及有拖欠州郡之数。及将任满，请托关节[147]以求脱去，而州郡遂将积欠勒令后政补偿。夫前政以一年财赋不足一年支解，为后政者岂能以一年财赋补足数年财赋！故于前政预借钱物多不认理，或别设巧计，阴夺[148]民财，以求补足旧欠，其祸可胜言哉！

大凡居官莅事，不可不仔细，猾吏奸民尤当深察。若轻信吏人，则彼受乡民遗赂，百端撰造，以曲为直，从而断决，岂不枉哉！间有子弟为官懵然不晓事理者，又有与吏同贪，虽知是否而妄决者，乡民冤抑莫伸。仕官多无后者，以此盍亦思上之所以责任我者何意？而下之所以赴愬[149]于我者，正望我以伸其冤抑，我其可以不公其心哉！凡为官吏当以公心为主，非特在己无愧，而子孙亦职[150]有利矣！

【注释】

① 窭（jù）：贫穷，穷寒。《尔雅》："窭，贫也。"
② 取尤：招致怨恨。《太平广记》："盖天子无戏言，言之苟失，则取尤天下。"尤，怨恨，过错，过失。
③ 操履：品行，操行。《抱朴子·博喻》："洁操履之拘苦者，所以全拔萃之业。"
④ 困厄（è）：境遇艰难窘迫，困苦危难。《九思·悼乱》："仲尼兮困厄，邹衍兮幽囚。"
⑤ 致诘：责问，推究。《后汉书·袁安传论》："虽有不类，未可致诘。"
⑥ 甲：开头。
⑦ 比论：比较衡量。
⑧ 奏补：古代对因故而取消的荫封，上奏皇帝予以补封。又称补荫、奏荫、恩荫、资荫、任子等。
⑨ 龃龉（jǔ yǔ）：本指牙齿不齐不顺。比喻仕途不顺达。《新唐书·王求礼传》："然以刚正故，宦龃龉。"
⑩ 蔽惑：蒙蔽迷惑。《汉书·五行志》："上不明，暗昧蔽惑，则不能知善恶。"
⑪ 机关：计谋，心机，权术。
⑫ 夷：平，一安，平坦。《老子》："大道甚夷而人好径。"
⑬ 萌于意间：从心中萌发而生。
⑭ 直情径行：任着自己的性情径直而去做。《礼记·檀弓》："有直情而径行者，戎狄之道也。"
⑮ 书：指《尚书》，也称《书经》。儒家经典之一。九德：《尚书·皋陶谟》载九德："宽而栗，柔而立，愿而恭，乱而敬，扰而毅，直而温，简而廉，刚而塞，强而义。"
⑯ 佩韦：韦，熟皮，其性柔软。性情急躁之人佩在身上，用以自戒。《韩非子·观行》："西门豹之性急，故佩韦以自缓。"
⑰ 佩弦：弦，弓弦，其性绷紧。性情迟缓之人佩在身上，用以自戒。《韩非子·观行》："董安之性缓，故佩弦以自急。"
⑱ 愧汗浃（jiā）背：因惭愧而汗流浃背。
⑲ 若甚相厚：好像对待别人很厚道。若，像。相，一方对另一方。厚，亲近。
⑳ 思绎：思索寻求。
㉑ 矫饰：造作夸饰、掩盖真相。《新唐书·杨炎传》："初，炎矫饰志节，颇得名。"假伪：虚假、虚伪。《三国志·魏志》："以此知张鹭假伪之辞，而不觉其虚之自露也。"
㉒ 谀佞（nìng）：谄媚奉承。《宋史隐逸传下·徐中行》："秦桧当国，科场尚谀佞，试题问中兴歌颂。"
㉓ 归重：犹推重，也指借重。宋代叶适文："始公以盛名，天下归重。"

㉔ 此句出自《诗经·大雅·荡之什》，意为神的降临是不可预知的，怎么可以厌恶呢！格：来到。度：测度。矧(shěn)：况且。射，厌恶。思：语助词，无意义。
㉕ 释者：释，佛祖释迦牟尼的代称，释者指佛教徒。
㉖ 贻(yí)：给予，赠给。《诗经·北风·静女》："贻我彤管。"
㉗ 几：苗头，预兆，先兆。唐代苏涣《变律》："徒有疾恶心，奈何不知几？"
㉘ 行年：经历的岁月。指当时年龄。杜甫诗《狂歌行赠四兄》："与兄行年校一岁，贤者是兄愚者弟。"
㉙ 殄(tiǎn)灭：消灭，灭绝。《汉书·王莽传》："今即墨士大夫复同心殄灭反虏。"
㉚ 福祚(zuò)：幸福，福禄，福分。《左传·昭公十五年》："福祚之不登，叔父焉在？"
㉛ 遗泽：留下的德泽。《宋书·孝武帝纪》："阐扬遗泽，无废厥心。"
㉜ 易以习熟：久而成了习惯。易，蔓延。以，而。习熟，习惯。意同"习以为常"。
㉝ 睚眦(yá zì)之怨：指极小的怨恨。《史记·范雎蔡泽列传》："一饭之德必偿，睚眦之怨必报。"
㉞ 交詈(lì)：互相责骂。詈，骂。
㉟ 客气：宋代儒者以心为"本体"，以发自感情的生理之性为"客气"。此指外界因素的干扰。
㊱ 绳检：法度，规矩。宋代苏轼《谢王内翰启》："奇文高论，大或出于绳检。"
㊲ 契爱：友好，相爱。宋代苏轼《答曾子宣书》："自公之西，有识日望诏还，岂独契爱之末！"
㊳ 此句出自《老子》第二十七章。意为恶人是好人的反面教材。
㊴ 长(zhǎng)雄：指为首、称雄的强者。韩愈文："与刺史亢拒，争为长雄。"
㊵ 稔(rěn)恶：罪恶深重，丑恶。《旧唐书·宪宗纪上》："而承宗象恭怀奸，肖貌稔恶，欺装武于得位之后。"
㊶ 谄(náo)说：形容争辩的声音。
㊷ 立朝：指在朝为官。宋代曾巩《乞出知颍州状》："伏念臣性行迂拙，立朝无所阿附。"
㊸ 操履：操守，操行，品行。《抱朴子·博喻》："洁操履之拘苦者，所以全拔萃之业。"
㊹ 苟惟不然：如果不能这样，若不如此。
㊺ 编氓(méng)：编入户籍的平民。编，指编户籍。氓，老百姓。唐代武元衡诗："休说编氓朴无耻，至竟终须合天理。"
㊻ 曹：辈，类。杜甫《戏为六绝句·其二》："尔曹身与名俱灭，不废江河万古流。"
㊼ 谀巽(xùn)：恭维奉承话。谀，奉承，谄媚。巽，古通"逊"，谦让恭顺。
㊽ 奸黠：奸诈而狡猾。南朝萧子良《密启武帝》："令史奸黠，鲜不容情。"
㊾ 崖异：高傲，不随俗。《庄子》："行不崖异每自笑，一接俗人三被诼。"
㊿ 樽酒：李白作乐府诗《前有樽酒行二首》。樽，酒杯。樽酒，此指饮酒。

㉕ 不能谁何：无可奈何。
㉖ 逊：退让，退避。《尚书·尧典序》："将逊于位。"
㉗ 逮：等到。《礼记·曲礼》："逮事父母。"
㉘ 穷治：彻底查办。《新唐书·薛万均传》："会有诉万均与高昌女子乱，太宗欲穷治。"
㉙ 此句出自《老子》。意为法律如大网，虽稀疏却无漏失。比喻作恶之人终究逃不出法律的惩罚。
㉚ 隶：皂隶，衙役。司马迁《报任安书》："视徒隶则心惕息。"
㉛ 狠愎（bì）暴恣：刚愎自用，暴戾恣肆。
㉜ 见（xiàn）：同"现"。
㉝ 寄居官：原为朝廷官员，现暂居家中的官员，又名"私居官"。寄，暂时。
㉞ 不韪（wěi）：不对，过错。《左传·隐公十一年》："犯五不韪以伐人，其丧师也。"韪，对或是。
㉟ 有不恤：又不怜悯。《尚书·汤誓》："我后不恤我众。"有，又。
㊱ 不售：不能实现。《西京赋》："挟邪作蛊，于是不售。"
㊲ 悉数：一一列举细说，完全列举。宋代王安石《上仁宗皇帝言事书》："固其害之少者，不足悉数也。"
㊳ 忿懥（zhì）：愤怒，发怒。《礼记·大学》："身有所忿懥，则不得其正。"
㊴ 张安国：张孝祥，字安国，号于湖居士。南宋文学家，绍兴进士第二，官至集英殿修撰。舍人：对显贵家庭子弟的尊称，因张安国父亲做高官，故以这样称呼。
㊵ 陶隐居：陶弘景。字通明，号华阳隐居，江苏丹阳人。南朝齐梁道教思想家、医学家。在齐官至左卫殿中将军。入梁，隐居在勾曲山（茅山）。撰写《本草经集注》七卷。另著有《真诰》《真灵位业图》《陶氏效验方》《补阙肘后百一方》《药总诀》等。
㊶ 孙真人：孙思邈，今陕西铜川耀州人。唐医学家。对医学有较深研究，撰《千金要方》《千金翼方》二书。人称"真人"。《本草》：《本草经集注》的简称。《千金方》：《千金要方》和《千金翼方》的简称。
㊷ 获福报：佛教语。得到好报应。
㊸ 禄料：唐宋间官吏除俸禄外另加的津贴。
㊹ 触类：触类旁通，意思为接触了解某一事物的属性，可以此类推而了解同类其他事物的属性。
㊺ 辞貌：言语和姿态。《后汉书·马融传》："为人美辞貌，有俊才。"
㊻ 侈异：过分奇异，与众不同。此指奇装异服。
㊼ 揭然：显露、暴露的样子。
㊽ 大闲：基本的行为准则。《论语·子张》："大德不逾闲。"《新唐书·卓行传赞》："节谊为天下大闲。"

⑦ 饕（tāo）：贪吃。《说文解字》："饕，贪也。"
⑦ 制为礼：制订礼节的章程。礼，社会行为规范。
⑦ 制为义：制订合乎社会时宜的道德规范。义，道德行为合乎时宜标准。取与：收受和给予。
⑦ 三者：指上文中的"饮食""男女"和"财物"。
⑦ 交游：交际，结交朋友。《管子·权修》："观其交游，则其贤不肖可察也。"
⑧ 朴野蠢鄙：粗野愚蠢鄙陋。
⑧ 轩昂自恣：自高自大无拘无束。轩昂，高大的样子；自恣，自己放纵自己。
⑧ 此句出自汉扬雄《法言·问明》，意为吉祥之人，会想到不吉之事而加防范，逢凶化吉。凶险之人，总会想到吉利之事，到时出现险情，则致惊慌失措。
⑧ 默喻：暗中知晓。默，不语；喻，明白。
⑧ 洋洋：盛大，自得，洋洋得意。宋代范仲淹《岳阳楼记》："登斯楼也，则有心旷神怡，宠辱偕忘，把酒临风，其喜洋洋者矣。"
⑧ 环立：立于四周。宋代洪迈《夷坚甲志·曹氏入冥》："侍儿持雉扇，环立甚众。"
⑧ 第宅：即"宅第"。住宅。杜甫《秋兴》："王侯第宅皆新主，文武衣冠异昔时。"
⑧ 东庑（wú）：正房东面的廊屋。古代以东为上首，位尊。庑，泛指房屋。
⑧ 谩尔：随意。谩，同"漫"，不切实，散漫。尔，形容词尾。
⑧ 蔽迷：受蒙蔽而迷惑。
⑨ 远谋损节：从长计议谋求减少支出。损，减少。
⑨ 保成：保住已成家业。
⑨ 廪给：俸禄，工资，唐代权德舆诗《拜昭陵过咸阳墅》："自惭廪给厚，谅使并税先。"
⑨ 冒干刑宪：触犯刑法，唐代杜牧文《张直方贬恩州司户制》："抵冒刑宪，纵恣胸臆。"冒干，触犯，冒犯。
⑨ 缄縢扃镄（jiān téng jiōng jué）：将紧锁的箱柜再用绳索捆绑，以防盗贼。缄，绳；縢，捆；扃，闩；镄，锁。
⑨ 封识（zhì）：封缄并加标记。唐代柳宗元文《段太尉逸事状》："泚取视，其故封识具存。"
⑨ 顾藉：顾念，顾惜。唐代韩愈文："不啻如弃涕唾，无一分顾藉心。"
⑨ 仰事俯育：对上侍奉父母，对下养育妻儿。亦泛指维持全家生活。宋代陆游诗《戊申严州劝农文》："春耕夏耘，仰事俯育。"
⑨ 束脩之奉：学生送给老师的酬金，即今之学费。束脩，学生送给老师的学费。奉，薪俸，酬金。
⑨ 事笔札：从事写作或文牍工作。
⑩ 代笺简之役：代替别人写信。笺和简都是书信。役，服役，劳役。
⑩ 点读（dòu）：又称句读，俗称断句。古言文无标点符号，朗读时要做逗号，示作行

气、停顿、休止。
⑩² 深可诛：重重地批判。
⑩³ 应副：照顾，照应。
⑩⁴ 穿云子：专往各种庙宇讨饭吃的人。
⑩⁵ 酤（gū）：一夜酿成的酒。《说文解字》："酤，一宿酒也。"
⑩⁶ 朴讷（nè）：质朴而不善言辞。《三国志·魏志·崔琰传》："（崔琰）少朴讷，好击剑，尚武事。"讷，说话迟钝。
⑩⁷ 干谒：对人有所求而请见。《北史·郦道元传》："好荣利干谒，乞丐不已。"
⑩⁸ 挟持谀佞之术：倚仗花言巧语、阿谀奉承的手段。挟持，掌握。谀，花言巧语。佞，阿谀奉承。
⑩⁹ 在旅：寄居在外。
⑩ 怀：心中。
⑪ 怀：心里存有。
⑫ 缣（jiān）：丝织品，绢。
⑬ 圣人：这里指孔子。
⑭ 此句出自《论语·宪问》。意为当以正直之道对待仇怨。
⑮ 中道：不偏不倚，中正的道理。《孟子·尽心下》："孔子岂不欲中道哉？"
⑯ 递相酬复：轮流更替地互相报复下去。
⑰ 贤明有司：德才兼备的长官。古代设官分职，各有专司，故称有司。
⑱ 赇（qiú）：贿赂。《说文解字》："赇，以财物枉法相谢也。"
⑲ 蔽者：不明（这个）道理的人。
⑳ 要路：显要的地位。《新唐书·崔湜传》："丈夫当先据要路以制人，岂能默默制于人哉！"
㉑ 有素：故交，久已熟悉。唐《剑侠传》："尔何人？与诸郎阿谁有素？"
㉒ 势要之书：有权势居要职之人的书信。请托：靠私人关系嘱托。
㉓ 簿历：履历和考绩记录，即档案。《新唐书·选举志下》："考校之法，皆在书判簿历、言辞俯仰之间。"
㉔ 案牍：公事文书，官府的文书、公文。唐代刘禹锡《陋室铭》："无丝竹之乱耳，无案牍之劳形。"
㉕ 科敷：犹科派。《宋史·食货志二上》："愿重科敷之罪，严贪墨之刑。"
㉖ 睨（nì）：斜着眼看。《左传·哀公十三年》："余与褐之父睨之。"
㉗ 监司：负责监察官吏的官。
㉘ 奉化县：今浙江省宁波市奉化区。
㉙ 黄岩：今浙江黄岩。
㉚ 此句出自《论语·卫灵公》。斯民：老百姓。三代：指夏、商、周三代。直道而行：

按照正直之道去做。比喻办事公正。

⑬ 翻异：翻案。

⑬ 表里：内外。撰合：编造串通。

⑬ 妄兴论讼：胡乱挑动打官司。

⑬ 徒：一伙，一类。《左传·襄公三十年》："岂为我徒。"

⑬ 科付：付，通"敷"。见前注 p303⑫。

⑬ 横科：滥征捐税。

⑬ 解发支雇：上缴、发送、供给支付、雇佣等开支。

⑬ 隐负：隐瞒，拖欠。

⑬ 不自检己：不能自己约束自己。

⑭ 般挈（qiè）：般，同"搬"；挈，提。

⑭ 百色：百样，百种。

⑭ 手分：宋时州县雇募的一种差役。乡司：旧时一乡中管理杂事的人，略同于社长、里正。

⑭ 廨（xiè）舍：旧时官吏办公处。

⑭ 污啖（dàn）：指赃钱赃物的引诱。

⑭ 邑：县。

⑭ 缗（mín）：量词。古代一千文钱为一缗。

⑭ 请托关节：走门路并贿赂权势者。

⑭ 阴夺：暗中夺取。

⑭ 赴愬：奔走求告。《孟子·梁惠王上》："天下之欲疾其君者，皆欲赴愬于王。"

⑮ 职：当，尚。

卷之下
治家
宅舍关防贵周密

人之居家，须令垣墙高厚，藩篱周密，窗壁门关坚牢。随损随修，如有水窦①之类，亦须常设格子②，务令新固，不可轻忽。虽窃盗之巧者，穴墙剪篱，穿壁决关，俄顷③可辨，比之颓墙败篱、腐壁敝门以启盗者有间矣。且免奴婢奔窜及不肖子弟夜出之患。如外有窃盗，内有奔窜及子弟生事，纵官司为之受理，岂不重费财力！

山居须置庄佃

居止或在山谷村野僻静之地,须于周围要害去处置立庄屋,招诱丁多之人居之。或有火烛、窃盗,可以即相救应。

夜间防盗宜警急

凡夜犬吠,盗未必至,亦是盗来探试,不可以为他而不警。夜间遇物有声,亦不可以为鼠而不警。

防盗宜巡逻

屋之周围须令有路,可以往来,夜间遣人十数遍巡之。善虑事者,居于城郭,无甚隙地,亦为夹墙④,使逻者往来其间。若屋之内,则子弟及奴婢更迭⑤巡警。

夜间逐盗宜详审

夜间觉有盗,便须直言"有盗",徐起逐之,盗必且窜。不可乘暗击之,恐盗之急,以刃伤我,及误击自家之人。若持烛见盗击之,犹庶几⑥。若获盗而已受拘执,自当准法,无过殴伤。

富家少蓄金帛免招盗

多蓄之家,盗所觊觎,而其人又多置什物,喜于矜耀⑦,尤盗之所垂涎也。富厚之家,若多储钱谷,少置什物,少蓄金宝丝帛,纵被盗亦不多失。前辈有戒其家:"自冬夏衣之外,藏帛以备不虞⑧,不过百匹。"此亦高人之见,岂可与世俗言!

防盗宜多端

劫盗有中夜炬火露刃,排门而入人家者,此尤不可不防。须于诸处往来路口委⑨人为耳目⑩,或有异常,则可以先知。仍预置便门,遇有警急,老幼妇女且从便门走避。又须子弟及仆者平时常备器械,为御敌之计。可敌则敌,不可敌则避,切不可令盗得我之人,执以为质⑪,则邻保及捕盗之人不敢前。

刻剥招盗之由

劫盗虽小人之雄，亦自有识见。如富家平时不刻剥⑫，又能乐施，又能种种方便，当兵火扰攘之际犹得保全，至不忍焚毁其屋。凡盗所快意于焚掠污辱者，多是积恶之人。富家各宜自省。

失物不可猜疑

家居或有失物，不可不急寻。急寻，则人或投之僻处，可以复收，则无事矣。不急，则转而出外，愈不可见。又不可妄猜疑人，猜疑之当，则人或自疑，恐生他虞；猜疑不当，则正窃者反自得意。况疑心一生，则所疑之人揣⑬其行坐、辞色皆若窃物，而实未尝有所窃也。或已形于言，或妄有所执治，而所失之物偶见，或正窃者方获，则悔将何及！

睦邻里以防不虞

居宅不可无邻家，虑有火烛，无人救应。宅之四围如无溪流，当为池井⑭，虑有火烛，无水救应。又须平时抚恤邻里，有恩义。有士大夫，平时多以官势残虐邻里，一日为仇人刃其家，火其屋宅，邻里更相戒曰："若救火，火熄之后，非惟无功，彼更讼我以为盗取他家财物，则狱讼未知了期！若不救火，不过杖一百而已。"邻里甘受杖而坐视其大厦为煨烬⑮，生生之具⑯无遗。此其平时暴虐之效也。

火起多从厨灶

火之所起，多从厨灶。盖厨屋多时不扫，则埃墨⑰易得引火。或灶中有留火，而灶前有积薪接连，亦引火之端也。夜间最当巡视。

焙物宿火宜儆戒

烘焙⑱物色过夜，多致遗火。人家房户，多有覆盖宿火⑲而以衣笼⑳罩其上，皆能致火，须常戒约。

田家致火之由

蚕家屋宇低隘，于炙簇㉑之际，不可不防火。农家储积粪壤，多为茅屋。或投死灰于其间，须防内有余烬未灭，能致火烛。

致火不一类

茅屋须常防火，大风须常防火，积油物、积石灰须常防火。此类甚多，切须询究。

儿不可带金宝

富人有爱其小儿者，以金银宝珠之属饰其身。小人有贪者，于僻静处坏其性命而取其物。虽闻于官而置于法[22]，何益？

小儿不可独游街市

市邑小儿，非有壮夫携负，不可令游街巷，虑有诱略之人也。

小儿不可临深

人之家居，井必有干，池必有栏。深溪急流之处，峭险高危之地，机关[23]触动之物，必有禁防，不可令小儿狎[24]而临之。脱有疏虞，归怨于人何及！

亲宾不宜多强酒

亲宾相访，不可多虐以酒，或被酒夜卧，须令人照管。往时括苍有困客[25]以酒，且虑其不告而去，于是卧于空舍而钥其门。酒渴索浆不得，则取花瓶水饮之，次日启关而客死矣。其家讼于官。郡守江怀忠究其一时舍中所有之物，云"有花瓶，浸旱莲花"。试以旱莲花浸瓶中，取罪当死者试之，验，乃释之。又有置水于案而不掩覆，屋有伏蛇遗毒于水，客饮而死者。凡事不可不谨如此。

婢仆奸盗宜深防

清晨早起，昏晚早睡，可以杜绝仆婢奸盗等事。

严内外之限

司马温公《居家杂仪》[26]："令仆子非有警急修葺，不得入中门，妇女姆妾无故不得出中门，只令铃下[27]小童通传内外。"治家之法，此过半矣！

婢妾常宜防闭

婢妾与主翁[28]亲近，或多挟此私通，仆辈有子则以主翁藉口。畜愚贱之裔[29]，至破家者多矣！凡婢妾不可不谨其始，亦不可不防其终。

侍婢不可不谨出入

人有婢妾，不禁出入，至与外人私通有妊，不正其罪而遽逐[30]去者，往往有于主翁身故之后，自言是主翁遗腹子，以求归宗，旋至兴讼。世俗所宜警此，免累后人。

婢妾不可供给

人有以正室妒忌，而于别宅置婢妾者，有供给娼女而绝其与人往来者。其关防非不密，监守非不谨，然所委监守之人得其犒遗[31]，反与外人为耳目，以通往来，而主翁不知，至养其所生子为嗣[32]者。又有妇人临蓐[33]，主翁不在，则弃其所生之女，而取他人之子为己子者。主翁从而收养，不知非其己子，庸俗愚暗大抵类此。

暮年不宜置宠妾

妇人多妒，有正室者少蓄婢妾，蓄婢妾者多无正室。夫蓄婢妾者，内有子弟，外有仆隶，皆当关防。制以主母[34]犹有他事，况无所统辖！以一人之耳目临之，岂难欺蔽哉！暮年尤非所宜，使有意外之事，当如之何？

婢妾不可不谨防

夫蓄婢妾之家，有僻室而人所不到，有便门而可以通外，或溷厕与厨灶相近而使膳夫掌庖，或夜饮在于内室而使仆子供役，其弊有不可防者。盖此曹[35]深谋而主不之猜[36]，此曹迭为耳目，而主又何由知觉！

美妾不可蓄

夫置婢妾，教之歌舞，或使侑樽[37]以为宾客之欢，切不可蓄姿貌黠慧[38]过人者，虑有恶客起觊觎之心。彼见美丽，必欲得之。逐兽则不见泰山，苟势可以临我，则无不至。绿珠之事[39]在古可鉴，近世亦多有之，不欲指言其名。

赌博非闺门所宜有

士大夫之家，有夜间男女群聚呼卢⑩至于达旦，岂无托故而起者！试静思之。

仆厮当取勤朴

人家有仆，当取其朴直、谨愿、勤于任事，不必责其应对进退㊶之快人意。人之子弟不知温饱所自来者，不求自己德业之出众，而独欲仆者峭黠㊷之出众。费财以养无用之人，固未甚害，生事为非，皆此辈导之也。

轻诈之仆不可蓄

仆者而有市井浮浪子弟之态，异巾美服，言语矫诈㊸，不可蓄也。蓄仆之久而骤然如此，闺阃㊹之事，必有可疑。

待奴仆当宽恕

奴仆小人，就役于人者，天资多愚，作事乖舛㊺背违，不曾有便当省力之处。如顿放什物，必以斜为正。如裁截物色，必以长为短。若此之类，殆非一端。又性多忘，嘱之以事，全不记忆。又性多执，所见不是，自以为是。又性多很㊻，轻于应对，不识分守。所以雇主于使令之际，常多叱咄。其为不改，其言愈辩，雇主愈不能平。于是箠楚㊼加之，或失手而至于死亡者有矣。凡为家长者，于使令之际有不如意，当云："小人天资之愚如此，宜宽以处之。"多其教诲，省其嗔怒可也。如此，则仆者可以免罪，主者胸中亦大安乐，省事多矣。至于婢妾，其愚尤甚。妇人既多褊急、狠愎㊽、暴忍、残刻㊾，又不知古今道理，其所以责备婢妾者又非丈夫之比。为家长者宜于平昔常以待奴仆之理谕之㊿，其间必自有晓然者。

奴仆不可深委任

人之居家，凡有作为及安顿什物，以至田园、仓库、厨、厕等事，皆自为之区处㉛，然后三令五申以责付奴仆，犹惧其遗忘，不如吾志。今有人一切不为之区处，凡事无大小听奴仆自为谋，不合己意，则怒骂，鞭挞继之。彼愚人，止能出力以奉吾令而已，岂能善谋，一一暗合吾意。若不知此，自见多事。且如工匠执役，必使一不执役者为之区处，谓之"都料匠"㊼。盖人凡有执为，则不暇他见，须令一不执为者，旁观而为之区处，则不烦扰而功增倍矣。

顽很婢仆宜善遣

婢仆有顽狠全不中使令者，宜善遣之，不可留，留则生事。主或过于殴伤，此辈或挟怨为恶[53]，有不容言者。婢仆有奸盗及逃亡者，宜送之于官，依法治之，不可私自鞭挞，亦恐有意外之事。或逃亡非其本情，或所窃止于饮食微物，宜念其平日有劳，只略惩之，仍前留备使令可也。

婢仆不可自鞭挞

婢仆有小过，不可亲自鞭挞，盖一时怒气所激，鞭挞之数必不记，徒且费力，婢仆未必知畏。惟徐徐责问，令他人执而挞之，视其过之轻重而定其数。虽不过怒，自然有威，婢仆亦自然畏惮矣。寿昌[54]胡氏，彦特之家[55]，子弟不得自打仆隶，妇女不得自打婢妾。有过则告之家长，家长为之行遣。子弟擅打婢妾则挞子弟，此贤者之家法也。

教治婢仆有时

婢仆有过，既以鞭挞，而呼唤使令，辞色如常，则无他事。盖小人受杖，方内怀怨，而主人怒不之释，恐有轻生而自残[56]者。

婢仆横逆宜详审

婢仆有无故而自经者，若其身温可救，不可解其缚[57]，须急抱其身，令稍高，则所缢处必稍宽，仍更令一人以指于其缢处渐渐宽之，觉其气渐往来，乃可解下，仍急令人吸其鼻中，使气相接，乃可以苏。或不晓此理，而先解其系处，其身力重，其缢处愈急，只一嘘气便不可救，此不可不预知也。如身已冷，不可救，或救而不苏，当留本处，不可移动。叫集邻保[58]，以事闻官[59]。仍令得力之人日夜同与守视，恐有犬鼠之属残其尸也。自刃不殊[60]，宜以物掩其伤处，或已绝，亦当如前说。人家有井，于甃处[61]宜为缺级[62]，令可以上下。或有坠井、投井者，可以令人救应，或不及，亦当如前说。溺水、投水，而水深不可援者，宜以竹篙及木板能浮之物投与之。溺者有所执，则身浮可以救应，或不及，亦当如前说。夜睡魇死[63]及卒死者，亦不可移动，并当如前说。

婢仆疾病当防备

婢仆无亲属而病者，当令出外就邻家医治，仍经邻保录其词说，却以闻官。或有死亡，则无他虑。

婢仆当令饱暖

婢仆欲其出力办事，其所以御饥寒之具，为家长者不可不留意，衣须令其温，食须令其饱。士大夫有云："蓄婢不厌多，教之纺绩，则足以衣其身；蓄仆不厌多，教之耕种，则足以饱其腹。"大抵小民有力，足以办衣食。而力无所施，则不能以自活，故求就役于人。为富家者能推恻隐之心，蓄养婢仆，乃以其力还养其身，其德至大矣！而此辈既得温饱，虽苦役之，彼亦甘心焉。

凡物各宜得所

婢仆宿卧去处，皆为检点，令冬时无风寒之患。以至牛、马、猪、羊、猫、狗、鸡、鸭之属遇冬寒时，各为区处牢圈栖息之处。此皆仁人之用心，见物我为一理也。

人物之性皆贪生

飞禽走兽之与人，形性虽殊，而喜聚恶散，贪生畏死，其情则与人同。故离群则向人悲鸣，临庖则向人哀号。为人者，既忍而不之顾，反怒其鸣号者有矣。胡⑭不反己以思之！物之有望于人，犹人之有望于天也。物之鸣号有诉于人，而人不之恤，则人之处患难、死亡、困苦之际，乃欲仰首叫号，求天之恤耶！人抵人居病患，不能支持之时，及处囹圄⑮不能脱去之时，未尝不反复究省平日所为：某者为恶，某者为不是。其所以改悔自新者，指天誓日可表。至病患平宁及脱去罪戾，则不复记省。造罪作恶无异往日。余前所言，若言于经历患难之人，必以为然，犹恐痛定之后，不复记省。彼不知患难者，安知不以吾言为迂⑯！

求乳母令食失恩

有子而不自乳，使他人乳之，前辈已言其非矣！况其间求乳母于未产之前者，使不举己子而乳我子。有子方婴孩，使舍之而乳我子，其己子呱呱而泣，至于饿死者。有因仕宦他处，逼勒牙家⑰诱赚良人之妻，使舍其夫与子而乳我子，因挟以归乡，使其一家离散，生前不复相见者。士夫递相庇护，国家法令有不能禁，彼独不畏于天哉！

雇女使年满当送还

以人之妻为婢，年满而送还其夫。以人之女为婢，年满而送还其父母。以他乡之人为婢，年满而送归其乡。此风俗最近厚⑱者，浙东⑲士大夫多行之。有不还其夫而擅嫁他人，有不还其父母而擅与嫁人，皆兴讼之端。况有不恤其离亲戚、去乡土、役之终身，无夫无子，死为无依之鬼，岂不甚可怜哉！

婢仆得土人最善

蓄奴婢惟本土人最善。盖或有患病，则可责其亲属为之扶持。或有非理自残，既有亲属明其事因，公私又有质证⑳。或有婢妾无夫、子、兄、弟可依，仆隶无家可归，念其有劳不可不养者，当令预经邻保，自言并陈于官。或预与之择其配，婢使之嫁，仆使之娶，皆可绝他日意外之患也。

雇婢仆要牙保分明

雇婢仆须要牙保㉑分明。牙保，又不可令我家人为之也。

买婢妾当询来历

买婢妾既已成契，不可不细询其所自来。恐有良人子女，为人所诱略。果然，则即告之官，不可以婢妾还与引来之人，虑残其性命也。

买婢妾当审可否

买婢妾须问其应典卖㉒不应典卖。如不应典卖则不可成契。或果穷乏无所倚依，须令经官自陈，下保审会㉓，方可成契。或其不能自陈，令引来之人于契中称说："少与雇钱，待其有亲人识认，即以与之也。"

狡狯子弟不可用

族人、邻里、亲戚有狡狯㉔子弟，能恃强凌人，损彼益此，富家多用之以为爪牙，且得目前快意。此曹内既奸巧，外常柔顺，子弟责骂狎玩㉕，常能容忍,为子弟者亦爱之。他日家长既殁之后,诱子弟为非者,皆此等人也。大抵为家长者,必自老练,又其智略能驾驭此曹,故得其力。至于子弟,须贤明如其父兄,则可无虑。中材之人,鲜不为其鼓惑,以致败家。唐史有言:"妖禽孽狐当昼则伏息自如[76],得夜乃伴狂自恣[77]。"正谓此曹。若平昔延接淳厚刚正之人,虽言语多拂人意,而子弟与之久处,则有身后之益。所谓"快意之事常有损,拂意之事常有益。"凡事皆然,宜广思之。

淳谨干人可付托

干人[78]有管库者,须常谨其簿书,审其见存。干人有管谷米者,须严其簿书,谨其管钥,兼择谨畏之人,使之看守。干人有贷财本兴贩者,须择其淳厚,爱惜家累[79],方可付托。盖中产之家,日费之计犹难支吾,况受佣于人,其饥寒之计,岂能周足!中人之性,目见可欲,其心必乱,况下愚之人,见酒食声色之美,安得不动其心!向来财不满其意而充其欲,故内则与骨肉同饥寒,外则见所见如不见。今其财物盈溢于目前,若日日严谨,此心姑寝[80]。主者事势稍宽,则亦何惮而不为!其始也,移用甚微,其心以为可偿,犹未经虑。久而主不知觉,则日增焉,月盈焉。积而至于一岁,移用已多,其心虽惴惴[81]无可奈何,则求以掩覆。至二年三年,侵欺已大彰露,不可掩覆。主人欲峻治[82]之,已近噬脐[83]。故凡委托干人,所宜警此。

存恤佃客

国家以农为重,盖以衣食之源在此。然人家耕种出于佃人之力,可不以佃人为重!遇其有生育、婚嫁、营造、死亡,当厚周之。耕耘之际,有所假贷,少收其息。水旱之年,察其所亏,早为除减。不可有非理之需,不可有非时之役[84],不可令子弟及干人私有所扰,不可因其仇者告语增其岁入之租,不可强其称贷,使厚供息,不可见其自有田园,辄起贪图之意。视之爱之,不啻如骨肉,则我衣食之源,悉藉其力,俯仰可以无愧怍[85]矣!

佃仆不宜私假借

佃仆妇女等,有于人家妇女、小儿处称"莫令家长知",而欲重息以生[86]借钱、谷,及欲借质物以济急者,皆是有心脱漏,必无还意。而妇女、小儿不令家长知,则不敢取索,终为所负。为家长者,宜常以此喻其家知也。

外人不宜入宅舍

尼姑、道婆、媒婆、牙婆⑧及妇人以买卖、针灸为名者,皆不可令入人家。凡脱漏妇女财物及引诱妇女为不美之事,皆此曹也。

溉田陂塘宜修治

池溏、陂湖⑧⑧、河埭⑧⑨,蓄水以溉田者,须于每年冬月水涸之际,浚之使深,筑之使固。遇天时亢旱,虽不至于大稔⑨⑩,亦不至于全损。今人往往于亢旱之际,常思修治,至收刈⑨①之后,则忘之矣。谚所谓"三月思种桑,六月思筑塘",盖伤人之无远虑如此。

修治陂塘其利博

池塘、陂湖、河埭有众享其溉田之利者,田多之家当相与率倡,令田主出食,佃人出力,遇冬时修筑,令多蓄水。及用水之际,远近高下,分水必均。非止利己,又且利人,其利岂不博⑨②哉!今人当修筑之际,靳⑨③出食力,及用水之际,奋臂交争。有以锄耰⑨④相殴至死者,纵不死,亦至坐狱被刑,岂不可伤!然至此者,皆田主悭吝之罪也。

桑木因时种植

桑、果、竹、木之属,春时种植甚非难事,十年、二十年之间即享其利。今人往往于荒山闲地,任其弃废。至于兄弟析产,或因一根荄⑨⑤之微,忿争失欢。比邻山地,偶有竹木在两界之间,则兴讼连年。宁⑨⑥不思使向来天不产此,则将何所争?若以争讼所费,佣工植木,则一二十年之间,所谓"材木不可胜用"也。其间有以果木逼于邻家,实利有及于其童稚,则怒而伐去之者,尤无所见⑨⑦也。

邻里贵和同

人有小儿,须常戒约,莫令与邻里损折果木之属。人养牛羊,须常看守,莫令与邻里踏践山地六种之属⑨⑧。人养鸡鸭,须常照管,莫令与邻里损啄菜茄六种之属。有产业之家,又须各自勤谨,坟茔山林,欲聚丛长茂荫映⑨⑨,须高其围墙，令人不得逾越。园圃种植菜茹六种及有时果去处，严其篱围，不通人往来，则亦不至临时责怪他人也。

田产界至宜分明

人有田园山地，界至不可不分明。异居分析之初，置产、典买之际，尤不可不仔细。人之争讼多由此始。且如田亩有因地势不平，分一丘为两丘者；有欲便顺，并两丘为一丘者；有以屋基山地为田，又有以田为屋基园地者；有改移街、路、水圳⁽¹⁰⁰⁾者，官中虽有经界图籍，坏烂不存者多矣。况又从而改易，不经官司、邻保验证，岂不大启争端！人之田亩有在上丘者，若常修田畔，莫令倾倒；人之屋基园地，若及时筑叠垣墙，才损即修；人之山林，若分明挑掘沟堑，才损即修，有何争讼！惟其卤莽，田畔倾倒，修治失时，屋基园地，止用篱围，年深坏烂，因而侵占。山林或用分水，犹可辩明，间有以木、以石、以坎为界，年深不存，及以坑为界，而外又有坑相似者，未尝不启纷纷不决之讼也。至于分析，止凭阄书⁽¹⁰¹⁾，典买止凭契书，或有卤莽，该载不明，公私皆不能决，可不戒哉！间有典买山地，幸其界至有疑，故令元契⁽¹⁰²⁾称说不明，因而包占者，此小人之用心。遇明官司自正其罪矣！

分析阄书宜详具

分析之家置造阄书，有各人止录己分所得田产者，有一本互见他分⁽¹⁰³⁾者，止录己分，多是内有私曲，不欲显暴，故常多争讼。若互见他分，厚薄肥瘠可以毕见，在官在私，易为折断⁽¹⁰⁴⁾。此外，或有宣劳于众，众分弃与田产；或有一分独薄，众分弃与田产；或有因妻财、因仕宦置到，来历明白；或有因营运置到，而众不愿分者，并宜于阄书后开具，仍须断约。不在开具之数，则为漏阄。虽分析后，许应分人别求均分。可以杜绝隐瞒之弊，不至连年争讼不决。

寄产避役多后患

人有求避役者，虽私分财产甚均，而阄书砧基⁽¹⁰⁵⁾则装在一分之内，令一人认役，其他物力低小不须充应⁽¹⁰⁶⁾。而其子孙有欲执书契而掩有之⁽¹⁰⁷⁾者，遂兴诉讼。官司欲断从实，则于文有碍；欲以文断，而情则不然。此皆俗曹初无远见，规避于目前，而贻争⁽¹⁰⁸⁾于身后，可以鉴此！

冒户[109] 避役起争之端

人有已分财产而欲避免差役,则冒同宗有官之人为一户籍者[110],皆他日争讼之端由也。

析户宜早印阄书

县道贪污,遇有析户印阄则厚有所需[111]。人户惮于所费,皆匿而不印[112],私自割析。经年既深,贫富不同,恩义顿疏,或至争讼。一以为已分,失去阄书,一[113]以为分财未尽,未立阄书。官中从文则碍情,从情则碍文,故多久而不决之患。凡析户之家,宜即印阄书,以杜后患。

田产宜早印契割产

人户交易,当先凭牙家索取阄书砧基,指出丘段围号[114],就问现佃人,有无界至交加,典卖重叠。次问其所亲,有无应分人出外未回,及在卑幼未经分析。或系弃产[115],必问其初应与不应受弃。或寡妇卑子执凭交易,必问其初曾与不曾勘会。如系转典卖,则必问其元契已未投印,有无诸般违碍,方可立契。如有寡妇幼子应押契人[116],必令人亲见其押字。如价贯、年月、四至、亩角[117],必即书填。应债负货物不可用,必支见钱。取钱必有处所,担钱人[118]必有姓名。已成契后,必即投印,虑有交易在后而投印在前者。已印契后,必即离业[119],虑有交易在后而管业在前者。已离业后,必即割税,虑因循不割税,而为人告论[120]以致拘没者。官中条令,惟交易一事最为详备,盖欲以杜争端也。而人户不悉,乃至违法交易,及不印契、不离业、不割税,以至重叠交易,词讼连年不决者,岂非人户自速其辜[121]哉!

邻近田产宜增价买

凡邻近利害欲得之产,宜稍增其价,不可恃其有亲有邻及从典至买[122]及无人敢买而抑损其价。万一他人买之,则悔且无及,而争讼由之以兴也。

违法田产不可置

凡田产有交关违条者,虽其价廉,不可与之交易。他时事发到官,则所费或十倍。然富人多要买此产,自谓将来拼钱与人打官司。此其癖不可救,然自遗患与患及子孙者甚多。

交易宜著法绝后患

凡交易必须项项合条,即无后患。不可凭恃人情契密,不为之防。或有失欢,则皆成争端。如交易取钱未尽,及赎产不曾取契之类,宜即理会去着,或即闻官以绝将来词诉。切戒,切戒!

富家置产当存仁心

贫富无定势,田宅无定主,有钱则买,无钱则卖。买产之家当知此理,不可苦害卖产之人。盖人之卖产,或以阙食,或以负债,或以疾病、死亡、婚嫁、争讼,已有百千之费,则鬻百千之产。若买产之家即还其直[123],虽转手无留,且可以了其出产欲用之一事。而为富不仁之人,知其欲用之急,则阳距而阴钩[124]之,以重扼其价。既成契,则姑还其直之什一二,约以数日而尽偿。至数日而问焉,则辞以未办。又屡问之,或以数缗授之,或以米谷及他物高估而补偿之。出产之家必大窘乏,所得零微随即耗散,向之[125]所拟以办其事者,不复办矣。而往还取索,夫力之费,又居其中。彼富家方自窃喜,以为善谋,不知天道好还,有及其身而获报者,有不在其身而在其子孙者,富家多不之悟[126],岂不迷哉!

假贷取息贵得中

假贷钱谷,责令还息,正是贫富相资不可阙者。汉时有钱一千贯者,比千户侯,谓其一岁可得息钱二百千,比之今时未及二分。今若以中制[127]论之,质库[128]月息自二分至四分,贷钱月息自三分至五分。贷谷以一熟[129]论,自三分至五分,取之亦不为虐,还者亦可无词。而典质之家至有月息什而取一者,江西有借钱约一年偿还而作合子[130]立约者,谓借一贯文,约还两贯文。衢之开化[131]借一秤禾而取两秤。浙西上户借一石米而收一石八斗,皆不仁之甚。然父祖以是而取于人,子孙亦复以是而偿于人,所谓天道好还,于此可见。

兼并用术非悠久计

兼并之家见有产之家子弟昏愚不肖,及有缓急,多是将钱强以借与,或始借之时设酒食以媚悦其意,或既借之后历数年不索取,待其息多,又设酒食招诱,使之结转并息为本[132]，别更生息，又诱勒其将田产折还。法禁虽严，多是幸免，惟天网不漏。谚云"富儿更替做"，盖谓迭相酬报也。

钱谷不可多借人

有轻于举债者，不可借与，必是无籍[133]之人，已怀负赖之意。凡借人钱谷，少则易偿，多则易负。故借谷至百石，借钱至百贯，虽力可还，亦不肯还。宁以所还之资为争讼之费者多矣！

债不可轻举

凡人之敢于举债者，必谓他日之宽余可以偿也。不知今日无宽余，他日何为而有宽余？譬如百里之路，分为两日行，则两日皆办[134]。若欲以今日之路使明日并行，虽劳苦而不可至。凡无远识之人，求目前宽余而挪积在后者，无不破家也。切宜鉴此！

赋税宜预办

凡有家产，必有税赋，须是先截留输纳之资[135]，却将赢余分给日用。岁入或薄，只得省用，不可侵支输纳之资。临时为官中所迫，则举债认息，或托揽户[136]兑纳而高价算还，是皆可以耗家。大抵曰贫曰俭自是贤德，又是美称，切不可以此为愧。若能知此，则无破家之患矣！

赋税早纳为上

纳税虽有省限[137]，须先纳为安。如纳苗米[138]，若不趁晴早纳，必欲拖后，或值雨雪连日，将如之何？然州郡多有不体量民事，如纳秋米[139]，初时既要干圆，加量又重。后来纵纳湿恶，加量又轻，又后来则折为低价。如纳税绢，初时必欲至厚实者，后来见纳数之少，则放行轻疏，又后来则折为低价。人户及揽子[140]多是较量前后轻重，不肯搀先[141]送纳，致被县道追扰。惟乡曲贤者自求省事，不以毫末之较[142]遂愆期[143]也。

造桥修路宜助财力

乡人有纠率[144]钱物以造桥、修路及打造渡船者，宜随力助之，不可谓舍财不见获福而不为。且如道路既成，吾之晨出暮归，仆马无疏虞，及乘舆马过桥渡而不至惴惴[145]者，皆所获之福也。

营运先存心近厚

人之经营财利偶获厚息，以致富盛者，必其命运亨通，造物者阴赐致此。其间有见他人获息之多，致富之速，则欲以人事强夺天理。如贩米而加以水，卖盐而杂以灰，卖漆而和以油，卖药而易以他物，如此等类，不胜其多。目下多得赢余，其心便自欣然，而不知造物者随即以他事取去，终于贫乏。况又因假坏真以亏本者多矣！所谓"人不胜天"。大抵转贩经营，须是先存心地，凡物货必真，又须敬惜。如欲以此奉神明，又须不敢贪求厚利，任天理如何，虽目下所得之薄，必无后患。至于买扑[146]坊场之人，尤当如此。造酒必极醇厚清洁，则私酤[147]之家自然难售。其间或有私酝，必审止绝之术[148]，不可挟此打破人家朝夕存念，止欲趁办官课[149]，养育孥累[150]，不可妄求厚积及计会司案，拖赖官钱。若命运亨通则自能富厚，不然，亦不致破荡。请以应开坊之人观之。

起造宜以渐经营

起造屋宇，最人家至难事。年齿长壮，世事谙历[151]，于起造一事犹多不悉，况未更事，其不因此破家者几希[152]。盖起造之时，必先与匠者谋，匠者惟恐主人惮费而不为，则必小其规模，节其费用。主人以为力可以办，锐意为之。匠者则渐增广其规模，至数倍其费，而屋犹未及半。主人势不可中辍，则举债鬻产。匠者方喜，兴作之未艾，工镘[153]之益增。余尝劝人起造屋宇须十数年经营，以渐为之，则屋成而家富自若[154]。盖先议基址，或平高就下，或增卑为高，或筑墙穿池，逐年渐为之，期以十余年而后成。次议规模之高广，材木之若干，细至椽、桷[155]、篱、壁、竹、木之属，必籍其数，逐年买取，随即斫削，期以十余年而毕备。次议瓦石之多少，皆预以余力积渐而储之，虽僦雇之费[156]亦不取办于仓卒，故屋成而家富自若也。

【注释】

① 水窖：贮水之地窖。《南史·贼臣传·侯景》："贼又置毒于水窖，于是稍行肿满之疾，城中疫死者太半。"
② 格子：方形的空栏或框子。
③ 俄顷：很短的时间，片刻，一会儿，瞬间。杜甫《茅屋为秋风所破歌》："俄顷风定

云墨色，秋天漠漠向昏黑。"
④ 夹（xiá）墙：中间有狭窄道路的两堵墙。夹，通"狭"。
⑤ 更迭（dié）：轮流，更替，交换。此指巡警交班。
⑥ 犹庶几：还可以。
⑦ 矜耀：夸耀。
⑧ 不虞：出乎意料的事。《孟子·离娄上》："有不虞之誉，有求全之毁。"虞，预料。
⑨ 委：委派，委托。
⑩ 耳目：监视人或为别人收集情报者。今称线人。《后汉书·朱浮传》："使者以从事为耳目。"
⑪ 质：人质，被对方拘留为抵押的人。
⑫ 刻剥：侵夺剥削。《后汉书·隗嚣传》："增重赋敛，刻剥百姓。"
⑬ 揣（chuǎi）：猜测，推测，猜想。《鬼谷子》："内符者，揣之主也。"
⑭ 当为池井：应当挖凿水池和水井。
⑮ 煨烬（wèi jìn）：经焚烧而化为灰烬。陆龟蒙《奉和袭美二游诗·徐诗》："洛阳且煨烬，载籍宜为烟。"
⑯ 生生之具：生活用品。宋代叶适《与黄岩林元季书》："一宵邻舍火作，生生之具燔爇略尽。"
⑰ 埃墨：烟灰。《孔子家语·在厄》："向有埃墨堕饭中，欲置之则不洁，弃之则可惜。"
⑱ 烘焙：用微火烘烤物品。
⑲ 宿火：隔夜不息的火，预先留下的火种。唐代郑綮《老僧》："冻瓶黏柱砒，宿火陷炉灰。"
⑳ 衣笼：烘烤衣服的架子，形如笼子。
㉑ 炙簇（zhì cù）：烘烤蚕做茧的草靶子。
㉒ 置于法：即用法律处置。
㉓ 机关：设有机件而能制动的器械。王充《论衡·儒增》："如审有机关，一飞遂翔，不可复下。"
㉔ 狎：接近。
㉕ 括苍：古县名。今浙江省丽水市。困客：使客人困倦。
㉖ 司马温公：即司马光，字君实。山西夏县人，世称"涑水先生"。北宋宰相、史学家。撰写《资治通鉴》。追封温国公。《居家杂仪》：内容亦属"家训"，载《东听雨堂刊书》。
㉗ 铃下：指侍卫、门卒或仆役。《资治通鉴·汉献帝建安元年》："布屯沛城西南，遣铃下请灵等。"
㉘ 主翁：此指家庭中的男主人。
㉙ 畜愚贱之裔（yì）：养活下等人的后代。
㉚ 遽（jù）逐：马上赶走。
㉛ 犒遗（kào wèi）：酬赏和赠送。

㉜ 嗣：继承人。
㉝ 临蓐（rù）：临产，亦指分娩。
㉞ 主母：当家的女性，女主人。称男主人为主父。
㉟ 曹：众。
㊱ 主不之猜：即"主不猜之"的倒置。
㊲ 侑樽（yòu zūn）：劝酒。侑，劝。樽，酒杯。
㊳ 姿貌：指貌美。《新唐书·柳泽传》："姿貌魁异，高祖奇之。"黠慧：机敏聪慧。《博物志》："颜色悦怿，黠慧胜故。"
㊴ 绿珠之事：绿珠，西晋荆州刺史石崇爱妾名，美若天仙，善歌舞。依附于赵王伦的孙秀指名索取绿珠，被石崇拒绝。后来石崇被捕，绿珠坠楼而死。"绿珠之事"即指此。
㊵ 呼卢：古代一种博戏名称，因掷子时高声大喊而得名。李白《少年行》："呼卢百万终不惜，报仇千里如咫尺。"
㊶ 应对：言语酬应、对答。《史记·屈原列传》："应对诸侯。"成语"应对自如"。进退：应进而进，应退而退。泛指言语行动恰如其分。
㊷ 峭黠：俊俏聪慧。
㊸ 矫诈：虚伪诡诈。《魏书·刘仁之传》："仁之外示长者，内怀矫诈。"
㊹ 闺阃（kǔn）：女人的卧室、闺房。
㊺ 乖舛（chuǎn）：错乱，差错。《旧唐书·令狐楚传》："恐辞语乖舛，子当助我成之。"
㊻ 很：违逆，不听从。《说文解字》："很，不听从也。"
㊼ 箠（chuí）楚：木棍和荆杖。古代打人用具，此作为杖刑的通称。司马迁《报任少卿书》："其次关木索被箠楚受辱。"
㊽ 狠愎（bì）：凶狠固执。《文心雕龙·程器》："孙楚狠愎而讼府。"
㊾ 残刻：凶暴狠毒。
㊿ 谕之：告诉她。
㈤ 区处：筹划安排。《汉书·黄霸传》："鳏寡孤独，有死无以葬者，乡部书言，霸县为区处。"
㊾ 都料匠：古代专门从事建筑设计、施工阶层的人。柳宗元《梓人传》："梓人，盖古之审曲面势者，今谓之都料匠云。"
㈤ 挟怨为恶：怀着怨恨做坏事。
㈤ 寿昌：旧县名。今浙江建德。
㈤ 彦特之家：美满模范之家。彦，美。特，杰出。
㈤ 自残：指人对自身肢体和精神的伤害，极端情况就是自杀。
㈤ 缚（fù）：绑。这里指吊绳的结。
㈤ 邻保：邻居保人。古代邻居每十家一保，一户发生事，九户联合出保。唐代皇甫枚《三水小牍·王公直》："所由领公直至村，先集邻保，责手状皆称实，知王公直埋蚕，实无恶迹。”

(59) 闻官：向官府报告。闻，听。

(60) 自刃不殊：自杀不死。殊，死。

(61) 甃（zhòu）处：井壁上。

(62) 缺级：一级一级挖有缺口或小洞。

(63) 魇（yǎn）死：俗称“鬼压床”。睡梦中死去。

(64) 胡：古文疑问词。为什么，何故。《诗经·魏风·伐檀》：“胡取禾三百廛兮？”

(65) 囹圄（líng yǔ）：监狱。《汉书·礼乐志》：“祸乱不作，囹圄空虚。”

(66) 迂：迂腐。言行和见解陈旧不合时宜。苏轼《教战守策》：“迂儒之议。”

(67) 牙家：即“牙人”，古代居于买卖两方之间，从中撮合，以获取佣金的人。此指雇佣双方的中介人。

(68) 厚：敦厚，厚道，忠厚。汉代贾谊《过秦论》：“宽厚而爱人。”

(69) 浙东：浙江省东部。

(70) 质证：双方对质时的证明证据。

(71) 牙保：即“牙人”。见上注(67)。

(72) 典卖：宋代又称“活卖”。约定期限的抵押出卖，而保留可赎回的一种交易方式。

(73) 下保审会（kuài）：经过保人算账。审会，仔细算账。

(74) 狡狯（kuài）：狡猾奸诈。《宋史·侯陟传》：“陟有吏干，性狡狯好进，善事权贵。”

(75) 狎玩：亲近而不庄重地戏弄。

(76) 妖禽孽狐：怪异的鸟和邪恶的狐狸。此指古代十大妖兽的代称。伏息：躺下休息。自如：自由自在。

(77) 佯（yáng）狂自恣：假装疯癫，不受约束。

(78) 干人：宋朝富户和官户家办事差役。《水浒传》：“一月之前，干人都关领去了。”

(79) 家累：家中人口，家眷。韩愈《与李翱书》：“家累仅三十口，携此将安所归托乎？”

(80) 姑寝：暂且休止。

(81) 惴惴：恐惧，担忧、害怕。《诗经·秦风·黄鸟》：“临其穴，惴惴其栗。”成语“惴惴不安”。

(82) 峻治：严厉处治。

(83) 噬脐（shì qí）：咬自己的肚脐。比喻不可能做到的事。《左传》杜预注：“若啮腹脐，喻不可及也。”

(84) 非时之役：耽误农时的劳役。

(85) 愧怍（zuò）：惭愧，羞愧。引申为因有缺点或错误而感到不安。《孟子·尽心上》：“仰不愧于天，俯不怍于人。”怍，惭愧。

(86) 欲重息以生：想要高利息以增值。

(87) 牙婆：又称“牙嫂”。以介绍买卖人口而从中牟利为业的妇女。古代妇女三姑（尼姑、道姑、卦姑）六婆（牙婆、媒婆、师婆、虔婆、药婆、稳婆）之一。

⑧⑧ 陂湖：湖泽。《齐东野语》："陂湖园池假贫民者，勿纳租赋。"

⑧⑨ 河埭（dài）：河堤。

⑨⑩ 大稔（rěn）：大丰收。《资治通鉴·唐太宗贞观四年》："是岁，天下大稔，流离者咸归乡里。"

⑨① 刈（yì）：割（草或谷类）。《广雅》："刈，断也。又，杀也。"

⑨② 博：大，多，广。《说文解字》："博，大通也。"

⑨③ 靳（jìn）：吝惜，不肯给予。《后汉书·崔石传》："悔不小靳，可至千万。"

⑨④ 锄耰（yōu）：农具名。锄是除草松土的农具，耰是碎土平地的农具。泛指农具。王安石《独卧》："谁有锄耰不自操，可怜园地满蓬蒿。"

⑨⑤ 荄（gāi）：草根。《说文解字》："荄，草根也。"

⑨⑥ 宁：难道，岂。《诗经·郑风·子衿》："子宁不来。"

⑨⑦ 尤无所见：更没有见识。尤，更加，格外，尤其。

⑨⑧ 六种之属：六谷之类，即稻、粱、菽、麦、黍、稷。又泛指田里的庄稼。

⑨⑨ 荫映：既有树荫又有阳光。

⑩⑩ 圳：沟渠，水沟。

⑩① 阄（jiū）书：此指记载分家所得财产的文书。

⑩② 元契：原始契约。元，《说文解字》："元，始也。"

⑩③ 他分：其他人各分的。

⑩④ 折断：判断。

⑩⑤ 砧（zhēn）基：田亩四边长度，即田亩面积。这里指登载田亩面积的砧基簿。

⑩⑥ 其他物力低小：阄书和砧基装在一分之内交到一人手中，其他人在表面上就"物力低小"。不须充应：不应充当。

⑩⑦ 掩有之：掩藏阄书及其财产。

⑩⑧ 贻（yí）争：遗留争端。

⑩⑨ 冒户：假冒户口。

⑩⑩ 冒同宗有官之人为一户籍者：因宋代为官者不服劳役，故有此弊。

⑪⑪ 析户印阄：分家之户持阄书到政府盖印。厚有所需：多多地勒索。所需，实际是勒索。

⑪⑫ 匿而不印：隐藏而不盖印。

⑪⑬ 一：指争讼的一方。

⑪⑭ 丘段围号：地块、地段的周围是何人的地块。

⑪⑮ 弃产：父辈遗产。此指田产。

⑪⑯ 应押契人：在文书上画押签字的人。

⑪⑰ 价贯：价钱的数字。四至：旧时田亩四周的界限。亩角：田亩四角所到之地。

⑪⑱ 担钱人：担负出钱的人。

⑲ 离业：脱离与产业有关的一切事务。此指经营管理。

⑳ 告论：揭发论罪。

㉑ 辜：罪。

㉒ 从典至买：用低价"典当"，等对方逾期不赎回而变"买"。

㉓ 直：同"值"，钱财。《史记·平准书》："为皮币，直四十万。"

㉔ 阳距：距，通"拒"。表面上拒绝。阴钩：暗中勾结。

㉕ 向之：从前，过去的，旧时的，往昔的。欧阳修《丰乐亭记》："向之凭恃险阻，铲削消磨。"拟：打算。

㉖ 不之悟："不悟之"的倒置。悟，明白，理解，觉醒，觉悟，醒悟。

㉗ 中制：中等规格。

㉘ 质库：亦称质舍、解库、解典铺、解典库。古代进行押物放款收息的商铺。即后来典当、当铺的前身。

㉙ 一熟：农作物的一次成熟。

㉚ 合子：即"合子钱"。一本一利，本利相等。

㉛ 衢之开化：衢州开化县，今浙江省衢州市常山县。

㉜ 结转并息为本：结账后，连本带息再转入本钱中。

㉝ 无籍：无户籍，没有固定住所和职业。多为无赖不可靠。明代邵璨《香囊记》："孺人，这般无籍，如何对付他。"

㉞ 办：做到，办理、处理。

㉟ 输纳之资：缴纳（国家）的资财。

㊱ 揽户：承认揽缴纳租税的人家。

㊲ 省限：官府的纳税限期。宋代叶适《彭子复墓志铭》："戢预借，宽省限，商税止取正钱。"

㊳ 纳苗米：缴纳漕运上缴的官粮。宋朝叫"苗米"，明清叫"漕运"。

㊴ 秋米：缴纳秋税粮米。

㊵ 揽子：承揽交租税为业的人。税收助理员。

㊶ 搀（chān）先：抢先，抢前。宋代史铸《瑞鹧鸪·咏桃花菊》："谢天分付千年品，特地搀先九日香。"

㊷ 毫末之较：微小的计较。毫末，毫毛的末端，比喻极其细微。《老子》："合抱之木，生于毫末。"

㊸ 愆（yǎn）期：过期，误期。《诗经·卫风·氓》："匪我愆期，子无良媒。"

㊹ 纠率：纠集统率。《南史·祖皓传》："纠率义勇，立可得二三百人。"

㊺ 惴惴：见上注㉛。

㊻ 买扑：又称"扑买"，简称"扑"。宋元时的一种包税制度。由官府核计应征税收数额，招商承包。买扑人（包商）缴保证金（抵当）给官府，取得征税权。

⑭ 酤（gū）：卖酒。《淮南子·氾论训》："出于屠酤之肆。"
⑭ 审止绝之术：止绝，止住。审止绝之术，认真制定止绝私酿的方法。
⑭ 趁办官课：赶办国家的税收。
⑮ 孥（nú）累：妻子、老小。宋代范成大《吴船录》："假郡中小圃，挈孥累暂驻望汪轩。"孥，妻子儿女；累，家室。
⑮ 谙历：有经验，熟习。范仲淹《奏乞拣沿边年高病患军员》："选差谙历边事者三员。"
⑮ 几希：很少，不多，甚少。《孟子·离娄下》："人之所以异于禽兽者，几希。"赵岐注："几希，无几也。"
⑮ 工镪（qiāng）：人工和钱。镪，钱串，引申为成串的钱，后多指银钱。
⑮ 自若：自然，正常。依然如故。成语"泰然自若"。
⑮ 椽（chuán）：又称椽子，椽条。架于屋顶以支撑屋顶盖材料的圆木条。桷（jué）：方形的椽子。
⑮ 僦（jiù）雇之费：雇车船载运的费用。宋代苏洵《论衡上·重远》："然而关讥门征僦雇之费，非百姓私力所能办，故贪官专其利而齐民受其病。"

跋一

有明正德庚辰六月朔①，偶得《世范》三卷。其目曰"睦亲""处己""治家"，皆吾人日用常行之道，实万世之范也。读其"自序"，以为过实，谦德之盛如此，吾家其世宝之。袁表识②。

跋二

《袁氏世范》，马端临③《书考》定为一卷，此本次列二卷，后附《诗鉴》一集，且刻画精工，信④为善本，岂《书考》有所误耶？观书中皆修齐⑤切要之言，诚余家所当"世范"者也。是宜珍藏之。正德庚辰六月八日，袁褧⑥书。

跋三

宋三衢袁君采著《袁氏世范》，见《唐宋丛书》及《眉公秘笈》⑦，陈榕门⑧先生复采入《训俗遗规》，然皆非足本。乙巳⑨春，予于书肆检阅旧编，得此宋本书，分三卷，后附方景明⑩《诗鉴》一卷。有予从祖陶斋公⑪、谢湖公二跋，称其校刻精善，洵⑫为世宝。是吾家故物也，楚弓楚得⑬，若有冥贻⑭。谨读数过，其言约而赅，淡而旨，殆昌黎⑮所谓"其为道易明而其为教易行"者耶！予方刻载家谱，鲍丈以文见而赏之⑯，复梓入丛书，附《颜氏家训》后，以广其传。是作书者幸甚，而予之购得此书亦幸甚。乾隆庚戌孟冬⑰，古吴⑱袁廷梼跋。

【注释】

① 有明：明代。有，助词，多置于名词前，特别是朝代名称前，如有虞书、有夏、有明。正德庚辰：即正德十五年，公元1520年。朔：初一。

② 识（zhì）：同"志"。记。

③ 马端临：字贵与，今属江西乐平人。宋元史学家。父马廷鸾为宰相，因反对贾似道而归里。马端临亦侍父在家。宋亡后誓不为官，二十年撰成《文献通考》，其书内容记述了历代的典章制度。

④ 信：的确。

⑤ 修齐：修身齐家。

⑥ 袁褧：字尚之，号谢湖。袁表之弟。长于书画诗文，有《田舍集》《奉天刑赏录》《游都三稿》等。

⑦ 眉公秘笈：陈继儒，字仲醇，号眉公，明代江苏松江华亭人所辑，该书共四十六卷。秘笈，罕见的书。笈，本是书箱，引申为书。

⑧ 陈榕门：陈宏谋，字汝咨，号榕门。清代临桂人。雍正元年进士，官至总督、东阁大学士。著《培远堂文集》，辑《五种遗规》，其一为《训俗遗规》。

⑨ 乙巳：公元1785年。

⑩ 方景明：方昕，字景明，宋朝人。

⑪ 从祖：从祖父，即父亲的堂伯叔。陶斋公：袁表，字邦正，号陶斋，明代苏州人。由太学生升临江通判。撰《江南春集》《闽中十子诗》。

⑫ 洵：实在；诚然，确实。《诗经·陈风·宛丘》："洵有情兮。"

⑬ 楚弓楚得：此事出自《说苑》："楚共王出猎而遗其弓，左右请求之。共王曰：'止！楚人遗弓，楚人得之，又何求焉。'"后人比喻"有所失而不外流"之事为"楚弓楚得"。

⑭ 若有冥贻：好像有阴间神灵赠给。

⑮ 昌黎：韩愈，字退之，唐代昌黎人，故世称"韩昌黎"。唐代文学家、思想家、政治家。进士，官至中书舍人、刑部侍郎。为古文运动倡导者之一，被列为"唐宋八大家"之首。撰《韩昌黎集》。

⑯ 鲍丈以文见而赏之：故书老人以美善推荐而赞扬此书。鲍，通"鞄"，故书；丈，对老人的尊称；文，美善；见，推荐；赏，称扬。

⑰ 乾隆庚戌：公元1790年。

⑱ 古吴：今属江苏省苏州市辖区。因从春秋始为历代州或府所在地而称古吴。

西山政训

[南宋] 真德秀

真德秀（1178—1235年），本姓慎，因避孝宗讳改姓真，始字实夫，后改字景元、希元，号西山，福建浦城人。南宋后期著名理学家，创"西山真氏学派"，人称"西山先生"。进士出身，累官户部尚书、参政知事，赠光禄大夫，谥号"文忠"。著《真文忠集》《读书记》等。本文录自《丛书集成初编》。

某[1]愿与同僚各以四事自勉，而为民去其十害。何谓四事？曰：律己以廉。凡名士大夫者，万分廉洁，止是小善一点。贪污便为大恶不廉之吏。如蒙不洁，虽有它美，莫能自赎。故此以为四事之首。

抚民以仁。为政者当体天地生万物之心，与父母保赤子之心。有一毫之惨刻，非仁也。有一毫之愤疾，亦非仁也。

存心以公。《传》曰："公生明。"[2] 私意一萌，则是非易位。欲事之当理，不可得也。

莅事以勤。当官者一日不勤，下必有受其弊者。古之圣贤，犹且日晨不食，坐以待旦，况其余乎？今之世有勤于吏事者，反以鄙俗目之。而诗酒游宴，则谓之风流娴雅，此政之所以多疵，民之所以受害也。不可不戒！

何谓十害？曰：断狱不公。狱者民之大命，岂可少有私曲！

听讼不审。讼有实有虚，听之不审，则实者反虚，虚者反实矣。其可苟哉！

淹延囚系。一夫在囚，举室废业。囹圄[3]之苦，度日如岁，其可淹久乎！

惨酷用刑。刑者不获已而用。人之体肤，即己之体肤也，何忍以惨酷加之乎！今为吏者，好以喜怒用刑。甚者或以关节用刑。殊不思刑者国之典，所以代天纠罪。岂官吏逞忿行私者乎！不可不戒！

泛监追呼。一夫被追，举室皇扰。贫者不免举债，甚至于破家，其可泛滥乎！

招引告讦。告讦乃败俗乱化之原，有犯者自当痛治，何可勾引！

重叠催税。税出于田，一岁一收，可使一岁至再税乎？有税而不输，此民户之罪也。输已而复责以输，是谁之罪乎！

科罚取财。民间自二税合输之外,一毫不当妄取。今县道有科罚之政,与夫非法科敛者,皆民之深害也,不可不革。

纵吏下乡。乡村小民,畏吏如虎。纵吏下乡,犹纵虎出柙也。弓手士兵,尤当禁戢④。自非捕盗,皆不可差出。

低价买物。物同则价同,岂有公私之异。今州县有所谓市令司者,每官司敷买视市,直率减十之二三,或不即还,甚至白著⑤,民户何以堪此!

某之区区,其于四事,敢不加勉。同僚之贤,固有不俟丁宁而素知自勉者矣。然亦岂无当勉而未能者乎!《传》曰:"过而不改,是谓过矣。"⑥贤不肖之分,在乎勉与不勉而已。至若十害,有无所未详知。万一有之,当如拯溺救焚,不俟终日。毋狃于因循之习,毋牵于利害之私,或事关州郡,当见告而商榷焉。必期于去民之瘼⑦而后已。此又某之所望于同僚者。

抑又有欲言者矣。夫州之与县,本同一家。长吏僚属,亦均一体。若长吏偃然自尊,不以情通于下;僚属退然自默,不以情达于上。则上下痞塞,是非莫闻。政疵民隐,何从而理乎!

廉者士之美节,污者士之丑行。士之不廉,犹女之不洁。不洁之女,虽功容绝人,不足自赎。不廉之士,纵有他美,何足道哉!

先儒有云:"一命之士,苟存心于爱物,于人必有所济。"⑧且以簿尉求之。簿勤于勾稽,使人无重叠追催之善;尉勤于警捕,使人无穿窬攻劫⑨之扰。则其所济,亦岂小哉!

等而上之,其位愈高,系民之休戚者愈大。发一残忍心,斯民立遭荼毒之害;发一掊尅心,斯民立被诛剥之殃。盍亦反而思之。针芒刺手,茨棘伤足,举体凛然,谓之痛楚。刑威之惨,百倍于此,其可以喜怒施之乎?虎豹在前,坑井在后。号呼求救,唯恐不危。狱犴之苦,何异于此。其可使无辜者坐之乎!

己欲安居,则不当扰民之居;己欲丰财,则不当朘⑩民之财。故曰:"己所不欲,勿施于人。"⑪其在圣门,名之曰"恕",强勉而行,可以致仁。

公事在官,是非有理,轻重有法,不可以己私而拂公理,亦不可歙公法⑫以狥人情。诸葛公有言:"吾心如秤,不能为人作轻重。"⑬此有位之士,所当视以为法也。

然人之情每以私胜公者,盖狥贷贿则不能公,任喜怒则不能公,党亲戚、畏豪强、顾祸福、计利害，则皆不能公。殊不思是非之不可易者，天理也；轻重之不可逾者，国法也。以是为非，以非为是，则逆乎天理矣；以轻为重，以重为轻，则违乎国法矣。居官临民，而逆天理违国法，于心安乎！故愿同僚以公心持公道，而不汨于私情，庶几枉直适宜而无冤抑不平之叹。

民生在勤，勤则不匮，则为民者不可以不勤。业精于勤，荒于嬉，则为士者不可以不勤。况为命吏，所受者朝廷之爵位，所享者下民之脂膏。一或不勤，则职业隳弛⑭，岂不上孤⑮朝寄，而下负民望乎！

人道所先，莫如孝弟。编民中有能孝于父母，弟于兄长，性行尤异者，所属详加采访，以其实上于州，优加赏劝。或身居子职，有阙侍养；或父母在室，别蓄私财；或犯分陵，忽不顾长幼之伦；或因利忿争，遽兴骨肉之讼。凡若此者，皆有常刑。宜以至恩大义，谆谆劝晓。苟能悔过，姑许自新。教之不从，即加惩治。

昨在任日，遇亲戚骨肉之讼，多是面加开谕，往往幡然而改，各从和会而去。如卑幼诉分产不平，固当以法裁断，亦须先谕尊长自行从公均分，或坚执不从，然后当官监析。其有分产已平而妄生词说者，却当以犯分诬罔坐之。

学校风化之首，访闻诸县间，有不以教养为意者，赡学之田，或为豪民占据，或为公吏侵渔，甚至移作它用，未尝养士其间。虽名养士，又或容其居家，日请钱米，未尝在学校读。或虽住学而未尝供课，凡此皆有失国家育材待用之本意。

【注释】

① 某：自己的代称。王安石《答司马谏议书》："某启。"
② 公生明：此句出自《荀子·不苟》："公生明，偏生暗。"意为公正便能明察事理，偏私则政事不公正。《官箴》："公生明，廉生威。"
③ 囹圄（líng yǔ）：监狱。《汉书·礼乐志》："祸乱不作，囹圄空虚。"
④ 禁戢（jí）：禁止，停止，杜绝。《宋史》："户部下诸路监司禁戢。"
⑤ 白著：白拿；税外横取。《新唐书》："税外横取，谓之'白著'。"
⑥ 此句出自《论语·卫灵公》，意为有过错而不加改正，这才是真正的过错。
⑦ 瘼（mò）：病。《说文解字》："瘼，病也。"
⑧ 此句出自朱熹《近思录》，意为即使担当一名小官，如存爱心，对百姓就能有帮助。
⑨ 穿窬（yú）攻劫：钻墙洞的盗窃和攻击掠夺的行为。窬，《说文解字》："窬，穿木户

也。"《字汇》:"窬,逾墙曰窬。"
⑩ 朘(juān):剥削,掠夺。
⑪ 此句出自《论语·颜渊》和《论语·卫灵公》,意为自己不愿承受的事也不要强加于别人身上。
⑫ 骫(wěi)公法:枉法、违法。《新唐书·李憕传》:"尹萧炅内倚权,骫法殖私。"
⑬ 此句出自《诸葛亮集》,意为我的内心标准犹如一杆秤,不能随人而改变。
⑭ 职业隳(duò)弛:懒政。隳,古通"惰",懒惰。
⑮ 孤:辜负。《集韵》:"孤,负也。"李陵《答苏武书》:"陵虽孤恩,汉亦负德。"

石林家训

[南宋] 叶梦得

叶梦得（1077—1148年），字少蕴，号石林居士，江苏苏州人，后迁居浙江湖州。南宋进士、官员、文学家。官任翰林学士，知颍昌府，后升至尚书左丞。后为江东安抚大使兼知建康府，嗣后抗金，兼福州安抚使。著有《石林春秋传》《建康集》《石林词》《石林诗话》《石林燕语》《避暑录话》等书。

本文录自叶氏观堂刊本。

吾久欲取平日训导汝曹之言及论说祖先遗德，所以成吾家法，与古今言行可师可警之事，略为疏记，使汝曹常得视玩践行。频年多故①，匆匆不果②，今五十五年矣。去年自湔③东归，须发尽白，志意衰谢，复度世间何所觊望？兵革未息，风警日传，既忝重禄④，又有此族属，外则岂敢忘王室之忧，内亦有家室为务。危坐终日，百念关心，何曾少释？顾犹有可幸以为喜者，惟汝曹修身立行，艺业增进，时有一事一言已慰满吾意，庶几可稍舒。目前栋、裎⑤既已长立，模、楫、櫓⑥亦长矣。汝五人，志行皆下甚卑，但自少即享安逸，狃⑦于因循，未知归向。今夏山中营治居室，开辟径道，粗办泉石，竹竹成荫，奉荣国太夫人与汝曹杖策⑧来往登览，燕间⑨自颇多暇日。家庭会集，初无杂语，皆是昔所常言，往往或重复。至再今择其可记者录之，使汝曹人人录一编，置之凡案，朝夕展味，心慕力行。但能尽此所载，劈髹无愧，方为不虚生一世。在家在国，必备略有可观。使当曹至是，虽吾身享之禄，目睹四方之安，退剧百年之寿，何以易此！汝曹虽有三牲八鼎⑩之养，亦何足言然？古有父兄之教，汝等既自有成，以次传道，何虑不能同至于善？缋、绘、绶、绨、绰⑪，亦稍能成立，汝等各诵之思之，蹈之守之毋忽。此既有劝有戒，间及他人家事，姑欲汝营知畏耳。吾平生不欲言人过失，家庭之私，故无所隐，不可以传于外。诸院兄弟有知好者，则出示之，岂徒成吾宗，亦以成吾族也。

修身要略以戒诸子

君子贫穷而志广，隆仁也⑫；富贵而体恭，杀势⑬也；安燕而气血不惰⑭，循理也；劳倦而容貌不枯，好交也。怒不过夺，喜不过与，法胜私也。此数者，修身之切要也。汝曹以吾言书诸绅⑮而铭之心，以修身焉，虽非至善，而亦不失于不善。汝曹其无怠诸！

性善说喻子弟

夫性之于人也，可得而知之，不可得而言也。遇物而后形，应物而后动。方其无物也，性也，及其有物也，则物之报也。惟其与物相遇，而物不能夺，则行其所安，而废其所不安，则谓之善。若夫与物相遇而物夺之，则置其所可，而从其所不可，则谓之恶。非吾性也，汝等以孟氏性善之说及吾言，心体而力行之，勿外之⑯可也。

不贰过说喻诸子

夫圣人抱诚明之正性，根中庸之至德，苟发诸中，形诸外者，不惟思虑莫非规矩，不善之心无自入焉，可择之行无自加焉，故惟圣人无过。所谓过者，非为发于行，彰于言，人皆谓之过而后为过也，生于其心则为过矣。故颜子⑰之过，此类也。不贰⑱者，盖能止之于始萌，绝之于未形，不贰之于言行也。汝曹当以不贰为鉴，而心颜子之心，学颜子之学，是吾之素望⑲矣。汝曹勖之哉！

尽忠实录以遗子孙

天下尽忠，淳化行也。君子尽忠则尽其心，小人尽忠则尽其力。尽力者则止其身，尽心者则洪于远。故明王之治也，务在任贤。臣尽忠则君德广矣，政教以之而美，刑罚以之而清，仁惠以之而布，四海之内，有太平之音。嘉祥既成，告于上下，是故播于雅颂⑳，传于无穷。吾叨第㉑进士，自卑职即能抗言直议，以励劲节，屡历清要。而两入翰林时，注《忠经要义》一册，修纂《名贤宗德论》一册，修《陈匡君十要策》十道，纂《陈忠义录》十卷、《劝民务本论》二卷。转职户部，专司国课㉒，而天下无田不税，无农不耕。遂请削陈恕，置营田，而贡敛有则，费出有经，上下宁有不足者乎！于是转职吏部，专司铨选㉓。或以言扬，或以事举，度德擢任，量才授职。进退人才，合三科㉔之法，守虞书㉕之训。绝无散主㉖，不一更革，不常沽名。求进、报冤市恩者，而于是铨选之法定矣。法者一定，而不可易者也。神而明之，存乎其人焉耳。故又得加爵左丞，遂引例致仕㉗。自初任逮致仕，兢兢以尽忠自持。凡吾宗族昆弟，子孙，穷经㉘出仕者，当以尽忠报国而冀名纪于史，彰昭于无穷也囤。

戒诸子侄以保孝行

夫孝者，天之经也，地之义也，故孝必贵于忠。忠敬不存，所率皆非其道。是以忠不及而失其守，非惟危身，而辱必及其亲也。故君子行其孝，必先以忠。竭其忠则禄至矣，故得尽爱敬之心，以养永亲，施及于人。《诗》云："孝子不匮，永锡尔类。"㉙汝等读书，独不观圣人之言浑是教人一个孝悌忠信，且只是一个"孝"字，无处不到。故曰：求忠臣必于孝子之门。汝等能孝于亲，然后能忠于君，忠孝不失，庶克尽臣子之职矣。

因仲子裎模出仕以忠谏之义谕其行

甚哉！臣之事君也，莫先于谏。下能言之，上能听之，则王道行矣。谏于未形者上也，谏于已彰者次也，谏于既行者下也。违而不谏，则非忠矣。夫谏始于顺辞，中于抗议，终于死节，以君君休㉚，以安社稷渤。《书》云："木从绳则正，后从谏则圣。"㉛今吾子勿以出仕为悦，而从谏君为悦；勿以谏君为悦，而以忠谏为悦，庶免素餐㉜怠事之殃。且裎也径情㉝直行，而病于委曲，模也有劲节㉞而无要略。汝曹各宜勉励，毋忘临行告诫之训。

勉幼子力学解

盖人之资性得之天也，学问得之人也。资性由内出者也，学由怒入者也。自诚明，性也；自明诚，学也。颜子不迁怒，不过过者，皆情也，非性也。不至于性命，不足以谓之好学。若夫自满者，则止也。故禹不自满，假所以为圣。吾观汝天性岐嶷㉟，而不加恒懋，时敏之功，先有干禄㊱之念。噫，"学而优则仕，仕而优则学。"㊲将见有时而仕，无时而不学。虽仲尼天纵，而韦编三绝㊳。周公㊴上圣，而日读百篇。汝当常若不足，不可临深以为高也。观不观汝兄学至而始仕，汝何不笃志以希贤圣，自相期负，而置功名于度外，自今而后，当以吾言修省，而造就大成，以慰吾之望乎！

避难缙云以乐自况

大哉！君子之修行也。其未得位也，则乐其意；既得之，又乐其治。是以有终身之乐，无一日之忧。小人则不然，其未得也，得朝得之；既得之，犹恐失之。是以有终身之忧，无一朝之乐也。子虽不敢以君子自居，而亦不以小人之忧为忧也。自读书至出仕，心与道同，道与行偕，而无悖礼之忧。蒙皇上赐圭田⑩三百亩，敕山八百亩，永蠲赋税，优养老身，而泽及子孙。何期金兵自平江至太湖，焚掠湖城，而避难至此，日与祖宗伯叔昆弟子侄诗酒之乐。虽吾嫡子孙，各散处他方，而亦无纤芥㊶之忧介于心胸。在危而无忧，处困而必亨。敢自以为有终身之乐，偶笔以自况耳。

又家训后四条

且起须先读书三五卷，正其用心处，然后可及他事，暮夜见烛亦复然。若遇无事，终日不离几案。苟善于此，一生永不会作向下——等人。汝见吾事自知不妄。吾二年来目力极昏，看小字甚难，然盛夏帐中亦须读数篇书，至极困乃就枕。不尔，胸次歉然。若有未了事，往往睡亦不美，况昼日乎！若凌晨便治俗事，或兀然㊷闲坐，日复一日，与书卷渐远，岂复更思学问？如此，不流入庸俗人，则著衣吃饭，一骏㊸子弟耳。况复博奕饮酒、追逐玩好、寻求交游，任意所欲。有一如此，近二三年，远五六年，未有不丧身破家者。此不待吾言而知也。

《易》曰："乱之所由生也，言语以为阶。君不密则失臣，臣不密则失身。"㊹《庄子》曰："两喜多溢美之言，两怒多溢恶之言。"㊺大抵人言多不能尽实，非喜则怒。喜而溢美，犹不失近厚；怒而溢恶，则为人之害多矣。《孟子》曰："言人之不善，当如后患何？"㊻夫己轻以恶加人，则人亦必轻以恶加己，以是自相加也。吾见人言，类不过有四：习于诞妄者，每信口纵谈，不问其人之利害，惟意欲言；乐于多知者，并缘形似，因以增饰，虽过其实，自不能觉；溺于爱恶者，所爱虽恶，强为之掩覆，所恶虽善，巧为之破毁；轧于利害者，造端设谋，倾之惟恐不力，中之惟恐不深。而人之听言，其类不过二：纯质者，不辨是非，一皆信之；疏快者不计利害，一皆传之。此言所以不可不慎也。今汝曹前四弊，吾知其或可免，若后二失，吾不能无忧。盖汝曹涉世未深，未尝经患难，于人情变诈，未能尽察，则安知不有因循陷溺者乎！故将欲慎言，必须省事。择交每务简静，无求于事，会则自然不入是非毁誉之境。所与游者，皆善人端士，彼亦自爱已防患，则是非毁誉之言亦不到汝耳。汝不得已而有闻纯质者，每致其思而无轻信。疏快者，每谨其戒而无轻传，则庶乎其免矣。

司马温公㊼作《迂说》，其一章云："迂叟之事君无他长，能勿欺而已矣。其事亲亦然。"此天下名言也。事君之道，汝曹未易言，且言事亲。吾见世人未尝能免于欺。面授教训，面从而不行，欺也；已有过失，隐蔽使不闻，欺也；有怀于中，避就不敢尽言，欺也；佯为美观之事，未必出于情，欺也。曾子㊽丧其亲，水浆不入口者七日，而曰："于吾亲无所用其情，吾无所用之情也。"曾子之孝则至矣！至于难能不可继之行，欲以孝闻，则未必尽其情也，然且自以为过。夫死而过于难，犹且不敢，况生而欺之乎！但今能闻教训，一一遵行，不敢失坠，有过失，改悔不敢复为，不求不闻，凡有所怀，必尽告之，秋毫不敢隐，为人子所当为，不为人子所不当为，文饰以掠美，如是亦可以言孝，则勿欺而已。推是心以施之君，安有二道哉？赵中丞㊾无愧，丧母，多侍妾，每抱其父足以寝，不敢去跬步㊿。设心如此，其谁曰不然。而或者父母年高，夜率三起，扣请门问安，至增损衣衾，以时候其寒温，亲反厌烦，不能得安，而人以为贤。若是者，以为情可乎？汝曹愿为无愧不愿为？或者古之人以立身扬名为孝，而口体之奉不与焉。推此，非特为天下孝子，亦当为天下忠臣也。

兄弟辑睦，最是门户长久之道。然必须自少积累，使友爱出于有诚，不敢纤毫疑问，乃能愈久愈笃。若才有一毫异心萌于胸中，则必有因而乘之者。初不自觉，忽然至于成隙，则虽欲救不可及也。吾观近世兄弟间失和，事虽不一，然其大端有二：溺妻、相之私，以口语相谍；较货财之入，以争夺相倾。此不可不预知而汝戒也。吾恨生平无兄弟，不得以所行示汝等。然许章二姑氏，则汝等亲见之矣。汝母之于二姑氏，则汝等亲闻之矣。少师捐馆㊿，惟二姑氏未嫁，荣国太夫人追念不已。吾思无以得其意，惟二姑氏得佳婿，尽吾力追嫁，犹庶几其可。既得许章二人，初免丧家，无馀资。为汝阳守，假贷于陈州蔡宽夫侍郎㊿，得三千许缗㊿。而吾汝阳俸八百给外，铢寸储积，汝母尽箱箧所有，仅留伏腊㊿衣裳，其馀一金不以自有。如是数月，并归二婿，奁具故不至俭薄。尔母不幸，至今二姑氏语之则出涕，此岂可强为！而吾二十年间，所以待二姑氏者如一日也。自丧乱以来，相率共居此山，惟荣国太夫人年高，二姑氏朝夕左右，以供养吾亲。世道方难，衣冠士族，骨肉相保者无几，虽欲跬步相离，亦不可得矣。今汝兄弟五人，能如吾所以处二姑氏，则吾门户犹未艾㊿也。

士者夫作小说；杂记所闻见，以为游戏，而或者暴人之短，私为喜怒，此何理哉？世传《碧云骃》一卷，为梅圣俞所作，历诋庆历㊿以来公卿隐过，虽范文正公㊼亦不免。议者遂谓圣俞游诸公之间，官竟不达，憝㊽而为此以报之。君子成人之美，正使万一不至，犹当为贤者讳，况未必有实。圣俞贤者，岂至是哉？后闻乃襄阳魏泰㊾所为，托之圣俞也。岂特累诸公，又将以诬圣俞也。欧阳文忠公㊿《归田录》，自言以唐李肇㊿为法，而少异者，不记人之过恶。君子之用心，当如此云。汝等当谨守，勿以我言为泛言也。

【注释】

① 频年：连续多年。《后汉书·李固传》："频年之间，国祚三绝。"多故：多变乱，多事端。《国语·郑语》："王室多故，余惧及焉。"

② 不果：没有结果。《孟子·公孙丑下》："闻王命而遂不果。"

③ 浙（zhè）：同"浙"，指浙江。

④ 忝重禄：愧居高官。忝，谦词。

⑤ 栋、程（chěng）：叶梦得之子。

⑥ 模、榰、槚：叶梦得之子。

⑦ 狃（niǔ）：习惯。

⑧ 杖策：扶杖。魏征《述怀》："杖策谒天子，驱马出关门。"

⑨ 燕间：闲暇，工余之时，闲居。

⑩ 三牲：牛、羊、猪。八鼎：祭祀器具。

⑪ 缮、绘、绶、缔、绰：叶梦得之子。

⑫ 此句出自《荀子·修身》。隆仁：深厚的仁爱之心。杨倞注："仁爱之心深厚，故思者广。"

⑬ 杀势：减省威势。

⑭ 此句出自《荀子·修身》。安燕：安闲，安逸。

⑮ 书诸绅：把要牢记的话书写在束腰的大带上。后用以指记住别人的话。

⑯ 外之：疏远它。

⑰ 颜子：颜回，曹姓，颜氏，名回，字子渊，亦颜渊，春秋鲁国人，孔子著名弟子，"孔门七十二贤"之首。

⑱ 不贰：专一，无二心。《论语·雍也》："有颜回者好学，不迁怒，不贰过。"

⑲ 素望：一向的愿望。范仲淹《与孙元规书》："首柱华音，足慰素望。"

⑳ 嘉祥：祥瑞，吉祥符瑞。雅颂：《诗》《雅》《颂》的合称，后世以称盛世之乐。

㉑ 忝第：科举考试及第的谦词。忝，忝，谦词。

㉒ 国课：国家的税赋。

㉓ 铨选：量才授官。《南齐书·百官志》："改号格制，莅官铨选。"

㉔ 三科：即三世，夏、商、周。
㉕ 虞书：《尚书》的一部分，包括《尧典》《皋陶谟》《舜典》《大禹谟》和《益稷》五篇。
㉖ 散主：闲散不为世所用的人。
㉗ 引例：援引先例。致仕：正常退休。《后汉书·刘般传》："永宁元年，称病上书致仕。"
㉘ 穷经：深入研究经书。唐代韩偓《再思》："近来更得穷经力，好事临行亦再思。"
㉙ 此句出自《诗·大雅·既醉》。不匮：不缺乏，无穷尽。锡：赐。
㉚ 君休：君王的美好。
㉛ 此句出自《尚书·说命》。木头经过墨线处理才能正直，君王能采纳意见才能成圣君。
㉜ 素餐：不劳而食，无功受禄。《诗经·魏风·伐檀》："彼君子兮，不素餐兮。"
㉝ 径情：任意、任性。《鹖冠子》："君子弗径情而行也。"
㉞ 劲节：坚贞不屈的节操。南朝梁范云《咏寒松》："凌风知劲节，负雪见贞心。"
㉟ 岐嶷：峻茂的样子，多借以形容幼年聪慧。《洛阳伽蓝记》："生而岐嶷，幼则老成，博洽群书。"
㊱ 恒懋：经常勉励。干禄：入仕为官。
㊲ 此句出自《论语·子张》。
㊳ 仲尼：孔子名丘，字仲尼。天纵：指天上所赋予。韦编三绝：相传孔子好读书，以至编缀竹简的皮绳断了多次。韦编，古时无纸，在竹简上写书，而用皮绳编缀，故称韦编。
㊴ 周公：姓姬，名旦。西周政治家、军事家、思想家、教育家。辅助其兄周武王灭商建周，其采邑在周，故称周公。
㊵ 圭田：古代卿大夫和士所拥有的、供祭祀之用的田地。《孟子·滕文公上》："卿以下必有圭田，圭田五十亩。"
㊶ 纤芥：细微，细小。《战国策·齐策四·冯谖客孟尝君》："孟尝君为相数十年，无纤芥之祸者，冯谖之计也。"
㊷ 兀然：昏昏沉沉的样子，昏然无知。
㊸ 騃（ái）：痴，愚。《广雅》："騃，痴也。"
㊹ 此句出自《易·系辞上》。
㊺ 此句出自《庄子·人世间》。溢美：过分夸奖。溢恶：过分指责。
㊻ 此句出自《孟子·离娄下》。意即讲别人的不是，遭来后患，又该如何处理呢？
㊼ 司马温公：司马光，字君实，北宋大臣、史学家，卒谥"文正"，赠太师、温国公。
㊽ 曾子：春秋末期鲁国嘉祥人，名参，字子舆，孔子弟子，以孝著称，相传著《大学》。

㊾ 赵中丞：疑指南宋初大臣赵鼎。赵鼎，字元镇，号得全居士，南渡后累官殿中侍御史，迁御史中丞，进尚书左仆射，同中书门下平章事，兼枢密使。

㊿ 跬步：半步。《大戴礼记》："故不积跬步，无以至千里。"

51 捐馆：舍弃自己的官邸。旧时用作死的婉称。

52 蔡宽夫侍郎：蔡居厚，字宽夫，进士，北宋官员，历官吏部员外郎、右正言、右谏大夫、户部侍郎等。

53 缗（mín）：古代货币量词，一千文为一缗。

54 伏腊：伏祭和腊祭之日，或泛指节日。

55 未艾：没有完结，没有停止。成语"方兴未艾"。

56 梅圣俞：梅尧臣，字圣俞，世称"宛陵先生"。北宋文学家，与欧阳修同为北宋前期诗文革新运动领袖。历诋：逐个诋毁。庆历：宋仁宗年号。公元1041—1048年。

57 范文正公：范仲淹，字希文。北宋大臣、文学家，官至陕西经略安抚招讨副使，参知政事。卒谥"文正"。

58 怼（duì）：怨恨。《广雅》："怼，恨也。"

59 魏泰：字道辅，宋襄阳人，北宋文学家，著有《临汉隐居集》《东轩笔录》。

60 欧阳文忠公：欧阳修，字永叔，自号醉翁、六一居士，北宋大臣、史学家、文学家。官至参知政事、枢密副使。卒谥"文忠"。

61 李肇：唐代学者，曾任翰林学士、中书舍人、将作少监，著《翰林志》《唐国史补》。

石林治生家训要略

[南宋] 叶梦得

一、人之为人，生而已矣。人不治生，是苦其生也，是拂其生也，何以生为？自古圣贤，以禹①之治水，稷②之播种，皋③之明刑，无非以治民之生也。民之生急欲治之，岂已之生而不欲治乎？若曰圣贤不治生，而惟以治民之生，是从井可以救人④，而摩顶放踵⑤，利天下亦为之矣，非圣贤之概也。

一、治生不同。出作入息，农之治生也；居肆成事，工之治生也；贸迁有无，商之治生也；膏油继晷⑥，士之治生也。然士为四民⑦之首，尤当砥砺表率，效古人，体天地，育万物之志，今一生不能治，何云丈夫哉！

一、治生非必营营逐逐⑧，妄取于人之谓也。若利己妨人，非唯明有物议，幽有鬼神，于心不安，况其祸有不可胜言者矣，此岂善治生欤？盖尝论古之人，诗书礼乐与凡义理养心之类，得以为圣为贤，实治生之最善者也。

一、圣门⑨若原宪⑩之衣鹑⑪，至穷也，而子贡⑫则货殖焉。然论者不谓原宪贤于子贡，是循其分也。季氏⑬之聚敛，陈子之螬李⑭，俱为圣贤所鄙斥，由其矫情也。人知法此，治生当择其善者而从之，其不善者而改之。

一、要勤。每日起早，凡生理所当为者，须及时为之，如机之发、鹰之搏，顷刻不可迟也。若有因循，今日姑待明日，则废事损业，不觉不知，而家道日耗矣。且如芒种⑮不种田，安能望有秋之多获！勤之不得不讲也。

一、要俭。夫俭者，守家第一法也。故凡日用奉养，一以节省为本，不可过多。宁使家有盈余，毋使仓有告匮。且奢侈之人，神气必耗，欲念炽而意气自满，贫穷至而廉耻不顾。俭之不可忽也若是夫。

一、要耐久。昔东坡⑯曰："人能从容自守，十年之后，何事不成？"今后生汲于谋利者，方务于东，又驰于西。所为欲速则不达，见小利则大事不成。人之以此破家者多矣。故必先定吾规模，规模既定，由是朝夕念此，为此必欲得此，久之而势我集，利我归矣。故曰："善始每难，善继有初，自宜有终。"

一、要和气。人与我本同一体，但势不得不分耳。故圣人必使无一夫不获其所，此心始足，而况可与之较锱铢⑰，争毫末，以至于斗讼哉？且人孰无良心，我若能以礼自处，让人一分，则人亦相让矣。故遇拂意处，便须大著心胸，亟思自返。决不可因小以失大，忘身以取祸矣也。

一、有便好田产，可买则买之，勿计厚值。譬如积蓄，一般无劳经营，而有自然之利，其利虽微而长久。人家未有无田而可致富者也。昔范文正公三买田地，至今脍炙人口[18]。今人虽不能效法古人，亦当仰企为是。

一、自奉宜俭，至于往来相交，礼所当尽者，当及时尽之，可厚而不可薄。若太鄙吝废礼，何可以言人道乎！而又何以施颜面乎？然开源节流，不在悭琐[19]为能。凡事贵乎适宜，以免物议也。

一、内人贤淑者难得，当交相儆戒，以闺门肃若朝廷为期。至于六婆尼师[20]，最能耗家，须痛绝之。首饰衣服，虽宜从俗，而私居之时，亦不可华侈相尚。不唯消费难继，亦非所以惜福而传后也。

一、无家教之族，切不可与为婚姻。娶妇固不可，嫁女亦不可。此虽吾惩往失痛心之言，然正理古今不异。《礼记》者云："为子孙娶妻嫁女，必择孝悌，世世有行仁义者。"如是则子孙慈孝，不敢淫暴。党[21]无不善，三族[22]辅之。故曰："凤凰生而有仁义之意，狼虎生而有暴戾之心。"两者不等，各以其母。呜呼，慎戒哉！

一、妻亡续娶，及娶妾生子，俱不幸之事，鲜[23]有不至乖离[24]，酿成家祸者，切宜慎之！

一、管家者最宜公心，以仁让为先。且如他人尚不可欺，而况于一家至亲骨肉乎？故一年收放要算，分予要均。和气致祥，天必佑之。不然，少有所私，神人共鉴，家道岂能长永而无虞乎！

予曾见《颜氏家训》，大约有一子则予田产若干，屋业若干，蓄积若干。有余，则每年支费。又有余，则以济亲友，此真知止知足者也。盖世业无穷，愈富而念愈不足，此于吾生何益！况人之分有限，踰分者颠。今吾膝下[25]亦当量度处中，未足则勤俭以足之，既足则安分以守之。敦礼义之俗，崇廉耻之风，其于治生，庶乎近焉。

【注释】

① 禹：相传禹是黄帝的曾孙，姓姒氏，名文命，为司空。治水有功，水患悉平。继舜皇位，建立夏朝。
② 稷：后稷，周之始祖。尧时为农师，舜时为后稷（农官名），曾教民播种百谷。

③ 皋：皋陶，也称咎繇，舜之臣，掌管刑狱之事。
④ 此句出自《论语·雍也》。
⑤ 此句出自《孟子·尽心上》："墨子兼爱，摩顶放踵利天下，为之。"摩顶放（fǎng）踵：从头顶到脚跟都磨伤，形容不辞劳苦，不顾身体，舍己为人。
⑥ 膏油继晷：白天未完事，晚上点灯继续干，形容夜以继日地勤奋学习、工作。韩愈《进学解》："焚膏油以继晷，恒兀兀以穷年。"晷，日影，古代计时工具。
⑦ 四民：士、农、工、商。
⑧ 营营：奔走钻营。逐逐：竞相追逐。宋濂《抱瓮子传》："夫子恒营营逐逐于一瓮之间，无乃自苦乎？"
⑨ 圣门：指孔子的门下，因孔子为圣人。
⑩ 原宪：字子思，又名原思，孔子弟子，春秋时鲁国人。相传他蓬户褐衣蔬食，不减其乐。
⑪ 衣鹑：衣服破旧褴褛而不蔽体，形容生活贫苦。鹑，尾巴光秃，似缝补衣服。
⑫ 子贡：姓端木，名赐，字子贡。孔子弟子，春秋时卫国人。能言善辩，善于经商，家累千金。曾任鲁、卫相。
⑬ 此句出自《论语·先进》："季氏富于周公，而求也为之聚敛而附益之。子曰：'非吾徒，小子鸣鼓而攻之，可也。'"聚敛：搜刮财产。
⑭ 此句出自《孟子·滕文公下》："匡章曰：'陈仲子岂不诚廉士哉？居于陵，三月不食，耳无闻，目无见也。井上有李，螬食实者过半矣，匍匐往，将食之；三咽，然后耳有闻，目有见。'孟子曰：'于齐国之士，吾必以仲子为巨擘焉，虽然，仲子恶能廉？充仲子之操，则蚓而后可者也。'"陈子：即陈仲子，相传为孟子弟子，齐国人，因不食乱世之食，遂饿而死。螬：蛴螬，虫名，金龟子的幼虫。李：果树。
⑮ 芒种：节气名，在农历五月，夏季的第三个节气，因此时可以种有芒之谷，故名。
⑯ 东坡：苏轼，字子瞻，北宋文学家。贬谪黄州时，曾筑室于东坡，遂自号东坡居士。
⑰ 锱铢：古代最小的重量单位，比喻轻微、细小。
⑱ 范文正公：范仲淹，字希文，北宋大臣，文学家，卒谥"文正"。脍炙人口：指为人所传颂。
⑲ 悭（qiān）琐：吝啬，小气。
⑳ 六婆：牙婆、媒婆、师婆、虔婆、药婆和稳婆。尼师：尼姑，女僧人。
㉑ 党（tǎng）：通"倘"，倘若、或者。
㉒ 三族：指父母、兄弟、妻子；又指父族、母族和妻族。
㉓ 鲜：少。
㉔ 乖离：背离，抵触。《荀子·天论》："父子相疑，上下乖离，寇难并至。"
㉕ 膝下：指子女。成语"膝下承欢"。

家训笔录

[南宋] 赵鼎

赵鼎（1085—1147年），字元镇，号得全居士，山西闻喜人。南宋进士，官任两度宰相，极力推荐岳飞，后遭秦桧迫害致死，宋孝宗给予平反昭雪，追谥"忠简"。著《忠正德文集》。

该文后附《自志》，因非家训内容，故略去。本文录自《丛书集成初编》。

第一项　闺门之内，以孝友为先务，平日教子孙读书为学。正为此事，前人遗训，子孙自有一书，并《司马温公家范》①，可各录一本，时时一览，足以为法，不待吾一一言之。

第二项　凡在仕宦，以廉勤为本。人之才性，各有短长，固难勉强，唯廉勤二字，人人可至。廉勤所以处己，和顺所以接物，与人和则可以安身，可以远害矣。

第三项　诸位中以最长一人主管家事、收支、租课等事务，愿令已次人主管者听，须众议所同乃可。

第四项　子孙所为不肖，败坏家风，仰主家者集诸位子弟，堂庭训饬，俾其改过。甚者影堂②前庭训，再犯再庭训。

第五项　岁时享祀③。主家者率诸位子弟协力排办，务要如礼。以其享祀酒食，合族破盘④。

第六项　旦望⑤酌酒献食如平日，长幼毕集，不得懈慢。

第七项　远忌供养饭僧，追荐⑥如平日，合族食素。

第八项　应本家田产等，子子孙孙，并不许分割，自有正条，可以检照遵守。

第九项　岁收租课，诸位计口分给，不论长幼，俱为一等。五岁以上，给三之一，十岁以上给半，十五岁以上全给。止给骨肉，女虽嫁未离家，并婿甥并同。其奶婢奴仆，并不理口数，不在分给之限。

第十项　宅库、租课、收支等，应具文历并收支单状，主家者与诸位最长子第一人，通行签押。其余非泛增损事务，亦须商议。

第十一项　甲年所收租课，乙年出粜收索，至丙年正月初，据所收之数，十分内桩留⑦一分，以备门户缓急。内有官人到官支住，罢官到家，仍旧支给。

第十二项　桩留钱岁终有余，即拨入租课，历正初混同计数，分给桩留。

第十三项　田产既不许分割，即世世为一户，同处居住，所贵不远坟垅⑧。

第十四项　士宦稍达，俸入优厚，自置田产，养赡有余，即以分给者，均济诸位之用度不足或有余者。然不欲立为定式，此在人义风何如耳，能体吾均爱子孙之心强行之，则吾为有后矣！

第十五项　他日无使臣使唤，即于宣借内择一二人善干事能书算者，令主管宅库、租课等事，稍优其月给，庶或尽心。所给钱米，正初⑨分给时拨出，或季给，或月给。

第十六项　主管宅库人，专管宅库应干事务，诸位不得私役及非理凌虐。

第十七项　罢官于他处寄居者，更不分给租课。

第十八项　每岁收索租课，预告报管田人，候见本宅诸位子孙同签头引⑩，及主管宅库人亲身到彼，方得交付。如诸位子弟怀私取索，即不得应副。如辄支借来年计算，本宅并无认数。

第十九项　诸位子弟，不得于管田人处私取租课，如敢违者，重行戒约，及时私取钱物，于分给数内尅除外，更令倍罚。谓如私取十贯，已尅除十贯，更尅除十贯之类。

第二十项　每正初契勘当年内如有合赴官者，据阙期⑪远近，展一季分给。如代者补填，俟接人到，据所展日月，于桩留贴支。契勘当年有任满者，即约度计口存留。候到家日，依旧分给，所留不即于桩留内贴支，有余拨入桩留历。

第二十一项　每正初合分给时，即契勘年内诸位如有婚嫁，每分各给五百贯足，男女同。

第二十二项　增添人口，展修房户等，应有所费，并于桩留内支破，其余些小修造，诸位自办。

第二十三项　应婚嫁，主家者主之，有故，以次人主之。除资送礼物等，已给钱诸位自行措置外，其筵会及应干费用，并于桩留内支破。主家者与本位子孙协力排办，务要如礼。

第二十四项　非泛支用，除婚嫁资送等已有定数外，如祭祀、忌日、旦望等，名色不一，难为预定，仰主家者公共商量，随事裁处，务要合中，两无妨阙。

第二十五项　应祭祀、忌日、旦望，供养之物及礼数等，吾家自祖父以来，相传皆有则例⑫，人人能记，不必具载，亦不必增损。

第二十六项　他日吾百年之后，除田产房廊不许分割外，应吾所有资财，依诸子法分给。

第二十七项　三十六娘，吾所钟爱，他日吾百年之后，于绍兴府⑬租课内，拨米二百石充嫁资，仍经县投状⑭，改立户名。

第二十八项　同族义居，唯是主家者持心公平，无一毫欺隐，乃可率下，不可以久远不慎，致坏家法。

第二十九项　古今遗法，子弟固有成书，其详不可概举，唯是节俭一事，最为美行。《司马温公训俭》文，人写一本，以为永远之法。

第三十项　应该载不尽事件，并仰主家者公共相度，从长措置行之。

上⑮三十项，恐太繁，更在临时择而行之。大应⑯止是应田产不许分割，每岁计口分给约束，应本家所有田产，并不许分割，每岁据所入计口分给。其详在私门规式册中，可以检照遵守。子孙世守之，不得有违。绍兴十四年⑰九月初七日。

【注释】

① 司马温公家范：《温公家范》，系北宋名臣、史学家司马光撰。见本书。
② 影堂：家庙，供奉祖先遗像。《涑水记闻》："安国哭于影堂。"
③ 享祀：祭献，上供。《易·困》："困于酒食，朱绂方来，利用享祀。"
④ 破盘：分食祭余的酒菜果品。
⑤ 旦望：旦，农历每月初一。望，农历每月十五。
⑥ 追荐：请僧道为死者诵经礼忏，祈祷祝福，超度死者。
⑦ 桩留：指基本留存。
⑧ 坟垅：坟墓。《三朝北盟会编》："京城之外，坟垅悉遭掘出尸，取其棺为马槽。"
⑨ 正初：农历正月。
⑩ 头引：契约，文书，账目。
⑪ 阙期：赴任之期。
⑫ 则例：准则，例规。
⑬ 绍兴府：今浙江省绍兴地区。
⑭ 投状：呈递文状，申报立户。
⑮ 上：原文繁体字竖排，今改简化字横排，原"右"改"上"。
⑯ 大应：大体；大概。
⑰ 绍兴十四年：南宋高宗赵构年号，即公元1144年。

放翁家训

[南宋] 陆游

陆游（1125—1210年），字务观，号放翁，浙江绍兴人。南宋进士，官至宝章阁待制。南宋著名诗人，又工词，今存九千余首。著《剑南诗稿》《渭南文集》《南唐书》《老学庵笔记》等。本文录自《知不足斋丛书》。

昔唐之亡也，天下分裂。钱氏崛起吴越之间，徒隶① 乘时，冠屦② 易位。吾家在唐为辅相者六人，廉直忠孝，世载令闻。念后世不可事伪国苟富贵，以辱先人，始弃官不仕。东徙渡江，夷于编氓③。孝悌行于家，忠信著于乡，家法凛然，久而弗改。宋兴，海内一统。祥符④ 中，天子东封泰山，于是陆氏乃与时俱兴。百余年间，文儒继出，有公有卿。子孙宦学相承，复为宋世家，亦可谓盛矣！然游于此切有惧焉，天下之事，常成于困约⑤，而败于奢靡。游童子时，先君谆谆为言太傅⑥ 出入朝廷四十余年，终身未尝为越产⑦。家人有少变其旧者，辄不怿⑧。其夫人棺才漆⑨。四会婚姻，不求大家显人。晚归鲁墟，旧庐一橡不可加也。楚公少时，尤苦贫，革带敝，以绳续绝处。秦国夫人尝作新襦，积钱累月乃能就，一日覆羹污之，至泣涕不食。太尉与边夫人方寓宦舟，见妇至，喜甚，辄置酒，银器色黑如铁，果醢⑩ 数种，酒三行而已。姑嫁石氏，归宁⑪，食有笼饼，亟起辞谢曰："昏耄⑫ 不省是谁生日也？"左右或匿笑，楚公叹曰："吾家故时数日乃啜羹，岁时或生日乃食笼饼，若曹岂知耶？"是时楚公见贵显，顾以啜羹食饼为泰⑬，愀然叹息如此。游生晚，所闻已略。然少于游者，又将不闻。而旧俗方以大坏，厌藜藿，慕膏粱，往往更以上世之事为讳。使不闻，此风放而不还，且有陷于危辱之地，沦于市井⑭，降于皂隶⑮ 者矣！复思如往时父子兄弟相从，居于鲁墟，葬于九里，安乐耕桑之业，终身无愧悔可得耶！呜呼！仕而至公卿，命也。退而为农，亦命也。若夫挠节⑯ 以求贵，市道⑰ 以营利，吾家之所深耻，子孙戒之！尚无坠厥初。乾道四年⑱ 五月十三日太中大夫宝谟阁待制游谨书。

吾见平时丧家百费方兴，而愚俗又侈于道场斋施之事。彼初不知佛为何人，佛法为何事，但欲夸邻里为美观耳。以佛经考之，一四句偈，功德不可称量，若必以侈为贵，乃是不以佛言为信。吾死之后，汝等必不能都不从俗，遇当斋日，但请一二有行业[19]僧诵《金刚》[20]、《法华》[21]数卷，或《华严》[22]一卷，不啻足矣。如此为事，非独称家之力，乃是深信佛言，利益岂不多乎？又悲哀哭踊，是为居丧之制，清净严一，方尽奉佛之礼。每见丧家张设器具，吹击螺[23]鼓，家人往往设灵位，哭泣而观之，僧徒炫[24]技，几类俳优[25]，吾常深疾其非礼。汝辈方哀慕中，必不忍行吾所疾也，且侈费得福，则贪吏富商兼并之家，死皆升天，清节贤士，无所得财，悉当沦坠，佛法天理，岂容如是！此是吾告汝等第一事也，此而不听，他可知矣。

升济神明之说，唯出佛经。黄老之学[26]，本于清净自然，地狱天宫，何尝言及？黄冠辈见僧获利，从而效之。送魂登天，代天肆赦，鼎釜油煎，谓之炼度，交梨火枣[27]，用以为修，可笑者甚多，尤无足议，聊及之耳。

墓有铭，非古也。吾已自记生平大略，以授汝等，慰子孙之心，如是足矣。溢美以诬后世，岂吾志哉。

吾平生未尝害人。人之害吾者，或出忌嫉，或偶不相知，或以为利，其情多可谅，不必以为怨，谨避之，可也。若中吾过者，尤当置之。汝辈但能寡过，勿露所长，勿与贵达亲厚，则人之害己者自少。吾虽悔已不可追，以吾为戒，可也。

祸有不可避者，避之得祸弥甚[28]。既不能隐而仕，小则谴斥，大则死，自是其分。若苟逃谴斥而奉承上官，则奉承之祸不止失官。苟逃死而丧失臣节，则失节之祸不止丧身。人自有懦不能蹈祸难者，固不可强，惟当躬耕，绝仕进，则去祸自远。

风俗方日坏，可忧者非一事。吾幸老且死矣，若使未遽死，亦决不复出仕。惟顾念子孙，不能无老妪态。吾家本农也，复能为农，策之上也。杜门穷经[29]，不应举，不求仕，策之中也。安官小官，不慕荣达，策之下也。舍此三者，则无策矣。汝辈今日闻吾此言，必当不以为是，他日乃思之耳。暇日时与兄弟一观以自警，不必为他人言也。

气不能不聚，聚亦不能不散。其散也，或遽或久，莫或致诘。而昧者置欣戚于其间，甚者祈延而避促，亦愚矣。吾年已八十，更寿亦不过数年，便终固不为夭，杜门俟死，尚复何言。且夫为善自是士人常事，今乃规后身福报，若市道焉，吾实耻之。使无祸福报应，可为不善耶！

吾承先人遗业，家本不至甚乏，亦可为中人之产。仕宦虽龃龉[30]，亦不全在人后。恒素不闲生事，又赋分薄，俸禄入门，旋即耗散。今已悬车[31]，目前萧然，意甚安之。他人或不谅，汝辈固不可欺也。

厚葬于存殁无益，古今达人，言之已详。余家既贫甚，自无此虑，不待形言。至于棺柩，亦当随力，四明㉜临安㉝倭船到时，用三十千，可得一佳棺。念欲办此一事，窘于衣食，亦未能及，终当具之。万一仓卒，此即吾治命也。汝等第能谨守，勿为人言所摇。木入土中，好恶何别耶！

近世出葬，或作香亭、魂亭、寓人、寓马之类，一切当屏去。僧徒引导，尤非敬佛之意。广召乡邻，又无益死者，徒为重费，皆不须为也。

古者植木冢上，以识其处耳。吾家自先太傅以上，冢上松木，多不过数十。太尉古初葬宝峰，比上世差为茂郁，然亦止数亩耳。左丞归葬之后，积以岁月，林樾浸盛㉞，遂至连山弥谷。不幸孙曾遂有鬻伐贸易之弊，坐视则不可，禁止则争讼纷然，门户之辱，其害更胜于厚葬。吾死后，墓木毋过数十，或可不陷后人于不孝之地，戒之戒之！

石人石虎㉟之类，皆当罢之。欲识墓处，立一二石柱可也。

守墓以僧，非旧也。太傅尝为乡邦，其力非不可置庵瞻僧，然终不为，岂俭其亲哉？盖虑之审耳。坟墓无穷，家资厚薄不常，方当盛时虽可办，贫则必废。又南方不族墓㊱，世世各葬，若葬必置庵赡僧，数世之后，何以给之？吾墓但当如先世，置一庵客，岁量给少米，拜扫日，给之酒食及少钱，此乃久远事也。若云赖僧为福，尤为不然。

吾少年交游，多海内名辈，今多已零落。后来佳士，不以衰钝㊲见鄙，往往相从，虽未识面而无定交者亦众，恨无繇㊳遍识之耳。又有道途一见，心赏其人，未暇从容，旋即乖隔。今既屏居不出，遂不复有邂逅之期。吾于世间万事，悉不贮怀，独此未能无遗恨耳。

人生才固有限，然世人多不能克尽其实，至老必抱遗恨。吾虽不才，然亦一人也，人未四十，未可著书，过四十又精力日衰，忽便衰老，子孙以吾为戒，可也。

人与万物，同受一气，生天地间，但有中正偏驳之异尔，理不应相害。圣人所谓"数罟不入污池，弋不射宿"㊴，岂若今人畏因果报应哉！上古教民食禽兽，不惟去民害，亦是五谷未如今之多，故以补粒食所不及尔。若穷口腹之欲，每食必丹刀几㊵，残余之物，犹足饱数人。方盛暑时，未及下箸，多已臭腐，吾甚伤之。今欲除羊豕鸡鹅之类。人畜以食者（牛耕犬警，皆资其用，虽均为畜，亦不可食），姑以供庖，其余川泳云飞之物，一切禁断，庶几少安吾心。凡饮食但当取饱,若稍令精洁,以奉宾燕,犹之可也。彼多珍异夸炫世俗者,此童心儿态,切不可为其所移,戒之戒之!

世之贪夫,溪壑无餍[41],固不足责。至若常人之情,见他人服玩,不能不动,亦是一病。大抵人情慕其所无,厌其所有,但念此物若我有之,竟亦何用,使人歆艳[42],于我何补,如是思之,贪求自息。若夫天性淡然,或学问已到者,固无待此也。

人士有与吾辈行同者,虽位有贵贱,交有厚薄,汝辈见之,当极恭逊。己虽官高,亦当力请居其下。不然,则避去可也。吾少时,见士子有与其父之朋旧同席而剧谈大噱者,心切恶之,不愿汝曹为之也。

吾惟文辞一事,颇得名过其实,其余自勉于善而不见知于人,盖有之矣。初无愿人知之心,故亦无憾。天理不昧,后世将有善士,使世世有善士,过于富贵多矣,此吾所望于天者也。

居丧之礼,不可不勉。人固有体气素弱,不能常去肉食者,礼亦许之,然亦不得已耳。至若寝苫[43]于地,东南卑湿,决不可行。食去盐酪,亦非南人所堪。如此之类,小有出入,固有不得已者。若夫饮酒及广设肴羞,以至招客赴食之类,乃可以守礼而不守者,亦是近世礼法陵夷[44],遂至于此,汝辈各宜勉之。若不能人人皆行,则行者自行而已。兄弟相驳,亦无如之何也。

诉讼一事,最当谨始。使官司公明可恃,尚不当为,况官行关节,吏取货贿。或官司虽无心,而其人天资暗弱,为吏所使,亦何所不至,有是而后悔之,固无及矣!况邻里间所讼,不过侵占地界,逋欠[45]钱物,及凶悖陵犯耳,徐徐谕之,勿遽具讼也,若能置而不较尤善。李参政汉老作其叔父成季墓志云:"居乡则以困畏不若人为哲。"真达识也。

吾居贫不喜为人言,故知者少。今启手足之后,乃至不能办棺殓,度不免以累亲故,然当痛节所费,但获入土则已矣,更不可借口干人,以资他用。

九里袁家岙[46]大墓及太傅、太尉、左丞、少师、荣国夫人、康国夫人诸墓,岁时切宜省视修葺。近岁族人不幸有残伐扰害者,吾竭力禁止之,虽遭怨詈诬讼者,皆不敢恤,一二年来,方似少止。以后固不可保,然已蒙郡中给榜严戒,他日援此有请,既非创始,必易为力。然须汝辈念念不忘,举措必当,然后可耳。

余庆藏书阁,色色已具,不幸中遭扰乱,至今未能建立。吾寝食未尝去心,若神明垂佑,未死间或可遂志。万一赍志及泉[47],汝辈切宜极力了之。至祝至望！此阁本欲藏左丞所著诸书，今族人又有攘取庵中供赡储蓄及书籍者，则藏书于此，必至散亡，不若藏之于家。止为佛阁，略及奉安左丞塑像可也。此事本不欲书，然势不可不告子孙，言及于此，痛心陨涕而已。

子孙才分有限，无如之何，然不可不使读书。贫则教训童稚，以给衣食，但书种不绝足矣。若能布衣草履，从事农圃，足迹不至城市，弥是佳事。关中村落，有魏郑公庄，诸孙皆为农。张浮休过之，留诗云："儿童不识字，耕稼郑公庄。"仕宦不可常，不仕则农，无可憾也。但切不可迫于衣食，为市井小人事耳。戒之戒之！

后生才锐者，最易坏。若有之，父兄当以为忧，不可以为喜也。切须常加简束，令熟读经子，训以宽厚恭谨，勿令与浮薄者游处。如此十许年，志趣自成。不然，其可虑之事，盖非一端。吾此言，后人之药石也。各须谨之，毋贻后悔。

【注释】

① 徒隶：旧称在狱中服刑役的犯人。《管子·轻重乙》："今发徒隶而作之，则逃亡而不守。"
② 冠屦（jù）：帽和鞋。此句意为官与百姓易位。
③ 编氓：指普通平民。编，谓编入户籍。氓，平民百姓。
④ 祥符：宋真宗赵恒年号，公元1008—1016年。
⑤ 困约：贫困俭约。《史记·晋世家》："亡居外十九年，至困约。"
⑥ 太傅：陆游先祖，官太子太傅，辅导太子，故以"太傅"而称。
⑦ 越产：抢劫、侵掠的财物。
⑧ 怿：喜悦，高兴。《诗经·邶风·静女》："说怿女美。"
⑨ 棺才漆：棺木仅刷一道漆，言葬之俭朴。
⑩ 醢（hǎi）：用肉、鱼制成的酱。《训俭示康》："脯醢菜羹。"
⑪ 归宁：旧指已嫁的女子回娘家省视父母。《诗经·周南·葛覃》："害浣害否？归宁父母。"
⑫ 昏耄（mào）：老糊涂之意。《吴越春秋·夫差传》："今大夫昏耄而不自安，生变起诈。"
⑬ 泰：平安，安定。成语"泰然自若"。
⑭ 市井：古指做买卖的地方，引申为卑贱。
⑮ 皂隶：古代衙门的差役。《左传·隐公五年》："皂隶之事，官司之守，非君所及也。"
⑯ 挠节：屈节，折节。陆游《书志》："如何慕温饱，挠节不自惜。"
⑰ 市道：原为市场交易之地，引申为重利而忘义。
⑱ 乾道四年：公元1168年。乾道为南宋孝宗赵昚（shèn）的年号。
⑲ 行（xíng）业：指恪守佛教戒律的操行。《大唐西域记》："岁月亟淹，行业无纪。"

⑳ 金刚：佛经，全名《金刚般若波罗蜜经》，简称《金刚经》。
㉑ 法华：佛经，全名《妙法莲华经》，简称《法华经》。
㉒ 华严：佛经，全名《大方广佛华严经》，简称《华严经》。
㉓ 螺：法螺。佛教乐器一种，用海螺壳做成。
㉔ 炫（xuàn）：夸耀、炫耀。《柳河东集》："炫怪于群目。"
㉕ 几（jī）类俳优：几乎与俳优相同。俳优，古代以乐舞谐戏为业者，其地位低下，为人所鄙。
㉖ 黄老之学：指道家学说。传说黄帝为道家始祖，因其衣冠皆为黄色，故道人亦服冠尚黄，相沿成习。下文"黄冠辈"即言此。
㉗ 交梨火枣：道教经书中所说的"仙果"，为升天腾飞之药。《太清诰》："夫交梨火枣，是飞腾之药也。"
㉘ 此句意为：福祸乃天数，妄求强避皆不可能，避祸往往更招大祸。
㉙ 杜门穷经：闭门读书，研习经书。
㉚ 龃龉（jǔ yǔ）：上下牙不对齐，比喻意见不合，互相抵触。扬雄《太玄》："其志龃龉。"范望注："龃龉，相恶也。"
㉛ 悬车：亦作"县车"，谓辞官居家。《旧唐书·李百药传》："悬车告老，怡然自得。"
㉜ 四明：浙江宁波。
㉝ 临安：杭州。
㉞ 林樾（yuè）浸（jìn）盛：林荫渐盛。樾，指两木交聚而成的树荫。浸，渐。
㉟ 石人石虎：古代立石人石虎于陵前墓甬两侧，以示尊贵或作标记。
㊱ 族墓：家族或宗族墓葬集中一处。
㊲ 衰钝：衰老迟钝，指陆游自己。
㊳ 繇（yóu）：通"由"，从，自。《尔雅》："繇膝以下为揭。"
㊴ 圣人所谓二句意为："已浑之池不捕鱼，归巢之鸟不发弓。"罟（gǔ）：网的总称。弋（yì）：用带生丝的矢来射。宿：歇宿之鸟。《论语·述而》云："子钓而不网，弋不射宿。"
㊵ 此句意为：每餐必杀生。丹刀几，血迹染红刀。
㊶ 餍（yán）：原为饱，引申为满足。
㊷ 歆艳：欣美，艳美。金代王若虚《〈新唐书〉辨上》："今之学者类皆歆艳，以为新奇。"
㊸ 寝苫：古时居父母丧的守孝。《仪礼·既夕礼》："居倚庐，寝苫枕块。"寝苫：睡草荐。枕块：枕土块。
㊹ 陵夷：同"陵迟"，见沐并《诫子俭葬书》注。
㊺ 逋欠：拖欠，短少。
㊻ 岙（ào）：山间平地，多作地名。宋代沈括《梦溪笔谈》："出南门三十里，宿于八岙。"
㊼ 赍（jī）志及泉：怀抱着未完成的志愿而死去。泉代黄泉、九泉，指死亡。

朱文公政训

[南宋]朱熹

朱熹（1130—1200年），字元晦，又字仲晦，号晦庵，别名紫阳，江西婺源人。南宋哲学家、教育家、理学家、思想家、诗人。哲学上发展了二程学说，建立了程朱学派。宋代理学集大成者，是孔子、孟子后最杰出的儒学大师，世称"朱子"，在明清时被提到儒学正宗的地位。谥号"文"，世称"朱文公"。著《四书章句集注》《楚辞集注》《周易本义》及后人编撰的《晦庵先生朱文公文集》和《朱子语类》等。

《朱文公政训》系朱熹与门人弟子问答语录汇编之一，由明代人彭韶整理，粹为一编，名曰《政训》。

今世士大夫，唯以苟且逐旋，挨去为事，挨得过时且过。有人少负能声，及少经挫抑，却悔其太惺惺了了①，一切刬②方为圆，随俗苟且，自道是年高见识长进。当官者，大小上下以不见吏民、不治事为得策。曲直在前，只不理会。庶几民自不来，以此为止讼之道。民有冤抑，无处伸诉，只得忍遏。便有讼者，半年周岁不见消息，不得予决，民亦只得休和，居官者遂以为无讼之可听。风俗如此，可畏可畏！

被几个秀才在这里翻弄那吏文，翻得来难看。吏文只合直说其事是如何、条贯是如何，合人一看便见方是。今只管弄闲语，说到紧要处，又只恁地带过去。

吾辈今经历如此，异时若有尺寸之柄③，而不能为斯民除害去恶，岂不诚可罪耶！某尝谓今之世姑息不得，直须与他理会，庶几善弱可得存立。

问治乱之机，曰今看前古治乱，哪里是一时做得。少是四五十年，多是一二百年酝酿力得如此。遂俯首太息。

官无大小，凡事只是一个公。若公时，做得来也精采。便若小官，人也望风畏服。若不公，便是宰相，做来做去也只得个没下稍④。

人之仕宦不能尽心尽职者，是无那先其事而后其食底心。

尝叹州县官碌碌，民无所告诉，兼民情难知，耳目难得，其人看来如何明察，亦多有不知者。以此观之，若是见得分明，决断时，岂可使有毫发不尽⑤！

人只任闲散不可。须是读书。又谓闲散是虚乐，不是实乐。

有亲戚托人求举，先生曰："亲戚固是亲戚，然荐人于人，亦须是荐贤始得。"

【注释】

① 惺惺：聪明人。成语"惺惺惜惺惺"。了了：清清楚楚，心里明白。《后汉纪·献帝纪》："小时了了者，至大亦未能奇也。"成语"不甚了了"，中医术语"心中了了，指下难明"。
② 刓（wán）：磨损，削去棱角；雕琢。《广雅》："刓，断也。"《楚辞·怀沙》："刓方以为圆兮。"
③ 尺寸之柄：形容握有小小的权力。
④ 下稍：结果，结局。《伍员吹箫》："我只怕大恩人没有下稍。"成语"有上稍，没下稍"。
⑤ 岂可使有毫发不尽：怎么可以有丝毫不尽力呢！

戒子通录

[南宋] 刘清之

刘清之（1134—1190年），字子澄，号静春，南宋临江（今四川忠县）人。南宋初期著名理学家。绍兴二十七年（1157年）进士及第，官任宜春县、建德县主簿，后任太常寺主簿等职。《宋史》卷四三七第一九六《儒林传》有传。刘氏著作颇丰，著《曾子内外杂篇》《墨庄总录》《训蒙新书》《续说苑》《戒子通录》等。

刘氏从朱熹学，与吕伯恭、张栻等皆为密友，发展了宋代儒家理学，创立"墨庄学派"。朱熹首创，刘清之编辑，被后世尊为儒家的启蒙读本《小学》，而刘氏的《戒子通录》亦是在朱熹倡导下编辑而成。

《戒子通录》系集西周至南宋初戒子家训之大成者，全书共八卷，前七卷为父训，计一百三十七条，第八卷为母训，计三十五条，计共一百七十二条。该书辑成未见刻本，元代崔栋发现，加以刊刻，后世刘氏家族再刊。明代收入《永乐大典》，清代再收入《四库全书》，并加原作者注解。今选录自《四库全书·子部儒家类》。

提要

《戒子通录》八卷　儒家卷

臣等①谨案：《戒子通录》八卷，宋刘清之撰。清之，字子澄，号静春，临江人。绍兴二年②进士，光宗时知袁州。宋时本《传》③称其生平著述甚多，是书其一也。其书博采经史群籍，凡有关庭训者，皆节录其大要，至于母训阃教④亦备述焉。史称其甘贫力学，博极群书，故是编采摭⑤繁富，或不免于冗杂。然其随事示教，不惮于委曲详明，虽琐语碎事，莫非劝戒之资，固不以过多为患也。元·虞集甚重其书，尝劝其后人刻诸金溪⑥，后崔栋复为重刻。顾自宋以来，史志及诸家书目皆不著录，惟《文渊阁书目》⑦载有二册，亦无卷数，外间传本尤稀。今谨据《永乐大典》⑧所载，约略篇页，厘为八卷。所引诸条原本于标目之下,各粗举其人之始末,其中间有未备者,今并为考补增注,以一体例。惟自宋以前,时代错出,颇无伦次,盖一时随手摘录,未经排比之故,今亦姑存其旧焉。

乾隆四十六年九月恭校上
总纂官臣纪昀　臣陆锡熊臣孙士毅　总校官臣陆费墀

序

元·虞集序

愚尝闻之,人受天之命以生,亦犹子之禀父命而行也,君子畏天命而不敢违,犹孝子之从父命而不敢悖,事天、事亲,其致一也。人之事天而不求于事亲,则不可以为人。子之事亲而不足以事天,则不可以为子。是故父命即天命也,同一至仁而无私者也。然而天不能为谆谆之诲也,知命者观乎风雨霜露之迹,变化消息之故而得之。《诗》云:"昊天曰明,及尔出王。昊天曰旦,及尔游衍。"⑨ 庶几奉以周旋者乎!故曰:"富贵福泽,将厚吾之生也;贫贱忧戚,庸玉女于成也。"⑩ 莫非惟其所命,而顺受其正者也。事亲之道亦若是而已矣!夫亲之于其子也,盖无不爱焉,欲其善良,欲其贤智,欲其福泽长久,而不欲其凶恶愚不肖,不欲其困乏断折,其心无有异者。语曰"厉人生子,夜而取火"⑪,是欲其子之善者。至于凡庸尽,然况中人以上乎!是故爱之至则虑之深,知之明则言之切,或因其材,或因其事,或抑其过,或助其不及,或正其偏,或定其是,以启迪其所未知,而增益其所可进。虽人品不同,而立言远近浅深顿异,要其指归,皆爱其子而已矣。天理之公,孰有着于此者乎!

昔静春刘先生辑凡为人父者之戒其子言,载书传者,以为《戒子通录》。意其所以谓之《通录》者,岂不以天下之为人父者,各以其爱子之心而为之戒;天下之为人子者,皆可因其所戒而省念之。如闻其父之命亲在,求诸容也辞气之接,而不能尽也,即此书以充其所未达。亲殁思其精神志意之微,而有不及闻也,即此书以征其所欲知。一语默动息,无非受命于其亲者矣。天理宁有间断乎!集尝得其书而敬爱之,服行讲明,不敢后也。他日至临川,刘氏之族在金溪者多贤俊,每出其先世遗书相示,仆⑫ 嘅然⑬ 问之曰:"《戒子通录》无恙乎?"有曰徽叔熙者对曰:"是吾世守以保族者也,敢忘之乎!"集曰:"子之家显且二三百年，岂偶然乎？盖又闻之，孝弟之顺德，视犯上作乱之恶，其间之相去甚不相似也。而有子推两端之极于一言之间。豫章罗[14]先生曰：'天下无不是之父母。'而陈公了翁推致之曰：'乱臣贼子之起，常始于见父母之不是。'呜呼！不受命之害，至于如此。三君子之言，所以有功于万世名教者也，而忽焉者不足以知其言之有功也，必有观乎此书而用力焉，则能惕然恐惧，而所以尽心于事天、事亲者矣。子盍刻而广之也！"儆曰："诺。"明年，以成书来告，因请题其说云。

元·陈黄裳序

人之爱子，何所不至哉！自襁褓鞠乳，以至成人，授之以土宇人民而欲其富，传之以印绶车服[15]而欲其贵，凡可以与之者，壹无靳色。虽我躬不阅，亦必思所以遗后，谓不若是，则父母之责未尽也。然此岂所以爱子哉！石碏[16]曰："爱子教之以义方。"古者子生八岁入小学，立之师傅，教之礼乐射御书数，达之洒扫应对进退。盖自天子之储贰、诸侯之世子、公卿大夫之子，以至于士庶人，莫不以此为急先务，必义方之教行，由小学以进于大学，挺身承家，肯堂肯播，而后能保其所谓土宇人民、印绶车服者。此固父母所望于子，而为人子者亦岂易事哉！近世朱徽文公既成小学之书，又柬刘静春集史传嘉谟善行与宋氏诸儒之格言为《戒子通录》，凡为父母、为子侄、为兄弟、为夫妇之道具是。阶庭讲学[17]，耳濡目染，非苟知之，亦允蹈之。其于世教实非小补。湖湘旧有板，今不复存。平阳崔君[18]架之间以语余，幕府余闲，手自雠校且绣梓，以广其传，盛心可尚已。以儒饬吏言政及化，岂俗吏所能哉！既为嘉叹，且系之辞。

大德庚子[19]春丁前进士眉山陈黄裳叙。

元·曾福升序

立三极、备万物者，人也。而所以为人之道，其要有三重焉：一曰宅心；二曰立身；三曰教子。然能宅则能立，能立则能教，君子不谓三也。昔者曾子[20]之在圣门，其亲承斯道之传，继述先圣之志者，《孝经》[21]一编、《大学》[22]一书而已。其它遗言见于问，载于记，班班可考，曷尝外是而他有所谓哉！试即二书之表而推之，其曰宏毅任重，戒之戒之！宅心之谓也。其曰三省，自反而缩，养敬安卒，慎行其身，立身之谓也。夫惟宅心，立身之道，亦既若是其徃矣。后世虽有弗肯堂，弗肯播而能读其书者，亦将化蒲卢[23]而肖蜾蠃[24]矣，矧[25]有是者哉！

友人崔架之，其宅心、立身知所本者与，得静春刘先生所集《戒子通录》善本，以刻诸梓，将广其传，是亦"锡类"[26]之美事。虽然即吾心、吾身之所有，则其不言之教，固已谆谆于其子矣，而况昭诸不朽若是乎！故吾因架之。今之此举，并以发是《录》，言外之意，初亦不出于《大学》修正齐家之要领也。举瞻孔庭，有严在目，子其勉诸！以尽为人之道，以任三极万物之责。

大德庚子秋中日[27]，富州文学掾[28]庐陵[29]曾福升题。

元·崔栋序

近得临江刘清之所辑《戒子通录》一编，皆古者明君良臣、慈父淑母教诫子弟，理明意切，读之能使为人臣、为子弟者油然起忠孝之心。惜此本传之者寡，遂锓梓[30]以广之，庶有补于将来。大德庚子良月[31]，河东[32]崔栋谨识。

【注释】

① 臣等：《四库全书》的编辑人纪昀、陆锡熊、孙士毅、陆费墀等人。
② 绍兴二年：误，应为绍兴二十七年，绍兴系南宋宋高宗赵构年号。刘清之卒于1190年（朱熹《祭刘子澄文》），即绍熙元年，享年五十七岁。绍兴二年即1132年，二岁进士，绝无可能，绍兴二十七年，即1157年，刘氏三十三岁。
③ 传：指《宋史》卷四百三十七列传第一百九十六《儒林传》中《刘清之传》。
④ 阃（kǔn）教：启蒙教育，入门教育，又指女训。
⑤ 摭（zhí）：摘取，拾取。
⑥ 金溪：古地名，江西省金溪县。
⑦ 文渊阁书目：现存不多的官修登记性书目，现藏台北故宫博物院。文渊阁，清代专贮《四库全书》的藏书阁名，位于北京故宫东华门内文华殿后。
⑧ 永乐大典：类书名。初名《文献大成》，后更此名。自明成祖永乐元年始，成于永乐六年，共收载各类图书七八千种，辑成二万二千八百七十七卷，正本已毁，副本被八国联军烧毁及劫走，今成残卷。
⑨ 此句出自《诗·大雅·板》，意为上天意志明白可鉴，与你一起来往同道；上天惩戒无时不在，伴你一起出入游遨。
⑩ 此句出自北宋理学家张载的《西铭》，意为生在富贵之家，生活充实而无忧；生在贫穷之家，促发奋斗，像璞玉须打磨，终成美玉。
⑪ 此句出自《庄子》。厉人：丑陋之人，生子于夜半，担惊受怕生出丑孩子，赶快点灯照看。《庄子》："厉之人夜半生其子，遽取火而视之，汲汲然惟恐其似己也。"

⑫ 仆：虞集的自谦称。
⑬ 嘅然：嘅同"慨"。感慨。
⑭ 豫章罗：西汉江西南昌的一个江右民系家族，因平定豫章有功，汉景帝置豫章郡，其后世子孙遂被称为豫章罗氏，此指罗从彦，宋代大儒二程的弟子。
⑮ 印绶车服：印绶，印和系印的丝带，指官吏的官印。《汉书·朱买臣传》："拜为太守，买臣衣故衣，怀其印绶，步归郡邸。"车服，车舆礼服，天子皇帝的奖赏。《尚书·舜典》："敷奏以言，明试以功，车服以庸。"
⑯ 石碏：春秋时卫国大夫。
⑰ 阶庭讲学：台阶前的庭院讲课。
⑱ 平阳崔君：崔栋，元代人。刊刻《戒子通录》于1300年，增崔栋"序"。
⑲ 大德庚子：元成宗铁穆耳大德四年，即1300年。
⑳ 曾子：名参，字子舆，山东嘉祥人。春秋著名儒学家，孔子学生，相传著《大学》，后世称为"宗圣"。
㉑ 孝经：儒家经典之一，十八章，论述孝道。对作者颇有争议，然以孔门后学所著较为合理。
㉒ 大学：儒家经典之一，原是《礼记》的一篇，约为秦汉之际儒家作品，相传是曾子所著，后成《四书》之一。
㉓ 蒲卢：蜂的一种，细腰蜂。《尔雅》："果蠃，蒲卢。"郭璞注："即细腰蜂也。"
㉔ 肖：类似，相似。螺蠃：即"裸蠃峰"。《诗》："螟蛉有子，螺蠃负之。"
㉕ 矧（shěn）：亦。《尚书·廉诰》："元恶大憝，矧惟不孝不友。"
㉖ 锡类：以善施及众人。《诗经·大雅·既醉》："孝子不匮，永锡尔类。"毛传："类，善也。"
㉗ 秋中日：中秋节，农历八月十五日。
㉘ 富州文学掾：富州，今四川一带。文学掾，官职名。
㉙ 庐陵：古地名，今江西吉水。
㉚ 锓梓：刻书板。清代叶德辉《书林清话》："刻板盛于赵宋，其名甚繁……曰锓板，曰锓木，曰锓梓。"
㉛ 良月：农历十月的别称。
㉜ 河东：古地名，今山西省。

戒子通录·卷一
《列女传》① 胎教

古者妇人妊子，不侧坐、不边立、不跸②、不食邪味。割不正不食，席不正不坐，目不视于邪色、耳不听于淫声，夜则令瞽诵③《诗》，道正事，如此则生子形容端正，才德过人矣。太王之子曰王季，王季成童，靡有过失。娶太任，太任之性，端一诚庄。惟德之行，不视恶色、不听淫声、不出敖言、能以胎教，生文王④而明圣。太任教之，以一而识百，卒为周宗⑤。

《礼记·内则》名子辞⑥

子生父咳而名之，父曰钦有帅母，对曰：记有成。

子生三日，始负⑦之，异为孺子室于宫中，必求宽裕慈惠、温良敬恭、谨而寡言者，使为子师⑧，其次为慈母，其次为保母⑨，皆居子室，他人无事不往。三月之末，择日剪发为鬌⑩，男角女羁⑪，否则男左女右。是日也，妻以子见于父，姆⑫先相曰："母某敢用时日，祇见孺子。"夫对曰："钦有帅。"⑬父执子之右手，咳⑭而名之。妻对曰："记有成。"子师辩告诸妇、诸母名，夫告宰⑮名，宰辩告诸男⑯名。书曰："某年某月某日，某生而藏⑰之。"

《仪礼》⑱ 冠辞

士冠三加辞，醴辞、三醮辞、字辞。

冠始加，祝曰："令月吉日，始加元服⑲。弃尔幼志，顺尔成德⑳。寿考维祺，介尔景福㉑。"再加，曰："吉月令辰，乃申尔服㉒。敬尔威仪，淑慎尔德㉓。眉寿㉔万年，永受胡福。"三加，曰："以岁之正，以月之令，咸加尔服，兄弟具在，以成厥德。黄耇㉕无疆，受天之庆。"醴辞曰："甘醴惟厚，嘉荐令芳。拜受祭之，以定尔祥。承天之休，寿考不忘。"醮辞曰："旨酒既清，嘉荐亶㉖时。始加元服，兄弟具来。孝友时格，永乃保之。"再醮曰："旨酒既湑㉗，嘉荐伊脯。乃申尔服，礼仪有序。祭此嘉爵，承天之祜。"三醮曰："旨酒令芳，笾豆有楚㉘。咸加尔服，肴升折俎㉙。承天之庆，受福无疆。"字辞曰："礼仪既备，令月吉日，昭告尔字。爰字孔嘉㉚，髦士攸宜㉛，宜之于假，永受保之。"曰伯某甫仲叔季，唯其所当。

婚辞

士昏父醮子命之，父送女命之，母命之，庶母以父母之命命也。

昏，父醮子，命之："往迎尔相，承我宗事，勖帅以敬，先妣之嗣，若则有常。"子曰："诺，唯恐弗堪㉜，不敢忘命。"父送女，命之曰："戒之敬之，夙夜毋违命。"母施衿结帨㉝曰："勉之敬之，夙夜毋违宫事。"庶母及门内施鞶㉞，申之以父母之命，命之曰："敬恭听宗尔父母之言，夙夜无愆，视诸衿鞶㉟。"

《戒书》周武王

姬发践阼三日，召师尚父问焉，有万世可以为子孙常者乎？尚父对并王为《戒书》。

师尚父㊱《道书》㊲之言曰："敬胜怠者吉，怠胜敬者灭；义胜欲者从，欲胜义者凶。"㊳王闻书之言，恐惧，退而为戒焉。为席前左端之铭曰："安乐必敬。"前右端之铭曰："无行可悔。"鉴之铭曰："见尔前，虑尔后。"㊴盘之铭曰："与其溺于人，宁溺于渊。溺于渊，犹可游也；溺于人，不可救也。"楹之铭曰："毋曰胡残，其祸将然㊵；毋曰胡害，其祸将大；毋曰胡伤，其祸将长。"剑之铭曰："带之以为服，动必行德，行德则兴，倍德则崩。"矛之铭曰："造矛造矛，少间弗忍，终身之羞，予一人所闻，以戒后世子孙。"

汉孝武㊶

景帝子彻、子闳，为齐王，旦为燕王，胥为广陵王，同日立，皆赐策，各以国土风俗白戒焉。凡三章。

呜呼！小子闳受兹青社㊷，朕承天序案：朕承天序，《史记》作"朕承祖考"。惟稽古建尔国家，封于东土，世为汉藩辅。呜呼念哉！共朕之诏。惟命不于常。人之好德，克明显光，义之不图，俾君子怠悉尔心，允执其中，天禄永终，厥有愆不臧㊸，乃凶于而国，害于尔躬，呜呼！保国乂民㊹，可不敬与，王其戒之！

呜呼！小子旦受兹元社㊺，建尔国家，封于北土，世为汉藩辅。呜呼！熏鬻氏㊻虐老兽心㊼，加以奸巧边氓，朕命将率，徂征厥罪㊽，北州以绥，悉尔心毋作怨，毋作棐㊾，德毋乃废备，非教士不得从征，王其戒之！

呜呼！小子胥受兹赤社㊿，建尔国家，封于南土，世为汉藩辅。古人有言曰：

"大江之南，五湖之间，其人轻心，扬州保疆，三代要服，不及以政。"呜呼！悉尔心祗祗兢兢，乃惠乃顺，毋侗㊿好逸，毋迩宵人㉒，惟法惟则。《书》㉣云："臣不作福，不作威，靡有后羞。"王其戒之。

梁简文帝

萧纲《戒子当阳公大心》

汝年时尚幼，所阙者学。可久可大，其唯学欤！所以孔丘言："吾尝终日不食，终夜不寝，以思无益，不如学也。"㊄若使墙面而立㊵，沐猴而冠㊶，吾所不取。立身之道，与文章异，立身先须谨重，文章亦勿放荡㊷。

周公

周文王子姬旦，旦子伯禽，封于鲁，将之鲁，故戒之也。又一章荀卿子，又一章刘向。

君子不施其亲，不使大臣怨乎。不以故旧无大故则不弃也，无求备于一人㊸。又云："君子力如牛，不与牛争力；走如马，不与马争走；智如士，不与士争智。"㊹又云："德行广大，而守以恭者荣；土地博裕，而守以俭者安；禄位尊盛，而守以卑者贵；人众兵强，而守以畏者胜；聪明睿智，而守以愚者益；博文多记，而守以浅者广。去矣，其毋以鲁国骄士矣！"㊺

文儆传《周书》㊻

案：维文王以下系节录，文儆篇中语九年，在鄗以下，系节录文传篇中语。

维㊼文王告儆㊽，惧后嗣之无保，庚辰㊾，诏太子发曰："汝敬之哉！民物多变，民何向非利，利维生痛，痛维生乐，乐维生礼，礼维生义，义维生仁㊿。呜呼，敬之哉！民之适败，上察下遂信，何向非私。私维生抗，抗维生夺，夺维生乱，乱维生亡，亡维生死。呜呼，敬之哉！"九年，在鄗㊿，召太子发曰："呜呼！吾语汝，所保所守，守之哉。厚德广惠，忠信爱人。君子之行，不为骄侈，不为靡泰，山林非时不升斤斧，川泽非时不入网罟㊿，不麛㊿不卵，孤寡辛苦，咸赖生焉。无杀夭胎，无伐不成材，无堕四时，如此者有十年之积。有十年之积者王，无一年之积者亡。"

《书·顾命》 周成王[69]

周成王姬诵作顾命保元子钊。

呜呼！疾大渐，惟几，病日臻，既弥留，恐不获，誓言嗣，兹予审训命汝[70]。昔君文王、武王，宣重光，奠丽陈教，则肄。肄不违，用克达殷，集大命[71]。在后之侗[72]，敬迓[73]天威，嗣守文武大训，无敢昏逾。今天降疾殆[74]，弗兴弗悟[75]。尔尚明时朕言，用敬保元子钊，弘济于艰难。柔远能迩[76]，安劝小大庶邦。思夫人自乱于威仪，尔无以钊冒贡于非几[77]。

叶公

叶公子高楚县公将死，命其子。

毋以小谋败大作，毋以嬖御人疾庄后，毋以嬖御士疾庄士大夫卿士[78]。

魏武帝

曹操告子丕等。案：此条与下魏收李绩，并录之者，不以人废言也。

吾在军中，执法是也。至小忿怒大过失不当效。

戒子言、魏文帝

曹丕戒子，又使弟植守邺，戒之。

父母于子，曰："虽肝肠腐烂，为其掩蔽，不欲使乡党士友闻其罪过，然行之不改，久久自知之，用此仕官，不亦难乎！"又曰："吾昔为顿邱令，年二十三，思此时所行，无悔于今。今汝年二十三矣，可不勉与！"

萧嶷

南齐高帝子豫章文献王，戒子子廉、子恪等。

凡富贵少不骄奢，以约失[79]之者鲜[80]矣！汉世以来，侯王子弟以骄恣之故，大者灭身丧族，小者削夺邑地，可不戒哉！吾之后，当共相勉励，笃[81]睦为先，才有优劣，位有通塞，运有富贫，此自然之理，无以相凌侮。勤学行，守基业，修闺庭，尚闲素[82]，如此足无忧患。

戒子言　光武

秀字文叔，每旦视朝日昃乃罢，夜分乃寐，皇太子见帝勤劳不怠，承间谏曰："陛下有禹汤之明，而失黄老养性之福，愿颐爱精神，优游自宁。"帝曰：

我自乐此，不为疲也。

《敕后主辞》　蜀汉先主备

备字元德，涿郡人，子后主禅，字公嗣。凡一章。

朕初疾，但下痢耳，后转杂他病，殆不自济㊃。人五十不称夭，年已六十有余，何所复恨！不复自伤，但以卿兄弟为念。射君到说丞相叹卿智量甚大，增修过于所望，审㊄ 能如此，吾复何忧！勉之勉之！勿以恶小而为之，勿以善小而不为。惟贤惟德，能服于人。汝父德薄，勿效之。可读《礼记》《汉书》，闲暇历观诸子，益人意智。又曰："汝与丞相从事，事之如父。"

《帝范》㊅　唐太宗

陇西人，讳世民，为书十二篇戒子高宗治。案：《帝范》十二篇，其首尾两条则节录前后序也。

盖闻大德曰生㊆，大宝曰位㊇，树之君上，所以抚育黎元，自非明哲武文，安可叨临神器㊈。先皇当经纶之会㊉，实定王业。逮余以弱冠之年，思静大难，躬擐甲胄⑳，亲当矢石，剪㉑ 长鲸而清四海，扫欃枪㉒ 而廓八纮㉓。既而承庆案：原本作"乘庆"。天潢㉔，滥登después：原作作"登晖"。璇极㉕，战战兢兢，若临深而御朽㉖，日慎一日，思善始而令终。汝以幼年，偏钟慈爱，义方多阙，庭训有乖，不知稼穑之艰难，未辨君臣之礼节，废寝忘食，思此为忧。披镜前踪㉗，博采史籍，聚其要言，以为近诫。

如山岳高峻而不动，如日月贞明而普照。宽大其志，足以并包，平正其心，足以制断。奉先思孝，处下思恭㉘，倾己勤劳，以行德义，此为君之体也。君体㉙！

夫六合㉚ 旷道，大宝重任。远近相持，亲疏并用，则并兼路塞㉛，逆节不生㉜。是以封建亲戚以为藩卫，封之太强，则有噬脐㉝ 之患；致之太弱，则无固本之理。莫若众建宗亲㉞ 而少其力，使轻重相镇，忧乐是同，盛衰一心，安危同力。建亲!

夫国之匡辅[105]，必恃忠良，任使得人，天下自治。是以明君博访英贤，搜扬侧陋[106]，求之则劳，任之斯逸[107]，此以求贤为贵也。求贤!

夫良匠无弃材，明君无弃士，人才有长短，能有巨细，君择才而授官，臣量己而受职，则委任责成，不劳而治，此设官不可不审也。审官!

夫王者高居深视，亏听阻明，恐有过而不闻，惧有阙而莫补。虚心思献替[108]之谋，倾耳伫忠正之说。昏主则不然，说者拒之以威，劝者穷之以罪，大臣惜禄而莫谏，小臣畏诛而不言，其为壅塞，无以自知，此拒谏之恶[109]也。纳谏!

夫逸佞[110]之徒，国之蟊贼也，恶忠贤之在己上，恐富贵之不我先，先意承旨以悦于君，巧言令色以亲于上。今人颜貌同于目际，犹不自瞻。是非在于无形，焉能自睹。况逆耳之辞难受，顺心之说易从。故明主纳谏，病就苦而能消；暗主从谀，命因甘而致殒。可不戒哉！去谗!

夫君者俭以养性，静以修身。俭则民不劳，静则下不扰，不竭民力，不匮民财。乱世之君极其骄奢，恣其嗜欲，人神愤怨，上下乖离[111]，佚乐[112]未终，倾危已至，此骄奢之忌也。戒盈!

夫奢俭由人，安危在己，斯二者，荣辱之端。五关[113]近闭，则令德远盈。千欲内攻，则凶源外发。故骄出于志，不节则志倾。欲生于身，不遏则身丧。故桀、纣[114]肆情而祸结，尧、舜[115]约己而福延，可不务乎！崇俭!

显罚以威之，明赏以化之，威立则恶者惧，化行则善者劝。故赏者不德君，功之所致也；罚者不怨上，罪之所当也。故云："无偏无党，王道荡荡。"[116]此赏罚之权[117]也。赏罚!

夫食为民天，农为政本。国无九岁之储，不足备水旱；家无一年之服，不足御寒暑。故上不节心则下多逸志[118]，莫若约己正身，则民不言而化矣[119]。务农!

夫土地虽广，好战则人雕，邦境虽安，忘战则民殆。是以勾践轼蛙[120]，卒成霸业；徐偃[121]弃武，终于丧邦。何则？越习其威，徐忘其备也。阅武!

夫宏风导俗，莫尚于文。敷教训民，莫善于学。因文以隆道[122]，假学以光身[123]。质蕴吴竿，非筈羽不美[124]。性怀辨慧[125]，非积学不成。此崇文之术也。崇文!

此十二条[126]，帝王之大纲。安危兴废，咸在兹焉。古人有云："非知之艰，唯行不易。行之可勉，唯终实难。"[127]是以暴乱之君，非独明于恶路。圣哲之主，岂独见于善途。良由大道远而难遵，邪径近而易践。小人俯从其易，不能力行其难，是知祸福无门，唯人所召。欲悔非于既往，唯慎过于将来，择哲王以师焉，思以古为前鉴。夫取法于上，仅得为中。取法于中，故为其下，自非上哲不可效焉。

吾在位以来，所制多矣！奇丽服玩、锦绣珠玉，不绝于前，此非防欲也。雕楹刻桷，高台深池，每兴其役，此非俭志也。犬马鹰鹘，无远必致，此非节心也。数有行幸，以亟劳人，此非屈己也。斯数事者，吾之深过[128]。勿以兹为是而取法案：原本作"后法"。焉。

但我济育苍生，其益多矣！平定区宇，厥功大矣！益多损少，人不以为怨。功大过微，德未以之亏，然犹尽美之踪，于焉多愧。尽善之道，顾此怀惭。况汝无纤毫之功，直缘基而履庆，若崇善以广德，则业泰而身安。若肆情以纵非，则业倾而身丧。且成迟败速者，国基也。失易得难者，天位也[129]。可不慎哉！可不惜哉！

戒皇属　国朝太宗《类苑》

太宗尝谓皇属曰："朕即位十三年矣，外绝游观之乐，内却声色[130]之娱。汝等生于富贵，长自深宫。夫帝子亲王先须克己，每着一衣则悯蚕妇，每餐一食则念耕夫。至于听断之间，勿先恣其喜怒。朕每亲临庶政，岂敢惮于焦劳！汝等勿鄙人短，勿恃己长，乃可永久富贵，以保终吉。先贤有言：'逆吾者是吾师，顺吾者是吾贼。'[131]不可不察也！"

庭闻　孔子

名丘，字仲尼，鲁人。子鲤，字伯鱼。仲尼尝独立，鲤趋而过庭，闻斯二者。学《诗》乎！不学《诗》，无以言；学《礼》乎！不学《礼》，无以立[132]。又曰：女为《周南》《召南》，人而不为《周南》《召南》，其犹正墙面而立也与[133]！

《家戒》　王肃

字子雍，魏散骑常侍。《家戒》欧阳询所记为详。案：肃，东海人。

夫酒所以行礼，养性命、为欢乐也，过则为患，不可不慎！是故宾主百拜，日饮酒而不得醉。先王所以备酒祸也！凡为主人，饮客使有酒色而已，无使至醉。若为人所强，必退席长跪，称父戒以辞之。敬仲[134]辞君，而况于人乎！为客又不得唱造酒史也。若为人所属，下坐行酒，随其多少，犯令行罚，示有酒而已，无使多也。祸变之兴，常于此作，所宜深慎！

杜恕

字务伯,京兆人。魏黄门侍郎,称东郡张阁之为人。

张子台[135]视之似鄙朴人,然其心中不知天地间何者为美?何者为好?敦然似与阴阳合德者。作人如此,自可不富即贵,祸患当何从而来!

嵇康[136]

字叔夜,谯国人。晋中散大夫。

人无志,非人也。但君子用心量其善者,必拟议而后动。若志之所之,则口与心誓,守死无贰。耻躬不逮[137],期于必济[138]。若心疲体解[139],或牵于外物,或累于内欲,不堪近患,不忍小情,则议于去就。议于去就,则二心交争。二心交争,则向所见役之情胜矣[140]。或有中道而废,或有未成而败,以之守则不固,以之攻则怯弱,与之誓则多违,与之谋则善泄。临乐则肆情,处逸则极意[141]。故虽荣华熠耀[142],无结秀[143]之效。终年之勤,无一旦之功。斯君子所以叹息也。所居长吏,但宜敬之而已矣,不当极密,不宜数往。往当有时,其有众人,又不当独在后,又不当前,所以然者,长吏喜问外事,或时发举,则恐为人所说,无以自免也。宏行寡言,慎备自守,则怨责之路解矣。其立身自当清远,若有烦辱,欲人之尽命,托人之请求,谦言辞谢,某素不预此辈事,当相亮[144]耳。若有怨急,心所不忍,可外违拒,密为济之,所以然者,上远宜适之几[145],中绝常人淫辈之求,下全束修[146]无玷之文案:本集作"下全束修无玷之称"。称此,又秉志之一隅也。

戒子言　仲孙貜

孟厘子,鲁卿,且死,诫其嗣懿子,仲孙何忌。

吾闻圣人之后,虽不当世,必有达者。今孔丘年少好礼,其达者欤?吾即没若,必师之。

孙叔敖

楚相将死,戒其子。叔敖死,王以美地封其子,子辞请寝邱,累世不失。

王数封我矣,吾不受也。我死,王则封汝,必无受利地。楚越之间有寝邱[147]者,此其地不利而名恶,可长有者唯此也。

欧阳地余

千乘人，汉元帝少府，将死戒子。案：地余系欧阳生，字正思之孙，世受尚书。

我死，官属即送汝财物，慎毋受。汝九卿儒者子孙，以廉洁著，可以自成。

严光

或云严君平，姑存之。案：光，字子陵，余姚人。光武时除谏议大夫，不屈耕于富贵山。君平名遵临，邛人，以卜易隐于成都。

十诫：嗜欲者，溃腹之患也；货利者，丧身之仇也；嫉妒者，凶躯之害也；逸慝者，断胫之兵也；谤毁者，雷霆之报也；残酷者，绝世之殃也；陷害者，灭嗣之场也；博戏者，殚家之渐也；嗜酒者，穷馁之始也。案：第十诫，原注缺文。

樊宏

字靡卿，南阳人。后汉寿张侯，为人谦柔畏谨，不求苟进。常戒其子。

富贵盈溢，未有能终者。吾非不喜荣势也，天道恶满而好谦。前世贵戚皆明戒也，保身全己，岂不乐哉！

辛宪英

辛毗女，羊耽妻，子琇，为钟会参军，伐蜀，英忧之。案：此条宜入后"母训"内。

行矣，戒之。古之君子，入则致孝于亲，出则致节于国。在职思其所司，在义思其所立，不遗父母忧患而已。军旅之间可以济者，其惟仁恕乎！汝其谨之！

源贺

后魏太尉，遗命勅诸子。案：贺，西平人。

吾顷以老患辞事不悟，天慈降恩，爵逮于汝。汝其毋傲佷[148]，毋荒怠，毋奢越，毋嫉妒。疑思问，言思审，行思恭，服思度。遏恶扬善，亲贤远佞，目观必贞，耳属必正。诚勤以事上，清约以临己。吾终之后，所葬时，服单襆[149]足申孝心，刍灵明器[150]，一无用也。

宋隐

字处默，西河人。魏道武时领吏部选。临终谓其子。

汝等苟能入顺父兄，出悌乡党，仕郡幸而至功曹，史以忠清奉上，足以不劳远诣台阁也。

向朗

字巨达，襄阳人。蜀左将军。案：襄阳记此系遗言戒子。《蜀志》朗子条，景耀中为御史中丞。

天地和则万物生，君臣和则国家平，九族[151]和则动得所求，静得所安。是以圣人守和，以存以亡也。吾楚国之小子耳，而早丧[152]所天，为二兄所诱养，使其性行不随禄利以堕。今但贫耳，贫非人患，惟和为贵，汝其勉之！

曹衮

魏武子，中山恭王，其世子孚嗣。

汝幼少，未闻义方[153]，早为人君，但知乐不知苦，不知苦，必将以骄奢为失也。接大臣务以礼，虽非大臣者，犹宜答拜。事兄以敬，恤弟以慈，兄弟有不足之行，当造膝谏之[154]。谏之不从，流涕喻之。喻之不改，乃白[155]其母。若犹不改，当以奏闻，并辞国土。与其守宠罹祸，不若贫贱全身也，此亦谓大罪恶耳！其微过细故，当掩之。

士会

字季。晋大夫，食邑于随，曰随武子，后更受范，曰范武子。将老，召其子士燮戒之！

燮乎，吾闻之，喜怒以类者鲜，易者实多。《诗》曰："君子如怒，乱庶遄沮。君子如祉，乱庶遄已。"[156]君子之喜怒，以已乱也，弗已者必益之。郤子其或者欲已乱于齐乎，不然，余惧其益之也。尔从二三子，惟敬。

高汉筠

后晋，客省使在常山，戒子意葬常山，从其欲也。案：汉筠字时英，齐州历山人，见薛居正《五代史》。

吾游历多矣！观风俗淳厚，以经术相，尚罕得如此地者。教子训孙，可为终焉之计，负国凿荒以为田，种树以成圃，凡议婚嫁必接士人。

荀勖

字公曾，颍阴人。晋尚书令，或劝有所营置，令有当归戴者。勖语诸子。

人臣不密则失身，树私则背公，是大戒也！汝等亦当宦达人间，宜识吾此意。

戒子言　阮籍

字嗣宗，陈留人。晋步兵校尉，与兄子咸，字仲容，皆任达不拘，子浑少慕，通达不拘小节，籍谓曰：

仲容[15]已豫吾此流，汝不得复尔。

崔囧

字法俊，清河人。北齐鸿胪卿。临终戒其二子。

夫恭俭，福之舆；傲侈，祸之机。乘福舆者，浸以康休；蹈祸机者，忽而倾覆。汝其戒欤！

牛宏

隋·光禄大夫。案：宏字显仁，鹑觚人。

汝等子孙，宜以诚敬自立。

傅奕

相州人。唐太史令，临终戒其子。

周孔六经是为名教，汝宜习之。妖人乱华，举时皆惑，唯独窃叹，众不我从[15]，悲夫！汝等勿学也！

房乔

字元龄，齐州人。唐宰相。集古今圣贤家戒书于屏风，令诸子各取其一，因戒之。

不可以地望陵人，骄奢沉溺。袁家累叶忠节，是吾所尚，汝宜师遵。

阎立本

京兆人。唐武后右相,立本虽有应务之才,尤善图画。太宗尝与侍臣学士泛舟春苑池中,有异鸟随波容与,诏坐者为咏,令立本写焉,不胜愧赧,退戒其子。案:立本,新旧《唐书》皆不载其字,兄让,字立德,以字行,则立本,当亦以字行也。

吾少好读书,幸免墙面[159]。缘情染翰,颇及侪辈,唯以丹青[160]见知,躬斯役之务,辱莫大焉!汝宜深戒,勿习此末技。

穆宁

怀州人。唐秘书,通达体命,未尝服药,每戒诸子。案:《新唐书》穆宁撰家令,训子人一通。

吾闻君子之事亲,养志为大,直道而已。慎无为诒吾之志也!

张霸

字伯饶,成都人。后汉侍中。

人生一世,但当畏敬于人。若不善加己,直为受之。

《诲子弟言》 朱仁轨

字德容。唐逸人,门人谥曰"孝友先生"。敬则其弟也。

终身让路,不枉百步。终身让畔,不失一段。

《戒子孙言》 王祥

字休征,琅邪人。晋三公,疾笃遗令,训子孙。

夫言行可覆,信之至也;推美引恶,德之至也;扬名显亲,孝之至也;兄弟怡怡、宗族欣欣,悌之至也;临财莫过乎让。此五者,立身之本。

李袭誉

字茂实,陇西人。唐凉州都督。

吾近京有赐田十顷,耕之可以充食。河内有赐桑千树,蚕之可以充衣。江东所写之书,读之可以立身。吾没之后,尔曹但能勤此三事,亦何羡于人。

姚崇

字元之，陕州人，唐宰相，遗令戒子孙。

古人云："富贵者，人之怨也。"贵则神忌其满，人恶其上；富则鬼瞰其室，虏[160]利其财。自开辟已来，书籍所载，德薄任重而能寿考[162]无咎者，未之有也。故范蠡[163]疏广[164]之辈，知止足之分，前史多之。况吾才不逮古人，而久窃荣宠，位逾高而益惧，恩弥厚而增忧。往在中书[165]，遘疾虚惫，虽终匪懈，而诸务多阙，荐贤自代[166]。屡有诚祈，人欲天从，竟蒙哀允。优游园沼，放浪形骸，人生一代，斯亦足矣！田巴[167]云："百年之期，未有能至。"王逸少[168]云："俛仰之间，已为陈迹。"诚哉此言！比日见诸达官身亡以后，子孙既失覆荫，多至贫寒。斗尺之间，参商是竟，岂惟自玷，乃更辱先。无论曲直，俱受嗤毁。庄田水碾，既众有之，递相推倚，或致荒废。陆贾[169]、石苞[170]，皆古之贤达也，至预为定分，以绝后争。吾静思之，深所叹息。昔孔子大圣，母墓毁而不修。梁鸿[171]至贤，父亡席卷而葬。杨震[172]、赵咨[173]、卢植[174]、张奂[175]皆当代英达，通识今古，咸有遗言，属以薄葬，或濯衣时服，或单帛幅巾，子孙皆遵成命，迄今以为美谈。凡厚葬之家，例非明哲，或溺于流俗，不察幽明，咸以奢厚为忠孝，以俭薄为悭惜，至令亡者致戮尸暴骸之酷，存者陷不忠不孝之诮，可为痛哉！可为痛哉！且五帝之时，父不葬子，兄不哭弟，言其致仁，寿无夭横也。三王[176]之代，国祚[177]延长，人用休息，其人臣则彭祖[178]、老聃[179]之类，皆享遐龄[180]。当此之时，未有佛教，岂抄经铸像之力，设斋施物之功耶！《宋书·西域传》著名僧为《白黑论》[181]，理澄明白，足解沉疑，宜观而行之。且死者是常，古来不免，所造经像，何所施为？夫释迦之本法，为苍生之大弊，汝等各宜警策，勿教儿女子曹，终身不悟也！吾亡后，必不得辄用余财为无益之佛事，亦不得妄出私物，徇追福之虚谈。道士者，本以元牝[182]为宗，初无趋竞之教，而无识者慕僧家之有利，约佛教而为业，欲寻老君之说，亦兴道斋之文，又用僧例，失之弥远。汝等勿拘鄙俗，辄屈于家。汝等身没之后，亦教子孙依吾此法。

【注释】

① 列女传：书名，又名《古列女传》，西汉刘向撰，七篇七卷，记载一百零五名妇女的故事。

② 跸(bì)：一脚独立站着。
③ 瞽诵：古代盲人乐官吟诵。
④ 文王：姬姓，名昌，商纣时为西伯，亦称伯昌，周末周族领袖，为周文王，其子周武王灭商建立西周。
⑤ 周宗：周朝之祖。
⑥ 内则：系《礼记》中篇名，主要阐释妇女的行为准则。陈澔注："闺门之内，轨仪可则，故曰内则。"名子辞：男孩起名的事，此男孩系人君之子。
⑦ 负：抱。《狱中上梁书》："徐衍负石入海。"
⑧ 子师：男孩的老师，教以善。
⑨ 保母：负责婴儿就寝。
⑩ 鬌(duǒ)：婴儿留而不剪的一部分头发，俗称"胎毛发"，旧时认为可辟邪，可纪念，可作定情结发夫妇之礼，亦可制作胎毛笔保存。
⑪ 男角女羁：男孩留发于囟门两侧，梳成两髻，形似牛羊两头角；女孩留发在头顶上成马络头。陈澔注："留顶上纵横各一相交通达者，谓之羁。"旧时贵人、大夫之婴儿的发型。
⑫ 姆：古代以妇道教人的女教师。《玉篇》："姆，女师也。"
⑬ 钦有帅：祝词为应当敬教，使循善道。钦，敬佩，仰慕。《尔雅》："钦，敬也。"帅，遵循。《国语·周语下》："帅象禹之功，度之于轨仪。"
⑭ 咳：婴儿笑。《说文解字》："咳，小儿笑也。"此句是父握儿右手，作笑容，以示父慈，而起名。
⑮ 宰：官吏名，掌管家务和家奴。此处似今户籍民警。
⑯ 诸男：同宗族的男子。
⑰ 藏：以简册写上子名，藏于家中书库。似今日小孩上户口而存档。
⑱ 仪礼：儒学十三经之一，主要记载春秋战国时期的礼仪汇编，共十七篇。作者不详，后世有增删。本节是士冠礼，即男子成人加冠礼上的祝词。
⑲ 元服：冠。《汉书·昭帝纪》："帝加元服。"颜师古注："元，首也；冠者，首之所著，故曰元服。"
⑳ 弃尔幼志，顺尔成德：放弃你儿时的志气，造就你成人的情操。
㉑ 寿考维祺，介尔景福：寿考，长寿。维，通"惟"。祺，幸福吉祥。长寿幸福，求上苍降福于你。《诗经·大雅·行苇》："寿考维祺，以介景福。"《诗经·大雅·既醉》："君子万年，介尔景福。"
㉒ 尔服：华丽的衣服。
㉓ 淑慎尔德：淑，善也。慎，谨慎也。培育你善良、谨慎稳重的情操。
㉔ 眉寿：长寿。古时以长眉为寿者相，是祝寿词。《诗经·豳风·七月》："为此春酒，以介眉寿。"
㉕ 黄耇(gǒu)：长寿。《诗经·小雅·南山有台》："乐只君子，遐不黄耇。"朱熹注："黄，老人发复黄也。耇，老人面冻梨色，如浮垢也。"

㉖ 亶（dǎn）：诚实，诚信。《尔雅》："亶，信也。"邢昺注："皆谓诚实不欺也。"
㉗ 湑（xǔ）：清酒。《诗经·大雅·凫鹥》："尔酒既湑，尔肴伊脯。"《玉篇》："湑，清也。"
㉘ 笾豆：笾和豆，古代祭祀和宴会时的礼器。笾用竹制盛果脯的竹器。豆，用木制或铜制、陶制的盛酱的器具。《论语·泰伯》："笾豆之事，则有司存。"楚：整齐。郑玄注："楚，陈列之貌。"此句意为笾豆礼器陈列摆放整齐有序。
㉙ 肴升折俎：肉肴杀牲，肢解而后置于盛牺牲的礼器（俎）上，此为古代祭祀或盛大宴会时的礼仪。
㉚ 孔嘉：十分美好。《诗经·豳风·东山》："其新孔嘉，其旧如之何？"高亨注："孔，甚也；嘉，美好。"
㉛ 髦士攸宜：很适合的优秀人才。髦士，优秀之士，又称"俊士"。攸宜，所宜适合。
㉜ 弗堪：不能胜任。弗，不也。堪，胜任。《左传》："今京不度，非制也，君将不堪。"
㉝ 施衿结帨：给予衣服和佩巾。衿，衣服。帨，巾，佩巾。
㉞ 鞶（pán）：古代皮制的束衣带，似今女性的皮制腰带。
㉟ 视诸衿鞶：看看各种给予的衣服和腰带，就能想到父母的嘱咐和希望。
㊱ 师尚父：周文王称吕望为"尚父"，意为可尊尚的父辈，也称"师尚父"。吕望，姜姓，字子牙，西周初年官太师，辅佐周武王灭商有功，封于齐，有太公之称，俗称"姜太公"。后人托名撰《六韬》。
㊲ 道书：道教之书，相传道教创始人在得道后对世托言，现收载《道藏》中，其书名及作者不详。老子李耳系我国道教之始祖，故"师尚父《道书》"一句，有误。
㊳ 此句意为恭恭敬敬胜过懈怠就会顺利吉祥，反之，懈怠超过恭敬就会有灭顶之灾。仁义胜过私欲就能顺利，反之，私欲胜过仁义就会有凶险。
㊴ 见尔前，虑尔后：原意镜子只能照前面，而照不到后面。此句警示人在人前人后都应做到表里如一。亦可谓做事要思前顾后。
㊵ 然：成，形成。《广雅》："然，成也。"
㊶ 汉孝武：即汉武帝，汉朝以孝治天下，汉朝皇帝的谥号都加"孝"字。汉武帝时是西汉最强盛的时期。生六子：据、闳、旦、胥、髆、弗陵。
㊷ 青社：祀东方土神处。司马贞《史记索隐》："皇子封为王，受天子太社之土，授之以立社，谓之茅土。齐在东方，故云青社。"亦指山东青州地区。
㊸ 厥有愆不臧：但有过失或罪过是不美好的。《尔雅》："臧，善也。"
㊹ 乂（yì）民：有才有德的人。
㊺ 元社：祀北方土神处。汉武帝三子旦受封北方之地。亦指北方燕地。此段乃汉武帝对子刘旦驱逐匈奴，建立北方政权的训话。
㊻ 熏鬻氏：匈奴名，亦作"熏粥""薰育"。汉时汉人对匈奴的蔑称。汉武帝之子燕王刘旦东徙匈奴，将其安置在燕地。

㊼ 虐老兽心：虐待老人，如野兽一样，凶残无人性。

㊽ 徂征厥罪：前往讨伐其罪。

㊾ 棐（fěi）：同“菲”，菲薄，微薄。《说文通训》：“棐，假借为菲。”《汉书》颜师古注：“棐，薄也。”

㊿ 赤社：南方土神处。汉武帝四子胥受封南方之地。赤色象征南方，故名赤社。

(51) 侗（tóng）：轻佻的样子。《汉书》颜师古注：“侗，轻脱之貌也。”

(52) 迩（ěr）宵（xiāo）人：迩，接近。宵人，小人，操行道德败坏的人。

(53) 书：《尚书》的简称，亦称《书经》。儒家经典之一，记载上古历史文件和历史事件著作汇编。

(54) 此句出自《论语·卫灵公》，意为废寝忘食，冥思苦想，终无收获，不如学习。

(55) 墙面而立：此句出自《论语·阳货》，对着墙面站着，距离虽近，一步不可行，即一物无所见。

(56) 沐猴而冠：此句出自《史记·项羽本纪》。沐猴，猕猴。冠，戴帽。猕猴戴上帽子，似装人像。比喻本质不佳，虚为其表。

(57) 放荡：此指文章活泼生动。

(58) 此句意为亲戚及老朋友没有严重错误，就不要抛弃他。不要对人求全责备。

(59) 智如士，不与士争智：你的聪明睿智与士相同，也不要去和士竞争智力高低。

(60) 此句意为：道德操行高尚者，保持谦恭的举止，便会获得荣誉。地大物博，保持节俭的行为准则，便会平安。高官厚禄，保持卑谦自律，便会更显尊贵。兵强马壮，保持高度敬畏之心，就会获得胜利。聪明睿智，保持大智若愚，就会获益良多。博闻强记，保持自谦精神，就会获得更多知识。上任去吧，不要以鲁国的强盛和优越而对当地的士骄傲。

(61) 周书：《尚书》组成部分之一，相传是记载周代史事之书，共三十二篇。

(62) 维：助词，用于句首或句中。《史记·太史公自序》：“维昔黄帝，法天则地。”《滕王阁序》：“时维九月，序属三秋。”

(63) 文王告薨：周文王告之濒死，担心后继人太子发（周武王）的地位不牢固。《周书》：“维周王告薨。”

(64) 庚辰：周共和行政元年，公元前841年。

(65) 此句意为民众意志多变，唯利是图，故应“以利聚民”“以德利民”，地位方保无忧。及下句亦是巩固王位的做法和准则。

(66) 鄗（hào）：同“镐”，古地名。周武王的国都，今陕西西安西。

(67) 罟（gǔ）：网的总名。《易·系辞下》：“作结绳而为罔罟。”

(68) 麛（mí）：小鹿。《礼记·曲礼》：“士不取麛卵。”

(69) 周成王：西周国王，姬姓氏，名诵，周武王之子，即位尚幼，叔父周公旦摄政。

⑦ 此句有蔡仲默注："以下成王之顾命也。自叹其疾大进，惟危殆。病日至，既弥甚而留连，恐遂死，不得誓言以嗣续我志，此我所以详审发训命汝。"汝指周成王之子，名创，继位为周康王，西周国王。

⑪ 此句蔡仲默注："武犹文，谓之重光，犹舜如尧，谓之重华也。奠，定。丽，依也。言文武宣布重明之德，定民所依，陈列教条，则民习服，习而不违，天下化之。用能达于殷邦，而集大命于周也。"

⑫ 佴：愚。周成王自谦词。

⑬ 迓（yà）：迎接。《左传·成公十三年》："迓晋侯于新楚。"

⑭ 殆：将必死。殆，尽也。

⑮ 弗兴弗悟：不兴旺，不醒悟。

⑯ 柔远能迩：蔡仲默注："柔者，宽而抚之也。能者，抚而习之也。远近之势如此，先其略而后其详也。"迩，近也。

⑰ 冒贡于非几：冒贡即冒进。几者，动之微，而善恶之所由分也。非几，发于不善而陷于恶矣，又言举其发于中者而戒之。

⑱ 此句出自《礼记·缁衣》，其意为：不可用小臣的智谋，去败坏摧毁大臣所作之事，不可听信宠妾而诋毁庄重的皇后，不可听信宠臣之言而非难正直的士大夫和卿士。嬖：宠爱，宠幸。疾：非难，毁坏。

⑲ 约失：失约，不遵守共同制度的要约、盟约。

⑳ 鲜（xiǎn）：少，不多。《诗经·大雅·荡》："靡不有初，鲜克有终。"

㉑ 笃（dǔ）：忠厚，忠诚。

㉒ 闲素：清闲安逸的生活情调。素通"愫"，本心，真情，情愫。

㉓ 殆不自济：恐怕快要死亡了。殆，恐怕，大概，可能。

㉔ 审：的确，果真，确实。《吕氏春秋》："审此言也。"

㉕ 帝范：作者李世民，唐朝第二代皇帝，庙号太宗，杰出的政治家和军事家，在其时期开展"贞观之治"，而使唐朝文明昌盛。但在皇位继承上屡出事端，最后确立李治，后为唐高宗。唐太宗晚年自撰《帝范》，教戒太子。《帝范》一书至宋代已失过半，刘清之的《帝范》即是明证。明朝《永乐大典》收载的《帝范》共四卷，十二篇，且前有《帝范序》，后《帝范后序》。《帝范》还另有版本，此系宋代刘氏版本。

㉖ 大德曰生：此句出自《易·系辞下》："天地之大德曰生。"自然界的盛大功德在于化生万物。

㉗ 大宝曰位：此句出自《易·系辞下》："圣人之大宝曰位。"圣人大可宝贵的是天子的帝位。

㉘ 神器：帝位。《老子》："天下神器，不可为也。"张衡《东京赋》："（王莽）窃弄神器。"

㉙ 经纶之会：《易·屯》："君子以经纶。"整理丝缕，引申为处理国家大事。

㉚ 躬擐（huàn）甲胄：躬，身，身体。擐，穿，套。甲，古代战士的护身衣，用皮革或金属做成，又名铠甲。胄，战士的帽子，用皮革或金属制造，又称头盔。

㉑ 剪：除、削、灭、平。
㉒ 欃枪（chán chēng）：彗星的别称。亦作"搀枪"，即天欃和天枪。古时认为彗星为妖星，在天空出现就会有战争。
㉓ 八纮：大地的极限，犹言八极。《淮南子》："九州之外，乃有八殥。八殥之外，而有八纮。"
㉔ 天潢：皇室，皇族。如天潢贵胄。
㉕ 璇极：帝王宝座。亦作"璿极"。
㉖ 临深而御朽：如临深渊，如行走在腐朽破烂的绳索上。意为虽在帝位上，仍居安思危，恐惧戒慎。
㉗ 披镜前踪：翻阅前朝帝王的行踪和史迹，以借鉴。
㉘ 奉先思孝，处下思恭：对待长辈（先人）应予孝道，对待下属（臣）应端庄有礼貌。
㉙ 君体：《帝范》共十二篇：《君体》《建亲》《求贤》《审官》《纳谏》《去谗》《戒盈》《崇俭》《赏罚》《务农》《阅武》《崇文》。即分十二部分训子戒言。
⑩⓪ 六合：东西南北上下，泛指天下疆土广袤无垠。
⑩① 并兼路塞：堵塞互相侵扰、攻击、侵吞之路，使其不可发生。
⑩② 逆节不生：叛逆作乱，不遵王命的事，不会发生。
⑩③ 噬脐：后悔莫及。脐通"齐"。《左传》："若不早图，后君噬齐。"
⑩④ 众建宗亲：（分封诸侯）不若广泛建立皇亲国戚宗族的封国属地，可以巩固王位。
⑩⑤ 匡辅：匡，正。辅，助。
⑩⑥ 搜扬侧陋：搜寻隐逸不露的德高望重的贤德之人才。侧陋，隐僻鄙陋之处。
⑩⑦ 任之斯逸：使用并任命他们，则会安逸无劳，毋用操心。
⑩⑧ 献替：献可替否之略语，其意为诤言进谏。
⑩⑨ 恶：罪过，恶果。
⑪⓪ 谗佞：谗，损义伤良，说别人坏话。佞，巧诌，巧言谄媚。
⑪① 乖离：背离，违背，不合而分离。
⑪② 佚乐：佚，同逸。安闲享乐。
⑪③ 五关：耳、目、口、鼻、身。《新论》："将收情欲，先敛五关。"五种欲望：情欲、声乐、美食、芳馨、车马。
⑪④ 桀、纣：夏桀和殷纣，夏代的最后一位君主和殷商的最后一位君主，皆是古代暴君，亦是亡国之君。
⑪⑤ 尧、舜：我国上古时期的两位明君，尧传位于舜。
⑪⑥ 此句出自《尚书·洪范》。偏：不中。党：不公。荡荡：广远。赏罚得当，不偏不私，君王之道，普施天下。
⑪⑦ 权：秤锤。用作权衡、评价。

⑱ 上不节心则下多逸志：在上的人君若不约束修身，则民众就闲懒放肆。
⑲ 此句出自《论语·子路》："其身正，不令而行；其身不正，虽令不从。"此句意为人君先正其身，以身作则，不言而信，不令而行，百姓就可以教化。
⑳ 勾践轼蛙：勾践站在车上，扶着车前的横木俯身对见敌有怒气的蛙行礼致敬，以激励士兵的斗志。勾践，春秋末期的越国国君，曾被吴王夫差大败，他卧薪尝胆，刻苦图强，二十年后，转弱为强，灭亡吴国。轼，车前横木。
㉑ 徐偃：周穆王时徐国的国君，名徐偃王。因不重视武而忘却备战，最后被灭亡。
㉒ 因文以隆道：通过文化来隆盛治国之道。
㉓ 假学以光身：借助学习，可光显后世之声名。
㉔ 质蕴吴竿，非笴（kuò）羽不美：东吴地产端直质地上乘的竹子，可以制箭，但是箭尾搭在弓弦若无羽毛，也不是质量上乘的箭。笴，箭尾搭在弓弦的部分。
㉕ 性怀辨慧：人性聪颖敏慧。
㉖ 此十二条：《帝范》十二篇。
㉗ 此句意为认知事物并不难，实行就不容易。事情一时勉力去做也不难，但坚持到底实在不容易。
㉘ 吾之深过：（以上所言之事）皆是我的重大过错（万不可以效法）。
㉙ 此句意为国家的基业成就很难，而失败就会很快。帝位失去容易，获得就很难。
㉚ 声色：歌舞女色。《淮南子》："去声色，禁嗜欲。"
㉛ 此句意为敢于指出我的短处和错误的人是我老师，顺从而逢迎我的是我的贼子小人。
㉜ 此句出自《论语·季氏》，记载孔子在院庭对子孔鲤的教育，后名"庭训"。
㉝ 此句出自《论语·阳货》，记载孔子教育弟子伯鱼的话。《周南》《召南》皆为《诗经》第一卷《国风》，所言皆是修身齐家之事，不学习此两篇，犹如对墙壁而立，不可见一物，不可行一步。
㉞ 敬仲：即陈完，春秋时陈国厉公之子，陈国内乱，辞君出奔齐国，被任工正。其后代逐渐强大而夺取齐国政权。
㉟ 张子台：张阁，魏黄门侍郎。
㊱ 嵇康：字叔夜，安徽宿县人。三国时魏文学家、思想家、音乐家。官至中散大夫，世称"嵇中散"。文学以诗擅长，为"竹林七贤"之一，与阮籍齐名。思想上崇尚庄子，政治上反司马集团，为司马昭所杀。音乐上，善鼓琴，作《琴赋》。著《嵇中散集》。
㊲ 耻躬不逮：耻辱因于自身达不到目的。
㊳ 期于必济：希冀在规定的时间内成功。
㊴ 解（xiè）：通"懈"，松懈，懈懒。
㊵ 向所见役之情胜矣：（两种想法的取舍）被原先的见解认识之情感所决定。向，原先的。见役，见解，认识。情，情感，欲望。

⑭ 极意：放纵，肆意。
⑭ 荣华熠（yì）耀：花开鲜艳，常比喻华而不实。
⑭ 结秀：结出果实。
⑭ 亮：原谅，谅解。南朝江淹文："虽即事为怨，情在可亮。"
⑭ 上远宜适之几：上乘的选择应避开有一定的危险的。几，危除，危机。《尔雅》："几，危也。"
⑭ 束修：亦作"束脩"。此处意为约束修整。《后汉书·邓皇后纪》："故能束脩，不触罗网。"
⑭ 寝邱：古地名。春秋时楚国之地，以上得名。楚庄王封孙叔敖之子于此地。今河南省沈丘县东南
⑭ 傲悋（lìn）：骄傲，傲慢；吝啬。悋，吝的异体字。
⑭ 椟（dú）：棺木。《汉书·成帝纪》："令郡国给槥椟葬埋。"
⑮ 刍灵明器：刍灵，送葬用茅草扎的人马。《礼记·檀弓下》："涂车刍灵，自古有之，明器之道也。"明器，随葬用的器物，一般用陶或木、石制成的明器，随时代变迁，明器的材料及形状都有改变。
⑮ 九族：指本身以上的父、祖、曾祖、高祖和本身以下子、孙、曾孙、玄孙，共九代人。《尚书·尧典》："以亲九族。"孔传："以睦高祖、玄孙之亲。"
⑮ 早丧：（向朗的）父母早亡。
⑮ 义方：旧时指行事应该遵守的规矩法度，后多指家教。《左传·隐公三年》："臣闻爱子，教之以义方，弗纳于邪。"蔡邕文："义方之训，如川之流。"《三字经》："窦燕山，有义方。教五子，名俱扬。"
⑮ 造膝谏之：促膝谈心，加以规劝。
⑮ 白：告诉，告语，告白。
⑮ 此句出自《诗经·小雅·巧言》，上有一句："乱之又生，君子信谗。"此句意为君子（此指君王）见谗人之言，则加怒责，祸乱速止而不重。君子见贤者之言，喜而纳之，则祸乱早已终止。遄（chuán）：速。《诗经·国风·相鼠》："人而无礼，胡不遄死！"沮：终止。祉：喜。
⑮ 仲容：阮咸，字仲容，阮籍侄子。
⑮ 唯独窃叹，众不我从：我只能私下独自叹息，众人不听我言，亦不随从我。
⑮ 墙面：面对墙壁而立，意为看不见，亦不能向前走一步，说明无长进。
⑯ 丹青：绘画常用的红和青色的颜料，泛指绘画艺术。阎立本，唐代著名画家，宫廷御用画师，阎氏不以为荣，反以为耻，告诫子孙，不学绘画。
⑯ 虏：俘获、虏掠，抄掠。张载诗："珍宝见剽虏。"
⑯ 寿考：高寿。《诗经·大雅·棫朴》："周王寿考，遐不作人。"

⑯ 范蠡：字子伯，河南南阳人。春秋末期政治家，越国大夫，助越王勾践灭吴国夫差。后弃政经商，改名陶朱公。

⑯ 疏广：字仲翁，山东枣庄人。西汉博士，任太子太傅，功成身退。范蠡和疏广皆为古代"名遂身退"的代表人物。

⑯ 中书：官名，即"中书令"，汉制唐随三省六部制。掌传宣诏命等事，类同今日总理之职。

⑯ 荐贤自代：指姚崇推荐宋璟为宰相，以代姚崇自己，史称"姚宋"。

⑯ 田巴：战国时齐国人，善辩，一日而服千人，无一对手。后用于赞美辩才。

⑯ 王逸少：王羲之，字逸少，山东临沂人。东晋官员，著名书法家。

⑯ 陆贾：西汉政治家、文学家、思想家，西汉太中大夫，以辩才著称。刘邦建汉，多次派他出使诸侯各国而不辱使命。著《新语》。

⑰ 石苞：字仲容，河北南皮人。东汉末至西晋官员，官至中护军司马、大司马。封禾陵郡公，谥号"武公"。

⑰ 梁鸿：字伯鸾，陕西咸阳人。东汉隐士，与妻孟光隐居霸陵山中。夫妇相敬如宾，有"举案齐眉"之美誉。

⑰ 杨震：字伯起，陕西华阴人。东汉官员，历任荆州刺史、涿郡太守、司徒、太尉等。崇尚儒家，时称"关西孔子"。

⑰ 赵咨：字文楚，河南延津人。东汉官员，历任敦煌太守、东海相。

⑰ 卢植：字子干，河北涿州人。东汉官员，任博士、太守、尚书。著《尚书章句》《三礼解诂》。

⑰ 张奂：字然明，甘肃酒泉人。东汉官员，官至太常。以上五位东汉名臣，皆主张薄葬，反对厚葬，且身体力行。

⑰ 三王：指上古夏禹、商汤、周文王。《孟子·告子下》："五霸者，三王之罪人也。"

⑰ 国祚：皇位，国统。班固《东都赋》："往者王莽作逆，汉祚中缺。"

⑰ 彭祖：姓籛（jiǎn）名铿，颛顼玄孙，生于夏代，死于商末，享年767岁，旧时为长寿的象征。此为传说神仙人物，事见《神仙传》《列仙传》。

⑰ 老聃：老子，姓李名耳，字伯阳，又说老聃，河南鹿邑人。春秋时思想家，道教创始人，著《老子》。享年100岁。

⑱ 遐龄：高龄，长寿。《魏书·常景传》："以知命为遐龄。"

⑱ 白黑论：书名，亦称《均善论》，系南朝沙门慧琳著，载《宋书》第九十七卷。该书以"白学先生"和"黑学道士"对话问答式体例，对佛教颇多讥评，多遭众僧群起而攻之，但受无神论者支持。

⑱ 元牝：此词出自《老子》："玄牝之门，是谓天地根。"元、玄，古时互通，因帝王名讳。玄，微妙，奥妙。牝，雌性。生殖之门，乃天地的根，即万物之源。

戒子通录·卷二
《家训》 颜之推

琅邪人，终隋开皇太子学士，著书二十篇，训子思鲁等，其大略具此。按：之推字子介，颜子三十五世孙，子思鲁，字孔归，唐秦府记室。

颜之推的《颜氏家训》，后世称"古今家训之祖"。刘清之《戒子通录》中的《颜氏家训》为节录本，今删去，改用全文版本，见本书。

唐柳玭序训

为御史大夫。按：玭，京兆华原人。太保公绰之孙，仆射仲郢之第四子，昭宗时官御史大夫。

先祖河东节度使公绰①，在公卿间最名，有家法。中门东有小斋，自非朝谒②之日，每平旦辄出小斋，诸子皆束带，晨省③于中门之北。公绰决私事、接宾客，与弟公权及君从弟再会食，自旦至暮，不离小斋。烛至，则命子弟一人，执经史躬读一过讫，乃讲议居官治家之法。或论文听琴，至人定④钟，然后归寝。诸子复昏定于中门之北。凡二十余年，未尝一日变易。其遇饥岁，则诸子皆蔬食，曰："昔吾兄弟侍先君为丹州⑤刺史，以学业未成，不听食肉，吾不敢忘也！"祖母韩夫人，相国休⑥之曾孙，相国滉⑦之孙，仆射贞公皋⑧之长女，家法严肃俭约，为搢绅家楷范，归我家三年无少长⑨，未尝见启齿⑩。贞公在省为仆射，先公于襄阳加端揆⑪，常衣绢素，不用绫罗锦绣。贞公亲仁里有宅，每归觐，不乘金碧舆⑫，只乘竹兜子，二青衣⑬步屣以随。贞公叹："乃御下之俭也！"常命粉苦参、黄连、熊胆和为丸，赐先公及诸叔，每永夜⑭习学含之，以资勤苦。

先公居外藩，先公每入境，郡邑未尝知。既至，每出入常于戟门⑮外下马，呼幕宾为丈，皆许纳拜，未尝笑语款洽。牛相国辟为武昌从事，动遵礼法，奇章公叹曰："非积习名教不及此！"

先公以礼律身，居家无事，亦端坐拱手，出内斋未尝不束带。三为大镇，厩无良马，衣不薰香。公退必读书，手不释卷。家法：在官不奏祥瑞⑯、不度僧道、不贷赃。吏法：凡理藩府，急于济贫恤孤；有水旱必先期假贷，廪粟军食必精丰，逋租必贳免⑰，馆传必增饰，宴宾犒军必华盛。而交代之际，仓储帑藏必盈溢于始，至境内有孤贫衣缨家女⑱及笄者，皆为选婿，出俸金为资妆嫁之。

叔祖少保公权⑲，字诚悬。玭兄弟尝从诸季父送别东郊，仆马在门，会阴晦多雨具，少保因言："我少时家贫，当房⑳严训。年十六，当房徃鲍陂人家致祭处，分先徃撰文，时甚雪，只得一驴，女家人清净，随后得一破褥子，披至鲍陂，为庄客所哀，为燔薪得附火为文，写上板子。当房朝下到庄，呈祝版，此时免科责便满望，岂暇知寒？今日虽散退，还得尔许官。尔等作得祭文者有几人？皆乘马，有油衣，吾为尔等忧。"太保晓声律而不好乐，常云："闻乐令人骄惰。"

先妣韦夫人外王父相国文公，贯之奕世㉑，以贞谅峻鲠㉒称。先夫人事君舅君姑凡十一年，晨省于鸡鸣，昏定于初夕，未尝阙。梁国夫人有疾，先夫人一月不下堂，早夜奉养，疾愈始归院。文公及第，登谏科，判入高等，授长安尉。秩满㉓困穷，穴地燔薪，啖豆糜以御冬。

孝公房舅谓余弟兄曰："尔家虽非鼎甲，然中外名德，冠冕之盛，亦可谓华腴右族！"㉔玭自闻此言，刻骨畏惧。

夫门地高，可畏不可恃。可畏者，立身行己，一事有坠先训，则罪大于他人，虽生可以苟取爵位，死亦不可见祖先于地下！不可恃者，门高则自骄，族盛则为人窥嫉，实艺懿行㉕，人未必信，纤瑕微累㉖，十手争指矣。所以承世胄者，修己不得不恳，为学不得不坚。

夫士君子生于世，己无能而望他人用之，己无善而望他人爱之，亦犹农夫卤莽种之，而怨大泽之不润，虽欲弗馁，其可得乎！余幼时每闻先公仆射与太保房叔讲论家法，莫不言：立己以孝悌为基，以恭默为本，以畏怯为务，以勤俭为法，以交结为末事，以气焰为凶人。肥家以忍顺，保交以简敬，百行备矣！体之未臧，三缄㉗密虑言之。或失广记如不及，求名如傥来㉘，去吝与骄，庶几寡过。莅官则洁己省事，而后可以言守法，守法而后可以言养人。直不近祸，廉不沽名。禀禄虽微，不可易黎甿㉙之膏血。榎楚㉚虽用，不可恣褊狭之胸襟。忧与祸不偕，洁与富不并。

余又比见名家子孙，其先正直，当官耿介特立，不畏强御者。及其衰也，则但有暗劣，莫知所宗，此际几微，非贤不达。

夫坏名灾己，辱先丧家，其失有尤大者五，宜深记之：一是自求安逸，靡甘淡泊，苟便于己，不恤人言；二是不知儒术，不闲古道，懵前经而不耻，论当世而解颐㉛。自无学业，恶人有学；三是胜己者厌之，佞己者悦之。唯乐戏谈，莫思古道。闻人之善嫉之，闻人之恶扬之。浸渍颇僻，销刓㉜德义，簪裾徒在，厮养何殊；四是崇好慢游，耽嗜曲蘖，以衔杯为高致，以勤事为俗人，习之易荒，觉已难悔；五是急于名宦，暱近权要，一资半级，虽或得之，众怒群猜，鲜有存者。兹五不瘳，甚于痤疽，痤疽则砭石可瘳，五失则神医莫理。前朝炯戒，方册具存。近世覆车，闻见相接。

夫中人已下，修词力学者，则躁进患失。思展其用，审命知退者，则业荒文芜，一不足采。唯智者研其虑，博其闻，坚其习，精其业，用之则行，舍之则藏。苟异于斯，孰为君子！

余自幼奉严训，实自恳克，不敢以资基冒进。分为州邑冗吏，未尝以一言求伸于公卿间。今优游清切，乃逾心期。至于披阅坟史㉝，研味秘奥，犹惜寸阴，不知老之将至㉞。

噫！君臣父子之道，礼乐刑政之规，在于儒术，是乃本源。夫以忧虞疾疢有限之年，自少及衰，从旦至暮，孜孜于本教之事，尚不得一二，矧㉟以他事挠之耶！

《语》曰："不有博弈者乎？为之犹贤乎已！"㊱此一章意义，全在"已"字。已者，饱食终日，无所用心之人也。如是者，心智昏懒，兼不及于博弈。夫子以博弈为喻者，乃深切于戒劝，明言博弈为鄙事，非许儒学。不务经术，但博弈耳，吴宫之论，可为格言。近者又有叶子戏㊲，或闻其名，本起妇女，既鄙于握槊，乃赌钱之流，手执青蚨，坐销白日，进德修业，其若是乎！

夫世族之源长庆远，与命位之丰约否泰，不假问蓍龟㊳，不假征星数㊴，处心行事而已。今昭国里崔山南昆弟子孙之盛，乡族罕比。山南曾祖母长孙夫人年高无齿，祖母唐夫人事姑孝，每旦，栉縰笄㊵拜于阶下，即升堂乳其姑。长孙夫人不粒食数年而康宁，一日疾病，长幼咸萃，宣言："无以报新妇恩，愿新妇有子有孙，皆得如新妇孝敬。"则崔之门，安得不昌大乎？

今东都仁和里裴尚书㊶宽，子孙众盛，实为名阀。天后时，宰相魏元同㊷选尚书之先为长婿，未成婚，而魏陷罗织狱，一家徙于岭表。来俊臣㊸辈既死，始沾恩还北。魏之长女已逾笄，及湖外，其家议："北裴必不复求婚，沦落贫窭，无以为衣食资。"诣老比邱尼，祈披缁，居其寺，女亦甘愿下发有日矣。有客尼自外至，闻其议曰："一见魏氏女，可乎？"见之曰："此女俗福丰厚，必有令匹子孙将遍天下，宜事北归。"言讫而去，遂不敢议。及荆门，则裴自京洛赍资聘，俟魏氏之北反已数月矣。今势利之徒奉权，幸如不及，舍信誓如反掌，则裴之蕃衍，乃天之报施也。郑司徒言于河南文公云："裴某作刺史，儿女皆饭饼饵。"人言其为吏清白,与周给亲爱,不可不信矣。

余季妹适宏农杨堪,在蒋相国幕,清刻自持,属吏有馈献皆不纳,尝言:"不唯自清,抑亦内助焉。"余旧府高公先侍郎兄弟三人,俱居清列,非速客不二羹胾⑭,夕食肐卜匏⑮而已,皆保重名于世。

永宁王相国按:王相涯。方居相位,掌利权,窦氏女归请曰:"玉工货一钗,奇巧,须七十万钱。"王曰:"七十万,我一月俸金尔,岂于女惜,但一股钗七十万,此妖物也,必与祸相随。"女不复敢言。数月女自婚姻会归,告王曰:"前时,钗为冯外郎妻首饰矣。"乃冯球也。王叹曰:"冯为郎吏,妻之首饰有七十万钱,其可久乎?其善终乎?"冯为贾相门人,最密。按:贾相悚。贾为东户,又取为属郎。贾有苍头⑯,颇张威福,冯于贾忠,将发之未能。贾入相,冯一日遇苍头于门,召而勖之曰:"户部中谤词不一,苟不悛,必告相国。"奴泣拜谢而去,未浃旬,冯晨与贾未兴,时方命设火内斋,曰冠当出。俄⑰有二青衣⑱赍银罌⑲出曰:"相公恐员外寒,命奉地黄酒三杯。"冯悦,尽举之,青衣入。冯出告其仆御曰:"渴。"且咽,粗能言其事,食顷而终。贾为冯兴叹出涕,竟不知其由。又明年,王、贾皆遭祸。噫!王以珍玩奇货为物之妖,信知言矣!而徒知物之妖,而不知恩权隆赫之妖甚于物邪?冯以卑位贪宝货,已不能正其家,尽忠所事,而不能保其身,斯亦不足言矣。贾之臧获害门客于墙庑⑳之间而不知,欲始终富贵,其可得乎!此虽一事,作戒数端。

又李相国㉑泌居相位,请征阳道州为谏议大夫,阳既至,亦甚衔恩。未几,李薨于相位,其子蘩居丧,与阳并居。阳将献疏㉒,斥裴延龄㉓之恶。嗜酒目昏,以恩故子弟待蘩,召之写疏,蘩强记,绝笔诵于口。录以呈。延龄递奏之云:"城将此疏行于朝,数日矣。"道州疏入,德宗已得延龄藁㉔,震怒,俄斥道州,竟不反。蘩后为谯郡守,虐诛巨盗不以法。舒相元舆布衣时,以文贽㉕蘩,蘩曰:"自此有一。"舒衔之,及为御史,鞫谯狱,入蘩罪不可解。数年,舒亦及祸。今世人各盛言宿业报应之说,曾不思视履考祥之事,不其惑欤!

余又见名门右族,莫不由祖考忠孝、勤俭以成立之,莫不由子孙顽率奢傲以覆坠之。成立之难如升天,覆坠之易如燎毛㉖,言之痛心,尔宜刻骨。

又余家世本以学识礼法称于士林间,比见诸家于吉凶礼制有疑文者,多取正焉。丧乱以来,门祚㉗衰落,清风素范有不绝如线之虑,当礼乐崩坏之际,荷㉘祖先名教之训,弟兄两人,年将中寿,基构之重,属于后生。纂续则贫贱为荣,隳坠则富贵可耻。今所纪旧事十忘三四,昼览而夜思,栖心讲求,触类滋长。夫行道之人,德行文学为根株,正直刚毅为柯叶,有根无叶按:"有根无叶"四字,原本脱去,今从《新唐书》增入。或可俟时。有叶无根,膏雨所不能活也。苟懵斯理,欲绍家声,则今之流传反成灾害,谛听熟念以保令名。至于孝慈、友悌、忠信、笃行,乃食之醯酱,不可一日无也,岂必言哉!比史官皆有序传,以纪宗门,余初及行在,尚守左史,故敢以序训为目。

【注释】

① 公绰:作者柳玭的祖辈柳公绰,字宽,唐代官员,初任校书郎,后升吏部尚书,再任河东节度使。柳氏家族名人辈出,其祖尚有柳公权,其父柳仲郢等。
② 朝谒:古代官员朝见皇帝。
③ 晨省(xǐng):子女早晨向父母请安问候。晚上侍奉父母请安就寝,名"昏定",全名"晨省昏定"。
④ 人定:亥时,今时21点至23点。
⑤ 丹州:古地名,今陕西省宜川县。
⑥ 休:韩休,字良士,西安人。官至唐朝宰相,屡次直谏,贬为工部尚书,太子师。谥号"文忠",追赠太子太师。
⑦ 滉:韩滉,字太冲,韩休之子。唐朝宰相,封晋国公,谥号"忠肃"。韩滉又是画家。
⑧ 皋:韩皋,字仲闻,韩滉之子。唐朝官员,官任仆射(唐似尚书令)、忠武军节度使。
⑨ 无长少:不论男女老少,悉加尊敬。
⑩ 启齿:开口说话,此指不张口诉求。
⑪ 端揆:宰相、相位。居百官之首,总揽国政,故称。
⑫ 金碧舆:高官所乘装饰得金碧辉煌的官车。
⑬ 青衣:地位低下者所穿的青色服装,此指地位低下的仆人。
⑭ 永夜:长夜。
⑮ 戟门:戟,古代青铜制兵器,将矛和戈合成一体,盛行于东周和战国时期。古代宫门立戟,唐代规定三品以上官员可在自家门前立戟,以凸显富贵。贾岛诗:"玉山突兀压乾坤,出得朱门入戟门。"官员或常人出入皆在戟门外下马或上马,以示对对方的尊重。
⑯ 祥瑞:吉祥的征兆。《汉书·郊祀志》:"祥瑞未著,咎征乃臻。"此处指将自然界的一些异常现象用迷信解释为吉祥的征兆。姚氏反对迷信,崇尚科学。

⑰ 贳（shì）免：贳通"赦"，赦免。《汉书·张敞传》："因贳其罪。"
⑱ 衣缨家女：缨，彩色带子，古代待嫁女子所系。此指到出嫁年龄的女子。
⑲ 公权：柳公权，柳玭的祖辈，字诚悬，陕西铜川耀州人。唐代官员，官至太子少师。唐代著名书法家。
⑳ 当房：宗族中同房。
㉑ 奕世：一代接一代，传承沿袭。《国语·周语上》："奕世载德，不忝前人。"
㉒ 贞谅峻鲠：忠贞诚信严峻耿直的高贵品德。
㉓ 秩满：官吏任期届满，亦称"俸满"。即到退休期，领受退休金。
㉔ 华腴（yí）右族：华腴，旧时世代做高官之家。《姓系论》："三世有三公者，曰膏梁；有令、仆者，曰华腴。"令、仆均宰相职。右族，名门望族。《北史·王子直传》："京兆杜陵人也，世为郡右族。"
㉕ 实艺懿行：实实在在的本领和美好优良的品德。
㉖ 纤瑕微累：微小的瑕疵和轻微的错误。累（lèi），缺陷，毛病，错误。嵇康《绝交书》："无万石之慎，而有好尽之累。"
㉗ 三缄：三缄其口。在嘴上加三道封条，比喻说话谨慎，或一言不发。缄，封闭。
㉘ 傥（tǎng）来：语出《庄子·缮性》："物之傥来，寄者也。"意为偶然而得之物。
㉙ 黎甿（méng）：黎民百姓。甿，古指农村居民。
㉚ 榎（jiǎ）楚：亦作"夏楚"。古代木制的刑具，用于笞打。《晋书·虞预传》："无援者则严其榎楚。"榎，同"槚"。
㉛ 解颐：讥笑。颐，面颊。苏颋《陈仓别陇州司户李维深》："京国自携手，同途欣解颐。"使人大笑不能止。
㉜ 销刓（wán）：剜削。《玉篇》："刓，削也。"
㉝ 坟史：先秦古书中的《三坟》《五典》，皆佚散。此指古籍。
㉞ 此句出自《论语·述而》："发愤忘食，乐以忘忧，不知老之将至。"
㉟ 矧（shěn）：况，况且。《尔雅》："矧，况也。"
㊱ 此句出自《论语·阳货》。博者：戏也。弈者：围棋也。已者：止也。此句意为无所用心之人不可也。
㊲ 叶子戏：亦称"叶子格"，简称"叶子"。古代博戏，兴于唐，明清称"马吊牌"，有人认为是麻将的早期。
㊳ 蓍龟：蓍草和龟甲，古代用于占卜的道具，以判吉凶。迷信活动。
㊴ 星数：亦称"星相"。古代以星象推算吉凶的迷信方术。
㊵ 栉縰笄（zhì xǐ jī）：此语出自《礼记·内则》："栉縰笄总。"栉，梳篦。縰，束发的帛。笄，簪子。以上均为古时妇女头饰。
㊶ 裴尚书：裴宽，河东闻喜人。唐玄宗户部尚书，后升太子少傅。

㊷ 魏元同：魏玄同，魏征家族后裔。唐高宗、武则天两朝宰相，后被酷吏诬陷，太后赐死家中。

㊸ 来俊臣：武则天执政时的著名酷吏，大兴刑狱，枉杀灭族达数千家，后被武则天处死。

㊹ 不二羹胾（zì）：此句出自《墨子·节用》："黍稷不二，羹胾不重。"意为饭食没有两种一样的，肉食也不会重复。胾，《说文解字》："胾，大脔也。"切成大块的肉。

㊺ 龁卜匏：咬食萝卜、葫芦的苦叶。《诗经·邶风·匏有苦叶》："匏有苦叶，济有深涉。"

㊻ 苍头：亦作"仓头"，古代私家的奴隶，后指奴仆。

㊼ 俄：不久，旋即，一会儿。《公羊传》："俄而可以为其有矣。"

㊽ 青衣：古时地位低下者所穿的衣服。婢女亦是，后用为婢女的代称。

㊾ 赉银罂：怀抱装满大瓶子的银子。

㊿ 墙庑（wǔ）：墙与廊屋。

㉛ 李相国：李泌，字长源，西安人。任唐肃宗、唐代宗、唐德宗三朝宰相。子李繁。

㉜ 献疏：上呈奏章。疏，奏章，古代臣属向帝王进言陈事的文书。

㉝ 裴延龄：山西永济人，唐德宗时宰相。

㉞ 藁：同"稿"。《史记·屈原贾生列传》："屈平属草藁未定。"

㉟ 贽：见面礼。赠送。欧阳修文："古者士之见师，以菜为贽。"

㊱ 燎毛：火烧毛发，比喻速度很快。《三国志·魏书·王粲传》："无异于鼓洪炉以燎毛发。"

㊲ 门祚：家世。

㊳ 荷（hè）：担任。《东京赋》："荷天下之重任。"

戒子通录·卷三
《幼训》 王褒

临沂人。周小司空，著《幼训》以戒诸子，其一章云按：褒，字子深，周武帝保定中除内史中大夫。

陶士行① 曰："昔大禹② 不吝尺璧③ 而重寸阴，文士何不诵书！武士何不马射！若乃元冬修夜，朱明长日，肃其居处，崇其墙仞④，门无粢杂，坐阒号呶⑤。以之求学，则仲尼之门人也。以之为文，则贾生⑥ 之升堂也。古者盘盂有铭，几杖有戒，进退修焉，俯仰观焉⑦。立身行道，终始若一，造次必于是⑧。"君子之言欤！吾自幼学不坠斯业，汝能修之，吾之志也。

曾子告子言

参字子舆，鲁人。疾病告曾元、曾华，凡三章。

微乎！吾无夫颜氏⑨之言，吾何以语汝哉？然而君子之务，尽有之矣。夫华繁而实寡者，天也；言多而行寡者，人也。鹰隼以山为卑，而曾巢其上；鱼鳖鼋鼍以渊为浅，而蹶穴其中。卒其所以得之者，饵也。是故君子苟无以利害义，则辱何由至哉！

亲戚不悦，不敢外交。近者不亲，不敢求远。小者不审，不敢言大。故人之生也，百岁之中有疾病焉，有老幼焉，故君子思其不复者而先施焉。亲戚既殁，虽欲孝，谁为孝？年既耆艾⑩，虽欲弟，谁为弟？故孝有不及，弟有不时，其此之谓与。

官怠于宦成，病加于少愈，祸生于懈惰，孝衰于妻子，察此四者，慎终如始。《诗》曰："靡不有初，鲜克有终。"⑪

史鰌

字子鱼，卫灵公臣，且死，谓其子曰："灵公往吊，问其故？其子以父言。"闻。灵公寤，卫国以治。

我即死，治丧于北堂⑫。吾生不能进蘧伯玉⑬，而退弥子瑕⑭，不能正君也。生不能正君，死不当成礼，死而置尸于北堂，于礼足矣！

司马谈

谈，汉太史令。夏阳人。留滞周南，发愤且卒，执子迁手而泣曰：

予先，周室之太史⑮也，自上世尝显功名于虞夏，典天官事。后世中衰，绝于予乎？女⑯复为太史，则续吾祖矣！今天子接千岁之统，封泰山而予不得从行，是命也夫！命也夫！予死，汝必为太史，为太史毋忘吾所欲论著矣。且夫孝始于事亲，中于事君，终于立身扬名于后世，以显父母，此孝之大者。夫天下称诵周公⑰，言其能论歌文、武⑱之德，宣周、召⑲之风，达太王、王季⑳之思虑，爰及公刘㉑，以尊后稷㉒也。幽、厉㉓之后，王道缺，礼乐衰，孔子修旧起废，论《诗》《书》作《春秋》，则学者至今则之。自获麟㉔以来，四百有余岁，而诸侯相兼，史记㉕放绝。今汉兴，海内一统，明主贤君，忠臣义士，予为太史而不论载，废天下之文，予甚惧焉！汝其念哉！

何曾

字颖考,阳夏人。晋司徒,尝侍武帝。宴退告其子遵,曰:

国家应天受命,创业垂统,吾每侍宴,未尝闻经国远图,唯说平生常事,非诒厥孙谋㉖之道也,后嗣其殆乎!此吾子孙之忧,汝等犹可没身,孙辈必遇乱亡!

殷仲堪

陈郡人。晋荆州刺史,性真素。饭粒落席间,辄拾去啖之。

人见我受任方州㉗,谓我豁平昔时意。今吾处之不易,贫者士之常,焉得登枝而捐其本,尔其存之。

谢侨

字国美,父元大,任梁侍中。

侨素贫,尝一日朝无食,其子启欲以《班史》㉘质钱,答曰:"宁饿死,岂可以此充食乎!"

刘赞

魏州人。父玭,为县令。按:赞,后唐明宗时为御史中丞、刑部侍郎。

赞始就学,衣以青布衫襦,每食则玭㉙自肉食,而别以蔬食,食赞于床下,谓之曰:"肉食,君之禄也。尔欲之,则勤学,问以干禄。吾肉非尔之食也。"由是赞益力学,举进士,官至中书舍人。

疏广告兄子言

字仲翁,东汉人。汉太子太傅,兄子受字公,子为少傅,广告之受,叩头曰:"从大人议。"

吾闻"知足不辱,知止不殆"㉚,"功遂身退,天之道也"㉛。今仕宦至二千石,官成名立,如此不去,惧有后悔,岂如父子相随出关㉜,以寿命终,不亦善乎!

孔臧《戒子书》

子顺之后,安国之从兄,事汉孝武,告子琳书。按:臧,孔子十一代孙,嗣封

蓼侯，为太常。

顷来闻汝与诸友生讲肄《书》《传》按：孔丛子"作讲肄学传"。孜孜昼夜，衎衎不怠㉝，善矣！人之进退，唯问其志，取必以渐，勤则得多。山溜至柔㉞，石为之穿；蝎虫至弱，木为之弊。夫溜非石之凿，蝎非木之钻，然而能以微脆之形，陷坚刚之体，岂非积渐之致乎？《训》曰："徒学知之未可多，履而行之乃足佳。"㉟

东方朔

字曼倩，平原人。汉武帝臣，似道家言，姑存之。

明者处世，莫尚于中。优哉游哉！与道相从。首阳㊱为拙，柳惠㊲为工，饱食安步，以仕代农。

郑玄

字康成，北海人。汉献帝时尝疾笃，自虑以书戒子益恩。

吾家旧贫，不为父母群弟所容，去厮役之吏㊳，游学周、秦之都，往来幽、并、兖、豫㊴之域。获觐乎在位通人㊵，处逸大儒，得意者咸从捧手，有所受焉。遂博稽《六艺》㊶，粗览传记，时睹秘奥。年过四十，乃归供养，假田播殖，以娱朝夕。遇阉尹㊷擅势，坐禁党锢，十有四年，而蒙赦令，举贤良方正有道㊸，辟大将军三司㊹府，公车㊺再召，比牒并名，早为宰相。惟彼数公，懿德大雅，克堪㊻王臣，故宜式序。吾自忖度，无任于此，但念述先圣之元意，思整百家之不齐，亦庶几以竭吾才，故闻命罔从。而黄巾㊼为害，萍浮南北，复归邦乡。入此岁来，已七十矣。宿素㊽衰落，仍有失误，案之礼典，便合传家。今我告尔以老，归尔以事，将闲居以安性，覃思㊾以终业。自非拜国君之命，问族亲之忧，展敬坟墓，观省野物，胡尝扶杖出门乎！家事大小，汝一承之。咨尔茕茕一夫㊿，曾无同生相依，其勖求君子之道，研钻勿替，敬慎威仪，以近有德，显誉成于僚友，德行立于己志。若致声称，亦有荣于所生，可不深念邪！可不深念邪！吾虽无绂冕之绪㉛，颇有让爵之高，自乐以论赞之功，庶不遗后人之羞。末所愤愤者，徒以亡亲坟垄未成，所好群书率皆腐敝，不得于礼堂写定，传与其人。日西方暮，其可图乎！家今差多于昔，勤力务时，无恤饥寒。菲饮食，薄衣服，节夫二者，尚令吾寡恨。若忽忘不识㉜，亦已焉哉！

刘向

字子政，彭城人，汉成帝臣。

汝有何德，蒙恩甚厚，将何以报？董生有云："吊者在门，贺者在闾。"[53]言有忧则恐惧敬事，敬事则必有善功而福至也。又曰："贺者在门，吊者在闾。"[54]言受福则骄奢，骄奢则祸至，故吊随而来。齐顷公[55]之始，藉[56]霸者之余威，轻侮诸侯，戏跛蹇之客，故被鞍之祸，遁服而亡，所谓"贺者在门，吊者在闾"也；兵败师破，人皆吊之，恐惧自新，百姓爱之，晋侯皆归其所夺邑，所谓"吊者在门，贺者在闾"也。

司马徽

后汉

闻汝充役，室如悬磬[57]，何以自办？论德则吾薄，说居则吾贫，勿以薄而志不壮，贫而行不高也。

王修

字叔治，北海人，魏奉常，戒子。

自汝行之后，恨恨不乐，何者？我实老矣，所恃汝等也，皆不在目前，意遑遑[58]也。人之居世，忽去便过，日月可爱也。故禹不爱尺璧而爱寸阴，时过不可还，若年大不可少也。欲汝早成，未必读书，并学作人，欲令见举动之宜，观高人远节，志在善人左右，不可不慎，善否之要，在此际也。行止与人，务在谨之，言思乃出，行详乃动，皆用情实道理，违斯败矣。父欲令子善，唯不能杀身，其余无惜也。

王昶

字文舒，魏司空，名兄子默字处静，沈字处道，子浑字元冲，深字道冲，皆依谦实以见意，遂书以戒之。

夫人为子之道，莫大于宝身[59]，全行，以显父母。此三者，人知其善，而或危身破家，陷于灭亡之祸者，何也？由所祖习[60]，非其道也。夫孝敬仁义，百行之首，行之乃立身之本也。孝敬则宗族安之，仁义则乡党[61]助之，此行成于内，名著于外者矣。人若不笃于至行，而背本逐末，以陷浮华焉，以成朋党⁶²焉。浮华则有虚伪之累，朋党则有彼此之患，此二者之戒，昭然著明，而循覆车滋众⁶³，逐末弥甚，皆由惑常时之誉，昧目前之列故也。

夫富贵声名，人情所乐，而君子或得而不处，何也？恶不由其道耳。患人知进而不知退，知欲而不知足，故有困辱之累，悔吝之咎。语曰："如不知足则失所欲。"故知足之足常足矣。览往事之成败，察将来之吉凶，未有干名要利，欲而不厌，而能保世持家，永全福禄者也。按：《魏志·王昶传》此下尚有"欲使汝曹立身行己遵儒者之教，履道家之言故"，共十九字。以元默冲虚为名，欲使汝曹顾名思义，不敢违越也。古者盘杅⁶⁴有铭，几杖有戒，俯仰察焉。用无过行，况在己名，可不戒之哉！

夫物速成则疾亡，晚就则善终。朝华之草，夕而零落；松柏之茂，隆寒不衰。是以大雅君子恶速成，戒阙党⁶⁵也。若范燮⁶⁶对秦客而武子⁶⁷击之，折其委笄⁶⁸，恶其掩人也。夫人有善，鲜不自伐⁶⁹，有能者，寡不自矜。伐则掩人，矜则凌人。掩人者人亦掩之，凌人者人亦凌之，故三郤⁷⁰为戮于晋，王叔⁷¹负罪于周，不惟矜善自伐，好争之咎乎！故君子不自称，非以让人，恶其盖人也。夫能屈以为伸，让以为得，弱以为强，鲜不遂矣。

夫毁誉，爱恶之原而祸福之机也，是以圣人慎之。孔子曰："吾之于人，谁毁谁誉，如有所誉，必有所试⁷²。"又曰："子贡方人，赐也贤乎哉？我则不暇。"⁷³以圣人之德，犹尚如此，况庸庸之徒而轻毁誉哉！昔伏波将军马援⁷⁴，戒其兄子言："闻人之恶，当如闻父母之名，耳可得而闻，口不可得而言也。"斯戒至矣！人或毁己，当退而求之于身，若己有可毁之行，则彼言当矣；若己无可毁之行，则彼言妄矣。当则无怨于彼，妄则无害于身，又何反报焉！且闻人毁己而忿者，恶丑声之加人也。人报者滋甚，不如默而自修己也。谚曰："救寒莫如重裘，止谤莫如自修。"斯言信矣！若与是非之士、凶险之人，近犹不可，况与对校乎！其害深矣！

夫虚伪之人，言不根道⁷⁵，行不顾言⁷⁶，其为浮浅，较可识别，而世人惑焉，犹不检之以言行也。近济阴魏讽⁷⁷、山阳曹伟⁷⁸，皆以倾邪败没，荧惑当世，挟持奸慝，驱动后生，虽刑于鈇钺⁷⁹，大为炯戒⁸⁰，然所污染，固以众矣，可不慎与！

若夫山林之士，夷叔⁸¹之伦，甘长饥于首阳⁸²，安赴火于绵山⁸³。虽可以激贪砺俗，然圣人不可为，吾亦不愿也。今汝先人世有冠冕，惟仁义为名，守慎为称，孝悌于闺门，务学于师友。

吾与时人从事，虽出处不同，然各有所取。颍川郭伯益[84]好尚通达，敏而有知，其为人宏旷不足，轻贵有余，得其人重之如山，不得其人忽之如草，吾以所知亲之、昵之，不愿儿子为之。北海徐伟长[85]不治名高，不求苟得，澹然自守，惟道是务，其有所是非，则托古人以见其意，当时无所褒贬，吾敬之、重之，愿儿子师之；东平刘公干博学有高才，诚节有大意，然性行不均，少所拘忌，得失足以相补，吾爱之、重之，不愿儿子慕之。乐安任昭先[86]淳粹履道，内敏外恕，推逊恭让，处不避洿[87]，怯而义勇，在朝忘身，吾友之、善之，愿儿子遵之。若引而伸之，触类而长之，汝其庶几举一隅耳。

及其用财先九族[88]，其施舍务周急，其出入存故老，其论议贵无贬，其进仕尚忠节，其取人务道实，其处势戒骄淫，其贫贱慎无戚，其进退念合宜，其行事加九思[89]，如此而已，吾复何忧哉！

诸葛亮《家戒》

字孔明，琅邪人。蜀汉丞相。《诫子书》与《子疏》，凡三章。

君子之行，静以修身，俭以养德，非澹泊无以明志，非宁静无以致远。夫学须静也，才须学也，非学无以广才，非静无以成学。慆慢[90]则不能研精，险躁则不能理性。年与时驰，意与岁去，遂成枯落，悲叹穷庐，将复何及！

又云：每得来疏，书尚粗拙，岂修之不勤而量之有限耶！

又云：夫志当存高远，慕先贤，绝情欲，弃凝滞，使庶几[91]之志揭然有所存，恻然有所感。忍屈伸，去细碎，广咨问，除嫌吝[92]，虽有淹留。何损于美趣？何患于不济？若志不强毅，意不慷慨，徒碌碌滞于俗，默默束于情，永窜伏于凡庸，不免于下流矣！

羊祜

字叔子，泰山人。晋征南大将军，无子，诏以兄子暨，暨弟伊，伊弟篇，为祜后。《戒书》出欧阳询。

吾少受先君之教，能言之年，便召以典文。年九岁，便诲以《诗》《书》。然尚犹无乡人之称，无清异之名。今之职位，谬恩之加耳，非吾力所能致也。吾不如先君远矣！汝等复不如吾。谐度宏伟，恐汝兄弟未能也。奇异独达，察汝等将无分也。恭为德首，慎为行基，愿汝等言则忠信，行则笃敬。无口许人以财，无传不经之谈，无听毁誉之语。闻人之过，耳可得受，口不得宣，思而后动，若言行无信，身受大谤，自入刑论，岂复惜汝，耻及祖考㊈！思乃父言，纂乃父教，各讽诵之！

商裒

晋人。按：商裒，即殷裒，宋人避讳所改也。曾为荥阳令，有惠政。

天道也者，易寻而难穷，易知而难行也。故京房㊉之徒，考步吉凶之变，而不能自见其祸，更为姚平㊊所戒，此道之难知也。省尔之才，不及于房，而吾之言过于平矣。昔弗父何㊋三命滋恭，晏平仲㊌久而敬之，曾颜㊍之徒有若无、实若虚也。况尔析薪之智，欲弹射世俗，身为谤先，怨祸并集，使吾怀朝夕之忧，为范武子㊎所叹，亦非汝之美也。若朝益暮习，先人后己，恂恂㊏如也，则吾闻音而识其曲，食旨而知其甘，永终吾余年矣，复何恨哉！古人有言："思不出其位。"尔其念之！㊐尔其念之！

司马越

晋东海王以王承为记室参军，雅相知重，敕其子毗。

夫学之所益者浅，体之所安者深。闲习礼度，不如式瞻仪型。讽味遗言，不若亲承音旨。王参军人伦之表，汝其师之。

李暠

字元盛，陇西人。晋凉武昭王迁于酒泉，手令戒其诸子。

吾自立身，不营世利。经涉累朝，通否任时。初不役智，有所要求。今日之举，非本愿也。然事会相驱，遂荷州土㊒，忧责不轻，门户事重。虽详人事，未知天心，登车揽辔㊓，百虑填胸。后事付汝等，粗举旦夕，近事数条，遭意便言，不能次比㊔。至于杜渐防萌㊕，深识情变，此当任汝所见深浅，非吾敕戒所尽也。汝等虽年未至大，若能克己纂修，比之古人，亦可以当事业矣。苟其不然，虽至白首，亦复何成！汝等其戒之！慎之！

节酒慎言，喜怒必思。爱而知憎，恶而知善。动念宽恕，审而后与。众之所恶，勿轻承信。详审人，核真伪，远佞谀，近忠正按：《晋书》作"忠臣"。蠲刑狱，忍烦扰，存高年，恤丧病。勤省按，听讼诉。刑法所应，和颜任理，慎勿以情，轻加声色。赏勿漏疏，罚勿容亲。耳目人间，知外患苦，禁御左右，无作威福。勿伐善施劳，逆诈意必按：《晋书》作"亿必"。以示己明，广加咨询，无自专用，从善如顺流，去恶如探汤。富贵而不骄者至难也，念此贯心，勿忘须臾。寮佐邑宿，尽礼承敬，燕飨馈食，事事留怀。古今成败，不可不知，退朝之暇，究观典籍，面墙而立，不成人也。

此郡世笃忠厚，人物敦雅，天下全盛时，海内犹称之，况复今日，实是名邦。正为五百年乡党婚亲相连，至于公理，时有小小颇回，为当随宜斟酌。吾临莅五年，兵难骚动，未得休众息役，惠康士庶，至于掩瑕藏疾，涤除疵垢。朝为冠雠，夕委心膂[106]，虽未足希准古人，粗亦无负于新旧。事任公平，坦然无类[107]。初不容怀，有所损益，计近便为少，经远如有余，亦无愧于前志也。

陈显达

宋孝武世军主历驱使，南齐迁都督。江州诸军事，自以人微位重，每迁官有愧惧之色。诸子多事豪侈，显达闻之不悦。子休为郢府主簿，过九江戒子。按：显达，南彭城人。

我本志不及此，汝等勿以富贵凌人。尘尾蝇拂[108]是王谢[109]家物，汝不须捉此，即取于前焚之。

王僧虔

琅邪人。仕齐，为仪同宋世，尝有书戒之。

吾在世虽乏德素，要复推排人间十许年，故是一旧物，人或以比数汝耳。即化之后，若自无调度，谁复知汝事者？舍[110]中亦有少负令誉，弱冠越超清级者，于时王家门中，优者龙凤，劣犹虎豹，失荫[111]之后，岂龙虎之仪？况吾不能为汝荫，政[112]应各自努力耳。或有身经三公[113]，蔑尔[114]无闻，布衣寒素，卿相屈体。父子贵贱殊，兄弟声名异，何也？体尽读数百卷书耳。吾今悔无所及，亦以前车戒尔后乘也。汝年入立境，方应从宦，兼有室累，何处复得下帷[115]如王郎[116]时邪？各尔身已切，岂复关吾邪？鬼唯知爱深松茂柏，宁[117]知子弟毁誉事，因汝有感，故略叙胸怀。

徐勉《诫子书》

字修仁,东海人。梁武帝臣。戒其子崧,其略曰:

吾家本清廉,故常居贫素,至于产业之事,未尝经营,薄躬[118]遭逢,遂至今日,仰藉[119]门风,故臻此尔。古人所谓:"以清白遗子孙,不亦厚乎!"中年聊于东田开营小园者,非播艺以要利,政欲穿池种树,少寄情赏[120]。闻汝所买湖田甚为舄卤[121],有所收获,汝可自分赡内外,大小宜令得所,又复应霈之诸女耳。汝既居长,故有此及。凡为人长,殊复不易,当使中外谐辑[122],人无闲言,先物后己,然后可贵。汝当自勖[123],见贤思齐,不宜忽略以弃日也。弃日乃是弃身,身名美恶,岂不大哉!可不慎欤!今之所敕,略言此意,政谓为家以来,不事资产,暨立墅舍,以垂旧业,陈其始末,无愧怀抱。

王筠

字元礼,琅邪人。仕梁,为太子詹事,与诸子论家门集。

《史》传称,安平崔氏[124]及汝南应氏[125],并累叶[126]有文才,所以范蔚宗[127]云:"崔氏雕龙[128],然不过父子两三世耳,非有七叶[129]之中,名德重光,爵位相继,人人有集,如吾门者也。"汝等仰观堂构[130],思各努力。

李恕

唐中宗时县令。以崔氏女仪戒不及男《颜氏家训》,训遗于女,遂著《戒子拾遗》十八篇,兼教男女,令新妇、子孙,人写一通用为鉴戒,云:

男子六岁,教之方名,七岁读《论语》《孝经》,八岁诵《尔雅》《离骚》,十岁出就师傅,居宿于外,十一专习两经,志学之年,足堪宾贡[131]。平、翼二子,即是其人,夫何异哉?积勤所致耳。擢第[132]之后,勿弃光阴,三四年间,屏绝人事。讲论经籍,爰迄史传,并当谙忆,悉令上口。洎乎弱冠,博综古今。仁孝忠贞,温恭谦顺。器惟瑚琏[133],材堪廊庙。如或出身之后,怠而自逸,被服绮罗,弄姿顾影,朝游酒肆,暮宿倡楼[134],虽则生之,不如遄死若豚犬耳,奚足惜哉!

居九品之中,处百僚之下,清勤自勖,平真无亏。事长官以忠诚,接僚友以谦敬。言思乃出,行思乃动,勿辄有毁誉,勿轻论得失。

格式律令,为政之堤防。一牵吏役,动遵宪纲。与夺割断,必须理惬条章,喜怒刑名，岂可率由胸臆[135]。枷杖样式，著于令文，准令而行，足堪市耻。勿奋威怒，粗杖大枷，肆一朝之忿，取终身之败。

申上移牒[136]，言唯谨尔，署必真书，慎勿侮弄刀笔，讥玩朋僚，若犯要司，败不旋踵；若轻同类，怨岂在明。位下处卑，触涂防谨。部内士人，虚心接引，乡中耆望，以礼承迎。若恣心纵骂，轻出莠言，骂父子怨，骂兄弟怨，既为怨府，亦谓深雠。刘宽[137]不呵童仆，嗣宗[138]口不臧否。韩子[139]曰："善为吏者树德，不善为吏者树怨。"勉之勉之！

县有长官，职宣风化。丞尉[140]卑末，无劳广为。若乃斥强健，厌雄豪，奋下车之威[141]，钓高明之誉，指挥一县，专擅六曹[142]，识者寒心，旁观启齿。但能正身范物，修己安人，不与典吏交言，不在公庭妄笑，立无偏倚，坐必正方，人自怀之，畏之矣。

汝辈后生始从卑仕，禄俸所获，仅以代耕。宜减省家人，谨身节用，合门昼掩，镇安关钥。家童敛迹，无出府廷。使马如羊，不以入厩，使金如粟，不以入怀。夫如是，则骎马埋轮[143]，且安高枕，岂多言之可畏，何众口之能伤哉！杨震[144]为涿郡太守，子孙皆蔬食步行，曰："使人称为清白吏子孙。"诚哉斯言！誓铭肌骨，部内交关，诚非所愿。傥缘切要，不违远市，衣食之外，无辄交通，必须依价钱归物主，分明付领书取，文钞虽云细务，易涉流言，勿招抑逼之词，以获侵渔之谤。若能远希先觉，遥杜未萌[145]，清介皎然，吾无忧矣。

周生烈[146]云："食禄坐观贼也。"老子云："债少易偿，职寡易守。"汝等欲仕，周行深期自卜，审己量分，或保微班，冒宠贪荣，方贻后谴。但能绩着鸣弦[147]，功彰露冕，足隆门阀，不坠箕裘[148]。岂要荣贵，方为宦达！

纳采行媒，咸求雅对，河鲂宋子[149]，勿坠清规。或嫁女从夫，有资贤婿，如为男求妇，必在甲门[150]，无隳百代之规，以适一时之欲。

告休暇景，公务余闲，学以润身，必资宏益。谯周[151]云："圣人学之于天，君子学之于圣。"又云："进者，犹行也，朝发而异宿矣。"益者，其犹取菜乎，勤则顷筐盈矣。家中经史，不能周足，但能阅，市恒有贱书，假如数万青蚨[152]，才当一马之直，堪得数千黄卷，便为百代之宝。凡人皆知市骏马，悦轻肥，而莫肯市书，见近识小。《淮南子》[153]云："家有三史无痴子。"可不勉欤！

吾昆弟七房，子侄尤众，未出一门，已成三从，左提右挈，洎乎成长。世祀云远，恩爱不渝。怀橘而归，遗兼诸母。易衣而出，讵止同胞。服有功缌[154]，《礼经》[153]所限。情存家法，勿或亏焉。博徒暴客，破产倾家，汝等子孙尤宜戒谨！脱子侄之中顽嚚不肖，公违父叔之令，輙从轻薄之徒，必当断其掷头之指，以为终身之戒。宁不知亏！令断骨忍痛伤心，折一指足以保一门，所全者大，故不隐也。

夫酒者所以祀鬼神，养病老。冠昏之礼，非酒不成。宾主之欢，非酒不接。无容沉湎过度，颠沛有亏。汝等从宦，顾惜身名，纵不能全然禁断，倍须拘检。酒气未尽，不可参预府庭。面色未平，不宜呵叱百姓。以此为戒，余可知矣。

孙叔敖[154]为令尹，一老父教之云："位益高而意益下，官益大而心益小。"袁子云："贫贱愿人之接己，富贵忘己之接人。"大禹一饭十起[155]，周公一沐三握[156]。夫接士忘疲，礼贤忘倦，圣贤犹且若是，而况凡庸乎！

曾子云："书功不过百日。"谚云："千里面首既堪力致，何惜余闲！"诸葛戒子，尚忧粗拙，汝辈钟、张真草[157]之迹，念并留心；阴阳卜筮之书，慎毋开卷。射宫[158]观德，君子攸宜。弹琴自娱，性灵取悦。自余伎术，并勿经怀，敬慎威仪，以近有德。《女诫》《女仪》《儿女》等，各写一通，咸将自警。女兼辅佐君子，儿亦劝奖室家，中外相承，夫妻并立，终朝三省，每月一寻，实获我心，念无违也。

间阎贱弟，委巷庸兄，多分嫡庶，构成痛痏。不念胞胎虽别，骨血不殊，岂可儿结父雠，子兼母妒。伤心犯顺，所不忍言。汝等幼习义方，以归名教，察天伦之重，既悟同生。觉流俗之非，毋遵覆辙。

女子七岁，教以《女仪》，读《孝经》《论语》，习行步容止之节，训以幽闲听从之仪，《礼》云：女子十年治丝枲，织纴，观祭祀，纳酒浆，事人之礼，此最为先。十五而笄，十七而嫁。既从礼制，是谓成人。若不微涉青编，颇窥缃素，粗识古今之成败，测览古女之得失。不学墙面，宁止于男？通之妇人，亦无嫌也。

妇人之德，贵在贞静。内外之言，不出闺阃。郑卫之音[160]，尤非所习；游娱之乐，无以宽怀。夫若东西，家无耆旧，年少子幼，虑远防微，家具无假于人，馈献杜而弗纳。心怀廉谨，外绝交通，衣食斟量，常令备足。披寻谱牒，记忆亲姻，戚属尊卑，吉凶周至，方为内范，念勖前规。

谚云："成家由妇，破家由妇。"缅寻其语，谅匪虚谈。未有娣姒相怜而兄弟不睦，娣姒相嫉而昆季雍和者也。

升堂拜母，心所未通，广坐呈妻，理尤不可。人之家法，难易不同。在于吾心，以难胜易，与其轻易，宁可从难。

姚信

按：信，吴人。梁时太常。

古人行善者，非名之务，非人之为，心自甘之，以为己度。崄易不亏，终始如一。进合神契，退同人道[162]，故神明佑之，众人尊之，而声名自显，荣禄自至，其势然也。又有内析外同，吐实怀诈，见贤则暂自新，独居则纵所欲。闻誉则惊自饰，见尤则弃善端。凡失名位，常多怨人而害善。怨一人则众人疾之，害一善则众人怨之，虽欲陷人而进己，不可得也，只所以自毁耳。顾真伪不可掩，褒贬不可妄，舍伪从实，遗己察人，可以通矣。舍己就人，去否适泰[163]，可以宏矣。贵贱无常，唯人所速。苟善，则匹夫之子可至王公；苟不善，则王公之子反为凡庶。可不勉哉！

杨椿

字延寿，华阴人。北齐侍中，归老临行，戒子孙云：

我家入魏之始，即为上客，自尔至今，二千石[164]方伯不绝。禄恤甚多，于姻亲知故，吉凶之际，必厚加赠襚[165]。来往宾寮，必以酒肉饮食，故六姻朋友无憾焉。国家初，丈夫好服彩色，吾虽不记上谷翁时事，然记清河翁时服饰，恒见翁着布衣韦带[166]，常自约敕诸父曰："汝等后世若富贵于今日者，慎勿积金一斤、彩帛百匹已上，用为富也。不听与世家作婚姻。"全吾兄弟不能遵奉。今汝等服乘渐华好，吾是以知恭俭之德渐不如上也。吾兄弟若在家，必同盘而食，若有近行不至，必待其还，亦有过中不食，忍饥相待。吾兄弟八人，今存者有三，是故不忍别食也。又愿毕吾兄弟，不异居异财，汝等眼见，非为虚假。如闻汝等兄弟，时有别斋独食者，此又不如吾等一世也。

闻汝等学时俗人，乃有坐待客者，有驱驰势门者，有轻论人恶者，及见贵胜则敬重之，见贫贱则慢易之，此人行之大失，立身之大病也。汝家仕皇魏以来，高祖以下，乃有十郡太守、三十二州刺史，内外显职，时流少比。汝等若能存礼节，不为奢淫骄慢，假不胜人，足免尤诮[167]，足成名家。吾今年始七十五，自惟气力尚堪朝觐[168]天子，所以孜孜求退者，正欲使汝等知天下满足之义，为一门法耳，非是苟求千载之名。汝等能记吾言，吾百年后终无恨矣！

马援

字文渊，扶风人。后汉伏波将军，兄子严敦并喜讥议而通轻侠客。援在交趾，还书戒之。

吾欲汝曹[169]闻人过失，如闻父母之名，耳可得闻，口不可得言也。好议论人长短，妄是非正法[170]，此吾所大恶也，宁死不愿闻子孙有此行也。汝曹知吾恶之甚矣，所以复言者，施衿结褵[171]，申父母之戒，欲使汝曹不忘之耳。龙伯高[172]敦厚，周慎口无择言，谦约节俭，廉公有威，吾爱之重之，愿汝曹效之；杜季良[173]豪侠好义，忧人之忧，乐人之乐，清浊无所失，父丧致客，数郡毕至，吾爱之重之，不愿汝曹效也。效伯高不得，犹为谨敕之士，所谓刻鹄不成尚类鹜者也。效季良不得，陷为天下轻薄子，所谓画虎不成反类狗者也。讫今季良尚未可知，郡将下车[174]切齿[175]，州郡以为言[176]，吾常为寒心，是以不愿子孙效也。

杨侃

按：侃，字士业。齐侍中，椿之子，为后魏大都督。

我家受魏恩，二千石方伯不绝，记清河翁约敕诸父曰："汝等后世若富贵于今日者，慎勿积金一斤、彩帛百匹已上，用为富也。不听与世家作婚姻。"吾今日不为贫贱，然居住舍宅不作壮丽者，正虑汝等后世不贤，不能保守之，将为势家所夺。

张奂

字然明，敦煌人。事汉灵帝太常。

汝曹薄佑，早失贤父，财单艺尽。今适喘息，闻仲祉轻傲耆老[177]，侮狎同年，极口恣意。当崇长幼，以礼自持。闻敦煌有人来，同声相道，皆称叔时宽仁，闻之喜而且悲，喜叔时得美称，悲汝得恶论。《经》[178]言："孔子于乡党，恂恂如也。"恂恂者，恭谦之貌也。圣贤难知，且自以汝贤父为师，汝父宁轻乡里耶！年少多失，改之为贵，蘧伯玉[179]年五十，见四十九年非，但能改之。不可不思吾言，不自克责，反云：张甲谤我，李乙恚我，我无是过，尔亦已矣。

石奋责子言

奋,赵人。汉九卿子,内史庆醉入里门下车,奋闻之,不食。庆肉袒请罪,不许,宗及兄建肉袒,奋曰:

内史贵人,入闾里,里中长老皆走匿,而内史坐车中自如,固当?

邴吉

字少卿,鲁国人。汉孝宣丞相,子显嗣,爵显为诸曹,尝从祠高庙,至夕牲日,乃使出取斋衣,吉大怒曰:

宗庙至重而显,不敬慎亡,吾爵者必显也。

辛毗郤子言

字佐治,阳翟人。魏卫尉,明帝任刘放孙,资毗不与往来,子敞谏曰:"今孙刘用事,众皆影附,大人宜小降意和光同尘,不然必有谤言!"毗正色而曰:

吾之立身,自有本末,就与刘孙⑱不平,不过令吾不作三公⑱而已,何危害之有!大丈夫欲为公而毁其高节耶!

【注释】

① 陶士行:陶侃,字士行,又字士衡,江西九江人。东晋官员,任荆州和江州刺史,为官四十年如一日,爱惜光阴,不饮酒,不赌博,为人赞许。
② 禹:传说古代部落联盟领袖。姒姓,亦秋、大禹、夏禹、戎禹、鲧之子。禹奉舜命治理洪水有功,遂成舜帝的继承人。禹传位于子启,建立夏朝,系我国奴隶制的开始。
③ 尺璧:一尺长的美玉。此处比喻精贵,俗说一寸光阴一寸金,寸金难买寸光阴。
④ 墙仞:此语出自《论语·子张》:"夫子之墙数仞,不得其门而入。"比喻贤者之门。仞,古代长度单位,周八尺,汉七尺为一仞。此处加高围墙。
⑤ 阙号呶:阙,通"缺"。号,大声呼叫。呶,喧哗。《诗经·小雅·宾之初筵》:"载号载呶。"
⑥ 贾生:贾谊,时称贾生,西汉政论家、文学家、官员,官任博士,太中大夫。著《过秦论》等文。
⑦ 此句意为古时人在盘、盂上刻铭言,在桌子、手杖上刻诫语,进退都要遵守,抬头低头都可看到,时时警戒自己。
⑧ 此句意为做人做事,始终如一,坚持到底,即使迫促不暇,也须这样做。造次:此指仓卒。

⑨ 颜氏：孔子的弟子颜回。
⑩ 耆艾：古称六十岁为耆，五十岁为艾。泛指老年人。《荀子》："耆艾而信，可以为师。"
⑪ 此句出自《诗经·大雅·荡》，意为事情都有善始的，可惜很少有能善终的。
⑫ 北堂：古代大夫家主妇常居留之处。《仪礼·士昏礼》："妇洗在北堂。"
⑬ 蘧伯玉：名瑗，春秋时卫国大夫，孔子的朋友，孔子周游列国时，曾两次住蘧伯玉家。侍奉卫国三代国君，称贤大夫。
⑭ 弥子瑕：名牟，字子瑕，遂为姓，其祖系晋灵公之弟。任晋灵公将军，谥号"文子"。
⑮ 司马谈：西汉史学家，任太史令，父司马喜，子司马迁，《史记》之作者，《史记》中数篇评语，皆是司马谈之原作。太史：官员，主管文书，编写史书，掌管国家典籍。
⑯ 女：同"汝"，你。
⑰ 周公：姬姓，周武王之弟，名旦。西周初期政治家、军事家，曾助武王灭商，后又辅佐周成王。因封地在周，称为周公。
⑱ 文、武：周文王、周武王。
⑲ 周、召：周文王、召公。
⑳ 太王、王季：太王，周文王的祖父；王季，即季历，周文王之父。
㉑ 公刘：古代周族的首领，曾率周族迁到豳（陕西旬邑）。
㉒ 后稷：古代周族的始祖，传说是开始种稷和麦的人。
㉓ 幽、厉：周幽王、周厉王。
㉔ 获麟：指鲁哀公十四年（公元前481年）西狩获麒麟，凡三百七十二年。
㉕ 史记：史书记载。非《史记》。
㉖ 诒厥孙谋：此语出自《诗经·大雅·文王有声》："诒厥孙谋，以燕翼子。"意为为子孙和将来作好安排。
㉗ 方州：泛指州郡。
㉘ 班史：又称《汉书》，因作者是班彪、班固，故又称《班史》。
㉙ 玭：刘玭，刘赞之父，官任县令。
㉚ 此句出自老子《道德经》："知足不辱，知止不殆，可以长久。"此句意为知足者不会招致屈辱，知止者不会陷于困境，这样就可保持长久不衰。
㉛ 此句出自老子《道德经》。此句意为功成名就后急流勇退，这是天经地义的道理。
㉜ 关：函谷关，今河南灵宝东北，是河南通往陕西的咽喉地带，是八关之首。汉代后为新函谷关，今河南省新安县东。
㉝ 衎（kàn）衎不怠：从读书中获得乐趣而不懈怠。衎，快乐，乐趣。
㉞ 山溜至柔：山石上的水滴很柔软的。
㉟ 此句意为空洞的学问不必多学，而实践才是最重要的。
㊱ 首阳：首阳山，今山西永济南。周代的伯夷、叔齐系孤竹国国君的两个儿子，因反对

周武王伐纣，两人逃至首阳山，商朝灭亡，不食周的粮食而死。东方朔认为拙劣。

㊲ 柳惠：柳下惠，春秋时鲁国大夫，官士师，曾三起三落，仍忠心于鲁。东方朔认为其灵巧聪明。

㊳ 去厮役之吏：辞去从事劳役供人使唤的人的工作。

㊴ 幽、并、兖、豫：幽，幽州，今河北北部、辽宁、朝鲜大同江流域。并，并州，今山西、内蒙古、河北相连处。兖，兖州，今山东西南部、河南东部。豫，豫州，今淮河东、河南东、安徽北。

㊵ 通人：精通古今、学识渊博的人。《论衡》："博览古今者为通人。"

㊶ 六艺：即《六经》，即《礼》《乐》《书》《诗》《易》《左传》六本儒家经典。

㊷ 阉尹：宦官。古代被阉割后失去性功能的人，在宫廷内侍奉皇帝及家族。后称太监。

㊸ 有道：汉代选举科目之一。《后汉书·郭林泉传》："司徒黄琼辟，太常赵典举有道。"

㊹ 三司：亦称"三公"，即太尉、司徒、司空。唐、宋、明、清的三司各有更动。

㊺ 公车：官车，用于接送应举或政府征召的人。

㊻ 克堪：能够胜任。

㊼ 黄巾：东汉末期张角领导的农民大起义，因头裹黄巾作标志，故名。

㊽ 宿素：久有的志愿。

㊾ 覃思：亦作"潭思"，深思。《汉书·叙传下》："下帷覃思，论道属书。"

㊿ 咨：感叹词。茕（qióng）茕一夫：孤独无助的一人。

㉛ 绂（fú）冕之绪：绂，官服上的丝带。冕，帝王、诸侯、卿大夫所戴的官帽。绪，前人未竟的功业。《诗经·鲁颂·閟宫》："缵禹之绪。"

㉜ 识（zhì）：通"誌（志）"。记住。《论语·述而》："默而识之。"

㉝ 此句意译为心存恐惧、谨慎，则有喜事来临。字译吊唁者在门内，贺喜者已在巷口。

㉞ 此句意译为心有喜事而骄，祸事接踵而来。两句均同《老子》："祸兮福所倚，福兮祸所伏。"

㉟ 齐顷公：姜姓，吕氏，名无野，齐桓公之孙，齐惠公之子。齐顷公接见晋国、鲁国、卫国、曹国四使臣，嘲笑和羞辱身有缺陷的四使臣，且导演一场宫廷闹剧。后四国联合复仇，打败齐顷公。

㊱ 籍：通"借"。

㊲ 室如悬磬：此句出自《国语》："室如悬磬，野无青草，何恃而不恐。"房屋如同挂着的石磬，空空如也，形容穷得一贫如洗。磬，中空的打击乐器。

㊳ 遑（huáng）遑：勿忙，窘急，心情不定的样子。遑遑也作"皇皇"。

㊴ 宝身：保重身体。《孝经》："身体发肤，受之于父母，不敢毁伤，孝之始也。"

㊵ 祖习：学习，仿效，效法，沿袭。《史记·韩世家》："秦王必祖张仪之故智。"

㊶ 乡党：古代行政区域单位，后多用指本乡。

㊶ 朋党：为私利而相互勾结在一起（结党营私）的同类人群。《史记·范睢蔡泽列传》："禁朋党以励百姓。"

㊷ 滋众：更多，加多。

㊸ 盘杅（yú）：盘，古代盥洗用器。杅，古代的浴盆。古人常在此两物上刻以铭文，时刻警戒。

㊹ 阙党：即"阙里"，孔子故居，此指阙党童子。《论语·宪问》记载："阙党童子将命，或问之曰：'益者与？'子曰：'吾见其居于位也，见其与先生并行也，非求益者出，欲速成者也。'"后用以为急于求成，轻浮浅薄之人的代名词。

㊺ 范燮：范文子，名燮，晋国大臣士会之子。官至上军佐。

㊻ 武子：名士会，范文子之父，晋国正卿。

㊼ 委笄：委，用代黑丝织成的官帽。笄，簪子。

㊽ 伐：自夸其功劳。《左传·庄公二十八年》："且旌君伐。"

㊾ 三郤：晋国大夫郤犨、郤至、郤锜三人，无恶不作，劣迹斑斑，后被厉公所杀。

㊿ 王叔：周灵王，卿士王叔陈生，他与伯舆争夺政权，周灵王偏袒伯舆，王叔陈生怒而出走，投奔晋国。

㋁ 必有所试：必须曾经为我所试用的。

㋂ 此句出自《论语·宪问》，意为子贡喜欢讥评别人，孔子说，子贡你就贤惠了吗？我却没有闲工夫。子贡，孔子的弟子，姓端木，名赐，字子贡。

㋃ 马援：东汉初期的将领，因战功赫赫被封为伏波将军。

㋄ 言不根道：语言无道理。

㋅ 行不顾言：言行不一，说的和做的不一致。

㋆ 济阴魏讽：济阴，汉代郡名，今山东菏泽。魏讽，字子京，东汉人，因谋划偷袭曹操，事败露被杀。

㋇ 山阳曹伟：山阳，今河南修武县西北，太行山之南。曹伟，魏文帝时出使吴国，因索贿且暗结交权贵，事露被斩。

㋈ 鈇（fū）钺（yuè）：鈇，铡刀，用于腰斩的刑具。钺，长柄大斧的兵器，用于斩首。

㋉ 炯戒：彰明昭著的警戒。亦作"炯诫"。《幽通赋》："又申之以炯戒。"

㋊ 夷叔：伯夷和叔齐，商末孤竹君的两个儿子，孤竹君死，兄弟俩互推王位，后奔周国，周灭商后，兄弟拒食周粟而饿死在首阳山上。

㋋ 首阳山：又名首山，今山西永济南。

㋌ 绵山：山名，又名介休山。今山西省介休东南。春秋时晋国大臣介子推，曾辅助晋文公复国，但拒受封赏而隐居绵山，晋文公派人烧山，逼其出山，介子推与母均被烧死。后寒食节即为纪念介子推而设。

㋍ 颍川郭伯益：颍川，汉代郡名，今河南省禹县地区。郭伯益，名奕，曹操重要谋士郭嘉之子。

⑧⑤ 北海徐伟长：北海，郡名，今山东寿光。徐伟长，即徐干，东汉文学家，"建安七子"之一。

⑧⑥ 乐安任昭先：乐安，汉代县名，今山东省博兴县。任昭先，即任嘏，三国时魏国河东太守。

⑧⑦ 洿（wū）：地势低洼的浊水池。《说文解字》："洿，浊水不流也。"

⑧⑧ 九族：高祖、曾祖、祖父、父、自身、子、孙、曾孙、玄孙共九代人。《尚书·尧典》："以亲九族。"

⑧⑨ 九思：反复多方面思考。《论语·季氏》："君子有九思：视思明，听思聪，色思温，貌思恭，言思忠，事思敏，疑思问，忿思难，见得思义。"

⑨⓪ 惰慢：懈怠散漫。

⑨① 庶几：好学又可成才的人。《三国志·吴书·张承传》："凡在庶几之流，无不造门。"

⑨② 嫌吝：怨恨和贪鄙。

⑨③ 祖考：已去世的长辈。考，对去世长辈的尊称。

⑨④ 京房：本姓李，字君明，河南清丰人。西汉博士，今文易学"京氏学"的开创者，官至魏郡太守。因反专权，下狱死。律学家，将十二律扩展六十律。

⑨⑤ 姚平：浙江湖州人。西汉大经学家，曾向京房学《易》，发扬光大"京氏学"。

⑨⑥ 弗父何：子姓，名何，字佛父，河南商丘人。春秋时宋国上卿。

⑨⑦ 晏平仲：晏婴，字平仲，山东高密人。春秋时齐国大夫。

⑨⑧ 曾颜：孔子的弟子曾子和颜回。

⑨⑨ 范武子：祁姓，士氏，名会，字季。春秋时晋国大夫。

⑩⓪ 恂恂：谦恭谨慎。《论语·乡党》："孔子于乡党，恂恂如也，似不能言者。"

⑩① 此句出自《易·艮》："兼山艮，君子以思不出位。"此句意为考虑事情不要超过自己职位的职责。似今"不在其位，不谋其政"。

⑩② 遂荷州土：于是担当行政区域的管理工作。

⑩③ 登车揽辔：此语出自《后汉书·范滂传》："滂登车揽辔，慨然有澄清天下之志。"意为有刷新政治、澄清天下的抱负。后世有"揽辔"或"揽辔澄清"。

⑩④ 次比：并列。《报任少卿书》："而世又不能与死节者次比。"

⑩⑤ 杜渐防萌：即"防微杜渐"。渐，事物的开端。萌，芽，苗头。苏东坡《论周穜擅议配享自劾札子》："防微杜渐，盖有深意。"

⑩⑥ 心膂：心、膂都是人体重要的部分，比喻亲信得力的人，犹言股肱。《三国志·吴书·周瑜传》："入作心膂，出为爪牙。"

⑩⑦ 坦然无类：安泰，无机诈，无隐瞒，且不分类别。《论语·卫灵公》："有教无类。"

⑩⑧ 尘尾蝇拂：尘尾，古代用驼、鹿尾为拂尘，因称拂尘为尘尾。蝇拂，拂蝇的工具。此处指奢侈之物。

⑩⑨ 王谢：指六朝时代的名门望族王氏和谢氏，后为高门世族的代称。《乌衣巷》诗："旧时王谢堂前燕，飞入寻常百姓家。"此王谢是指东晋王导和谢安两大家族。

⑩⑩ 舍：官府后院，此指衙门。

⑪⑪ 荫：此指"门荫"制度，魏晋时期，子孙可因祖先功绩而承袭官爵。

⑫ 政：通"正"。

⑬ 三公：三个官职的合称。《礼记》的三公指司马、司徒、司空。以后朝代略有更改。

⑭ 蔑尔：默然。似同"默默无闻"。

⑮ 下帷：此指汉代大儒董仲舒讲课时放下窗帘，三年不看窗外事，意为不预外事专心读书学习。

⑯ 王郎：王僧虔的长子王慈。郎，儿郎。

⑰ 宁：岂，难道。《史记·郦生陆贾列传》："居马上得之，宁可以马上治之乎？"

⑱ 薄躬：躬，身体。身体单薄。比喻才疏学浅。

⑲ 仰藉：仰仗，依靠，依赖。

⑳ 情赏：犹言心赏，谓心意所爱好。

㉑ 舄（xī）卤：盐碱地。《汉书·沟洫志》："终古舄卤兮生稻粱。"

㉒ 中外谐辑：家庭内外，和谐和睦。辑，和睦。《国语·鲁语上》："契为司徒而民辑。"

㉓ 勖（xù）：勉励。

㉔ 安平崔氏：河北安平崔氏家族，自汉至宋，先后出二十多宰相，将军、侍郎官员上百位，诗人、文学家、画家不可胜数。

㉕ 汝南应氏：河南驻马店应氏家族，汉魏晋时，文武官员多达五百人以上，且都有著作，堪称奇迹。

㉖ 累叶：世世代代。叶，世也。

㉗ 范蔚宗：范晔，字蔚宗，宋官员、历史学家，撰历史名著《后汉书》。

㉘ 雕龙：此语出自《史记·孟子荀卿列传》。指善于撰写文章。其刘勰著《文心雕龙》义亦本此。

㉙ 七叶：七代。

㉚ 仰观堂构：恭恭敬敬地学习父祖的家道门风。《五等诸侯论》："故前人欲以垂后，后嗣思其堂构。"

㉛ 宾贡：古代地方向朝廷推荐人才。待以宾礼，贡于京师。唐代皇甫曾《送裴秀才贡举》："宾贡年犹少，篇章艺已成。"

㉜ 擢（zhuó）第：科举考试及第。《隋书·柳謇之传》："因奏入国子，以明经擢第。"

㉝ 瑚琏：古代宗庙盛放黍稷的祭器，比喻治国的才能。

㉞ 倡楼：妓院。五代魏承班《满宫花》："王孙何处不归来？应在倡楼酩酊。"

㉟ 胸臆：心胸，胸怀。此指臆测。司马光《涑水记闻》："知州某性褊急，数以胸臆决

事，不当。"

⑬⑥ 移牒：以正式公文通知平级机关或人。

⑬⑦ 刘宽：字文饶，陕西潼关人。汉高祖刘邦十五世孙，东汉名臣、宗室，为政以宽恕为主。

⑬⑧ 嗣宗：阮籍，字嗣宗，三国时"竹林七贤"之一，政治上采取谨慎避祸的态度。

⑬⑨ 韩子：韩非，河南新郑人。战国时期的思想家、哲学家，法家代表人物。荀子的学生，李斯的同学。著《韩非子》。

⑭⓪ 丞尉：古代县丞和县尉的合称，相当于现在的局长。

⑭① 奋下车之威：指官吏一到任所，就显示威风，严办下属。《汉书·叙传》："畏其下车作威，吏民竦息。"

⑭② 六曹：官职名，各朝代有异，唐代各训分功曹、仓曹、户曹、兵曹、法曹、士曹，亦称"六司"。

⑭③ 骢（cōng）马：青白色的马，今名菊花青马，又泛指马。埋轮：埋车轮于地，以示坚守。此句意若遵守以上的训示，工作职位可以稳定。

⑭④ 杨震：字伯起，陕西华阴人。东汉时期名臣，官至太尉。曾任河北涿郡（今河北涿州）太守、荆州太守。

⑭⑤ 遥杜未萌：早早杜绝于萌芽之时。

⑭⑥ 周生烈：字文逸，甘肃敦煌人。三国时魏国博士、侍中。

⑭⑦ 鸣弦：原以礼乐为教，后泛指官吏治政有道，百姓生活安乐。《后汉书·童恢传》："一夫得情，千室鸣弦。"

⑭⑧ 不坠箕裘：即"箕裘不坠"，比喻前辈的事业后继有人而不会中断。《礼记·学记》："良冶之子，必学为裘；良弓之子，必学为箕。"箕裘为祖上的事业。

⑭⑨ 河鲂：河鲤。宋子：齐姜。《诗经·陈风·衡门》："岂其食鱼，必河之鲂；岂其取妻，必齐之姜。岂其食鱼，必河之鲤；岂其取妻，必宋之子。"

⑮⓪ 甲门：豪富权贵之家。《旧唐书》："此州得一长史，是陇西李亶，天下甲门。"

⑮① 谯周：字允南，四川阆中人。三国时蜀汉学者，蜀地大儒之一，官员，任中散大夫、光禄大夫。著《五经论》《法训》《古史考》《益州志》《巴蜀物志》。《三国志》作者陈寿是他的学生。

⑮② 青蚨：昆虫名。传说青蚨生子，母子分离后仍聚回一处，用青蚨母子血涂在钱上，用出后必会飞回，即"青蚨还钱"之说。后以青蚨为钱。故事见《淮南子》。

⑮③ 淮南子：西汉淮南王刘安等著，以道家思想为主，糅合了儒、法、阴阳家，一般认为是杂家。

⑮④ 功缌（sī）：古代丧礼中大功、小功、缌麻三种丧服的统称。宋代谢采伯《密斋笔记》："每遇功缌之戚，辄茹素一月，皆可以风厉薄俗。"

⑮ 礼经：又称《仪礼》《士礼》，是先秦六经之一，秦之后，《礼经》失传。西汉为《礼记》取代，成儒学经典之一。
⑯ 孙叔敖：蒍氏，名敖，字孙叔，河南淮滨人。官令尹，春秋时楚国官员，曾辅助楚庄王大胜晋军。
⑰ 大禹一饭十起：夏代君王禹，吃一顿饭因接待宾客要起来十次，形容事务非常繁忙。《淮南子·氾论训》："当此之时，一馈而十起，一沐而三捉发，以劳天下之民。"
⑱ 周公一沐三握：一次洗头，因接待宾客要三度握其已散之发，形容事务非常繁忙和求贤心切。周公，周武王之弟。
⑲ 钟、张真草：钟繇系三国曹魏政治家、书法家。张芝系东汉书法家。两人均擅长真草。
⑳ 射宫：古代天子行大射礼之处，亦为考试贡士之所。《礼记·射义》："诸侯岁献贡士于天子，天子试之于射宫。"
㉑ 郑卫之音：指春秋时郑国和卫国的音乐，皆为靡靡之音、亡国之音的代表。
㉒ 进合神契，退同人道：进则与神灵相合，退则遵循社会中做人的道德规范。
㉓ 去否适泰：否和泰是两卦名，是相对立的两面。此指祛除邪恶，就归向平安。
㉔ 二千石：汉俸禄二千石为州刺史和郡太守级别的官。
㉕ 赠禭：馈赠丧礼。
㉖ 布衣韦带：古代贫民服装。《汉书·贾山传》："布衣韦带之士，修身于内，成名于外。"布衣，平民百姓的最普通的廉价麻、葛衣服。韦带，没有装饰的皮带。
㉗ 尤诮：过失和谴责。
㉘ 朝觐（cháo jìn）：臣子朝见君主。《礼记·乐记》："朝觐，然后诸侯知所以臣。"
㉙ 汝曹：你们。此指马援侄子马严和马敦。
㉚ 妄是非正法：妄加评论国家政策法令的是与否。正，通"政"。
㉛ 施衿结褵：古时女子出嫁，母亲为女儿束衣并系上佩巾，并有所嘱咐。后指长辈对子女的反复告诫。衿，以带束衣。褵，佩巾。
㉜ 龙伯高：名述，字伯高，东汉零陵太守，纯朴忠厚，周密谨慎。
㉝ 杜季良：名保，字季良，东汉越骑司马，后因行为轻浮而免官。
㉞ 郡将下车：汉代郡守兼管本郡军事，故称郡将。下车，官吏上任。
㉟ 切齿：咬牙切齿，形容痛恨到极点的样子。
㊱ 州郡以为言：州郡地方人的谈论话题。此指杜季良是当地的坏人，受人指责。
㊲ 仲祉：张奂的侄儿。轻傲耆老：轻视傲慢老人。
㊳ 经：此指《论语》。
㊴ 蘧伯玉：见注⑬。
㊵ 刘孙：汉明帝的宠臣，中书监刘放及中书令孙资。
㊶ 三公：见注㊹。

戒子通录·卷四
陶潜《命子诗疏》

字元亮。晋彭泽令,命子诗及与子俨等疏。

悠悠我祖,爰自陶唐。邈为虞宾,世历重光。御龙勤夏,豕韦翼商。穆穆司徒,厥族以昌。纷纷战国,漠漠衰周。①凤隐于林,幽人在丘。逸虬绕云,奔鲸骇流。天集有汉,眷余愍侯②。于赫愍侯,运当攀龙。抚剑风迈,显兹武功。书誓河山,启土开封。亹亹③丞相,允迪前踪。浑浑长源,郁郁洪柯。群川载导,众条载罗。时有语默,运因隆窳④。在我中晋,业融长沙。桓桓长沙,伊勋伊德。天子畴我,专征南国。功遂辞归,临宠不忒。孰谓斯心,而近可得。肃矣我祖,慎终如始。直方二台,惠和千里。于穆仁考,淡焉虚止。寄迹风云,冥兹愠喜。嗟余寡陋,瞻望弗及。顾惭华鬓,负影只立。三千之罪,无复其急。我诚念哉,呱闻尔泣。卜云嘉日,占亦良时。名汝曰俨⑤,字汝求思。温恭朝夕,念兹在兹。尚想孔伋,庶其企而。厉夜生子,遽而求火。凡百有心,奚特于我。既见其生,实欲其可。人亦有言,斯情无假。日居月诸,渐免于孩。福不虚至,祸亦易来。夙兴夜寐,愿尔斯才。尔之不才,亦已焉哉⑥。

疏告俨:俟份佚佟,天地赋命,生必有死,自古圣贤,谁独能免?子夏有言曰:"死生有命,富贵在天。"⑦四友之人⑧,亲受音旨,发斯谈者,将非穷达不可妄求,寿夭永无外请故耶!吾年过五十,少而穷苦,每以家弊,东西游走。性刚才拙,与物多忤。自量为己,必贻俗患,俛俛辞世⑨,使汝等幼而饥寒。余尝感孺仲⑩贤妻之言:"败絮自拥,何惭儿子。"此既一事矣,但恨邻靡二仲⑪,室无莱妇⑫,抱兹苦心,良独内愧。少学琴书,偶爱闲静,开卷有得,便欣然忘食。见树木交荫,时鸟变声,亦复欢然有喜。常言:"五、六月中,北窗下卧,遇凉风暂至,自是羲皇上人。"意浅识罕,谓斯言可保日月,遂往机巧好疏缅求,在昔眇然如何。疾患以来,渐就衰损。亲旧不遗,每以药石见救。自恐大分⑬将有限也。汝辈稚小家贫,每役柴水之劳,何时可免。念之在心,若何可言。然汝等虽曰"同生",当思四海皆兄弟之义。鲍叔、管仲⑭,分财无猜。归生伍举,班荆道旧⑮,遂能以败为成,因丧立功。他人尚尔,况同父之人哉!颍川韩元长⑯,汉末名士,身处卿佐,八十而终。兄弟同居,至于没齿。济北范稚春⑰,晋时操行人也,七世同财,家人无怨色。《诗》曰:"高山仰止,景行行止。"⑱虽不能至,尔心尚之。汝其慎哉,吾复何言!

杜甫《示子诗》

字子美,京兆人。唐拾遗,示子宗武。

觅句新知律,摊书解满床,试吟青玉案⑲,莫带紫罗囊⑳。假日从时饮,明年共我长。应须饱经术,已似爱文章。十五男儿志,三千弟子行。曾参与游夏㉑,达者得升堂。

韩愈

字退之,昌黎人。唐吏部侍郎,子符读书城南,以示之。

木之就规矩,在梓匠轮舆㉒。人之能为人,由腹有诗书。诗书勤乃有,不勤腹空虚。欲知学之力,贤愚同一初。由其不能学,所入遂异间㉓。两家各生子,提孩巧相如㉔。少长聚嬉戏,不殊同队鱼。年至十二三,头角稍相疏。二十渐乖张㉕,清沟映污渠。三十骨骼成,乃一龙一猪。飞黄腾踏去,不能顾蟾蜍㉖。一为马前卒,鞭背生虫蛆。一为公与相,潭潭府中居。问之何因尔,学与不学欤。金璧虽重宝,费用难贮储。学问藏之身,身在即有余。君子与小人,不系父母且。不见公与相,起身自犁锄。不见三公后,寒饥出无驴。文章岂不贵,经训乃菑畲㉗。潢潦㉘无根源,朝满夕已除。人不通今古,马牛而襟裾㉙。行身陷不义,况望多名誉。时秋积雨霁,新凉入郊墟。灯火稍可亲,简编可卷舒。岂不旦夕念,为尔惜居诸㉚。恩义有相夺,作诗劝踌躇。

卢仝寄子诗

唐逸人,诗寄男抱孙。

别来三得书,书道违离久。书处甚粗杀,且喜见汝手。《尚书》当毕功,《礼记》速须剖。寻义低作声,便可养年寿。莫学村学生,粗气强叫吼。殷十七老儒㉛,是汝父师友。传读有疑误,辄告咨问取。两手莫破拳,一吻莫饮酒。小时无大伤,习性防已后。莫恼添丁郎,泪子作面垢。莫引添丁郎,赫赤㉜日里走。

贺敦谓子言

隋金州总管,宇文护忌而害之,临终呼子弼谓曰。 按:敦,复姓贺若,世居漠北，为周申州刺史，即被害，事见《北史》。此标贺姓，疑有脱字，注云，隋亦误也。弼字辅臣仕隋，以平陈，功封宋国公，见《隋书》。

"吾必欲平江南，然此心不果，汝当成吾志。且吾以舌死，汝不可不思。"因引锥刺弼㉝舌出血，诫以慎口！

韦世康《与子弟书》

京兆人。隋司会中大夫。
禄岂须多，防满则退。年不待暮，有疾便辞。

李绩

唐人。以疾谓弟弼曰：
我见房元龄㉞、杜如晦㉟、高季辅㊱皆辛苦立门户，悉为不肖子㊲败之。我子孙今以付汝，汝可谨察，有不厉言行、交非类者㊳，急榜杀以闻。毋令后人笑吾，犹吾笑房、杜也。

房彦谦与子言

字孝冲，清河人。隋长葛令，居官得禄，周恤亲友，谓子元龄曰：
人皆因禄富，我独以官贫，所遗子孙，在于清白耳。

杜牧《寄兄子诗》

字牧之，樊川人。唐中书舍人。冬至日，寄兄子阿宜。
小侄名阿宜，未得三尺长。头圆筋骨紧，两脸明且光。去年学官人，竹马绕四廊。指挥群儿辈，意气何坚刚。今年始读书，下口三五行。随兄旦夕去，敛手整衣裳。去岁冬至日，拜我立我旁。祝尔愿尔贵，仍且寿命长。今年我江外，今日生一阳。忆尔不可见，祝尔倾一觞。阳德比君子，初生甚微茫。排阴出九地，万物随开张。一似小儿学，日就复月将。勤勤不自已，二十能文章。仕宦至公相，致君作尧汤㊴。我家公相家㊵，剑佩尝丁当㊶。旧第开朱门，长安城中央。第中无一物，万卷书满堂。家集二百编㊷，上下驰皇王㊸。多是抚州㊹写，今来五纪强。尚可与尔读，助尔为贤良。经书刮根本，史书阅兴亡。愿尔一祝后，读书日日忙。一日读十纸，一月读一箱。吾兄苦好古，学问不可量。昼居府中治，夜归书满床。后贵有金玉，必不为尔藏。崔昭生崔芸，李兼⁴⁵生窟郎。堆钱一百屋，破散何披猖。今虽未即死，饿冻几欲僵。参军与县尉，尘土惊劻勷⁴⁶。一语不中治，笞棰身满疮。官罢得丝发，好买百树桑。税钱未输足，得米不敢尝。愿尔闻我语，欢喜入心肠，大明帝宫阙，杜曲我池塘。我苦自潦倒，看汝争翱翔。总语诸小道，此诗不可忘。

颜延之《庭诰》

字延年，琅琊人。宋武帝臣，闲居无事，为《庭诰》之文。施于闺庭之内，谓不远也。按：《庭诰》有两篇，此节录其第一。

吾年居秋⁴⁷，方虑先草木，故遽以末闻，诰尔在庭。情有公私，公通可以使神明加向，私塞不能令妻子移心，是以昔之善为士者，合公屏私。寻尺之身，而以天地为心。数纪之寿，常以金石为量。观夫古之先生垂戒，长老余论，虽器用细制，每以不朽见铭。缮筑末迹，咸以可久承志。况植德立义，收族长家⁴⁸而不思经远乎？曰："身行备足，遗之后人。"欲求子孝，必先慈。将责弟悌，务为友。虽孝不待慈，而慈固植孝。悌非期友，而友能立悌。夫和之不备，或应以不和，犹信不足焉，必有不信。倘知恩意相生，情理相出，可使家有参柴⁴⁹，人皆由损⁵⁰。

夫内居德本，外夷⁵¹民誉，言高一世，处之逾默；器重一时，体之滋冲⁵²。不以所能干众，不以所长议物。渊泰⁵³入道，与天为人者，士之上也。若不能遗声，敬慕谦通，畏避矜踞，思广监择，从其远大。文理精出，而言称未，达论问宣茂，而不以居身，此其亚也。若乃闻实之为贵，以辩画所克。见声之取荣，谓争夺可获。言不出于户牖，自以为道义久立，身未信于仆妾，而曰我有以过人，于是感苟锐之志，驰倾觖之望⁵⁴，岂悟已挂有识之裁，入修家之戒乎？《记》所云："千人所指，无病自死。"者也。行近于此者，吾不愿闻之矣！

凡有知能，预有文论，若不练之庶士、校之群言，通才所归，前流⁵⁵所与，焉得以成名乎！若呻吟于墙室之内，喧嚣于党辈之间，窃议以迷寡闻，妲按："妲"字疑误。语以敂要说，是短算所出，而非长见所上。适值尊朋临座，稠览博论，而言不入于高听，人见弃于众视。则慌若迷涂失偶，厣如深夜撤烛。衔声茹气，腆腆⁵⁶按：《本集》作"腆默"。而归。岂识向之夸慢，只足以成今日之沮丧邪！此固少壮之废，尔其戒之。

夫以怨诽为心者，未有达无心救得丧，多见诮耳。此盖臧获⁵⁷之为，岂识量之事哉！是以德声令气，愈上愈高。忿言忮议㊽，愈下愈发。有尚于君子者，宁可不务勉邪！虽曰常人之情，不能素尽。故当以远理胜之，幺竿㊾除之，岂不可务自异，而取陷庸品乎？

富厚贫薄，事之悬也。以富厚之身，亲贫薄之人，非可以一时同处，然昔有守之无怨，安之不闷者，盖有理存焉。夫既有富厚，必有贫薄，岂其证然，时乃大道。若人皆富厚，是理无贫薄。然乎？必不然也。若谓富厚在我，则宜贫薄在人。可乎？又不可矣。道在不然，义在不可，而横意去就，谬生希幸，以为未达至分。

蚕温农饱，民生之本。躬稼难就，上以仆役为资，当施其情愿，庇㊿其衣食，定其当治，递其优剧。出之休绘，后之捶责。虽有劝恤之勤，而无霑曝㊶之苦。务前公税，以远吏让，无急傍费，以息流议，量时发敛，视岁穰俭㊷。省赡以奉己，损散以及人，此用天之善，御生之得也。

率下多方，见情为上。立长多术，晦明为懿。虽及仆妾，情见则事通。虽在畎亩，明晦则功博。若夺其常然，役其烦务，使威烈雷霆，犹不禁其欲。弃其大用，穷其细瑕，或明灼日月，将不胜其邪。故曰："屑焉则差，的焉则暗。"㊸是以礼道尚优，法意从刻。优则人自为厚，刻则物相为薄。耕收诚鄙，此用不贰，无谓野陋而不以居心也。

含生之氓，同祖一气，等级相倾，遂成差品，至夫愿欲情嗜，宜无间殊。若能服温厚而知穿弊之苦，明周之德。厌滋旨㊹而识寡嗛㊺之急，仁恕之功。岂与夫比肌肤于草石，方手足于飞走者，同其意用哉！罚慎其滥，惠戒其偏。罚滥则无以为罚，惠偏则不如无惠。虽尔眇末，犹偏庸保之上，事思反已，动类念物，则其情得，而人心塞矣。

抃博蒲塞，会众之事。谐调哂谑，适坐之方。然失敬致侮，皆此之由。方其克赡，弥丧端俨，况遭非鄙，虑将丑折，岂若正其容而简其事，静其气而远其意，使言必诤悔，宾友清耳，笑不倾抚，左右悦目。非鄙无因而生，侵侮何从而入，此亦持德之管龠㊻，尔其谨哉！

嫌惑疑心，诚亦难分，岂唯厚貌蔽智之明，深情怯刚之断而已哉？必使猜怨贤愚，则嚬笑入戾，耽爱犬马，则步顾成妖。况动容窃斧，束装滥金，又何足论也。是以前王作典，明慎议狱，而僭滥易意。朱公论璧㊼，光泽相如，而倍薄异价。此言虽大，可以戒小。

游道虽广，交义为长。得在可久，失在轻绝。久由相敬，绝由相狎。爱之勿劳，当扶其正性。忠而勿侮，必藏其枉情。辅以艺业，会以文辞，使亲不可亵⑱，疏不可间⑲。每存大德，无挟小怨，率此往也，足以相终。

酒酌之设，可乐而不可嗜。嗜而非病者希，病而遂眚⑳者几。既眚既病，将蔑其正。若存其正性，纾其妄发，其唯善成乎？

声乐之会，可简而不可违，违而不背者鲜矣！背而非弊者反矣！既弊既背，将受其殿㉑，必能通其碍而节其流，意可为中和矣。

善施者唯发自人心，乃出天则。与不待积，取无谋实，并散千金，诚不可能。赡人之急，虽乏必先，使施如王丹，受按：《本集》作"爱"，误。如杜林㉒，亦可与言交矣！

浮华怪饰，灭质之具。奇服丽食，弃素之方。动人劝慕，倾人顾盼。可以远识夺，难用近欲从。若睹其淫怪，知生之无心，为见奇丽，能致诸非务。则不抑自贵，不禁自止。

夫数相者，必有之徵，既闻之术人，又验之吾身，理可得而论也。人者，兆气二德㉓，禀体五常㉔。二德有奇偶，五常有胜杀。及其为人，宁无协沴，亦犹生有好丑，死有夭寿，人皆知其悬天。至于丁年㉕乖遇，中身迕合者，可易地哉！是以君子遘命愈难，识道愈坚。

古人耻以身为溪壑者，屏欲之谓也。欲者，性之烦浊，气之蒿蒸，故其为害，则熏心智，耗真精，伤人和，犯天性。虽生必有之，而生之德，犹火含烟而妨火，桂怀蠹而残桂。然则火胜则烟灭，蠹壮则桂折，故性明者欲简，嗜繁者气惛，去明即惛，难以生矣。是以中外群圣，建言所黜，儒道众智，发论是除。然有之者不患不深，故药之者恒苦术浅，所以毁道多而于义寡矣！

夫嫌嗜之性不同，故畏慕之情或异，从事于人者，无执人我之心。不以己之所善谋人，为有明矣。不以人之所务失我，能有守矣。己所谓然，而彼定不能，弃棋之弊，悦彼之可，而忘我不可。学嚬㉖之弊，将求去弊者，念通性分按：《本集》作"诈介"，误。而已。

流言谤议，有道所不免，况在阙薄，难用算防。接应之方，言必出己，或信不素积，嫌间所袭。或信不和物，尤怨所聚。有一于此，何处逃毁。苟能反悔在我，而无责于人，必有达鉴，昭其情远，识迹其事。日省吾躬，月料吾志，宽默以居，洁静以期。神道必在，何恤人言㉗。

嗲[78]曰："富则盛，贫则病矣。"贫之病也，不唯形色粗粝，或亦神心沮废，岂但交友疏弃，必有家人诮让，非廉深识远者，何能不移其操。故欲钃忧患，莫若怀古，怀古之志，当自同古人。见通则忧浅，意远则怨浮。昔人琴歌于编蓬之中者，用此道也。

夫信不逆彰，义必出隐。交赖相尽，明有相照。一面见旨，则情固邱岳。一言中志，则意入渊泉。以此事上，水火可蹈。以此托友，金石可敝。岂待充其荣实，乃将议报，厚之筐筥[79]，然后图终，如或与立，茂思无忽。

禄利者，受之易，易则人之所荣。蚕稽[80]者，就之艰，艰则物之所鄙。艰易既有勤倦之情，荣鄙又开向背之意，此二涂[81]所为反也。以劳定国，以功施人，则役徒属而擅丰丽。自埋于民，自事其生，则督妻子而趋耕织，必使陵侮不作，县企[82]不萌。所谓贤鄙处宜，华野同泰。

人以有惜为质，非假严刑。有恒为德，不慕厚赏。有惜者，以理会。有恒者，与物终。世有位去则情尽，斯无惜矣。又有务谢则心移，斯不恒矣。又非徒若此而已，或见人休事，则勤蕲结纳[83]，及闻否论，则处彰离贰。附会以从风，隐窃以成衅。朝吐面誉，暮行背毁。昔同稽款[84]，今犹叛戾，斯为甚矣。又非若此而已，或凭人惠训，借人成立，与人余论，依人扬声，曲存禀仰，甘赴尘轨。衰没畏远，忌闻影迹，又蒙蔽其善，毁之无度，心短彼能，私树已拙，自崇恒辈，罔顾高识，有人至此，实蠹大伦。每思防避，无通间伍。

睹惊异之事，或涉流传，遭卒迫之变，反思安顺。若异从已发，将尸谤人，迫而又迕，愈使失度。能夷异如裴楷[85]，处逼如裴遐[86]，可称深士乎！

喜怒者，有性所不能无，常起于褊量，而止于宏识。然喜过则不重，怒过则不威，能以恬漠为体，宽愉为器者，大喜荡心，微抑则定，甚怒烦性，小忍即歇。动无愆容，举无失度，则物将自惩，人将自止。

习之所变亦大矣！岂唯蒸性染身，乃将移智易虑，故曰："与善人居，如入芝兰之室，久而不知其芳，与之化矣；与不善人居，如入鲍鱼之肆，久而不知其臭，与之变矣。"[87]是以古人慎所与处，唯夫金贞玉粹者，乃能尽而不污尔，故曰："丹可灭而不能使无赤，石可毁而不能使无坚。"苟无丹石之性，必慎浸染之由，能以怀道为人，必存从理之心，道可怀而理可从，则不议贫，议所乐尔。或云："贫，何由乐？"[88]此未求道意。道者，瞻富贵同贫贱，固得而齐。自我丧之，未为通议，苟议不丧，夫何不乐！

或曰："温饱之贵，所以荣生。饥寒在躬，空曰从道，取诸其身，将非笃论[89]。"此又不通理用者也，凡养生之具，岂闻定实，或以膏腴夭性，有以菽藿登年。中散[90]云："所足在内，不由于外。"是以称体而食，贫岁愈歉。量腹而炊，丰家余餐。非粒实息耗，意有盈虚尔。况心得优劣，身获仁富，明白入素，气志如神，虽十旬九饭，不能令饥，欢席按：《本集》作"业席"。三属，不能为寒，岂不信然。

且以已为度者，无以自通彼量。浑四极[91]而斡五纬[92]，天道宏也。振河海而载山川，地道厚也。一情纪而合流贯，人灵茂也。昔之通乎此数者，不为剖判[93]之行，必广其风度，无挟私殊，博其交道，靡怀曲异。故望尘请友，则义士轻身。一遇拜亲，则仁人投分，此伦序通允，礼俗平一。上获其用，下得其和。世务虽移，前休未远。人之适主，吾将反本。

夫人之生，暂有心识，幼壮骤过，衰耗驽及。其间夭郁[94]，既难胜言，假获存遂，又云无几。柔丽之身，亟委土木，刚清之才，遽为邱壤。回遑顾慕，惟数纪之中尔。以此持荣，曾不可留，以此服道，亦何能久？进退我生，游观所达。得贵为人，将在含理，含理之贵，惟神与交。幸有心灵，义无自恶。偶信天德，逝不上惭。欲使人沉来化，志符往哲，勿谓是赊，日綮斯密。若通此意，吾将忘老，如曰不然，其谁与归。偶怀所撰述，略布众条。若备举情见，顾未画一。赡身之经，别在田家节政。奉终之纪，自着燕居毕义。

刘禹锡《名子说》

字梦得，中山人。唐夔州刺史，名二子说，又留海曹师等诗。

魏司空王昶[95]，名子制谊，咸得立身之要，前史是之。然则书绅铭器，孰若发言必称之乎？今余名尔，长子曰允，字信臣；次曰虞，字敬臣。欲尔于人无贤愚，于事无大小，咸推以信，同施以敬，俾物从而众说，其庶几乎[96]！

夫忠孝之于人，如食与衣不可斯须离也，岂俟余勖哉。仁义道德，非训所及，可勉而企者，故存乎名。夫朋友字之，非吾职也，顾名旨所在，遂从而释乎。夫孝始于事亲，终于事君，偕曰臣之终也。

万物有丑好，各各一姿分，唯人即不尔，学与不学论，学非探其花，要自发其根，孝友与诚实，而不忘迩言。根本既深实，柯叶自滋繁，念尔无忽此期，以庆吾门。

魏收《枕中篇》

字伯起，钜鹿人。北齐史官，以子侄少年，申以戒厉。著《枕中篇》云：

吾曾览《管子》⁹⁷之书，其言曰："任之重者莫如身，途之畏者莫如口，期之远者莫如年，以重任行畏途，至远期，惟君子为能及矣。"追而味⁹⁸之，喟然长息。若夫岳立⁹⁹为重，有潜戴¹⁰⁰而不倾。山藏称固，亦趋负而弗停¹⁰¹。吕梁独浚，能行歌而匪惕。焦原¹⁰²作险，或跻踵按：《北史》作"削踵"。而不惊。九陔¹⁰³方集，故眇然而迅举。五纪¹⁰⁴当定，想睿¹⁰⁵乎而上征。苟任重也，有度则任之而愈固。乘危也，有术盖乘之而靡恤。彼期远而能通，果应之而可，必岂神理之独尔？亦人事其如一。呜呼！处天壤之间，劳死生之地，攻之以嗜欲，牵之以名利，粱肉不期而共臻，珠玉无足而俱致¹⁰⁶。于是乎，骄奢仍作，危亡旋至。然则上知大贤，唯几唯哲，或处或出，不常其节。其舒也，济世成务。其卷也，声销迹灭。玉帛子女，椒兰律吕，诌谀无所先。称肉度骨，膏唇挑舌，怨恶莫之前。勋名共山河同久，志业于金石比坚，斯盖厚栋不挠，游刃肯¹⁰⁷然。逮于厥德不常，丧其金璞，驰骛人世，鼓动流俗，挟汤日而谓寒，包溪壑而未足，源不清而流浊，表不端而影曲，嗟乎！胶漆讵坚，寒暑甚促，反利而成害，化荣而就辱，欣戚更来，得丧仍续。至有身御魑魅，魂沉犴狱，讵非足力不强，迷在当局，孰可谓车戒前倾¹⁰⁸，人师先觉。闻诸君子雅道之士，游邀经术，厌饫¹⁰⁹文史，笔有奇锋，谈有胜理，孝弟之至，神明通矣。审道而行，量路而止，自我及物，先人后己。情无系于荣悴，心靡滞于愠喜。不养望于邱壑，不待价于城市，言行相顾，慎终犹始，有一于斯，郁为羽仪¹¹⁰。恪居展事，知无不为。或左或右，则髦士攸宜。无悔无吝，故高而不危。异乎勇，进忘退，苟得患失，射千金之产，邀万钟之秩，投烈风之门，趣炎火之室，载蹶而坠，其贻燕或蹲，乃丧其贞吉，可不畏欤！可不戒欤！门有倚祸，事不可不密。墙有伏寇，言不可而失。宜谛其言，宜端其行。言之不善，行之不正，鬼执强梁，人囚径廷按：径廷。《北史》作"径挺"，均不可解疑为劲挺之讹。幽夺其魄，明夭其命。不服非法，不行非道。公鼎为己信，私玉非身宝，过涅为绀，逾蓝作青，持绳视直，置水观平，时然后取，未若无欲，知止知足，庶免于辱。是以为必察其几，举必慎于微，知几虑微，斯亡则稀，既察且慎，福禄攸归。昔蘧瑗¹¹¹识四十九非，颜子邻几三月不违，跬步无已，至于千里，覆篑而进，及于万仞。故云："行远自卑，可大可久，与世推移，月满如规，后夜则亏。槿荣于枝，望暮而萎。"夫奚益而非损，孰有损而不害，益不欲多，利不欲大。唯居德者畏其甚，体真者惧其大。道尊则群谤集，任重而众怨会。其达也，则尼父栖遑；其忠也，而周公狼狈。无曰人之我挟，在家不可而覆。无曰人之我厚，在我不可而咎。如山之大，无不有也；如谷之虚，无不受也。能刚能柔，重可负也；能信能顺，险可走也；能知能愚，期可久也。周庙之人，三缄其口，漏卮[112]在前，欹器[113]留后，俾诸来裔，传之坐右。

《中枢龟镜》 苏瓌

字昌容，雍州人。唐中宗宰相，以子颋有宰相器，暇日逡巡，举二十七事，豫戒之，及颋相，密以示宋璟，请号《中枢龟镜》。

宰相者，上佐天子，下理阴阳，万物之司命。居司命之位，苟不以道应命，翱翔自处，上则阻天地之交泰[114]，中则绝性命之至理，下则阻生物之阜植[115]。苟安一日，是稽阴诛，况久之乎？

临大事，断大议，正道以当之。若不能即，速退中枢之地，非偷安之所。

平心以应物，无生妄虑。似觉非正，则速回之，使久而不失正也。

敷奏宜直勿婉[116]，应对无常。速机可以回小事，沉机可以成大计。

同列之间，随器以应之，则彼自容矣。容则自峻其道以示之，无令庸者其来浼[117]我也。贤者亲而狎之，无过狎而失敬，则事无不举矣。

举一官、一职、一将、一帅，须其材德者，听众议以命之，公是非即无爽矣。

人不可尽贤尽愚，汝惟器之。

与正人言，则其道坚实而不渝。材人可以责成办事，办事不可与议。与之议则失根本，归权道也。

审奸吏，辞烦而忘亲者，去之。

崇儒则笃敬，侈靡之风不作。不作则平和，平和则自臻理道矣。

刺史、县令，久次以居之不能者，立除之。无奸柄施恩，交驰道路，既失为官之意，受弊者随之矣。

欲庶而富，在乎久安，不教而战，是谓弃之。

佐理在乎谨守制度，俾边将严兵修斥堠，使封疆不侵，不必务广，徒费中国，事无益也。

古者用刑，轻中重之三典[118]，各有攸处。方今为政之道，在乎中典。谨而守之，无为人之所贰⑲。

无请数赦，以开幸门。

勿畏强御而损制度。

教令少而确守之，则民情胶固矣。

毋太刚以临人，事虑不尽，臣不密则失身。非所议者勿与之言。

勤思虑，不以小事而忽机管。

财无多蓄，计有三年之用，外散之亲族，多蓄甚害义，令人心不宁，不宁则理事不当矣。

清身检下，无使邪隙微开，而货流于外矣。

远妻族，无使扬私于外，仍须先自戒。谨检子弟，无令开户牖，毋以亲属挠有司，一挟私则无以提纲在上矣。

子弟婿居官，随器自任，调之勿过其器⑳，而居人之右㉑。

子弟车马服用，无令越众，则保家，则能治国。

居第在乎洁，不在华，无令稍过，以荒厥心㉒。

【注释】

① 此句言上古史中的唐尧、虞舜、夏禹、商汤、周朝时代。
② 愍侯：夏侯渊，字妙才，安徽亳州人。东汉末年名将，官至征西将军，封博昌亭侯，谥号"愍侯"。
③ 亹（wěi）亹：勤勉不倦。《汉书·张敞传》："今陛下游意于太平，劳精于政事，亹亹不舍昼夜。"
④ 隆窊（wā）：隆起与凹陷，比喻引申为盛衰。《三国志》："道有隆窊，物有兴废。"
⑤ 俨：陶渊明五子（舒俨、宣俟、雍份、端佚、通佟）之一。
⑥ 亦已焉哉：既然如此（尔之不才），也只好这样吧。《诗经·国风·氓》："反是不思，亦已焉哉。"
⑦ 此句出自《论语·颜渊》篇。子夏：孔子的弟子，"孔门七十二贤"中名列第四。
⑧ 四友之人：孔子周围的人。也指孔子的四个学生颜渊、子贡、子路、子张。
⑨ 俛俛（mǐn miǎn）辞世：陶渊明放弃官职而隐居。俛俛：俯仰，随俗沉浮。《文选·阮籍》："捷径从狭路，俛俛趋荒淫。"
⑩ 孺仲：东汉时王霸，隐居不仕，其友人担当楚相，友子官功曹。王霸见友子衣冠楚楚，举止文雅，反观自家儿子蓬头垢面，举止不雅，深感惭愧。其贤妻说，你隐居不仕，子随父耕田，如何忘了自己的志向而为儿子惭愧呢？王霸有悟，偕妻隐居终身（《列女传》）。

⑪ 二仲：求仲、羊仲，汉时二位隐士。蒋诩不愿担当王莽的官，遂隐居，园中筑三条小道，只与求仲、羊仲往来（《三辅决录》）。

⑫ 莱妇：老莱子之妻。老莱子春秋时楚国人，隐居蒙山，楚王聘他供职，其妻言，能聘你者亦能罪你，若去赴任，能免灾？老莱子听妻言，隐居江南（《列女传》）。

⑬ 大分：寿命，大限，寿数。

⑭ 鲍叔、管仲：鲍叔，即鲍叔牙，春秋时齐国大夫，其友管仲，甚友善。鲍荐管于齐桓公，助成霸业。管仲与鲍叔分财，管仲多取，鲍叔不言管仲贪财，知管仲贫穷，管仲言："生我者父母，知我者鲍子。"

⑮ 归生伍举，班荆道旧：伍举为春秋时楚国大夫，王子年畏罪潜逃，楚人伍举助其逃亡，伍举惧怕，亦出奔晋国，在郑效遇蔡声子，两人铺荆条在地上，就坐叙旧（《左传·襄公二十六年》）。

⑯ 韩元长：韩融，字元长，颍川人。汉末献帝时任宰相二十年。

⑰ 范稚春：范毓，字稚春，济北人。西晋品德高尚之人，七世同堂，不分家财，父亡，居墓所三十余年。

⑱ 此句出自《诗经·小雅·车辖》。高山：比喻高尚品德的人。仰：仰望、敬仰、崇敬、仰慕。景行是明行，即光明正大的行为，有明行的人皆可行走。

⑲ 青玉案：词牌名，取于东汉张衡《四愁词》，此处指古诗佳作。

⑳ 紫罗囊：用紫罗缝制的香囊。《晋书》记载：谢玄幼时喜佩紫罗香囊，叔父谢安担心他玩物丧志，借用赌法，赢了香囊后而焚烧之。谢玄醒悟，奋发图强，指挥著名的淝水之战而大获全胜。

㉑ 曾参与游夏：曾参与子游、子夏，皆为孔子的著名弟子。

㉒ 梓匠轮舆：梓匠，木工。造器具为梓，建房为匠。轮、舆，车。轮人、舆人、造车人。《孟子·尽心下》："梓、匠、轮、舆，能与人规矩，不能使人入巧。"

㉓ 所入遂异间：间，原指巷道，此处指门径、道路。所走的道路或门径各不相同。

㉔ 相如：司马相如，字长卿，四川成都人。西汉辞赋家。

㉕ 乖张：执拗，逆反情绪。

㉖ 蟾蜍：动物名，别称"癞蛤蟆"。此句意为骑着神马飞驰而去的人，就不会照顾像癞蛤蟆不会飞又跳不快的人。

㉗ 葘畲（zī shē）：耕耘，开荒。《尔雅·释地》："田，一岁曰葘，二岁曰新田，三岁曰畲。"

㉘ 潢潦：潢，积水池。潦，积水沟。

㉙ 襟裾：衣服的前襟和后裾，后泛指衣服。马牛穿着人的衣服。

㉚ 居诸：指日月光阴。《诗经·邶风·日月》："日居月诸。"

㉛ 殷十七老儒：老子是殷商派的老儒（胡适《说儒》）。

㉜ 赫赤：显耀。这里指道德修养深厚的人。

㉝ 弼：贺敦之子，隋代官员，以平陈有功，封宋国公。
㉞ 房元龄：房乔，字玄龄（讳改元），山东淄博人。隋末进士，唐初大臣，助李世民谋取帝位，任中书令，后封梁国公。
㉟ 杜如晦：字克明，陕西西安人。唐初大臣，助李世民谋取帝位，任尚书右仆射，与房元龄共掌朝政，唐初合称"房杜"。
㊱ 高季辅：高冯，字季辅，河北省景县人。唐朝高宗宰相，谥号"宪"。
㊲ 不肖子：指品行不端和德才低下的儿女。
㊳ 交非类者：与不正经和不正道的人交往或做朋友。
㊴ 尧汤：尧，陶唐氏，名放勋，史称唐尧，传说中上古时父系氏族社会后期部落联盟领袖，后传位于禹。汤，又称武汤、成汤，商朝的建立者。
㊵ 我家公相家：杜牧的祖父杜佑，官至宰相。
㊶ 丁当：古通"叮当"，衣服装饰玉佩相撞的声音。
㊷ 家集二百编：指杜牧祖父杜佑撰《通典》二百卷。
㊸ 上下驰皇王：《通典》记载上始唐虞，下迄唐肃宗、唐代宗的典章制度。
㊹ 抚州：杜佑曾任抚州（今江西抚州）刺史，在任所撰写《通典》。
㊺ 崔昭、李兼：皆为唐朝官员，生子崔芸、窋郎皆为败家子。
㊻ 劻勷（kuāng ráng）：惶遽不安。韩愈《刘统军碑》："新师不牢，劻勷将遁。"
㊼ 吾年居秋：我的年龄已到秋天，比喻年老，已至暮秋。
㊽ 收族长家：凝聚家族，兴盛家业。
㊾ 参柴：孔子的弟子曾参、高柴。《论语·先进篇》："柴也愚，参也愚。"
㊿ 由损：孔子之弟子子路和闵损。
51 夷：通"怡"，喜悦。《诗经·国风·风雨》："既见君子，云胡不夷？"
52 滋冲：加多淡泊、谦和。
53 渊泰：渊深平安。
54 倾觖（jué）之望：过分贪求之欲望。
55 前流：犹"前贤"，前代名流。
56 腆䩄：正"腆默"，害羞而沉默不语。
57 臧获：奴婢之贱称，奴曰臧，婢曰获。唐皇甫枚《三水小牍·王知古》："臧获有不如意者，立杀之。"
58 忿言怼议：有版本作"忿言怼讥"。怨恨诽谤。
59 么筭（suàn）：么，细微也。筭同"算"。仔细计算。《史记·吴王濞列传》："上方与晁错调兵筭军食。"
60 庀（pǐ）：具备，治理。《左传》："官庀其司。"
61 霶曝：烈日下曝晒。比喻严酷之政。

(62) 穰（ráng）俭：年岁的丰收或歉收。

(63) 孱焉则差，的焉则暗：孱，琐细或懦弱。的，显著，鲜明。《礼记·中庸》："小人之道，的然而日亡。"

(64) 滋旨：美好的滋味或意味。

(65) 寡嗛：嗛通"谦"。嗛，谦虚、谦逊。寡，少，缺少。

(66) 管籥（yuè）：锁匙，此比喻事物的关键。

(67) 朱公论璧：朱公，即陶朱公，范蠡，辅助越王勾践灭吴王夫差，隐居陶山，改名朱公。论璧，一块值千金，一块值五百金，而两块大小质地相同，此事用于判案的故事中，从轻发落。

(68) 亵（xiè）：举止不严肃。

(69) 疏不可间：远房亲戚不可间断，应保持联系和往来。

(70) 眚（shěng）：疾苦。《东京赋》："勤恤民隐，而除其眚。"

(71) 殿：古代刑法的计量单位。《隋书·刑法志》："鞭杖十为一负，闲局六负为一殿，平局八负为一殿，繁局十负为一殿。"

(72) 杜林：字伯山，陕西兴平人。东汉经学家、文字学家，官任大司空，撰《仓颉训纂》《仓颉故》，已佚。

(73) 兆气二德：人生之始的阴阳二气。

(74) 五常："五行"，金、木、水、火、土。中医脏腑之间生克关系的"五行学说"。

(75) 丁年：成丁之年，壮年。《苏武庙》："去时冠剑是丁年。"

(76) 嚬（pín）：古同"颦"，皱眉蹙额。

(77) 何恤人言：何必需要他人同情的语言。

(78) 喭（yàn）：同"谚"，谚语，流传于民间的简练通俗而有意义的语句。

(79) 筐篚（fěi）：盛物的竹器。《书》孔注："盛之筐篚而贡焉。"

(80) 蚕穑：养蚕和种庄稼，从事农业生产。

(81) 涂：通"途"，道路。《荀子》："涂之人可以为禹。"

(82) 县企：县通"悬"，心悬念而仰望企求。

(83) 勤蕲结纳：恳求结交。

(84) 稽款：相合诚恳和谐。

(85) 裴楷：字叔则，山西闻喜人。三国曹魏及西晋大臣、名士，官任河内太守、右军将军，太子少帅。谥号"元"。

(86) 裴遐：裴楷之侄，西晋官员，官任散骑郎，后为司马毗所杀。

(87) 此句出自《孔子家语·六本第十五》。此句意为环境对人的影响，近朱者赤，近墨者黑。

(88) 贫，何由乐：此句出自《论语·学而》，安贫乐道，家境虽贫穷，却能获得知识、懂得道理就很快乐。

(89) 笃论：确切的评论。见成语“笃论高言”。

(90) 中散：官职名，中散大夫之简称。此指三国魏国嵇康，曾任中散大夫，世以“中散”称之。

(91) 四极：四方极远的地方。《离骚》：“览相观于四极兮，周流乎于余乃下。”又指古代神话中的四方擎天柱。

(92) 五纬：亦称“五星”，即太白星、岁星、辰星、荧惑星、填星，又指金星、木星、水星、火星、土星。

(93) 剖判：辨别、判断。《韩非子》：“唯夫与天地之剖判也具生。”

(94) 夭郁：犹“夭阏”，挫折，不如意。

(95) 王昶：字文舒，山西太原人。三国时期魏国司空，政绩卓著，生二子，王浑和王深，谥号“穆”。

(96) 此段是言刘禹锡关于名字的解说，唐代仅此一篇。

(97) 管子：书名，相传春秋时期齐国管仲撰，实系后人托名之作，共二十四卷，存七十六篇，内容庞杂。

(98) 味：体味、研究体会。

(99) 岳立：直立的山岳。

(100) 潜戴：动物名，传说海中的巨鳖，背负山岳。

(101) 趋（cù）负而弗停：快速背负而不停止。此事是出《列子·汤问》愚公移山的典故。

(102) 焦原：巨石名。战国时期尸佼著《尸子》：“莒国有石焦原，广寻五百步，临万仞之溪，莒国莫敢近也。”

(103) 九陔：通“九垓”，九重天，意为天极高极远。《南郊颂序》：“九垓同轨，四海无波。”

(104) 五纪：岁、月、日、星辰、历数五种天象纪录。见《尚书·洪范》：“五纪，一曰岁，二曰月，三曰日，四曰星辰，五曰历数。”

(105) 窅（yǎo）：深远的样子。《搜神后记》：“下有绝涧，窅然无底。”

(106) 此句意为美味佳肴不期而遇，珠宝玉石虽无足而至，比喻财富盈门。

(107) 砉（xū）：皮骨相离声。《庄子》：“砉然向然。”

(108) 车戒前倾：以前车之倾为戒，即前车之鉴。

(109) 厌饫（yù）：原意是吃饱、吃腻。此指精通，饱学。

(110) 羽仪：表率。《易·渐》：“鸿渐于陆，其羽可用为仪。”

(111) 蘧瑗：春秋时期卫国大夫，孔子挚友。

(112) 漏卮（zhī）：渗漏的酒器，后常用以比喻利权外溢。《盐铁论》：“川源不能实漏卮。”

(113) 攲器：传说春秋时期鲁桓公放在宗庙的用于盛水的器具，虚则倾，中则正，满则覆。

用作警戒之用。此事见《荀子·宥坐》。
⑭ 交泰:《易·泰》:"天地交,泰。"王弼注:"物大通之时也。"天地交,则国泰民安。
⑮ 阜植:生长作物。《国语·鲁语》:"助生阜也。"韦昭注:"阜,长也。"
⑯ 婉:婉转含蓄,委婉而不直说。
⑰ 浼:同"浇"。央求、请求。
⑱ 三典:三种法。《周礼·秋官·大司寇》:"一曰刑新国用轻典,二曰刑平国用中典,三曰刑乱国用重典。"
⑲ 贰:怀疑,不信任。《尚书·大禹谟》:"任贤勿贰。"
⑳ 器:才能,能力。
㉑ 右:古代尊崇右,以右为上、为高、为贵。成语"无出其右"。
㉒ 厥:代词,相当于"其"。《尔雅》:"厥,其也。"

戒子通录·卷五

苏丞相训子孙诗

颂,字子容,丹阳人。元祐丞相,绍圣家居作述怀百韵以代家训,今取其略云。 按:以后录宋人语标题内俱不直书其名,盖当时尊礼先进之意。今亦各仍其旧。

我昔就学初,髫童齿未龀,严亲念痴狂,小艺诱愚钝。始时授章句,次第教篇韵,十龄独侍行,千里赴朝觐①。应门待宾客,睦族周亲分,箕裘②袭素风,兰芷渐腴润。占毕自忘劳,攻坚常切问,六经日沉酣,百氏恣蹂躏。蟫书③迨今存,手泽亦未泯,赖此渐摩益,稍知圣贤蕴,风霜经六纪,蓬葆垂两鬓,念昔多艰勤,诲尔宜悱愤④。名教乐有余,异端多乱紊,其要本诚明,乌在问圆顿⑤。美璞不雕琢,安得怀瑜瑾。良器不深藏,渠能免瑕璺。学问不沾洽,何由垂望闻,操守不坚纯,久必成淄磷⑥。进修欲及时,行违要无闷,当年倪因循,晚岁必悔恨。更思祖先勋,相传清白训,出处有殊途,丰约毋过分。考室俟肯堂⑦,肥家在忍顺,常使棣华荣,无致荆枝忿。中构⑧须自防,外诱不可徇,力行倪不渝,家声期远振。

邵康节戒子孙

雍,字尧夫,洛阳人。熙宁征士,谥"康节"。

上品之人,不教而善;中品之人,教而后善;下品之人,教亦不善。不教而善,非圣而何?教而后善,非贤而何?教亦不善,非愚而何?是知善也者,吉之谓也;不善也者,凶之谓也。吉也者,目不观非礼之色,耳不听非礼之声,口不道非礼之言,足不践非礼之地,人非善不交,物非义不取,亲贤如就芝兰,避恶如畏蛇蝎。或曰:不谓之吉人,则吾不信也。凶也者,语言诡谲,动止阴险,好利饰非,贪淫乐祸,疾良善如雠隙,犯刑宪⑨如饮食,小则殒身灭性,大则覆宗绝嗣。或曰:不谓之凶人,则吾不信也。《传》有之曰:"吉人为善,惟日不足;凶人为不善,亦惟日不足。"⑩汝等欲为吉人乎?欲为凶人乎?

《戒子吟》⑪云:"至宝明珠非有颣⑫,全珍良玉自无瑕。为珠为玉尚如此,何况为人多过差。"

又云:"有过不能改,知贤不肯亲,虽生人世上,未得谓之人。"又云:"善恶无他在所存,小人君子此中分。改图不害为君子,迷复终归作小人。良药有功方利病,白圭⑬无玷始称珍。欲成令器须追琢,过失如何不就新。"

又《教子吟》⑭:"为人能了自家身,千万人中有一人。虽用知如未知说,在乎行与不行分。该通⑮始谓才中秀,杰出方名席上珍。善恶一何相去远,也由资性也由勤。"

孙宣公

奭,字宗右,博州人。天禧从官,疾甚,徙正寝,屏婢妾,谓子瑜,曰:
逮吾属纩⑯,当毋内姬妾,独若与诸孙在,庶不死于妇人之手。

陈师德

闽人谓之为学十戒。按:《朱子文集》师德名定,莆田人。官右承奉郎。

道不可不力学,勿入诸子。经当潜心以终身,勿作经生。行不可不砥砺,勿作险怪。政事不可不学,勿作俗吏。文不可不学,勿作文士。诗不可不学,勿作诗人。九流⑰不可不贯穿,勿泥小道。科目不可不勉应,勿作举子。书不可不学,勿取书名。技艺不可不学,勿妨本业。

胡翼之遗训

名瑗,泰州人。嘉祐天章侍讲。

嫁女必须胜吾家者,胜吾家则女之事人必钦必戒。娶妇必须不若吾家者,不若吾家则妇之事舅姑必执妇道。

刘彦冲

子翚，字彦冲，建州人。绍兴通判兴化军。训其子珒，云：

吾闻之，糟粕捐，淳精聚，诚意毕，刍狗除。此言虽小，可以喻大。孰为学问之粹，而有益于吾身哉？木稚而曲，其老不舒。人稚弗攻，其成必愚[18]。故善学者必谨其初，凡日用间业业乾乾[19]，散秩必恭，执事必虔，中惟不自轻，虽奴隶亦尊。唾地如污，其畏如是。寝则易安，食则知味，颓[20]面奏圊[21]，脱襟屣履，每每存之，斯无过矣。自朝至昏，以一条贯焉，勿谓末也，本实由之。毋悦于新，毋骇于奇。骤得必夸，久而浸微，习而察焉。岂曰无征，出指于所，底止必恭。其次也，顷刻之功，初若不足，外务夺之，或断或续，及其至焉，皆其所积。故君子许其进，而惰夫疑以自绝，原有生之初。愚智混混，学如蜕焉，其质乃变，变非他知，实由昔见，存之则诚，体之则仁，孰明此哉！圣心之纯，性本浑全，或误于未闻。知误勿执，守之则真。斯言不守，何多求焉？栋宇虽充，不如掩编，如人有车，身必自登，弗轴弗辀[22]，则何以行？凡初有闻，果然自足，崒岸恣睢，自离于曲。可口之实，出于凡木。人或有言，志善忘恶。彼真不贤，可助余之勖。见贤可信，信之不疑，勿窥其小疵，谓不足以为余师。我信乃自益，我疑则自瘵[23]。师乎师乎，惟已之为。温故知新，吾昔所闻与今闻合，岂不欣欣如膏炽薪，心源益明！古人得善，惟恐弗居，如捄[24]火捕亡，其敢缓诸？苟曰此日姑且聊以优游，则知终身无复好修。惟命乃中扃[25]，泯泯棼棼[26]，以敬直之，如风扫蚊，一道通明。振古如兹，曰予衰矣，尚识前言，子其循之，学心有闻。

张忠献遗令

名浚，字德远，广汉人。绍兴丞相。

婚礼不用乐，三日后管领亲家，即随宜使酒，成礼可矣。不当效彼俗子，徒为虚费，无益有损。

祭礼重大，以至诚严洁为主，别置盘盏碗碟之类，常切封锁，以待使用。

丧礼贵哀，佛事徒为观看之美，诚何益？不若节浮费而依古礼，施惠宗族之贫者。

宾客尽诚尽礼可也，恣烹炮，饰器用，又群集妇女，言语无节，昏志损财，为害莫大。

范鲁公《戒从子诗》

质,字太素,大名人。建隆宰相,从子果尝求奏迁秩,质作诗以晓之。

去年初释褐㉗,一命列蓬邱。适会飞龙㉘庆,王泽天下流。尔得六品阶㉙,无乃太为优。如何志未满,意欲凌霄游。苦言品位卑,寄书来我求。省之再三叹,不觉泪盈眸。吾家本寒素,门地寡公侯。先子有令德,乐道尝优游。积善有余庆㉚,清白为诒谋㉛。伊余奉家训,孜孜务进修。夙夜事勤肃,言行思悔尤。出门择交友,防慎畏薰莸㉜。省亲尝惧玷,恐掇庭闱㉝羞。童年志于学,不敢堕箕裘。二十中甲科,赭尾化为虬㉞。三十入翰苑,步武向瀛洲㉟。四十登辅佐,貂冠侍冕旒㊱。备位行一纪,将何助帝猷?既非救旱雨,岂是济川舟?天子未遐弃,日益素餐忧。黄河润九里,草木皆浸渍。吾宗凡九人,继踵升官次。门内无白丁㊲,森森朱绿紫。鹓行㊳暨内职,亚尹州从事。府掾监省官,高低皆清美。悉由侥幸然,不因资考至。朝廷悬爵秩,命之曰公器。才奢禄及身,有功赏于世。非才又非功,安得专厚利?寒衣内府㊴帛,饥食太仓米。不蚕复不稼,未尝勤四体。虽然一家荣,岂塞众人议。颙颙㊵十目窥,龊龊千人指。借问尔与吾,如何不自愧?戒尔学立身,莫若先孝弟,怡怡奉亲长,不敢生骄易。战战复兢兢,造次必于是㊶。戒尔学干禄㊷,莫若勤道艺,尝闻诸格言,学而优则仕。不患人不知,惟患学不至。戒尔远耻辱,恭则近乎礼。自卑而尊人,先彼而后己。相鼠㊸与茅鸱㊹,宜鉴诗人刺。戒尔勿放旷,放旷非端士。周孔垂名教,齐梁尚清议。南朝称八达㊺,千载秽青史。戒尔勿嗜酒,狂药非佳味。能移谨厚性,化为凶险类。古今倾败者,历历皆可记。戒尔勿多言,多言众所忌。苟不慎枢机,灾厄从此始。是非毁誉间,适足为身累。举世重交游,拟结金兰㊻契。忿怨从易生,风波当时起。所以古人疾,籧篨与戚施㊼。举世重任侠,俗呼为气义。为人赴急难,往往陷囚系。所以马援㊽书,勤勤告诸子。举世贱清素,奉身好华侈。肥马衣轻裘,扬扬过闾里。虽得市童怜,还为识者鄙。我本羁旅㊾臣,遭逢尧舜理㊿。位重才不充,戚戚怀忧畏。深泉与薄冰,蹈之唯恐坠。尔曹当闵我,勿使增罪戾。闭门敛踪迹,缩首避名势。势位难久居,毕竟何足恃?物盛则必衰,有隆还有替。速成不坚牢,亟走多颠踬(51)。灼灼园中花,早发还先萎。迟迟涧畔松,郁郁含晚翠。赋命有疾徐,青云难力致。寄语谢诸郎,躁进徒为耳。

晏元献与兄书

殊,字同叔,抚州人。康定丞相,与兄书,言教子之事。

殊再拜。领手书,深喜王事外尊候万福,长幼安宁。四郎下面二孩儿,知已取在彼,不知令读书否?假如性不高,亦须勤令读书,学书学礼度。视老宿[52]有德之人所冀,向后自了得一身,免辱门户也,切切!此最日夕急切之事,二十也,殿直[53]一二年来,大假听人,言语谨卓,不曾出入,兼识好恶,甚得力,免劳人心力亦应是。从有家累,知惜身事兄弟,且免一件忧煎,所以因信上闻,希令诸子知之,若个个稍学好事,免为人所嗤笑,成立得身事,则尊上父母,一生放心有望矣。门前望不要令小后生轻薄不着实者来往,或寻得一有年甲[54]、严谨门客,教训诸子甚好,先少师所以常切切于此事,重余性饶美朴实,嫌其余轻薄,殊日近思量,方知是格言也。近日京朝官班行中,公事甚多,细观多是人家子弟轻事亲狎非类者,足知小男女尤宜亲近有德,远轻薄之徒也。冬寒公余,加爱不备。

杜正献责弟书

衍,字世昌,越州人。庆历丞相与大寺丞书。

比人从到,便嫌我家贫,云汝左右皆金钏钗钿,每婢榻上各有四五张绫被,然则汝性侈,料得亦未有许多物色。始则不信,泊闻蒋姑东下,屡出告随舟归汝家去,泊不从之,由是病日增矣。以此参验,即慕汝家富无差矣。二哥不肯尽述,恐汝不悉,故报之。

韩忠献戒子侄诗

琦,字稚圭,相州人。嘉祐丞相,寒食亲拜二坟,因戒子侄。

春色清且明,节盛一百五。寒食[55]遵遗俗,泼火霁微雨。非才忝[56]国恩,因病得吾土。何以知殊荣,此日奉宗祖。新安惟皇考,丰安则王父。松楸各万株,岗势拥城府。二茔相去间,近止一舍许。前晓揭旌牙[57],蠲洁具罍俎[58]。芬馨达孝诚,俨若侍容语。礼成无一违,观者竞如堵。退惟愚小子,未老膺旄斧。顾己胡能然,世德大门户。思为后嗣戒,永永著家矩。子侄听吾言,汝各志心膂。汝曹生绮纨,得仕匪艰苦。学业勤则成,富贵汝自取。仁睦周吾亲,忠义报吾主。闻须求便官,坟陇善完补。死则托二茔,慎勿葬他所。得从祖考游,魂魄自宁处。无惑葬师言,背亲图福祐。有一废吾言,汝行则臣虏。宗族正其罪,声伐可鸣鼓。宗族不绳之,鬼得而诛汝。

欧阳文忠书示子

修,字永叔,庐陵人。治平执政,试笔书付子棐奕。

藏精于晦[59]则明,养神于静则安。晦所以畜[60]用,静所以应动。善畜者不竭,善应者无穷。此君子修身治人之术,然性近者得之易也。

勉诸子:玉不琢不成器,人不学不知道。然玉之为物,有不变之常,虽不琢以为器,而犹不害[61]为玉也。人之性,因物则迁,不学则舍君子而为小人。可不念哉!

与侄通理:自南方多事以来,日夕忧汝,得昨日递中书,顿解忧。想欧阳氏自江南归明[62],累世蒙朝廷官禄。吾今又被荣显,致汝等并列官品,当思报效,偶此多事,如有差使,尽心向前,不得避事。至于临难死节,亦是汝荣事,但存心尽公,神明自佑,汝慎不可思避事也。昨书中言欲买朱砂来,吾不阙此物,汝于官下,宜守廉,何得买官下物?吾在官所,除饮食外,不曾买一物。汝可观此为戒也。

唐质肃

介,字子方。案:介,江陵人。天圣侍御史。

公一日退朝,谓诸子曰:吾以直道自任,蒙圣主厚恩,参贰政府,惟以至公为报,不敢以朝廷官爵为己私恩。桃李固未与汝等栽培,惟荆棘则甚多矣[63]。然仕宦穷达,各有时命。汝等自勉之。

与子书　韩忠宪

亿,字宗魏,雍邱人。景祐参知政事。与子综书。

得书,知汝受馆阁之职,深切忻慰,但服勤职,业一心公。忠何虑不达,更宜每事韬晦,惧轻言之失为妙,又云:知汝受府推,乍赞浩穰[64],庶事皆须经心熟思,毋致小有失错,至于断一笞杖,稍或不当。明则惧于朝章,幽则累于阴骘[65],可不戒哉!

《名二子说》 苏先生洵

洵，字明允，眉州人。嘉祐编礼。

　　轮、辐、盖、轸⑯，皆有职乎车，而轼独若无所为者。虽然，去轼则吾未见其为完车也。轼⑰乎，吾惧汝之不外饰也。天下之车，莫不由辙⑱，而言车之功者，辙不与焉。虽然车仆马毙，而患亦不及辙。是辙者，善处乎祸福之间也。辙乎，吾知免矣！

《训子孙文》 司马文正

光，字君实，陕州人。元祐丞相。

　　吾家本寒族，世以清白相承。吾性不喜华靡，自为乳儿时，长者加以金银华美之服，辄羞赧弃去之。二十忝科名，闻喜宴⑲，独不戴花。同年⑳曰："君赐，不可违也。"乃簪一花。平生衣取蔽寒，食取充腹，亦不敢服垢弊，以矫俗干名，但顺吾性而已。众人皆以奢靡为荣，吾心独以素俭为美。人皆嗤吾固陋，吾不以为病，应之曰："孔子称：'与其不逊也，宁固。'㉑ 又曰：'以约失之者，鲜矣。'㉒ 又曰：'士志于道而耻恶衣恶食者，未足与议也。'㉓ 古人以俭为美德，今人以俭相诟病。嘻，异哉！近世风俗，尤为侈靡，走卒类士服，农夫蹑丝履。吾记天圣㉔中，先公㉕为群牧判官，客至未尝不置酒，或三行，或五行，不过七行。酒沽于市，果止梨、栗、枣、柿，肴止于脯醢㉖菜羹，器用瓷漆。当时士大夫家皆然，人不相非也。会数而礼勤，物薄而情厚。近日士大夫家，酒非内法㉗，果肴非远方珍异，食非多品，器皿非满桉，不敢会宾友。常数月营聚，然后敢发书。苟或不然，人争非之，以为鄙吝。故不随俗靡者，鲜矣。嗟乎，风俗颓弊如是！居位者虽不能禁，忍助之乎！又闻李文靖㉘公为相，治居第于封邱门㉙内，厅事㉚前仅容旋马。或言其太隘，公笑曰：'居第当传子孙，此为宰相厅事诚隘，为太祝奉礼厅事，已宽矣。'参政鲁公㉛为谏官，真宗遣使急召之，得于酒家。既入，问其所来，以实对。上曰：'卿为清望官㉜，奈何饮于酒肆？'对曰：'臣家贫，客至，无器皿果肴，故就酒家觞之。'上以其无隐，益重之。张文节㉝为相，自奉如河阳掌书记时，所亲或规之曰：'公今受俸不少，而自奉若此，虽自信清约，外人颇有公孙布被㉞之讥。公宜少从众。'公叹曰：'吾今日之俸，虽举家锦衣玉食，何患不能？顾人之常情由俭入奢易，由奢入俭难。吾今日之俸，岂能常有？身岂能常存？一旦异于今日，家人习奢已久，不能顿俭，必致失所。岂若吾居位去位，身存身亡，如一日乎！'呜呼，大贤之深谋远虑，岂庸人所及哉！御孙曰：'俭，德之共也；侈，恶之大也。'共，同也。言有德者皆由俭来也。俭则寡欲，君子寡欲，则不役于物，可以直道而行。小人寡欲，则能谨身节用，远罪丰家，故曰：'俭，德之共。'侈则多欲，君子多欲，则贪慕富贵，枉道速祸；小人多欲，则多求妄用，败家丧身。是以居官必贿，居乡必盗。故曰：'侈，恶之大也。'昔正考父饘粥⑧⑤以糊口，孟僖子⑧⑥知其后必有达人。季文子⑧⑦相三君，妾不衣帛，马不食粟，君子以为忠。管仲⑧⑧镂簋朱纮，山棁藻棁⑧⑨，孔子鄙其小器⑨⑩。公叔文子享卫灵公，史䲡知其及祸，及戌，果以富得罪出亡⑨⑪。何曾⑨⑫日食万钱，至孙以骄溢倾家。石崇⑨⑬以奢靡夸人，卒以此死东市。近世寇莱公⑨⑭豪侈冠一时，然以功业大，人莫之非，子孙习其家风，今多穷困。其余以俭立名，以侈自败者多矣。不可遍数，聊举数人以训汝。汝非独身，当服行，当以训汝子孙，使知前辈之风俗云。"

夫人孤愚者则不然，弃其九族，远其兄弟，欲以专利其身，殊不知身既孤，人斯戕之矣，于利何有哉？昔周厉王⑨⑮弃其九族，诗人刺之曰："怀德惟宁，宗子维城，毋俾城坏，毋独斯畏。"⑨⑯苟为独居，斯可畏矣。宋昭公⑨⑰将去群公子，乐豫⑨⑱曰："不可。公族，公室之枝叶也。若去之，则本根无所庇荫矣。'葛藟犹能庇其本根，故君子以为比'⑨⑲，况国君乎！此谚所谓'庇焉，而纵寻斧焉'者也，必不可。君其图之，亲之以德，皆股肱也，谁敢携贰⑩⑩？若之，何去之？"昭公不听，果及于乱。华亥⑩⑪欲代其兄合比，为右师谮之，平公而逐之，左师曰："汝夫也必亡，汝丧而宗室于人何有？人亦于汝何有？"既而华亥果亡。孔子曰："不爱其亲而爱他人者，谓之悖德；不敬其亲而敬他人者，谓之悖礼。以顺则逆，民无则焉，不在于善，而皆在于凶德，虽能德之，又奚足以为君子之所贵哉！"⑩⑫故世之人欲爱其身而弃其宗族，乌在其能爱身也？孔子曰："均无贫，和无寡，安无倾。"⑩⑬善为家者，爪牙之利不及虎豹，旅力之强不及熊罴，奔走之疾不及麋鹿，飞扬之高不及燕雀。苟非群聚以御外患，则久为异类食矣。是故圣人教人以礼，使知父子之亲。人知爱其父，则知爱其兄弟矣。知爱其祖，则知爱其宗族矣。如枝叶之附于根干，手足之系于身首，不可离也。岂徒使其粲然条理，以为荣观哉！乃实欲使相依庇以扞外患也。吐谷浑阿豺⑩⑭有子二十人，病且死，谓曰："汝等各奉吾一只箭折之。"慕利延折之。曰："汝取十九只箭折之。"

利延不能折。阿豺曰："汝曹知否？单者易折，众则难摧。戮力一心，然后社稷可固。"言终而死。彼戎狄也，犹知宗族相保以为强，况华夏乎？圣人知一族不足以独立也，故又为之甥舅，婚媾姻娅以辅之。犹惧其未也，故又慈养百姓以卫之，故爱亲者所以爱其身也。如是，则其身安如泰山，寿如箕翼[105]，他人安得而侮之哉！故自古圣贤，未有不先亲九族，然后能施及他人者。彼尽其所有而均之，虽粝[106]食不饱，弊衣不完，人无怨矣。夫怨之所生，生于自私及有所厚薄也。汉世谚曰："一尺布尚可缝，一斗粟尚可舂。"言尺布可缝而共衣，斗粟可舂而共食，讥文帝[107]以天下之富不能容其弟也。

梁中书侍郎裴子野[108]家贫，妻子常苦饥寒，中表贫乏者皆收养之。时逢水旱，以二石米为薄粥，仅得徧焉，躬自同之，曾无厌色。此得收族之道者也。为人父祖者，莫不思利其后世，然果能利之者鲜矣。何以言之？今之为后世谋者，不过广营生计以遗之。田畴连阡陌，邸肆跨坊曲，粟麦盈囷仓，金帛充箧笥。慊慊然[109]求之犹未足，施施然[110]自以为子子孙孙累世用之，莫能尽也。然不知以义方[111]训其子，以礼法齐其家，自于十数年中，勤身苦体以聚之，而子孙以岁时之间，奢靡游荡以散之，反笑其祖考之愚，不知自娱，又怨其吝啬无恩于我而厉之也。始则欺绐攘窃以充其欲，不足则立约举债于人，观其意惟患其考之寿也。然则乡之所以利后世者，适足以长子孙之恶而身祸也。顷常有士大夫，其先亦国朝名臣也，家甚富而尤吝啬，斗升之粟，尺寸之帛，必身自出纳，锁而封之，昼则佩钥于身，夜则置钥于枕下，病甚困约绝，不知其子孙窃其钥，开藏室，发箧笥，取其资财。其人复苏，即扪枕下，求钥不得，愤怨遂卒。其孙不哭，相与争匿其财，遂致斗讼。其处女亦蒙首执牒，自诉于府庭，以争嫁资，为乡党笑。盖由子孙自幼及长，惟知有利，不知其义故也。夫生生之资，固人所不能无，然勿求多余，多余希不为累矣。使其子孙果贤耶，岂疏粝布褐不能自营，死于道路乎！若其不贤耶，虽积金满堂室，又奚益哉！故多藏以遗子孙也，吾见其愚之甚。然则圣贤不顾子孙之匮乏耶？曰：何为其然也。昔者圣贤遗子孙以廉以俭。舜自侧微[112]，积德至于为帝，子孙保之，享国百世而不绝。周自后稷、公刘、太王、王季、文王，积德累功，至于武王而有天下。其《诗》曰："诒厥孙谋，以燕翼子。"[113]言丰德泽，明礼法，以遗后世而安固之也。故能子孙承统八百余年[114]，其支庶犹为天下之显，诸侯棋布于海内。其为利岂不大哉！

海虞令何子平[115]，母丧去官，哀毁逾礼，第哭踊顿绝方苏。属大明[116]末，东土饥荒，继以师旅，八年不得营葬。昼夜号哭，常如袒括[117]之日。冬不衣絮，夏不就清凉，一日以米数合为粥，不进盐菜。所居屋败，不蔽风日，兄子伯兴欲为葺理，子平不肯，曰："我情事未申，天地一罪人耳，屋何宜覆？"蔡兴宗为会稽太守，甚加矜赏，为营冢圹。

新野庾震丧父母，居贫无以葬，赁书以营事，至于掌穿，然后成葬事。贤者于葬如此其汲汲[118]也。今世俗信术者，妄言以为葬不择地及岁月日时，则子孙不利，祸殃总至，乃至终丧除服，或十年或二十年，或终身或累世，犹不葬，至为水火所漂焚，他人所投弃，失亡尸柩，不知所之者，岂不哀哉？人所贵有子孙者，为其死而形体有所付也。既而不葬，则与无子孙而死道路者奚以异乎！《诗》云："行有死人，尚或殣之。"[119]况为人子，乃忍弃其亲而不葬哉？

唐太常博士吕才[120]《叙葬书》曰："《孝经》云：'卜其宅兆而安厝之。'盖以窀穸[121]既终，永安体魄，而朝市迁变。泉石交侵，不可前知，故谋之龟筮[122]。"近代或选年月，或相墓田，以为一事失所，祸及死生。按《礼》，天子、诸侯、大夫，葬皆有月数，则是古人不择年月也。春秋九月丁巳，葬定公。雨，不克葬。戊午日下昃，乃克葬，是不择日也。郑葬简公，司墓之室当路，毁之则朝而窆[123]，不毁则日中而窆按：《左传》作"朝而堋[124]，日中而堋。"子产[125]不毁，是不择时也。古之葬者，皆于国都之北，域兆[126]有常处，是不择地也。今《葬书》以为子孙富贵、贫贱、夭寿，皆因葬所致。夫子文[127]为令尹而三已，柳下惠[128]为士师而三黜，计其邱垄，未尝改移。而野俗无识，妖巫妄言，遂于擗踊[129]之际，择葬地而希官爵，荼毒之秋，选葬时而规财利。斯言妄矣！夫死生有命，富贵在天，固非葬所能移，就使能移，孝子何忍委其亲不葬而求利于己哉！世又有用羌胡法，自焚其柩，收烬骨而葬之者，人习为常，恬莫之怪。呜呼！讹俗悖戾，乃至此乎！或曰："旅官远方，贫不能致其柩，不焚之，何以致其归葬？"曰："如廉范辈，岂其家富耶？"延陵季子[130]有言，骨肉复归于土，命也，魂气则无不之也。舜为天子，巡狩，至苍梧而殂葬于其野，彼天子犹然，况士民乎！必也竭力不能归其柩，即所亡之地而葬之，不犹愈于火焚乎！

《易·恒》之六五曰："恒其德，贞，妇人吉。夫子凶。"《象》曰："妇人贞，吉案："恒"字，旧本作"常"。"贞"字，旧本作"正"。盖避真宗、仁宗讳。今改正。从一而终也。夫子制义从妇，凶也。"丈夫生而有四方之志，威令所施，大者天下，小者一官，而近不行于室家，为一妇人所制，不亦可羞哉！昔晋惠帝[131]为贾后所制，废武悼杨太后于金墉，绝膳而终。囚愍怀太子[132]于许昌，寻杀之。唐肃宗[133]为张后所制，徙上皇于西内，以忧崩。建宁王倓以忠孝受诛。彼二君者，贵为天子，制于悍妻，上不能以保其亲，下不能以庇其子，况于臣民乎！自古及今，以悍妻而乖离六亲，败乱其家者，可胜数哉！然则悍妻之为害大矣！故凡娶妻，不可不慎择也。既娶而防之以礼，不可不在其初也。其或骄纵悍戾，训励禁约，而终不从，不可以不弃也。夫妇以义合，义绝则离。今之士大夫有出妻者，众则非之，以为无行，故士大夫难之。按《礼》，妻有七出[134]，顾所以出之用何事尔。若妻实犯礼而出之，乃义也。昔孔氏三世出其妻，自余贤士以义出其妻者众矣，奚亏于行哉！苟室有悍妻而不去，则家道何日而宁乎？太史公[135]曰："夏之兴也以涂山[136]，而桀之放也以末喜[137]，殷之兴也以有娀[138]，纣之杀也嬖妲己[139]，周之兴以姜嫄[140]及太任，而幽王之禽也淫于褒姒[141]，故《易》基乾坤，《诗》始'关雎'[142]。夫妇之际，人道之大伦也。礼之用，唯婚姻为兢兢。夫乐调而四时和，阴阳之变，万物之统也，可不慎欤！"为人妻者，其德有六：一曰柔顺，二曰清洁，三曰不妒，四曰俭约，五曰恭谨，六曰勤劳。夫天也，妻地也；夫日也，妻月也；夫阳也，妻阴也。天尊而处上，地卑而处下。日无盈亏，月有圆缺。阳唱而生物，阴和而成物。故妇人专以柔顺为德，不以强辩为美也。

张无尽

名天觉案：张商英，字天觉，号无尽，居士蜀之，新津人。绍圣执政，此云名天觉，误也。

父孝子必孝，不教亦须孝。自己身不孝，养子谩劳教，慈乌本来孝，何曾得人教？孝是种子法，不由教不教。

戒子弟言　王文正

旦，字子明，魏州人。景德丞相。

我家世名清德，当务俭素，保守门风，不得恃相辅家事泰侈[143]。

戒子言　高琼

亳州人。景德大将。每戒诸子。

毋曲事要势，以蕲[144]进身。若吾奋节行间，至秉旄钺[145]，岂因人力哉！

唐既

字潜亨，江陵人。元符隐士，教子务充其德性。

良能富于己，何得为贫？识者皆贵之，何得为贱？此天下真富贵也。汝能自立足矣，余听命可也。

《家训》 杨文公

亿，字大年，建州人。天禧翰林学士。

童稚之学，不止记诵，养其良知良能，当以先入之言为主。日记故事，不拘今古，必先以孝弟忠信礼义廉耻等事，如黄香扇枕[146]、陆绩怀橘[147]、叔敖阴德[148]、子路负米[149]之类。只如俗说，便晓此道理，久久成熟，德性若自然矣。

江端友

陈留人。案：端友，字子我。靖康初赐进士出身，后至太常少卿。

夜卧不眠，常须息心定志，勿妄筹划无益之事。及起邪思，当审观此身暂聚，不久既死，之后急急敛藏，盖其败坏，不可堪见。方此之时，谁为我者。如此思之，用意劳神，凿空妄作，名利之心，皆可灰灭，以之涉世，遇患鲜矣。志虑既澄，自能体道。念念皆正，则大丈夫之事也。凡饮食知所从来，五谷[150]则人牛稼穑之艰难，天地风雨之顺成，变生作熟，皆不容易。肉味则杀生断命，其苦难言，思之令人自不欲食，况过择好恶，又生嗔恚[151]乎！一饱之后，八珍草莱，同为臭腐，随家丰俭，得以充饥，便自足矣。门外穷人无数，有尽力辛勤而不得一饱者，有终日饥而不能得食者，吾无功坐食，安可更有所择。若能如此，不惟少欲易足，亦进学之一助也。吾尝谓欲学道，当以攻苦食淡为先，人生直得上寿[152]，亦无几何，况逡巡[153]之间，便乃隔世，不以此时学道，复性反本，而区区惟事口腹，豢养此身，可谓虚作一世人也。食已无事，经史文典，漫读一二篇，皆有益于人，胜别用心也。与人交游，宜择端雅之士，若杂交[154]，终必有悔。且久而与之俱化，终身欲为善士，不可得矣。谈议勿深及他人是非，相与意了，知其为是为非而已。棋弈雅戏，犹曰无妨，毋及妇人，嬉笑无节，败人志意，此最不可也。既不自重，必为有识所轻。人而为人所轻，无不自取之也。汝等志之。

《庭戒》 宋景文

祁，字子京，安陆人。嘉祐从臣。

吾世为儒，今华吾体者，衣冠也。荣吾私[155]者，官禄也。谨吾履[156]者，礼法也。睿吾识[157]者，《诗》《书》也。入以事亲，出以事君，生以养，死以葬，莫非儒也。由终日戴天，不知天之高。终日跖地，不知地之厚。故天下蚩蚩[158]，终无谢生[159]于其本[160]者，德大而不可见也。吾没后不得作道佛二家斋醮[161]，此吾生平所志，若等不可违命作之。违命作之，是死吾也，是以吾为遂无知也。孔子称天下有至德要道之孝，故自作经一篇，以教后人，必到于善，谓曰："至莫不切于事。"谓曰："要举一孝，百行罔不该焉。"故吾以此教若等，凡孝于亲，则悌于长，友于少，慈于幼，出于事君则为忠，于朋友则为信，于事为无不敬，无不敬，则庶乎成人矣。若等兄弟十四人，虽有异母者，但古人谓"四海之内，皆兄弟也"[162]，况同父均气乎？《诗》称"死丧之威，兄弟孔怀"[163]，不可不念也。兄弟之不怀，求合他人，他人渠[164]肯信哉！纵阳合之彼，应背憎也。若等视吾事莒公，莒公及吾云："何可以为法矣？"大抵人不可以无学，至于章奏、笺记，随宜为之，天分自有所禀，不可强也。要得数百卷书在胸中，则不为人所轻诮矣。

【注释】

① 朝觐：朝臣晋见皇帝。
② 箕裘：子承父业。《礼记·学记》："良冶之子，必学为裘；良弓之子，必学为箕。"比喻祖先的事业，如克绍箕裘。此句意为承袭父辈优良的真诚质朴的遗风。
③ 籝书：籝通"籯"(yíng)，竹笼。《汉书·韦贤传》："遗子黄金满籯，不如一经。"籝书，放置书籍的竹箱。
④ 悱(fěi)愤：同"愤悱"，排除忧思郁结，发奋图强。《啸赋》："舒蓄思之悱愤，奋久结之缠绵。"
⑤ 圆顿：佛家语。意为使人自识自心，因心成佛之法。
⑥ 淄磷："涅而不淄"与"磨而不磷"的略语，即染而不黑，磨而不薄。比喻操守坚贞。谢灵运《过始宁墅》："淄磷谢清旷，疲薾惭贞坚。"
⑦ 考室俟肯堂：原意修缮房屋。考室，筑屋的基地，等待建筑房屋。现比喻子承父业。
⑧ 中构：犹言隐居之处。
⑨ 刑宪：刑罚和法令。

⑩ 此句出自《尚书·泰誓中》。
⑪ 戒子吟：系邵雍自撰的告戒子孙的诗。
⑫ 颣（lèi）：缺点，毛病。原指丝上的疙瘩。《淮南子·氾论训》："明月之珠，不能无颣。"
⑬ 白圭：白玉制成长条形的礼器，古代贵族用于朝聘、祭祀、丧葬时。
⑭ 教子吟：系邵雍撰写教育子孙的诗。
⑮ 该通：该通"赅"。全部通晓。《孔子家语·正论》："夫孔子者，圣无不该。"
⑯ 属纩：古代丧礼仪式之一，即病人临终时，用新的丝絮（纩）放置其口鼻上，试探是否还有呼吸。因而"属纩"也用作"临终"的代名词。《礼记·丧大记》："属纩以俟绝气。"
⑰ 九流：先秦时期的九个学术流派，即儒家、道家、阴阳家、法家、名家、墨家、纵横家、杂家、农家。见《汉书·艺文志》。后世旧社会又把人分成"上九流""中九流""下九流"的职业划分。
⑱ 此句意为树木初期就弯曲，成材后也不能再舒展；人在幼小时不进行教育和培养，成人时必愚钝。意在强调童年教育。
⑲ 业业乾乾：兢兢业业，自强不息。
⑳ 頮（huì）：洗面、洗脸。《玉篇》："頮，洗面也。"
㉑ 圊（qīng）：厕所、茅厕。《广雅》："圊，厕也。"
㉒ 輈（zhōu）：泛指车辕。《说文解字》："輈，辕也。"
㉓ 隳（huī）：毁坏。杜预《左氏传》注曰："隳，毁也。"
㉔ 捄（jiù）：同"救"，古救字。《汉书》颜师古注："捄，古救字。"
㉕ 中扃（jiōng）：中门的门闩（shuān）。
㉖ 泯泯棼（fén）棼：亦作"泯泯芬芬"，纷乱的样子。《尚书·吕刑》："民兴胥渐，泯泯棼棼。"
㉗ 释褐：脱去布衣，意为换上官服，担当官职。褐，贫民的衣服。
㉘ 飞龙：帝王。《易·乾》："飞龙在天，利见大人。"孔颖达注："谓有圣德之人得居王位。"古人以飞龙比喻帝王。
㉙ 六品阶：六品等级的官。古代官吏分九级（九品），一品最高级，九品为最低级。
㉚ 积善有余庆：行善之家，必有遗泽于后人。《易·坤》："积善之家，必有余庆。"
㉛ 诒谋：传给后代的妥善谋划。
㉜ 薰莸（yóu）：薰，香草。莸，臭草。《左传·僖公四年》："一薰一莸，十年尚犹有臭。"杜预注："十年有臭，言善易消，恶难除。"
㉝ 庭闱：父母居住地。此指父母。
㉞ 虬（qiú）：传说中的一种龙。
㉟ 瀛洲：原为传说中的仙山，在东海。此指唐太宗李世民为网罗人才，作文学馆，以杜如晦、房玄龄等十八人为学士，号十八学士，选中者，谓之"登瀛洲"。

㊱ 貂冠侍冕旒（liú）：貂冠，貂为侍从官员帽上的装饰品，此指皇帝的侍从官员。冕旒，原为帝王、诸侯及卿大夫的礼冠，外黑内红，前后悬垂垂玉串。宋代后只有皇帝可用。

㊲ 白丁：平民和没有功名的人。《陋室铭》："谈笑有鸿儒，往来无白丁。"

㊳ 鹓行（yuān xíng）：同"鸳行"，朝廷官员的行列，也指同僚官员。杜甫诗："去岁兹辰捧御床，五更三点入鹓行。"

㊴ 内府：唐代府兵制，分内府和外府。内府为守卫五府和东宫及宫廷内部的卫士组成，规定由五品以上官吏的子孙担当。

㊵ 颙（yóng）颙：原指波涛汹涌。《枚乘》："颙颙卬卬，椐椐强强。"此指众目睽睽。

㊶ 造次：仓卒匆忙。必于是：也要谨慎小心。《论语·里仁》："造次必于是，颠沛必于是。"

㊷ 干禄：求取功名禄位。《论语·学而》："子张学干禄。"

㊸ 相鼠：比喻人无礼仪，还不如鼠之有皮。《诗经·国风·相鼠》："相鼠有皮，人而无仪。人而仪，不死何为。"

㊹ 茅鸱：古逸诗篇名。《左传·襄公二十八年》："穆子不说，使工为之诵《茅鸱》。"杜预注："工，乐师。《茅鸱》逸诗，刺不敬。"

㊺ 八达：晋代光逸、谢鲲、阮放、毕卓、羊曼、桓彝、阮孚、胡毋辅之八人，皆放浪形骸，不拘礼法，时人称"八达"。事见《晋书·光逸传》。

㊻ 金兰：朋友间感情投合、契合、深交，后用于异姓朋友结拜为兄弟姐妹。《易·系辞上》："二人同心，其利断金；同心之结，其臭如兰。"臭，气味。

㊼ 蘧蒢（qú chú）与戚施：蘧蒢亦作"蘧篨"，谄谀献媚之人。《论衡》："蘧蒢多佞。"戚施，谄谀献媚之人。《魏书·阳固传》："蘧蒢戚施，邪媚是钦，既诡且妒，以逞其心。"

㊽ 马援：字文渊，陕西兴平人。东汉任汉中太守，嗣后归刘秀，任陇西太守，后任伏波将军，封新息侯。著《铜马相法》。此书指马援诫兄子马严、马敦书，见本书卷三。

㊾ 羁旅：同"羇旅"，他乡之客。《左传·庄公二十二年》："羁旅之臣"。赴旅他乡做官。

㊿ 遭逢尧舜理：尧曾对舜作三年考核，尧死，舜继位，国名夏。此指受到皇帝的赏识和重用。

(51) 踬（zhì）：被绊倒，跌倒。《左传·宣公十五年》："杜回踬而颠，故获之。"

(52) 老宿：年老而在学艺上有造诣的人。如文坛老宿。

(53) 殿直：官名。北宋时期管理朝廷宫中事务的官员，即皇帝的侍从官。

(54) 年甲：年龄。宋代刘克庄词："思量减些年甲。"

(55) 寒食：寒食节。清明节前一天（或前两天），禁火寒食，相传起于晋文公悼念介子推抱树焚死之事。

(56) 忝（tiǎn）：有愧于，辱。《诗经·小雅·小宛》："夙兴夜寐，无忝尔所生。"

(57) 旌牙：古代旗上的装饰品，一般用象牙。

㊺ 蠲洁具罍（léi）俎：清洁酒具和餐具。
㊾ 晦：不显露，不显，隐藏。《旧唐书·韩滉传》："以绘事非急务，自晦其能，未尝传之。"
⑥⓪ 畜：古通"蓄"，蓄积。
⑥① 不害：不影响，不失，无害于。
⑥② 归明：此指欧阳修因范仲淹改革失败，被贬湖北夷陵（宜昌）县令，康定元年（1040年）被宋仁宗召回京。明，指宋仁宗为明君。
⑥③ 此句为比喻，意为未能为你们诸子铺好仕途之路，相反还带来仕途诸多困难。
⑥④ 浩穰：人事众多，繁忙。《汉书·张敞传》："京兆典京师，长安中浩穰。"
⑥⑤ 阴骘（zhì）：原指上苍默默地安定下民，后转指"阴德"。
⑥⑥ 轮、辐、盖、轸（zhěn）：轮，车轮。辐，车轮中连接轴心和轮圈的木条，亦称"辐条"。盖，车盖。轸，车箱底部四周的横木之专用名词。
⑥⑦ 轼：设在车厢前面供人扶手的横木。
⑥⑧ 辙：车轮行的痕迹。
⑥⑨ 闻喜宴：亦称"琼林宴"。新进士及第，皇帝赐宴之名。按规定赴宴的进士须戴花以示荣耀。
⑦⓪ 同年：同榜登科的人，彼此相称"同年"。
⑦① 此句见于《论语·述而》："子曰：'奢则不逊，俭则固。与其不逊也，宁固。'"此句意为奢侈就显骄傲，省俭就显寒碜。与其骄傲，宁可寒碜。
⑦② 此句见于《论语·里仁》。约：约束或节俭。鲜：少。因约束或节制自己，很少会犯错的。
⑦③ 此句见于《论语·里仁》。有志之士追求真理，若以吃粗粮旧衣为耻辱，不值得与这种人研讨。
⑦④ 天圣：宋仁宋年号，公元1023—1032年。
⑦⑤ 先公：司马光称去世的父亲司马池的辞。
⑦⑥ 脯：干肉。醢（hǎi）：肉酱。
⑦⑦ 酒非内法：不用宫廷酿造的酒。
⑦⑧ 李文靖：李沆，字太初，河北肥乡人。宋真宗时宰相，谥号"文靖"。
⑦⑨ 封邱门：宋代汴京城门。
⑧⓪ 厅事：厅前或官府办公处所，亦作"听事"。
⑧① 鲁公：鲁宗道，字贯之，安徽亳县人。宋真宗时任户部员外郎，宋仁宗时任参政（副宰相）。
⑧② 清望官：唐宋官制。清望官系门下省及中书省侍郎、尚书省左右丞、六部侍郎等高级官员的统称。因此类官员多为进士出身之人担任，故名。
⑧③ 张文节：张知白，字用晦，河北沧州人。宋仁宗时宰相。

㉞ 公孙布被：公孙弘，汉武帝时宰相，封平津侯。事见《史记·平津侯主父列传》："弘为布被，食不重肉。但汲黯曰：'弘位在三公，奉禄甚多，然为布被，此诈也。'"布被，布制的被褥，以示生活清贫。

㉟ 正考父：春秋时宋国上卿，辅助宋戴公、宋武公、宋宣公三公。生孔父嘉，孔子之祖。饘粥：稠粥和稀粥。事见《左传》："一命而偻，再命而伛，三命而俯。循墙而走，亦莫余敢侮。饘于是，粥于是，以糊余口。"

㊱ 孟僖子：名貜（jué），春秋时鲁国大夫。事见《左传·昭公七年》："臧孙纥有言曰：'圣人有明德者，若不当世，其后必有达人。'"

㊲ 季文子：季孙氏，字行父，春秋时鲁国大夫，在鲁宣公、鲁成公、鲁襄公时，完全掌握朝政，故曰："相三君。"事见《左传·襄公五年》："季文子卒，大夫入敛，公在位。宰庀（pǐ）家器为葬备，无衣帛之妾，无食粟之马，无藏金玉，无重器备，君子是以知季文子之忠于公室也。"

㊳ 管仲：名夷吾，字仲，春秋时政治家，辅助齐桓公成春秋时第一霸主，齐桓公尊称"仲父"。

㊴ 镂：雕刻。簋：古代一种圆口，有两耳的盛食物的青铜器具。朱：鲜艳色。纮（hóng）：古代冠冕上的纽带在颌下打结。栭（jié）：柱头的斗拱。山栭：把柱头雕刻成像山形的斗拱。藻梲（zhuō）：上边画水藻图案装饰的短柱。梲：梁上的短柱。

㊵ 此句出自《论语·八佾》："管仲之器小哉！"

㊶ 此句出自《左传·定公十三年》。公叔文子，即公叔发，春秋时卫国大夫，谥号"贞惠文子"。史䲡：字子鱼，亦称"史鱼"，春秋时卫国大夫。公叔文子设宴招待卫灵公，史䲡对公叔文子言："子必祸矣！子富而君贫，罪其及子乎！"公叔文子死后，卫灵公果然把其子公叔戍驱逐出境而逃亡鲁国。

㊷ 何曾：字颖考，河南太康人。西晋晋武帝太尉。生活极其奢侈，一日饮食费万钱，仍说无处下筷，其子更加奢侈，日食费用两万钱，至晋怀帝时，"何氏灭亡无遗焉"。事见《晋书·何曾传》。

㊸ 石崇：字季伦，河北南皮人，西晋巨富，官至侍中，生活靡费荒淫，曾与王恺斗富。八王之乱，他与齐王同结党谋反，为赵王所杀。

㊹ 寇莱公：寇准，字平仲，陕西渭南人。北宋政治家，官任宰相，主战派首领，死后封莱国公。

㊺ 周厉王：姬姓，名胡，西周国王，执政专制，滥杀无辜，招致反抗，败走山西后亡。

㊻ 此诗出自《诗经·大雅·板》。朱熹注："德其本也，有德则得五者之助，不然，则亲戚叛之而城坏，城坏则藩垣屏翰皆坏而独居，独居而所可畏者至矣。"

㊼ 宋昭公：子姓，名得，公孙周之子。宋景公无子，宋景公突然死去，子得在乐氏、皇氏、灵氏三族的大力扶持下继位成宋昭公。

⑱ 乐豫：春秋时宋国河北平山人，宋昭公时任司马。
⑲ 此句出自《左传》。葛藟，植物名，多年生草本植物，其根可入药。
⑳ 携贰：对君王怀有二心，即不忠也。
㉑ 华亥：春秋时宋昭公右师（宰相），经华向之乱，而逐出宋国逃亡楚国。
㉒ 此句出自《孝经·圣治章第九》，皆讲人之孝道为君子所为，以孝治天下。
㉓ 此句出自《论语·季氏》。意为财富平均则无富贫之分；国内和平团结，国民不会减少；社会安定，不会倾危。
㉔ 吐谷浑阿豺：吐谷浑，古族名，原为鲜卑族一支，西晋末年西迁甘肃、青海地区，始以"吐谷浑"为姓氏。阿豺，本名慕容阿豺，吐谷浑首领。事见《魏书·吐谷浑传》，该故事以折箭说明团结就是力量的道理。
㉕ 箕翼：古代星宿名，二十八宿之箕和翼。此处比喻长寿如天上之星宿。
㉖ 粝（lì）：粗米，糙米。《汉书·孝成许皇后传》："妾夸布服粝食。"颜师古注："粝，粗米也。"
㉗ 文帝：汉文帝刘恒，汉高祖刘邦第四子，西汉第五位皇帝，与其子汉景帝开创了"文景之治"良好局面。事见《史记·孝文本纪》和《史记·孝景本纪》。
㉘ 裴子野：字几原，山西闻喜人。南朝著名史学家、文学家。曾祖裴松之系《三国志》之注者。裴氏官海沉浮，至梁武帝方受赏识和器重。
㉙ 慊慊然：不满怨恨的样子。
㉚ 施施然：喜悦自得的样子。
㉛ 义方：旧指行事应该遵守的规矩法度，后多指家教。蔡邕文："义方之训，如川之流。"《三字经》："窦燕山，有义方。教五子，名俱扬。"
㉜ 侧微：微贱。《尚书·舜典》："虞舜侧微。"
㉝ 此句出自《诗经·大雅·文王有声》，意为为子孙的将来善做安排。
㉞ 八百余年：周朝自周武王始至周赧王止，自公元前11世纪至公元前256年，历时八百余年。
㉟ 何子平：世居会稽，事母至孝，官任海虞令，母丧辞官。事见《宋书·孝义列传》。
㊱ 大明：南朝宋孝武帝年号，公元457—464年。
㊲ 袒括：古代丧礼，死者已小敛，吊丧者袒露衣服，束发而吊。语见《礼记·檀弓上》："主人既小敛，袒括发。"
㊳ 汲汲：心情急切的样子。《汉书·扬雄传》："不汲汲于富贵，不戚戚于贫贱。"
㊴ 此句出自《诗经·小雅·小弁》。瑾（jǐn）：埋葬，掩埋。
㊵ 吕才：山东高唐人，唐代哲学家、思想家、音乐家、学者，自学成才，官任唐太宗太常博士、太常丞等。吕氏著作仅存《叙宅经》《叙禄命》《叙葬书》三篇残文。
㊶ 窀穸（zhūn xī）：墓穴。《春秋左传诂》："古字作屯夕，后加穴，以窀穸为墓穴，是也。"

⑫ 龟筮：卜和筮。古代卜用龟甲，筮用蓍草，以占吉凶。《尚书·大禹谟》："鬼神其依，龟筮协从。"
⑬ 窆（biǎn）：落葬。《周礼·地官·乡师》："及窆，执斧以莅匠师。"
⑭ 堋（bèng）：同"塴"。棺下土，落葬。
⑮ 子产：即公孙侨、公孙成，名侨，字子产，一字子美。春秋时政治家。郑国卿大夫。执政时实行改革，给郑国带来新气象。
⑯ 域兆：墓地。《周礼·春官·冢人》："掌公墓之地，辨其兆域。"
⑰ 子文：姓斗氏，春秋时期楚国的政治家，著名的楚国令尹（宰相）。
⑱ 柳下惠：即展禽，展氏，名获，字禽，食邑在柳下，谥号"惠"。春秋时鲁国大夫，任士师（掌管刑狱的官），以善于讲究贵族礼节著称。
⑲ 擗踊：亦作"辟踊"。擗，用手拍胸。踊，以脚顿地。形容极度悲伤的情绪。《晋书·刘元海载记》："七岁遭母忧，擗踊号叫，哀感旁邻。"
⑳ 延陵季子：季札，春秋时吴王之四子，春秋时吴国政治家、外交家，为避让继承王位，而远离都城去常州耕种。人称"延陵季子"。延陵，今常州。
㉑ 晋惠帝：即司马衷，晋代皇帝，以痴呆著称，贾后专权，引起八王之乱。
㉒ 愍怀太子：愍，即晋愍帝司马邺。怀，晋怀帝司马炽。当为太子时，被贾后囚禁。
㉓ 唐肃宗：即李亨，唐代皇帝，唐玄宗之子，玄宗末期，爆发安史之乱，李亨继位，张后专权，后被宦官杀害，李豫接位（唐代宗），肃宗忧惊而亡。
㉔ 七出：古代休妻的七种理由，即一无子，二淫乱，三不孝顺舅姑，四播弄是非，五盗窃，六妒忌，七患恶疾。见《仪礼》贾公彦注释。
㉕ 太史公：司马迁，字子长，陕西韩城人。西汉史学家、文学家、思想家。初任郎中，后继父职，任太史令，人称"太史公"。因为替李陵降匈奴辩护而遭宫刑。后发愤著书，完成我国最早的通史，人称《太史公书》，后称《史记》。此段引自《史记·外戚世家》。
㉖ 涂山：夏禹妻涂山氏。
㉗ 末喜：夏桀之妃。
㉘ 有娀（sōng）：殷契之妻。
㉙ 妲己：商纣王之宠妃。
㉚ 姜嫄：一作"姜原"，周始祖后稷之母。
㉛ 褒姒：周幽王之宠妃。
㉜ 此句后遗漏一句，今据《史记·外戚世家》补："《书》美釐降，《春秋》讥不亲迎。"
㉝ 泰侈：过多奢侈。
㉞ 蕲（qí）：古代地名，今安徽省宿州市。
㉟ 旄钺（máo yuè）：白旄和黄钺，举着白色牦牛尾装饰的旗子和手执青铜斧钺，借指

军权。《三国志·诸葛亮传》："亲秉旄钺，三厉三军。"

⑭ 黄香扇枕：黄香，东汉人，九岁丧母，夏暑为父扇枕，寒冬为父以身温席，克尽孝道。事见《太平御览》和《东观汉记》。

⑭ 陆绩怀橘：陆绩，三国时吴国人。其父康，与袁术交好。绩六岁，九江见袁术，术以橘招待，绩怀橘三只，临行辞术，橘地，术笑言何以怀橘？绩答："橘甜，留给母亲吃。"袁术赞许。后官至太守。事见《三国志·陆绩传》。

⑭ 叔敖阴德：叔敖，春秋时楚国人。幼时见两头蛇，时人认为见两头蛇者必死无疑，叔敖为免再伤害他人，于是杀而埋之。归家哭泣，母问之，叔敖述此事，恐离母而死则泣之。母曰："吾闻有阴德者，天报之以福，汝不死也。"叔敖长成，官任楚国令尹。事见刘向《新序·杂事一》。

⑭ 子路负米：仲由，字子路，春秋时鲁国人，孔子的弟子。子路家贫，为父母不吃糠咽菜，子路外出打工，自己吃野菜，省钱去百里外集市购米，背回家孝敬父母吃米饭，暑夏寒冬不断。事见《说苑·建本》。

⑮ 五谷：五种谷物。《周礼·天官·疾医》五谷为麻、菽、麦、稷、黍。《周礼·夏官·职方氏》五谷为黍、稷、菽、麦、稻。后统称谷物。

⑮ 嗔恚（chēn huì）：嗔怒怨恨。

⑮ 上寿：最高年龄。《庄子》："人上寿百岁，中寿八十，下寿六十。"《左传》孔颖达注："上寿百二十岁，中寿九十以上，下寿八十以上。"

⑮ 逡（qūn）巡：顷刻，须臾。陆游《除夜》："相爱更觉光阴速，笑语逡巡即隔年。"

⑮ 杂交：此指不分良莠、不加选择地交朋友。

⑮ 荣吾私：增多我的私产。

⑮ 谨吾履：约束自己的行为。

⑮ 睿吾识：使我聪明，通达认识事理。

⑮ 蛮蛮：忙乱、纷乱。

⑮ 谢生：死亡，去世。

⑯ 本：故土，故乡。

⑯ 斋醮：供斋醮神。道教设坛祭祷的一种形式，借以求福免灾。

⑯ 此句出自《论语·颜渊》。意为全国人民像兄弟，亲如一家。四海：指全国。

⑯ 此句出自《诗经·小雅·常棣》。意为死丧是可畏怖之事，唯兄弟甚相思念。《颜氏家训·文章》："孔，甚也；怀，思也。言甚可思也。"

⑯ 渠（jù）：通"讵"，疑问代词、反问。相当于"岂""哪里"。《汉书》颜师古注："渠读曰讵。讵，岂也。"

戒子通录·卷六

家戒　黄太史

庭坚，字鲁直，豫章人。元祐史官。绍圣中作《家戒》，付子相。

庭坚自卯角①读书，及有知识，迄今四十年。时态历观，谛见润屋封君②，巨姓豪右，衣冠世族，金珠满堂。不数年间，复过之，特见废田不耕，空囷③不给。又数年，复见之，有缧绁④于公庭者，有荷担而倦于行路者，问之曰："君家曩时⑤蕃衍盛大，何贫贱如是之速耶？"有应于予曰："嗟乎！吾高祖起自忧勤，噍类⑥数口，叔兄慈惠，弟侄恭顺。为人子者告其母曰：'无以小财为争，无以小事为仇，使我兄叔之和也。'为人夫者告其妻曰：'无以猜忌为心，无以有无为怀，使我弟侄之和也。'于是共卮⑦而食，共堂而燕⑧，共库而泉⑨，共廪而粟。寒而衣，其币同也；出而游，其车同也。下奉以义，上谦以仁，众母如一母，众儿如一儿。无尔我之辨，无多寡之嫌，无私贪之欲，无横费之财，仓箱共目而敛之，金帛共力而收之，故官私皆治，富贵两崇⑩。逮子孙蕃息，妯娌众多，内言⑪多忌，人我意殊，礼义消衰，《诗》《书》罕闻，人面狼心，星分瓜剖，处私室则包羞自食，遇识者则强曰同宗，父无争子⑫而陷于不义，夫无贤妇而陷于不仁，所志者小而所失者大。至于危坐孤立，患害不相维持。此其所以速于苦也。"庭坚闻而泣曰："家之不齐，遂至如是之甚。可志此以为吾族之鉴。"因为常语以劝焉，吾子其听否？昔先猷⑬以子弟喻芝兰玉干生于阶庭者⑭，欲其质之美也；又谓之龙驹鸿鹄⑮者，欲其才之俊也。质既美矣，光耀我族。才既俊矣，荣显我家。岂有偷取自安而忘家族之庇乎！汉有兄弟焉，将别也，庭木为之枯；将合也，庭木为之荣。则人心之所叶⑯者，神灵之所佑也。晋有叔侄焉，无间者为南阮之富，好异者为北阮之贫⑰。则人意之所和者，阴阳之所赞也。大唐之间，义族尤盛。张氏⑱九世同居，至天子访焉，赐帛以为庆；高氏⑲七世不分，朝廷嘉之，以族间⑳为表。李氏子孙百余众，服食、器用、童仆无所异，黄巢、禄山大盗横行天下，残灭人家，独不劫李氏，云："不犯义门也。"此见孝慈之盛，外侮所不能欺。虽然皆古人陈迹而已，吾子不可谓今世无其人。德安王兵部义聚百年，至五世，诸母新寡，弟侄谋析财而与之，俾营别居，诸母曰："吾之子幼，未有知识，吾所倚赖，犹子伯伯叔叔也，不愿他业。待吾子得训经意，知礼数，足矣。"其后，侄子官至兵部侍郎，诸母授金冠章帔。人皆曰："诸母岂先知乎？有助耶？"鄂之咸宁有陈子高者，有腴田五千，其兄田止一千。子高爱其兄之贤，愿合户而同之。人曰："以五千膏腴就贫兄，不亦卑乎？"子高曰："我一房尔，何用五千？人生饱暖之外，骨肉交欢而已。"其后兄子登第，仕至大中大夫，举家受荫，人始曰："子高心地吉，乃预知兄弟之荣也。"然此亦人之所易为也。吾子欲知其难者，愿悉以告。昔邓攸㉑遭危厄之时，负其子侄而逃之，度不两全，则托子于人，而宁抱其侄也。李充㉒在贫困之际，昆季无资，其妻求异㉓，遂弃其妻，曰："无伤我同胞之恩。"人之遭贫遇害，尚能为此，况处富盛乎！然此予闻见之远者，恐未可以言人，又当告以耳目之尤近者。吾族居双井四世矣，未闻公家之追负，私用之不给，泉粟盈储，金朱继荣，大抵礼义之所积，无分异之费也。其后妇言是听，人心不坚，无胜己之交，信小人之党，骨肉不顾，酒藏㉔是从。乃至苟营自私，偷取目前之逸，恣纵口体，而忘远大之计，居湖坊者不二世而绝，居东阳者不二世而贫，其或天欤？亦人之不幸欤？吾子力道问学，执书册以见古人之遗训，观时利害，无待老夫之言矣。于古人气概风味，岂特仿佛耶？愿以吾言敷而告之，吾族敦睦㉕，当自吾子起。若夫子孙荣昌，世继无穷之美，则吾言岂小补哉！志之曰《家戒》。时绍圣元年㉖八月日书。

《家庭谈训》 梁况之

焘，须城人。元祐执政。

士人修性，正在临事时，悦意之喜，忿急之怒，皆修性着力时。唯忍以自胜，使不失中和为贵。益之曰："喜怒之言，勿出诸口。造次颠沛，勿忘于恕。"又曰："子弟沉默缓畏，毋戏物妄笑，遇物和而有容，语言举止，务淹雅凝重，喜怒不形于色，然后可以为佳士。"

唐子滂

字惠润，作"孝义篇"。

人性苟有一孝，则无所不包，犹树根一固，而百枝生焉。鹰隼群飞，凤凰远逝，小人成列，君子深藏。圣人闻谏若味甘，愚者得谏若食荼㉗。君子不以昏行易操，不以夜寐易容。

皇考戒　柳开

字仲涂。国初崇仪，使具皇考。治家孝且严，旦望弟妇等拜堂下毕，即上手低面听戒云云，退则惴惴，不敢出一语为不孝事开辈赖之，得全其家也。案：《宋史》柳开，大名人，作《家戒》千余言。

人之家，兄弟无不义尽，因娶妇入门，异姓相聚，争长竞短，渐渍日闻，偏爱私藏，以至背戾，分门割户，患若贼雠，皆汝妇人所作。男子有刚肠[28]者，几人能不为妇人言所役？吾见多也，若等宁见乎？

《示子诗》　王禹偁

字元之。至道翰林学士。《观种黍、蔬食》二诗，示子嘉祐。案：禹偁，钜野人。

《观种黍》[29]云：北邻有闲园，瓦砾杂荆杞。未尝动耕牛，但见牧群豕。今夏赤旱天，斫琢谁家子。播种甚莽卤，苗稼安能起。秋来连月雨，柴门昼不启。新晴一携杖，出户聊徙倚。重到田中立，黍稷何薿薿[30]。吐穗欲及肩，鸟雀亦深喜。力稼乃有秋，斯言不虚矣。向使懒种植，荒榛殊未已。有书闲不读，为学还如此。

《蔬食》云：吾为士大夫，汝为隶子弟。身未列冠裳，庶人亦何异。无故不食珍，礼文明所记。况非膏粱家，左宦乏赀费。商山水复旱，谷价方腾贵。更恐到前春，藜藿亦不继。吾闻柳公绰[31]，近代居贵位。每逢水旱年，所食唯一器，丰稔即加箸[32]，列鼎又何愧？且吾官冗散，适为时所弃。汝家本寒贱，自昔无生计。菜茹各须甘，努力度凶岁。

张太史

耒，字文潜，宛邱人。元祐史官。序云：北邻卖饼儿，每五鼓未旦，即绕街呼卖，虽大寒烈风不废，而时刻不少差也，有所警示钜。

城头月落霜如雪，楼头五更声欲绝。捧盘出户歌一声，市楼东西人未行，北风吹衣射我饼，不忧衣单忧饼冷。业无高卑志当坚，男儿有求安得闲！

戒子孙　贾文元

昌朝，字子明，真定人。庆历宰相。

今诲汝等：居家孝，事君忠，与人谦和，临下慈爱。众中语涉朝政得失，人事短长，慎勿容易开口。仕宦之法，清廉为最。听讼务在详审，用法㉝必求宽恕，追呼决讯㉞，不可不慎。吾少时见里巷中有一子弟，被官司呼召，证人詈语㉟。其家父母妻子，见吏持牒至门，涕泗不食，至暮放还乃已。是知当官莅事，凡小小追讯，犹使人恐惧若此，况刑戮所加，一有滥谬，伤和气，损阴德，莫甚焉。《传》曰："上失其道，民散久矣。如得其情，则哀矜而勿喜。"㊱此圣人深训，当书绅㊲而志之。

吾见近世以苛剥为才，以守法奉公为不才，以激讦㊳为能，以寡辞慎重为不能，遂使后生辈当官治事，必尚苛暴，开口发言，必高诋訾，市怨贾祸㊴，莫大于此。用是得进者，则有之矣。能善终其身，庆及其后者，未之闻也。

复有喜怒爱恶，专任己意，爱之者变黑为白，又欲置之于青云。恶之者以是为非，又欲挤之于沟壑。遂使小人奔走结附，避毁就誉，或为朋援，或为鹰犬，苟得禄利，略无愧耻。吁，可骇哉！吾愿汝等不厕其间。

又见时人肆胸臆，事颊舌，举止轩昂，出绳检㊵之外，而观其行实，往往无取。大抵古人重厚朴直，乃能立功立事，享悠久之福，其以轩昂而得者，累过积非，即成祸败。是以君子居不欺乎暗屋，出不践乎邪径，外讷于言而内敏于行㊶，然后身立而名著矣。

又见好奢侈者，服玩必华，饮食必珍，非有高赀厚禄，则必巧为计划，规取货利，勉称其所欲。一旦以贪污获罪，取终身之耻，其可救哉！

又见士人之家，叔侄昆弟，苟有过失，不务交相规正于内，而乃互为谤毁于外。详究其因，止于争官职，竞货财而已。夫以荣利之薄，而亡亲戚之厚，兹名教罪人也。且士人所贵，节行为大，轩冕失之，有时而复来，节行失之，终身不可得矣，戒之！谨之！吾暇日未尝不以经籍道义教诲汝等，冀免斯咎。吾年六十二，诸子若孙，凡二十余人矣，不觊汝等绍㊷吾爵位，但能守素业，使门户不辱，吾之幸也。

戒子弟　黄太史

案：此条亦系庭坚语，似当附在前《家戒》之后。

吉蠲㊸笔墨，如澡身浴德。揩拭几研，如改过迁善。败笔涴㊹墨，瘝㊺子弟职，书几书研，自黥其面，惟弟惟子，临深战战㊻。

关沦

字圣功，钱塘人。政和中书壁。以戒其子弟，吕居仁称之。

乐道人之善，恶称人之恶。

范文正

仲淹，字希文，苏州人。庆历参知政事。告诸子于是恩例俸赐常均于族人，并置义田宅云：

吾贫时与汝母养吾亲，汝母躬执爨[47]，而吾亲甘旨未尝充也。今而得厚禄，欲以养亲，亲不在矣，汝母已早世。吾所最恨者，忍令若曹[48]，享富贵之乐也。

吴中宗族甚众，于吾固有亲疏，然以吾祖宗视之，则均是子孙，固无亲疏也。苟祖宗之意无亲疏，则饥寒者吾安得不恤也。自祖宗来，积德百余年，而始发于吾，得至大官，若独享富贵而不恤宗族，异日何以见祖宗于地下？今何颜以入家庙[49]乎！

京师交游，慎于高议不同常言之地案：《文集》作"不同当言责之地。"且温习文字时闻召试。清心洁行，以自树立，平生之称，当见大节，不必窃论曲直，取小名，招大悔矣与直讲三哥。

京师少往还，凡见利处，便须思患。老夫屡经风波，惟能忍穷，故得免祸。案：《文集》此条与宅眷贤弟书。

大参到任，必受知也。惟勤学奉公，勿忧前路，慎勿作书求人荐拔，但自充实为妙案：《文集》此条与集贤学士书，惟勿作书云云，《集》作"慎无好书，札有文性，勿小其志也。"将就大对，诚吾道之风采，宜谦下兢畏，以副士望与贤良。

青春何苦多病，岂不以摄生为意耶？门才起立，宗族未受赐，有文学称，亦未为国家用，岂肯循常人之情，轻其身，汨[50]其志哉与提点。案：以上二条，今本《文集》，尺牍中未载！贤弟请宽心将息，虽清贫，但身安为重，家间苦淡，士之常也。省去冗口可矣。请多着工夫看道书，见寿而康者，问其所以，则有所得矣案：《文集》此条，书中亦但称贤弟。

汝守官处小心，不得欺事，与同官和睦多礼，有事只与同官议，莫与公人[51]商量，莫纵乡亲来部下兴贩[52]。自家且一向清心做官，莫营私利，汝看老叔，自来如何？还曾营私否？自家好，家门各为好事，以光祖宗案：《文集》此条，与监簿书。

《戒子弟言》 范忠宣

纯仁，字尧夫，苏州人。建中靖国丞相。

人虽至愚，责人则明。虽有聪明，恕己则昏。尔但常以责人之心责己，恕己之心恕人，不患不到圣贤地位也。

邹忠公

浩，字志完，常州人。元符谏臣，子柄冠为此文，其略云：

合抱之木，生于毫末之细；九层之台，起于累土之卑。汝其尊《六经》以为本，博群籍以为枝，可取者友，可奉者师，孝弟忠顺之端，笃诚充扩而弗移。俾人曰："幸哉！有子如此，岂可不自于斯时乎？"汝其勉之！汝其勉之！

胡文定

安国，字康侯，建安人。绍兴从臣。与子寅书。今略取十二事。

上殿札子，推得元意广大，得敷奏之体，更趋简约为妙。

词命贵无长语纪作用贯处。

密进人才，所补者大。契旧[53]之间，固无彼此。然必每事尽诚告之，使善出于彼，吾无与焉，则为善矣。

诚实无私，曲说得来自别听者，亦须感动。

出身事主，不以家事辞王事。为人臣，无以有己。吾说如此，更以大义裁断之。

臣之事君，犹子之事父，以忠信为本。

公事私事，一切苦参[54]，着意经理，须以诚意，说与属官，须要知此，着意经营。

公使库[55]待宾，并以五盏为率，自足展尽情意。

禁奸吏，必止其邪心，不徒革面[56]。为政必以风化德礼为先，风化必以至诚为本。民讼既简，每日可着一时工夫详与理会，因训道之，使趋于善，且以风动左右[57]，不无益也。

立志以明道，希文[58]自期待；立心以忠信，不欺为主本。行己以端庄，清慎见操执，临事以明敏，果断辨是非。又谨三尺[59]，考求立法之意，而操纵之，斯可为政，不在人后矣。汝勉之哉！治心修身，以饮食男女为切要，从古圣贤自这里做工夫，其可忽乎！

君实[60]见趣，本不甚高，为他广读书史，苦学笃信，清俭之事而谨守之，人十已百，至老不倦。故得志而行，亦做七分已上人。若李文靖[61]澹然无欲，王沂公[62]俨然不动，资禀既如此，又济之以学，故是八九分地位也。后人皆不能及，并可师法。

汝在郡，当一日勤如一日，深求所以牧民共理之意[63]，勉思其未至，不可忽也。若不事事别有觊望[64]，声绩一塌了，更整顿不得。宜深自警省，思远大之业。

送终礼　高司业

闵，字抑，崇明州人。绍兴从臣，作《送终礼》三十二篇，此篇《戒子》。

吾家他日如营居室，必先家庙，其余堂寝之制，仅可以叙族合宗。吾百岁之后，惟嫡子孙相继居之，众子别营居焉。盖嫡庶之礼明，而人自知分矣。古者父子异宫，兄弟异居，但同财耳。故《丧服传》[65]曰："昆弟之义无分，然而有分者，则避子之私也。"子不私其父，则不成为子，故有东宫，有西宫，有南宫，有北宫，异居而同财，有余则归之宗，不足则资之宗。今人不知古人异居之意，而乃分析其居，更异财焉，不亦误乎？且析居之法，但取均平，以止争端，而无嫡庶之辨，此作律者之失也。夫丧不虑居，为无庙也，若兄弟探筹以析居，则庙无定主矣。而律复有妇承夫分，女承父分之条。万一妇人探筹而得之，则家庙遂无主祀也，而可乎？惟我子孙，其遵吾家法，庶几他日渐复宗子之礼，不待谱牒[66]，而人各知其本支所自。如好礼者，亦效吾家而行之，虽措之天下可也。

《教子语》　家颐

字养正，眉山人。凡有十章。

人生至乐，无如读书。至要，无如教子。

父子之间，不可溺于小慈。自小律之以威，绳之以礼，则长无不肖之悔。

教子有五：导其性，广其志，养其才，鼓其气，攻其病，废一不可。

养子弟如养芝兰，既积学以培植之，又积善以滋润之。

人家子弟，惟可使觊[67]德，不可使觊利。

富者之教子，须是重道；贫者之教子，须是守节。

子弟之贤不肖[68]系诸人，其贫富贵贱系之天。世人不忧其在人者，而忧其在天者，岂非误耶？

士之所行，不溷[69]流俗，一以抗节于时，一以诒训于后。

士人家切勤教子弟，勿令《诗》《书》味短[70]。

孟子[71]以惰其四支[72]，为一不孝。为人子孙，游惰而不知学，安得不愧！

《示子辞》 何耕

字道夫，蜀之，广汉人。终秘书少监，号恬庵。

学业在我，富贵在时。在我者不可不勉，在时者静以俟之。疏瀹乎六艺之源，游泳乎诸史之涯，泛窥于百家之说，而旁猎于前辈大老之文辞，广闻见于益友，质是非于名师，以文采论议为华，以孝友谦慈为基，识欲远而不欲近，志欲高而不欲卑。若是，则其达也，必能卓然有立，以示百僚之准式。其穷也，亦将介然自重，以为一乡之表仪。苟惟不然，是林林而生，泯泯而死者耳，尚何以名男子为哉！

《童蒙训》 吕舍人

本中，字居仁，东莱人。绍兴从臣。训其子侄，今略取之。 案：本中，宰相，许国公夷简之元孙，申国公，谥正献公著之曾孙，荥阳公希哲之孙，东莱郡侯好问之子。

本中[73]往年每侍前辈先生长者，论当世邪正善恶，是是非非，无不精尽。至于前辈行事得失，文字工拙，后生敢略议及之者，必作色痛裁折之曰："先儒得失，前辈是非，岂后生所知！"杨十七学士[74]应之，兄弟晁文，以道持此规矩最严。故凡后生，尝亲近此诸老者，皆有敦厚之风，无浮薄之过。

前辈士大夫，专以风节为己任，其于褒贬取予甚严，故其所立，实有过人者。夏侯庑节夫，京师人，年长本中以倍，本中犹及与之交，崇宁[75]初，任诸州教授，学制既颁，即日寻医。去后，任西京幕官，罢任当改官，以举将一人安惇也，不肯用，卒不改官，浮湛京师，至死不屈。唐文[76]，名恕，字处厚，崇宁初，任荆南知县，新法既行，即致仕，不出者几三十年。范正平[77]子夷，忠宣公之子，忠宣当国，子夷是时官当入远，不肯用父恩例，卒授远地，皆卓然自立，不愧古人矣。

东莱公[78]尝言："凡众人日夕所说之话，如赵丈仲长诸公，都无此话也。众人所作之事，如杨公应之、李公君行诸公，都不做众人做底事也。"

唐充之广仁，每称前辈说，后生闻人密论不能容，受而轻泄之者，不足以为人。

李公公择每令子妇诸女侍侧，为说《孟子》大义。荥阳公[79]尝言："后生初学，且须理会气象，气象好时，百事自当。"气象者，辞令容止，轻重疾徐，足以见之矣。不惟君子小人于此焉分，亦贵贱寿夭之所由定也。

绍圣[80]初，荥阳公罢经筵，舍于京城外华严寺，俟命者月余。陈无己师道[81]，晁伯宇载之[82]，唐季实之问，皆就见公，为公留月余，执事左右，如亲子弟，晨夕皆揖于寝门之外，后人能如此尊事前辈，盖少矣。

崇宁初，荥阳公谪居符离[83]，赵丈仲长[84]演，公之长婿也，时时自汝阴来省公，公之外弟，杨公瓌寳亦以上书谪监符离酒税[85]。杨公事公如亲兄，赵丈事公如严父，两人日久在公侧，公疾病，赵丈执药床下，屏气问疾，未尝不移时也，公命之去，然后去。杨公慷慨独立于当世，未尝少屈。赵丈谨厚笃实，动法古人，两人皆一时之英也。饶德操节、黎介然确、汪信民革，时皆在符离，每疾病少间，则必来见公，而退从杨公、赵丈及公子孙游焉，亦一时之盛也。

赵丈每与公子弟及外宾客语及作书帖之类，但称荥阳公，曰："公其尊之如此。"杨公与他人语称荥阳，但曰"内兄"，或曰"侍讲"，未尝敢字称也。盖荥阳公中表[86]，惟杨氏兄弟尽事亲长之道，可为后生之法。

荥阳公为郡处，令公帑多畜鲞鱼、诸干物及笋干、蕈干，以待宾客，以减鸡鸭等生命也。

李君行[87]先生年二十余时，见安退处士刘师正解《春秋》，甚爱之。后于楚州聚学，刘问何故留此，君行曰："吾父母戒我，令不登科勿归，我以期丧，不得就试，故留此聚徒，以待后举。"刘曰："不然。难得而易失者，事亲之日也，岂可以爵禄故，久去亲侧如此！"君行闻之，即径归侍。

外高祖侍郎，晋阳王公讳子融，尝编《京师世家》，家法善者，以遗子孙，录出之以自警戒。亦乐取诸人，以为善之义也。

京师曹氏，诸贵族卑幼，不见尊长三日必拜。

刘器之[88]论当时人物，多云："弱实中世人之病，大抵承平之久，人皆偷安畏死，避事因循苟且而致然耳。"绍圣、崇宁间，诸公迁贬相继，然往往能自处，不甚介意。龚彦和夬[89]贬化州，徒步径往，以扇乞钱，不以为难也。张才叔庭坚[90]贬象州，所居屋才一架，上漏下湿，屋中间以箔隔之，家人处箔内，才叔蹑屦端坐于箔外，日看佛书，了无厌色。凡此诸公，皆平昔绝无富贵念，故遇事自然如此。使世念不忘，富贵之心尚在，遇事艰难，纵欲坚忍，亦必有不怿之容、勉强之色矣。邹志完[91]侍郎尝称才叔云："是天地间和气熏蒸所成，欲徃相近，先觉和气袭人也。"

荥阳公尝榜文中子数语于家中壁上云："子之室酒不绝。"注云："用有节，礼不阙也。"

范子夷[92]尝言其家学不卑小官，居一官，便思尽心治一官之事，只此便是学圣人也。若以为州县之职，徒劳人尔，非所以学圣人也。

子夷说其祖作外任官时，京中人书言："居京慎勿窃论曲直不同，任言官时，取小名，受大祸。"因言吾徒："相见正当论行己立身之事耳。"又说："仲尼，圣人也，才作陪臣。颜子[93]，大贤也，箪食瓢饮。后之不及孔子、颜子远矣，而常叹仕宦不达，何愚之甚！若能以自己官爵比孔、颜侥幸之甚矣。"又说："凡人为事，须是由衷方可，若矫饰为之，恐不免有变时。任诚而已，虽时有失，亦不覆藏，使人不知，但能改之而已。"

陈莹中[94]说："立人之朝，能舍生取义始可。然此事须是学问有功，方始做得从容。"又说："学者非特习于诵数，发于文章而已，将以学古人之所为也。自荆公[95]之学兴，此道坏矣。"又说："凡欲解经，必先反诸其身，又思措之天下。反诸其身而安，措之天下而可行，然后为之说焉。纵未能尽圣人之心，亦庶几矣。若不如是，虽辞辨通畅，亦未免乎凿也。今有语人曰：'冬日饮水，夏日饮汤。'何也？冬日阴在外，阳在内，阳在内则内热，故令人思水；夏日阳在外，阴在内，阴在内则内寒，故令人思汤。虽甚辨者，不能破其说也。然反诸其身，而不安也。措之天下，而不可行也。呜呼！学者能如是用心，岂曰小补之哉！"

荥阳公言："吾幼学之年，侍亲于东颍。时邦人王回[96]深甫、常秩[97]梦臣，皆为先公所重。常先生深居静默，罕与人交，召之，多不至。王先生每与先公及欧阳公侍读、刘公原父[98]朝夕讲论，故有'聚星'之说焉。"

荥阳公言："焦伯强先生尝言：'庄敬日强，安肆日偷。'故君子当自强不息，以之容貌礼际，其接人也，不敢不敬，不敢少懈也，况君亲乎！况长上乎！况贤于我者乎！苟不能自强，则怠惰之心入矣，非惟失义也，祸且及焉。"

荥阳公元祐[99]末尝与子弟书云："予生五十二岁矣，欲极富贵之乐事，穷山水之胜游，岂惟心力已有所不逮，于残年晚日铺排，亦不能矣。若汲汲[100]为善，则亦未晚。要无虚日云尔。"

荥阳公尝言："伯祖行父尝题于壁云：'但畏贤者之议论，不顾小人之是非。'"

治平[101]中，李公公择数谓朋友言："吕蔡州未尝闻其疾声，见其遽色，亦未尝草书，学者当师慕之。"吕蔡州，谓正献公也。

正献公[102]简重清静，出于天性，冬月不附火，夏月不用扇，声色华耀，视之漠然也。范公淳夫，实公之婿，性酷似公。后荥阳公长婿赵丈仲长，严重有法，亦实似公焉。

正献公教子既有法，而申国鲁夫人，简肃公讳宗道之女，闺门之内，举动皆有法则。荥阳公年十岁，夫人命对正献公则不得坐，命之坐则坐，不问不得对。诸子出入，不得入酒肆茶肆。每诸妇侍立，诸女少者则从妇傍。

正献公年三十余，通判颍州，已有重名。范文正公[103]以资政殿学士知青州，过颍来复谒公，呼公谓之曰"太博"。近朱者赤，近墨者黑，欧阳永叔[104]在此"太博"宜频近笔研。申国大夫在厅事后，闻其言，尝语以教荥阳公焉。前辈规劝恳切，出于至诚类如此。

荥阳公张夫人，待制[105]讳昷之之女也，自少每事有法，亦鲁肃简公[106]外孙也。张公性严毅不屈，全类肃简，肃简深爱之，家事一委张公夫人。张公幼女最钟爱，然居常至微细事教之，必有法度，如饮食之类，饭羹许更益，鱼肉不更进也。时张公已为待制河北都转运使矣。及夫人嫁吕氏，夫人之母，申国夫人姊也，一日来视女，见舍后有锅釜之类，大不乐，谓申国夫人曰："岂可使小儿辈私作饮食，坏家法耶？"

叔父舜从，既与东莱公从当世贤士大夫游，常训子弟曰："某幸得从贤士大夫游，然过相推重。某自省所为，才免禽兽之行而已，未能便合人之理也，何得士大夫相过与也？因思前辈，自警修省如此。正献公交游，某不能尽知之，其显者，范蜀公[107]、司马温公、王荆公、刘侍读原甫[108]也。荥阳交游，则二程[109]、二张[110]、孙莘老[111]、李公择[112]、王正仲[113]、顾子敦[114]、杨应之[115]、范淳夫[116]也。东莱公交游，则李君行、田明之[117]、田诚伯[118]、吴坦求、陈端诚、田诚君、陈莹中、张才叔、龚彦和及其弟[119]之任也。"

近世故家，惟晁氏因以道申戒子弟，皆有法度，群居相呼外姓。尊必曰"某姓第几叔"，若兄诸姑，尊姑之夫，必曰"某姓姑夫""某姓尊姑夫"，未尝敢呼字也。其言父党交游，必曰"某姓几丈"，亦未尝敢呼字也。当时故家旧族，皆不能若是。

陈莹中与关止叔沼与荥阳公书，问其言前辈与公之交游，必平阙书，云"某公某官"。如称器之，则曰"待制刘公"之类。其与己同等，则必斥姓名，示不敢尊也，如游酢[120]、谢良佐[121]，云此皆可以为后生法。

后生学问，且须理会《曲礼》[122]《少仪》[123]《仪礼》[124]等学，洒扫应对，进退之事。及先理会《尔雅》《训诂》等文字，然后可以语上下。学而上达，自此脱然有得，自然度越诸子也。不如此，则是躐等[125]，犯分陵节[126]，终不能成。孰先传焉，孰后倦焉，不可不察也。

李君行先生自虔州[127]入京，至泗州[128]止。其子弟请先往，君行问其故，曰："科场近，欲先至京师，贯开封户籍取应。"君行不许，曰："汝虔州人，而贯开封户籍，欲求事君，而先欺君，可乎？宁迟缓数年，不可行也。"

正献公幼时未尝博戏，人或问其故，公曰："取之伤廉，与之伤义。"

荥阳公尝言少时与叔祖同见欧阳文忠公，至客次，与叔祖商议见欧阳公，叙契分[129]求纳拜之语，及见欧阳，既叙契分，即端立受敬，如当子侄之礼。公退而谓叔祖曰："观欧阳公礼数，知吾辈不及前辈远矣。"

本中尝问荥阳公曰："兄弟之生，相去或数日，或数十日，其为尊卑也微矣，而圣人直如是分别长幼，何也？"公曰："不特圣人直是重先后之序，如天之四时，分毫顷刻，皆有次序。此是物理自然，不可易也。"

古人自奉简约，类非后人所能及，如饮食高下，故自有制度。诸侯无故不杀牛，大夫无故不杀羊，士无故不杀犬。豕此犹是极盛时制度也。大抵古人得食肉者至少，如食肉之禄冰皆与焉，"肉食者谋之"[130]"肉食者无墨"[131]，此言贵者方得肉食也。《庄子》九方歅相子綦之子，刖而鬻之于齐，适当渠公之街，然身食肉而终[132]。相班超者曰："虎头燕颔，食肉相也。"以此知古人以食肉为贵，食肉为难得，比之后人简约甚矣。

熏陶渐染之功，与讲究持论，互相发明者也。要之，熏陶之益，过于讲究，知此理者，方可以语学矣。

今日记一事，明日记一事，久则自然贯穿。今日辨一理，明日辨一理，久则自然浃洽[133]。今日行一难事，明日行一难事，久则自然坚固。涣然冰释，怡然理顺，久自得之，非偶然也。

学问工夫，全在浃洽涵养蕴畜之久，左右采择，一旦冰释理顺，自然逢源矣。非如世人强袭取之，揠苗助长，苦心极力，卒无所得也。

前辈常教少年毋轻议人，毋轻说事，惟退而自修可也。《学记》曰："幼者听而弗问。"皆使人自修，不敢轻发，养成德器也。鄢陵之战[134]，范匄[135]趋进曰："塞井夷灶，陈于军中，而疏行首，晋楚唯天所授，何患焉？"文子[136]执戈逐之，曰："国之存亡，天也。童子何知焉？"郑侵蔡有功，郑人皆喜，唯子产[137]不顺，曰："小国无文德而有武功，祸莫大焉。楚人来讨，能勿从乎？从之，晋师必至。晋楚伐郑，自今郑国不四五年，弗得宁矣。"子国[138]怒之曰："尔何知国？有大命，而有正卿，童子言焉，将为戮矣。"范宣子、子产之言，皆切论也，而文子、子国深抑之如此者，正恐后生轻发，未成德器而先招祸败，卒无以立也。故此两人后来所立，如此之远，良由老成教之有素，中有所主也。

前辈尝说："后生才性过人者，不足畏。惟读书寻思推究者，为可畏耳。"又云："读书只怕寻思。"盖义理精深，惟寻思用意，为可以得之。卤莽厌烦者，决无有成之理。《论语》："温故而知新"。[139]先儒以为，温，寻也。寻绎故者，又知新者。"学而不思则罔"[140]，先儒以为，学不寻思其义，则罔然无所得。寻绎寻思，就先儒分上所得已多，况真能寻绎寻思者乎！

君子气象，难遍形容，惟平易安和者为近之。《书》曰："其心休休焉，其如有容，此近君子气象也。"所谓休休者，平易安和，无急躁狼戾贪冒之意也。范宣子让，其下皆让，《传》称之曰："一人刑善，百姓休和。"郑未服晋，知武子[141]曰："若能休和，远人将至。""休""和"二字，最是无急躁忿戾贪冒处，故古人数称之，亦切论也。

朝廷有伉直之风，然后临难有死节之士。五代之际，能以端谨厚重，不忌嫉人，不为中伤，不为倾陷，已是极至。若责仗节死难，则犹阙焉。曹彬[142]在朝，忠厚宽和，足师表一世，然史家称其未尝抗辞忤旨，此乃为大臣功名之极，势须如此，然未可以为事君之法。五代之际，所以无死节之士，良由以此为是。事君之法，当如宋璟[143]、颜真卿[144]、萧复[145]乃是极至。人主必欲有益于国，则当何用？亦曰："当用伉直之士，缓急有益于己者尔。不然累千人，缓急之际，各自为计，亦何用哉？"然则伉直之风，亦在人主奖进之尔。此是为国者切己利害也，唐太宗固知之矣。

势位使人往往不能自知，如气血之盛，词色举动，悉与常人不同，而亦不自知也。醉酒者，天地易位。服药者，喜怒不定。酒消药散，则复如常。君子思所以自养，不可不察也。

荥阳公尝问邵康节[146]先生："亦读佛书否？"康节曰："人病舍其田，芸人之田。"

汪信民[147]常言："人常咬得菜根，则百事可做。"胡安国[148]康侯闻之，击节叹赏。

荥阳公在京师旧第时，诸位子侄，常召来自教之书，使日有程课。

晁以道[149]自言："少时每自嫌以门荫得官，以为不由进士仕进者，如流外杂色，非真是作官也。后既登第，始与李六丈德叟游，德叟薄进士得官，却如某以前薄门荫时也，自此始知登科不足为美。其后遍亲师友，粗有立者，皆出李六丈德叟激发所致。"德叟，名秉彝，公择弟子商老之父也。

晁以道笃于亲戚、故旧及有牵联之亲，一日之雅，皆委曲敦叙，后生闻而化者甚众。以道，盛文肃家外甥，洪炎玉父，祖母文城君，亦盛氏甥，以道于玉父为尊。行一日，同会京师，玉父未及见，以道邂逅僧寺中，玉父谓以道曰："公丈行也，前此未得一见。"以道遽折[150]之曰："某自是公表叔，何丈行之有？"玉父再三谢之曰："是表叔，但某未曾敢叙致尔。"以此知游学之士，须经中原先达铃椎，方能有成也。

吕进伯[151]为河北运判，黄鲁直[152]为北京教官，托鲁直为请门客，数日，斥去之，召鲁直谓曰："此人岂可为人师！某至学院，却见与小子对坐。如此，岂可为人师！"请鲁直别请一门客。鲁直为之遴选，且严戒之曰："吕运判行古礼贤，且加慎。"既数日，又逐去，鲁直问所以，进伯云："此人尤甚，却闻呼小子字，岂可为人师耶！"

吕汲公家法至严，进伯，汲公兄也，汲公夫人每见进伯，必拜于庭下。汲公既相，进伯往见之，夫人令两获[153]扶下阶而拜。进伯不乐，曰："宰相夫人尊重，不必拜。"汲公甚惧，遽令两获勿扶夫人。

刘义仲[154]壮舆云："寻常人各有自然辈行，不以年齿贵贱，如刘原父与申公，便自是兄弟行，贡父便是父子行也。"

当官之法，唯有三事：曰清，曰慎，曰勤。知此三者，则知所以持身矣。知此三者，可以保禄位，可以远耻辱，可以得上之知，可以得下之援。然世之仕者，临财当事，不能自克，常自以为不必败。持不必败之意，则无所不为矣。然事常至放败而不能自已，故设心处事，戒之在初，不可不察。借使役用权智，百端补治，幸而得免，所损已多，不若初不为之为愈也。司马子微[155]《坐忘论》云："与其巧持于末，孰若拙戒于初。"此天下之要言，处当官之大法。用力简而见功多，无如此言者。人能思之，岂复有悔吝耶！

事君如事亲，事官长如事兄，与同僚如家人，待群吏如奴仆，爱百姓如妻子，处官事如家事，然后为能尽吾之心。如有毫末不至，皆吾心有所未尽也。故事亲孝，故忠可移于君。居家理，故治可移于官。岂有二理哉！

当官处事，常思有以及人，如科率之行，既不能免，便就其间，求所以使民省力，不使重为民害，其益多矣。

不与人争者，常得利多，退一步者，常进百步。取之廉者，得之常过其初。约于今者，必有垂报于后，不可不思也。惟不能少自忍者必败，此实未知利害之分，贤愚之别也。

予常为泰州狱掾[156]，颜岐夷仲[157]以书劝予治狱次第，每一事写一幅，如夏月取罪人，早间在西廊，晚间在东廊案：西廊、东廊，当互易，始与避日色合。以辟日色之类。又如狱中遣人勾追之类，必使之毕此事，不可更别遣人，恐其受赂已足，不肯毕事也。又如监司郡守，严刻过当者，须平心定气，与之委曲详尽，使之相从而后已。如未肯从，再当如此详之，其不听者少矣。

当官之法，直道为先，其有未可一向直前，或直前反败大事者，须用冯宣徽[158]所称惠穆秤停[159]之说。此非特小官然也，为天下国家，当知之。

黄兑刚中尝为予言："顷为县尉，每遇验尸，虽盛暑亦先饮少酒，捉鼻亲视。人命至重，不可避少臭秽，使人横死，无所申诉也。"

范侍郎育作库务官，随行箱笼只置厅事上，以防疑谤。凡若此类，皆守官所宜详知也。

当官者难事勿辞，而深避嫌疑，以至诚遇人，而深避文法。如此则可以免。

前辈尝言：小人之性，专务苟且，明日有事，今日得休且休。当官者不可徇其私意，忽而不治。谚有之曰："劳心不如劳力。"此实要言也。

当官既自廉洁，又须关防小人。如文字历引之类，皆须明白，以防中伤，不可不至慎，不可不详知也。

徐丞相择之尝言，前辈尽心职事，仁庙朝，有为京西转运使者，一日见监窑官，问："日所烧柴凡几灶？"曰："十八九灶。""吾所见者十一灶，何也？"窑官愕然。盖转运使者，晨起望窑中所出烟凡几道知之。其尽心如此。

前辈尝言："吏人不怕严，只怕读。"盖当官者详读公案，则情伪自见，不待严明也。

当官者，凡异色人皆不宜与之相接。巫祝、尼媪之类，尤宜疏绝，要以清心省事为本。

后生少年乍到官守，多为猾吏所饵，不自省察，所得毫末，而一任之间，不复敢举动。大抵作官嗜利得甚少，而吏人所盗不赀矣。以此被重谴，良可惜也！

当官者先以暴怒为戒，事有不可，当详处之，必无不中。若先暴怒，只能自害，岂能害人。前辈尝言：凡事只怕待。待者，详处之谓也。盖详处之，则思虑自出，人不能中伤也。

尝见前辈作州县或狱官，每一公事难决者，必沉思静虑累日，忽然若有得者，则是非判矣。是道也，惟不苟者能之，处事者不以聪明为先，而以尽心为急。不以集事为急，而以方便为上。

孙思邈㉖尝言："忧于身者，不拘于人。畏于己者，不利于彼。慎于小者，不惧于大。戒于近者，不侈于远。"如此，则人事毕矣，实当官之要也。

同僚之契，交承之分，有兄弟之义，至其子孙，亦世讲之。前辈专以此为务，今人知之者盖少矣。又如旧举将及旧尝为旧任按察官者，后已官虽在上，前辈皆辞避坐下坐。风俗如此安得不厚乎！

叔曾祖尚书，当官至为廉洁。盖尝市缣帛，欲制造衣服，召当行者，取缣帛，使缝匠就坐裁取之，并还所直钱与所剩帛，就坐中还之。荥阳公为单州，凡每月所用杂物，悉书之库门，买于民间，未尝过此数，民皆悦服。

关沼止叔获盗，法当改官，曰："不以人命易官。"终不就赏，可谓清矣。然恐非通道，或当时所获，盗有情轻法重者，止叔不忍以此被赏也。

当官取佣钱、般家钱之类，多为人程而过受其直，所得至微，所丧多矣。亦殊不知此数亦吾分外物也。

当官者，前辈多不敢就上位，求荐章，但尽心职事，所以求知也。

心诚求之，虽不中，不远矣。未有学养子而后嫁者也。当官遇事，或有难决，以此为心，鲜不济矣。

畏避文法，固是常情。然世人自私者，常以文法难，委之于人，殊不知人之自私，亦犹己之自利也。以此处事，其能有济乎！其能有后福乎！其能使子孙昌盛乎！

当官处事，务合人情，忠恕违道不远，观于己而得之，未有"舍此"二字，而能有济者也。尝有人作郡守，延一术士同处书室，后术士以公事干之，大怒，叱下，竟致之杖背编置，招延此人已是犯义，既与之稔熟，而干以公事，亦人常情也，不从之足矣，而治之如此之峻，殆似绝灭人理。

尝谓仁人所处，能变虎狼如人类。如虎不入境，不害物，蝗不伤稼之类是也。如其不然，则变人类为虎狼。凡若此类，乃告讦、中伤、谤人，欲置其死地是也。

唐充之广仁⑯，贤者也，深为陈、邹二公所知。大观、政和⑯间，守臣苏州朱氏方盛，充之数刺讥之，朱氏深以为怨，傅致之罪。刘器之⑯以为，充之为善，欲人之见知，故不免自异，以致祸患，非明哲保身之谓。

当官大要，直不犯祸，和不害义，在人消详斟酌之尔。然求合于道理，本非私心，专为己也。

当官处事，但务着实，如涂擦文书，追改日月，重易押字，万一败露，得罪反重，亦非所以养诚心事君，不欺之道也。百种奸伪，不如一实。反复变诈，不如慎始。防人疑众，不如自慎。知数周密，不如省事。不易之道，事有当死不死，其诟有甚于死者，后亦未必免死，当去不去，其祸有甚于去者，后亦未必得安。世人至此，多惑乱失常，皆不知轻重义命之分也。此理非平居熟讲，临事必不能自立，不可不预思。古之欲委质事人，其父兄日夜先以此教之矣。中材以下，岂临事一朝一夕所能至哉！教之有素，其心安焉，所谓有所养也。

忍之一事，众妙之门。当官处事，尤是先务。若能清、慎、勤之外，更行一忍，何事不办！《书》曰："必有忍，其乃有济。"⑯此处事之本也。谚有之曰："忍事敌灾星。"少陵诗云："忍过事堪喜。"⑯此皆切于事理，为世大法，非空言也。王沂公⑯常说："吃得三斗酽醋，方做得宰相。"盖言忍受得事也。

刘器之建中、崇宁⑯初知潞州，部使者观望治郡中，事无巨细，皆详考，然竟不得毫发过。虽过徃驿券，亦无违法予者。部使者亦叹服之。后居京南，有府尹取兵官日直历点磨，他寓居无有不借禁军者，独器之未尝借一人，其廉慎如此。

【注释】

① 丱（guàn）角：即角丱。古代儿童束发成两角的发型。《诗经·卫风·甫田》："总角丱兮。"
② 谛见：仔细审视，真知灼见。润屋：屋间华丽富豪，豪宅，《礼·大学》："富润屋，德润身。"封君：领受封邑的人，《汉书·货殖传》："秦汉之制，列侯封君食租税，岁率户二百。"

③ 囷：圆形的粮仓。
④ 缧绁（léi xiè）：捆绑犯人的绳索，借指监狱。《史记·太史公自序》："太史公遭李陵之祸，幽于缧绁。"
⑤ 曩（nǎng）时：过去，从前，昔时。
⑥ 噍（jiào）类：活人。原谓能饮食的动物。现特指活人。《汉书·高帝纪》："（项羽）尝攻樊城，襄城无噍类。"此指家庭成员。
⑦ 卮（zhī）：酒具。《史记·项羽本纪》："项伯即入见沛公，沛公奉卮酒为寿。"
⑧ 燕：通"宴"，宴会、宴请。
⑨ 泉：古代钱币的名称。《周礼·泉府》贾公彦注："泉与钱，今古异名。"
⑩ 崇：增长。《左传·成公十八年》："今将崇诸侯之奸。"
⑪ 内言：妇女在闺房所说的话。《礼·典礼》："外言不入于梱，内言不出于梱。"梱（kǔn），门限。
⑫ 争子：争同"诤"。争子即能规劝父母的儿子。《孝经》："父有争子，则身不陷于不义。"
⑬ 先猷：先哲，先贤。
⑭ 芝兰玉干生于阶庭者：此句出自《晋书·谢安传》，芝兰玉干，比喻优秀子弟，犹如优雅芬香的芝兰玉树生长在自家庭院中。
⑮ 龙驹：骏马，比喻睿智的儿童。鸿鹄（hú）：老鹰。《史记·陈涉世家》："燕雀安知鸿鹄之志哉！"
⑯ 叶（xié）：通"协"。合，和，和洽。
⑰ 此句出自《晋书·阮咸传》。晋代著名文人阮籍和侄阮咸居于街道之南，亲密无间，而家富有。其他阮姓居街道之北，意见相左而不团结，而家贫穷。
⑱ 张氏：张公艺，北齐郓州寿张人，历经北齐、北周、隋、唐四代，享年九十九岁，是我国治家有方的典范，九世同居，合家九百人，和睦相处，累朝皆有表彰。事见《旧唐书》。
⑲ 高氏：高欢，北齐骊山人。
⑳ 闾（lú）：古代以二十五家为一闾，后泛指乡里。
㉑ 邓攸：字伯道，山西襄汾人。东晋官员，官至尚书左仆射。永嘉末为石勒所俘，后南下逃亡，携一子一侄，途中有难不能两全，乃弃子携侄，为时人所称。
㉒ 李充：字弘度，湖北安陆人，东晋文学家，官至中书侍郎，著《尚书注》。
㉓ 求异：分家。
㉔ 胾（zì）：大块的肉。《礼·典礼》："凡进食之礼，左肴右胾。"
㉕ 敦睦：亲密和睦。《晋书·夏侯湛传》："敦睦于九族。"
㉖ 绍圣元年：绍圣，宋哲宗赵煦年号，绍圣元年即公元1094年。

㉗ 荼（tú）：苦荼。《诗经·邶风·谷风》："谁谓荼苦，其甘如荠。"

㉘ 刚肠：刚直的气质。白居易诗："平生刚肠内，直气归其间。"

㉙ 观种黍：又名《观邻家园中种黍示嘉佑》，以种黍比喻要勤读书。

㉚ 薿（nǐ）薿：茂盛。《诗经·小雅·甫田》："今适南亩，或耘或耔，黍稷薿薿。"

㉛ 柳公绰：字宽，小字起之，京兆华原人。唐朝大臣，官至京兆尹、兵部尚书。书法家，柳公权之兄。

㉜ 笾（biān）：古代祭祀礼器之一种，似豆而盘平浅、沿直、矮圈足，有竹、木、陶、铜制的多种。

㉝ 用法：施用刑法。

㉞ 决讯：最后判决。

㉟ 詈语：骂人，责骂。《战国策·秦策》："乃使勇士往詈齐王。"

㊱ 此句出自《论语·子张》。孟氏问于曾子，曾子回答：在上者治民失道，民心离散久矣。若能审出犯罪实情，应怀哀怜之心，切莫自鸣得意。

㊲ 书绅：书写在绅带上。语出《论语·卫灵公》："子张书诸绅。"意为把重要的训言记录在绅带，以防遗忘。江淹诗："写怀良未远，感赠以书绅。"

㊳ 激讦（jié）：攻击别人的短处或揭露别人隐私。

㊴ 市怨贾祸：市、贾皆为买之意。此指招致怨恨和灾祸。

㊵ 绳检：约束。

㊶ 此句出自《论语·里仁》："子曰：'君子欲讷于言而敏于行。'"朱熹注："放言易，故欲讷；力行难，故欲敏。"意为说话要谨慎，做事要敏捷。

㊷ 绍：继承。《尚书·盘庚》："绍复先王之大业。"《尔雅》："绍，继也。"

㊸ 吉蠲：良好显示。《尔雅》："蠲，明也。"

㊹ 涴（wò）：污，弄脏。《广韵》："涴，泥著物也，亦作污。"

㊺ 瘝（guàn）：旷废。

㊻ 战战：战战兢兢，极端害怕而小心谨慎。《诗经·小雅·小旻》："战战兢兢，如临深渊，如履薄冰。"

㊼ 执爨（cuàn）：操劳烧火做饭。《说文解字》："爨，齐谓之炊爨。"

㊽ 忍令若曹：容忍你们。令，让，使。《广雅》："令，使也。"若曹，你们，同"尔曹"，你等。

㊾ 家庙：古代官吏或豪绅所建祭祀祖先的场所。上古名宗庙，唐代名私庙，宋代名家庙。

㊿ 汩（gǔ）：埋沉、扰乱。

(51) 公人：古代称衙门里的差役。

(52) 兴贩：从事商贸活动。

(53) 契旧：意气相投的故旧。

㊴ 苦参：艰苦杂乱。参，杂乱。
㊺ 公使库：宋代州郡用于招待和馈送过往官员的费用库存。
㊻ 不徒革面：不仅在表面上改变。
㊼ 风动左右：为周围的人做出榜样。
㊽ 希文：范仲淹，字希文，北宋杰出的政治家、思想家、文学家，北宋名臣。事见《宋史》。
㊾ 三尺：三尺法之简称。古代将法律条文刻在三尺长的竹简上，故名之。
㊿ 君实：司马光，字君实，号迂叟，山西夏县人。北宋著名的政治家、史学家、文学家，北宋名臣。编纂《资治通鉴》。事见《宋史》。
㉛ 李文靖：李沆，字太初，谥号"文靖"，河北邯郸人。北宋名臣，官至丞相，有"圣相"之美誉。政治家、诗人。事见《宋史》。
㉜ 王沂公：王曾，字孝先，山东青州人，封沂国公。北宋名相。谥号"文正"。著《王文正公笔录》。事见《宋史》。
㉝ 牧民共理之意：治民之道。牧民，古代官吏治民比作牧人牧养牲畜。
㉞ 觊望：非分之想。
㉟ 丧服传：《仪礼·丧服》含《经》《记》《传》三部分，其中《传》即是著名的《丧服传》。其作者不知何许人也。
㊱ 谱牒：古代记述氏族世系的书。《史记·太公自序》："年纪不可考，盖取之谱牒旧闻。"
㊲ 觌（dí）：见。《论语·乡党》："私觌，愉愉如也。"
㊳ 贤：德行高尚的人。不肖：德行不良的人。
㊴ 溷：混的异体字。
㊵ 味短：无兴趣，味如嚼蜡。
㊶ 孟子：名轲，字子舆，山东邹城人。战国时思想家，孔儒之继承者，后世称"孔孟之学"，孟子亦称"亚圣"。著《孟子》。
㊷ 四支：即四肢。支，同"肢"。《易·坤》："美在其中，而畅于四支。"
㊸ 本中：吕本中，字居仁，安徽寿县人。南宋诗人，著《东莱先生诗集》，世称"东莱先生"。官任中书舍人，兼权直学士院。吕氏所著《童蒙训》是家塾训课之本，除刘清之收载入《戒子通录》外，又被收载入《四库全书》中，但两者文字内容相差甚殊。刘清之与吕本中同为南宋人，吕本中（1084—1145年），刘清之小吕氏49岁（1133—1189年），其版本应可靠可信，而《四库全书》本是采用明代人翻刻宋版（提要），出现差异亦不足矣。
㊹ 杨十七学士：杨应之，北宋学者，官员。
㊺ 崇宁：北宋宋徽宗赵佶年号（1102—1106年）。
㊻ 唐文：即唐恕，字处厚，江陵人。宋徽宗时任华阳令及荆南知县。事见《宋史·列传》。

⑦ 范正平：字子夷，北宋开封尉，范纯仁之子，父亡，正平推幼弟承袭父官位。事见《宋史》。
⑧ 东莱公：本文作者吕本中，东莱人，世称"东莱先生"。
⑨ 荥阳公：吕本中的祖父吕希哲，字原明，安徽凤台人。北宋教育家，学者称荥阳先生。北宋官员。
⑩ 绍圣：北宋宋哲宗赵煦年号，公元1094—1098年。
⑪ 陈师道：字履常，又字无己，号后山居士，彭城人。北宋诗人、官员，官至秘书省正字，著《后山先生集》《后山词》。
⑫ 晁载之：字伯宇，山东巨野人。举进士，官任北宋封丘丞，文学家。
⑬ 谪：即官吏降级或调往外地之称。符离：古地名，今安徽宿县符离集。
⑭ 赵仲长：吕本中祖父荥阳公吕希哲的长婿，吕本中之姑父。
⑮ 监酒税：官名。宋代负责掌管茶、盐、酒税及冶铸等的官吏。
⑯ 中表：古时称父亲的姐妹的儿子为外兄弟，称母亲的兄弟姐妹的儿子为内兄弟，外为表，内为中，合称"中表兄弟"。
⑰ 李君行：北宋文人，《全宋词》收其词一首，生卒事迹不详。
⑱ 刘器之：名安世，号元城，河北馆陶人。北宋官员，官任左谏议大夫。谥号"忠定"。
⑲ 龚夬（guài）：字彦和，北宋官员，任殿中侍御史。
⑳ 张庭坚：字才叔，四川广安人。宋进士，官任著作佐郎、擢右正言。谥号"节愍"。
㉑ 邹志完：名浩，字志完。北宋进士，官任兵部侍郎。事见《宋史》。
㉒ 范子夷：名正平，北宋宰相范纯仁之子，祖父范仲淹。
㉓ 颜子：颜渊，名回，字子渊，春秋末鲁国人，孔子弟子，孔子曰："贤哉回也！一箪食，一瓢饮，在陋巷，人不堪其忧，回也不改其乐。"又曰："有颜回者好学，不迁怒，不贰过，不幸短命死矣！"
㉔ 陈莹中：名瓘，字莹中，号子翁，沙县人。北宋进士，官右司谏。
㉕ 荆公：王安石，字介甫，号半山，江西抚州人。北宋政治家、思想家、文学家。宋神宗时任宰相，推行"王安石变法"，对宋朝的社会发展做出很大贡献，封"荆国公"，世称"王荆公"。后遭保守派反对，变法中止。文学上造诣深，"唐宋八大家"之一。
㉖ 王回：王深甫，字回，河南人，后迁汝阴。宋朝进士，官任亳州主簿，后辞官。
㉗ 常秩：字夷甫，安徽阜阳人。宋仁宗时官任颍州教授，后升至判西京留司御史台。
㉘ 刘原父：刘敞，字原父，号公是，临江新喻人。宋进士，官至集贤殿学士、判南京御史台。刘氏学问渊博，深得欧阳修赞赏。
㉙ 元祐：北宋宋哲宗赵煦年号，公元1086—1094年。
㉚ 汲汲：心情急迫的样子。《汉书·扬雄传》："不汲汲于富贵，不戚戚于贫贱。"
㉛ 治平：北宋宋英宗赵曙年号，公元1064—1067年。

⑩ 正献公：吕本中的曾祖父吕公著，谥号"正献"，世称"正献公"，官任北宋枢密副使。
⑩ 范文正公：范仲淹，字希文，苏州人。北宋政治家、文学家。北宋进士，官至参知政事，力主改革，遭保守派反对而未行。谥号"文正"，世称"范文正公"。著《范文正公文集》。
⑭ 欧阳永叔：欧阳修，字永叔，号醉翁、六一居士，江西青水人。北宋进士、文学家、史学家，官至枢密副使、参知政事。文学上为"唐宋八大家"之一，史学上撰《新五代史》及《新唐书》。谥号"文忠"。著《欧阳文忠集》。
⑮ 待制：官职名。起于唐代，至宋为正式官职，另外以诸阁学士、直学士、待制加给文臣，作衔号。
⑯ 鲁肃简公：鲁宗道，字贯之，安徽亳州人。宋进士，宋官员，历任直龙图阁、谏议大夫、参知政事，谥号"肃简"，故称"肃简公"。
⑰ 范蜀公：范镇，字景仁，四川成都人。宋代官员。事见《宋史·范镇传》。
⑱ 刘原甫：刘敞，字原父、原甫，江西樟树人。北宋史学家、经学家、散文家，宋代官员，任扬州太守。欧阳修的知心文友。著有《春秋权衡》《春秋传》《春秋传说例》《春秋意林》等。
⑲ 二程：程颢和程颐兄弟俩，北宋哲学家、教育家，北宋理学的奠基者，世称"二程"。后由南宋朱熹继承和发展，世称"程朱学派"。二人均为河南洛阳人。
⑩ 二张：张载和张戬兄弟俩，皆为北宋大臣。陕西眉县人。张载，字子厚，北宋思想家、教育家、理学创始人之一，关学创始人，世称"横渠先生"。张载兄弟俩是二程的表叔，兄弟俩因反对王安石变法而贬官。
⑪ 孙莘老：孙觉，字莘老，江苏高邮人。北宋进士、文学家、词人。官任吏部侍郎，先后任七个州的知州。黄庭坚的岳父，秦观、陆佃、王令之师，苏赋、王安石、苏颂、曾巩之友。
⑫ 李公择：字元中，安徽桐城人。北宋宋哲宗时与李公麟、李公寅同举进士，时称"龙眠三李"。李氏北宋书画家。
⑬ 王正仲：北宋官员。
⑭ 顾子敦：北宋文学家，因又高又胖，人称"顾屠夫"，又因嗜睡，人称"嗜睡大臣"。与苏东坡、黄庭坚等文人为好友。
⑮ 杨应之：北宋官员，太学博士、成都转运使，后召回任校书郎。
⑯ 范淳夫：范祖禹，字淳夫，又字梦得，四川成都人。北宋学者、史学家、经学家、文学家，著述颇丰。
⑰ 田明之：北宋学者，理学家。
⑱ 田诚伯：北宋学者。吕本中与叔父舜从之交游。
⑲ 以上七位皆为宋朝学者，吕本中之友，常切磋学识。不再一一注释。

⑳ 游酢：字定夫，福建建阳人。北宋学者。官至监察御史。与杨时、吕大临、谢良佐合称程（颢、颐）门四大弟子。

㉑ 谢良佐：字显道，河南上蔡人。北宋学者。官京师，因忤旨被贬。与杨时、吕大临、游酢合称程（颢、颐）门四大弟子。

㉒ 曲礼：《礼记》篇名，杂记战国至秦汉年间饮食、起居、丧葬等各种礼制的细节，故名。

㉓ 少仪：《礼记》篇名，杂记春秋前后贵族人际交往、宴席、祭祀等各种礼仪。

㉔ 仪礼：原名《礼》，是春秋战国时的礼制汇编，共十七篇，记载周代的冠、婚、丧、祭、乡、射、朝、聘等各种士大夫的礼仪。

㉕ 躐等：不按次序，逾越等级。《礼记·学记》："幼者听而弗问，学不躐等也。"

㉖ 陵节：经过，超越。《礼记·学记》："不陵节而施之谓孙（逊）。"

㉗ 虔州：古州名，今江西省赣州市。

㉘ 泗州：古州名，今江苏省宿迁市。

㉙ 契分：交谊、情分。《新唐书·裴寂传》："唐公雅与厚，及留守太原，契分愈密。"

㉚ 肉食者谋之：此句出自《左氏春秋》之曹刿论战："乡人曰：'肉食者谋之，又何间焉？'刿曰：'肉食者鄙，未能远谋。'"肉食者，此指诸侯大夫等地位高贵之人。此句意为当权者目光短浅，不能深谋远虑。

㉛ 肉食者无墨：此句出自《左传·哀公十年》："肉食者无墨，今吴王有墨，国胜乎？太子死乎？"墨，脸上泛黑，气色欠佳。此句意为地位高贵的人脸上气色佳。

㉜ 此句出自《庄子·徐无鬼》，事说子綦有八子，请九方歅相命，认其子梱最有福气，嗣后派遣梱去燕国，半道遇盗劫持，砍断他的脚卖到齐国，适逢齐国富人渠买其去守街门，尚能食肉终其一生。刖（yuè）：古代砍脚的酷刑。鬻（yù）：卖。

㉝ 浃洽：深入沾润。《汉书·礼乐志》："于是教化浃洽。"现多用融洽、和洽。

㉞ 鄢陵之战：春秋时期晋楚在鄢陵的一场两败俱伤的战役。

㉟ 范匄：祁姓，范氏，名匄，其名范匄，因范氏为士氏旁支，故又称士匄。春秋时晋国人，法家先驱，政治家、军事家。谥号"宣"，史称"范宣子"。

㊱ 文子：姓辛氏，字文，晋国公子。

㊲ 子产：姬姓，氏公孙，名侨，字子产，号成子。春秋时政治家、思想家。郑国贵族，郑国相，执政二十三年。事见《左传》。

㊳ 子国：姬姓，名发，字子国，又称公子发，谥号"惠"，子产之父，郑穆公之子，官任司马。事见《左传》。

㊴ 此句出自《论语·为政》："温故而知新，可以为师矣。"

㊵ 此句出自《论语·为政》："学而不思则罔，思而不学则殆。"

㊶ 知武子：姬姓，知氏，名罃。春秋时军事家、政治家、外交家，晋国复兴的最大功

臣。谥号"武"。事见《左传》。

⑭② 曹彬：字国华，河北灵寿人。北宋开国名将，宋太祖时任都监，宋真宗时任枢密使。

⑭③ 宋璟：字广平，河北南和人。唐朝政治家。进士，官至宰相，与房玄龄、杜如晦、姚崇并称唐朝四大贤相。

⑭④ 颜真卿：字清臣，今陕西西安人。唐朝大臣、书法家。开元进士，任殿中侍御史。平叛安禄山造反，官至吏部尚书、太子太师。书法创颜体，对书法影响极大。人称颜鲁公，著《颜鲁公文集》。

⑭⑤ 萧复：字履初，兰陵人。唐玄宗外孙。唐朝名相。事见《旧唐书》和《新唐书》。

⑭⑥ 邵康节：邵雍，字尧夫，谥"康节"，河南辉县人。北宋哲学家。隐居百源，世称"百源先生"。屡授官不赴。

⑭⑦ 汪信民：北宋学者。今考证系《菜根谭》的作者。

⑭⑧ 胡安国：字康侯，福建武夷人。南宋经学家。官任中书舍人兼侍讲、宝文阁直学士。谥号"文定"。

⑭⑨ 晁以道：晁说之，字以道，号景迂。宋代制墨名家、经学家、名士。

⑮⑩ 遽折：急速反问。

⑮① 吕进伯：北宋学者，官任河北运判。

⑮② 黄鲁直：黄庭坚，字鲁直，号山谷道人、涪翁，江西修水人。北宋进士、诗人、书法家。官任著作佐郎，开创江西诗派，其诗与苏轼齐名，世称"苏黄"。书法擅长行书、草书，自成风格，为"宋四家"之一。

⑮③ 获：古代对奴婢的贱称。

⑮④ 刘义仲：字壮舆，北宋诗人。

⑮⑤ 司马子微：司马承祯，字子微，号白云子，河南温县人。唐朝道士，谥号"贞一先生"，又号"正一先生"。著《天隐子》《坐忘论》《道体论》《服气精义论》等。

⑮⑥ 泰州狱掾：江苏省泰州市古代县狱的典狱长。

⑮⑦ 颜岐：字仲夷，曾与作者吕本中之祖父吕希哲游，为至友。

⑮⑧ 冯宣徽：冯京，字宣徽。

⑮⑨ 惠穆秤停：惠穆即吕公弼，吕本中之伯曾祖。秤停：当官判事，须权衡轻重，务合规章律法，无偏重而中正。

⑯⑩ 孙思邈：陕西铜川人。唐代著名医药家。人称"药王"。著《千金要方》《千金翼方》。

⑯① 唐充之广仁：唐充之，字广仁，宋代贤人。

⑯② 大观：北宋宋徽宗赵佶年号，公元1107—1110年。政和：宋徽宗年号，公元1111—1118年。

⑯③ 刘器之：刘安世，字器之，河北馆陶人。北宋进士，官至左谏议大夫。以直谏闻名，有"殿上虎"之称。谥号"忠定"。

⑯ 此句出自《尚书·君陈》："必有忍，其乃有济。有容，德乃大。"意为能忍耐，才有可能成功，宽宏大量，才可提高道德修养水平。
⑯ 少陵诗：杜牧诗《遣兴》："忍过事堪喜，泰来忧胜无。"意为能忍受不堪忍受的灾难和委屈，事后心境平和，且心生喜悦。
⑯ 王沂公：王曾，字孝先，号沂公、文正，山东青州人。北宋状元，低调返乡省亲，倍受赞许，官至宰相，封沂国公，谥号"文正"。
⑯ 建中：（建中靖国）北宋宋徽宗赵佶年号，公元1101年。崇宁：宋徽宗年号，公元1102—1106年。

戒子通录·卷七
《辨志录》 吕太史

祖谦，字伯恭，东莱人。淳熙著作郎。集录辨志以训子延孙、弟祖俭、祖烈等。按：此条原本在《母训》《女戒》之后，今移于前。

幼学之士，先要分别人品之上下，何者是圣贤所为之事，何者是下愚所为之事，向善背恶，去彼取此，此幼学所当先也。颜子、孟子，亚圣人也，学之虽未至，亦可以为贤人。今之学者，若能知此，则颜、孟之事，我亦可为。言温而气和，则颜子之不迁，渐可学矣。过而能悔，又不惮改，则颜子之不贰，渐可学矣。知埋鹙之戏，不如俎豆。念慈母之爱，始于三迁①。自幼至老，不厌不改，终始一意，则我之不动心，亦可以如孟子矣。若夫立志不高，则其学皆常人之事，语及颜、孟，则不敢当也。其心曰："我为孩童，岂敢学颜、孟哉！"此人不可以语上矣。先生长者，见其卑下，岂肯与之语！则其所与语者，皆下等人也。言不忠信，下等人也。行不笃敬，下等人也；过而不知悔，下等人也。悔而不知改，下等人也。闻下等之语，为下等之事，譬如坐于房舍之中，四面皆墙壁也，虽欲开明，不可得矣。《书》曰："不学墙面。"② 孔子曰："其犹正墙面而立也欤。"③ 言人不可以不学也。扬子曰："吾焉开明哉！"④ 言学圣贤，然后心开而意明也。陈莹中。

大要前辈作事多周详，后辈作事多阔略。《酬酢事变》，下同。

字者，朋友之职，尝见前辈先进不呼后进字，后进固不敢呼先进也。气类不同者，亦不相呼。三四十年来，先进始有字，后进者，又观前辈，凡父行父执，受拜不跪。

江南闾里间，士大夫或不学问，羞为鄙朴，道听涂说，强事饰辞，呼征质为周郑，谓霍乱为博陆，上荆州必称峡西，下扬都要云海郡，言食则糊口，道钱则孔方，问移则楚邱，论昏则燕尔，及王则无不仲宣，语刘则无不公干。凡有一二百件，转相祖述，寻问莫知源由，文翰时复失所。《颜氏家训》。

"恩雠分明"，此四字，非有道者之言也；"无好人"三字，非有德者之言也。后生戒之！《酬酢事变》。

温公幼时患记问不若人，群居讲习，众兄弟既成诵，游息矣，独下帷绝编⑤，迨能背讽乃止。用力多者，其所诵乃终身不忘矣。

李翱⑥寄从弟正辞书：知尔京兆府取解不得，如其所怀念，勿在意。借如用汝之所知，分为十焉，用其九学圣人之道，而和其心使有余，以与时世进退俯仰。如可求也，则不啻富且贵矣。如非吾力也，虽尽用其十，只益劳其心矣，安能有所得乎！《文集》。

王罴⑦性俭率。尝有台使至，罴为设食。使乃裂去薄饼缘⑧，罴曰："耕种收获，其功已深。舂爨⑨造成，用力不少。尔之选择，当是未饿。"命左右彻去之，使者愕然，大惭。《北史》。

春秋以后，先王之泽渐远，然善言相传犹有存者。学者得其言，犹可详思而致力也。如伍子胥⑩为人刚戾忍诟，能成大事。赵襄子⑪言："君所以能致无恤，为能忍诟也。"庄子称："伊尹⑫强力忍诟"亦是。《舍人杂录》。

迂叟⑬曰："世之人不以耳视而目食者，鲜矣。"闻者骇曰："何谓也？"曰："衣冠所以为容望也，称礼斯美矣。世人舍其所称，闻人所尚而慕之，岂非以耳视者乎？饮食之物，所以为味，适口斯善也。世人取果饵而刻镂之，朱绿之，以为盘案之玩，岂非以目食者乎？"《司马集》。

吴庠妻谢氏。子贺与宾客言及人之长短，夫人屏间窃闻之，怒笞贺百。或解夫人曰："臧否⑭，士之常。曷笞之若是？"夫人曰："爱其女者，必取三复白圭⑮之士而妻之。今独产一子，使知义命，而出语忘亲，岂可久之道哉？"因泣涕不食，贺由是恐惧谨默。

发人私书，拆人信物，深为不德，甚者遂至结为仇怨。余得人所附书物，虽至亲卑幼者，未尝辄留，必为附至。及人托于某处，问讯干求⑯，若事非顺理，而己之力不及者，则可至诚面却之。若已诺之矣，则必须达所欲言，至于听与不听，则在其人。凡与宾客对坐，及往人家，见人得亲戚书，切不可往观，及注目偷视。若屈膝并坐，目力可及，则敛身而退，候其收书，方复进，以续前话。若其人置书几上，亦不可取观，须俟其人云："足下可观。"方可一看，若书中说事，无大小以至戏谑之语，皆不可于他处复说。

凡入人家，切不可于几案上及书攀等内翻看人家书简及记事策子、钱谷、文历；若人将文字令看，切不可于背后观，皆无德之一端也。

凡借人书册器用，苟得已者，则不须借。若不获已，则须爱护过于己物，看用才毕，即便归还，切不可以借为名，意在没纳，及不加爱惜，至有损坏。大率豪气[17]者于己物多不顾惜，借人物岂可亦如此？此非用豪气之所，乃无德之一端也。

又饮食蒸饼去皮、馒头去蒂、肉去脂皮之类，皆非成人所为，乃痴騃无知而已。自非生硬臭恶，与犯已宿疾之物，岂有不可食之理？

凡与人同坐，夏则已择凉处，冬则已择暖处。及与人共食，多取先取，皆无德之一端也。范益谦《自戒》。

吕正献[18]公会诸婿于东园，时韩师朴[19]、王正国新登第，皆惠穆[20]婿也。中休邻园闲坐，正国唱自作小词甚多，景纯问师朴曰："师朴莫亦有不？"正色曰："岂有此事！"《家塾广记》。

读书不辍，甚书不读了，万一都废，且自今重新勤下十分工夫不可，因循隐忍，甘心作庸人过一生也。最是行义一事，不可放过，正心修身，念念须学前辈。久久之间，自然相应矣。《舍人书》。

万事真实有命，人力计较不得。吾平生未尝干人，在书局，亦不谒执政。或劝之，吾对曰："他安能陶铸[21]？我自有命在。若信不及，风吹草动，便生恐惧忧喜，枉做却闲工夫，枉用却闲心力。信得命，及便养得气不折挫。"《上蔡语录》。

问："某有一病，且如作一简，便须安排言语，写教如法，要人传玩。饭一客，便要器皿饮馔如法，教人感激。推此，每事皆然。"先生曰："此夸心，欲以胜人，皆私也。作简请客如法，是合做底。只下面一句，便是病根。此病根因甚有？只为不合有已。得人道好，于我何加？因说《孟子》说宫室之美，妻妾之奉，所识穷乏者得我举，皆是有个夸心。"又问："更有一病，称好则溢美，称不好则溢恶。此犹是好恶使然，且如今日泥泞，只是五寸，须说一尺，有利害犹且得。无利害，须要如此。此病在甚处？"曰："欲以意气加人，亦是夸心。有人做作说话，张筋努脉，皆为有己。"同上。

刘道原[22]之子羲仲本佳，近亦变坏。扬子云称言心声书心画，羲仲每有书来，呼儿辈译之数四，有不能识者，字小而暗弱，亦其心术之不明类此。安世每于书画之间，得其人之太半。元城语。

李习之[23]《答朱载言书》："古之人相接有等，轻重有仪，列于经传，皆可详引。如师之于门人，则名之。于朋友，则字而不名称之。于师，则虽朋友亦名之。子[24]曰：'吾与回言。'又曰：'参乎，吾道一以贯之。'又曰：'若由也，不得其死然。'是师之于门人验也。夫子于郑，兄事子产[25]。于齐，兄事晏婴[26]平仲。《传》曰'子谓子产有君子之道四焉。'又曰：'晏平仲善与人交。'子夏曰：'言游过矣。'子张曰：'子夏云何？'曾子曰：'堂堂乎，张也！'是朋友字而不名验也。子贡曰：'赐也，何敢望回？'又曰：'师与商也，孰贤？'子游曰：'有澹台灭明[27]者，行不由径[28]。'是称于师，虽朋友亦名验也。足下之书曰：'韦君词，杨君潜。'足下之德，与二君未知先后也，而足下齿幼而位卑，而皆名之。《传》[29]曰：'吾见其与先生并行。非求益者也，欲速成者也。'"[30]《李文公集》。

刘器之[31]尝论：至诚之道，凡事据实而言。才涉诈伪，后来忘了前话，便是脱空。据实而言，十年、二十年后说事异同贤，便不说刘安世元来[32]是脱空汉。[33]元城语。

步骘[34]与卫旌[35]俱以种瓜自给，会稽焦征羌[36]，郡之豪族，人客放纵，乃共修刺[37]，奉瓜以献。征羌方在内卧，驻之移时。旌欲委去，骘止之曰："本所以来，畏其强也。而今舍去，欲以为高，只结怨耳。"良久，征羌开牖见之，身隐几坐帐中，设席置地，坐骘、旌于牖外。旌愈耻之，骘辞色自若。征羌作食，身享大柈[38]，肴膳重沓，以小盘饭与骘、旌，惟菜茹而已。旌不能食，骘极饭致饱，乃辞出。旌怒骘曰："何能忍此！"骘曰："吾等贫贱，是以主人以贫贱遇之，固其宜也。当何所耻？"《三国志》。

范云[39]少与领军长史王畯善[40]。云起宅新成，移家始毕，畯亡于官舍，死无所归。以东厢给之，移尸自门入，躬自营啥，招复如礼，时人以为难。《南史》。

孔戡[41]于为义，若嗜欲不顾前后。于利与禄，则畏避退怯如懦夫然。《韩文》。

王、杨、卢、骆[42]，谓之四杰，裴行俭[43]曰："士之致远，先器识而后文艺。勃等虽有文才，而浮躁浅露，岂享爵禄之器耶？杨子沉静，应得令终为幸。"其后，勃溺南海，照邻投颍水，宾王被诛，炯终盈川令，皆如行俭之言。《唐书》，下同。

阎立本[44]善画《秦府十八学士图》，及贞观中《凌烟阁功臣图》，立本之迹也。时人称妙。太宗与侍臣学士泛舟于春苑池，中有异鸟，随波容与，太宗击赏，诏坐者赋诗，召立本，令写焉。阁外传呼云："画师阎立本。"时立本已为主爵郎中，奔走流汗，俯伏池侧，手挥丹粉，瞻望坐宾，不胜愧赧，退戒其子曰："吾少学读书，今惟以丹青见知，躬厮役之务，辱莫甚焉。汝宜深戒，勿习此末伎⑮。"

王仲舒⑯、韦成、吕洞辈为郎官，朋党辉赫，日会聚歌酒。慕李藩⑰名节，强收致同会。藩不得已一至，仲舒辈好为讹言俳戏。后召藩，坚不去，曰："吾与仲舒辈，终日不晓所与言何也。"后果败。

徐仲车⑱为楚州教授，尝言："事各有所主，不得相侵。如借书必白经谕，有急故留门，必白直学，不敢自专也。"《吕氏杂录》。

仲车尝言："人之同官，不可不和。和则事无乖逆，而下不能为奸。必欲和，莫若分过而不掠美。"

青州人隐蕃⑲逃犇入吴，朱据、郝普⑳数称蕃有王佐㉑之才，宾客盈堂。潘浚子翥㉒亦与蕃周旋，馈饷之。浚闻大怒，疏责翥曰："吾受国厚恩，志报以命，尔辈在都，当念恭顺，亲贤慕善，何故与降虏交？以粮饷之，在远闻此，心震面热，惆怅累旬。疏到，急就往使受杖一百，促责所饷。"当时人咸怪之，顷之，蕃谋作乱于吴，事觉亡走，捕得伏诛。吴王切责，郝普惶惧自杀，朱据禁止，历时乃解。《三国志》。按：此条系裴松之注中语。

梁萧统㉓葬其母丁贵嫔，遣人求墓地之吉者，或赂宦官俞三副求卖地，云："若得，钱三百万与之。"三副密上，言太子所得地不如今地于上为吉。上年老多忌，即命市之。葬毕，有道士云："此地不利长子，若厌之，或可申延。"乃为蜡鹅及诸物埋于墓侧长子位。宫监鲍邈之㉔，魏雅初有宠于太子，邈之晚见疏于雅，乃密启上云："雅为太子厌祷。"上遣检掘，果得鹅物，大惊，将穷其事。徐勉固谏而止，但诛道士。由是，太子终身惭愤，不能自明。及卒，上征其长子华容公欢至建康，欲立以为嗣，衔其前事，犹豫久之，卒不立。庚寅，遣还镇。司马光曰："君子之于正道，不可少顷离也，不可跬步失也。以昭明太子之仁，孝武帝之慈爱，一染嫌疑之迹，身以忧死，罪及后昆㉕。求吉得凶，不可湔涤，可不戒哉！"是以诡诞之事，奇邪之术，君子远之。《通鉴》。

梁贺琛㉖奏："今天下守所以贪残，良由风俗侈靡使之然也。今之燕，喜相竞夸豪，积果如邱陵，列肴同绮绣，露台之产㉗，不周一宴之资，而宾主之间，财取满腹，未及下堂，已同臭腐。为吏牧民者，致资巨亿，罢归之日，不支数年，率皆尽于燕饮之物，歌谣之具。所费事等邱山，为欢止在俄顷，乃更追恨向所取之少，如虎傅翼，增其搏噬，一何悖哉！夫失节之嗟，亦民所自患，正耻不能及群辈，故勉强而为之。"《南史》。

雍州刺史武昌王浑[58]与左右作檄文，自号楚王，改元[59]永光，备置百官，以为戏笑。长史王翼之封呈其手迹，八月庚申，废浑为庶人，徙始安郡，遣员外散骑侍郎东海戴明宝诘责浑，因逼令自杀，时年十七。《南史》。

有货玉带者，王文正[60]弟以呈文正。文正曰："如何？"弟曰："甚佳。"公命系之，曰："还见佳否？"弟曰："系之安得自见？"文正曰："自负重而使观者称好，无乃劳乎？我腰间不称此物，亟还之。"故平生所腰，止于赐带。《王文正遗事》。下同。

王文正公每见家人服饰似异，即瞋目曰："吾门素风，一至于此，亟令减损。"故家人有一衣稍华，必于车内易之，不敢令公见焉。

吕文穆[61]不喜记人过。初参知政事，入朝堂，有朝士于帘内指之曰："是小子亦参政邪？"文穆佯为不闻而过之。其同列怒，令诘其官位姓名，文穆遽止之。罢朝，同列犹不能平，悔不穷问，文穆曰："若一知其姓名，则终身不能忘，固不如毋知也。且不问之，何损？"

王吉[62]为昌邑王中尉，而王好游猎驰驱，国中动作无节。吉上疏谏曰："大王不好书术，而乐逸游，凭轼撙衔，驰骋不止，口倦乎叱咤，手苦于棰辔，身劳乎车舆。朝则冒雾露，昼则被尘埃，夏则为大暑之所暴炙，冬则为风寒之所匽薄，数以软脆之玉体，犯勤劳之烦毒，非所以全寿命之宗也，又非所以进仁义之隆也。夫广厦之下，细旃之上，明师居前，劝诵在后，上论唐虞之际，下及殷周之盛，考仁圣之风，习治国之道，訢訢然[63]发愤忘食，日新厥德，其乐岂徒衔橛[64]之间哉？"《汉书》。

魏左将军李栗[65]性简慢，尝对道武舒放不肃，咳唾任情，道武积其宿过，遂诛之。

郑余庆[66]不事华洁，后进趋其门者，多垢衣败服，以望其知。而武儒衡谒见，未尝辄易所好，但与之正言直论，余庆因亦重之。

李翛[67]尹京兆，庄宪太后崩，为山陵桥道使，恃能惜费，每事减损。灵驾至霸桥顿，从官多不得食。及至渭桥，北门坏。先是桥道司请改造渭城北门，计钱三万，翛以劳费不从，令深凿轨道，以通灵驾。掘土既深，旁柱皆悬，因而殒坏，所不及辒辌车⑱者数步。

韦昭⑲《博奕论》云："今世之人，多不务经术，好玩博奕，废事弃业，忘寝与食，穷日尽明，继以脂烛。当其临局交事，雌雄未决，专精锐意，神迷体倦，人事旷而不修，宾旅阙而不接。虽有太牢⑳之馔，韶夏㉑之舞，不暇存也。至或赌及衣物，徙棋易行，廉耻之意弛，而忿戾之色发。然其所志不出一枰㉒之上，所务不过方卦㉓之间，而空妨日废业，终无补益。"

顾觊之㉔尝执："命有定分，非智力所移，唯应恭己守道，信天任运，而暗者不达，妄意侥幸，徒亏雅道，无关得丧。"乃以其意，命弟子愿作《定命论》。

温公曰："凡观书，当先识其文，辨其音，然后可以求其义。人须是于一切世味淡薄方好，不要有富贵相。"周恭叔㉕才高识明，初年亦甚好，后只缘累太重，若把得定，尽长进。在昔闻明道先生㉖一见吕微仲㉗便曰："宰相微仲须做，只是这汉俗。"谢上蔡㉘云："为他有贵底相态，便是俗处。"

杨训㉙，黎明侍坐，胡文定㉚先生目黎曰："为士人当只知穷经问学，不须及他，事如贤前所言，谁又骂詈自家，谁又道甚言语。如此是自家身心都不理，只了得与人闲争也。孟子曰：'自反而仁矣，自反而有礼矣。'㉛此物奚宜至哉！万一自家都是，亦只得如此待人。况骂詈长官亲闻乃坐，若听人传言，是来谗贼之口，有何穷也？"

陶渊明为彭泽㉜令，不以家累自随，送力给其子，书曰："汝旦夕之费，自给为难，今遣此力助汝薪水之劳。此亦人子也，可善遇之。"

韩魏公㉝曰："以之遇，可以成功；以之不遇，可以免祸者。其惟晦叔乎！"又曰："人情微处须深体之，若直用已以处，所失多矣。"又曰："君子操履㉞，须当精微，放过一事，便为小人所窥也。"

韩魏公因论君子小人之际，皆当以诚待之，但知其为小人，则浅与之接耳。凡人至于小人欺已处不觉，则必露其明以破之。公独不然，明足以照小人之欺，然每受之，未曾形言色也。

有人问祁宽㉟："尹和静㊱先生寻常说，今日政事向背当如何？"宽曰："不曾说。"渠㊲曰："贤曾问否？"宽曰："不曾问。"曰："何故不问？"宽曰："先生教人，思不出其位。不在其位，不谋其政，安敢问也？"渠云："孔孟何故说？"宽曰："孔孟亦不曾说。"渠引孔孟之言，宽曰："此圣人在其位，为司寇齐卿㊳时说底。至于答一时君臣问政，皆时君大臣问政，不得不告也。观孔子说底'危行言孙'[89]及'不谋其政'气象，方其闲处，必不说也。"曰："如此，则先生之学焉用？"宽曰："然每教人必以君臣、父子、夫妇、朋友之道，必欲君君、臣臣、父父、子子。"又论："为国为天下，必进贤，退不肖，信赏必罚。极其本，必以仁义孝弟[90]，则其论政亦大矣。奚必指时事而言？《书》云：'孝乎，惟孝友于兄弟是也。'一日，举似先生，先生曰：'甚善，甚善！'"祁居之。

田腴[91]承伯云："作官从人奏辟，非但宾主，便有君臣之义，不宜轻也。"陈长方步里客谈。下同。

龟山杨先生[92]见子作《许少伊哀词》，云："文字间甚能形容少伊，但全篇大体似平交前辈。"于前后辈之际甚严，又云："'有美一人兮，丰下而多髯'，此语固可见其仪形，然黄鲁直[93]诗'须得儋州秃鬓翁'，此逮乎不敬，不可学也。"

郭逵[94]为西帅，王韶初以措置西事至边。逵知其必生边患，用备边财赋事，连问牒移牒取商。韶读之，怒形颜色，掷牒于地者，久之，乃徐取纳怀中，入而复出，对使者碎之。逵奏其事，上以问韶，韶以元牒缴进，无一损坏。上不悟韶计，不直逵言。自后，逵论韶并不报，而韶遂得志矣。予旧见前辈语及此事，无不切齿，而新进小生，往往以此谈不容口。近有一士人，自言久游太学，论及韶行事，亦以此为智数过人，而不以罔上陷老成罪韶。往往苟合干进者，持此自售，亦不足怪。不谓经此大变，犹守旧闻，如此等辈，直是不识浊净[95]，其可责哉！

韩魏公《重修五代祖茔域记》："夫谨家谱而心不忘于先茔者，孝之大也。惟坟墓祭祀之有托，故以子孙不绝为重。琦自志于学，每见祖先所为文字与家世铭志，则知宝而藏之，有遗逸者，常精思搜掇，未始少懈。时编岁缉寖，以大备其所志。先域之所在，虽距今百余年，必思博访而得之，卒能不坠先业。推及先茔之八世，得以岁时奉祀，少慰庸嗣之志。向若家牒之不谨，祖先文字不传，虽有孝于祖先之心，欲究其宅兆而严事之，其可得乎？"

邓州花蜡烛名著天下，虽京兆不能造，相传云是寇莱公[96]烛法。莱公知邓州，而自少年富贵，不点油灯，尤好夜宴剧饮，寝室亦燃烛达旦。每罢官去后，人至官舍，见厮溷间烛泪在地，往往成堆。杜祁公[97]衍为人清俭，在官未尝燃官烛。油灯一炷，荧燃欲灭，与客相对清谈而已。二公皆为名臣，而奢俭不同如此。然祁公寿考终吉，莱公晚有南迁之祸[98]，遂殁不反。虽其不幸，亦可以为戒也。欧阳公《归田录》。

杜祁公食于家，惟一面一饭而已，或美其俭，公曰："衍本一措大耳，名位爵禄、冠冕服用，皆国家俸入之余，以给亲族之贫者。常恐浮食，焉敢以自奉也！一旦名位爵禄国家夺之，却为一措大，又将何以自奉养耶！"

文正范公^⑨子纯仁，娶妇将归，传闻以罗为帷幔者，公闻之不悦，曰："罗绮岂帷幔之物邪！吾家素清俭，安得乱吾家法！持至吾家，当火于庭。"

问："人能充无受尔汝之实，无所往而不为义。尔汝者是相，尔汝之小恩爱否？"曰："须是壁立万仞，一介不以取诸人，方能如此。孟子自有此气象，故说出此等话。如'我以吾仁''我以吾义''我所不为'，皆古之制，一闻可使寡人得见之语。便更不见，大凡事不可放过。才放过，便受尔汝。"

胡文定问杨训相知，训言："杨宋臣，恺悌君子。"既而，宋臣受总司差权湘潭令，大热中之官，遇疾而终。训请先生言于总司，保任为殁于王事。先生曰："宋臣固可伤，然凡事不必如此计较。君子爱人以德，使宋臣也，决不喜为此等贤能。教养其孤足矣。"

齐文宣帝^⑩怒临漳令嵇晔舍人李文师，以赐臣下为奴。中书侍郎郑颐私诱祠部尚书王昕曰："自古无朝士为奴者。"昕曰："箕子为之奴。"颐以白帝，曰："王元景比陛下于纣。"帝衔之。帝与朝臣酣饮，昕称疾不至。帝遣骑执之，昕方摇膝吟咏，遂斩于殿前。

苏丞相子容^⑩知亳州，有豪民妇被罪当杖，以病未科^⑩。每旬检校，未愈。邓元孚为谯县簿，谓其子曰："尊公高明，平昔以政事称，今岂可为一豪妇人所绐^⑩？贤为公子，不可不白。但喻医者，如法检校，彼自不诬矣。"其子白之，公曰："万事付公议，何容心焉？若言语轻重，则人有观望，或有可悔。"既而，此妇死，元孚大惭，服曰："吾辈狭小，岂可测公之用心也。"苏氏《谈训》。

毕义云^⑩作书与高元海^⑩，入宫，不觉遗之。给事中李贞得而奏之，帝由是疏元海。和士开复谮元海，帝以马鞭棰元海六十，出为兖州刺史。

峭直深刻之人，明习法令，所以检护其身，可使无过，此其所长。然卒用其所长，以把持窥刺为心，一二听之，褊迫不容，或善其刻而用其深，则必置人主于有过之地。士有负俗之累，而其心坦明，出于恺悌，不肯欺负人主，以贼其民，与彼深刻之人，相去万万，岂可以有瑕之玉而置于砥砆^⑩之下乎！取人于上者，将何择哉！

仁宗朝，李都尉喜延士夫尽声色之乐。一时馆阁清流，无不往者。韩魏公于其间最年少,独未尝造焉。李数召,数以公事辞。人有强之者,公曰:"固欲往,但未有名耳。"公处之不失和,李莫能致怨。同时诸公,亦不以为介也。《别录》。下同。

韩魏公在政府时,极有难处置事,尝言:"天下事,无有尽如意,须常隐忍。不然,不可一日处矣。"公言:"往时同列二三,公不相下语,常至相击,待其气定,每为平之以理,归于是而已。虽好胜者,亦自然不争。"

韩公知欧阳永叔不以《系辞》[107]为孔子书,又多不以《文中子》[108]为可取中书,相会累年,未尝与之言及也。

韩公在北门,一属官有小才,公多委以事。人谓公真许之,他日或问之,公曰:"某人但任术,所为大不敦笃。"大中其弊。

韩公为陕西招讨时,尹师鲁[109]与夏英公[110]不相与。师鲁于公处即论英公事,英公于公处亦论师鲁,公皆纳之,不形于言,遂无事,不然,不静矣。

韩公云:"临事若虑得是,札定脚,更不移,成败则任,如此方可成务。"

韩公言:"王文正弟傲[111]不可训。一日逼冬至,祀家庙,列百壶于堂前,弟皆击破之,家人惶骇。文正忽自外入,见酒流满路,不可行,俱无一言,但摄衣步入堂。其后,弟怨感悟,而复为善,终亦不言。"

今之儒者,移学文艺,干仕进之心,以收其放心,而善其身,则又何古人之不可及也?父兄以文艺令其子弟,朋友以仕进相招,往而不返,则心始荒而不治,万事之成,咸不逮古先矣。胡仁仲《知言》。

今喜以直为言,是非可否,不得所安,自堕于小人之偷,而愧夫君子之笃敬。

朱全忠[112]尝与僚佐及游客坐于大柳之下,全忠独言曰:"此木宜为车毂。"众莫有应。有游客数人起,应曰:"宜为车毂。"全忠勃然厉声曰:"书生辈好顺口玩人,皆此类也。车毂须用夹榆,柳木岂可为之!"顾左右曰:"更何待?"左右数十人捽言宜为车毂者,悉扑杀之[113]。

桓谭[114]谓秦延君[115]说《尧典》"篇目"两字之说至千余言,但说"若稽古"三万言。班固[116]叹后世经传既已乖离,博学者又不思多闻阙疑之义,而务碎义相难,便辞巧说,破坏形体,说五字之文至于二三万言,是今滋蔓伤本之弊,古人已深斥之矣,又可随而踵之,蹈覆车之辙耶!彼方自诧曰:前之文士才悭,不能宏阐,有愧今日之富。亦难与言矣。

卜子夏[117]首作《丧服传》记者曰:"传者,传也。传其师说云尔。"唐陆淳[118]于《春秋》每一义,必称淳闻于师。曰《诗》则有鲁,故有韩,故有齐后氏,故齐孙氏，故毛诗，故训传。《书》有大小夏侯解，故前人惟故之尚如此。

敬宗[119]时，裴度[120]自兴元入觐，朝士持两端者日拥度门。一日，度留饮酒，刘栖楚[121]矫求度之欢，曲躬附裴耳而语。崔咸疾其谄，举觞罚度曰："丞相不当许所由官唼嚅耳语。"度笑而饮之。栖楚不自安，趋出。坐客皆快之。

吕正献书古人诗"好衣不近节士体，梁肉似怕腹中书"两句，书于子舍之屏风。《家塾记》。

荥阳公居东莱，扬州曹官廨舍所居无几案，以竹系架上置书册，器皿之属，悉不能具，处之甚安。其简俭如此。《吕氏录》。

刘器之待制云，安世初登科，与二同年谒张观参政，三人同起身请教，张曰："观自守官以来，常持四字，曰'勤''谨''和''缓'。"中间一后生应声曰："'勤''谨''和'既闻命，'缓'之一字如何？"张曰："甚事不因忙后错了！"

严彭祖[122]迁太子太傅，廉直不事权贵，或说曰："天时不胜人事，君不以修小礼，曲意事贵人左右之助，经谊虽高，不至宰相，愿少自勉强。"彭祖曰："凡通经术，固当修行先王之道，何可委曲从俗，苟求富贵乎？"竟以太傅终。《汉书》。

梁世士大夫皆尚褒衣博带，大冠高履，出则车舆，入则扶持，郊郭之内，无乘马者。周宏正[123]为宣城王[124]所爱，给一果下马[125]，常服御之，举朝以为放达。乃至尚书郎乘马则纠之。及侯景之乱，肤脆骨柔，不堪行步，体羸气弱，不耐寒暑，坐死仓卒者，往往而然。

惠穆公赴人饮食之约，未尝后到。曰："使主人望望然而客不至，吾不忍也。"《家塾记》。

大抵后生为学，须是严立课程，不可一日放慢。每日须读一般经书[126]，一般子书[127]，不须多，只要令精熟，须静室危坐，读取二三百遍，字字句句须要分明。又每日须连前三五授，通读五七遍，须令成诵，不可一字放过也。史书须每日读取一卷或半卷以上始见功，须是从人授读，疑难处便质问，须是孜孜就人，不可自家先自放慢也。然此是学之业，又须理会所以为学者何事，一行一住、一语一默，须要尽合道理，求古圣贤用心，竭力从之，亦无不至矣。夫指引者，师之功也。行有不至，从旁规戒者，朋友之任也。决意而往，则须用己力，难仰他人矣。《舍人书》。

见与董生[128]论《周易》九六义取老而变，以为毕中和承一行僧[129]得此说，异孔颖达[130]《疏》，而以为新奇。彼毕子、董子何肤末于学而遽云云也？都不知一行僧承韩氏、孔氏，而果以为新奇，不亦可笑矣哉！何毕子、董子之不视其书，而妄以口承之也！《柳文》。

张率[131]作赋，颂二千余首，有虞讷[132]者，见而诋之，率乃一旦焚毁，更为诗示焉，托云沈约，讷便句句嗟称无字不善。率曰："此吾作也。"讷惭而退。

甄琛[133]举秀才入都，积岁颇以奕棋废日，至乃通夜不止。手下苍头[134]常令执烛，或时睡顿，大加其杖，如此非一。奴不胜楚痛，乃曰："郎君辞父母仕宦，若为读书执烛，不敢辞罪，乃以围棋日夜不息，岂是向善之意？而赐杖罚，不亦非理！"琛怅然惭感，遂从许。赤彪[135]假书研习。

李公择尚书公家人尝置声伎[136]，孙中丞[137]莘老不以为然。荥公曰："此莫是小节不？"孙中丞曰："此一节不小。"

【注释】

① 三迁：孟母三迁，即孟子（孟轲）之母，为选择良好的环境教育孟子，三次迁居的故事。此事出自汉代赵歧《孟子题词》："孟子生有淑质，幼被慈母三迁之教。"又见《列女传·母仪》，又见宋代王应麟《三字经》："昔孟母，择邻处。"
② 不学墙面：人不学习，犹如面对墙站着，眼前一片空白。比喻不学则一无所知。此句见《尚书·周官》及唐代《贞观政要》。
③ 此句出自《论语·阳货》："人而不为《周南》《召南》，其犹正墙面而立也欤。"
④ 此句出自扬雄《法言·问道》，意为通达事理，思想不守旧。原意为从野蛮进化到文明。
⑤ 下帷绝编：下帷，汉代董仲舒下帷讲学，三年不看窗外事。绝编，孔子韦编三绝，即翻多次，编木简的牛皮绳断矣。比喻司马光幼时勤奋读书。
⑥ 李翱：字习之，甘肃秦安人。唐代哲学家、散文家。官至山南东道节度使。谥号"文"。
⑦ 王罴：字熊罴，陕西临潼人。南北朝北魏、西魏名将，官任荆州、河东刺史。谥号"忠"。
⑧ 使乃裂去薄饼缘：使者把薄饼比较硬的边缘撕去。是为浪费粮食的举止。
⑨ 舂饎：舂米再蒸煮。
⑩ 伍子胥：名员，字子胥。春秋时吴国大夫，其父伍奢被楚平王杀害，逃往吴国，助阖闾夺得王位，且又攻破楚国，功封于申，又称申胥。后因规劝吴王夫差拒绝越国勾践求和，并停止伐齐，嗣后被吴王赐剑自杀。
⑪ 赵襄子：嬴姓，赵氏，名无恤。春秋末晋国大夫，赵氏家族首领，战国时赵国的实际创始人。谥号"襄子"，史称"赵襄子"。
⑫ 伊尹：伊姓，名挚，夏朝末生于空桑，其母居伊水，故以伊为氏。伊尹为商朝初期的政治家、思想家，最早的道家人物之一，也是中华厨祖。伊尹任丞相，辅助五代君主。

⑬ 迂叟：司马光，字君实，号迂夫，晚年号迂叟，世称"涑水先生"。北宋时著名的政治家、史学家、散文家。撰《资治通鉴》。赠太师、温国公，谥号"文正"。

⑭ 臧否（pǐ）：褒贬、批评、评价、评论等意思。《诗经·大雅·抑》："于呼小子，未知臧否。"

⑮ 三复白圭：此句出《论语·先进》："南容三复白圭，孔子以其兄之子妻之。"《诗经·大雅·抑》："白圭之玷，尚可磨也；斯言之玷，不可为也。"此句意为白玉上的污点可以磨去，言论中的毛病却无法挽回。三复，三反复之。此句告诫要谨慎自己的言语。

⑯ 干求：求取。干，求也。

⑰ 大率：大致，一般。豪气：气魄大而无所拘束的英雄气概。

⑱ 吕正献：吕公著，字晦叔，号正献。北宋时著名政治家、学者，官任司空、平章军国重事。谥号"正献"。

⑲ 韩师朴：韩忠彦，字师朴，河南安阳人。北宋宰相、诗人。谥号"文定"。

⑳ 惠穆：吕公弼，字宝臣，吕夷简之次子。官至西太一宫使，卒赠太尉，谥号"惠穆"。吕正献（公著）系吕夷简之三子，吕惠穆之弟。

㉑ 陶铸：烧制瓦器和熔铸金属。比喻造就、培育。皮日休诗："遂使后世民，至今受陶铸。"

㉒ 刘道原：刘恕，字道原。北宋史学家。进士，官至秘书丞。

㉓ 李习之：李翱，字习之。甘肃天水秦安人。唐代哲学家、散文家。进士，官至山南东道节度使、考功员外郎、庐州刺史。著《李习之先生文集》。

㉔ 子：孔子。此自然段中的参：曾参，曾子；由：仲由，子路；子夏、子张、子贡、子游等，皆为孔子之名弟子。不一一作注。

㉕ 子产：名侨，字子产、子美。春秋时郑国贵族之子。春秋时政治家，郑国卿大夫，执政时多行改革，给郑国带来新气象。事见《左传》。

㉖ 晏婴：子平仲，山东高密人。春秋时齐国大夫，著名的政治家、思想家、外交家。辅助齐国灵公、庄公、景公三世。史称"晏子"。传世《晏子春秋》，系后人撰。事见《史记·管晏列传》。

㉗ 澹台灭明：复姓澹台，名灭明，字子羽，山东临沂人。孔子弟子，教育家。

㉘ 行不由径：做事走正道，不走小路捷径。比喻做事守本分，不投机取巧。

㉙ 传：此句出自《论语》，非《传》也。作者引用有误。

㉚ 此句见《论语·宪问》子曰："吾见其居于位也，见其与先生并行也，非求益者也，欲速成者也。"此句意为我见童子坐在位子上，又见其与长辈并肩而行，此不是肯求上进的人，而是急于求成的人。

㉛ 刘器之：见前注p462㉘。

㉜ 元来：当初，本来，原来。

㉝ 脱空汉：言行不一致的人，后又指说谎带有欺骗的人。语出宋《续释常谈·脱空》：

"令公今一旦作脱空汉,前功并弃,令公之心安乎?"

㉞ 步骘(zhì):字子山,江苏淮阴人。三国时吴国重臣,官至宰相。事见《三国志》。

㉟ 卫旌:字子旗,江苏徐州人。三国时吴国重臣,官至尚书。事见《三国志》。

㊱ 会稽焦征羌:三国时会稽人,焦矫,曾任征羌令,是郡中豪族。会稽,今杭州。事见《三国志》。

㊲ 修刺:名帖,今之名片。

㊳ 大桉:佳肴美味。

㊴ 范云:字彦龙,南乡舞阴人。南北朝齐国官员。事见《南史·范云传》。

㊵ 王畯善:南北朝齐国官员,任领军长史。范云之友。事见《南史·范云传》。

㊶ 孔戢:孔子第三十八世孙。唐代官员,官任书记。事见《唐书》。

㊷ 王、杨、卢、骆:王,王勃,字子安,撰《滕王阁序》。杨,杨炯,文学家。卢,卢照邻,诗人。骆,骆宾王,诗人。四人合称"初唐四杰",简称"王杨卢骆",创建初唐文学"当时体",一扫唐代前萎靡浮华的宫廷诗歌风气。事见《旧唐书》。

㊸ 裴行俭:字守约,山西闻喜人。唐朝名将、政治家、书法家。事见《旧唐书》。

㊹ 阎立本:陕西西安人。唐朝著名画家,以《秦府十八学士》《凌烟阁功臣二十四人图》《外国图》著称。

㊺ 末伎:不足称道的技艺。比喻绘画。

㊻ 王仲舒:字弘中,山西太原人。唐朝文学家,官员。官任苏州、洪州刺史,中书舍人等。王勃撰《滕王阁序》,王绪撰《滕王阁赋》,王仲舒撰《滕王阁记》,史称"三王记滕阁"。事见《旧唐书》。

㊼ 李藩:字叔翰,赵郡人。唐朝宰相,谥号"贞简"。事见《新唐书》。

㊽ 徐仲车:徐积,名仲车。为人至孝,宋代学者,官任楚州教授。

㊾ 隐蕃:青州人。三国时曹魏间谍,诈降叛入吴国,伺机陷害、离间大臣,挑起吴国内斗,事败被杀。

㊿ 朱据、郝普:皆为三国时吴国大臣,朱据官任左将军,郝普官任廷尉。隐蕃间谍败露,郝普畏罪自杀,朱据免官,四年后复职。

㉑ 王佐:此指能够辅助君王,具有非凡治国能力的人。非指南宋名臣王佐。

㉒ 潘浚:又作"潘濬",字承明,湖南汉寿人。三国时吴国重臣,封常迁亭侯。其子潘翥袭父爵位。潘翥,字文龙。吴国官员,官任拜骑都尉。

㉓ 萧统:字德施,小字维摩,江苏丹阳人。南朝梁代文学家。梁武帝长子,母亲为梁武帝的贵嫔丁令光,又称丁贵嫔。英年早逝,谥号"昭明",世称"昭明太子",主编的《文选》,世称《昭明文选》,是现存最早的诗文总集。事见《南史》《梁书》及《资治通鉴》。

㉔ 鲍邈之:南朝梁太子萧统之太监,是小人中最阴险的一人。太子母亡,要做"生

忌”，太子令鲍氏值夜，但鲍氏脱岗，与宫女鬼混，巧被太子撞见，太子宽厚，未治其罪，但较前疏远。鲍氏恩将仇报，探得梁武帝有恙，便密告太子请道士作法，为父祈祷。鲍氏事先埋蜡鹅咒皇上早死，密谋夺权。鲍氏反密报皇上，萧统受此不白之冤，又无法解释，又气又恼，一病不起而英年早逝。事见《资治通鉴》。

(55) 后昆：亦作“后绲”，指子孙、后代、后嗣。《尚书·仲虺之诰》：“垂裕后昆。”

(56) 贺琛：南朝梁武帝之散骑常侍。贺氏针对时弊上书梁武帝：今日所以出现贪官酷吏，实由奢侈之风所造成。今之宴会，攀比成风，果品佳肴不计其数，花白银一百两，不够一桌宴席的费用……此为官员失节，百姓忧患。据记载，梁武帝极为不满，斥之为“妄说”。实为可悲。事见《南史》和《资治通鉴》。

(57) 露台之产：这里指为数不少的钱财。露台系汉文帝所筑之高台，花费一百两白银。

(58) 王浑：武昌人。南朝宋官员，任雍州刺史。事见《南史》。

(59) 改元：古代皇帝即位第一年改年号称元年，即位后更新年号，称“改元”。

(60) 王文正：王旦，字子明，河北大名人。北宋名相，谥号“文正”。

(61) 吕文穆：吕蒙正，字圣切，河南洛阳人。北宋名宰相，谥号“文穆”。

(62) 王吉：字子阳，山东即墨人。西汉官员，官至博士、谏大夫，汉昭帝时，举贤良，任昌邑王中尉。

(63) 䜣（xīn）䜣然：敬谨的样子。䜣，古“欣”字，喜乐的样子。

(64) 衔橛（xián jué）：原为马嚼子，此指驰骋自如而快乐。

(65) 李栗：北魏雁门人。北魏官员，任左将军。李栗性格怠慢，不遵礼法，每对太祖傲慢不恭，咳唾任性。太祖屡积他往日过失，于天兴三年杀之。事见《魏书》。

(66) 郑余庆：字居业，河南荥阳人。唐朝宰相。著名散文家。追赠太保，谥号“贞”。

(67) 李脩：唐代（顺宗）官员，官任坊州、绛州刺史，官至京兆尹。

(68) 辒辌车：古代的卧车，亦用作丧车，今日之灵车。

(69) 韦昭：又名韦曜，字弘嗣，江苏丹阳人。三国时期著名史学家、文学家、经学家。吴国四朝重臣。著《吴书》《汉书音义》《国语注》《官职训》《三吴郡国志》《博奕论》等。

(70) 太牢：古代帝王祭祀社稷时，牛、羊、猪三牲全备，称“太牢”，是高级别的祭祀。此处指食品丰盛的宴请。

(71) 韶夏：指舜乐和禹乐。此处泛指优雅的古乐舞。

(72) 枰（píng）：棋盘。

(73) 方卦：即分方之卦，以方位论吉凶。此处作者意为不务正业。

(74) 顾觊之：字伟仁，江苏苏州人。南朝宋国大臣，官任尚书吏部郎、吏部尚书等职。追赠镇军将军，谥号“简子”。命弟子愿著《定命论》。事见《宋书》。

(75) 周恭叔：周行已，字恭叔，浙江瑞安人。北宋学者、进士，官任太学博士，教育家。著《浮沚集》。

⑯ 明道先生：程颢，字伯淳。世称"明道先生"。北宋时哲学家、教育家、诗人，理学的奠基人，"洛学"的代表人物。与弟程颐，世称"二程"，后为朱熹继承和发展，世称"程朱学派"。

⑰ 吕微仲：名丰硕，字微仲。北宋政治家，官任北宋宰相。

⑱ 谢上蔡：谢良佐，字显道，河南上蔡人，世称"谢上蔡"或"上蔡先生"。北宋进士、官员、学者。创立上蔡学派，心学的奠基人、湖湘学派的鼻祖。与游酢、杨时、吕大临并称程门（程颢、程颐）"四先生"。

⑲ 杨训：三国时魏国官员。

⑳ 胡文定：胡安国，又名胡迪，字康侯，号青山，谥号"文定"。福建武夷人。北宋进士，官任太学博士。北宋著名的经学家、理学家、政治家、教育家。世称"武夷先生""胡文定公"。

㉑ 此句出自《孟子·离娄下》，意为如果有人对我非常蛮横无理，若是君子定会反省，我是不仁？是我无礼？否则此事怎么让我遇上。

㉒ 彭泽：古称彭蠡，今江西九江。陶渊明曾任彭泽县令。

㉓ 韩魏公：韩琦，字稚圭，自号赣叟，河南安阳人。北宋大臣，任太常博士、右司谏，封魏国公。

㉔ 操履：操守，品行。《抱朴子·博喻》："洁操履之拘苦者，所以全拔萃之业。"

㉕ 祁宽：北宋哲学家，和靖学派的著名代表，程颐的弟子。

㉖ 尹和静：尹焞，字和静，北宋哲学家、教育家，赐号"和靖处士"，创立理学和靖学派。

㉗ 渠：方言。第三人称，他、她、它。

㉘ 司寇齐卿：此指孔子曾任鲁国大司寇、齐国卿。以此说明"在其位，谋其政"。

㉙ 此句出自《论语·宪问》："邦有道，危言危行；邦无道，危行言孙。"孙，同"逊"。此句意为国家有道时，可以正言以行；国家无道时，还要正直，但说话要随和谨慎。

㉚ 弟：古通"悌"，敬爱兄长。《说文解字》："悌，善兄弟也。"孝、悌、忠、信、礼、义、廉、耻是宋儒朱熹总结出的儒学精髓，做人的基本道德，世称"朱子八德"。

㉛ 田腴：字承伯，北宋哲学家，儒家吕范学派的代表人物之一。

㉜ 龟山杨先生：杨时，字中立，世居将乐县龟山，故号龟山。北宋哲学家、文学家、官吏。官至工部侍郎、龙图阁直学。谥号"文靖"。

㉝ 黄鲁直：黄庭坚，字鲁直，号山谷道人，晚号涪翁，江西修水人。北宋著名文学家、书法家，江西诗派之开山鼻祖，与苏轼齐名，世称"苏黄"。

㉞ 郭逵：字仲通，洛阳人。北宋名将，与狄青齐名。官任左武卫上将军、提举崇福宫。追赠雄武军节度使、司空。事见《宋史》。

⑮ 浊净：混浊和干净，二者截然相反。此指优秀和卑劣。
⑯ 寇莱公：寇准，字平仲。北宋政治家。官至宰相，主战派代表。后遭副相诬陷，被贬广东雷州，亡于贬所。追赠中书令、莱国公。世称"寇莱公"。
⑰ 杜祁公：杜衍，字世昌，浙江绍兴人。北宋名臣，官至宰相，加至太子太师。封祁国公。谥号"正献"。世称"杜祁公"。
⑱ 南迁之祸：指寇准遭副相陷害，被贬广东雷州，并死于贬所。
⑲ 文正范公：即范文正公，范仲淹。见前注p463⑬。
⑳ 齐文宣帝：高洋，字子进，北魏怀朔镇人。南北朝时期北齐的开国皇帝。
㉑ 苏丞相子容：苏颂，字子容，福建厦门人。北宋中期宰相、杰出的天文学家、药物学家。追封魏国公、司空。谥号"正简"。著《图经本草》《新仪象法要》《苏魏公文集》等。
㉒ 科：判处、判决、判断。《法经·盗法》："不得累而科之。"
㉓ 绐（dài）：古同"诒"。欺骗，欺诈。
㉔ 毕义云：小字陀儿，山东兖州人。北齐官员，官至尚书都官郎中。
㉕ 高元海：北宋官员，官任散骑常侍。
㉖ 碱砆：似玉的美石。《子虚赋》："碝石碱砆。"
㉗ 系辞：即《系辞传》。《易传》思想的主要代表作。《十翼》的两篇。相传孔子作了七篇论文和总结《周易》的论述，即《易传》。因《系辞》中引用了不少孔子的论述，因而有人认为《系辞》是孔子之著作。欧阳修（永叔）持否定态度。
㉘ 文中子：书名。隋朝王通著。王通，字仲淹，号文中子，山西万荣人。隋代著名教育家、思想家、道家。隋朝官员，任国学博士。王氏著作六部皆散亡，唯《文中子》留世，该书体裁仿《论语》问答式，共十篇。
㉙ 尹师鲁：尹洙，字师鲁，河南人，世称"河南先生"。北宋官员，文学家。欧阳修好友。
㉚ 夏英公：夏竦，字子乔，号夏文庄、夏英公，江西九江人。北宋宰相、古文字学家、诗人。
㉛ 王文正弟傲：此处应指舜的异母之弟象傲被舜感悟的故事，而非周文王与弟的事。周文王兄弟三人，文王为三弟，大哥和二哥让位三弟而为周文王。
㉜ 朱全忠：朱温，安徽砀山人，五代十国后梁太祖。参加黄巢起义，叛变降唐，任河中行宫招讨副使，赐名全忠。后灭唐称帝，改名晃，为后梁太祖。五年后被其子友珪所杀而袭帝位。事见《新五代史》。
㉝ 此事记载于《资治通鉴·卷二百六十·唐纪八十一》。车毂（gǔ）：车轮中心插轴的部位，亦泛指车轮。苏辙诗："半夜发春雷，中天转车毂。"
㉞ 桓谭：字君山，安徽淮北人。东汉哲学家、经学家、天文学家、音乐家。东汉官员，官任议郎、给事中、郡丞。事见《后汉书·桓谭传》。
㉟ 秦延君：汉代经学家。本文此处言："说《尧典》'篇目'两字说至千余言。"而桓谭

《新论正经》中言："说《尧典》'篇目'两字之说至十余万言。"两者字数有异。

⑯ 班固：字孟坚，陕西咸阳人。东汉著名史学家、文学家、经学家。官任中护军、行中郎将。著《汉书》名著，文学汉赋声誉"汉赋四大家"之一。撰《白虎通义》，集汉经学之大成。

⑰ 卜子夏：卜商，字子夏，尊称卜子或卜子夏，河南温县人。孔子的著名弟子，"孔门十哲"之一，"孔门七十二贤"之一。

⑱ 陆淳：陆质，字伯仲，后改名质（避唐宪宗讳），江苏苏州人。唐代经学家、官员，官任左拾遗、信州和台州刺史。

⑲ 敬宗：李湛，唐穆宗长子，庙号唐敬宗，在位二年，十六七岁亡，谥号"愍"。

⑳ 裴度：字中立，山西闻喜人。唐代中期杰出的政治家、文学家。唐代进士、宰相。封晋国公，死赠太傅。

㉑ 刘栖楚：唐代官员，官任刑部侍郎、京兆尹。事见《新唐书》。

㉒ 严彭祖：字公子，江苏睢宁人。西汉官员，历任博士、河南郡和东郡太守，官至太子太傅。

㉓ 周宏正：字思行，河南汝阳人。南北朝时陈朝学者、官员，官至尚书右仆射。谥号"简子"。著《周易讲疏》《论语疏》《老子疏》《庄子疏》《孝经疏》。

㉔ 宣城王：萧鸾，字景栖，小名玄度，江苏常州人。南北朝时南朝齐第五任皇帝，在登基前官任宣城太守、辅国将军。庙号高宗，谥号"明皇帝"。

㉕ 果下马：一种高约一米，长一米二十五厘米的矮马，可穿行于果树下，故名"果下马"。早在商代和西周就有此马。此事又见于《颜氏家训·涉务篇》。

㉖ 经书：指儒经，即儒家经典著作，有《四书》《五经》《十三经》等。

㉗ 子书：指先秦诸子的著作，有《管子》《墨子》《庄子》《老子》《荀子》《韩非子》《列子》《尸子》《杨子》等。历代子书包括儒、法、道、墨、兵、术数、小说、杂家等类。后世图书四部分类为经、史、子、集，子为第三部。

㉘ 董生：即董仲舒，河北省景县人。汉代思想家、政治家、教育家、哲学家、今文经学大师。主张"罢黜百家，独尊儒术"，提倡"天人感应"说及"三纲五常"论。世称"董子"。著《董子文集》《春秋繁露》等。

㉙ 此句意为董生言本毕中和，中和本其师，师之学本一行。一行：俗姓张，名遂，河北巨鹿人，唐朝高僧，僧名一行，世称"僧一行"。唐代天文学家，著《大日经疏》《太衍历》等。

㉚ 孔颖达：字仲远，河北衡水人。唐朝经学家，官员，历任国子博士、国子司业、国子祭酒等职。奉唐太宗命撰《五经正义》，后成科举标准答题书。孔氏所疏（注释）的经书有《周易》《尚书》《诗经》《礼记》《左传》等。

㉛ 张率：字士简，江苏苏州人。南朝文学家，著《文衡》《文集》。

⑬ 虞讷：南朝文人。
⑬ 甄琛：字思伯，河北无极县人。北魏官员，任中书博士、谏议大夫，加赠司徒、尚书左仆射。谥号"孝穆"。事见《魏书》。此故事为"弃弈向学"。
⑬ 苍头：头戴青巾的奴仆、佣人。
⑬ 赤彪：北魏人。甄琛到赤彪家借书研究学习。
⑬ 声伎：亦作"声妓"。旧时宫廷和贵族家中的歌姬舞女。
⑬ 孙中丞：孙觉，字莘老，江苏高邮人。北宋文学家、词人。进士，官任吏部侍郎、御史中丞。事见《宋史》。

戒子通录·卷八

母训　戒子言　邹孟轲母《列女传》

孟子之少也，既学而归，孟母方织，问学所至，孟子自若。孟母以刀断其织，孟子惧而问其故，母曰："子之废学，若吾断斯织也。夫君子学以立名，问则广知。今而废之，是不免于厮役，而无以离于祸患也。"孟子惧，旦夕勤学不息，祖师子思①，遂成天下之名儒②。

又曰：孟子之少也，嬉游为墓间之事。孟母曰："此非所以居处子也。"乃去，舍市傍，其嬉戏为贾人衒卖之事，孟母又曰："此非所以居子也。"复徙舍学官之傍，其嬉游乃设俎豆③，揖逊进退。孟母曰："真可以居吾子矣。"遂居④。孟子长学六艺，卒成大儒。

敬姜

鲁公父穆伯之妻，文伯歜之母。文伯退朝，朝其母，其母方绩。文伯曰："以歜之家而主，犹绩，其以歜为不能事主乎？"其母叹曰："鲁其亡乎！使僮子备官而未之闻邪，居吾语汝。"又，文伯出学而还归，敬姜侧目而眄之，其友上堂，从后降阶而却行，奉剑而正履，若事父兄。文伯自以为成人矣。敬姜召而数之，凡二事。

昔圣王之处民也，择瘠土而处之，劳其民而用之，故长王天下。夫民劳则思，思则善心生。逸则淫，淫则忘善，忘善则恶心生。沃土之民不材，淫也；瘠土之民莫不向义，劳也。是故天子大采朝日⑤，与三公⑥九卿⑦，祖识地德。日中考政，与百官之政事，师尹惟旅牧相，宣序民事。少采夕月⑧，与太史司载，纠虔天刑日，入监九⑨，御使洁奉禘郊之粢盛，而后即安。诸侯朝修天子之业命，昼考其国职，夕省其典刑，夜儆百工，使无慆淫，而后即安。卿大夫朝考其职，昼讲其庶政，夕序其业，夜庀⑩其家，而后即安。士朝而受业，昼而讲贯，夕而习复，夜而计过，无憾而后即安。自庶人以下，明而动，晦而休，无日以怠。王后亲织元纮，公侯之夫人加之以纮綖⑪，卿之内子为大带，命妇成祭服，列士之妻加之以朝服，自庶士以下，皆衣其夫，社而赋事，烝而献功。男女效绩，愆则有辟，古之制也。君子劳心，小人劳力，先王之训也。自上以下，谁敢淫心舍力？今我寡也，尔又在下位，朝夕处事，犹恐忘先人之业，况有怠惰？其何以避辟，吾冀而朝夕修！我曰必无废先人尔，今曰胡不自安以是承君之官？余惧穆伯⑫之绝嗣也。

又曰：昔者武王罢朝而结丝袜，绝左右，顾无可使结之者，俯而自申之，故能成王道。桓公坐，友三人，谏臣五人，日举过者三十人，故能成霸业。周公一食而三吐哺，一沐而三握发，所执贽而见于穷闾隘巷者七十余人，故能存周室。彼二圣一贤者，皆霸王之君也，而下人如此。其所与游者，皆过己者也，是以日益而不自知也。今以子年之少，而位之卑，所与游者，皆为服役，子之不益，亦以明矣。

楚子发母

楚将子发之母。子发攻秦军绝粮，使人请于王，因归问其母，问使者曰："士卒无恙乎？"曰："升分菽粒而食之。"又问："将军无恙乎？"曰："朝夕刍豢黍粱。"子发大破秦将而归，其母闭门而不内。使人数之曰：

子不闻：越王勾践之伐吴，与客有献醇酒一器者，王使人注江之上流，使士卒饮其下流，味不及加美，而士卒战自五也。异日，有献一囊糗糒⑬者，王又以赐军，军士分而食之，甘不足逾嗌，而战自十也。今子为将，士卒升分菽粒而食之，子独朝夕刍豢黍粱⑭，何也？《诗》不云乎："好乐无荒，良士休休。"⑮言不失和也。夫使人入于死地，而自康乐于其上，虽有以得胜，非其术也。子非吾子也，无入吾门。

师春姜

鲁人嫁其女，三往而三逐，以轻侮其室人也。春姜召其女而笞之，留之三年，女奉守节义，终知妇道。

夫妇人以顺从为务，贞悫⑯为首，今尔骄溢不逊以见逐，曾不悔前过。吾告汝数年，而不吾用，尔非吾子也。

孟仁母

仁，吴司空，自结网捕鱼作鲊寄母，母还之，仁大惭。

汝为鱼官，以鲊⑰寄母，非避嫌也。

严妪

号万石，严妪子延年为汉河南太守，冬月行属县，刑戮囚徒，流血数里，母见责之曰，岁余果败。

汝宣化千里，不闻仁爱，而杀人立威名，岂为人父母哉！天道神明，人不可独杀，我不意老见壮子被刑戮也。行矣，去东归扫墓地耳。

陶侃母

新淦人，湛氏陶丹娉以为妾，生侃，为寻阳县吏，尝监鱼梁，以一坩鲊遗母，湛氏封鲊及书，责侃曰：

尔为吏，以官物遗我，非惟不能益吾，乃以增吾忧矣。

许善心母

善心，隋人，母范氏，善心至孔鱼家，鱼令子绍新与之谭宴，夜久方归，微有酒容。范氏泣谓曰，善心再拜受教，遂即闭斋读书，四年之中，窥涉万卷。

汝是寡妇之子，为俗所轻，自非高才异行，不可以求仕进。孔绍新⑱是当朝允子，易获声誉。彼宜逸乐，汝须勤苦，何地殊而相效乎？

崔氏

隋大卿，郑善果母，善果父诚，讨贼战死。善果为郡或行事不允，或妄嗔怒，母泣不食，善果伏于床前不敢起，母谓之曰。按：善果，荥泽人。仕隋为鲁郡太守，归唐为检校大理卿，此云隋大卿似误。

吾非怒汝，乃愧汝家耳。吾为汝家妇，获奉洒扫，知汝先君忠勤之士也，守官清恪，未尝问私，以身徇国，继之以死。吾亦望汝副其此心。汝既年小而孤，吾寡妇耳，有慈无威，使汝不知礼训，何可负荷忠臣之业乎？汝自童子袭茅土，汝今位至方岳，岂汝身致之邪？不思此事，而妄加嗔怒，心缘骄乐，惰于公政，内则坠尔家风，或失亡官爵；外则亏天下法，以取罪戾。吾死日，何面目见汝先君于地下乎！

李景让母

景让，唐浙西观察使，有左都押衙忤意，杖之而毙，军士愤且变，母出，坐厅事，立景让于庭下而责之，将挞之，将佐拜泣，乃释之。

天子付汝以方面，国家刑法，岂得以为汝喜怒之资，妄杀无罪之人乎！

责子言　田稷子母

齐田稷子相齐，受下吏之货金百镒，以遗其母，母曰："安所得此？"曰："受之于其下。"其母云云。稷子惭而出，反其金，自归罪。宣王悦母之义，舍之，复其位。

吾闻士修身洁行，不为苟得，竭诚尽实，不行诈伪。非义之事，不计于心；非礼之利，不入于家。言行若一，情貌相逼⑩，故交友亲而相结固。夫以匹士相与犹然，况于受禄之臣乎？今君设官以待子，厚禄以奉子，言行备则可以报君。夫为人臣而事其君，犹为人子而事其父也，尽力竭能，忠信不欺，务在效忠，必死奉命，廉洁公正，故志遂而无患。今子反，是远忠矣。夫为人臣不忠，是为人子不孝也。不义之财，非吾有也；不孝之子，非吾子也。子起矣！

问子言　隽不疑母

不疑，汉京兆尹，每行县录囚徒还，母辄问，即不疑多有所出，母喜笑饮食。有所平反，活几何人？

答子言　习氏

吴威远将军李衡妻，衡锐欲治生，妻辄谏止之。临终告儿曰："汝母恶吾治生，故贫如此。吾武陵龙阳洲有千头木，奴不仰衣食之，给岁止匹绢，亦足为汝曹计也。"儿具白母，母曰：

汝家失十户，客来七八年，吾尝疑之，果汝父密遣种甘橘也。汝父常称：太史公言：江陵千株橘树当封君家。吾曰：人患无德义，不患不富，若贵而能贫方好耳，彼岂所以贻子孙哉？汝勿恃之！

张镒母

镒，苏州人。唐乾元殿中侍御史，原令卢拟以公事，呵责内侍，内侍诬拟罪死。镒白母曰上疏理拟，拟必免死，而镒贬官，以为太夫人忧，不言镒负于当官，敢问所安，母云云，遂奏之，拟配流，镒贬抚州司户。案：镒，字季权，一字公度，河南人。《新唐书》原令作华原令，卢拟作卢枞。

尔无累于道，吾所安也。

王义方母

涟水人，唐侍御史，欲弹李义府，先白其母，母曰：

昔王陵之母，杀身以成子之名，汝能尽心以事君，吾死不恨。

戒子言　董昌龄母

昌龄事吴少诚元济为郾城令，母曰云云，昌龄乃以城降，宪宗喜，赐绯鱼，昌龄谢曰："此皆老母之训。"蔡平杨氏幸无恙，封北平郡太君。

逆顺之理，成败可知，贼党欺天，天所不福。汝当速降，无以老母为念。汝为忠臣，吾无恨矣。

孙氏

富春人，孙权族孙女也，适虞忠生。潭为晋吴兴守，假节征苏峻，孙氏勉潭以必死之义，贸其所服环佩以为军资，戒子曰：

吾闻忠臣出孝子之门，汝当舍生取义，勿以吾老为累也。

崔元昉母

唐益州都督，博陵崔元昉之母卢氏，戒元昉，而元昉遵奉以清谨称。

吾见姨兄屯田郎中辛元驭云："儿子从官者，有人来云'贫乏不能存'，此是好消息；若闻'赀货充足，衣马轻肥'，此恶消息。"吾常重此言，以为确论。比见亲表中仕宦者多将钱物上其父母，父母但知喜悦，竟不问此物从何而来。必是禄俸余资，诚亦善事，如其非理所得，此与盗贼何别？纵无大咎，独不内愧？孟母不受鱼鲊之馈，盖为此也。汝今坐食禄俸，荣幸已多，若其不能忠清，何以戴天履地？孔子云："虽日用三牲之养，犹为不孝。"[20]又曰："父母惟其疾之忧，特宜修身洁己。"勿累吾此意也。

陈夫人

陈氏新淦人，淳化中判三司磨勘，赠太保。新喻刘公讳式之夫人，下蔡令立本职方郎中，立言主客郎中，赠太傅，立志秘书监，赠少师，立德兵部员外郎、集贤校理，赠金紫，立礼之母也，太保。公没，夫人戒五子曰：

先夫秉清洁之行，惟有书数千卷，命之曰"墨庄"。今贻汝辈为学殖之具，能遵是训，则吾子也。

何氏

《名臣传》陈尧咨母

尧咨精于弧矢，自号小由基[21]。出守荆南回，母何氏问曰："古人居一郡一道，必有异政，汝有何效？"尧咨曰："稍精于射。"何氏曰："汝父训汝以忠孝俾辅国家，今不务仁政善化，而专卒伍一夫之伎[22]，岂汝先人之意邪！"以杖击之，金鱼[23]坠地。

《戒女书》 李氏

余先妣，长垣赵夫人，讳琳字彦章，手书且跋，云李氏《戒女书》，亲授之于父兄，虽愚鄙不能如其教，然朝夕览之，未尝去手，建炎己酉，渡江遂亡，其本不复尽记，惜哉！李氏者，今不知其名。

夫者，天也。天固不可逃，夫固不可离也。行违神明，天则罚之。礼义有愆，夫则薄之。故《易》着牝马之象[24]，《诗》有关雎之兴[25]。夫孝敬贞顺，专一无邪者，妇人之纪纲，闺房之大节也。昔冀缺妻，饁田相敬如宾。梁鸿[26]妇进食，举桉[27]齐眉。书之方册贤者，以为有礼，凡人谓之怕夫，何其谬也！

贫者安其贫，富则戒其富。贫不自安者，耻贫而广求，求既不得，怨由兹生，室家相轻，恩易情薄。富而不戒，则夸胜之心生，凌慢之容既彰，和柔之色安在？弃和柔之色，作娇小之容，是为轻薄之妇人。

藏心为情，出口为语，言语者，荣辱之枢机，亲疏之大节也。亦能离坚合异，结怨兴雠，大者则覆国亡家，小者犹六亲离间。是以贤女谨口，恐招耻谤，或在尊前，或居闲处，未尝触应答之语，发诡谀之言，不出无稽之词，不为调谑之事，不涉秽浊，不处嫌疑。

告子言　叔向母

晋叔向之母妒，叔虎之母美，而不使其子皆谏其母，母曰云云，使往亲视寝生，叔虎美而有勇，栾盈嬖之故，羊舌氏之族及于难。

深山大泽，实生龙蛇。彼美余惧，其生龙蛇以祸汝，汝弊族也，余何爱焉？

臣等谨案，刘清之此段所引《左传》，"汝弊族也"之下删下去：国多大宠，不仁人间之不亦难乎？三句，其所注又不明晰，前后文义几至不可晓。仰蒙。

御制书事文辨正其诬行，所以存人心，世道之公为万世褒贬之法，恭录。

御制文冠于卷端，并识于此。

谓子言　李络秀

晋安东将军周浚妾生颛嵩，谟颛等既长，络秀谓颛等从命。由此李氏遂得为方雅之族。

我屈节为汝家作妾，门户计耳。汝等不与我家为亲者，吾亦何惜余年！

宋氏

晋韦逞母宋氏，逞为苻坚太常，号母宣文君，就家立讲堂，置生员百二十人，隔绛纱幔而受业，周官学复行于世，初宋父谓女曰。按：此与下庚衮二条，俱宜移在下刘氏之后。

吾家世学周官，传业相继，此又周公所制经纪典诰、百官品物，备于此矣。吾今无男可传，汝可受之，勿令绝世。

王孙贾母

齐大夫王孙贾之母也，贾事闵王，王出见弑，国人不讨贼，母谓贾曰云云。贾乃入市中，而令百姓曰："淖齿乱齐国弑闵王，欲与我诛之者袒右。"从者四百人与之，杀淖齿。

汝朝出而晚来，则吾倚门而望汝，汝暮出而不还，则吾倚闾而望汝。今汝事王，王出走，汝不知其处，汝尚归乎！

别子言　范滂母

滂，字孟博，汉汝南功曹，滂坐党人被收，其母就与诀，母曰云云。滂跪受教，再拜而辞。

汝今得与李杜[28]齐名，死亦何恨！既有令名，复求寿考，可兼得乎！

戒兄女言　庾衮

字叔褒，晋后族，孤兄女芳将嫁，衮刈荆苕为箕帚，集诸子于堂，男女以班，命芳曰：

芳乎，汝少孤，汝逸汝豫，不汝疵瑕。今汝适人，将事舅姑，洒扫庭内，妇之道也，故赐汝此匪器之为美，欲温恭朝夕，虽休勿休也。

勉子言　刘氏

何无忌母牢之姐也，牢之为极元所害，刘氏常思报复，及无忌与刘裕定谋，刘氏喜劝勉无忌。

桓元[29]必败，义师必成，汝能如此，吾雠耻雪矣。

《女戒》　荀爽

字慈明，汉司空，《艺文类聚》作"魏荀爽"。

《诗》云："泉源在左，淇水在右。女子有行，远父母兄弟。"[30]明当许嫁，配适君子，竭节从理，昏定晨省，夜卧早起，和颜悦色，事如依恃，正身洁行，称为顺妇。以崇螽斯[31]，百业之祉，婚姻九族，云胡不喜，圣人制礼，以隔阴阳。七岁之男，王母不抱；七岁之女，王父不持。亲非父母，不与同车。亲非兄弟，不与同筵。非礼不动，非义不行。是故宋伯姬[32]遭火不下堂，知必为灾，傅母不来，遂成于灰，《春秋》书之，以为高也。

《女训》　蔡邕

字伯喈，陈留人。汉末左中郎将，《女训》戒子，凡三章。

心犹首面也，是以甚致饰焉。面一旦不修饰，则尘垢秽之，心一朝不思善，则邪恶入之。咸知饰其面，不修其心。夫面之不饰，愚者谓之丑；心之不修，贤者谓之恶。愚者谓之丑犹可，贤者谓之恶，将何容焉? 故览照拭面，则思其心之洁也。傅脂，则思其心之和也。加粉，则思其心之鲜也。泽发，则思其心之顺也。用栉㉝，则思其心之理也；立髻，则思其心之正也；摄鬓㉞，则思其心之整也。

又，舅姑若命之鼓琴，必正坐操琴而奏曲。若问曲名，则舍琴兴答曰："某曲"。坐若近，则琴声必闻。若远，左右必有赞其言者。凡鼓小曲，五终而止。大曲三终而止。无数变曲，无多小曲。尊者之听未厌，不敢早止。若顾望视他，则曲终而后止，亦无中曲而息也。琴必常调，尊者之前，不更调张。私室若近舅姑，则不敢独鼓。若绝远，声音不闻，鼓之可也。鼓琴之夜有姊妹之宴，则可也。

又，戒子：贵贱无常，唯人所速，苟善，则庸夫之子可至于三公。苟不善，则王公之子反为庶人。是知皇天无亲，惟德是辅，信矣哉！

班昭

字惠明，扶风班彪女，同郡曹叔妻也。作《女戒》七章，以戒诸女。

古者女生三日，卧之床下，弄之瓦砖㉟，而斋告焉。卧之床下，明其卑弱，主下人也。弄之瓦砖，明其习劳，主执勤也。斋告先君，明当主继祭祀也。三者，盖女人之常道，礼法之典教，谦让恭敬，先人后己，有善莫名，有恶莫辞，忍辱含垢㊱，常若畏惧，是为卑弱下人也。晚寝早作，勿惮夙夜，执务私事，不辞剧易，所作必成，手迹整理，是为执勤也。正色端操，以事夫主，清静自守，无好戏笑，洁斋酒食，以供祖宗，是为继祭祀也。三者苟备，而患名称之不闻，黜辱之在身，未之见也。三者苟失之，何名称之可闻，黜辱之可远哉！

夫妇之道，参配阴阳，通达神明，信天地之宏义，人伦之大节也。是以《礼》贵男女之际㊲，《诗》着"关雎"之义，由斯言之，不可不重也。夫不贤则无以御妇，妇不贤则无以事夫。夫不御妇，则威仪废坏。按：废坏《汉书》作"废缺"。妇不事夫，则义理堕阙。方斯二事，其用一也。察今之君子，徒知妻妇之不可不御，威仪之不可不整，故训其男。检以书传，殊不知夫主之不可不事，礼义之不可不存也。但教男而不教女，亦蔽于彼此之数乎。《礼》八岁始教之，《书》十五而至于学矣，独不可依此，以为则哉！

阴阳殊性，男女异行。阳以刚为德，阴以柔为用㊳。男以强为贵，女以弱为美。故鄙谚有云："生男如狼，犹恐其尪㊴；生女如鼠，犹恐其虎。"然则修身莫若敬，避强莫若顺，故曰："敬顺之道，妇人之大礼也。"夫敬非他，持久之谓也；夫顺非他，宽裕之谓也。持久者，知止足也。宽裕者，尚恭下也。夫妇之好，终身不离，房室周旋，遂生媟黩⑩。媟黩既生，语言过矣。言语既过，纵恣必作，则侮夫之心生矣，此由于不知止足者也。夫事有曲直，言有是非，直者不能不争，曲者不能不讼，讼争既施，则有忿怒之事矣，此由于不尚恭下者也。侮夫不节，谴呵从之，忿怒不止，楚挞从之。夫为夫妇者，义以和亲，恩以好合，楚挞既行，何义之有？谴呵既宣，何恩之有？恩义俱废，夫妇离矣。

女有四行：一曰妇德，二曰妇言，三曰妇容，四曰妇功。妇德不必才明绝异也，妇言不必辩口利辞也，妇容不必颜色美丽也，妇功不必工巧过人也。清闲贞静，守节整齐，行己有耻，动静有法，是谓妇德。择辞而说，不道恶语，时然后言，不厌于人，是谓妇言。盥浣尘秽，服饰鲜洁，沐浴以时，身不垢辱，是谓妇容。专心纺绩，不好戏笑，洁斋酒食，以奉宾客，是谓妇功。此四者，女人之大德而不可乏者也，然为之甚易，唯在存心耳。古人有言："仁远乎哉！"我欲仁，斯仁至矣。此之谓也。

夫有再娶之义，妇无二适⑪之文，故曰：夫者，天也。天固不可逃，夫固不可离也。行违神祇，天则罚之。礼义有愆，夫则薄之，故《女戒》曰："得意一人，是谓永毕。失意一人，是谓永讫。"由斯言之，夫不可不求其心，然所求者亦非谓佞媚苟亲⑫也，固莫若专心正色，礼义居洁。耳无淫听，目无邪视，出无冶容，入无废饰，无聚会群辈，无看视门户，此则谓专心正色矣。若夫动静轻脱，视听任意，入则乱发坏形，出则窈窕作态，说所不当道，观所不当视，此谓不能专心正色矣。

夫得意一人，是谓永毕。失意一人，是谓永讫。欲人定志专心之言也。舅姑之心，岂当可失哉？物有以恩自离者，亦有以义自破者也。夫虽云爱，舅姑云非，此所谓以义自破者也，然则舅姑之心奈何，固莫尚于曲从矣。姑云不尔而是⑬，固宜从令。姑云尔而非⑭，犹宜顺命；勿得违戾是非，争分曲直，此则所谓曲从矣。故《女宪》曰："妇如影响焉，不可赏。"

妇人之得意于夫主，由舅姑之爱已也。舅姑之爱已，由叔妹之誉已也。由此言之，我臧否⑮誉毁，一由叔妹，叔妹之心，复不可失也。皆知叔妹之不可失，而不能和之以求亲，其蔽也哉！自非圣人，鲜能无过，故颜子贵于能改，仲尼嘉其不贰，而况妇人者也！虽以贤女之聪哲之性，其能备乎？是故室人和则谤掩，外内离则恶扬，此必然之势也。《易》曰："二人同心，其利断金。同心之言，其臭㊻如兰。"此之谓也。夫叔妹者，体敌而义尊，恩疏而义亲，若淑媛谦顺之人，则能依义以笃好，崇恩以接援，使徽美显章而瑕过隐塞，舅姑矜善而夫主嘉美，声誉曜于邑邻，休光㊼延于父母。若夫蠢愚之人，于叔则托名以自高，于妹则因宠以骄盈。骄盈既施，何和之有？恩义既乖，何誉之臻？是以美隐而过宣，姑忿而夫愠，毁誉布于中外，耻辱集于厥身，进增父母之羞，退益君子之累，斯乃荣辱之本而显否之基也，可不慎哉！然则求叔妹之心，固莫尚于谦顺矣，谦则德之柄，顺则妇之行，凡斯二者足以和矣。《诗》云："在彼无恶，在此无射。"㊽其斯之谓也。

程晓

字季明，魏黄门侍郎。大着文章多失亡，存者不十一。 按：晓，东阿人。

妇人四教，以备为成：妇德阙则仁义废矣，妇言亏则辞令慢矣，妇容惰则邪僻生矣，妇功简则织纴荒矣。故《礼》有公宫宗室之教㊾，《诗》有牖下苹藻之奠㊿，然后家道谐允，仪则表见于内。若夫丽色妖容，高才美辞，貌足倾城，言以乱国，此乃兰形棘心㉛，玉曜瓦质㉜，在邦必危，在家必亡。

李晟

字良器，唐功臣，尝正岁崔氏女归省未及阶，晟睹之，遂不视而遣还家。

尔有家，况姑在堂，妇当奉酒醴供馈，以待宾客。

戒公主　太祖皇帝

类苑魏成信言。

魏国长公主尝衣贴绣铺翠襦入宫中，太祖曰："汝当以此与我，自今勿复为此饰。"主笑曰："此所用翠羽几何？"太祖曰："不然，主家服此，宫闱戚里皆相效，京城翠羽价高，小民逐利，伤生浸广㉝，实汝之由。汝生长富贵，当念惜福，岂可造此恶业之端！"

张横渠

载，字子厚，眉县人。熙宁同知太常礼院。作《女戒》九章，章四句，付吕氏女盈。

妇道之常，顺惟厥正，是曰天明，是其常命。嘉尔婉婉㉞，克安尔亲，往之尔家，克施克勤。尔顺惟何，无违夫子㉟，无然皋皋㊱，无然訾訾㊲。彼是而违，尔焉作非，彼旧而革，尔焉作仪㊳。惟非惟仪，女生则戒，王姬肃雍㊴，酒食是议。贻尔五物，以铭尔心，锡尔佩巾，墨子诲言。铜尔提匜，谨尔宾荐㊵，玉尔衾具，案尔藻绚㊶。枕尔文竹，席尔吴筦，念尔书训，思尔退安。彼实有室，尔勿从室㊷，逊尔提提㊸，尔生引逸㊹。

【注释】

① 子思：孔伋，字子思，孔子的嫡孙，孔鲤的儿子。春秋时的教育家、思想家。曾子的学生，孟子的老师，在儒学上起到承上启下的作用。后世将子思、孟子并称"思孟学派""述圣"。著《子思子》《中庸》《孝经》。

② 此段故事收载于《三字经》："子不学，断机杼。"

③ 俎（zǔ）豆：俎和豆都是古代祭祀用的器具。《史记·孔子世家》："常设俎豆，设礼容。"引申为祭祀、崇奉之意。

④ 此故事后人称"孟母三迁"，收载入《三字经》："昔孟母，择邻处。"

⑤ 大采朝日：大采，五彩。朝日，天子以春分为朝日。大采朝日，天子穿着五彩花纹的礼服在春分早朝，于东门外隆重地祭祀太阳，让三公九卿熟习知悉农事，中午考察政务，交代百官要做的事。

⑥ 三公：官名，不同朝代亦有差异。周代以司马、司徒、司空为三公，或以太师、太傅、太保为三公。西汉三公：丞相、太尉、御史大夫。东汉三公：太尉、司徒、司空。共同负责国家军政的最高官员。唐宋沿用汉制，但无实际职务。明清三公已作为最高荣誉称号。

⑦ 九卿：官名，不同朝代亦有差异。秦汉以奉常、郎中令、卫尉、太朴、廷尉、典容、宗正、大司农、少府为九卿，实为中央各行政机关的总称。明清有大小九卿之分。

⑧ 少采夕月：少采，即小采，三种色彩。夕月，秋分。少采夕月，天子穿三色花纹的礼服在秋分黄昏时，于西门外祭祀月亮。

⑨ 监九：即五监九寺。五监：国子监、军器监、少府监、将作监、都水监。九寺：太府寺、司农寺、宗正寺、太常寺、光禄寺、鸿胪寺、卫尉寺、太仆寺、大理寺。九寺五监是独立中央的职能部门，分别负责某部门的具体事务。九寺基本由秦汉九卿发展而来。

⑩ 庀（pǐ）：治理。《国语·鲁语下》："夜庀其家事。"

⑪ 绂綖：古代男子帽子上的丝织的纽带。

⑫ 穆伯：孟穆伯，姬姓，孟孙氏，名敖，谥号"穆"，又称公孙敖，鲁桓公之孙，官任鲁国卿。妻敬姜。鲁国孟氏系孟子家族先祖。

⑬ 糗糒（qiǔ bèi）：炒熟的谷物制作的干粮。
⑭ 刍豢（huàn）：用铡碎的草喂养牲口，此指饲养马。黍粱：黍子和精米。
⑮ 此诗句出自《诗经·唐风·蟋蟀》，意为喜欢作乐，但又不逸乐无度，贤士们都很高兴。
⑯ 贞悫（què）：坚贞诚信。《尚书·大传》："言其承易，文之以质，使天下蒙化，皆贵贞悫也。"
⑰ 鲊（zhǎ）：用盐和红曲腌制的鱼。
⑱ 孔绍新：南朝陈时文人，当时吏部尚书孔奂之子。嗣后入隋唐，其弟子孔绍安任官职。
⑲ 逼：另一版本作"副"，是。符合：相称。
⑳ 此句出自《孝经》："三者不除，虽日用三牲之养，尤为不孝。"三者违背常理的不良行为（居上而骄、为下而乱、在丑而争）不能去除，就算每日用牛、羊、猪肉做成美味佳肴供养父母，也不能让父母安心享用，也不算尽孝道。
㉑ 由基：即养由基，嬴姓，养氏，字叔，名由基。春秋楚国将领，古代著名的神射手，"百步穿杨""百发百中"成语皆出自此。人称"养一箭"。
㉒ 一夫之伎：此指专业弓箭骑射之技术。
㉓ 金鱼：弓上似鱼形的佩饰品。
㉔ 此是《易》的坤卦，曰："坤，元亨，利牝马之贞。"代表吉利。牝马：顺而健行者。
㉕ 此是《诗》的第一首诗："关关雎鸠，在河之洲。窈窕淑女，君子好逑。"
㉖ 梁鸿：字伯鸾，陕西咸阳人。东汉学者，其妻孟光，因讥讽朝廷而出逃，为生计，梁鸿外出为佣，每归，孟光为具食，举案齐眉，以示敬爱。成语"举案齐眉"即此故事。事见《后汉书·梁鸿传》。
㉗ 桉：古通"案"，古代木制的盛食物的矮脚托盘。
㉘ 李杜：此指东汉李膺和杜密。二人皆与汉代宦官专政作殊死斗争，后虽遭"党锢"之祸，但受人们称赞，共相标榜，世称"李杜"。此非唐代李白、杜甫之"李杜"。
㉙ 恒元：又作"恒玄"，避元帝讳。字敬道，又名灵宝。东晋将领，后篡晋称帝，史称"恒玄之乱"，最后被刘裕推翻，宣告失败。
㉚ 此诗句出自《诗经·卫风·竹竿》，意为女子远嫁他乡后思念家人，乘船出游的忧伤之情。
㉛ 螽（zhōng）斯：词出《诗经·国风·周南·螽斯》，该诗体现了当时人们多子多福的思想和这方面的祈祷。
㉜ 宋伯姬：春秋时鲁国王族女性，姬姓，名不详，鲁宣公之女，鲁成公之妹，宋共公夫人。后因坚守礼教而焚死。死后随夫谥，改称共姬，或宋共姬。事见《谷梁传》。
㉝ 栉（zhì）：梳子和篦子的总称。此指用梳子梳理头发。
㉞ 摄鬓：收拢面颊两边近耳的鬓发。

㉟ 弄之瓦砖：《诗经·小雅·斯干》："乃生女子，……载弄之瓦。"弄，玩弄。瓦砖，古代妇女纺线时用的陶锤器具，故后称女生为"弄瓦"，意为女子胜任女工。

㊱ 垢：古通"诟"，污辱。

㊲ 礼：书名。《礼仪》《周礼》《礼记》三书之合称。际：此男女交往的关系准则和规范。

㊳ 此句见于《周易》乾、坤两卦之义，分指阳和阴两性势力，乾德为刚健，坤德为柔顺。

㊴ 尪（wāng）：瘠贫、瘦弱之人。

㊵ 媟黩（xiè dú）：相处过于亲密而近于放荡不羁。

㊶ 二适：再嫁。郑玄注《仪礼》："凡女行于大夫以上曰嫁。行于士庶人曰适人。"适人：古代女子出嫁。

㊷ 佞媚苟亲：以谄媚苟且求欢。

㊸ 尔而是：实际事理就是如此。

㊹ 尔而非：实际事理和情况不是这样的。

㊺ 臧否：善恶、褒贬、好坏。《诗经·大雅·抑》："于呼小子，未知臧否？"

㊻ 臭（xiù）：气味。

㊼ 休光：吉庆、善美之声誉。

㊽ 此句出自《诗经·周颂·振鹭》。射：《诗经》本作"斁"（yì），厌弃。

㊾ 此句出自《礼记·昏义》，教妇女以妇德、妇言、妇容、妇功，教成祭之。

㊿ 此句出自《诗经·召南·采蘋》，蘋与藻皆水草名，祭祀之品。

㉑ 兰形棘心：兰，兰草。棘，带刺的荆棘。比喻外表美好和善，而内心险恶。

㉒ 玉曜瓦质：光艳夺目的玉，但内却是瓦的质地。比喻外表虽美，内心却是低劣。

㉓ 浸（jìn）广：渐多。《汉书·刑法志》："奸有所隐，则狃而浸广。"

㉔ 婉婉：柔美的样子。于谦诗："婉婉性情端可爱。"

㉕ 夫子：婿也。

㉖ 皋皋：难与言也。

㉗ 訾訾：难共事也。

㉘ 此句意为改旧乃汝妄立制度。

㉙ 王姬肃雍：周王之女庄严雍容。

㉚ 宾荐：宾客，祭祀。

㉛ 藻绚：装饰不可太奢华。

㉜ 此句意为男当有室，你不得从而有其室。

㉝ 逊尔提提：逊，谨退。提提，安也。

㉞ 引逸：引，长也。逸，乐也。

居家正本制用

[南宋] 陆九韶

陆九韶生卒不详,字子美,今江西抚州人。南宋学者,讲学于梭山,因号梭山居士,其学识与弟九龄、九渊合称"三陆子之学"学派,反对朱熹"无极"之说。著《梭山日记》《梭山文集》。陆氏十世同堂,家规、家风、家法严谨、规范。

本文录自《说郛卷二十七》。

正本①

古者生民②,八岁入小学,至十五岁,各因其材而归之,四民③秀异者,入大学而为士,教之德行。愚谓人之爱子,但当教以孝悌忠信,所读须六经④论孟⑤,明父子、君臣、夫妇、昆弟、朋友之节;知正心、修身、齐家、治国、平天下之道。以事父母,以和兄弟,以睦族党,以交朋友;次读史,知历代兴衰,治平⑥措置⑦之方。

科举之业,志在荐举登科,难莫难于此,所谓求在外者,得之有命是也。至通经知古今,修身为孝弟之人,此有何难!况既通经知古今,而应今之科举,亦无难者。又道德仁义在我,以之事君临民,皆合于义理。

人孰不爱家爱子孙爱身!然不克明爱之道,故终焉适以损之。盖一家之事,贵于安宁和睦悠久,其道在于孝悌谦逊。若仁义之道,口未尝言之。朝夕之所从事者名利,寝食之所思者名利,相聚而讲究者,取名利之方。言及于名利,则洋洋然有喜色,言及于孝悌仁义,则淡然无味,惟思卧。幸其时数⑧之遇,则跃跃⑨以喜,小有阻意,则躁闷若无容。如其时数不偶⑩,则朝夕忧煎,怨天尤人,至于父子相夷⑪,兄弟叛散,良可悯也,岂非爱之适以损之乎!

夫事有本末,知愚贤不肖者本,贫富贵贱者末。得其本,则末随,趋其末,则本末俱废。今行孝悌本仁义,则为贤为知。贤知之人,众所尊仰。箪瓢为奉,陋巷为居⑫,己固有以自乐,人不敢以贫贱而轻之,岂非得其本而末随之?夫慕爵位贪财利,则非贤非知。非贤非知之人,人所鄙贱。虽纡青紫⑬、怀金玉,其胸襟未必通晓义理，己无以自乐，人亦莫不鄙贱之，岂非趋其末而本末俱废乎！

况富贵贫贱，自有分定。富贵未必得，则将损获而无以自处矣！斯言或有信之乎？其为益不细，相信者稍众，则贤才自此而盛，又非小补矣！

制用⑭

古之为国者，"冢宰⑮制国用，必于岁之杪⑯，五谷皆入，然后制国用，用地大小，视年之丰耗"，"三年耕，必有一年之食，九年耕，必有三年之食。以三十年之通制国用，量入以为出。虽有凶旱、水溢，民无菜色⑰"。国既若是，家亦宜然。故凡家有田畴，足以赡给者，亦当量入以为出，然后用度有准，丰俭得中，怨讟⑱不生，子孙可守。

今以田畴所收，除租税及种盖粪治之外，所有若干，以十分均之，留三分为水旱不测之备，一分为祭祀之用，六分分十二月之用。取一月合用之数，约为三十分，日用其一，可余而不可尽用，至七分为得中，不及五分为啬⑲，另所余者，别置簿收管，以为伏腊裘葛⑳、修葺墙屋、医药、宾客、吊丧、问疾、时节馈送。又有余，则以周给邻族之贫弱者、贤士之困穷者、佃人之饥寒者、过往之无聊者，毋以妄施僧道。

其田畴不多，日用不能有余，则一味节啬，裘葛取诸蚕织，墙屋取诸蓄养，杂种蔬果，皆以助用，不可侵过次日之物。一日侵过，无时可补，则便有破家之渐，当谨戒之！

其有田少而用广者，但当清心俭素，经营足食之路。于接待宾客、吊丧问疾、时节馈送、聚会饮食之事，一切不讲，免至干求亲旧，以滋过失，责望故素，以生怨尤，负讳通借，以招耻辱。

居家之病有七：曰笑，曰游，曰饮食，曰土木，曰争讼，曰玩好，曰惰慢。有一于此，皆能破家。其次贫薄而务周旋，丰余而尚鄙啬，事虽不同，其终之害，或无以异，但在迟速间。夫丰余而不用者，疑若无害也，然己既丰余，则人望以周济，令乃恝然㉑，必失人之情。既失人情，则人不佑。人惟恐其无隙，苟有隙可乘，则争媒蘖㉒之，虽其子孙，亦怀不满之意，一旦入手，若决堤破防矣。

前所言存留十之三者，为丰余之多者制也，苟所余不能三分，则有二分亦可，又不能二分，则存一分亦可，又不能一分，则宜撙节㉓用度，以存赢余，然后家可长久。不然，一日有意外之事，必遂破家矣。

前所谓一切不讲者，非绝其事也，谓不能以货财为礼耳。如吊丧则以先往后罢为助，宾客则樵苏[24]供爨[25]，清淡而已。至于奉亲最急也，"啜菽饮水尽其欢，斯之谓孝[26]"。祭祀最严也，"蔬食菜羹[27]"，足以致其敬。凡事皆然，则人固不我责，而我亦何歉哉！如此则礼不废而财不匮矣。

前所言以其六分为十二月之用，以一月合用之数，约为三十分者，非谓必于其日用尽，但约见每月每日之概，其间用度，自为赢缩，惟是不可先次侵过，恐难追补，宜先余而后用，以无贻鄙啬之讥。

世所用度，有何穷尽？盖是未尝立法，所以丰俭皆无准则。好丰者妄用以破家，好俭者多藏以敛怨，无法可依，必至于此。愚今考古经国之制，为居家之法，随资产之多寡，制用度之俭丰，是取中可久立之制也。

【注释】

① 正本：整顿、端正其根本。《汉书·董仲舒传》："视大始而欲正本也。"成语"正本清源"。
② 生民：得到教育和生活保障的民众。《荀子注》："生民，谓以德教生养民也。"
③ 四民：古指士、农、工、商。《谷梁传》："古有四民：有士民、有商民、有农民、有工民。"
④ 六经：六部儒家经典，即《诗》《书》《礼》《易》《春秋》《乐》（亡佚）。
⑤ 论孟：此指孔子的《论语》和孟子的《孟子》。
⑥ 治平：政治清明，社会安定。《礼记》："国治而后天下平。"
⑦ 措置：料理、安排、处置。《宋史·徽宗本纪》："令工部侍郎孟揆亲往措置。"
⑧ 时数：时运、运气、时宜。《孟子·万章下》："孔子，圣之时者也。"
⑨ 跃（tì）跃：跃同"趯"。高兴得手舞足蹈。《诗经·小雅·巧言》："跃跃毚兔，遇犬获之。"
⑩ 偶：遇。綦毋潜《春泛若耶溪》："幽意无断绝，此云随所偶。"
⑪ 夷：伤害、创伤。朱熹《周易本义》："夷，伤也。"
⑫ 箪瓢、陋巷：此为孔子赞扬弟子颜回高尚品德的话。《论语·雍也》："子曰：'贤哉回也！一箪食，一瓢饮，在陋巷，人不堪其忧，回也不改其乐。'"
⑬ 纡青紫：纡，系结、佩戴。青，银印青绶。紫，金印紫绶。秦汉时期的相国、丞相、大司空、太傅、列侯等皆金印紫绶，下一级官员银印青绶。此处指任官职。
⑭ 制用：制订、建立规章制度。此指制订家规。
⑮ 冢宰：官名。周朝辅佐天子的官，即后世的宰相之职位。

⑯ 杪：末端。此指年末制订明年的计划。
⑰ 菜色：营养不良的脸色。《礼记·王制》："虽有凶旱、水溢，民无菜色。"
⑱ 讟（dú）：怨恨、憎恶、诽谤。《说文解字》："讟，痛怨也。"《广雅》："讟，恶也。"
⑲ 啬：节省。《韩非子·解老》："少费之谓啬。"
⑳ 伏腊裘葛：伏，伏天、伏日，代指夏季。腊，腊日、腊月，泛指冬季。裘，皮衣。葛，丝或麻的衣服。
㉑ 恝（jiá）然：淡然，无愁，无动于衷。
㉒ 媒糵（niè）：媒，酒母。糵，酒曲。此指播弄是非。
㉓ 撙（zǔn）节：节省，限制。
㉔ 樵苏：打柴割草，以充燃料。《史记·淮阴侯列传》："樵苏后爨。"
㉕ 爨（cuàn）：烧火做饭。《说文解字》："爨，齐谓之炊爨。"
㉖ 此句出自《礼记》，意为虽贫穷亦不伤孝道。
㉗ 此句出自《论语·乡党》："虽蔬食菜羹，必祭，必齐如也。"意为虽粗茶淡饭，也一定要先祭祖。

家 训

［南宋］方元亮

方元亮（生卒不详），浙江云村人，宋朝进士。

大凡人之进步，决不是一路。进则几处并进，退则几处并退。动笔作文，与寻常言语行事，总是此心为之，此心一放，则处处乖张①，此心收敛，则处处停当。可刻刻②自检验也。若人之质地，可以有成，只宜认定一条正路，其自家庭之问，与夫乡党道路，与夫古稽今居，莫不用心体究。以一归于此路，则何患不长进哉！昔人有言，居今之世，为今之人，自己珍重，自己打算，千百之中，无一益友，真阅历之言，非过激也。尤可笑者，一般损友，相与前曳后拥，只喜引人为不善，即与之言善，不过杯水车薪而已。又少年未尝涉世，于人情世故上，极要用心体察。《易》曰："君子上交不谄，下交不渎③。"《诗》曰："惟仲山甫，柔亦不茹，刚亦不吐④。"此处正可验自己学问进退也。又作文，虽无破绽可以指摘，而少精力，此则开笔作文以来，所趋只就平稳一路故耳，然亦病也。多读书则义精力厚，不期病之去而自去矣。

子弟防闲之道，惟有严父率励，严师督责，键门教课，勿令见利而迁。盖人之气质，为恶是易，为善则难。苟使一见异物，隐微诱革，有非父兄师长耳目之所能及，异日之悔，将有不可言者，故不得不慎之又慎耳！若自身课读子弟，实验不如先生之整齐，而出门附学从师，亦深见其不如在家之无损。

凡人最不可心浮而气傲，浮者忠信之反，事皆无实。为恶则易，为善则难。傲者敬之反，象之不仁⑤朱之不肖⑥，只坐一傲字，浮之流弊，必薄必轻；傲之流弊，为戾为很，皆必败之道也。

人家承式微之运，当如祁寒之木，坚凝葆固，以候阳春之回。处荣盛之后，当如既华之树，益加栽培，无令本实先拔，至于祖业，更当珍惜。自秦而降，公家无复制民之产，有无多寡，皆由祖父所遗，若复轻视，莫知敬惜，非败绝即流亡矣，可不省乎！

【注释】

① 乖张：形容人偏执，不驯服，与众不同。南朝梁代萧衍《孝思赋》："何在我而不尔，与二气而乖张。"
② 刻刻：每时每刻。明代冯梦龙《醒世恒言》："大恩未报，刻刻于怀，衔环结草，生死不负。"
③ 此句出自《周易·系辞下》，意为君子与比自己地位高的人交往不阿谀奉承，与比自己地位低的人交往不轻视怠慢。
④ 此句出自《诗经·大雅·烝民》，意为对强硬的不害怕，对软弱的不欺侮，即使古人仲山甫也未必有如此胆识！形容不欺软怕硬。
⑤ 象之不仁：象是舜的同父（尧）异母的弟弟，多年谋杀舜未成，舜继位后，仍给象封地。
⑥ 朱之不肖：朱，即丹朱，舜的儿子，与共公谋反作恶，后被充军放逐。

家 训

[元] 张养浩

张养浩（1270—1329年），字希孟，号云庄，山东济南人，元代散曲作家，官任监察御史、礼部尚书、参议中书省事。归隐后多撰散曲和诗。著《云庄归田类稿》等。此篇《家训》，录自《四库全书·杂著》的《归田类稿》。

维人之生，或孩而殇①，或冠而夭②，或壮而疾废。幸而不殇、不夭、不疾废，则生于陋邦遐邑③，而不于中原，幸而生中原则又屠沽贫贱，而不于富贵好礼之家。呜呼！其孩焉而不殇，冠焉而不夭，壮焉而无疾废，而又生于中原好礼之家者，天既全之如此，而人之所以求称其全者，顾可苟简而不力哉！夫学不求至于圣贤，皆负德造物者也。

道万里而不以为远，陟千仞而不以为高，洞④金石而不以为难，蹈水火而不以为殆者，志焉而已矣。志苟一立，天下无不能为之事，而况读书乎？志苟不立，目击所有而不能致，而况为圣贤乎？呜呼！士而无志，可与有为耶！

自开辟以来，不知为年几千，而汝始生焉。自祖宗以来，不知传世几百，而汝始承焉。呜呼！以开辟以来始有之身，祖宗以来承传之绪，而于汝托焉。则汝所以兢兢业业，殖学褆身⑤，克肩厥任⑥者，当何如哉！

汝其斋心⑦凝虑，以思古之学者皆有所志。志者，心所向也。志高而或下者，有矣；志下而能高者，未之有也。故古人谓取法于上，犹得于中，取法于中，不免为下也，信矣！

【注释】

① 殇：未至二十岁而死。《释名》："未二十而死曰殇。"
② 夭：早死。《释名》："少壮而死曰夭。"
③ 陋邦遐邑：简陋贫穷又边远的地方。
④ 洞：穿透。

⑤ 殖学禔（zhī）身：殖，立。禔，安。立学安身。
⑥ 克肩厥任：克，胜任。《说文解字》："克，肩也。"能胜任此物谓之克。厥，代词，相当于"其"。肩负其重任。
⑦ 斋心：祛除杂念，使心神凝寂。《列子》："退而闲居大庭之馆，斋心服形。"

训子诗

[元] 许衡

许衡（1209—1281年），字仲平，号鲁斋，河南沁阳人。宋元时期学者、官员。官任京兆提学，累至集贤大学士、国子监祭酒、中书左丞。谥号"文正"。世称"鲁斋先生"。著《读易私言》《鲁斋心法》《鲁斋遗书》等。

该《训子诗》采用《四库全书》中《鲁斋遗书》为底本校注。

干戈恣烂熳①，无人救时屯②；中原竟失鹿③，沧海变飞尘。我自揣何能，能存乱后身？遗芳藉远祖，阴理出先人④。俯仰意油然，此乐难拟伦。家无儋石储⑤，心有天地春，况对汝二子，岂复知吾贫？

大儿愿如古人淳，小儿愿如古人真。平生乃亲⑥多苦辛，愿汝苦辛过乃亲。身居畎亩⑦思致君，身在朝廷思济民。但期磊落忠信存，莫图苟且功名新。斯言殆可书诸绅⑧。

【注释】

① 干戈恣烂熳：古代武舞无拘无束放浪形骸。
② 屯（zhūn）：《易·屯》："屯，则柔始交而难生。"后引作处境艰难。
③ 中原竟失鹿：此指北宋失去政权，金朝灭北宋。成语"逐鹿中原"。
④ 遗芳藉远祖，阴理出先人：自己目前所有的一切皆因祖先的荫庇而得。先人，已亡的父、祖。
⑤ 家无儋（dàn）石储：儋石亦作"担石"。《通雅·算数》："《汉书》一石为石，再石为儋，言人儋之也。"常用来形容米粟为数不多。《汉书·扬雄传上》："家产不过十金，乏无儋石之储。"
⑥ 乃亲：父母对子的自称。
⑦ 身居畎亩：指意不在官位，在野。
⑧ 书诸绅：语出《论语·卫灵公》："子张书诸绅。"指将重要的训言书于绅上，以示铭记。"书诸绅"通作"书绅"。绅，古代士大夫束在衣外的大带。

与子勋书

[元] 陈栎

陈栎（1251—1334年），字寿翁，安徽休宁人。元代学者，乡试中选而拒仕。宋亡，隐居不出，以教书著书为生。因堂名"定宇"，世称"定宇先生"，晚年自号东阜老人。著《尚书集传纂疏》《定宇集》《勤有堂随录》《历朝通略》等。

该文取《四库全书》中《定宇集》为底本校注。

我本未欲遣汝出，偶遇机会，故如此。妆须是自卓立、自争气、自求长进、自做取成人，不可如前日悠悠见笑于人。今幸遇亲家执敬老师，重厚典刑①，可亲炙取法②。姊夫子静先生博淹修洁③，可以资问请益。好文字、好说话，随手录取，归日要观。仲文非特益友，实足为汝师，渠④之言一一谨守，不可一毫违之。按渠之言而力行之，永永无失。

今受人子弟之托，须是且以教人为急，自己事且放缓。然教人读书，即是我读。教人做文字，即是如我自做。教人解书，即是我自解。教人熟而记得，即是我自熟自记得。教人便是自学。如此力行，不特人有长进，我亦自有长进。又，教人读书，今虽不必与人尽解，然我却不可不自晓得。须是每日随人所上之书逐段自检，看解得晓得，不可徒读其句读⑤而不晓其道理，如和尚念经也。

每日早起晏眠，除登厕外莫妄出一步，不可与人闲说一句惹是非，待学生必正色端庄，如此，决不遭侮。夏楚⑥人家多不乐此，不宜施。须是勤而有常，谨审而不敢轻易。能守得"勤"与"谨"二字，万万无失。言语要简而当，从容而分明，最不要夸张妄诞。学生事业⑦与主人商量，各人具一日程而日日谨守之。

【注释】

① 典刑：《诗·大雅·荡》："虽无老成人，尚有典刑。"郑玄注："老成人谓若伊尹……之属。虽无此臣，犹有常事故法可案用也。"后以"典刑"指遗留下来的规范。
② 亲炙取法：亲身得到熏陶而受到教益。"亲炙"语出《孟子·尽心下》，朱熹注："亲近而熏炙之也。"

③ 博淹修洁：博淹，指知识广博，同"博洽"。修洁，高尚纯洁。
④ 渠：第三人称代词，他。《玉台新咏·古诗为焦仲卿妻作》："渠会永无缘。"
⑤ 句读：也称"句逗""断句"，给文言文做断句标点符号。
⑥ 夏（jiǎ）楚：又作"榎楚"，教鞭，后泛指体罚学童的工具。《礼记·学记》："夏楚二物，收其威也。"
⑦ 事业：此处指学生的学业。

郑氏规范

[元]郑太和

  郑太和（生卒不详），字顺卿，浙江浦江人。元代任龙湾税课提领。浦江郑氏，世称"郑义门"，以孝义治家，名冠天下。十五世同堂，三百年不分家，鼎盛时期多达三千余人同灶而食。郑义门共有一百七十三名为官，最高担任礼部尚书，且无一人因污迹而遭罢官。元顺帝赐"江南第一家"巨匾以资褒奖。

  《郑氏规范》系一世祖郑绮、六世孙郑太和先定家规五十八则，七世孙郑钦等增添九十二则；八世孙郑涛增损为一百六十八则。后经明初开国大臣宋濂作序成册。本文录自《丛书集成初稿》。

  一、立祠堂一所，以奉先世神主①。出入必告正②，至朔望必参，俗节必荐时物③。四时祭祀，其仪式并遵文公《家礼》④。然各用仲月望日行事，事毕，更行会拜之礼。

  一、时祭之外，不得妄祀邀福。凡遇忌辰，孝子当素衣致祭。不作佛事，象钱寓马⑤，亦并绝之。是日不得饮酒、食肉、听乐，夜则出宿于外。

  一、祠堂所以报本⑥，宗子⑦当严洒扫扃钥⑧之事，所有祭器服，不许他用。祭器服，如深衣、席褥、盘盏、碗碟、椅桌、盥盆之类。

  一、祭祀务在孝敬，以尽报本之诚。其或行礼不恭，离席自便，与夫跛倚⑨、欠伸、哕噫、嚏咳，一切失容之事，督过议罚。督过不言，众则罚之。

  一、拨常稔之田一百五十亩（世远逐增），别蓄其租，专充祭祀之费。其田券印"义门郑氏祭田"六字。字号步亩，亦当勒石祠堂之左，俾子孙永远保守。有言质鬻⑩者，以不孝论。

  一、子孙入祠堂者，当正衣冠，即如祖考在上。不得嬉笑、对语、疾步。晨昏皆当致恭而退。

  一、宗子上奉祖考，下壹⑪宗族。家长当竭力教养。若其不肖，当遵横渠张子⑫之说，择次贤者易之。

  一、诸处茔冢，岁节⑬及寒食⑭、十月朔，子孙须亲展省（妇人不与）。近茔竹树，不许剪拜，各处庵宇，更当葺治。至于作冢制度，已有《家礼》可法，不必过奢。

一、坟茔年远，其有平塌浅露者，宗子当择洁土益之，更立石，深刻名氏，勿致湮灭难考。

一、四月一日，系初迁之祖遂阳府君⑮降生之朝，宗子当奉神主于有序堂⑯，集家众行一献礼，复击鼓一十五声，令子弟一人朗诵谱图⑰一过，曰明谱会。团揖而退。

一、朔望，家长率众参谒祠堂毕，出坐堂上，男女分立堂下，击鼓二十四声，令子弟一人唱云："听，听，听，凡为子者必孝其亲，为妻者必敬其夫，为兄者必爱其弟，为弟者必恭其兄。听，听，听，毋徇私以妨大义，毋怠惰以荒厥事，毋纵奢以干天刑⑱，毋用妇言以间和气，毋为横非⑲以扰门庭，毋耽曲蘖⑳以乱厥性。有一于此，既殒尔德，复䲭㉑尔允㉒。眷兹祖训，实系废兴。言之再三，尔宜深戒。听，听，听。"众皆一揖，分东西行而坐。复令子弟敬诵孝悌故实一过，会揖而退。

一、每旦，击钟二十四声，家众俱兴。四声，咸盥漱。八声，入有序堂。家长中坐，男女分坐左右，令未冠子弟朗诵男女训戒之辞。《男训》云："人家盛衰，皆系乎积善与积恶而已。何谓积善？居家则孝悌，处事则仁恕，凡所以济人者皆是也；何谓积恶？恃己之势以自强，克人之财以自富，凡所以欺心者皆是也。是故能爱子孙者，遗之以善；不爱子孙者，遗之以恶。《传》曰：'积善之家，必有余庆，积不善之家，必有余殃。'天理昭然，各宜深省。"《女训》云："家之和与不和，皆系妇人之贤否。何谓贤？事舅姑以孝顺，奉丈夫以恭敬，待娣姒㉓以温和，接子孙以慈爱，如此之类是也；何谓不贤？淫狎妒忌，恃强凌弱，摇鼓是非，纵意徇私，如此之类是也。天道甚近，福善祸淫，为妇人者，不可不畏。"诵毕，男女起，向家长一揖，复分左右行，会揖而退，无声。男会膳于同心堂㉔，女会膳于安贞堂㉕，三时并同。其不至者，家长规之。

一、家长总治一家大小之务，凡事令子弟分掌。然须谨守礼法，以制其下。其下有事，亦须咨禀而后行，不得私假，不得私与。

一、家长专以至公无私为本，不得徇偏。如其有失，举家随而谏之。然必起敬起孝，毋妨和气。若其不能任事，次者佐之。

一、为家长者，当以至诚待下。一言不可妄发，一行不可妄为，庶合古人以身教之之意。临事之际,毋察察而明,毋昧昧而昏,更须以量容人,常视一家如一身可也。

一、家中产业文券,既印"义门公堂产业子孙永守"等字,仍书字号。置立《砧基簿》书,告官印押(续置当如此法)。家长会众封藏,不可擅开。不论长幼,有敢言质鬻者,以不孝论。

一、子孙倘有私置田业、私积货泉㉖,事迹显然彰著,众得言之家长,家长率众告于祠堂,击鼓声罪而榜于壁,更邀其所与亲朋告语之。所私即便拘纳公堂。有不服者,告官以不孝论。其有立心无私,积劳于家者,优礼遇之,更于《劝惩簿》上明记其绩,以示于后。

一、子孙赌博无赖及一应违于礼法之事,家长度其不可容,会众罚拜以愧之。但长一年者,受三十拜。又不悛㉗,则会众而痛楚之。又不悛,则陈于官而放绝之,仍告于祠堂,于宗图㉘上削其名。三年能改者,复之。

一、凡遇凶荒事故,或有阙支,家长预为区划,不使匮乏。

一、朔望二日,家长检点一应大小之务,有不笃行者议罚。诸簿籍或过日不算结㉙,及失时不具呈者,亦量情议罚。

一、内外屋宇大小修造工役,家长常加点检,委人用工,毋致损坏。

一、每岁掌事子弟交代,先须谒祠堂,书祝致告,次拜家长,然后领事。

一、设典事㉚二人,以助家长行事。必选刚正公明,才堪治家,为众人之表率者为之,并不论长幼,不限年月。凡一家大小之务,无不与焉。每夜须了诸事,方许就寝。违者,家长议罚。

一、每夜聚会之际,典事对众商榷,何日可行某事,书之于籍。上半月所书,下半月行之;下半月所书,次上半月行之。庶无迁滞之患。事当即行者弗拘。

一、择端严公明,可以服众者一人,监视诸事(四十以上方可,然必二年一轮)。有善公言之,有不善亦公言之。如或知而不言,与言而非实,众告祠堂,鸣鼓声,而易置之。

一、监视莅事,告祠堂毕,集家众于有序堂,先拜尊长四拜,次受卑幼四拜,然后鸣鼓,细说家规,使肃听之。

一、监视纠正一家之是非,所以为齐家之则,而家之盛衰系焉,不可顾忌不言。在上者,必当犯颜直谏,谏若不从,悦则复谏;在下者则教以人伦大义,不从则责,又不从则挞。

一、立《劝惩簿》，令监视掌之。月书功过，以为善善恶恶之戒。有沮[31]之者，以不孝论。

一、造二牌，一刻"劝"字，一刻"惩"字，下空一截，用纸写贴。何人有何功，何人有何过，既上《劝惩簿》，更上牌中，挂会揖处，三日方收，以示赏罚。

一、设主记一人，以会货泉谷粟出纳之数。凡谷匦收满，主记封记，不许擅开，违者量轻重议罚。如遇开支，主记不亲视，罚亦如之。钥匙皆主记收，遇开则渐次付之，支讫，复还主记。

一、选老成有知虑者，通掌门户之事。输纳赋租，皆禀家长而行。至于山林陂池防范之务，与夫增拓田业之勤，计会财息之任，亦并属之。

一、立家之道，不可过刚，不可过柔，须适厥中。凡子弟，当随掌门户者，轮去州邑，练达世故[32]，庶无懵暗不谙事机之患。若年过七十者，当自葆绥[33]，不宜轻出。

一、增拓产业，长上必须与掌门户者详其物与价等，然后行之。或掌门户者他出，必俟其归，方可交易。然又预使子弟亲去看视肥瘠，及见在文凭无差，切不可鲁莽，以为子孙之害。

一、凡置产业，即时书于《受产簿》中，不许过于次日。仍用招人佃种，其或失时不行，家长朔望点检议罚。

一、增拓产业，彼则出于不得已，吾则欲为子孙悠久之计，当体究果直几缗，尽数还足。不可与驵侩[34]交谋，潜萌侵人利己之心，否则天道好还，纵得之，必失之矣。交券务极分明，不可以物货逋负[35]相准。或有欠者，后当索偿，又不可以秋税暗附他人之籍，使人倍输官府，积祸非轻。

一、每年之中，命二人掌管新事，所掌收放钱粟之类。又命二人掌管旧事，所掌冠婚丧祭及饮食之类。然皆以六月而代，务使劳逸适均。

一、新旧管轮，当须视为切己之事。计会经理，自二十五岁至六十岁止。过此血气既衰，当优遇之，毋任以事。

一、新旧管皆置《日簿》，每日计其所入几何？所出几何？总结于后，十日一呈监视。果无私滥，则监视书其下，曰："体验无私。"后若显露，先责监视，次及新旧管。

一、新管置一《总租簿》，明写一年逐色谷若干石，总计若干石，又新置田若干石。此是一定之额，却于当年十二月望日，以所收者与前数总较之，便知实欠多少，以凭催索。后索到者，别书于《畸零簿》，至交代时，却入《总租簿》内通算。

一、新管所收谷麦，每匣收讫，即结总数报于主记。置《租赋簿》，令其亲书"某号匣系某人于某年月日收何等谷麦若干石"。量出之时，亦须置簿，书写"某匣舂磨㊱自某日支起至某日用毕"，以凭稽考。

一、新管所管谷麦，必当十分用心，及时收晒，免致颣烂。收支明白，不至亏折。关防勤谨，不至遗失，赏则及之。若有前弊，罚本年衣资绵线不给。如遇称收繁冗，则拨子弟分收之。

一、佃人用钱货折租者，新管当逐项收贮，别附于簿，每日纳诸家长。至交代时，通结大数，书于《总租簿》，云"收到佃家钱货若干，总记租谷若干"。如以禽畜之类准折者，则付与旧管。支钱入账，不可与杂色钱同收。

一、田地有荒芜者，新管逐年招佃。或遇堋㊲江，亦即书簿，以俟开垦。既毕，复入原簿，免致失于照管。

一、田租既有定额，子孙不得别增数目。所有逋租，亦不可起息，以重困里党㊳之人。但务及时勤索，以免亏折。

一、佃家劳苦，不可备陈，试与会计之，所获何尝补其所费。新管当矜怜痛悯，不可纵意过求，设使尔欲既遂，他人谓何？否则贻怒造物，家道弗延。除正租外，所有佃麦、佃鸡之类，断不可取。

一、邻族分岁之饮，旧管于冬至后排日为之。

一、男女六十者，礼宜异膳。旧管尽心奉养，务在合宜。违者罚之。

一、新管簿书不分明者，不许交代。一应催督钱谷，须是先时逐项详注已未收索之数，于交代日分明条说，并承账人交付。虽累更新管，要如出于一手，庶不使人欺隐。旧管簿书不分明者，亦不许交代。

一、所用监视及新旧管，其有才干优长、不可遽代者，听众人举留。

一、设差服长一人，专掌男女衣资事。宜先措置，夏衣之给，须在四月。冬衣之给，须在九月。不得临时猝办，如或过时不给，家长罚之。（凡生男女，周岁则给。）

一、男子衣资，一年一给。十岁以上者，半其给，给以布。十六岁以上者，全其给，兼以帛。四十岁以上者，优其给，给以帛。仍皆给裁制之费。若年至二十者，当给礼衣一袭，巾履则一年一更。

一、妇人衣资，照依前数，两年一给之。女子及笄㊴者，给银首饰一副。

一、每岁，羞服长除给男女衣资外，更于四时祭后一日，俵散㊵诸妇履材及油泽、脂粉、针花之属。

一、各房染段，羞服长斟酌为之，仍置簿书之，毋使多寡不均。

一、子孙须令饱暖，方能保全义气。当令廉谨有为者以掌羞服之事，务要合宜，而无不足之叹。

一、设掌膳二人，以供家众膳食之事，务要及时烹爨，不许干预旧管杂役，亦须一年一轮。

一、择廉谨子弟二人，收掌钱货。所出所入，皆明白附簿。或有折陷者，勒其本房衣资首饰，补还公堂。

一、择廉干子弟二人，以掌营运之事。岁终会算，通计其数，呈于家长。监视严加关防，察其私滥。

一、子孙以理财为务者，若沉迷酒色、妄肆费用，以致亏陷，家长核实罪之，与私置私积者同。

一、委人启肆㊶，皆公堂给本与之，一年一度，新管为之结算，其子钱㊷纳诸公堂。

一、畜牧树艺，当令一人专掌之。须置簿，书写数目，以凭稽考。然须常加点检，务要增益。如或失时不办，住本人本年衣资不给。

一、设知宾二人，接奉谈论、提督茶汤、点视床帐被褥，务要合宜。

一、亲宾往来，掌宾客者禀于家长。当以诚意延款，务合其宜。虽至亲，亦宜宿于外馆。

一、亲朋会聚，若至十人，旧管不许于夜中设宴。时有小酌，亦不许至一更，昼则不拘。

一、亲姻馈送，一年一度，非常庆吊，则不拘此。切不可过奢，又不可视贫而加薄，视富而加厚。

一、子弟未冠者，学业未成，不听食肉。古有是法，非惟有资于勤苦，抑欲其识齑盐之味。

一、子弟未冠者，不许以字行，不许以第称，庶几合于古人责成之意。

一、子弟年十六以上，许行冠礼㊸，须能暗记《四书》《五经》㊹正文，讲说大义，方可行之。否则，直至二十一岁。弟若先能，则先冠，以愧之。

一、子弟当冠，须延有德之宾，庶可责以成人之道。其仪式尽遵文公《家礼》[45]。

一、子弟已冠而习学者，每月十日一轮，挑背已记之书，及谱图、家范之类。初次不通，去巾一日。再次不通，则倍之。三次不通，则分给如未冠时。通则复之。

一、女子年及笄者，母为选宾行礼，制辞字之。

一、婚姻乃人道之本。亲迎、醮啐、奠雁、授绥[46]之礼，人多违之。今一祛时俗之习，其仪式并遵文公《家礼》。

一、婚嫁必须择温良有家法者，不可慕富贵，以亏择配之义。其豪强、逆乱，世有恶疾者，毋得与议。

一、立嘉礼庄一所，拨田一千五百亩（世远逐增），别储其租，令廉干子弟专掌。充婚嫁诸费，男女各以谷一百五十石为则。

一、娶妇须以嗣亲为重，不得享宾，不得用乐，违者罚之。入门四日，婿妇同往妇家，行谒见之礼。

一、娶妇三日，妇则见于祠堂，男则拜于中堂，行受家规之礼。先拜四拜，家长以家规授之，嘱其谨守勿失。复拜四拜而去。又以房匾授之，使其揭于房闼之外，以为出入观省。会茶而退。

一、子孙当娶时，须用同身寸制深衣[47]一袭，巾履各一事，仍令自藏，以备行礼之用。

一、子孙有妻子者，不得更置侧室[48]，以乱上下之分，违者责之。若年四十无子者，许置一人，不得与公堂坐。

一、女子议亲，须谋于众，其或父母于幼年妄自许人者，公堂不与妆奁[49]。

一、女适人者，若有外甥，弥月之礼，惟首生者与之。余并不许，但令人以食味慰问之。

一、甥婿初归，除公堂依礼与之，不得别有私与，诸亲并同。

一、姻家初见，当以币帛为贽，不用银爵[50]。他有馈者，此亦不受。

一、丧礼久废，多惑于释老[51]之说，今皆绝之，其仪式遵文公《家礼》。

一、子孙临丧，当务尽礼，不得惑于阴阳，非礼拘忌，以乖大义。

一、丧事不得用乐。服未阕[52]者，不得饮酒食肉，违者不孝论。

一、子孙器识可以出仕者，颇资勉之。既仕，须奉公勤政，毋踏贪黩，以忝家法。任满交代，不可过于留恋。亦不宜恃贵自尊，以骄宗族，仍用一遵家范。违者以不孝论。

一、子孙倘有出仕者，当蚤夜切切以报国为务。忱恤下民，实如慈母之保赤子。有申理者，哀矜恳恻，务得其情，毋行苛虐[53]。又不可一毫妄取于民。若在任衣食不能给者，公堂资而勉之。其或廪禄有余，亦当纳之公堂，不可私于妻孥，竞为华丽之饰，以起不平之心。违者天实临之。

一、子孙出仕，有以赃墨[54]闻者，生则于《谱图》上削去其名，死则不许入祠堂。（如被诬指者则不拘此。）

一、宗人实共一气所生，彼病则吾病，彼辱则吾辱，理势然也。子孙当委曲庇覆，勿使失所，切不可恃势凌轹，以忝厥祖[55]。更于缺食之际，揆其贫者，月给谷六斗，直至秋成住给。其不能婚嫁者，助之。

一、为人之道，舍教其何以先？当营义方一区，以教宗族之子弟，免其束修[56]。

一、宗族无所归者，量拨房屋以居之。更劝勿用火葬，无地者听埋义冢之中。

一、立义冢[57]一所。乡邻死亡，委无子孙者，与给椁椟[58]埋之。其鳏寡孤独果无自存者，时赒[59]给之。

一、宗人无子，实坠厥祀，当择亲近者为继立之，更少资之。

一、宗人若寒，深当悯恻。其果无衾与絮者，子孙当量力而资助之。

一、祖父所建义祠，奉宗族之无后者。立春祭先祖毕，当令子孙设馔祭之，更为修理，毋致隳坏。

一、立春当行会族之礼，不问亲疏，户延一人，食品以三进为节。

一、里党或有缺食，裁量出谷借之，后催元谷归还，勿收其息。其产子之家，给助粥谷二斗五升。

一、展药市一区，收贮药材。邻族疾病，其症彰彰可验，如疟痢痛疖之类，施药与之。更须诊察寒热虚实，不可慢易。此外不可妄与，恐致误人。

一、桥圮路淖[60]，子孙倘有余资，当助修治，以便行客。或遇隆暑，又当于通衢设汤茗一二处，以济渴者，自六月朔至八月朔止。

一、里党之疴痒疾痛，吾子孙当深念之。彼不自给，况望其馈我乎？但有一毫相赠，亦不可受，违者必受天殃。

一、拯救宗族里党一应等务，令监视置《推仁簿》，逐项书之，岁终于家长前会算。其或沽名失实及执吝不肯支者，天必绝之。此吾拳拳真切之言，不可不谨，不可不慎！

一、子孙须恂恂[61]孝友，实有义家气象。见兄长，坐必起，行必以序，应对必以名，毋以尔我。诸妇并同。

一、子孙之于尊长，咸以正称，不许假名易姓。

一、兄弟相呼，各以其字冠于兄弟之上；伯叔之命侄亦然。侄子称伯叔，则以行称，继之以父。夫妻亦当以字行，诸妇娣姒相呼并同。

一、子侄年非六十者，亦不许与伯叔连坐，违者家长罚之。会膳不拘。

一、卑幼不得抵抗尊长（一日之长皆是）。其有出言不逊、所行悖戾者，姑诲之。诲之不悛者，则重楚之。

一、子孙受长上诃责，不论是非，但当俯首默受，毋得分理[62]。

一、子孙固当竭力以奉尊长，为尊长者亦不可挟此自尊。攘拳奋袂[63]，忿言秽语，使人无所容身，甚非教养之道。若其有过，反复喻戒之。甚不得已者，会众楚之，以示耻辱。

一、子孙黎明闻钟即起。监视置《夙兴簿》[64]，令各人亲书其名，然后就所业。或有托故不书者，议罚。

一、子孙饮食，幼者必后于长者。言语亦必有序伦，应对宾客，不得杂以俚俗方言。

一、子孙不得谑浪败度[65]、免巾徒跣[66]。凡诸举动，不宜掉臂跳足以陷轻儇[67]。见宾客亦当肃行祗揖，不可参差错乱。

一、子孙不得目观非礼之书，其涉戏谑淫亵之语者，即焚毁之。妖幻符咒之属并同。

一、子孙不得从事交结，以保助闾里为名，而恣行己意，遂致轻冒刑宪[68]，隳圮家业。故吾再申言之，切宜刻骨。

一、子孙毋习吏胥，毋为僧道，毋狎屠竖[69]，以坏乱心术。当时以"仁义"二字铭心镂骨，庶或有成。

一、广储书籍，以惠子孙，不许假[70]人，以至散逸。仍识卷首云："义门书籍，子孙是教。鬻及借人，兹为不孝。"

一、延迎礼法之士，庶几有所观感，有所兴起。其于问学，资益非小。若巵词[71]幻学[72]之流，当稍款之，复逊辞以谢绝之。

一、小儿五岁者，每朔望参祠讲书，及忌日奉祭，可令学礼（入小学者当预四时祭祀）。每日早膳后，亦随众到书斋祗揖，须值祠堂者及斋长举名，否则罚之。其母不督，亦罚之。

一、子孙自八岁入小学，十二岁出就外傅[73]，十六岁入大学，聘致明师训饬，必以孝悌忠信为主，期抵于道。若年至二十一岁，其业无所就者，令习治家理财。向学有进者弗拘。

一、子孙年十二，于正月朔则出就外傅。见灯不许入中门，入者棰之。

一、子孙为学，须以孝义切切为务。若一向偏滞词章，深所不取。此实守家第一事，不可不慎！

一、子孙年未二十五者，除棉衣用绢帛外，余皆衣布。除寒冻用蜡屐[74]外，其余遇雨皆以麻屦[75]。从事三十里内，并须徒步。初到亲姻家者不拘。

一、子孙年未三十者，酒不许入唇。壮者虽许少饮，亦不宜沉酗杯酌，喧哗鼓舞，不顾尊长，违者棰之。若奉延宾客，唯务诚悫[76]，不必强人以酒。

一、子孙当以和待乡曲，宁我容人，毋使人容我。切不可先操忽人之心。若屡相凌逼，进退不已者，当理直之。

一、秋成谷价廉平之际，籴五百石，别为储蓄。遇时缺食，依原价粜给乡邻之困乏者。

一、子孙不得惑于邪说，溺于淫祀[77]，以邀福于鬼神。

一、子孙不得修造异端祠宇，妆塑土木形象。

一、子孙处事接物，当务诚朴，不可置纤巧之物，务以悦人，以长华丽之习。

一、子孙不得与人眩奇斗胜，两不相下。彼以其奢，我以吾俭，吾何害哉！

一、既称义门，进退皆务尽礼。不得引进倡优[78]，讴词献技，娱宾狎客，上累祖考之嘉训，下教子孙以不善。甚非小失。违者家长棰之。

一、家业之成，难如登天，当以俭素自绳是准。唯酒器用银外，子孙不得别造，以败我家风。

一、俗乐之设，诲淫长奢，切不可令子孙听，复习肆之，违者家长棰之。

一、棋枰、双陆[79]、词曲、虫鸟之类，皆足以蛊心惑志，废事败家，子孙当一切弃绝之。

一、子孙不得畜养飞鹰猎犬，专事佚游，亦不得恣情取餍[80]，以败家事。违者以不孝论。

一、吾家既以孝义表门，所习所行，无非积善之事，子孙皆当体此。不得妄肆威福，图胁人财，侵凌人产，以为祖宗积德之累。违者以不孝论。

一、子孙受人赘帛，皆纳之公堂，后与回礼。

一、子孙不得无故设席，以致滥支。唯酒食是议，君子不取。

一、子孙不得私造饮馔，以徇口腹之欲。违者姑诲之，诲之不悛，则责之（产者、病者不拘）。

一、凡遇生朝[81]，父母舅姑存者，酒果三行。亡者则致恭祠堂，终日追慕。

一、寿辰既不设筵，所有袜履，亦不可受。徒蠹[82]女工，无益于事。

一、家中燕飨[83]，男女不得互相献酬，庶几有别（若家长、舅姑礼宜馈食者不拘）。

一、各房用度杂物，公堂总买而均给之，不可私托邻族，越分竞买鲜华之物，以起乖争。

一、家众有疾，当痛念之，延良医以救疗之。

一、居室既多，守夜当轮用已娶子弟，终夜鸣磬以达旦，仍鸣小磬，周行居室者四次。所过之处，随手启闭门扃，务在谨严，以防偷窃。有故不在家者，次轮当者续之。

一、防虞之事，除守夜及就外傅者，别设一人，谨察风烛，扫拂灶尘。凡可以救灾之工具，常须增置（若油篮系索之属）。更列水缸于房闼之外（冬月用草结盖，以护寒冻）。复于空地造屋，安置薪炭。所有辟蚊蒿烬，亦弃绝之。

一、旱暵[84]之时，子弟不得吝惜陂塘之水，以妨灌注。

一、诸妇必须安祥恭敬，奉舅姑以孝，事丈夫以礼，待娣姒以和。无故不出中门，夜行以烛，无烛则止。如其淫狎，即宜屏放。若有妒忌长舌者，姑诲之；诲之不悛，则责之；责之不悛，则出之。

一、诸妇谍言[85]无耻及干预阃外[86]事者，当罚拜以愧之。

一、诸妇初来，何可便责以吾家之礼？限半年，皆要通晓家规大意。或有不教者，罚其夫。

一、初来之妇，一月之外，许用便服。

一、诸妇服饰，毋事华靡，但务雅洁。违则罚之。更不许其饮酒，年过五十者勿拘。

一、诸妇之家，贫富不同，所用器物，或有或无，家长量度给之，庶使均而无怨。

一、诸妇主馈，十日一轮，年至六十者免之。新娶之妇，与假三月，三月之外，即当主馈。主馈之时，外则告于祠堂，内则会茶以闻于众。托故不至者，罚其夫。膳堂所有锁钥及器皿之类，主馈者次第交之。

一、诸妇工作，当聚一处，机杼纺织，各尽所长。非但别其勤惰，且革其私。

一、主母之尊，欲使家众悦服，不可使侧室为之，以乱尊卑。

一、每岁畜蚕，主母分给蚕种与诸妇，使之在房畜饲。待成熟时，却就蚕屋上箔[87]，须令子弟直宿，以防风烛[88]。所得之茧，当聚一处抽缫[89]。更预先抄写各房所畜多寡之数，照什一之法赏之。

一、诸妇每岁所治丝棉之类，羞服长同主母称量，付诸妇，共成段匹。羞服长复著其铢两于簿，主母则催督而成之。诸妇能自织造者，羞服长先用什一之法赏之，然后给散于众。

一、诸妇每岁公堂于九月俵散木棉，使成布匹。限以次年八月交收，通卖钱物，以给一岁衣资之用。公堂不许侵使。或有故意制造不佳，及不登数者，则准给本房。甚者住其衣资不给（病者不拘）。有能依期而登数者，照什一之法赏之。其事并系羞服长主之。

一、诸妇育子，不得接受邻族鸡子虦胃之类，旧管日周给之。

一、诸妇育子，苟无大故，必亲乳之，不可置乳母，以饥人之子。

一、诸妇之于母家，二亲存者，礼得归宁。无者不许。其有庆吊势不可已者，但令人往。

一、诸妇亲姻颇多，除本房至亲与相见外，余并不许。可相见者，亦须子弟引导，方入中门。见灯不许。违者会众罚其夫（主母不拘）。

一、妇人亲族，有为僧道者，不许往来。

一、朔望后一日，令诸生聚揖之时，直说《古列女传》，使诸妇听之。

一、世人生女，往往多致溺[90]没。纵曰女子难嫁，荆钗布裙，有何不可？诸妇违者议罚。

一、女子年及八岁者，不许随母到外家。余虽至亲之家，亦不许往，违者重罚其母。

一、少母但可受自己子妇跪拜，其余子弟，不过长揖。诸妇亦同。有违者，监视议罚（死后忌日亦同）。

一、男女不共圊溷[91]，不共湢浴[92]，以谨其嫌。春冬则十日一浴，夏秋不拘。

一、男女不亲授受,礼之常也。诸妇不得用刀镊工剃面。

一、庄妇类多无识之人,最能翻斗是非。若非高明,鲜有不遭其聋瞽,切不可纵其来往。岁时展贺,亦不可令入房闼⁹³。

【注释】

① 神主:旧时民间为死者(父、母、祖父、祖母等长辈)所立的牌位,又称"灵牌""神位"。
② 告正:有大事告于祖庙,即告庙。《白虎通义》:"王者出,必告庙何?孝子出辞反面,事死如事生。"
③ 俗节必荐时物:俗节,民间习俗所制定的节日。荐,推荐。时物,即时新,当时新鲜的食物和水果。
④ 文公《家礼》:旧题朱熹撰,共五卷,另附录一卷。朱熹,南宋理学家、思想家、哲学家、教育家。创立儒家"程朱学派",在明清两代被提到儒学正宗地位。谥号"文",世称"朱文公"。
⑤ 象钱寓马:纸钱、冥币和木刻的假马。皆为祭礼或丧葬的明器物件。
⑥ 报本:报答先祖恩德的祭祀。
⑦ 宗子:古代宗法制度,嫡长子为族人兄弟共宗(尊),故称"宗子"。《礼记·典礼下》:"支子不祭,祭必告于宗子。"
⑧ 扃(jiōng)钥:扃,门窗上的插关。钥,钥匙。扃钥,关闭门窗并上锁。
⑨ 跛倚:一只脚独立站立,突显不严肃。《礼记·礼器》:"有司跛倚以临祭,其为不敬大矣。"
⑩ 质鬻(yù):质,典当,抵押。鬻,卖,变卖。
⑪ 壹:统一。《汉书董仲舒传》:"令后学者有所统壹,为群儒首。"此句意是嫡长子在前祭奠先祖,其他宗族在后统一次序排列祭祀。
⑫ 横渠张子:张载,字子厚,陕西眉县横渠镇人,世称"横渠先生",北宋思想家、教育家、理学创始人之一,程颢、程颐的表叔。提倡:"为天地立心,为生民立命,为往圣继绝学,为万世开太平。"
⑬ 岁节:旧时一年的节日。宋代有元旦、寒食、冬至三大节日,其他尚有立春、社日、元宵节、清明节、端午节、七夕节、中秋节、重阳节等。
⑭ 寒食:即寒食节,清明节前一天(或前两天),该日禁火,只可吃冷食。该节由来,因晋国名臣介之推,辅助晋文公回国而立功,晋文公赏赐功臣,无介子推,遂和母亲隐居绵山。传说晋文公寻不到,于清明节前一天放火烧山,逼他出山,但介子推与母抱树焚死。晋文公就定于是日禁火寒食。

⑮ 府君：旧时子孙对其先祖的尊称。
⑯ 有序堂：郑氏的庙堂名。
⑰ 谱图：宗族的族谱图表。
⑱ 天刑：上天的法则。《国语·周语下》："上非天刑，下非地德，中非民则。"
⑲ 横（hèng）非：蛮横不讲理，为非作歹。
⑳ 曲糵（niè）：酒。
㉑ 隳（huī）：毁坏。《老子》："或挫或隳。"
㉒ 允：诚信。《诗经·小雅·车攻》："允矣君子。"
㉓ 娣姒：即妯娌，兄妻为姒，弟妻为娣。《尔雅》："长妇谓稚妇为娣妇，娣妇谓长妇为姒妇。"
㉔ 同心堂：郑氏堂名，男眷聚会处。
㉕ 安贞堂：郑氏堂名，女眷聚会处。
㉖ 货泉：古货币名。王莽制钱为货布、货泉两种。此处指钱财。
㉗ 不悛：不悔改，不改过。《左传·隐公六年》："长恶不悛。"成语"怙恶不悛"。
㉘ 宗图：族谱，宗谱，家谱。此指族谱。
㉙ 算结：结算，了结清算。
㉚ 典事：官名，北魏有典事，相当于尚书六部主事的官职。此指宗族中主管、执掌的人。
㉛ 沮（jǔ）：阻止、终止。《广韵》："沮，止也。"
㉜ 练达世故：练达，熟练通达。世故，接物待人的处世经验。
㉝ 葆绥：保护安抚。
㉞ 驵（zǎng）侩：一作"驵会"。牙商的古称，说合牲畜交易的中介人。后泛指市场交易的经纪人或中介人。
㉟ 逋（bū）负：拖欠负债。此指拖欠税款。
㊱ 舂磨：杵臼或磨去稻壳成米。
㊲ 堋（péng）：分水堵水灌溉的堤坝。
㊳ 里党：即"乡党"，邻里。
㊴ 及笄（jī）：笄，古代女子盘头发用的簪子。及笄，女子十五岁以簪结发为成人标志，如男子十六岁加冠为成人礼一样。
㊵ 俵（biào）散：散发，分给，分发。《聊斋志异》："方悟适所俵散，皆己物也。"
㊶ 启肆：启，开。肆，商店，作坊。
㊷ 子钱：旧时贷与他人取息的钱，今之利息。
㊸ 冠礼：旧时男子成年时（十六岁、十八岁、二十岁，各时期规定有异）加冠的礼节。《礼记·冠义》："古者冠礼，筮日筮宾，所以敬冠事。"今有"成人礼"。
㊹ 四书五经：儒家九部经典的合称。四书即《大学》《中庸》《论语》《孟子》，其名始

称于宋代大儒朱熹。五经即《诗》《书》《礼》《易》《春秋》，其名始称于汉武帝时。

㊺ 文公《家礼》：相传是宋代儒学大家朱熹（文公）所撰的家用礼仪之《家礼》。

㊻ 亲迎、醮啐、奠雁、授绥：皆为旧时结婚礼仪。亲迎，即迎亲，新郎领亲属至新娘家，迎接新娘进夫婿家进行婚礼。醮啐，饮结婚酒，似今新郎新娘喝交杯酒。奠雁，新郎迎亲至女家用雁作见面礼，表示对新娘的忠诚不二。《礼记·昏义》："婿执雁入，揖让升堂，再拜奠雁。"授绥，授予绥服（五服：甸服、侯服、绥服、要服、荒服）。

㊼ 深衣：旧时诸侯、大夫、士平时闲居所穿的衣服，上衣和下裳相连，前后深长。《礼记·玉藻》："夕深衣。"注："其私朝及在家，大夫、士，夕皆深衣也。"

㊽ 侧室：又称"偏房"，妾居室。

㊾ 妆奁（lián）：女子梳妆打扮器物，如梳妆台、镜、化妆品等。后指女子出嫁的嫁妆。

㊿ 银斝（jiǎ）：银制酒器，圆口，有鋬和三足，用以温酒。

(51) 释老：释，释迦牟尼，佛祖，代表佛教。老，老子，李耳，道教始祖，代表道教。

(52) 服未阕（què）：旧制，父母死后穿孝服守丧三年，期满除服，称"服阕"。《风俗通》："三年服阕。"服未阕，丧期未满三年。

(53) 苛虚：苛求虚假的表象。

(54) 赃墨：贪污受贿或盗窃的财物。

(55) 忝厥祖：有愧于其先人祖宗。

(56) 束修：又作"束脩"。脩，干肉，十条干肉为束脩。古代诸侯大夫相赠的礼物。后指学生向教师交纳的酬金，似今之学费。

(57) 义冢（zhǒng）：旧时收埋无主尸体的公墓。

(58) 槥椟（huì dú）：小型棺材。

(59) 赒（zhōu）：救济，周济。《周礼·地官·大司徒》："五党为州，使之相赒。"

(60) 桥圮（pǐ）路淖：桥倒塌，路泥泞。圮，坍塌，毁坏。淖，泥沼，泥泞，烂泥。

(61) 恂（xún）恂：亦作"悛悛"。谦恭谨慎。《论语·乡党》："孔子于乡党，恂恂如也。"

(62) 分理：辩论道理，分清理由。

(63) 攘拳奋袂：挥拳举袖，形容发怒的样子。

(64) 夙兴簿：记录早起床时间的笔记本。《诗经·卫风·氓》："夙兴夜寐。"

(65) 谑浪败度：戏谑放荡不羁，破坏法律法规。

(66) 免巾徒跣：不戴头巾（帽），光脚步行，一种地痞的形象。

(67) 轻儇（xuān）：轻佻巧佞。司马光《起请科场札子》："容止轻儇，言行丑恶。"

(68) 刑宪：刑法和法令。《汉书·萧望之传》："作宪垂法，为无穷之规。"

(69) 屠竖：屠户和童仆。竖，《列子》："又请杨子之竖追之。"

(70) 假：同"借"。《孟子·尽心上》："久假而不归。"

㉛ 哤（máng）词：言语杂乱。《国语·齐语一》："杂处则其言哤。"
㉒ 幻学：幻术之学，即指魔术、杂技、法术等。
㉓ 出就外傅：外出求学。此句出自《礼记·内则》："十年，出就外傅，居宿于外。"
㉔ 蜡屐：涂蜡的木屐，可以防风寒。皮日休《屣步访鲁望不遇》："雪晴墟里竹欹斜，蜡屐徐吟到陆家。"
㉕ 麻屦（jù）：用麻、葛等制成的单底鞋。《诗经·魏风·葛屦》："纠纠葛屦。"
㉖ 诚愨（què）：诚实忠厚。柳宗元《与吕恭论墓中石书书》："虑善善之过而莫之省，诚愨之道少损，故敢私言之。"
㉗ 淫祀：不在祀典的祀庙内祭祀。
㉘ 倡优：古代以乐舞戏谑为业的艺人。《汉书·灌夫传》："所爱倡优巧匠之属。"
㉙ 棋枰、双陆：棋枰系特指围棋的棋盘，此代指下棋。双陆，古代博戏，现已失传。
㉚ 餍（yàn）：满足。《孟子》："其良人出，则必餍酒肉而后返。"
㉛ 生朝：出生的日期，即生日。
㉜ 蠹（dù）：消耗，损害。清·顾炎武《生员论》："其小者足以蠹政害民。"
㉝ 燕飨（xiǎng）：燕通"宴"。亲朋相聚宴请宾客。《诗经·小雅·彤弓》："钟鼓既设，一朝飨之。"
㉞ 旱暵（mù）：干旱。《周礼·地官·舞师》："教皇舞，帅而舞旱暵之事。"
㉟ 谍言：喋喋不休，唠唠叨叨，说个没完。
㊱ 阃（kǔn）外：女子内室门外。
㊲ 箔：此处指"蚕箔"，又称"蚕帘"，是用竹篾或芦苇编成的一种养蚕器具。
㊳ 风烛：风中的烛焰容易熄灭。王羲之《题卫夫人笔阵图后》："时年五十有三，或恐风烛奄及。"此指蚕死。
㊴ 抽缫：从蚕茧上抽茧丝，多根茧丝再合成生丝的过程。
㊵ 渰：通"淹"。
㊶ 圊溷（qīng hùn）：厕所。裴松之注《三国志》："所到营垒井灶圊溷藩篱障塞，皆应绳墨。"
㊷ 湢（bì）浴：浴室。《礼记·内则》："不共湢浴。"
㊸ 闼（tà）：门内。《诗经·齐风·东方之日》："在我闼兮。"毛注："闼，门内也。"

《侯城杂诫》① 二则

[明] 方孝孺

方孝孺（1357—1402年），字希直，又字希古，号逊志，浙江宁海人。明朝大臣、学者、思想家、文学家、散文学家。明惠帝时官任翰林侍讲及翰林学士。燕王朱棣起兵夺帝位成功，方孝孺拒不投降，不为燕王草拟即位诏书，被朱棣杀害于南京，时年四十六岁。

方氏著作颇丰，著《逊志斋集》《方正学先生集》等。因其故里旧属缑城，故称"缑城先生"。本文采用《逊志斋集·卷一》为底本校注。

正伦

家不患乎不富，而患无礼。礼以正伦②，伦序得③则众志一。家合为一而不富者，未之有也。

为家以正伦理、别内外为本，以尊祖睦族为先，以勉学修身为教，以树艺畜牧为常。守以节俭，行以慈让。足己而济人，习礼而畏法，亦可以寡过④矣。

教子孙

为子孙者欲其悫⑤，不欲其浮。欲其循循然⑥，不欲其额额然⑦。循循者善之徒，额额者恶之符⑧。

国之本，臣是也；家之本，子孙是也。忠信礼让根于性，化于习。欲其子孙之善而不知教，是自弃其家也。

爱其子而不教，犹为不爱也；教而不以善，犹为不教也；有善言而不能行，虽善无益也。故语人以善者非难，闻善而不懈者为难。

【注释】

① 侯城杂诫：方孝孺因居缑城，人称"缑城先生"，自称"缑城生"，因缑通侯，又写成"侯城生"。其著作《侯城杂诫》和《侯城杂记》，有些书定作"缑城"。此"侯

城"是指作者自己,非指缑城里,也非指宁海。
② 正伦:端正人伦,即端正做好人与人之间的道德关系和遵守的行为准则。
③ 伦序:流辈,等类。《后汉书·谢夷吾传》:"方之古贤,实有伦序。"得:获得,得到。《说文解字》:"得,行有所得也。"
④ 寡过:很少犯错误。寡,少,缺少。《说文解字》:"寡,少也。"过,过失,错误。《左传·僖公三十三年》:"孤之过也,大夫何罪!"
⑤ 愨(què):诚实,谨慎,厚道,朴实。《孔子家语》:"男愨而女贞。"
⑥ 循循然:诚实质朴而遵循规矩的样子。韩愈《通解》:"自桀之前千万年,天下之人循循然不知忠易其死也。"
⑦ 额(é)额然:肆恶不止的样子。《尚书·益稷》孔传:"常额额,肆恶无休息。"
⑧ 符:征兆。《史记·李武纪》:"以风符应合于天地。"

庭帏杂录（节录）

[明] 袁衷等录

袁衷（生卒不详），字秉忠，东莞人。明正统年间进士，官任梧州、永州知府，户部主事等。此文形式和体裁与其他家训有异，系袁衷兄弟五人，回忆记录父袁参坡及继母李氏家教言行，后为袁参坡女婿钱晓整理而成。袁氏家世参见文后钱晓跋。

本文录自《学海类编》，《丛书集成初编》亦载，《四库全书总目提要》亦有介绍。

卷上

《传》①称："孔子家儿不知骂，曾子②家儿不知怒，生而善敦③也。"汝祖生平不喜责人，每僮仆有过当刑，辄与汝祖母私约："我执杖往，汝来劝止，我体其意。"终身未尝以怒责仆，亦未尝骂仆。汝曹④识之。

汝曾祖菊泉先生尝语我云："吾家世不干禄仕⑤，所以历代无显名，然忠信孝友则世守之，第令子孙不失家法，足矣。即读书，亦但欲明理义，识古人趣向⑥。若富贵，则天也。"

凡言语、文字，与夫作事、应酬，皆须有涵蓄，方有味。说话到五七分便止，留有余不尽之意，令人默会。作事亦须得五七分势便止，若到十分，如张弓然，过满则折矣。

子华子⑦曰："人之性，其犹水然。水之源至洁而无秽，其所以湛之者，久则不能无易也。是故方圆曲折湛于所遇，而形易矣。青黄赤白湛于所受，而色易矣。砰訇⑧淙射⑨湛于所阂，而响易矣。泂伏悠容湛于所容，而态易矣。咸淡芳奥⑩湛于所染，而味易矣。此五易者，非水性也，而水之流则然。"孔子曰："性相近也，习相远也。"⑪尔辈慎习。

沈科初授南京行人司副，归别吾父，吾父谓之曰："前辈谓仕路乃毒蛇聚会之场，余谓其言稍过。然君子缘是可以自修，其毒未形也，吾谨避之，质直好义以服其心，察言观色，虑以下之，以平其忿。其毒既形，吾顺受之，彼以毒来，吾以慈爱可也。"

《记》称："吊丧不能赙，不问其所费，问疾不能馈，不问其所欲，见人不能馆，不问其所舍。"此言最尽物情，故张横渠⑫谓："物我两尽，自曲礼⑬入。"非虚言也。汝辈处世，宜一一据此推广，如见讼不能解，不问其所由。见灾不能恤，不问其所苦。见穷不能赈，不问其所乏。

问："天下事皆重根本而轻枝叶，《记》称：'天下有道则行有枝叶，无道则词有枝叶。'岂行贵枝叶乎？"父曰："枝叶从根本而出，邦有道，则人务实，故精神畅于践履⑭。无道，则人尚虚，故精神畅于词说⑮。"

予与二弟□□□待吾母，□□□□予辈不自知其非己出也，新衣初试，旋或污毁，吾母夜缝而密浣之，不使吾父知也。正食既饱，复索杂食，吾母量授而撙节⑯之，不拂，亦不恣也。或立言笑，必教以正，吾辈幼而知礼。先母没，期年，吾父继娶。吾母来时，先母灵座尚在，吾母朝夕上膳，必亲必敬。当岁时佳节，父或他出，吾母即率吾二人躬行奠礼。尝洒泪告曰："汝母不幸蚤⑰世，汝辈不及养，所可尽人子之心者，惟此祭耳。"为吾子孙者，幸勿忘此语。

以上男袁衷录。

宋儒教人专以读书为学，其失也俗。近世王伯安尽扫宋儒之陋，而教人专求之言语、文字之外，其失也虚。观子路曰："何必读书然后为学。"则孔门亦尝以读书为学，但须识得本领工夫，始不错耳。《孟子》曰："学问之道无他，求放心而已矣。"⑱求放心，是本领，学问，是枝叶。

作文、句法、字法，要当皆有源流，诚不可不熟玩古书，然不可蹈袭⑲，亦不可刻意摹拟，须要说礼精到。有千近古不可磨灭之见，亦须有关风化，不为陡作，乃可言文，若规规摹拟，则自家生意⑳索然㉑矣。

近世操觚习艺者，往往务为艰词晦语，或二字三字为句，以自矜高古，甚或使人不可句读，而味其理趣，则漠然如嚼蜡㉒耳。此文章之一大陋㉓也，尔辈切不可效之。

文字最可观人，如正人君子，其文必平正通达；如奸邪小人，其文必艰涩崎岖。

士之品有三：志于道德者为上，志于功名者次之，志于富贵者为下。近世人家生子，禀赋稍异父母，师友即以富贵期之。其子幸而有成，富贵之外，不复知功名为何物，况道德乎！吾祖生吾父，岐嶷㉔秀颖，吾父生吾亦不愚，然皆不习举业而授以五经㉕古义。生汝兄弟始教汝习举业，亦非徒以富贵望汝也，伊周㉖勋业、孔孟㉗文章，皆男子常事。位之得不得在天，德之修不修在我，毋弃其在我者，毋强其在天者。

欲洁身者必去垢，欲愈疾者必求医。昔曹子建㉘文字好人讥弹，应时改定。岂独文艺当尔哉？进德、修业皆当如此。

当理之言，人未必信。修洁之行，物或相猜。是以至宝多疑，荆山有泪。

作诗以真情说真境，方为作者。周濂溪㉙《和费令游山诗》云："是处尘劳皆可息，清时终不忍辞官。"此由衷之语，何其温柔敦厚也！若婴情魏阙，托兴青山，徒令人可厌耳。

比邻沈氏世仇予家。吾母初来，吾弟兄尚幼，吾家有桃一株，生出墙外，沈辄锯之，予兄弟见之，奔告吾母，吾母曰："是宜然。吾家之桃，岂可僭㉚彼家之地？"沈亦有枣生过予墙，枣初生，母呼吾弟兄戒曰："邻家之枣，慎勿扑取一枚！"并诫诸仆为守护。及枣熟，请沈女使至家面摘之，以盒送还。吾家有羊走入彼园，彼即扑死。明日，彼有羊窜过墙来，群仆大喜，亦欲扑之以偿昨憾，母曰："不可！"命送还之。沈某病，吾父往诊之，贻之药。父出，母复遣人告群邻曰："疾病相恤，邻里之义，沈负病，家贫，各出银五分以助之。"得银一两三钱五分，独助米一石。由是沈遂忘仇感义，至今两家姻戚往还。古语云："天下无不可化之人。"谅哉！

吾母爱吾兄弟逾于己出，未寒思衣，未饥思食，亲友有馈果馔，必留以相饲。既娶妇，依然呴育，无异韶龀㉛也。吾妇感其殷勤，泣语予曰："即亲生之母，何以逾此！"妻家或有馈，虽甚微鲜，不敢私尝，必以奉母。一日偶得鳜，妇亲烹，命小僮胡松持奉，松私食之。少顷，妇见姑，问曰："鳜堪食否？"姑愕然良久，曰："亦堪食。"妇疑，退而鞫㉜松，则知其窃食状，复走谒姑曰："鳜不送至，而曰堪食，何也？"吾母笑曰："欲问鳜，则必献。吾不食，则松必窃。吾不欲以口腹之故，见人过也。"其厚德如此！

以上男袁襄录。

【注释】

① 传（zhuàn）：书传。
② 曾子：名参，字子舆。山东嘉祥人。春秋末期人，孔子学生，相传著《大学》。儒学名家，后世尊为"宗圣"。

③ 敦：敦厚。
④ 汝曹：汝，你。曹，辈。杜甫《春水生二绝》："吾与汝曹俱眼明。"
⑤ 不干禄仕：不做事光拿俸禄的官吏。
⑥ 趣向：趣向于时。《易·系辞下》："变通者，趣时者也。"孔颖达注："趣向于时也。"
⑦ 子华子：战国时哲学家。魏国人，继承和发展杨朱学派思想。著《子华子》三卷，系后人伪作。
⑧ 砰訇（hōng）：响声宏大。李白《梁甫吟》："雷公砰訇震天鼓。"亦作"砰輷"。
⑨ 淙射：泉水和射箭的声音。
⑩ 奥（yù）：污浊。
⑪ 此句出自《论语·阳货》。朱熹注："此所谓性，兼气质而言者也。气质之性，固有美恶之不同矣。然以其初而言，则皆不甚相远也。但习于善则善，习于恶则恶，于是始，相远耳。"
⑫ 张横渠：张载，字子厚，陕西眉县横渠镇人，世称"横渠先生"。北宋思想家、教育家、理学创始人之一，创立"关学"。著《张子全书》。
⑬ 曲礼：《礼记》的篇名，记载春秋前后的社会生活中各种礼制的"细节"。
⑭ 践履：践踏。《诗经·大雅·行苇》："敦彼行苇，牛羊勿践履。"此处意为脚踏实地，为实。
⑮ 词说：即说词。此处意为流于空乏言语，为虚。
⑯ 撙节：抑制。《礼记·曲礼上》："是以君子奉敬撙节退让以明礼。"现已用作节省、节约之意。
⑰ 蚤：通"早"。
⑱ 此句出自《孟子·告子章句上》，朱熹注："盖能如是则志气清明，义理昭著，而可以上达，不然则昏昧放逸，虽曰从事于学，而终不能有所发明矣。"
⑲ 蹈袭：亦作"袭蹈"。因袭，沿用，抄袭。《宋史·米芾传》："芾为文奇险，不蹈袭前人轨辙。"
⑳ 生意：生机，生命力。此处指文章无生机。
㉑ 索然：空乏。成语"索然寡味""兴致索然"。
㉒ 嚼蜡：无味。成语"味如嚼蜡"。形容文章或说话枯燥无味，毫无趣味。《楞严经》："当横陈时，味如嚼蜡。"
㉓ 阨：灾难。《玉篇》："阨，困也，灾也。亦作厄。"
㉔ 岐嶷（nì）：原意为峻茂之状，后形容幼年聪慧。《诗经·大雅·生民》："克岐克嶷。"朱熹注："岐嶷，峻茂之状。"《三国志·吴书·孙和传》："和少岐嶷，有智意。"
㉕ 五经：儒家五部经典著作，即《诗》《书》《礼》《易》《春秋》，名始于汉武帝。
㉖ 伊周：伊，伊尹（尹是官名），商初大臣，辅助商汤灭夏，汤去世后，又辅佐二王。

周，周公，姓姬，名旦，周武王之弟，因封在周（陕西岐山），称为周公。曾辅助武王灭商，武王死后，摄政于成王。

㉗ 孔孟：孔，孔子，名丘，字仲尼，山东曲阜人。春秋时思想家、政治家、教育家，儒家创始者，后世尊"圣人"。著儒家经典之一的《论语》。孟，孟子，名轲，字子舆，山东邹城人。战国时思想家、政治家、教育家。孔子学说的第一继承人，有"亚圣"之称，著儒家经典之一的《孟子》。

㉘ 曹子建：曹植，字子建，曹操之子，三国时文学家，自幼聪慧，幼作名诗"七步诗"而负盛名，原有《集》，已佚，宋人辑《曹子建集》。

㉙ 周濂溪：周敦颐，字茂叔，湖南道县人。北宋哲学家，理学的开山鼻祖。因筑室庐山莲花峰下的小溪上，故居以濂溪名之，后世称"濂溪先生"。著《太极图说》《通书》《周子全书》。

㉚ 僭（jiàn）：超越，越过。

㉛ 龆齓（tiáo chèn）：同"髫龀"。指童年。庾信《周上柱国齐王宪神道碑》："未逾龆龀，已议论天下事。"

㉜ 鞫（jū）：审讯。《一切经音义》："鞫，告也。"

卷下

六朝颜之推① 家法最正，相传最远，作《颜氏家训》，谆谆欲子孙崇正教、尊学问。宋·吕蒙正② 晨起辄拜天，祝曰："愿敬信三宝③ 者，生于吾家！"不特其子公著为贤宰相，历代诸孙如居仁、祖谦辈，皆闻人贤士。此所当法也。

问作诗之法，曰："以性情为境，以无邪为法，以人伦物理④ 为用，以温柔敦厚为教，以凝神为入门，以超悟为究竟。"

起非分之思，开无谓之口，行无益之事，不如其已。

可爱之物，勿以求人；易犯之愆⑤，勿以禁人；难行之事，勿以令人。

终日戴天，不知其高；终日履地，不知其厚。故草不谢荣于雨露，子不谢生于父母。有识者，须反本而图报，勿贸贸⑥ 焉已也。

语云："斛满，人概之；人满，神概之。"⑦ 此良言也。智周万物，守之以愚；学高天下，持之以朴；德服人君，莅之以虚。不待其满而常自概之，虽鬼神无如吾何矣！

见精，始能为造道之言；养盛，始能为有德之言。其见卑而言高与养薄而徒事造语者，皆典谟⑧ 风雅之罪人也。

顾子声、王天宥、刘光浦在坐，设酒相款。刘称吾父"大节凛然，细行不苟，世之完德君子也"，父曰："岂敢当！尝自默默检点，有十过未除，正赖诸君之力共刷除之。"王问："何者为十？"父曰："外缘役役，内志悠悠，常使此日闲过，一也。闻人之过，口不敢言，而心常尤之，或遇其人而不能救正，二也。见人之贤，岂不爱慕，思之而不能与齐，辄复放过，三也。偶有横逆，自反不切，不能感动人，四也。爱惜名节，不能包荒，五也⑨。终日闲邪而心不能无妄思，七也。有过辄悔如不欲生，自谓永不复作矣，而日复一日，不觉不知，旋复忽犯，八也。布施而不能空其所有，忍辱而不能遣之于心，九也。极慕清净受不能断酒肉，十也。"顾曰："谨受教！"且顾余兄弟曰："汝曹识之，此尊翁实心寡过也！"

吾父不问家人生业，凡薪菜交易，皆吾母司之。秤银既平，必稍加毫厘，余问其故，母曰："细人⑩生理⑪至微，不可亏之。每次多银一厘，一年不过分外多使银五六钱，吾旋节他费补之，内不损己，外不亏人，吾行此数十年矣，儿曹世守之，勿变也！"

以上男袁裳录。

古人慎言，不但非礼勿言也，《中庸》所谓庸言，乃孝弟忠信之言，而亦谨之，是故万言万中，不如一默。

童子涉世未深，良心未丧，常存此心，便是作圣之本。

余幼学作文，父书八戒于稿簿之前，曰："毋剿袭，毋雷同，毋以浅见而窥，毋以满志而发，毋以作文之心而妄想俗事，毋以鄙秽之念而轻测真诠⑫，毋自是而恶人言，毋倦勤而怠己力。"

"韩退之⑬《符读书城南诗》专教子取富贵，识者陋之。吾今教尔曹正心诚意，能之乎？"予应曰："能！"问："心若何而正？"对曰："无邪即正！"问："意若何而诚？"曰："无伪即诚。"叱曰："此口头虚话，何可对大人！须实思其何以正，何以诚，始得。"余瞿然⑭有省。

野葛虽毒，不食则不能伤生。情欲虽危，不染则无由累己。问："何得不染？"曰："但使真心不昧，则欲念自消。偶起即觉，觉之能抚。如此而已。"

父每接人，辄温然如春，然察之，微有不同。接俗人，则正色缄口，诺诺无违。接尊长，则敛智黜华⑮，意念常下。接后辈，则随方寄诲，诚意可掬，惟接同志之友，或高谈雄辩，耸听四筵，或婉语微词，频惊独坐，闻之者，未始不爽然⑯失，帖然服也。

毋以饮食伤脾胃，毋以床笫耗元阳，毋以言语损现在之福，毋以田地造子孙之殃，毋以学术误天下后世。

丙午六月，父患微疾，命移榻于中堂，告诸兄曰："吾祖吾父，皆预知死期，皆沐浴更衣，肃然坐逝，皆不死于妇人之手。我今欲长逝矣。"遂闭户谢客，日惟焚香静坐。至七月初四日，亲友毕集，诸兄咸在，呼予携纸笔进前，书曰："附赘乾坤[17]七十年，飘然今喜谢尘缘。须知灵运终成佛，焉识王乔[18]不是仙！身外幸无轩冕[19]累，世间漫有性真传。云山千古成长往，哪管儿孙俗与贤。"投笔而逝。

以上男袁表录。

予随四兄夜诵，吾母必执女工相伴，或至夜分，吾二人寝乃寝。

每遇时物，虽微必献。未献，吾辈不敢先尝。

余与二侄同入泮，母曰："今日服衣巾，便是孔门弟子，纤毫有玷，便遗愧儒门。"是以余兢兢自守，不敢失坠。

吾母暇则纺纱，日有常课。吾妻陆氏劝其少息。曰："古人有一日不作，一日不食之戒。我辈何人？可无事而食？"故行年八十而服业不休。

远亲旧戚，每来相访，吾母必殷勤接纳。去则周之。贫者必程[20]其所，送之礼加数倍相酬。远者给以舟行路费，委曲周济，惟恐不逮。有胡氏、徐氏二姑，乃陶庄远亲，久已无服[21]，其来尤数[22]，待之尤厚，久留不厌也。刘光浦先生尝语四兄及余曰："众人皆趋势，汝家独怜贫。吾与汝父相交四十余年，每遇佳节，则穷亲满座，此至美之风俗也。汝家后必有闻人[23]，其在尔辈乎？"

四兄登科，报至，吾母了无喜色，但语予曰："汝祖、汝父，读尽天下书，汝兄今始成名，汝辈更须努力！"

以上男袁衮录。

《庭帏杂录》者，吾内兄袁裒等录父参坡公并母李氏之言也。参坡初娶王氏，生子二：曰裒，曰襄。裒五岁，襄四岁，王氏没，继娶李氏，生子三：曰裳、曰表、曰衮。衮十岁，参坡公亡。又二十七年，李氏弃世。故裒、襄所录父言居多，而衮幼不及事父，独佩母言自淑耳。参坡博学惇行，世罕其俦，李氏贤淑有识，磊磊有丈夫气。观兹录，可以想见其人矣。钱晓识。

【注释】

① 颜之推：字介，山东临沂人。南北朝北齐文学家。初任散骑常侍，后任黄门侍郎，

入隋为学士。颜氏以著《颜氏家训》著称，该书对后世家庭教育影响颇深，被称为"古今家训之祖"。全书共七卷二十篇。见本书。

② 吕蒙正：字圣功，河南洛阳人。北宋进士，官至宰相，且三任。

③ 三宝：《老子》："我有三宝，持而宝之：一曰慈，二曰俭，三曰不敢为天下先。"

④ 物理：事物的道理。《晋书·明帝纪》："帝聪明有机断，尤精物理。"

⑤ 愆（qiān）：罪过，过失。

⑥ 贸贸：蒙昧不明。《礼记·檀弓下》："有饿者蒙袂辑屦，贸贸然来。"郑玄注："贸贸，目不明之貌。"

⑦ 此句出自宋代赵令畤《侯鲭录》。概：古代量米麦时刮平斗斛的器具，似今之直尺。《韩非子·外储说左下》："概者，平量者也。"《管子·枢言》："釜鼓满，则人概之。"

⑧ 典谟：《尚书》中的《尧典》《舜典》和《大禹谟》《皋陶谟》之合称。《书》序："典谟训诰誓命之文凡百篇。"此处指经典。

⑨ 五也：原书缺六之过的条文。

⑩ 细人：见识短浅或地位低微的人。《礼记·檀弓上》："君子之爱人也以德，细人之爱人也以姑息。"此处指小商贩。

⑪ 生理：生意，买卖。宋代龚明之《中吴纪闻》："易为药肆，生理日益进。"

⑫ 真诠：真谛，真义。杜甫《秋日夔府咏怀奉寄郑监李宾客一百韵》："落帆追宿昔，衣褐向真诠。"

⑬ 韩退之：韩愈，字退之，河南孟州人。唐代文学家、哲学家。唐进士，任监察御史、刑部侍郎。"唐宋八大家"之首。自谓昌黎，世称"韩昌黎"。著《韩昌黎集》。

⑭ 瞿然：惊视的样子。《礼记杂记》："见似目瞿，闻名心瞿。"朱熹注："瞿然，惊变。"

⑮ 敛智黜华：收敛才智，收敛才华。

⑯ 爽然：明白，明智的样子。

⑰ 附赘乾坤：附属社会的多余物。自谦多余活在世上。

⑱ 王乔：神话人物。东汉山西夏县人。有神术。另一说系古仙人王子乔，见《后汉书·王乔传》。此处应指后者。

⑲ 轩冕：古时卿大夫的车服，也指官位爵禄或贵显的人。《晋书·应贞传》："轩冕相袭，为郡盛族。"

⑳ 程：计算，计量。《汉书·东方朔传》："程其器能。"

㉑ 无服：五服之外的远房亲戚。五服，旧时的丧服制度，以示亲疏远近之差别，名称有斩衰、齐衰、大功、小功、缌麻五种。

㉒ 尤数（shuò）：次数多。

㉓ 闻人：有名望的人。《荀子·宥坐》："少正卯，鲁之闻人也。"

霍渭崖家训

[明] 霍韬

霍韬（1487—1540年），字渭先，始号兀崖，后更号渭崖。明代广州人。明武宗正德年间进士及第。历任职方主事、礼部尚书、吏部左右侍郎等职。卒谥"文敏"。著有《诗经解》《象山学辨》《程朱训释》《渭崖集》《西汉笔评》《霍渭崖家训》等书。

该《霍渭崖家训》取《涵芬楼秘笈》第二集作底本，参考其他版本校注。

家训提纲

凡居家，卑幼须统于尊，故立宗子①一人，家长一人。

凡居家，事必有统乃不紊，故立田纲领一人，司货一人。

凡居家者庶人之职，故岁费制度，以庶人为准。

凡立家长，惟视材贤，不拘年齿，若宗子贤，即立宗子为家长，宗子不肖，别立家长。宗子只主祭祀。

凡宗子不为家长，只祭祀时宗子之主之，余则听家长命，给谷考最同众。

凡司《纪过旌善簿》，必慎选老成公正者。

凡《纪过簿》，虽家长有过皆书。

凡选礼生，必轮选老成公当者。

凡田纲领者，司货者，年轮老成公当者。

合爨② 男女异路图说。

凡朱扁③，男子由焉。墨扁④，女子由焉，阴阳之别也。男门由前，女门由后，外内之别也。人授两室，女从母，子从父，夫夫妇妇，子子女女，止其所也。男街直达，女街后转远别也。男止中堂，女止寝室，慎则也，女门重错，谨也，家人之义大矣哉。

家训卷之一　田圃第一

人家养生，农圃为重。末俗尚浮，不力田，不治圃。坐兴衰期，述田圃第一。

凡家中，计男女口凡几何，大口种田二亩，小口种田一亩。大口百口，种田二百亩，小口百口，种田百亩。岁入别一仓储，资家众口食，非力所入不得食。如不给，议量增。

凡子侄，年轮一人纲领田事，轮一人司货，纲领者、司货者不力耕，非纲领者、司货者，人耕田三十亩。子侄未娶者一人，童子一人，大仆一人，相牛一具。

凡子侄，人耕田三十亩。夏冬两季，效报所耕获以考功。纲领者岁会其功，第其入之数，咨禀家长行赏罚。

凡子侄，年二十五受田，五十出田。

凡耕田三十亩，岁别储谷十五石为种。

凡耕田三十亩，岁给公粪五十担，给粪赀⑤钱千文，莳秧钱四百。

凡耕牛，皆圉之一栏。凡畜猪，皆圂之一圈。积粪均资田圃，年轮纲领者一人均之。不如是，则散漫无统故也。

凡耕田三十亩，获禾，季给人功三十。

凡耕田三十亩，岁收亩入十石为上功，七石为中功，五石为下功。灾不在此限，乡俗以五升为斗。

凡纲领田事者，岁春初即分田工，量肥硗号召使力耕，夏获秋获，人稽其入，储之一室，俟完入乃咨家长，稽其勤惰。

凡耕田三十亩，如力不任耕，或志在大，不屑耕，听自雇人代耕，考功最。

凡种圃，人十口给地一分，余以是为差。

凡种圃，听自取粪，不给公栏。

凡私爨，听自取薪，不给公薪。

仓厢第二

有田则有粟，粟入有储，聚之于公，以稽岁入，散之于用，以稽岁费，不可无统纪。叙仓厢第二。

凡纲领田事者，岁验耕获，储之一仓，以给家众口食。非力耕不得食。

凡佃人租入，储之一仓，以供赋役。又储一仓，以备凶荒赈给。又储一仓，以供粢粱供祭祀。

凡佃人租入，百石别储二十石备凶荒，八十石供粢粱⑥，余以是为差。

凡男女大口，十岁以上，月支谷八斗。十岁以下，一岁以上，月六斗。

凡耕田三十亩，给大力一人，月谷一石二斗。小力一人，月谷八斗。生员举人，给小力一人，月谷八斗。

凡家长畜仆一人，应宾客，月谷八斗。一人守大门，月谷八斗，一人炕御书，月谷八斗，一人司晨昏，月谷八斗。

凡纲领田事者，畜仆一人管斗斛，月谷八斗。一人均粪种，月谷八斗。

凡司货者，给力一人司书计，月谷八斗，给力一人司奔走，月谷八斗。

凡仕宦，养病致仕五品以上官，给仆四人。六品以下二人，人月谷八斗。以赃黜及行检不谨，不给。

凡新娶，给媵⑦一人，月谷六斗，周年止。

凡年四十无子，许娶妾一人，月谷八斗。

凡私畜婢妾不支谷，例外童仆不支谷。

凡仓储，岁终，纲领田事者，会计一岁入若干，岁出若干，羡余若干，预备若干，咨禀家长。元旦集众，申明会计，乃付下年纲领田事者收掌。

凡岁终，家长考纲领田事者勤惰功程，考其会计，考其出纳，考其分派工作当否，以验能否，行赏罚。

货殖第三

居家生理，食货为急，聚百口以联居，仰赀于人，岂可也。冠婚丧祭，义礼供需，非货财不给。叙货殖第三。

凡年终租入，岁费赢余，别储一库，司货者掌之，会计之，以知家之虚实。

凡石湾窑冶，佛山炭铁，登州木植⑧，可以便民同利者，司货者掌之，年一人司窑冶，一人司炭铁，一人司木植，岁入利市，报于司货者，司货者岁终咨禀家长，以知功最。司窑冶者，犹兼治田，非谓只司窑冶而已，盖本可以兼末，事末不可废本故也。司木、司铁亦然。

凡弟侄岁报功最。元旦谒祠堂毕，参家长毕，众兄弟子侄相参拜毕，乃各陈其岁功于堂下。

凡岁报功最，设祖考神位中堂。家长侧立，众兄弟以次序立两廊，以次升堂，各报岁功。报毕，趋两廊序立。

凡岁报功最，以田五亩，银三十两为上最，田二亩银十五两为中最，田一亩银五两为下最，报上最，家长举酒祝于祖考曰："某上最，乃庆。"上最者跪，俯伏兴，乃啐酒二爵，家长侑饮⑨一爵，上最者又啐一爵。

凡岁报功最，田过五亩，银过三十两者，计其积余，十赏分之一，为其私，俾益其婚嫁之奁。如报田十亩，以五亩为正绩。余五亩，赏五分。报银百两，以三十两为正绩，余七十两，赏七两。

凡岁报功最，中最下最，无罚无赏。若无田一亩，无银一两，名曰无庸。司货者执无庸者跪之堂下，告于祖考曰："某某无庸，请罚。"家长跪告于祖考曰："请宥⑩之。"无庸者叩首，谢祖考，乃退。明年又无庸，司货者执无庸者跪之堂下，告于祖考曰："某某今又无庸。请罚。"家长跪，告于祖考曰："请再宥之。"无庸者叩首谢祖考，乃退。明年又无庸，司货者执无庸者跪之堂下，告于祖考曰："某某三岁无庸，请必罚。"家长乃跪，告于祖考曰："某某三岁无庸，请罪。"乃罚无庸者，荆二十。仍令之曰："尔无庸。"不得私畜仆婢，以崇尔私，用图尔后功。

凡营货贿，无损人利已，无放债准折人田宅，无准折人子女，无利上展利。

凡营货贿，无恃势侵弱，自冒法辜。

凡娶妇有私货，报于公堂籍记之，仍发私储以自经营，俟岁终报功最。

凡三年大考功最，将货实大陈于堂，以核验虚伪。

凡一年不上功最者，罚十荆；二年不上功最者，罚二十荆；三年不上功最，告于祖考，斥之出。

凡考最，前十年有最，后十年无最，免罚。

凡年五十，免考功最，未娶不考最，生员四十以下不考最，举人品官，不考货最。

凡务实力农，志无他图，只考农租最，不考货最。

凡家长不考最，每岁取多最一人赏分之财为家长准。生员赏分视下最，举人视中最，官视上最。

赋役第四

食土之毛，荷天之德，不思效报，禽兽奚择，世之顽民，窃利自肥，不供正赋，恒有辜殃，是宜惩。叙赋役第四。

凡租入，纲领田事者，预会计岁之赋役，储粟一仓，付司货者供赋。岁终咨禀家长，稽其赢余，备下年需。

凡租入，先储赋税之需，乃储杂费。

凡租入，预计税粮岁需几何？民壮岁需几何？水夫岁需几何？均平徭役，十年之需，一年几何？皆预储以备。

凡仓储赋税之入，不得假供他缺，虽救荒济饿不得假。重正赋也。

凡司货者，玩慢粮赋，家长告于祠堂，初犯责司书计者、司奔走者，再犯责司货，三犯，司货者送官惩。

衣布第五

衣以周身，寒暖之用，朴雅是宜，不先勤劳，布帛何获。叙衣布第五。

凡女子六岁以上，岁给吉贝⑪十斤，麻一斤。八岁以上，岁吉贝二十斤，麻二斤。十岁以上，岁吉贝五十斤，麻五斤。

凡妇初入门，岁吉贝二十斤，麻二斤。

凡妇奁装布帛听自贮，自奁其女。

凡女子十五以以上，纱衣服一套。纻丝衣服一套。

凡男子未四十，不许服纱罗缎绫。官不在此限。

凡男子，冠后许服潮绢袍一支，公钱置。

凡丈夫衣服妇自供，儿女衣服母自供。只给吉贝。

凡男女五十以上，岁给吉贝五斤为帛衣。

酒醋第六

丧祭之用，宾亲之交，酒醋之用，不可缺也。惟立之式，俾无滥。叙酒醋第六。

凡公堂酒醋，量岁足用而止，不许多酿，以资滥觞。

凡私家酒醋，八口之家，许酿各一缸。不许酿卖，以敝风俗。听自备谷。不能则止。

凡祭，给公堂酒四瓶。

凡冠，给公堂酒二瓶。

凡嫁女，给公堂酒四瓶。

凡娶妇，给公堂酒两埕⑫，妊产子，给酒两瓶。

膳食第七

饮食之节，有家之常，惟小人恣口腹之欲。以破其家，亡其身，败其妻子，大伤风化，宜立之式，俾勿越。叙膳食第七。

凡家众，俱按月支谷，俾自爨，惟朔⑬一会膳，望⑭一会膳，以教敬让。

凡会膳以教敬，朔望昧爽，男女具服谒祠堂男东女西，或男外女内。次谒家长两拜。次男女长幼交参拜俱两拜，乃叙膳。凡朔望，只参家长毕，即女自叙于内，男自叙于外，各以尊卑次列，交相答两拜，即止。若卑者以次参于尊者，恐礼太繁，日晷⑮短，妨膳。

凡会膳以教敬，立礼生，男女各二人，有拜迟不敬及饮食不敬，坐立不敬，礼生禀家长，告于祠堂，跪之堂下，膳毕乃退。

凡会膳以教敬，同祖自为一聚，同父自为一聚，同兄弟自为一聚，同子孙自为一聚，同曾玄自为一聚，各以齿让⑯，妇齿后其夫。交拜亦以是叙。

凡会膳以教敬，凡家众参家长毕，相参拜毕，各以齿叙坐。俟尊长食，乃食，食毕，俟尊长起，乃起，齐揖家长乃出。

凡会膳以教勤，谒祠堂毕，家长取《旌善簿》⑰，查某人有某善，命礼生扬于众知之，取《纪过簿》⑱，查某人有某过，命礼生扬于众知之。妇女之善过，宣于内庭。

凡立《旌善》《纪过》两簿，子侄善恶，六岁以上皆书之。四季以副本寄京查考，仍存正本。三年通考。有过，三年不改，斥出，不许会膳。

凡立《纪过》《旌善簿》，六十以上不书。礼老也。

凡会膳，五十以上不参拜家长。礼老也。

凡会膳以教俭，朔望拜祠堂毕，交拜毕，以次就膳位，八人肉三碟，菜两碟，酒三行，女酒无。如五十以上，酒三行。十五以下，肉菜再议量减。

凡会膳以教俭，会膳日，许肉食，非会膳日，复非宾至，不许肉食。非品官不许肉食，非五十以上，不许肉食。有私家肉食者，朔望日扬之以纪过。

凡会膳，三十以上乃用酒，三十以下不许饮酒。

凡会膳，四十以上，乃许猪鸡鸭间用，四十以下，只猪肉一味。

凡会膳，三十以下，不许精白米。

凡客至，肉三碟，菜两碟，酒五行或七行。

凡亲宾朔望至，即从会膳，非朔望至，听私家膳，肉三碟，菜两碟，酒五行或七行，咨禀家长。

冠婚第八

冠婚之礼，人道大端，末俗尚浮，以侈相高，遂致破家。宜立之式，俾勿越。叙冠婚第八。

凡男二十而冠，给冠帽银五钱，绢衣一领。

凡冠，先禀家长，不禀家长，不给冠赀[19]。

凡诵《四书》不熟及不通家训者，年虽二十不冠。

凡童年有秽行，不冠。有过，三不改，不冠。

凡不冠于祠堂者，不许共膳，不许陪祭。

凡冠，必于春秋祭日，乃便于告祠堂。

凡冠，谢宾，正宾，绢一匹，价，帕二方。

凡冠，须年相若[20]者三五人同日，乃便于谢宾。

凡男聘亲，先禀家长，不禀家长，不给聘赀，仍纪其过于《簿》。

凡女许亲，先禀家长，不禀家长，不给奁赀，仍纪其过于《簿》。

凡男聘赀，给银十五两，一表里。聘物在内。

凡女嫁，尽归其聘赀，外给银十五两，金三两，纻丝衣服一，罗衣服一。嫁生员举人，加纱衣服一。嫁品官，绫罗纱缎各一。再世人众，恐不给，乃议量减。

凡嫁女，台椅十二张，漆器黑素。娶妇，台椅六张，漆器黑素。

凡娶妇，首饰金不许过三两，银不许过五两，如过制滥受，没入之祠堂公库，仍纪其过于《簿》。

凡嫁女，如父有赏分之财，听赍送其女。

凡娶妇有奁田，以三分之一，听奁其女，以三分之二归祠堂。

凡妇有布帛，听自与其女。

凡妇有奁田百亩以上，归祠堂者，没身后，别祀一室，世世享春秋一祭。

凡庶民女嫁品官，听服品官之服。品官女嫁庶人，听服庶人之服。

凡女嫁被出者，有罪则居之别室，闭其出入，为窍[21]以通饮食，无罪则为择配改嫁。

凡娶妇有罪宜出者，父母家愿离异者听，不愿离异，亦居之别室，闭其出入，为窍以通饮食。

凡女嫁，初归宁[22]，给公堂银一两，以后年给钱一百。

凡妇初归宁，给公堂银五钱，后不给。听自措。

丧祭第九

丧祭之礼，人道之终，过不及，非也，宜立之式，俾勿越。叙丧祭第九。

凡丧，庶人给银十两，生员十二两，举人十五两，官七品以下二十两，五品以下二十五两，三品以下三十两，三品以上有国典焉，不给。棺具衣衾葬费在焉。

凡丧，给酒一埕。

凡忌祭，官三品至七品，猪羊食卓[23]，看卓，二品一品，加海青盘[24]，八品至不入品，食卓，看卓，猪一。举人，食卓，看卓，猪首一，鹅一。生员，食卓，看卓，猪首一。庶人，食卓，看卓，皆给公堂费。

凡子居官，父祭视其子，家长视八品官，宗子视举人。

凡居官，以贪酷不谨黜，不给葬祭。

凡居官，以贪酷不谨黜，不得陪祭，死不得入祠堂。

凡生员、举人、庶民，行检不修被斥者，不给葬祭费。生不许陪祭，死不入祠堂。

凡妇女长舌，礼法不修，教子不严，女被人出，皆不给丧祭费。

凡妇人葬，视其夫三之一。盖惟备棺衾故也。

凡妇人祭，视其夫。

凡春秋大聚祭，以昭穆[25]叙，又以齿叙。

器用第十

器以利用，有家之常，上下之杀，礼所生也。昔舜为漆器，谏者二十人，纣为象箸，卒以覆败。帝王器用，犹不敢侈，古之道也。况于庶民乎！欲恒保家，朴雅是宜。叙器用第十。

凡祠堂祭祀，许用钦赐[26]银爵，余勿滥用。

凡祠堂祭祀，只三爵用银，外酒瓶、茶瓶、酒盏、茶盏、碗及碟、筷用石湾瓦器，箸用竹，表祖考雅朴之德也，百世不忘也。

凡死者，棺中勿置金银。

凡客至，不许用银杯盘、银瓶碗。

凡客至不许用象箸，及银箱乌木箸，肉碟大不许逾四寸。

凡娶妇，不许受银酒器卓器。器皿用银者，俱不许受。

凡妇入门，不许僭滥珠冠花翠。有官者乃用。

凡娶妇，不许受描金漆器椅卓。

凡家恒食，及会膳食，用石湾瓦器，不许用饶州磁器。

凡客至，许设交椅，会膳条凳，二十岁以下立膳。

凡会膳，茶瓶、酒瓶及各器皿，俱用瓦，勿用铜锡。防盗窃。

凡床帐，不许施纱绢。

凡衾褥，不许用䌷缎绫绮织绣。

凡私家不许畜鞍马，子侄出入不许乘马。

凡子侄出入，不许独费一舟。有渡故也。

凡非品官举人，不许擎大雨伞，生员许擎尺五寸雨伞。非生员举人，出入不许用仆人执伞。幸不为仆，足矣，敢用仆乎，此切戒也。

凡庶人，年四十以上，出入许用仆一人执伞，许自雇募，未四十不许。

子侄第十一

家之兴，由子侄多贤。家之败，由子侄多不肖。子侄贤不肖，莫大于勤惰奢俭，其教则由父兄。世之不肖父兄，以禽犊视子侄，多事姑息，致子侄多不肖，以败其家。不可不戒！叙子侄第十一。

凡子侄七岁以上入社学㉗，十岁以上读暇则耕，或耘，十五以上习举业㉘，勿耕。二十五以上，举业不成，归耕。举业已成，及入府县学，免耕。四十五以上犹附学，兼考家业功最。

凡子侄二十五以下，不许饮酒。

凡子侄未冠，不许穿靴。

凡子侄，不许入酒店及婆妇家。

凡子侄未娶，不许出外卧宿。

凡子侄，不许穿着鲜美衣服。

凡子侄，傲慢乡里，打二十。

凡子侄，私接宾客，不禀家长，打二十。

凡子侄，私赴酒席，不禀家长，打二十。

凡子侄，私畜财物谷粟，不禀家长，打二十。

凡子侄，抗慢尊长，打二十。尊长亲告乃坐㉙。

凡子侄，遇尊长不起立，打一十。

凡子侄，毁骂尊长，打二十，亲闻乃坐。

凡客至，许宿肃宾馆，子侄有延客宿私家者，打二十。

凡子侄，先须父师诲以孝、友、睦、姻㉚、任、恤之六行，乃及六艺六德㉛，如六行有缺，皆纪过于《簿》，曰某不孝，某不友，某不睦，某不姻、任、恤，量其罪罚。

凡兄弟子侄，有倚势凌人者，纪过于《簿》。营利妨人者，纪过于《簿》，量其罪罚。

凡子侄有过，俱朔望日告于祠堂，鸣鼓罚罪。轻罪，初犯，责十板。再犯二十，三犯三十。三年不改，斥出。不孝，不弟，不友，不睦，是谓败伦伤化，告于祠堂，会众议罪。

凡子侄有过，只许祠堂责治，不许私家打骂，有乖和气。

凡子侄有过，众证明白，不肯伏罚，斥出，不许入祠堂。

凡子侄，被斥出或已聘亲，女家愿退亲者听，不取聘礼。

蒙规第十二

家之兴，由子弟之贤，子弟之贤，由乎蒙养。蒙养以正，岂曰保家，亦以作圣。叙蒙规三篇，第十二。

蒙规一

童蒙以养心为本，心正则聪明。故能正其心，虽愚必明，虽塞必聪。不能正其心，虽明必愚，虽聪必塞。正心之极，聪明天出，士而贤，贤而圣，虽资下愚，亦为善士。曰："养心有要乎？"曰："有。"其目在下：

头容直。勿倾听，勿侧视。

口容止。勿露齿，勿喧笑。

手容恭。勿散手，勿掉臂。

足容重。勿疾行，勿跷股。

貌必肃。谓见于面者勿懈惰。
容必庄。谓见于身者勿放肆。
气必纾。应对须和柔，勿急遽仓皇。
色必温。勿暴厉。
视必端。勿回顾侧视，非礼勿视。
听必谨。勿听戏言，勿听淫语，勿听歌曲。
言必慎。勿出恶声，勿出秽语，勿言怪异，勿戏，勿欺。
动必畏。举足、动手、开目、出语，俱要畏慎。
坐必正。勿倚他物，竦㉜肩直坐，自然不倦。
立必中。勿跛倚，勿俯首，勿仰面。
行必安。勿疾行，勿蹶步，勿先长。
寝必恪㉝。勿伏睡，勿裸体，勿晏起，勿昼卧。

规曰，头口手足，身之物也；貌容气色，身之章也；视听言动，坐立行寝，身之用也；统会之者，心也。道之所以流行，天命之所以于穆不已也。童蒙习之，持之悠久不息焉。不识不知，顺帝之则也。下学上达，圣人也。故曰蒙以养正，圣功也。程子㉞曰："聪明睿知，皆由此出。"

蒙规二

一曰孝亲。凡人家于童子，始能行能言，晨朝即引至尊长寝所，教之问曰："尊长兴否何如？昨夕冷暖何如？"习成自然。迨入小学，教师于童子，晨揖分班立定，细问定省之礼何如？有不能行，先于守礼之家倡率之。童子良知未丧，最易教导。此行仁之端也。

二曰弟长。凡人家于童子，始能行能言，凡坐必教之让坐，食必教之让食，行必教之让行。晨朝见尊长，即肃揖，应对唯诺，教之详缓敬谨。自幼习之，亦如自然。迨入小学，不别贫富贵贱，坐立行俱以齿。晨揖分班立定，必问在家、在道、见尊长、兄长礼节何如？有不能行，敦切喻之，先于守礼之家倡率之。此由义之端也。

三曰尊师。凡人家于童子，始能行能言，遇有大宾盛服至者，教之出揖，暂立左右，语之曰："此先生也，能教人守礼，可敬也。"由幼稚即启发其严畏之心。迨入小学，易于尊教。为师者晨日礼服，与诸生肃揖后，言动视听，容貌气色，敦切晓诲，使之勉勉循循㉟，动由矩度。此严恭谨畏之所由起，而动容周旋中礼之基也。

四曰敬友。凡童子始能言能行，教之勿与群儿戏狎，晨朝相见，必教相向肃揖。迨入小学，必教之相叙以齿，相观为善，更相敬惮。勿相聚戏言，勿戏笑，勿戏动。善则相学，恶则相讳。勿相诽诘，勿相夸竞。古人于朋友，所益不小，今人于朋友，所损不小。由童稚教之，所以养存正性，遏人欲，扩天理之基也。故不曰亲友，而曰敬友云。

规曰：孝亲仁之始也，弟长礼之恒也，尊师义之囗[36]也，敬友智之文也。仁义礼智，心之畜[37]也，童子习之，所以正心也。鸢鱼飞跃，活泼之妙也。故曰："道也者，不可须臾离也，可离，非道也。吾无行而不与二三子者也。"又曰："蒙以养正，圣功也。"

蒙规三

一曰诵读。凡训童蒙，始教之口诵，次教之认字，次教之意识。口诵即教之遍数，使勉勤精熟。认字，教之先其易者，如先认一字，次认二字，先认人字，次认天字之类。意识，即教之囗囗[38]所知者启之，如孝即事亲之谓，弟即事长之谓之类。行步拱揖，皆有至理。起居食息，天命流行。孔子之申申夭夭[39]，周旋中礼，只在日用常行之间而已。初学便须告之曰："即此便是圣学工夫。"使之心思意识日长日化。勿强其所未识，优悠渐渍，虽愚可明。

二曰字画。凡童子习字，不论工拙，须正容端坐，直笔楷书。一竖可觇人之立身，勿偏勿倚；一画可觇人之处事，勿枵勿斜。一丿乀，如人之举手；一挑剔，如人之举足，须庄重。一点，须如乌获之置万钧，疏密毫发不可易。一绕缴，如常山蛇势，宽缓整肃而有壮气。以此习字，便是存心工夫。字画劲弱，由人手熟神会，不可勉强取效。明道云："非欲字好，即此是学。"

三曰咏歌。凡童子十岁以上，每日寅至卯诵书，辰至巳上五刻习字，巳下五刻至午上五刻歌诗，未至酉诵书。凡歌诗，须五人一班，歌诗三章，俱歌正雅正风。第一班歌，则其余俱端坐肃听，由二班三班，歌遍即止。歌者出位拱立，听者居住拱肃。命十五以上童生二人，纠不如仪者，初犯诲之，再犯罚出位拱立，三犯罚跪，四犯斥出。十岁以下，听而不歌。十八以上，朔望大合歌乃歌。朔望合歌，十八以上一班，十五以上一班，十三以上一班，十岁以上一班，歌遍即止。俗有作诗作对者，每十日以五日习之，余五日歌诗。盖歌咏所以启发志意，流动精神，养其声音，宣其湮郁，荡涤其忿戾之气，培植其中和之德。习之熟，积之久，气质潜消默化⁴⁰，有莫知其所以然者。

四曰习礼。凡人家童子，始能行能言，尊者朔望谒祠堂，或谒寝室，引童子旁立，使观尊者拜揖之节，然后渐教随班后拜。又教以古人坐法。迨入小学，朔望悬孔圣像，教师帅诸生四拜。选值班二人，纠考不如仪者，罚诵书一百字。童子十岁以下，日巳刻，教之学古人坐法，使知古人收敛身心之要。十岁以上，十五岁以下，日班分二人习洒扫。凡应对须和适，唯诺须肃敬，进退须谨慎。十五以上，每月朔二日、望十六日，习冠礼、婚礼、祭礼、射礼。丧礼年终一习，以孤子为丧主，暇日讲明可也。童子于礼，由幼而习，以至于冠，步趋食息，皆囿⁴¹范围。则非僻之心不能投，间而入，中和之德，日益纯固，资虽下愚，亦可以寡过矣。

规曰：诵读，所以致知也。字画、咏歌、习礼，所以游艺也。致知也者，开明心者也；游艺也者，存养心者也。童而习之，长而安之，勿助勿忘之妙也。孔子曰："吾无行而不与二三子也。"蒙以养正，圣功也。

汇训上第十三

守家惟勤与俭。由为庶人、为士、为大夫卿佐，道则不同，本诸勤俭，一也。循礼安分，道义之门。叙汇训第十三。

凡子侄，多忌农作。不知幼事农业，则知粟入艰难，不生侈心。幼事农业，则习恒敦实，不生邪心。幼事农业，力涉勤苦，能兴起善心，以免于罪戾。故子侄不可不力农作。

凡富家，久则衰倾，由无功而食人之食。夫无功食人之食，是谓厉民自养。凡厉民自养，则有天殃。故久享富佚，则致衰倾，甚则为奴仆、为牛马。是故子侄，不可不力农作。今之富家，佃田于人，而坐食租入，久则田业消乏，求为人奴不可得，由其厉民自养故也。

汉取士，设孝悌力田科⁴²，敦实务本也。凡为官者，如皆出自农家，有不恤民艰者或寡矣。子侄入社学，过农时俱暂力农，一日或寅卯力农，未申读书，或寅卯读书，未申力农，或春夏力农、秋冬读书，勿袖手坐食，以致穷困。

凡社学师，须考社学生务农力本，居家孝弟，以纪行实。乡间骄贵子弟，耻力田勿强。本家子侄兄弟，入社学耻力田，耻本分生理，初犯责二十，再犯责三十，三犯斥出，不许入社学及陪祠堂祀事。

凡古人数世同居，多致穷困，烦有司赈之，由族聚人繁，贤不肖混无甄别，如聚畜禽兽，故凡子侄，必责之力农，以知艰苦，必严考最，以别勤惰贤不肖。

凡立家业，须为子孙久远图。与其多积金帛田产，孰如多积阴骘[43]。凡非义置田土，不准考最，岁饥量力赒济邻里乡党，积阴德，遗后人。

凡人家居，久则衰颓，由习尚日侈，费用日滋，人竟其私，纵恣口腹，逾礼日甚，得罪天地，积致罪殃，小则败身，大则灭族，不可不畏。凡我兄弟子侄，服食器用，已有定式，只许量议撙节，不许增添毫发，以长侈风，败我家族。

凡大门，设司门一人，朝夕防检杂人出入，防检妇女私买酒肉恣口腹，防检巫觋[44]往来，防检子侄出外宿卧。晨昏司钟鼓，警众寝兴，众寝定，击铃高声唱于各家之门曰："勿听妇人之言。"朔望则子侄唱于祠堂曰："勿听妇人之言。"

凡兄弟子侄，行检高下，以敦崇道德，言行足师表于世，为第一等。以居官廉勤，尽忠体国，不顾家私，为第二等。以务农力穑，勤俭干家，秉公无私，入孝出弟，不得罪宗族乡邻[45]，为第三等。以营营[46]图利，便已妨人，及谈空说妙，坐食无为，好逸苟安，惑乱世教，为不入等。凡一等二等，没后配食，始祖祠堂。不入等，朔望纪其过于簿。宣于众，省之，三年不改，斥出，不许入祠堂。

凡社学谷、书院谷，付乡老出纳，大宗祠堂谷，付大宗子出纳。凡会食，兄弟子侄不许干预，若非承委查筭[47]，辄擅干与，以不孝论。

汇训下第十四

告庙文，雍睦序，祠堂诗，汇为训，子侄入社学，熟诵深省，可敦睦，以永保家。叙汇训下第十四。

告家庙

嘉靖五年月日，男某、孙某、曾孙某，谨告于祖考曰："惟是今日，实我孙子、女妇百口，聚食于此，呜呼！

祖考生我孙子，分爨迄今，余五十祀，幸今复合，实祖之赐、凡我孙子，暨我妇女，仰我考祖，如木同根，如水同源，昔年分异，女妇哇喧，底方盖圆，割户分门。始自今兹，百子千孙，居则同堂，出则同门，食则同餐，男无二心，妇无间言，帑无异帛，橐无私钱，保此敦雍，庶尚永年。希惟考祖，佑我孙子，阴翊法宪，匡我女妇，始自今年。妇有长舌，诋好论丑，考祖殛[48]之，俾哑其口。夫听妇言，曲人直己，谮愬诋毁，争隙是启。考祖殛之，俾聋其耳。妇帛私藏，蚁啮其箱，私窃酒食，蛆溃其肠。业儒而惰，天夺其魄。出仕而贪，殒骨异域。营私便己，灭其孙子。私其子女，女绝子死。恃强凌人，灾于其身。不守训矩，以丧廉耻，死为狗鼠。偷闲惜力，家计不恤，素飧饱食，为鬼为蜮。

我祖在上，正此法纲，子孙守之，降之福祥，俾之身康，俾之命长，俾之子孙，亦流馨芳，保此家门，勿替而昌，醴牲具陈，神其降享。此大合爨祭告词也。子孙宜熟诵之，女妇熟听之，以保敦睦。"

【注释】

① 宗子：大宗的嫡长子。《诗经·大雅·生民之什·板》："怀德维宁，宗子维城。"《礼记》："嫡子庶子只事宗子宗妇。"

② 合爨（cuàn）：合灶。意为集合在一起，不分家。爨，灶。

③ 朱扁：红色的匾。

④ 墨扁：黑色的匾。

⑤ 赀（zī）：同"资"。货也。《广雅》："赀，货也。"

⑥ 籴粜（dí tiào）：买粮和卖粮。

⑦ 媵（yìng）：随嫁的人。《仪礼》注："古者嫁女，必娣侄从之，谓之媵。"

⑧ 石湾窑、佛山：地名，今广东省佛山市。登州：地名，今山东省蓬莱市。

⑨ 侑（yòu）饮：劝进酒。《宋史》："亲鼓琵琶以侑饮。"

⑩ 宥（yòu）：宽容，饶恕，原谅。《说文解字》："宥，宽也。"《柳毅传》："知其冤而宥其失。"

⑪ 吉贝：棉花。棉花传入中国很早，南北朝从南洋诸国输入，称"吉贝"。

⑫ 埕（chéng）：酒瓮名。

⑬ 朔（shuò）：农历每月初一。《说文解字》："朔，月一日始苏也。"

⑭ 望：农历每月十五。《五人墓碑记》："三月之望。"

⑮ 日晷（guǐ）：按照日影测定时刻的仪器，亦称"日规"。晷，日影。《说文解字》："晷，日景也。"

⑯ 齿让：以年龄大小相让，表示长幼有序。《礼记》："将君我，而与我齿让，何也？"齿，指年龄。

⑰ 旌善簿：记录好事、善事、美事的本子。

⑱ 纪过簿：记录错误、过失的本子。

⑲ 冠赀：制作帽子的钱款。

⑳ 年相若：年龄相近。韩愈《师说》："年相若。"

㉑ 窍：孔洞，窟窿。此指墙上开小洞或窗户。苏轼《石钟山记》："空中而多窍。"

㉒ 归宁：已嫁女子回娘家省亲。《诗经·周南·葛覃》："害浣害否？归宁父母。"

㉓ 食卓：餐桌，食桌。《易学辨惑》："伊川指向前食卓越曰：'此卓安在地上不还馆？'"
㉔ 海青盘：蓝色似海的大菜盘。
㉕ 昭穆：古代宗法制度。宗庙中神主排列次序和墓地葬位的排列次序，始祖居中，次以左昭右穆排列。《礼记》："昭穆者，所以别父子、远近、长幼、亲疏之序而无乱也。"
㉖ 钦赐：皇帝恩赐。《陈州粜米》："如若百姓们不服，可也不怕，放着有那钦赐的紫金锤哩。"
㉗ 社学：元明清三代所设置的地方小学。
㉘ 举业：考科举的应试的诗文、学业、课业、文字，也指八股文。
㉙ 坐：定罪，获罪。《仓颉篇》："坐，罪也。"
㉚ 姻：亲家。
㉛ 六艺：礼、乐、射、御、书、数。六德：智、信、圣、仁、义、忠。
㉜ 竦（sǒng）：通"耸"。《淮南子》："若士举臂而竦身，遂入云中。"
㉝ 恪：恭敬，谨慎。《字林》："恪，恭也。"
㉞ 程子：程颐，字正叔，河南洛阳人。程颢之胞弟，世称"二程"。宋代理学家、教育家，儒学之代表人物。朱熹《答吕伯恭书》："熹旧读程子之书有年矣，而不得其要。"
㉟ 勉勉循循：内心安守本分，顺其自然努力不辍。
㊱ □：原文缺字。
㊲ 畜：古通"蓄"，蓄积、积聚，积。《易·序》："比必有所畜。"
㊳ □□：原文缺二字。
㊴ 申申夭夭：生活非常爽朗舒展，而且活泼愉快。《论语·述而》："子之燕居，申申如也，夭夭如也。"（燕，通"晏"，亦名"平居"。）
㊵ 潜消默化：潜，暗中。默，无声。意为人的思想或性格在不知不觉中感染而发生变化。成语"潜移默化"。
㊶ 囿：限制，局限。成语"囿于成见""囿于一隅"。
㊷ 孝悌力田科：汉代设置选拔官员的科目之一，选拔和奖励有孝悌品德和能努力耕作的人。
㊸ 阴骘（zhì）：阴德。暗中帮助他人的行为。宋代梅尧臣文："暮年终飨福，阴骘不应欺。"
㊹ 巫觋（xí）：古代称女巫为巫，男巫为觋，合称"巫觋"。后亦泛指装神弄鬼的巫师。《荀子》："出户巫觋有事。"
㊺ 乡䣊（dǎng）：乡党，乡里。䣊通"党"。
㊻ 营营：奔走钻营。《庄子》："全汝形，抱汝生，无使汝思虑营营。"
㊼ 筭（suàn）：古同"算"。计算。《新唐书》："计算钩画，分铢不误。"
㊽ 殛（jí）：诛，杀死。《尚书·舜典》："殛鲧于羽山。"

杨忠愍公遗笔

[明] 杨继盛

杨继盛（1516—1555年），字仲芳，号椒山，河北容城人。明嘉靖进士，官任南京兵部右侍郎，升迁刑部员外郎。因反对大将军仇鸾和宰相严嵩，弹劾其十大罪，触怒明世宗，下诏入狱，备受酷刑，冤屈致死。此篇遗笔，系杨氏临刑前一日，写给妻张贞和儿杨应尾、应箕的两封遗书。严嵩败后，朝廷为杨氏平反昭雪，赠太常少卿，谥号"忠愍"。著《忠愍集》。此文录自《借月山房汇抄》。

愚夫谕贤妻张贞：

古人云："死有重于泰山，死有轻于鸿毛。"① 盖当死而死，则死比泰山尤重，不当死而死，则无益于事，比鸿毛尤轻。生死之际，不可不揆之于道也。吾一时死在你前头，你是一个激烈粗暴的性子，只怕你不晓得死比鸿毛尤轻的道理，吾心甚忧，故将这话劝你。妇人家有夫死就同死者，盖以夫主无儿女守，活着无用，故随夫亦死，这才谓之当死而死，死有重于泰山，才谓之贞节。若夫主虽死，尚有幼女孤儿，无人收养，则妇人一身，乃夫主宗祀命脉，一生事业所系于此。若死，则弃夫主之宗祀，堕夫主之事业，负夫主之重托，贻夫主身后无穷之虑。则死不但轻于鸿毛，且为众人之唾骂，便是不知道理的妇人。吾打一百四十棍，不死，是天保佑，吾那时不死，如今岂有死的道理？万一要死，也是重于泰山了。所惜者，只是两个儿子俱幼，读书俱有进益，将来都成的，只怕误了他。一个女尚未出嫁，无人教导看管，怕惹人嗤笑。吾就死了，留的你在教导吾的儿女成人长大，各自成家立计，就合吾活着的一般，吾在九泉之下，也放心，也欢喜，也知感② 你。如今咱一家儿，无有吾也罢，无有你，一时成不的，便人亡家破，称③ 了人家的愿，惹人家的笑。你是一个最聪明知道理的，何须吾说？千万只是要你戒激烈的性子，以吾的儿女为重方可。二贞年幼，又无儿女，吾死后就着他嫁人，衣服首饰打发他。吾在监三年，他发心④ 吃斋诵经，是他报吾的恩了，不可着他在家守寡。咱哥虽无道理，也无别意，不过只是要便宜心肠。凡事让他些，与他便宜，他便欢喜了，不可与他争竞。二姐、四姐，要你常看顾他。五姐、六姐，庶母死后，也要亲近他。应民自幼养活他一场，也须分与他些地土。其余家事，谅你善处。吾又说在后面，故不须多言。

嘉靖三十四年⑤十月二十六日，椒山子书于福堂。

父椒山谕应尾、应箕两儿：

人须要立志。幼时立志为君子，后来多有变为小人的。若初时不先立下一个定志，则中无定向，便无所不为，便为天下之小人，众人皆贱恶你。你发愤立志要做个君子，则不拘作官不作官，人人都敬重你。故吾要你第一先立起志气来。

心为人一身之主，如树之根，如果之蒂，最不可先坏了心。心里若是存天理、存公道，则行出来，便都是好事，便是君子这边的人。心里若存的是人欲、是私意，虽欲行好事，也是有始无终，虽欲外面做好人，也被人看破你。如根衰则树枯，蒂坏则果落，故吾要你休把心坏了。

心以思为职。或独坐时，或夜深时，念头一起，则自思曰："这是好念？是恶念？"若是好念，便扩充起来，必见之行；若是恶念，便禁止勿思。方行一事，则思之，以为"此事合天理，不合天理？"若是不合天理，便止而勿行；若是合天理，便行。不可为分毫违心害理之事，则上天必保护你，鬼神必加佑你，否则天地鬼神必不容你。

你读书若中举中进士，思吾之苦，不做官也是。若是做官，必须正直忠厚，赤心随分报国。固不可效吾之狂愚，亦不可因吾为忠受祸，遂改心易行，懈了为善之志，惹人父贤子不肖之笑。

吾若不在，你母是个最正直不偏心的人，你两个要孝顺他，凡事依他。不可说你母向哪个儿子，不向哪个儿子；向哪个媳妇，不向哪个媳妇。要着他生一些儿气，便是不孝。不但天诛你，我在九泉下，也摆布⑥你。

你两个是一母同胞的兄弟，当和好到老。不可各积私财，致起争端；不可因言语差错、小事差池，便面红耳赤。应箕性暴些，应尾自幼晓得他性儿的，看吾面皮，若有些冲撞，担待⑦他罢！应箕敬你哥哥要十分小心，合敬吾一般的敬才是。若你哥计较你些儿，你便自家跪拜，与他赔礼；他若十分恼不解，你便央及你哥相好的朋友劝他。不可他恼了，你就不让他。你大伯这样无情，他摆布吾，吾还敬他，是你眼见的。你待你哥，要学吾才好。

应尾媳妇是儒家女，应箕媳妇是宦家女，此最难处。应尾要教导你媳妇，爱弟妻如亲妹，不可因他是官宦人家女，便气不过，生猜忌之心。应箕要教导你媳妇，敬嫂嫂如亲姐，衣服首饰休穿戴十分好的，你嫂嫂见了，口虽不言，心里便有几分不耐烦，嫌隙自此生矣。四季衣服，每遇出入，妯娌两个是一样的，兄弟两个也是一样的。每吃饭,你两个同你母一处吃,两个媳妇一处吃,不可各人合各人媳妇自己房里吃,久则就生恶了。

你两个不拘有天来大恼,要私下请众亲戚讲和,切记不可告之于官。要是一人先告,后告者把这手卷送之于官。先告者即是不孝,官府必重治他。央及你两个,好歹与我长些志气。再预告问官老先生,若见此卷,幸怜吾苦情,教吾二子,再三劝诱,使争而复和,则吾九泉之下,必有衔结⑧之报。

你堂兄燕雄、燕豪、燕杰、燕贤,都是知好歹的人。虽在吾身上冷淡,却不干他事。俗语云:"好时是他人,恶时是家人。"你两个要敬他、让他。祖产分有未均处,他若是爱便宜,也让他罢。切记休要争竞,自有旁人话短长也。

你两个年幼,恐油滑人见了,便要哄诱你,或请你吃饭,或诱你赌博,或以心爱之物送你,或以美色诱你。一入他圈套,便吃他亏。不惟荡尽家业,且弄你成不得人。若是有这样人哄你,便想吾的话来识破他。和你好是不好的意思,便远了他。拣着老成忠厚,肯读书、肯学好的人,你就与他肝胆相交,语言必信,逐日与他相处。你自然成个好人,不入下流也。

读书见一件好事,则便思量:吾将来必定要行。见一件不好的事,则便思量:吾将来必定要戒。见一个好人则思量:吾将来必要合他一般。见一不好的人则思量:吾将来甚休要学他。则心地自然光明正大,行事自然不会苟且,便为天下第一等好人矣。

习举业⑨,只是要多记多作。《四书》⑩本经记文一千篇,读论一百篇,策一百问,表五十道,判语八十条。有余功,则读《五经》⑪白文。好古文读一百篇。每日作文一篇,每月作论三篇、策二问。切记不可一日无师傅。无师傅则无严惮⑫、无稽考⑬,虽十分用功,终是疏散,以自在故也。又必须择好师,如一师不惬意,即辞了另寻,不可因循迁延,致误学业。又必择好朋友,日日会讲⑭切磋,则举业不患其不成矣。

居家之要,第一要内外界限严谨。女子十岁以上,不可使出中门。男子十岁以上,不可使入中门。外面妇人,虽至亲不可使其常来行走。一以防谈说是非,致一家不和;一以防其为奸盗之媒也。只照依吾行便是。院墙要极高,上面必以棘针缘的周密。少有缺坏,务要追究来历。如夏间霖雨,院墙倒塌,必即时修起,如雨天不便,亦即时加上寨篱,不可迁延日月,庶止奸盗之原。酒肉面果,油盐酱菜,必总收一库房,五谷粮食,必总收一仓房。当家之人,掌其锁钥,家人不得偷盗。衣服要朴素,房屋休高大,饮食使用要俭约。休要见人家穿好衣服便要作，住好房屋便要盖，使好家活便要买，此致穷之道也。若用度少有不足，便笲⑮计可费多少，即卖田产补完，切记不可揭债⑯。若揭债则日日行利，累的债深，穷的便快。戒之戒之！

田地四顷有余，够你两个种了，不可贪心，见好田土又买。盖地多则门必高，粮差⑰必多，恐至负累，受县官之气也。

与人相处之道，第一要谦下诚实。同干事则勿避劳苦，同饮食则勿贪甘美，同行走则勿择好路，同睡寝则勿占床席。宁让人，勿使人让吾；宁容人，勿使人容吾；宁吃人亏，勿使人吃吾之亏。宁受人气，勿使人受吾之气。人有恩于吾，则终身不忘；人有仇于吾，则即时丢过。见人之善，则对人称扬不已；闻人之过，则绝口不对人言。有人向你说某人感你之恩，则云："他有恩于吾，吾无恩于他"，则感恩者闻之，其感益深。有人向你说某人恼你谤你，则云："彼与吾平日最相好，岂有恼谤吾之理？"则恼吾者闻之，其怨即解。人之胜似你，则敬重之，不可有傲忌之心；人之不如你，则谦待之，不可有轻贱之意。又与人相交，久而益密，则行之邦家可无怨矣。

吾一母同胞，见在⑱者四人：你大伯、二姑、四姑及吾。大伯有四个好子，且家道富实，不必你忧。你二姑、四姑俱贫穷，要你常看顾他，你敬他和敬吾一般。至于你五姑、六姑，亦不可视之如路人也。户族中人有饥寒者、不能葬者、不能嫁娶者，要你量力周济，不可忘一本之念，漠然不关于心。

吾家系诗礼士夫之家，冠婚丧祭，必照家礼行。你若不知，当问之于人，不可随俗苟且，庶子孙有所观法。

你姊是你同胞的人，他日后若富贵便罢，若是穷，你两个要老实供给照顾他。你娘要与他东西，你两个休要违阻，不但失兄弟之情，且使你娘生气，又为不友，又为不孝。记之！记之！

杨应民是吾自幼抚养他成人，你日后与他村里庄窠⑲一所，坟左近地与他五十亩。他若公道便与他，若有分毫私心，私积钱财，房子、地土都休要与他曲钺。他若守分，到日后与他地二十亩、村宅一小所。若是生事，心里要回去，你就和你两个丈人商议，告着他原是四两银子买的他，放债一年，银一两得利六钱，按着年问他要，不可饶他。恐怕小厮们照样儿行，你就难管。福寿儿、甲首儿、杨爱儿，都是监中伏侍吾的人，日后都与他地二十亩，房一小所。以上各人，地都与他坟左近的，着他看守坟墓，许他种，不许他卖。

覆奏本已上，恐本下急，仓促之间，灯下写此，殊欠伦序。然居家做人之道，尽在是矣。拿去你娘看后，做一个布袋装盛，放在我灵前桌上，每月初一、十五，合家大小灵前拜祭了，把这手卷从头至尾念一遍，合家听着，虽有紧事，也休废！

【注释】

① 此句出自司马迁《报任安书》。
② 知感：知恩感德。《南史》："二宫恩遇，有异凡流，木石知感，犬马识养，臣独何人，敢忘报德。"
③ 称（chèn）：合乎心愿。称心如意。
④ 发心：佛教语，指直心、深心、大悲心、修行之心，一般指菩提心。
⑤ 嘉靖三十四年：明世宗朱厚熜年号，公元1555年。
⑥ 摆布：处置，惩罚。
⑦ 担待：原谅，不予计较。
⑧ 衔结：即衔环结草。衔环：相传东汉杨宝九岁时，在华阴山见到一只为鸱枭所伤的黄雀，就把它带回家，养好伤后将它放飞。当夜有黄衣童子为谢其拯救仁恩，以白环四枚相赠，并说"今赠白环四枚，令君子孙洁白，位登三公，一如此环"，事见《续齐谐记》。结草：春秋时晋大夫魏武子临死，命其子魏颗以妾殉葬，魏颗未从命而嫁妾。后来他与秦国的大力士杜回相战时，见一老人结草绊倒杜回，他于是得胜，当夜魏颗梦见那位老人对他说："余，你所嫁妇人之父也。"事见《左传·宣公十五年》。后以衔环结草比喻感恩图报。
⑨ 举业：见前注p550㉘。
⑩ 四书：《大学》《中庸》《论语》《孟子》，四部儒家经典著作。
⑪ 五经：《诗》《书》《礼》《易》《春秋》，五部古代儒家经典著作。
⑫ 严惮：敬畏。《史记》："然卫人仕者皆严惮汲黯，出其下。"
⑬ 稽考：考核。苏辙文："虽有官司，无同稽考。"
⑭ 会讲：学子相聚讲解课文。
⑮ 筭（suàn）：古同"算"。计算。
⑯ 揭债：借债。
⑰ 粮差：衙门中专管粮食税的当差人。
⑱ 见在：现今存在。《史记》："且代王又亲高帝子，于今见在，且最为长。"
⑲ 庄窠：村中的小住房。

庞氏家训

[明] 庞尚鹏

庞尚鹏（1524—1580年），字少南，广州人，明嘉靖进士，初官平乐县令，后升右佥都御史、福建巡抚，再后罢官。庞氏著《史记略》《殷鉴录》《行边漫记》《卧游录》《百可亭摘稿》等。卒谥"惠敏"。

《庞氏家训》共七类，六十七条。后《训蒙歌》《女戒》系子孙启蒙读本，此家训被赞曰："岂颜子推、魏伯起之书，所可同日语哉！"本文取自《岭南遗书》。

庞氏家训序

予作家训成，或谓予言："有治人，无治法；子孙贤，恶用是哉？如其不肖，虽耳提面命①，且奈何？"予应之曰："家有贤子孙，因吾言而益思树立，何嫌于费辞。如其不贤，即吾父法具存，父兄因而督责之，使勉就绳束，犹可冀其改图也。若前无辙迹，使索途冥用，其不至于法守荡然，必希矣。"今就其日用必不可废者，授以绳尺②。非有甚高难行之事，正欲其易而易知，简而易能，故语多朴直，使愚夫赤子皆晓然无疑。古称"成立之难如升天，覆坠之易如燎毛"。我祖宗既身任其难，为后世计，咨尔子孙，毋蹈其易，为先人羞。隆庆五年季夏望日③，尚鹏撰。

务本业

孝、友、勤、俭四字，最为立身第一义，必真知力行，奉此心为严师。就事质成，反躬体验，考古人前言往行，而审其所从，必思有所持循，无为流俗蔽。若残忍骄奢，百行裂矣，他复何望哉！然为父母者，尤当身任其责。《易》曰："家人有严君焉，父母之谓也。"④盖父母视家人，势分⑤本为独尊，事权⑥得以专制，使挈其纲领，内外肃然，谁敢不从令。若仁柔姑息，动多愆违⑦，以致纷纷效尤，谁执其咎哉！必父兄勉自克责，严守章程，使诸弟子承风凛然，更相申饬⑧，不敢坠先贤之明训，庶几⑨能世其家。若父兄以为难，则贤子弟羽翼而佐之。予论著乃曲为防检，故屑屑⑩不惮烦⑪。

学贵变化气质，岂为猎章句⑫，干利禄⑬哉！如轻浮则矫⑭之以严重，褊急则矫之以宽宏，暴戾则矫之以和厚，迂迟则矫之以敏迅。随其性之所偏，而约之使归于正，乃见学问之功大。以古人为鉴，莫先于读书。

子弟从师问业，本有课程，尤当旦暮间察其勤惰，验其生熟，使知激昂奋发，有所劝惩，乃不负责成之志。

子弟以儒书为世业，毕力从之。力不能，则必亲农事，劳其身，食其力，乃能立其家。否则束手坐困，独不患冻馁⑮乎？思祖宗之勤苦，知稼穑之艰难，必不甘为人下矣。前代举贤，以孝弟、力田⑯列制科⑰，使人人业其官，皆习知民隐⑱，岂忍贼民以自封殖⑲哉。

田地土名丘段，俱要亲身踏勘耕管，岁收稻谷，及税粮徭差，要悉心磨算。若畏劳厌事，倚他人为耳目，以致菽麦不辨，为人所愚。如此而不倾覆⑳，吾不信也。

民家常业，不出农商。通查男妇仆几人，某堪稼穑，某堪商贾。每年工食衣服，某若干，某若干，各考其勤能果否相称。如商贾无厚利，而妄意强为，必至尽亏资本，不如力田，犹为上策。若旷远不能尽耕，方许招人承佃。审己量力，常取决于老农。

池塘养鱼，须要供粪草，筑塘墙。桃李荔枝，培泥铲草。人无遗力，则地无遗利。各派定某管某处，开列日期，不时查验，毋令失业。

柴用耕田稻草，如不足，即于收获时并工割取，用船载回，堆积隔溪树下，如空间去处，务足一岁之用而后已。若用银买柴，必立见困乏，岂能常给乎？

菜蔬各于园内栽种，分畦浇灌，各考其成。某人种某处，某人种某物，随时加察，以验勤惰。家有余地，而买菜给朝夕，彼冗食者何事乎？

置田租簿，先期开写某佃人承耕某土名田若干，该早晚租谷若干。如已纳完，或拖欠若干，各明书项下，如遇荒歉，慎勿刻意取盈。

妇主中馈㉑，皆当躬亲为之。凡朝夕柴米蔬菜，逐一磨算稽查，无令太过不及。若坐受豢养，是以犬豕自待，而败吾家也。

大小僮仆，俱先一夕派定。明日某干某事，该某日完，每夕各令回报，以考勤惰。若纵容习懒，非惟误我家事，亦误彼终身也。

【注释】

① 耳提面命：提着耳朵，面对面地教育，形容殷切教诲。《诗经·大雅·抑》："匪面命之，言提其耳。"
② 绳尺：原指木工的工具，今指法度。《金史》："为文有绳尺，备众体。"
③ 隆庆五年季夏望日：明穆宗隆庆五年，即公元1571年，农历六月（季夏）十五日（望日）。
④ 此句出自《易·家人》："女正位乎内，男正位乎外。男女正，天地之大义了。家人有严君焉，父母之谓也。"
⑤ 势分：辈分高低，权势大小。
⑥ 事权：掌握做事的权力。
⑦ 愆违：罪行、罪恶，违背法律法规。
⑧ 申饬：告诫。如严加申饬。《宋史》："伏愿申饬将帅，慎固封守。"
⑨ 庶几：也许可以，表示希望着。《史记》："寡人以为善，庶几息兵革。"
⑩ 屑屑：烦细，忙碌不安定的样子。《左传》："而屑屑焉习仪以亟。"
⑪ 惮烦：怕麻烦。《左传》："惟惧获戾，岂敢惮烦！"
⑫ 猎章句：分析深究古书的章和句。
⑬ 干利禄：求取功名和利益。《尔雅》："干，求也。"《论语》："子张学干禄。"
⑭ 矫：纠正、匡正。《华严经音义》："矫，正也。"《韩非子》："又将以法术之言，矫人主阿辟之心。"
⑮ 冻馁（něi）：饥寒交迫。《孟子》："不饱不暖，谓之冻馁。"
⑯ 孝弟、力田：孝顺父母，友爱兄弟姐妹和努力勤奋从事农业生产。汉代科举以此为选科之项目。
⑰ 制科：旧时王朝临时设置的考试科目，始于两汉，唐代有五十九科，宋代设置无常，清代曾设考廉方正科、经济特科。录取者授予官职。
⑱ 民隐：民间疾苦之隐情。《国语》："勤恤民隐，而除其害也。"
⑲ 封殖：聚敛货物和财富。《劳生论》："纡青佩紫，牧州典郡，冠愤劫人，厚自封殖。"
⑳ 倾覆：颠覆、覆没。此指倾家荡产之意。
㉑ 中馈：旧时妇女主持操劳家中饮食。《易·家人》："无攸遂，在中馈。"

考岁用

每年计合家大小人口若干，总计食谷若干，预备宾客谷若干。每月一次照数支出，各另收贮。务令封固仓口，不许擅开，以防盗窃。其支用谷数，仍要每次开写簿内，候下次支谷之日，查前次有无余剩若干，明白开载查考。

每年通计夏秋税粮若干，水夫民壮丁料若干，各该银若干，即于本年二月内照数完纳。或贮有见银①，或临期粜谷，切勿迁延，累本甲②比征③。如遇编差，先计用银若干，预算积贮，以备应用。若待急迫而后图之，或称贷于人，则荡覆无日矣。

女子六岁以上，岁给吉贝④十斤，麻一斤。八岁以上，岁给吉贝二十斤，麻二斤。十岁以上，岁给吉贝三十斤，麻五斤，听其贮为嫁衣。妇初归⑤，每岁吉贝三十斤，麻五斤，俱令亲自纺绩，不许雇人。丈夫岁月麻布衣服，皆取给于其妻。吉贝与麻，各计每年给若干，皆令身自为之，不许雇人纺绩。惟僮仆衣布，随时买给。

租谷上仓，除供岁用及差役外，每年仅存十分之二，固封积贮，以备凶荒。如出陈入新，亦须随宜补处。

置岁入簿一扇⑥，凡岁中收受钱谷，挨顺月日，逐项明开，每两月结一总数。终年经费，量入为出，务存盈余，不许妄用。

置岁出簿二扇，一扇为《公费簿》，凡百费皆书；一扇为《礼仪簿》，书往来、庆吊、祭祀、宾客之费。每月结一总数于左方，不许涂改及窜落。

【注释】

① 见银：现在的金银，犹如今现金。
② 本甲：家中所在的甲里，犹如今家族所在管辖地区。
③ 比征：追补地方税金。
④ 吉贝：马来文木棉的音译。木棉植物。其棉花可作纺织原料，其籽可榨油。现指棉花。
⑤ 妇初归：新媳妇刚到婆家。
⑥ 簿一扇：一个记录账簿。如下条："置岁出簿二扇，一扇为公费簿，凡百费皆书；一扇为礼仪簿。"扇，量词，此处指个。

遵礼度

冠礼①婚礼，各量力举行。丧葬送终为大事，礼宜从厚，亦当称家有无，一切繁文及礼所不载者，通行裁革。

男女议婚，必待十三三岁以上方许行聘礼，恐时事变更，终有后悔。

祠堂岁祭②、忌祭③，各先期经理，当日昧爽④举行仪节，遵家礼及祠堂事宜。

安葬惟附棺之物，务求坚久。若修坟限于力，不必强也。古人托足山丘，不欲后世复知其姓名,其意远矣。

墓祭⑤皆当于清明、重阳日举行。但各山远近不同,势难兼举,须分日致祭,或由路,或从船。俱查照历年旧规,合用桌席若干,人夫若干,各色器用若干,每年用银若干,各登簿查考。

娶妇初归,惟谒祠堂,见舅姑,次及本房⑥有服亲属⑦,不得概见他姓诸亲。

生日不为乐,自古称为美谈。除六十岁以上,子孙为其父祖称觞⑧,礼不可废,其余不可借此豪饮。若非具庆,而宴乐忘亲,尤为不孝。

童子年五岁诵《训蒙歌》⑨,不许纵容骄惰。女子年六岁诵《女诫》⑩,不许出闺门。若常啖以果饼恣其欲,娱以戏谑荡其性,长而凶狠,皆从此始,当早禁而预防之。

待客,肴不过五品,汤果不过二品,酒饭随宜。

嫁娶不用糖梅。女受聘、出嫁,子弟行聘礼,俱不贺。

吊丧只用香纸,不用面巾果酒。吊客一茶而退,服内不具庆,不送胙⑪。

交际礼仪,俱用折十。如合用猪头,则折银一钱。用双鹅,酒三钱。羊酒五钱。猪,酒一两,此外另封银二分作果酒礼,其受与否及酬答,各从其便。若本乡行礼,俱折银二分,酬礼四人一桌。若遣礼而不及赴席,原封送还。

上⑫四款,已入乡约通行。

【注释】

① 冠礼:古代男子成年时(十六岁、十八岁、二十岁,各时期规定有异)加冠的礼节仪式。今有成人礼。《礼记》:"古者冠礼,筮日筮宾,所以敬冠事。"
② 岁祭:一年四季的祭祀。
③ 忌祭:祭祀对象的忌日(死亡之日)所举行的祭祀仪式和活动。
④ 昧爽:晨三点至五点,天亮未亮时。《尚书·太甲上》:"先王昧爽丕显,坐以待旦。"
⑤ 墓祭:坟墓前举行祭祀仪式和活动。
⑥ 本房:自己及自己直属亲属。
⑦ 有服亲属:血缘关系较为亲近的亲属。服,此指生者与死者关系的远近亲疏的表现,有五服之分。
⑧ 称觞(shāng):称,举也。觞,酒杯也。举起酒杯敬酒。
⑨ 训蒙歌:本《家训》后附儿童启蒙读本。
⑩ 女诫:本《家训》后附女童启蒙读本。

⑪ 胙（zuò）：祭祀用的肉。《后汉书》："四时致宗庙之胙。"
⑫ 上：原文作"右"，今改横排本，故改之。

禁奢靡

子孙各要布衣疏食，惟祭祀宾客之会，方许饮酒食肉，暂穿新衣。幸免饥寒足矣，敢以恶衣恶食为耻乎！他如手持背负之劳，力能自举，不必倩①人供使令之役，幸不为人役足矣，敢役人乎？尺帛、半钱不敢浪用，庶几不至于饥寒。

亲戚每年馈问，多不过二次，每次用银，多不过一钱。彼此相期，皆以俭约为贵，过此者，拒勿受。其余庆吊②，循俗举行，不在此限。

待客品物，本有常规，如亲友常往来，即一鱼一菜亦可相留。司马温公③曰："先公为群牧判官，客至未尝不置酒，或三行，或五行，不过七行。酒沽于市，果止梨栗枣柿，肴止脯醢菜羹，器用磁漆，当时士大夫皆然。"会数而礼勤，物薄而情厚。今后客至，肴不必求备，酒不必强劝，淡薄能久。宾主相欢，但求适情而已。本房人众，客至欲遍请，恐力不能及，听临时轮流请陪，以省繁费，各不得视彼此为厚薄，致相猜嫌。

亲友往来，拜帖、礼帖、请帖、谢帖俱单束，不用封筒④。

造酒，先计每年合若干，计用银若干，量存一二盈余，以备他费，各登簿查考。若饮酒，不许沉醉，非惟乱性，抑亦伤生。世多死于酒，可鉴也。

【注释】

① 倩（qiàn）：请，使，求。《字汇》："倩，使人。"
② 庆吊：喜事和丧事。今称红白喜事。
③ 司马温公：司马光，字君实，山西夏县涑水乡人，世称"涑水先生"。北宋大臣，官至宰相。史学家，主持编纂《资治通鉴》，著《温国文正司马公文集》《稽古录》。卒后追封温国公。
④ 封筒：包装请帖的竹筒。似现今的信封。

严约束

子孙各安分循理，不许博奕、斗殴、健讼①，及看鸭②、私贩盐铁，自取覆亡之祸。

田地财物，得之不以义，其子孙必不能享。古人造"钱"字，一金二戈③，盖言利少而害多，旁有劫夺之祸。其聚也，未必皆以善得之，故其散也，奔溃四出，亦岂能以善去！殃其身及其子孙。"多藏必厚亡"④，老子之名言，信矣。人生福禄自有定分，惟择其理之所当为，力之所能为者，尽其在我，俟命于天，此心知足。虽疏食菜羹，终身有余乐。苟不知分量，曲意求盈，虽欺天罔人而不顾，有不颠覆者乎？若能勉给岁月，不以饥寒遗子孙，此身之外，皆为长物⑤，何自苦为！

傲，凶德也。凡以富贵学问而骄人，皆自作孽耳。即使功德冠古今，亦分内事，何与于人。天道恶盈，惟谦受益。予阅历中外⑥，备尝之矣。

立妾为嗣续⑦计，必不可已而后为之。嫡庶不同心，兄弟不同母，其间牴牾⑧难尽言。若用情少偏，则是非蜂起，其流祸蔓延于子孙，或因而荡覆其家者亦多有之，此不可不慎图也。

病从口入，祸从口出。凡饮食不知节，言语不知谨，皆自贼其身，夫谁咎？

修斋、诵经、供佛、饭僧，皆诞妄之事。而端公圣婆⑨，左道⑩惑众，尤王法所必诛也，凡僧道师巫，一切谢绝，不许惑于妇人世俗之见。

男子刚肠少，常偏听妇人言，离间骨肉，争长竞短，嫌隙横生。妇初入门，当先谕而禁抑之。"教子婴孩，教妇初来。"⑪言当防之于早也。

观人家起卧之早晚，而知其兴衰，此先哲格言也。凡男女必须未明而起，一更后方许宴息，无得苟安放逸，终受饥寒。

子孙故违家训，会众拘到祠堂，告于祖宗，重加责治，谕其省改。若抗拒不服，及累犯不悛⑫，是自贼其身也。

遇昏暮即闭门，不许夜出。世情难测，宜备非常。如会客亦须早散，不设烛。大寒、大暑，尤当休息厨下人。

僮仆十四岁以上，不许入后厅。凡内外传呼，击云板⑬或木鱼⑭。

累世乡居，悉有定业。子孙不许移家，住省城三年后，不知有农桑。十年后，不知有宗族。骄奢游惰，习俗移人，鲜有能自拔者。予尝言乡居有十利，惟避寇方许暂寓城中。

内外房堂门巷及椅桌，俱每日黎明扫除拂拭。若门庭芜秽，几案纵横，此衰家之兆也。各令轮流打扫，不许推托有辞。

厨入、司事、早食不得过辰时，晚食不得过申时。每晚先将铁锅及合用器具，逐一洗涤收置，次早黎明而起，即点茶炊饭，不觉烦难，乃能及期而举。早晚厨间俱不许用灯火，非徒欲省烦费，且恐昏昧不洁，以致饮食伤人。此事虽小，然于养生一节，所关甚大。况家人各有常业，终日勤苦，而饮食不如期，岂存恤之义哉！若有故违，先将首事者斥责，以儆其余。

每月初十、二十五二日，凡本房尊长卑幼，俱于日入时为会，各述所闻，或善恶之当鉴戒，或勤惰之当劝勉，或义所当为，或事所当己者。彼此据己见，次第言之，各倾耳而听。就事反观，勉加点检，此即德业相劝、过失相规之意。其会轮流主之。先派定日期，某系某日，如遇有事，请以次日代之。主会者只用点茶，不得置酒。若本日有祭祀、宾客之会及有他冗，或遇大寒暑、大风雨，则暂免。其无事不赴会，此即自暴自弃之人。会所不必拘，惟便于聚谈为贵。会必薄暮，谓其时多暇也，切不可夜深，久坐恐有不虞。

小家婆妇往来，类多簸弄是非，窥窃饮食，甚或诱引祈卜，煽惑妇女，因而盗骗财物，当不时诘问。如无故往来者，重治而禁绝之。

【注释】

① 健讼：热衷于诉讼（打官司）。
② 看鸭：照料媒人（鸭媒），另一说是观看鸭子比赛的游戏。
③ 一金二戈：钱的繁体为一金二戈，"錢"字。
④ 此句出自《老子》第四十四章："名与身孰亲？身与货孰多？得与亡孰病？是故甚爱必大费，多藏必厚亡。"此句意为聚敛的财富过多而不能施舍做善事，其结果会损失消亡。
⑤ 长物：多余的东西。《晋书》："忱闻而大惊，恭曰：'我平生无长物。'"
⑥ 中外：朝廷内外，家庭内外。《后汉书》："恩固主心，故中外服从，上下屏气。"《颜氏家训》："数日而亡，中外怜之，莫不悲叹。"
⑦ 嗣续：后嗣连续，生育继承人，以传宗接代。
⑧ 牴牾：抵触。亦作"抵梧""抵忤"。《汉书》："分散数家之事，甚多疏略，或有牴牾。"
⑨ 端公圣婆：旧时称巫师为端公，巫婆为圣婆。《潜书》："蜀人……谓巫为端公。"
⑩ 左道：旁门邪道。《礼记》："执左道以乱政，杀。"
⑪ 此句出自《颜氏家训》，意为教育子女，应从幼儿开始；教育媳妇宜从初嫁时开始。
⑫ 悛（quān）：改过，悔改，悔过。成语"怙恶不悛"。《左传》："长恶不悛。"
⑬ 云板：亦作"云版"，古时用长形扁铁片，两端作云头形，故名，似今日山东快书的鸳鸯版。旧时的古乐器。旧时官署和权贵之家，都以打云板为集合报事的信号，似今日的集结号的作用。
⑭ 木鱼：旧时木制的打击乐器，同时是寺庙中的佛教法器名，刳木为鱼头形，中凿空洞，叩之有声。长鱼形名为"梆"。

崇厚德

骨肉天亲，同枝连气，凡利害休戚，当死生相维持。若因财产致争，便相视如仇敌，及遭死丧患难，反面不相顾，甚于路人，祖宗有灵，岂忍见此。良心灭绝，马牛而襟裾①，人祸天刑，其应如响，愿子孙以此言殷鉴②。

处宗族、乡党、亲友，须言顺而气和。非意相干，可以理遣，人有不及，可以情恕。若子弟僮仆与人相忤，皆当反躬自责，宁人负我，无我负人。彼悻悻然怒发冲冠，讦短以求胜，是速祸也。若果横逆难堪，当思古人所遭，更有甚于此者，惟能持雅量而优容之，自足以潜消其狂暴之气。

放债切不可违例深求，或准折人子女田地，及利中展利。

论人惟称其所长，略其所短，切不可扬人之过。非惟自处其厚，亦所以寡怨而弭祸也。若有责善③之义，则委曲道之，无为已甚。

雇工人及僮仆，除狡猾顽惰斥退外，其余堪用者，必须时其饮食，察其饥寒，均其劳逸。陶渊明④曰："此亦人子也，可善遇之。"欲得人死力，先结其欢心，其有忠勤可托者，尤宜特加周恤，以示激劝。

【注释】

① 马牛而襟裾：襟，古代衣服的交领。裾，衣服的前襟，也称大襟，后也指衣袖。此襟裾代指衣服。此句意为兄弟不和，犹如牛马穿上衣服。
② 殷鉴：殷的子孙应以夏的灭亡作为鉴戒，后泛指作借鉴的往事。《诗经·大雅·荡》："殷鉴不远，在夏后之世。"
③ 责善：劝诫他人从善。《孟子》："责善，朋友之道也。"
④ 陶渊明：一名潜，字元亮，江西九江人。东晋著名诗人，曾任彭泽县令。擅长诗文辞赋，以《桃花源记》《归去来辞》为最佳作。著《陶渊明集》。

慎典守

蒸尝①房屋、田地、池塘，不许分析②及变卖，有故违者，声大义攻之，摈斥不许入祠堂。

坟茔刊刻图本，不时修葺，加意防护，山邻及守山人须厚待之。

书籍为人家命脉，须置簿登记，依期晒晾，束之高阁，无令散失，以全先人手泽。

画册、图本、轴头、器皿各项,俱用木柜收贮,另设一簿,逐件登记。有借去者,即书浮签③贴项下,送回则掣之。

海邦多盗,凡衣物戒慢藏,门庭慎封守,先事④筹画,居安思危。如有踪迹可疑,皆当早察而预待之,曲为万全计。

城中房屋池塘,岁时典守⑤,切须得人,仍要戒备不虞⑥,严加防察。

【注释】

① 蒸尝:古代秋、冬祭祀名。"蒸"亦作"烝"。《尔雅》:"冬祭曰蒸。"古代秋祭祀名"尝"。《诗经·小雅·鹿鸣之什·天保》:"禴祠烝尝。"
② 分析:分割,瓜分。《汉书》:"诸侯地稍自分析弱小云。"
③ 浮签:用于记录读书心得的书签。
④ 先事:事先。
⑤ 典守:看守,看管,守护。
⑥ 虞:臆度,料想,意外。《诗经·大雅·抑》:"谨尔侯度,用戒不虞。"不虞,出乎意外的事。

端好尚

子弟立身,非惟颠狂灭义,淫纵伤生,当刻骨痛戒,即嗜好之偏,如广交延誉,避事耽闲,溺琴棋,聚宝玩,购字画,乐歌舞,此皆丧志之具。彼自谓放达清流①,岂知其为身家之蠹哉!

宗族、亲戚、乡党,有素重名义及多才识为人尊信者,须亲就请教,不时问候。如有家事缓急,可倚以相济。且常闻药石之言②,阴受夹持之益。若交游非类,济恶朋奸,是自弃③其身也。媢嫉④正人,厌闻正论,直待亡命破家而后悔,已无及矣。

士农工商,各居一艺。士为贵,农次之,工商又次之。量力勉图,各审所尚,皆存乎其人耳。予家训首著士行,余多食货农商语,皆就人家日用之常,而开示途辙,使各有所持循。若该载未尽,当就善言而推广之。

处身固以谦退为贵。若事当勇往而畏缩深藏,则丈夫而妇人矣。古人言若不出口,身若不胜衣,及义所当为,虽孟贲⑤不能夺,此以为尚者也。事有权衡,其审图之。

祖宗遭家多难,因邻人曲售其诬词,复有落井下石,阴嗾⑥而中之者,乃竟负讼，卒于家。嗟嗟！吾祖饮恨九原⑦，每一念之，肝肠摧裂。今首祸及助虐之人曾不再传，皆已灭门矣。予言及此，岂欲修怨哉！示后人知家衅所以起，哀思不能忘耳。先考⑧少孤，数岁时，曾与家人负贩，及壮，为木商，虽寒暑风雨不避劳。会海贼发，有司造战船，坐名督责，几于破家。比予入黉宫⑨，喜动颜色，而垂橐⑩萧然。寻矢力经营，家渐饶而去世。百忧感心，万事劳形，何曾享一日安意之奉哉！予少时秉耒躬耕，不辞劳役，昼习章句，暮归灌园。冬夏仅一粗布衣，非敝且垢，不更为也，惟舅氏间岁以新衣佐给之。每就试，尝落第于有司，屏迹禅林，经宿一举火，艰苦万状，诚难具陈。今尔子弟皆尘蠹书、余鼠粟，何从得之？饱食安居，独不念先世创业之难，良工心独苦耶？予自罢归后，尽将财产与诸弟均之，未尝少有低昂。盖只承先考之心，使后之子孙尽力其中，皆足为向善之助，无忘先世遗泽也。尝闻祖宗基业自勤俭中来，子孙享其成，则不知有勤俭矣。祖宗福泽自诗书中来，子孙承其荫，则不知有诗书矣。虽名族世家，后先济美，子孙诵予言，其书诸绅⑪。

【注释】

① 放达清流：放达，率性而为，不拘小节及世俗之见的拘束。《世说新语》："刘伶恒纵酒放达，或脱衣裸形在屋中。"清流，旧时用来称负有声望，而不肯与权贵同流合污的士大夫。

② 药石之言：用于治病的药物和砭石，比喻规劝、规诫。似同今"良药苦口利于病，忠言逆耳利于行"之意。

③ 穽（jǐng）：陷阱，陷坑。《说文解字》："阱，陷也。穽、阱或从穴。"

④ 媢（mào）嫉：忌妒，亦作"媢疾""冒疾"。《礼记》："人之有技，媢疾以恶之。"

⑤ 孟贲（bēn）：又名孟说，战国时勇士，本是齐国人，后归顺秦武王。《史记》和《孟子》均有记载。

⑥ 阴嗾（sǒu）：暗中在背后唆使、怂恿他人做坏事。

⑦ 九原：泛指墓地，亦指九泉。

⑧ 先考：旧时自称去世的父亲。

⑨ 黉（hóng）宫：古代学校名。

⑩ 垂橐（tuó）：垂，空。橐，囊。两手空空如也。《左传》："伍举知有备也，请垂橐而入。"

⑪ 书诸绅：将重要的话写在绅带上。绅带系古代士大夫束在外衣上的大带。《论语》："子张书诸绅。"后指束绅的士大夫。

训蒙歌

幼儿曹,听教诲。勤读书,要孝弟。学谦恭,循礼义。节饮食,戒游戏。
毋诳言,毋贪利。毋任情,毋斗气。毋责人,但自治。能下人,是有志。
能容人,是大器。凡做人,在心地。心地好,是良士。心地恶,是凶类。
譬树果,心是蒂。蒂若坏,果必坠。吾教汝,全在是。汝谛听,勿轻弃。

女诫

男女相维,治家明肃。贞女从夫,世称和淑。
事夫如天,倚为钧轴①。爱敬舅姑,日祈百福。
教子读书,勿如禽犊。妯娌交欢,毋相鱼肉。
婢仆多恩,毋生荼毒②。夜绩忘劳,徐吾合烛。
家累千金,毋忘饘粥③。虽有千仓,毋轻半菽。
妇顺母仪,能回薄俗。嗟彼狡徒,豺声蜂目。
长舌厉阶④,画地成狱。妒悍相残,身攒百镞⑤。
天道好还,有如转毂⑥。持诵斯言,蓝田种玉⑦。

【注释】

① 钧轴:旧指国家政务重任,亦指掌握国家大权的人。此处系指掌权的大夫。
② 荼(tú)毒:毒害,残害。《尚书·汤诰》:"罹其凶害,弗忍荼毒。"
③ 饘(zhān)粥:厚稠的米粥曰饘,稀薄的米粥曰粥。
④ 长舌:播弄是非的人。厉阶:祸根。厉,祸,灾祸。阶,道。
⑤ 镞(zú):箭头。
⑥ 毂:车轮中心的圆木轴。
⑦ 蓝田种玉:陕西省蓝田县的蓝田山出产美玉,比喻名门出贤人、名人。亦称:"蓝田生玉"。《三国志》:"蓝田生玉,真不虚也。"

示季子懋书

[明] 张居正

张居正（1525—1582年），字叔大，号太岳，湖北荆州人。明代高官、政治家。张氏自幼聪慧，嘉靖进士，神宗时首辅，主持国事十年，经济上推行一条鞭法，军事上启用戚继光，巩固国防，皆有成效。谥号"文忠"。著有《张文忠公全集》。

汝幼而颖异，初学作文，便知门路，吾尝以汝为千里驹。即相知诸公见者，亦皆动色相贺曰："公之诸郎，此最先鸣者。"乃自癸酉① 科举之后，忽染一种狂气，不量力而慕古，好矜己而自足，顿失邯郸之步②，遂至匍匐而归。丙子③ 之春，吾本不欲求试，乃汝诸兄咸来劝我，谓不宜挫汝锐气，不得已黾勉从之，竟致颠蹶④。艺本不佳，于人何尤！然吾窃自幸曰："天其或者欲厚积而钜发之也。"又意汝必惩再败之耻，而俯首以就矩矱⑤ 也。岂知一年之中，愈作愈退，愈激愈颓。以汝为质不敏耶？固未有少而了了⑥，长乃懵懵者，以汝行不力耶？固闻汝终日闭门，手不释卷。乃其所造尔尔，是必志骛于高远，而力疲于兼涉，所谓之楚而北行⑦ 也！欲图进取，岂不难哉！夫欲求古匠之芳躅⑧，又合当世之轨辙，惟有绝世之才者能之。明兴以来，亦不多见。吾昔童稚登科，冒窃盛名，妄谓屈宋班马⑨，了不异人，区区一第，唾手可得，乃弃其本业，而驰骛古典。比及三年，新功未完，旧业已芜。今追忆当时所为，适足以发笑而自点耳。甲辰⑩ 下第，然后揣己量力，复寻前辙，昼作夜思，殚精毕力，幸而艺成，然亦仅得一第止耳。犹未能掉鞅⑪ 文场，夺标艺苑也。今汝之才，未能胜余，乃不俯寻吾之所得，而蹈吾之所失，岂不谬哉！

吾家以诗书发迹，平生苦志励行，所以贻则⑫ 于后人者，自谓不敢后于古之世家名德，固望汝等继志绳武⑬，益加光大，与伊巫⑭ 之俦⑮，并垂史册耳！岂欲但窃一第，以大吾宗哉！吾诚爱汝之深，望汝之切，不意汝妄自菲薄，而甘为辕下驹也。今汝既欲我置汝不问，吾自是亦不敢厚责于汝矣。但汝宜加深思，毋甘自弃。假令才质驽⑯ 下，分不可强，乃才可为而不为，谁之咎？与己则乖谬,而使谂之命耶,惑之甚矣!且如写字一节,吾呶呶⑰谆谆者几年矣,而潦倒差讹,略不少变,斯亦命为之耶?区区小艺,岂磨以岁月乃能工耶?吾言止此矣。汝其思之!

【注释】

① 癸酉:明神宗万历元年,即公元1573年。
② 邯郸之步:邯郸,战国时赵国的首都。之步,走路的样子。《庄子·秋水》记载燕国一青年去邯郸,见赵国人走路的姿势很美,就学其走路,结果非但未学好,连自己原有的走法也忘了,只好爬回去。成语"邯郸学步"即此。
③ 丙子:明神宗万历四年,即公元1576年。
④ 颠蹶:原意是指走路跌跌撞撞,甚至跌倒,此指考试失败。
⑤ 矩矱(huò):法度,规矩。《离骚》:"曰勉升降以上下兮,求矩矱之所同。"
⑥ 了了:聪明,懂事。《世说新语》:"小时了了,大未必佳。"
⑦ 之楚而北行:语出《战国策》:"犹至楚而北行也。"欲往楚国去(南方),却向北方去。成语"南辕北辙"源于此。
⑧ 芳躅(zhuó):指前贤的足迹。《史记》:"敏行讷言,俱嗣芳躅。"
⑨ 屈宋班马:屈,屈原,战国时期楚国诗人,骚体的开创者。宋,宋玉,屈原的弟子,楚辞作家。班,班固,汉代史学家,《汉书》的作者。马,司马迁,汉代史学家,《史记》的作者。世称"屈宋""班马",亦称"马班"。《文心雕龙》:"屈宋逸步,莫之能追。"《晋书》:"丘明既没,班马迭兴。"
⑩ 甲辰:明神宗万历三十二年,即公元1604年。
⑪ 掉鞅:掉,整理。鞅,套在马颈上用以驾轭的皮带。此示意从容不迫,休闲自得。
⑫ 贻则:贻,遗留,留下。《晋书》:"前修贻训。"则,规章,准则,此指家规、家训、家教。
⑬ 继志绳武:继,继续,继承。《礼记》:"夫孝者,善继人之志。"绳,继承。《诗经·大雅·下武》:"昭兹来许,绳其祖武。"武,足迹。
⑭ 伊巫:伊尹和巫咸,皆商朝的辅国大臣,对商朝的发展贡献甚大。
⑮ 俦(chóu):同类,侪辈。曹植《七启》:"若夫田文无忌之俦,乃上古之俊公子也。"
⑯ 驽(nú):劣马,能力低下的马。比喻才能低劣。《史记》:"相如虽驽,独畏廉将军哉!"
⑰ 呶呶:多言,说话唠叨,含有使人讨厌的意思。张耒诗:"人皆喜呶呶,子语不出口。"

近溪隐君家训

[明] 吕坤

吕坤（1536—1618年），字叔简，号新吾或心吾，河南宁陵人，明代官员、学者。明万历进士，初任襄垣知县，翌年任大同县令，三年后任户部郎中、山东参政、山西按察使、山西巡抚，官至刑部尚书。吕氏前半生做官，后半生著述讲学，多有新意。著《家礼翼》《呻吟语》《家礼疑》《闺范》《去伪斋文集》等。

《近溪隐君家训》系吕坤的家训石碑，高六尺，宽二尺，楷书字方二寸，刻石于明万历辛卯年（1591年），原立于太原城隍庙，今迁入太原双塔寺内。

存阴骘① 心，干公道事，做老成人，说实在话，把天理先放在头直上。处人只要个谦逊，居家只要个和平，教子只要个学好，吃穿只要个饱暖，房舍家伙只要个坚牢有用，冠婚丧祭只要个合礼。才开口便想这话中说不中说，才动身便想这事该做不该做，才接人便想这人可交不可交，才见利便想这物该取不该取，才动怒便想这气该忍不该忍。处身要俭，与人要丰。见善就行，有过便认。尤可戒者，奢侈一节，令人劳作无益，只图看相，强似费了财帛夸俗人眼目，不如挪些钱粮救穷汉性命，锦上添花何用？彼冬无破絮者皆天地生灵。案前积肉何为？彼日无饱糠者皆同胞赤子。看那悭吝② 攒钱之人，生骄奢破家之子。天道甚明，愚夫不悟，尔曹切记吾言。

万历辛卯③ 山西按察使吕坤刻石

【注释】

① 阴骘（zhì）：原意天默默地安定下民。后指"阴德"，即暗中帮助他人的行为。
② 悭（qiān）吝：小气、吝啬。韩愈《辞唱歌》："复遣悭吝者，赠金不皱眉。"
③ 万历辛卯：明万历十九年，即公元1591年。

闺 范

[明] 吕坤

嘉言

《列女传》①曰:"古者妇人妊子,寝不侧,坐不边,立不跸②,不食邪味,割不正不食,席不正不坐,目不视邪色,耳不听淫声,夜则令瞽诵诗,道正事。如此,则生子形容端正,才德过人矣。"

《文中子》③曰:"婚娶而论财,夷虏之道也。君子不入其乡,古者男女之族,各择德焉。不以财为礼。"

吴虞翻④与其弟书曰:"长子容当为娶妇,远求小姓,足使生子。天福其人,不在贵族。芝草无根,醴泉无源。"

司马温公⑤曰:"凡议婚姻,当先察婿与妇之性行,及家法何如?勿苟慕其富贵。婿苟贤矣,今虽贫贱,安知异时不富贵乎?苟为不肖,今虽富贵,安知异时不贫贱乎?妇者,家之所由盛衰也。苟慕一时之富贵而娶之,彼挟富贵,鲜有不轻其夫,而傲其舅姑者。养成骄妒之性,异日为患,庸有极乎?借使因妇财以致富,依妇势以取贵,苟有丈夫之志气,能无愧耶?"

李氏《女戒》曰:"贫者安其贫,富者戒其富。"又云:"弃和柔之色,作娇小之容,是为轻薄之妇人。藏心为情,出口为语。言语者,荣辱之枢机,亲疏之大节也。亦能离坚合异,结怨兴仇,大则覆国亡家,小则六亲离散。是以贤女谨口,恐招耻谤,或在尊前,或居闲处,未尝触应答之语。他人话,傍边接声,发謟诙之言,不出无稽之词,不为调戏之事,不涉秽浊,不处嫌疑。"

善行

齐景公⑥有爱槐,使衍守之,下令曰:"犯槐者刑,伤槐者死。"于是衍醉而伤槐。景公怒,将杀之。女婧惧,乃造晏子⑦请曰:"妾父衍,先犯君令,罪固当死。妾闻明君之治国也,不为畜伤人,不以草伤稼。今吾君以槐杀妾之父,孤妾之身,妾恐邻国闻之,谓君爱树而贼人也。"晏子惕然。明日朝,谓景公曰:

"君极土木以匮民，又杀无罪以滋虐，无乃殃国乎？"公曰："寡人敬受命矣。"即罢守槐之役。而赦伤槐者。

曹娥者，上虞曹盱之女也。盱能抚剑长歌，婆娑乐神。以汉建安二年五月五日，迎伍君，逆涛而上，为水所没，不得其尸。娥年十四，沿江号哭，十七昼夜不绝声，遂自投江以死。经五日，抱父尸出。县长杜尚，改葬娥于江南道傍，为立碑焉。

卢氏，永嘉人。一日与母同行，遇虎将噬母。女以身当之，虎得女，母乃免。后有人见其跨虎而行，里人建祠于永宁乡。宋理宗朝，封曰"孝佑"。

谢小娥，幼有志操，许聘段居真。父与居真同为商贩，盗申兰、申春杀之。小娥诡服为男子，托庸申家。因群盗饮酒，兰、春与群盗皆醉卧，娥闭户斩兰首，大呼捕贼。乡人擒春，得赃巨万。娥乃削发为尼。

康孝女，明济源人。父友贤，年老无子，择王珏入婿。女劝母纳妾，生子，而乏乳。女亦生女，遂舍之，乳其弟，曰："吾父老矣，女可得，而弟不可再得也。"

詹氏女，绍兴初，年十七。淮寇号"一窠蜂"，破芜湖。女叹曰："父子俱无生理，我计决矣。"顷之，贼至，执其父兄，将杀之，女泣拜曰："妾虽窭陋，愿相从，赎父兄命。不然，且同死，无益也。"贼释父兄缚。女麾之曰："亟走，无相念，我得侍将军足矣。"从贼行数里，过市东桥，跃入水中死。贼相顾，骇叹而去。

江南有一女子，父系狱中，无兄弟供朝夕，女与嫂往省之。过高邮，其郡蚊盛，夜若轰雷，非帐中不能避。有男子招入帐者，嫂从之。女曰："男女别嫌，阿家为谁，而可入也？"独露宿草莽中。行数日，竟为蚊噆⑧而死。筋有露者。士人立祠祀之，世传为"露筋庙"。

曹修古知兴化军，卒于官，贫不能归葬。宾佐赠钱五十万，妻欲受之，季女泣白其母曰："我先人在，未尝受宾佐馈遗，奈何以赙钱累其身后！"母从之，尽却不受。

李五妻张氏，济南邹平县人，年十八。夫戍福建之福宁州，死于戍。时舅姑老，家贫，无子，张蚕绩以为养。及舅姑没，张叹曰："夫死数千里外，不能归骨以葬者，以舅姑无依，不能远离也。今大事尽矣，而夫骨终弃远土，妾何以生！"乃卧积冰上，誓曰："使妾若能归夫骨以葬，即幸不冻死。"卧月余，不死。乡人异之，乃相率赠以钱粮，大书其事于衣以行，由邹平至福宁，五千余里，不四十日而至。其侄补戍在矣。张氏见之，问夫葬何处，已忘之矣。张哀号欲绝，忽其夫降神，道别及死状，且指骨所，张如言求之，果得以归。有司上其事，旌表焉。

唐夫人者，中书侍郎崔远之祖母也，夫人事姑孝，姑长孙夫人，年高无齿，唐夫人每旦拜于阶下，即升堂乳其姑，长孙夫人不粒食数年而康宁，一日疾病，长幼咸集，宣言无以报新妇恩，愿新妇有子有孙，皆得如新妇孝敬，则崔氏之门，安得不昌大乎！

谭烈女赵氏，吉州永新人。元兵破坏，赵氏抱婴儿，随其舅姑，同藏乡校中，为悍兵所执，杀其舅姑，又执赵，欲污之，不从，恐之以刃，赵骂曰：“吾舅死于汝，吾姑又死于汝，与其不义而生，宁从吾舅姑死耳。”遂与婴儿同遇害。血渍文庙两楹之间，宛然妇人抱婴儿状，磨以沙石，不去，锻以石炭，其状益显。

赵淮，长沙人，德祐中，携妾戍银树霸，元兵至，俱执。至爪洲，元将使淮招李庭芝⑨降，淮不从，为所杀，弃尸江滨。妾入元军，泣曰：“妾夙事赵运使，今尸弃不收，情不能忍，愿得掩埋，终身事公，无憾。”元将怜之，使数兵舆至江上，妾娶薪焚淮骸骨，置瓦缶中，自抱持操小舟，至中流，仰天恸哭，跳水而死。

王氏，睢阳人，赵子乙之妻也。子乙早死，王氏誓不改嫁。靖康之乱⑩，自以年少有姿，行节难保，乃以烟土涂面，披头散足，负姑，携幼子，避地而南，人无犯之者，流离四年，至温陵，徙居于蒲，终身清白。

郑廉，唐人，妻李氏，年十七，嫁廉，一岁而廉死，李守志不移，夜梦一男子，求为妻，初不许，后数夜梦之。李曰：岂容貌犹妍，招此邪魔耶。即断发垢面，尘肤敝衣，自是不复梦。备尝艰苦，守节终身。刺史白其操，号"坚正节妇"。

高叡妻，秦氏女边。叡赵州刺史，为默啜所攻，州陷，叡仰药小死，众舁⑪至默啜所，默啜示以宝刀异袍曰："尔欲之乎？降我，当赐尔官，不降，且死。"叡视秦。秦曰："君受天子之恩，贵为刺史，城不能守，乃以死报，分也，即受贼官，虽阶一品，何荣之为？"自是皆瞑目不语，默啜知不可屈，乃并杀之。

徐吾者，齐东海上贫妇人也，与邻妇李吾之属，会烛夜绩，徐吾最贫，而烛数不继。李吾谓其属曰："无与夜也。"徐吾曰："是何言与？自妾之会烛也，起常先，息常后，洒扫陈席，以侍来者，食常从薄，坐常处下，为烛不断之故也。夫一室之中益一人，烛不为暗，损一人，烛不为明，何爱东壁之余光，不使贫妾得蒙见哀之恩，长为外役之事乎？"李吾莫能应，遂复与夜，终无后言。

颍上某为帅淮阳，有一外，号称骁勇，过芒砀间，其地多盗，仆与妻前驱，至葭苇中，仆大呼曰："素闻此处多豪杰，何无一人敢与吾敌耶？"俄而葭苇中有数盗出，杀之。仆妾跪贼恸哭，叩头感谢曰："妾本良家妇，被此人杀吾夫而掳之，无力复仇。大王今为吾断其首，妾杀身无以报大德。前途数里，吾母家也，肯惠顾，当有金帛相赠。"贼喜而从之，至一村，保聚多人，外列戈戟。妇人走入,哭诉其故,保长赚盗入,就而擒之,无一人得免。

刘安世除谏官,未拜命,入白母曰:"朝廷不以儿不肖,使居言路,谏官须明目张胆,以身任国,脱有触忤,祸谴立至。主上方以孝治天下,若以老母辞,当可免。"母曰:"不然,吾闻谏官为天子诤臣,汝父平生,欲为之而弗得,汝幸居此地,当捐身以报国恩,使得罪流放,无问远近,吾当从汝所之。"安世受命,是以正色立朝,面折廷争,人目之为"殿上虎"。

欧阳修[12],母郑氏,家素贫无资,亲教公读书,以荻画地,教公书字,尝谓曰:汝父尝夜览囚册,屡废而叹,吾问之曰:"死狱也。求其生不可得耳。"吾曰:"生可求乎?"曰:"求其生而不得,而死者与我,皆无恨也。矧[13]求而有得耶?以其有得,则知其不求而死者余恨矣。"夫常求其生,犹失之死,而世常求其死,岂天道哉。修服之终身。

唐崔元暐母卢氏,尝戒元暐曰:吾闻姨兄辛元驭云:儿子从宦者,有人来云:贫乏不自存,此是好消息。若闻赀货充足,裘马轻肥,此是恶消息。吾尝以为确论。比见亲表中仕宦者,务多财以奉亲,而其亲不究所从来,但以为喜,若出乎禄廪,可矣。不然,何异盗乎?纵无大咎,独不内愧于心,汝今为吏,不务洁清,无以戴天履地,宜识吾意,故元暐所至,以清白名。

伊川[14]先生曰:吾母侯夫人,仁恕宽厚,抚养清庶,不异己出。从叔幼孤,夫人存亲,常均己子,治家有法,不严而整,不喜笞扑下人,视小奴婢如儿女,诸子或加呵责,必戒之曰:贵贱虽殊,人则一也。汝如此大时,能为此事否?先公凡有所怒,必为之宽解,惟诸儿有过,则不掩也。尝曰:子之不肖,由母蔽其过,而父不知耳。夫人男子六人,所存惟二,亦不姑息,才数岁,行或跌,家人走前扶抱,夫人呵责曰:汝若安徐,宁至跌乎?每食,尝置之坐侧,食絮美,即叱之曰:幼求称欲,长当如何?虽童仆有过,不令以恶言骂之,故顾兄弟平生于饮食衣服无所择,不恶骂,教使然也,与人争忿,虽直,必责之曰:患汝能屈,不患不能伸耳。及稍长,使从善师友,虽居贫,子欲延客,则喜而之。

陈氏,建阳人,余楚继室[15]也。生子翼,三岁而楚死。陈氏尽以其产与前妻二子。翼年十五,使游学四方,翼在外十五年,成进士归迎母入官,后二子贫困,又收养而存恤之。

李文姬者,赵伯英妻,汉太尉固之女也。固为梁冀所杀,二子俱死狱中,少子燮,为文姬所愍,密托固门生王成曰:"李氏一脉,惟此儿在,君执义先公,有古人之节,今以六尺奉托,生死惟足下。"成遂引燮浮江,入徐州界。变姓名为酒家佣，酒家异之，以女妻燮，后遇赦，得还。

　　昌化章氏，兄弟二人，皆未有子。兄先抱族人子育之，未几，其妻生子，弟曰："兄既有子，安用所抱之儿为？请幸以与我。"兄告其妻，妻曰："无子而抱子，有子而弃之，人谓我何？"弟固请，嫂曰："无已，宁与我所生者。"弟不敢当，嫂竟与之。后二子皆成立，相继登第，遂为名族。

【注释】

① 列女传：书名，又名《古列女传》。西汉刘向著，七篇七卷，共记载105名妇女事迹。
② 跸（bì）：一脚独立。《篇海类编》："跸，足偏任也。"
③ 文中子：书名，又名《中说》，隋代王通撰。王通私谥"文中子"，故以书名，文体模拟《论语》，记录王通与子王福郊、王福畤的对话语录，共十卷，提出儒、佛、道三教合一的主张。
④ 吴虞翻：字仲翔，浙江余姚人，三国时人。著《虞翻周易注》十卷。
⑤ 司马温公：司马光，字君实，山西夏县涑水乡人，世称"涑水先生"。北宋大臣、史学家。北宋进士，官至尚书左仆射、门下侍郎。政治上反对王安石新法。史学上编纂《资治通鉴》。亡后封温国公，后世称"司马温公"。著作有《温国文正司马公文集》《稽古录》等。
⑥ 齐景公：名忤臼，春秋时齐国国君。庄公的异母弟，崔杼杀死庄公，立他为国君。
⑦ 晏子：晏婴，字平仲，山东高密人。春秋时齐国大夫，历任灵公、庄公、景公三世。世称"晏子"。著《晏子春秋》。
⑧ 嘬（chuài）：叮，咬。《正字通》："嘬，啗也。"
⑨ 李庭芝：字祥甫，湖北省随县人。南宋大臣，任淮东制置使，固守扬州。杭州陷落，南宋亡，李氏突围被俘，英勇牺牲。
⑩ 靖康之乱：靖康，宋钦宗年号。金兵于靖康元年（1126年）冬攻破东京（开封），俘宋徽宗、宋钦宗和宗室、后妃及教坊乐工、技工等数千人，掠夺北宋国家财富。北宋亡。
⑪ 舁（yú）：共同抬东西。《资治通鉴》："济察禄山有异志，诈得风疾，舁归家。"
⑫ 欧阳修：字永叔，号醉翁、六一居士，江西吉水人。北宋文学家、史学家。进士出身，任枢密副使、参知政事。政治上守旧。文学上是宋代古文运动的领袖，"唐宋八大家"之一。史学显赫，修编《新唐书》，独撰《新五代史》。谥号"文忠"。著《欧阳文忠公集》。
⑬ 矧（shěn）：况，况且。《尚书·大诰》："厥子乃弗肯播，矧肯获？"
⑭ 伊川：程颐，河南伊川人，世称"伊川先生"。北宋哲学家、教育家、理学大师。与其兄程颢合称"二程"，南宋朱熹创立理学"程朱学派"，对后世理学影响较大。
⑮ 继室：古代诸侯的夫人称元妃，元妃死后，次妃代理内事，叫"继室"。后世通称续娶之妻为"继室"。

孝睦房训辞

[明]吕坤

传家两字,曰读与耕;兴家两字,曰勤与俭;安家两字,曰让与忍;防家两字,曰盗与奸;亡家两字,曰淫与暴。休存猜忌之心,休听离间之言,休作生分之事,休专公共之利。吃紧在各求尽分,切要在潜消未形。子孙不患少而患不才,产业不患贫而患难守。门户不患衰而患无志,交游不患寡而患从邪。不肖子孙,眼底无几句诗书,胸中无一段道理,神昏如醉,体懒如瘫,意纵如狂,行卑如丐,败祖宗成业,辱父母家声。是人也,乡党①为之羞,妻子为之泣,岂可入吾祠,葬吾茔乎?戒石②具在,朝夕诵思。

【注释】

① 乡党:指乡里、家乡、乡族朋友。
② 戒石:宋太宗颁于州县,刻石碑"尔俸尔禄,民脂民膏,下民易虐,上天难欺"四句,以示警诫,名曰"戒石铭"。此外借用此名,统指训词。

为善说示诸儿

[明] 吕坤

问吉凶于卜筮者,惑①也。善则吉,不善则凶。登泰山、造浮图②、衣冠土木,谄事鬼神者,亵③也。善则福,不善则祸。求人之誉、怨人之毁者,劳④也。善则誉,不善则毁。虽然,此理也,此古圣教人,不得已之说也。至其自为则不然。善者皆凶,而君子不敢避善以趋吉;善者皆祸,而君子不敢忘善以徼⑤福;善者百毁,而君子不敢违善以要誉。父慈子孝,兄爱弟敬,夫义妇顺,家人和,姻族睦,不伤人,不害物,安常处顺,以求无负于民彝⑥,如斯而已矣!其吉也、福也、誉也,君子之为善自若也。反是,君子之为善,亦自若也。吾为所当为,如饥之食、渴之饮耳;吾不为所不当为,如饥不食堇⑦、渴不食鸩⑧耳。吉凶、祸福、毁誉,听其自来也,于我何与焉!虽然,善难言也。不择善者每失之,或曰忘其贵贱,同其尊卑,忍耻包羞,纳侮受欺。善乎?曰非也,此老庄也,不然,是以宽为阱⑨也。君子临下怜爱,乐施好予,善乎?曰非也,此释氏⑩也,不然,是以恩为市⑪也。君子推恩有序⑫,由亲及疏,不惜有罪,不忍无辜,是故有杀不为暴,而赦不为仁者,此类是也。或曰:正色直言,切责愚悖,尽我实心,忘人怨怼。善乎?曰非也,此亲师之道也,不然,是以直贾祸也。君子较其厚薄,观人审己,和平奖劝,以远辱耻,是故有薄责于人为是。而攻人之恶为非者,此类是也。儿辈亦有为善之心矣。余惧其昧于是非,过不及之间也,作此以示之。

【注释】

① 惑:欺骗,蛊惑,迷乱。《荀子》:"内以自乱,外以惑人。"
② 浮图:佛教名词。即"浮屠",梵文佛陀的旧译。也有将佛塔误译为浮屠,如"七级浮屠",此处即指佛塔。
③ 亵(xiè):不恭敬,不庄重,轻慢。《礼记》:"无礼不相见也,欲民之毋相亵也。"
④ 劳:忧愁,操心,劳神。《诗经·邶风·燕燕》:"瞻望弗及,实劳我心。"
⑤ 徼(yāo):同"邀",求取,谋求。《正字通》:"徼,与邀同。"

⑥ 彝：常规，常理。《诗经·大雅·烝民》："民之秉彝，好是懿德。"
⑦ 堇（jǐn）：乌头，有毒植物，野生者主根名"草乌"，加工炮制后可入中药。
⑧ 鸩（zhèn）：毒鸟，用其羽毛泡酒为毒酒，能杀人。《史记》："叔牙遂饮鸩而死。"成语"饮鸩止渴"是也。
⑨ 阱：防御或捕捉野兽的陷坑。《说文解字》："阱，陷也。"
⑩ 释氏：佛祖释迦牟尼，此指佛教徒。
⑪ 以恩为市：恩，好处，利益。市，交换，贸易。换取利益。
⑫ 推恩有序：恩，利益，恩爱。推，送。推恩有序，犹言"推爱"，谓将自己的所爱推及他人。《孟子》："推恩足以保四海，不推恩无以保妻子。"

序《海虞徐氏家规》

[明]徐有贞

徐有贞（1407—1474年），初名珵，字元玉，又字元武，号王全翁，江苏苏州人。明朝中期进士、官员，累官华盖殿大学士，兵部尚书，封爵武功伯。著《武功集》。海虞，今江苏常熟海虞镇。徐氏，徐敏叔，系徐有贞前辈。

本文以《四库全书·武功集·卷三》为底本校注。

予读《易》，至《家人》之象①而叹曰："呜呼！甚矣，治家之难也！"惟正其庶几乎！父由②父道，子由子道，而父子正矣。兄由兄道，弟由弟道，而兄弟正矣。夫由夫道，妇由妇道，而夫妇正矣。之数者正，而余无不正。然其机③则在家长之身。为家长者，一家之表也。其正之之道，不惟其言惟其事，不惟其事惟其心，心正则身修而本立。仁不敚④于私，义不牵于恩。子以仪父，妇以仪夫，弟以仪兄。推之其余，则内外不严而辨，宗姻不暱而睦，僮奴不厉而戒，家其有不正哉！家正而余无不正，故曰："正家而天下定矣。"是以圣人之经，王业于天下，立法制治，必自家始，而况大夫士之以有家为业者乎？三代⑤之际，以宗法相维，保家有人，治家有礼，其仪矩一定，无别为之者也。及夫后世，宗法不修，而家道莫由以正，士大夫始有别为仪矩于家者，盖亦有敦古⑥正家之意焉。海虞徐敏贞，吾宗之华也，其著《家规》，盖仿乎九江陈氏之《家制》⑦，临江陆氏之《家仪》⑧而为之。吾谓夫规矩者，先自治而后治人者也，必若《易》象所云而后可⑨。不然，则不足以为规矩。《传》曰："身不行道，不行于妻子。"⑩敏叔尚监斯言以自勖⑪哉！

【注释】

① 《家人》之象（tuàn）：《易经·家人》中的彖辞，主要阐释家庭中各成员的作用和配合及行为准则和规矩。
② 由：遵从，听从，遵照。《诗经·大雅·假乐》："不愆不忘，率由旧章。"
③ 机：关键，枢纽。《资治通鉴》："成败之机，在于今日。"

④ 敚（duó）：古同"夺"。强取，侵夺。
⑤ 三代：指夏、商、周三个朝代。
⑥ 敦古：遵循、传承古风传统。
⑦ 宋代江西九江义门陈氏家族，世称"天下第一家"，系名门望族，制订《家制》详细又严密，北宋宋仁宗备受压力而下圣旨令陈氏大家族分家。
⑧ 此指宋代陆九韶的《居家正本制用》，见本书此篇。
⑨ 此句意为必须像《易经·家人》的象辞所说的那样去做才行。《易经·家人》："女正位乎内，男正位乎外。男女正，天地之大义也。家人有严君焉，父母之谓也。父父、子子、兄兄、弟弟、夫夫、妇妇，而家道正。正家，而天下定矣。"
⑩ 此句出自《孟子》，意为自己不按道做事，道在妻子儿女身上也实行不了。比喻教育人要以身作则，身体力行。
⑪ 勖（xù）：勉励。《说文解字》："勖，勉也。"《诗经·邶风·燕燕》："以勖寡人。"

朱子治家格言和劝言

[明] 朱用纯

朱用纯（1617—1688年），字致一，号柏庐，江苏昆山人。明生员，入清不仕，居乡教授学生，治学以程朱理学为本。私谥"孝定先生"。《朱子治家格言和劝言》又名《朱子家训》《治家格言》《朱柏庐治家格言》等，该《格言》在清代流传甚广，家喻户晓，超过传统家训中任何一篇，是古代家训中的名篇佳作，全篇共524字，整齐押韵，便于记诵。朱氏另著《大学中庸讲义》和《愧讷集》等。

本文录自《东听雨堂刊书》，参校《训俗遗规》。

黎明即起，洒扫庭除①，要内外整洁。既昏便息，关锁门户，必亲自检点。一粥一饭，当思来处不易；半丝半缕，恒念物力维艰。宜未雨而绸缪②，毋临渴而掘井。自奉必须俭约，宴客切勿流连③。器具质而洁，瓦缶④胜金玉。饮食约而精，园蔬愈珍馐⑤。勿营华屋⑥，勿谋良田。三姑六婆⑦，实淫盗之媒。婢美妾娇，非闺房⑧之福。奴仆勿用俊美，妻妾切忌艳妆。祖宗虽远，祭祀不可不诚。子孙虽愚，经书不可不读。居身务期质朴，教子要有义方⑨。勿贪意外之财，勿饮过量之酒。与肩挑贸易，勿占便宜。见贫苦亲邻，须多温恤。刻薄成家，理无久享。伦常⑩乖舛⑪，立见消亡。兄弟叔侄，须多分润寡⑫。长幼内外，宜法属辞严。听妇言，乖骨肉⑬，岂是丈夫！重资财，薄父母，不成人子。嫁女择佳婿，毋索重聘。娶媳求淑女，毋计厚奁⑭。见富贵而生谄容者，最可耻。遇贫穷而作骄态者，贱莫甚。居家戒争讼，讼则终凶。处世戒多言，言多必失。毋恃势力而凌逼孤寡，毋贪口腹而恣杀生禽。乖僻⑮自是，悔误必多。颓惰自甘，家道难成。狎昵⑯恶少，久必受其累。屈志老成⑰，急则可相依。轻听发言，安知非人之谮诉⑱，当忍耐三思。因事相争，安知非我之不是，须平心暗想。施惠勿念，受恩莫忘。凡事当留余地，得意不宜再往。人有喜庆，不可生妒忌心。人有祸患，不可生喜幸心。善欲人见，不是真善。恶恐人知，便是大恶。见色而起淫心，报在妻女。匿怨而用暗箭，祸延子孙。家门和顺，虽饔飧⑲不继，亦有余欢。国课⑳早完，即囊橐㉑无余，自得至乐。读书志在圣贤，为官心存君国。守分安命，顺时听天。为人若此，庶乎近焉。

【注释】

① 庭除：庭，庭院，房屋及周围空地。除，台阶。杜甫诗："清夜置酒临前除。"庭除，李咸用诗："不独春光堪醉客，庭除长见好花开。"

② 未雨而绸缪（móu）：绸缪，用绳索缠捆。《诗经·国风·鸱鸮》："迨天之未阴雨，彻彼桑土，绸缪牖户。"在未下雨前，早把门窗捆绑牢固。后比喻做事前做好准备工作。

③ 流连：留恋不舍。《孟子·梁惠王下》："从流下而忘反谓之流，从流上而忘反谓之连。"成语"流连忘返"。

④ 瓦缶：用陶土烧制的食物器具，亦称"瓦罐""陶罐"。

⑤ 珍馐：亦作"珍羞"。贵重珍奇的食物。李白《行路难》："金樽美酒斗十千，玉盘珍馐直万钱。"

⑥ 华屋：富丽堂皇、宏伟豪华的房屋。

⑦ 三姑六婆：旧时妇女从事职业的分类名称。三姑，尼姑、道姑、卦姑。六婆，牙婆、媒婆、师婆、虔婆、药婆、稳婆。(《辍耕录·三姑六婆》)

⑧ 闺房：女子的卧室。司马相如《凤求凰》："有艳淑女在闺房，室迩人遐毒我肠。"

⑨ 义方：旧时指做事应该遵守的规章制度和法规。后指家教的正确方法。《左传》："臣闻爱子，教子以义方，弗纳于邪。"《三字经》："窦燕山，有义方，教五子，名俱扬。"

⑩ 伦常：旧时社会中的道德法理关系。三纲：君臣、父子、夫妇。五伦也称"五常"，即君臣、父子、夫妇、兄弟、朋友。旧时称"三纲五常"。

⑪ 乖舛（chuǎn）：违背，背离。

⑫ 润寡：救济财产少而贫穷的人。

⑬ 乖骨肉：疏远、背离父母、兄弟、姐妹同胞。

⑭ 奁（lián）：旧时女子盛放梳妆用品的器具。后用于妇女出嫁的嫁妆。

⑮ 乖僻：亦作"怪僻"，孤僻，古怪。《明史》："皆有所论驳，然其说颇乖僻。"

⑯ 狎昵（nì）：过于亲近而态度轻佻不庄重。

⑰ 屈志老成：屈志，恭敬自谦，虚心地。老成，阅历多而处世成熟的人。

⑱ 谮（zèn）诉：进谗言，说人坏话。

⑲ 饔飧（yōng sūn）：早餐和晚餐，亦指熟食。赵岐注《孟子》："饔飧，熟食也。朝曰饔，夕曰飧。"

⑳ 国课：国家的赋税。

㉑ 囊橐（tuó）：盛物品的口袋。囊为大口袋，橐为小口袋。《诗经·大雅·公刘》："乃裹餱（hóu）粮，于橐于囊。"另有一说，有底的口袋为囊，无底的口袋为橐。

孝弟①

孩提之童，无不知爱其亲，及其长也，无不知敬其兄。可知孝亲悌长，是天性中事，不是有知有不知，有能有不能者也。吾独怪今人，财宝本是身外之物，强欲求之，不得为耻则又深耻。孝弟乃是不可复失者，放而不求，如何不求？不必言古圣贤孝弟之行，如大舜②、武周泰伯③、伯夷④各造其极，只如晨省昏定⑤，推梨让枣⑥有何难事？而今人甘心不为，极而至于生不能养、死不能葬，大不孝于父母。有无不通，长短相竞，大不友于兄弟。噫！是当孩提时，顷刻不见父母则哭泣不止，兄弟同床共席则相怜相爱之孝子悌弟也。人皆望长而进德，奈何反至于此！且就人所易能者，立一榜样：昔老莱子⑦行年七十，身着五色斑斓之衣，作婴儿戏，欲亲之喜。司马温公兄伯康年将八十，公奉如严父，保如婴儿，每食少顷，则问曰："得无饥乎？"天少冷，则拊其背曰："衣得无薄乎？"老而如此，未老可推，一事如此，他事可推。有子曰："孝弟为仁之本⑧"，乌有孝子悌弟，而不修德行善者。孔子曰："孝弟之至，通于神明，光于四海"⑨，乌有孝子悌弟，而不为乡党所称，皇天所佑者，其不孝不友者反是，何不勉之！

【注释】

① 孝弟：本篇及下《勤俭》《读书》《积德》三篇，为朱子治家《劝言》四则，内容较《格言》更全面。
② 舜：上古史中父系氏族社会的部落首领，尧的继承人。后世称"舜帝"。舜的异母弟象，曾虐待谋害舜，舜担当首领后仍宽待异母弟象。
③ 武周泰伯：周代吴国的始祖，周太王的长子。太王欲立幼子季历，泰伯和弟仲雍同避于江南，不与弟争。自己在江南任吴国君主。
④ 伯夷：商末孤竹君长子。初孤竹君以伯夷弟叔齐为继承人，孤竹君死后，弟叔齐让位，哥伯夷不受，后二人都投奔到周。武王灭商后，兄弟逃避首阳山，不食周粟而死。
⑤ 晨省昏定：旧时人子侍奉父母的日常礼节。早晨省视问安，晚间服侍就寝。《礼记》："凡为人子之礼，冬温而夏清，昏定而晨省。"也作"晨昏定省"。
⑥ 推梨让枣：推梨的故事见晋张隐《文士传》中孔融的事；让枣的故事见《南史》中王泰的事。两则故事皆说明兄弟情深。
⑦ 老莱子：《后汉书·列女传》记载，老莱子，春秋时楚国人，隐居蒙山，有孝行。楚王聘他做官。妻曰："能任命您为官者，亦能治您的罪，如此乱世，能免灾难吗？"

老莱子听妻言,携妻迁江南隐居不仕。

⑧ 此句出自《论语·学而》:"有子曰:'孝弟也者,其为仁之本欤!'"有子,姓有名若,孔子的学生。

⑨ 此句出自《孝经·感应章第十六》。

勤俭

勤与俭,治生之道也,不勤则寡入,不俭则妄费,寡入而妄费则财匮,财匮则苟取。愚者为寡廉鲜耻之事,黠者①入行险侥幸之途。生平行止于此而丧,祖宗家声于此而坠,生理绝矣!又况一家之中,有妻有子,不能以勤俭表率,而使相趋于贪惰,则自绝其生理,而又绝妻子之生理矣。

勤之为道,第一要深思远计。事宜早为,物宜早办者,必须预先经理,若待临时,仓忙失措,鲜不耗资。第二要晏眠早起。侵晨而起,夜分而卧,则一日而复得半日之功,若早眠晏起,则一日仅得半日之功。无论天道必酬勤而罚惰,即人事赢绌②,亦已悬殊。第三要耐烦吃苦。若不忍耐吃苦,一处不周密,一处便有损失耗坏。故事须亲自为者,必亲自为之,须一日为者,必一日为之。人皆以身习劳苦为自戕其生,而不知是乃所以求生也。

俭之为道,第一要平心忍气。一朝之忿,不自度量,与人口角斗力,构讼经官,事过之后,不惟家破,或且辱身。第二要量力举事。土木之功,婚嫁之事,宾客酒席之费,切不可好高求胜。一时兴会,所费不支,后来补苴③或行称贷,偿则无力,逋④则丧德。第三要节衣缩食。绮罗之美,不过供人之叹羡而已,若暖其身,布素与绮罗何异?肥甘之美,不过口舌间片刻之适而已,若自喉而下,藜藿肥甘何异?人皆以薄于自奉为不爱其生,而不知是乃所以养生也。

故家子弟,不勤不俭,约有二病。一则纨绔成习,素所不谙;一则自负高雅,无心琐屑。乃至游闲放荡,博奕酣饮,以有用之精神而肆行无忌,以已竭之金钱而益喜浪掷,此又不待苟取之为害,而已自绝其生理矣!孔子曰:"谨身节用,以养父母。"可知孝弟之道,礼义之事,惟治生者能之,又奈何不惟勤俭之为尚也!

【注释】

① 黠(xiá)者:狡猾奸诈的人。《后汉书》:"人冤不能理,吏黠不能禁。"

② 赢(yíng)绌:有余和不足,引申为进退屈伸。《荀子》:"缓急赢绌。"杨倞注:"赢

绌，犹言伸屈也。"
③ 补苴（jū）：苴，粗劣。缝补粗劣衣服。《墨子》："昔者晋文公好苴服。"
④ 逋（bū）：逃亡。《说文解字》："逋，亡也。"

读书

　　读书须先论其人，次论其法。所谓法者，不但记其章句，而当求其义理；所谓人者，不但中举人、进士要读书，做好人尤要读书。中举人、进士之读书，未尝不求义理，而其重究竟只在章句。做好人之读书，未尝不解章句，而其重究竟只在义理。先儒谓："此人不会读书，如读《论语》，未读时是此等人，读了后只是此等人，便是不曾读"，此教人读书识义理之道也。要知圣贤之书，不为后世中举人、进士而设，是教千万世做好人，直至于大圣大贤。所以读一句书，便要反之于身：我能如是否？做一件事便要合之于书：古人是如何？所以又要论所读之书。尝见人家几案间，摆列小说杂剧，此最自误，并误子弟，及宜焚弃。人家有此等书，便为不祥。即诗词歌赋，亦属缓事。若能兼通《六经》及《性理》《纲目》《大学衍义》诸书，固为上等学者。不然者，亦只是朴朴实实将《孝经》①、《小学》②四书本注置在案头，尝自读，教子弟读，即身体而力行之，难道不成就好人！难道不称为自好之士！究竟实能读书，精通义理，世间举人、进士，舍此而谁？不在其身，必在其子孙。

【注释】

① 孝经：儒家经典之一，十八章。汉代列为七经之一，唐代列为十三经之一。作者不详，主要阐释孝道。
② 小学：旧时儿童教育课本，分内篇和外篇。宋代朱熹、刘清之编。

积德

　　积德之事，人皆谓惟富贵然后其力可为。抑知富贵者，积德之报，必待富贵而后积德，则富贵何日可得？积德之事，何日可为？惟于不富不贵时，能力行善，此其事为尤难，其功为尤倍也。

　　盖德亦是天性中所备，无事外求，积德亦随在可为，不必有待。假如人见蚊子入水、飞虫投网，便可救之。又如人见乞人哀叫辄与之钱，或与之残羹剩饭，此救之与之之心，不待人教之也。即此便是德，即此日渐做去便是积。独今人于钱财田产即去经营日积，而于自己所完备之德不思积之，又大败之，所不可解也。

  今亦须论积之之序。首从亲戚始。宗族邻党中有贫乏孤苦者，量力周给。尝见人广行施与而不肯以一丝一粟援手穷亲，亦倒行而逆施矣。次及于交与，与凡穷厄之人，"朋友有通财之义"固不必言，其穷厄之人，虽与我素无往来，要知本吾一体，生则赈给，死则埋骨，惟力是视，以全我恻隐之心，次及于物类。今人多好放生，究竟末务①。有不须费财者，如任奔走、效口舌、解人厄、急人之病，周旋人之患难，不过劳己之力，更何容吝？又有不费财并不启力者，如隐人之过、成人之善。又如启蛰不杀、方长不折。步步是德，步步可积。但存一积德之心，则无往而不积矣；不存一积德之心，则无往而为德矣。要知吾辈今日不富不贵，无力无财，可以行大善事，积大阴德。正赖此恻隐之心，就日用常行之中所见所闻之事，日积月累，成就一个好人。亦不求知于世，亦不责报②于天，若又不为，是真当面错过也。不富不贵时不肯为，吾又未知即富即贵之果肯为否也！

【注释】

① 今人多好放生，究竟末务：放生，佛教徒释放鱼鸟等动物为善举。末，根本，终结。此句意为，今人虽能多放生积德，但未真正明白放生的意义。
② 责报：索取。韩愈《病鸱》："亮无责报心，固以听所为。"

夜行烛三则

[明]曹端

曹端（1376—1434年），字正夫，号月川，人称月川先生，河南渑池人。明代著名理学家、教育家、学者，被称为"明初理学之冠"，曾任霍州学士。著作颇丰，著《四书详说》《性理文集》《孝经述解》《儒学宗统谱》《夜行烛》《家规辑略》《月川诗文集》等，合刊《曹月川先生遗集》。

本文摘其《夜行烛》（《曹月川先生遗集》之一）三篇。

序

"美质易得，至道难闻"，古人有是言矣。伏维①我家严②，九岁失其怙恃③，自恨歉于读书，然天性仁厚，资质聪敏，见善勇于必行，知过勇于必改。尝曰："祖宗积德以遗我，使我子孙既众且贤矣。此团圆之福，我受其荣，其忍积恶于身；上玷祖宗之德，下遗子孙之祸哉！"苦为流俗所移④，于是以崇奉鬼神、尊事佛老为善。

泊⑤端读书于邑庠⑥，幸闻师良之谭⑦，颇知圣贤之道。乃告家严曰："《易》云：'受兹介福，惟以中正'⑧《诗》云：'思无邪，思马思徂。'⑨是则福在正道，不在邪术。况圣门之教敬鬼神而远之，彼佛老以清静而废天地生生之理，致令绝嗣覆宗，祸且不免，福何有焉？"

家严悔恨，因执端手而谕之曰："我不读书，为流俗所惑，昏迷至此，可胜痛哉！今而后由你引我上去，我便随着你行。"端拜曰："古之孝子先意承志⑩，谕父母于道。端既奉命，敢不拜教。"于是取圣经贤传之格言，扶正抑邪之确论，朝夕讽诵左右，又将《文公家礼》⑪及《郑氏家规》⑫劝而行之。

既而家严喜曰："昔我愚冥如夜行，然自端开明之后，虽未到高明远见地步，然常若有习烛照引于前者。"端因述前言往行之经告于家严者，纂集成书，命名曰《夜行烛》，藏之筐笥⑬，以备观览而已，固不敢为读书知古者设也。然是烛也，照之于上下则上下无不明，照之于前后则前后无不明，照之于左右则左右无不明，以之而引导于父母，则父母之正道得而治家垂训之理明；以之而引导于兄弟，则兄弟之正道得而成家立计之义明；以之而引导于子侄，则子侄之正道得而继志述事之孝明。用之则家道安和，舍之则家道废坠矣。古语云："从善如登，从恶如崩。"⑭可不慎所从哉！

教子孙

"成家之计，莫先于教子孙为善"，此我家严之常言也。端请略述古人训诫子孙之格言以告之，不惟少裨⑮家严之教，又将使后之子孙有继志述事之孝者知所先焉。子孙毋习吏胥，毋为僧道，毋狎屠竖⑯，以坏乱心术。当以"仁义"二字铭心镂骨⑰，庶几有成。

爱子孙

惟德动天，善不可不修于身。惟天眷德，善不可不传于后。今人虽有爱子孙之心，而不知爱子孙之道，但惟以私利爱之而已，而不知私利之爱乃趋火赴渊之筹⑱、覆宗绝嗣之计也。家严明见此理，故常训于家曰："修身岂止一身休，要为儿孙后代留。"此保爱子孙之心也。

【注释】

① 伏维：表示跪伏在地上想，亦是下对上陈述时的敬辞。《孔雀东南飞》："伏维启阿母，今若遣此妇，终老不复取。"

② 家严：又称"家君""家尊"，是在他人面前对自己父亲的谦称。《易·家人》："家人有严君焉，父母之谓也。"

③ 怙恃（hù shì）：父母的代称。《诗经·小雅·蓼莪》："无父何怙，无母何恃！"韩愈文："愈生未再周孤，失怙恃。"

④ 流俗所移：流行的俗气所影响。移，感染，影响。

⑤ 泊：到了，栖止，停留。陈子昂《古意》："独泊灵台侧。"

⑥ 邑庠（yì xiáng）：明清时县级中学之称。《剪灯余话》："到任三日，只谒先圣于邑庠。"

⑦ 谭：古通"谈"，谈话，谈论。《庄子·则阳》："夫子何不谭我于王。"

⑧ 此句出自《易·晋》。介福：大福。

⑨ 此句出自《诗经·鲁颂·駉》。思：语气词，虚词，无意义。此句意为思想端正无邪念，方可驾驭宝马，驰骋疆场。

⑩ 先意承志：遵循前辈的思想意识，奉承前辈的意志。
⑪ 文公家礼：朱熹的家训，见前注 p521④。
⑫ 郑氏家规：即《郑氏家范》，见本书。
⑬ 筐笥（sì）：用竹子编制的方形容器，后称竹箱。
⑭ 此句出自《国语·周语》，意为顺随善良如登山一样难，顺随恶行如山崩一样迅速坠落。比喻学好难，学坏易。
⑮ 裨（bì）：增添，补助。《说文解字》："裨，接益也。"
⑯ 屠竖：屠夫和童仆。
⑰ 铭心镂骨：即刻骨铭心，意为记忆深刻，永远不忘。
⑱ 筹：谋划，策划。

家规辑略

[明] 曹端

子孙入祠堂，当正衣冠，即如祖考①之在上，不得嬉笑、对语疾步。晨昏②皆当致恭而退。

拨常稔田五十亩，别蓄其租，专充祭祀之费。其田券印某郡某氏祭田六字。字号、步亩亦当勒石祠堂之左，俾③子孙永远保守。有言质鬻④者，以不孝论。

子孙毋习吏胥，毋为僧道，毋狎屠竖⑤，以坏乱心术。当以仁义二字铭心镂骨，庶几有成。

子孙不得修建异端祠宇，妆塑土木形像。

子孙年未三十者，酒不许入唇。壮者惟许少饮，亦不宜沈⑥酗杯酌，喧呶鼓舞不顾尊长，违者箠⑦之。若奉筵宾客，惟务诚实，不必强人以酒。

子孙不得私造饮馔，以徇口腹之欲。违者姑诲之，诲之不悛⑧，则责之产者，病者不拘。

增拓产业，彼则出于不得已，吾则欲为子孙悠久之计，当体究果直几缗⑨，尽数还足。不可与驵侩⑩交谋，潜萌侵人利己之心，否则天道好还，纵得之，必失之矣。立券极务分明，不可以物货逋负相准，或有欠者，后当索偿，又不可以秋税暗附他人之籍，使人陪输官府积祸。非轻亲姻馈送一年一度，非常吊庆，则不拘此。切不可过奢，又不可视贫而加薄，视富而加厚。

女子适人⑪，若有外孙弥月⑫之礼，唯首生者与之，余并不许。但令人以食往慰问之。

子孙年十二，于正月朔出就外傅。见灯不许入中门，入者箠之。

棋枰、双陆⑬、词曲、虫鸟之类，皆足以蛊惑心志，废事败家。子孙一切弃绝之。

子弟未冠，学业未成，不得食肉，古有是法，非惟有以资于勤苦，抑欲其识齑⑭盐之味。

里党⑮痒疴疾痛，吾子孙当深念之。彼不自给，况望其馈送我乎？但有一毫相赠，亦不可受。违者必受天殃。

展药市一区，收贮药材。邻族疾病，其症章章可验，如疟痢痛疖之类，施药与之。更须诊察寒热虚实，不可慢易。此外不可妄与，恐致误人。

桥圯路淖⑯，子孙倘有余资，当助修治，以便行客，或遇隆暑，又当于通衢设汤茗一二处，以济渴者，自六月朔至八月朔止。

立义冢一所，乡邻死亡委无子孙者与给，槥椟⑰埋之。其鳏寡孤独，果无以自存者，时周给之。

拯救宗族里党一应等物，令监视置推仁簿，逐项书之。岁终于家长前会算。其或沽名失实，及执文不肯支者，天必绝之。此吾拳拳⑱真切之言，不可不谨，不可不慎！

诸妇夫死，有能持节守义而终身不愿再嫁者，主父主母当厚恤养，以全其志，毋使失所。违者必受天殃。

女子有作非为犯淫狎者，与之刀绳，闭于牛驴房，听其自死。其母不容者出之，其父不容者陈于官，而放绝之，仍告于祠堂于宗图⑲上削其名，死生不许入祠堂。既放而悔改，容死其女者复之。

子弟年十六岁以上，许行冠礼，须能暗记四书一经正文，讲说大义，方可行之，否则直至二十一岁，弟若先能则先冠以愧之。

凡为童子，以事长为事，紒⑳而不冠，衣而不裳，名而不字，皆所以别成人教逊弟也。

择配必于男女十四五以上，方见贤愚，否则必有后悔。

葬埋之法，当用赵忠敏公族葬之图，左昭右穆㉑以世为列，不可淆乱。

牛之耕田，狗之防寇，有功于人，深所当念。吾家所畜㉒牛狗有三年以上之功者，死则埋之，其调良异常者，不拘三年之例。

子弟切不可于山野放火，延烧林木，伤害虫鸟，有失仁心，违者天必不佑。

邻里有遇水火贼盗，当尽赴救，不可坐视。否则天必祸之。

语录

人，性本善而感动，则有中节㉓不中节之分，其中节者为善，其不中节者为恶。

学者须要天理人欲之间见得分明，方始有益，一毫相杂，则学非其学而德非其德矣！

于天理人欲之界上，截然限断，使不正之言，非礼之色，不得接吾耳目，则无以侵挠于内，而天理宁矣！

凡人之言，躁妄最害事，躁属气，妄属欲，发言之际，能禁制之，不为气所动，故心宁静，不为欲所分，故心专一。

活泼泼地只是不滞于一隅，大较不要，人去昏默窈冥中求道理，平平正正处会得时多少，分明快活。

朱子㉔曰："阴气凝结于内，阳气欲入不得，故旋绕其外不已而为风，至吹散阴气尽乃已。"又曰："风如天相，似不住旋转，今此处无风，或旋在那边，或旋在上边，都不可知，如夏多南风，冬多北风，亦可见。"按："二说不合。"邵子㉕曰："火为风注云，风者火气所化。"程子㉖谓："风自火出，火炽则风生。"盖风自是天地造化，发育之具，实，五行之火之气之流行也，其大小疾徐，动则由其屈伸消长之理耳，亦犹水之潮汐，有大小缓急进退。《易》曰："风以散之，挠万物者，莫疾乎风乐。"《乐记》云："八风从律而不奸。"《疏》曰："八风，八方之风；律，十二月之律。"距冬至夜四十五日条风至，条者生也，四十五日明庶风，至明庶者众也，云云可知。

先儒云："圣人临丧，自有食不下咽之意，吊哭一日之内，自不能歌。"盖圣人之心，如春夏秋冬，不遽寒暖也。须渐渐过去，故哭之日，自不能遽忘其哀，而骤歌之。学者法而勉之，足养忠厚之心。

圣人疏食水饮，肱枕而乐视，不义富贵如浮云，有无漠然。无所动其中，正如个气壮底人，遇热亦不怕遇寒，亦不怕气虚，则为所乘矣。盖圣人之心，无时不乐，如元气流行天地间，无一处不到，无一时或息。

成家之计，莫先于教子孙为善。

郑氏㉗子弟，未冠学业未成，不得食肉。古有是法，非惟有资勤苦，抑欲识釐盐之味。

忠臣之心，惟恐君之有欲；奸臣之心，惟恐君之无欲。

克己复礼，为仁，孔传颜之心法也。吾道一以贯之孔传曾之心法也。夫圣人之心法一也，何传不一旨欤。盖一是仁之体贯是仁之用事，皆天理是贯心德，全是一夫何不一之有。

所谓己，舜所谓人心也；所谓礼，舜所谓道心也；所谓克复，舜所谓精一也；所谓为仁，舜所谓执中也。千圣相传，盖不出乎此矣！

【注释】

① 祖考：指祖先，也指已故的祖父或父辈的人。《诗经·小雅·信南人》："祭以清酒，从以骍牡，享于祖考。"
② 晨昏：即"晨昏定省"，早晨省视问安，晚间服侍就寝。旧时侍奉父母的日常礼节。
③ 俾（bǐ）：使。《诗经·小雅·天保》："俾尔单厚。"
④ 鬻（yù）：卖，出售。《卖柑者言》："人争鬻之。"
⑤ 屠竖：屠夫和童仆。
⑥ 沈：古通"沉"，沉浸，沉迷，迷恋，沉溺。
⑦ 箠（chuí）：同"棰"，鞭子，马鞭（杖刑）。《汉书》："其次关木索，被箠楚。"
⑧ 悛（quān）：悔改，改过，纠正。成语"怙恶不悛"。
⑨ 缗（mín）：原意是古代穿铜钱用的绳子，又泛指钱，又作计量单位，一千文为一缗。
⑩ 驵侩（zǎng kuài）：原指马匹交易的经纪人，后泛指经纪人、市侩。《汉书》："节驵侩。"颜师古注："侩者，合会两家交易者也。驵者，其首率也。"
⑪ 适人：女子出嫁。《寡妇赋》："少丧父母，适人而所天又殒。"李善注："适，谓往嫁也。"
⑫ 弥月：婴儿出生满一个月，又称满月，有庆贺习俗，又称弥月之喜。《诗经·鲁颂·閟宫》："无灾无害，弥月不迟。"
⑬ 双陆：古代博戏用具，同时也是一种棋盘游戏，民间用来赌博，后被乾隆封杀而失传。《集异记》："遂命披裘，供奉双陆。"
⑭ 虀（jī）：古同"齑"。作调味用的姜、蒜、葱、韭等菜的碎末。
⑮ 里党：即乡党、乡里、家乡、乡族朋友。古代五百家为党，一万二千五百家为乡，合称乡党，后泛指老乡。《资治通鉴》："还付乡党。"
⑯ 桥圮（pǐ）路淖（nào）：桥倒塌，路泥泞。圮，倒塌，塌坏。淖，烂泥。
⑰ 櫘椟（huì dú）：小棺材，亦泛指棺材。《汉书》："其为水所流压死，不能自葬，令群国给櫘椟葬埋。"
⑱ 拳拳：深切，诚恳。司马迁《报任安书》："拳拳之忠，终不能自列。"成语"拳拳之心""拳拳服膺"。
⑲ 宗图：族谱，宗谱，家谱。此指族谱。
⑳ 紒（jì）：意为发结或束发为髻，意为年少尚未成人行冠礼。
㉑ 左昭右穆：是古代的宗法制度，指宗庙中神主排列次序和墓地葬位的排列次序，始祖居中，东向。二世、四世、六世位于始祖的左方，朝南，称昭；三世、五世、七世位于始祖的右方，朝北，称穆。以示尊卑、上下之分。又称"昭穆"。
㉒ 畜：通"蓄"，蓄养。

㉓ 中节：守节秉义，中正不变。《易》孔颖达注："得位居中，不易其节，故致朋来，故云以中节也。"
㉔ 朱子：朱熹，字元晦，又字仲晦，号晦庵，江西婺源人。南宋著名理学家、思想家、哲学家、教育家、诗人。儒学集大成者，世尊称"朱子"。谥号"文"，世称"朱文公"。著《四书章句集注》《太极图说解》《周易读本》《楚辞集注》等书。
㉕ 邵子：邵雍，字尧夫，河北涿州人。北宋哲学家、易学家。著《观物篇》《伊川击壤集》等。谥号"康节"。
㉖ 程子：即程颐，字正叔，洛阳人，程颢之胞弟。北宋著名理学家、教育家，与其兄共创"洛学"，为理学奠定了基础，世称"二程"。
㉗ 郑氏：指元·郑太和著《郑氏规范》，见本书。

许云邨贻谋

[明] 许相卿

许相卿（1479—1557年），字伯台，浙江海宁人。明进士，学者。官任兵科给事。因上谏不得志，遂辞官归里。著《云邨文集》《史汉方驾》《革朝志》等。

本篇家训录自《盐邑志林》。

治家先分严，而后教行。家人所以吉嗃嗃、吝嘻嘻①也。

大宗祠堂，子孙水木本源之地，谒必恭肃，祭必诚敬。如或苟且怠玩，自非先人肖子。礼成会馂②，敦亲睦，议赡恤，讲治生程③，数④子劝善规过，绝毋齿及⑤一切人过恶阴私。

宗子⑥有君道，合宗亲疏长幼皆宜依向推崇，匡导卫翊⑦，吉凶必谘，宴会必先，百世永敦强干弱枝之义。宗子尤当为世祀家声自重，强学厉行，动必由礼，抗颜⑧守则，以倡宗人⑨。

古者教道贵豫今来。教子宜自胎教始，妇妊子者，戒过饱，戒多睡，戒暴怒，戒房欲，戒跛倚⑩，戒食辛热及野味。宜听古诗，宜闻鼓琴，宜道嘉言善行，宜阅贤孝节义图画，宜劳逸以节，动止以礼，则生子形容端雅，气质中和。及婴孩怀抱，毋太饱暖，宁稍饥寒，则肋骨坚凝，气岸精爽。毋饰金银珠玉绮绣，以导衒侈⑪，以召戕贼。及能言能行能食时，良知端倪⑫发见，便防放逸。故孔子曰："蒙以养正，圣功也"⑬，言常教毋诳行，常教后长食，常教让美取恶衣，常教习安布素，禁羡华丽。及就傅⑭时，知慧日长，须防诱溺，慎择严正童子师。检约以洒扫、应对、进退仪节，勿应虚文故事。一皆身教躬习倡之，俾自有乐然趋命，跃然代劳意。

教弟子必慎择师友。待师友当备尽诚，敬贤达，远必资遣游⑮，从近令恭勤延访。后生常亲礼法士，熟闻道义言，渐染薰蒸，日与之化，忽不自知其入于高明矣。非类⑯交游，痛惩严禁。

生子质敏才俊，可忧勿喜，便思预加检防痛抑。文艺辩给⑰，只令学礼。读书陶习⑱谦晦慎厚性情。禁绝浮夸傲诞者游处。如此十许年，庶成美器，否则取祸及亲可惧之,患非一⑲。

士幼而绩学业,以尧舜君民为志。壮而入仕,固当不论崇卑,一以廉恕忠勤、报国安民为职,持此黜谪⑳何愧?如或贪酷阿纵,负国辱家,贵显只重罪愆,合宗告祠削谱㉑,勿齿于族。

子弟性资拙钝,莫将举业㉒久担,早令练达㉓公私百务。大都教子正是要渠做好人,不是定要渠做好官。农桑本务,商贾末业,书画医卜皆可食力资身。人有常业则富,不暇为非,贫不至失节。但皆不可不学,以延读书种子。惟不可入僧道,不可作书箄手㉔,毋充门隶,毋作媒人,毋作中保人,毋为赘婿,毋后异姓。

男女议婚,须及婿妇成童上下,拟人品于其家法,占性行于其父母兄弟。凡属刑残乱逆、势要富豪、世有恶疾者,勿议。儒素衣冠,量宜成约,惟尽礼,毋徇俗,毋论财。

妇来三月内、女生八岁外,授读女教、《列女传》,使知妇道,然勿令工笔札、学词章。

男十岁,勿内宿;女七岁,勿外出。

凡子事父老,必立侍,暑必具衣㉕。事诸父,未冠婚勿侍坐。盖父子分不可狎,狎则慢,然恩不可简,简则疏。闺门之内,肃如尔㉖,恳如尔。

主妇职在中馈㉗,烹饪必亲,米盐必课,勿离灶前。女妇日守闺阁㉘,躬习纺织,至老勿逾内门。下及侍女,亦同约束。如有恣性越礼,游山上冢,赛神烧香,衒露体面,殊非士族家法,子孙必泣谏之,父兄丈夫必痛遏之。

家人离,多由妇人;妇人离,多由黠婢。妇勿听婢语,男勿惑妇言,雍睦㉙其可以渐敦已夫。

毋养幼妇㉚,毋赘女婿。

妾有无子女,勿容持家事、掌家财。

仆婢传言,出入内门,年及十三,更以少者。

尼、媪㉛、牙㉜、媒婆、唱词妇、秽行邻妇,勿容入室。

吾家书生门户,世无大富贵,抑思神害过盈㉝,物忌太盛。后人入婚姻不可慕势利,仕宦不得过金紫㉞,才过便思引退。奴婢毋出百人,良田勿逾十顷,畜财及万,以拟吉凶缓急。不啻此,以义散其余;不及此,勿以非义求其足。

谚有之曰:"富贵怕见开花。"此语殊有意味。言已开则谢,适可喜,正可惧尔。今有方值丰亨便生骄溢，喜筵庆，赏过饰，婚丧伎乐声容沸腾倾动，仆器服食珍丽整齐，胜绝乡邦，光映门户，盖是谓已。夫无德，富贵谓之不祥，宜急惧思，何暇夸侈？其他凡属逞衒，咸此类耳。子孙有是，真恶消息，亟加敛抑，差缓败倾。又若约而为泰时屈举赢，则且夕覆亡之道也。

内外服食淡素，怕存儒酸气味，在常服葛苎卉褐㉟、土绢绵䌷，非婚、祭、公朝，不衣罗纨绮縠㊱。常食早晚菜粥，午食一肴，非宾、祭、老病，不举酒不重肉。少未成业，酒毋入唇，丝毋挂身。

器用但取坚整，舟舆鞍辔但致远重，勿竞雕巧绚丽，以乖素风。

祖传琴书故物，慎勿轻视奸贪人。

病求良医，毋计小费，远劳而轻遗，体地访精术。毋惑星卦尅应而贻隐祸。

平居寡欲养身，临大节当达生㊲，委命治生，量入节用，徇大义当芥视㊳千金之产。

以吝为俭，以刻为严，以謟㊴为让，以傲惰为厚重，以僛黠㊵为聪明，以阘茸㊶为宽大，何啻千里？

暴慢危亲，干谒㊷辱身，夸已长可耻，幸人灾不仁，能忍事乃济，有容德乃大。古言："大丈夫当容人，毋为人所容"，"人有不及可以情恕，非意相干可以理遣"。达识名言，书绅顾諟㊸可也。

韩魏公曰："内刚不可屈，而外处之以和，事无不济。"试思处事，著力全不在面皮上。

歌舞俳优、鹰犬虫豸、剧戏烟火，一切禁绝，虽乐宾怡老娱病，亦永勿用，以杜赌博、奸盗。争讼，焚荡之隙，且防小子眩惑耳目，蛊荡志习，荒废学业。后患犹未易殚言。

家有好赌、好淫、好酒、好烧炼黄白㊹、好造作风水、好妖妄技术、好奸欺书算、好逞势专利、好狠斗健讼、好交结官府、好竞胜土木，凡丧德败家者，家长先痛绝其端，于长泣谏，于少切责，务须委曲开喻，诚恻感动。

姻亲馈遗，岁只一往，渠来亦只一受，再必却之。庆吊有事勿拘。

亲旧假贷，须只量力捐助，以尽吾心，勿出本图利，以生后隙。孤嫠㊺婚丧诬枉困甚者，尤必恳恻援济。然凉约㊻而矫情市名、丰余而观衅齼，施皆非理也。但能施，慎毋德色为鄙丈夫。

燕㊼会亲宾，物意务必雅洁殷勤，致其诚敬。然勿固强以酒，使之失言丧仪成疾，侮薄孰甚焉。欢冶⁴⁸劝侑⁴⁹，则令子姓考钟鼓，歌古诗为乐。近世淫声，悉屏不用，于凡嘉事皆然。

毋以小嫌而疏至亲，毋以新怨而忘旧恩。

邻里岁时馈燕、急难贷恤，必洽欢尽诚。

秋成谷贱，量家余力籴⁵⁰若干千石别储，遇歉时价粜⁵¹存籴本，以羡⁵²贷乡邻之饥乏者，券约⁵³丰偿，免息，连歉则展期⁵⁴候丰。不费之惠也。

宁人欺，毋欺人。宁人负，毋负人。

衰荣无常，彼此更共，本由天运如此，富贵在我何足骄？在人何可妒？妒与竞，于彼何损？徒自坏心术，长过恶耳！若夫处世为大丈夫，造道为圣贤，此则由我不可让。人性均一天也，当思与人同归于善。情均一人也，当思使人同遂其欲。德与人同，福与人同。蘧伯玉⁵⁵耻独为君子、范希文⁵⁶先忧后乐允矣，圣贤之徒与。

古称"三家村亦有小人"，当思处之之道，只勿与校，而渐以理屈之。张子韶⁵⁷谓："与小人居，常自检点。"司马温公⁵⁸曰："君子所以感人，其惟诚乎！"范文正公曰："言欲逊逊免祸，行欲严严远侮。"皆当三复力行！

善作家者，闭门而为生之具足。

古称："受恩多，难立朝。"居乡亦难，立身要须勤俭资，以免求人。至于子弟，但未冠婚成材，勿容一钱尺帛，以惯浪费。

梭山陆先生⁵⁹曰："古制，国用期九年余三年之食。"今家计亦当量入为出，然后用度有准，丰俭得中，怨讟⁶⁰不生，子孙可守。每岁约计耕桑艺畜佃租所入，除粮差、种器、酒醋、油酱外，所有若干以十分均之，留三分为水旱不虞，七分均十二月，有闰加一。取一月约三十分，日用其一，可余不可尽，用七为中，五欠为啬。计余置籍⁶¹，以供裘葛、修墙屋、备医药、充庆吊、时节馈遗，又余，周族邻、赈贫贤、恤孤嫠、给细人、修桥梁诸义事。若产少用广，但当一味节啬不可，侵用次日之物，多难补，渐至困急。诸如前所云不讲免致，于求亲旧以增过失，责望故素以生怨尤，负讳通借以招耻辱。所谓存十之三分者不能，则存二分，不能，则存一分，又不能，则苦身节用，稍存赢余，然后家可长久，不然，一旦不虞，必遂破家矣。所谓一切不讲者，非绝其事，但不能以财为礼耳。如吊丧，则先往后罢为助，宾客则煮茗清淡而已。奉亲最重也，啜菽饮水尽其欢。送终最大也，敛手足形还葬，悬棺而封。祭祀最严也，蔬食菜羹致其敬。

凡事皆然，则理何歉！我何愧！而家可永保矣夫！

男胜耕，悉课农圃，主人身倡之。女胜机，悉课蚕织，主妇身先之。风土气候必乘，种性异宜审，种植耕耨必深，沃瘠培[62]灌必称，荙草[63]去虫必数，壅溉修剪必当必时，程督[64]必详，勤惰必察。此生民第一务，周人王业肇基于此。桑柘，果蔬、牲畜择人分任，置籍计功，务课日益。怠必罚，废则更之。

田地近凶狡人，亟须托故易之。邻田接畛[65]，却毋设心计取。

户毋受寄田地，至戒！但力己业，及时输官。昔人非田畜所生不衣食，赋税未输不宴乐，厉志畏法所当师也。

埋没粮税，利己损人，隐匿遗患，天怒神谴，必积余殃。吾有所试矣，戒之！禁之！

逋租及时勒索，勿致过时起息。

出责[66]一券毋过十金，收息一年毋过三分。

毋受投献子女物产。

蠹家莫甚冗食，家众勿容游手。仆婢虽供给使令者，有课视专职者量减分数耳，童男女十许岁，度力分授薙[67]牧扫绩，毋令惰旷，期于各食其力。此人理当然，亦天道宜尔。

过房[68]未配男女，给夏衣帐不过四月望[69]，给冬衣被絮不过十月朔[70]。只御寒暑，禁饰鲜耀。

家众训习驯谨绝，毋容怙挟亢侮[71]一应人。

毋教家人一切手艺。

仆婢罪非奸盗，杖责毋至二十。狡悍难制者，宜即放绝，亦毋严刑。

一应臧获亦人子也，宜常恤其饥寒，节其劳苦，疗其疾痛，时其配偶。情通如父子，势应如臂指，则广吾仁心而彼自竭其情力矣。

刘忠宣公[72]曰："事上使下皆当主之以诚，行之以恕。恕体其情而诚以动之，将无人不可感，无事不可为。"

岁暮合族祭毕而馂，长者众命少者读则一通，众立听毕序坐。守身持家有不如则者，众相规警，已亟惩艾犹可，图善其后。否则甘蹈颠覆，徒费话言，安事家则者也夫。

家传田地山林界限，户籍税粮数目，租债银米杂货廪藏积贮，宾师官府婚丧修造费用，应酬机宜轻重缓急，皆须主人心目一一经历酌量，延访处置，帮以亲信诚慎一人。主人定须每月之晦亲自查算一番,稽考关防。勿令幼子专擅,勿容内人干预。若夫世业书艺耕织,素有定规,略具家则,但一应子孙家众必须。主人禁其交结官府,包揽钱粮,此乃破家辱先之根,虽贫至乞食亦莫为此。至戒至戒!此主人一身切要之职也。

【注释】

① 此句出自《易·家人》:"家人嗃嗃,悔厉,吉。妇子嘻嘻,终吝。"嗃(hè)嗃:严酷的样子。吉:吉卦。嘻嘻,嘻笑欢乐不严肃。吝:不吉卦。
② 餕(jùn):通"飧"。《广雅疏证》:"飧、餕古通用。"
③ 生程:生活的里程和道理。
④ 数:几,不止一个。
⑤ 齿及:谈到,收录。
⑥ 宗子:古代宗法制度,嫡长子为族人兄弟所共宗(尊),故称"宗子"。《礼记》:"支子不祭,祭必告于宗子。"
⑦ 翊(yì):辅佐,辅助。《玉篇》:"翊,亦辅翊。"
⑧ 抗颜:态度严正,脸色严肃。苏轼书:"抗颜高议,自以无前。"
⑨ 宗人:同一宗族的人。《后汉书》:"伯升部将宗人刘稷,数陷阵溃围,勇冠三军。"
⑩ 跛倚:一脚独立。《礼记》:"有司跛倚以临祭,其为不敬大矣。"
⑪ 衒侈:炫耀奢侈。今之"显富"。
⑫ 端倪:头绪,苗头。《庄子》:"反复终始,不知端倪。"
⑬ 蒙以养正,圣功也:此句非孔氏言,系许氏笔误,实出自《易·蒙》:"蒙以养正,圣功也。"朱熹注:"蒙以养正,乃作圣之功,所以释利贞之义也。"此句意为从童年始就应予正确的启蒙教育。
⑭ 及就传:及,至,到。就传,接受教育传授。
⑮ 远必资遣游:贤者若在远处,必须出资派遣去游访。
⑯ 非类:不守正常规矩的人。
⑰ 辩给:口才敏捷。《韩非子》:"捷敏辩给,繁于文采,则见以为史。"
⑱ 陶习:培养,造就,养成。
⑲ 非一:不止一种、一面、一件。
⑳ 黜谪:黜,贬。谪,古代官吏因罪而贬或流放,如贬谪。
㉑ 削谱:从族谱、家谱上删去其姓名。
㉒ 举业:科举时代称应试的诗文为举业,又称举子业。《金史》:"子好问,……不事举业。"

㉓ 练达：熟练通达。亦作"达练"。白居易《李宗何可渭南令制》："宗何学古修己，练达道理。"
㉔ 筭（suàn）：计算用的筹。《说文解字》："筭长六寸，计历数者。"书筭手：发放、记录筭的人。
㉕ 具衣：穿戴整齐，不露肌肤。
㉖ 如尔：这样，如此。
㉗ 中馈：旧时妇女在家主持操劳饮食家务等事。《易·家人》："无攸遂，在中馈。"
㉘ 闺阃：闺，闺房，女子的内室。阃，原指巷门，在此指闺房门。
㉙ 雍睦：和谐，和睦。
㉚ 幼妇：童养媳。
㉛ 媪（ǎo）：老妇人。
㉜ 牙：牙婆，亦称"牙嫂"，旧时指女性人贩子。
㉝ 神害过盈：牛鬼蛇神也要光顾窥视满溢的财富。
㉞ 金紫：金印紫绶的简称。金印：黄金铸造的官印。紫绶：紫色绶带，后为紫色官服。秦汉时的相国、丞相、太尉、大司马、太傅、列侯等皆金印紫绶。此处指高官。
㉟ 葛苎卉褐：用葛、苎等植物织成的粗麻布衣服。
㊱ 縠（hú）：绉纱一类的丝织品。
㊲ 达生：此词出自《庄子》："达生之情者，不务生之所无以为。"后指消极处世的人。
㊳ 芥视：小视，小看，小觑。
㊴ 謟（tāo）：可疑。《尔雅》："謟，疑也。"
㊵ 儇（xuān）黠：巧佞狡诈奸滑。
㊶ 阘（tà）茸：亦作"闒茸"。旧时指地位卑微或品格卑鄙的人。《汉书》："为扫除之隶，在阘茸之中。"
㊷ 干谒：干，求，求取。谒，请见，一般用于下对上、幼对长的谦辞。求请，有所求取而请见。《北史》："好以荣利干谒，乞丐不已，多为人所笑弄。"
㊸ 书绅顾諟（shì）：书，书写。绅，绅带，束在衣外腰部的大带，垂下为装饰。諟，是，此。《广雅》："諟，是也。"书绅顾諟，将名言书写在绅带上，常看视，不可忘也。
㊹ 黄白：黄金和白银。此指古代方士炼丹药点化金银的法术。《汉书》："言神仙黄白之术，亦二十余万言。"
㊺ 孤嫠（lí）：孤儿和寡妇。
㊻ 凉约：才德微薄，不义。
㊼ 燕：通"宴"，宴会，宴请，宴饮。《诗经·小雅·鹿鸣》："我有旨酒，嘉宾式燕以敖。"
㊽ 冶：艳丽。《雪赋》："纨袖惭冶，玉颜掩姱。"
㊾ 侑（yòu）：陪侍饮食。《宋史》："亲鼓琵琶以侑饮。"

(50) 籴（dí）：买进粮食。《醉时歌》："日籴太仓五升米。"
(51) 粜（tiào）：同"糶"。卖出粮食。
(52) 羡：有余，剩余。《孟子》："以羡补不足。"
(53) 券约：契据，今之合同文件。
(54) 展期：延期。展，延长，放宽。
(55) 蘧（qú）伯玉：名瑗，以字行，春秋时卫国大夫。孔子在卫时，曾宿他家。蘧氏年五十而知四十九年之非，后人赞许。
(56) 范希文：范仲淹，字希文，苏州人。北宋政治家、文学家。北宋进士，官至参知政事。范氏擅长诗词散文。谥号"文正"。著《范文正公文集》。范氏《岳阳楼记》："先天下之忧而忧，后天下之乐而乐。"流芳百世。
(57) 张子韶：张九成，字子韶，杭州人。南宋进士，官任著作郎、宗正少卿、礼部侍郎。理学家杨时的弟子。著《横浦集》。
(58) 司马温公：司马光，字君实，山西夏县涑水乡人，世称"涑水先生"。北宋进士，大臣，官至尚书左仆射，兼门下侍郎。因竭力反对王安石新法，屡贬屡升。司马氏又是北宋史学家、文学家，主持编纂名著《资治通鉴》，尚著《温国文正司马公文集》《稽古录》等。追封温国公。
(59) 梭山陆先生：陆九韶，字子美，江西抚州人。南宋学者，隐居不仕，讲学于梭山，因号梭山居士，世称"梭山先生"。其学与弟九龄、九渊并称"三陆子之学"。著《梭山日记》《梭山文集》。
(60) 怨讟（dú）：痛恨而有怨言。《左传》："民力雕尽，怨讟并作。"
(61) 籍：登记造册的簿子。
(62) 培：给农作物根部堆土。《吕氏春秋》："熟有耰也，必务其培。"
(63) 芟（shān）草：铲除杂草。《宋史》："为圃，艺植耘芟，灌溉培壅，皆有法度。"
(64) 程督：计量，考核，监督。《汉书》："程其器能。"
(65) 畛（zhěn）：田间小路。《诗经·周颂·载芟》："徂隰徂畛。"
(66) 出责（zhài）：出，发出。责通"债"。《国策》："乃有意欲为收责于薛乎？"
(67) 薙（tì）：除草。《礼记》："烧薙行水。"郑玄注："薙谓迫地芟草也。"
(68) 过房：又称"过继"。自己无子女而以兄弟或他人之子为子。《元典章》："周桂发本为无嗣，将嫡侄周自思自幼过房为子。"
(69) 望：农历每月十五。《前赤壁赋》："壬戌之秋，七月既望，苏子与客泛舟游于赤壁之下。"
(70) 朔：农历每月初一。《说文解字》："朔，月一日始苏也。"
(71) 怙挟亢侮：倚以自重，极度侮弄。
(72) 刘忠宣公：刘大夏，字时雍，号东山，湖南华容人。谥号"忠宣"。明代进士、名臣、诗人。官至兵部尚书、太子太保等。著《东山诗集》《刘忠宣公集》等。

诫子弟书

[明] 陈献章

陈献章（1428—1500年），字公甫，广东新会白沙里人，世称"白沙先生"。明代学者，官至翰林院检讨。辞官归里著书立说，讲学。著《白沙集》《白沙诗教解》。

本文采用《白沙集》为底本校注。

人家成立则难，倾覆则易。孟子曰："君子创业垂统①，为可继也。若夫成功，则天也。"② 人家子弟才不才，父兄教之可固必耶！虽然，有不可委之命，在人宜自尽。里中有以弹丝为业者，琴瑟，雅乐也。彼以之教人而获利，既可鄙矣。传及其子，托琴而衣食，由是琴益微而家益困，辗转岁月，几不能生。里人贱之，耻与为伍③，遂亡士夫之名。此岂为元恶大憝④而丧其家乎？才不足也。既无高爵厚业以取重于时，其所挟者，率时所不售⑤者也，而又自贱焉，奈之何其能立也！大抵能立于一世，必有取重于一世之术。彼之所取者，在我咸无之，及不能立，诿曰："命也。"果不在我乎？人家子弟不才者多，才者少，此昔人所以叹成立之难也。汝曹勉之！

【注释】

① 垂统：旧时帝王把基业传给后代。
② 此句出自《孟子·梁惠王下》。
③ 伍：同列，等辈。《汉书》："生乃与哙为伍。"
④ 元恶大憝（duì）：元恶，恶人之首，即元凶。憝，奸恶。此句出自《尚书·康诰》："元恶大憝，矧惟不孝不友。"
⑤ 售：达到，实现。成语"其计不售"。《西京赋》："挟邪作蛊，于是不售。"

诫子书

[明] 薛瑄

薛瑄（1392—1464年），字温得，号敬轩，山西河津人（今运城市）。明代学者，进士，谥号"文清"。官至礼部右侍郎，兼翰林院学士，曾因刚直触怒王振下狱。学宗程朱之派，自创"河东派"。著《读书录》《薛文清公全集》。本文录自《薛文清公全集》。

人之所以异于禽兽者，伦理而已。何为伦？父子、君臣、夫妇、长幼、朋友五者之伦序是也。何谓理？即父子有亲、君臣有义、夫妇有别、长幼有序、朋友有信，五者之天理是也。于伦理明而且尽，始得称为人之名。苟伦理一失，虽具人之形，其实与禽兽何异哉！盖禽兽所知者，不过渴饮饥食、雌雄牝牡之欲而已，其于伦理，则蠢然无知也。故其于饮食雌雄牝牡之欲既足，则飞鸣踯躅①，群游旅宿，一无所为。若人但知饮食男女之欲，而不能尽父子、君臣、夫妇、长幼、朋友之伦理，即暖衣饱食，终日嬉戏游荡，与禽兽无别矣！圣贤忧人之陷于禽兽也如此，其得位②者则修道立教，使天下后世之人，皆尽此伦理。其不得位者则著书垂训，亦欲天下后世之人，皆尽此伦理。是则圣贤穷达虽异，而君师万世之心则一而已。汝曹既得天地之理气凝合、祖父之一气流传，生而为人矣，其可不思所以尽其人道乎？欲尽人道，必当于圣贤修道之教、垂世之典，若《小学》③、若《四书》④、若《六经》⑤之类诵读之、讲习之、思索之、体认⑥之，反求诸日用人伦之间。圣贤所谓父子当亲，吾则于父子求所以尽其亲；圣贤所谓君臣当义，吾则于君臣求所以尽其义；圣贤所谓夫妇有别，吾则于夫妇思所以有其别；圣贤所谓长幼有序，吾则于长幼思所以有其序；圣贤所谓朋友有信，吾则于朋友思所以有其信。于此五者，无一而不致其精微曲折之详，则日用身心，自不外乎伦理，庶几称其人之名，得免流于禽兽之域矣！其或饱暖终日，无所用心，纵其耳目口鼻之欲，肆其四体百骸之安，耽嗜于非礼之声色臭味，沦溺于非礼之私欲宴安，身虽有人之形，行实禽兽之行，仰贻天地凝形赋理之羞，俯为父母流传一气之玷，何将以自立于世哉！汝曹勉之敬之，竭其心力，以全伦理，乃吾之至望也。

【注释】

① 踯躅（zhí zhú）：亦作"蹢躅"，徘徊不进。《孔雀东南飞》："金车玉作轮，踯躅青骢马。"此处指无所事事。
② 得位：获得官位而掌权者。
③ 小学：南宋朱熹及其弟子刘清之所编写的儿童读物。
④ 四书：儒家经典中《大学》《中庸》《论语》《孟子》四部的合称。
⑤ 六经：儒家经典中《诗》《书》《礼》《易》《春秋》《乐经》六部的合称。
⑥ 体认：学习的体会和认识，即学习心得。

诫子书

[明] 李应升

李应升（1593—1626年），字仲达，江苏江阴人。明代官员。明万历进士，官任南康推官，后升为福建道监察御史。李氏为官清廉，不畏强权，终因上书魏忠贤阉党而下狱至死。

此书系李氏在临刑前，在狱中写给儿子逊之的家书，感人至深。南明朝福王追谥"忠毅"。

本文取《碧血录》为底本校注。

吾直言贾祸①，自分一死，以报朝廷。不复与汝相见，故书数言以告汝。汝长成之日，佩为韦弦②，即吾不死之年也。

汝生长官舍，祖父母拱璧视汝，内外亲戚以贵公子待汝，衣鲜食甘，嗔喜任意，娇养既惯，不肯服布旧之衣，不肯食粗粝之食，若长而弗改，必至穷饿，此宜俭以惜福，一也。

汝少所习见，游宦赫奕③。未见吾童生秀才时，低眉下人，及祖父母艰难支持之日也，又未见吾囚服被逮及狱中幽囚痛楚之状也。汝不尝胆以思，岂复有人心者哉！人不可上，物不可凌。此宜谦以全身，二也。

祖父母爱汝，汝狎④而忘敬。汝母训汝，汝傲而弗亲。今吾不测，汝代吾为子，可不仰体祖父母之心乎！至于汝母，更倚何人？汝若不孝，神明殛⑤之矣！此宜孝以事亲，三也。

吾居官爱名节，未尝贪取肥家。今家中所存基业，皆祖父母勤苦积累，且吾此番消费大半。吾向有誓愿，兄弟三分，必不多取一亩一粒。汝视伯父如父，视寡婶如母，即有祖父祖母之命，毫不可多取，以负我志。此宜公以承家，四也。

汝既鲜⑥兄弟，止一庶妹⑦，当待以同胞。倘嫁于中等贫家，须与妆田百亩。至庶妹之母，奉事吾有年，当足其衣食，拨与赡田，收租以给之。内外出入，谨其防闲。此桑梓⑧之义，五也。

汝资性不钝，吾失于教训，读书已迟。汝念吾辛苦，励志勤学，倘有上进之日，即先归养。若上进无望，须做一读书秀才，将吾所存诸稿简籍，好好诠次⑨。此文章一脉，六也。

吾苦生不得尽养，他日伺祖父母千百岁后，葬我于坟侧，不得远离。哀哉！

【注释】

① 贾（gǔ）祸：招惹，招引祸患。《左传》："以杨楯贾祸，弗可为也已。"
② 韦弦：韦，熟牛皮带。弦，弓弦。韦求软韧，弦求紧张。《韩非子》："西门豹之性急，故佩韦以自缓；董安于之性缓，故佩弦以自急。"佩韦弦，随时警诫自己，同时亦有牢记规劝之意。《旧唐书》："置之坐隅，用比韦弦之益。铭诸心腑，何啻药石之功。"
③ 赫奕：显耀盛大的样子。归有光文："冠带褒然，舆马赫奕，自喻得意。"
④ 狎：轻忽。《左传》："水懦弱，民狎而玩之，则多死焉。"
⑤ 殛（jí）：诛，杀，戮。《尚书·舜典》："殛鲧于羽山。"
⑥ 鲜：少，少有，不多。
⑦ 庶妹：妾所生的妹妹，非嫡母（正室）所生。
⑧ 桑梓：古代家庭院边常栽桑树和梓树，后用代故乡和自家之称。《南都赋》："永世克孝，怀桑梓焉。"
⑨ 诠次：选择和编辑。韩愈文："诠次不精，致有差误。"

高忠宪公家训

[明] 高攀龙

高攀龙（1562—1626年），字存之、云从、景逸，江苏无锡人。明·万历年间进士，官任左都御史。因反魏忠贤阉党而革职，返乡与顾宪成在无锡东林书院讲学，继续反宦官当政，时称东林党。后遭阉党追杀，高氏投水身亡。著《高子遗书》。后人尊称"高忠宪公""景逸先生。"本文录自《高子遗书》。

吾人立身天地间，只思量做得一个人，是第一义，余事都没有要紧。作人的道理，不必多言，只看小学便是，依此作去，岂有差失！从古聪明睿知、圣贤豪杰，只于此见得透，下手早，所以其人千古万古，不可磨灭。闻此言不信，便是凡愚，所宜猛省。

作好人，眼前觉得不便宜，总算来是大便宜。作不好人，眼前觉得便宜，总算来是大不便宜。千古以来，成败昭然，如何迷人，尚不觉悟，真是可哀！吾为子孙，发此真切诚恳之语，不可草草看过。

吾儒学问，主于经世①，故圣贤教人，莫先穷理②。道理不明，有不知不觉堕于小人之归者，可畏可畏！穷理虽多，要在读书亲贤。《小学》《近思录》③，《四书》《五经》，周程张朱④语录，性理纲目者，所当读之书也。知人之要，在其中矣。

取人要知圣人取狂狷⑤之意，狂狷皆与世俗不相入，然可以入道。若憎恶此等人，便不是好消息。所与皆庸俗人，己未有不入于庸俗者。出而用世，便与小人相昵，与君子为仇，最是大利害处，不可轻看。吾见天下人，坐⑥此病甚多，以此知圣人是万世法眼⑦。

不可专取人之才，当以忠信为本，自古君子为小人所惑，皆是取其才，小人未有无才者。

以孝弟为本，以忠义为主，以廉洁为先，以诚实为要。

临事让人一步，自有余地；临财放宽一分，自有余味。

善须是积，今日积，明日积，积小便大。一念之差，一言之差，一事之差，有因而丧身亡家者，岂不可畏也！

爱人者人恒爱之，敬人者人恒敬之。我恶人，人亦恶我，我慢人，人亦慢我。此感应自然之理，切不可结怨于人，结怨于人，譬如服毒，其毒日久必发，但有小大迟速不同耳。人家祖宗受人欺侮，其子孙传说不忘，乘时遘会⑧，终须报之。彼我同然，出尔反尔，岂不可戒也！

言语最要谨慎，交游最要审择。多说一句，不如少说一句。多识一人，不如少识一人。若是贤友，愈多愈好。只恐人才难得，知人实难耳。语云："要作好人，须寻好友，引酵若酸⑨，哪得甜酒。"又云："人生丧身亡家，言语占了八分。"皆格言也。

见过所以求福，反己所以免祸。常见己过，常向吉中行矣。自认为是，人不好再张口矣。非是为横逆⑩之来，姑且自认不是。其实人非圣人，岂能尽善。人来加我，多是自取。但肯反求，道理自见。如此则吾心愈细密，临时愈精详。一番经历，一番进益，省了几多气力，长了几多识见。小人所以为小人者，只见别人不是而已。

人家有体面岸岸⑪之说，大害事。家人惹事，直者置之⑫，曲者治之⑬而已。往往为体面立岸岸，曲护其短，力直其事，此乃自伤体面，自毁岸岸也。长小人之志，生不测之变，多由于此。

世间惟财色二者，最迷惑人，最败坏人。故妻妾而外，皆为非己之色。淫人妻女，妻女淫人⑭，夭寿折福，殃留子孙，皆有明验显报。少年当竭力保守，视身为白玉，一失脚即成粉碎。视此事如鸩毒，一入口即立死。须臾⑮坚忍，终身受用。一念之差，万劫莫赎⑯。可畏哉！可畏哉！古人甚祸非分之得，故货悖而入，亦悖而出⑰。吾见世人非分得财，非得财也，得祸也。积财愈多，积祸愈大，往往生出异常不肖子孙，作出无限丑事，资人笑话。层见叠出于耳目之前而不悟，悲夫！吾试静心思之，净眼观之。凡宫室、饮食、衣服、器用、受用得有数，朴素些有何不好？简淡些有何不好？人心但从欲如流，往而不返耳。转念之间，每日当省不省者甚多，日减一日，岂不潇洒快活！但力持勤俭两字，终不取一毫非分之财，泰然自得，衾影无怍⑱，不胜于秽浊之富百千万倍耶！

人生爵位，自有分定，非可营求。只看得义命二字透，落得做个君子，不然，空污秽清净世界，空玷辱清白家门，不如穷檐茆屋⑲，田夫牧子，老死而人不闻者，反免得一番大丑也。

士大夫居间得财之丑，不减于室女逾墙从人㉑之羞。流俗滔滔，恬不为怪者，只是不曾立志作人。若要作人，自知男女失节，总是一般。

人身顶天立地，为纲常名教之寄，甚贵重也。不自知其贵重，少年比之匪人，赌博宿娼之事，清夜睨㉑而自视，成何面目！若以为无伤而不羞，便是人家下流子弟，甘心下流，又复何言！

捉人打人，最是恶事，最是险事。未必便至于死，但一捉一打，或其人不幸遭病死，或因别事死，便不能脱然无累。保身保家，戒此为要。极不堪者，自有官法，自有公论，何苦自蹈危险耶！况自家人。外乡党中与我平等，岂可以贵贱、贫富、强弱之故，妄凌辱人乎！家人违犯，必令人扑责，决不可拳打脚踢。暴怒之下有失。戒之戒之！

古语云："世间第一好事，莫如救难怜贫。"人若不遭天祸，施舍能费几文？故济人不在大费己财，但以方便存心。残羹剩饭，亦可救人之饥；敝衣败絮，亦可救人之寒。酒筵省得一二品，馈赠省得一二器，少置衣服一二套，省去长物㉒一二件，切切为贫人算计，存些赢余，以济人急难。去无用可成大用，积小惠可成大德，此为善中一大功课㉓也。

少杀生命，最可养心，最可惜福。一般㉔皮肉，一般痛苦，物但不能言耳。不知其刀俎之间，何等苦恼，我却以日用口腹，人事应酬，略不为彼思量，岂复有仁心乎！供客勿多肴品，兼用素菜，切切为生命算计，稍可省者便省之。省杀一命，于吾心有无限安处，积此仁心慈念，自有无限妙处。此又为善中一大功课也。

有一种俗人，如佣书作中㉕，作媒唱曲之类，其所知者，势力所谈者，声色所就者，酒色而已，与之绸缪㉖，一妨人读书之功，一消人高明之意，一浸淫渐渍㉗，引入不善而不自知，所谓便辟侧媚㉘也，为损不小急，宜警觉。

人失学不读书者，但守太祖高皇帝圣谕六言：孝顺父母，尊敬长上，和睦乡里，教训子孙，各安生理㉙，毋作非为。时时在心上转一过，口中念一过，胜于诵经，自然生长善根，消沉罪过。在乡里中作个善人，子孙必有兴者。各寻一生理，专守而勿变，自各有遇。于毋作非为，内尤要痛戒嫖、赌、告状，此三者，不读书人尤易犯，破家丧身尤速也。

【注释】

① 经世：治理国事。陆游诗："少鄙章句学，所慕在经世。"

② 穷理：穷究事物的道理。朱熹注："为学之道，莫先于穷理。穷理之要，必在于读书。"
③ 近思录：书名，南宋朱熹和吕祖谦同撰，摘录北宋儒家周敦颐、程颢、程颐和张载的言论，共六百二十二条，分为十四门。
④ 周程张朱：《近思录》中宋代理学家周敦颐、程颢和程颐、张载、朱熹（清人张伯行摘朱熹语录辑有《续近思录》十四卷）。
⑤ 狂狷（juàn）：纵情恣性、积极进取而又洁身自好的品性。《论语·子路》："不得中行而与之，必也狂狷乎！狂者进取，狷者有所不为也。"
⑥ 坐：犯。
⑦ 法眼：原是佛教语，"五眼"之一，菩萨普度众生而照见一切法门之眼。后也指敏锐精深的眼力，看人看事准确不误。《彩毫记》："李先生人天法眼，说此人奇伟必是不凡。"
⑧ 遘（gòu）会：相逢，聚会。《赠嵇康》："每念遘会，惟日不足。"
⑨ 引酵若酸：以酸为酵母做酒。
⑩ 横逆：横祸，厄运。《夷坚甲志》："以故获果报，得免横逆。"
⑪ 岸岸：严峻高傲。《郁离子》："一朝而得志也，岸岸焉。"
⑫ 直者置之：有理不再追究。
⑬ 曲者治之：无理者，加以惩治。
⑭ 淫人：被淫于人。
⑮ 须臾：本指时间短暂，此处指财色来临之际。
⑯ 万劫莫赎：受万次劫难也不能赎罪。成语"万劫不复"。
⑰ 货悖而入，亦悖而出：此句出自《大学》，意为来路不正或不合理而获得的财物，也会轻易失去。
⑱ 衾影无怍（zuò）：意为光明正大，没有劣行，故独居无愧。怍，惭愧。《宋史·蔡元定传》："贻书训诸子曰：'独行不愧形，独寝不愧衾，勿以吾得罪故遂懈。'"
⑲ 茆（máo）屋：茆通"茅"。茅屋。
⑳ 从人：女子委身于男子。
㉑ 睨：斜着眼睛看。
㉒ 长（cháng）物：多余的东西。《送渤海吴倩序》："视金玉如长物，以文学为己任。"
㉓ 功课：原佛教语，指每日诵经念佛事。后也指功业。
㉔ 一般：同样。
㉕ 佣书作中：受人雇佣书写字据之类。
㉖ 绸缪：密切交往，情意缠绵，情意殷切。《与苏武诗》："独有盈觞酒，与子结绸缪。"
㉗ 浸淫渐渍：慢慢渗透，潜移默化。
㉘ 便（pián）辟侧媚：善于逢迎谄媚，用不正当的手段讨好别人。
㉙ 生理：生活之道，为人之道。杜甫诗："以兹悟生理，独耻事干谒。"

了凡四训

[明] 袁黄

袁黄（1533—1606年），字坤义，号了凡，浙江嘉善人。明万历进士，官至兵部主事。曾用"功过格"，记录"善恶"，扩大程朱理学的影响。著《两行斋集》《评注八代文宗》《袁了凡纲鉴》。

袁黄精通儒、佛、道三家，谙熟史事典故，故"了凡四则"精深而博大，理中正而精微。

此文前有"序"，今删。

立命之学

余童年丧父，老母命弃举业①学医，谓可以养生，可以济人，且习一艺以成名，尔父夙心②也。后余在慈云寺遇一老者，修髯伟貌，飘飘若仙，余敬礼之，语余曰："子仕路③中人也，明年即进学④，何不读书？"余告以故，并叩老者姓氏里居⑤，曰："吾姓孔，云南人也。得邵子⑥《皇极数正传》，数该传汝。"余引之归，告母，母曰："善待之。"试其数，纤悉⑦皆验。余遂启读书之念，谋之表兄沈称，言："郁海谷先生，在沈友夫家开馆，我送汝寄学甚便。"余遂礼郁为师。孔为余起数，县考⑧童生，当十四名，府考⑨七十一名，提学考⑩第九名。明年赴考，三处名数皆合。复为卜终身休咎，言：某年考第几名，某年当补廪⑪，某年当贡，贡后某年当选四川一大尹，在任三年半，即宜告归。五十三岁八月十四日丑时，当终于正寝⑫，惜无子。余备录而谨记之。自此以后，凡遇考校，其名数先后，皆不出孔公所悬定者。独算余食廪米九十一石五斗当出贡⑬，及食米七十一石，屠宗师⑭即批准补贡，余窃疑之。后果为署印⑮杨公所驳，直至丁卯年，殷秋溟宗师见余场中备卷，叹曰："五策⑯即五篇奏议也！岂可使博洽淹贯⑰之儒，老于窗下乎？"遂依县申文准贡，连前食米计之，九十一石五斗也。余因此益信进退有命，迟速有时，澹然无求矣！

贡入燕都，留京一年，终日静坐，不阅文字。己巳归，游南雍⑱，未入监，先访云谷,会禅师于栖霞山⑲中,对坐一室,凡三昼夜不瞑目。云谷问曰:"凡人所以不得作圣者,只为妄念相缠耳。汝坐三日,不见起一妄念,何也?"余曰:"吾为孔先生算定,荣辱生死,皆有定数,即要妄想,亦无可妄想。"云谷笑曰:"我待汝是豪杰,原来只是凡夫。"问其故,曰:"人未能无心,终为阴阳所缚,安得无数?但惟凡人有数,极善之人,数固拘他不定;极恶之人,数亦拘他不定。汝二十年来,被他算定,不曾转动一毫,岂非是凡夫!"余问曰:"然则数可逃乎?"曰:"命由我作,福自己求。诗书所称,的为明训。我教典中说:'求富贵得富贵,求男女得男女,求长寿得长寿。'夫妄语乃释迦⑳大戒,诸佛菩萨,岂诳语欺人!"余进曰:"孟子言:'求则得之',是求在我者也。道德仁义,可以力求。功名富贵,如何求得?"云谷曰:"孟子之言不错,汝自错解耳。汝不见六祖㉑说:'一切福田,不离方寸㉒。从心而觅,感无不通。'求在我,不独得道德仁义,亦得功名富贵。内外双得,是求有益于得也。若不反躬内省,而徒向外驰求,则求之有道,而得之有命矣,内外双失,故无益。"因问:"孔公算汝终身若何?"余以实告。云谷曰:"汝自揣应得科第否?应生子否?"余追省良久,曰:"不应也。科第中人,类有福相,余福薄,又不能积功累行,以基厚福。兼不耐烦剧,不能容人。时或以才智盖人,直心直行,轻言妄谈。凡此皆薄福之相也,岂宜科第哉!地之秽者多生物,水之清者常无鱼。余好洁,宜无子者一;和气能育万物,余善怒,宜无子者二;爱为生生之本,忍为不育之根,余矜惜名节,常不能舍己救人,宜无子者三;多言耗气,宜无子者四;喜饮铄精,宜无子者五;好彻长夜坐,而不知葆元毓神,宜无子者六。其余过恶尚多,不能悉数。"云谷曰:"岂惟科第哉!世间享千金之产者,定是千金人物。享百金之产者,定是百金人物。应饿死者,定是饿死人物。天不过因材而笃,几曾加纤毫意思。即如生子,有百世之德者,定有百世子孙保之。有十世之德者,定有十世子孙保之;有三世二世之德者,定有三世二世子孙保之。其斩焉无后者,德至薄也。汝今既知非,将向来不发科第,及不生子之相,尽情改刷。务要积德,务要包荒㉓,务要和爱,务要惜精神。从前种种,譬如昨日死。从后种种,譬如今日生,此义理再生之身。夫血肉之身,尚然有数。义理之身,岂不能格天㉔。太甲㉕曰:'天作孽,犹可违;自作孽,不可活。'《诗》云:'永言配命,自求多福。'孔先生算汝不登科第、不生子者,此天作之孽,犹可得而违。汝今扩充德性,力行善事,多积阴德,此自己所作之福也,安得而不受享乎!《易》为君子谋,趋吉避凶。若言天命有常,吉何可趋！凶何可避！开章第一义，便说：'积善之家，必有馀庆。'汝信得及否？"余信其言，拜而受教。因将往日之罪，佛前尽情发露，为疏一通，先求登科，誓行善事三千条，以报天地祖宗之德。云谷出《功过格》㉖示余，令所行之事，逐日登记。善则记数，恶则退除，且教持准提咒㉗，以期必验。语余曰："符箓家㉘有云：'不会书符，被鬼神笑'，此有秘传，只是不动念也。执笔书符，先把万缘放下，一尘不起。从此念头不动处，下一点，谓之混沌开基，由此而一笔挥成，更无思虑，此符便灵。凡祈天立命，都要从无思无虑处感格。孟子论立命之学，而曰：'夭寿不贰㉙。'夫夭寿，至贰者也。当其不动念时，孰为夭，孰为寿？细分之。丰歉不贰，然后可立贫富之命；穷通不贰，然后可立贵贱之命；夭寿不贰，然后可立生死之命。人世间，惟死生为重，夭寿则一切顺逆皆该之矣。至修身以俟之，乃积德祈天之事。曰修，则身有过恶，皆当治而去之；曰俟，则一毫觊觎㉚，一毫将迎，皆当斩绝之矣。到此地位，直造先天之境，即此便是实学。汝未能无心，但能持准提咒，无记无数，不令间断，持得纯熟，于持中不持，于不持中持。到得念头不动，则灵验矣。

余初号"学海"，是日改号"了凡"。盖悟立命之说，而不欲落凡夫窠臼也。从此而后，终日兢兢，便觉与前不同。前日只是悠悠放任，到此自有战兢惕厉㉛景象，在暗室屋漏中，常恐得罪天地鬼神。遇人憎我毁我，自能恬然容受。到明年礼部考科举，孔先生算该第三，忽考第一，其言不验，而秋闱㉜中式矣。然行义未纯，检身多误；或见善而行之不勇，或救人而心常自疑；或身勉为善，而口有过言；或醒时操持，而醉后放逸。以过折功，日常虚度。自己巳岁发愿，直至己卯岁，历十余年，而三千善行始完。时方从李渐庵入关，未及回向㉝。庚辰南还，始请性空，慧空诸上人，就东塔禅堂回向。遂起求子愿，亦许行三千善事。辛巳，生男天启。余行一事，随以笔记。汝母不能书，每行一事，辄用鹅毛管，印一朱圈于历日之上。或施食贫人，或买放生命，一日有多至十馀圈者。至癸未八月，三千之数已满。复请性空辈，就家庭回向。九月十三日，复起求中进士愿，许行善事一万条，丙戌登第，授宝坻㉞知县。余置空格一册，名曰"治心篇"。晨起坐堂，家人携付门役，置案上，所行善恶，纤悉必记。夜则设桌于庭，效赵阅道㉟焚香告帝。汝母见所行不多，辄颦蹙㊱曰："我前在家，相助为善，故三千之数得完。今许一万，衙中无事可行，何时得圆满乎？"夜间偶梦见一神人，余言善事难完之故。神曰："只减粮一节，万行俱完矣。"盖宝坻之田，每亩二分三厘七毫,余为区处㊲,减至一分四厘六毫,委有此事,心颇惊疑。适幻余禅师自五台山来,余以梦告之,且问此事宜信否?师曰:"善心真切,即一行可当万善,况合县减粮,万民受福乎!"吾即捐俸银,请其就五台山斋僧一万而回向之。孔公算予五十三岁有厄,余未尝祈寿,是岁竟无恙,今六十九矣。书曰:"天难谌,命靡常。"㊳又云:"惟命不于常。"㊴皆非诳语。吾于是而知,凡称祸福自己求之者,乃圣贤之言。若谓祸福惟天所命,则世俗之论矣。汝之命,未知若何?即命当荣显,常作落寞想;即时当顺利,常作拂逆想;即眼前足食,常作贫窭㊵想;即人相爱敬,常作恐惧想;即家世望重,常作卑下想;即学问颇优,常作浅陋想。远思扬祖宗之德,近思盖父母之愆;上思报国之恩,下思造家之福;外思济人之急,内思闲己之邪。务要日日知非,日日改过;一日不知非,即一日安于自是;一日无过可改,即一日无步可进。天下聪明俊秀不少,所以德不加修、业不加广者,只为"因循"二字,耽搁一生。云谷禅师所授立命之说,乃至精至邃、至真至正之理,其熟玩而勉行之,毋自旷也。

【注释】

① 举业:科举之路。
② 夙心:旧有的心愿。
③ 仕路:做官的道路和途径。又称"仕途"。
④ 进学:科举时代,童生应岁试、科试而取中入县学,称为"进学"。
⑤ 里居:出生地,籍贯。
⑥ 邵子:邵雍,字尧夫,谥号"康节"。晚年隐居苏门山百源,世称"百源先生"。北宋哲学家,著《皇极经世》《伊川击壤集》等。
⑦ 纤悉:细微详尽。《文心雕龙》:"然泛泛纤悉,而实体未该。"
⑧ 县考:亦称"县试"。童生报名考试,考中者方可取得参加上一级府试的资格。
⑨ 府考:亦称"府试"。童生经县试合格者,参加管辖该县的府(或直隶州、厅)试。
⑩ 提学考:提学,官名,管理所属州县学校和教育行政。清称"学政"。该官主持的考试称"提学考"。
⑪ 补廪(lǐn):科举生员名目之一。补廪,明代府、州、县学生员最初每月都给生活补助费,称"廪膳",亦称"廪米",但必须办理无身家不清或冒名顶替的保证书,此手续称"补廪"。
⑫ 正寝:即"路寝"。古代帝王治事的地方。后泛指房屋正堂或正室。此句"终于正寝",即"寿终正寝"。

⑬ 出贡：廪生升为贡生，则停发"廪膳"。
⑭ 屠宗师：明代袁氏补廪时的提学使官名。
⑮ 署印：旧时指代理、暂任或试充官职的称呼。
⑯ 五策：五篇文章。策，古代考试将考题书写于策（竹片或木片）上，令应试者作答，称"策问"，简称"策"。后来就成为一种文体，有诗、颂、碑、铭、书、策等。
⑰ 博洽淹贯：知识渊博，文理透彻之人。
⑱ 南雍：明代设置在南京的国子监（古代所设的大学），称"南雍"。
⑲ 栖霞山：位于南京城东北20公里处，有栖霞寺、千佛岩、舍利塔等名胜古迹。
⑳ 释迦：即释迦牟尼，佛教创始人，印度人。
㉑ 六祖：中国佛教禅宗六祖，即始祖达摩，二祖慧可，三祖僧璨，四祖道信，五祖弘忍，六祖慧能。
㉒ 方寸：指心，亦作"方寸地"。《三国志》："今已失老母，方寸乱矣。"
㉓ 包荒：原意表示度量宽宏，后转作宽容、原谅、掩饰。出自《易·泰》："包荒，用冯河，不遐遗。"
㉔ 格天：感天动地之意。
㉕ 太甲：商代国王，汤的嫡长孙，太丁之子。初登位失德而被放逐，后复位励精图治，国泰民安。
㉖ 功过格：古代佛家戒律的人，将自己所行之事，分别善恶心，逐日登记，借以考核功和过，称为"功过格"。
㉗ 准提咒：佛教咒语中"十小咒"之一，意在不知不觉中让自己脱胎换骨，彻底改善自己的一生。
㉘ 符箓家：符箓，道士用来驱鬼召神的字符。符箓家，指道教道士。
㉙ 貳：变易，更动。《诗经·小雅·都人士》："古者长民，衣服不貳。"
㉚ 觊觎（jì yú）：非分的希望或企图。《后汉书》："宜绝横拜，以塞觊觎之端。"
㉛ 战兢惕厉：战战兢兢，如临深渊，如履薄冰，亦作"战兢"。惕厉，危惧。《易·乾》："君子终日乾乾，夕惕若厉，无咎。"
㉜ 秋闱：生员考举人的乡试都在秋天举行，称"秋闱"。闱，考场。
㉝ 回向：佛教名词，亦作"迴向"。佛教徒把他们所修行的一切功德都总结回归，投向于他们所期望的众生普遍成佛的目的。
㉞ 宝坻：今天津市宝坻区，在天津北。
㉟ 赵阅道：赵抃（biàn），字阅道，浙江衢州人。北宋进士，官至殿中侍御史，京师号称"铁面御史"。谥号"清献"。著《赵清献集》。
㊱ 颦蹙：皱眉蹙额，不快乐的样子，亦作"频蹙""频颦""颦颦"。
㊲ 区处（chǔ）：区分处理，筹划安排。此处为清理核实、调查上报的意思。

㊳ 此句出自《尚书·咸有一德》。谌：相信。《尔雅》："谌：信也。"靡：无，没有。《尔雅》："靡，无也。"
㊴ 此句出自《尚书·康诰》。
㊵ 贫窭（jù）：贫穷。《诗经·邶风·北门》："终窭且贫。"

改过之法

春秋诸大夫，见人言动，亿①而谈其祸福，靡不验者，《左》《国》②诸记可观也。大都吉凶之兆，萌乎心而动乎四体，其过于厚者常获福，过于薄者常近祸。俗眼多翳，谓有未定而不可测者，至诚合天，福之将至，观其善而必先知之矣。祸之将至，观其不善而必先知之矣。今欲获福而远祸，未论行善，先须改过。但改过者，第一，要发耻心。思古之圣贤，与我同为丈夫，彼何以百世可师？我何以一身瓦裂？耽染尘情③，私行不义，谓人不知，傲然无愧，将日沦于禽兽而不自知矣。世之可羞可耻者，莫大乎此。孟子曰："耻之于人大矣，以其得之则圣贤，失之则禽兽耳。"此改过之要机也。第二，要发畏心。天地在上，鬼神难欺，吾虽过在隐微，而天地鬼神，实鉴临之，重则降之百殃，轻则损其现福，吾可以不惧！不惟是也。间居之地，指视昭然，吾虽掩之甚密，文④之甚巧，而肺肝早露，终难自欺，被人觑破，不值一文矣，乌得不懔懔⑤！不惟是也。一息尚存，弥天之恶，犹可悔改。古人有一生作恶，临死悔悟，发一善念，遂得善终者。谓一念猛厉，足以涤百年之恶也。譬如千年幽谷，一灯才照，则千年之暗俱除。故过不论久近，惟以改为贵。但尘世无常，肉身易殒，一息不属，欲改无由矣。明则千百年担负恶名，虽孝子慈孙，不能洗涤；幽则千百劫沉沦狱报，虽圣贤佛菩萨，不能援引。乌得不畏！第三，须发勇心。人不改过，多是因循退缩。吾须奋然振作，不用迟疑，不烦等待。小者如芒刺在肉，速与抉剔；大者如毒蛇啮指，速与斩除，无丝毫凝滞，此风雷之所以为益也⑥。具是三心⑦，则有过斯改，如春冰遇日，何患不消乎！

然人之过，有从事上改者，有从理上改者，有从心上改者。工夫不同，效验亦异。如前日杀生，今戒不杀；前日怒詈，今戒不怒，此就其事而改之者也。强制于外，其难百倍，且病根终在，东灭西生，非究竟廓然之道也。善改过者，未禁其事，先明其理。如过在杀生，即思曰："上帝好生，物皆恋命，杀彼养己，岂能自安！且彼之杀也，既受屠割，复入鼎镬⑧，种种痛苦，彻入骨髓。己之养也,珍膏罗列,食过即空。疏食菜羹,尽可充腹,何必戕彼之生,损己之福哉!"又思:"血气之属,皆含灵知,既有灵知,皆我一体,纵不能躬修至德,使之尊我亲我,岂可日戕物命,使之仇我憾我于无穷也!"一思及此,将有对食伤心,不能下咽者矣。如前日好怒,必思曰:"人有不及,情所宜矜,悖理相干,于我何与!本无可怒者。"又思:"天下无自是之豪杰,亦无尤人之学问。行有不得,皆己之德未修,感化未至也。吾悉以自反,则谤毁之来。皆磨炼玉成之地,我将欢然受赐,何怒之有!"又闻谤而不怒,虽谗焰薰天,如举火焚空,终将自息;闻谤而怒,虽巧心力辩,如春蚕作茧,自取缠绵。怒不惟无益,且有害也。其余种种过恶,皆当据理思之。此理既明,过将自止。何谓从心而改?过有千端,惟心所造。吾心不动,过安从生?学者于好色、好名、好货,好怒,种种诸过,不必逐类寻求,但当一心为善,正念现前,邪念自然污染不上。如太阳当空,魑魅潜消,此精一之真传也。过由心造,亦由心改,如斩毒树,直断其根,奚必枝枝而伐,叶叶而摘哉!大抵最上治心,当下清净,才动即觉,觉之即无。苟未能然,须明理以遣之。又未能然,须随事以禁之。以上事而兼行下功,未为失策。执下而昧上,则拙矣。

顾⑨发愿改过,明须良朋提醒,幽须鬼神证明。一心忏悔,昼夜不懈。经一七、二七,以至一月、二月、三月,必有效验。或觉心神恬旷,或觉智慧顿开,或处冗沓而触念皆通,或遇怨仇而回嗔作喜,或梦吐黑物,或梦往圣先贤提携接引,或梦飞步太虚,或梦幢幡宝盖,种种胜事,皆过消罪灭之象也。然不得执此自高,画而不进。昔蘧伯玉⑩当二十岁时,已觉前日之非而尽改之矣。至二十一岁,乃知前之所改,未尽也。及二十二岁,回视二十一岁,犹在梦中,岁复一岁,递递改之。行年五十,而犹知四十九年之非。古人改过之学如此。吾辈身为凡流,过恶猬集,而回思往事,常若不见其有过者,心粗而眼翳也。然人之过恶深重者,亦有效验:或心神昏塞,转头即忘;或无事而常烦恼;或见君子而赧然消沮;或闻正论而不乐;或施惠而人反怨;或夜梦颠倒,甚则妄言失志。皆作孽之相也。苟一类此,即须奋发,舍旧图新,幸勿自误。

【注释】

① 亿:臆测,揣度。《论语》:"赐不受命而货殖焉,亿则屡中。"
② 左国:左,即《左传》,亦称《春秋左氏传》或《左氏春秋》,春秋时期左丘明所著,

记载春秋时期的史学资料，是儒家经典之一。国，即《国语》，春秋时期左丘明著，记载西周末年和春秋周鲁等国贵族的言论。两书可互参。
③ 尘情：佛教"六尘"，即色、声、香、味、触、法。尘情即尘缘，遂被六尘牵累。
④ 文：文饰，文过饰非。
⑤ 懔（lǐn）懔：危惧。《说苑》："懔懔焉，如以腐索御奔马。"
⑥ 此句见《易·益》。风雷益，卦名，言雷厉风行。
⑦ 三心：指上述的"耻心""畏心""勇心"。
⑧ 鼎镬（huò）：原是用于烹饪的大锅，后来用于酷刑，来烹犯人。
⑨ 顾：连词，表示转折关系，相当于"但是"。诸葛亮《后出师表》："臣非不自惜也，顾王业不得偏全于蜀都。"
⑩ 蘧伯玉：名瑗，春秋时期的卫国大夫。孔子在卫国，曾住宿蘧家。

积善之方

《易》曰："积善之家，必有余庆。"昔颜氏将以女妻叔梁纥①，而历叙其祖宗积德之长，逆知其子孙必有兴者。孔子称舜之大孝，曰："宗庙飨之，子孙保之"，皆至论也。试以往事徵之。

杨少师荣，建宁人。世以济渡为生，久雨溪涨，横流冲毁民居，溺死者顺流而下，他舟皆捞取货物，独少师曾祖及祖，惟救人，而货物一无所取，乡人嗤其愚。逮少师父生，家渐裕，有神人化为道者，语之曰："汝祖父有阴功，子孙当贵显，宜葬某地。"遂依其所指而窆②之，即今白兔坟也。后生少师，弱冠登第，位至三公，加曾祖、祖、父，如其官，子孙贵盛，至今尚多贤者。

鄞人杨自惩，初为县吏，存心仁厚，守法公平。时县宰严肃，偶挞一囚，血流满前，而怒犹未息，杨跪而宽解之。宰曰："怎奈此人越法悖理，不由人不怒。"自惩叩首曰："上失其道，民散久矣，如得其情，哀矜勿喜。喜且不可，而况怒乎！"宰为之霁③颜。家甚贫，馈④遗一无所取，遇囚人乏粮，常多方以济之。一日，有新囚数人待哺，家又缺米，给囚则家人无食，自顾则囚人堪悯，与其妇商之，妇曰："囚从何来？"曰："自杭而来，沿路忍饥，菜色可掬。"因撤己之米，煮粥以食囚。后生二子，长曰守陈，次曰守址，为南北吏部侍郎，长孙为刑部侍郎，次孙为四川廉宪⑤，又俱为名臣，今楚亭、德政，亦其裔也。

昔正统⑥间，邓茂七⑦倡乱于福建，士民从贼者甚众。朝廷起鄞县张都宪楷南征，以计擒贼，后委布政司谢都事，搜杀东路贼党，谢求贼中党附册籍，凡不附贼者，密授以白布小旗，约兵至日，插旗门首，戒军兵无妄杀，全活万人。后谢之子迁中状元，为宰辅，孙丕复中探花。

莆田林氏，先世有老母好善，常作粉团施人，求取即与之，无倦色。一仙化为道人，每旦索食六七团，母日日与之，终三年如一日，乃知其诚也，因谓之曰："吾食汝三年粉团，何以报汝？府后有一地，葬之，子孙官爵有一升麻子之数。"其子依所点葬之，初世即有九人登第，累代簪缨⑧甚盛，福建有"无林不开榜"之谣。

冯琢庵⑨太史之父，为邑庠生。隆冬早起赴学，路遇一人，倒卧雪中，扪之，半僵矣。遂解己绵裘衣之，且扶归救苏，梦神告之曰："汝救人一命，出至诚心，吾遣韩琦为汝子。"及生琢庵，遂名琦。

台州应尚书，壮年习业于山中，夜鬼啸集，往往惊人，公不惧也。一夕闻鬼云："某妇以夫久客不归，翁姑逼其嫁人，明夜当缢死于此，吾得代矣。"公潜卖田，得银四两，即伪作其夫之书，寄银还家，其父母见书，以手迹不类疑之，既而曰："书可假，银不可假，想儿无恙。"妇遂不嫁，其子后归，夫妇相保如初。公又闻鬼语曰："我当得代，奈此秀才坏吾事。"旁一鬼曰："尔何不祸之！"曰："上帝以此人心好，命作阴德，尚书矣，吾何得而祸之！"应公因此益自努励，善日加修，德日加厚。遇岁饥，辄捐谷以赈之；遇亲戚有急，辄委曲维持，遇有横逆，辄反躬自责，怡然顺受。子孙登科第，今累累也。

常熟徐凤竹栻，其父素富，偶遇年荒，先捐租以为同邑之倡，又分谷以赈贫乏，夜闻鬼唱于门曰："千不诳，万不诳，徐家秀才，做到了举人郎。"相续而呼，连夜不断。是岁，凤竹果举于乡，其父因而益积德，孳孳不怠，修桥修路，斋僧接众，凡有利益，无不尽心。后又闻鬼唱于门曰："千不诳，万不诳，徐家举人，直做到都堂。"凤竹官终两浙巡抚。

嘉兴屠康僖公，初为刑部主事，宿狱中，细询诸囚情状，得无辜者若干人，公不自以为功，密疏其事，以白堂官。后朝审⑩，堂官择其语，以讯诸囚，无不服者，释冤抑十馀人，一时辇下⑪咸颂尚书之明。公复禀曰："辇毂之下，尚多冤民，四海之广，兆民之众，岂无枉者？宜五年差一减刑官，覆实而平反之。"尚书为奏，允其议。时公亦差减刑之列，梦一神告之曰："汝命无子，今减刑之议，深合天心，上帝赐汝三子，皆衣紫腰金⑫。"是夕夫人有娠，后生应埙、应坤、应埈，皆显官。

嘉兴包凭，字信之，其父为池阳太守，生七子，凭最少，赘平湖袁氏，与吾父往来甚厚，博学高才，累举不第，留心二氏之学。一日东游泖湖，偶至一村寺中，见观音像，淋漓露立，即解囊中得十金，授主僧，令修屋宇，僧告以功大银少，不能竣事，复取松布四匹，检箧中衣七件与之，内纻褶⑬，系新置，其仆请已之，凭曰："但得圣像无恙，吾虽裸裎⑭何伤。"僧垂泪曰："舍银及衣布，犹非难事，只此一点心，如何易得！"后功完，拉老父同游，宿寺中。公梦伽蓝⑮来谢曰："汝子当享世禄矣。"后子汴、孙柽芳皆登第，做显官。

嘉善支立之父，为刑房吏，有囚无辜陷重辟⑯，意哀之，欲求其生。因语其妻曰："支公嘉意，愧无以报，明日延之下乡，汝以身事之，彼或肯用意，则我可生也。"其妻泣而听命。及至，妻自出劝酒，具告以夫意。支不听，卒为尽力平反之。囚出狱，夫妻登门叩谢曰："公如此厚德，晚世所稀，今无子，吾有弱女，送为箕帚妾，此则礼之可通者。"支为备礼而纳之，生立，弱冠中魁，官至翰林孔目。立生高，高生禄，皆贡为学博。禄生大纶，登第。

凡此十条，所行不同，同归于善而已。若复精而言之，则善有真，有假；有端，有曲；有阴，有阳；有是，有非；有偏，有正；有半，有满；有大，有小；有难，有易，皆当深辨。为善而不穷理，则自谓行持，岂知造孽，枉费苦心，无益也。

何谓真假？昔有儒生数辈，谒中峰和尚⑰，问曰："佛氏论善恶报应，如影随形。今某人善，而子孙不兴。某人恶，而家门隆盛。佛说无稽矣！"中峰云："凡情未涤，正眼⑱未开，认善为恶，指恶为善，往往有之。不憾己之是非颠倒，而反怨天之报应有差乎？"众曰："善恶何致相反？"中峰令试言其状，一人谓："骂人殴人是恶，敬人礼人是善。"中峰云："未必然也。"一人谓："贪财妄取是恶，廉洁有守是善。"中峰云："未必然也。"众人历言其状，中峰皆谓不然，因请问，中峰告之曰："有益于人是善，有益于己是恶。有益于人，则殴人骂人皆善也；有益于己，则敬人礼人皆恶也。是故人之行善，利人者公，公则为真。利己者私，私则为假。又根心⑲者真，袭迹⑳者假。又无为而为者真，有为而为者假，皆当自考。"

何谓端曲？今人见谨愿之士，类称为善而取之，圣人则宁取狂狷㉑。至于谨愿之士，虽一乡皆好，而必以为德之贼。是世人之善恶，分明与圣人相反。推此一端，种种取舍，无有不谬。天地鬼神之福善祸淫，皆与圣人同是非，而不与世俗同取舍。凡欲积善，决不可徇耳目，惟从心源隐微处默默洗涤。纯是济世之心则为端；苟有一毫媚世之心，即为曲；纯是爱人之心，则为端；有一毫愤世之心，即为曲；纯是敬人之心，则为端；有一毫玩世之心，即为曲。皆当细辨。

何谓阴阳？凡为善而人知之，则为阳善；为善而人不知，则为阴德。阴德，天报之；阳善，享世名。名，亦福也。名者，造物所忌；世之享盛名而实不副者，多有奇祸；人之无过咎而横被恶名者，子孙往往骤发，阴阳之际微矣哉！

何谓是非？鲁国之法，鲁人有赎人臣妾于诸侯，皆受金于府。子贡㉒赎人而不受金，孔子闻而恶之曰："赐㉓失之矣。夫圣人举事，可以移风易俗，而教道可施于百姓，非独适己之行也。今鲁国富者寡而贫者众，受金则为不廉，何以相赎乎？自今以后，不复赎人于诸侯矣。"子路拯人于溺，其人谢之以牛，子路㉔受之。孔子喜曰："自今鲁国多拯人于溺矣！"自俗眼观之，子贡不受金为优，子路之受牛为劣，孔子则取由㉕而黜赐焉。乃知人之为善，不论现行而论流弊；不论一时而论久远；不论一身而论天下。现行虽善，而其流足以害人，则似善而实非也；现行虽不善，而其流足以济人，则非善而实是也。然此就一节论之耳。他如非义之义，非礼之礼，非信之信，非慈之慈，皆当抉择。

何谓偏正？昔吕文懿公㉖，初辞相位，归故里，海内仰之，如泰山北斗㉗。有一乡人，醉而詈之，吕公不动，谓其仆曰："醉者勿与较也。"闭门谢之。逾年，其人犯死刑入狱。吕公始悔之曰："使当时稍与计较，送公家责治，可以小惩而大戒。吾当时只欲存心于厚，不谓养成其恶，以至于此。"此以善心而行恶事者也。又有以恶心而行善事者，如某家大富，值岁荒，穷民白昼抢粟于市。告之县，县不理，穷民愈肆，遂私执而困辱之，众始定，不然，几乱矣。故善者为正，恶者为偏，人皆知之。其以善心行恶事者，正中偏也；以恶心而行善事者，偏中正也。不可不知也！

何谓半满？《易》曰："善不积，不足以成名；恶不积，不足以灭身。"《书》曰："商罪贯盈。"如贮物于器，勤而积之，则满；懈而不积，则不满。此一说也。昔有某氏女入寺，欲施而无财，止有钱二文，捐而与之，主席者亲为忏悔。及后入宫富贵，携数千金入寺舍之，主僧惟令其徒回向而已。因问曰："吾前施钱二文，师亲为忏悔，今施数千金，而师不回向，何也？"曰："前者物虽薄，而施心甚真，非老僧亲忏，不足报德。今物虽厚，而施心不若前日之切，令人代忏足矣。"此千金为半，而二文为满也。钟离㉘授丹于吕祖㉙，点铁为金，可以济世。吕问曰："终变否？"曰："五百年后，当复本质。"吕曰："如此则害五百年后人矣，吾不愿为也。"曰："修仙要积三千功行，汝此一言，三千功行已满矣！"此又一说也。又为善而心不着善，则随所成就，皆得圆满。心着于善，虽终身勤励，止于半善而已。譬如以财济人，内不见己，外不见人，中不见所施之物，是谓三轮体空，是谓一心清净，则斗粟可以种无涯之福，一文可以消千劫之罪。倘此心未忘，虽黄金万镒，福不满也。此又一说也。

何谓大小？昔卫仲达为馆职㉚，被摄至冥司㉛，主者命吏呈善恶二录。比至，则恶录盈庭，其善录一轴，仅如箸㉜而已。索秤称之，则盈庭者反轻，而如箸者反重。仲达曰："某年未四十，安得过恶如是多乎？"曰："一念不正即是，不待犯也。"因问轴中所书何事？曰："朝廷尝兴大工，修三山石桥，君上疏谏之，此疏稿也。"仲达曰："某虽言，朝廷不从，于事无补，而能有如是之力。"曰："朝廷虽不从，君之一念，已在万民，向使听从，善力更大矣。"故志在天下国家，则善虽少而大；苟在一身，虽多亦小。

何谓难易？先儒谓："克己须从难克处克将去。"夫子论为仁，亦曰先难。必如江西舒翁，舍二年仅得之束修，代偿官银，而全人夫妇；与邯郸张翁，舍十年所积之钱，代完赎银，而活人妻子。皆所谓难舍处能舍也。如镇江靳翁，虽年老无子，不忍以幼女为妾，而还之邻，此难忍处能忍也。故天降之福亦厚。凡有财有势者，其立德皆易，易而不为，是为自暴。贫贱作福皆难，难而能为，斯可贵耳。随缘济众，其类至繁，约言其纲，大约有十：第一，与人为善；第二，爱敬存心；第三，成人之美；第四，劝人为善；第五，救人危急；第六，兴建大利；第七，舍财作福；第八，护持正法；第九，敬重尊长；第十，爱惜物命。

何谓与人为善？昔舜在雷泽㉝，见渔者皆取深潭厚泽，而老弱则渔于急流浅滩之中，恻然哀之，往而渔焉。见争者，皆匿其过而不谈；见有让者，则揄扬而取法之。期年，皆以深潭厚泽相让矣。夫以舜之明哲，岂不能出一言教众人哉？乃不以言教而以身传之，此良工苦心也。吾辈处末世，勿以己之长而盖人，勿以己之善而形人，勿以己之多能而困人。收敛才智，若无若虚。见人过失，且涵容而掩覆之。一则令其可改，一则令其有所顾忌而不敢纵。见人有微长可取，小善可录，翻然舍己而从之，且为艳称而广述之。凡日用间，发一言，行一事，全不为自己起念，全是为物立则，此大人天下为公之度也。

何谓爱敬存心？君子与小人，就形迹观，常易相混，惟一点存心处，则善恶悬绝，判然如黑白之相反。故曰："君子所以异于人者，以其存心也。"君子所存之心，只是爱人敬人之心。盖人有亲疏贵贱，有智愚贤不肖。万品不齐，皆吾同胞，皆吾一体。孰非当敬爱者？爱敬众人，即是爱敬圣贤，能通众人之志，即是通圣贤之志。何者？圣贤之志，本欲斯世斯人，各得其所。吾合爱合敬，而安一世之人，即是为圣贤而安之也。

何谓成人之美？玉之在石，抵掷则瓦砾，追琢则圭璋㉞。故凡见人行一善事，或其人志可取而资可进，皆须诱掖而成就之。或为之奖借，或为之维持，或为白其诬而分其谤，务使成立而后已。大抵人各恶其非类，乡人之善者少，不善者多。善人在俗，亦难自立。且豪杰铮铮，不甚修形迹，多易指摘。故善事常易败，而善人常得谤。惟仁人长者，匡直而辅翼之，其功德最宏。

何谓劝人为善？生为人类，孰无良心？世路役役，最易没溺。凡与人相处，当方便提撕，开其迷惑。譬犹长夜大梦，而令之一觉，譬犹久陷烦恼，而拔之清凉，为惠最溥。韩愈云："一时劝人以口，百世劝人以书。"较之与人为善，虽有形迹，然对证发药，时有奇效，不可废也。失言失人，当反吾智。

何谓救人危急？患难颠沛，人所时有。偶一遇之，当如痌瘝㉟之在身，速为解救。或以一言伸其屈抑，或以多方济其颠连。崔子曰："惠不在大，赴人之急可也。"仁人之言哉。

何谓兴建大利？小而一乡之内，大而一邑之中，凡有利益，最宜兴建。或开渠导水，或筑堤防患，或修桥梁，以便行旅，或施茶饭，以济饥渴。随缘劝导，协力兴修，勿避嫌疑，勿辞劳怨。

何谓舍财作福？释门万行，以布施为先。所谓布施者，只是"舍"之一字耳。达者内舍六根㊱，外舍六尘㊲，一切所有，无不舍者。苟非能然，先从财上布施。世人以衣食为命，故财为最重。吾从而舍之，内以破吾之悭，外以济人之急。始而勉强，终则泰然，最可以荡涤私情，祛除执吝。

何谓护持正法？法者，万世生灵之眼目也。不有正法，何以参赞天地！何以裁成万物！何以脱尘离缚！何以经世出世！故凡见圣贤庙貌㊳、经书典籍，皆当敬重而修饬之。至于举扬正法，上报佛恩，尤当勉励。

何谓敬重尊长？家之父兄，国之君长，与凡年高、德高、位高、识高者，皆当加意奉事。在家而奉侍父母，使深爱婉容，柔声下气，习以成性，便是和气格天之本。出而事君，行一事，毋谓君不知而自恣也。刑一人，毋谓君不知而作威也。事君如天，古人格论，此等处最关阴德。试看忠孝之家，子孙未有不绵远而昌盛者，切须慎之！

何谓爱惜物命？凡人之所以为人者，惟此恻隐之心而已，求仁者求此，积德者积此。《周礼》："孟春之月，牺牲毋用牝。"《孟子》谓："君子远庖厨，所以全吾恻隐之心也。"故前辈有四不食之戒，谓闻杀不食，见杀不食，自养者不食，专为我杀者不食。学者未能断肉，且当从此戒之。渐渐增进，慈心愈长。不特杀生当戒，蠢动含灵，皆为物命。求丝煮茧，锄地杀虫，念衣食之由来，皆杀彼以自活。故暴殄[39]之孽，当与杀生等。至于手所误伤、足所误践者，不知其几，皆当委曲防之。古诗云："爱鼠常留饭，怜蛾不点灯。"何其仁也！

善行无穷，不能殚述，由此十事而推广之，则万德可备矣！

【注释】

① 叔梁纥（hé）：名纥，字叔梁，孔子之父，春秋时期鲁国大夫。
② 窆（biǎn）：葬时下棺于墓穴，即今落葬。《说文解字》："窆，葬下棺也。"
③ 霁（jì）：比喻怒气消释，脸色转和。《新唐书》："帝色霁，乃释寰（悲寰）。"
④ 馈（kuì）：通"馈"，赠送。《篇海类编》："馈，贻也。"
⑤ 廉宪：官名，亦称"廉访"。元代政府设置肃政廉访使官职，明改名提刑按察使，纠察地方吏治，政治得失。
⑥ 正统：明英宗朱祁镇年号，公元1436—1449年。
⑦ 邓茂七：明代福建农民起义首领，江西南城人，流亡福建，与陈政景等在1448年于福建起义，自称"铲平王"，因下属叛变而牺牲。
⑧ 簪缨：古代达官贵人的冠饰，后泛指高官显宦。
⑨ 冯琢庵：冯琦，字用韫，又字琢庵，山东临朐人。明代万历进士，官至礼部尚书。谥号"文敏"。著《北海集》《经济类编》等书。
⑩ 朝审：明清时，复审死刑案件的一种制度。规定每年霜降后，三法司（公、检、法）将已判死刑尚未执行的案件，会同王公大臣，集中审查，最后上报皇帝裁决。
⑪ 辇下：京城的代称。
⑫ 衣紫腰金：唐制，亲王及三品官服用紫色，腰带是金色。此句指皆任官职。
⑬ 纻（zhù）褶：纻麻粗布夹衣。
⑭ 裸裎（chéng）：脱衣露体。《孟子》："虽袒裼裸裎于我侧，尔焉能浼我哉！"
⑮ 伽（qié）蓝：僧伽蓝摩的略称，是梵文的音译。佛教寺院的护法神，世称"护法伽蓝"。

⑯ 辟：罪，罪行。柳宗元："圣人有制度，有法令，过则为辟。"又特指死刑。
⑰ 中峰和尚：名明本，元代高僧，号中峰，皇帝赐"佛慈圆照禅师"号，褒奖道行高深，谥号"普应国师"。
⑱ 正眼：佛家名词，即"法眼"。
⑲ 根心：六根的心。
⑳ 袭迹：沿着别人的足迹走。《韩非子》："今袭迹于齐、晋，欲国安存之，不可得也。"
㉑ 狂狷（juàn）：放荡不羁，独立行事。
㉒ 子贡：端木氏，名赐，春秋时卫国人。孔子弟子，善于辞令，经商致富。
㉓ 赐：子贡名赐。
㉔ 子路：仲氏，名由，字季路，春秋时期鲁国人。孔子弟子，性格直爽勇敢。
㉕ 由：子路名由。
㉖ 吕文懿公：名原，字逢原，浙江嘉兴人。明代进士，官至大学士。谥号"文懿"。
㉗ 泰山北斗：亦作"泰斗""山斗"。比喻某一方面负有名望的人。《新唐书·韩愈传赞》："自愈没，其言大行，学者仰之如泰山、北斗云。"
㉘ 钟离：即钟离权，号和谷子，又号真阳子，唐朝咸阳人。传说中的八仙之一。
㉙ 吕祖：即吕洞宾，名岩，号纯阳子，唐朝京兆人。传说中的八仙之一。
㉚ 馆职：官名。宋初沿唐制，设史馆、昭文馆、集贤院为三院，通称崇文院。明清以在翰林院、詹事府供职者为馆职。
㉛ 冥司：阴曹地府。传说中人死后所居处。亦称"冥府""冥间"等。
㉜ 箸：筷子。此句意为轴如筷子一般细。
㉝ 雷泽：古泽名，一名雷水，在今山西省永泽县南，源出雷首山，南入黄河，相传舜帝曾在此泽钓鱼。
㉞ 圭璋：亦作"珪璋"，一种贵重的玉制礼器。亦比喻高贵的人品。
㉟ 痌瘝（tōng guān）：病，病痛。《尚书·康诰》："痌瘝乃身。"
㊱ 六根：佛教名词。佛教以人身的眼、耳、鼻、舌、身、意为六根。
㊲ 六尘：佛教名词。尘是梵文的意译，相当于"质点"或"因素"。六尘是色、声、香、味、触、法的合称。尘又有污染、污垢之意。
㊳ 庙貌：庙宇及神像。柳宗元《睢阳庙碑》："庙貌斯存，碑表攸托。"
㊴ 暴殄（tiǎn）：暴，损害，糟蹋；殄，灭绝。残害灭绝各种自然产生之物。成语"暴殄天物"。《尚书·武成》："暴殄天物，害虐烝民。"

谦德之效

《易》曰："天道亏盈而益谦；地道变盈而流谦；鬼神害盈而福谦；人道恶盈而好谦。"是故谦之一卦，六爻①皆吉。书曰："满招损，谦受益。"予屡同诸公应试，每见寒士将达，必有一段谦光可掬。辛未②计偕③，我嘉善同袍凡十人，惟丁敬宇宾年最少，极其谦虚。予告费锦坡曰："此兄今年必第。"费曰："何以见之？"予曰："惟谦受福。兄看十人中，有恂恂款款④，不敢先人，如敬宇者乎？有恭敬顺承，小心谦畏，如敬宇者乎？有受侮不答，闻谤不辩，如敬宇者乎？人能如此，即天地鬼神，犹将佑之，岂有不发者？"及开榜，丁果中式。

丁丑⑤在京，与冯开之⑥同处，见其虚己敛容，大变其幼年之习。李霁岩直谅益友⑦，时面攻其非，但见其平怀顺受，未尝有一言相报。予告之曰："福有福始，祸有祸先，此心果谦，天必相之，兄今年决第矣！"已而果然。

赵裕峰，光远⑧，山东冠县人，童年举于乡，久不第。其父为嘉善三尹，随之任。慕钱明吾，而执文见之，明吾悉抹其文，赵不惟不怒，且心服而速改焉。明年，遂登第。

壬辰⑨岁，予入觐⑩，晤夏建所，见其人气虚意下，谦光逼人，归而告友曰："凡天将发斯人也，未发其福，先发其慧，此慧一发，则浮者自实，肆者自敛。建所温良若此，天启之矣！"及开榜，果中式。

江阴张畏岩，积学工文，有声艺林。甲午，南京乡试，寓一寺中。揭晓无名，大骂试官，以为眯目。时有一道者，在傍微笑，张遽移怒道者。道者曰："相公文必不佳。"张益怒曰："汝不见我文，乌知不佳？"道者曰："闻作文，贵心气和平，今听公骂詈，不平甚矣，文安得工！"张不觉屈服，因就而请教焉。道者曰："中全要命，命不该中，文虽工，无益也。须自己做个转变。"张曰："既是命，如何转变？"道者曰："造命者天，立命者我。力行善事，广积阴德，何福不可求哉！"张曰："我贫士，何能为？"道者曰："善事阴功，皆由心造，常存此心，功德无量。且如谦虚一节，并不费钱，你如何不自反而骂试官乎！"张由此折节自持，善日加修，德日加厚。丁酉，梦至一高房，得试录⑪一册，中多缺行。问旁人，曰："此今科试录。"问："何多缺名？"曰："科第阴间三年一考较，须积德无咎者，方有名。如前所缺，皆系旧该中式，因新有薄行而去之者也。"后指一行云："汝三年来，持身颇慎，或当补此，幸自爱。"是科果中一百五名。

由此观之，举头三尺，决有神明；趋吉避凶，断然由我。须使我存心制行，毫不得罪于天地鬼神，而虚心屈己，使天地鬼神，时时怜我，方有受福之基。彼气盈者，必非远器，纵发亦无受用。稍有识见之士，必不忍自狭其量，而自拒其福也，况谦则受教有地，而取善无穷，尤修业者所必不可少者也。古语云："有志于功名者，必得功名；有志于富贵者，必得富贵。"人之有志，如树之有根，立定此志，须念念谦虚，尘尘方便，自然感动天地，而造福由我。今之求登科第者，初未尝有真志，不过一时意兴耳。兴到则求，兴阑[12]则止。《孟子》曰："王之好乐甚，则齐国其庶几乎？[13]"予于科名亦然。

【注释】

[1] 六爻（yáo）：爻是《易》卦的基本符号。"—"是阳爻，"– –"是阴爻，每三爻合成一卦，可得八卦。两卦（六爻）相重可得六十四卦。

[2] 辛未：明隆庆五年，即公元1571年。

[3] 计偕：举人参加会试。

[4] 恂（xún）恂款款：恂恂，亦作"浚浚"。谦恭谨慎的样子。《论语》："孔子于乡党，恂恂如也，似不能言者。"款款，诚恳忠实。司马迁《报任少卿书》："诚欲效其款款之愚。"

[5] 丁丑：万历五年，即公元1577年。

[6] 冯开之：冯梦桢，字开之，浙江嘉兴人。明代万历会试第一，官至编修，后任南京国子监祭酒，著《快雪堂集》《快雪堂漫录》《历代贡举志》。

[7] 益友：有益的朋友。《论语》："益者三友：友直、友谅、友多闻，益矣。"《晏子春秋》："圣贤之君，皆有益友。"

[8] 赵裕峰，光远：名光远，字裕峰。

[9] 壬辰：明万历二十年，即公元1592年。

[10] 觐（jìn）：朝见皇帝。

[11] 试录：明代乡试、会试的试卷，由考官选定后，编刻成书，称为"程文"，也称"试录"。

[12] 阑：尽，衰退。《增韵》："阑，尽也。阑，衰也。"

[13] 此句出自《孟子·梁惠王下》。此句孟子言梁惠王与百姓同乐，则天下百姓归心。

药 言

[明] 姚舜牧

姚舜牧（1543—1622年），字虞佐，号承庵，浙江湖州人。明·万历举人，官任新兴、广昌县令，官至全州知州。理学大儒，著《四书疑问》《五经疑问》《史纲要领》《乐陶吟草》《承庵文集》等。

此篇作者断续写成于万历三十四年。本篇选自《昭进斋丛书》。

自序

吾上世未有知学者，及所见所闻及所传闻，浑浑焉，蠢蠢焉，不离耕作，不识官府，为无怀、葛天氏①之民。自吾父淳庵赠君，始教牧读书，训以清高二字，而实皆浑蠢之遗也。故凡平日所训语，及所闻于故老，所得于会晤者，窃识之不忘，而未敢书于册也。前年游粤西，辱抚台杨霁翁出族谱家训示，且使牧续貂②焉。因以向所承之训及所闻所悟者书有数条，至平西，公余，复续有数条，似较多口语一番矣。然总之则本清高之训，而欲所谓浑蠢之遗也云尔。因存笥中，期示孙子宁浑毋察，宁蠢毋乖，是为清高，不则不若族人之为田农也。

万历丙午③秋日书于平西公署之清白堂④。

孝悌忠信，礼义廉耻，此八字是八个柱子，有八柱始能成宇，有八字始克成人。

圣贤开口便说孝弟，孝弟是人之本。不孝不弟，便不成人了。孩提知爱，稍长知敬。奈何自失其初，不齿于人类也。

《戴记》⑤载小孝、中孝、大孝。《孝经》⑥载孝之始、孝之中、孝之终，统是教人做人，无忝尔所生。一孝立，万善从，是为孝子，是为完人。

贤不肖皆吾子，为父母者切不可毫发偏爱。偏爱日久，兄弟间不觉怨愤之积，往往一待亲殁而争讼因之。创业思垂永久，全要此处见得明，不贻后日之祸可也。今人但为子孙做牛马计，后人竟不念父母天高地厚之恩。诚一衣一食，无不念及言及，尔曹数数闻之，必能自立自守。长久之计，不过如是矣！

《斯干》⑦之诗，说到"鸟革翚飞""弄璋弄瓦"，盛矣！然开首却云"兄及弟矣,式相好矣,无相犹矣。"未有不相好而相犹,能守其基业,克开其子孙者。

兄弟间偶有不相惬处,即宜明白说破,随时消释,无伤亲爱。看大舜待傲象⑧,未尝不怨不怒也,只是个不藏不宿⑨,所以为圣人。今人假借怡怡之名,而中怀仇隙,至有阴妒仇结而不可解,吾不知其何心也。

兄弟虽当亲殁时,宜常若亲在时。凡一切交接礼仪、门户差役及他有急难,皆当出身力为之,不可彼此推诿。

妯娌间易生嫌隙。乃嫌隙之生,尝起于舅姑之偏私,成于女奴之谗构。家人之暌⑩多坐此,是不可不深虑者。然大要在为丈夫者,见得财帛轻,恩义重,时以此开晓妇人,使不惑于私构而成隙,则家可常合而不暌矣。夫为妻纲,一语极吃紧。

一夫一妇是正理。若年四十而无子,不可不娶一妾,然中间却有个处法。不善调停,使妻妒而不容,妾悍而难驭,安望其生且育?调停谓何,自处于正而已。

人人生子不以为异,若论人生一个人出来,耳目口鼻四体百骸悉具,岂非天地间至祥至瑞耶?和气致祥,一毛乖戾生不来,即生得来,决非是个善物。

尝谓结发糟糠,万万不宜乖弃。或不幸先完后娶,尤宜思渠⑪苦于昔,不得享于今,厚加照抚其所生,是为正理。今或有偏爱后妻后妾,并弃前子不爱者,岂前所生者出于人所构哉!可发一笑。

蒙养⑫无他法,但日教其孝悌,教之谨信,教之泛爱众亲仁。看略有余暇时,又教之文学。不疾不徐,不使一时放过,一念走作,保完真纯,俾无损坏,则圣功在是矣。是谓之蒙以养正。

古重蒙养,谓圣功在此也。后世则易骄养矣。骄养起于一念之姑息。然爱不知劳,其究为傲为妄、为下游不肖,至内戕本根,外召祸乱,可畏哉!可畏哉!

蒙养不专在男也,女亦须从幼教之,可令归正。女人最污是失身,最恶是多言,长舌历阶,冶容诲淫,自古记之。故一教其缄默,勿妄言是非;一教其简素,勿修饰容仪。针黹⑬纺绩外,宜教他烹调饮食,为他日中馈计。《诗》⑭曰:"无非无仪,惟酒食是议。"此九字可尽大家⑮姆训⑯。

凡议婚姻,当择其婿及妇之性行及家法如何,不可徒慕一时之富贵。盖婿妇性行良善,后来自有无限好处。不然,虽富与贵无益也。

《麟趾》⑰之诗,首章云:"振振公子",次章云:"振振公孙",三章云:"振振公族"。由子而孙而族,皆振振焉,是为一家之祥。语曰:"子孙贤,族将大。"凡我族人共勉之。

通族之人，皆祖宗之子孙也。一有贵且贤者出，祖宗有知，必以通族之人付托之矣。间有不能养、不能教、不能婚嫁、不能敛葬，及它有患难，莫可轻控诉者，即当尽心力以周全之。此为人孙不承祖宗付托分内事，切不可视为泛常推诿。

族有孝友节义贤行可称者，会祀祖祠日，当举其善告之祖宗，激示来裔⑱，其有过恶宜惩者，亦于是日训戒之，使知省改。

族人有不幸无后者，其亲兄弟当劝置妾媵以生育，不可萌利其有之心。其人或终无生育，即当择一应继者为嗣。切勿接养他姓，重得罪于祖宗。

《易》曰："风行水上，《涣》。先王以享于帝，立庙。"⑲立宗祀，创族谱，所以合其涣也。然不立祭田，恐后人或以无田而废祀，而立义田⑳以给族之不能养者，立义学㉑以淑族之不能教者，立义冢以收族之不能葬者，皆仁人君子所当恻然动念，必周置以贻穀于无穷者也。范文正公㉒，自宋迄今盖百年矣，而义庄尤存。李德裕㉓之平泉㉔安在哉？敢以是为劝为戒。

凡祠堂坟墓，须时勤展视，岁加修理。莫教大敝，始兴工作。若住居有一檐一瓦之坏，亦即宜治之，勿致颓阓㉕可也。苟无端，切不可兴土木，致倾赀业。语云："与人不睦，劝人造屋。"此言最可省。

祖宗血产，由卒瘏㉖拮据而来，生于斯，聚国族于斯，固其所深祝者，万万不可轻弃。倘以人众不能聚居，即归一房居之，余各自为居处，切不可属之他姓。万一俱贫不能支，亦宜苦守一隅，思为恢复之计。若有不才，贪豪姓厚赀，先将受了投献，通族宜共击之，鸣官治以不孝之罪。旋以理抗势豪，莫为吞并，万一力不能抗，亦宜哀情乞存香火，是为贤子孙。不然者，恐不可见先人于地下，且亦无面目自立于人世也。

凡处家不可不读《家人》㉗卦。卦本风自火出，文王只系"利女贞"三字，周公初爻即系"闲"之一字。"闲"从门从木，门有挡木，内外始有关防。二爻系"无攸遂在中馈"。申"利女贞"之意，然大纲却在男子身上。故三爻系"家人嗃嗃㉘，悔厉吉；妇子嘻嘻，终吝"。嗃嗃固似太严，而嘻嘻可称家节哉！言妇则责夫，言子则责父，是不可不身任其责者。如是始称有家。故四爻系"富家"以志顺，五爻系"假家"以志爱，然又须诚实而威严，可以常保得，故上爻系"是孚威如"㉙之辞。《象》㉚申之曰："反身之谓也。"反身者何？言有物、行有恒而已。圣人论家政纲纪节目曲折无遗盖如此，有家者尚三复㉛于此哉！

家人内外大小防闲不可不严。凡女奴男仆，十年以上，不可纵放其出入，而女尼、卖婆㉜等尤宜痛绝。盖此辈一出入，未有肯空手者，而且有更不可言者。周公系家人初爻云："闲有家，悔亡。"闲得定然后成得家。此语尤宜时当三复。

待童仆不得不严，然饮食寒暑，不可不时加省视。已食即思其饥，已衣即思其寒，如绵衣蚊帐之类，皆当豫为料理。陶靖节㉝遣一仆侍其子曰："彼亦人子也，当善遇之。"此言大可深味。

人须各务一职业。第一品格是读书，第一本等是务农，此外为工为商，皆可以治生，可以定志，终身可免于祸患。惟游手放闲，便要走到非僻处所去，自罹于法网，大是可畏。劝我后人，毋为游手，毋交游手，毋收养游手之徒。

凡居家不可无亲友之辅。然正人君子多落落难合，而侧媚小人多倒在人怀，易相亲狎。识见未定者遇此辈，即倾心腹任之，略无尔我。而不知其探取者悉得也，其所追求者无厌也。稍有不惬，即将汝隐私攻发于他人矣。名节身家，丧坏不小，孰若亲正人之为有裨哉？然亲正远奸，大要在"敬"之一字。敬则正人君子谓尊己而乐与，彼小人则望望而去耳。不恶而严，舍此更无他法。

交与宜亲正人。若比之匪人，小则诱之佚以荡其家业，大则唆之交构以戕其本支，甚则导之淫欲以丧其身命。可畏哉！

亲友有贤且达者，不可不厚加结纳。然交接贵协于礼，若从未相知识者，不可妄援交结，徒自招卑谄之辱。且与其费数金，结一贵显之人，不为所礼，孰若将此以周贫急，使彼可永旦夕，而怀感于无穷也。

睦族之次，即在睦邻。邻与我相比日久，最宜亲好。假令以意气相凌压，彼即一时隐忍，能无忿怒之心乎？而久之缓急无望其相助，且更有仇结而不解者。

尝见有势之家，不独自行暴戾于家，偶乡邻有触于我者，辄加焉凌轹，此大非理。吾家小人家，自无此事，或后稍有进焉，亦宜愈加收敛。不独不可凌于乡，即家有豪奴悍仆，但可送官惩治，切勿自逞胸臆，取不可测之祸也。

吾祖居田畔，邻人有占过多尺者，初不与较而自止，若与较鸣官，人必谓我使势矣。今旁近去处或有来售，应买者宁略多价与之，使渠可无后言。或其不然，即切近处视之．若官地军地，自可息欲火矣。天下大一统，尚东有倭㉞，北有卤㉟，不曾方圆得。况百姓家，何必求方圆，费心思，而自掇其扰害哉。

吾子孙但务耕读本业，切莫服役于衙门；但就实地生理㊱，切莫奔利于江湖。衙门有刑法，江湖有风波，可畏哉！虽然，仕宦而舞文而行险，尤有甚于此者。

世称清白之家，匪苟焉而可承者，谓其行己唯事乎布素，教家克尚乎简约，而交游一本乎道义。凡声色货利，非礼之干，稍有玷于家声者，戒勿趋之。凡孝友廉节，当为之事，大有关于家声者，竞则从之。而长幼尊卑聚会时，又互相规诲，各求无忝于贤者之后，是为真清白耳。

凡势焰熏灼，有时而尽，岂如守道务本者，可常享荣盛哉？一团茅草之诗，三咏煞有深味。

谚云：一日之计在于寅，一年之计在于春，一生之计在于勤。起家的人，未有不始于勤而后渐流于荒惰，可惜也。《书》曰："慎乃俭德，惟怀永图"㊲。起家的人，未有不成于俭而后渐废于侈靡，可惜也。

居家切要，在勤俭二字。既勤且俭矣，尤在"忍"之一字。偶以言语之伤，非横之及，不胜一朝之忿，构怨结仇，致倾家室。可惜历年勤俭之苦积，一朝轻废也，而况及其身，并及其先人哉？宜切戒之！

惟清修可胜富贵，虽富贵不可不清修。

家处穷约时，当念守分二字；家处富盛时，当念惜福二字。人当贫困时，最宜植立自守衡门㊳之节。若卑谄于豪势之人，不独自坏门风，且徒取人厌，其实无济于贫乏也。

人须俭约自持，不可恃产浪费，致败坏时干求人，许多不雅。尚有未必得者，即得，亦须勉偿以完信行，否则不齿于士类矣。尚慎诸！

无端不可轻行借贷，借债要还的，一毫赖不得。若家或颇过得，人有急来贷，宁稍借之，切不可轻贷，后来反伤亲情也。若作保作中，即关己行，尤切记不可。

家稍充裕，宜由亲及疏，量力以济贫乏，此是莫大阴骘㊴事。不然，徒积而取怨，祸且不小矣。语云："久聚不散，必遭水火盗贼。"此言大可自警。

凡燕会期于成礼，切不可搬演戏剧。诲盗启淫，皆由于此，慎防之守之。

丧事有吾儒家礼在，切不可用浮屠㊵。

冠婚丧祭四事，《家礼》㊶载之甚详，然大要在称家有无，中于礼而已。非其礼为之，则得罪于名教。不量力为之，则自破其家产。是不可不深念者。

今人有戒特杀者，似为太过。然轻启宴会，多杀牲口，诚亦不宜。读苏子㊷号呼于挺刃之下数语，当举箸不忍矣。

凡亲医药，须细加体访，莫轻听人荐，以身躯做人情。凡请师傅，须深加拣择，莫轻信人荐，以儿子做人情。凡成契券，收税册，大关节，须详加确慎，莫苟信人言，轻为许可，以身家做人情。

人须自保养，不使有疾。或不幸有疾，当自反其所以致此者，弗讳以忌医。就既医治矣，宜宽心以俟其愈，内勿轻信妇人言，外勿轻信医师言，破费以倾其家产。

丙午觐行，遇萍乡尹韩眉山丈，说曾见一百五岁者，问有养生之法否？回言未尝有之。唯少年见人说夏冬二至，宜绝房事，因于每至前后共戒一月。此本载在《月令》㊸者，伊偶闻诚信而行之，多历年所，是所谓修养之要诀也。恨知读书者反不能行，而自促其亡耳。余老矣，悔不早闻此言，后来少年，宜因此言慎戒以遐享焉。

凡人欲养身，先宜自息欲火；凡人欲保家，先宜自绝妄求。精神财帛，惜得一分，自有一分受用。视人犹己，亦宜为其珍惜，切不可尽人之力，尽人之情，令其不堪。到不堪处，出尔反尔，反损己之精力矣。有走不尽的路，有读不尽的书，有做不尽的事，总须量精力为之，不可强所不能，自疲其精力。余少壮时多有不知循理事，多有不知惜身事，至今一思一悔恨。汝后人当自检自养，毋效我所为，至老而又自悔也。

切不可习天文谶纬㊹之书，切不可听妖人呪魔之法，自取不测之祸。若全真炼丹，总属妖妄，尤切不可轻信，以自破其家。

读书的人有文会，文会择人，方有益无损。做百姓的有社会、神会，此地方有众事，不可独却，出银不赴饮可也。若银会酒会，则万万不可与，未有与而克终者。

讼非美事，即有横逆之加，须十分忍耐，莫轻举讼。到必不可已处，然后鸣之官司，然有从旁劝释者，即听其解已之可也。《讼》㊺卦辞"中吉""终凶""不克"等语，最宜三复，然究之作事谋始一语，则绝讼之本也。

谚云："若要宽，先完官。"钱粮切不可拖赖。吾家世来先完钱粮，故里长㊻争夺为甲首㊼。今虽业渐稍充，只照先限完银，不累里长比责，照旧加增完粮，不累里长赔贴㊽。里长要我为甲首，可常为快活百姓矣。切不可听人说，自立宦户。立宦户，要白养一个出官的人，万一差池，县父母或加比较，官军临兑或来噪嚷，即讨得小便宜，失却大体面矣。万一田多要立，宜分付出官的人，谨慎承役，且宜加照管，莫使出官的人侵渔其间，为身家之累。

凡有必不可已的事，即宜自身出，斯可以了得，躲不出，斯人视为懦，受欺受诈,不可胜言矣。且事亦终不结果,多费何益?语云:畏首畏尾,身其余几?可省已。

积金积书,达者犹谓未必能守能读也,况于珍玩乎?珍玩取祸,从古可为明鉴矣,况于今世乎!庶人无罪,怀璧其罪[49]。身衣口食之外皆无长物也,布帛菽粟之外皆尤物[50]也,念之。

今人酷信风水,将祖先坟茔迁移改葬,以求福泽之速效,不知富贵利达自有天数。生者不努力进修,而专责死者之荫庇,理有是乎?甚有贪图风水,至倾其身家者,曷不反而求之天理也?可谓惑已。

看上世尝有不葬其亲者节,说到孝子仁人之掩其亲,亦必有道矣,安可不觅善地以比化者?但善地是藏风敛气,可荫庇后人耳。必觅发达之地,多费心力以求谋,甚至损人利己,此最是伤天理事,切不可为。若所葬埋处,苟无水无蚁,亦可自惬矣。或听堪舆家[51]言,别迁移以求利达,是大不孝事,天未有肯佑之者,尤切戒不可,切戒不可!

吾上世初无显达者,叨仕自吾始,此如大江湖中,偶然生一小洲渚耳,唯十分培植,或可永延无坏,否则夜半一风潮,旋复江湖矣。可畏哉,可畏哉!

创业之人,皆期子孙之繁盛,然其本要在一"仁"字。桃、梅、杏,果之实皆曰仁。仁,生生之意也,虫蚀其内,风透其外,能生乎哉?人心内生淫欲,外肆奸邪,即虫之蚀、风之透也。慎戒兹,为生子生孙之大计。

凡人为子孙计,皆思创立基业,然不有至大至久者在乎,舍心地而田地,舍德产而房产,已失其本矣。况惟利是图,是损阴骘。欲令子孙永享,其可得乎!

作善降祥,作不善降殃,古来之人试得多了,不消我复去试得。

祖宗积德若干年,然后生得我们,叨在衣冠之列。乃或自恃才势,横作妄为,得罪名教,可惜分毫珠玉之积,一朝尽委于粪土之中也。

语云:"讨便宜处失便宜。"此处字极有意味。盖此念才一思讨便宜,自坏了心术,自损了阴骘,大失便宜即此处矣,不必到失便宜时然后见之也。

高明之家,鬼瞰其户。凡事求无愧于神明,庶可承天之佑。否则不觉昏迷,自陷于危亡之辙矣。天启其聪,天夺之鉴,二语时宜惕省[52]。

释氏[53]云:要知前世因,今生受者是;要知来世因,今生作者是。此言极佳!但彼云前世后世,则轮回[54]之说耳。吾思昨日之前,而父而祖,皆前世也;今日之后,而子而孙,皆后世也。不有祖父积之累,昔日之勤劬,焉有今日!乃今日作为，不如祖父之积累，可望此身之考终，子孙之福覆乎？是所当惕省者。

余令新兴，无他善状，唯赈济一节，自谓可逭前过。乃人揭我云：百姓不粘一粒，尽入私囊。余亦不敢辨，但书衙舍云："勤恤在我，知不知有天知；品骘由人，得不得，皆自得。"今虽不敢谓天知，然亦较常自得矣。汝辈后或有出仕者，但求无愧于心，勿因毁誉自为加损也。

余尝自揣深过涯分，特书小联云："得此已过矣，致荫半点邪思，求为可继也，须积十分阴德。"此四语是我传家至宝，莫轻视为田舍翁(55)也。

吾家世用文银，不识煎销银匠，却亦自得便宜。用低银及串水米者，自省阴德不小，当切戒之。

今人欲欺人，岂能行之智与强者，无非欺其愚，欺其懦弱而已。然老天煞有明眼，报应分毫不错，吾谁欺，欺天乎？此匪独大契约、大交关处不可欺，即权衡豆釜之间，亦不可分毫欺也。

凡置田地房屋，先须查访来历明白，正契成交。价用足色足数，不可短少分毫，稍讨分毫便宜，后便有不胜之悔矣。贵买田地，积与子孙，古人之言，不我欺也。若贪图方圆一节，所损阴德不小，尤宜深戒！

谚云："贪产穷，惜产穷。"此言大是有味。

田地多，难照管，薄薄可供衣食足用矣。奴仆多，难约束，庸庸可供使令足矣。膏腴的田人所羡，伶俐的人会使乖，曷慎诸！

余嫁女不论聘礼，娶妇不论奁赀。令新兴抵舍，房闼中不留一文，是儿曹所共知见者，后人当以为式。

余总角(56)时，遇长者于道，肃揖拱立，俟过后行。偶有问及，则谨对而退，而面犹发赤也。今少者似不如是矣。尔曹但看"阙党童子"一章(57)，自知礼逊，可免欲速成之诮。

一部《大学》，只说得修身；一部《中庸》，只说得修道；一部《易经》，只说得善补过。修补二字极好，器服坏了，且思修补，况于身心乎！

《易》曰："聪不明也。"(58)《诗》曰："无哲不愚。"(59)自恃聪哲的，便要陷在昏昧不明处所去，可惜哉！所以人贵善养其聪，自全其哲。

智术仁术不可无，权谋术数不可有。盖智术仁术，善用之以归于正者也；权谋术数，曲用之以归于谲者也。正谲之辨远矣，动关人品，慎诸！

才不宜露，势不宜恃，享不宜过。能含蓄退逊，留有余不尽，自有无限受用。

凡闻人过失，父子兄弟私会时，或可语以自警，切不可语之外人。招尤取祸，所关不小。

凡与人遇，宜思其所最忌者，苟轻易出言，中其所忌，彼必谓有心讥讪，痛恨切骨矣。《书》云："惟口出好兴戎。"⑥《诗》云："善戏谑兮，不为虐兮。"⑥戏谑尤所宜慎。

听往当以理观，一闻辄以为据，往往多失。

常言俗语，与圣贤传相表里，慎毋忽不察。

今人动说不成器，不成器，其可以成人乎？北人骂人不当家，不当家，其何以成家乎！

余性太直憨，一时气忿所发言行，多有过当处。虽旋即追悔，已无及矣，是儿曹所宜深戒者。

余闻一善言，无一不绅绎⑥，无一不牢记。向在京遇一好修老人家，偶见余恼发，徐解曰："恼要杀人。"余闻此一语，知好亦杀人，不独恼也。又尝对余言："天平上针是天心，下针是人心，下针须合着上针。"极为善喻。又尝与余言："狮子乳，唯玻璃盏可以盛得，金银器亦能渗漏。"此事虽不试见，然闻人善言，不以宽心承受，能如玻璃盏乎？是语亦有禅几不可不牢记者。

经目之事，犹恐未真，闻人暧昧，决不可出诸口。一句虚言，折尽平生之福。此语可深省也。

阿䛆⑥从人可羞，刚愎自用可恶，不执不阿，是为中道。寻常不见得，能立于波流风靡之中，是为雅操。

澹泊二字最好。澹，恬淡也；泊，安泊也。恬淡安泊，无他妄念，此心多少快活。反是以求浓艳，趋炎势，蝇营狗苟，心劳而日拙矣。孰与澹泊之能日休也！

人要方得圆得，而方圆中却又有时宜。在《易》⑥论圆神方知，益以"易贡"二字，最妙，变易以贡，是为方圆之时。棱角峭厉非方也，和光同尘非圆也，而固执不通非易也，要认得明白。

《语》云："自成自立，自暴自弃。"又云："自尊自重，自轻自贱。"成立暴弃自我，尊重轻贱自我，慎择而处之。

余少时偶书一联：做人要存心好；读书要见理明。究竟自壮至老，亦只此二字足以自警。

讲道讲甚么，但就"弟子入则孝"一章㉞，日日体验力行去，便是圣贤之徒了。先儒训道言也，又训道行也。言贵行，行方是道，不行，虽讲无益也。

圣贤教人一生谨慎，在"非礼勿视"四句㊳；教人一生保养，在"戒之在色"三句㊴；教人一生安闲，在"君子素其位而行"一章㊵；教人一生受用，在"居天下之广居"一节㊶。

事亲，事之本也；守身，守之本也。此二语极为吃紧，朝夕常宜念省。

《乡党》㊷一篇，总画得夫子一个体貌，至末却云"色斯举矣，翔而后集"。活活画出夫子一个心来。今细玩"举"字、"翔"字、"集"字、"斯"字、"矣"字而"后"字，仕止久速，分明若在眼前，然此个心窍，吾人皆有之，皆不可不晓，倘临事而不为虑，是鸳鸯于飞，不虑罝罗之及也。未事而不为防，是鸳鸯在梁，不戢其左翼也㊸。于止不知所止，是黄鸟不止于丘隅也。可以人而不如鸟乎？《易》曰："君子见机而作，不俟终日。"㊹又曰："君子以思患而豫防之。"㊺

夫人少有得焉亦喜，况反身而诚，得其所以为我。少有失焉亦忧，况舍其路，放其心，失其所以为人㊻。《孟子》一篇，说个乐莫大焉，一边说个哀哉，大可警惕。

常念读圣贤书，所学何事二语，决不堕落于不肖。

天未尝轻人性命，人往往自轻贱之，甚可惜。

人思夺造化，造化将反夺我，此间要知分晓。

坡诗云："蜗涎不满壳，聊足以自濡，升高不知疲，粘作壁上枯。"可为知进不知退者警。

父母生我，自取一乳名起，至百凡事务，无不祝愿到好处。我乃不知自保惜，萌一邪念，行一非义，至不齿于人类，不亦可自愧死哉！人有常念及此，自不敢为不肖之子矣。

"欲"字从谷从欠，溪谷常是欠缺，如何可填得满？只有一"理"字可以塞绝得。《孟子》㊼云："养身莫善于寡欲"，欲寡与否，存不存系焉。人曷不以理自制，以自陷于亡。

《中庸》云："人皆曰予知，驱而纳诸罟擭陷阱之中，而莫之知辟也。"罟擭陷阱，谁不知险，谁任其驱而纳诸，曰利欲也。利欲在前，分明有个大坑井在，人自争趋争陷焉，可痛已。古诗云："利欲驱人万火牛。"此语极为提醒。

凡人须先立志。志不先立，一生通是虚浮，如何可以任得事？老当益壮，贫且益坚,是立志之说也。

盘根错节,可以验我之才;波流风靡,可以验我之操;艰难险阻,可以验我之思;震撼折冲,可以验我之力;含垢忍辱,可以验我之量。

人常咬得菜根,即百事可做⑦。骄养太过的,好看不中用。

学者,心之白日也,不知好学,即好仁好知,好信好直,好勇好刚,亦皆有蔽也,况于他好乎?做到老,学到老,此心自光明正大,过人远矣。

但读圣贤之书,是真正士子;但守祖宗之训,是真正儿子;但奉朝廷之法,是真正臣子。不则为邪为僻,即有所著见,不可谓真正人品也。

要与世间撑持事业,须先立是脚跟始得。

事到面前,须先论个是非,随论个利害。知是非则不屑妄为,知利害则不敢妄为,行无不得矣。窃怪不审此而自陷于危亡者。

论不善处富贵者,不说别的,特说一个"淫"字。骄奢淫佚,所自邪也,而淫为甚。凡人到此,自误平生,深念之,慎之!

客气甚害事,要在有主。主者何,忠信是已。

祖助父千辛万苦,做成一个家,子孙风花雪月,一时去荡坏了。真可痛惜,真可痛惜!

分明一个安居在,不肯去住,却处于危;分明一条正路在,不肯去行,却向于邪。真自暴自弃。

今人计较摆布人,费尽心思,却何曾害得人?只是自坏了心术,自损了元气。

看圣贤千言万语,无非教人做个好人,人却不信不由,自归邪僻,真是可悼。

余平生不肯说谎,却免许多照前顾后。

人谓做好人难,余谓极易。不做不好人,便是好人。

决不可存苟且心,决不可做偷薄事,决不可学轻狂态,决不可做惫赖人。

当至忙促时,要越加检点;当至急迫时,要越加伤守;当至快意时,要越加谨慎。

在上的可忘分,在下的不可不知分;在上的应守法,在上的不可不知法。

人偶得一好梦,数日喜欢,否则心殊不快,然此直梦耳。余追思全州新兴事亦梦也,可快与否,则自知之。今正在广昌梦中,切莫改全州新兴所为,使日后追思不快也。

门第不能重人,惟人能重门第。恃门第骄人者,徒自取辱,切以为戒。

顾名思义,自能成立,不学做好百姓,便是异百姓;不学做好秀才,便是劣秀才。推此以上，其名其义，皆不可不反顾，不可深思也。总其要，在循理守法而已。

世间极占地位的，是读书一著。然读书占地位，在人品上，不在势位上。

吾人第一要思做个好百姓，有资质，能学问，可便做个好秀才。又有造化，能进取，可便做个好官。然总做到为卿为相，却还要思是个秀才，是个百姓，乃传之于后。乡先生殁而不可祭于社，成得甚事？守本分，完钱粮，不要县官督责的，是好百姓。读书不管外事，不要学道督责的，是好秀才。不贪不酷，不要监司⑰督责的，是个好官。

凡人要学好，不必他求。孝顺父母，尊敬长上，和睦乡里，教训子孙，各安生理，毋作非为，有太祖圣谕⑱在。

【注释】

① 无怀、葛天氏：无怀氏和葛天氏皆为传说中上古时的古帝，其时是理想企望中的自然纯朴的社会。
② 续貂：接续充当冠饰所用的貂尾。成语"狗尾续貂"。此处作自谦词用。
③ 万历丙午：明万历三十四年，即公元1606年。
④ 清白堂：姚舜牧的堂号。
⑤ 戴记：《大戴礼记》的简称。《大戴礼记·曾子大孝》："孝有三：大孝尊亲，其次不辱，其下能养。"又曰："大孝不匮，中孝用劳，小孝用力。"
⑥ 孝经：《孝经·开宗明义》："身体发肤，受之父母，不敢毁伤，孝之始也；立身行道，扬名于后世，以显父母，孝之终也。夫孝始于事亲，中于事君，终于立身。"
⑦ 斯干：《诗经·小雅·斯干》："如跂斯翼，如矢斯棘，如鸟斯革，如翚斯飞，君子攸跻。"是言宫室庄严华丽。《诗经·小雅·斯干》："乃生男子，载寝之床，载衣之裳，载弄之璋。""乃生女子，载寝之地，载衣之裼，载弄之瓦。"后称生男为"弄璋"，生女为"弄瓦"。《诗经·小雅·斯干》："如竹苞矣，如松茂矣，兄及弟矣，式相好矣，无相犹矣。"式：语气词。
⑧ 傲象：象是舜之同父异母之弟，为人傲慢，品质低下，故称"傲象"。象每日欺凌、刺杀舜，舜不计较。舜为帝后，将象流放，孟子则说分封象为诸侯。
⑨ 不藏不宿：《孟子·万章》："仁人之于弟也，不藏怒焉，不宿怨焉，亲爱之而已矣。"舜对象有忿怒，但不藏于心中，也不留于胸中，仍对象亲爱有加。
⑩ 暌（kuí）：分离，不合。《玉篇》："暌，违也。"
⑪ 渠（qú）：第三人称代词，相当于他，她。

⑫ 蒙养：《易·蒙》："蒙以养正，圣功也。"即后世的启蒙教育。

⑬ 针黹（zhǐ）：缝纫、刺绣等针线工作。

⑭ 诗：《诗经·小雅·斯干》："无非无仪，唯酒食是仪，无父母贻罹。"无非：无错。无仪：无邪。议：商议，讨论。

⑮ 大家：此指汉代班昭，曹世叔（曹寿）妻，世称"曹大家"，著《东征赋》《女诫》等。曾与兄班固著《汉书》，后担任皇后、妃嫔的教师。事载《后汉书·列女传》。

⑯ 姆训：女教师的训导。

⑰ 此诗出自《诗经·周南·麟之趾》。振振：多而成群。

⑱ 来裔：后裔，后世子孙。

⑲ 此句出自《易·涣》象传。

⑳ 义田：给贫穷家庭或家族中困难户捐赠的田地。

㉑ 义学：免费的学校，亦称"义塾"。

㉒ 范文正公：范仲淹，字希文，苏州人。北宋政治家，文学家。进士，官任参知政事、陕西四路安抚使。谥号"文正"。著《范文正公文集》。范氏以"先天下之忧而忧，后天下之乐而乐"（《岳阳楼记》）名誉后世。

㉓ 李德裕：字文饶，河北赵县人。唐大臣，官至宰相，是牛李党争中李派首领，后遭牛派打击被贬。

㉔ 平泉：李德裕的别墅，名平泉庄，在洛阳。

㉕ 颓阘（tà）：荒芜倒塌。阘，今俗字作塌。

㉖ 瘏（tú）：病，疲乏。《诗经·周南·卷耳》："我马瘏矣。"《楚辞》："躬劬劳而瘏悴。"

㉗ 家人：《易》第三十七卦名。

㉘ 嗃（hè）嗃：严肃的样子。

㉙ 此句出自《易·家人》："上九：有孚威如，终吉。"

㉚ 象：《易·家人》："威如之吉，反身之谓也。"反身：自己反省。

㉛ 三复：反复多次。

㉜ 卖婆：旧时走街串巷贩卖小商品的妇女。

㉝ 陶靖节：陶渊明，名潜，字元亮，私谥"靖节"，江西九江人。东晋著名诗人。官任江州祭酒、彭泽令。著《陶渊明集》。以《桃花源记》《归去来辞》最为有名。

㉞ 倭：元末明初侵扰我国沿海地区的日本海盗，亦称"倭寇"。被戚继光大将消灭之。

㉟ 卤：指元代北方的游牧民族。

㊱ 生理：做商品贸易的买卖。

㊲ 此句出自《尚书·太甲》。此句意为慎行俭约的美德，怀着长久的图谋。

㊳ 衡门：横木为门，指简陋的房屋。《诗经·陈风·衡门》："衡门之下，可以栖迟。"后指贫穷守节，志不移。

㊴ 阴骘（zhì）：亦称"阴德"，旧谓暗中给别人帮助的人的行为。
㊵ 浮屠：佛教名词。楚文佛陀的旧译。
㊶ 家礼：家教类之书。旧题朱熹撰，五卷，附录一卷。记载冠婚丧祭等礼节。
㊷ 苏子：苏轼，学子瞻，号东坡居士，四川眉山人。北宋文学家，"唐宋八大家"之一。书画家。诗文有《东坡七集》等。
㊸ 月令：《礼记》的篇名。记载每年十二个月的时令及相关事物，并将各类事物归纳在五行生克的系统中。
㊹ 谶（chèn）纬：汉代流行的宗教迷信。"谶"是巫师或方士制作的一种隐语或预言，作为吉凶的符验和征兆。"纬"是对"经"而言，是方士类的儒生编集附会儒家经典的各种著作。东汉末年，逐渐衰微，纬书亦存世不多。
㊺ 此句出自《易·讼》。
㊻ 里长：旧时县以下的基层行政单位。以县统乡，以乡统里。里长管理一百户。
㊼ 甲首：即甲长，甲长管理十户。里长、甲长每十年一换。
㊽ 赔毗（bì）：赔偿，赔付，财物转给。
㊾ 怀璧其罪：语出《左传·桓公十年》："匹夫无罪，怀璧其罪。"晋代杜预注："人利其璧，以璧为罪。"怀璧，怀藏璧玉。后世比喻怀才遭忌。
㊿ 尤物：珍贵的物品。后世指不正经的东西（人或物）。
51 堪舆家：堪为高处，舆为下处。堪舆即风水，迷信术数一种。堪舆家，看风水的人。
52 惕省：警惕反省。
53 释氏：释迦牟尼，佛祖的简称。
54 轮回：佛教名词。亦称"六道轮回"。佛教认为众生各依所作善恶业因，一直在六道（天、人、阿修罗、地狱、饿鬼、畜生）中生死相续，如车轮旋转不停，故称"轮回"。
55 田舍翁：田父，男性老农。苏轼诗："十年归梦寄西风，此去真为田舍翁。"
56 总角：旧时男女未成年，束发两结如两角，故名。《诗经·小雅·甫田》："总角丱兮。"后称童年时代为"总角"。
57 此句出自《论语·宪问》："阙党童子将命。"阙党即"阙里"，孔子故居，今山东曲阜阙里街。因有两石阙，故名。
58 此句出自《易·噬嗑》："'闻而不信'，聪不明也。"
59 此句出自《诗经·大雅·抑》："人亦有言：'靡哲不愚'。庶人之愚，亦职维疾；哲人之愚，亦维斯戾。"
60 此句出自《尚书·大禹谟》："四海困穷，天禄永终。惟口出好兴戎，朕言不再。"好，赏善。戎，伐恶。
61 此句出自《诗经·卫风·淇奥》："宽兮绰兮，猗重较兮，善戏谑兮，不为虐兮。"

㊌ 绅绎：整理出头绪，引申为阐述。《汉书》："燕见绅绎，以求咎愆。"
㊍ 阿忍（niǎn）：曲从，阿谀，迎合，奉承。
㊎ 此句出自《易·系辞上》："卦之德方以知，文爻之义易以贡。"易：变易。贡：告。
㊏ 此句出自《论语·学而》："子曰：'弟子入则孝，出则悌，谨而信，泛爱众，而亲仁。行有余力，则以学文'。"
㊐ 此句出自《论语·颜渊》："子曰：'非礼勿视，非礼勿听，非礼勿言，非礼勿动。'"
㊑ 此句出自《论语·季氏》："孔子曰：'君子有三戒：少之时，血气未定，戒之在色；及其壮也，血气方刚，戒之在斗；及其老也，血气既衰，戒之在得。'"
㊒ 此句出自《礼记·中庸》："君子素其位而行，不愿乎其外。素富贵，行乎富贵；素贫贱，行乎贫贱；素夷狄，行乎夷狄；素患难，行乎患难。君子无入而不自得焉。在上位不陵下，在下位不援上，正己而不求于人，则无怨。上不怨天，下不尤人。故君子居易以俟命，小人行险以徼幸。"素：犹见在。
㊓ 此句出自《孟子·滕文公下》："居天下之广居，立天下之正位，行天下之大道。行志，与民由之。不得志，独行其道。富贵不能淫，贫贱不能移，威武不能屈。此之谓大丈夫。"
㊔ 乡党：《论语》篇名。《论语·乡党》："色斯举矣，翔而后集。曰：'山梁雌雉，时哉时哉！'子路共之，三嗅而作。"
㊕ 此句出自《诗经·小雅·鸳鸯》："鸳鸯于飞，毕之罗之。君子万年，福禄宜之。鸳鸯在梁，戢其左翼，君子万年，宜其遐福。"罟罗：罗网。梁：水坝。戢：收敛。
㊖ 此句出自《易·系辞下》："几者，动之微，吉凶之先见者也。君子见几而作，不俟终日。"
㊗ 此句出自《易·既济》："水在火上，既济。君子以思患而豫防之。"
㊘ 此句出自《孟子·告子上》："孟子曰：'仁，人心也；义，人路也。舍其路而弗由，放其心而不知求，哀哉！'"
㊙ 此句出自《孟子·尽心下》："孟子曰：'养心莫善于寡欲。其为人也寡欲，虽有不存焉者，寡矣；其为人也多欲，虽有存焉者，寡矣。'"
㊚ 此句出自宋代汪革（字信民）之口。咬得菜根，比喻过得贫穷艰辛的生活，安心做事。
㊛ 监司：官名。监察地方官吏的官。
㊜ 太祖圣谕：明太祖朱元璋的圣旨。

廷尉公训约

[明] 何尔健

何尔健（1554—1610年），字明甫，号乾室，山东菏泽人。明万历进士，历任鄢陵知县、浙江道监察御史、辽东巡按，官至廷尉，人称廷尉公。该《训约》凡十四条，皆为居家处世之道。

原篇见《御辽税珰疏》，传本罕见，今据徐梓编注本为底本校注。

约之一

吾族务要恪遵祖训，以丧葬祭祀为重事。不幸临丧，惟以哀戚为主。衣衾棺椁，虽称家有无，然力能稍勉，必尽心力而为之。岂可薄其亲，致贻后日之悔乎？春秋祭祀，当思我身何处得来。祖先所享，惟此两祭，肴馔必须精洁，祭服要整齐。衣服不备，不敢以祭。虽家贫分卑，不能具三牲五鼎①。即豆羹盂饭，必诚必敬，竭尽孝思。事死如事生，事亡如事存。坟茔祠堂，乃祖先魂魄依栖之处，务要协力保护。一枝片瓦，不许毁伤，随时修补。凡祭扫之期，虔趋②祠墓，追慕瞻拜，才是儿孙。

约之二

吾族务要恪遵祖训，以伦理为纪纲。父慈子孝，兄友弟恭，夫妇和顺。一家雍穆，端由于此。即同宗相处，须要安分守己。尊莫凌卑③，强莫欺弱。卑幼者不许干犯长上，富贵者宜怜穷困。凡遇卑幼，必讲说纲常，讨论文章，或谈祖先之仪型④，或讲忠孝之大节，循规蹈矩，做个好人。宗族称孝，乡党称弟，自足见重于世矣。

约之三

吾族务要恪遵祖训，以守身为良法。身体发肤，受之父母。为人莫重于一身，而身莫大于能守。欲守其身，必先严绝匪彝⑤。损己之友，且莫相交；无益之事，且莫妄作。交损已之友，即日日被其牵引，而入下流。作无益之事，则渐渐涉于荒淫，而忘正业。家必倾败，身随丧亡。为害不可胜言，须猛省之！

约之四

吾族务要恪遵祖训，以立志读书为正务。语云："读书志在圣贤。"⑥又曰："见贤思齐焉。"⑦圣贤虽不能齐，"日就月将，学有缉熙于光明"⑧。人能日日诵读，玩索深求，虚心就正⑨有道之君子，读遍典坟⑩，穷则为通儒，为正人；达则为忠臣，为义士。有济于国家，有光于祖宗。岂特邀一科，博一第而已也。人生八岁，授之以《小学》，父母固当教之以义，为儿孙的，亦当思光宗耀祖，仰答于万一。故曰："人生必读书。"幸共勉之！

约之五

吾族务要恪遵祖训，以教子为远图。人家有儿，为父母的，须要从小禁治，要他学好。若蒙养⑪时教导无方，督责不严，则纵其性而习于匪，后来那能望其成！故家虽贫，亦当勉力择端方老成君子，能通《孝经》《小学》大义，堪为师范者，训诲之。如此，则儿孙成就，家业可保。穷者不失为善士，达者定做为好官，定享无穷之福。幸共勉之！

约之六

吾族务要恪遵祖训，以法戒为要道。勿论宗族乡党，如有老成忠厚，明道德，畏法度，行正事的，便当亲近取法。如有轻薄顽劣，弃礼义，损廉耻，趋势利，媚权贵，做歹事的，便要疏远为戒。如此，在宗族为一族之善人，在乡党，为一乡之善人，何致辱身败名，致为当世所鄙贱哉！

约之七

吾族务要恪遵祖训，以婚姻为大典。不可贪慕一时之富贵，致亏择配之大礼。凡有嫁娶，须择有家法积善之门第，男性纯良，女德柔嘉者。从俭行礼，毋贪重聘，毋计厚奁。妇之所关，宗祀系焉，子孙贤否，母教为先，所关甚重。曾见佳儿娶富贵之闺秀，以淑女嫁膏粱之子弟，下稍结局，苦不堪言者。若婿德贤良，妇非骄悍，虽与寒素⑫联姻，胜富贵者多矣。幸勿忽之！

约之八

吾族务要恪遵祖训，以勤俭为根本。或耕，或读，或仕宦，或营运，或方技⑬，总要持心公平，不恃伪诈，不惜辛勤。凡一切度用，须用省约，不事奢华。自然衣食有资，日用无亏，家业隆起，不落人后。幸相勉之！

约之九

吾族务要恪遵祖训，以继嗣为定礼。神不歆非类之禋⑭，民不飨非族之祀⑮。自古来乏嗣者，即于本族择应继之人以续之。气脉相通，仍是一本骨肉。乃有昧义之人，不肯显立同宗之子，潜养异姓之儿，阳若有继，阴实绝矣。今后我族，倘有乏嗣者，须立同族之子为继。先尽近服，后择远枝⑯。切不可过继异姓之胤⑰，以致乱宗灭祀，得罪祖先。不孝之罪，实莫大焉！

约之十

吾族务要恪遵祖训，以伉俪⑱之分须要严谨。妻者，齐也。女正位乎内，男正位乎外。有夫妇，然后有父子。不幸中殇，礼有继娶。乃有昧义之人，扶妾为妻，已干明条⑲。既为夫妇，即论姻亲。若臧获⑳贱族，使其亲与彼之亲为兄弟之谊，是自贱其亲也，其心能晏然乎？彼若能解母教，培养佳儿，母以子贵，封赠㉑无异于嫡也。幸共慎焉！

约之十一

吾族务要恪遵祖训，以利欲为鸩毒。倘命运蹇屯㉒，福分浅薄，不能进取功名，当训蒙耕织营生，不可东走西奔，无中生有，说长道短，诓骗赀财，小则图饱口福，大则诈银钱，唆争讼，从中取利。既坏心术，殃及子孙。人共疑其交煽㉓而指斥，官府鄙其无籍㉔而轻贱。廉耻尽丧，刑辱难逃。幸深戒之！

约之十二

吾族务要恪遵祖训，以嫖赌为陷阱。莫近娼妓，莫亲赌棍。虽遇花朝月夕，亲朋招饮，亦须撙节㉕，不可酣身濡首㉖。虽至岁时伏腊，少长咸集，良朋满座，亦须检束。或招歌妓以侑酒㉗，或设赌局以要钱，良贱不分。一入圈套，如身投陷阱，卒不能脱，膏腴美产，立见消磨。诗礼世家，沦为下贱。辱玷祖宗，不齿人类。幸猛省之！

约之十三

吾族务要恪遵祖训，以防范为家法。治家须自内及外，谨守礼法。外言不入于阃㉘，内言不出于阃。勿使三姑六婆㉙，擅入门户。彼非张皇鬼神，则指验灾祥。以因果㉚为机阱，以功德为网罟㉛。或托言草药之灵验，或借言男女之姻缘。出入闺房，蛊惑㉜厚利。是非高明冰玉之家，鲜有不受其煽乱者也。呜呼！诓骗财物其害小。因而摇唇鼓舌，煽惑多端，播弄机锋，败名丧节，耻莫大焉。愿吾族以清白为世守，以礼法为防范。凡此蛊惑之端，斩钉截铁而禁绝之，庶不为祸。幸深谨之！

约之十四

吾族务要恪遵祖训，以争斗为恶习。须是存心和顺，律己谦恭。若遇宗族乡党，往来交接之际，和言悦色，毋凌人。则爱人而人爱之，敬人而人敬之，暴戾之气自消矣。若自负勇力，而不降心抑气，势必出恶言而骂詈，旋至肆威猛以斗狠。若此者，忿以至祸，亡躯丧命，而危父母，非名门右族㉝之子弟也。幸深勖㉞之！

【注释】

① 三牲：牛、羊、猪。五鼎：古代祭祀时，大夫用五鼎盛羊、猪、肤（切肉）、鱼、腊，后以五鼎形容生活奢侈。
② 虔趋：虔敬地到。
③ 尊莫凌卑：长辈不要欺负卑幼者。
④ 仪型：又作仪刑、仪形，即模范、法式。苏轼诗："简牍仪型在，儿童笺刻劳。"
⑤ 匪彝：违背常规的行为。《尚书·汤诰》："凡我造邦，无从匪彝，无即慆淫。"
⑥ 此句意为读圣贤书，目的是学习圣贤的思想和行为，不仅为科举及第。此句亦被明末朱柏庐《治家格言》所采用。
⑦ 此句出自《论语·里仁》，意为要向德才兼备的圣贤人看齐、学习。
⑧ 此句出自《诗经·周颂·敬之》，意即奋发学习，坚持不懈，以达到心明眼亮，日有所得，月有所进。
⑨ 就正：向人请教。《论语·学而》："就有道而正焉，可谓好学而已。"

⑩ 典坟：三坟五典的省称，泛指古代典籍。《淮南子》："夜足以覆形，从典坟。"
⑪ 蒙养：即启蒙教育。
⑫ 寒素：门第卑微，没有官爵。《资治通鉴》："深知公功能，然门第寒素，不敢相用，恐为名流所嗤。"
⑬ 方技：指医、卜、星、相之术。
⑭ 歆：指鬼神享受祭品。禋：泛指祭祀。
⑮ 飨：享受。祀：祭祀。
⑯ 近服：指血缘关系亲近五服之内的人。远枝：指关系疏远五服之外的人。
⑰ 胤：后代。《说文解字》："胤，子孙相承续也。"
⑱ 伉俪：事业上有成就，可相匹配的夫妻。《谷梁传》："使世子伉俪偭之礼而来朝。"
⑲ 明条：严明的法律条例。
⑳ 臧获：奴婢的贱称。唐·皇甫枚文："臧获有不如意者，立杀之。"
㉑ 封赠：皇帝赐予官员父母、祖先、妻室以爵位名号，存者称封，亡者称赠。
㉒ 蹇屯：艰难，困窘。
㉓ 交煽：结交奉承。《新唐书》："家积财，交煽权贵。"
㉔ 无籍：无户籍的人，多指无赖。
㉕ 撙（zǔn）节：克制，节制。《礼记》孙希旦注："有所抑而不敢肆谓之撙，有所制而不敢过谓之节。"
㉖ 酣身濡首：沉湎于酒而失其本性。
㉗ 侑（yòu）酒：劝酒。《孔氏谈苑》："皇帝亲御琵琶以侑酒。"
㉘ 阃（kǔn）：妇女居住的内室。
㉙ 三姑：指尼姑、道姑和卦姑。六婆：指牙婆、媒婆、师婆、虔婆、药婆和稳婆。
㉚ 因果：佛教的轮回说认为善因得善果，恶因得恶果。
㉛ 网（wǎng）罟（gǔ）：法网。宋·苏辙《送柳子玉》："坐令不羁士，举足遭网罟。"
㉜ 蛊惑：迷惑，惑乱，迷乱。白居易诗："何况褒姒之色善蛊惑，能丧人家覆人国。"
㉝ 右族：豪门大族。《晋书》："欧阳建字坚石，世为冀左右族。"
㉞ 勖（xù）：勉励。《说文解字》："勖，勉也。"

彭氏家训

[明] 彭端吾

彭端吾（1573—1620年），号嵩螺，河南夏邑人。明万历进士，官任山西道御史。

此篇取《课子随笔钞》卷二为底本校注。

父母只恐儿子有病，做不好的人，此念时时不放。人子亦肯时时不放，保此身以安父母心，做好人以继父母志，便是至孝。

族中叔侄兄弟，与我原是一人，宜同体相看，决不可残伤骨肉。伤骨肉即如伤我祖宗一般，此念触境当在。

父党母党①，虽极贫不可疏远。

侄自侧坐，弟自随行，舅与姑丈俱父母行辈，岂可平席肩坐！外虽强颜，中心能自安乎！断是不可。

朋友属五伦②中，谓其有益，滥交则损矣。何贵得朋！

休戚生死，是大关系。凡遇亲友，当吊当问，不可一刻少缓。

相与密者，宁无小失。慎勿因其小者，遂忘平日大处，小固可怒，大不可忘。至于家庭兄弟，尤当并大小而俱化矣。

人只怕无志耳，有志决要做一番人，一生根脚，便从此竖起。

人只一诚耳，少一不实，尽是一腔虚诈，怎成得人！

此身常置静处，无论养德保身，治家读书，俱有实益。日在闹扰场中，并性灵汨没③了，有何实际！

古人惜寸阴，又惜分阴，谓时不可失也。人生能得几少年，一瞬过矣，故及时最要。

一日未有实功，俱是茫茫如有所失。日计不足，月计有余，自能成事。

自真正儒术外，余皆异端乱人。即谓修心修性，孔孟语无一不在此中者，而何必外涉禅虚也？儒者而亦沉溺此，无问愚人矣。识定不妄趋，定不妄移，自无岐路所行，自有指归。故先养识力为要。

穷厄时极能见人，凡有气节不萎靡者，到底必有成就。愈穷愈有节概，方是男子。

人得意骄矜，我犹如是，无变态也。人失意萎靡，我犹如是，不低眉也。善处得失者，其气局宽舒，到底自有成就。

正正堂堂，切勿暧昧，惟有群众耳目，最是难掩。只有我聪明会瞒人，人遂无聪明知我耶？是非显然在外，我不欺瞒人，人即常以不欺瞒人者待我矣，有错，人自相谅。

炙手可热处，慎勿与密。势力未必能资我，我先自小多矣，且恐利未得而害随之。

人有智巧，我不如人，此正是我禀来好处，切勿增添机术，失此孩心。

与其生一个丧元气的进士，不如生一个培元气的痴儿。

即和易到极处，亦只是情意浃洽④，而胸中泾渭⑤当自分晓，不可随波浮沉。

事来当先料理一著，明烛未形，先时整顿。只待事至才理，便错乱矣。

凡事须看力量可为否。如不能为，切勿勉强。无力强为，必至分外营求，不如省事之为逸也。

凡行事看公议如何，如系众论不可者，即止不为。一件犯了清议许多，好事救解不来。

急行无善，步缓一着，加一熟思，自是不差。

平居无事莫放闲，须是常习劳，及事来，人在慌乱，我安静自如。往往见人临事仓忙，只因闲时不先习劳也。

言语最宜减少，多言多失，寡言寡失，酒极则乱，尤宜忍默。

量即能饮，亦不可过，谓其败德致疾也。神爱清不爱浊，过饮则神浊性乱，安能作事！

今人只快一时谈笑，不顾人家污辱，损德莫甚于此。只为是人闲好戏笑事，遂伪以传伪，大率真少而伪多。妇女在闺阃⑥之中，又不能一一为辨。如未有此事，而妄造此言，鬼神必阴殛之，非迂谈也。

凡有错处，随觉必改，如饰非文过，便一生无长进处矣。惟改过极是第一美事。

人只一点便宜心，随事便起，宁损己些便宜让他，就相安无争了。

事不在大，最忌伤心，有一事如人，瞋憾一生不已者。当面唾骂可受，背后怨声难领。

人有讽谕我者，必其爱我之甚，不置我于度外者，当和颜以受之。彼乐与言，我得实益。

人有屈事加我者，闻之勿即忿恚，从容解之，气度何闲适也。

凡人平日不相知，偶然以礼加我，必当审度，勿轻为彼笼络。无故私恩不可受，受则难酬，此之谓也。

人有冤抑不能自申者，能自为解，即力解之，自家不能，又托人解之。此不必待人求我，若待求便迟矣。万勿随声附和，彼谓有此事，我亦谓有此事也。

细人⑦之言，多是萋斐⑧，不可轻听，中彼之计，而损我之明。

凡遇微贱人，就要真实宽容，即犯我，亦以恕他，谓无知也。我如震怒加之，彼乌能当？谓此辈有何不可陵虐，我亦陵虐之，是侮鳏寡⑨之谓也。

可令官长闻其名，不可令官长见其人。不入公门，多少尊重。

凡学中有事，以和立论，便可相从。如属聚讼，多是血气，不顾日后利害，即潜藏不为懦怯。

人家豪华切莫艳羡。一家润富，不知倾害几家，未学彼富，先学彼害人矣。

容足之外，皆为无用。古人谓昔之贫不算贫，止无立锥地；今之贫实是贫，已无立地锥。兹且有屋可蔽风雨矣，视地与锥俱无者，竟何如也，尚复营求广厦为乎！

结纳赏赉⑩，寺观施舍，滥以与人，不如移之以助我穷亲，施与耳目残废之人，为有实惠。

多一仆多一累，但取勤朴数人，切勿冗食。至于无赖之徒，狐假害人，败名丧检，莫此为甚，最宜亟戒。

各有名分，当守本等。城中不可乘马，高张檐盖，乡间不可坐轿，亦当习劳，可任大事。

衣服简素，即是一德，夏葛冬褐，乃其本分。吾家累世冠裳⑪，不曾改先世布衣风味，此忠厚传家之脉也。愿敬守此，勿坏家风。

【注释】

① 父党：父系亲族。母党：母系亲族。
② 五伦：古代的君臣、父子、兄弟、夫妇、朋友五种人伦关系和忠、孝、悌、忍、善五种言行准则。又称"五常"。
③ 汩（gǔ）没：埋没，湮灭。杜甫诗："声名从此大，汩没一朝伸。"
④ 浃洽：融洽。唐代权载之文："威惠交修，上下浃洽。"
⑤ 泾渭：甘肃和陕西境内的泾水和渭水，因渭水清，泾水浊，两河在陕西境内合流，清浊分明，后遂用以比喻人品的高下分明。成语"泾渭分明""泾渭不分"。
⑥ 闺阃（kǔn）：妇女的居室。
⑦ 细人：地位卑下，见识短浅的人。
⑧ 萋斐：本为文采交错的样子，因《诗经·小雅·巷伯》有"萋兮斐兮，成是贝锦；彼谮（zèn）人者，亦已大甚。"后遂用作谗言、谗毁的代称。
⑨ 鳏寡（guān guǎ）：老而无妻或老而无夫的人。引申指老弱孤苦者。《诗经·小雅·鸿雁之什》："爰及矜人，哀此鳏寡。"
⑩ 赏赉（lài）：赏赐。《后汉书》："以有旧恩，数蒙赏赉。"
⑪ 冠裳：古代官吏的礼服，后用作官吏的代称。宋代范成大诗："万境何如一丘壑，几时定解冠裳缚。"

李文节公家训

[明] 李廷机

李廷机（1542—1616年），字尔张，号九我，晋江新门外浮桥（今福建泉州市）人。明代中期大臣，万历进士，授编修，累升迁，礼部尚书兼东阁大学士，入参机务，赠少保。谥号"文节"。著《四书臆说》《春秋讲章》《通鉴节要》《燕居录》《李文节文集》等。本文录自《李文节文集》。

余半生不吃斋。每早盐菜送粥，匪特脾胃清虚，费用省约，亦以省中馈一餐之劳耳。午用荤一二味，晚用酒六七杯，酒但沽而不酿。留客不请客，客至，以常饭侍之。晨不荤，午不酒，不为客变迁也。余久行此，客无怪焉。至子孙守而不失，但曰无改父之道可也。作人不要自足，作家须要知足，子孙自观家运，勿谓清淡之后必贫，勿谓清淡之后必兴。但儿曹眼前衣食仅给而止，子则付之子，孙则付之孙。盖不必管，亦不能管，如看得破则贪得无厌之念息矣。余观中人衣食仅给，日周旋往来于亲朋之间，以耗其财。至于贫乏，不免称贷求借于人，君子怜之，俗人笑之，间有力能自守，不袭时套。待亲友情真而礼淡，君子信之，俗人怪之。余谓宁令怪，毋令人笑。家有一簪一珥，一罗一绢，尽化为田，弗为好华丽而留之。凡处家惟米为急，有田则钱粮亦急。家事给而国用供，自可以俯仰天人无愧。虽有分外事，吾不为虑也。张宪武①曰："后生不学，亦闻昌黎先生②有此日足可惜之篇乎。"余因为十可惜之说以告之③："古人贫不自给，有带经而锄者，有负薪拾穗而读书者。今之人饱食暖衣，自暇自逸，一可惜也。古人不远千里，负笈从师。今人有贤父兄教之而不从，或里巷有贤师友，不知亲近，二可惜也。古人手自抄写，夜以继日，常苦无师。今人有现成印本，藏之万卷，堆案盈几，不知诵读，三可惜也。古人三年诵一经，三十而五经皆毕。自少惟以读书为能，今当少壮，有书不读，日月逝矣，四可惜也。古人聚萤④映雪⑤读书，今人当简编可卷舒之时，有灯火之可亲，而游荡无忌，博弈是娱，五可惜也。人之生，有不见日月者，有不闻雷霆者，今后生耳聪目明，又各禀智慧之质，不知读书，则趋向之不知，礼义之不讲，殆将与聋者瞽者等，六可惜也。人有身则有丁，有丁则有役，今后生或有贤父兄代其劳，或承阀阅之旧，无丁役之籍，而有书不读，将与闾阎畎亩之人等，七可惜也。人患无家世之旧，不闻诗礼之言，故或为农圃，或为工商，今人生于儒家，少袭箕裘之绪，而有书不读，使祖父之业，至此而坠，八可惜也。人患藏修无所，今有上庠，有乡校，可以从师，然巍冠博带，务悦纷华，名曰士人，其实一经不通，一辞莫措，有玷于先圣先师，九可惜也。人有君臣父子之大伦，忠孝仁义之大节，今后生不学，习非胜是，则大伦大节俱扫地矣。扬雄⑥曰：'人而不学，虽无忧虑，如禽兽何！'十可惜也。"

【注释】

① 张宪武：字延平，南宋官员，官任左朝奉大夫。著《十可惜说》。
② 昌黎先生：韩愈，字退之，河南孟州人。唐代著名文学家、哲学家、思想家，"唐宋八大家"之首。唐代官员，官任吏部侍郎等。祖籍河北昌黎，世称"韩昌黎""昌黎先生"。谥号"文"，又称"韩文公"。著《韩昌黎集》。
③ 为十可惜之说以告之：本文作者李廷机全文抄录张宪武的《十可惜说》以告诫子孙。个别字词略有改动。
④ 聚萤：车胤，字武子，湖南津市人。自幼聪颖好学，家贫无油点灯，夏日捕捉萤火虫，装入囊内照明读书，后成才，官累任中书侍郎，骠骑长史，护军将军，吴兴太守，官至吏部尚书。《三字经》："如囊萤。"
⑤ 映雪：孙康，河南洛阳人。幼时酷爱学习，家贫无油点灯，冬天借雪光读书，终于学有大成，官任东晋御史大夫。《三字经》："如映雪。"
⑥ 扬雄：字子云，四川成都人。西汉著名哲学家、文学家、语言学家，长于辞赋，"汉赋四大家"之一，官任给事黄门郎。

家诫要言

[明] 吴麟征

吴麟征（？—1644年），字圣生，又字来皇，号磊斋，浙江海盐人。明·天启进士，官至太常少卿。李自成攻打北京，吴麟征守卫北京西直门，城破，吴氏上吊自杀。明福王追谥号"忠节"。

此《要言》系其子吴蕃昌摘录其父语辑为一帙。今录自《丛书集成初编》。

进学莫如谦，立事莫如豫，持己莫若恒，大用莫若畜①。

毋为财货迷，毋为妻子蛊②，毋令长者疑，毋使父母怒。

争目前之事，则忘远大之图；深儿女之怀，便短英雄之气。

多读书则气清，气清则神正，神正则吉祥出焉，自天佑之；读书少则身暇，身暇则邪间③，邪间则过恶作焉，忧患及之。

通三才之谓儒，常愧顶天立地；备百行而为士，何容恕己责人。

知有己不知有人，闻人过不闻己过，此祸本也。故自私之念萌，则铲之，谀谈之徒至，则却④之。

邓禹⑤十三，杖策干光武，孙策⑥十四为英雄，所忌行步殆不能前。汝辈碌碌事章句⑦。尚不及乡里小儿。人之度量相越，岂止什伯而已乎！

师友当以老成庄重、实心用功为良，若浮薄好动之徒，无益有损，断断不宜交也。

方今多事，举业⑧之外，更当进所学。碌碌度日，少年易过，岂不可惜。

秀才本等，只宜闇修积学⑨，学业成后，四海比肩。如驰逐名场，延揽声气⑩，爱憎不同，必生异议。

秀才不入社，作官不入党⑪，便有一半身分。

熟读经书，明晰义理，兼通世务。世乱方殷，八股生活，全然冷淡。农桑根本之计，安稳著数⑫，无如此者。诗酒声游，非今日事。

才能知耻，即是上进。

鸟必择木而栖，附托匪人者，必有危身之祸。

见其远者大者，不食邪人之饵，方是二十分识力。

男儿七尺，自有用处，生死寿夭，亦自为之。

语云：身贵于物，汲汲[13]为利，汲汲为名，俱非尊生之术。

人心止此方寸地，要当光明洞达，直走向上一路。若有龌龊卑鄙襟怀，则一生德器坏矣。

立身无愧，何愁鼠辈！

打扫光明一片地，囊贮[14]古今，研究经史。

"岂可使动我一念"，此七字真经也。

功名之上，更有地步，义利关头，出奴入主，间不容发[15]。

少年作迟暮经营，异日决无成就。

少年人只宜修身笃行，信命读书，勿深以得失为念，所谓得固欣然，败亦可喜。

对尊长全无敬信，处朋侪一味虚憍[16]，习惯既久，更一二十年，当是何物！

交游鲜有诚实可托者，一读书则此辈远矣，省事省罪，其益无穷。

人品须从小作起，权宜苟且诡随之意多，则一生人品坏矣。

制义一节，逞浮躁而背理害道者比比，大抵皆是年少，姑深抑之。吾所取者，历练艰苦之士。

多读书达观今古，可以免忧。

立身作家读书，俱要有绳墨规矩，循之则终身可无悔尤。我以善病，少壮懒惰，一旦当事寄，虽方寸湛如[17]，而展拓无具，只坐空疏卤莽，秀才时不得力耳。

迩[18]来圣明向学，日夜不辍，讲官蒙问，虽多不能支。东宫亦然。一日宫中有庆暂假，皇上语阁臣曰："东宫又荒疏四五日矣。"汝辈一月，潜心攻苦，能有几日？欲望学问之成，难矣！

士人贵经世，经史最宜熟，工夫逐段作去，庶几有成。

器量须大，心境须宽。

切须鼓舞作第一等人勾当。

真心实作，无不可图之功。

竹帛青史[19]，岂可让人！

不合时宜，遇事触忿，此亦一病，多读书则能消之。

忠信之礼无繁，文惟辅质[20]；仁义之资不匮，俭以成廉。

海内鼎族[21]，子姓繁多，为之督者，其气象宽衍疏达[22]，有礼法而无形畛[23]，有化导而无猜刻㉔，故一人笃生，百世菲郁㉕，以酝酿深而承藉厚也。水清无鱼，墙薄亟裂。车鉴不远，尚其慎旃㉖！

莫道作事公，莫道开口是，恨不割君双耳朵，插在人家听非议；莫恃筑基牢，莫恃打算备，恨不凿君双眼睛，留在家堂看兴废。

家之本在身，佚荡㉗者往往取轻奴隶。

家用不给，只是从俭，不可搅乱心绪。

四方兵戈云扰，乱离正甚，修身节用，无得罪乡人。

疾病只是用心于外，碌碌太过。

家门履运，正当蹇剥㉘，跬步㉙须当十思。

处乱世与太平时异，只一味节俭收敛，谦以下人，和以处众。

生死路甚仄㉚，只在寡欲与否耳。

水到渠成，穷通自有定数。

治家，舍节俭，别无可经营。

待人要宽和，世事要练习。

四方衣冠之祸㉛，惨不可言，虽是一时气数，亦是世家习于奢淫不道，有以召之。若积善之家，亦自有获全者。不可不早夜思其故也。

忧贫言贫，便是不安分，为习俗所移处。

孤寡极可念者，须勉力周恤。

近来运当百六㉜，到处多事，行过东齐，往往数百里绝人烟，缙绅衣冠之第，仅存空舍，河南尤惨，一省十亡八九。江南号为乐土，近亦稍稍见端，后忧患更不可测。凡事循省，收敛节俭，惜福惜财，多行善事，勿苟图利益，勿出入县门，勿为门客㉝家奴所使，勿饱食安居安寝，自鸣得意。

厚朋友而薄骨肉，所谓务华绝根，非乎？戒之，戒之！

世变日多，只宜杜门读书，学作好人，勤俭作家，保身为上。

早完钱粮，谨持门户。

儿曹不敢望其进步，若得养祖宗元气，于乡党中立一人品，即终身村学究㉞，我亦无憾。浮华鲜实，不特伤风败俗，亦杀身亡家之本。文字其第二义也。

人情物态，日趋变怪，非礼义法纪所能格化㉟，宜早自为计。

若身在事内，利害不容预计，尽我职分，余委之天而已。

陈白沙㊱先生云：吾侪生分薄于福，敢求全？三复斯言，自可不肉而肥。

家业事小，门户事大。

人心日薄，习俗日非，身入其中，未易醒寤。但前人所行，要事事以为殷鉴。恶不在大，心术一坏，即入祸门。

姻事只择古旧门坊、守礼敦实之家，可无后患。

本根厚而后枝叶茂，每事宽一分，即积一分之福。揆㊲之天道，证之人事，往往而合。

遇事多算计，较利悉锱铢㊳，其过甚小，而积之甚大，慎之！慎之！

茹荼历辛㊴，自是儒生本色，须打清心地以图大业，万勿为琐琐萦怀。

一念不慎，败坏身家有余。

世变弥殷，止有读书明理，耕织治家，修身独善之策，即仕进二字，不敢为汝曹愿之，况好名结交，嗜利召祸乎！

游谈损德，多言伤神，如其不悛㊵，误己误人。

官长之前，止可将敬，不可逐膻㊶。

居今之世，为今之人，自己珍重，自己打算，千百之中，无一益友。

俗客往来，劝人居积，诶人㊷老成，一字入耳，亏损道心，增益障蔽，无复向上事矣。

【注释】

① 畜：同"蓄"，积蓄。
② 毋为妻子蛊：不要被妻子诱惑。蛊，原为害人的毒虫，引申为诱惑，欺骗。
③ 邪间：邪念乘隙而入。
④ 却：拒而不受，拒绝来往。成语"盛情难却"。
⑤ 邓禹：后汉新野人，字仲华。十三岁幼游长安，与光武相亲善。及光武收河北，邓禹杖策往见，持计谋求见汉光武。光武大悦，一定计议。光武即位，拜大司徒。邓禹二十四岁，拜右将军，后封高密侯。明帝时拜太傅。谥号"元"。
⑥ 孙策：字伯符，三国吴主孙权之兄，少年英杰，性阔达。父孙坚战死，自领会稽太守。曹操表孙策为讨逆将军，封为吴侯。会袁、曹相攻，孙策欲入许昌迎汉帝，未出发，遇刺卒。
⑦ 章句：分析古书的章节和句子。《东观汉记》："亲自制作五行章句。"
⑧ 举业：科举之业。即科举的诗文、学业、课业、文字。也指八股文。
⑨ 闇修积学：闭门研修学业，积累知识。闇，闭门。

⑩ 延揽声气：扩展招揽声望名气。延，扩展。
⑪ 秀才不入社，作官不入党：秀才不参加团体，做官不参加朋党。党，朋党。这里有贬义。
⑫ 著数：把握命运。著，立。数，命运、天命。
⑬ 汲汲：心情急切，急于得到的样子。《汉书》："不汲汲于富贵，不戚戚于贫贱。"
⑭ 囊贮：原意指袋中物品，引申为包罗之意。
⑮ 出奴入主，间不容发：出则为奴仆，进去则为主人，不容丝毫含糊。间不容发，相距很近，容不下一根头发。引申在义和利之间的取舍。
⑯ 处朋侪（chái）一味虚憍：与朋友和同辈相处一直虚浮骄衿。侪，辈。憍，同骄。
⑰ 方寸湛如：心地纯厚清醒。方寸，心绪，精神。湛如，安然，纯清。
⑱ 迩（ěr）：近。《说文解字》："迩，近也。"成语"遐迩闻名"。
⑲ 竹帛：古时文字多刻于竹简，秦代改书于帛，故称竹帛。青史：古代以竹简记事称杀青，后称史册叫青史。此句指人当名垂青史，不可让人。
⑳ 文惟辅质：文采只是补充实质内容。
㉑ 海内鼎族：国内的显赫大家族。
㉒ 宽衍疏达：宽厚平易通达。衍，平坦，平易。
㉓ 形畛（zhěn）：刑罚的约束。形，通"刑"。畛，界限。
㉔ 猜刻：猜疑而刻薄。《资治通鉴》："今绪猜刻不仁，妄杀无辜。"
㉕ 茀郁：多福。茀，通福。《诗经·大雅·卷阿》："茀禄尔康矣。"郁，盛，繁多。
㉖ 慎旃（zhān）：即慎之。旃，之焉的合音。
㉗ 佚荡：超脱，无拘束。《汉书·扬雄传上》："为人简易佚荡，口吃不能剧谈。"
㉘ 寒剥：时运不济。唐代杨炯文："遭时屯坎，浮生寒剥。"
㉙ 跬步：古代的半步称跬。《大戴礼记·劝学》："不积跬步，无以至千里。"
㉚ 仄：狭窄。《汉书》："险道倾仄，且驰且射。"
㉛ 衣冠之祸：士大夫的灾祸。衣冠，古代士大夫以上的服装。
㉜ 百六：古代称百六为厄运。《文选》："百六道丧，干戈迭用。"
㉝ 门客：又叫食客，有文职和武职两种，身份比家仆高，但基本上仍属奴才。门客作为贵族地位和财富的象征，最早出现在春秋时期，养门客之风盛行。
㉞ 村学究：无官职的读书人。
㉟ 格化：纠正改变。格，正。化，改变。
㊱ 陈白沙：陈献章，字公甫，号石斋，别号碧玉老人、玉台居士等。广东新会白沙里人，人称"白沙先生"，世称"陈白沙"。明代思想家、教育家、书法家、诗人。官至翰林院检讨。著《白沙子全集》。
㊲ 揆（kuí）：度量，考察。《说文解字》："揆，度也。"

㊳ 锱铢（zī zhū）：比喻极微小的数量。锱，古代重量单位。一说六铢为一锱，四锱为一两。铢，古代重量单位，二十四铢为一两。

㊴ 茹荼历辛：历经艰辛。茹，吃。荼，苦菜。

㊵ 悛（quān）：悔改，改变。《广雅》："悛，更也。"成语"怙恶不悛"。

㊶ 逐膻：追逐羊臊的恶臭。引申为不可追随别人的丑行。

㊷ 谀人：奉承别人的人，俗称马屁精。

宋氏家要部

[明] 宋诩

宋诩（生卒不详），字久夫，上海松江人。随父在北京和江南居住，著《家要部》《家规部》《宗仪部》《树畜部》《养生部》《燕闲部》六部书，其子公望又撰《种植部》《尊生部》，其孙宋懋澄，将父祖著作合编《竹屿山房杂部》，后又有单行本刊行。

今取《竹屿山房杂部》为底本校注。

正家之要

立心——存养省察，向善去恶。

静而知所以存养之，则不见不闻之间，亦有所戒惧，而本心常存也。动而知所以省察之，则至隐至微之事，必谨其独，而心常不失也。

人之一心，事至物来，不能无善无恶。善则当向而决于为，恶则当去而决于不为。

立身——遵前人之法，践古人之迹，穷不失义，达不离道。

圣贤教乎人者，必有成法；行于身者，必有善迹。待人而行之尔，不可由己意而无知妄作也。若《大学》《小学》一书，其前人已立之法，古人已行之迹，昭然明著，而所以立身者，舍是无以用其力矣。《诗》曰："不愆不忘，率由旧章。"[①]《书》曰："无作聪明乱旧章。"[②] 其此之谓乎。

人之出处，穷与达[③]而已矣。穷而即没其善，达而不顾其行，皆君分不取也。士君子立身，岂以穷达而即异其志行哉？吾性分之内，于此皆无所加损者，义与道一也。穷而不失其义，达而不离其道，以成君子之名，不亦善耶！

奉亲——必诚必敬，乐其心，养其志。

《易》曰："家人有严君焉，父母之谓也。"[④] 事之必尽其诚，爱之必加以敬，人之奉亲而不失乎诚敬，斯可以言孝矣。虽鲜衣美食，苟不能体其心之所思，遂其心之所乐，乌在其有诚敬乎？

奉先——思慕，慎终追远。

生而存者，人不敢易，死而亡者，人或可忽。慎终⑤而丧尽其礼，追远⑥而祭尽其诚，则事死如事生，事亡如事存，而后尽思慕之道矣。

君臣——忠尽。

在官使则思其待之之礼，在家庭则思其食之之恩，而凡可以致其身⑦者，皆得为而为矣。为人臣知有进退，而各尽其职，即忠尽之所在也，何往而非其义哉？惟瘝旷赃赇⑧是务，岂为忠尽邪？

长幼——爱敬。

长之爱幼，幼之敬长，两尽其道，则父母斯无不顺也。人多疑忌，其兄弟者，即以父母所遗财利，皆不得共而有也。若能轻此而一重于爱敬，何有阋墙绞臂⑨之事乎？

夫妇——用纲正位。

夫妇之道在纲焉，嫡妾之分有位焉。夫唱而妇随，妻正而妾偏。夫为妻纲，斯琴瑟必终和矣。嫡不失位，斯黄绿⑩不倒置矣。

子孙——严正教养。

不教者，父兄之过。不学者，子孙之过。师友不严，则子孙或流于怠惰。父兄不正，则子孙或至于效尤。内有贤父兄，外有严师友，而中也养不中，才也养不才，此真教养子孙之要道也。

师徒——恩义。

师之教我，比君父而事之。如一师弟子，间亦有恩义兼尽者，又曾有函丈⑪一日之亲，皆有功于教我者也。尊敬之礼，安得不尽！然为师而受人之重托，不能呻其占毕⑫，蛾子时术⑬之，以骄惰人之子弟。为弟子不知师之先知先觉，能尊崇其道，至于背师而他学，此非善弟子也。蜀犬吠日⑭，是谁之过？斯皆何恩义之有。

朋友——义信。

同门为朋，合志为友。惟以义处，而以信结为深交者，斯其成五伦之不足也。不能忠告善道，亦何交之有？能知有益有损，则便辟善柔便佞之徒远，而直谅多闻⑮之士至矣。

尊卑——和谨。

人之尊卑，自有定分。为尊者不可以尊而陵下，为卑者不可以卑而犯上。和以化下而居尊，谨以奉上而处卑。上下之间，怡然理顺，岂有乖戾之风乎？

宗族——恩情。

范文正公⑯为宗族，告诸子曰："自吾祖宗视之，则均是子孙。"故无亲疏也，故有义田⑰之制，可谓得尽恩情矣。人有慈悲之心，更饭惠供佛，以为因果，孰若俾吾祖宗之子孙，得沾吾一惠乎？世人昧此，可谓舍近而图远也，惜哉！

亲戚——远近古人谓婚姻为兄弟。《尔雅》云：妇之党为婚兄弟，婿之党为姻兄弟。

夫亲戚者，皆吾婚姻之所推也。远而有吾高曾祖母、母伯叔、母之族女，近而有吾及兄弟子孙辈妻党之家，又广而有姑姊妹女子子娣姒之亲。举以兄弟之情，推而及之，则过人远矣。

故旧——亲疏。

吾见今人不知祖宗所交之人，或尝以道义相处，或尝从恩意相济，有亲有疏，而一旦视之如不相识。吾欲视亲疏，以吾祖宗之心推之，则所及甚为广大也。

童仆——庄慈。

仆隶下人，不知礼义为美，惟以狎昵为私。故孔子曰："近之则不逊，远之则怨。"⑱朱子⑲曰："必庄以莅之，慈以畜之。"⑳圣贤之言，说尽人情矣。能体此而待童仆，枝柱抵牾㉑之事，则何敢有所为！

邻里——睦助。

居于乡有邻里也，居于党有党邻也。生于斯，长于斯，皆乡党之所知所见。况子子孙孙与之相处而不可离，尊者与吾父兄同行，卑者与吾子孙同行。不能以睦，其仇隙也易生；不能以助，于情义也有吝。知此而处之，居乡党乎何尤！

明谱系

吾作《家谱》一书，上而追至于始祖，下而推及于无穷。立心之本，亲亲之仁，由此一端。能即此而不忘。所自，一家之间，可以触类而长之也。

谨礼仪

吾作六书㉒，皆吾平日所行已备，一家之不可无者。惟礼仪所以收敛人心者在是，所以品节天理者在是，乃立身之要道，成家之首务，故于此复惓惓㉓而申明之。盖以此身既立而家不正，未之有也。

【注释】

① 此句出自《诗经·大雅·假乐》。愆：过失。率由：遵循，顺从。旧章：先王之礼乐政刑制度和章程。
② 此句出自《尚书·蔡仲之命》，意为不要自作聪明而违法乱纪。
③ 穷与达：穷困与显达。《孟子》："穷则独善其身，达则兼善天下。"
④ 此句出自《易·家人》："男女正，天地之大义也，家人有严君焉，父母之谓也。"
⑤ 慎终：对父母的丧事要办得庄重合礼。
⑥ 追远：对远祖追思要依礼祭祀。
⑦ 致其身：献身为国。《论语》："事父母能竭其力，事君能致其身。"致，奉献。
⑧ 瘝（guān）旷：旷废官职。赃贿：贪污纳贿。
⑨ 阋墙：指兄弟不和。《诗经·小雅·棠棣》："兄弟阋于墙，外御其侮。"䂮（zhěn）臂：扭臂、拧臂，指打架。
⑩ 黄绿：此以黄喻妻，绿喻妾。
⑪ 函丈：对前辈学者或老师的敬称。陆游文："早亲函丈，偶窃绪余。"
⑫ 占毕：指读书吟诵。
⑬ 蛾子时术：小蚂蚁时时习衔土之事，积渐而成土堆，比喻长期积累知识的重要性。
⑭ 蜀犬吠日：四川多雨少见太阳，故犬见日而狂吠。原比喻少见多怪，此指将责任推给别人。与"蜀犬吠雪"同理。
⑮ 便辟：逢迎献媚。善柔：阿谀奉迎。便佞：花言巧语，阿谀奉承。直谅：正直诚信。多闻：见闻广博。此句出自《论语》："益者三友，损者三友。友直，友谅，友多闻，益矣。友便辟，友善柔，友便佞，损矣。"
⑯ 范文正公：北宋大臣、文学家范仲淹，字希文，卒谥"文正"。
⑰ 义田：以救济贫穷为名而置的田地。后世官绅用以救助本家族中的贫困户的土地也称义田。此指范仲淹晚年在家乡置义田千亩之事。
⑱ 此句出自《论语·阳货》。不逊：无礼。
⑲ 朱子：指南宋著名儒家大师朱熹。
⑳ 此句出自朱熹《论语集注》："君子之于臣妾，庄以莅之，慈以畜之，则无二者之患矣。"是对《论语》上句的注释。
㉑ 枝柱：不顺从，抵触。抵牾：抵触，矛盾。
㉒ 六书：指其所作《家要》《家仪》《家规》《燕闲》《养生》《树畜》等六部著作。
㉓ 惓惓：深切思念，念念不忘。王安石诗："三秋不见每惓惓，握手山林复怅然。"

治家之要

守国法

朝廷有禁有制,禁所以禁人不敢妄为也,制所以制人不可过为也。谨肆之间,祸福常倚伏焉。凡为公,为卿,为大夫,为士,为庶人者,皆其臣子,而不犯君之禁制①,无羸豕孚蹢躅②,则可以安枕而卧矣。斯福之所存也,孰谓不能保身与家乎!

慎家教

祖宗以来,称吾大族。子孙之多,仆隶之众,主于祭祀宴乐,农圃衣食,皆有成教。能即此而治家焉,鲜有败度。若见人异为,而厌常喜新,未有不颠仆者矣。此所谓轻家鸡而爱野鸡者也。若捭阖③揣摩,掎摭苟简④,皆非所当务,慎之慎之!

宜正大

治家者自处正大,不宜狭隘。胸中若蒂芥不能容人,非善作家翁者也。毋拘拘⑤而事皆由之,足以仪刑⑥乎一家,其器宇自有大过人处矣。

无琐细

人之一身,精神有限,条分缕析,事皆萃也。而欲事事而亲之,力岂能给?惟委托得人,总其大纲,往往成巨室者,顾为之何如耳。

毋怠忽

缓于事则怠,急于事则忽。酌量其事之大小缓急,得宜而怠忽不至生焉。事之不济,鲜矣。

毋纵肆

纵欲肆己,未有不遭忧虞患难者。能常加畏惧,以明则有人,幽则有神,又重则有国法,而谓家不昌盛,安享福禄,吾未之见也!

分内外

男不言内,女不言外,皆以居室为之限耳。古人不亲授受,不共湢浴⑦,正所以避嫌也。为家而无内外以别之,男女杂处,则与禽兽不远矣。

防火盗

火与盗,家之患至为大也,俱生于废弛无法守之家。火萌于遗烓⑧,盗窥其慢藏⑨。皆能谨密而预防之,二者之患,何至于吾家哉!

勤

勤以治生。世间事，未有不由于怠惰而废也，及时而为之，则事事不在下陈⑩矣。故曰："一生之计在勤。"欲成家者，日复一日，视弹指⑪之时光，岂不甚可惜邪！

俭

俭以养德，非俭不能相继而有。况天地间所生之物，付之于人，自有分定限量，暴殄狼戾，必为天弃。故当俭以承之，是亦所以敬重天地养人之恩也。

节妄费

成家之始，非积累无以致焉。宜用者会计已当，固不须吝而朘削⑫。但以有限之物，而为无经之费，不几于竭乎？故惟节之。

戒贪欲

贪欲者，私己也，君子所戒。以我之贪，而人皆贪，谁将与贪？凡夺人所好，占己便宜，诛求无已，皆贪之类也。力以制之，自无不公而可以褆身⑬矣。

近有德

有德之人，常宜近之。聆其善言，观其善行，足以资吾之未逮，而甄陶⑭为善士也。何患乎不高，出人头地，而为家之表率乎！

杜无籍

无籍⑮之徒，最能惑性。如嬉戏伎儿，及诸异色人⑯，皆所当远。俗所谓三姑六婆⑰者，尤宜禁绝。则不为其所倾覆也。

绝佛事

常读韩昌黎⑱《佛骨表》及司马温公⑲《浮屠诳诱戒》，其言已备，可见生死寿夭，皆无预佛力所挽回也。世之不明者，往往为其眩惑，信有轮回，至今为害。乃有预修资福，求登彼岸，甚至于绝粒受斋，形如枯朽，将父母遗体，无罪残灭，悲夫！

禁淫祀

窃见今人有疾病求生，患难求解者，具以神明妖孽，祈祷再三，必求效应。然豺獭亦知报本，至于祖宗祭祀，全然灭裂，习以成风，此亦俗之流弊然也。神使有灵，焉肯求索？甚为可哂。欲力禁之。左氏⑳谓妖由人兴，不谄别无也。

清官府赋役等务

君之于民，惟赋役二者以烦民也。有田则有赋，依限而完之；有身则有役，依期而赴之。毕此勾当，虽追胥㉑之辈，舞文弄法㉒，而有所须慑。为属吏先尽，其在我而已矣，夫何愧邪！

明籍册钱谷等数

籍册税粮之数，最为切要，稍涉怠缓，一有胃绐㉓，噬脐莫及㉔。与夫钱谷等事，皆有簿书，常时检阅，必不遗忘。尽心力于此，亦成家之要事也。

须行冠婚丧祭之礼

文公㉕先生四礼，世皆疑其高古，辄挪揄㉖而莫之讲。不知为人之道，有家之本，非此四者，不能纪纲其始终。吾家一遵此礼，人力或未能，财物或未称，品节是书，亦不失大意，行而勿惰，自成表率矣。

无失问遗往还之礼

《蓝田吕氏乡约》㉗有礼俗相交之目，而问遗往还，尤人家交际之不可失者也。彼以礼来，而敬先之；此以礼往，而敬亦先之。人而无此，何以家为！

延宾客

笑谈无佳宾者，非士大夫家也。宾客之至，礼貌饮食，务尽其诚，久则愈敬。少加侮狎，有志者则不屑与之处矣。

待工匠

百工技艺，有家者不能不用。其功力之勤惰，当时其省试㉘。平其廪直㉙而供亿之，则智巧之人，皆欲为吾器使㉚也。

公取与

孟子曰："非其义也，非其道也，一介不以与诸人，一介不以取诸人。"㉛有所取与，以义道而衡于其间，亦仿佛乎圣贤之全德矣。

明报施

张子㉜曰："兄弟之间，施之不报则辍，故恩不能终。一施一报，理之自然也。"治家者，明报施之道。而弗敢懈，何患乎人之责望于我也！

审权量

权量㉝者，古先圣王所以平物之当，而今朝廷尤所加慎者也。若以实估取人，而以省估偿人，私量取人，而以公量与人，其可乎哉？《辍耕录》㉞纪上海费荣敏公，刻铭于斛之四面曰："出以是，入以是，子孙永如是。"甚敬慕之。权之度物，不顺理则戾法矣。故《易》曰："《巽》以行权。"㉟是宜审焉。

一赏罚

赏罚者,所以示其信于人,而欲人必从也。赏罚有不公,则人心不平,怨尤生焉。更欲人之从事之,济亦难矣哉!

出纳

财物出于人而纳于己,毫忽分厘,自有公论,不容多寡轻重于其间。吝其所出,贪其所纳,则处心遂先不端矣。尤非治家之公。君子不为也。

贸易

以其所有,易其所无,古今之通义也。平心度物,两不亏损,无所往而不可矣。

周穷恤匮——视亲疏。

穷困匮乏者,视吾亲疏,皆当周恤,但有轻重之差耳。若一概而施生,则是博施济众之圣,非吾分力所任也。寒乞困乏,而为之救助赈贷焉,此亦仁人君子之用心也。施生施恩于人,而生全之。

抑强扶弱——审邪正。

人有强弱,皆非气禀之得中也。虽然有邪有正,苟正而强则可矣,邪而强则不可矣,正而弱则可矣,邪而弱则不可也。抑之扶之,使得其中,亦吾直道之所行焉。陈元方曰:老父在太丘,强者绥之以德,弱者抚之以仁。

礼宜避俗

令人冠祭之礼,全然不省,仅存婚丧二事,而礼义无所本。昏则有拦门、撒帐、坐床㊱、摘花之类,诗歌赞和,真可鄙笑。丧事以哀为本,舍作佛事㊲之外,俳优㊳杂剧,皆得以陈于灵前,既曰不淑,为哀在身,饮酒自如,谈笑自若,礼仪之本果安在哉?余则不忍见也。非曰矫情干誉,而谓避俗。

事宜同俗

天下乡俗,所尚举不相同。况吾父母之邦,习俗已久,果无害于礼,有如正旦、元宵、端午、七夕、重阳、冬至之日,为祭祀燕宾之仪,及张灯泛蒲、乞巧登高,以为娱乐,固无大害,则宜从时。若他避忌,以及赛神迎送为□□□□□人者,徒为儿戏,殆取识者之诮耳。则亦□□□□□同流合污,而谓同俗。

【注释】

① 禁制:禁止的制度。
② 此句出自《易·姤》:"有攸往,见凶,羸豕孚蹢躅。"羸豕:受缠缚的猪。蹢躅:徘

徊不定。
③ 捭阖：原为开与合，后泛指分化或拉拢。
④ 掎摭：指摘。苟简：草率而简略。
⑤ 拘拘：拘泥，拘谨。
⑥ 仪刑：榜样，效法。《诗经·大雅·文王》："仪刑文王，万邦作孚。"
⑦ 湢浴：浴室。
⑧ 遗炷：遗留火烛。
⑨ 慢藏：疏于治理或保管。《后汉书》："天畀更始，不能引维，慢藏招寇，复致赤眉。"
⑩ 下陈：下等。
⑪ 弹指：佛家语一弹指的省略语，比喻极短的时间。
⑫ 朘（juān）削：缩减，克扣，剥削。
⑬ 禔身：安身。
⑭ 甄陶：锻炼成器。引申为培育造就人才。汉·扬雄《法言》："甄陶天下者，其在和乎！"
⑮ 无籍：无户籍的人，多指无赖。
⑯ 异色人：怪异而不寻常的人。
⑰ 三姑六婆：三姑指尼姑、道姑和卦姑。六婆指媒婆、牙婆、师婆、虔婆、药婆和稳婆。
⑱ 韩昌黎：唐代文学家韩愈，字退之，因郡望是昌黎，故世称"韩昌黎"。
⑲ 司马温公：北宋大臣，史学家司马光，字君实，谥号"文正"，追封温国公。
⑳ 左氏：指《左传》，左丘明著。《左传·庄公十四年》："妖由人兴也。人无衅焉，妖不自作，人弃常，则妖兴，故有妖。"
㉑ 追胥：催促交纳赋税的公差。《宋史》："农者未获，追胥旁午。"
㉒ 舞文弄法：歪曲法律条文，舞弊徇私。
㉓ 胃絓（juàn guà）：缠绊，阻碍。
㉔ 噬脐莫及：用嘴咬自己的肚脐，够不着。比喻后悔已晚。
㉕ 文公：宋代名儒朱熹。字元晦，一字仲晦，号晦庵、晦翁。晚年徙居建阳考亭，又主讲紫阳书院，故又称考亭、紫阳。又有云谷老人、沧州病叟之称。辛后嘉泰初谥号"文"。
㉖ 揶揄：嘲笑，戏弄。
㉗ 蓝田吕氏乡约：又名《吕氏乡约》，宋京兆蓝田人吕大忠撰，是我国最早也是最著名的乡约。其中提出了德业相劝、过失相规、礼俗相交、患难相恤。
㉘ 省试：检查，测试。
㉙ 廪直：这里指工匠劳动应得的粮食及钱货。
㉚ 供亿：按需要而供应。器使：量材使用。
㉛ 此句出自《孟子·万章上》："非其义也，非其道也，禄之以天下，弗顾也；系马千

驷，弗视也。非其义也，非其道也，一介不以与人，一介不以取诸人。"一介：一点点小东西。
㉜ 张子：指宋代思想家张载。
㉝ 权量：测量轻重（权）和多少（量）的器具。
㉞ 辍耕录：全称《南村辍耕录》，元末陶宗仪撰。三十卷。采集前人笔记及作者见闻编录成书，共三百八十二条。元人笔记中内容最丰富者。
㉟ 此句出自《易·系辞下》。行权：权宜之计，改变常规。
㊱ 拦门：宋代婚俗，至迎娶日，从人及家人拦着门索要利市钱物、花红等。撒帐：旧时婚俗，男女对拜坐床后，众妇女撒掷金钱彩果，以祈富贵吉祥，多生贵子。坐床：旧时婚俗，迎新娘子径入新房，坐床上。
㊲ 佛事：凡发扬佛德之事，称为佛事。后泛指于佛前举行之仪式为佛事，又称法事、法会。或指超度亡灵之诵经。
㊳ 俳优：古代以乐舞作谐戏的艺人。《韩非子》："俳优侏儒。固人主之所与宴也。"

理家之要

农

备嘉种，利器用，然后及时播种耘耔。刈获收积，皆不可后。粪土膏壅，皆不可阙。须防旱涝，知人劳苦，而农事无不治矣。庄子曰："耕而卤莽之，则其实亦卤莽而报予；耘而灭裂之，其实亦灭裂而报予。"① 故耕耘尤所当慎。

圃

水田之外，旱地皆可畚砾② 为圃，以种菜茹。亦必识其性之宜水旱者、宜迟早者、宜高下者，植之壅之，以备家用，不必贸之于市。凡土地能生物以养人，《诗》曰："中田有庐，疆场有瓜。"③ 盖地之隙者，亦不得不尽其利。

蚕

衣之贵者，蚕丝所成。湖州④ 养蚕，最为得法，丝绵所产，优于天下。松江⑤ 邻于湖州，法而畜之，田禾之外，又加此一倍利也。且三春⑥ 时月，东作方兴，而蚕事已成，深有补于不足。

绩

蚕之次者，苎葛绵纱之属，或纺或绩，不得闲慢，至于织成匹段。松江绵布，亦天下所资尚，然商贾收买甚众，至于物价腾踊，而紧厚细密者，尤得上价，不必外求生意，自滋尽足日给矣。

鱼

鱼之种随地而生，陶朱公⑦养鱼法最善，恐土壤不倅，不能化育，若此之蕃。如松江之鲢鱼，藉青鱼以食，鲻鱼必泥沙之池养之者，因其性而时其食，斯无不利也。

畜

牛羊草食曰刍，犬豕谷食曰豢。须在于牧之者，顺其性而调其食，则易肥腯⑧而生息蕃。至于驴马皆然。若鹅鸭鸡而无不有牧养之道，鹅食谷太多，鲜利益于人，然鸡鸭则利，其生卵，尤加一倍。鹿鹤鸾兔，可供清玩。如鞲鹰⑨、牵犬、胶雀、斗蟋蟀之类，理家者盖亦当戒，勿为所移。

山池

山不独石，而有材木可取；池不独鱼，兼有菱藕可植。视土之所宜，物之易成，因山而生之，因水而产之，虑人自不为耳。

田荡

户之田近者自耕之，远者召佃之耕者，及时用力，佃者尤当验，其人有勤惰，时有旱涝，庶不西成⑩与之较竞。其不可耕而惟养茅者名荡，岁养其茅而收之，亦有地利存焉，不至徒纳税而赴工于上矣。

饮食

江南人家，朝夕亭午⑪，食必用三度为足，又有上下午之饷为点心，乃多。食者务必精洁以时，非惟待宾客，此凡匠者佣力皆然，不至容其受馁，而怠惰有辞也。点心出唐史。郑傪夫人谓其弟曰："我未及餐，尔且可点心。"

衣服

一家之内，我寒而彼亦寒，及时授衣，人感其惠。若过时而与之，虽挟纩⑫亦奚济焉？

屋宇

居室当分内外而处，厅堂不得逼近房寝。行止启闭有限，须宋榱础砀瓮甓⑬坚密，始为长久之计。不宜务多，绣闼雕甍⑭，更难葺理。

墙壁

墙壁有筑有"甃"⑮，须令坚厚久远，更宜高峻，不宜容人窥测得穿逾之。凡有罅隙⑯，遂宜鸠工⑰，随损随修，毋使倾圮，费用尤大。

井灶

凿井作灶，皆佐人饮食者也。井宜渫，灶宜整饬，毋使污秽。祭祀宴饮饔飧，一皆赖之，不可以此而轻易神人也。

圊溷
圊溷[18]二室，不可共作一所。圊室须宜高爽，使臭气无闻，下积粪秽，可以壅物。溷室亦宜宽洪，使热气不蒸，放水欲竭，不积养蚯蚓、化生蚊蚋也。

仓库
仓与库造令隐密，锁钥须严。物之多寡，不得令人时常见之。恐无行者或有觊觎[19]之心，而为狸步之羞[20]也。

舟车
水地行舟，陆地行车，舟宜以柏，车宜以檀。二器皆惟坚，致可以久远。造舟车者，不得务乎外观，而为磷敝[21]之物。

器皿
器皿有玉石类者，有角甲类者，有金者，有银者，有漆者，有瓷者，有铜者，有锡者，有铁者，有木者，有竹者，有藤者，其制多端。造作之时，精为雕刻、磨锡、织治、陶冶等功甚难成效。尤有自古良工，设造之物，流传至久，皆宜爱护，毋得损坏，使之失配合焉，亦有滥恶者，不必收蓄，以惑后人。

药物
医之济人，其功甚大。虽不可擅自调治，能识其病，或与成药，以惠危困，亦推广仁心之一事耳。

竹木
平土产竹，不如山者，植其美种，亦可作篾绠[22]。平土产木，亦不如山者，虽不能为梁栋，而槐檀榆柳，条可橞[23]，薪枚可制器用。然竹头木屑，古人不弃，成家者，虑毋忽乎此焉。

桑麻
桑之叶，可采以饲蚕，而折其条，亦可为蒸薪。麻之皮，非惟可以织布，而约绳索绚[24]，皆资其用，多植足为营家之计。管子曰：桑麻殖于野，家子富也。[25]无羊诗曰：粗曰薪，细曰蒸。

柴薪
种稻燃柴，积灰可以膏田；种木燔薪，腐炭可以烘椹[26]。大家有此樵苏[27]之利，不为不博也。

炭煤——煤，《一统志》曰："石炭。"

炭之出于上江者坚重，出于浙地者轻嫩。坚则火力久，而嫩则易燃，各取其长。煤非止生于北方，而亦产于南地。别作一灶，架而炽之，尤利烹饪之需，皆不得无也。

谷米

积谷最久，积米须干，亦经二三年，不能红腐。吾松江出米颇多，而惟积米待价以趋，赚一时之利。欲防饥者，必须积谷，亦无折阅㉘。《荀子》注谓：损其所卖物价。

麦菽

麦为面，菽为腐，利用甚多，蓄之以为生，亦善计也。虽黍稷芝麻小豆之属，皆宜收贮，以应一时取之为用。

茶

有宜兴，有日铸，有龙井，至于六安、徽州、广信、建安等茶，其名多著。而姑苏亦产，味不为佳。人家待宾，首以为供，而暴其诚敬，且能消油腻乳酪之物，无以水厄㉙而避诮也。造茶之所，惟以社前者味胜，乘时而取，则有佳者。古人用末茶团片，今则有一枪雨旗，即以为尚。若蒙山顶茶，则采于石，止可干食之耳。

酒

煮酒惟腊酿者为胜，须注腊水。秋造细曲，冷暖俟时，调和有节，酒亦味美，香清滑辣，其糟有用。若不得其理。鲜有不为冷暖所误也。至于时酒，则官药草药，皆可酿之，而酒味亦能甘人。今天下所称，虽有麻姑酒，有东阳酒，有葡萄酒，有枣儿酒，有绿豆酒，有郫筒酒、树头酒、桐马酒等，出自多方，味各有佳处，不能毕致。然不若家酿之便，利益倍蓰㉚也。

油

油之入口者，惟大麻子油为最，其次为芝麻油与菜油耳。若调和美物，取烹鸡鹅之膏，极为佳也。有一种椒子油最香，可以染物。夜灯之用，则菜油、豆油与浙江清油。能多种紫苏，取子作油，然之尤明。而棉花子、红篮子、蓖麻子、糯米糠等油，方土随用。烛则白蜡、黄蜡，甚宜以柏为烛，尤胜而便焉。

盐

盐乃松江本地所生，家常之用，不须多得，惟腌蔬造酱，一年数度，用之甚广。但盐禁甚严，仍俟负贩至门买，用不可贪，慕其贱直，而登场收取，恐有小犯，而取祸不赀㉛矣。

酱
造酱，今人惟知以三伏㉜中晒成者为上，而太官㉝则贵在十月，幽黄俟腊水造之。予遗制中，酱有数等，依其制而因其时，则有美味。若小误取市买者，皆一时煮豆所为，而无麦面，虽见色红，蔑能跂及之也。

醋
醋之酽者，有社时醋，有腊时醋，有伏中醋，有桃子醋、葡萄醋、枣子醋之类。松江惟米麸醋甚多，因时而造，则能成味。且予各备遗制，传必有自，不得罔意为也。

蔬
蔬之种甚多，有土地不宜。生而嘉者，甚为艰得，常留种以防其馑。遵予遗法中，及时相地以植之，四时取用，以为异味。但得处置合宜，岂特专美乎鱼肉也！

果
果种之异，惟柑橘可以久藏，次则林檎稍坚，不易腐损。若梨、栗、枣、柿，于秋冬尚有可用，其樱桃、杨梅、桃李、梅杏之属，贩于行商者，皆郁养强熟，而味不能全。视遗法中各品种植，留待宾祭，乘时采摘之，始知其味鲜美胜常，得以荐乎百物之有成也。

贷贴——以物为质曰贴
称贷有一事，岂以为蕴利而生孽㉞？然今朝廷无禁，而取息有定制也。必明白保见，文券有徵诃知㉟诚实信行之辈，公取而公与之，固无烦于义者。惟不宜抑配抑勒㊱，或为羊羔利㊲，而烦扰耳。至于影质㊳以求息，虽有衔鬻㊴之劳，是亦今人之庙算㊵也。元富民贷钱，责其入本以息为券，岁月责偿，为羔利。

货殖
为商贾之操，其奇赢不如货殖者，废举㊶逐时，难有干没㊷，而物则稳当也。生财之道，此亦优于借贷而取息值。时有丰歉，人难隃度，今之射利者，贪得无厌，而必过求赢馀，至倍称㊸犹未已，此则刻薄封豕㊹之流耳。而不知得此刚失彼，更蹈于左计中矣。吾惟务此而□□□。

【注释】

① 此句出自《庄子·则阳》。后以卤莽灭裂，指轻率败事。
② 舂砾：挖去小石子。
③ 此句出自《诗经·小雅·信南山》。井田制中田百亩，集体耕种为公田，井外八处各二十亩，为八家的私田，可为庐舍、种谷，田畔上种瓜，以尽田利。
④ 湖州：浙江湖州。
⑤ 松江：上海松江。
⑥ 三春：农历正月称孟春，二月称仲春，三月称季春，合称三春。
⑦ 陶朱公：春秋时范蠡佐越王勾践灭吴王夫差后，弃官远去，至陶，称朱公，经商致富。
⑧ 腯（tū）：肥，肥胖。
⑨ 鞲鹰：停立在革制的臂衣上的猎鹰。
⑩ 西成：秋季收成。《尚书·尧典》："来秋西成。"
⑪ 亭午：正午，中午。李白《古风》："大车扬灭尘，亭午暗阡陌。"
⑫ 挟纩：披着绵衣。
⑬ 宋（máng）：屋的正梁。樚（lù）：樚栌，同辘轳，安在井上的汲水器上的圆木。础：柱下的石墩。砀：带花纹的石头。瓮：陶制盛器。甓（pì）：即砖。
⑭ 绣闼雕甍：五彩绘画的门楼小屋，精雕的屋脊。《滕王阁序》："披绣闼，俯雕甍。"
⑮ 甃（zhōu）：用砖砌的井壁。
⑯ 罅隙：缝隙。
⑰ 鸠工：集合工匠。
⑱ 圊湢：厕所和浴室。
⑲ 觊觎：非分之想或企图。
⑳ 狸步之羞：比喻器具造假。狸步，古代大射时测量侯道的器具。
㉑ 磷敝：薄，破旧。
㉒ 篾绳：用竹编的辫状编织物。
㉓ 槱（yǒu）：烧。
㉔ 绹（táo）：绳索捆绑。
㉕ 此句出自《管子·立政》。
㉖ 椹：桑树的果实，又名"桑椹"。系果品，又入药。
㉗ 樵苏：柴草。杜甫《哭李尚书》："樵苏封葬地，喉舌罢朝天。"
㉘ 折阅：商品降价销售。《荀子》："良贾不为折阅不市。"
㉙ 水厄：三国魏晋以后，渐行饮茶，其初不习饮者，戏称为水厄。北魏杨炫之文："卿不慕王侯八珍，好苍头水厄。"

㉚ 倍蓰（xǐ）：倍，一倍；蓰，五倍。《孟子》："或相倍蓰，或相什百。"
㉛ 不赀：数量很大，不能以资财计算。
㉜ 三伏：农历夏至后第三庚日起为初伏，第四庚日起为中伏，立秋后第一庚日起为末伏，合称三伏。
㉝ 太官：旧时掌管皇帝饮食宴会和百官膳食的官。
㉞ 蕴（yùn）利：聚利。生孽：产生灾祸。
㉟ 诇（xiòng）知：访察得知。《资治通鉴》："但虑彦章诇知，径来薄我，城不能就。"
㊱ 抑配抑勒：强行摊派。
㊲ 羊羔利：本利对收的高利贷。
㊳ 影质：预付财物作抵押。
㊴ 衒鬻（xuàn yù）：本意叫卖，引申为炫耀卖弄。《后汉书》："叫呼衒鬻，县旌自表者，非随和之宝也。"
㊵ 庙算：朝廷制定的克敌谋略，即妙算。《孙氏兵法》："夫未战而庙算胜者，得算多也。未战而庙算不胜者，得算少也。"
㊶ 废举：囤积货物，买贱卖贵。《史记》："子贡好废举，与时转货赀。"
㊷ 干没：指侥幸、冒险。《晋书》："霸王不以喜怒兴师，不以干没取胜。"
㊸ 倍称：借一还二的债款利益。
㊹ 封豕：大猪。比喻贪暴的首恶分子。扬雄《长杨赋》："昔有强秦，封豕其士，窦窳宏其民。"

宋氏家规部

［明］宋诩

正己

未明而起，不可一日有怠；
已昏而卧，不可一夜忘警。
坐必端不倚，立必正不攲①。
不矜②不张，不伐③不骄。
不以利诱，不以势屈。
不谄不求，不妒不嫉。
知止足，远耻辱，不沽激④，不诡谲。
暴厉必戒，慈恕必推，论至目睫⑤，询及刍荛⑥。
是非不可听而发暴，曲直必宜察而辨明。
至乐不得恣所欲，至怒不得乱所为。
当为事，不少让于人，急行之而勿前却；
不可事，勿姑置于己，速改之而勿畏难。
不作无益害有益，不以小过成大过。
盛暑不弛威仪，隆冬不恣安逸。
饮酒不至于乱，食肉不过于贪。
妻妾至近，不偏以私；子孙至亲，不溺于爱。
不谈人短，不长己恶，不流荡，不怡儳⑦。
不利己而损人，不恕己而责人。
不可作杀风景事。
务必行有器识事⑧。

观书必心与意会，道与理融；作文必立意高，关世教⑨，有篇法，有句法，有考据，不蹈袭；作诗尤要句法精严，气格高妙，风制迥别。写字须有体制，不得潦草放肆。作画不可有工人气习。

抚琴必养性禁邪，毋以为戏也；博弈惟适性忘虑，毋以为务也。

正人

明尊卑之分，严内外之禁。

不可敛财物私帑藏，不可倚富贵作威福。

不宜习为赌博之非以坏性，得进不用。

不宜介诱唼佞⑩之人以弊家，虽慧不取。

虽小物不得容盗，虽常言不得令诳。

必以诚信，必以勤慎。

忠以顾家，毋为党魁。忍以免患，毋为祸阶。

毋得竞为谄谀逢迎，毋得肆为亵慢靳侮⑪。

男女不通衣裳，男女不通寝席。

男女不同浴厕，男女不共厨灶。

长毋用凭陵以虐幼，幼毋用桀骜以犯长。

执事必恪，持物必敬。不得引嫌，不得保奸。

不以争论斗殴为强勇，不以指摘挤陷⑫为智谋。

机事不可漏泄以害成，虚事不可妄传而簧鼓⑬。

有事必禀长而知，有故必请主而行。

故犯虽小必惩，毋姑息；误犯虽重必宥，毋苛刻。

同家不得分尔我，同处不得占便宜。

检柅作醵殢酒湛湎⑭酗，败德之囮⑮也，则禁戒，身不可得而从，不从则不荒坠厥绪也。

惩约私淫外妇烝报⑯传，聚麀⑰之兽也，则禁绝，耳不可得而闻，不闻则无中冓⑱之言也。须用防微杜渐，毋为因小失大。

谗言两面二舌，离间情义，听之飞蝇必污也。

狙诈⑲假公徇私，暗为欺罔，信之陷阱必从也。

教子孙

儿女能行能言，即教以别男女，知尊卑。

不可恣其所欲，不可恁其所为。

以礼习之微使之知，以爱育之亦与之惧。

暑必以衣，食不容择。

常令近尊贵贤智之人，毋令亲邪媚淫蘗[20]之辈。

化与智长，教之宜切。习与性成，防之宜谨。

男子

六岁即令读书，先《小学》而后以次进入《四书》经史。

八岁即令习字，先端楷而后以次进入篆隶草书。

十一、十二岁方令属文咏诗，先理气而后文辞。宜宗《檀弓》[21]《考工记》[22]及韩柳欧苏[23]四大家局段为优，理则体周、程、张、朱[24]四子为正，诗宗李、杜[25]，毋以禅语参之。

从师，非不疾病，不使一日怠惰。不宜躐等[26]，亦令循序渐进。

自幼至壮，凡事必咨禀于父母兄长。

读圣贤书，便须讲解明白，亲切躬行实践。

见古人之善者，便须欣慕思与之齐。

见古人之恶者，便须羞恶惧与之似。

大[27]严则情远，有过则蔽而不知。

大宽则情狎，有事则肆而无惮。

祭祀之物，未荐[28]不敢先尝。

父母之物，未命不敢先用。

人有馈送，不敢私受，不敢专受。

已有馈送，不敢私与，不敢专与。

女子

八岁教令读书识字，粗知礼仪，针指女红中馈[29]，妇职皆宜亲习。

性行教习，婉娩听从。

成妇

无非无仪[30]，惟有闺门之修，无父母诒罹[31]，余同男子，自少至老，不得崇礼丛林丛祠[32]。

使仆隶

内外男女，皆令早起，听命干当之事。

凡命管领堂室、仓库、庄舍、田土、畜产、舟车、家具之类，管办家计货财利益之方，殚心戮力，谋为宜常。申禀有无，出纳肥瘠，生息多寡，种植储偫[33]充拓[34]，修理成否得失之事，以时商议。管则有总，总则有副，赞襄[35]协辅，皆择有心计者为之。

有使令，只便趋赴，不许违慢放肆。

命作事，只便承受，不许逡次荵苴[36]。

男子不许干与女子之事，有则回避之。

女子不许干与男子之事，有则防闲之。

男最幼孺者，听令在内应门，不许擅入闺房。

男五尺以上者，非有命呼唤，不许擅入内庭。

凡家之主伯亚旅[37]，闻其声往，即来见其形，坐即立。

凡见家主所尊所敬所友之人，坐则起立，使则顺从。或敬主及使，待以礼貌，则谦谦[38]不敢当。有问则对，不得饶舌。

衣不足者，听令告寒。食不足者，听令告饥。

疾病者，听告药物。劳勤[39]者，听告更代。

不许畜养重台[40]以坏家。

不许克减公物以肥己。

男则为娶，女则为嫁。

生必足其衣食，不使有鹑结[41]菜色。

死必管其葬祭，不使至尸暴鬼泣。

授之以事，必视日之长短，计其工力，约以成筭[42]。完则令止，不可更加以事，使力难给。

岁纪其功过，以行赏罚，不许掩过以塞责。

功重者优待之及子孙，

过深者远遣之绝其苞蘖[43]。

女使皆然，惟有内外之分。

时饮食

奉祠堂

四时祭奠，酒食肴蔌㊹，务令精洁以时，不得轻忽以致残秽，亦不得遗忘颁后，不得以俭而祭，不得无故而摄㊺。

奉宾客

凡有贺谢多仪而来，必留特卓，特致诚敬。

凡有执贽而来，必留列卓，特致诚敬。或馈以馔，或侑㊻以币，视齿德㊼尊贵，隆以殊礼绝席㊽。

凡初识留饮，必列卓。凡常见留饮，必团坐。

凡久旷享仪而来，必留团坐。

凡有故启事问难而来，远亦留饮团坐。

元旦有贺客，亲疏皆留宴。

冬至有贺客，亲疏皆留宴。

冠婚丧祭，凡待宾皆列卓。

列卓宜丰，团坐宜杀㊾。

亲宾遣使馈遗，必留，或列卓，或团坐，不计物之厚薄，而推情之轻重。

常日待宾家用

旦汤，米饭羹。上饷茶汤，随时点心饼饵。中午麦饭羹，晡时茶汤，随时点心饼饵。旰㊿米饭或糜。中午旰宜酒，酒后宜八仙散等之药，饭后宜藕丝糖等之物。

常日以下饮食见遗制。

家宴

元宵、端阳、七夕、重阳、小至、除夜俱列卓同待宾。

上寿、庆喜、饯行、饮至㉛俱列卓同待宾。

家人

初稼必用豕牢，以饮食之。已穑必用豕牢，以慰劳之。小至必以酒果肴馔，除夜必以酒果肴馔，端阳与酒馔，重阳与酒馔。有劳赐酒肴以劳之，远出赐酒肴以钱行之，远回赐酒肴以饮至之。

工匠

创事有酒馔，竣事有酒馔，久劳有酒馔。

古人凡祭宴治具有四司六局，今共拟为十司：

一司：掌器皿之类。

二司：掌茶酒之类。

三司：掌时新蜜糖果品之类。

四司：掌野猎海错[52]腥蔬案酒[53]之类。

五司：掌粉面饼饵之类。

六司：掌拖炉烧饼之类。

七司：掌烹炰燔[54]炙屠宰事属。

八司：掌薪炭爟[55]燎蜡炬松明[56]事属。

九司：掌肆设布列筵席屏几事属。

十司：掌插花张画焚香结采罘罳[57]、声技乐舞事属。

均衣服

纻丝罗纱之属，此贵物也，绫绸之类次之。

北镇东布之属，此贵物也，葛越之类次之。

貂鼠驼绒之属，此贵物也，羔褐之类次之。

为家主必视子、孙之心。置贵服亦与其贵，置次服亦与其次。冠履、裳泽[58]、纩著、绒线，皆豫料[59]其有无。

为家长更推一家之心。暑则思与凉布，寒则思与温布。有恩者加之以绫绸等帛，有功者加之以轻细等布。巾帽鞋袜之类，亦当逆见[60]其不足。

【注释】

① 欹（qī）：倾斜，歪向一边。
② 矜（jīn）：骄傲，自夸，自大。《礼记》："不矜而庄。"
③ 伐：夸耀自己，自吹自擂。
④ 沽激：矫情求誉，宋代邵伯温文："康节公深达世务，不以沽激取虚名。"
⑤ 目睫：指眼前之事。
⑥ 刍荛：刍，割草。荛，打柴。指割草打柴的人，引申为草野之人。
⑦ 佁儗（chì yì）：闲缓的样子。《文选》："或乃植诗纚纚，佁儗宽容。"
⑧ 原文注："清泉濯足、花上晒裈、背山起楼、烧琴煮鹤、对花啜茶、松下喝道。"器识：度量见识。
⑨ 世教：指当世的正统思想，正统礼教。风制：风格，法式。
⑩ 唼佞（qiè nìng）：谗言。
⑪ 亵慢：轻慢，不庄重。《西厢记》："往日以亵慢而见责，今日敢无礼乎！"靳侮：嘲弄，欺侮。《鸡肋篇》："章子厚为相，靳侮朝士。"
⑫ 指摘：指出缺点，挑出错误。挤陷：排斥，陷害。
⑬ 簧鼓：《诗经·小雅·巧言》："巧言如簧，颜之厚矣。"后以簧鼓比喻巧言惑人。簧，乐器里薄叶状的发声器具。
⑭ 检柅（nǐ）：约束，遏止。作醵（jù）：集资凑钱饮酒。殢（tì）酒：病酒，困酒。湛湎：沉湎，沉迷。
⑮ 囮（é）：捕鸟时用于引诱鸟的鸟，古称囮子。此指诈骗、讹诈。
⑯ 外妇：又称外妻，正妻外的妾或私通之妇。烝报：私通辈分较高的女性。
⑰ 聚麀：麀，牝鹿，性淫。往往有父子共一牝之事。后以聚麀指两代人之间的乱伦行为。
⑱ 中冓（gòu）：内室。《诗经·鄘风·墙有茨》："中冓之言，不可道也。"
⑲ 狙诈：狡猾奸诈。
⑳ 淫酗（yòng）：荒淫，酗酒。
㉑ 檀弓：《礼记》篇名，今本多分为上下两部分，多记丧葬礼仪事宜。
㉒ 考工记：《周礼》篇名，述百工之事。
㉓ 韩柳欧苏：指唐代文学家韩愈、柳宗元，宋代文学家欧阳修、苏轼。
㉔ 周、程、张、朱：指宋代理学家周敦颐、程颢和程颐、张载、朱熹。
㉕ 李、杜：指唐代诗人李白和杜甫。禅语：指佛教语言。
㉖ 躐等：超越等级，不按顺序。《礼记》："幼者听而弗问，学不躐等也。"孔颖达注："逾越等差。"
㉗ 大：古同"太"。
㉘ 荐：指祭祀时向祖先进献祭品。

㉙ 女红：亦作"女功""女工"。指女子所做的纺织、缝纫、刺绣等工作。中馈：旧时指妇女在家主持饮食诸事。
㉚ 无非无仪：没有错误，没有邪僻。《诗经·小雅·斯干》："无非无仪，唯酒食是议。"
㉛ 诒罹：留下忧患。
㉜ 丛林：指僧寺。丛祠：指道观。
㉝ 储偫（zhì）：积存，储备。《广韵》："偫，待也；储也；具也。"
㉞ 充拓：扩充，拓展。
㉟ 赞襄：赞助，帮助。柳宗元文："严赞襄之礼，赐与有加。"
㊱ 逡（qūn）次：退避不前。龌龊：遛遢，不整洁，不端正。
㊲ 主：家长。伯：长兄。亚：仲叔。旅：众子弟。
㊳ 谦谦：不自满，谦虚谨慎。
㊴ 劳勚（yì）：劳苦。更代：更换。
㊵ 重台：即奴婢之奴婢。《辍耕录》："凡婢役于婢者，俗谓之重台。"
㊶ 鹑结：衣服破旧褴褛。《太平广记》："时有一人，鹑衣百结，颜貌憔悴，亦往庙所。"
㊷ 筭：古同"算"，计算。
㊸ 苞蘖：苞，丛生之草。蘖，斩伐草木后萌出的新芽。
㊹ 肴馂：菜肴。馂：食馀之物。
㊺ 摄：收拢，集聚。
㊻ 侑（yòu）：报答，酬答。
㊼ 齿德：年龄，品行。
㊽ 绝席：独坐一席，以示尊显。《后汉书》："防贵宠最盛，与九卿绝席。"
㊾ 杀：降等，减少。
㊿ 旰（gàn）：夜晚。《说文解字》："旰，晚上。"
㈤ 饮至：古代盟伐归后，设奏凯庆功之宴于宗庙，称之饮至。
㈥ 海错：种类繁多的海产。南朝沈约文："山毛海错，事同于腐鼠。"
㈦ 案酒：下酒。这里指下酒的食物。
㈧ 缹（fǒu）：蒸煮。燔：烧。
㈨ 爟：火炬。
㈩ 松明：燃烧以照明的松木。
㈠ 罘罳（fú sī）：门外之屏，也指设在宫阙上交疏透孔的窗棂。用于守望和防御。《汉书》："未央宫东阙罘罳灾。"
㈡ 裳泽：裳，裙。
㈢ 纩著：充有丝绵絮的夹袄。豫料：事先估量。
㈣ 逆见：预见。《后出师表》："凡事如此，难可逆见。"

何氏家规

[明] 何伦

何伦（生卒不详），字宗道，号东山，浙江江山人。明代名士，以事亲至孝著称。此篇《家规》共分十一类，三十五条，涵盖古代家训的基本内容。现在江苏扬州何园、安徽吉水等地可见《何氏家规》图片。

孝亲敬长之规

一、今之人以能养为孝者何？盖缘不顾父母而私妻子，倒行逆施者众，彼善于此，故与之耳。殊不知孝之道，岂养之一事所能尽哉？要有深爱婉容，而承颜顺志①，尊敬谨畏，而惟命是从。稍有斯须②欺慢违忤③，或伤教败礼，取辱贻忧，虽日用三牲④之养，犹为不孝也。蓝田吕氏⑤曰："孝莫大乎顺亲。"司马温公⑥曰："吾事亲无以逾于人，能不欺而已矣。"其事君亦然。

一、人家子弟，有父母兄长慈爱，又得教以诗书，授以生业，而能显亲扬名，以尽孝敬之道者，乃常分耳。乌足言要在困苦艰难、流离颠沛之际，竭力尽心，周全委曲，消患弥变，特力独行，而不失其度者，方为孝敬！

隆师亲友之规

一、凡家素清约，自奉宜薄，然待师友，则不当薄也。切不可因己无成而不教子，又不可以家事匮乏而不从师。务要益加勉励，则所闻者尧舜周孔之道，所见者忠信敬让之行，渐摩既久，身日进于仁义而不自知也。若为利欲所蔽，违弃师友，则与不善人处，所闻所见，无非欺诬作伪，汗漫⑦邪淫之事，身日陷于刑戮而亦不自知也。言之痛心，各宜自省。

一、君子以文会友，以友辅仁。必须趣向正当，切磋琢磨，有益于己者，始可日相亲与。若乃邪僻卑污，与夫柔佞不情，拍肩执袂⑧，相诱为非者，慎勿与之交接。

一、学问之功，与贤于己者处，常自以为不足，则日益；与不如己者处，常自以为有余，则日损。故取友不可以不谨也。惟谦虚者能得之。

待人接物之规

一、凡与宾客及尊卑长幼、君子小人相接，仪节固有不同，咸不外乎敬而已矣。若待尊长，必须言温而貌恭，情亲而意洽。尊长或不我爱，益加敬谨可也。待卑幼，又在自敬其身。苟能尊严正大，肃矩整规，则为卑幼者修饰畏慎之不暇，孰得而上犯之耶！一或琐碎亵狎，便无忌惮矣。待君子之敬根于心，百凡相见往来，交际之礼，俱宜从厚，其敬始伸，稍薄则为慢矣。待小人则不然。外若敬而内则疏，包容退让，宁受亏一分，使之自满自愧，于我亦无所损。若与之争竞较量，一旦弃绝，或发其阴私，斥其过恶，彼必终身怀忿，不至中伤而不止耳。此乃一生所验之良方，以为后人应世之药石。

一、凡客至，家长或宗子⑨出迎，久不相见者则拜。或留饭，家长宗子奉陪。如系子弟中之旧师友、新姻眷，止是此子弟同陪，其余不必见也。留饭之意，既得尽话，又得尽欢，且能尽敬，况路遥者，不使受馁而还。馔贵快便精洁，不贵多品。庶亲近教益，常可往来。若一丰厚，后来难继也。

鞠育教养之规

一、古有胎教，凡妇人妊子，寝不侧，坐不边，立不跛，不食邪味，割不正不食，席不正不坐，目不视邪色，耳不听淫声，此道也。今之妇人乌得而知之，夫当预与之言。

一、凡产子，须是为母者自哺，不可委之乳母。吾尝见人家用乳母者，雇值服食⑩，稍不如愿，反令其子寒暖失时，饥饱无节，或跌扑惊伤，隐蔽不言，致疾莫知所自。且乳母中，端洁者寡，常生意外之虞，不可不谨。

一、子女初生，三朝⑪满月，慎勿置酒张筵，多害生命。惟斋沐更衣，具酒果，抱子告祠堂。其世俗催生送羹之礼，糜费无益，概宜谢绝。

一、古礼名子，不以日月，不以国，不以隐疾，不以山川，亦不可与古先圣同名。但只名以理学之字，使之顾名思义可也。

读书写字之规

一、欲知子弟读书之成否，不必观其气质，亦不必观其才华，先要观其敬与不敬，则一生之事业，概可见矣。凡开蒙之后，能渐渐收敛，一惟师教之是从，亲言之是听。敬重经书，爱惜纸笔，洁净几案，整肃身心。开卷如亲对圣贤，熟读精思，沉潜玩索，反来就自己身上体认，眠存梦绎，念念不忘，如婴儿之恋慈母，饥渴之慕饮食，无一刻之敢离，无一时之敢怠。但遇紧要辞语，留意佩服，即思此一句，可以用在某处，我当谨守此行，此一句正中我之病根，我当即为拔去，不使蔓延滋长。如此为学，虽愚必明。纵不能尽忠于朝廷，亦可以尽孝于父母。纵不能建功业于天下，亦可以自善乎一身。若乃不庄不敬，卤莽忽略，未学先能，未讲先厌。或讲读之际，目视他所，手弄他物，心想他事。于书读其前则污其后，读其后则毁其前。或自恃聪明，不肯用力。或专务外驰，不肯内究。如此为学，白首无成，虽成必败。居官则坏国家之事，处己则无保身之谋。所以古之圣贤教人，先在洒扫应对时着力，引诱提撕⑫，惓惓⑬以持敬为本。

一、读书以百遍为度，务要反复熟嚼，方始味出。使其言皆若出于吾之口，使其意皆若出于吾之心，融会贯通，然后为得。如未精熟，再加百遍可也。仍要时时温习，若功夫未到，先自背诵，含糊强记，终是认字不真，见理不透，徒敝精神，无益学问。

一、学问之功，全在讲贯。而讲书之要，必须讲后自己细看，着意研穷，潜思默究，逐句紬绎⑭，逐章理会，方才得其旨趣。略有疑惑，即为质问，不可草草揭过。俟一本通贯后，仍听先生摘其难者而挑问之，或不能答，即又思之，思之不通，然后复讲。真境一开，如得时雨之化，后来作文，随意运用，信手发挥，自然成章，无再窒碍。若泛泛而讲，泛泛而听，原不留心佩记，徒费唇舌，不入肺腑，今日讲过，明日忘之，此章未达，又讲别章，今年未明，复待来岁，虽讲至百年，诚何益也！

一、凡写字务要庄重端楷，有骨格，有锋芒，有棱角，不得潦草歪邪，微眇⑮软弱。古人云：用笔在心，心正则笔正矣。吾以为用笔固在心正，又在手活。手活则笔势奇妙，如走龙蛇，否则若胶柱鼓瑟⑯，而剔画不开也。是以小儿初学字时，先要教其执笔圆活，如写小字，止令手提运笔，而手腕不动也。若小时失教，大来难转者，令学草书，庶几可改。抄书认字真切，则无鲁鱼亥豕⑰之弊，既要快捷，又要不差。此乃日用常行第一急切之务。况考试之日，苟或字之不佳，涂注粗拙，纵是锦绣文章，亦不动观览矣。岂可谓字不要紧而不习也？

出处进退之规

一人生天地间，智愚贤不肖，固有不齐，或出或处，或进或退，要当皆以古人为鉴，斯无咎矣。昔伊尹、傅说、吕望、孔明⑱之处也，一耕于有莘之野，一佣于版筑之间，一垂钓渭滨，一高卧南阳。此四公者，不出则寥寥无闻，一出则立业建功，以安天下。向非天子梦卜，求而用之，终于农工渔隐之流而已，何尝急急自出，抑何尝以农工渔隐之事为卑鄙而不为也！今人知出而不知处，知进而不知退。凡读书不遂，即鄙农工商贾之事而不屑为，所以有济世之才，而无资生之策者多矣。如张齐贤以布衣而条当世之务，艺祖⑲留之以相太宗。范仲淹⑳以秀才而怀天下之忧，君子称之为分内事。今初学之士，就欲妄事，希觊干求，岂二公之俦耶？又留侯、疏广㉑，功成身退，知止知足，成万世之美名。今之既明且哲以保其身者几人？吾人能知此四事，于所行所止之间，审已量时，见几而作，则庶几免夫失身之患。

节义勤俭之规

一、节义之人，乃天地正气所钟，光祖宗，荣亲族，莫大乎是。后世但有男子仗义而穷，妇人守节而苦，不能自存者，岂可不为之虑，而使之失所耶！合族俱当议处资给，以成其美，不可轻慢靳啬㉒。

一、勤俭为成家之本，男妇各有所司。男子要以治生为急，于农工商贾之间，务执一业。精其器具，薄其利心，为长久之计。逐日所用，亦宜节省，量入而出，以适其宜，慎勿侈靡骄奢，博弈饮酒，宴安懒惰。若人心一懒，百骸俱怠，日就荒淫，而万事废矣。妇人夙兴夜寐，黾勉同心，执麻枲㉓，治丝茧，织纴组纫㉔，以供衣服。不事浮华，惟甘雅洁。凡有重务，弟兄姒娣，分任其劳。主妇日至厨房，料理检点，但有童仆撒泼五谷，秽污作践，暴殄㉕天物者，量加惩戒。至晚肩锁门户，贮水徙薪，逐处照管，仍谕各房，不许烘焙衣物。内外谨严，俱无怠忽。其上下衣食，分给有等，男女多者，传递惟均，不得各分彼此。嫁娶资妆，亦从简便。如此则衣食常盈，而先业不坠矣。

饮食服御之规

一、饮食服御，乃民生日用之不可缺者。近来僭侈无节，风俗日漓㉖，盗起民穷，多由于此。岂草茅[27]之说，所能挽回！故历来古先圣贤之言，为标准。吾人当佩服，以成恬淡朴雅之风。

一、古人饮食，每种各出少许，置之豆间之地，以祭先代，始为饮食之人，不忘本也。

一、为人子者，父母存，冠衣不纯素；孤子当室，冠衣不纯采。

一、或问朱子[28]曰：饮食间，孰为天理？孰为人欲？曰：饮食者，天理也，要求美味，人欲也。

一、君子慎言语，节饮食，二者养德身之切要。

一、有道之士，粗裘索带，而人不鄙之者，取其内而不取其外也。

一、司马温公曰："吾平生衣取蔽寒，食取充腹，亦不敢服垢敝，以矫俗干名，但顺吾性而已矣。"又曰："吾家待客，会数而礼勤，物薄而情厚。"

一、古人事亲，有以酒肉养志者，有以菽水[29]承欢者，均不失为大孝。

一、茅容[30]待客以草蔬，与之同饭，杀鸡为馔以供母，客知之，起拜而称贤。

一、范文正公虽贵，非宾客不重肉，妻子衣食仅能自充，而惟好施予。晏平仲[31]敝车羸马，而惠及三族。

一、范益谦曰：凡吃饮食，不可拣择去取。

一、汪信民[32]曰：人常咬得菜根，则百事可做。朱子曰：今人不能咬菜根，而至于违其本心者众矣，可不戒哉！

一、柳公绰[33]凡遇饥岁，诸子皆蔬食，学业未成者，不听食肉。弟见兄未尝不束带，夫人常衣绢素，不用绫罗锦绣，每归觐[34]，不乘金碧舆，只乘竹兜子[35]。常命粉苦参、黄连、熊胆，和为丸，赐诸子，每永夜习学含之，经资勤苦。所以在公卿间，最名有家法。

一、君子以礼义为养心，则心广体胖，若恣食肥甘，则神昏气溃。妇女以布御寒，则坚苦其志，以香薰罗绮，则淫荡其心。

量度权衡之规

一、人家之斗尺戥称[36]，皆所以量多少，度长短，称物平施，而权轻重者也。此固外物也，其实系乎人之一心。心正而公，则制之惟准，用之惟平，使贸易输敛之间，两无亏累，即为天理矣。若以私刻存心，专图利己，买人之物，则用小戥大称，卖物与人，则用小称大戥。或借人米谷，原以大斗量入，而以小斗偿还。取息于人，则以小斗放出，以大斗收回，即此就为人欲。殊不知轻重大小之间，所增几何，而所损大矣。盖幽暗之中，鬼神在焉，人可欺而心不可欺，心可欺而天不可欺。吾人为学，欲辨理欲，而下克己工夫者，先从此处用力，最为亲切。

撑持门户之规

一、大丈夫尚欲戮力王室，而自家门户，岂可不为撑持，而忍坐视其敝乎？盖人家之兴者，岂得常兴！而废者亦岂常废！兴而不撑持即废矣，废而能撑持，何患不兴乎！兴废固由于天，而撑持之力，实在于人。人能知此意，克勤克俭，凡有废坠，一一修举。或遇户役㊲世务之来，宗子总其大纲，支庶㊳同力共济，协力帮扶，以保宗祀。切不可推延畏缩，窃议旁观，以致唇亡齿寒，委靡不振，而反取人欺笑。虽然，此其大略也，若夫光显之，则在经与书矣。

保守自家之规

一、保守身家之道无他焉：第一，不可奸骗人家妻女；第二，不可赌博宿娼；第三，不可拖欠包揽，谋领侵欺钱粮；第四，不可炼药烧丹，攘窃骗诓；第五，不可强横健讼，斗狠逞凶，及扛帮㊴教唆，生事害人；第六，不可交接无籍之徒㊵，花哄游荡，不务本等生理㊶，及纵容尼姑卖婆于内室往来；第七，不可傲人慢物，好胜夸能，逆理乱伦，骄侈淫佚；第八，不可为贪心所使，专行峻险之途。吾人能依得此诫，每日战战兢兢，循规蹈矩而行，则上不玷祖宗、辱父母，下不累妻子、害亲邻，明无人非，幽无鬼责，一家安乐，为何如哉！

【注释】

① 承颜顺志：看父母脸色，顺从其旨意办事。
② 斯须：暂时，片刻。《礼记》："礼乐不可斯须去身。"郑玄注："斯须，犹须臾也。"
③ 违忤：违背，忤逆。此指不孝顺父母。
④ 三牲：牛、羊、猪。
⑤ 蓝田吕氏：吕大忠，字进伯，陕西蓝田人，宋代官员，官至宝文阁直学士，著有《吕氏乡约》。
⑥ 司马温公：司马光，字君实，见前注p602㉘。

⑦ 汗漫：这里指肆意妄为。
⑧ 柔佞（nìng）：伪善谄媚的人。范仲淹文："柔佞入而刚正出，君子避去之时也。"拍肩执袂：形容亲昵的样子。
⑨ 宗子：嫡长子。在宗法制度下，嫡长子继承大宗，故称。
⑩ 雇值：即雇佣的费用，工钱。服食：衣服和饮食。
⑪ 三朝：指产后第三日，婿宴请岳父母"做三朝"，古称"汤饼之会"。
⑫ 提撕：提醒，振作。
⑬ 惓（juàn）惓：恳切诚挚。《神女赋》："愿尽心之惓惓。"
⑭ 紬绎（chōu yì）：整理出头绪，引申为阐述。《汉书》："燕见紬绎，以求咎愆。"
⑮ 微眇：轻微。
⑯ 胶柱鼓瑟：瑟，古乐器。柱，瑟上调音的短木，如胶其柱，则音调无从调节。比喻拘泥固执而不知变通。
⑰ 鲁鱼亥豕：指文字因形近而在传写或刊刻过程中发生讹误。《抱朴子》："书三写，鱼成鲁，帝成虎。"《吕氏春秋》："夫已与三相近，豕与亥相近。"
⑱ 伊尹：商汤臣，早年耕于莘野，汤以币三聘之，遂幡然而起，相汤伐桀，被尊之为阿衡。傅说：商高宗臣。高宗梦得圣人，名说，使百工求之野，得说于傅岩中。傅岩有涧水坏道，常使胥靡刑人筑之。说贤而隐，故为胥靡代筑以供食。高宗举以为相，国大治。吕望：周初大臣，本姓姜，字子牙，钓于渭水之滨，文王出猎时与之相遇，立为师，武王时尊为"师尚父"，佐武王灭纣。因从其封姓，又有太公望之号，故称吕望。孔明：三国蜀相诸葛亮字孔明，早年在南阳躬耕陇亩，自比管仲、乐毅。
⑲ 张齐贤：字师亮，北宋大臣，宋太祖至洛，他以布衣条陈十事，太宗、真宗时曾两度为相。布衣：庶人之服，代指平民。艺祖：有文德才艺之祖，古代商王对祖先的美称。这里指宋太祖赵匡胤。
⑳ 范仲淹：北宋大臣、文学家。字希文，官至陕西四路安抚使、参知政事。
㉑ 留侯：张良，字子房，为刘邦谋士，佐汉灭秦楚后，因功封为留侯，以功名终。疏广：字仲翁，西汉大臣，宣帝时为太子太傅，与侄受以为官成名立，不去恐有后悔，遂一同辞官回乡。
㉒ 靳啬：吝啬。《北梦琐言》："唐裴司徒璩，性靳啬。"
㉓ 麻枲（xǐ）：即大麻。《礼记》："执麻枲，治丝茧，织纴，组纫，学女事，以共衣服。"
㉔ 织纴：纺织丝缕。组纫：编织圆形的细带。
㉕ 暴殄：任意浪费糟蹋东西。《尚书·武成》："今商王受无道，暴殄天物，害虐烝民。"
㉖ 漓：浅薄，浮薄。
㉗ 草茅：指在野而未出仕做官的人。《仪礼》："凡自称于君，士大夫则曰下臣，宅者在

邦则曰市井之臣，在野则曰草茅之臣。"
㉘ 朱子：指宋代学者朱熹。
㉙ 菽水：豆和水，指粗茶淡饭，形容生活清苦。常指晚辈对长辈的供养。李商隐文："弓裘望袭，菽水承欢。"
㉚ 茅容：字季伟，东汉陈留人，曾留郭泰寓宿，旦日容杀鸡供母，看顾以菜蔬与客共饭。泰拜之曰：卿贤乎哉！因劝令学，卒以成德。
㉛ 晏平仲：晏婴，字平仲，春秋时齐大夫，事灵公、庄公，相景公。节俭力行，食不重肉，妾不衣帛，一狐裘三十年，名显诸侯。
㉜ 汪信民：汪革，字信民，北宋学者，绍圣进士，吕希哲门人，著有《青溪类稿》《论语直解》等。
㉝ 柳公绰：字宽，唐代大臣，历官吏部尚书、兵部尚书。谥号"元"。
㉞ 归觐：回家见父母。《资治通鉴》胡三省注："当觐者，归觐省父母也。"
㉟ 竹兜子：一种有座位而无轿厢的竹轿。
㊱ 戥称：又称"戥子"，用来称量金银、药物等的小型杆秤，衡量轻重的衡器。
㊲ 户役：按户分派的差役。
㊳ 支庶：指宗子之外的子嗣。《史记》："天子支庶子为王，王子支庶为侯，百有余焉。"
㊴ 扛帮：结帮。张居正文："若纠从扛帮，聚至十人以上，骂詈官长，肆行无礼，为首者照例问题。"
㊵ 无籍之徒：无户籍的游手好闲之人。
㊶ 本等：本来，原来。生理：谋生之道。

温氏母训

[明]温璜

温璜（1585—1645年），初名以介，字于石，号石公。后改此名，字宝忠，浙江湖州人。明末崇祯进士，官任徽州府推官。明末清军入关，温氏起兵拒清，兵败城破，手刃其妻女，自刎而亡不降清。此文凡七十一条，辑录其母陆氏的身教口授，故名《温氏母训》。

《四库全书总目》云："语虽质直，而颇切事理。"今选《丛书集成初编》为底本校注。

世运方屯，亲恩罔极，慈训具存①，勉哉自力。（嘉兴巢鸣盛题）

穷秀才谴责下人，至鞭扑而极矣。暂行知警，常用则玩，教儿子亦然。

贫人不肯祭祀，不通庆吊，斯贫而不可返者矣。祭祀绝，是与祖宗不相往来，庆吊绝，是与亲友不相往来。名曰"独夫"，天人不佑。

凡无子而寡者，断宜依向嫡侄为是。老病终无他诿，祭祀近有感通。爱女爱婿，决难到底同住。同住到底，免不得一番扰攘官司②也。

凡寡妇，虽亲子侄兄弟，只在公堂议事，不得孤召密嘱。

寡居有婢仆者，夜作明灯往来。

少寡不必劝之守，不必强之改，自有直捷相法。只看晏眠蚤起，恶逸好劳，忙忙地无一刻丢空者，此必守志人。身勤则念专，贫也不知愁，富也不知乐，便是铁石手段。若有半晌偷闲，老守终无结果。吾有相法要诀曰："寡妇勤，一字经。"

妇女只许粗识柴、米、鱼、肉数百字，多识字，无益而有损也。

贫人弗说大话，妇人弗说汉话③，愚人弗说乖话，薄福人弗说满话④，职业人弗说闲话。

凡人同堂、同室、同窗多年者，情谊深长，其中不无败类之人。是非自有公论，在我当存厚道。

世人眼赤赤，只见黄铜白铁。受了斗米串钱，便声声叫大恩德。至如一乡一族，有大宰官当风抵浪的；有博学雄才开人胆智的；有高年先辈道貌诚心，后生小子，步其孝弟长厚，终身受用不穷的。这等大济益处，人却埋没不提，才是阴德。

但愿亲人，人人丰足，宁我只贫自守。若使一人富厚，九族饥寒，便是极缺处，非大忍辱人，不能周旋其间。

周旋亲友，只看自家力量，随缘答应。穷亲穷眷，放他便宜一两处，才得消谗免谤。

凡人说他儿子不肖，还要照管伊父体面。说他婆子不好，还要照管伊夫体面。

有一等人，撺贩风闻⑤，为害不小。有一等人，认定风闻，指为左券⑥，布传远近。有一等人，直肠直口，自谓不欺，每为造言捏谤，诱作先锋，为害更甚。

贫家无门禁，然童女倚帘窥幕，邻儿穿房入闼⑦，各以幼小不禁，此家教不可为训处。

中年丧偶，一不幸也。丧偶事小，正为续弦⑧费处。前边⑨儿女，先将古来许多晚娘⑩恶件，填在胸坎。这边新妇父母婢，唆教自立马头⑪。两边闲杂人，占风望气，弄去搬来。外边无干人，听得一句两句，只肯信歹，不肯信好，真是清官亦判断不开。不幸之苦，全在于此。然则如之奈何？只要作家主的，一者用心周到，二者立身端正，人生只消受得一个"巴"⑫字。日巴晚，月巴圆。农夫巴一年，科举巴三年，官长巴六年、九年，父巴子，子巴孙。巴得歇得，便是好汉子。

凡父子姑媳，积成嫌隙，毕竟上人要认一半过，去其胸中横竖道，卑幼奈我不得。

富家兄弟，各门别户，最易生嫌。勤邀杯酒，时常见面，此亦远谗间之法。

贫人未能发迹，先求自立。只看几人在坐，偶失物件，必指贫者为盗薮⑬。几人在坐，群然作弄，必指贫者为话柄。人若不能自立，这些光景，受也要你受，不受也要你受。

寡妇弗轻受人惠。儿子愚，我欲报而报不成；儿子贤，人望报而报不足。

我生平不受人惠，两手拮据，柴米不缺。其余有也挨过，无也挨过。

我生平不借债结会，此念一起，早夜见人不是。

作家的，将祖宗紧要作不到事，补一两件；做官的，将地方紧要作不到事，干一两件，才是男子结果。高爵多金，还不算是结果。

人言日月相望，所以为望，还是月亮望日，所以圆满不久也。你只看世上有贫人仰望富人的，有小人仰望贵人的，只好暂时照顾，如十五六夜月耳，安得时时赏你缺陷？待到月亮尽情，乌有那时日影再来光顾些须？此天上榜样也。贫贱求人，时时满望，势所必无，可不三思！

儿子是天生的，非打成的。古云："棒头出肖子。"不知是铜打就铜器，是铁打就铁器。若把驴头打作马面，有是理否！

远邪佞，是富家教子第一义。远耻辱，是贫家教子第一义。至于科第文章，总是儿郎自家本事。

贵客下交寒素[14]，何必谢绝，蔬水往还，大是美事。只贵人减驺从[15]，便是相谅。贫士少干求，便是可久之道也。

朋友通财是常事，只恐无器量的承受不起。所以在彼名为恩，在我当知感。古来鲍子容得管子[16]，却是管子容得鲍子。譬如千寻松树，任他雨露繁滋，挺挺承当起。

世间轻财好施之子，每到骨肉，反多悭吝[17]，其说有二：他人蒙惠，一丝一粒，连声叫感，至亲视为固然之事，一不堪也；他人至再至三，便难启口，至亲引为久常之例，二不堪也。但到此处，正如哑子黄连，说苦不得。或兄弟而父母高堂，或叔侄而翁姑尚在，一团情分，砺斧难断。稍有念头，防其干涉，杜其借贷，将必牢闩门户，狠作声气，把天生一副恻隐心肠，盖藏殆尽，方可坐视不救。如此便比路人仇敌更进一层。岂可如此！汝深记我言。

富贵之交，意气骤浓者，当防其骤夺。凡骤者不恒，只平平自好。

凡富家子弟交杂者，虽在师位，不可急离其交，急离之则怨谤顿生；不可显斥其交，显斥之益固其合。但当正以自持，相机而导。

介告母曰："古人治生为急，一读书，生事啬矣。"母曰："士、农、工、商，各执一业，各人各治所生，读书便是生活。"

问介："侃母[18]高在何处？"介曰："剪发饷人，人所难到。"母曰："非也。吾观陶侃运甓习劳[19]，乃知其母平日教有本也。"

问介："吾族多贫，何也？"介曰："比自葵轩公，生四子，分田一千六百亩。今子孙六传，产废丁繁，安得不贫？"母曰："岂有子孙专靠祖宗过活？天生一人，自料一人衣禄。若有高低，各执一业，大小自成结果。今见各房子弟，长袖大衫，酒食安饱，父母爱之，不敢言劳，虽使先人贻百万赀，坐困必矣。"

世人多被"心肠好"三字坏了。假如你念头要作好儿子，须外面实有一般孝顺行径；你念头要做好秀才，须外面实有一般勤苦行径。心肠是无形无影的，有何凭据？凡说心肠好者，都是规避样子。

中等之人，心肠定是无他。只为气质粗慢，语言鄙悖，外人不肯容恕。当尔时，岂得自恃无他，将心唐突！

世多误认"直"字，如汝读书，只晓读书一路到底，这便是直人。汝自家着实读书，方说他人不肯读书，这便是直言。今人谓直，却是方底骂圆盖耳，毒口快肠，出尔反尔，岂得直哉！

贫家儿女，无甚享用，只有蚕上[20]一揖，高叫深恭[21]，大是恩至。每见汝一揖便走，慌慌张张，有何情味！

读书到二三十岁，定要见些气象。便是着衣吃饭，也算人生一件事。每见汝吃饭忙忙碌碌，若无一丝空地。及至饭毕，却又闲荡，可是有意思人。

治生是要紧事。汝与常儿不同，吾辛苦到此，幸汝成立，万一饥寒切身，外间论汝是何等人？

人有父母妻子，如身有耳目口鼻，都是生而具的，何可不一经理，只为俗物？将精神意趣，全副交与家缘，这便唤作家人，不唤读书人。

贫富何常，只要自身上通达得去。是故贫当思通，不在守分。富当思通，不在知足。不阙祭享，不失庆吊，不断书香，此贫则思通之法也。仗义周急，尊师礼贤，此富则思通之法也。

劳如我，不成怯，证世无病怯者。苦如我，不成郁，证世无病郁者。

作人家切弗贪富，只如俗言"从容"二字甚好。富无穷极，且如千万人家浪用，尽有窘迫时节。假若八口之家，能勤能俭，得十口赀粮。六口之家，能勤能俭，得八口赀粮，便有二分余剩。何等宽舒！何等康泰！

过失与习气相别，偶一差错，只算过误。至再至三，便成习非，此处极要点察。

凡亲友急难，切不可闭门坐视，然亦不可执性莽作。世间事不是件件干得，才唤干人。

汝与朋友相与，只取其长，勿计其短。如遇刚愎人，须耐他戾气[22]。遇骏逸[23]人，须耐他罔气[24]。遇朴厚人，须耐他滞气。遇佻达[25]人，须耐他浮气。不徒取益无方，亦是全交之法。

闭门课子，非独前程远大。不见匪人，最是得力。

堂上有白头，子孙之福。

堂上有白头，故旧联络，一也；乡党信服，二也；子孙禀令，僮仆遗规，三也；

谈说祖宗故事与郡邑先辈典型，四也；解和少年暴急，五也；照料琐细，六也。

父子主仆，最忌小处烦碎。烦碎相对，面目可憎。

懒记帐籍，亦是一病。奴仆因缘为奸，子孙猜疑成隙，皆繇[26]于此。

家庭礼数，贵简而安，不欲烦而勉。富贵一层，繁琐一层；繁琐一分，疏阔一分。

人家子弟，作揖高叫深恭，绝好家法。凡蒙师教，初学须从此起。

凡子弟每事一禀命于所尊，便是孝弟。

吾闻沈侍郎[27]家法，有客至，呼子弟坐侍，不设杯箸。俟酒毕，另与子弟尝蔬同饭，此蒙训恭俭之方。

曾祖母告诫汝祖汝父云："人虽穷饥，切不可轻弃祖基。祖基一失，便是落叶不得归根之苦。吾宁日日减餐一顿，以守尺寸之土也。"出厨尝以手扪锅盖，不使儿女辈灭灶更燃。今各房基地，皆有变卖转移，独吾家无恙，岂容易得到今日？念之！念之！

汝大父[28]赤贫，曾借朱姓者二十金，卖米以糊口。逾年朱姓者病且笃，朱为两槐公纪纲，不敢以私债使闻主人，旁人私幸以为可负也。时大父正客姑熟，偶得朱信，星夜赶归，不抵家，竟持前欠本利至朱姓处。朱已不能言，大父徐徐出所持银，告之曰："前欠一一具奉，乞看过收明。"朱姓忽蹶起颂言曰："世上有如君忠信人哉！吾口眼闭矣，愿君世世生贤子孙！"言已气绝。大父遂哭别而归。家人询知其还欠，或骇之[29]。大父曰："吾故骇。所以不到家者，恐为汝辈所惑也。"如此盛德，汝曹可不书绅！

问世间何者最乐，母曰："不放债、不欠债的人家，不大丰、不大歉的年时，不奢华、不盗贼的地方，此最难得。免饥寒的贫士，学孝弟的秀才，通文义的商贾，知稼穑的公子，旧面目的宰官，此尤难得也。"

凡人一味好尽，无故得谤。凡人一味无故不拘，无故得谤。

凡寡妇不禁子弟出入房阁，无故得谤。寡妇盛饰容貌，无故得谤。妇人屡出烧香看戏，无故得谤。严刻仆隶，菲薄乡党，无故得谤。

凡人家处前后、嫡庶、妻妾之间者，不论是非曲直，只有塞耳闭口为高。用气性者，自讨苦吃。

联属下人，莫如减冗员而宽口食。

做人家，高低有一条活路便好。

凡与人田产、钱财交涉者，定要随时讨个决绝。拖延生事。

妇人不谙中馈㉚，不入厨堂，不可以治家。使妇人得以结伴联社，呈身露面，不可以齐家。

受谤之事，有必要辩者，有必不可辩者。如系田产钱财的，迟则难解，此必要辩者也。如系闺阃㉛的，静则自消，此必不可辩者也。如系口舌是非的，久当自明，此不必辩者也。

凡人气盛时，切莫说道："吾性子定要这样的，我今日定要这样的。"蓦直作去，毕竟有磕撞。

世间富贵不如文章，文章不如道德。却不知还有两项压倒在上面的：一者名分，贤子弟决难漫灭亲长，贤有司㉜决难侮傲上台㉝；一者气运，尽有富贵，交着衰运。尽有文章，遭着厄运。尽有道德，逢着末运。圣贤卿相，作不得自主。

问介："子夏问孝，子曰'色难'，㉞如何解说？"介跪讲毕。母曰："依我看来，世间只有两项人是色难。有一项性急人，烈烈轰轰，凡事无不敏捷，只有在父母跟前，一味自张自主的气质，父母其实难当。有一项性慢人，落落拓拓，凡事讨尽便宜，只有在父母跟前，一番不痛不痒的面孔，父母便觉难当。"

问介："'至于犬马，皆能有养，不敬，何以别乎？'如何解说？"介跪讲毕。母曰："这个'敬'字，不要文绉绉说许多道理。但是人子肯把'犬马'二字常在心里省觉，便是恭敬孝顺。你看世上儿子，凡日间任劳任重的，都推与父母去作，明明养父母，直比养马了。凡夜间晏眠早起的，都付与父母去守，明明养父母，直比养犬了。将人比畜，怪其不伦，况把爹娘禽兽看待，此心何忍？禽兽父母，谁肯承认？却不知不觉日置父母于禽兽中也。一念及此，通身汗下，只消人子将父母禽兽分别出来，勾㉟恭敬了，勾孝顺了。"

人当大怒大忿之后，睡了一夜，还要思量。

【注释】

① 世运：世事治乱盛衰的更迭变化。方屯：正当艰难。罔极：无穷尽，多用指父母之恩。慈训：慈母的教训。

② 扰攘：扰乱。官司：官府，也指诉讼。

③ 汉话：男人的话。

④ 满话：十分有把握的话，不留余地的话，绝对的话。

⑤ 撺贩：搬弄，传播。风闻：经传闻而得知。《晋书》："何缘采听风闻，以察察为政。"
⑥ 左券：本指由债权人所收执、作为凭据的契约左片，后用以比喻对事情有把握叫操左券。
⑦ 闼（tà）：门内。《诗经·齐风·东方之日》："在我闼兮，履我发兮。"
⑧ 续弦：旧时以琴瑟比喻夫妇，故称妻死为断弦，再娶为续弦。
⑨ 前边：指前妻。
⑩ 晚娘：后娘。
⑪ 马头：即码头。自立马头即自立门户。
⑫ 巴：盼望，期望，期待愿望的实现。
⑬ 盗薮：偷盗的根源。
⑭ 寒素：门第卑微又无官爵的人。《魏书》："（恭之）家世寒素。"
⑮ 驺（zōu）从：高官显贵出行时所带的骑马的侍从。
⑯ 鲍子：即鲍叔牙，春秋时期齐国大夫，齐相。管子：即春秋时齐相管仲。两人友谊深厚，成语"管鲍之交"即指此。
⑰ 恚吝：怨恨，吝啬。
⑱ 侃母：晋陶侃之母湛氏。陶侃早孤贫，一次范逵来访，家贫无招待之钱财，侃母便"剪发易肴待之"。此事见《世说新语》。
⑲ 运甓习劳：陶侃在广州时，早晨运百甓于斋外，暮运于斋内，以励志勤力。
⑳ 蚤上：早晨。蚤，通"早"。
㉑ 高叫深恭：高声向父母请安，深深地鞠躬。
㉒ 戾（lì）气：乖张凶暴的性格。
㉓ 骏逸：超群出众，不同凡响。
㉔ 罔气：罔然无视，目中无人的习气。
㉕ 佻达：放荡，轻浮。
㉖ 繇（yóu）：古同"由"，从，自。
㉗ 沈侍郎：所指不详，明人沈廷扬、沈禄、沈节甫、沈翼等人都曾为侍郎。
㉘ 大父：祖父或外祖父。
㉙ 骏之：即以之为骏。骏，痴愚。
㉚ 中馈：指妇女在家主持饮食之事。
㉛ 闺阃（kǔn）：妇女的居室，借指女子。
㉜ 有司：古代设官分职，事各有责司，故称"有司"。《前出师表》："宜付有司论其刑赏。"
㉝ 上台：上司。
㉞ 此句出自《论语·为政》。色难：意为对父母和颜悦色是最难的。孝敬父母，态度是第一位的。
㉟ 勾：古同"够"，足，达到。

谕子十则

[明] 吕维祺

吕维祺（1587—1641年），字介儒，河南新安人，因曾在洛阳建明德堂，世称"明德先生"。明代著名理学家、教育家、官员。27岁考中进士，授山东兖州府推官，后又任吏部主事、太常寺卿、南京兵部尚书等职。吕维祺又建立七贤书院（即北宋的程颢、程颐、司马光、邵雍及明代的曹端、尤时熙、孟化鲤）。崇祯十四年，李自成攻陷洛阳，吕维祺被杀。赠太子少保，福王时加赠太傅，谥号"忠节"。

孔子十五志学，所学何事，尔宜思此志，力此学，不可悠悠放过。

立志要学圣人，不可仅以中人止足，亦不可竟以豪杰自命。

光阴可惜，时乎时乎不再来。

读书要存心、养性、明道理，处为真儒，出为名世，非为取科第①之阶梯而已，汝宜知此意。

今人读书，便只道做好官，多得钱，是富贵之士，决不可存此念。

时时用敬，常如父兄师保在前，必慎其独。

凡遇财物饮食，不可存一贪心，异日必为清修②之士。

言语饮食，一毫不可苟。

谦光③有厚器者，必有大成。

亲贤取友，自得其益。古之圣贤，未有不须友而成者。

【注释】

① 科第：科举考试分科录取，每科按成绩排列等第。科举及第而做官。
② 清修：古代多指操行洁美。现指不问凡尘琐碎之事，修炼自己的内心世界，清静无为。
③ 谦光：尊者谦虚而显其光明美德。《三国志》："今听所执，出表示外，以章公之谦光焉。"

家 训

[明] 叶瞻山

叶树声（生卒不详），字瞻山，号唱于。崇祯三年举人，四年进士，授行人。与山东成公宝慈，江右詹公月如同朝为官，时称"三君子"。改南京、福建道御史，五年间，上数十疏，皆经国大计。崇祯十六年，丁父忧，次年病逝。

一曰循礼。圣人继天立极，莫大于礼。历来簪缨①世胄②，初未有不以礼法起家者，入其门雍雍肃肃③，秩如井如④，其兴也勃焉，骄淫矜夸，怙侈灭义，败可翘足⑤而待也。闺门严整，臧获⑥勤习俭。岁时伏腊，祭祀必亲必腆⑦。国课以时输将，约饬⑧童仆，不许酗酒宿娼，扰害小民，皆礼法中事。

一曰持谦。《周易》六十四卦，惟谦卦六爻皆吉，天道亏盈而益谦，地道变盈而流谦，鬼神害盈而福谦，人道恶盈而好谦，谦尊而光，卑而不可逾。江海为百谷王，以其善下也，故君子不欲多上人。

一曰存恕。苕中⑨贵公子某某，名并梼杌⑩，少小与先岳严振吾公周旋，余一日问某公子状，公曰："无他，只任意耳。"余曰："只此耶！"公正色曰："任意则不复顾人，不顾人，人必受其累，繇⑪此推之，桀纣⑫不逾矣。"余为竦然。昔辛宪英⑬子辛琇，从钟会⑭军征蜀，宪英谓其子曰："行矣，戒之！军旅之间，可以济者，其惟仁恕乎。"琇竟以全归。故恕字终身用之不尽。

一曰从俭。家道浸昌，如春树发花，初见蓓蕾，继以畅茂，一朝烂漫，而雕谢随之。始于俭，卒于奢，卒而零落不可继，自然之理也。家居百凡从俭，饮食尤不宜若流，亲朋宴洽，不得逾六簋⑮。古人真率会，谓有三养，清虚以养胃，节啬以养福，省费以养财。

一曰择交。不如其人视其友，语所谓与善人处，如入芝兰之室，久而不闻其香；与不善人处，如入鲍鱼之肆，久而不闻其臭。家居须亲近正人，憸邪⑯弗与亲昵，非只此匪之损，兼防波累之祸。

一曰保身。"身体发肤，受之父母，不敢毁伤，孝之始也。"⑰曾子亚圣⑱，临深履薄⑲，竟此一生。但得福寿康宁，毋贻父母牵系，守身即孝亲。百凡寒暑饮食起居，倍宜珍重，沉湎冒色，尤伤生之斧，外游风波暴客，最宜慎防。语云："千金之子，坐不垂堂。"

一曰治生。学者以治生为急，即既富方谷恒产恒心意也。余曩昔⑳处丁长孺㉑先生之塾，时具馆谷，先生嘱曰："毋浪费，置腴田几许。"余笑而颔之。先生曰："以仆为轻薄耶，仆所期于公者远，公定是云路中人，俯仰无累，可励五䋲之节也。"余敬谢教通籍八年，兢兢奉绳尺，天涯游子，稍给饘㉒粥，无内顾忧，先生之训也。前辈云："贵莫贵于不自辱，富莫富于能知足，贱莫贱于思求人，贫莫贫于不知生。"

【注释】

① 簪缨：古代达官贵人的冠饰，后泛指高官显宦。李白《少年行》："遮莫姻亲连帝城，不如当身自簪缨。"

② 世胄（zhòu）：世家子弟，贵族后裔。晋朝左思《咏史》："世胄蹑高位，英俊沉下僚。"

③ 雍雍肃肃：华贵，有威仪，让人生敬。雍雍，雍容大方。肃肃，恭敬严正。

④ 秩如井如：秩序井然，井然有序。

⑤ 翘足：形容时间短暂。《史记》："大臣内叛，诸侯外反，亡可翘足而待也。"

⑥ 臧获：古代对奴婢的贱称。唐代皇甫枚《三水小牍》："臧获有不如意者，立杀之。"

⑦ 腴：丰厚。《尔雅》："腴，厚也。"

⑧ 约饬（chì）：亦作"约敕"，约束，告诫，命令。饬，同"敕"。《明史》："约饬将士，毋得张贼声势。"

⑨ 茗（tiáo）中：地名。今苏州西北阊门地区。

⑩ 梼杌（táo wù）：别名傲狠，古代神话中的四凶之一。

⑪ 繇（yóu）：古同"由"，从，自。《尔雅》："繇膝以下为揭，繇膝以上为涉。"

⑫ 桀纣：夏桀和商纣，皆是历史上的暴君。夏桀是夏朝的亡国之君，商纣是商朝的亡国之君。《孟子》："桀纣之失天下也，失其民也。"

⑬ 辛宪英：辛氏，字宪英，河南禹州人。魏晋时著名才女。曾预言钟会将会叛乱。

⑭ 钟会：字士季，河南长葛人。三国曹魏大臣和书法家，钟会和邓艾分兵伐蜀，后图谋反叛，讨伐司马昭，因部下兵变而死于乱军中。

⑮ 簋（guǐ）：古代盛食物的器具，圆口，双耳。《诗经·秦风·权舆》："于我乎，每食四簋。"

⑯ 憸（xiān）邪：奸邪，邪恶，亦指奸邪、邪恶之人。《辍耕录》："公信任憸邪，使国

家之柱石陨于无辜。"
⑰ 此句出自《孝经·开宗明义》。
⑱ 曾子亚圣：曾子，名参，字子舆，山东嘉祥人，春秋著名儒家，孔子的弟子，后世尊奉为"宗圣"，儒学四圣之一。亚圣：孟子，姬姓，孟氏，名轲，山东邹城人，春秋时伟大的思想家、教育家，儒家杰出代表，与孔子并称"孔孟"，后世尊奉为"亚圣"，著《孟子》。
⑲ 临深履薄：面临深渊，脚踩薄冰。比喻小心谨慎，惟恐有失。《诗经·小雅·小旻》："战战兢兢，如临深渊，如履薄冰。"
⑳ 曩（nǎng）昔：从前，以前，昔日，往日。《思旧赋》："追思曩昔游宴之好，感音而叹，故作赋云。"
㉑ 丁长孺：江苏常熟人。明代学者，曾整理明代医家缪希雍医案和验方。
㉒ 馇（zhān）：稠粥。《说文解字》按："厚者曰馇，稀者曰粥。"

家 训

[清] 傅山

傅山（1607—1684年），初名鼎臣，字青竹，改字青主，又有浊翁、观化等别名，山西太原阳曲人。明清时思想家、书画家、医学家。清初六大师（顾炎武、黄宗羲、王夫之、李颙、颜元）之一。明亡，清军入关，傅山剃发入道，遂号"朱衣道人""石道人"，从事反清活动，失败后，避居乡间。著《霜红龛集》《傅青主女科》《傅青主男科》等。

本文取《霜红龛集》为底本校注。

训子侄

眉、仁①素日读书，吾每嫌其驽钝②，无超越兼人之敏。间观人有子弟读书者，复驽钝于尔眉、仁，吾乃复少恕尔。两儿以中上之资，尚可与言读书者。此时正是精神健旺之会，当不得专心致志三四年。记吾当二十上下时，读《文选》③京、都诸赋，先辨字，再点读三四，上口则略能成诵矣。戊辰④会试，卷出，先兄子由先生为我点定五十三篇，吾与西席⑤马生较记性，日能多少。马生亦自负高资，穷日之力四五篇耳。吾栉沐毕诵起，至早饭成唤食，则五十三篇上口不爽一字，马生惊异叹服如神。自后，凡书无论古今，皆不经吾一目。然，如此能记，时亦不过六七年耳。出三十则减五六，四十则减去八九，随看随忘，如隔世事矣。自恨以彼资性，不曾闭门十年读经史，致令著述之志不能畅快。值今变乱，购书无复力量，间遇之，涉猎之耳，兼以忧抑仓皇，蒿目世变⑥，强颜俯首，为蠹鱼⑦终此天年。火藏焰腾，又恨呫哔⑧大坏人筋骨。弯强跃马，呜呼已矣！或劝我著述，著述须一幅坚贞雄迈心力，始克纵横。我庚开府⑨萧瑟极矣！虽曰虞卿⑩以穷愁著书！然虞卿之愁可以著书解者，我之愁，郭瑀⑪之愁也。著述无时亦无地，或有遗编残句，后之人误以刘因⑫辈贤，我目几时瞑也！

尔辈努力自爱其资，读书尚友，以待笔性老成、见识坚定之时，成吾著述之志不难也。除经书外，《史记》《汉书》《战国策》《左传》《国语》《管子》、骚⑬、赋⑭，皆须细读。其余任其性之所喜者，略之而已。廿一史，吾已尝言之矣：金、辽、元三史列之载记，不得作正史读也。

文训

贫道⑮昔编《性史》⑯，深论孝友之理，于古今常变，多所发明。取二十一史应在孝友传而不入者，与在孝友传而不足为经者，兼以近代所闻见者，去取轩轾⑰之。二年而稿几完，遭乱失矣。间有其说存之故纸者，友人家或有一二条，亦一斑也，然皆反常之论。不存此书者，天也。

凡人养性作人，皆有一安身立命之所，即文章小技亦然。尔两小子皆读《左氏春秋》，其中犯教伤义，大节目一眼便知，不待讲解也。至于文章之妙，大段大段，细曲细曲，铺张组织，补缉波澜，前人多少评论，总不能尽。尔小子若有眼色，读之既久，自得悟入，别生机轴，依傍不依傍，熏习变化，全非我所得与尔拈出者。以后凡遇古人用此法、论此义者，莫要置之，皆须留心分析，明经处倒不甚难，以其是非邪正，显然易见，而文心掂播諎谑⑱，实麋糟⑲所难得窥测。尔们便将此书作一安身立命之所，作人、养性、学文，都向此中求之，每事相与辨论。所谓"奇文共欣赏，疑义相与析"也。

文者，情之动也；情者，文之机也。文乃性情之华，情动中而发于外，是故情深而文精，气盛而化神。才挚而气盈，气取盛而才见奇。

文章未有高而不简、简而不挚者。

仕训

仕不惟非其时不得轻出，即其时亦不得轻出。君臣僚友，那得皆其人也！仕本凭一"志"字，志不得行，身随以苟，苟岂可暂处哉！不得已而用气，到用气之时，于国事未必有济，而身死矣。但云酬君之当然者，于仕之义，却不过临了一件耳。此中轻重经权⑳，岂一轻身能了。吾尝笑僧家动言佛为众生，似矣，却不知佛为众生，众生全不为佛，教佛独自一个忙乱个整死，临了不知骂佛者尚有多多大少也。我此语近于沮、溺㉑一流，背孔孟之教矣。当此时奔走干进，泊天地下皆不屑为沮溺矣，岂如此即皆孔孟耶！但囫囵㉒略道之。尔辈顾素闻大义明矣，何必我口一一诛求。运气当尔，若不达观㉓，真正憋杀几个读书求志之人。须知志即在读书中寻之，不失为门庭萧瑟之风流也。

仕之一字，绝不可轻言。但看古来君臣之际，明良喜起，唐虞以后，可再有几个？无论不得君，即得君者，中间忌嫉谗间，能保终始乎！若裴晋公㉔之遇唐宪宗，亦万一耳。

佛经训

佛经，此家回避不敢读，间读之，先早有个"辟异端"三字作难与他。耳耳戞戞㉕去说，不违背处，大有直捷妙谛。凡此家蒙眬不好问答处，彼皆粉碎说出。所以教人翻好去寻讨，当下透彻，不骑两头马也。尔底根地甚好，将来有个大好撒手下落，切不可作菩萨隔阴㉖之昏也。随论如何博学辨才，却是没用底，须向大《易》、老子，寻个归根复命处。

后生辈知尺木大士堂戒："有人无血色者，不得入。"此条我教你们，又只说个没耳性人㉗不得在我侧。有血色无血色人，还看得出。若没耳性人，非久久磨擦，不知其人之有与无也。我把句有斤两话他，他一遍不觉，两遍不觉，终年二年，以至数十年，只管没个省悟，左来是那几句没长进话，只管吃嚼㉘。只样物件，真正是肉。我颠倒要拜他为第一稀有导师了。何以故？是我没耳性，不受他点化处。我的耳朵太虚了，要借他太实耳朵医我也。好了，好了，我的耳朵三四月来大聋了，又不用他医了。你们说话须大高声，不然，你们又要说我没耳了也。昔人教寻孔、颜乐处，此句也是平地圪垛语㉙。读得书久，自有乐处，便与孔、颜不远。若白白去寻孔、颜，孔、颜与你个对面不见，岂不罔过了日子也！赖天地祖宗之泽，破书可读，一切龌龊人事不到眼前，心上纯资磨去，日知所亡，三间小屋之下，好不富贵也。自爱不自贵，自知不自见，圣经贤传，古今载记，尽尔游衍，谁能禁之！

一生为客不为主，是我少时意见欲尔。故凡事颇能敝屣遗之，遂能一生无财帛之累。子弟亦须知我此意，师之可省经营烦恼。

凡过耳之言，触之惊心者，皆吾之道师医药，即须刻之于心，不可忘之。至诚格天，当下即应，不须岁月。

无耳性人，不但讽劝著不解，即大骂詈亦不觉。只记得个谁骂我来，却不记骂得我是我哪一桩短处。若于此有醒，骂我者是我大恩人。

名也者，响也；身也者，影也。能克己，乃能成己；能胜己，乃能成物。

有志气无学问，至欲用学问时，往往被穷，始知志气不可空抱。古今之兴亡成败,时事之坚瑕㉚难易,眼明胆定而辨才足以指画前筹,始成得一佳士。

挺生㉛之人,见解定有异于常人,非读书讲学之人所可至者。作文、作诗、讲学,皆须造语。语旨而允,乃能传,所谓"言之不文,不能行远"㉜也。

无至性㉝之人不知哀乐;有至性之人,哀乐皆伤之。有至性之人多妨于道,无至性之人又不可入道,所以道难。幽独始有美人,澹泊乃见豪杰,热闹人毕竟俗气。

自贵莫如忍辱,忍辱莫如远人,远人莫如亲书。

小人不必群聚,但两人共处,即有异常之谋矣。可堪一笑。

"吉凶悔吝"四字,吉惟一耳。无卜筮而知之,顺动而已。

不会要会,固难;会了要不会,尤难也。吾几时得一概不会耶!

凡好訾毁人,于人无纤毫之损,而其奴气自足,惹人贱厌。

事体无论大小邪正,有同一机局㉞者。如隋杨广㉟之夺宗,唐太宗之诱裴寂㊱,下而至于李道之欲为官,皆以赌博为术,而其所谋各各不同。

君子之名何由成?亦多亏不肖者,以其下流之行衬起之耳。若人人有少廉隅愧悔,君子之名何自而归?况居下流而恶皆归之,君子遂为好做。惜乎!无知之人不解此旨,以不肖自居,而以君子送人。

十六字格言

(己未七月二十日书教两孙)

静　不可轻举妄动。此全为读书地。街门不辄出。

淡　消除世外利欲。

远　去人远、无匪人之比㊲。此有二义,又要往远里看,对近字求之。

藏　一切小慧不可卖弄。

忍　眷属小嫌,外来侮御,读《孟子》"三自反"章自解。

乐　此字难讲。如般乐饮酒,非类群嬉,岂可谓乐!此字只在闭门读书里面,读《论语》首章自见。

默　此字只要谨言。古人戒此,多有成言矣。至于讦直恶口,排毁阴隐,不止自己不许犯之,即闻人言,掩耳急走。

谦　一切有而不居,与骄傲反。吾说《易·谦》卦有之。

重　即"君子不重则不威"㊳之重。气岸崚嶒㊴，不恶而严。

审　大而出处，小而应接，虑可知难。至于日间言行，静夜自审，又是一义。前是求不失其可，后是又改革其非。

勤　读书勿怠，凡一义一字不知者，问人检籍。不可一"且"字放在胸中。

俭　一切饭食衣服，不饥不寒足矣。若有志，即饥寒在身，亦不得萌干求之意。

宽　为肚皮宽展，为容受地窄，则自隘自蹙，损性致病。

安　只是对"勉"字看。"勉"岂不是好字，但不可强不能为能、不知为知。此病中者最多。

蜕　《荀子》"如蝉之脱"。君子学问，不时变化，如蝉蜕壳。若得少自锢，岂能长进！

归　谓有所归宿，不至无所着落，即博后之约。

偶列此十六字，教莲苏、莲宝，牓㊵令触目，略有所警。载籍如此话，说不胜记。尔辈渐渐读书寻义，自当遇之。魏收㊶《枕中篇》最周匝，不可以人废言，于《元魏书》中有之。

昔人云："好学而无常家。"㊷家，似谓专家之家，如儒林《毛诗》《孟》《易》之类。我不作此解。家即家室之家。好学人那得死坐屋底！胸怀既因怀居卑劣，闻见遂不宽博。故能读书，人亦当如行脚阇梨，瓶钵团杖㊸，寻山问水，既坚筋骨，亦畅心眼。若再遇师友，亲之取之，大胜塞居不潇洒也。底著滞淫，本非好事，不但图功名人当戒，即学人亦当知其弊。

学之所益者浅，体之所安者深。闲习礼度，不如式瞻仪型；讽味遗言，不如亲承音旨。吾尝三复斯言。恒愿两郎之勤亲正人，遇之莫觌面㊹失也。

"明经取青紫"㊺，此大俗话。苟能明经，则青紫又何足贵！修其天爵㊻，而人爵从之。从，犹从他之从。有也可，不有也可。"学也禄在其中"㊼，亦非死话。对"馁"字说，则禄犹食。有食则饱，故学可作食，便充于中。圣贤之泽，润益脏腑，自然世间滋味，聊复度命，何足贪婪者！几本残书，勤谨收拾在腹中，作济生糇粮㊽，真不亏人也。

"改"之一字，是学问人第一精进工夫，只是要日日自己去省察。如到晚上，把这一日所言所行的想想，今日那一句话说得不是了，哪一件事做得不是了，明日便再不说如此话，不做如此事了，便是渐渐都是向上熟境。若今日想，明日又犯，此等人活一百年也没个长进。吃紧的是小的往大里改，短的往长里改，窄的往宽里改，躁的往静里改，轻的往重里改，虚的往实里改，摇荡的往坚固里改，齷齪的往光明里改，没耳性的往有耳性里改。如此去读书行事，只有益，决无损，久久自觉受用。

"直情径行"[49]四字甚好，只是入道使得，若是以之家国，全使不得。所以世上人受许许委曲，以此告诸后生，非陈万年告咸之意。读书法古，经久自知。将四字放在榔栗头，为破魔军主帅[50]，终来用著。

老人胸中有篇《文赋》[51]，只是收拾不起来编写，衰可知矣。然亦可以不弄此伎俩。童心宿业，有何不能舍去也。

"安静和平"，老人自图待终之道，不过此四字而已。儿孙所以养老者，亦惟此四字为承颜上尊。若论文事，则尽许发扬蹈厉[52]。

疏略之人，动辄失计。外来事端，不必色胜而心自取也，皆色胜而心自取也。色极不胜，心极不取，而见役于人，皆失之疏耳。古人藏身之固，无隙可窥，盖筹之数十年中，常变之不期也。

文章诗赋，最厌的是个"嘽[53]"字。嘽，缓也。俗语谓行事说话，松沓不警曰"嘽"。嘽本"滩"音，因《礼记》："嘽以缓之"句，借用之耳。然俗语亦无正声。或用"缠"字之去声，最有义。凡束缚右转欲紧者，曰"缠"（平声）。左轻欲松者，曰"缠"（去声）。即如打面茶，先缠（平）之，既缠（去）之，声是也。齿牙口舌手笔丁当振动，自然无此病。若兴会高简之音，不在此例。若一篇之中得三两句警策，则精神满纸矣。警令人惊，策令人前。不能令人惊而前，则拖耳。笨驴闲时，拉磨而已，但费草料。

楷书不自篆、隶、八分[54]来，即奴态不足观矣。此意老索即得，看《急就》大了然。所谓篆、隶、八分，不但形相全在运笔转折活泼处论之。俗字全用人力摆列，而天机自然之妙，竟以安顿失之。按他古篆、隶落笔，浑不知如何布置，若大散乱，而终不能代为整理也。写字不到变化处不见妙，然变化亦何可易到！不自正人，不能变出，此中饶有四头八尾之道，复謟不愧而忘人，乃可与此。但能正人，自无卑贱野俗之气。然笔不熟不灵，而又忌亵，熟则近于亵矣。志正体直，书法通于射也。元阳之射，而钟老竟不知。此不亵之道也，不可不知。

字与文不同者，字一笔不似古人，即不成字。文若为古人作印板，尚得谓之文耶？此中机变，不可胜道，最难与俗士言。

字亦何与人事，政复恐其带奴俗气。若得无奴俗习，乃可与论风期日上耳，不惟字。

　　苏读书已有闻见，可语文事矣。宝亦不必远求，只向苏问之，便有进益。我家读书种子，要在尔两兄弟上责成。凡外事都莫与，与之徒乱读书之意。世事精细杀，只成得个好俗人，我家不要也。血气未定，一切喜怒不得任性，尤是急务。看此加敬，无作常言。

　　吾家自教授翁以来，七八代皆读书，解为文。至参议翁著下至吾，奉离垢君教，不废此业，然大半为举业拘系，不曾专力，至三十四五始务博综，乱后无所为，益放言自恣矣。尔父秉有异才，而我教之最严。自七八岁以后，风朝日上，至十七八遂阔肆⑤，既遭乱，患难奔驰，实无处无时不读书作诗。淋漓感慨，见事风生，大有"见贼惟多身始轻"⑥之胆之识，真横槊⑥才也。所为诗文，皆可以年谱之，实吾家异人，尔亲见其纵笔直书，前无强敌之概者。于今已矣！尔颇有细才，亦能为摩研抄撮，吾家文种，全在尔一身承之。凡我与尔父所为文诗，无论长章大篇，一言半句，尔须收拾无遗，为山右傅氏之文献可也。至于尔早承吾与尔父之教，亦慧而能文，吾数有问尔，尔能记忆，议论亦有先后，切不可自弃。残编手泽⑧，穷年探讨，益当精进自得。粗茶淡饭，布衣茅屋度日，尽可打遣。如求田间舍，非尔之才，即当安命安分，不可妄想。人无百年不死之人，所留在天地间，可以增光岳之气、表五行之灵者，只此文章耳。念之！念之！苍头小厮，供薪水之劳者，一人足也。观其户，寂若无人；披其帷，其人斯在。吾愿尔为此等人也。尔颇好酒，切不可滥醉，内而生病，外而取辱，关系不小。记之！记之！韬精日沉饮，谁知非荒宴！尔解此意，便再无向尔讄谀⑨者。吾自此绝笔可也。

　　尔两人皆能读书。苏志高心细而气脆，教之使纯气。宝颇疏快而傲慢处多，当教之使知礼。谆谆言之，皆以隐德⑩为家法。势利富贵，不可毫发根于心。老到了，自知吾言。

【注释】

① 眉、仁：傅山子侄名。
② 驽钝：头脑迟钝，才能低下。《前出师表》："庶竭驽钝，攘除奸凶，兴复汉室，还于旧都。"
③ 文选：又名《昭明文选》，系由南朝梁武帝长子萧统（昭明太子）组织编写的现存

最早的一部古诗文总集。

④ 戊辰：明崇祯元年，即公元1628年。

⑤ 西席：居西面东为师或幕友之座位，示敬重，故称西席。

⑥ 蒿目世变：蒿目，极目远望。意为对世道的变化忧虑不安。《庄子》："今世之仁人，蒿目而忧世之患。"

⑦ 蠹（dù）鱼：又名衣鱼。蛀蚀书籍、衣服等物的小虫。比喻麻木苟且地生活。白居易诗："今日开箧看，蠹鱼损文字。"

⑧ 咶哔（chè bì）：因情绪强烈而喋喋不休貌。

⑨ 庾开府：庾信。南北朝时期由南朝入北朝的最著名的诗人，饱尝分裂时代特有的人生辛酸。这里是作者以庾信自比。

⑩ 虞卿：一作"虞庆""吴庆"，战国时人。虞氏，名失传。赵孝成王时官上卿。主张以赵为主，合众抗秦。《汉书·艺文志》儒家有《虞氏春秋》十五篇。

⑪ 郭瑀：字元瑜，甘肃敦煌人。东晋学者，教育家。少师事郭荷，精通经义。多才艺，善作文。隐于临松马蹄寺，凿石窟而居，有弟子千余人。著《春秋墨说》《孝经综纬》等。

⑫ 刘因：初名马因，字梦骥，号静修，元容城人。至元年擢右赞善大夫。后以母疾辞归。谥号"文靖"。著《静修集》《四书集义精要》。

⑬ 骚：此指文学上的骚体，又称楚辞体，由战国时楚国诗人屈原创立，其《离骚》是著名的代表作。

⑭ 赋：此指文学上的一种文体，讲求文采、韵律，兼具诗歌和散文性质。兴盛于汉代，名汉赋，著名的有《阿房宫赋》《洛神赋》《秋声赋》《前赤壁赋》《长门赋》等。

⑮ 贫道：傅山自称。清入关后，傅山不从，乃入道为道士。

⑯ 性史：我国第一部心性学专著，探讨孝友之理的学术著作，非男女之性学。

⑰ 轩轾：车前高后低叫"轩"，前低后高叫"轾"。引申为轻重、高低。

⑱ 掂播謑（wěi）谑：掂播，较量轻重之意。謑谑，虚夸伪谑之言。謑，通"伪"。

⑲ 鏖（áo）糟：犹腌臜，污秽不洁。比喻懊丧烦恼。《嘲学究》："劝人切莫做先生，满肚鏖糟气不平。"

⑳ 轻重经权：衡量事物的重要与否。成语"权其轻重"。

㉑ 沮、溺：长沮和桀溺。春秋时的两个隐士，隐居不仕，从事耕作。《论语·微子》载孔子曾向他们问路。

㉒ 囫囵（hú lún）：浑然一体，形容整个东西。比喻学习生吞活剥。成语"囫囵吞枣"。

㉓ 达观：心胸开朗，见解通达。《尚书·召诰》："周公朝至于洛，则达观于新邑营。"

㉔ 裴晋公：即裴度，字中立，山西闻喜人，唐宪宗时宰相。理政时期，唐代藩镇叛乱的局面暂告结束。晚年因宦官专权而辞官。

㉕ 耳耳戛（jiá）戛：耳耳，众盛貌。戛戛，象声词。
㉖ 菩萨隔阴：菩萨转世投胎，忘却前世之事，曰隔阴之迷。
㉗ 没耳性人：受了告诫，没记在心上，依然犯同样的错误的人。
㉘ 吃嚼：重复，反复地唠叨。
㉙ 平地圪垛语：平地起丘垛，比喻空话一句。
㉚ 坚瑕：坚固和罅隙。这里指处境上的安危。
㉛ 挺生：特立出众。《辩命论》："闻孔墨之挺生，谓英睿擅英响。"
㉜ 此句出自《左传·襄公二十年》孔子曰："言而无文，行而不远。"意为文章没有文采，就不能传播很远。
㉝ 至性：性情纯厚、刚正，天赋卓绝。王安石诗："至性教不及，孤芳犯群威。"
㉞ 机局：事物之枢要、机巧。
㉟ 杨广：隋炀帝杨广，史载杨广杀父隋文帝而夺皇位，即"夺宗"。
㊱ 裴寂：字玄真，山西临猗人，唐初大臣。隋末任晋阳宫副监，以晋阳宫所藏财物支助李渊起兵。后又劝渊称帝。唐武德年间任尚书左仆射，参与制定《唐律》五百条。贞观三年被太宗免官。后流放广西而死。
㊲ 无匪人之比：不与不正当的人结交。比，亲近，勾结。
㊳ 此句出自《论语·学而》，意为君子的举止态度如果不庄重就没有威信。
㊴ 气岸峻嶒（céng）：气岸，气度，气概，意气。峻嶒，高峻突兀貌，指性情。
㊵ 觕（cū）：觕同"粗"，粗大。
㊶ 魏收：字伯起，河北晋州人。北齐史学家，官中书令兼著作郎，奉诏撰《魏书》。曾收人贿赂而为之立传，史称"凉德"。
㊷ 好学而无常家：独立思考，出自新意。《后汉书》："好学而无常家，博通内外图典，为关西大儒。"
㊸ 瓶钵团杖：皆为僧人出门时所带器具。瓶盛水，钵盛饭，锡杖。此处借指读书人出门游学。
㊹ 觌（dí）面：见面；相见。陆游诗："世人欲觅何由得，觌面相逢唤不应。"
㊺ 明经取青紫：明经，通晓经书。青紫，本为古时公卿服饰，因以指高贵显爵。《汉书》："士病不明经术，经术苟明，其取青紫如俯拾地芥耳。"
㊻ 天爵：天然的爵位。古称不居官位，因德高而受人尊敬，胜于爵位。
㊼ 此句取自《论语·卫灵公》："耕也，馁在其中矣；学也，禄在其中矣。君子忧道不忧贫。"馁：饥饿。禄：做官的俸禄。
㊽ 糇（hóu）粮：干粮。《晋书》："寿大悦，乃大修船舰，严兵缮甲，吏卒皆备糇粮。"
㊾ 此句出自《礼记·檀弓下》："有直情而径行者，戎狄之道也。"凭着自己的意思径直地去做，比喻随心所欲地去干。

(50) 此为民间的一种巫术。

(51) 文赋：西晋文学家陆机所著的文艺理论作品。

(52) 蹈厉：蹈，履行，实行。厉，同“励”。

(53) 啴（tān）：缓气，喘息。

(54) 八分：汉代隶体字的别称。

(55) 闳肆：即“闳中肆外”。指文章内容丰富，而文笔又能发挥尽致。

(56) 此句出自杜甫诗：“用如快鹘风火生，见贼惟多身始轻。”

(57) 横槊：槊，古代兵器，即长矛。苏轼《赤壁赋》云：“横槊赋诗。”

(58) 手泽：《礼记·玉藻》云：“父没而不能读父之书，手泽存焉。”孔颖达疏：“谓其书有父平生所持手之润泽存在焉，故不忍读也。”按：“手泽”原意为手汗所沾润，后亦借指先人的某些遗物。

(59) 謰謱（lián lóu）：言语支离烦琐，而又繁杂。

(60) 隐德：隐藏才德，不显露于世。

张杨园训子语

[清] 张履祥

张履祥（1611—1674年），字考夫，浙江桐乡人，居邑中杨园村，世称"杨园先生"。明末清初儒家学者，崇尚程朱理学。著《杨园先生全集》。

该文取录自清·陈宏谋《五种遗规》本，且系节录为底本校注。

《易》曰："积善之家，必有余庆。积不善之家，必有余殃。"又曰："善不积，不足以成名。恶不积，不足以灭身。"①人之为善，修其孝悌忠信，只是理所当为。其不为不善，亦由此心之良，不敢自丧，非欲徼②福庆于天也。然论其常理，吉凶祸福，恒亦由之。积之之势，不可不畏也。父子兄弟，心术念虑之微。夫妻子母，幽室墙阴③之际，勿谓不足动天地感鬼神也。天地鬼神，不在乎他，在吾身心而已。《书》曰："惟民生厚，因物有迁。"④概观世运，厚则治，薄则乱。其在于家，祖宗以厚德启其后昆，则寖昌寖炽⑤。子孙削薄其德，丧败随及，古今不易之道也。土薄则易崩，器薄则易坏，酒醇厚则能久藏，布帛厚则堪久服。存心厚薄，固寿夭祸福之分也。虽然有本有末，厚于本，靡⑥有不厚；本之薄，靡有不薄。不亲其亲，不长其长，而谓于他人厚者，未之有也。《中庸》言："君子之所不可及者，其惟人之所不见。"⑦厚与否，要当察于用心之际。

凡做人，须有宽和之气。处家不论贫富，亦须有宽和之气。此是阳春景象，百物由以生长。若一向刻急烦细，虽所执未为不是，不免秋杀气象，百物随以凋殒。感召之理有然，天道人事，常相依也。

做人最忌是阴恶。处心尚阴刻，作事多阴谋，未有不殃及子孙者。语云："有阴德者，必有阳报。"先人有言："存心常畏天知。"吾于斯言，夙夜念之。

子孙只守农士家风，求为可继，惟此而已。切不可流入倡优下贱，及市井罜棍、衙役里胥⑧一路。

士为四民之首，从师受学，便有上达之路，非谓富贵也。所以人自爱其身，惟有读书。爱其子弟，惟有教之读书。人徒见近代游庠序者，至于饥寒。衣冠之子多有败行，遂以归咎读书。不知末世之习，攻浮文以资进取，未尝知读圣贤之书,是以失意斯滥,得志斯淫,为里俗所羞称尔,安可因噎而废食乎! 试思子孙既不读书,则不知义理。一传再传,蚩蚩蠢蠢。有亲不知事,有身不知修,有子不知教。愚者安于固陋,慧者习为黠诈。循是以往,虽违禽兽不远,弗耻也。然,则诗书之业,可不竭力世守哉!

子弟辈虽诗书,不可辈不令知稼穑之事;虽秉耒耜,不可不令知诗书之义。

近世以耕为耻,只缘制科文艺取士,故竞趋浮末,耻非所耻,若汉世孝悌力田⑨为科,人即以为荣矣。实论之,耕则无游惰之患,无饥寒之忧,无外慕失足之虑,无骄侈黠诈之习,思无越畔,土物爱,厥心臧,保世承家之本也。但因而废学,一任蚩顽,则不可耳。人有此生,当思不虚此生之意。在门内,勉任门内之事。在宗族,勉任宗族之事。不可辄起较量推卸之私心。充较量一念,势必一钱尺帛,兄弟叔侄不相通。充推卸之心,必至父母养生送死有不愿。门内如此,况宗族乎! 既父母不若无此子,即祖宗不若少此子孙,又况其余。安有一步推得去!

人不可孤立,孤立则危。天子至尊,而于一夫而亡,况其下乎! 一家之亲而外,在宗族,当不失宗族之心。在亲戚,当不失亲戚之心。以至乡党朋友亦如之,朝廷邦国亦如之。欲得其心非他,忠信以存心,慎敬以行己,平恕以接物而已。人情不远,一人可处,则人人可处,独病在吾有所不尽耳。是以君子不求人求己,不责人责己。

处人伦事物之间,有顺有逆,即不能无德怨,自处之道,有树德,无树怨,固然也。人情则不可知,处之之道,我有德于人,无大小,不可不忘;人有德于我,虽小不可忘也。若夫怨出于己,当反报而与人平之。其自人施于我,则当权其轻重大小,轻且小者可忘,忘之,重而大者,报之为直,不能报为耻。要之,作事当慎谋其始,德不可轻受于人,怨须有预远之道。施德,当体上天栽者培之之心。处人则念怨不在大期于伤心之义,小如陵侮侵夺等类,大则义关伦纪者也。

男子服用,固宜俭素,妇人尤戒华侈。妇人只宜勤纺织、供馈食。簪珥衣裳,简质而已。若金珠绮绣,求其所无,慢藏诲盗,冶容诲淫。一事两害,莫过于此。况妇德无极⑩,闲家⑪之道,当以为先。稚子侈心,益当豫戒。

凡人用度不足,率因心侈,心侈则非分以入,旋非分以出⑫。贫固不足,富亦不足。若计口以给衣食,量入以准日用。素贫贱,行乎贫贱。素富贵,不忘艰难。所需自有分限,不俟求多也。

宗族亲戚之人,或贤或否,此由天定,无可取舍。贤者自当爱而敬之,否者无失其亲而已。至于师友，一入家门，子弟志尚，因之以变，术业因之以成。贤则数世赖之，否亦害匪朝夕，不可谓非家之所由存亡也。择之又择，慎之又慎，夫岂不宜，而可随人上下乎！

人无论贵贱，总不可不知人。知人，则能亲贤，远不肖，而身安家可保。不知人，则贤否倒置，亲疏乖反，而身危家败。不易之理也。然知人实难，亲之疏之，亦殊不易。贤者，易疏而难亲。不肖者，易亲而难疏。贤者宜亲，骤亲或反见疑。不肖者宜疏，因疏或至取怨。所以辨之宜早。约举其要：贤者必刚直，不肖者心柔佞；贤者必平正，不肖者必偏僻；贤者必虚公，不肖者必私执；贤者必谦恭，不肖者必骄慢；贤者必敬慎，不肖者必恣肆；贤者必让，不肖者必争；贤者必坦诚，不肖者必险诈；贤者必特立⑬，不肖者必附和；贤者必持重，不肖者必轻捷⑭；贤者必乐成，不肖者必喜败。贤者必韬晦，不肖者必表暴；贤者必宽厚慈良，不肖者必苛刻残忍；贤者嗜欲必淡，不肖者势利必热；贤者持身必严，不肖者律人必甚；贤者必从容有常，不肖者必急猝更变；贤者必见其远大，不肖者必见其近小；贤者必厚其所亲，不肖者必薄其所亲；贤者必行浮于言，不肖者必言过其实；贤者必后己先人，不肖者必先己后人；贤者必见善如不及，乐道人善；不肖者必妒贤嫉能，好称人恶；贤者必不虐无告⑮，不畏强御；不肖者必柔则茹之，刚则吐之⑯。若此等类，正如白黑冰炭，昭然不同，总不外公私义利而已。

古者易子而教，后世负笈从师，要无不教其子者。天子之子，特重师傅之选，为国家根本在是也。下自公卿大夫，以逮士庶，显晦贫富不同，其为身家根本一而已。虽有美质，不教胡成，即使至愚，父母之心，安可不尽！近日师道不立，为子孙计者，孰知尊师崇传之道？甚至生子不复延师，盍思为人父母，将以田宅金钱遗子为爱其子乎？抑以德义遗子为爱其子乎？司马温公谓："积阴德于冥冥之中，亦必求贤师教之于昭昭之际。"⑰古称："民生于三⑱，事之如一。"世人但知不可生而无父，岂知尤不可生而无师乎！

人生饮食衣裳，以及冠婚丧祭，馈⑲问庆吊，俱不能无资于货财，然其源不可不清，其流不可不治。源则问其所由来，义乎？流则问其所自往称乎？果其取之天地，成之筋力，如君子之劳心，禄入是也。小人之劳力，稼穑桑麻畜牧是也。下此则百工执艺之类，又下则商贾负担之类，皆义。外是，非义也。果其量入为出，权轻重，审缓急先后，宜丰不俭，宜寡不多，斯为称。否则非当用而不用，即不当用而用矣。世人不治其流，求其源清，固不可得。其源不清，欲其流治，亦不可得也。

自贻他日之忧。亦使他人之子，娶非其偶，累及家门。《诗》云："恩斯勤斯，鬻子之闵斯。"[20] 凡为父母，莫不如是，故劬劳也。婿之与妇，夫非尽人之子与？坐令失所，夫何忍！

兄弟手足之义，人人所闻，其实未尝深体力求。盍思手足二体，持必均持，行必均行，适必皆适，痛必皆痛，偏废必弗宁，骈枝必两碍，是以为分形连气也。方其幼时，无不相好。及其长也，渐至乖离。古人谓："孝衰于妻子。"孝衰，悌因以俱衰。人能长保幼时之心，勿令外人得以伤吾肢体，庶可永好矣。

古者父母在，不有私财。盖私财有无，所系孝悌之道不小。无则不欺于亲，不欺于兄弟，大段已是和顺。若是好货财、私妻子，便将不顺父母，而况兄弟，不孝每从此始。近世人子，多有父母在而蓄私财，及父母在而结私债，均是不肖所为。甚或父母以偏私之心，阴厚以财，与不恤其苦，启其手足之衅，为害尤大！骨肉构难，同室操戈，天必两弃，从无独全之理。盖天之生物，使之一本，未有根本既伤而枝叶如故者。其有或全，必其弱弗克竞，而深受侮虐者也。

书籍惟六经诸史，先儒理学以及历代奏议，有关修己治人之书，不可不珍重护惜。下此，则医药、卜筮、种植之书，皆为有用。其诸子百家，近代文集，虽无可也。至于异端邪说、淫辞歌曲之类，害人心术，伤败风俗，严拒痛绝犹恐不及，而况贮之门内乎！且凡书籍，自己所有，不可散失。若他人简册，掩为己有，与穿窬[21]何异？戒之戒之！

处贫贱之日，不可轻于累人，累人则失义；处富贵之日，则当以及人为念，不然则害仁。

人之享用，必视乎德，富贵福泽，厚吾之生，惟大德为克胜之，德薄则弗克胜，祸至无日矣。贫贱忧戚，玉汝于成，惟修德可以逭灾[22]，恐惧可以致福。通计天下之人，苦多于乐，人之一生，亦当使苦多于乐。只看果实，未来甘者，先必苦涩酸辛。是以始于苦者，常卒乎甘，未有终始皆甘来。人当困厄之日，不可怨天尤人，当思动心忍性。生于忧患之意，若遇适意，不可志骄气满，当怀栗栗危惧、将坠深渊之心。

处贫困，惟有勤劳刻苦，以营本业。布衣蔬食，终岁所需无几，何忧弗给？丧祭大事，称财而行，于心为安，于义为得。当以穷乃益坚，自励自勉，勿萌妄想，勿作妄求。妄想坏心术，妄求丧廉耻。贫穷命也，奚足为忧！所忧者，不克自立，辱其身以及其亲耳。

人于贫穷患难之日，在族党固有救恤之义，在己越当奋厉，忍苦支撑，不可因而失足及怨尤于人。此际站立得住，便有来复之机。

人当富足，若于屋舍求其高大，器物求其精巧，饮食求其珍异，衣服求其鲜华，身没之后，即不免饥寒失所，更有不足没身者。盖奢侈固难贻后，盈虚消息㉓，又天道之常，果其力之有余，便当推以予人。晏平仲㉔一狐裘三十年，三党之亲，无不被其禄者，齐国之士，待以举火者尤众。俭以奉身，而厚以及物，此意可师也。薛文清㉕云："惠虽不能周乎人，而心当常存于厚。则又不问贫富，皆宜以是为心者矣。"或曰："常存有余，以备不虞，不可欤？"曰："存有余以备不虞，谓宜撙节不使空匮耳，非谓多藏也。且不虞何可胜备也，不虞之事，未必不生于多藏。"吾见悭鄙之夫，每丧其有，至于失所者矣。未见好行其德之人，而一旦失所者也。

吕东莱㉖先生曰："大凡人资质各有利钝，规模各有大小，此难以一律齐，要须常不失故家气味。所向者正，所存者实。信其所当信，耻其所当耻。持身谦逊而不敢虚骄，遇事审细而不敢容易。如此，则虽所到或远或近，要是君子路上人也。"子孙苟能佩服此训，君子路上人多。培植得几辈，家世安得不绵长。《正蒙》㉗云："子孙贤，族将大。未有子孙不贤，家族不至倾覆者。"

高忠宪公㉘有言："子弟能知稼穑之艰难，诗书之滋味，名节之堤防，可谓贤子弟矣。"归安沈司空㉙诫子孙曰："故家之子，切戒者三：曰臭，曰滑，曰硬。时俗憎恶，呼为粪浸石卵，子孙类此，宁不痛心！"予谓忠宪举贤者以为劝，司空指不肖以为戒，语虽不同，其指一也。欲免司空所戒，当佩服忠宪之言，知诗书滋味，乃免于臭；知稼穑艰难，乃免于硬；知名节堤防，乃免于滑。

子弟童稚之年，父母师长严者，异日多贤，宽者多至不肖。其严者岂必事事皆当，宽者岂必事事皆非。然贤不肖之分，恒于此。严则督责笞挞之下，有以柔服其气血，收束其身心，诸凡举动，知所顾忌而不敢肆。宽则姑息，放纵恣情，百端过恶，皆从此生也。观此，则家长执家法以御群众，严君之职，不可一日虚矣！

士农工商无一业，酒色财气有一好，亡家丧身有余矣。其原皆始于游闲，成于比匪㉚。

先世存心极厚，子孙不能及，可惧也。予逮事王考㉛，见王考，所存无非成人美，不成人恶之心。每见亲党中作一善事，辄叹曰："美事宜助成之"。闻一不善事，咨嗟不已，蹙然曰："劝其不做便好。"当时长老与往还者多有之，此风今不可得见矣。

忠信笃敬，是一生做人根本。若子弟在家庭不敬信父兄，在学堂不敬信师友，欺诈傲慢，习以性成，望其读书明义理，向后长进，难矣！

【注释】

① 此句出自《易·上经·坤》。
② 徼（yāo）：通"邀"。求取。《潜夫论》："义士且以徼其名，贪夫且以求其赏尔。"
③ 幽室墙阴：深闺卧房。
④ 此句出自《尚书·君陈》。意为百姓本性厚朴，但因物质诱惑而改变本性。
⑤ 寖（jìn）昌寖炽：寖同"浸"，渐渐。昌、炽，昌盛发达之意。
⑥ 靡：无，没有。
⑦ 此句出自《中庸·三十三章》，意为君子可望而不可即，正是别人看不到高尚品质。
⑧ 市井罢棍、衙役里胥：街头无赖，不务正业的人，衙门差役，狡黠里长。
⑨ 孝悌力田：汉代的一种荣誉头衔。始于汉惠帝，奖励有孝悌德行和能努力耕作者，并免除一切徭役。到汉文帝时，中选者与"三老"同为郡中掌教化的乡官，并且成为定员。
⑩ 极：最高准则；标准。《诗经·周颂·思文》："莫匪尔极。"
⑪ 闲家：《易·家人》："闲有家。"孔颖达注："治家之道，在初即须严正立法防闲。"闲，限制，约束。
⑫ 此句意为心贪则财多取自不正道，也很快于邪道之处而散出。"君子爱财，取之有道"。
⑬ 特立：具有坚定的志向和操守。欧阳修文："其始终自守，不牵世俗趋舍，可谓特立之士也。"
⑭ 轻捷：浮华不稳重。
⑮ 不虐无告：孤苦而无处可告。《尚书·大禹谟》："不虐无告，不废困穷。"
⑯ 此句出自《诗经·大雅·烝民》，意为吃下软的，吐出硬的。比喻怕强欺弱。省称"吐刚茹柔"。茹：纳，吃，食。
⑰ 此句出自宋·司马光《家范》，见本书。
⑱ 民生于三：指父母生养、师长教育和君主给食。
⑲ 馈（kuì）：祭。《说文解字注》："吴人谓祭，曰馈。"
⑳ 此句出自《诗经·豳风·鸱鸮》。朱熹注："鬻，养；闵，忧也。"鬻，通"育"。
㉑ 穿窬（yú）：指盗窃行为。《论语·阳货》"譬诸小人，其犹穿窬之盗也与？"朱熹注："穿，穿窬；窬：逾墙。"
㉒ 逭（huàn）灾：逃避灾祸。

㉓ 盈虚消息：语出《易·丰》："日中则昃，月盈则食，天地盈虚，与时消息。"消息，消减增长，生灭，盛衰，时运循环。
㉔ 晏平仲：即晏婴，字平仲，春秋时齐国大夫。山东高密人。官齐卿，历灵公、庄公、景公三世，政绩卓著。
㉕ 薛文清：即薛瑄，字德温，号敬轩，谥号"文清"，山西运城人。明代著名思想家、理学家、文学家。
㉖ 吕东莱：即吕祖谦，字伯恭，浙江金华人。南宋哲学家、文学家。
㉗ 正蒙：张载，字子厚，陕西眉县人。北宋思想家、教育家、理学家。著《正蒙》《横渠易说》。
㉘ 高忠宪公：即高攀龙，字存之，又字云从、景逸，江苏无锡人。明代万历进士，官左都御史，因反对魏忠贤宦党而革职，返乡讲学，为东林党首领之一，后遭魏党迫害致死。
㉙ 沈司空：浙江湖州古代沈姓任司空官。
㉚ 比匪：与坏人亲近、勾结。比，不怀好意地结交。
㉛ 王考：对已故的祖父或父亲的敬称。

传家十四戒

[清] 王夫之

王夫之（1619—1692年），字而农，号姜斋，又号夕堂，湖南衡阳人。明末清初著名思想家、哲学家、史学家、教育家。明清之际三大思想家（顾炎武、黄宗羲）之一。明亡，举兵抗清，兵败隐居衡阳之石船山，营建清末著名船山书院；学者称船山先生。著《船山遗书》《读通鉴论》《宋论》《周易外传》《尚书引义》《永历实录》等多部著作。

本文以《船山公年谱》（后编）为底本校注。

家谱"传家十四戒"：勿作赘婿[①]；勿以子女出继[②]异姓及为僧道；勿嫁女受财，或丧子嫁妇[③]，尤不可受一丝；勿听鹭术人[④]改葬；勿作吏胥；勿与胥隶为婚姻；勿为讼者或作证佐；勿为人作呈送；勿作歇保[⑤]；勿为乡团之魁；勿作屠人、厨人及鬻酒食；勿挟枪弩网罗禽兽；勿习拳勇、咒术；勿作师巫及鼓吹人；勿立坛祀山猓[⑥]、跳神。

能士者士，次则医，次则农、工、商、贾，各惟其力与其时。吾不敢望复古人之风矩，但得似启、祯[⑦]间稍有耻者足矣。凡此所戒，皆吾祖、父所深鄙者。若饮博狂荡，自是不幸而生此败类，然其繇来[⑧]，皆自不守此戒，丧其恻隐、羞恶之心始。吾言之，吾子孙未必能戒之，抑或听妇言、交匪类[⑨]而为之，乃家之绝续，在此，故不容已于言。后有贤者，引伸以立训范，尤所望而不可必者。守此，亦可不绝吾世矣。丙寅[⑩]季夏，姜斋七十老人书。

【注释】

① 赘婿：男子就婚于女家称为"赘婿"，俗称"招女婿"。古时赘婿社会地位低下，秦汉时被列入七种谪发戍边的人之中。《史记》："淳于髡者，齐之赘婿也。"

② 出继：将子女送给他人做后辈，俗称"过继"。《晋书》："孝愍皇帝讳邺，字彦旗，武帝孙，吴孝王晏之子也。出继后伯父秦献王柬，袭封秦王。"

③ 妇：此指儿媳。

④ 鬻术人：指风水先生。
⑤ 歇保：居中作保；为人或事担保。
⑥ 山猇（xiāo）：即山魈，哺乳纲，猴科动物。传说中的山怪。白居易诗："溪畔毒沙藏水弩，城头枯树下山魈。"
⑦ 启、祯：明天启、崇祯年的省称。
⑧ 繇（yóu）来：即由来。繇，通"由"。
⑨ 匪类：匪，同"非"。不正当之人。
⑩ 丙寅：清康熙二十五年，即公元1686年。

家 训

[清] 张习孔

张习孔（约1663—？），字念难，号黄岳老人，安徽歙县人。清代顺治时进士，学者。官至刑部郎中、山东提学佥事。著《贻清堂集》《云谷卧余》。

本文取《檀几丛书》中的《张习孔家训》，作底本校注。

吾先世祖居建平县。祖石桥府君[1]，生二子，长吾父，次吾叔。府君先老，卜筑县南蒋国村，家颇温裕。万历丁未[2]，吾生二岁。石桥府君见背[3]，祖母方太孺人[4]独持家。吾父虽为冢嫡[5]，未尝一日筦家棣[6]。丙辰[7]三月，不幸我父捐馆[8]。五月，祖母继亡，不岁吾家业荡然。时不孝习孔仅十一岁，弟法孔仅七岁。吾母茕茕然独孋[9]，忍饥受寒，拮据操作，焦心刻志，辛苦万状，以保二雏[10]。非母则不孝兄弟，不知流落何所矣。后吾长大，贫剧无聊，漫然回徽，幸列黉[11]序，始奉老母，携家属，复归祖居。栖败屋半间，此外无寸土片瓦，一碗一箸，恃舌耕[12]为养。吾母之苦，更不忍悉也。吾为诸生十年，叨登两榜[13]，甫陟[14]方面，仅数月，不幸母太宜人[15]，享年八十而弃栝椁[16]，呜呼痛哉！自此见世途崄巇[17]，绝意仕进，家食十余年，涉经[18]忧患。今已六十有余，日渐衰老，体亦有疾，恐一朝不讳[19]，不及见汝辈成立。吾前此所历艰辛，虽为刻酷，但已登第为官。

封赠[20]父母，家道亦登温饱。人生六十，死不为夭，亦复何恨。所不能已于怀者，见儿孙孱弱，外患宜防。苟无以善其后，其沦于废败不难矣。古人云："成立之难如登天，覆坠之易如燎毛。"凡此田宅风水，奴婢器什，书籍文物，何一非吾精神所营。吾百年后，子孙微弱如是。虑吾家成之未久，旋即废败，享祀湮废，祖墓荒圮[21]，此吾所为抱憾于九原[22]者也。固知天下有成必有败，吾生平读书见道，全系恋如此。自大度观之，几笑其不达，而不知非然也。吾所读者，孔孟之书；吾所见者，孔孟之道。孔子言，大舜以尊富享保，成其大孝。武周能缵述成德[23]，文王得以无忧。故惟善继善述，能守能大，然后成其为孝之至也。孟子亦谓创业垂统，为其可继，至于愿望不遂，则归之天耳。苟以一切诸有，皆为幻泡，此佛氏[24]之言，吾岂能效之哉！故聊书《家训》一册，遗之子孙。汝辈能保家亢宗[25]，不使失坠，或至繁衍，渐析渐薄，非关荡费，斯为无憾耳。虽然孔孟之言，非徒教人封殖[26]之谓也，盖有本焉。孔子言舜孝由于大德，孟子言垂统在强为善。是所为本也。故吾《家训》之首，惟望汝曹以孝悌礼义。先敦乎此，则大本既立，天必佑之，庶几不负吾之所望云尔。后之贤嗣，尚念之哉！己酉[27]仲冬月黄岳老人书，时年六十有四。

人之立身，本于孝悌。孝悌克全，则礼义自生，而忠信廉耻，悉举之矣。夫孝悌由于天性，自生而全者上也，否则惟读书明理斯可。由人以合天，是以读书为要也。

孝有大小，有偏全。扬名显亲，上也；克家干蛊[28]，不坠先人之志，次也；服劳奉养，又其次也。此大小之分也。能全上三者，上也。否则视其所及，尽吾力之所至，而次第图之，此亦不失为孝子矣。此偏全之分也。

人之父母，不必皆贤，人之所遇，有幸不幸。幸而父母皆贤，则顺意承志，不可分毫违欺。使遇不贤而有不可从之事，又当委曲斟酌于其间。如瞽瞍唯以杀舜为快，舜于完廪浚井[29]则从，而杀身则不从。故《礼》有"小杖则受，大杖则走"之文。使如申生、卫伋[30]捐身以快父志，不得谓之孝矣。由此推之，不但生死即小事，莫不有然。人子当权衡于其间，然不可借口以自便，致伤亲志，此圣人贵精义之学也。其不知书理之人，只以委曲和顺为上。

吾训后人以孝，为为子者言之也。若夫为父母者，亦常观事理之可否，以体吾子之心。故文王[31]之圣，既曰止孝，亦曰止慈，圣人不偏责人也。曾子之优于曾元者，在养志与养口体之分。唯曾皙[32]曾子，皆为贤者，故其志可顺耳。否则口体之际，亦性命所关，岂可轻视之乎！假如吾子为农夫，必赖犁鉏；吾子为蒙师，必须衣冠。设我好博饮，欲取吾子之犁鉏衣冠，为一掷一醉之快，则吾子养亲无资，今日适志而明日冻馁矣。夫农夫蒙师之喻，吾甚言之耳。即微言之，凡事莫不有然。此又为父母者，当随事而权衡之也。

吾家有《善过格》[33]一册，吾尝奉持。其人伦部中，惟"孝"字最难尽。不孝习孔，每条按之，无不自愧自责。若夫"悌"字，则吾所合者多。盖人之不悌者，大都由于争财，苟能轻财，则行事无差矣。盖性天之爱，夫人而有，苟不以财利夺之，自能终身怡怡也。

吾于父子，则训以止慈止孝，至于兄弟，亦当各尽其道，吾之子孙，切须念之。夫悌者固由于轻财，若此让而彼贪，岂可常乎！俗云：两好方能博一好。圣人云："'恕'字终身可行。"不可徒责他人而不自责也。

不悌者，争财之外，又有争产。假如有善地，我欲得之，而吾弟兄先得之，则怏怏不平，嫌隙从此而起。若有此类，吾子孙当善以处之，互相体恤，不可惟知便己，惟知责人。切戒切戒！

吾之子孙，澐檰侄子孙，皆是赠公枝裔，当合为一心。中有贤明正直者，当共相尊信之。盖人非上智，行事每有过差，贤正者念服属至亲，岂忍坐视！必然论谏。无如顽傲不听，则言者何苦取厌，惟听其自趋于非僻耳。吾切诫赠公枝下子孙，务当虚心听受正言，如有违乎礼义，闻正人责谏，则羞愧不能自安。如此则正论常存，曲直不紊，其敢既于非彝[34]者鲜矣。

人家不和，每由妇女。吾子孙于新娶时，即喻其妻以礼义。苟非善言，即引《家训》以教之，务使和顺以安家，克己以睦族。然总以丈夫刚明，能制其妻为主。如有贤妇，族众宜常褒赞之，使其乐于从善，亦使不贤者闻而知愧！

吾徐宜人，厥性刚正，不喜邪教，不生是非，不苟訾笑，不见外人，不登山玩景，不布施僧尼，足迹不出中闺，钜家宅眷，每求纳交相会，辄辞谢不允，戚族礼仪，丰俭有节，此皆其善也。至于爱惜妾子，同于己生，尤善之善也。凡此，皆子孙所当法也。

凡礼义之家，内而雍和肃穆，少长有序；外而谦谨温良，应务得宜。久之而德行孚于乡，名望尊于众，祸患之来，或能免矣。然此非可易言也。循循然行之数十年，不见其益。一二事乖张已甚，遂失人心，慎毋忽斯言也，吾谆谆以此为训，吾子孙即不能尽然，苟有一二人能遵而行之，众人当共相尊信，共相效法。大吾宗者，不外此道也。

尚礼义者，必不妄取。其道近贫，然德行素孚于人，当亦不至甚乏绝也。况乎积厚流光，每有可致丰亨之理，君子第为其当然而已，不必觊也。违天致富，恐得之而生患。圣人甚祸无故之利。横财之来，未必是福。世间平人多，贵人少，科甲岂可常得乎！然书香不可绝，书香一绝，则家声渐夸于卑贱。家声渐卑，则出人渐鄙陋。人既鄙陋，则上无君子之交，下无治生之智。其安于农樵负担者，犹为善也。甚至人既粗蠢，心复高雄，狎比[35]下贱，冥行[36]蹈险，呜呼！人生至此，不忍言矣。"若敖之鬼，从此长馁矣[37]"。猛念及此，安能不教子读书。读书存乎资性，资性昏鲁者实不能读，然勤苦读之，纵身不能成，其生子必资质稍优于父矣。盖己之资性昏鲁者,由于父不读书也。

儒者以治生为急。岂能皆读书!如一家有数子,以其半读书,其半治生可也。治生者,无读书者助其体面,则生计亦不成。读书者,无治生者资其衣食,岂能枵腹㊳而读哉!两者恒相资,不可相厌。

昏鲁之人,虽由于父不读书,亦有禀母性者。后世结姻,虽不可贪图富贵,然须择诗礼名家。若能并相其女,果秀惠清淑,则善矣。但大家每不许人相女。苟观其父母,亦可揣知其女。若旧亲素识尤善,择而聘之,实昌后之一道也。

人子订婚须在十三四岁,不可太早。盖自幼结婚,迟之十余年,必有盛衰枯菀㊴之怨。记之记之!

奴婢不可克减其衣食,然家法须极严。食足然后可致法,法行然后知恩。不用命者,惩戒不悛,宁减价转鬻之。朴实者,令其相依自食可也。

世风不古,外患易生。横逆之来,时所常有。若我从来守正,事事周防,不失足于人,不失言于人,不失笔于人。虽有外侮,执理以应之,亦不能为大患也。所虑官民异体,力不能抗,未有不遭其鱼肉者。苟能身列青衿,尚可据理陈词,少当其锋。若在齐民,畏惧刑拷,有屈无伸,惟有择祸从轻一说耳。吾是以谆谆,望子孙之读书也。

徽州之田殊累人,不可多买田,仅仅足食可也。

粮一征即早完,屋一坏即早修。

吾与法孔弟,自幼友爱,不幸其三十一而亡。时澐侄甫六岁,吾抚之成人,今澐潮相爱,亦如同胞。是吾家自赠公后,三世雍睦矣。自此以往,愿吾子孙、沄侄孙,世世敦笃,如吾在时,平居恩义相浃,缓急互相周旋,则家门吉祥,其兴可必矣。

《斯干》之诗曰:"兄及弟矣,式相好矣,无相犹矣。"㊵犹效也。兄弟之不能相好者,每起于相犹。如兄养亲稍薄,弟即效之而不能厚。弟偶用公物,兄亦即取而用之,此最敝俗,故《诗》以为戒。凡此皆由于量窄,而不能受亏,妻子又从而鼓之,渐生仇隙,不可底止矣。当思重大低昂,自有理法,自有公论,所不必虑。若夫小小亏损,无关人家成败,彼既不贤,吾何必效之乎!苟能破除此念,不睦之弊,去其大端矣。

吾训兄弟以无相犹。家稍温裕者,行之固非难。若夫苦贫之人,每事受亏,实难甘忍此。而能事事忍耐,其德至矣。天佑人怜,昌大将不远矣!然苦贫之人，其受亏亦无几也。彼若占吾便宜，吾一让之，再让之，三让之，彼岂土木乎！当亦自知愧矣。若必不悛改，则天厌人恶，占便宜亦不久也。耐之耐之！

贫莫贫于无才，贱莫贱于无志。

才由天生，德由己立。有德之士，人皆信服，作事易成。是德亦可生守分之才，但不能如高才者，挥霍风云耳。

无才之人，天所啬也。惟有自揣安分，人或怜之，不致困极耳。若拙人欲效能人所为，是愈趋苦海也。

子孙有资质者，宜略知地理，免受花假[41]之欺。但不可自作聪明，强为解事，妄葬妄攒[42]。唯虚心细心，与明师恭酌可也。

吾诲后人当略知地理。吾郡有某姓者，先世精于地学，自营葬地，后其孙果登第，又五传而大发。人财富贵，显赫一时。因是其贵者，及胄子数代，皆专心地学，亦尝著书行世。家藏地书甚多，接遇地师甚广，其后所葬地，书图传播，自以为精妙独得矣。乃此后退败死亡。诸坟多谋迁改，至今尚未已也。此岂可谓不知地理乎！吾训后人，亦第曰知之，免全受人欺耳。不敢如某氏，自谓必得也。故曰：吉地可遇而不可求。

吉地可遇而不可求，但无志之人，每藉口此言，数世不葬其亲，曰葬亲必须吉地。吉地又不可求，姑静待其遇耳。呜呼！天下岂有不求而得者哉！以至理言之，岂但富贵昌盛，即尺布升米，亦有定分。农夫之丰歉，商贾之利钝，皆不可强也。然宁有废经营，辍力作，袖手以听命乎？可遇而不可求，非此之谓也。保全良心，不伤阴鹜，此求地之本也。葬亲之念，时时不忘。遇师致问，遇事留心。不得其上，又思其次，此求地之事也。苟能如是，久淹亲柩者鲜矣。如是而葬后不吉，则属天数矣。可遇而不可求，斯言诚有之矣。

徽人窨椁[43]之说，甚为误事。盖求地者，不过取其外象形势耳。外象既全，然后甃空椁以窨之，杂置柴炭油壳诸物为验。或数年，或十数年而启，柴干炭轻，油壳鲜好，则无疑葬矣。倘柴炭湿，油谷坏，则弃此地不用，又别寻求。如前结窨，再有不美，如前数番，即经数十年矣。时移势迁，人徂[44]家落，旧丧未窆[45]，新丧又来，祖孙压积，地不胜卜，棺朽不葬。职是故也，夫杨曾廖赖，不可复作。卜地者，不过审其外象形势耳。外象完全，已自难得。今外既全而内复坏，即使别求，仍是审象，岂能钻身入地，蛰卧数年，以验水蚁[46]之有无乎？况三吴两浙[47]，未尝窨椁。人财富贵，亦复不减，此何说也？但徽俗既有窨椁之说，人子不如是，则蹈俭亲之咎，故明知误事，不得不从俗耳。吾今嘱咐子孙，吾百年后，如得外象完全之地，掘坎审察，土色果佳，即可下棺甃，椁不必空窜，使我久攒。但坎中有砂砾水蚁之征，则不可葬耳。自此以后，世世不可窜椁。自我立法，非人子之咎，故详言其弊以贻后人。

为善不全，在捐财，只要其心慈恻公平，有财无财，一也。心之慈恻，仁也；公平，义也。仁义之人，焉有不善者乎！但非常常存养省察，恐其心不能如是。

范滂遭党人之祸[48]，诀其子曰："教汝为恶，则恶不可为；教汝为善，则我不为恶。"意谓吾生平为善，乃婴显祸，疑天道不可问耳。嗟乎！古人有言："天道远，人道迩。"人但不可昧心以违天耳。苟纯任天理，不备人事，上苍岂能呼而应乎？东汉之季，在上者桓灵[49]之君，用事者，赵张[50]之宦。此何时也？诸君方且危言危行，高自标榜，嫉恶太严。不少假借，此滂之所谓为善也。即以天道论之，岂可谓之非善哉！然君子处此，必有委曲自全者，以天道寥远，不可恃也。岂如滂之所见哉！圣贤所言，处季世者多矣。《易》陈九卦以处忧患，故《履》和行而《谦》制礼，并辨义而《巽》行权，又曰："天地不交，《否》。君子俭德避难，不可荣以禄。"[51]孔子曰："危行言孙"，"默足以容"。[52]不一而足。文王之文马美人以脱羑里[53]，亦犹是也。孔子之微服过宋，要盟不践，亦犹是也。[54]若皆如党锢诸君，矫矫风节，其死久矣。人事不臧[55]，天岂能救之乎！文王孔子之道，未尝纯任天道也。吾教子孙为善者，数矣，恐其不知"天道远，人道迩"之旨，故复申以是说。

凡施德于人，不可责报。至于微小德惠，随即相忘，尤不必介意也。盖我所施者，初心原是一点不忍至诚，其意甚美。使受者为君子耶，自能知感。我既无居功市德之言，彼自有恩义难解之念。其报我也，永以为好矣。使受者非君子耶，我一责之，彼虽报而索然意尽矣。甚且或有骄謇之言，是因德而成怨矣。故不如不责报，其况味自永，其滋益自弘，而天道人事，尤有必然之应也。

吾人防患，首在择交。所交非人，未有不为其所累者。小人之昵人，如脂饴；而小人之祸人，如毒药。一入喉吻，虽欲悔之而不能矣。然有不知其为小人，而误交者。有明知其为小人，因气味相合而乐交者。呜呼！明知而乐交，忘祖父之训，而甘为匪类，吾不享其祀矣。子孙苟有此者，吾尚望其翻然猛醒，速为改悔，则吾亦回笑于九原也。至于识见闇陋，无知人之明，惟有寡交谨守，庶无大误。孔子曰："以约失之者鲜矣。"[56]此万金良方也。

人家稍温裕，未有不用人者。然知人实难，有泛交则温美可亲，而共事则奸狡始露者。有听其言则肝胆可沥，当其行则面目尽更者。凡此皆因我无知人之明，为其所愚也。又有始正而终邪，先亲而后背。有遇他人则驯，而遇我则骜；有他人用之则成，我用之则败。若此者，又因处势有盛衰之异，彼我有器识之殊。其类甚多，不能悉举。吾子孙唯当知己知彼，随时善防。苟无良心迹，少露几微，即当留心防之，善为疏远。其有难遽绝者，唯弗与密狎，敬而远之，斯防患之大端也。

　　末世人心险诈。一切字迹，不可轻易与人。书札稍涉关系，便须浑融，勿犯形迹。文契券约，当字字检点，不可粗心滥笔，致开间隙。若他人契墨，需我名字花押者，当仔细推详，日后无累否？至于无故托我批一语，要我画一押，即当辞之。总以少写为主，实告以守先人之戒可也。

【注释】

① 府君：旧时对已故者的敬称。
② 万历丁未：明神宗万历三十五年，即公元1607年。
③ 见背：父母或长辈去世称见背。《陈情表》："生孩六月，慈父见背。"
④ 孺人：古代七品官吏之母或妻的封号。
⑤ 冢嫡：嫡长子。《论语·辨惑》："夫子纠桓公，皆襄公之庶弟，而非冢嫡，各因畏祸而出奔。"
⑥ 筦（guǎn）：同"管"。主管，管理。家棅（bǐng）：棅，古同"柄"。即家柄，家庭大权。
⑦ 丙辰：明神宗万历四十四年，即公元1616年。
⑧ 捐馆：舍弃所居之府邸，婉称官员死亡。
⑨ 茕（qióng）茕然：孤独的样子。爨（cuàn）：烧火做饭。
⑩ 二雏：指两个儿子。雏：小鸟。
⑪ 黉（hóng）：古代学校。
⑫ 舌耕：旧时学者教授生徒，恃口说谋生，犹农夫耕田得粟，故曰舌耕。
⑬ 诸生：明清时期经省各级考试录取入府、州、县学者，称生员。生员有增生、附生、廪生、例生等名目，统称诸生。两榜：清代称会试（进士）为甲榜、乡试（举人）为乙榜，合称两榜。
⑭ 甫陟：刚刚升进，这里指才中进士。
⑮ 宜人：旧时妇女因丈夫或子孙升官而得的一种封号。

⑯ 桮棬（bēi quān）：亦作"杯棬"。器名，古代木制的饮器，尤指酒杯。弃桮棬即去世死亡。

⑰ 崄巇（xiǎn xī）：险峻崎岖。《文选》："丹崖崄巇，青壁万寻。"

⑱ 洊（jiàn）经：多次经历。《纪原》："洊经丧乱，坠失不知所在。"

⑲ 不讳：婉称死。意即人死不可避免，无可忌讳。

⑳ 封赠：旧时皇帝赐予官员父母、祖先与妻室以爵位名号，生者称封，亡者称赠。

㉑ 享祀：祭祀。湮废：废弃，停止。荒圮：荒废。

㉒ 九原：指墓地。《国语》："汨越九原，宅居九隩。"

㉓ 武周：指周武王和周公。缵述：继承，遵循。成德：全德，大德。

㉔ 佛氏：佛教始祖释迦牟尼。此指佛教。

㉕ 亢宗：庇护宗族，光宗耀祖。《左传》："吉不能亢身，焉能亢宗？"

㉖ 封殖：聚敛钱财。《陈书·陆琼传》："琼性谦俭，不自封殖。"

㉗ 己酉：康熙八年，即公元1669年。

㉘ 克家：承担家事，继承家业。干蛊：又作"干父之蛊"。子能继承父志，完成父亲未竟之业。

㉙ 瞽瞍：虞舜父之别名。旧认为舜父有目不能分别好恶，故时人谓之瞽，配字曰瞍。完廪：修理粮仓。浚井：加深水井。

㉚ 申生：春秋时晋献公之太子。献公宠骊姬，欲立子奚齐，使申生居曲沃，骊姬谮之，申生遂自杀。卫伋：春秋时卫宣公太子，姓姬名伋。宣公为他娶齐女，见新妇美而自纳之，并对他存忌心。宣公令他使齐，而令刺客半道狙击。其弟寿闻之，劝他逃走，不听。寿乃先行。欲代他死，为刺客所杀。他后至，对刺客说："所当杀乃我"，遂亦被杀。

㉛ 文王：即周文王。

㉜ 曾子：春秋时鲁国人，名参，字子舆，孔子弟子。曾元：曾子之子。曾析：即曾皙，曾子之父，名蒧。

㉝ 善过格：又名"功过格"。记载每日儿孙做的善事和过失的记录本。取法《周易》："见善则迁，有过即改"之义，自莲池大师的《自知录》开始。

㉞ 非彝：亦作"非夷"。违背常规的行为。《尚书·康诰》："勿用非谋非彝。"

㉟ 狎比：亲近，勾结。《新唐书》："时帝昏荒，数游幸，狎比群小，听朝简忽。"

㊱ 冥行：暗中摸索行走，比喻盲目行事。《法言》："擿埴索涂，冥行而已矣。"

㊲ 此句出自《左传·宣公四年》："初，楚司马子良生子越椒。子文曰：'必杀之！是子也，熊虎之状而豺狼之声，弗杀，必灭若敖氏矣。'谚曰：狼子野心。是乃狼也，其可畜乎？'子良不可。子文以为大戚。及将死，聚其族，曰：'椒也知政，乃速行矣，无及于难。'且泣曰：'鬼犹求食。若敖氏之鬼不其馁而！'"后遂以若敖鬼馁或

若敖氏之鬼比喻为绝嗣。

㊳ 枵腹：空腹。比喻饥饿。《明史》："王府金钱百万，而令吾辈枵腹死贼手。"

㊴ 枯菀：菀，荣，指生。此指生死。

㊵ 此句出自《诗经·小雅·斯干》："秩秩斯干，幽幽南山。如竹苞矣，如松茂矣。兄及弟矣，式相好矣，无相犹矣。"

㊶ 花假：风水学术语。与真墓穴相对而言，指徒具墓穴形而无生气，虚花假伪之墓穴。

㊷ 妄葬妄攒：无根据理由，随意妄自安葬。

㊸ 窨樟：即窨藏棺樟。

㊹ 人徂（cú）：徂，古同"殂"。即人死。

㊺ 未窆（xī）：没有安葬。窆，埋葬、安葬。

㊻ 水蚁：水和蚁。

㊼ 三吴：或以吴兴、吴郡、会稽为三吴，或以吴郡、吴兴、丹阳为三吴，或以苏州、润州、湖州为三吴。两浙：钱塘江以南称浙东，以北称浙西，合称两浙。

㊽ 范滂：东汉官吏，字孟博，曾为清诏使，有意澄清吏治，以得罪宦官而被杀。党人之祸：东汉桓帝时，宦官势盛。士大夫李膺等疾愤，捕杀其党，宦官便说李膺等与太学游士为朋党，诽谤朝廷，牵连二百多人，禁锢终身。灵帝时，李膺等人复起用，与大将军窦武谋诛宦官，事败，膺等百余人被杀，死徒废禁者六七百人。

㊾ 桓灵：即东汉桓帝刘志和灵帝刘宏。

㊿ 赵张：指东汉宦官赵忠、张让。桓帝时，二人并为小黄门，灵帝时，并进中常侍，封列侯，与曹节、王甫等相表里。

㉛ 此语见《易·否》象传。

㉜ 此句出自《论语·宪问》有"子曰：'邦有道，危言危行；邦无道，危行言孙。'"危行即行为正直，言孙即言语谦顺。

㉝ 文马：毛色有文采的马。羑里：古地名，故址在今河南省汤阴县北。商纣王曾在此囚禁周文王。

㉞ 此句出自《孟子·万章》："孔子不悦于鲁卫。遭宋桓司马，将要而杀之，微服而过宋。"微服：改变平常的服装以避人耳目。

㉟ 不臧：不好，不善，不良。《诗经·邶风·雄雉》："不忮不求，何用不臧。"

㊱ 此句出自《论语·里仁》，意即对自己约束节制，故而少犯错误。

孝友堂家规

[清] 孙奇逢

孙奇逢（1584—1675年），字启泰，又字钟元，河北容城人。明末清初学者，明万历举人。反对太监魏忠贤把持朝政，与鹿正、张果中合称"范阳三烈士"。明亡，隐居不仕。与黄宗羲、李颙合称三大儒。晚年居苏门夏峰，世称"夏峰先生"。著《四书近旨》《读易大旨》《书经近旨》《圣学录》《乙丙纪事》《理学宗传》《夏峰先生集》等。

《孝友堂家规》又名《孝友堂家乘》，连同《孝友堂家训》为一系列。孝友堂系孙氏堂名。

迩①来士大夫，绝不讲家规身范，故子若孙，鲜克由礼，不旋踵而坏名灾己，辱身丧家。不知立家之规，正须以身作范。祖父不能对子孙，子孙不能对祖父，皆其身多惭德②者也。一家之中，老老幼幼，夫夫妇妇，各无惭德，便是羲昊世界③。孝友为政，政孰有大焉者乎？舜值父母兄弟之变，汤武值君臣之变，周公值兄弟之变，虽各无惭德，然饮泣自伤，乌能愉快于无言之地？吾家先微④，以慈孝遗后人，所垂训辞，世守勿替。余因推广其义，为十八则，愿与子若孙共勉之。

安贫以存士节。寡营以养廉耻。洁室以妥先灵。斋躬以承祭祀。既翕⑤以协兄弟。好合以乐妻孥。择德以结婚姻。敦睦以联宗党。隆师以教子孙。勿欺以交朋友。正色以对贤豪。含洪以容横逆。守分以远衅隙。谨言以杜风波。暗修以淡声闻。好古以择趋避。克勤以绝耽乐之蛊己。克俭以辨饥渴之害心。

上⑥十八则，无非先人所常言者，余参以己意而次第之。盖教家立范，品行为先，故首存士节，养耻心，孝友为政，立祠举祀，其先务也。谢叠山⑦曰："兄弟不和，家庭间尽是戾气，虽有妻子之乐，不乐矣。"然兄弟不和，多开隙于妻子。《易·家人》："利女贞"⑧。夫子以好合先既翕，而得父母之顺，亦可知矣。婚姻之事，家之盛衰攸关，论财不论德，宜君子不入其乡也，家有长幼，孰是可以诈伪相接。朋友信之，已不信而能得人之信，其谁与我？子孙不肖，祖父之教不先。古人易子而教，自童蒙即为择师，爱而不劳，禽犊之爱也。与贤豪相对，最不可有媚悦之色。与妄人相值，亦当存自反之心。衅隙之开，风波之招，非多事则横议。守分谨言，庶乎免矣。声闻过情，君子耻之。趋避不审，不学无术耳。暗修好古，君子日用所从事者，端在于斯。居家之道，八口饥寒，治生亦学者所不废，故以勤俭终焉。凡此皆吾人分内事，人人可行，人人不肯行。余为此规，不敢望之天下，不敢望之一国，窃欲望之一家。因取先圣先贤所以教戒子弟者，偶录六则于下⑨，以为家规榜样，其亦可参观而悟矣。

孔子之教伯鱼⑩也，曰："不学诗，无以言；不学礼，无以立。"淑性情，固筋骸，立身之大端尽此矣。

周公谓鲁公"故旧无大故则不弃"，何其仁也。"无求备于一人"，何其恕也。仁且恕，世岂有外焉者乎？

马援⑪戒其子⑫也，曰："闻人过失，如闻父母之名。心可知，口不可言。"此涉世之道焉。

汉昭烈⑬云："勿以善小而不为，勿以恶小而为之。"此真圣贤集义，迁善要诀，不谓英雄人能见及此。

柳玭⑭之戒其子弟也，曰："不识儒术，不悦古道，身既寡知，恶人有学，胜己者嫉之，佞己者扬之。以衔杯为高致，以勤事为俗流，此最中人膏肓之病。"

王阳明⑮曰："我子弟苟远良士而近凶人，是谓逆子"。亲师取友之谊，夫岂有外焉者哉？

上⑯六则，因与子若孙所常言者，随笔录之。此六则之义，千万人言之不尽，千万世用之不尽。凡我子孙，其绎斯言。

家规后言

或问：文公《家礼》⑰，"冠婚人子之始，丧祭人子之终。"规中何止言婚与祭，而不及冠与丧也？曰：生今反古，灾及其身。冠已久废，宁待今日？至送死足当大事，愚不肖尚知自勉，子孙而贤，贫富贵贱，因时制宜，此何待言，亦不必言，非略也。

问：礼者天理之节文，还是主严，还是主和？曰：礼离和失其真，和离礼无其节，节文从天理出，二者自不容分之为两。"礼之用，和为贵"⑱一章，看圣人说话是一是二。

问：齐家之难，难于治国平天下。家迩天下远，家亲天下疏，何以难？曰：正惟迩则情易辟，正惟亲则法难用。夫家之所以齐者，父曰慈、子曰孝、兄曰友、弟曰恭、夫曰健、妇曰顺。反此则父子相伤，夫妻反目，兄弟阋墙[19]。积渐而往，遂至子弑父、妻鸩夫、兄弟相仇杀，庭闱衽席间皆敌国。从来均平天下之人，每于此多动心忍性。盖法制所不能束，禁令所不能施，以此思难，难可知矣。

问：张公艺[20]九世同居，得力在忍。夫同居义取于和，忍则情有不堪，而袭同居之名，似非君子所贵。曰：必有忍乃其有济，忍正所以成其和也。如心实不和，强为含忍，势必至积怨深怨，决裂不可收拾。居同而心异，何如居异而心同。古今四方，皆一家人，岂必合聚同堂，乃为一家乎？国运家运，离析分崩，皆非人所能自主。仁人孝子，亦与时偕行，分合同异，无庸有成心也。

问：家不齐，多因妯娌不和，遂伤兄弟之好，或妾恃宠以夺主母之权，至继母毒害前妻子女，其祸入身家，败人名行更甚。当何道以处之。曰：《易》不云乎："君子以言有物而行有恒。"[21]《诗》曰："刑于寡妻，至于兄弟，以御于家邦。"[22] 此千古家规也。身范不端，向妇人女子求齐，道无由矣。

问宗法。曰：儒者论风俗，必先立宗。宗之为言，相率尊之云尔。先王知人耳目心志，不可无所宗也，故有大宗小宗[23]之说。约其视听之所注，趋向之所主，而不至于涣散，此宗法也。古宗必有禄秩[24]而后立，故其尊比于君，长宗之人不敢以其分临之。以今时而谈古宗则难矣。仁人孝子。严祠祀以萃睽离[25]，缉谱牒[26]以明昭穆[27]，以族之长而贤身为人宗者主祭祀，是犹行古之道也。念庵[28]有尊尊、老老、贤贤之说，以行辈长者主之曰尊尊，行卑年高者主之曰长长，行与年不足而有德曰贤贤。

问：墓祭非古然与？曰：上古之葬，不封不树，既封且树，则吾先人之衣冠凭焉，敢不敬诸？故非有大故，则不敢轻去坟墓，重之也。重之而何可不敬也？时俗清明扫墓，七月十五献麻谷，十月初一送寒衣，犹有古之遗意焉。春秋凄怆，人情与天道合，而爱敬之诚，动乎不容已。墓祭废，而四时之祭，未有能行者矣。人心之醇，风俗之厚，于此攸关，祭之时义大矣哉！

附家祭仪注

晨起栉沐后，入祠三揖。自入小学，便不可废。

朔望，焚香拜。

元旦昧爽㉙，设祭四拜。四仲月㉚，用分至日㉛，各设祭，行四拜礼。令子孙供执事。

凡佳辰令节，寒食寒衣，皆拜，设时食。

忌辰，设食拜，子孙素食，不宜享客。

有事出门，焚香拜，归亦如之。

吉庆事，卜期设祭。

儿女婚姻，焚香以告，生辰弥月，设食以献。

新妇庙见㉜设祭，主妇率之行礼。

凡祭，妇人另行礼，各如仪。

久离邱垅，兼之萍踪未定，蘋藻㉝疏违，负疚中夜，迩日即次稍安，移先位于斯堂，庶朝夕得依灵爽。凡我子若孙，入庙思敬，不待病子㉞之告教。酌立仪注，愿身先之，不敢与当世论礼也。

【注释】

① 迩（ěr）：近。《尔雅》："迩，近也。"成语"遐迩闻名"。
② 惭德：指品德行为上的缺陷。《左传》："圣人之弘也，而犹有惭德。"
③ 羲昊世界：羲，伏羲氏，又名羲皇。昊，太昊。传说中我国上古时代的部落首领，彼时社会自然淳朴，为原始社会。
④ 先徽：先祖，祖先。
⑤ 翕（xī）：合，聚合。《诗经·小雅·常棣》："兄弟既翕，和乐且湛。"
⑥ 上：原书为竖排本，今改横排本，原书为"右"，故改为"上"。
⑦ 谢叠山：谢枋得，字君直，号叠山，江西弋阳人。南宋诗人。与文天祥同科进士，官任江东提刑、江西招谕使。元灭宋，绝食而亡。后人辑《叠山集》。
⑧ 利女贞：《易》书中《家人》篇的卦辞，即妇女占卜为利的卦。
⑨ 下：原书作"左"，原书系竖排本，今改横排本，故改为"下"。
⑩ 伯鱼：即孔鲤，字伯鱼，孔子之子。此句见于《论语·季氏》。
⑪ 马援：字文渊，陕西兴平人。东汉将领，官任陇西太守、伏波将军、虎贲中郎将。
⑫ 戒其子：误。此句出自马援《诫兄子马严马敦书》，应为"诫兄子"。
⑬ 汉昭烈：刘备，字玄德，河北涿州人。三国时蜀汉皇帝，谥号"昭烈皇帝"。
⑭ 柳玭：陕西耀州人。唐末官员，官任起居郎、中书舍人、御史中丞。柳氏家族，人才辈出，有柳公绰、柳公权、柳仲郢等人。
⑮ 王阳明：王守仁，字伯安，浙江余姚人。明代哲学家、教育家。尝筑室故乡阳明

⑯ 洞中，世称"阳明先生"。官至南京兵部尚书。明代儒家阳明学派首领。谥号"文成"。其弟子搜辑整理他的著作，并另有撰写，合刊为《王文成公全书》。

⑯ 上：原书作"右"，原书系竖排本，今改横排本，故改"右"为"上"。

⑰ 文公《家礼》：朱熹，字元晦，又字仲晦，号晦庵，别称紫阳，徽州婺源（今属江西）人。南宋理学家、思想家、哲学家、教育家。官任秘阁修撰。理学上与二程（程颢、程颐）创立"程朱学派"，是儒学的重要学派。著《四书章句集注》《周易本义》《诗集传》《楚辞集注》，及后人编纂的《晦庵先生朱文公文集》《朱子语类》等。《家礼》旧题朱熹撰，共五卷，附录一卷。

⑱ 此句出自《论语·学而》："礼之用，和为贵。先王之道，斯为美。小大由之，有所不行。知和而和，不以礼节之，亦不可行之。"

⑲ 阋（xì）墙：兄弟不和。《诗经·小雅·常棣》："兄弟阋于墙，外御其务（侮）。"

⑳ 张公艺：唐代寿张人，是我国历史上治家有方的典范，九族同居，合家九百余口。经历北齐、北周、隋、唐四代，年寿九十九岁。唐高宗泰山封禅，路过寿张，家访，张公艺书"忍"字百字献，唐高宗称善，赐缣帛百端，《旧唐书》有记载。

㉑ 此句出自《易·家人》。

㉒ 此句出自《诗经·大雅·思齐》。刑：正也。《广雅》："刑，正也。"朱熹注："刑，仪法也。"寡：古代君主的谦称，如寡人。寡妻，古代君主的正妻。御：朱熹注："御，迎也。"

㉓ 大宗小宗：旧时宗法制，以始祖的嫡长房为大宗，其他房为小宗。

㉔ 禄秩：官吏的俸禄（薪水、工资）。《荀子》："是官人百吏之所以取禄秩也。"

㉕ 暌（kuí）离：阔别。韩愈《纳凉联句》："与子昔暌离，嗟余苦屯剥。"

㉖ 谱牒：古代记述氏族世系的书籍。有《家谱》《族谱》。

㉗ 昭穆：古代宗法制中关于宗庙和墓地的辈分排列。始祖居中，二世、四世、六世、八世居左，称"昭"；三世、五世、七世、九世居右，称"穆"。

㉘ 念庵：罗洪先，字达夫，号念庵，江西吉水人。明代学者，嘉靖状元，谥号"文庄"，著《念庵集》。

㉙ 昧爽：天亮未亮之时，犹黎明。《尚书·太甲上》："先王昧爽丕显，坐以待旦。"

㉚ 四仲月：仲春、仲夏、仲秋、仲冬四月。

㉛ 分至日：春分、秋分、夏至、冬至。

㉜ 庙见：旧时制度，新妇嫁到丈夫家，翌日天明，拜见夫之父母（公婆）。若公公婆婆已死，则要三月后到家庙中参拜，称"庙见"。

㉝ 蘋藻：两种水草，古时供祭祀之用。

㉞ 病子：即病夫，作者自称。

孝友堂家训

[清] 孙奇逢

示诸孺子曰:"孩提知爱,稍长知敬,此性生之良也。知识开而习操其权,性失初矣。古人重蒙养正,以慎所习,使不漓其性耳。今日孺子转盼便皆长成,此日蒙养不端,待习惯成性,始思补救,晚矣。家运盛衰,亦何常之有。父父子子,兄兄弟弟,元气固结,而家道隆昌,此不必卜之气数也。父不父,子不子,兄不兄,弟不弟,人人凌竞,各怀所私,其家之败也,可立而待,亦不必卜之气数也。端蒙养,是家庭第一关系事,为诸孺子父者,各勉之!"

士大夫教诫子弟,是第一紧要事。子弟不成人,富贵适以益其恶。子弟能自立,贫贱益以固其节。从古贤人君子,多非生而富贵之人,但能安贫守分,便是贤人君子一流人。不安贫守分,毕世经营,舍易而图难,究竟富贵不可以求得,徒自丧其生平耳。余谓童蒙时,便宜淡其浓华之念。子弟中得一贤人,胜得数贵人也。非贤父兄,乌能享佳子弟之乐乎?

示奏雅等曰:"汉有孝弟力田科,尔等只读书明农,便是真学真士。"孔子曰:"幼而不能强学,老而无以教,吾耻之。"今日教尔等以孝弟力田,正老夫不负烛光之一念也。

晨起率子若孙,祠堂焚香,群从①续至。谓之曰:"我等聚族而处,佳辰令节,生忌朔望,得来祠堂瞻礼,是祖父之魂气常在,儿孙之诚敬常存也,只此是人生第一吃紧事。"明此而为农,是良善之民;明此而为士,是道义之士。祖父恬熙于上,儿孙敦睦于下,岂非一室之太和,而一家之元气哉!愿我子孙,世世勿替。

知勇辩力,尔等不足。谨厚朴拙,尔等有余。夫知勇辩力四者,皆民之秀杰,然不能恶衣食耕凿以自养,反不如谨厚朴拙之安分而寡过也。吾家先祖,百年颂佛而不衰者,正谓其谨厚朴拙耳。多一分智巧,损一分元气,尔等培此朴拙之心,便是真能守祖之孝子顺孙。

甲辰②在容城③,博儿诠孙,先归苏门④,谓之曰:"学问须验之人伦事物之间,出入食息之际,试思尔等此番何为而来,能无愧于所来之意,便是学问实际。诗文经史,皆于此中着落。身心性命,皆由此中发皇。省得此理,随时随处皆有天则，便无虚过之日。"

为浩、溥、沐、浴、溶、汉六孙延师，谕之曰："尔等未离孩提，稍长之时，正在知爱知敬之日，吾家自高祖以来，忠厚开基，今孝友堂尚依依如新也。尔为兄者宜爱其弟，为弟者宜爱其兄，大家和睦，敬听斯言，行走语笑，各循规矩，程明道⑤谓洒扫应对时，皆精义入神之事，莫谓此等为细事也。圣功全在蒙养，从来大儒都于童稚时定终身之品，尔等勉之！"

尔等读书，须求识字，或曰："焉有读书不识字者"余曰："读一'孝'字，便要尽事亲之道。读一'弟'字，便要尽从兄之道。自入塾时，莫不识此字，谁能自家身上，一一体贴，求实致于行乎？童而习之，白首不悟，读书破万卷，只谓之不识字。"王汝止⑥讲良知，谓不行不算知。有樵夫者，窃听已久，忽然有悟，歌曰："离山十里，柴在家里。离山一里，柴在山里。"如樵夫者，乃所称识字者也。

元日⑦祠堂，语群子弟曰："清明在躬，志气如神。尔等乘今日元旦，洗涤旧染，日日维新。一人砥砺，便是一好男子。大家砥砺，便成一好人家。叔季中三代，乐莫乐于此，贵莫贵于此。"

语立雅等曰："与人相与，须有以我容人之意，不求为人所容。颜子犯而不校，孟子三自反，此心翕聚处，不肯少动，方是真能有容。一言不如意，一事少拂心，即以声色相加，此匹夫而未尝读书者也。韩信⑧受辱胯下，张良⑨纳履桥端，此是英雄人以忍辱济事。"静修之言曰："误人最是娄师德⑩，何不春生未唾前。"学人当进此一步。

古人读书，取科第犹第二事，全为明道理、做好人。道理不明，好人终做不成者，惰与傲之习气未除也。洒扫应对，先儒谓所以折其傲与惰之念，盖傲惰除而心自虚、理自明，容色词气间，自无乖戾舛错，事父、从兄、交友各有攸当，岂不成个好人。日用循习，始终靡间，心志自是开豁，文采自是焕发，沃根深而枝叶自茂。尔等今日，辨一虚心，实实务除其傲与惰之念。下学在是，上达在是，先后本末，一以贯之，不知者，只见为洒扫应对而已。

居家之道，须先办一副忠实心，贯彻内外上下。然后总计一家标本缓急之情形，而次第出之。本源澄澈，即有淤流，不难疏导。患在不立本而骛末，浊其源而冀流之清也，得乎？一家中男子本也，父慈、子孝、兄友、弟恭，本之本也，本立矣，而末犹萎焉，必其立之根本末固耳。立之之道，岂有已时，本分自尽者，并不见吾分有圆满之日。古人榜样一一具在，只不听妇人言，便有几分男子气。

父母于赤子，无一件不是养志。人子于父母，只养口体，此心何安？无论慈父慈母，即三家村老妪养儿，未有不心诚求之者，故事亲若曾子，仅称得一个"可"字。

谓韵雅曰："汝幼年理家务，吾虞其废业也。然陆象山⑪当家三年，自谓学问长进。米盐零杂至细碎矣，综理有道，便是学问。至长幼尊卑，内外男妇，性情不同，好恶各异，黾勉有无，能得其贴心输意，此非仁至义尽者不能。志气从此立，学问从此充，虚心实体，当自得之。"

博雅问："贫贱如何，是不以其道得之。"曰："颜子裕为邦之略，而箪瓢陋巷⑫；原宪釜甄生尘⑬，而辞禄九百。"总因富贵是人之性命，紧说着不处，人只是欲。贫贱是人之仇敌，紧说着不去，人只是恶。贫贱原与道近，作圣贤全在此处体验。孔颜造下这局面，要入此门，嫌贫贱不得。

人生第一吃紧，只不可见人有不是。一见人之不是，便只是求人，则亲疏远近，以及童仆鸡犬，到处可憎，终日落坑堑中矣！臣弑君，子弑父，亦只是见君父有不是处耳，可畏哉？

示四侄维雅曰："本分二字殊难尽，子臣弟友而求其能，皆本分也。谁能尽此本分者，尧、舜、周、孔。于本分内不能增得一毫，增一毫于本分内，便多一毫于本分外。"

谓望雅等曰："汝兄家报，谓汝等不可各用己见。十年来，我于'忍'之一字着力，忍即恕也，各就一字下手，自见得力。汝兄此言，却是老夫平昔处己处人自愧未能者，既以此相勉，当大家策励。实实近里着己用工，不可徒以口说。百忍堂中有太和，此话从体认中来。"

谓奏雅等曰："眼界欲宽，胸襟欲廓，而得力着手处，却要枯寂收敛。约则鲜失，愿尔曹共讲求此义。大得却须防大失，多忧原只为多求，此语可作'约'字注脚。"

此中风俗，极重婚丧之礼。前辈创行固难，后人遵行非易。余十五年目击心识，就中有以行礼而反失礼之意者，不可不斟酌而损益之，是在秉礼君子，力为之砥，不必定与俗同也。

谓度雅大侄及奏雅、韵雅曰："汝三人学稼，吾虑不明习此事而小视之也。舜耕历山⑭，伊尹耕莘野⑮，孔明耕南阳，此是何等勋业。孔子于樊迟⑯，何鄙而小之，此中道理甚活，正不相悖。舜尹躬耕时，浑身备礼义信之用，故能升闻发迹。孔子大道为公，正欲偕及门，共兴东周，纳斯世斯民于凿井耕田，家给人足，岂区区以百亩之不治为忧哉！今日寄居苏门，不耕无以为养，且无以置吾躬也。不有耕者，无以佐读者。况负薪挂角[17]，古人何尝不兼尽于一身。吾老矣，此躬不力，望汝等并耕不怠。"

示尚儿暨淳、溥两孙曰："学不长进，病坐在不虚己。以舜禹之圣，而好察、乐善、拜善；孔子之圣，四友、六侍[18]；颜子之贤，而问不能、问寡[19]。人之取善；岂有定方，善之所在，虽路人之言，臧获之智，皆当取之。取诸人乃所以与诸人也。故君子莫大乎与人为善。曲士[20]俗学，只喜闻誉，恶闻过，遂自闭取善之门，而阻人乐生之路，德何由进，业何以修？所谓自暴自弃也。尔等以文会友，便是进德修业之时，莫只作书生雕虫小技也。以文会友，以友辅仁，文与仁有本末，而非二事。与胜己者友，须先虚心，至听其言，与吾有未安处，宜平心思之。思之而未安，又须平心定气，与之相商，惟恐我见未克，未能尽其所长，则无不收师友之益矣，便是进德修业实际功夫。"

示应试诸子孙曰："涿州史解元家，子弟赴试，老者肃衣冠设席以饯，命之曰：'衰残门户，赖尔扶持。'今老夫所望于尔辈扶持者，又不专在此也。为端人，为正士，在家则家重，在国则国重。所谓添一个丧元气进士，不如添一个守本分平民。九十岁老人，所以报答天地父母者，此区区一念耳。洤孙秋捷[21]，谓之曰：些小得意与此小失意而遂改其常度者，固是器识之小，正缘不知学之故。不学墙面，人生不幸，莫大于是，尔今日立身之始，须有一段抵挡流俗之志。"

丧祭之废也久矣，所不废者，独三年之丧耳。自期以下，冠服之制，皆略不为意。即三年之丧，亦仅存仪节，所称必诚必信，勿之有悔，而不茹荤不御内者，亦罕矣。祭祀之礼，一用流俗节序，燕亵不严，真实讲求祭义者，谁其人哉！风俗之淳，人心之厚，必自慎终追远始。

示八侄趋雅曰："行己有耻，对无耻而言也。狷者有所不为，对无所不为而言也。贤不贤之分，岂相远哉！夫无所不为，正是其无耻处。故孔孟每提一'耻'字，以激励人，知所用耻，则不及人不为忧矣。"

谓潜孙曰："天下无无事之人，或读，或耕，或出，或守，莫不各有当然之则。如尔父在故园，代我守祖父坟墓，尔来苏门，代尔父侍老夫眠食，尔七叔在外处馆，佐尔五叔农事之不及，尔十叔日与朋友讲习，代我应酬笔札，尔十一叔、十二叔，寒寒暑暑侍老父寝处，虽日用饮食之事，皆性命流行之会也。永兴来视我，且得与其女儿叙十八年之疏违，中皆有天则焉。认得此意，则日日在天理人情上讨受享；不得此意，则日日在梦迷中，所谓罔之生也。尔性颇慧，我望尔知学，学之不已，悦乐自生。善守祖业者，守此而已。"

语永兴侄孙曰："尔祖宰武城，归里之日，仍以馆谷偿负债，尔祖母、尔父俱不免于饥寒，闻者见者，莫不怜之。鹿忠节公独爱而起敬，谓非古之廉吏不至此。吾家沭阳公，以廉吏起家，尔祖能绳其武，我辈俱得为清白吏子孙，较之金帛田宅遗后人者荣多矣。尔祖常语余曰：沭阳公一任，止受新生公宴绸二匹，弟今日仍觉于先德有愧也。惟自觉有愧，始无愧耳。留余忌尽，天之道也，常常处其不足，以为可增可加之地。若增无可增，加无可加，立刻索然矣。为尔计，要安分耐穷，教子弟读书，不失礼于宗族乡党。法祖在此，立身在此。"

谓淦孙等曰："孟子深戒暴弃者，谓非人暴之，乃自暴之也。非人弃之，乃自弃也。暴弃不在大，亦不在久，一言之不中礼义，一事之不合仁义，即一言一事之暴弃也。行庸德，谨庸言，终身惄惄㉒，方得免于自暴自弃。"

语立雅等曰："朋友谏诤，须求有济，不可自谓直谅，令人有难受之实，徒贻拒谏之名。忠告善道犹后，积诚而动，自令人不忍负，不信，未可轻言谏也。"

谓立儿曰："忆汝姊归宁㉓时，吾家长幼男妇，无不肃然起敬。盖孝事姑舅，和睦妯娌，惟身有之，所以言之能启人听闻。今汝来此，弟若侄将于汝取型焉。常晨夕告教，令耕者、读者各勉其所有事，勿忽勿怠，勿较劳逸，勿存行迹，以好合既翕，而得父母之顺，则家庭之间，便是唐虞㉔三代，何乐如之。"

善诒谋者，得一本分自守之子孙，数十年之家运，可保勿替。如其为贤人，为君子，则所以彰显其祖功宗德者，与山俱高，与水俱长，较之积财置产者，所得不既多耶！此等事，庸愚皆知之，贤知者不能也。

保身于身所大欲，德人于人所不知，守志于志所未得，轻世于世所不惊，乐生于生所聊托，惜福于福所过享，敦让于让所不堪，祈天于天所未定。真名言哉！录置座右，日夕咀玩，并以示我子孙共珍之。

言语忌说尽，聪明忌露尽，好事忌占尽。不独奇福难享，造物恶盈，即此三事不留，余人便侧目矣。

前人创业，后人守成，一茅片瓦，守而勿失，此方是承家令子。至于可久之德，可大之业，最易知，最简能，却视为身外之物，非祖父所留遗，任其颓败废弃，绝不肯过而问焉，其于轻重大小之衡，颠倒实甚，度非仁人孝子之心所安也。凡我同人，俱有守业之责，幸先理此业，保而勿失，则安富尊荣，与天无极，其受享岂可以言语形容耶！

甚矣，人心无足时也！终日营营，总是愿外，不知富不可以求得，越分妄求，余殃在后。贪人之有，有则为人所贪。如欲千百年富贵，此必不得之数也。昔有人自称为富贵之家，客曰："富贵如何便成家也，富贵如以我为家，不应走向他家矣，既走向他家，是以我为逆旅耳。"昔郭进[25]建第成，坐诸匠于子弟右曰："此造屋者。"指子弟曰："此卖屋者。"识者谓为名言。今人为卑官，则恨不享大位，及位高而颠踬倾危，回想卑官而受清宁之福，天上矣。布衣粝食，妻子相保，则恨不富贵，一旦祸患及身，骨肉离散，回想布衣粝食，妻子相保时，天上矣。人聪明强健，则恨欲不称心，一朝疾病淹缠，呻吟痛苦，回想聪明强健时，天上矣。古今来，无人不犯此病，若能先见一步，蚤[26]退一步，必也明哲之士。

语诸子曰："吾家孝友堂，尔师鹿忠节额之，山左刘幼孙讳重庆书之，迄今五世矣。常与尔伯叔相勖勉，日夕兢兢，恐负二君题额之意。今尔伯叔已矣，吾老矣，是在尔等勉之。一人不类，便玷家声，孝友非难事，然却非易事，不离日用饮食，总以一念孺慕为主。"夫子与子游论孝，曰："今之孝者，是谓能养，不敬，何以别乎？"与子夏论孝，曰："色难，服劳奉养，曾是以为孝乎？"[27]夫敬，不在养之外也。色，不在服劳奉养之外也。曾子养曾晳[28]，必有酒肉，必请所与，必曰有，则其敬与色可知已。三"必"字，亦要看的活。孔子疏水曲肱[29]，颜子箪瓢陋巷，亦有行不去时。故余常谓养口体，未尝非养志也。矫而行之，则伪矣，此处岂容得一毫伪为哉！夜来老夫久不成寐，呼韵儿语，杂念渐清，沐孙睡醒，起为老夫搔背痒，余谓韵儿曰：此念便从孺慕中出，可称孝友堂子弟矣。晨起书之以志勉。

示澜孙曰："尔父既来夏峰，故园祠墓，惟尔是寄，子孙成立，惟尔是赖，宗族乡党之和睦，亲戚朋友之酬应，皆尔身任之。规模宜宽大，处事宜平和，凡事有不得者，皆求诸己。先儒有言，母氏圣善，我无令人，孝子宜以此自责。臣罪当诛兮，天王圣明，忠臣宜以此自责。宁人负我，勿我负人，交友宜以此自责。即此推之，圣贤原无求人之理，故夫子与子臣弟友，曰：'我无能一焉。'盖原是能不尽的，一见为己能，则其亏缺多矣。尧舜犹病，到底只是犹病。文王未见，到底只是未见。开之未能信，到底只是未能。道理无尽头处，故学亦无歇手处，只一自满，便全盘放下矣。"

谓潜孙曰："家运之盛衰，天不能操其权，人不能操其权，而已实自操之。父慈、子孝、兄友、弟恭，男正位于外，女正位于内，即贫窭终身，而身型家范，为古今所仰，盛莫盛于此。如身无可型，而家不足范，当兴隆之时，而识者已早窥其必败矣。"

谓洤孙曰："汉家举孝廉㉚，然汉史却无孝子传，传孝友，自晋史李密㉛始。东堂忿捐，犹非本色，乃知真孝子固非等闲人也。"《论语》："孝弟为仁之本。"㉜《孟子》："尧舜之道，孝弟而已。"㉝又曰："仁、义、礼、智、乐之实，总归于事亲从兄。"尧、舜、唐虞之孝子也。孔子，春秋之孝子也。孙文正谓："孝友之士，宜在朝廷。"孝者所以事君也。为子不孝，断未有为臣而忠者。训人家子弟，只教之以孝弟，则其造福于人也大矣。老夫生平，承良友提携，勉之以为真孝廉，迄今抱愧于心，子其勉之。

语浩、溥、沐、浴、溶、汉暨用桢曰："忆昔汝祖父读书江村，一时应童子试者六人。"伯顺谓余曰："郎君等不必俱发科登仕，只本分孝弟力田，不失前辈书香，便是天地间第一等人家。"今言犹在耳。老夫倏忽九十一岁，孙曾应试者又七人，余之欲命尔等者，江村老友已代余命尔之祖若父矣，尔等第长奉此言，便是孝友堂佳子弟。

谓诸子曰："居家勤俭，孰为居要？"博雅曰："勤非俭，终年劳瘁，不当一日之侈靡。"《书》曰："慎乃俭德，惟怀永图。"㉞子曰："礼，与奢也，宁俭。"㉟似俭尤要。望雅曰："一生之计在勤，一年之计在春；一日之计在寅。"治家、治国、治身、治心，道岂有先于此者乎？似勤尤要，曰："二者皆要，尤要在克勤克俭之人耳。"八年于外，三过门不入㊱，方得地平天成，万世永赖，如非其人，胼手胝足，朝经夕营，何济乃事㊲。宋仁宗夜半惜烧羊之费㊳，恭己化成，几致刑措㊴。若唐文宗举衫袖示群臣，曰："此衣已三浣矣。"虽云俭德，然受制家奴，自谓不如赧献㊵，泣下沾襟，亦何益乎？勤俭一源，总在无欲，无欲自不敢废当行之事，自无礼外之费，不期勤俭而勤俭矣。

【注释】

① 群从（zòng）：指家族中兄弟、子、侄众亲属。《晋书》："群从昆弟，莫不以放达行为。"
② 甲辰：康熙三年，即公元1664年。

③ 容城：今河北省容城县，孙奇逢故乡。
④ 苏门：河南辉县的旧称。
⑤ 程明道：程颢，世称"明道先生"，宋代哲学家、教育家。与弟程颐共建北宋理学学派，世称"二程"，著《定性书》《识仁篇》。
⑥ 王汝止：王艮，字汝止，号心斋。江苏泰州人。明代哲学家，泰州学派创始人，世称"心斋先生"，著《王心斋先生遗集》。
⑦ 元日：农历正月初一。《尚书·舜典》："月正元日，舜格于文祖。"
⑧ 韩信：江苏淮阴人。汉初诸侯王，协助刘邦建立汉朝，封楚王，后被吕后杀害。年轻时曾受老妇胯下之辱而忍之，后成大器。
⑨ 张良：字子房，安徽亳州人。汉初大臣，协助刘邦建立汉朝，封留侯。年轻时曾为老者从桥下捡鞋上桥为老者穿鞋而获教。
⑩ 娄师德：字宗仁，河南原阳人。唐朝进士，宰相和名将，涵养极深，成语"唾面自干"就出自娄氏。
⑪ 陆象山：陆九渊，字子静，号存斋，江西抚州人。南宋哲学家、教育家。曾在江西贵溪象山讲学，学者称"象山先生"。其学与兄陆九韶、陆九龄并称"三陆子之学"，著《象山先生全集》。
⑫ 箪瓢陋巷：此语出自《论语》："子曰：'贤哉回也！一箪食，一瓢饮，在陋巷。人不堪其忧，回也不改其乐。'"回：颜回，孔子的弟子。
⑬ 原宪釜甑生尘：原宪，孔子的弟子。釜，炊锅。甑，蒸饭的瓦罐。
⑭ 历山：相传舜帝曾耕种于历山，关于历山的位置有多种说法，皆传说也。
⑮ 伊尹耕莘野：伊尹，商初大臣，名挚，尹是官名。传说奴隶出身，曾耕种于莘国（今山东曹县西北的田野）。莘又称"有莘""有辛"。
⑯ 孔子于樊迟：樊迟，孔子的弟子。《论语·子路》："樊迟请学稼，子曰：'吾不如老农。'请学为圃，曰：'吾不如老圃。'樊迟出，子曰：'小人哉，樊须也。'"
⑰ 负薪挂角：薪，柴。角，角巾，古代隐士常戴的有棱的一种头巾。
⑱ 四友、六侍：指孔子身边的人。
⑲ 此句出自《论语·泰伯》："曾子曰：'以能问于不能，以多问于寡。'"意为颜渊向能力比自己低的人请教，向知识比自己少的人请教。
⑳ 曲士：见识不广的俗人。《庄子》："曲士不可以语于道者，束于教也。"
㉑ 秋捷：秋，秋试，亦称"秋闱"，明清每三年秋季进行乡试，考中者为举人。捷，报捷，捷报。孙氏之孙，孙淦秋试中举报捷。
㉒ 慥（zào）慥：忠厚诚实。《中庸》："言顾行，行顾言，君子胡不慥慥尔。"
㉓ 归宁：旧时称已嫁女子回娘家省亲。《诗经·周南·葛覃》"归宁父母。"
㉔ 唐虞：古国名，尧为领袖。

㉕ 郭进：北宋名将，镇守边关多年，抵御契丹入侵，战功显赫。
㉖ 蚤：古通"早"。
㉗ 此两句出自《论语·为政》，与原文略有出入。子游、子夏皆孔子的弟子。
㉘ 曾皙：名点，曾参之父，也是孔子的弟子。
㉙ 疏水曲肱（gōng）：《论语·述而》："子曰：'饭疏食饮水，曲肱而枕之，乐亦在其中矣。'"疏食：粗粮饭。
㉚ 孝廉：汉代推举孝顺父母的人担任官职，为"举孝廉"。
㉛ 李密：字令伯，一名虔，四川彭山人。西晋时期以孝著称，与祖母相依为命，因上《陈情表》辞官侍奉祖母。后任汉中太守。此李密非隋末瓦岗军首领李密。
㉜ 此句出自《论语·述而》："孝弟也者，其为仁之本与？"
㉝ 此句出自《孟子·告子下》。
㉞ 此句出自《尚书·太甲上》。
㉟ 此句出自《论语·八佾》。
㊱ 此句出自《孟子·离娄下》："禹、稷当平世，三过其门而不入。"此颂扬禹、稷勤于国事，而不顾小家的精神。
㊲ 此句是记载和赞颂大禹治水的难苦和卓著精神。
㊳ 此句出自《宋史·仁宗纪》："宫中夜饥，思膳烧羊，戒勿宣索，恐膳夫自此戕贼物命，以备不时之须。"
㊴ 刑措：刑法搁置不用。刑，刑法。措，搁置。刑措不用，无人犯法，则刑法搁置不用。
㊵ 此句出自《唐书·文宗纪》，记载唐文宗自"甘露之变"后，一直受宦官的监视，处境极为狼狈。赧，东周亡国之君周赧王。献，东汉亡国之君汉献帝。

仲氏家训

[清]孙奇遇

孙奇遇（生卒不详），明末清初学者孙奇逢之仲兄，诸生。该家训是孙奇逢转录仲兄孙奇遇的家训，故称"仲氏家训"。

该文录自《课子随笔钞》卷五，作底本校注。

凡悖逆之事，皆起于见君父有不是处。若一味见人不是处，则兄弟、妻子、朋友、童仆到处怨尤，无时如意。若能每事三自反，胸中自然快活，处事自然安恬。

遇富贵无生歆羡，羡之不已，不忮①则求。处家庭宜先忍耐，耐之积久，既和且平。

莫行心上过不去之事，莫萌事上行不去之心。

以积货财之心积学问，以求功名之心求道德，以爱妻子之心爱父母，以保爵位之心保国家。

存知足心，去好胜心，方寸②中何等安闲自在。

凡一事而关人终身，虽实见实闻，不可矢口；凡一语而伤吾长厚，虽闲谈闲谑，切须谨言。

遇沉沉不语之士，切莫输心③；见悻悻④自逞之徒，急须防口。

人心黑白，宜在心不宜在口。

有一言而伤天地和、一事而折终身之福者，切须检点。

君子有三惜：此生不学，一可惜；此日闲过，二可惜；此身一败，三可惜。

父兄劳于官，子弟逸于家。一逸已过分，况乃事奢华。轩轩⑤傲闾里⑥，仆仆⑦过彤衙⑧，不知祸所伏，方谓势可夸。势乃有时歇，祸来或无涯。不如慎德业，庶几永无差。

富贵如传舍⑨，惟谨慎可得久居。

无病之身，不知其乐也。病生，始知无病之乐矣。无事之家，不知其福也，事至始知无事之福矣。

人欺不是辱，人怕不是福。

登天难，求人更难。黄连苦，贫穷更苦。春冰薄，人情更薄。江湖险，人心更险。知其难，甘其苦，耐其薄，测其险，可以处世矣，可以应变矣。

祸莫大于纵己之欲，恶莫大于言人之非，病莫大于不知己之失。

【注释】

① 忮（zhì）：妒嫉，忌恨。《诗经·邶风·雄雉》："不忮不求，何用不藏。"
② 方寸：指心，亦作"方寸地"。《三国志·诸葛亮传》："今已失老母，方寸乱矣。"
③ 输心：表示真心实意。
④ 悻（xìng）悻：恼怒、愤怒。《孟子》："谏于其君而不受，则怒，悻悻然见于其面。"
⑤ 轩（xuān）轩：扬扬得意。《新唐书》："戮自以适所志，轩轩甚得。"
⑥ 间（lǘ）里：乡里。《后汉书》："虽在间里，慨然有董正天下之志。"
⑦ 仆仆：心烦意乱。
⑧ 彤衙：汉朝皇宫以朱红色（彤）漆中庭，故代表皇宫，也称"彤庭"。
⑨ 传舍：古时供来往行人居住的旅舍、客舍，即今旅馆。颜师古注《汉书》："传舍者，人所止息，前人已去，后人复来，转相传也。"

家　戒

[清] 冯班

冯班（1602—1671年），字定远，号钝吟老人，江苏常熟人。明末清初诗人，擅长书法。明末诸生，明亡，佯狂避世。著《钝吟杂录》《钝吟集》《钝吟书要》《冯氏小集》等。

此《家戒》系《钝吟杂录》第一和第二卷。原篇附清代学者何焯评语，今保留，楷书排出，助阅读。

读李习之①答朱载言书云："其理是而词章不能工者,《太公家教》②也，今此书不传。习之所读不工者，我不能与之覆较。顾尝思之矣，谓之家教，是父兄以教其子弟者也，不应雕饰文词，其理是矣。则于圣人之所谓修身齐家、入以事父兄、出以专长上者，必有当焉矣。是天下良书也，惜哉我不及见！不得采取以善我身，教我子弟，可胜叹耶！我无行，少年不自爱，不堪为子弟之法式。然自八九岁读古圣贤之书，至今六十余年。所知不少，更历事故，往往有所悟。家有四子，每思以所知示之。少年性快，老人谆谆之言，非所乐闻，不至头触屏风而睡，亦已足矣。无如之何，笔之于书，或冀有时一读，未必无益也。"是即李习之所谓词章不工者，勿以文字求我。

《孟子》曰："尧舜之道，孝弟而已矣。"③"孩提之童，无不知爱其亲也；及其长也，无不知敬其兄也。"④只如此便完全是个尧舜。故曰："人皆可以为尧舜"。俗人只为不知学问，识见浅薄，遇要紧处，料理不来，任情随俗，做得不好，便把人品弄坏。但孝弟二字，甚不易料理，没有十二分学问，举手动足便错了。

有子⑤曰："君子务本，本立而道生。孝弟也者，其为仁之本与？"⑥此是儒者功夫。《中庸》曰："博学之，审问之，慎思之，明辨之。"⑦是儒者学问。蒲团上趺坐⑧，殊不了事。末句是针砭高景逸门徒。

程子⑨教人读书，曰："一部《论语》，未读时是这般人，读了只是这般人，便是不曾读一般。"此言最恳切。最难读者《论语》。圣人说话简略，说得浑融，一时理会不来，是难读也。亦最易读。读一句是一句，理会得一分是一分，是易读也。不似他书认错了要误人。赵普⑩用半部《论语》治天下，大是会读书。如吾所见，只一二句便终身受用不尽。

《庄子》曰："为善无近名，为恶无近刑。"⑪亦是一句说话。但此是道家学问。不如《易》云："善不积不足以成名，恶不积不足以灭身。""积"字最妙。积善成名，不是虚名，这名便不害事。若为恶于冥冥⑫者，不有人祸，必有天殃，不于其身，必于其子孙。恶字一毫来不得。如《老子》云："天网恢恢，疏而不漏。"⑬这话却好。小人只看疏处，不曾看他不漏处，便去放肆，是他识见不济，看理不明也。勿以善小而不为，勿以恶小而为之，这便是积的工夫。

俗语亦有益人处。吴人谚云："风潮过了世界在。"吾一生用之，虽经历事变，至今无大患。但众人凶凶时，不可随他，自己有个把捉，凶凶的定了，便受用。

太平时做错了事却有救，乱世一毫苟且不得，一失脚便送了性命。

"信而好古"⑭，"温故而知新"⑮，是读书得力处。

儒者有一种门户，有一种习气，须洗得尽，方是好学的人，方是真儒。名言！不到得忠恕地位，便有此二种夹杂。

君子之孝，莫大于教。子孙教得好，祖宗之业，便不坠于地。不教子弟，是大不孝，与无后等。

儒者之业，莫如读书。记诵以为博，是读书病处，亦强似不读。

读书有一法，觉有不合意处，且放过去，到他时或有悟入，不可便说他不是。

君子立身行己，只要平实。不行险则无祸患，不作伪则无破败。此语最有味，不可忽。此是实实受用儒者功夫，不是老生常谈。"君子居易以俟命"，不愿乎外，只是一个平。戒慎乎其所不睹，恐惧乎其所不闻，方是实。

士人读书学古，不免要作文字，切忌勿作论。成败得失，古人自有成论，假令有所不合，阙之可也。古人远矣，目前之事，犹有不审，况在百世之下，而欲悬定其是非乎？此亦名言。宋人多不审细。止如苏子由⑯论蜀先主云："据蜀，非地也；用孔明，非将也。"考昭烈生平，未尝用孔明为将，不据蜀便无地可措足。此论直是不读《三国志》⑰。宋人议论多如此，不可学他。

致堂胡氏⑱作《读史管见》，其论人也，如酷吏之狱词，见法辄取，不原情，不考事。君子恶称人之恶，此便是他心不正。癖于恶人，而不知其美，斯言之玷也。

孔子每言"仁"，孟子并言"仁义"。"义"字难体认。有硁硁⑲小人之义，有匹夫匹妇自经于沟渎⑳之义，更有刺客游侠盗贼奸人之义，君子不可不明辨也。义者，宜也。知所举三者安得为宜，小人有勇而无义为盗，刺客游侠皆盗耳。

既明且哲，以保其身，贤臣也；战战兢兢，如临深渊，如履薄冰，孝子也。偾国事，灭家族，以死求名者，贼儒也，乱臣逆子之尤者也。此语为东汉人发药。若东汉之末，则弃礼仪、捐廉耻，务为苟得苟免，又贼儒也。

所欲有甚于生者，死有所不敢爱。儒者之死忠死孝，仁之至，义之尽也。然子死孝，父必不全；臣死忠，君必有患，忠臣孝子，平居无事，不忍言之。近代有平居无事，处心积虑，冀君父之有难，以成其名者。其人名不便言。此乱臣贼子之不若也。让千乘之国好名者，君子犹不取，况乎幸君父之有难，社稷苍生[21]、六亲九族[22]，一切不顾，而可曰仁义乎？好名之患，真有不可言者。

曹孟德[23]将杀陈宫[24]，谓之曰："公台如卿老母何？"宫曰："母老在公，不在宫也。"婉而不屈，然竟全其母。方孝孺[25]将死曰："必无十族。"此为不如陈宫矣。孝孺虽逊词，亦不免九族，然亦不至于十族矣。两条须合看。

诵农、黄[26]之书，用以杀人，人知为庸医也。诵周、孔之书，用以祸天下，而不以为庸儒，我不知何说也。庸儒者，非孔子之徒也。不惟一时祸天下，又使后世之人，不信圣人之道。

食人之禄者，死人之事。君子当大难，亦不能徒死也。持其危，扶其颠，尽心力而为之，事穷势极，然后死焉。斯可以言事君之节矣。文文山[27]其人也。

君子有心于古道，慎无以学术误天下。

乐无与于衣食也，金石丝竹，先王以化俗，墨子[28]非之。诗赋无与于人事也，温柔敦厚，圣人以教民，宋儒恶之。

汉人云："大者与六经同义，小者便丽可喜。""便丽"，《王褒传》[29]作"辨丽"言赋者莫善于此。诗亦然也。仁者乐山，智者乐水，咏之何害！

风云月露之词，使人意思萧散，寄托高胜，君子为之，其亦贤于博弈也。以笔墨劝淫，诗之戒，然犹胜于风刺[30]，而轻薄不近理者，此有韵之谤书。唐人以前无此，不可不知也。

君子不亲教，延师亦是难事，气习相染，师不如友。爱子弟者，必慎其所与。要淳厚有家风者为上，其次则自好喜读书者，市井[31]轻薄最不可近。

先兄谓我曰："见利思义，义不胜利，小人必不能自克。"我应之曰："不若见利思害。""见利思害"出《新序·节士篇》。以见得思义并举言之，则不偏也。

无故之利，害之所伏也。君子恶无故之利，况乎为不善以求之乎？君子固穷，不求利所以无害，则利莫大焉。到底翻不得此案。人不知义，则利令智昏，虽大害之伏，不复顾矣。故九思条目又曰："见得思义。"《孟子》亦先曰："亦有仁义而已矣"。教人有主宰于中，然后与之剖析利害。

或曰："裴晋公㉜之功名富贵，可谓盛矣，还带小善，恐不足以致之。"余曰："大人君子，好义为善，其根伏于胸中，如火伏于薪下也，特未发耳。一发则燎原矣。晋公之致福，亦犹火发之燎原也。事之大小，非所计也。匹夫匹妇，一事之善，如将枯之禾，偶得一溉，其福微矣。然必胜于不为一善者。"

韩、商㉝之道，其用民也残，其养民也狭。施之于乱世，可以徼利，事平则受其祸矣。秦二世而亡是也。天道神明，好此术者必有殃。

君子以礼义安人养人，俗儒则以礼义桎梏天下，不知礼义之本也。

汉儒释径，不必尽合，然断大事、决大疑，可以立、可以权，是有用之学，去圣未远。古人之道，其有所受之也。

宋儒视汉人如仇，是他好善不笃处。唐儒小病在有个道学门户，必求高出前人，然濂溪、明道诸公，何曾有此！

谈性命，叙人伦，苟无宋儒，人其为鬼魅乎？但于世事上少疏，施之于事，不见作用，朱子尝自说如此。尚论古人，不是与古人争是非、好讥评者，其为学必不得益。

昔人有作《中山狼传》㉞者，为负恩者喻也。中山狼所在有之，但无与老悖枯树语则可矣。斯言也，不更事者不知也。小人之敢于为恶，有助之者耳。天下惟助恶者为无人心。

祸福之来，天与人相参。《诗》曰："自求多福。"㉟《书》曰："天作孽，犹可违；自作孽，不可活。"㊱一委之于命者，愚人也。纣曰："我生不有命在天？"㊲此其所以亡也。

盛怒不可饮酒。

凡人之是非，当决之于君子；儒者之是非，当裁之以圣人之言。苟不合于仲尼㊳，虽程、朱㊴亦不可从也。

圣人好读书，豪杰好读书，文人亦好读书，惟宋儒不好读书。程、朱为学，必由读书，读明义理，惟陆学不尚读书耳。

夫子曰："性相近也。"㊵《孟子》曰："性善。"㊶较说得透爽。夫子曰："习相远也。"朱子曰："气禀所拘，人欲所蔽。"较说得圆满。虎狼好搏噬，是气禀所拘。父子不相食,是性善。相近处正是善,相远处即是恶。大抵恶是第二层念头,善念是独发的,恶念是有对而发的。须知甘食悦色亦是善,方可言性善。好甘不好苦,好美不好恶,自爱也。未有不自爱而能爱人者。君子有时损己以益人,只从自爱处推出。

阮嗣宗㊷至慎,不臧否人物。陶渊明㊸诗篇篇说酒,不及时事。阮与陶,皆在事外者也。有事在者,亦须深沉果断,不密则害成矣。

顾仲恭㊹先生不能作诗,常自言不解其故。余告之曰:"温柔敦厚,先生似不足。"

道家有雷门忠孝一派,其说曰:"精炁㊺者身之本也,不爱精炁为不孝,心者身之君也,不敬其心者为不忠。"我最爱此说。

君子处人骨肉之间,不可无作用,亦不必多巧,只是一个平恕,一个忍耐。

六亲不和有孝慈,君子不可不勉。此语失老子本意。翁之意谓六亲虽不和,孝慈之道当尽其在我。

婢妪用事,则妇女生变;外家太亲,则兄弟疏。

嫁女娶妇,但择儒素有家法者最善。古人云:娶妇当娶其不如我者,嫁女当择其胜我者。此言大有病。外家贫薄,为累最重,不可以一端尽。且妇女之性,罕能自卑,只如婢妾,此不如我家亦甚矣。一旦得宠,目无正嫡。不如我家,不足恃也。胜我之家,娣姒必多富贵,妇女以家势相轧,我家子女必为所薄,则一日不能安矣。胜我不如我相形,争之道也。儒者论事,多空中揣量,不试实事,故多败。齐家治国平天下道理,须是实实体贴。空中揣摩,便是白面书生,不通事势。为天下安用腐儒,谓此辈也。所论亦未尽事理,此其一端也。

《孝经》㊻,孔子之行也;《小学》㊼,朱子之行也。但朱子有小疵处,醇儒不习事也。朱子不可谓之不习事,或智不圆耳。亦不过一两段耳。此良书,不可不读。鲁齐之学,从此书入。及领成均,遂以此为教。

宋儒有四大病,近代犹甚:不喜读书,则君子小人渐无别;不作文字,则词气鄙倍而不自知;不事功业,则无益于世;不取近代事,则迂疏。全看程、朱语录,原无此四者,此门徒末流之弊,亦不可不戒。

君子使人可爱,不如使人可敬。敬人者人恒敬之,未有可敬而不可爱者也。能养其中和之德,则敬爱兼之矣。

孟母㊽、敬姜㊾,千古难得。妇人教子,未有不败坏者也。父欲教子者,必不可使母搀一字。

庄生(50) 喜言上古，上古之风，必不可再得于今日，徒使晋人放荡不事事。宋儒专言三代(51)，其于三代之事，择焉而不精，语焉而不详，徒使方孝孺辈迂执不通。其言不同，误天下苍生则一也。宋儒所谓三代者，亦谓当得其意而已。明道最通晓时务，伊川(52)、晦翁亦何尝拘碍如后儒，唯横渠较疏耳。然方公之病，其根尚不在此。操切诸王，即非《西铭》(53) 道理。凡为天下国家有九经，修身之下，即曰亲亲，欲复三代，孰先于此？乃舍其大而图其细，亟亟纷更，并昧夫子“三年无改”之训，固非宋儒误之也。然今日略观宋人鉴断，于诸儒书不能贯通者，须及示以此语。翁后有一条论建文主事，于余所见者先得焉。

为子弟择师，是第一要事。慎无取太严者。师太严，子弟多不令，柔弱者必愚，刚强者怼(54) 而为恶，鞭扑叱咄之下，使人不生好念也。凡教子弟，勿违其天资，若有所长处，当因而成之。教之者，所以开其知识也；养之者，所以达其性也。年十四五时，知识初开，精神未全，筋骨柔脆，譬如草本，正当二三月间，养之全在此际。噫！此先师魏叔子(55) 之遗言也。我今不肖，为负之矣。少小多过，赖严师教督之恩，得比人数，以为师不嫌太严也。及后所闻见，亦有钝吟先生所患者，不可以不知。

子弟不可把世间刻薄事教他。子弟刻薄，一时无所展其恶，必先施于父母，则不孝。必先用于兄弟，一家不和，则万事瓦裂矣。兄弟至亲至近，不和便伸手动脚不得。外人不和，只一遍相争，便走开去了。兄弟不和，终身并做一处，有许多不便。世人之不睦于兄弟者，自以为得计，我不知其何心。

子弟小时志大言大，是好处。庸师不知，一味抑他，只要他做个庸人，把子弟弄坏了。又有一种人，一味奖誉，都不课实，后来弄得虚骄，都不成器。子弟小时，极难调养。

与君子交当以恕，君子或有不如人意时也；与小人交当以敬，小人好侮人也。

不为快意语，不作快意事，人世尤悔，十分便减却七分。此康节之言。

言有近正，而实不近人情，不合圣人之道者，儒者多有之。大略近于隘狭，便不是好话。

释氏(56) 言地狱报应，儒者矫之，遂言无鬼。无鬼非圣人之言，即为异端。若无鬼，则圣人宗庙之礼愚且诬矣。此种议论大害事。能知阮宣子(57) 是异端，可与言儒矣。阴阳善恶，各从其类，既散之气亦清浊各途。若言果有地狱，亦不是。

俗人说通变，只是小人而无忌惮，不是君子之时中。

文人儒者，大有异端。不信五经，喜毁古贤人，招合虚誉，立党败俗，皆圣人之罪人，少正卯⑱之流也。此翁目见万历以后事发药。

善气迎人，亲于兄弟；逆气迎人，惨于戈矛。

知人则哲，惟帝难之，然亦有一法，大略取其平和近人情者，则十得六七矣。风俗大坏之后，此言又不可坠于一偏，恐所谓人情者，非发皆中节之情也。

周孔之道，是谓之儒。人不可不学儒，学儒必从师，师最难得。不近人情，不通世务，不读书者，便是小人儒。

俗儒多傲，便不合孔子之道，儒者必谦。俗儒多短见，故好非古人。

凡学问皆须实见实行，不可虚空揣摩。

吾见人家教子弟，未尝不长叹也。不读诗书，云妨于举业也。以余观之，凡两榜⑲贵人，粗得名于时者，未有不涉猎经史。读书好学之士，不幸而踬⑳于场屋㉑，犹为名于一时，为人所宗慕。其碌碌不知书者，假令窃得一第，或鼎甲㉒居翰苑㉓，亦为常人。其老死无成者，不可胜计。贵曰学古不利于举业乎？又不喜子弟学道，脱有差喜言礼义者，呼为至愚。不知所谓道者，只在日用中。惟不学也，居家则不孝不弟，处世则随波逐浪，作诸不善。才短者犹得为庸人，小有才者往往陷于刑辟，中世网㉔而死，其人不可胜屈指也。见三十年前，士人立身，尚依名教，相见或言诗书，论经世之务，今则绝无矣。有一老儒，见门人读书则杖之，罚钱一贯，斯人也，竟困于青衿㉕而死，亦何益哉。不读经则举业必庸猥，不涉史则后扬其墙面矣。经须讲而后明，喜言理义者，通经之阶也。望子弟之远大者，安能舍是以为教哉。今去翁发此论时又四十年矣，噫！

仁义，圣人之道也。徐偃王㉖、宋襄公㉗以之败亡，而儒者犹称之，斯亦仁义之感也。韩文公㉘作《徐偃王碑》，公羊㉙称文王之师，是已。偃王碑徇其子孙之请，漫戏焉耳，其例又取诸子云剧秦美新，尚与公羊谬于说经者不同。近代建文君㉚又不及此二君也，至今好事者犹惜之。或曰："仁义足以败亡乎？"余曰："此徒慕而为之，其心则善矣，实不得圣人之道也。如燕哙㉛之让子之，亦慕尧、舜也，此亦可称乎？"建文君有大罪，今人不知耳。夫子言孟庄子之孝，以不改父之臣与父之政为难能也。㉜子曰："三年无改于父母之道，可谓孝矣。"㉝建文不孝，不孝足以亡国。但其心实慕善，当时臣下果于行其所学，颠覆典刑，遂以至于亡也。《尧典》㉞曰："克明俊德，以亲九族，九族既睦，平章百姓。"建文之九族何如，是乌能法尧、舜哉！此条论断建文主为当，若修明史者仍之，则董狐之良也。定翁所闻《史记》中，有论晁错一条极好，当采录。

人各有业，所以为生也。祖父之业，生而习焉，长而安焉，废而习其所习，败而无所成者十八九矣。读书，业之美而贵者也，奈何其废之乎！

人于其所业，当竭一生之力而为之，毋求其便者，必为其难者。吾少年学举子之业，教我者曰："此敲门砖也，得第则舍之矣。"但猎取其浅易者，可以欺考官而已，远者高者，不足务也，必无人知，则踬矣。后从魏叔子先生，见缪当时[75]先生，二先生之言曰："欺人者，欺之所不以知也。尽天下之人，方竭才力以为举业，谁不知者？而子欲欺之以浅易，子其困矣。"始知向来之误也。农必为良农，贾必为良贾，工必为良工。至于士人之业，乃欲为其不良者，何也？今日几乎天下皆不知矣，然为欺者滔滔皆是，安得受知于考官？不如读书，其遇则可以变俗，不遇，犹有以自得。

为人之所不能为，知人之所不能知，尽心力而务之，不得利，必得名。人皆不如我，我得名利也。韩子云：人之能为人，由腹有诗书，名利其外也。不可以为人，将若之何？

鼓钟于宫，声闻于外，天下未有有其实而无其名者。

何云有文，钱口翁重之，然无名者，其人妒嫉，同学者恶之也。妒嫉极损名，如张汤[76]有后，可以为法。

俗人多不喜子弟习技，只是一个俗。如书射自是正经学问，如何不知？近礼乐之遗者为之，可以为人所役而取贱者，勿以自累。他如琴弈之类近雅者，亦不妨为之。我见一周叟，投壶[77]百发无误，意甚爱之。琴德可以养性，弈则徒费日散精而已，非若琴之为用。下当习投壶、古戏、本射之类。礼用之与燕射等，学之殊妙。

二郎好画，我不以为不可，但有一说，不精而为之，便是废日。苟能精之，则古人亦如此也。先君子不读星命之书，多为日者所欺，然犹无大害，有一郭春卿，其父葬得吉壤，生春卿，读书数行俱下，不过二遍则暗诵矣。后为恶人所误，言不吉，发之，紫藤缠棺，斩之，流汁如血。春卿归，读书强记，不复如前矣。竟以一老青衿卒。先兄为俞仰桥所欺，徙先祖母墓，我家遂贫，此大误也。星命书并剧[78]去妄求之根，不售欺矣。葬书近代大蔽，王者作，所必废。即所举二事，求吉反凶，岂复宜信其术乎！

如医亦是要事。毛斧季[79]患嗽，以夏月多饮水，冷痰在膈中，医以为痨，药有天冬。我见之，愕然曰："服此将甚。"已而果剧，易医而痊。钱履之冬月病痢，医用黄连，其人腑脏素患虚寒，我与钱夕公皆云不可，履之不信也。后得名医来，夕公以其意告之，投桂附而痊，不然几毙。如此类不可尽述。君子不可不知医，不知则为庸医所欺，害至于杀身。读农、黄之书，操死生之权，或以为贱业，何哉？但不精亦误人，学之须审耳。我未尝自用药，有所鉴也。医当知，为事亲也，先儒言之矣。

为学全在小时，年长便不成。然年长矣，亦不可不勉。

为惠而望报，不如勿为，此结怨之道也。

小人至恶，然其所为，可以情理揣量，必有不利，彼亦不为也。惟愚人为不可知。愚者自以为智，其恶往往出人意外，不可防也。先兄每戒人勿近愚人，吾始谓不然，及更事多，然后信之。不惟愚人，老而耆[80]者亦不可近。

终日言人之善，人未必信，然所益多矣。恶人所为，有人不肯信者，必不可言，待其自露可已。或至亲厚者，不幸所狎非人，安得坐视？待其自露，所误已多矣。友人有狎一小人者，吾谏之再三，至掩耳而起。后经半年，始谢吾曰："果如尊言。"盖悔之也。

好伐恶者，老子所谓代大匠斫也，希有不伤其手者矣。朱夫子云："君子之待小人，不恶而严。"此语本《易·遯》卦大象传文。世有傲慢于此辈者，自以为严，过矣。严者须敬以处身。粗而言之，衣冠可以御强暴。

为善无他法，但处心平易，使常有喜气，自然无不善。

天主教人言：杀生无报应。吾应之曰："儒者方长不折，草木无知，岂有冤报！只自全其仁心而已。"王梵志[81]云："辛苦因他受，肥甘为我须，莫教阎老判，自取道何如？"

粗中者不可以诉情，好奇者不可与虑事，辩口者不可与言理。

凡为天下国家，虽有善法美意，行之必有次第，不知缓急先后则害事。

廉者量多窄，其病在酷而无所容，所以清官无后。为上不宽，圣人所戒。

君子不为不可继。事有便于一时，而后事为弊者，不可不知也。

古人之善意可师也，然临事亦须审其所急。如南宋之时，岌岌将亡矣，而儒者方讲井田[82]封建，岂当时所可行耶？又非薄管仲[83]，亦何益于事？我读陈同甫[84]文集，未尝不恨也。君子使人也器之，如管仲、子产[85]遇汤、武[86]，岂不为贤臣乎？自孟子已薄管仲矣。但观汉治不纯，知其所见者远。后一条中，翁论管仲，亦自见如此。同甫粗疏好大言，用之亦何补？但看朱子论治道处，岂是讲井田封建？此段议论，亦是万历后望影乱言。

范我驰驱，终日不获一禽，罪在嬖奚，不在王良㊇。儒者好言范吾驰驱，而不计功业，皆嬖奚而加之以愚者也。此言非欲诡遇也，正谓范吾驰驱，非失禽之道也。使王良御后羿㊈操弓，虽若邱山可矣。儒者做事不来，须要还我一个嬖奚。若只是自己无能，则孟子之言，非藏身之地。

儒者多言管仲诡遇，非也，五伯假之也。正假这个驰驱之法，仁义是也。管仲范吾驰驱而假者也。世上好事做成者，未有不出于真。但就此一节是真，大体本原上却先和着假，便是霸术。又昧其先后轻重之宜，有这一边，反缺了那一边，并与王者施为不同耳。《孟子》"保民而王"一章最包括，朱子与陈同甫往复不到此。

诡遇是决做不得的。若使王良复为之，亦恐不能善其后，东野㊉之败驾可见矣。我尝读史，见小人之好为诡遇者，其后必有大败。毋友不如己者，取友之道也。毋求备于一人，使人也器之，为上之道也。

君子有容人之量，所以可重。然有人焉，不可以情求，不可以理喻，不可以势御，更不可利结，此人之难容者也。斯人也，所为如此，不有人祸，必有天殃。且宜待其自及，勿与争也。郐都之属是已。

小人之怒，气衰则止，惟君子之怒不可犯。

终身让行，不枉一舍，此至言也。《荀子》㊊曰："君子让而胜。"

三人行，必有吾师焉，况于古人乎？儒者曰："三代以后无完人。"后儒因之，遂不肯学三代以后之事。噫！三代之事，其传者百不一存也。不法后贤，其于天下之事不知者多矣。

一家之人，各以其是非为是非，则不齐。推之至于天下，是非不同，则风俗不一，上下不和，刑赏无常，乱之道也。李卓吾㊋者，乱民也。不知孔子之是非，而用我之是非，愚之至也。孔子之是非，乃千古不易之道也。君君臣臣，父父子子，一部《春秋》㊌，不过如此。翁以为异人，愚之至也。吾尝谓既生一李卓吾，即宜一牛金星继其后矣。

好今而不知古则俗，知近而不及远则陋。俗陋之人，难以语道矣。

读古人之书，不师其善言，好求诡异，以胜古人者，愚之首也。

人有好事，必成就之，勿沮败也。佐餐者尝焉，我将获其利。

过情之事，虽善不可为。

临事不可有成心，然志于善不为恶，其立志亦不可不定也。

为政不以方略，而曰我不贵权诈，此君子之过也。戒谕愈繁而民不从，无权略也。君子之有方略，所以便民，不以诈也。

盲者处平而不陷深谷，愚者守静而不陷危险，是谓善避其所短。为人不可不自知其短。

好更张者，不知为政。喜事者，难与为善。

好以言欺人者，无口者也。言虽辩，人不听之，则辩无益也。言即诚，人犹疑之，如是则诚亦不行矣，此与喑哑者同。

《孟子》曰："杀人之父，人亦杀其父；杀人之兄，人亦杀其兄。与自杀之，也一间而已。"[93]呜呼！辱人之父兄，人必辱其父兄。今之好骂人者，不思而已。

近火先烧，近水先湿，好利之人不可近，我必丧其利也。好伤人者，人皆知避之矣。不知好利之至，未有不伤人者。

好小利必有大不利。

百里奚[94]之功业，远不如管仲，孟子贤之却胜于管仲，则不免刻论。此有说也。使管仲当七国，必并天下而王矣。然管仲得志，则汤、武之事，其遂绝于后世乎。汉唐以来可见矣，如萧何[95]即管仲之亚也。恐尚远。汉道不如三代，孟子病其如此，故不得不痛抑之。又商君之流，皆自托于伯术，亦仲之流弊也。申、商者，霸功之流弊，汉武、宣二主，又申、商之余毒。孟子之言，以救时也。饭牛[96]之污，当时说客以自托者多矣。孟子贤百里奚而辩之，亦救时之论耳，宋人不知也。饭牛干主，毕竟好事为之。一部《左传》中尚无此举止，一时有一时士风也。

今之儒服者，其为善也，皆不取孔子之道，而好言释氏，儒教衰矣！儒教衰则生民受其弊。此不在学释氏也，好善之念，未尝忘于人心，有释氏而不学儒也。韩文公亦自不得不辨。学者能以儒道治天下齐家修身，则不在辨释氏。正为不与辨，则人不知性善。儒者亦自有性命之学，颜鲁公[97]学道学释，不妨为忠臣为儒者。颜公天资美，学则杂矣，取长弃短可也。若谓其为忠臣为儒者得力那边，大不是。

君子之道，圣人之道也。须知地位相悬。子产有君子之道四，乃云："子产于道概乎未有闻。"此语固有病。朱子之言，我有所不敢言。然亦只有四事。事上敬，行己恭，养民惠，使民义，此四者终身由之，亦恐未必能尽。不知朱夫子内省于此何如。比不得《中庸》上四者。

杀人如草，却买螺蚬放生，以此为善，吾不解也。近有夺母弟之生业而饭僧以求福者，此何心哉！此何心哉！

读书当读全书，名言。节抄者不可读。

大儒之为义也，苍生受其福。小儒之为义也，不惜其身，以祸天下，此不讲于义之过也。此亦不读书之病。

以书御者，不尽马之情，故不更事者不能读书。霍子孟⑱不学无术，有才德者又不可以不读书。

宋人不以读书为学，故曰："颜鲁公、子产、管仲不学。"颜鲁公固忠臣君子，然又非子产、管仲之比矣。不知此诸君子者，立身行己，均天下、治国家，一块纯是读书中来。圣人极教人读书，子路云："何必读书？"⑲夫子以为佞也：读书亦不可混为一途，经亦书也，史亦书也，诸子亦书也，释典亦书也，百家小说亦书也，宋儒不留心杂书有之。为学第一事是读书，讲明义理，何为不以是为学！

儒有好学而不能立功立事者，不是读书无益，只是不会看书。观其尚论古人处，皆是以意是非，不曾实实体验，如此则读书无益。斯言也，儒者必不信，请以一事为证。只在《论语》注中也，程子论讨陈恒⑳，乃曰："上告天子，下告方伯。"其言甚正，以实考之，则是虚论。夫子尚不能得于鲁哀公，能请之周天子乎？当时无方伯，不知程子欲告何人，恐不免要告晋人。则夫子不能得于三家㉑，能得于六卿㉒乎？三家甚苦陈恒，自陈氏得政，鲁人无岁不被兵，于讨陈恒则不可。若晋之六卿，其善陈恒也至矣，岂可告乎？又云："率与国以讨之。"霸者为会盟，有诸侯，故能搂诸侯以伐诸侯，鲁人将与何国乎？此并不曾实实考究思量。程子千古之儒宗，我岂敢少之哉！只于考论文字少工夫。大略近来儒者为正论，多是硬板死局，不考实势，所以做不得事。小人苟且趋利，诋薄大儒，亦为儒者有此一种议论与此辈做口实也。此事始吾亦疑程子之说为不当于时势，而胡氏先发，后闻之说尤哂之。后读《论语或问》，则程子本意，盖谓夫子既得请于鲁君，而又若此处置，合天下之公义以讨贼耳。朱子所推，盖本未精尽。凡治一家之学，亦必尽读其书，乃可谓其得失也。孔子云："以鲁之众，加齐之半。"程子不曾思量耳。齐之不与陈恒者，则是齐之义士；其与陈恒者，是小人怀其施惠，而不知大义者也。因齐之义士以伐其不义者，正是王道，非兵家较力之说也。不与者，朱为世家大族，不甘为陈氏下，力不逮而强劫之者，可也。若不怀其惠之义士，一国中能几人哉？翁之言，是亦非实势也。程子非云不较力也，言此讨贼之举，可以合天下之兵，讨天下之贼，不患乎齐强鲁弱，力之不敌耳。

能修身则六亲宜之，朋友敬之，虽末世薄俗无害也。能齐家则上下有节，衣食有度，虽贫而不困也。圣人之道，只在日用间。

有所不为，则人信之。

多能鄙事，则为人役，亦要酌量。艺之劳而贱者，身之灾也。

隐士不避贱业，能自贵也。有才能而自晦，谓之隐。无能之人，只谓之不肖。

善人为善，极有受用处，无过一个心安。

人畜守狗，为人用也，畏虎而恶之，为其噬人也。虎岂不如狗乎？先兄取人，好虎而恶犬，临难所以不救也，我至今以为叹。此譬尚未亲切。

君子一饮一食，一言一语，一举一动，未有不让。子路率尔而对，夫子哂之[103]。汉文即位，东向让者三，南向让者再，礼也。自藩王为天子，可无让乎！儒者讥之，为不知礼矣。若如所论，则一部《仪礼》，大半是伪，周公亦可讥乎！

临大难，当大事，不可无学术。

熟看《二十一史》[104]，便知自古天下之不治，皆由于家不齐。然后可以看《大学》。不然，便以为架子说话。更须追寻其根源，方知正心诚意，不是风痹不知痛痒。

《易》曰："立天之道，曰阴与阳；立人之道，曰仁与义。"《孟子》曰："仁之实，事亲是也；义之实，从兄是也。"[105]有子曰："孝弟也者，其为仁之本与。"儒者务本，只在这里做工夫去，尽心则知性，知性则知天。

"恻隐之心，仁之端也；羞恶之心，义之端也；是非之心，智之端也；辞让之心，礼之端也。"如此便可以观心。扩而充之，便是尽心。程子云："本来性中，只有个仁义礼智，何尝有孝弟？"这句无不晓得饭是米做，如此说，本来混成，无名无字，又何尝有仁义礼智？然程子亦非无所见，只是他不会做文字，语言说得爽口，便有滞处。学者当会他意思，便晓得他不错。

存心养性，只在慎独工夫。不得说一边，此处须细读宋儒书。

看朱夫子[106]注《易》，知王弼[107]殊不济，看《诗》却不如毛公[108]。诗是八面看得活泼泼的，朱子以文害词，以词害志，一肚皮不信，看得死了狭了，便无用。朱子于《雅》《颂》有功，《国风》为与小序作敌，诚有过处，然小序实不容全信。毛公虽不必尽得，却有来历，说得开阔，郑公[109]亦无大发明。朱夫子之《易》，更胜似程子，他人非所论也。朱子大略于文字处粗，《诗》是一部文章。

初随俗看性理，雅不服朱子，后读《朱子语类》，始知先儒俱是天下第一等人。但未免大醇小疵，后儒专取他那小疵处，便不好看。可恨集性理的全无见识，今日后生轻躁，非薄古人，皆不知学问者也。朱子引京房⑩《易传》，性理疑似误字，当时人不学如此。

韩子⑪爱今文而古之，欧阳子⑫爱古文而今之，古之弊有限，今之弊不可胜言。有心于古文者，能稍变今日之俗文，易之以古，则善矣。裁其冗长之句字，汗漫之波澜，使无千篇一律，万口雷同，如道圆、圭斋、潜溪、东里数公，虽学有深浅，才有大小，熟烂则一，斯能变俗者矣。六经左史具在，奈何守一先生之学，不究其根源乎！虽然，吾惧不能行也，古文之绝已久。前朝有志于古文而不入僻谬者，惜王守溪一人，惜后来者不能推而大之。钱翁亦异才，惜乎反为元人所拘缚，争逐欧、苏之末流耳。娄子柔与钱书，勤其略黄、柳、潜溪而直趋汉、唐、宋作者，极善。其中论经学派别则非。

子贡俗去告朔之饩羊，子曰：“我爱其礼。”⑬文章者，儒教之饩羊也。儒者恶文字，恶读书，恐天下之人，皆化为市人矣。不读书，何以知圣人之道！不作文字，何以教后人！如儒家语录率然之语，往往意是而词有病，后人读之误认便害事，不修文字也。程子云：“做得文章好，便是不幸。”此只是为东坡而发。不知有文章者未必知道，知道者却须能文。孟子、子思、曾子文字俱好。宋文不尚理，所以儒者不爱文。语录或门人杂记，不经手定，毫厘千里者多矣。程子即有"某在，何必看此"之云。

贾子⑭《过秦》，班孟坚⑮正其失，《昭明文选》⑯遂去一篇。古人文字好恶俱要论理，如宋人则任意乱说，只练文字。苏文如是者多矣。谢叠山⑰《文章规范》尤非，他专以诬毁古人为有英气，此极害事。

君子见思齐，如读《春秋》，于易牙⑱、竖刁⑲之事，则当思贤臣之言不用。其祸如此。王景略⑳之于苻坚㉑、管仲之于桓公㉒，是也。如卫灵公㉓之于史鲻㉔，则善矣。读李习之《幽怀赋》，则当思韩门文字如此，韩退之之化也，其有功于万世如此。读唐史，见阳道州之事，则当思谏臣之道，不在屑屑言琐碎，苟塞责以取厌人主。如用宰相，国之大事。君子去，小人进，国家存亡所关，事无急于此者。诸葛公㉕云：“亲小人，远贤臣，后汉所以倾颓。”是也。裴延龄㉖不为宰相，道州乏力，如此则读书有益。若欧公《上范司谏书》㉗、苏公《管仲论》㉘，皆不足取。欧公读李翱文，是一篇大关系文字，但云韩吏部㉙得一饱而足，非君子之言也。吏部为人见唐史，文集具在，岂不如习之乎？何必论生平，只此赋想欧公不曾全看。欧公性不好善，要求古人过失，说话带口病，此是大过。其去逸人佞夫，不能以寸，诬善游词，君子勿为也。要求古人过失，翻案起论，此宋以后作文者通病。以此妄论古人，既无以得其真，折其中，其文亦安得行远乎！

有一禅者好狎娈童，又好赌博，我讥之，严武伯酷辨，以为禅者不妨。其论甚高，我不习禅，不解也。问之一法师，乃曰："居士⑬视此人所作，是慧是痴？若只是痴，便做不得。"我见其人，两目有类，相法当淫。乃自以为重瞳，思做天子，尤可怪。

福德报应之书，颇多肤浅，然尝读之，使人多发善念，亦养心之一助。

米元章⑬论书不喜颜鲁公正书，苏子瞻⑬论文不喜扬子⑬，都听他不得。知他有为言之，便听与不听皆可。

儒书尚实行，不离日用。欧阳子云："圣人教人，性非所急。"不知日用间喜怒哀乐，那一件不是性，修道之教，教个甚么？

不爱人，不仁也；不知世事，不智也。不仁不智，无以为儒也。未有不知人情而知性者。

周子⑬言无极，即在鹅湖⑬所言太极内亦不曾差，只是意见不同耳。如《列子》⑬更增出许多层数，亦不差，只是易所谓太极。凡看异说，如泽语人，晓得不同处未尝不同，便会看书，省却许多争论。《中庸》终以无声无臭，非有本亦岂容增出？翁固能诗，假如有人忽作口字一句诗，可乎？因周子而救列子，谬矣。

善戏谑兮，不为虐兮。君子之戏，如虚舟之触，可喜也而不可怒。戏语勿伤人心，人有所讳，不可不避。好讦人之讳忌，祸之道也。

"己所不欲，勿施于人。"⑬事之难者也。若晓得人所不欲，已虽不以为苦，亦不得施于人，方是恕。

小人做恶事，只是见事不透；君子为善，只是看理透。看理不透，虽有善意，往往成了不美之事。

持论刻，则使人不乐为善。

小人无所容，君子惧不免，如此未有不败者也。戒之哉！

我目所见二君子，皆不得中道：赵侪鹤⑬不容小人，黄石斋⑬不容君子。二君俱不可居上者也，不宽也。惜乎君子也，未闻孔子之大道也。义胜仁不得，春生秋杀，虽并行不悖，然天地之大德曰生。

读书须求古本，近时所刻，多不可读。

不学道而好仁，不妨忠厚；不学道而好义，必忮恶，皆愚也，而有分别。周子论刚柔善恶尽之矣，固有分别败事则均。

儒者只说是非，不论利害，是大病。利天下者是也，害天下者非也，是非莫大于此。然则有利害而后有是非乎？言各有当，如此翻剥，反偏看《孟子》第一章，何等稳当。

耕当问奴，织当问婢，毋使人以所不知、所不能。

开卷疾读，日得数十卷，至老死不懈，可曰勤矣，然而无益。此有说也。疾读则思之不审，一读而止，则不能识忆其文。虽勤读书，如不读也。读书勿求多，岁月既积，卷帙自富。经史大书，只一遍读亦不尽。好学深思，四字缺一不得。

少壮时读书多记忆，老成后见识进，读书多解悟。温故知新，由识进也。

尝读《文中子》⑭，问诸葛孔明能兴礼乐否？先君子曰："上下和辑是乐，朝廷军旅有制是礼。"又尝问曾子一贯，先君子曰："曾子孝。"于时闻之悚然。后更读《孝经》《大学》遂无疑。正心诚意，至德要道，只是这个。先君子学识如此，钱口翁墓志殊未及。《中庸》从大舜、文、武之孝，说得到诚身、孝字，道理自好，但孝只忠字内发见之一端。孔子前言君子之道四，某未能一焉，未可以代一字也。元者善之长也，《中庸》说忠恕，亦首之以所求乎子云云。

书是君子之艺，程、朱亦不废。我于此有功，今为尽言之。先学间架⑭，古人所谓结字也。间架既明，则学用笔。当先学用笔，古人所以先永字八法也。间架可看石碑，用笔非真迹不可。结字晋人用理，唐人用法，宋人用意。用理则谓并采大小篆八分诸体，因章法宜者施之。用意则增减疏密，随变出新也。董宗伯云："晋人书取韵，唐人书取法，宋人书取意。"韵字易落空，且只说得用笔，定老易理字为当。用理则从心所欲不逾矩，因晋人之理而立法，法定则字有常格，不及晋人矣。宋人用意，意在学晋人也，意不周匝则病生，此时代所压。赵松雪⑭更用法，而参以宋人之意，上追二王⑭，后人不及矣。为奴书之论者不知也。奴书之论，为百年之内举世宗赵，不知讨源者发药耳。贞伯解人，非诋前人以自高者。吴居父⑭之学米⑭，俞紫芝⑭之学赵，乃可谓之奴书⑭。唐人行书，皆出二王；宋人行书，多出颜鲁公。赵公云："用笔千古不变，只看宋人亦妙，唐人难得也。"宋人以颜行为宗盟，出入徐季海、杨凝式、米家时作晋人波磔，特以点缀成妍耳。米作草胜行，猝然无篆籀骨法，故弩。蔡君谟⑭正书有法无病，朱夫子极推之。锥画沙，印印泥，二句中锋。屋漏痕，此句藏锋。是古人秘法。姜白石⑭云："不必如此。"知此君愦愦。黄山谷⑮纯学瘗鹤铭，瘗鹤铭雄健沉着，不藏平原，今翻本不惟用笔全无影响，并结构亦差。其用笔得于周子发⑮，周子发师颜太师。故遒健。周子发俗，山谷胸次高，故遒健而不俗。山谷云：

"美而病韵者王著，劲而病韵者盖越。"又云："钱穆父、苏子瞻病余草书多俗笔，盖余少时学周膳部书，初不自悟，以故久不作草。数年来，犹觉口被尘埃气未尽，故不欲为人书。"则山谷之洗伐屡矣，不独胸次高于子发也。近董思白[152]不取遒健，学者更弱俗。董公却不俗。董晚年真书用笔学颜，参以宋思陵之体，与市中所买绝不同。董胸次陋，结字欲开展，而分寸太疏，法意具乖。其用笔亦未始不道，但照管不到。虞世南[153]能整齐不倾倒，欧阳询[154]四面停匀，八方平正，此是二家书法妙处。古人所言也，欧书如凌云台，轻重分毫无负，妙哉。欧、虞法之圣者也。欧虞一片神骨，极有作用，倚墙靠壁，便不是欧虞。巘巘子山[155]一流人有墙壁，所以不好，此是较正赵子周之论。姜立纲[156]尤俗。姜太仆学吴兴者也，唯书诰敕用詹孟举体，然亦遒健不俗，则所见盖伪迹。

恶人必有天报，不于其身，必于其子孙。我耳目所闻见多矣，灼然不谬，不可不知。恶人有隐德，好人有隐恶，其报更有甚者。

子孙有一贵人，不如有一君子；生一才子，不如生一长者。

处大变，与恶人遇，当有逊避之道。不在悻悻求死，临大节而不夺是也，求死非也。可以死，可以无死，死伤勇也。《孟子》曰："有安社稷臣者，以安社稷为悦者也。"[157]《中庸》曰："天下国家可均也。"[158]《中庸》不可能也，观于《管子》可见矣。然天下不均，社稷不安，以为君子中庸之道，我不信也。《孟子》："赵简子使王良与嬖奚乘"一段，看差了极误事。孟子却不差，儒者差耳。

君子失之野，宁失之文。弑父与君而不知其恶，亦从一个"野"中来。野便无礼，无礼则无所不至。失之文，做恶来便有阁手处。六朝岁易一主，文而入于巧伪故也。以五代、南宋相较，礼之不可以已，岂不信夫？或曰：曹马何曾阁手。噫，并其文废之不待再世矣。

进德修业，只懈怠处，便是堕落处。

好言所不知，自欺也，因以欺人，德之弃也。君子戒之！

不学而思，遂成僻见，见处坚固，入道之路绝矣。今有人焉，程子尚是也。聪明人用心虚明，魔来附之，遂肆言无忌，至陷王难，今有人焉，金若采[159]是也。儒者言学佛，如此二人之误，当自提省，不可像了他。扶鸾降仙，道家戒之！决不可为，惹魔也。金若采全坏于此。若采致祸，尚不在此，然即此亦当戒也。

少欲则易足，易足则身心安乐，此是真受用。

人之多欲，如火伏于薪下，纤红透风，则洞然不可扑灭。一事引起，则诸恶俱发。须要铲去其根方妙。

血气盛时，起恶念，做恶事，却把捉得住，但存心好善便不难。及至血气既衰，从前习气，一时俱到，便把捉不住。此是自家实实体验来，他人所不知这个，只为心体不明，从前只是强制，所以如此。

劝人为善，不要把苦的劝她。至于劝老人，不可不先安他，强他便不好。

初看程夫子说英气害事，意不以为然，后读朱夫子《纲目》，多不合处，似乎议论过当。朱夫子自云："和气少。"始知只此便是英气害事。

礼者非从天降也，非从地出也，生于人心者也。荀子言性恶，便不知礼。他不过是道之以政，齐之以刑，一转便为李斯[160]。

家不齐多由女人，女人最难安放。通书固言之。

儒教说话，须要征于文献，做事须要读书，与释教不同。儒者不知看书，多可笑处。譬如《论语》云："治国其如示诸斯乎！"指其掌。[161]《中庸》云："治国其如示诸掌乎！"[162]省文也。岂可曰仲尼不曾指其掌乎！子曰："吾道一以贯之"。曾子曰："唯。"[163]儒者乃讥子贡，曰不能如曾子之唯，记有详略，安知子贡不曾唯？其始之曰然非欤，则恐亦不能一闻即如曾子之唯也。记《论语》者，直是一字不可增损，如此看不得。按此书语气，亦不消"唯"。曾子曰"唯"，门人能问之。子贡若未达，如何不问？且去体会这一。此等皆是宋儒病处。

孟子极近人情，与迂儒不同。

苏子瞻《韩文公碑》妙矣，然有一句不好。走僵湜，籍也。如赞孔子云："走僵颜、闵。"[164]便非好话。即赞苏公走僵少游[165]、鲁直，可乎？皇甫持正[166]之文，张文昌[167]之诗，亦岂易言？

诗文风刺，须有为而发。若无端乱说，一味骂人，便不是人臣讽谏，做不得。家常说话，有时一发，则使人感动。程子之讲书，吾所不取，如此能使人主生厌。好于本文外生意尤不可。经筵又与谏书不同。

子路[168]曰："可使有勇，且知方也。"治赋如此，千古以来，诸葛孔明庶几似之，不知管仲如何？宋儒看得轻，只是不晓事。曾西[169]云："曾子畏子路。"[170]朱夫子亦云："孟子敬子路。"子路不知是何等人，曾子畏他，宋儒却为要尊曾子，苦苦排抑他。宋儒不知不敬子路，便是不学曾子。当时门人不敬子路，夫子亦不然。看书时须自省，如此大是无谓，便是宋儒心不正处。

君子当末世，自然不敌小人。合君子以攻小人不胜，败坏了国家大事，这个便是党。好君子，恶小人，公也，非党也。相攻以误事便为党，不可不知。

【注释】

① 李习之：李翱，字习之。唐代学者，官至中书舍人，山南东道节度使。著《论语笔解》《五木经》《李文公集》。
② 太公家教：见本书第八篇的内容和阐释。
③ 此句见《孟子·告子下》。
④ 此句出自《孟子·尽心上》。
⑤ 有子：孔子的弟子，姓有，名若。
⑥ 此句出自《论语·学而》。
⑦ 此句出自《中庸·第二十章》。
⑧ 騃（ái）坐：呆坐，傻坐，愚坐，痴坐。
⑨ 程子：程颐，字正叔，河南洛阳人。程颢之胞弟，世称"二程"。宋代理学家、教育家，儒学之代表人物。朱熹《答吕伯恭书》："熹旧读程子之书有年矣，而不得其要。"
⑩ 赵普：字则平，天津蓟州人。北宋政治家，任宋太祖、宋太宗时宰相，封魏国公。他少时为吏，读书不多，仅读《论语》。太宗问询时，赵氏答道："平生所知，诚不出此。昔以其半，辅太祖定天下，今欲以其半，辅陛下致太平。"后世相传"半部《论语》治天下"之说出于此。
⑪ 此句出自《庄子·养生主》："为善无近名，为恶无近刑。缘督以为经，可以保身，可以全生，可以养亲，可以尽年。"庄子，名周，河南商丘人。战国时哲学家，著作名《庄子》，共三十三篇。
⑫ 冥冥：亦作"溟溟"，昏暗。《楚辞》："深林杳以冥冥兮，乃猿狖之所居。"
⑬ 此句出自《老子》第七十三章："天网恢恢，疏而不失。"老子，姓李，名耳，字伯阳，河南鹿邑人。春秋时思想家，道家的创始人。著《老子》书，阐述早期的朴素辩证法。
⑭ 此句出自《论语·述而》："述而不作，信而好生，窃比于我老彭。"以坚信的态度爱好和对待古代文化。
⑮ 此句出自《论语·为政》："温故而知新，可以为师矣。"复习旧文化知识，就可有新领悟、新体会。比喻吸取历史经验，为当前事情提供参考。
⑯ 苏子由：苏辙，字之由，号颍滨遗老，四川眉山人。北宋大臣，官至尚书右丞、门下侍郎。文学家，"唐宋八大家"之一。与父苏洵和兄苏轼（东坡）合称"三苏"。著《奕城集》。
⑰ 三国志：书名，纪传体三国史。西晋陈寿撰。六十五卷，分魏、蜀、吴三志，三志本独立，后世始合为一书。

⑱ 致堂胡氏：胡寅，字明仲。北宋学者，世称"致堂先生"，著《读史管见》《论语详说》。

⑲ 硁（kēng）硁：浅薄固执。《论语·子路》："言必信，行必果。硁硁然，小人哉！"《论语·宪问》："鄙哉，硁硁乎，莫已知也，斯已而已矣。"

⑳ 此句出自《论语·宪问》："岂若匹夫匹妇之为谅也，自经于沟渎而莫之知也？"自经：上吊自杀。

㉑ 社稷苍生：国家和百姓。

㉒ 六亲九族：六亲，六种亲属。古说不一，多指父、母、兄、弟、妻、子，其他尚有父子、兄弟、姑姊、甥舅、婚媾（妻的家属）、姻亚（夫的家属）六亲等。九族，九种亲属。指以自身以上的父、祖、曾祖、高祖和自身以下的子、孙、曾孙、玄孙等九种亲属。也有以父族四、母族三、妻族二为"九族"。

㉓ 曹孟德：曹操，字孟德，小名阿瞒。安徽亳县人。三国时期的政治家、军事家、文学家、诗人。汉献帝时宰相、大将军，封魏王。子曹丕称帝后，追封太祖武皇帝。著《曹操集》。

㉔ 陈宫：字公台，东汉人，初随曹操，后从吕布，布败被操擒，操免死而宫不从，视死如归，操泣送陈宫就戮。

㉕ 方孝孺：字希直，又字希古，浙江宁海人。明初学者，人称"正学先生"。明惠帝时任侍讲学士，明成祖朱棣兵入京师（南京），命方氏起草登基诏书，方不从被杀，凡灭十族（九族及方氏学生）达八百四十七人。

㉖ 农、黄：农，神农氏，尝百草，医药之祖。黄，黄帝，著《黄帝内经》，中医始祖。

㉗ 文文山：文天祥，字宋瑞，又字履善，号文山，江西吉安人。进士，南宋大臣，官任刑部郎官、知州，官至右丞相。因抵抗元军南侵被俘，拒绝投降，作《过零丁洋》以明志，后被杀害。遗著《文山先生全集》。

㉘ 墨子：墨翟，春秋战国时期的思想家、政治家。墨家学派的创始人，墨学对当时思想界影响很大，与儒学并称"显学"。《墨子》是墨学家派著作的总汇，现存五十三篇。

㉙ 王褒传：王褒，字子渊，四川资阳人。汉代学者，精通六艺，擅长作颂歌，事载《汉书·王褒传》。

㉚ 风刺：同今"讽刺"。冷嘲热讽。

㉛ 市井：古代指做买卖的地方，后指城市百姓居住地。

㉜ 裴晋公：裴度，字中立，山西闻喜人。唐贞元进士，唐宪宗时宰相，封晋国公，晚年退居洛阳，卒谥"文忠"。

㉝ 韩、商：韩，韩非，战国末期哲学家，法家的主要代表人物，著《韩非子》。商，商鞅，公孙氏，名鞅，卫国人，战国时政治家，法家的主要代表人物，推行"商鞅

变法",失败后遭车裂而亡。

㉞ 中山狼传:传奇小说。明代马中锡编修。故事记载战国时赵简子猎于中山,狼中箭受伤,求救于东郭先生,脱险后,恩将仇报,反想吃掉东郭先生。后据此故事改编杂剧。后世常以"中山狼"比喻忘恩负义的小人。

㉟ 此句出自《诗经·大雅·文王》:"永言配命,自求多福。"

㊱ 此句出自《尚书·太甲中》:"天作孽,犹可违;自作孽,不可逭。"

㊲ 此句出自《尚书·西伯戡黎》:"王曰:'呜呼!我生不有命在天?'"

㊳ 仲尼:孔子,名丘,字仲尼,山东曲阜人。春秋时期的思想家、政治家、教育家,儒家学说的创始人,后世尊称为"圣人""孔圣人",对后世的思想、政治影响很深。其言行记于《论语》一书。

㊴ 程、朱:北宋儒学大家程颢和程颐,南宋儒学大家朱熹。

㊵ 此句出自《论语·阳货》:"子曰:'性相近也,习相远也。'"

㊶ 此句出自《论语·告子》:"今曰:'性善'。"此篇阐释"性善"说较详细。

㊷ 阮嗣宗:阮籍,字嗣宗,河南人。三国魏文学家、思想家,为"竹林七贤"之一。原有集,已散佚。后人辑有《阮嗣宗集》。

㊸ 陶渊明:名潜,字元亮,江西九江人。东晋著名诗人。散文以《桃花源记》,辞以《归去来辞》最为有名。著《陶渊明集》。

㊹ 顾仲恭:顾大韶,字仲恭。明代学者,精通经史百家,作诗欠佳。

㊺ 精炁(qì):同"精气",道家用语,人之元气、精气、宗气。

㊻ 孝经:书名。儒家经典著作之一,孔门后学所作,论述孝道。

㊼ 小学:书名。旧时儿童启蒙读本,南宋朱熹、刘清之编,共六卷,分内篇和外篇。

㊽ 孟母:孟轲(孟子)的母亲,仇氏。孟母为教育年幼的孟轲,三迁居所后教育成儒学大家,后世称"孟母三迁"。孟母被推崇为贤母的典范。

㊾ 敬姜:春秋时期鲁国大夫公父穆伯之妻,教其子公父文伯的思想品德,收获甚著,为古代良母的楷模。

㊿ 庄生:庄子,见前注p766⑪。

51 三代:指上古夏、商、周三个朝代。

52 伊川:程颐,河南伊川人,世称"伊川先生",见前注p766⑨。

53 西铭:书名。北宋张载著。曾录《乾称篇》的一部分,左书《砭愚》,右书《订顽》。后由程颐将《砭愚》改称《东铭》,将《订顽》改称《西铭》。

54 怼(duì):凶狠。《诗经·大雅·荡》:"强御多怼,流言以对。"

55 魏叔子:魏禧,字叔子,又字冰叔,号裕斋,又号勺庭,江西宁都人。明末诸生,明末清初散文家,著《魏叔子集》。

56 释氏:佛祖释迦牟尼,此指佛教。

(57) 阮宣子：阮修，字宣子，陈留（今河南开封）人。晋代名士，官任鸿胪丞，太子洗马。避乱南行，为贼所害。

(58) 少正卯：姓少正，名卯。春秋时期鲁国人。鲁国大夫、教育家，曾与孔子同在鲁国讲学，因讲授精彩，吸引孔子门下的学生听课，致使“孔子之门三盈三虚”。孔子任鲁国司法部部长（司寇），以“五恶”之罪名将其杀害。

(59) 两榜：唐代科举制度中由举人而中进士的考试，分甲、乙科，故称“两榜”。清代以会试为甲榜，乡试为乙榜，合称“两榜”。

(60) 踬（zhì）：被东西绊倒。

(61) 场屋：旧时科举考试的考场。

(62) 鼎甲：旧时科举殿试考中录取的名列一甲，称鼎甲，即状元、榜眼、探花的总称。

(63) 翰苑：翰林院，官署名，翰林学士供职之所。随着时代变迁，其工作内容亦有改变，但讲学、修史、编修、图书等未变。

(64) 世网：世俗、礼教、法律如网一样束缚。

(65) 青衿（jīn）：亦作“青襟”。学子所穿的青领衣服。故指读书的士子。明清时专指秀才。杜甫诗：“金甲相排荡，青衿一憔悴。”

(66) 徐偃王：西周或春秋时徐国国君，统辖今淮、泗一带。后为楚国所败。

(67) 宋襄公：名慈父。春秋时宋国国君，与楚国泓水一战中受重伤而死。

(68) 韩文公：韩愈，字退之，河南河阳（今河南孟州）人。唐代文学家、哲学家。唐代贞元进士，任监察御史、国子博士、刑部侍郎等职。古文倡导者，“唐宋八大家”之首。自谓“郡望昌黎”，世称“韩昌黎”。谥号“文”，世称“韩文公”。著《韩昌黎集》。

(69) 公羊：复姓，名高。战国时期齐国人，著《春秋公羊传》。

(70) 建文君：明惠帝朱允炆，朱元璋之孙，年号建文，在位四年。燕王朱棣举兵陷京师，建都北京，即位为明成祖。惠帝下落不明。

(71) 燕哙：战国时燕国国君，名哙。此句出自《潜夫论》：“燕哙利虚誉，让子之，皆舍实听声呕哇之过也。”

(72) 此句出自《论语·子张》：“曾子曰：‘吾闻诸夫子：孟庄子之孝也，其他可能也；其不改父之臣与父之政，是难能也。’”孟庄子：名速，春秋时期鲁国大夫。

(73) 此句出自《论语·学而》：“子曰：‘父在，观其志；父没，观其行。三年无改于父之道，可谓孝矣。’”

(74) 尧典：《尚书》篇名，亦称《帝典》。记载尧、舜禅让的事迹。此句意为舜帝发扬高贵品德，使家族和睦，而惠及百姓。

(75) 缪当时：缪昌期，字当时，又字又元，号西溪，江苏张家港人。明万历进士，官至左赞善。东林党早期人物，因弹劾魏忠贤而惨遭杀害。

⑯ 张汤：西汉杜陵（今西安）人，官任廷尉、御史大夫等职。经济上支持盐铁官营政策。主办许多重大案件，用法严峻，有酷吏之名，撰《越宫律》。后遭朱买臣等诬陷而自杀。

⑰ 投壶：古代宴会的礼制，也是一种游戏。方法以盛酒的壶口作目标，用矢投入（三种长度），以投中多少决胜负，负者须饮酒。

⑱ 剗(chǎn)：同"铲"。铲除、削平，此处作动词用。

⑲ 毛斧季：毛扆，字斧季，江苏常熟人。明末藏书家毛晋之子，也以精校勘古籍而著称于世。

⑳ 耆(qí)：强横，不通事理。《广雅》："耆，强也。"

㉑ 王梵志：原名梵天，河南浚县人。唐代诗僧，存诗360首，世称"通玄学士"，其诗语言通俗，大半类于佛家偈语。

㉒ 井田：古代的农业赋税制度，称"井田制"。以九百亩土地为一里，划分九区，似"井"字，中央为公田，八家共种为农业税，其余八块为八家私田。

㉓ 管仲：名夷吾，字仲，春秋时期齐国人。春秋初期政治家，齐桓公任命卿（宰相），尊称"仲父"。帮助齐桓公完成春秋第一霸主事业。著《管子》。

㉔ 陈同甫：陈亮，字同甫，浙江婺州人。南宋思想家、文学家。宋光宗时进士，学者称"龙川先生"。因力主抗金，屡次被捕入狱。反对程朱理学的空谈。著《龙川文集》《龙川词》。

㉕ 子产：公孙侨，字子产，又字子美。春秋时期郑国人。政治家，自郑简公时始执政，进行改革，颇有建树。亦反对当时某些迷信活动。

㉖ 汤、武：汤指商汤，商的开国君主。武即周武王，周的开国君主。

㉗ 王良：一名孙无政，春秋时晋大夫邮无恤子良，马车高级驾驶员，为国君驾驶马车。其事记载于《孟子·滕文公》："昔者赵简子使王良与嬖奚乘，终日获一禽。嬖奚反命曰：'天下之贱工也。'或以告王良。良曰：'请复之。'强而后可，一朝而获十禽。嬖奚反命曰：'天下之良工也。'简子曰：'我使掌与女乘。'谓王良。良不可，曰：'吾为之范我驰驱，终日不获一；为之诡遇，一朝而获十……我不贯与小人乘，请辞。'"范：规范。嬖：宠幸的小人。奚：人名。

㉘ 后羿：又称"夷羿"，夏代东夷族首领，原为有穷氏部落首领，名羿。善于射，誉为神箭手。相传尧时天上十日并出，粮食及植物枯死，猛兽为害。羿射去九个太阳，为民除害。

㉙ 东野：名稷，春秋时马车高级驾驶员，其御马故事见《庄子·达生》篇。

㉚ 荀子：书名。荀子，名况，号卿，战国时赵国人。思想家、教育家。韩非、李斯皆为弟子。荀子反对天神、鬼神迷信之说，提倡儒家"正名"说，对古代唯物主义有所发展。著《荀子》。

㉑ 李卓吾：李贽，号卓吾，又号宏甫，别号温陵居士，福建泉州人。明代思想家、文学家，官任知府。思想上反对礼教，抨击道学，自标异端。文学士，反对复古，主张发抒己见。屡遭迫害而亡。著《李氏焚书》《续焚书》《藏书》《李温陵集》等。
㉒ 春秋：书名。孔子编修的编年体春秋时期的史书，起于公元前722年，终于公元前481年，计242年。是儒学经典著作之一。
㉓ 此句出自《孟子·尽心下》。
㉔ 百里奚：春秋时期秦国大夫，原为虞大夫，虞亡被晋俘，作为陪嫁之臣送入秦国。以耻出走楚国被执。秦穆公闻其贤，以五张黑羊皮赎回，用为大夫，称五羖大夫。与謇叔、由余等共助秦穆公建立霸业。
㉕ 萧何：江苏沛县人，曾任沛县吏。随刘邦起义，官任丞相，协助刘邦建立汉朝，后封赞侯。多制定汉律令制度。又协助汉高祖消灭异姓诸侯王，巩固刘氏政权。
㉖ 饭牛：相传春秋时卫国人宁戚，饲牛于齐国东门外，待齐桓公出城，叩牛角而歌，齐桓公闻而异之，举用为客卿。比喻贤才屈身于卑贱之事。《离骚》："宁戚之讴歌兮，齐桓闻以该辅。"《淮南子》亦记此事。《三齐记》载歌词："南山矸，白石烂，生不遭尧与舜禅。"
㉗ 颜鲁公：颜真卿，字清臣，陕西西安人。唐代大臣，著名书法家。唐玄宗进士，平原太守。颜氏平叛安禄山有功，官至吏部尚书、太子太师。封鲁郡公，人称"颜鲁公"。擅长书法，创"颜体"笔法。后人辑《颜鲁公集》。
㉘ 霍子孟：霍光，字子孟，山西临汾人，西汉大臣，霍去病异母弟，汉武帝封奉车都尉，武帝死后辅政昭帝二十年，官任大司马、大将军，封博陆侯。执政时采取轻徭薄赋政策，有助于生产发展。史称他不学无术。
㉙ 此句出自《论语·先进》："子路使子羔为费宰。子曰：'贼夫人之子。'子路曰：'有民人焉，有社稷焉。何必读书，然后为学？'子曰：'是故恶夫佞者。'"
⑩⓪ 陈恒：春秋时鲁国人，与阚止共事于简公。阚止有宠，遂欲尽逐陈氏，陈恒反杀阚止，又弑简公，再立平公。陈恒谥号"成子"，故又称陈成子。
⑩① 三家：此处三家特指春秋鲁桓公的后代，即孟孙氏、叔孙氏和季孙氏，称"三桓"。
⑩② 六卿：此处六卿特指春秋晋国的范氏、中行氏、知氏、韩氏、赵氏、魏氏六家，世代都是晋卿，故称"六卿"。
⑩③ 此句出自《论语·先进》："子路率尔而对曰：'千乘之国，摄乎大国之间，加之以师旅，因之以饥馑，由也为之，比及三年，可使有勇，且知方也。'夫子哂之。"率尔：轻率。哂：笑。
⑩④ 二十一史：书名。明万历国子监刊行史书，于宋时所称的十七史外，增加宋、辽、金、元四史，合称"二十一史"。
⑩⑤ 此句出自《孟子·离娄上》："孟子曰：'仁之实，事亲是也；义之实，从兄是也；智

之实,知斯二者弗去是也;礼之实,节文斯二者是也;乐之实,乐斯二者,乐则生矣。'"

⑩⑥ 朱夫之:朱熹,字元晦,一字仲晦,号晦庵,别称紫阳,徽州婺源(今属江西)人,南宋理学家、思想家、哲学家、教育家。儒家理学大师,创立"程朱学派",立于明清儒学正宗地位。著有《四书章句集注》《周易本义》《诗集传》《楚辞集注》及后人编纂《晦庵先生朱文公文集》《朱子语类》等。

⑩⑦ 王弼:字辅嗣,河南焦作人。三国时魏国玄学家。曾任尚书郎,少年即享高名,卒时仅二十一岁。崇尚《老子》《庄子》学说,开魏晋以后玄学之先声。著《周易注》《周易略例》《老子注》《老子指略》。

⑩⑧ 毛公:即毛亨,西汉曲阜人。相传是古文诗学"毛诗学"的开创者,《诗经》相传为西汉毛亨和毛苌所辑、注,故又称《毛诗》。毛亨,世称"大毛公"。毛苌,西汉邯郸人,世称"小毛公"。

⑩⑨ 郑公:郑玄,字康成,山东高密人。东汉经学家,为汉代经学的集大成者,形成"郑学"。今通行本《毛诗》《三礼》均采用郑注。郑玄的著作均佚。世称郑氏为"后郑",以别于郑兴、郑众父子(东汉经学家)。

⑩ 京房:李姓,字君明,河南清丰人。西汉今文《易》学"京氏学"的创始人。汉元帝时立博士,官至魏郡太守。

⑪ 韩子:韩愈。见前注p769⑱。

⑫ 欧阳子:欧阳修,字永叔,号醉翁、六一居士,江西吉水人。北宋文学家、史学家。进士出身,任枢密副使、参知政事。政治上守旧。文学上是北宋古文运动的领袖。"唐宋八大家"之一。史学显赫,修《新唐书》,独撰《新五代史》。谥号"文忠"。著《欧阳文忠公集》。

⑬ 此句出自《论语·八佾》:"子贡欲去告朔之饩羊。子曰:'赐也!尔爱其羊,我爱其礼。'"告朔之饩羊:每月初一祭祖的一只活羊。

⑭ 贾子:贾谊,河南洛阳人。西汉政论家、文学家。汉文帝时任博士,官任太中大夫、长沙太傅。所著政论有《过秦论》《陈政事疏》及《贾谊集》。

⑮ 班孟坚:班固,字孟坚,陕西咸阳人。东汉史学家、文学家。修成《汉书》,开创"包举一代"的断代史体例。著经学著作《白虎通义》和名赋作品《两都赋》。班固父(彪)、妹(昭)三人均为东汉史学家,其弟(超)为东汉名将。

⑯ 昭明文选:书名,又名《文选》。南朝梁·萧统(昭明太子)组织编选,选录自先秦到梁的诗文辞赋,不选经、子、史书,分为三十八类,共七百余首,为现存最早的诗文选集,对后世文学发展颇具影响。

⑰ 谢叠山:谢枋得,字君直,号叠山,江西弋阳人。南宋诗人、学者。与文天祥同科进士,曾为考官。官任江东提刑、江西招谕使、知信州。宋亡,绝食亡,谥号"文

节"。后人辑《叠山集》。

⑱ 易牙：一作狄牙。春秋时齐桓公的宠臣，长于调味，善逢迎。相传曾烹其子为羹以献齐桓公。管仲死后，与竖刁、开方共同专权。桓公死，诸子争位，易牙与竖刁等杀害群吏，立公子无亏，太子昭奔宋。从此齐国发生内乱。

⑲ 竖刁：刁一作刀，貂。春秋时齐桓公宠臣。管仲死后，与易牙、开方共同专权。桓公死，诸子争位，竖刁与易牙等杀害群吏，立公子亏，太子昭奔宋。齐国自此发生内乱。

⑳ 王景略：王猛，字景略，山东寿光人。十六国时前秦大臣，苻坚时丞相，协助苻坚兴国安邦，封清河郡侯。谥号"武"。

㉑ 苻坚：字永固，名文玉。五胡十六国时前秦皇帝，重用王猛辅政，国威最甚。

㉒ 桓公：姓姜，名小白。春秋时齐国国君，重用管仲，国富民强，成就春秋五霸第一霸主。谥号"桓"。

㉓ 卫灵公：春秋时卫国国君，在位四十二年，谥号"灵"。

㉔ 史鳅：字子鱼，又称史鱼。春秋时卫大夫，卫灵公大臣。卫灵公不任用蘧伯玉而任用弥子瑕，史鳅数谏无效。史病将卒，告其子说："吾生不能正君，死无以成礼，置尸牖下。"卫灵公吊孝，怪而问之，其子以告，卫灵公愕然曰："寡人之过也。"于是启用蘧伯玉而免除弥子瑕之职。

㉕ 诸葛公：诸葛亮，字孔明，山东沂南人。三国时蜀国政治家、军事家，官任刘备丞相。著《诸葛亮》。诸葛氏《前出师表》曰："亲贤臣，远小人，此先汉所以兴隆也；亲小人，远贤臣，此后汉所以倾颓也。"

㉖ 裴延龄：山西永济人。唐德宗的权臣，任户部尚书，但裴氏不善理财，能弄虚作假，欺瞒皇上，又好大言不惭，打击忠良，排斥异己，但获唐德宗宠信。

㉗ 上范司谏书：北宋欧阳修上书范仲淹的文。范仲淹时任右司谏。此二人政治思想存歧。

㉘ 苏公《管仲论》：苏公，即作者苏洵，北宋文学家苏轼、苏辙之父。管仲，见前注p770㉝。《管仲论》是史论，以管仲死而齐国内乱为例，论证贤臣辅政之要。

㉙ 韩吏部：韩滉，字太冲，西安人。唐德宗时任吏部员外郎，故称韩吏部。韩氏擅长书画。

㉚ 居士：古称有才德而隐居不仕的人。此处是佛教梵文意译，指在家修道人士。

㉛ 米元章：米芾，字元章，号海岳外史，湖北襄阳人，世称"米襄阳"。宋代著名书画家。宋徽宗时任书画博士，官任礼部员外郎，人称"米南宫"。书法擅长行、草书，为"宋四家"之一。画法独创"米派"。今襄阳城有"米公祠"。

㉜ 苏子瞻：苏轼，字子瞻，号东坡居士，四川眉山人。北宋书画家、文学家。官至礼部尚书。文学颇有成就，与父洵、弟辙合称"三苏"，"唐宋八大家"之一。擅长书

画,"宋四家"之一。著《东坡七集》等。

⑬ 扬子:扬雄,一作杨雄,字子云,四川成都人。西汉文学家、哲学家、语言学家。著《方言》《法言》《太玄》《甘泉赋》等。

⑭ 周子:周敦颐,字茂叔,湖南道县人。北宋哲学家,他创立的宇宙生成论对后世理学发展颇有影响。著《太极图说》《通书》及后人编《周子全书》。

⑮ 鹅湖:山名,位于江西铅山县北,周子曾在此讲学。

⑯ 列子:列御寇,战国时郑国人。道家。相传著《列子》,早佚,后为晋人所作,现为道教经典之一。

⑰ 此句出自《论语·卫灵公》:"子曰:'其恕乎。己所不欲,勿施于人。'"

⑱ 赵侪鹤:赵南星,字梦白,号侪鹤,别号清都散客,河北高邑人。明万历进士,官至吏部尚书,明末东林党人,与邹云标、顾宪成合称"东林三君"。反对魏忠贤宦官当权而遭排斥。

⑲ 黄石斋:黄道周,字幼玄,又字螭若,号石斋。明末书画家、大臣。黄氏为人高傲、严峻,大夫多畏之。

⑳ 文中子:书名。隋代王通撰,王通私谥"文中子",故以书名,又名《中说》,文体模拟《论语》,记录王通与子王福郊、王福畤的对话语录,共十卷,提出儒、佛、道三教合一的主张。

㉑ 间架:本指房屋建筑的结构,此用比喻字画的结构和布局。

㉒ 赵松雪:赵孟頫(fǔ),字子昂,号松雪道人、水精宫道人,浙江湖州人。元代书画家、文学家。官至刑部主事、翰林学士,封魏国公、谥号"文敏"。擅长书法,创"赵体",且开创元代画风。能诗文,著《松雪斋集》。

㉓ 二王:晋代著名书法家王羲之、王献之父子。

㉔ 吴居父:吴琚,字居父,号云壑,河南开封人。南宋著名书法家。官至少保。著《云壑集》。

㉕ 米:米芾,见前注p773⑬。

㉖ 俞紫芝:字秀老,浙江金华人,北宋诗人、书法家。

㉗ 奴书:书法的模仿者,而非创新者,似书法之奴。

㉘ 蔡君谟:蔡襄,字君谟,福建仙游人。北宋书法家。谥号"忠惠"。著《蔡忠惠集》。

㉙ 姜白石:姜夔(kuí),字尧章,别名白石道人,江西鄱阳人。南宋词人,且精音乐,善书法,一生未仕。

㉚ 黄山谷:黄庭坚,字鲁直,号山谷道人,又号涪翁,江西修水人。北宋著名诗人、书法家。进士,官至著作佐郎,后遭贬。擅长诗、词,开创江西诗派。善行书、草书,自成风格。

㉛ 周子发:周越,字子发,又字清臣,山东邹平人。北宋书法家。官任主客郎、国子

监博士、膳部员外郎。

⑮ 董思白：董其昌，字元宰，号思白，香光居士，上海松江人。明代著名书画家。官至礼部尚书。

⑬ 虞世南：字伯施，浙江余姚人。唐初四大书法家之一。官至秘书监，封永兴县子，人称"虞永兴"。

⑭ 欧阳询：字信本，湖南长沙人。唐初四大书法家之一。官至太子率更令，后世称其书法为"率更体"。

⑮ 巎（kuí）巎子山：巎巎，字子山，号正斋、恕叟。元康里部人，故又名康里巎巎。元代学者、书法家。官至翰林学士、礼部尚书。善行书、草书。谥号"文忠"。

⑯ 姜立钢：字廷宪，号东溪，浙江瑞安人。明代书画家，自小天资聪明，年七岁选为翰林院秀才，擅长楷书，人称"姜字"。官至太常寺卿。

⑰ 此句出自《孟子·尽心上》。

⑱ 此句出自《中庸》："天下国家可均也，爵禄可辞也，白刃可蹈也，中庸不可能也。"

⑲ 金若采：金人瑞，字若采，明亡后字圣叹，江苏苏州人。明末清初的著名文学批评家。

⑳ 李斯：河南上蔡人。秦代著名政治家，秦国丞相，力辅秦始皇统一六国，加强中央集权制，反对分封制。后为秦二世宠臣赵高谋害。

㉑ 此句出自《论语·八佾》。

㉒ 此句出自《中庸》："明乎郊社之礼，禘尝之义，治国其如示诸掌乎！"

㉓ 此句出自《论语·里仁》。

㉔ 颜、闵：颜，颜回；闵，闵子骞。皆孔子之弟子。

㉕ 少游：秦观，字少游，又字太虚，号淮海居士，江苏高邮人。北宋著名词人，"苏门四学士"之一，官至秘书省正字，国史馆编修官。

㉖ 皇甫持正：皇甫湜，字持正，浙江淳安人。唐代文学家。进士，官至工部郎中。著《皇甫持正文集》。

㉗ 张文昌：张籍，字文昌，江苏苏州人。唐代诗人。进士，官至太常太祝、水部员外郎、国子司业，故世称"张水部"或"张司业"。著《张司业集》。

㉘ 子路：仲氏，名由，字季路，山东泗水人。孔子著名弟子。

㉙ 曾西：字子照，曾参之孙。

㉚ 此句出自《孟子·公孙丑上》："或问乎曾西曰：'吾子与子路孰贤？'曾西蹴然曰：'吾先子之所畏也。'"

奉常家训

[清]王时敏

王时敏（1592—1680年），字逊文，初名赞虞，字逊之，号烟客，自号偶谐道人，晚号西庐老人等，江苏太仓人。明末清初画家。开创了山水画的"娄东派"，与王鉴、王翚、王原祁并称四王，外加恽寿平、吴历合称"清六家"。主要作品《仿山樵山水图》《层峦叠嶂图》等。明末官员，任太常少卿，秦代官名为奉常，故家训称《奉常家训》。著《西田集》。

本文录自《王烟客先生全集》。

吾家上赖天地深恩、祖宗福荫，年来子孙连列贤书[1]。今岁春闱[2]，遂得叔侄同登两榜，里中侈[3]为盛事。我自惟[4]：凉德何以邀此异福[5]？闻报之后，转觉营魂[6]回骇，梦寐不安。因自念言：造物之于人，善予善报，恶予恶报，感应之理，毫发不爽。我无善可称，而获此厚报者，岂非先德流衍致然？使自此益切兢凛[7]，时刻循省[8]，常忧满溢，庶几仰徼降鉴[9]，延祚[10]久长。使不然而遽自骄矜，略无戒惧，浸淫不觉，邪念萌生，便为拂逆天心，灾咎立至。念之能无震悚！而其间匡正、逢迎、成败主人之事者，全由家人。今所以防闲之倍严、训戒之倍切[11]者，端[12]为此故。我子孙其痛自砥砺，尽除俗情，诸家人亦力祛夙习[13]，务存大体，赞助主人，多行善事，长保令名[14]如此则声实兼得，上下同休[15]，乐岂有逾于此者哉！我欲作谕申儆[16]，而端绪烦多，恐联缀未能明了，兹特厘[17]为五款[18]，开列于后，其谛观[19]而恪守之，毋忽。

一、首先敦睦。古人云："家之兴替[20]在礼义，不在富贵。"所谓礼义者，其类多端，而孝友敦睦为首务。循之则虽贫贱为兴，反是则虽荣盛为替。盖天性至亲，莫如兄弟，犹身之肢体连心，木之枝叶附本。未有四肢残而腹心不溃，枝叶瘁而根本不拔者，其挚谊深情，胶结而不可解者也。自世降道衰，手足间虽有怡怡和乐之容，而无肫肫恳恻[21]之实，甚至有以荣瘁异视细故生嫌者。此虽世道不古，习俗使然，而其端，多起于小人。每见大家房分[22]多者，其家人各有分属，妄分彼此，于传述之间往往默测喜怒，饰词耸听，原其初意，不过献谄效勤见谓忠其所事，而嫌隙遂因之而生者，在今日遂为通弊矣。吾家诸子，兄爱弟敬，毫无间言，即家人辈，亦无险诐之徒簧鼓㉓生事，似可无未然之忧。但不免犹存畛域㉔，恐将来遂致分歧，不可不豫为防虑。此后诸兄弟宜益加勖勉，情好愈笃，家人辈亦同心协力，干办帮扶。一分㉕有事，各分人体㉖主人之意，竭蹶奔走，一如己事，勿分彼此。凡赋役诸务，通同商酌，必期妥便，划一而行，毋得专执私见，致有互异。倘有如前所云，挑斗妄生异同者，主人立行痛惩，以杜效尤㉗。务并众心为一心，合众体为一体，臂指立应，呼吸相通。如此，则一门之内和气盈溢，福庆自来，更何兴替之足云哉！若夫各房遭逢有迟速，境遇有顺逆，总由天数，非可强求。然古人仕宦，能使泽及九族，况一气分形㉘者！只此数人，而于其痛痒甘苦，能漠不相关乎！力虽未及要，要当刻刻㉙存诸心耳。

一、省察功过。有一甲科，问莲池大师㉚曰："世间何等人造业㉛最重？"师曰："惟公等七篇，头两榜老先生造业最重。"甲科愕然曰："如弟子侥幸以来，日夕兢兢，未尝敢造业。"师曰："谁说公造！凡公亲族、家人有造业者，皆公造也。"此言警策㉜痛切，真是顶门一针㉝。因知佛经所即云，众生举心动念，无非是业。即贤者亦所不免，可不畏欤！古来名贤，有日所行，夜必焚香，告之天者；有设二器，以白黑豆分善恶，随其所行之事，辄下一粒，日久而黑渐少者。千古芳规，所宜师法㉞。乃若昧于感应，恣逞胸臆则其过日积而不自知，良可矜悯。然缙绅犹有好省事，而仆从则务喜多事，其赞道怂恿把持武断，颠倒是非，固其常技。此吾家从来未有，今且勿论。而佃户间以琐事相争投揭告者，宜唤进详讯颠末㉟，与之调停，勿轻批揭，差人往乡查问。田野穷民尺布斗粟，一家性命所系，不堪骚扰。由此推之，则大家一言一动，于不知不觉中，默蹈过愆者㊱正不知凡几细微处，可不加慎耶！犹记吾祖父鼎盛时，每悟上台，惟为公道，扬善雪枉，绝不知有嘱托事。我籍门资入仕，浮沉冷局，固无势力可援。然自弱冠以至白首，未尝开一干求之口，得一非分之钱，比虽贫老而子孙连发㊳，或因此寸善亦未可知。今甲第重兴，继述㊳伊始，正宜恪守家法，力挽时趋㊴。每日惟以善恶两端，事事检点，刻刻循省，自然邪念少而正念多。纵不敢如《感应篇》所云："功行积累，妄觊地仙㊵，并求多福，而但得寡过。"身心泰然，其所得亦已多矣。

一、敬恭桑梓㊶。凡生同土壤，周旋累世者，非系戚党，即属交游。即其子孙衰替，久断往还，或市井谋生，衣冠路隔，而其始未尝不情联故旧，谊洽比邻。古人仕宦，过里门而下车，良有深意。岂可以忽慢视之，气焰凌之！且乡党序齿载在《礼经》㊷。曩见嘐㊸邑庆吊，公举屏轴书名布衣，俨列大老㊹之上，此风犹为近古，今则亡矣。至于士大夫居乡，少不检点，仆从假借横行，开罪亲党，在在㊺皆然。而里巷间以口语细事诟谇斗争者，即素号清谨之家亦所不免。吾家素守先世家法，严戢㊻僮奴。凡家人与外人争殴者，但有只字相闻，不问曲直，立行笞责。故人知警惧，生事者少，颇亦省唇舌之烦。此行之数十年如一日，里中所共悉㊼也。今子孙一时幸叨甲第，较前似处满盈，方切兢惕㊽，恐蠢奴愚昧，妄谓可以恢张，遂复弛放。故特行严饬，务比旧倍加敛戢㊾，遇人倍加恭谨。倘有人以非礼相加者，吞声忍受，唾面自干，不得辄有回答致生事端。总之吃亏一分，讨一分便宜；浑厚一分，养一分元气，于己有益无损也。我常怪世人体面崖岸之说，最为害事。家人惹事，直者置之，曲者治之而已。乃争体面，立崖岸，曲护其短，强文其直究，或拙于公论，损望招尤，则是自伤体面，自坏崖岸也。果何益哉！我所以反复叮咛训诫者，实为保泰持盈㊿之计，兼为阖家造福，大小家人须深体吾意，痛除夙习。其兢凛奉行者，必有厚赏；顽玩故违者，必行痛惩。祸福悬殊，慎勿贻悔。

　　一、慎收僮仆。沈文端公㉛曰："大凡仆从只将就足用，不必太多。太多则饮食于我者侈，而生事亦多。至有不衣不食，而为我服役者，尤不可。盖彼非徒然，必藉我以行其私也。彼藉我以行私，我因彼以敛怨，则我之役彼者，一时奔走之微劳，而彼之役我者，终身名节之大蠹也。此非我役彼而实彼役我也，奈何役人而反为人役哉！"其言字字透骨，可为冰鉴㉜。吴俗好夸，大率富贵之家，以坐榻后森然林立、车马簇如云涌，为美观亦甚，非有道者所宜处。今应世㉝方新百，凡以雅素为尚，无事尘俗。但仕途交际正烦，如写帖奔走，二三傔从㉞固不可少。家中既无其人，不得不求之于外，惟投靠者决不可收。盖此等人非故家旧仆，即衙门宿猾㉟，其智巧逾于常人，初委之以事，必能以小忠、小信效其所长，向后为患不小，前所云藉我以行其私者正是此辈，杜之不可不严。宜托居间㊱者广为寻访，如里中有谙练世事，诚实可托，肯为人役者，用善价买之，庶可长久。然或有与眼前亲识瓜葛相关，不知误收后仍非便，须再三详讯，一无妨碍始可耳。

　　一、早完国课。方今田赋，功令㊲最急，苟有逋悬㊳，祸亦最重。此天下皆然，而江南为甚。吾家清白之遗，家无长物，各房析箸㊴时，惟分田授亩，贻之以累。当此春月开征,先期赔垫,鬻田路绝,典贷无门,且头绪多端,以赤手四应,剜肉医疮,良为剧苦。然既有田在籍,虽膏枯髓竭,催科自难宽免,输将岂容暂延?宜主人与管数家人,时刻提心在口,殚思虑以筹划,焦唇舌以督催,捃拾⑥⁰经营,陆续投纳完过,随索印票⑥¹、总册,照数填明,庶可杜移易、飞洒⑥²之弊。乃家人辈往往吝惜小费,图逸目前事急则张皇失措,稍缓便不复惊心,惟以遮掩欠数、那延⑥³时日为能事,主人亦以窘困。莫支,暂图休息,姑且听之。不知完粮,究不可迟,积累愈增繁重,譬如养痈,终必溃败。所谓"漏脯救饥,鸩酒止渴⑥⁴",谋身适以自戕,即至愚所不为也。惟是新旧相仍,追比迨无虚日,无可搜索枝梧,田租虽微,犹必少藉牵补,决宜于秋成之后,计取所入,铢积寸累,尽以输官,而家中日用,人事应酬,凡百务从节啬,切勿轻以租人用散,则虽箪食瓢饮,衣穿履决,而身心轻快,魂梦俱安,较之日夕惊忧者所得孰多?使不然而秋冬所入,随手用尽,一入新年,枵然赤立⑥⁵,数月间征比追呼⑥⁶为期甚远,粉骨难支,必至败坏不可收拾矣,可不为深虑乎!且有田供赋,固臣民通义,毋容通缓。况吾家新登甲第,列在缙绅而下同顽户,观听亦甚不便。眉公⑥⁷先生曰:"士大夫居乡以早完国课为第一要义。"诚为至言。所当时刻书绅⑥⁸,虽力有不及而心窃自勉者也。

以上诸款,皆日用常行,非迂远难行之事,然多从克己退步,讨得小受用,且每见大家规范多坏于仆辈,故反复痛切言之。每事中傲为主人者,但坚持主宰,勿有偏听。兼能以至诚感化,使上下同心,则不但元气长存,福佑绵远,而将来远大之业,亦于此基之矣。勉旃⑥⁹勉旃!

【注释】

① 连列贤书:连续参加各种科举考试,总是金榜挂名。
② 春闱:又名"春试"。唐宋礼部试士和明清京城会试,均在春季举行,故称"春闱"。
③ 侈(chǐ):显扬。《国语》:"伯父秉德已侈大矣。"
④ 惟:想,考虑。《说文解字》:"惟,凡思也。"
⑤ 凉德:道德修养差,薄德,缺少仁义。《左传》:"虢多凉德,其何土之能得!"异福:洪福。
⑥ 营魂:魂魄。晋·陆机《文赋》:"揽营魂以探赜,顿精爽而自求。"
⑦ 益切兢凛:兢兢业业,认真谨慎。
⑧ 循省:检查,省察。《石林燕语》:"今臣循省,一无可取。"

⑨ 降鉴：犹俯察。俯首察看。《宋史》："神灵降鉴，天地回旋。"
⑩ 延祚：延续福禄。《后汉书》："子孙赖福，延祚至今。"
⑪ 切：严格，严厉。《文子》："为政以苛为察，以切为明。"
⑫ 端：都是。
⑬ 夙习：积习。
⑭ 令名：好名声，美好的声誉。《世说新语》："人患志之不立，亦何忧令名不彰邪？"
⑮ 同休：同享福禄，同享欢乐。韩愈文："伏惟永永，与国同休。"
⑯ 作谕：写出指示性意见。申儆：训诫，儆戒。《左传》："在军，无日不讨军实而申儆之。"
⑰ 厘：整理。《畴人传》："因取八十一题，厘为九类。"
⑱ 五款：五条规章条款。
⑲ 谛（dì）观：仔细看，审视。
⑳ 兴替：兴盛衰废。《旧唐书》："以史为镜，可以知兴替；以人为镜，可以明得失。"
㉑ 肫（zhūn）肫：诚恳。《礼记》："焉有所倚，肫肫其仁，渊渊其渊，浩浩其天。"恳恻：诚恳、痛切。曹操文："来书恳恻，多引咎过，未必如所云也。"
㉒ 房分：家族的分支。
㉓ 险诐：阴险邪僻。《诗·周南·卷耳序》孔颖达注："险诐者，情实不正，誉恶为善之辞也。"簧鼓：用动听的言语迷惑人。《庄子》："使天下簧鼓，以奉不及之法。"
㉔ 畛（zhěn）域：隔阂，成见，偏见。《明史》："宁坏朝廷封疆，不忘胸中畛域。"
㉕ 一分（fèn）：一户。
㉖ 各分（fèn）人体：各户出人帮助。
㉗ 效尤：仿效坏的行为。《左传》："郑伯效尤，其亦将有咎。"成语"以儆效尤"。
㉘ 一气分形：亦作"分形共气""分形连气"谓形体各别，气息相通。形容父母与子女的关系十分密切。后亦用于兄弟间。
㉙ 刻刻：每时每刻，时时刻刻。
㉚ 莲池大师：本姓陈，名袾宏，字佛慧，号莲池，今杭州人。明清之际高僧。世称"莲池大师"。清雍正中赐号净妙真修禅师。
㉛ 造业：做坏事。"造孽"的湖北方言异化读音。
㉜ 警策：文句精炼而含义深刻并富有哲理性的辞格。晋·陆机《文赋》："立片言而居要，乃一篇之警策。"
㉝ 顶门一针：扎针时就头顶前部所下的一针。比喻击中要害而能使人警醒的言论或举动。宋·刘克庄文："聒聒顶门一针，每言治乱，原于君心。"
㉞ 芳规：前贤的遗规。《史记》："闻乘继将，芳规不渝。"师法：效法。《荀子》："故有师法者，人之大宝也；无师法者，人之大殃也。"

㉟ 颠末：原委，前后经过情况。

㊱ 过愆（qiān）者：有过失错误的人。《清史稿》："其后自获过愆，朕优容如故。"

㊲ 连发：接连而起。《后汉书》："寻青、冀、扬州盗贼连发，数年之间，海内扰乱。"

㊳ 继述：继承。《续资治通鉴》："蔡京用事二十年，以继述神宗为名，实挟王安石以图身利。"

㊴ 时趋：时俗，时尚。韩愈《秋怀》："低心逐时趋，苦勉祗能暂。"

㊵ 地仙：住在人间的仙人。《抱朴子》："中士游于名山，谓之地仙。"

㊶ 桑梓：桑树和梓树是古代住宅旁常栽树木，后比喻故乡。《诗经·小雅·小弁》："维桑与梓，必恭敬止。"

㊷ 序齿：按年龄长幼排定先后次序。《礼记》："燕毛，所以序齿也。"燕通"宴"。《礼经》：这里指《礼记》。

㊸ 曩（nǎng）：从前。《说文解字》："曩，久也。"嫪（liú）：地名。嫪城，上海市嘉定区的别称。因隋唐时为昆山县嫪城乡而得名。

㊹ 大老：大官。《野获编》："此皆比时大老及两衙门无学无识，以致张皇如此。"

㊺ 在在：处处，到处。《明史》："在在增官，日日会议。"

㊻ 严戢：严格管理。《明史》："尤严戢部伍，所平大都二，省会三，郡邑百数。"

㊼ 悉：知道，了解。《三国志》："丞相亮其悉朕意。"

㊽ 兢惕：戒惧。《南史》："悚怍之情，夙宵兢惕。"

㊾ 敛戢：收敛，谨慎。明代张居正文："好议喜事者，知鄙意在，亦自敛戢，而不敢复兴事端。"

㊿ 保泰持盈：保持安定兴盛的局面。《明史》："孝宗儿能恭俭有制，勤政爱民，兢兢于保泰持盈之道，用使朝序清宁，民物康阜。"

㊑ 沈文端公：沈鲤，字仲化，河南商丘人。明嘉靖进士，官员，历任吏部左侍郎、礼部尚书、东阁大学士加少保，封太师，谥号"文端"，人称"文端公"。

㊒ 冰鉴：镜子，指比喻鉴别事物的眼力。南朝·江淹文："臣谬赞国机，职宜冰鉴。"

㊓ 应世：应付世事。

㊔ 傔（qiàn）从：侍从，仆役。《旧唐书》："每出军，奏傔从三十余人。"

㊕ 宿猾：一贯奸猾、为非作歹的人。《后汉书》："凡诸宿猾、酒徒、戏客，皆耳纳邪声，口出诡言，甘心逸游，唱造不义。"

㊖ 居间：中间人，介绍人。《史记》："宾客居间，遂止，俱解。"

㊗ 功令：法令，法律。

㊘ 逋（bū）悬：拖欠租税。党怀英《雪中》："我看多田翁，租赋常逋悬。"

㊙ 析箸：分家。箸，筷子。朱元弼《犹及篇》："宪副晚而更置室，生子腾龙，析箸别居。"

⑥ 捃（jùn）拾：拾取，收集。《东观汉记》："推鹿车载妻子，捃拾自资。"
⑥ 印票：官府发的券证。
⑥ 移易：转移。飞洒：明清时代地主勾结官府，把田地、赋税化整为零，分散到农户的土地上，以逃避赋税。《四友斋丛说》："若钱粮作弊飞洒各区，则是家至户到，无不受其荼毒。"
⑥ 那（nuó）延：拖延。那，通"挪"。
⑥ 漏脯救饥，鸩酒止渴：此句出自葛洪《抱朴子·微旨》："漏脯救饥，购鸩酒解渴，非不暂饱，死亦及之矣。"漏脯，隔宿之肉；鸩酒，毒酒。两者皆有毒。饥食漏脯，渴饮鸩酒，非但不能解饥止渴，反会中毒身亡。
⑥ 枵（xiāo）然：腹空饥饿的样子。赤立：空无所有，穷困之极。
⑥ 征比：征用人力，并考校其服役成绩。追呼：官吏上门催租，逼服徭役。
⑥ 眉公：陈继儒，字仲醇，号眉公，上海松江人。明代文学家、书画家。著《陈眉公全集》。
⑥ 书绅：把要牢记的话写在绅带上。《论语》："子张书诸绅。"绅，古代士大夫束衣的绅带。
⑥ 旃（zhān）：相当于"之焉"或"之"，文言助词。

于清端公治家规范

[清] 于成龙

于成龙（1617—1684 年），字北溟，号于山，山西吕梁方山县人。清初名臣，官至直隶巡抚、两江总督，加兵部尚书、大学士等职。于氏为官清廉，时称"天下第一清官"、于青天。谥号"清端"，追赠太子太保。著《于清端政书》。

此文取清·余治撰《得一录》为底本校注。

《传》曰："君子不出家，而成教于国"①，则是家有教也。正惟一家有教，一国观感，而仁让兴焉矣。故作家训，以示后人云。

孝为百行之原。父母生儿，能有几个身显荣亲的？就是力田、贸易、肩挑负贩者，皆可随分以养亲，但要把父母时时刻刻放在心里。

读书明理者，以养志为先，愚夫俗子，亦勉力养其口体，依依膝下，始终孺慕②。如有不孝，族人公罚。

弟兄形虽有二，溯源于父母之身。为兄者当爱，为弟者当敬。

患难相恤，贫富相顾，不肖相劝。勿听妻子之言而伤手足之情。

族人皆吾祖宗一脉。吾今立训：凡系族人，不分枝派远近，不论人品贵贱，俱照长幼执礼。倘敢高下异视，照不睦条议罚。

士农工商，各执一业。子弟十二三岁时，贤愚已定，贤者做向上事，愚者亦令执一艺，庶不致闲旷其身，到了长成，还可以赡养妻子。若一姑息，或听其暴弃，鲜不贻后日之悔也。

士子幸而上达③，身虽贵显，居家切要勤俭，不可奢靡，待人务宜谦光④，不可骄傲。

有田之家，率其佃仆及时耕种，及时耘耨。宁先时，毋后时，仍不时亲身董率⑤，勿自家懒惰，委之家人。

种田深耕易耨，勤得一分，多得一分之利。仍要积聚粪灰，地肥则苗盛。虽遇丰年，所获纵多，不可浪费，少留储蓄以备凶荒。田有隙地，必种瓜菜之类，以补不足。

朝廷钱粮，依期封纳⑥，不可拖延，为里中顽民。

生意之人，或开店，或行商，俱要早起晚睡。不可偷安。

居家要俭，衣服饮食不可浪费。吾永宁地土硗瘠⑦。亢涝⑧靡定，少有所蓄，庶可以备荒年。

驭仆婢，体恤劳苦，轸念⑨饥寒。临之以庄⑩，驭之以礼。至要！至要！贵显之后，禁其放肆，则又宁严毋宽也。

结亲惟取门当户对，不可攀高。司马温公⑪曰："嫁女胜吾家，娶妇不若吾家"，二语切记！切记！女夫儿妇，俱要一一访实，慎之于始，不可将儿女轻许。至于聘财妆奁，但当量其家计大小，不可过费，恐伤元气。

丧葬俱按文公家礼行。父母年至六十，则衣衾棺木之类，俱当及时置办。

祭祀祖先，或时祭，或忌日。牲醴汤饭、纸钱量力设备，男妇依序行礼，不可疏略。

夫妻之间，当思一"敬"字。梁鸿、孟光之举案齐眉⑫，千古称为美谈，敬而已矣。

凡年至四十无子，方许置妾，嫡妻不得妒忌，其夫亦不得纵妾凌妻，犯者合族公罚。

贵显之家有故交。寒士在座，觉得另有一番韵致。若有骨鲠之士⑬、文学之人在座，则愈显其休容之度⑭矣。子弟贵显者切莫疏慢士类。

人家生儿子，聪明人每多刻薄，则暗中亏折了许多福分。常见庸庸之人，反享厚福，系天机浑含不露，所以受用。我劝聪明子弟以宽厚宅心，庶可邀和平之福。

子弟不许结交淫朋浪友，为父兄者，急早禁绝，以防其渐。

子弟年幼，早晚不时稽查，不许远离膝下，即从师在学，亦必访察功课，勿事姑息。

子弟家居，饮食动作俱教以规矩，事上接下，俱教以礼数，勿致放荡。

子弟出外，必禀命于父兄，反必面⑮。妇女外出，必禀命于公姑，反必面，不许擅自出入。

子弟到五六岁时，男则从师，颖悟者，望其上进；愚鲁者，束其身心。孔子曰："爱之能勿劳乎？"女孩儿，即教其纺绩，教其针黹，仍约束其骄傲之性。

妇主中馈，务要早起晚睡，不可懒惰。语言谨慎，不可纵肆。行止端庄，不可轻浮。

闺门要严肃，虽系中表至戚⑯，务要男女有别，远嫌别疑。不可同席而食，同坐而语。宅中分别内外，昏夜之间，女不出，男不入。女子有事，夜行以烛。妇女不许入寺观烧香拜会，惟在家念佛持素不禁。

妇女在家，家常服饰，不得乔妆艳服。

致富由勤。我谓"公道"二字乃致富之要诀。常见世人欺慢愚人，巧诈取财，戥⑰秤升斗，出入各别。也有赚钱起家的，此心一欺，必干⑱天谴。故"公道"二字，其致富在勤字之上。

富贵是命里带来的，然天道恶盈，若无德以迓⑲之，恐转而消折矣。

钱财盈丰，千仓万箱，若遇好事不做，遇贫难不施。不过一守财虏耳。或者博施济众，上天鉴之，必永享富厚也。

居心不可刻薄，当处处以仁存心，纯是一团蔼然和气，福慧油然而生，为子孙存了多少地步。

立身贵高，不可同流合污。看得自己身子重，自然非礼不为。视一班苟贱趋奉者如泥涂，我之身岂不抬高乎！

人贵立志，念念向上一等做去，有志者事竟成矣。

莫谓此心可欺也，欺此心即是欺天。心存正直，天知神敬；心存欺诈，鬼祸灾生。从古欺心做坏人者，曾有几个到头！

勿谓些小之善不足纪，善念一生，天必降之福；勿谓些小之恶无足畏，恶念一生，天必降之灾。

凡事不可做尽。人力不逮于我，不可穷人之力；人势不及于我，我不可使尽其势。即言语之间，不妨让人一句。

小不忍则乱大谋，忍得一分，受用一分。父子不忍，则乖天伦；兄弟不忍，则成吴越⑳；夫妻不忍，则鱼水反目；朋友不忍，则气谊参商㉑。居家不忍，则乖气致戾；世情不忍，则变起仇敌。一言不合，戈矛顿起，人命反掌，不忍之害大矣，可不慎诸！

以上四十二条，皆我亲身阅历，件件有著。凡我后人，勿谓其迂远㉒而忽之也。

【注释】

① 此句出自《大学》："君子不出家，而成教于国：孝者，所以事君也；悌者，所以事

长也；慈者，所以使众也。"
② 孺慕：幼童爱慕父母之情。《礼记》："有子与子游立，见孺子慕者。"
③ 上达：上进发达，指得到官职。《论语》："不怨天，不尤人，下学而上达。"
④ 谦光：《易·谦》："谦尊而光。"孔颖达疏："尊者有谦而更光明盛大"。后因用"谦光"指谦退或谦退的风度。
⑤ 董率：督率，统率，领导。《三国志》："禅体质方刚，器干强固，董率之才，鲁肃不过。"
⑥ 封纳：封装交纳。
⑦ 硗(qiāo)瘠：土地坚硬而瘠薄。陆游《蔬圃》："硗瘠才三亩，勤劬赖两奴。"
⑧ 亢涝：亢，大旱。涝，水灾。
⑨ 轸(zhěn)念：原为辗转思念，引申为关怀之意。
⑩ 庄：庄重严肃。
⑪ 司马温公：司马光，字君实，号迂叟，山西夏县人。北宋政治家、史学家、文学家。官至尚书左仆射、门下侍郎。卒赠太师、温国公，谥号"文正"。著《温国文正司马公文集》《稽古录》《涑水记闻》等。
⑫ 举案齐眉：汉代梁鸿和孟光夫妇相敬如宾的故事。事见《后汉书·梁鸿传》。
⑬ 骨鲠之士：有骨气，刚直不屈的人。此指刚正忠直的官员。《史记》："方今吴外困于楚，而内无骨鲠之臣，是无如我何！"
⑭ 休容之度：美善宽怀的度量。《圣武记》："殊非大臣休容之度。"
⑮ 反必面：反，同"返"。面，面见告归。《弟子规》："出必告，反必面。"意为出门前告知父母去向，免担忧记挂；回家必见父母报平安。
⑯ 中表至戚：中表，古代称父亲的姊妹的儿子为外兄弟，称母亲的兄弟的儿子为内兄弟。外为表，内为中，合称"中表兄弟"。故称与他们之间的亲戚关系为"中表"。
⑰ 戥(děng)：亦作"等"。一种称量金银、药品的小秤。
⑱ 干：冒犯，冲犯。《说文解字》："干，犯也。"
⑲ 迓(yà)：迎接。《尔雅》："迓，迎也。"
⑳ 吴越：《孙子·九地》："吴人与越人相恶也。"后人常以"吴越"比喻相互仇视的人。
㉑ 参(shēn)商：参、商二星此出彼没，两不相见。因以比喻人相互分离或不和睦。唐代陈子昂文："兄弟无故，并为参商。"
㉒ 迂远：迂阔而不切实际。《史记》："(孟子)适梁，梁惠王不果所言，则见以为迂远而阔于事情。"

德星堂家订

[清] 许汝霖

许汝霖（？—1720年），字时庵，浙江海宁人。清康熙进士，官任江南学政，官至礼部尚书，为官清廉，德高望重，时称"得士"。致仕后任教，名德星堂。

该《家订》系许氏辞官归乡途中所作，人称"济世良规""救时宝鉴"。

本文录自《别下斋丛书》。

窃闻学贵治生，谊先敦本，维风厉行，宁俭毋奢。方今物力惟艰，人情不古，竞纷华于日用，动辄逾闲①，勉追报于所生，事多违礼，习而不返，长此安穷？不揣迂疏，谬抒臆见，黜浮崇雅②，敢云率俗于淳庞，慎始虑终，聊欲饬躬于轨物。爰陈数则，用质同心。

宴会篇

酒以合欢，岂容乱德！燕以洽礼，宁事浮文。乃风俗日漓，而奢侈倍甚。簋③则大缶旧瓷，务矜富丽；菜则山珍海错④，更极新奇。一席之设，产费中人，竟日之需，瓶罄半载。不惟暴殄，兼至伤残。尝与诸同事公订：如宴当事，贺新婚，偶然之举，品仍十二。除此以外，俱遵五簋，继以八碟。鱼、肉、鸡、鸭，随地而产者，方列于筵。燕窝、鱼翅之类，概从禁绝。桃李菱藕，随时而具者，方陈于席。闽广川黔之味，悉在屏除。如此省约，何等便安！若客欲留寓，盘桓数日，午则二簋一汤，夜则三菜斤酒。跟随服役者，酒饭之外，勿烦再犒。

衣服篇

衣服之章⑤，等威有别，寒暄之节，南北攸殊。流风⑥易溺，积习难回。居官者，章身不惜夫重价；服贾⑦者，耀富亦羡乎轻裘。朱邸高朋，冠裳济济，青油幕客，裘马翩翩。习以相沿，归而不改。每见贵豪游子，返温和之地，虽暖如寒⑧，致令富厚少年，睹灿丽之陈，趋新忘故。金貂玉鼠，南服偏多；白狸青猪,炎乡不少。偶焉寓目,辄为惊心。亦思仆隶细人⑨,衣逾绅士,优伶贱役,服拟公侯。适滋丑耳,又何慕焉?吾辈既已读书,自当毅然变俗。旧衣楚楚,素履可钦。襆被⑩萧萧,高风足式。传前人之清白,不坠家声。贻后嗣以廉隅,永遵世德。抚躬自较,所得孰多!

嫁娶篇

伦莫重于婚姻,礼尤严于嫁娶。古人择配,惟卜家声。今则不问门楣⑪,专求贵显。因之真假难究,亦且晤对不伦。妇或反唇,婿且抗色,嫌滋妯娌,衅启弟昆。种种不祥,莫可殚述。若既门户相当,原欲情文式协,而女家未嫁之先,徒争贿币,男家既娶之后,又责妆奁,彼此相尤,真可浩叹!亦思古垂六礼⑫,《文公家训》⑬合而为三,可知事贵适宜,何烦缛节!但求允问名,原无浮费,而请期纳聘,每有繁文。因与一二同志,再三酌定:如职居四民⑭,产仅百亩,聘金不过十二,绸缎亦止数端,上之六十、八十,量增亦可。下则十金、八金,递减无妨。度力随分,彼此俱安。而亲迎之顷,舟车鼓乐,仪从执事⑮,一切从简,总勿徇时。乃近来妇家,或于扶轮奠雁⑯之外,纵仆拦门,拉婿拜轿,此破落户之陋规,亦乡小人之鄙习,可骇可嗢⑰,亟宜痛戒!若夫女家嫁赠,贫富虽殊,而荆布⑱可风,总宜俭约。纵有厚资,不妨助以田产,资以生息,使为久远之谋。切勿多随臧获⑲,厚饰金珠,徒炫耀于目前,致萧条于日后。至于宗亲世胄,丰俭自有尊裁,赠遗岂敢定限!但求有典有则,可法可传,则所裨于风俗固厚,所贻于儿女亦多矣。不揣荛菲⑳,敢献刍荛㉑。

凶丧篇

人生大事,惟有送死。终天之痛在顷刻,罔极之恨㉒在千秋。纤悉不周,贻悔何及!故凡父母年逾五十,察其精力,稍不同前,则寿器㉓当密为储备。脱或不讳,哀恸固不待言,而附于棺,附于身者,尤当凡事检点。衣衾之属,务求完整,金珠之类,勿带纤毫。周详无憾,然后盖棺。灰布㉔宜密,油漆须真,经久之计,莫切于此。棺既盖矣,循例成服㉕,男女有别,亲疏有序。哀痛哭泣,宁戚无文。成服之后,始议开丧,或三日,或五日,报知亲友,访确周详,但须素有往来,不可妄邀豪贵。丧期既定,亦勿多请陪客,徒滋浮费。止酌亲族数人,轮流分派,孰主送迎,孰司馈馔。吊唁者,祭无牲牢,幛㉖无绫绸。款待者，飨无腥酒，送无犒程㉗。志在从先，何妨违俗。至于寝苫枕块㉘，禫祥㉙之后，似可从宽。歠㉚粥除苴，精力或衰，亦宜稍酌。表彰功德，则述行状㉛以垂志铭。缅想音容，或侍几筵而庐坟墓㉜。总须核实，勿在徇文。若世俗于殡殓之场，诵经礼忏，哀号之侧，鼓乐张筵，不惟悖礼，实为逆亲。凡有人心，所宜痛禁。而或借读礼之时，纵翱翔于山水，假谢孝之迹，辄干渎㉝于交游，有靦面目㉞，可不戒哉！

安葬篇

古者士庶之家，逾月而葬。后世王公以下，皆至三月，期何宽也。而惑于术家者，妄求富贵，借前人已朽之骨殖，图后人未卜之显荣，愚已甚矣！又或造年月之利害，判房分之吉凶，长幼猜嫌，牢不可解，代复一代，年又一年，甚有越数世而不获浅土者。生者大厦高堂，死者颓垣败壁，抚衷㉟自问，忍乎不忍！若谓风水可凭，宁迟无害，何以堪与诸公！高谈凿凿㊱，而询厥身家㊲，概都寒陋，且有跋涉一生，饿殍于道路者。岂谋人工而谋己拙耶？噫！亦可悟已。仆少时亦尝取地理诸书，考究多年，若必如所云："龙穴砂水，左右印托，十全无碍，方成吉壤。"则数千百年以来，选择殆尽，岂复有留遗隙地，以贻后人者乎？尝观大江以北，古茔累累，附葬者多或百计，少亦数十，问其子孙，虽有贫寒，岂无富贵？原非一坟一冢，始称有吉而无凶也。故凡为子者，当知暴棺非孝，入土为安。不必远求，但宜预访，或邻近山川，犹有遗穴，或祖宗坟墓，尚可附棺。随分量力，择而取之，审其消纳，定其向背，砖宜坚而灰土宜厚，筑宜固而封树㊳宜周，勒碑附圹，题主归祠㊴，宅兆㊵既安，庆莫大焉！若欲遍觅佳城，广求大地，则汉秦遗寝，草蔓烟荒；唐宋诸陵，狐蹲兔伏；六朝㊶之故冢安存？五季㊷之新阡何在？岂帝王之卜择，反逊能于士庶哉！至于朱母分迁于两地㊸，孔父合葬于一防㊹，取而较之，孰得孰失？虽先儒亦有不足从者矣。

祭祀篇

古人祭先，士以三鼎，大夫五鼎，等威有辨，非可僭㊺也。但牲牢物产，南北异宜，酌而用之。祭菜则羊豕鸡鱼之属，五品㊻为常；果物则枣栗桃圆之类，八色为准。随地随时，尽人可办，第所商者，古不祭墓，而近世春秋两祭，概在先茔。从之则失礼，违之则不情，斟酌其间，或于夏秋祭墓，冬夏祭祠。祭墓则遵时俗之通例，尊卑远近，合九族[47]以共将。祭祠则效考亭[48]之成规，高曾祖亲，分四代而同享。于理于情，庶无两碍，独是坟多族众，值祭维艰，轮流则贫者难支，纠分则吝者多却。经久之法，莫如祭田[49]，但始焉难以创行，久之易以滋弊，今欲创行，务须尊显之人率先倡置。余如入学而登科甲者，因名位以酌捐，务农而业工商者，随资产以量助，或数十亩，或数亩，纵不拘例，务尽厥心。至于五十举子[50]，七旬祝寿，多寡均输，惟力是视。积而充焉，便可以奉祀之所余，济孤寡而助婚丧，扩宗祠而立家塾，不亦善乎！至欲革弊，则管理之人，必须公举，富而有守，素行不欺者，责令主之。经理三年，聚众一算，如果无私，不烦更换，或有可疑，再行公保，遵而守之，虽百世可无弊矣。若夫诞辰忌日，罔极情深，喜事良辰，追先念切，祀我祖考，谁曰不宜。而邪说诬民者，造为七月望日，地狱放归，扫室宇以送迎。附盂兰[51]而超度，诬其祖父，惑厥愚氓，司风化者，禁之可不严哉！

康熙五十年[52]，辛卯五月，海宁许汝霖谨订。

【注释】

① 逾闲：语出《论语·子张》："大德不逾闲。"逾，超出。闲，指规矩法度。
② 黜浮崇雅：革除浮华，崇尚优雅。
③ 簋（guǐ）：古代食器。
④ 山珍海错：即"山珍海味"。海错，本指海中物产繁多，后称海味。
⑤ 章：古代以日、月、星、辰、龙、蟒、鸟、兽等图纹饰于礼服之上，以示等级。历代制度大同小异，有十二章、九章、七章、五章、三章之别，按官品递降。
⑥ 流风：《孟子》："故家遗俗，流风善政，犹有存者。"前代留传下来的美好风气。
⑦ 服贾（gǔ）：经商；从事商贾。《尚书·酒诰》："肇牵牛车，远服贾。"贾，商人。
⑧ 虽暖如寒：尽管天热，仍穿裘服，以示炫耀。
⑨ 细人：年轻的侍女。《师友谈记》："朕赐旦细人二十，卿等分为教之，俟艺成，皆送旦家。"
⑩ 襆（fú）被：用包袱包扎衣被。形容清廉俭朴。襆，指包袱。
⑪ 门楣：古代官吏所居府邸正门上方门框上部的横梁，称"门楣"，喻门第。
⑫ 六礼：古代婚姻操办的六种礼节，即纳采（送礼求婚）、问名（询问女方名字和出生日期）、纳吉（送礼订婚）、纳征（送聘礼）、请期（议定婚期）、亲迎（新郎亲自迎娶）。见于《礼记·昏义》和《仪礼·士昏礼》："昏有六礼，纳采、问名、纳

吉、纳征、请期、亲迎。"
⑬ 文公家训：即朱熹《朱文公家训》。朱熹，字元晦，又字仲晦，号晦庵，晚号晦翁，谥号"文"，世称"朱文公"。南宋著名理学家、思想家、哲学家、教育家，儒学代表人物，世称"朱子"。
⑭ 四民：指士、农、工、商。《春秋谷梁传》："古有四名：有士民、有商民、有农民、有工民。"
⑮ 执事：旧时婚丧喜庆事所用的牌、伞等物。
⑯ 奠雁：古代婚礼，新郎到女方家迎亲，用雁作见面礼，叫"奠雁"。《仪礼·士昏礼》："宾升，奠雁，再拜稽首。"
⑰ 唑：疑为"嗤"之有误。
⑱ 荆布：荆钗布裙的简称，指虽贫寒，但恩爱相敬。《南史》："今将军化为凤凰，荆布之室，理隔华盛。"
⑲ 臧获：古代对奴婢的贱称。《三水小牍》："臧获有不如意者，立杀之。"
⑳ 葑菲：语出《诗经·邶风·谷风》："采葑采菲，无以下体"。葑、菲即蔓菁和葍，两者叶和根都可食，但根有时味苦。诗的原意是不要因根苦而连叶也不要，比喻夫妇相处，以德为重，不可因女子容颜衰老就加遗弃。后以"葑菲之采"作为希望人有所采纳的谦辞。
㉑ 刍荛：割草打柴的人，后用以指草野鄙陋之人。《孟子》赵岐注："刍荛者，取刍薪之贱人也。"
㉒ 罔极之恨：罔极，古时特指子女对父母的无穷哀思。《北史》："衰麻之节，苫庐之礼，率遵前典，以申罔极。"
㉓ 寿器：棺材。《后汉书》："敛以东园画梓寿器。"李贤注："称寿器者，欲其久长也。"
㉔ 灰布：布灰于棺缝。
㉕ 成服：丧服。大殓之后，亲属按照与死者关系的亲疏，穿上不同的丧服叫"成服"。《礼记》："三日成服，拜宾送宾皆如初。"
㉖ 幛（zhàng）：旧时用布帛一幅，上面题字，作为吊唁的礼物。如挽幛。
㉗ 犒程：送人赠品。
㉘ 寝苫枕块：古时居父母丧的礼节。寝苫为睡草荐，枕块谓以土块为枕。
㉙ 禫（dàn）祥：禫，脱除丧服之祭。祥，丧祭。父母丧周年祭为小祥，两周年祭为大祥，大祥后一月除丧服祭为禫。自丧至此，共二十七月。
㉚ 歠（chuò）：饮。《说文解字》："歠，饮也。"
㉛ 行状：亦称"状""行述"。是记述死者世系、籍贯、生卒年月和生平概略的文章。常由死者门生、故吏或亲友撰述。
㉜ 庐坟墓：或称"庐墓"。古人于父母或老师死后，服丧期间在墓旁搭草庐居住，守

护坟墓。

㉝ 干渎：冒犯、亵渎。

㉞ 有靦（tiǎn）面目：有惭脸面。

㉟ 抚衷：扪心自问。

㊱ 凿（záo）凿：鲜明貌。《诗经·唐风·扬之水》："扬之水，白石凿凿。"

㊲ 询厥身家：询问其家庭出身。

㊳ 封树：封，堆土为坟。树，种树做标记。

㊴ 题主归祠：旧时丧家请人把死者衔名写在神位上，以便入庙奉祭。

㊵ 宅兆：宅，墓穴，葬地。兆，墓地。

㊶ 六朝：也称"六代"。东吴、东晋、南朝的宋、齐、梁、陈相继建都建康（今南京市），史称为六朝。

㊷ 五季：即后梁、后唐、后晋、后汉、后周五代。

㊸ 朱母分迁于两地：朱熹之父朱松墓原葬于福建崇安五夫里西塔山，后迁至寂历山中，其母则葬于建阳县（今福建省南平市建阳区）崇泰天湖之阳。

㊹ 防：防山，一名笔架山，在山东曲阜东。

㊺ 僭（jiàn）：超越本分。古代指地位在下的冒用在上的名义、礼仪和器物等。《公羊传》："诸侯僭于天子。"

㊻ 五品：即"五牲"。牛、羊、豕、犬、鸡。

㊼ 九族：高祖、曾祖、祖父、父亲、己身、子、孙、曾孙、玄孙。又泛指亲属。

㊽ 考亭：即朱熹。因朱熹曾侨居福建建阳，其讲学之地名考亭，故代指朱熹。

㊾ 祭田：旧时族田中用于祭祀的土地。《明儒学案》："龙场有阳明祠，置祭田以永其香火。"

㊿ 举子：生育子女。《后汉书》："民至乃戒乳妇勿得举子，侯君当去，必不能全。"

(51) 盂兰：佛教仪式。每逢夏历七月十五，佛教徒为追荐先祖而举行"盂兰盆会"，也称"中元节"，俗称"鬼节""亡人节"。

(52) 康熙五十年：公元 1711 年。

聪训斋语

[清] 张英

张英（1637—1708年），字敦复，号乐圃，今安徽桐城人。清康熙进士，官任翰林院士、礼部侍郎，后升为华殿大学士。卒后谥"文端"。先后任《一统志》《渊鉴类函》《政治典训》《平方朔汉方略》总裁，著《周易衷论》等。

张氏著《聪训斋语》及《恒产琐言》，前者二卷，后者一卷，均为家训类。本书取《丛书集成初编》为底本校注。

卷一

圃翁①曰：圣贤领要之语曰："人心惟危，道心惟微。"危者，嗜欲之心，如堤之束水，其溃甚易，一溃则不可复收也。微者，理义之心，如帷之映灯，若隐若现，见之难而晦之易也。人心至灵至动，不可过劳，亦不可过逸，唯读书可以养之。每见堪舆家②，平日用磁石养针。书卷乃养心第一妙物。闲适无事之人，镇日③不观书，则起居出入，身心无所栖泊，耳目无所安顿，势必心意颠倒，妄想生嗔，处逆境不乐，处顺境亦不乐。每见人栖栖皇皇④，觉举动无不碍者，此必不读书之人也。古人有言：扫地焚香，清福已具。其有福者，佐以读书；其无福者，便生他想。旨哉斯言！予所深赏。且从来拂意之事，自不读书者见之，似为我所独遭，极其难堪。不知古人拂意之事，有百倍于此者，特不细心体验耳。即如东坡先生⑤殁后，遭逢高、孝⑥，文字始出，名震千古。而当时之忧谗畏讥，困顿转徙潮惠⑦之间，苏过⑧跣足涉水，居近牛栏，是何如境界。又如白香山⑨之无嗣，陆放翁⑩之忍饥，皆载在书卷。彼独非千载闻人，而所遇皆如此。诚一平心静观，则人间拂意之事，可以涣然冰释。若不读书，则但见我所遭甚苦，而无穷怨尤嗔忿之心，烧灼不宁，其若为何如耶。且富盛之事，古人亦有之，炙手可热，转眼皆空。故读书可以增长道心，为颐养第一事也。记诵纂集，期以争长应世则多苦，若涉览则何至劳心疲神，但当冷眼于闲中窥破古人筋节处耳。予于白、陆诗⑪，皆细注其年月，知彼于何年引退，其衰健之迹皆可指，斯不梦梦耳。

　　画翁曰：圣贤仙佛，皆无不乐之理。彼世之终身忧戚，忽忽不乐者，决然无道气无意趣之人。孔子曰，"乐在其中"，颜子不改其乐。孟子以不愧不怍为乐。《论语》⑫开首说悦乐，《中庸》⑬言无人而不自得，程、朱⑭教尊孔颜乐处，皆是此意。若庸人多求欲，不循理，不安命。多求而不得则苦，多欲而不遂则苦，不循理则行多窒碍而苦，不安命则意多怨望而苦。是以踢天踏地，行险侥幸，如衣敝絮行荆棘中，安知有康衢坦途之乐！唯圣贤仙佛，无世俗数者之病，是以常全乐体。香山字乐天，予窃慕之，因号曰乐圃。圣贤仙佛之乐，予何敢望！窃欲营履道一邱一壑，仿白傅之有叟在中，白须飘然，妻孥熙熙，鸡犬闲闲之乐云耳。

　　画翁曰：予拟一联，将来悬草堂中："富贵贫贱总难称意，知足即为称意；山水花竹无恒主人，得闲便是主人。"其语虽俚，却有至理。天下佳山胜水，名花美箭无限，大约富贵人役于名利，贫贱人役于饥寒，总无闲情及此，唯付之浩叹耳。

　　画翁曰：唐诗如缎如锦，质厚而体重，文丽而丝密，温醇尔雅，朝堂之所服也。宋诗如纱如葛，轻疏纤朗，便娟⑮适体，田野之所服也。中年作诗，断当宗唐律。若老年吟咏适意，阑入于宋，势所必至。立意学宋，将来益流而不可返矣。五律断无胜唐人者，如王、孟⑯五言两句，便成一幅画。今试作五字，其写难言之景，尽难状之情，高妙自然，起结超远，能如唐人否？苏诗五律不多见，陆诗五律太率，非其所长。参唐宋人气味，当于五律见之。

　　画翁曰：昌黎《听颖师琴诗》有云："昵昵⑰儿女语，恩怨相尔汝，忽然势轩昂，猛士赴战场。"又云："失势一落千丈强"，欧阳公以为琵琶诗，信然。予细味琴音，如微风入深松，寒泉滴幽涧，静永古淡，其上下十三徽⑱，出入一弦至七弦，皆有次第，大约由缓而急，由大而细，极于和平冲夷为主，安有昵昵儿女，忽变为金戈铁马之声！常建⑲琴诗："江上调玉琴，一弦清一心。泠泠七弦遍，万木沉秋阴。能令江月白，又令江水深。始知枯桐枝，可以徽黄金。"真可谓字字入妙，得琴之三昧者。味此则与昌黎之言迥别矣。古来士大夫学琴，类不能学多操。白香山止《秋思》一曲，范文正公止《履霜》一曲。高人抚弦动操，自有夷旷冲淡之趣，不在多也。古人制琴一曲，调适宫商⑳，但传指法。后人强被以语言文字，失之远矣。甚至俗谱用《大学》，及《归去来辞》㉑、《赤壁赋》㉒，强配七弦，一字予以一音，且有以山歌小曲溷之者，其为唐突古乐甚矣，宜为雅人之所深戒也。大抵琴音以古淡为宗，非在悦耳。心境微有不清，指下便尔荆棘。清风朗月之时，心无机事，旷然天真，时鼓一曲，不躁不懒，则缓急轻重合宜。自然正音出于腕下，清兴超于物表。放翁诗曰："琴到无人听处工"，未深领斯妙者，自然闻古乐而欲卧，未足深论也。

圃翁曰：古人以眠食二者，为养生之要务。脏腑肠胃，常令宽舒有余地，则真气得以行，而疾病少。吾乡吴友季善医，每赤日寒风，行长安道上不倦。人问之，曰："予从不饱食，病安得入！"此食忌过饱之明证也。燔炙熬煎，香甘肥腻之物，最悦口而不宜于肠胃。彼肥腻易于黏滞，积久则腹痛气塞，寒暑偶侵则疾作矣。放翁诗云："倩盼作妖狐未惨，肥甘藏毒鸩犹轻"，此老知摄生哉！炊饭极软熟，鸡肉之类，只淡煮；菜羹清芬鲜洁，渥之食只八分，饱后饮六安苦茗一杯，若劳顿饥饿归，先饮醇醪一二杯，以开胸胃。陶诗云："浊醪解旬饥"[23]，盖籍之以开胃气也。如此焉有不益人者乎？且食忌多品，一席之间，遍食水陆，浓淡杂进，自然损脾。予谓或鸡鱼凫豚之类，只一二种，饱食良为有益。此未尝闻之古昔，而以予意揣当如此。安寝乃人生最乐。古人有言："不觅仙方觅睡方"。冬夜以二鼓[24]为度，暑月以一更为度。每笑人长夜酣饮不休，谓之消夜。夫人终日劳劳，夜则宴息，是极有味，何以消遣为。冬夏皆当以日出而起，于夏尤宜。天地清旭之气，最为爽神，失之甚为可惜。予山居颇闲，暑月日出则起，收水草清香之味。莲方敛而未开，竹含露而犹滴，可谓至快。日长漏[25]永，不妨午睡数刻。焚香垂幕，净展桃笙[26]，睡足而起，神清气爽，真不啻天际真人。况居家最宜早起，倘日高客至，僮则垢面，婢且蓬头，庭除未扫，灶突犹寒，大非雅事。昔何文端公居京师，同年诣之，曰宴未起，久之方出。客问曰："尊夫人亦未起耶？"答曰："然。"客曰："日高如此，内外家长皆未起。一家奴仆，其为奸盗诈伪，何所不至耶？"公瞿然，自此至老不晏起。此太守公亲为予言者。

圃翁曰：山色朝暮之变，无如春深秋晚。四月则有新绿，其浅深浓淡，早晚不同。九月则有红叶，其颒黄茜紫[27]，或映朝阳，或回夕照，或当风而吟，或带霜而殷，皆可谓佳胜之极。其他则烟岚雨岫，云峰霞岭，变幻顷刻，孰谓看山有厌倦时耶？放翁诗云："游山如读书，浅深在所得。"故同一登临，视其人之识解学问，以为高下苦乐，不可得而强也。予每日治装入龙眠[28]，家人相谓："山色总是如此，何用日日相对？"此真浅之乎言看山者！

圃翁曰：人家僮仆，最不宜多畜[29]，但有得力二三人，训谕有方，使令得宜，未尝不得兼人之用。太多则彼此相诿，恩养必不能周，教训亦不能及，反不得其力。且此辈当家道盛，则倚势作非，招尤结怨；家道替㉚，则飞扬跋扈，反唇卖主，皆势所必至。予欲令家仆皆各治生业，可省游手游食之弊，不至于冗食为非也。且僮仆甚无取乎黠慧者，吾辈居家居官，皆简静守理，不为暗昧之事。至衙门政务，皆自料理，不烦干仆巧权门之应对，为远道之输将㉛，打点机密，奔走势利。所用者，不过趋跄洒扫，负重徒步之事耳，焉用聪明才智为哉！至于山中耕田锄圃之仆，乃可为宝。其人无奢望，无机智，不为主人敛怨。彼纵不遵约束，不过懒惰愚蠢之小过，不必加意防闲，岂不为清闲之一助哉！

圃翁曰：昔人论致寿之道有四：曰慈、曰俭、曰和、曰静。人能慈心于物，不为一切害人之事，即一言有损于人，亦不轻发。推之戒杀生以惜物命，慎翦伐以养天和。无论冥报不爽，即胸中一段吉祥恺悌之气，自然灾沴不干，而可以长龄矣。人生享福，皆有分数。惜福之人，福尝有余；暴殄之人，易至罄竭㉜。故老氏以俭为宝。不止财用当俭而已，一切事常思节啬之义，方有余地。俭于饮食，可以养脾胃；俭于嗜欲，可以聚精神；俭于言语，可以养气息非；俭于交游，可以择友寡过；俭于酬酢，可以养身息劳；俭于夜坐，可以安神舒体；俭于饮酒，可以清心养德；俭于思虑，可以蠲烦去扰。凡事省得一分，即受一分之益。大约天下事，万不得已者，不过十之一二。初见以为不可已，细算之，亦非万不可已。如此逐渐省去，但日见事之少。白香山诗云："我有一言君记取，世间自取苦人多。"今试问劳扰烦苦之人，此事亦尽可已，果属万不可已者乎？当必恍然自失矣。人常和悦，则心气冲而五脏安，昔人所谓养欢喜神。真定梁公每语人：日间办理公事，每晚家居，必寻可喜笑之事；与客纵谈，掀髯大笑，以发舒一日劳顿郁结之气。此真得养生要诀。何文端公时，曾有乡人过百岁，公叩其术，答曰："予乡村人无所知，但一生只是喜欢，从不知烦恼。"噫！此岂名利中人所能哉！《传》曰："仁者静。"又曰："知者动。"每见气躁之人，举动轻佻，多不得寿。古人谓砚以世计，墨以时计，笔以日计，动静之分也。静之义有二：一则身不过劳，一则心不轻动。凡遇一切劳顿、忧惶、喜乐、恐惧之事，外则顺以应之，此心凝然不动，如澄潭，如古井，则志一动气，外间之纷扰皆退听矣。此四者，于养生之理，极切实，较之服药引导，奚啻万倍哉！若服药则物性易偏，或多燥滞。引导吐纳，则易至作辍。必以四者为根本，不可舍本而务末也。《道德经》㉝五千言，其要旨不外于此。铭之座右，时时体察，当有裨益耳。

圃翁曰：人生不能无所适以寄其意，予无嗜好，惟酷好看山种树。昔王右军[34]亦云："吾笃嗜种果"，此中有至乐存焉。手种之树，开一花，结一实，玩之偏爱，食之益甘，此亦人情也。阳和里五亩园，虽不广，倘所谓有水一池，有竹千竿者耶。花十有二种，每种得十余本，循环玩赏，可以终老。城中地隘，不能多植，然在居室之西数武[35]，花晨月夕，不须肩舆策蹇，自朝至夜分，可以酣赏饱看。一花一草，自始开至零落，无不穷极其趣，则一株可抵十株，一亩可敌十亩。山中向营赐金园，今购芙蓉岛，皆以田为本，于隙地疏池种树，不废耕耘。阅耕是人生最乐，古人所云躬耕，亦止是课仆督农，亦不在沾体涂足也。

圃翁曰：山居宜小楼，可以收揽群峰众壑之势，竹杪[36]松梢，更有奇趣。予拟于芙蓉岛南向构一小楼，题曰："千崖万壑之楼"。大溪环抱，群岫耸峙，可谓快矣。筑小斋三楹，曰"佳梦轩"。夫人生如梦，信矣。使夕梦至此，岂不以为佳甚耶！陆放翁梦至仙馆，得诗云："长廊下瞰碧莲沼，小阁正对青萝峰。"便以为极胜之景，予此中颇有之，可不谓之佳梦耶！香山诗云："多道人生都是梦，梦中欢乐亦胜愁。"人既在梦中，则宜税驾[37]咀嚼其梦，而不当为梦幻泡影之嗟。予固将以此为睡乡，而不复从邯郸道上，向道人借黄粱枕也[38]。

圃翁曰：人生于珍异之物，决不可好。昔端恪公[39]言："士人于一研[40]一琴，当得佳者。研可适用，琴能发音，其它皆属无益。"良然。瓷器最不当好，瓷佳者必脆薄，一盏值数十金，僮仆捧持，易致不谨，过于矜束，反致失手。朋客欢宴，亦鲜乐趣。此物在席，宾主皆有戒心，何适意之有？瓷取厚而中等者，不至太粗，纵有倾跌，亦不甚惜，斯为得中之道也。名画法书，及海内有名玩器，皆不可畜，从来贾祸招尤，可为龟鉴[41]。购之不啻千金，货之不值一文，且从来真赝难辨，变幻奇于鬼神，装潢易于窃换。一轴得善价，继至者遂不旋踵，以伪为真，以真为伪，互相讪笑，止可供喷饭。昔真定梁公有字画之好，竭生平之力收之，捐馆后为势家所求索殆尽。然虽与以佳者，辄谓非是，疑其藏匿，其子孙深受斯累，此可为明鉴者也。

圃翁曰：天体至圆，故生其中者，无一不肖其体。悬象之大者，莫如日月，以至人之耳目手足、物之毛羽、树之花实，土得雨而成丸，水得雨而成泡。凡天地自然而生皆圆。其方者，皆人力所为。盖禀天地之性者，无一不具天之体。万事做到极精妙处，无有不圆者。圣人之德，古今之至文法帖，以至一艺一术，以极圆而后登峰造极。裕亲王曾畅言其旨，适与予论相合。偶论及科场文，想必到圆处始佳。即饮食做到精美处，到口也是圆底。余尝观四时之旋运，寒暑之循环，生息之相因，无非圆转。人之一身，与天时相应。大约三四十以前，是夏至前，凡事渐长；三四十以后，是夏至后，凡事渐衰，中间无一刻停留。中间盛衰关头，无一定时候，大概在三四十之间，观于须发可见。其衰缓者，其寿多；其衰急者，其寿寡。人身不能不衰，先从上而下者多寿，故古人以早脱顶为寿征；先从下而上者多不寿，故须发如故，而脚软者难治。凡人家道亦然。盛衰增减，决无中立之理。如一树之花，开到极盛，便是摇落之期，多方保护，顺其自然，犹恐其速开，况敢以火气催逼之乎？京师温室之花，能移牡丹、各色桃于正月，然花不尽其分量，一开之后，根干辄萎。此造化之机，不可不察也。尝观草木之性，亦随天地为圆转。梅以深冬为春，桃李以春为春，榴荷以夏为春，菊桂芙蓉以秋为春。观其枝节含苞之处，浑然天地造化之理。故曰："复其见天地之心乎！"

圃翁曰：人往往于古人片纸只字，珍如拱璧。其好之者，索价千金。观其落笔神采，洵[42]可宝矣。然自予观之，此特一时笔墨之趣所寄耳。若古人终身精神识见，尽在其文集中，乃其呕心刎[43]肺而出之者。如白香山、苏长公之诗数千首，陆放翁之诗八十五卷。其人自少至老，仕宦之所历，游迹之所至，悲喜之情，怫愉[44]之色，以至容貌謦咳，饮食起居，交游酬酢，无一不寓其中，较之偶尔落笔，其可宝不且万倍哉！予怪世人于古人诗文集不知爱，而宝其片纸只字，为大惑也。余昔在龙眠，苦于无客为伴，日则步屧[45]于空潭碧涧、长松茂竹之侧，夕则掩关读苏、陆诗，以二鼓为度，烧烛焚香煮茶，延两君子为坐，与之相对，如见其容貌须眉然。诗云："架头苏陆有遗书，特地携来共索居，日与两君同卧起，人间何容得胜渠。"良非解嘲语也。

圃翁曰：予尝言享山林之乐者，必具四者，而后能长享其乐，实有其乐，是以古今来不易见也。四者维何？曰道德，曰文章，曰经济，曰福命。所谓道德者，性情不乖戾，不豁刻[46]，不偏狭，不暴躁，不移情于纷华，不生嗔于冷暖。居家则肃雍简静，足以见信于妻孥；居乡则厚重谦和，足以取重于邻里；居身则恬淡寡营，足以不愧于衾影。无忤于人，无羡于世，无争于人，无憾于己，然后天地容其隐逸，鬼神许其安享。无心意颠倒之病，无取舍转徙之烦，此非道德而何哉！佳山胜水，茂林修竹，全恃我之情性识见取之。不然，一见而悦，数见而厌心生矣。或吟咏古人之篇章，或抒写性灵之所见，一字一句可千秋，相契无言，亦成妙谛。古人所谓："行到水穷处，坐看云起时。"又云："登东皋以舒啸，临清流而赋诗"断非不解笔墨人所能领略。此非文章而何哉！夫茅亭草舍，皆有经纶；菜陇瓜畦，具见规画；一草一木，其布置亦有法度。淡泊而可免饥寒，徒步而不致委顿。良辰美景，而匏樽不空；岁时伏腊，而鸡豚可办。分花乞竹，不须多费，而自有雅人深致；疏池结篱，不烦华侈，而皆能天然入画。此非经济而何哉！从来爱闲之人，类不得闲；得闲之人，类不爱闲。公卿将相，时至则为之。独是山林清福，为造物之所深吝。试观宇宙间，几人解脱？书卷之中，亦不多得。置身在穷达毁誉之外，名利之所不能奔走，世味之所不能缚束。室有莱妻㊷，而无交谪之言；田有伏腊，而无乞米之苦。白香山所谓事了心了，此非福命而何哉！四者有一不具，不足以享山林清福。故举世聪明才智之士，非无一知半见；略知山林趣味，而究竟不能身入其中，职㊽此之故也。

圃翁曰：予于归田之后，誓不着缎，不食人参。夫古人至贵，犹服三浣㊾之衣，缎之为物，不可洗，不可染，而其价六七倍于湖州绉绸与丝绸，佳者三四钱一尺，比于一匹布之价。初时华丽可观，一沾灰油，便色改而不可浣洗。况予素性疏忽，于衣服不能整齐，最不爱华丽之服。归田后，唯着绒褐、山茧、文布、湖绸，期于适体养性。冬则羔裘，夏则蕉葛，一切珍裘细縠㊿，悉屏弃之，不使外物妨吾坐起也。老年奔走应事务，日服人参一二钱。细思吾乡米价，一石不过四钱，今日服参价如之，或倍之，是一人而兼百余人糊口之具，忍孰甚焉！侈孰甚焉！夫药性原以治病，不得已而取效于旦夕，用是补续血气，乃竟以为日用寻常之物，可乎哉？无论物力不及，即及亦不当为，予故深以为戒。倘得邀恩遂初，此二事，断然不渝吾言也。

圃翁曰：古人美王司徒之德，曰："门无杂宾"，此最有味。大约门下奔走之客，有损无益，主人以清正高简安静为美，于彼何利焉。可以啖㊿之以利，可以动之以名，可以怵之以利害，则欣动其主人。主人不可动，则诱其子弟，诱其僮仆。外探无稽之言，以荧惑其视听；内泄机密之语，以夸示其交游。甚且以伪为真，将无作有，以侥幸其语之或验，则从中而取利焉。或居要津之位，或处权势之地，尤当远之益远也。又有挟术技以游者，彼皆藉一艺以售其身，渐与仕宦相亲密，而遂以乘机遘会，其本念决不在专售其技也。挟术以游者，往往如此。故此辈之朴讷迂钝者，犹当慎其晋接㊿。若狡黠便佞，好生事端，踪迹诡秘者，以不识其人，不知其姓名为善。勿曰："我持正，彼安能惑我！我明察，彼不能蔽我",恐久之自堕其术中而不能出也。

圃翁曰:予性不爱观剧,在京师一席之费,动逾数十金,徒有应酬之劳,而无酣适之趣。不若以其费济困赈急,为人我利溥㉝也。予六旬之期,老妻礼佛时,忽念诞日例当设梨园宴亲友。吾家既不为此,胡不将此费制绵衣裤百领,以施道路饥寒之人乎?次日为余言,笑而许之。予意欲归里时,仿陆梭山㉞居家之法,以一岁之费,分为十二股,一月用一分,每日于食用节省,月晦之日,则总一月之所余,别作一封,以应贫寒之急。能多作好事一两件,其乐逾于日享大烹之奉多矣,但在勉力而行之。

圃翁曰:移树之法,江南以惊蛰前后半月为宜。大约从土掘出之根,最畏春风,故须用土裹密,用草包之,不宜见风,甚不宜于隔宿。所以吴门建业来卖花者,行千里,经一月而犹活,乃用金汁㉟土密护其根,不使露风之故。近地移植反不活者,不知此理之故也。其新生细白根,系生气所托,尤不当损。人但知深根固蒂,不知亦不宜太深。种植书谓加旧迹㊱一指,若太深,则泥水伤树皮,断然不茂矣。凡树大约花多时移,则彼精脉在枝叶易活,于桂尤甚。花已有蓓蕾,移之多开,然此最泄气,故移树而花盛开者多不活,唯叶茂则其树必活矣。牡丹移在秋,当春宜尽去其花,若少爱惜则其气泄,树即活亦不茂,数年后多自萎。树之作花甚不易,气泄则本伤,古人云:"再实之木,其根必伤",人之于文章功名也亦然,不可不审也。

圃翁曰:予少年嗜六安茶㊲,中年饮武夷㊳而甘,后乃知岕茶㊴之妙,此三种可以终老,其它不必问矣。岕茶如名士,武夷如高士,六安如野士,皆可为岁寒之交。六安尤养脾,食饱最宜,但鄙性好多饮茶,终日不离瓯碗,为宜节约耳。

圃翁曰:《论语》云:"不知命无以为君子"。考亭㊵注:"不知命则见利必趋,见害必避,而无以为君子。"予少年奉教于姚端恪公,服膺斯语,每遇疑难踌躇之事,辄依据此言,稍有把握。古人言居易以俟命,又言行法以俟命。人生祸福荣辱得丧,自有一定命数,确不可移。审此则利可趋,而有不必趋之利;害宜避,而有不能避之害,利害之见既除,而为君子之道始出。此为字甚有力,既知利害有一定,则落得做好人也。权势之人,岂必与之相抗以取害!到难于相从处,亦要内不失己,果谦和以谢之,宛转以避之,彼亦未必决能祸我。此亦命数宜然。又安知委曲从彼之祸,不更烈于此也。使我为州县官,决不用官银媚上官。安知用官银之祸,不甚于上官之失欢也。昔者米脂令萧君㉛,掘李贼㉜之祖坟,贼破京师后,获萧君置军中,欲甘心焉。挟至山西,以二十人守之,萧君夜遁,后复为州守,自著《虎吻余生》记其事。李贼杀人数十万,究不能杀一萧君,生死有命,宁不信然耶!予官京师日久,每见人之数应为此官,而其时本无此一缺。有人焉,竭力经营,干办停当,而此人无端值之,或反为此人所不欲,且滋诟詈,如此者不一而足。此亦举世之人共知之,而当局往往迷而不悟。其中之求速反迟,求得反失,彼人为此人而谋,此事因彼事而坏,颠倒错乱,不可究诘。人能将耳目闻见之事,平心体察,亦可消许多妄念也。

圃翁曰:人生适意之事有三:曰贵、曰富、曰多子孙。然是三者,善处之则为福,不善处之则足为累。至为累而求所谓福者,不可见矣。何则?高位者,责备之地,忌嫉之门,怨尤之府,利害之关,忧患之窟,劳苦之薮,谤讪之的,攻击之场。古之智人,往往望而却步。况有荣则必有辱,有得则必有失,有进则必有退,有亲则必有疏。若但计丘山之得,而不容铢两之失,天下安有此理!但己身无大谴过,而外来者平淡视之,此处贵之道也。佛家以货财为五家公共之物:一曰国家,二曰官吏,三曰水火,四曰盗贼,五曰不肖子孙。夫人厚积,则必经营布置,生息防守,其劳不可胜言。则必有亲戚之请求,贫穷之怨望,僮仆之奸骗。大而盗贼之劫取,小而穿窬之鼠窃。经商之亏折,行路之失脱,田禾之灾伤,攘夺之争讼,子弟之浪费。种种之苦,贫者不知,唯富厚者兼而有之。人能知富之为累,则取之当廉,而不必厚积以招怨。视之当淡,而不必深忮以累心。思我即有此财货,彼贫穷者不取我而取谁,不怨我而怨谁?平心息忿,庶不为外物所累。俭于居身,而裕于待物。薄于取利,而谨于盖藏,此处富之道也。至子孙之累尤多矣,少小则有疾病之虑,稍长则有功名之虑,浮奢不善治家之虑,纳交非类之虑,一离膝下,则有道路寒暑饥渴之虑。以至由子而孙,展转无穷,更无底止。夫年寿既高,子息蕃衍,焉能保其无疾病痛楚之事?贤愚不齐,升沉各异,聚散无恒,忧乐自别。但当教之孝友,教之谦让,教之立品,教之读书,教之择友,教之养身,教之俭用,教之作家。其成败利钝,父母不必过于萦心。聚散苦乐,父母不必忧念成疾。但视己无甚刻薄,后人当无悖出之患。己无大偏私,后人自无攘夺之患。己无甚贪婪,后人自当无荡尽之患。至于天行之数,禀赋之愚,有才而不遇,无因而致疾,延良医,慎调治,延良师,谨教训,父母之责尽矣,父母之心尽矣。此处多子孙之道也。予每见世人,处好境而郁郁不快,动多悔吝忧戚，必皆此三者之故。由不明斯理，是以心褊见隘，未食其报，先受其苦。能静体吾言，于扰扰之中，存荧荧⑥³之亮，岂非热火坑中一眼清凉散，苦海波中一架八宝筏哉！

圃翁曰：予自四十六七以来，讲求安心之法。凡喜怒哀乐、劳苦恐惧之事，只以五官四肢应之，中间有方寸之地，常时空空洞洞，朗朗惺惺，决不令之入，所以此地常觉宽绰洁净。予制为一城，将城门紧闭，时加防守，唯恐此数者阑入⑥⁴。亦有时贼势甚锐，城门稍疏，彼间或阑入，即时觉察，便驱之出城外，而牢闭城门，令此地仍宽绰洁净。十年来渐觉阑入之时少，不甚用力驱逐，然城外不免纷扰，主人居其中，尚无浑忘天真之乐。倘归田遂初，见山时多，见人时少，空潭碧落，或庶几⑥⁵矣。

圃翁曰：予之立训，更无多言，止有四语；读书者不贱，守田语不饥，积德者不倾，择交者不败。尝将四语，律身训子，亦不用烦言夥说矣。虽至寒苦之人，但能读书为文，必使人钦敬不敢忽视，其人德性，亦必温和，行事决不颠倒，不在功名之得失，遇合之迟速也。守田之法，详于《恒产琐言》。积德之说，《六经》《语》《孟》，诸史百家，无非阐发此议，不须赘说。择交之说，予目击身历，最为深切。此辈毒人，如鸩之入口，蛇之螫肤，断断不易，决无解救之说，尤四者之纲领也。余言无奇，只布帛菽粟，可衣可食，但在体验亲切耳。

康熙三十六年丁丑春⑥⁶，大人退食之瑕，随所欲言，取素笺⑥⁷书之，得八十四幅，示长男廷瓒，装成二册，敬置座右，朝夕览诵，道心自生，传示子孙，永为世宝。廷瓒⑥⁸敬识。

【注释】

① 圃翁：张英号乐圃，年高退休，自称圃翁。
② 堪舆家：即今风水先生，从事相宅、相墓的人。堪，指高处，舆，指下处。
③ 镇日：整日。朱熹《邵武道中》："镇日长空饥。"
④ 栖栖皇皇：栖栖亦作"恓恓"，忙碌不安。皇皇同"惶惶"，心不安稳。
⑤ 东坡先生：苏轼，号东坡居士。北宋文学家，"唐宋八大家"之一。
⑥ 高、孝：南宋·宋高宗赵构和宋孝宗赵睿。
⑦ 潮惠：潮州和惠州，皆在广东省。相邻近的地方。
⑧ 苏过：苏东坡之子，字叔党。

⑨ 白香山：白居易，字乐天，自称香山居士，唐代大诗人。
⑩ 陆放翁：陆游，字务观，自号放翁，宋代大诗人。
⑪ 白、陆诗：白居易和陆游的诗。
⑫ 论语：孔子弟子及再传弟子记录孔子及其弟子言行而编成的语录集，儒家经典之一，且《四书》之一。
⑬ 中庸：著作名，儒家经典之一，《四书》之一，原是《礼记》中的一篇，相传为战国时子思著。
⑭ 程、朱：北宋儒学大家程颢和程颐，南宋儒学大家朱熹。
⑮ 便（pián）娟：姿态轻盈美好。《楚辞》："体便娟只。"
⑯ 王、孟：唐代大诗人王维和孟浩然。
⑰ 昌黎：韩愈，字退之，昌黎人，人称"韩昌黎"。昵（nì）昵：亲切、亲密。
⑱ 十三徽：徽，琴徽，琴面识点之名。十三徽，七弦琴琴面上十三个指示音节的标识。
⑲ 常建：唐代诗人，长安人，著《常建集》。
⑳ 宫商：代指中国古代五声音节中的宫、商、角、徵、羽五个音阶。
㉑ 归去来辞：东晋陶渊明所作辞赋名。抒发安居乐业的情绪。
㉒ 赤壁赋：北宋苏轼赋名。有"前""后"两篇，凭吊历史古迹，抒发失意的感慨。
㉓ 劬（qú）饥：慰劳、犒赏饥饿。《礼记》："见于公宫则劬。"
㉔ 二鼓：古代计时单位，二鼓即二更，巡夜敲鼓二声报时。二更即晚上九点至十一点。更，即今两小时，一更即晚上七点至九点，至五更天明。
㉕ 漏：古代滴水计时的仪器，名漏壶，分单壶和复壶。
㉖ 桃笙：竹名。节高而皮软。篾青可以织席。
㉗ 赪（chēng）黄茜（qiàn）紫：赪，同"赬"，浅红色。茜，深红色。
㉘ 龙眠：山名，今安徽桐城西北处。
㉙ 畜：古通"蓄"，蓄养。
㉚ 替：衰落，衰败。《正字通》："替，衰也。"
㉛ 输将：运送。《汉书》："输将之费益寡。"
㉜ 罄（qìng）竭：显现穷尽。
㉝ 道德经：书名，即《老子》，道家主要经典，系老子（姓李名耳，字伯阳。春秋时期思想家，道教的创始者）著。
㉞ 王右军：王羲之，字逸少，官任右军将军，后称"王右军"。晋代著名大书法家。
㉟ 武：古以六尺为步，半步为武。谓相距不远。《国语》："不过步武尺寸之间。"
㊱ 杪（miǎo）：树梢。《说文解字》："杪，木标末也。"
㊲ 税（tuō）驾：解驾停车，即休止，休息。《史记》："物极则衰，吾未知所税驾也。"司马贞注："税驾，犹驾，言休息也。"税，通"挩（tuō）""脱"，解下、脱去。

㊳ 向道人借黄粱枕也：参阅成语“黄粱一梦”。
㊴ 端恪公：清代姚文然，卒后赐“端恪”。
㊵ 研（yàn）：同“砚”，砚台。
㊶ 龟鉴：龟，龟卜；鉴，镜子。龟鉴，比喻借鉴。苏轼《乞校正陆贽奏议上进札子》：“实治乱之龟鉴。”
㊷ 洵（xún）：诚然，实在。《诗经·郑风·有女同车》：“彼美孟姜，洵美且都。”
㊸ 呕心刿（guì）：刿，刺伤，割。呕心刿，同“呕心沥血”之意。
㊹ 怫愉：怫，怫郁，抑郁，心情不舒畅。愉，愉快，愉悦，心情舒畅。
㊺ 步屧（xiè）：小履，行走。屧，古代鞋的木底，也泛指鞋。
㊻ 谿（qī）刻：苛刻，刻薄。《世说新语》：“谁能作此谿刻自处！”
㊼ 莱妻：春秋时楚国老莱子之妻，曾劝丈夫辞官避祸。后世以“莱妻”作贤妻之代称。
㊽ 职：表示范围，即“唯”“只”。唐代柳宗元：“然则圣贤之异愚，职此而已。”
㊾ 浣（huàn）：洗衣服，洗，漂洗。
㊿ 縠（hú）：绉纱一类的丝织品。《说文解字》：“縠，细缚也。”
(51) 啖（dàn）：利诱。宋代辛弃疾《九议》：“可啖以利，务得其心。”
(52) 晋接：接见，接触。
(53) 溥（pǔ）：广大，丰厚。《广韵》：“溥，大也，广也。”
(54) 陆梭山：陆九韶，字子美，号梭山居士，宋代学者，隐居不仕，著《梭山文集》。
(55) 金汁：截淡竹削去皮，浸粪坑中，一月取出，竹筒有渗出液，即为金汁，亦作中药。
(56) 旧迹：种树的熟土，即原有的土壤。
(57) 六安茶：茶名。产于安徽六安的茶。
(58) 武夷：福建武夷山，出产白眉、香片、乌龙茶、熙春、淮山等名茶。
(59) 岕茶：产于浙江省长兴县罗岕山的茶。
(60) 考亭：宋代儒家杰出人物朱熹，字元晦、仲晦，号晦庵。因在考亭讲学，故代指朱熹。与程颢、程颐创立儒家程朱学派，著《四书章句集注》《楚辞集注》等。
(61) 萧君：应是边大受，曾任米脂县令。李自成农民起义后，边氏挖掘李自成家祖坟。后被李自成捕获，后越狱逃脱。著《虎口余生记》。
(62) 李贼：对李自成的鄙称（李自成，明末农民起义军领袖，推翻明朝，最后失败）。
(63) 荧荧：微光闪烁。《阿房宫赋》：“明星荧荧。”
(64) 阑入：擅自闯入。《汉书》：“阑入尚方掖门。”
(65) 庶几：近似，差不多，大概可以。《孟子》：“王之好乐甚，则齐国其庶几乎！”
(66) 康熙三十六年丁丑：公元 1697 年。
(67) 素笺：素，白色。笺，信纸。
(68) 廷瓒：本文作者张英之子张廷瓒。

卷二

圃翁曰：人生必厚重沉静，而后为载福之器。王、谢①子弟，席丰履厚，田庐仆役，无一不具，且为人所敬礼，无有轻忽之者。视寒畯②之士，终年授读，远离家室，唇燥吻枯，仅博束修③数金，仰事俯育，咸取诸此。应试则徒步而往，风雨泥淖，一步三叹。凡此情形，皆汝辈所习见。仕宦子弟，则乘舆驱肥，即僮仆亦无徒行者，岂非福耶？乃与寒士一体怨天尤人，争较锱铢得失，宁非过耶？古人云："予之齿者去其角，与之翼者两其足。"天地造物，必无两全。汝辈既享席丰履厚之福，又思事事周全，揆之天道，岂不诚难！惟有敦厚谦谨，慎言守礼，不可与寒士同一感慨欷歔，放言高论，怨天尤人，庶不为造物鬼神所呵责也。况父祖经营多年，有田庐别业，身则劳于王事，不获安享。为子孙者，生而受其福，乃又不思安享，而妄想妄行，宁不大可惜耶！思尽人子之责，报父祖之恩，致乡里之誉，诒④后人之泽，唯有四事：一曰立品，二曰读书，三曰养身，四曰俭用。世家子弟，原是贵重，更得精金美玉之品，言思可道，行思可法，不骄盈，不诈伪，不刻薄，不轻佻，则人之钦重，较三公⑤而更贵。

予不及见祖父赠光禄公恂所府君，每闻乡人言其厚德，邑人仰之如祥麟威凤⑥。方伯公己酉登科，邑人荣之，赠以联曰："张不张威，愿秉文文名天下；盛有盛德，期可藩藩屏王家。"至今桑梓⑦以为美谈。父亲赠光禄公拙庵府君，予逮事三十年，生平无疾言遽色，居身节俭，待人宽厚，为介弟未尝以一事一言干谒州县，生平未尝呈送一人。见乡里煦煦以和，所行隐德甚多，从不向人索逋欠。以故三世皆祀于乡贤，请主入庙之日，里人莫不欣喜，道盛德之报，是亦何负于人哉！予行年六十有一，生平未尝送一人于捕厅，令其呵谴之，更勿言笞责。愿吾子孙终守此戒勿犯也。不足则断不可借债，有余则断不可放债。权子母⑧起家，惟至寒之士稍可。若富贵人家为之，敛怨养奸，得罪招尤，莫此为甚。乡里间荷担负贩，及庸工小人，切不可取其便宜，此种人所争不过数文，我辈视之甚轻，而彼之含怨甚重。每有愚人，见省得一文，以为得计，而不知此种人心忿，口碑所损实大也。待下我一等之人，言语辞气，最为要紧，此事甚不费钱，然彼人受之，同于实惠，只在精神照料得来，不可惮烦，《易》所谓"劳谦"是也。予深知此理，然苦于性情疏懒，惮于趋承，故我惟思退处山泽，不见要人，庶少斯过，终日懔懔⑨耳。读书固所以取科名，继家声，然亦使人敬重。今见贫贱之士，果胸中淹博，笔下氤氲，自然进退安雅，言谈有味。即使迂腐不通方，亦可以教学授徒，为人师表。至举业乃朝廷取士之具，三年开场大比，专视此为优劣。人若举业高华秀美，则人不敢轻视。每见仕宦显赫之家，其老者或退或故，而其家索然⑩者，其后无读书之人也。其家郁然者，其后有读书之人也。山有猛兽，则藜藿为之不采；家有子弟，则强暴为之改容，岂止掇青紫、荣宗祊⑪而已哉！予尝有言曰："读书者不贱。"不专为场屋进退而言也。父母之爱子，第一望其康宁，第二冀其成名，第三愿其保家。《语》曰："父母，惟其疾之忧。"夫子以此答武伯⑫之问孝。至哉斯言！安其身以安父母之心，孝莫大焉。养身之道，一在谨嗜欲，一在慎饮食，一在慎忿怒，一在慎寒暑，一在慎思索，一在慎烦劳。有一于此，足以致病，以贻父母之忧，安得不时时谨凛也。吾贻子孙，不过瘠田数处耳，且甚荒芜不治，水旱多虞。岁入之数，仅足以免饥寒畜妻子而已。一件儿戏事做不得，一件高兴事做不得。生平喜陆梭山过日治家之法，以为先得我心，诚仿而行之，庶几无鬻产荡家之患。予有言曰："守田者不饥"。此二语足以长世，不在多言。凡人少年德性不定，每见人厌之曰悭、笑之曰啬，诮之曰俭，辄面发热。不知此最是美名，人肯以此诮之，亦最是美事，不必避讳。人生豪侠周密之名，至不易副，事事应之，一事不应，遂生嫌怨；人人周之，一人不周，便存形迹。若平素俭啬，见谅于人，省无穷物力，少无穷嫌怨，不亦至便乎！四者立身行己之道，已有崖岸，而其关键切要，则又在于择友。人生二十内外，渐远于师保之严，未跻于成人之列。此时知识大开，性情未定，父师之训不能入，即妻子之言亦不听，惟朋友之言，甘如醴而芳为兰。脱有一淫朋匪友，阑入其侧，朝夕浸灌，鲜有不为其所移者。从前四事，遂荡然而莫可收拾矣。此予幼年时知之最切。今亲戚中倘有此等之人，则踪迹常令疏远、不必亲密。若朋友则直以不识其颜面，不知其姓名为善，比之毒草哑泉，更当远避。芸圃⑬有诗云："于今道上揶揄鬼，原是尊前妩媚人。"盖痛乎其言之矣。择友何以知其贤否？亦即前四件能行者为良友，不能行者乃非良友。予暑中退休，稍有暇晷，遂举胸中所欲言者，笔之于此，语虽无文，然三十余年涉历仕途，多逢险阻，人情物理，知之颇熟，言之较亲，后人勿以予言为迂而远于事情也。

楷书如坐如立，行书如行，草书如奔。人之形貌虽不同，然未有倾斜跛侧为佳者。故作楷书，以端庄严肃为尚，然须去矜束拘迫之态，而有雍容和愉之象，斯晋书所独擅也。分行布白，取乎匀净，然亦以自然为妙。《乐毅论》⑭如端人雅士,《黄庭经》⑮如碧落仙人,《东方朔像赞》⑯如古贤前哲,《曹娥碑》⑰有孝女婉顺之容,《洛神赋》⑱有淑姿纤丽之态,盖各象其文以为体,要有骨有肉。一行之间,自相顾盼,如树木之枝叶扶疏,而彼此相让。如流水之沦漪杂见,而先后相承。未有偏斜倾侧,各不相顾。绝无神采步伍,连络映带,而可称佳书者。细玩《兰亭》⑲,委蛇生动,千古如新。董文敏⑳书,大小疏密,于寻行数墨之际,最有趣致,学者当于此参之。

法昭禅师偈㉑云:"同气连枝各自荣,些些言语莫伤情,一回相见一回老,能得几时为弟兄"。词意蔼然,足以启人友于之爱。然予尝谓人伦有五,而兄弟相处之日最长。君臣之遇合,朋友之会聚,久速固难必也。父之生子,妻之配夫,其早者皆以二十岁为率。惟兄弟或一二年,或三四年,相继而生,自竹马游戏,以至鲐背鹤发,其相与周旋,多者至七八十年之久。若恩意浃洽,猜间不生,其乐岂有涯哉!近时有周益公,以太傅退休。其兄秉成先生,以将作监丞退休。年皆八十,诗酒相娱者终其身。章泉赵昌甫兄弟,亦俱隐于玉山之下,苍颜华发,相从于泉石之间,皆年近九十。真人间至乐事,亦人间稀有之事也。

《论语》文字,如化工肖物㉒,简古浑沦,而尽事情,平易涵蕴,而不费辞。于《尚书》㉓、《毛诗》㉔之外,别为一种。《大学》《中庸》之文,极闳阔精微,而包罗万有。《孟子》则雄奇跌宕,变幻洋溢。秦汉以来,无有能此四种文字者,特以儒生习读而不察,遂不知其章法字法之妙也,当细心玩味之。

古人读《文选》㉕而悟养生之理,得力于两句,曰:"石蕴玉而山辉,水怀珠而川媚"。此真是至言。尝见兰蕙芍药之蒂间,必有露珠一点为蚁虫所食,则花萎矣。又见笋初出当晓则必露珠数颗在其末,日出则露复敛而归根,夕则复上。田间有诗云:"夕看露颗上梢行"是也。若侵晓入园,笋上无露珠,则不成竹,遂取而食之。稻上亦有露,夕现而朝敛。人之元气,全在于此,故《文选》二语,不可不时时体察,得诀固不在多也。

世人只因不知命,不安命,生出许多劳扰。圣贤明明说与曰:"君子居易以俟命"㉖,又曰:"君子行法以俟命"㉗,又曰:"修身以俟之。"㉘"不知命无以为君子㉙。"因知之真,而后俟之安之。予历世故颇多,认此一字颇确。曾与韩慕庐斋宿天坛㉚,深夜剧谈,慕庐当年乡会试时,乡试㉛则有得售之想,场中颇着意。至会试㉜、殿试㉝,则全无心而得会状。会试场大风吹卷欲飞,号中人皆取石坚押,韩独无意,祝曰:"若独中则自不吹去",亦竟无恙。故其会试殿试文,皆游行自在，无斧凿痕。予谓慕庐："足下两掇巍科，当是何如勇猛？以此言告人，人决不信，余独信之。"

人生以择友为第一事。自就塾以后，有室有家，渐远父母之教，初离师保之严。此时乍得友朋，投契缔交，其言如兰芷，甚至父母兄弟妻子之言，皆不听受，惟朋友之言是信。一有匪人厕于间，德性未定，识见未纯，断未有不为其所移者，余见此屡矣。至仕宦之子弟尤甚，一入其彀中，迷而不悟，脱有尊长诫谕，反生嫌隙，益滋乖张。故余家训有云："保家莫如择友。"盖痛心疾首其言之也。汝辈但于至戚中，观其德性谨厚好读书者，交友两三人足矣。况内有兄弟，互相师友，亦不至岑寂。且势利言之，汝则饱温，来交者岂皆有文章道德之切劘㉞。平居则有酒食之费，应酬之扰。一遇婚丧有无，则有资给称贷之事。甚至有争讼外侮，则又有关说救援之事。平昔既与之契密，临事却之，必生怨毒反唇。故余以为宜慎之于始也。况且嬉游征逐，耗精神而荒正业，广言谈而滋是非，种种弊端，不可纪极，故特为痛切发挥之。昔人有戒："饭不嚼便咽，路不看便走，话不想便说，事不思便做"，洵㉟为格言。予益之曰："友不择便交，气不忍便动，财不审便取，衣不慎便脱。"

学字当专一，择古人佳帖，或时人墨迹，与己笔路相近者，专心学之。若朝更夕改，见异而迁，鲜有得成者。楷书如端坐，须庄严宽裕，而神采自然掩映。若体格不匀净，而遽讲流动，失其本矣。汝小字可学《乐毅论》，前见所写《乐志论》大有进步，今当一心临仿之。每日明窗净几，笔精墨良，以白奏本纸，临四五百字，亦不须太多，但工夫不可间断。纸画乌丝格，古人最重分行布白，故以整齐匀净为要。学字忌飞动草率，大小不匀，而妄言奇古磊落，终无进步矣。行书亦宜专心一家。赵松雪㊱佩玉垂绅，丰神清贵，而其原本，则出于《圣教序》㊲、《兰亭》，犹见晋人风度，不可訾议之也。汝作联字，亦颇有丰秀之致。今专学松雪，亦可望其有进，但不可任意变迁耳。

时文以多作为主，则工拙自知，才思自出，蹊径自熟，气体自纯。读文不为必多，择其精纯条畅，有气局词华者，多则百篇，少则六十篇，神明与之浑化，始为有益。若贪多务博，过眼辄忘，及至作时，则彼此不相涉，落笔仍是故吾。所以思常窒而不灵，词常窘而不裕，意常枯而不润，记诵劳神，中无所得，则不熟不化之病也。学者犯此弊最多。故能得力于简，则极是要诀。古人言："简练以为揣摩。"是最立言之妙，勿忽而不察也。

治家之道，谨肃为要，《易经·家人卦》义理极完备，其曰："家人嗃嗃，悔厉吉。妇子嘻嘻，终吝。"嗃嗃近于烦琐，然虽厉而终吉，嘻嘻流于纵轶，则始宽而终吝。余欲于居室自书一额曰："惟肃乃雍"，常以自警，亦愿吾子孙共守也。

人之居家立身，最不可好奇。一部《中庸》，本是极平淡，却是极神奇。人能于伦常无缺，起居动作，治家节用，待人接物，事事合于矩度，无有乖张，便是圣贤路上人，岂不是至奇！若举动怪异，言语诡激，明明坦易道理，却自寻奇觅怪，守偏文过，以为不坠恒境，是穷奇、梼杌㊳之流，乌足以表异哉！布帛菽粟，千古至味，朝夕不能离，何独至于立身制行而反之也。

与人相交，一言一事，皆须有益于人，便是善人。余偶以忌辰，着朝服出门，巷口见一人，遥呼曰："今日是忌辰！"余急易之，虽不识其人，而心感之。如此等事，在彼无丝毫之损，而于人为有益。每谓同一禽鸟也，闻鸾凤之名则喜，闻鸺鹠㊴之声则恶，以鸾凤能为人福、而鸺鹠能为人祸也。同一草木也，毒草则远避之，参苓则共宝之，以毒草能鸩人，而参苓能益人也。人能处心积虑，一言一动，皆思益人，而痛戒损人，则人望之若鸾凤，宝之如参苓，必为天地之所佑，鬼神之所服，而享有多福矣。此理之最易见者也。

凡读书，二十岁以前所读之书，与二十岁以后所读之书迥异。幼年知识未开，天真纯固，所读者，虽久不温习，偶尔提起，尚可数行成诵。若壮年所读，经月则忘，必不能持久。古《六经》秦汉之文，词语古奥，必须幼年读，长壮后，虽倍蓰㊵其功，终属影响。自八岁至二十岁，中间岁月无多，安可荒弃！或读不急之书，此时时文固不可不读，亦须择典雅醇正，理纯辞裕，可历二三十年无弊者读之。如朝华夕落，浅陋无识，诡僻失体，取悦一时者，安可以珠玉难换之岁月，而读此无益之文！何如诵得《左》《国》一两篇，及东西汉典贵华腴之文数篇，为终身受用之宝乎？且更可异者，幼龄入学之时，其父师必令其读《诗》《书》《易》《左传》《礼记》，西汉八家文。及十八九，作制义㊶，应科举时，便束之高阁，全不温习。此何异衣中之珠，不知探取，而向途人乞浆乎？且幼年之所以读经书，本为壮年扩充才智，驱驾古人，使不寒俭，如畜钱待用者然。乃不知寻味其义蕴，而弁髦弃之，岂不大相刺缪乎？我愿汝曹将平昔已读经书，视之如拱璧，一月之内，必加温习。古人之书，安可尽读？但我所已读者，决不可轻弃，得尺则尺，得寸则寸，毋贪多，毋贪名。但读得一篇，必求可以背诵，然后思通其义蕴，而运用于手腕之下，如此则才气自然发越。若曾读此书，而全不能举其词，谓之画饼充饥；能举其词，而不能运用，谓之食物不化。二者其去枵腹[42]无异。汝辈于此，极宜猛省。

凡物之殊异者，必有光华发越于外，况文章为荣世之业，士子进身之具乎？非有光彩，安能动人？闱中[43]之文，得以数言概之，曰："理明词畅，气足机圆。"要当知棘闱[44]之文，与窗稿房行书不同之处，且南闱[45]之文，又与他省不同处。此则可以意会，难以言传。唯平心下气，细看南闱墨卷，将自得之，即最低下墨卷，彼亦自有得手，亦不可忽，此事最渺茫。古称射虱者，视虱如车轮，然后一发而贯。今能分别气味，截然不同，当庶几矣。汝曹兄弟叔侄，自来岁正月为始，每三六九日一会，作文一篇，一月可得九篇，不疏不数，但不可间断，不可草草塞责。一题入手，先讲求书理极透彻，然后布格遣词，须语语有着落，勿作影响词，勿作难涩语，勿作累赘语，勿作雷同语。凡文中鲜亮出色之句，谓之调，调有高卑、疏密相间。繁简得宜处，谓之格。此等处最宜理会。深悯人读时文累千累百，而不知理会，于身心毫无裨益。夫能理会，则数十篇百篇已足，焉用如此之多！不能理会，则读数千篇，与不读一字等。徒使精神愦乱。临文捉笔，依旧茫然，不过胸中旧套应副，安有名理精论，佳词妙句，奔汇于笔端乎？所谓理会者，读一篇则先看其一篇之格，再味其一股[46]之格，出落之次第，讲题之发挥，前后竖义之浅深，词调之华美，诵之极其熟，味之极其精，有与此等相类之题，有不相类之题，如何推广扩充。如此，读一篇有一篇之益，又何必多？又何能多乎？每见汝曹读时文成帙，问之，不能举其词；叩之，不能言其义。粗者不能，况其精者乎？自诳乎？诳人乎？此绝不可解者。汝曹试静思之，亦不可解也。以后当力除此等之习。读文必期有用、不然，宁可不读。古人有言："读生文，不如玩熟文。"必以我之精神，包乎此一篇之外。以我之心思，入乎此一篇之中。嘻嘻！此岂易言哉？汝曹能如此用功，则笔下自然充裕，无补缉、寒涩、支离、冗泛、草率之态。汝每月寄所作九首来京，我看一会两会，则汝曹之用心不用心，务外不务外，了然矣。作文决不可使人代写，此最是大家子弟陋习。写文要工致，不可错落涂抹，所关于色泽不小也。汝曹不能面奉教言，每日展此一次，当有心会。幼年当专攻举业，以为立身根本。诗且不必作，或可偶一为之。至诗余[47]则断不可作。余生平未尝为此，亦不多看。苏、辛[48]尚有豪气，余则靡靡，何可近！

余久历世途，日在纷扰荣辱、劳苦忧患之中，静念解脱之法，成此八章。自谓于人情物理，消息盈虚，略得其大意。醉醒卧起，作息往来，不过如此而已。顾以年增衰老，无由自适。二十余年来，小斋仅可容膝，寒则温室拥杂花，暑则垂帘对高槐，所自适于天壤间者，止此耳。求所谓烟霞林壑之趣，则仅托于梦想，形诸篇咏，皆非实境也。辛巳[49]春分前一日，积雪初融，霁色回暖，为三郎廷璐书此，远寄江乡，亦可知翁针砭气质之偏，流览造物之理。有此一知半见，当不至于汩没[50]本来耳。

古称仕宦之家，如再实之木，其根必伤。旨哉斯言，可为深鉴。世家子弟，其修行立名之难，较寒士百倍。何以故？人之当面待之者，万不能如寒士之古道[51]，小有失检，谁肯面斥其非？微有骄盈，谁肯深规其过？幼而骄惯，为亲戚之所优容；长而习成，为朋友之所谅恕。至于利交而谄，相诱以为非；势交而谀，相倚而作慝者，又无论矣。人之背后称之者，万不能如寒士之直道。或偶誉其才品，而虑人笑其逢迎；或心赏其文章，而疑人鄙其势利。甚且吹毛索瘢，指摘其过失，而以为名高。批枝伤根，讪笑前人，而以为痛快。至于求利不得，而嫌隙易生于有无，依势不能，而怨毒相形于荣悴者，又无论矣。故富贵子弟，人之当面待之也恒恕，而背后责之也恒深。如此则何由知其过失，而显其名誉乎？故世家子弟，其谨饬如寒士，其俭素如寒士，其谦冲小心如寒士，其读书勤苦如寒士，其乐闻规劝如寒士。如此则自视亦已足矣。而不知人之称之者，尚不能如寒士。必也谨饬倍于寒士，俭素倍于寒士，谦冲小心倍于寒士，读书勤苦倍于寒士，乐闻规劝倍于寒士。然后人之视之也，仅得与寒士等。今人稍稍能谨饬俭素，谦下勤苦，人不见称，则曰："世道不古，世家子弟难做。"此未深明于人情物理之故者也。我愿汝曹，常以席丰履盛为可危可虑、难处难全之地，勿以为可喜可幸、易安易逸之地。人有非之责之者，遇之不以礼者，则平心和气，思所处之时势，彼之施于我者，应该如此，原非过当。即我所行十分全是，无一毫非理，彼尚在可恕，况我岂能全是乎？古人有言："终身让路，不失尺寸。"老氏以让为宝，左氏曰："让，德之本也。"处里闬[52]之间，信世俗之言，不过曰渐不可长，不过曰后将更甚，是大不然。人孰无天理良心，是非公道？揆之天道，有满损虚益之义。揆之鬼神，有亏盈福谦之理。自古只闻忍与让，足以消无穷之灾悔；未闻忍与让，翻以酿后来之祸患也。欲行忍让之道，先须从小事做起。余曾署刑部事五十日，见天下大讼大狱，多从极小事起。君子敬小慎微，凡事只从小处了。余行年五十余，生平未尝多受小人之侮，只有一善策，能转圜早耳。每思天下事，受得小气，则不至于受大气。吃得小亏，则不至于吃大亏。此生平得力之处。凡事最不可想占便宜。子曰："放于利而行，多怨。"㊾便宜者，天下人之所共争也。我一人据之，则怨萃于我矣，我失便宜，则众怨消矣。故终身失便宜，乃终身得便宜也。汝曹席前人之资，不忧饥寒，居有室庐，使有臧获㊿，养有田畴，读书有精舍，良不易得。其有游荡非僻，结交淫朋匪友，以致倾家败业，路人指为笑谈，亲戚为之浩叹者，汝曹见之闻之，不待余言也。其有立身醇谨，老成俭朴，择人而友，闭户读书，名日美而业日成，乡里指为令器㊾，父兄期其远大者，汝曹见之闻之，不待余言也。二者何去何从，何得何失，何芳如芝兰，何臭如腐草，何祥如麟凤，何妖如鸱鹗，又岂俟予言哉？汝辈今皆年富力强，饱食温衣，血气未定，岂能无所嗜好。古人云："凡人欲饮酒博奕，一切嬉戏之事，必皆觅伴侣为之。"独读快意书，对佳山水，可以独自怡悦。凡声色货利一切嗜欲之事，好之，有乐则必有苦。惟读书与对山水，止有乐而无苦。今架有藏书，离城数里有佳山水。汝曹与其狎无益之友，听无益之谈，赴无益之应酬，曷若珍重难得之岁月，纵读难得之诗书，快对难得之山水乎？我视汝曹所作诗文，皆有才情，有思致，有性情，非梦梦㊿全无所得于中者，故以此谆谆告之。欲令汝曹安分省事，则心神宁谧，而无纷扰之害。寡交择友，则应酬简而精神有余。不闻非僻之言，不致陷于不义，一味谦和谨饬，则人情服而名誉日起。制义者，秀才立身之本根。本固则人不敢轻，自宜专力攻之。余力及诗字，亦可怡情。良时佳辰，与兄弟姐夫辈，一料理山庄，抚问松竹，以成余志。是皆于汝曹有益无损，有乐无苦之事。其尚聪听之义。

【注释】

① 王、谢：王，指王导，东晋名臣，晋元帝丞相。谢，指谢安，东晋名臣，晋孝武帝丞相。旧时名门望族的代表。《乌衣巷》诗："旧时王谢堂前燕，飞入寻常百姓家。"
② 寒畯（jùn）：穷而有才的读书人。
③ 束修：亦作"束脩"。修：干肉，十条干肉为束修。古代学生致送教师的学费。
④ 诒（yí）：留传，赠送。《说文解字》："诒，遗也。"也作"贻"。
⑤ 三公：周代三公有两说。一说，司马、司徒、司空为三公；一说太师、太傅、太保为三公。西汉时以丞相、太尉、御史大夫为三公。东汉以太师、太傅、太保为三公。明清亦以太师、太傅、太保为三公，但只用作大臣的最高荣衔。
⑥ 祥麟威凤：吉祥的麒麟和瑞鸟凤凰。

⑦ 桑梓：桑和梓是古代住宅旁常栽树木，容易引起对父母的怀念。后用作故乡的代称，即父老乡亲。
⑧ 权子母：古代政府铸钱，以重币为母，轻币为子。后也将借贷称"权子母"。
⑨ 懔（lǐn）懔：危惧，恐惧。《广韵》："懔，畏也。"《集韵》："懔，惧也。"
⑩ 索然：空乏无物，索然无味。
⑪ 掇青紫，荣宗祊（bēng）：佩戴青色印绶和紫色印绶的高官显爵。宗祊，家庙、宗庙、宗祠。荣宗祊，即光宗耀祖。
⑫ 武伯：孟武伯，孟懿子之子，谥号"武"。
⑬ 芸圃：清代孙建勋，号芸圃，安徽桐城人，清代学者。
⑭ 乐毅论：三国魏·夏侯玄文，晋朝王羲之著名小楷法帖。
⑮ 黄庭经：王羲之书写的道教经典著作。
⑯ 东方朔像赞：晋朝夏侯湛撰文，王羲之用小楷书写，此帖列为《乐毅论》《黄庭经》后第三位。
⑰ 曹娥碑：东汉度尚为孝女曹娥所立之碑，其碑文，王羲之用行书写之。
⑱ 洛神赋：三国魏·曹植为洛水神洛嫔所著的名赋，晋书法名家王献之用小楷书写的名帖。
⑲ 兰亭：地名。今浙江绍兴西南，地名兰渚，渚有亭。此指《兰亭序》，又名《兰亭集序》，太守王羲之与谢安等四十一人在兰亭聚会，饮酒赋诗，王羲之用行书撰写其序，已成行书法帖。
⑳ 董文敏：董其昌，字玄宰，号思白、香光居士。上海松江人，明代著名书画家，官任礼部尚书。谥号"文敏"。
㉑ 偈（jì）：偈陀的简称，译为"颂"，即佛经中的唱颂词、赞美词。
㉒ 化工肖物：化工，自然创造或生成万物的功能。肖物，刻画事物。
㉓ 尚书：书名，亦称《书》《书经》，儒家经典著作之一。汇编上古历史文献和部分追述古代事迹之书，相传由孔子编撰，后有多种版本。
㉔ 毛诗：《诗经》古文学派，相传为西汉初毛亨和毛苌所传。
㉕ 文选：总集名。南朝梁代萧统（昭明太子）组织编选的自先秦至梁的诗文辞赋，共三十八卷，七百余首，世称《昭明文选》，是现存最早的诗文选集。后世出现多种注释本。
㉖ 此句出自《礼记·中庸》。
㉗ 此句出自《孟子·尽心下》。
㉘ 此句出自《孟子·尽心上》。
㉙ 此句出自《论语·尧曰》。
㉚ 韩慕庐斋宿天坛：韩慕庐，清代苏州人，名韩英。斋宿，古代举行祭祀等礼仪前的

㉚ 斋戒：即沐浴更衣，不饮酒，不吃荤，另行独宿。天坛，北京东南，明清帝王祭天的建筑，内有祈年殿、皇穹宇、圜丘及斋宫。

㉛ 乡试：明清两代每三年一次在各省省城的科举考试。

㉜ 会试：明清两代每三年一次在京举行的科举考试，考中者为贡士。

㉝ 殿试：又名廷试。科举制度中皇帝对会试考中的贡士在殿廷上亲发策问的考试。考中为进士，第一名为状元，二、三名为榜眼及探花。

㉞ 切劘（mó）：切磋。

㉟ 洵（xún）：诚然，实在。

㊱ 赵松雪：元代书画家赵孟頫（fǔ），字子昂，号松雪道人、水精宫道人，谥号"文敏"。工书法，尤精正、行书和小楷，人称"赵体"。又擅画、篆刻等。

㊲ 圣教序：唐代碑名。该序是唐太宗为高僧玄奘取经回国翻译经文千卷的序文，后由弘福寺僧怀仁集王羲之书法而刻成碑文。

㊳ 穷奇、梼杌（táo wù）：传说中的两种食人的恶兽，用于比喻凶恶之人。

㊴ 鸺鹠（xiū liú）：鸟名，外貌似猫头鹰，以小鸟和昆虫为食。民间认为是不祥之鸟。

㊵ 蓰（xǐ）：五倍。《孟子》："或相倍蓰。"

㊶ 制义：古代科举考试规定的文章体裁，明清时代一般指八股文。

㊷ 枵（xiāo）腹：空腹，饥饿。此处比喻腹中空空无学问的人。

㊸ 闱（wéi）中：古代科举考试的考场。

㊹ 棘闱：古代科举考试的考场，为防翻墙作弊，围墙上插满棘枝，故又称"棘院"。

㊺ 南闱：明代称江南乡试为南闱，顺天府乡试为北闱。清初裁南闱，只有北闱。

㊻ 一股：八股文中的一股，八股文由破题、承题、起讲、入手、起股、中股、后股、束股八部分组成。

㊼ 诗余：词的别名，宋代已有此称，说明词是在诗之后发展起来的，故称"诗余"。

㊽ 苏、辛：指苏轼（苏东坡）和辛弃疾两位宋代著名词人。

㊾ 辛巳：康熙四十年，即公元1701年。

㊿ 汩（gǔ）没：沉沦，埋没，淹没。苏轼《东坡题跋》："杨公凝式……不为时世所汩没者。"

㊶ 古道：上古时代的风俗习惯，形容厚道。后有成语"古道热肠"。此处是指古代所崇尚的节操。文天祥《正气歌》："风檐展书读，古道照颜色。"

㊷ 里闬（hàn）：乡里。《后汉书》："顺与光武同里闬，少相厚。"

㊸ 此句出自《论语·里仁》，意为若按个人利益行事，会招致很多怨恨和埋怨。

㊹ 臧获：古代对奴婢的贱称。臧，官奴。获，家奴。

㊺ 令器：犹言人才。《晋书》："俊字彦伦，少有名誉，议者称为令器。"

㊻ 梦（mèng）梦：形容昏聩、迷糊不清。《诗经·郑风·有女同车》："视天梦梦。"

恒产琐言

[清]张英

三代①而上，田以井授②，"民二十受田，六十归田"③。尺寸之地，皆国家所有，民间不得而私之。至秦汉以后，废井田，开阡陌，百姓始得私相买卖。然则三代以上，虽至贵巨富，求数百亩之田，贻子及孙，不可得也。后世既得而买之矣。以乾坤之大块，国家之版图，听人画界分疆，立书契，评价直而鬻④之。县官虽有易姓改氏，而田主自若。董江都⑤诸人，亦愤贫者无立锥之地，而富者田连阡陌，欲行限民名田⑥之法，立为节制，而不果行。其乃祖乃父，以一朝之力，而竟奄有之⑦，使后人食土之毛。善守而不轻弃，则子孙百世，苟不至经变乱，亦断不能为他人之所有。呜呼！深念及此，其可不思所以保之哉！

人家子弟，从小便读《孟子》，每习焉而不察。夫孟子以王佐⑧之才，说齐宣⑨、梁惠⑩，议论阔大，志气高远。然言病虽多端，用药止一味，曰："有恒产者有恒心"⑪而已，曰："五亩之宅"⑫"百亩之田"⑬而已，曰："富岁，子弟多赖"⑭而已，重见叠出。一部《孟子》，实落处不过此数条，而终之曰"诸侯之宝三：土地、人民、政事。宝珠玉者，殃必及身"。⑮又尝读《苏长公集》⑯，其天才横轶⑰，古今无俦匹⑱，宜若不屑屑生计者。游金山之诗曰："有田不归如江水"⑲，游焦山之诗曰："无田不退宁非贪。"⑳其《题王晋卿烟江叠嶂图》诗亦曰："不知人间何处有此境，径欲往买二顷田"，㉑可知此老胸中，时时有此一段经书。生平欲买阳羡㉒之田，至老而其愿不偿。今人动言才子、名士、伟丈夫，不事家人生产，究至谋生无策，犯孟子之戒而不悔，岂不深可痛惜哉！

天下之物，有新则必有故。屋久而颓，衣久而敝，臧获㉓、牛马服役久而老且死。当其始重价以购，越十年而其物非故矣。再越十年，而化为乌有矣。独田之为物，虽百年、千年而常新。即或农力不勤，土敝产薄，一经粪溉则新矣。即或荒芜草宅，一经垦辟则新矣。多兴陂池㉔，则槁㉕者可以使之润。勤姆茶蓼㉖，则瘠者可以使之肥。亘古及今，无有朽蠹颓坏之虑，逃亡耗缺之忧。呜呼！是洵可宝也哉！

吾友陆子名遇霖，字洵若，浙江人，今为归德别驾㉗。其人通晓事务，以经济㉘自许。在京师日，常与之过从。一日从容谈及谋生，毕竟以何者为胜。陆子思之良久曰："予阅世故多矣，典质、贸易、权子母㉙，断无久而不弊之理，始虽乍获厚利，终必化为子虚㉚。惟田产、房屋二者可持以久远。以二者较之，房舍又不如田产。何以言之？房产，乃向人索租钱，每至岁暮，必有干仆，盛衣帽著靴，喧哗叫号以取之，不偿则诉于官长，每至争讼雀角㉛，其有以奋斗窘迫，而生祸殃者。稍懦焉，则又不可得矣。至田租则不然，子孙虽为齐民㉜，极单寒懦弱，其仆不过青鞋布袜，手持雨伞，诣佃人之门，而人不敢藐视之。秋谷登场，必先完田主之租，而后分给私债，取其所本有，而非索取所本无，与者、受者皆可不劳。且力田皆愿民㉝，与市廛商贾之狡健㉞者不同。以此思之，房产殆不如也。"予至今有味乎陆子之言。

尝读雅颂㉟之诗，而叹古人之于先畴㊱，如此其重之。《楚茨》㊲、《大田》㊳之诗，皆公卿有田禄㊴者。周有世卿，其祖若父之采地㊵，传诸后人，故曰曾孙。今观其言，曰："我疆我理"㊶，曰："我田既臧"㊷，曰："我黍我稷，我仓我庾。"㊸农夫爱其曾孙，则曰："曾孙不怒。"㊹曾孙亦爱其农夫，则曰"农夫之庆"㊺。以至攘馌者㊻之食，而尝其旨否？㊼剥疆场之瓜，而献之皇祖㊽，何其民风淳朴，上下相亲如此，不止家给人足，无分外之谋，而且流风余韵，有为善之乐。后人有祖父遗产，正可循陇观稼，策蹇课耕㊾，雅颂之景㊿，如在目前。而乃视为鄙事，不一留意，抑独何哉！

今人家子弟，鲜衣怒马，恒舞酣歌。一裘之费，动至数十金；一席之费，动至数金。不思吾乡十余年来谷贱，竭十余石谷，不足供一筵；竭百余石谷，不足供一衣。安知农家作苦，终年沾体涂足，岂易得此百石！况且水旱不时，一年收获，不能保诸来年。闻陕西岁饥，一石价至六七两。今以如玉如珠之物，而贱价粜之，以供一裘、一席之费，岂不深可惧哉！古人有言："惟土物爱，厥心臧。"㊿故子弟不可不令其目击田家之苦，开仓粜谷时，当令其持筹㊿，以壮夫之力，不过担一石，四五壮夫之所担，仅得价一两，随手花费了，不见其形迹，而已仓庾空竭矣。便稍有知觉，当不忍于浪掷，奈何深居简出，但知饱食暖衣，绝不念物力之可惜，而泥沙委之哉！

天下货才所积，则时时有水火盗贼之忧。至珍异之物，尤易招尤速祸。草野之人，有十金之积，则不能高枕而卧。独有田产，不忧水火，不忧盗贼。虽有强暴之人，不能竟夺尺寸；虽有万钧之力，亦不能负之以趋。千万顷可以值万金之产，不劳一人守护。即有兵燹㉝离乱，背井去乡，事定归来，室庐畜聚，一无可问，独此一块土，张姓者仍属张，李姓者仍属李，芟夷㉞垦辟，仍为殷实之家。呜呼！举天下之物，不足较其坚固，其可不思所以保之哉！

予与四方之人，从容闲谈，则必询其地土物产之所出，以及田里之事。大约田产出息最微，较之商贾不及三四。天下惟山右新安㉟人，善于贸易。彼性至悭啬，能坚守，他处人断断不能，然亦有多覆蹶㊱之事。若田产之息，月计不足，岁计有余，岁计不足，世计有余。尝见人家子弟，厌田产之生息微而缓，羡贸易之生息速而饶，至鬻产以从事，断未有不全军尽没者。余身试如此，见人家如此，千百不爽一，无论愚弱者不能行，即聪明强干者，亦行之而必败，人家子弟，万万不可错此著也。

人思取财于人，不若取财于天地。余见放债收息，以及典质人之田产者，三年五年，得其息如其所出之数，其人则哓哓㊲有词矣。不然则怨于心，德于色，浸假而并没其本。间有酷贫之士，得数十金，可暂行于一时，稍裕则不能矣。惟地德则不然，薄植之而薄收，厚培之而厚报，或四季而三收，或一岁而再种。中田以种稻麦，旁畦余陇，以植麻菽衣棉之类。有尺寸之壤，则必有锱铢之入。故曰："地不爱宝"，此言最有味。始而养其祖父，既而养其子孙。无德色，无倦容，无竭欢尽忠之怨，有日新月盛之美，受之者无愧怍，享之者无他虞。虽多方以取，而无网利㊳之咎，上可以告天地，幽可以对鬼神，不劳心计，不受人忌疾。呜呼！更有物焉，能与之比长絜短㊴者哉！

余既言田产之不可鬻，而世之鬻产者，比比㊵而然，聪明者亦多为之，其根源则必在乎债负。债负之来，由于用度不经，不知量入为出，至举息既多，计无所出，不得不鬻累世之产。故不经者，债负之由也。债负者，鬻产之由也。鬻产者，饥寒之由也。欲除鬻产之根，则断自经费始。居家简要可久之道，则有陆梭山㊶量入为出之法在，其法：合计一岁之所入，除完给公家而外，分为三分，留一分为歉年不收之用；其二分，分为十二分，一月用一分。若岁常丰收，则是古人耕三余一㊷之法。值一岁歉，则以一岁所留补给。连岁歉，则以积年所留补给。如此，始无举债之事。若一岁所入，止给一岁之用，一遇水旱，则产不可保矣。此最目前可见之理，而人不知察。陆梭山之法最详，即百金之产，亦行此法。使必富饶而后可行，则大误矣！且其法于十二分又分三十小分，余恐其太烦，故止作十二分。要知古人之意，全在小处节俭。大处之不足，由于小处不谨。月计之不足，由于每日之用过多也。若能从梭山每月三十分之一，更为稳实。一月之中，饮食应酬宴会，稍可节者节之，以此一月之所余，另置一封，以周贫乏亲戚些小之急，更觉心安意适。此专言费用不经，举债而鬻产之由。此外，则有赌博狭邪侈靡，其为败坏者无论矣。更有因婚嫁而鬻产者，绝为可哂。夫有男女，则必有婚嫁，只当以丰年之所积，量力治装，奈何鬻累世仰事俯育之具，以图一时之华美！岂既婚嫁后，遂可不食而饱，不衣而温乎？呜呼！亦愚之甚矣！

吾既言产之断不可鬻，虽然，鬻产之家，岂得已哉！其平时费用不经，以致举债而鬻产，吾既详言之矣。处承平⑥³之日，行量入为出之法，自不致狼狈。困而为累身之物，且将追怨祖父，留此累物以贻子孙。予见此亦不少矣。然则知之何而可哉！欲无鬻产，当思保产，欲保产，当使尽地利。尽地利之道有二：一在择庄佃⑥⁴，一在兴水利。

谚曰："良田不如良佃。"此最确论。主人虽有气力、心计，佃惰且劣，则田日坏，譬如父母虽爱婴儿，却付之悍婢之手，岂能知其疾苦乎！良佃之益有三：一在耕种及时，一在培壅有力，一在蓄泄有方。古人言："农最重时。"早犁一月，有一月之益。故冬最良，春次之。早种一日，有一日之益，故晚禾必在秋前一日。至培壅，则古人所云："百亩之粪。"⑥⁵又云："凶年粪其田而不足。"⑥⁶《诗》云："荼蓼朽止，黍稷茂止。"⑥⁷用力如此，一亩可得两亩之入，地不加广，亩不加增，佃有余而主人亦利矣。

蓄水、用水，最有缓急先后，当捰⑥⁸则捰，当待则待，当弃则弃，惟有良农、老农知之。劣农之病有三：一在耕稼失时，一在培壅无力，一在蓄泄无方。若遇丰稔⑥⁹之年，雨泽应时而降，惰农、劣农，亦鲁莽收获，隐藏其害而不觉。一遇旱干，则彼之优劣立见矣。凶年主人得一石，可值两石，而受此劣佃之害，悔何及哉！人家僮仆管庄务，每喜劣佃，而不喜良佃。良佃则家必殷实，有体面，而不肯谄媚人，且性必耿直朴野，饮食必节俭，又不听僮仆之指使。劣佃则必惰而且穷，谄媚僮仆，听其指使，以任其饕餮⑦⁰，种种情状不同，此所以性喜劣佃而不喜良佃。至主人之田畴美恶，彼皆不顾，且又甚乐于水旱，则租不能足额，而可以任其高下。此积弊陋习，安可不知！且良佃所居，则屋宇整齐，场圃茂盛，树木葱郁，此皆主人僮仆力之所不能及，而良佃自为之，劣佃则件件反是。此择庄佃，为第一要务也。

禾在田中，以水为命。谚云："肥田不敌瘦水。"虽有膏腴，若水泽不足，则亦等石田矣。江南有塘、有堰，古人开一亩之田，则必有一亩之水以济之。后人狃[71]于多雨之年，塘堰都不修治，堰则破坏不蓄水，塘则浅且漏不容水。每岁方春时，必有洪雨数次，任其横流而不收。入夏亢旱束手无策，仰天长叹而已。人家僮仆管理庄事，以兴塘几石，修屋几石，为开帐时，浮图合尖[72]之具而已，何尝有寸土一锸[73]及于塘堰乎！夫塘宜深且坚固。余曾过江宁南乡[74]，其田最号沃壤，其塘甚小，不及半亩，询之土人，知其深且陡，有及二丈者，故可以溉数十亩之田而不匮。吾乡塘最多，且大有数亩者，有十数亩者，然浅且漏，大雨后亦不满，稍旱则露底。田待此为命，其何益之有哉！向后修塘筑堰，必躬自阅视。若有雨之年，塘犹不满，其渗漏可知，急加培筑。大抵劣农之性惰，而见识浅陋，每侥幸于岁之多雨，而不为预备。僮仆既以此开入花帐，又不便向主人再说，一遇亢旱，田禾立槁，日积月累，田瘠庄敝，租入日少，势必鬻变。此兴水利为第一要务也。若不知务此，而止云保守前业，势岂能由己哉！

予置田千余亩，皆苦瘠，非予好瘠田也，不能多办价值[75]，故宁就瘠田。其膏腴沃壤，则大有力者为之，余不能也。然细思膏腴之价，数倍于瘠田，遇水旱之时，膏腴亦未尝不减，若丰稔之年，瘠土亦收，而租倍于膏腴矣。膏腴之所以胜者，鬻时可以得善价，平时度日，同此稻谷一石耳，无大差别。且腴田不善经理，不数年变而为中田，又数年变而为下田矣。瘠田若善经理，则下田可使之为中田，中田可使之为上田。虽不能大变，能高一等，故但视后人之能保与不能保，不在田之瘠与不瘠。况名庄胜业，易为势力家所垂涎。子弟鬻田，必先鬻善者。予家祖居田甚瘠，在当时兴作尽善，故称沃壤。四世祖东川公卒时，嘱后人葬于宅之左，曰："恐为势家所夺。"由此观之，当时何尝非善地，今始成瘠壤耳，惟视人之经理不经理也。尝见荒瘠之地，见一二土著老农之家，则田畴开辟，陂池修治，禾稼茂郁，庐舍完好，竹木周布，居然一佳产。其仕宦家之田，则荒败不可观。汝侪试留心察之。

人家子弟，每年春秋，当自往庄细看，平时无事，一可策蹇一往，然徒往无益也。第一当知田界，田界不易识也，令老农指视一次，不能记而再三，大约五六次便熟，有疑处便问之，勿以曾经问过，嫌于再问，恐被人讥笑，则终身不知矣。第二当察农夫用力之勤惰。耕种之早晚，蓄积之厚薄，人畜之多寡，用度之奢俭，善治田以为优劣。第三当细看塘堰之坚窳[76]浅深，以为兴作。第四察山林树木之耗长。第五访稻谷时值之高下。期于真知确见。若听僮仆之言，深入茅檐，一坐一饭一宿，目不见田畴，足不履阡陌。僮仆纠诸佃人，环绕喧哗，或借种稻，或借食租，或称塘漏，或称屋倾，以此恫喝[77]主人。主人为其所窘，去之惟恐不速。问其疆界则不知，问其孰勤孰惰则不知，问其林木则不知，问其价值则不知。及入城遇朋友，则彼揖之，曰："履亩⑱归矣。"此笑之，曰："循行阡陌回矣。"主人方自谓："吾从村庄来，劳苦劳苦。"呜呼！何益之有哉！此予少年所身历者，至今悔之。大约人家子弟，最不当以经理田产为俗事鄙事，而避此名，亦不当以为故事，而袭此名。细思此等事，较之持钵⑲求人，奔走嗫嚅⑳，孰得孰失，孰贵孰贱哉！

人家富贵二字，暂时之荣宠耳。所恃以长子孙者，毕竟是耕读两字。子弟有二三千金之产，方能城居。何则？二三千金之产，丰年有百余金之入，自薪炭、蔬菜、鸡豚、鱼虾、醯醢㉛之属，亲戚、人情、应酬、宴会之事，种种皆取办于钱。丰年则谷贱，歉年谷亦不昂，仅可支吾。或能不至狼狈。若千金以下之业，则断不宜城居矣。何则？居乡则可以课耕数亩，其租倍入，可以供八口。鸡豚蓄之于栅，蔬菜蓄之于圃，鱼虾蓄之于泽，薪炭取之于山，可以经旬屡月，不用数钱。且乡居，则亲戚应酬寡，即偶有客至，亦不过具鸡黍。女子力作，可以治纺绩，衣布衣，策蹇驴，不必鲜华。凡此皆城居之所不能。且耕且读，延师训子，亦甚简静。囊无余蓄，何致为盗贼所窥！吾家湖上翁，甚得此趣。其所贻不厚，其所度日，皆较之城中数千金之产者，更为丰腴。且山水间优游俯仰，复有自得之乐，而无窘迫之忧。人苦不深察耳。果其读书有成，策名㉜仕宦，可以城居，则再入城居。一二世而后，宜于乡居，则再往乡居。乡城耕读，相为循环，可久可大，岂非吉祥善事哉！况且世家之产，在城不过取其额租㉝，其山林、湖泊之利，所遗甚多，此亦势不能兼。若贫而乡居，尚有遗利可收，不止田租而已。此又不可不知也。

予仕宦人也，止宜知仕宦之事，安能知农田之事？但余与四方英俊交，且久阅历世故多，五十年来，见人家子弟成败者不少，鬻田而穷，保田而裕，千人一辙㉞。此予所以谆谆苦口，为汝辈陈说。先大夫戊子年析产㉟，予得三百五十余亩，后甲辰年㊱再析，予得一百五十余亩。予戊戌年㊲初析爨㊳，始管庄事。是时吾里田产，正当极贱之时，人问曰："汝父析产有银乎？"予对曰："但有田耳。"问者索然㊴。予时亦曰："田非不佳，但苦急切难售耳。"及丁未㊵后，予以公车㊶有称贷，遂卖甲辰年所析百五十亩。予四十以前，全不知田之可贵，故轻弃如此。后以予在仕宦，又不便向人赎取，至今始悟。析产正妙在无银，若初年宽裕，性既习惯，一二年后，所分既尽，怅怅然㊷失其所恃矣。田之妙，正妙在急切难售，若容易售，则脱手甚轻矣。此予晚年之见，与少年时绝不相同者也。是皆予三折肱㊸之言，其思之毋忽。

【注释】

① 三代：指夏、商、周三个朝代。
② 田以井授：即井田制，我国古代土地国有制度，将土地分隔成方块，形如"井"字，故名。中间为公田，周边为私田，八家共养公田。
③ 此句出自《汉书·食货志上》，意为平民二十岁向国家领田耕种，六十岁还田给国家。
④ 鬻（yù）：卖。《国语》："市贱鬻贵。"
⑤ 董江都：董仲舒，今河北景县人。西汉哲学家、政治家、教育家、思想家，独尊儒术。因其曾任江都易王刘非国相，故称董江都。著《春秋繁露》《天人三策》等书。
⑥ 名田：以私名占田，导致兼并土地。董仲舒提出"限民名田"。
⑦ 奄有之：完全占有它。《诗经·商颂·玄鸟》："方命厥后，奄有九有。"
⑧ 王佐：能辅佐别人成就王业者。
⑨ 齐宣：指齐宣王，战国时代齐国国君，齐威王之子，齐桓公之孙。
⑩ 梁惠：指梁惠王，战国时代魏国国君。
⑪ 有恒产者有恒心：此句出自《孟子·滕文公上》："民之为道也，有恒产者有恒心，无恒产者无恒心。"意为民众拥有一定数量的财产，是稳定社会秩序、维持善良习惯的必要条件。
⑫ 五亩之宅：语出《孟子·梁惠王上》："五亩之宅，树之以桑，五十者可以衣帛矣。"意为五亩多地的宅子，栽上桑树养蚕，五十岁的人可以穿丝绸了。
⑬ 百亩之田：语出《孟子·梁惠王上》："百亩之田，勿夺其时，数口之家，可以无饥矣。"意为种百亩地，不违农时，数口之家可以温饱了。
⑭ 富岁，子弟多赖：语出《孟子·告子上》。意为丰收年成，少年子弟多顾惜而为善。赖，通"藉"（朱熹注）。
⑮ 诸侯之宝三：此语出自《孟子·尽心下》："诸侯之宝三：土地、人民、政事。宝珠玉者，殃必及身。"意为诸侯有三宝：土地、百姓和政务。以珍珠、美玉为宝的，一定会有大难临头。
⑯ 苏长公集：苏轼之兄景先，三岁夭折，故成长子，人称长公，纯属敬称。苏轼，号东坡，北宋文学家、书法家、官员。
⑰ 横轶：纵横奔放。
⑱ 俦（chóu）匹：可与之相比的人。宋代曾巩文："当代一人，顾无俦匹。"
⑲ 此句出自苏轼《游金山寺》："我谢江神岂得已，有田不归如江水。"意为面对江神发誓，只要有薄田能糊口，一定弃官回乡务农。
⑳ 此句出自苏轼《自金山放船至焦山》："山林饥卧古亦有，无田不退宁非贪。"焦山，在镇江长江中，与金山相对。此诗之意为做官享受俸禄，倒不如隐居山林，不若

是，岂不是太贪？

㉑ "不知人间"二句：出自苏轼《书王定国所藏烟江叠嶂图》。王定国，北宋人。这首诗张英引作《题王晋卿烟江叠嶂图》，王诜，字晋卿，北宋画家。诗的意思是，人间有如此仙境，不如买田隐居于此。

㉒ 阳羡：古县名。今江苏宜兴。

㉓ 臧获：古代对奴婢的贱称。唐代皇甫枚文："臧获有不如意者，立杀之。"

㉔ 陂（bēi）池：池塘。《西都赋》："源泉灌注，陂池交属。"

㉕ 楛（kǔ）：通"枯"，干枯，枯槁。

㉖ 薅（hāo）：拔，去掉。如薅草。《诗经·周颂·良耜》："其鎛斯赵，以薅荼蓼"。荼蓼（tú liǎo）：苦菜和红蓼。泛指田间杂草。

㉗ 归德：府名。金天会八年改应天府。治所在宋城，今河南商丘。别驾：官名。汉置别驾为州刺史的佐吏。唐改为长吏，后又别驾、长使并称。宋改通判，后沿称通判为别驾。明清时通判分掌粮运及农田水利。

㉘ 经济：治国之才。《宋史》："以文章节行高一世，而尤以道德经济为己任。"

㉙ 权子母：古代国家铸钱，以重币为母，以轻币为子，权其轻重而使行，有利于民。后遂称以资本经营或借贷生息为"权子母"。

㉚ 子虚：虚构或不真实的事。成语"子虚乌有"。司马相如《子虚赋》虚构子虚、乌有、亡是公三人问答。

㉛ 雀角：争吵。《诗经·召南·行露》："谁谓雀无角，何以穿我屋？谁谓女无家，何以速我狱。"成语"鼠牙雀角"，谓强暴侵凌引起争讼。

㉜ 齐民：平民。《庄子》："上以忠于世主，下以化于齐民。"

㉝ 愿民：朴实善良的平民。《荀子》："无国而不有愿民。"

㉞ 市廛（chán）：集市。商贾：商人。狡健：很狡猾。

㉟ 雅颂：《诗经》内容和乐曲分类的名称，由《风》《雅》《颂》组成。有诗句："三光日月星，四诗风雅颂。"

㊱ 先畴：先人遗留下来的土地。《西都赋》："农服先畴之畎亩。"

㊲ 楚茨：《诗经·小雅》篇名。其内容是说统治者从农田中获得大量粮食。

㊳ 大田：《诗经·小雅》篇名。是祈年诗。

㊴ 田禄：先秦卿大夫的俸禄来自采地或公田，故称。《礼记》孙希旦注："田禄者，大夫、士各有采地，无采地者，其禄亦皆出于公田之所。"

㊵ 采（cài）地：古代卿大夫的封地。

㊶ 我疆我理：此句出自《诗经·小雅·信南山》："我疆我理，南东其亩。"诗意是，我划定疆界、分别田里，南向东向开辟田亩。

㊷ 我田既臧：此句出自《诗经·小雅·甫田》："我田既臧，农夫之庆。"意为我地里庄

稼好乃是农夫之幸。

㊸ 我黍我稷，我仓我庾：此句出自《诗经·小雅·楚茨》："我黍与与，我稷翼翼。我仓既盈，我庾维亿。"与与、翼翼：都是茂盛之意。庾：粮仓。诗意为黍子、稷子都长得很旺盛，粮仓装得满满的。

㊹ 曾孙不怒：此句出自《诗经·小雅·甫田》："曾孙不怒，农夫克敏。"诗意为西周王畿很高兴，而不发怒，农夫则勤于农功。

㊺ 农夫之庆：此句出自《诗经·小雅·甫田》："黍稷稻粱，农夫之庆。"意为把收下的粮食全部装上，农民们相互庆贺喜气洋洋。

㊻ 馕：即"让"字，让……吃。馌（yè）者：给田间耕作的人送饭的人。

㊼ 尝其旨否：此句出自《诗经·小雅·甫田》："馌彼南亩，田畯至喜。攘其左右，尝其旨否。"意为送饭到田间，农官很高兴，让随从细细品尝饭菜香不香。

㊽ 献之皇祖：此句出自《诗经·小雅·信南山》："中田有庐，疆埸有瓜。是剥是菹，献之皇祖。"疆埸（yì）：田界。菹（zū）：腌。皇祖：祖先。诗意为田里有萝卜，田边有瓜。剖开腌渍成菜，用来祭祀祖先。

㊾ 课耕：督促农事。明代宋儒醇诗："我欣往从之，课耕兼课书。"

㊿ 雅颂之景：指太平盛世的农事。

(51) 此句出自《尚书·酒诰》："迪小子惟土物爱，厥心臧。"迪：教育。土物：指粮食。这两句意为教育子孙爱惜土地所产粮食，则其心善。

(52) 持筹：手里拿着计数的器具算筹。持筹为的是计数。

(53) 兵燹（xiǎn）：战火，战乱灾祸。宋代张存文："历世既久，悉毁于兵燹。"

(54) 芟（shān）夷：除草。《周礼》："夏以水胗草，而芟夷之。"

(55) 山右：山的西侧。这里指太行山西侧。新安：河南省新安县。

(56) 覆蹶：原意跌倒，此指做买卖失败。

(57) 哓（xiāo）哓：唠叨。《英烈传》："山僧不识英雄汉，只顾哓哓问姓名。"

(58) 网利：渔利，牟利。

(59) 比长絜（xié）短：原意为比较长短高低，同"较长絜短"。此喻比较优劣。

(60) 比比：处处。成语"比比皆是"。

(61) 陆梭山：陆九韶，字子美，号梭山居士，江西抚州人。南宋著名学者。著《梭山日记》《梭山文集》。此指陆氏的《居家制用》篇内容。

(62) 耕三余一：此句出自《礼记·王制》："三年耕，必有一年之食。"意为耕种三年要储存一年粮食。

(63) 承平：太平。《汉书》："王莽因汉承平之业，匈奴称藩，百蛮宾服。"

(64) 庄佃：佃农。

(65) 此句出自《孟子·万章下》："百亩之粪，上农夫食九人，上次食八人，中食七人，中次食六人，下食五人。"百亩：古百亩合今约三十亩。粪：施肥。诗意是百亩地施足肥料，上等农夫所收获的粮食可供九人食用，中上等的可供八人食用，中等的可供七人食用，中下等的可供六人食用，下等的可供五人食用。

⑥⑥ 此句出自《孟子·滕文公上》，意为灾荒年的施肥费用都不够。

⑥⑦ 此句出自《诗经·周颂·良耜》，意为野草腐烂作肥料，黍子、稷子长得很旺盛。

⑥⑧ 捄（jiǔ）：停止。《集韵》："捄，《说文》：'止也'。或从手。"

⑥⑨ 丰稔（rěn）：丰收。《贞观政要》："年谷丰稔，百姓安乐。"

⑦⑩ 饕餮（tāo tiè）：贪婪地吃。杜甫《麂》："衣冠兼盗贼，饕餮用斯须。"

⑦① 狃（niǔ）：拘泥，囿于。成语"狃于习俗""狃于成见"。

⑦② 浮图：又作"浮屠"，古人称佛教徒为浮屠，后称佛塔为浮屠。合尖：完成建造塔尖的工序。

⑦③ 锸（chā）：铁锹，掘土的工具。《汉书》："父子兄弟负笼，荷锸。"

⑦④ 江宁：今南京市江宁区。南乡：南部地区。

⑦⑤ 不能多办价值：弄不到更多的钱。

⑦⑥ 窳（yǔ）：不坚固，粗劣。《新唐书》："俗不偷薄，器不行窳。"

⑦⑦ 恫喝（dòng hè）：恐吓。《明史》："诸奸又以危言恫喝，闻者惴惴。"

⑦⑧ 履亩：实地观察并丈量田亩。《公羊传》："税亩者何，履亩而税也。"

⑦⑨ 钵（bō）：钵盂。僧侣们所用的陶制的碗，底平，口略小，形稍扁。

⑧⑩ 嗫嚅（niè rú）：吞吞吐吐，欲言又止。韩愈文："足将进而趑趄，口将言而嗫嚅。"

⑧① 醯醢（xī hǎi）：醋和鱼肉做成的酱。《礼记》："醯醢之美，而煎盐之尚，贵天产也。"

⑧② 策名：科举考试及第。《西厢记》："平日春闱较才艺，策名屡获科甲。"

⑧③ 额租：一定数额的田租。

⑧④ 一辙：同一车轮所留下的车辙。比喻趋向相同。成语"如出一辙"。《新唐书》："或称武、韦乱唐同一辙，武持久，韦亟灭。"

⑧⑤ 先大夫：亡父。戊子年：清顺治五年，即公元1648年。析产：分家产，分家。

⑧⑥ 甲辰年：清康熙三年，即公元1664年。当时张英二十七岁。

⑧⑦ 戊戌年：清顺治十五年，即公元1658年。当时张英二十一岁。

⑧⑧ 析爨：分立炉灶。指分家。

⑧⑨ 索然：没有兴致。成语"索然无味"。

⑨⑩ 丁未：丁未年，清康熙六年，即公元1667年。当时张英三十岁。

⑨① 公车：为进京应试的举人服务的皇家马车，后为举人进京应试的代称。

⑨② 怅怅然：失意不快乐的样子。《哀永逝文》："怅怅兮迟迟，遵吉路兮凶归。"

⑨③ 三折肱（gōng）：此句出自《左传·定公十三年》："三折肱知为良医。""三折肱"比喻屡遭挫折而成功。肱是胳膊由肘到肩的部分。成语"三折肱为良医"就出自此。

静用堂家训

[清]涂天相

涂天相（1668—1704年），字宏亮，号燮庵，又号存斋，一号迂叟。湖北孝感人。康熙四十二年（1703年）进士，参与编撰《康熙字典》，官至刑部、兵部、工部尚书。天相从熊赐履讲学，所著《谨庸斋札记》《守待录》《存斋闲话》《自迩编》《静用堂偶编》十卷等书。

今选录其《静用堂家训》篇为底本校注。

世人每多嗜甘香之物，以其能开味与窍也。甘能开味，味一开，则无时不乐甘而厌苦。一投以苦，必不能堪矣。香能开窍，窍一开，则无时不恋香而恶臭。一中于臭，万不可解矣。此实有验之言，非迂①谈也。儿辈识之！

人有积功，累行数十年，所必欲为之善。而一朝遂之，则其获福也必厚。人有处心积虑，数十年，所必欲为之恶，而一旦成之，则其致祸也必惨。此亦有验之言，非迂谈也。儿辈识之！

为学先须辨别君子小人，界限清楚。方有入处，每谕儿辈。将《四子书》②中君子小人之对言处，汇写一册，置之案头，于每日动念发谋言行交际之间，逐一勘验，其合于君子者多，便是君子路上人；近于小人者多，便是小人路上人。若仅各居其半，则于君子小人之界。夹杂朦混，终必流为小人。能急于此时，痛自惩创，极力挽回，犹可以勉而为君子。此等工夫最平易，最紧切，最简捷，最精密，久久行之，其得力当不少也。

人家子弟，欲其恂谨醇朴，异日有所成就，先须教之以熟读《小学》，《小学》熟后，教之读《近思录》③。《近思录》熟后，教之读《大学》。《大学》熟后，教之读论孟，论孟熟后，教之读《中庸》。从此渐次，推广及于他书。总之字字句句，令其心解神会。节节步步，导以身体力行，涵育熏陶，引之有渐。优柔厌饫，使其自得，久久纯熟，不患不为远到之器也。

教子弟者，先须养其不忍之心，爱敬之良，自孩提而已然。及其稍有知识，如不破巢，不毁卵，不杀虫，不折方长之类，随其所在而告诫劝勉之，则恻隐之心，有以充满于胸中。而遇物知爱，见善则亲，可以达之天下矣。且仁统四端兼万善，中有仁心，以为质，则遇可耻之事而羞恶生，当致恭之时而礼让作，盖仁则有觉，觉则有触即发，感而遂通。无矫勉，无期待，此所谓禁于未发之谓豫④，当其可之谓时也。否则发然后禁，吾惧其扞格而不胜。时过然后学，吾惧其勤苦而难成矣。

教子弟勿令遽读时文，遽作时文。遽读时文，则喜其易，而以读古书为难。遽作时文，则趋于华，而以敦实行为迂。但令多读古书，勉敦实行，不患兴业不精，科第不得也。

刘元城⑤云："人家子弟，宁可终岁不读书，不可一日近小人。"余谓："子弟一日不读书，即近小人矣。"矧⑥终岁乎。读书者，绝小人之根也。不读书者，近小人之媒也。且终岁读书，则虽偶近小人，尚有愧悔之日。终岁不读书，则日与小人相狎，陷于比匪而不知矣。

吴康斋⑦日录云："君子常常吃亏，方才做得。"余谓："世间惟君子为能吃亏。"若无忌惮之小人，骄矜侈肆，只欲人吃他亏，焉肯吃人亏耶。宁人负我，无我负人，宁我负人，无使人负我⑧。一语耳，转换说来，贤奸霄壤无他，能吃亏与不能吃亏而已矣。吾家子弟，一切应事接物，但能吃亏，便是好消息。

天予人以福，必人先有贮福之器。德余于福，则受者不厌，施者益不倦。福余于德，则非徒无益，而又害之，故福或有倖致，必无滥享，儿辈但当修德，慎勿妄冀非分之福。

父母者，一家之天地，吾心者，一身之天地。一家之天地不位，长幼卑尊咸乖其序矣。一身之天地不位，耳目手足各失其职矣。

天下无不是底⑨父母，亦无不是底兄弟。世上无不可感之人情，亦无不可感之物类。

爱人而人不爱，敬人而人不敬，君子必自反也。爱人而人即爱，敬人而人即敬，君子益加谨矣。

克伐怨欲，一心之洪水猛兽。放辟邪侈，一家之乱臣贼子。贪贱忧劳，淬身之砥砺。骄奢淫泆⑩，伐性之斧斤。

煜儿游泮，以书来报，答云："汝既做秀才，便当识秀才二字之义。萃⑪五行之秀曰秀，通三才之理曰才，晓此二字之义，可以做秀才，即可以做举人进士，若昧此二字义，便枉做秀才矣。"

日中则昃⑫，月满则亏。再实之木，其根必伤。盛衰倚伏之理，从来如此。吾家自江右迁孝昌凡七世，虽书香不绝，而未有科第，壬午癸未之间，吾以一书生，数月而入翰林，虽由祖宗积累所致，而日夜战惧，惟恐不克负荷。此后吾家子弟，能读书者，则为儒。不能读书者，则务农。安分守己，以承天庥⑬，切勿妄冀非分，以速天谴，慎之！慎之！

　　人家盛衰之故，不关一时之富贵贫贱，而系乎子孙之贤不肖。子孙贤，则虽劳苦饥乏，艰难百状，而势将必盛。子孙不肖，则虽势位富厚，炫赫一时，而势将必衰。吾愿吾子弟之卓然自立，务为长久之计。慎勿朵颐⑭他人目前之富贵，自丧厥守⑮也。

　　人莫不自爱其名，故称之为君子，则喜。斥之为小人，则怒。乃明白坦易而可以为君子，偏不乐为。必要使尽智巧，用尽机关，千方百计将自己弄成一个小人而后已，吾不知此何说也，儿辈切须戒之！

　　余居冷署十余年，独处一榻，布衣蔬食，晏如也。客有劳之者曰："先生何太自苦！"余曰："吾日处乐地，未尝苦也。他人鲜衣美食，俊仆怒马，日以其身奔走于危险之地。乃真太苦耳。"此虽一时应答之词，至理存焉，儿辈识之！

　　陈几亭⑯云："不作非礼之事易，不萌非礼之念难，不萌害人之念易，不作害人之事难。"此言大人理会，盖非礼之事，显恶也。稍知自好者，必不为之。非礼之念，隐恶也，倏⑰起倏灭，虽贤智者不免焉。故身过易寡，心过难寡也。害人之念，有心之失也。存心爱物者，必不为之，害人之事，无心之失也。率意径情，虽长厚者不免焉。故有心之失易检，无心之失难检也。此四语，最关人心术行谊，儿辈须细细体究，勿草草读过也！

【注释】

① 迂：言行或见解陈旧不合时宜，如迂腐、迂夫子、迂儒等。
② 四子书：即孔子的《论语》、曾子的《大学》、子思的《中庸》、孟子的《孟子》，皆为儒家经典，又称《四书》，又因记录四位儒家的言行录，又称《四子书》。
③ 近思录：南宋朱熹、吕祖谦所撰，总结和阐释周敦颐、程颢、程颐、张载四大儒家的读书方法，可作学习《四书》的阶梯。
④ 豫：古通"预"，预先，事先。如豫先（预先、预早）、豫防（事先预防）、豫见（预见）等。《易·系辞下》："重门击柝，以待暴客，盖取诸豫。"
⑤ 刘元城：刘安世，字器之，号元城、读易老人，河北馆陶人。北宋大臣，累官左谏

议大夫、进枢密都承旨。谥号"忠定"。著《尽言集》。

⑥ 矧（shěn）：况且，何况。柳宗元《敌戒》："矧今之人，曾不是思。"

⑦ 吴康斋：吴与弼，字子博，又字聘君，号康斋，江西抚州人。明代儒学大家、教育家。明代心性儒学的开山祖师，创儒学"崇仁学派"。

⑧ 此句同《三国演义》中曹操言："宁可我负天下人，不可天下人负我。"

⑨ 底：古同"的"。

⑩ 骄奢淫泆：同"骄奢淫逸"，形容生活放纵奢侈，荒淫无度。《左传》："臣闻爱子，教之以义方，弗纳于邪。骄奢淫泆，所自邪也。"

⑪ 萃（cuì）：聚集，荟萃。

⑫ 昃（zè）：太阳偏西。《说文解字》："昃，日在西方时侧也。"《尚书·无逸》："日中昃。"

⑬ 天庥（xiū）：上天的庇护。《释言》："庥，荫也。"

⑭ 朵颐：向往，羡馋。陈子昂文："于是观宝龟之象，心灭朵颐。"

⑮ 自丧厥守：自己丧失其操守、节操。厥，其。

⑯ 陈几亭：陈龙正，初名龙致，字惕龙，号几亭，浙江嘉善人。明末著名理学家。进士，官任中书舍人。谥号"文法"。著作颇多，有《政书》《学言》《文录》《朱子说经》《皇明儒统》《高子遗书》《阳明要书》《朱子语类》《程子评本》等。

⑰ 倏（shū）：极快地，忽然。《说文解字注》："倏，引申为凡忽然之词。"

蒋氏家训

[清] 蒋伊

蒋伊（1631—1687年），字渭公，号莘田，江苏常熟市人。清康熙进士，官任河南提学副使，监察御史，颇有政绩。长子蒋陈锡官至云贵总督，次子蒋廷锡官至文华殿大学士。

该家训取《借月山房汇钞》作底本校注。

每月朔望①，弟子肃衣冠，先谒家庙②，行四拜礼，读家训。次谒祖父祖母、父母师长，及嫡伯叔嫡兄，俱长揖。

春秋祭扫先西山赠茔，次北山祖茔，次乌目墩始祖墓。祭品丰俭适中，行四拜礼，奠酒三爵③毕，连叩四首。外祖妣朱氏墓祭品用素。毛安人墓，止本家子孙致祭。

家中时祭④，元旦奉祀三代祖先五日，春祭清明，夏祭端午夏至，秋祭中元十月朔，冬祭长至除夕。荐新祭新麦、新谷、樱桃、鲥鱼。忌辰祭，止祖父母、父母。祭品祭仪，不用繁文，务尽诚敬。

西山祖墓，须遵宪约，严禁入山头采石，及盗卖垄泥。

子弟举动，宜禀命家长。有败类不率教者，父兄戒谕之，谕之而不从，则公集家庙责之，责之而犹不改，甘为不肖，则告庙摈之，终身不齿。有能悔心改过，及子孙能盖愆者，亟奖导之，仍笃亲亲之谊。

友爱异母兄弟姊妹，不得溺妻子言。

早完官税，不得付托匪人，致有侵隐，及贪小利，寄他人田于户上，致稽国赋。

不得从事奢侈，暴殄天物⑤。厨灶之下，不得狼籍米粒，下身里衣，不得用绫纱。其绵绸茧绸，或间用之。

不得逼迫穷困人债负，及穷佃户租税，须宽容之，令其陆续完纳。终于贫不能还者，焚其券。人有缓急挪移，取利不得过贰分。

每月朔望放生，家中戒杀，勿食牛犬肉。祭祀婚丧，及仕宦喜庆，俱市五净肉，不得特杀。子孙世世守之。

敬惜字纸，糊窗裹物，不得用有字纸张。僮仆有能善体此意者，亟奖励之。

不得用极低银，间有误收箧中者，即弃之，勿误后人。

收租及各项出入，俱遵我所定，准斛准斗，不得改易。

交易及买卖日用等类，不得以重等入，轻等出，及用大小秤。

仓场须常自检点，不可作践五谷。

族党子弟，有志读书，而贫不能达者，宜引掖之。

宜慎交游，不可与便佞之人相与。少年心性把握不定，或落赌局，或游狎邪，渐入下流矣。

不得言人闺阃⑥。

宜戒邪淫，家中不许留畜⑦淫书，见即焚之。

少年血气未定，戒之在色，刻削元气，必致不寿。甚至恶妓娈童，不择净秽，多致生毒。势必攻毒之剂投之，而此身真气，消烁殆尽矣。以是身婴疾苦，终为废人。出不得博一命之荣，入则贻父母之忧，非不孝而何？父兄当严以教之。人生世间，荷天地覆载之恩，享祖父留余之荫。农夫力于田，我得而食之。织妇劳于室，我得而衣之。第一宜敬天地，或每月朔望，或逢令节，整肃衣冠，清香一炷，答谢上苍。

不得破人婚姻。

不得恃才凌傲前辈，轻易非笑人文字。

和睦邻里族党，勿听家人及妇人言致争。

读书之暇，宜虔奉《太上感应篇》⑧《文昌帝君求劫宝章》⑨《金刚经》⑩《袁了凡先生功过格》⑪，身体而力行之。

不得轻信巫祝。疾病须择良医，善自调摄，不许祷赛。

嫁娶不可慕眼前势利，择婿须观其品行，娶妇须观其父母德器。一诺之后，不得因贫贱患难，遂生悔心。

不可好胜，作炫耀事，靡费财力。至窘乏时，悔无及矣。

不得为人买童婢，送至远方，致人离乡背井，终身远父母兄弟。

不得谋人风水，方寸若好，吉地自得。

祖墓前，有地归我家，而冢是他人者，我子孙不可平之。遇事须平和处之，不得先兴讼端，及讦人阴私，出入揭帖。若有出仕者，列款一事，恐波及无辜，尤须慎之。

子孙有出仕者，宜常看《感应》劝善诸书，及《臣鉴录》⑫。慎刑察狱，宁郑重，勿轻忽，宁宽厚，勿刻薄，并不必好名。此事关系阴骘不小。至讼事勿牵连妇女。我父于闽粤两任，力持此约，我幼时目击之。凡非人命强盗重情，及钦件事⑬，不可轻监禁人。

不可以势利强取人财。财命相连，得无以此伤人命乎？吕祖⑭尚不肯误五百年后人，况目前哉！

不可为人准词状，此事人极易犯之。我力守此戒，已十九年矣。因昔曾为人准一词，而两家结讼，经年不已，致两败俱伤，我深悔之。后人能体我悔过之心，则可谓贤孝矣。科场分房主考，及考试生童，须秉公甄拔孤寒，不可受贿。天人鉴之，鬼神察人。

若登仕籍，不得上书轻言兵事。盖兵之为民祸也，烈矣！

积谷本为防饥，若遇饥荒，须量力济人，不得因歉岁，反闭粜以邀重价。子孙中有大贤者，更能推我之所未尽，救贫济乏，养老育婴，种种善果，天必佑之。

有应验良方，可救人者，随力及物。

宜多蓄救火器具，里中有急，遣人助之。

读书于经史正课之暇，佛经中如《华严》⑮《法华》⑯，力之俱足以增长智慧。至大悲期场，可植多生善根，随缘为之，随力为之。若不度德量力，贪信福报之说，而矫揉造作，修桥修寺，便是愚昧。

不得延妓女至家。

女人不得供养尼姑在家，此辈两舌是非，多致离间骨肉。子孙有不守此训者，即为不孝。

正室宜论德不论才色，白头相敬，家之祥也。

女子止主中馈⑰女红⑱纺织事，不得操夫之权，独秉家政，及预闻户外事。《蒋氏家训》曰："妇女挟制丈夫，凌虐婢妾，不敬翁姑，不和姒娌，虽女子秉性之恶，亦总是男子有以酿成之。"故凡事不可使之专制。

女子但令识字，教之孝行礼节，不必多读书。

女子稍长，每月朔望，命其先礼佛，次谒见祖父母，及父母，善诲导之。盖女性多鸷，礼佛所以启其慈心也。雍容谒见，所以娴事舅姑之礼也。

儿女长至十岁以大，兄妹姊弟，即不得同房而居，合席而食。若兄弟多者，男子长而有室，一二年间，即令分居。古人治家，男女不杂坐，不同巾栉，不亲授受，亦此意也。妇人三十岁以内，夫故者，令其母家择配改适，亲属不许阻挠。若有秉性坚贞，誓死抚孤守节者听。众共扶持之、敬待之、赒恤之，不得欺凌孤寡。

妾媵⑲四十岁以内，夫故者，即善嫁之。其有天付贞操，确乎不移，誓愿守节者听。按此三条，小有违于古人同居之义，风节之思。然于末世中，别嫌明微，正有深意。不可以阀阅⑳之家，而徒慕虚名也。

外祖妣朱氏，十九岁寡居。我母太安人，妣之继女也。母于归㉑后，妣与偕来，同我母食贫艰苦，我长兄、二兄、长姊及我皆妣所抚育。卧则同席，起则出入复之者也。妣至七十八岁卒，墓在西山祖茔之后。苦节六十年，长斋六十年，真节妇也。惜以亡过，不合例请于朝。其形容，长儿幼时，犹仿佛见之。拨祭田十亩，授长儿陈锡，俾我长房子孙，世奉其祀。

女人不得以多产，故溺杀子女，伤残天理。仆妇中有溺子女者，平日善开谕之，临时善调护之，以育其生。

不得苛虐僮仆，女人不得酷打婢妾。若婢妾无大罪，而致其人于死者，告庙出之。夫不能制其妻者，众共绝之。女婢二十岁以内，即遣嫁，或配与僮仆，或择偶嫁之。不得贪利，卖与人为妾，致误其终身。

家人不许生事，扰害乡里，轻则家法责治，重则送官究惩。

不得淫污家人妇。上下纲常，关系甚大，思之思之！

不得蓄优伶㉒。在外则致争起衅，在内则婢仆嫌疑，尤宜切戒！

司阍㉓人宜择老成谨愿者为之，客至须谦婉致答。

子弟所常痛戒者，以不听父兄师长之言，及昵比淫朋为最。盖择交不慎，则必导以骄奢淫荡之事，诱以贪利，黩货之谋，而家风隳，人品坏矣。

子弟择师，必须博雅敦厚，束修㉔自好者，厚其修脯，不可徒取时名。

不得久淹父母殡。古人亲未葬，则不变服易食，哀亲之未有归也。更不可惑于风水之说，亲既葬而屡行迁掘。夫亲之骸骨，岂为子孙求福利者哉！

宴客有节，不得于滋味着精神，致戕物命。

不得恒舞酣歌，屡为长夜之饮。

交易分明，不得贪小便宜，邻于刻剥，致人有怨言。

故旧穷亲，不可远弃。

家僮不得有鲜衣恶习。

【注释】

① 朔望：朔，农历每月初一。《说文解字》："朔，月一日始苏也。"望，农历每月十五。

《释名》："望，月满之名也。"

② 家庙：旧时家族祭祀祖先所建的宗祠，名某家家庙或祠。

③ 三爵：爵，盛酒的青铜杯。三爵，三杯酒。

④ 时祭：一年内的六次祭祀。元旦、清明、端午、中元、冬至、除夕。

⑤ 暴殄（tiǎn）天物：原指残害灭绝各种自然之物。《尚书·武成》："暴殄天物，害虐烝民。"此指任意浪费糟蹋物品。

⑥ 阃阈（kǔn）：女性的内室房间及卧室。

⑦ 畜：古通"蓄"，积储，积蓄。

⑧ 太上感应篇：简称《感应篇》，系道教书，借用太上之名，主要宣讲劝人为善，因果报应。篇幅不长，共计一千二百余字。作者不详，虽为宋人所作，托名老子的老师太上所言。

⑨ 文昌帝君求劫宝章：文昌帝君是"文昌星神"和"梓潼神"相合而成，是道教最崇奉的神灵帝君，撰著多部文昌经书，形成文昌文化，在朝鲜半岛和日本亦有广泛流传和影响。

⑩ 金刚经：佛教经名。全称《金刚般若波罗蜜经》，因借用金刚比喻智慧有能断烦恼的功用，故名。

⑪ 袁了凡先生功过格：参阅本书《了凡四训》。

⑫ 臣鉴录：清代蒋伊撰，二十卷。录取历代大臣可资借鉴的事，为后人警戒。

⑬ 钦件事：钦，对皇帝所作事的敬称。钦件事，皇帝所命令要做的事。

⑭ 吕祖：传说中八仙之一，吕洞宾，系道家纯阳祖师，故称吕祖。

⑮ 华严：《大方广佛华严经》，简称《华严经》，佛教经书，为华严宗的主要典籍。

⑯ 法华：《妙法莲华经》，简称《法华经》，佛教经书，因借用莲华喻佛所说教法的清净微妙，故名。

⑰ 中馈：指妇女在家主持操劳饮食等事。

⑱ 女红：亦作"女功""女工"，旧时指女性所做的纺绩、刺绣、缝纫等事。

⑲ 妾媵：古时诸侯之女出嫁，从嫁的妹妹和侄女之称，后泛指妾。《浣纱记》："妻为妾媵，贡献王庭。"

⑳ 阀阅：世累官宦人家。

㉑ 于归：旧时称女子出嫁为归。于，往。《诗经·周南·桃夭》："之子于归，宜其室家。"

㉒ 优伶：古代以乐舞戏谑为业的艺人统称。一般称以表演乐舞为主的为"倡优"，称以表现戏谑为主的为"俳优"，但三者有时也通用。伶，伶人，古代乐人之称。优伶，现指演员。

㉓ 司阍（hūn）：看门人。

㉔ 束修：修，干肉，十条干肉为束修。学生送给老师的学费。此处是指约束修整。《汉书》："故能束修，不触罗网。"

诫子书

[清] 聂继模

聂继模（1671—1770年前），字乐山，湖南衡山人。清代著名学者。乾隆年间，其子聂焘以进士出任陕西镇安县令，作《诫子书》三千言以赠，乃家训上乘之作，录入清朝《政令全书》。另著《朱氏家训证释》《乐庵集》。

本文录自《乐庵集》。

尔在官不宜数问家事，道远鸿稀，徒乱人意，正以无家信为平安耳。尔向家居本少，二老习为固，然岁时伏腊①，不甚思念，今遣尔妻子赴任，未免增一番怅恋，想亦不过一时情绪，久后渐就平坦，无为过虑。山僻知县，事简责轻，最足钝人志气，须时时将此心提醒激发，无事寻出有事，有事终归无事。今服官年余，民情熟悉，正好兴利除害。若因地方偏小，上司或存宽恕，偷安藏拙，日成痿痹②，是为世界木偶人。无论将来，不克大有所为，即何以对此山谷愚民！且何以无负师门指授！此乃尔下半生事，与父母毫无干涉，儿孙更勿论也。

见《答黄孝廉札》，有"为报先生春睡熟，道人轻撞五更钟"句，此大不可。《诗》曰："夙兴夜寐，无忝尔所生。"③居官者，宜晚眠早起，头梆④ 醺嗽⑤，二梆视事⑥，虽无事亦然。庶几习惯成性，后来猝任繁剧，不觉其劳，翻为受用。长公负文章遭时不偶，愤激而谈，何必拾其唾余耶！

山路崎岖，历多虎患，涉水尤险，因公出门，须多带壮役，持鸟枪夹护，不可省钱减从⑦，自轻民社之身⑧。又不可于途中旅次过行琐责，此辈跟随，亦有可悯。御之以礼，抚之以恩，二者相需，偏倚则害。流民在衙供役者亦然。杨五殴死四十七待决，周三谋杀王三儿增福立斩，合计除去五患，人咸为尔庆。我每思及，翻觉蹙然⑨。李忠定公譬此辈，犹痰乘虚火生，火降水升，仍化为精，痰与精，岂二物而顷刻变化！如此，天下无德精而仇痰者，皆自吾身生，在反身而已。此后，须设法处置，无使数千里外老人魂梦作恶也。

尔家书屡言办过军需，并未赔垫，此殊可疑。湖南州县无不赔垫者，况尔初任，几户穷民，额粮不满二万，又适逢荒歉之岁，肯于此时，加一分恩，全活实多，兼可不误大计⑩。又笑尔迁，我心弥喜。若云全不赔垫，则将取之谁耶？尔本曲为此言，冀宽我心，犹为有说，后闻寄尔母舅书，内言赔垫多端，恐贻父母忧，嘱其婉为开劝。尔视我为何如人？好消息，恶消息，以善养，不以禄养。彼闺阁中人，能分晰言之？况年跻八旬，须眉老翁哉！此后，凡遇上司公文，关系地方兴除⑪，须设法行之，至万不能为而后已。大抵自己节省，正图为民间兴事，非以节省为身家计。同一节省，其中殊有"义""利"之分。如此，俸薪须寄回，为岁时祭祖用。倘有参罚⑫，即不必如数寄，毋致上欺祖宗，且可为办事疏忽戒。养廉银两，听尔为地方使用。通邑仅得二社⑬，目前即须谋增建。穷亲戚友亦不宜恝然⑭。江西祠堂族谱告成，应帮助梓费⑮。族老向受陈大中丞厚恩，求得数言弁简，我知万不能致，已将戊辰年⑯批尔禀语，庄录付去，欲其刻入编端，尔其念哉！若将来有负期望，无面目入祠堂矣！京师乡老，重修会馆⑰，此是义举。既有札通知，须量力应答。年谊中曾有以诗句送赠者，须有以报之，如一时不能，不妨迟致。切不可以空札告穷苦，此最是习气，惹人厌骂，且非诚心待人之道。

往省见上司，有必需衣服，须如式制就，矫情示俭，实非中道。知州去知府尚远，然既属直隶州，即当以知府相待，须小心敬奉，又不可违道于求，尽所当为而已。凡人见得"尽所当为"四字，则无处不可行。官厅聚会，更属是非之场。大县遇小县，未免骄气，彼自器⑱小，与我何预？然切不可以小县傲之，又不可存鄙薄心，须如弟之待兄，如庶子之待嫡子，如乡里人上街，事事请教街上人，可否在我斟酌。诚能感人，谦则受益，古今不易之理也。官厅之内，不可自立崖岸，与人不和，又不可随人嘻笑。须澄心静坐，思着地方事务。若有要件，更须记清原委，以便传呼对答。山城不得良幕，自办未为不可，但须事事留心，功过有所考验，更须将做错处触类旁通，渐觉过少，乃有进步。偶有微功，益须加勉，不可怀欢喜心，阻人志气。"瓦雀虽小，肝胆周全"，此虽俗语，殊为亲切。

镇安向来图圄⑲空虚，尔到任后颇多禁犯，但须如法处治，不可怀怒恨心，寒暑病痛，亦宜加恤。我虽非官医，每入禁，视囚病痛，给以药物。十余年来，父母官因尔通籍⑳，不便延我入禁视病，然我自乐为之，尔母亦亲手作丸药。近来益以此为事，尔体此意，自宜于牢狱尽心。山中地广人稀，责令垦荒，原属要着，但须不时奖励，切不可差役巡查。如属已业，不可强唤，遽行报官，有愿领执照者，即时给付，不可使书吏掯索㉑银钱。日积月累，以图功效。秀才文理晦塞，耐烦开导，略有可取，即加奖励。又当出以诚心庄语，不可杂一毫戏嫚㉒。

此二事，皆难一时见功，须从容为之，不可始勤终倦。我最爱雷先生与尔书云："种子播地，自有发生"。尔在镇安，正播种子时，但须播嘉种，俟将来发生耳。

知县是亲民官，小邑知县更好亲民。做得一事，民间就沾一事之惠，尤易感恩。古有小邑知县，实心为民，造福一两件事，竟血食㉓千百年，士人或呼某郎、某官人、某相公，视彼高位显秩，去来若途人者，何如哉！

蒲城罗明府名文思者，查乡会年谱都无其人，在省契合，且多劝勉，此最难得。宜相处在师友间，然不可以此望之人人。尔性狷介，吾不虑其不亲贤，虑过以贤望人也。州县中，闻亦有曾系中丞公加意者，卒罣㉔白简㉕，可见大人爱赠至公无私。尔蒙格外勉望，吾既喜复忧，尔能自忧，即吾之喜也。

曾子云："莅官不敬非孝。"㉖我老矣，因尔作官，益信此言。尔母步艰，断难远涉，彼虽继母，育尔如生，见尔妻子赴任，强为欢送，又时以好语慰我，然枕席有涕泣处。糟糠之妻，布裙荆钗㉗，安之若素㉘，不致累尔。万水千山，来此穷乡，情殊可念，尔当相待以礼，凡有不及之处，须以情恕，官场面孔，毫不宜施。镇邑僻陋，尔子不致染公子习气，吾无他虑。公余宜课以读书，尔亦藉此得与典籍相近。《二希堂文集》㉙寄阅，《张龙湖集》㉚暂不寄。律文精奥，须字字研究，《中庸》所谓有宪章，即此也，讵得㉛以法家者言忽视！护送人等，嘱令到即回家，勿听久留署。闻尔士民，时时念我，足见风俗淳古。我身健尚能复来，得睹地方起色为乐。余言尔妻自悉，不暇谈㉜。

【注释】

① 岁时伏腊：皆为祭祀名，指岁祭、时祭、伏祭、腊祭。伏，夏天的伏日。腊，冬天的腊日。《周书》："每四时伏腊，高祖率诸亲戚，行家人之礼，称觞上寿。"
② 痿痹：皆病名。肢体活动障碍或丧失感觉。引申为麻木。
③ 此句出自《诗经·小雅·小宛》，意为清晨早早起床，一直工作到深夜才就寝，为的是不羞辱养育自己的父母。
④ 头梆：早晨报时的第一声梆响。
⑤ 靧（huì）漱：洗脸漱口。《满井游记》："倩女之靧面。"靧，洗脸。漱，漱口。
⑥ 视事：旧时指官吏到职办公，就职治事。《左传》："敛诸北郭，崔子称疾，不视事。"
⑦ 减从：减少随从。成语"轻车减从"。
⑧ 民社之身：肩负恤民众、理社稷之责的人。
⑨ 蹴（cù）然：局促不安，忧愁不悦。《庄子》："仲尼揖而退，蹴然改容而问。"

⑩ 计：原书作"件"，误，今据文义改。
⑪ 兴除：兴利除弊。
⑫ 参罚：指官吏被参劾受处罚。黄宗羲文："欲收拾人心，当先宽有司之参罚。"
⑬ 社：祀社神之所。《荀子》："故社，祭社也。"
⑭ 恝（jiá）然：淡然置之，无动于衷，漠不关心。朱鼎文："二帝在北，不宜恝然，须当时复遣问起居，以尽臣子之义。"
⑮ 梓（zǐ）费：雕刻印行族谱的费用。
⑯ 戊辰年：清乾隆十三年，即公元1748年。
⑰ 会馆：亦称"公所"。中国旧时都市中同乡或同业组成的团体。起源很早，汉代京师就有外地同郡人的邸舍。名称最早见于明代，清代发展到顶峰。
⑱ 器：器量，度量。成语"器度不凡"。
⑲ 囹圄（líng yǔ）：指监狱。《汉书》："祸乱不作，囹圄空虚。"成语"身陷囹圄"。
⑳ 通籍："籍"是二尺长的竹片，上写姓名、年龄、身份等，挂在宫门外，以备出入时查对。"通籍"谓记名于门籍，可进出宫门。后因以做官为"通籍"，意指朝中有了名籍。《汉纪》："愿以为刺史，臣得通籍殿中为奏事，以防拥隔。"
㉑ 掯（kèn）索：强迫勒索。
㉒ 戏嫚（màn）：又作"戏慢"。轻慢，不庄重。《新唐书》："温性刚峻，人望见无敢戏慢者。"
㉓ 血食：享受祭品。因祭祀有牲牢，故称。《汉书》颜师古注："祭者尚血腥，故曰血食也。"
㉔ 辛罣（guà）：罣即"挂"，通"诖"，指官吏被处分撤职。
㉕ 白简：古时弹劾官员的奏章。《飞丸记》："欲把丹心悬魏阙，且将白简奏朝廷。"
㉖ 此句取自《大戴礼记·曾子大孝》："居位不庄，非孝也；事君不忠，非孝也；莅官不敬，非孝也；朋友不信，非孝也；战阵无勇，非孝也。五者不遂，灾及乎身，敢不敬乎！"
㉗ 布裙荆钗：粗布做的裙，荆条做的钗。形容女子服饰俭朴。又作成语"荆钗布裙"或"裙布荆钗"。
㉘ 安之若素：成语。表示对反常现象或不顺心的情况视若平常，毫不在意。《越谚·附论》："甘居人下，安之若素。"
㉙ 二希堂文集：清·蔡世远著。世远字闻之，号梁村，福建漳浦人。康熙进士。受业于张伯行，力崇正学。雍正年间官至礼部侍郎。谥号"文勤"。
㉚ 张龙湖集：明·张治著。治字文邦，号龙湖，湖南茶陵人。正德中会试第一，累官南京吏部尚书、文渊阁大学士、太子太保。谥号"肃"。
㉛ 讵得：岂得，岂能，怎能。《搜神后记》："日已向暮，前村尚远。临贺讵得至？"
㉜ 暇谈：闲谈，闲暇时谈话。

家　训

[清] 王太岳

王太岳（1722—1785年），字基平，号芥子，河北定兴人。清乾隆进士，学者、官员，官任翰林院编修，官至云南布政使等官职。著《芥子先生集》《清虚山房集》《泾渠志》等。

本文录自《清虚山房集》。

吾家自朴庵公种德四世，至可兰公以二子贵始封。吾高祖次山公，为可兰公四子，二兄成进士，雅以寒素自持，言行端方，二兄惮焉，学问渊邃，苏紫溪、张净峰、陈紫峰俱出其门。曾祖望山公，文章如其父，行则温温①乎浑金璞玉②也。吾祖宏所公，性端行直，而能周急，公正不阿，有王彦方③之风，晚益贫。吾父淡觉公故善病，仰食于祖，而孝友因心，忠恕存念，有独知之德，常为人挪揄④。然衣食恒不给，忆隆冬葛袴未易也。吾母事父病，三年不贴席，父病已而风痰间作，作则椎母，几死者数。然闻吾祖行声，虽痰气大作，亦复屏息。母不得死，日刺女红⑤，佐祖治家计。迨余年二十，担家务，祖年七十矣。余拮据得米，其蔬菜柴火，皆母十指中出，每夜操作至鸡鸣，约一日得钱十余文，可三分。十余岁以为常。家约十人，晨午用米二升五合，晚用一升五合，大困时略减，日用六升或五升，然每餐溲米下锅，必手撮一把他藏之，适大匮，供吾祖一二餐。以故家虽奇贫，而祖未尝废箸⑥，然母瘁甚矣。吾十九岁入泮，二十岁有友以午饭邀余伴读，晨昏则自家吃饭，又无束脩⑦。其明年，此友再邀余教子，初约云：每月米三斗，蔬菜银三钱，无束脩。子弟则自教，只藉看文章，不敢禁先生出入。馆虽凉薄，余私自计算，我应二社，一月可六日在外，至过从知友，或东家留客相陪，月亦可数次，计一月之内止二十日自爨⑧耳。每日用米七合五勺，二十日可用米日一斗五升，余一斗五升，可供吾家二日半之粮。其三文钱之金，可得钱一百二十文，吾每日买柴一文，三日共菜脯一文，计二十日可用二十七文而足。存九十三文，可买米一斗五升，足家中二日半之粮。计算已定，欣然就馆，而友人忽变前说，欲饭余。余固请，辄欲弃予，悒悒⑨就之。

教读之余，并日夜佣书⑩，日可得七八分，籴米供亲。而社中友亦有哀王孙而进食者，偶闻是餐匮，东家进饭，余以他事遣去，苍头⑪急将饭与肉裹巾中，少选⑫。携至家奉亲。如东家陪饭不能携，则余故推病，竟不自食，不忍独馁吾父母也。

余廿三岁丧父，父服阕⑬而廿七岁廪于庠⑭。廿八岁丧母，又丧祖，二服阕而三十一岁举于乡，呜呼痛哉！吾家积德数世，至吾而发，又使吾祖吾父吾母独当奇穷，至吾而当其亨。每膺享受，悼念先事，血泪如雨。是以食不粱肉⑮，充饥而止；衣不文彩，蔽体而止。一则恐享受过丰，忘亲为不孝；一则念小小功名，乃经数世淡泊酝酿得来。福泽之难得如此，若过分享受，则凋零必速。然余方居官，如朝见应接之衣，宴会往来之食，亦不能尽简，子孙若未居官，必不可以我为法，更当简淡也。汝曹但能如我心，常念宏所公之老年食贫、淡觉公之清淡穷困、吾母之勤苦艰难，皆以是终其身，为世间罕有，时时警省，时时恻怛⑯，自然不忍享受，撙节爱养也。天之与人福泽有如钟者、有如卮⑰者，但知爱惜，则一卮之福，用之而不尽；若恣意狼藉⑱，则盈钟之福，一覆立竭。故节慎之人多寿，暴殄之人多夭，理固然也。况乎君子造命，自求多福，一念戒慎，天继以禄；一念放侈，神夺其福。此中犹有转移乎？吾母常教我曰："当于有时思无时，莫待无时思有时。"三复慈训，实惟世宝。往往人至穷迫，始自悔曰："使我当日稍知节省，何至如此？"然而无及矣！吾世世子孙，当思朝夕详玩吾言，保百世守家勿替也。

【注释】

① 温温：柔和，谦和。《诗经·小雅·宾之初筵》："宾之初筵，温温其恭。"
② 浑金璞玉：未冶炼的金，未雕琢的玉。比喻人品真纯质朴，善良。
③ 王彦方：即王烈，字彦方，东汉太原人。少师事陈寔，以品德高尚著称。察孝廉、征辟皆不就。
④ 揶揄（yé yú）：侮辱，戏弄，嘲弄，嘲笑。《东观汉记》："市人皆大笑，举手揶揄之，霸惭而去。"
⑤ 女红：旧指女子所从事的针线、纺织、刺绣、缝纫等工作。女红最初写作"女工""女功"。《淮南子》："锦绣篡组，害女工者也。"《史记》："太公劝其女功，极技巧，通鱼盐。"
⑥ 废箸：指没有食物。箸，筷子。成语"临食废箸"。
⑦ 束脩：亦作"束修"，原为十条干肉，系学生奉赠老师的礼物，后演变为学生的学

费。《论语》:"自行束脩以上,吾未尝无诲焉。"
⑧ 自爨(cuàn):自己生火做饭。《广雅》:"爨,炊也。"
⑨ 悒(yì)悒:忧郁,愁闷。《大戴礼记》:"君子无悒悒于贫,无匆匆于贱,无惮惮于不闻。"
⑩ 佣书:同"赁书",替人缮写。《后汉书》:"家贫,常为官佣书以供养。"
⑪ 苍头:仆人。原指头戴青色头巾的人。《汉书》颜师古注:"汉名奴为苍头,非纯黑,以别于良人也。"
⑫ 少选:一会儿;不多久。牛肃《纪闻》:"我有少务,要至村东,少选当还。"
⑬ 服阙:古礼,居父母丧为三年,三年丧满为"服阙"。
⑭ 廪于庠(xiáng):学校发给粮食。廪,《说文解字》:"廪,赐谷也。"庠,古代学校。
⑮ 粱肉:指精美的膳食。《管子》:"九妃六嫔,陈妾数千,食必粱肉,衣必文绣。"
⑯ 恻怛:忧伤。《礼记》:"恻怛之心,痛疾之意,悲哀志懑气盛。"
⑰ 卮(zhī):古代一种酒器。
⑱ 狼藉:不珍惜而肆意糟践。

白公家训

[清] 白云上

白云上(1724—1790年),字凌苍,号秋斋,河南沁阳人。清乾隆武进士,官任侍卫、江南都司,后迁中军副将。工诗,善草书。

孝弟通神明,言行动天地。日宜诵之,省①之。

事君以忠。居官莫务便于己,凡事益于国,不欺心,不沽名,则不愧于事君矣。

事亲以孝。孝之端多矣,总在"体"字上用心。况境有顺逆,家有贫富,亲之发于言者,始终遵守,如不便于言者,更宜仰而行之。亲在堂时,竭力善事,如已辞世,又当想像亲心未毕之事而曲全②之,既无愧于生前,又无悔于身后。尽力勉强,问心若安,则孝近矣。莫谓大孝完人非圣人不能也。

友为五伦③之一,慎于择交,惧其损也。道吾过者是吾师,夸吾好者是吾贼。近芝兰则气味日馨,近恶臭则秽污日增,可不慎哉!

有学问人,如山蕴玉,如渊藏珠,虽不现出,而精彩自然光润。从来成事业者,未有不从学问中做出来也。求功名人,境遇不一,如我家贫,亲老、兄弟姐妹无依。吾父居官,两袖清风,明知职守一解,自必艰于度日。见亲须发有白者,心如刀刺,昼夜课练④,寒暑不懈,一心以养亲承志为念,竟于千辛万苦中成此微名,完了多少事。今老矣,回想皇恩亲训,涕泣感念不忘,每思及此,不觉心酸意痛,汝曹勉之勉之!

人生在世,言行两端,无论贤否,俱不能少。到夜分静中思之,某句是?某句非?某事是?某事歹?总归于善恶两途,善则积德,恶则招灾。人不能无过,省而改之,则善多恶化,心安理得矣。

人名功名成否,境之顺逆不同。生于书香世家,延⑤名师,择良友,父兄饱学,从而提命讲解,子弟资质聪明,又好读书,自然直上云霄,乃顺境也。父兄门外汉,师父即随便将就,学生虽可教训,性不好学,往往空过岁月,老大无成,付之一叹而已。然人贵自立,尔等境遇非顺,亦非尽是逆境,读书二十余年,诗文亦可有望,但当于非顺逆之间而自爱自惜,不如意事暂且推开,不得间时于中求闲，耐心耐劳，畏光阴之迅速，思科期⑥之又到，勉力进修，体贴亲心，水到渠成，入棘围⑦而夺锦标，如折枝之易耳。

人生不愁无功名，只要真工夫；不患无福寿，只要常积德。报应循环之理，丝毫不爽也。

从来人家弟子登巍科⑧、居高官，众曰祖功宗德⑨之报，诚哉者言也！官家子弟又不发达，竟至落魄者何也？大抵人居了官，权柄到手，纷华眩目，外物夺去天良，军也不知⑩，民也不顾，受福享荣，随欲而安。甚至贪淫败行，无所不为，辜负君恩，背忘先德，神鉴在兹而不知警。圣人云："为善必昌，为恶必灭，报应之速，而不知畏。"是以余兢兢业业戒吾后人，视听言动，时切慎重，不可失错，一念之差，即入迷途，莫可救矣。其要在读圣贤书，近正道人，受得苦，耐得穷，时存善心而已。若出仕加民，不以文武缺之好歹为喜愠，只以尽职为根本，千万不可计及解组⑪无衣食、子孙无产业。吾家四世游宦⑫，总以不要钱不妄费为家法，及退居林下⑬，不过清风两袖耳，倏尔⑭三五年后，又有继续而起者。可知报国孝亲，冥冥之中，自有鉴察也。子孙慎之勉旃⑮！

吾见财色两端，其快人也甚美，其损人也不浅，其害人也更甚，不但庸夫俗子不能看开，既英雄豪杰，亦不免受此苦累。何以处之？见财思义，见色思报，否则历想贪财好色而受报应者亦可怜、亦可痛，又可叹、又可畏，悖出悖入⑯之祸，宜刻刻在意耳。

【注释】

① 省（xǐng）：检查自己，反省。《论语》："吾日三省吾身。"
② 曲全：曲意求全。指设法完成亡亲未毕之事。
③ 五伦：也称"五常"，即君臣、父子、夫妇、兄弟、朋友五种人伦关系和忠、孝、悌、忍、善五种言行准则。
④ 课练：操练。课程练习。
⑤ 延：聘请。延师，聘请教师。
⑥ 科期：科举考试之日期。
⑦ 棘围：科举考场的别称，以荆棘围成场地，以防舞弊，也叫"棘闱""棘院"。《觚剩》："谓掇科第如拾芥，而久困棘围，年将四十，始举于乡。"
⑧ 巍科：科举考试取得名次在前者，犹高第。宋代岳珂《桯史》："其二弟在北皆登巍科。"

⑨ 祖功宗德：即祖宗功德。《孔子家语》："古者祖有功而宗有德，谓之祖宗者，其庙皆不毁。"
⑩ 军也不知：不问军事。
⑪ 解组：组，印绶。解下印绶，谓辞去官职。《梁书》："虽解组昌运，实避昏时。"
⑫ 游宦：在外地做官。陆机诗："游宦久不归，山川修且阔。"
⑬ 林下：幽僻之境。引申为隐退或退隐处。李白诗："独此林下意，杳无区中缘。"
⑭ 倏（shū）尔：转眼之间，形容时间短暂。
⑮ 勉旃（zhān）：勉之。旃，之，文言助词。
⑯ 悖（bèi）出悖入：语出《礼记·大学》，意为用不正当手段获得的财物，也会被别人用不正当的手段夺去。

训子书

[清] 纪昀

纪昀(1724—1805年),字晓岚,又字春帆,晚号石云,道号观弈道人,河北沧州市献县人。清代政治家、文学家、官员,官任左都御史、兵部尚书、礼部尚书、协办大学士、太子太保、《四库全书》总编辑(总纂修官)。著《阅微草堂笔记》《纪文达公遗集》。谥号"文达",世称"文达公"。

本文取纪昀家书作底本校注。

训大儿

尔初入世途,择交宜慎。"友直,友谅,友多闻,益矣。"① 误交真小人,其害犹浅;误交伪君子,其祸为烈矣!盖伪君子之心,百无一同,有拗捩② 者,有偏倚者,有黑如漆者,有曲如钩者,有如荆棘者,有如刀剑者,有如蜂虿③ 者,有如狼虎者,有现冠盖形者,有现金银气者。业镜④ 高悬,亦难照彻。缘其包藏不测,起灭无端,而回顾其形,则皆岸然道貌,非若真小人之一望可知也。并且此等外貌麟鸾⑤,中藏鬼蜮之人,最喜与人结交,儿其慎之!

训次儿

北村别墅中,守门者前言见狐,今言见鬼,以致家人裹足不敢入。昔年尔伯本拟售去,余因祖宗创建之屋,不忍舍弃,立梗⑥ 其议,始得保存。尔因今岁逢大比⑦,特挈一仆,岸然往别墅读书,居处两月,安然绝无闻见,壮哉!儿志可嘉焉!本来只闻鬼畏人,未闻人畏鬼,读书人尤其不畏鬼。尝闻曹司农之弟菊存言:"客夏至歙州赴扬州,因事往友人家,时当盛夏,延坐书室,甚觉凉爽,至夜深不忍去。友曰:'本拟下榻相留,奈房屋窄小,此室又有鬼,不可居人。'曹胆素壮,强居之。至夜半,有物自门隙蠕动,入室变为女子,曹若无睹。鬼忽披发吐舌作缢鬼状,曹大笑曰:'犹⑧ 是发,犹是舌,何足畏哉!'鬼忽自摘其首置于案,又笑曰:'有首尚不畏,况无首耶!'鬼技穷而倏灭⑨。"夫世人被鬼祟者,大抵是畏鬼之人，畏则心乱，心乱则神涣，神涣则鬼得乘之。不畏则心定，心定则神全，神全则沴戾⑩之气不能干，鬼必退之。吾儿之不见鬼，殆矣心定神全之理欤，可嘉可嘉！

训次儿

风水之说，虽非君子所尚，然而堂堂翰林院中，尚且诸多避忌，相传翰林院堂，不启中门，启则不利于掌院。癸巳⑪开四库全书馆于翰林院，质郡王临视，不得已启中门延之，俄而掌院刘文正公逝。又传原心亭中之西南隅，有父母之翰林，不可设座，坐则必有刑尅。陆耳山⑫学士素恶风鉴⑬，毅然设座，时未两月，竟丁外艰⑭。其余部院，亦各有禁忌，相传礼部甬道屏门，旧不加搭渡。钱籜石面前辈不信，偏设搭渡而行，以免旁议，旋有天坛灯杆之事。

帝都部院尚如此，何况臣下门庭？尔因卧室中黑暗，拟将后墙折去，改作窗户，既经风鉴相宅，力言东向不利，不宜改作，尔竟固执大寒无忌，竟置兄嫂之言若罔闻，顽固已极。古语云："暗房亮灶"，卧室愈暗愈妙，何竟独持异议？尔因夏令房中酷热，以致生子出痘而夭，然而此宅建自尔先高曾祖，在尔卧室中长大者，不下十余人。死生本属大数，岂能归咎于房屋耶？毕竟不愿居是室，尽可与兄嫂易室相居，勿许擅辟窗户，毋违特谕！

训三儿

新春游戏之事，亦多矣。猜灯谜，放纸鸢，皆属有益无损之举，偏尔不为，而喜入山林旷野，张弓布网，猎取斑鸠野兔，以供大嚼。夫生前口腹造孽，死后罚转轮回，投作猪羊鸡鸭，任人宰割烹调。故嗜食家畜，厥罪轻而不罹孽报，因系罚转轮回之物，当罹宰割者也。至于鸠焉兔焉，并非供人口腹之物，食之岂不罪过！若为游玩计，则载酒听鹂，登山观瀑，尽足消遣。若为馋吻计，则鱼肉荤腥，尽可大嚼，何必为一饭之微而残杀禽兽之生命耶！戒之戒之！

训三儿

尔好射猎，前已诰诫，可曾遵改否？尔须知无端残杀生物，终必偿命。余同年⑮申铁蟾为陕西试用知县，前月忽寄一札与余，词意恍惚迷离，殊难索解，绝不类其平日之手笔，知其改常，必有变端。未几，讣音果至，既而邵二云赞善告我云："铁蟾在西安，病后入山射猎，归见目前二圆物，旋转如轮，瞑目亦见之，忽然圆物爆裂，跃出二小婢，称仙女奉邀，魂即随之往。琼楼贝阙⑯中，一绝代丽姝⑰，通词自媒。铁蟾固辞，女子老羞成怒，挥之出，霍然而醒。越月余，睡后又见二圆物，如前爆出二小婢，邀之往一幽深宅第，问：'此何地？邀我何为？'曰：'佛桑⑱请题堂额。'因为八分⑲书'佛桑香界'四字。前女子又来自媒，谢以不惯居此，女怒，强奉其首而吮其脑，痛极而醒。遂大病，请方士⑳李某诊治，进以赤丸，呕逆而卒，人皆谓其好猎之报。尔在青年，正当发奋求学，猎兽之事，非尔所为，兼之铁蟾之前车可鉴，岂不殆哉！

训次儿

当世宦家子弟，每盛气凌轹㉑，以邀人敬，谓之自重。不知重与不重，视所自为。苟道德无愧于贤者，虽王侯拥篲㉒不为荣，虽胥縻版筑㉓不能辱，可贵者在我，在外者不足计耳。如必以在外为重轻，待人敬我，我乃荣，人不敬我，我即辱。则舆台㉔仆妾，皆可以自操荣辱，毋乃自视太轻耶。先师陈白崖㉕先生，尝手题于书言曰："事能知足心常惬㉖，人到无求品自高。"斯真标本之论，尔当录作座右铭，终身行之，便是令子㉗。

训诸子

余家托赖祖宗积德，始能子孙累代居官，惟我禄秩最高。自问学业未进，天爵㉘未修，竟得位居宗伯㉙，只恐累代积福，至余发泄尽矣。所以居下位时，放浪形骸，不修边幅，官阶日益时，心忧日益深。古语不云乎："跻愈高者陷愈深。"居恒用是兢兢㉚，自奉日守节俭，非宴客不食海味，非祭祀不许杀生。余年过知命㉛，位列尚书，禄寿亦云厚矣，不必再戒杀修善，盖为子孙留些余地耳。

尝见世禄之家，其盛焉位高势重，生杀予夺，率意妄行，固一世之雄也。及其衰焉，其子若孙，始则狂赌滥嫖，终则卧草乞丐，乃父之尊荣安在哉！此非余故作危言以耸听。吾昔年所购之钱氏旧宅，今已改作吾宗祠者，近闻钱氏子已流为叫化㉜，其父不是曾为显宦者乎！尔辈睹之，宜作为前车之鉴，勿持傲慢，勿尚奢华，遇贫苦者宜赒恤之，并宜服劳。吾特购粮田百亩，雇工种植，欲使尔等随时学稼，将来得为安分农民，便是余之肖子，纪氏之鬼，永不馁矣。尔等勿谓春耕夏苗，胼手胝足，乃属贱丈夫之事，可知农居四民㉝之首，士为四民之末，农夫披星戴月，竭全力以养天下之人，世无农夫，人皆饿死，乌可㉞贱视之乎！戒之！戒之！

训三儿

尔之诗文，果然语语珠玑㉟，绝无瑕疵可摘，人皆赞美之不遑㊱，乌有人指摘一字。尔莫谓登贤书是尔学问优长，有以致之，乃是赖余之微名，始得侥幸成名，莫怪士林中啧㊲有烦言。文才较尔高出十百倍，依旧青衿㊳一领、屡困场屋㊴、不得脱颖而出者，何可胜数哉！以后毋再傲岸自大，愈谦抑，则人愈敬重；愈狂妄，则人愈轻视。尝闻刘东堂言："有同学葛生，诋訾㊵今古，高自位置。有指摘其诗文一字者，衔㊶之如刺骨。会住河间㊷岁试㊸，同寓十余人，散坐庭中纳凉，葛生纵意狂谈，众皆缄口。忽闻树后一人抗词争辩，连抵其隙。葛生理屈词穷，怒问：'子为谁？'暗中应曰：'我河间宿儒焦王相也。'葛生骇问曰：'闻子于去冬作古矣。'笑应曰：'不死焉敢捋虎须、与君争辩耶！'狂生跳掷叫号，沿墙寻觅，卒无所见。"尔毋蹈葛生之覆辙，戒之戒之！

谕次子

尔母患疟痢，卧床两月，几濒于危，吾亦以为滥先朝露㊹矣。而今竟得告痊，殊令人喜出望外。昨得尔母来书，云："此次得以不死，全赖次媳纯孝格天心，始得喜占勿药。"盖当病笃时，尔妇曾背人割臂肉入药以进，并且两月来，夜夜衣不解带，在病榻前侍奉。家门出此孝媳，殆尔母平生未尝骂奴扑婢，因是修得之耶！荣幸之至！余尝闻竹汀侄言："有夜宿城隍㊺庙廊者，闻殿中鬼语曰：'奉牒拘某妇，被其媳孝心感天，有神护宅不得入，不能摄取。'城隍曰：'愚忠愚孝，至诚格天。与强魂捍拒者其事迥异，此宜申岳帝取行止，毋遽以厉鬼往也。'"闻竹汀之言，足知人定胜天，确有是理。尔母此次得以转危为安者，必系次媳精诚所至，冥鬼不能摄取病人魂魄也。

训三儿

一念之善，必获厚报。无故杀生，必受巨殃。何苦以口腹之欲，而危及生命耶！余居官数十年，家厨非逢节忌不杀生。昨尔兄来禀云，尔自病后，日食童鸡一头。纵有补身之功，大觉造孽矣。病后调理，宜服开胃、健脾、补血、益气之剂，则身体容易复原，只食童鸡，有何益哉！昔昌平有老妪，畜鸡众，只卖鸡卵得钱购食料，苟向其买鸡充馔，虽十倍其值不肯售。由是繁殖日盛，住屋三楹，尽作鸡埘⁴⁶。将曙时，群鸡喔喔，声振四野。会届麦熟，其子媳刹麦曝于门外，群鸡忽从屋中飞出，十百成群，齐向晒麦处围绕啄食，妪及子媳各持竹竿，自室内奔出，驱散群鸡。忽闻訇然一声，住屋摧圮⁴⁷，鸡即惊飞四散。若非群鸡争麦，全家皆葬于坍屋中矣！夫鹤知夜半，鸡知将旦，气之相感，精神动焉！非其真有知时之能，则万物成毁之数。更非禽鸟所能知，何以聚族而来能脱主人于厄乎？此必有鬼神鉴其存心之善，暗使群报引其外出，以避祸欤！莫谓羽族⁴⁸无知，既能报德，必能报仇，戒之哉！毋再日杀一鸡，以重口孽。

【注释】

① 此句出自《论语·季氏》。意为同正直的人交友、同诚实的人交友、同知识渊博的人交友，便有益处。后称"益者三友"。

② 拗捩（liè）：违逆，歪曲。

③ 蜂虿（chài）：有毒刺的蜂尾，比喻恶人或乱人。《国语》："蚋蚁蜂虿，皆能害人，况君相乎！"

④ 业镜：照摄众生善恶之事的镜子。《阅微草堂笔记》："业镜所照，行事之善恶耳。"

⑤ 麟鸾：麒麟和凤凰，传说中的珍异动物，用以喻人品格高尚。

⑥ 梗：阻止，阻塞，止。《梁书》："元恶未黜，天邑犹梗。"

⑦ 大比：隋唐时泛指科举考试，明清时特指三年一次，在省城乡试为"大比"，中举者称举人。《明史》："三年大比，以诸生试之直省，曰乡试。"

⑧ 犹：仍旧，如同。《孟子》："今之乐犹古之乐也。"

⑨ 倏（shū）灭：突然消失。成语"倏现倏灭"。

⑩ 沴（lì）戾：指妖孽，或瘟疫，此指前者。

⑪ 癸巳：清乾隆三十八年，即公元1773年。

⑫ 陆耳山：大学士，《四库全书》总纂官，纪昀的好友。

⑬ 风鉴：指相面术。

⑭ 丁外艰：丁，当，遭逢。外艰，旧称丧父为"外艰"。唐代杨炯文："公少丁外艰，州党称其孝。"

⑮ 同年：旧时科举乡试、会试同榜或同一年登科者称"同年"。顾炎武《生员论中》："同榜之士，谓之同年。"

⑯ 琼楼：原指月中宫殿，仙界楼台。形容富丽堂皇的建筑物，成语"琼楼玉宇"。贝

阙：用贝壳装饰的宫殿，原指河伯所居的龙宫水府，后用以形容壮丽的宫室。成语"贝阙珠宫"。宋代刘才邵诗："琼楼贝阙知何许，统领分治皆仙官。"

⑰ 丽姝（shū）：美女。《新唐书》："宜人更求丽姝知书者数十人，侍帝为内诏。"

⑱ 佛桑：即"扶桑"。我国对日本的旧称。

⑲ 八分：隶书的别名。

⑳ 方士：古代自称能访仙炼丹以求长生不老的人。《新唐书》："帝方惑佛老，祷福祈年，浮屠方士，出入禁中。"

㉑ 轹（lì）：欺凌，欺压。《明史》："嵩威灵气焰，凌轹百官司。"

㉒ 拥彗：彗，扫帚。手拿扫帚，清扫道路。古人迎候贵宾，常清扫道路以示敬意。

㉓ 胥靡版筑：胥靡，古代对一种奴隶的称谓，因被用绳索拴成一串强迫劳动，故名。版筑，旧时筑土墙的一种技术，今北方仍沿用。以两板相夹，填土夯实而成。《孟子》："舜发于畎亩之中，傅说举于版筑之间。"泛指土木营造等重劳力活。

㉔ 舆台：古代奴隶中两个等级的名称。泛指地位低贱之人。

㉕ 陈白崖：纪昀的老师。

㉖ 惬（qiè）：快意，满足。《说文解字》："惬，快也。"

㉗ 令子：佳儿，贤郎。《南史》："闻卿有令子，相为喜之。"

㉘ 天爵：天然的爵位。古称不居官位，因德高而受人尊敬。此处借指德行。《孟子》："仁义忠信，乐善不倦，此天爵也；公卿大夫，此人爵也。"

㉙ 宗伯：官名，在《周礼》为辅佐天子掌管宗室之事。后世以大宗伯或宗伯为礼部尚书的别称，礼部侍郎为少宗伯。

㉚ 兢兢：小心谨慎。《诗经·小雅·小旻》："战战兢兢，如临深渊，如履薄冰。"

㉛ 知命：《论语·为政》："五十而知天命。"意为五十岁才懂了天命。后人因以"知命"为五十岁的代称。

㉜ 叫化：乞丐，又名"叫花子"。

㉝ 四民：农、工、商、士。《管子》："士农工商四民者，国之石（柱石）民也。"

㉞ 乌可：岂可，哪能。

㉟ 珠玑：美好的诗文绘画等。方干《赠孙百篇》："羽翼便从吟处出，珠玑续向笔头生。"成语"字字珠玑"。珠，圆形珍珠。玑，不圆的珍珠。

㊱ 遑（huáng）：通"惶"，恐惧不安。《三国志》："权（孙权）于是大怒，手剑欲击之，侍坐者莫不遑遽。"

㊲ 啧（zé）：争辩，人多嘴杂。《左传》："啧有烦言。"

㊳ 青衿（jīn）：即青领，也作青襟。古代学子的常服。《诗经·郑风·子衿》："青青子衿，悠悠我心。"毛注："青衿，青领也，学子之所服。"后指学子，明清时指秀才。《阅微草堂笔记·如是我闻四》自注："科举时称秀才为青衿。"

㊴ 场屋：科举考场。《宋史》："太平兴国中，举进士，在场屋间颇有隽名。"
㊵ 诟詈（zǐ）：毁谤，辱骂。《梁书》："有不合意，极言诟詈。"
㊶ 衔：本意含。引申为怀恨，衔恨。
㊷ 河间：古地名，河间府，今河北省沧州市河间市。
㊸ 岁试：亦称"岁考"。清代各省学政巡回所属进行的考试。
㊹ 溘（kè）先朝露：生命比朝露消失得还快。《张辟疆论》："若平勃二人溘先朝露，则刘氏之业必归吕宗。"
㊺ 城隍：又称城隍爷。道教所传守护城池的神，是冥界的地方官。
㊻ 鸡埘：鸡圈；鸡屋，鸡窝。
㊼ 圮（pǐ）：坍塌，倒塌。《说文解字》："圮，毁也。"
㊽ 羽族：指鸟类，引为有羽毛的动物。《忘忧馆柳赋》："出入风云，去来羽族。"

谕子书

[清] 洪亮吉

洪亮吉（1746—1809年），初名洪莲，又名礼吉，字君直，一字稚存，号北江，晚号更生居士，江苏武进人。清代经学家、文学家。清乾隆进士（榜眼），官任编修、贵州学政。著作颇丰，著《洪北江全集》《春秋左传诂》《更生斋诗文集》等。

本文录自《洪北江全集》。

余以年迫迟暮，不复能佣力① 于外，又念汝曹渐以成长，回忆毕生之事，冀弛日暮之肩。郭外有薄田二顷，城东老屋三十间，使四子一嗣孙分守之，以为寡也。则廉吏之子，尚有负薪②，以为多也。则翁归之家，或余赐镒③。汝曹能勤苦自持，当衣食粗足耳。又余本中材④，不敢以大贤上哲祈汝，惟早承先训，门有素风⑤。易衣而出，并日而食⑥，叠遭家难，麓⑦ 识世情。忍饿读书，先大夫之遗语也。禄不歆⑧ 非义，福不歆非分。处则孝于家，出则忠于国。太宜人⑨ 晨夕之面命也，慎之哉！惟俭可以立身，惟恕可以恃己。俭则无求于人，恕则无忤于物。况以卑门而处侈俗，凉德⑩ 而承世业乎？无昵⑪ 宴朋，无染薄俗，无是古而非今，无陟前而忘后，无爱尺璧而不爱修名，莫畏雷霆而不畏清议。穷达⑫ 本之于命，丰啬任其所遭，如是而已。

饴孙年过三十，处世尚不克乎心，是汝之短也。惟编校故书，尚知条理，他日或当传吾记诵之学耳。余幼嗜六书⑬，长而不倦，今符孙弱冠已过，涉笔便伪，又更历十师，难成一技，学之不修，亦已焉哉！其余幼子弱孙，则尚争梨栗，无辨菽麦，顾念艺菊之子，纵非同生，树兰⑭ 之门，亦均共气。他日兄率其弟，父课其子，庶几寒宗⑮，无坠先绪⑯。夫功名之士，以身徇时，勤学之士，以身徇古。各有所好，强之不能，在立志何如耳。形质不能与天地争久，姓名则克与嵩华⑰ 竞高。植足急流，学金石之止；鉴影巨壑，师江海之宽。勤则王霸⑱ 之子，蓬头而不惭；惰则任昉⑲ 之裔，衣葛而莫恤。汝曹慎之哉！

夫陶令⑳，达者也，不忘于戒子，魏收㉑，凉德也，亦眷眷于遗言。吾上不敢望渊明，下不致同伯起，是在汝曹成吾之志耳。又况承恩返里[22]，已属更生。忧患备尝，庶谋行乐，每当朝晖入座，夕月洒窗，春树欲花，秋林未箨[23]，何尝不携阮孚[24]之屐，泛渔父之舟，东眺郭门，西寻村墅，南湖乐其浩渺，北阜陟其高寒，挈伴以出，行歌以归。但使入曾元[25]之室，酒肉尚陈，过言子[26]之庐，诵声不辍。斯原足矣，乐何如之！今虽闻鸡而起，尚拟著书，秉烛以游，仍书细字。然春草已绿，鬓丝不玄，素心之友[27]，荫鬼怜而见招，同气之亲，出柏根而相望。鬼者归也，归其真宅，庶有时矣。自念生虽无似，然不见屏于里闬，不见饥于长者。踪迹遍于九州，姓氏镌于五岳。官不达而齿胄[28]以为之师，禄不加而问字丰其所贽。诗文至五千首，撰述至三十种。门人义故百人，著录弟子三百。穷老尽气，韬精敛魂[29]。终此天年[30]，从亲地下，以此贻汝，不以多乎。伊惟我祖，于歙[31]始迁，中河之桥，赁舍在焉。我之始生，赁廛[32]之左，河水清沦，桑亦婀娜，他日筑楼，署曰"生我"。其生也瘁，其死也休。下寿六十，我又何求。我之所求，厥惟允嗣[33]。后望百年，上承弈世[34]。坠绪茫茫，勖哉小子！九垓[35]之内，人同蛾多，不自僇力[36]，资生则那？东邻歌钟，北寺击鼓，严霜入门，响亦凄楚。人以为乐，我以为苦，欲贻千金，我不为盗，官而巧取，较盗尤暴。凿楹有蠹，穿经有萤，益人神智，照我汗青[37]。疗贫之术，不出户庭。

【注释】

① 佣力：受人雇用。《宋书》："家贫无产业，佣力以养继母。"
② 负薪：背柴，指贫困的生活处境。《拜侍郎上疏》："束菜负薪，期与相毕。"
③ 镒：钱。原指秦始皇时期的通用货币。《国语》："黄金四十镒。"
④ 中材：中等人才。《史记》："况以中材而涉乱世之末流乎？"
⑤ 素风：纯朴的风尚、清高的风格。《三国名臣序赞》："操不激切，素风愈鲜。"
⑥ 易衣而出，并日而食：只有一件衣服谁出门就换上，两天吃一天的饭。形容生活很贫穷。《汝南记》："李充兄弟六人，贫无担石之储，易衣而出，并日而食。"
⑦ 麤：同"粗"。
⑧ 歆（xīn）：羡慕，贪图。《国语》："若易中下，楚必歆之。"
⑨ 太宜人：明清时五品官之母或祖母的封号，其妻或母封"宜人"，其祖母封"太宜人"。
⑩ 凉德：薄德，少德，缺少仁义。《左传》："虢多凉德，其何士之能得！"
⑪ 昵（nì）：亲近，亲昵。《尚书·说命中》："官不及私昵。"

⑫ 穷达：衰落和昌盛，困顿与显达。《墨子》："穷达、赏罚、幸否，有极，人之知力，不能为焉。"
⑬ 六书：古人分析汉字的造字方法而归纳为六种，即象形、指事、会意、形声、转注、假借。
⑭ 树兰：种植香草，比喻修行仁义。《淮南子》："男子树兰，美而不芳。"
⑮ 寒宗：寒素之族，贫困低微的家族。
⑯ 先绪：祖先的功业。《绍兴崇福寺记》："三房以昭穆序兄弟子孙如族属，俾同力一心，以无坠先绪。"
⑰ 嵩华：嵩，中岳嵩山，位于河南省西部。华，西岳华山，位于陕西省华阴市。
⑱ 王霸：《后汉书·列女传》载：王霸年轻时就品德高尚，隐居不仕。其友官任楚相，友子官任功曹。王霸见友之子衣着华丽，举止文雅，而自之子蓬头垢面，不懂礼节，很感惭愧。其妻说："你立志不仕，儿子务农，自然会蓬头垢面，岂可忘了自己的志向而为儿子惭愧呢？"王霸闻后深觉有理，与妻隐居终身。
⑲ 任昉：字彦升，山东寿光人。南朝梁文学家，仕宋、齐、梁三代。当时以表、奏、书、启诸体散文擅名。明人辑《任彦升集》。
⑳ 陶令：陶潜，字渊明，又字元亮，号五柳先生，江西九江人。东晋诗人、文学家、散文家、辞赋家。官任彭泽县令，后称陶令。著一百八十六篇诗文。
㉑ 魏收：字伯起，河北晋州人。北齐史学家，北齐时任中书令兼著作郎，奉诏编撰《魏书》。据载，魏收撰《魏书》，曾收贿人钱财而为之立传，故史称之"凉德"。
㉒ 返里：指洪亮吉遇赦返回故里。
㉓ 箨（tuò）：竹笋上一片一片的皮，俗称笋壳。
㉔ 阮孚：字遥集。曾官安东参军、黄门常侍等职。终日酣纵，尝以金貂换酒。阮孚性好屐，闻名于世。后升镇南将军、广州刺史，未至而卒。
㉕ 曾元：曾参之子，春秋时鲁国人。奉养曾参，每餐有酒肉，仅提供食物，没有侍奉父母的意愿亲情，不如曾参侍奉曾元祖父之亲情。
㉖ 言子：即言偃，字子游，江苏常熟人。孔子弟子，习于文学。仕鲁国，任武城宰，以礼乐为教。
㉗ 素心之友：真诚淳朴的朋友。
㉘ 齿胄（zhòu）：指太子入学与公卿之子依年龄为序。《文选·王融》李周翰注："公卿之子为胄子。言太子入学，以年大小为次，不以天子之子为上，故云齿胄。齿，年也。"
㉙ 韬精：隐藏才华。《五君咏》："韬精日沉饮，谁知非荒宴。"敛魂：聚集魂魄。
㉚ 天年：谓人的自然年寿。成语"颐养天年"。
㉛ 歙（shè）：县名。今安徽省黄山市。

㉜ 赁廛（chán）：赁，租；借。廛，平民房屋。
㉝ 厥惟允嗣：唯有子嗣。厥，语气词。惟，只有，唯有，只要。允嗣，子嗣。《续世说》："明公位极人臣，然允嗣微弱。"
㉞ 弈世：弈通"奕"。累世，代代。《后汉书》："臣奕世受恩，得备纳言。"
㉟ 九垓：亦作"九晐""九陔"。谓中央兼八极的九州地面。《抱朴子》："今普天一统，九垓同风。"
㊱ 僇（lù）力：僇通"戮"。戮力，努力；尽力。《淮南子》："请与公僇力一志，悉率徒属，而必以灭其家。"
㊲ 汗青：古代在竹简上书写，先以火烤竹青出汗，取其易书写，又免虫蛀，谓之汗青。后喻史册。《过零丁洋》："人生自古谁无死，留取丹心照汗青。"

双节堂庸训

[清] 汪辉祖

汪辉祖（1730—1807年），字焕曾，号龙庄，浙江杭州萧山人。清乾隆四十年进士，官任湖南宁远县知县。

双节堂系汪氏堂号。汪氏自谦为"庸人"，即平常人，没有脱俗的庸人。本文系讲"庸言"，平常人之事理，故名"庸训"，实为汪辉祖一生社会实践的经验总结，二百一十九条，分为六卷（类），至今具有借鉴性。

本文录自崇文书局1868年刻本，又参考夏家善主编的《双节堂庸训》（天津古籍出版社，1995年）。

《双节堂庸训》自序

《双节堂庸训》者，龙庄居士教其子孙之所作也。中人以上，不待教而成。降而下之，非教不可。居士有五男。子，才不逮中人。孙之长①者，粗解字义。其次②亦知识渐开。居士扃户③养疴，日读《颜氏家训》《袁氏世范》，与儿辈讲求持身涉世之方，或揭其理，或证以事，凡先世嘉言懿行④及生平师友渊源，时时乐为称道，口授手书，久而成帙。删其与颜、袁二书词指复沓⑤者，为纲六，为目二百十九，厘⑥为六卷：首《述先》，志祖德也，先考、妣事具行述者不赘；次《律己》，无忝所生⑦，有志焉未逮也；次《治家》，约举大端而已，家世相承，兼资母范，故论女行稍详；次《应世》，寡尤寡悔⑧，非可俸几也；次《蕃后》，保世⑨滋大，其在斯乎？以《师友》终之，成我之恩，辅仁之谊，永矢勿谖⑩矣。友之存者，儿辈耳熟能详，不烦录叙。且凛凛⑪乎，有《谷风》阴雨⑫之忧焉。居士自少而壮、而老，循轨就范，庸庸无奇行也。庸德庸言之外，概非所知，故名之曰《庸训》。冠以"双节堂"者，获免于大戾⑬，禀二母训也。诸所为训，简质无文，皆从数十年体认为法、为戒，欲令世世子孙、妇稚可以通晓。自念身为庸人，不敢苛子孙蘄⑭至圣贤，而参以颜袁二书各条，则学为圣贤之理，未尝不备。夫人无中立，不志于圣贤，其势必流于不肖，可不慎欤？嗟乎！教者，祖父之分⑮。率教者，子孙之责。苟疑训词为庸，而别求新异之说以自托，将有离经畔道⑯，重贻身世之患者，是则居士之所大惧也。

乾隆五十九年⑰正月癸卯，龙庄居士汪辉祖。书时年六十有五。

【注释】

① 孙之长（zhǎng）者：长孙，作者的长孙汪世钟。
② 其次：第二个孙子汪世铭。
③ 扃（jiōng）户：闭门。李白诗："牛羊散阡陌，夜寝不扃户。"
④ 媺（měi）行：同"美行"。
⑤ 复沓（tà）：重复，繁多。
⑥ 厘：厘定，厘正，改定。
⑦ 无忝所生：不要有愧于生身父母。
⑧ 寡尤：少犯错误。寡悔：少生懊悔。
⑨ 保世：保持家族世代相传。
⑩ 永矢勿谖（xuān）：永远施行而勿忘记。矢，通"施"，施行。谖，忘记。
⑪ 凛凛：恐惧的样子。《三国志》："侍婢百余人，皆亲执刀侍立，先生每入，衷心常凛凛。"
⑫ 此句出自《诗经·小雅·谷风》："习习谷风，维风及雨。将恐将惧，维予子女。将安将乐，女转弃予。"意为可共患难，不可共安乐。
⑬ 大戾（lì）：大的罪恶和过错。
⑭ 蕲（qí）：同"祈"，祈求、希望。韩愈文："蕲胜于人。"
⑮ 分（fèn）：职责、责任。成语"安分守己"。
⑯ 离经畔道：畔，通"叛"。即离经叛道，意为背离儒家之经典和道德规范。
⑰ 乾隆五十九年：公元1794年。

卷一
述先
本系

我汪氏系出唐越国公华第七子爽后①。爽传十二世曰道安，迁婺源②。又五世曰惟谨，迁庆元之鄞③，今宁波府鄞县也。惟谨生元吉。元吉生永渐。永渐生思信。思信长子大伦公在鄞，娶夫人高氏，生存中。宋嘉定十年④，高夫人卒，继娶夫人为萧山大义邬刘氏女，因家大义⑤。而存中所生二子，之衍迁临川⑥，之璟迁宣城⑦。亦无居鄞者。

大义邨汪氏，以迁萧始祖大伦公为第一世。公字叔彝，号冰谷，夫人刘氏，葬本里花原，花原者，以树木棉得名，子一。述，字天锡，夫人冯氏，子三。长演，字宗三，夫人赵氏，并祔⑧葬花原。岁以清明前二日墓祭，子二。长溥，字克洪，夫人杨氏，葬本里西睦桥，子五。三涣，字巨渊，夫人王氏，葬本县航坞山，子二。长游，字龟沼，号一斋，葬本里中巷南园，旅殁黔⑨中，相传殁时，与山阴贾人⑩同厝⑪，比迁柩，二棺毁，椟⑫骨以归，两家秤骨分葬，时号秤骨府君。故夫人徐氏，遗命不同穴，别葬航坞山，皆以清明前一日祭，子二。长椿，字春龄，号养拙，夫人朱氏，子二。次璋，字廷章，号居易，夫人钟氏，并葬航坞山，以清明日祭，子四。次缵，字克承，号逸庵，行⑬彤三，夫人陈氏，子三。次范，字居贤，号乐遂，夫人徐氏，并葬航坞山，以清明后二日祭，子三。长天秩，字宗礼，号锐庵，行练二，夫人沈氏，葬航坞山，以清明后二日祭，支下男妇俱集。自此以下各祖，皆依次墓祭，集男妇如礼，子四。次栋，字克隆，号成轩，行宏八，夫人傅氏，葬本里前司东陂，相传墓师登航坞山择兆域，脱头巾置石上，为过鸟所衔，越数日，相地至此，前巾在焉，遂定为吉壤⑭，旧号头巾地。余年十五，侍祭墓下，曰："是天所葬也，不宜以头巾名。"乃称"天葬地"云，子三。次时忠，字靖共，号秋庄，夫人沈氏、王氏、赵氏，沈夫人葬航坞山，王、赵两夫人合祔前司东陂，子三。三应元，字世魁，号惺台，行明五十九，夫人朱氏，葬本里砚湖滩，子四。季⑮玉华公，讳造，行信八，为辉祖高祖考，夫人陈氏、继夫人陈氏，葬山阴县夏履桥徐阔坞，子三。第三为曾祖考半夏公，讳必正，行仁七十一，夫人沈氏，葬前司西陂，子三。第三为显祖考毅庵公，讳之瀚，字朝宗，行三，敕赠文林郎，湖南永州府宁远县知县，夫人沈氏，敕赠孺人⑯，葬砚湖滩，子二。长为显考皆木公，讳楷，字南有，行十三，河南卫辉府淇县典史，敕赠文林郎⑰，湖南永州府宁远县知县诰赠⑱奉直大夫，夫人方氏，敕赠孺人，诰赠宜人⑲，夫人王氏，箧室徐氏⑳，旌表㉑"双节"，建坊本里聚奎桥北岸，并敕赠孺人，诰赠宜人，合葬山阴县清和里秀山，子一。

辉祖，字焕曾，一字龙庄，罢官归又以归庐为号。为冰谷公十九世孙。乾隆戊子科举人，乙未科进士。湖南永州府宁远县知县，调长沙善化县知县，未任署永州府道州知州。告病解官。诰封奉直大夫。娶王氏，诰赠宜人，生子一：继坊，字元可，行三，乾隆丙午举人，拣选知县，今就职直隶州州同，加二级。继娶曹氏，诰封宜人，生子二：继培，字因可，行九，县学生；继壕，字深可，行十一，国子监[22]生。妾杨氏，生子二：继埔，字勤可，行四；继垿，字序可，行六。

继坊娶朱氏，今二子：世钟、世铭。继埔娶娄氏，今一子，世镐。继垿娶王氏。继培娶陈氏，今一子，世钰。继壕聘来氏。

显祖考文林公轶事

公少孤。读《四子书》[23]未竟。中年文、字并工。族党规约尽出公手。辉祖十岁时，公年六十七，遇疑字必从人索解甚力。尝语辉祖曰："我未学，非问不至此。我问一人，可答十、百人之问，受益最多。小子慎毋[24]懒于问也。"

公同怀[25]三人，年十三，两伯祖析产[26]令别居。公力自树，后诸父不善治生，并招于同爨[27]，历二十余年无倦色。

自迁萧始祖至高祖，凡十五世，田息不足以给祭。清明墓祀，往往入夏不举，甚至弃子女以办公，请之族长[28]与各房长[29]，准息入为制，克日[30]行礼，至今无敢渝者。

公行谊既孚乡里，遇龃龉事，皆质正于公，公反覆理解，率释忿[31]去。终公之世，无履公庭者。洎公殁，族人多讼。辉祖四十余岁，犹闻人言："朝三翁在，必不至是。"公字朝宗，行三，相习以是为称。盖距公殁，逾三十年矣。

族有愿人[32]为盗诬引，县捕至，窜匿他所，捕者挟其妇去。公遇之涂[33]，廉[34]其情，立以私橐[35]酬捕，妇得释而冤亦旋白。两母"双节坊"成，乡耆追叙此事，皆云："宜有贤妇。"并谓公之隐德类此者甚多云。

公笃慕儒业，见识字人辄优以礼貌。遇博士弟子[36]，虽卑幼，必肃然起立。贫不能应试，必助以资。或失馆[37]，则力为推荐，必得当乃已。尝有一士，考列下等，辉祖闻群言讪笑，举以告公，公怒叱曰："小子何知！秀才方有等，即下等，毕竟贤于不入等者。汝他日能是，吾死且含笑也。"

辉祖幼时，公宝爱特甚，村中演剧，必命辉祖侍观。归，则详问剧中人姓名及事之关目[38]，并祸福报应之故。应对不讹辄喜赐小食，不能记忆或所述是非舛谬，辄恚怒曰："再尔必挞。"祖母尝以旷学为言，公曰："非若所知。"一日观演《绣襦记》[39]，公曰："亏他后来中状元。"辉祖对曰："便中状元也算不得孝子。"公大喜。每举以语人曰："儿有识，他日当做正经人。"恨辉祖德不修而耄[40]及，无以副公期望。至今，忆公之所以为教，背汗常如雨下。

显祖妣㊶ 沈太孺人轶事

祖母年十五来归，归未三月，祖父析居。祖母食贫执苦垂㊷三十年。迨㊸吾父衣食粗足，祖父尚义好施与，祖母遇事赞成，无纤微靳色㊹。

雅重读书人。邻有寒士，力不能自给，祖母尝节缩口食周其匮。比吾家中落，祖母笃老且病，其人渐丰赡，不一顾。问见者议其辜恩，祖母不齿及也。

性庄重，与人谦谨。行辈最尊。凡卑幼跪拜，必答。过其前必起立，虽见丐者亦然。或止之，曰："彼亦人也，何敢以贫故慢之。"

显考奉直公轶事

公自淇县归，年已四十有四。事祖父、祖母依依如童稚。得食物虽薄少必以奉。吾母疑为不敬，公曰："只要举念㊺不忘，不在物之多寡。必多而后进，则不进者多矣。"一日辉祖见薄炊饼二枚，食其一。公察之大怒，曰："尚未送婆婆，汝便先吃，必折汝福。"辉祖不获常侍膝下，即此二事可想见孺慕大凡㊻。

吾母王太宜人尝言："公礼师最重，在官中每送束脩㊼，必择银之上者，平亦较常用稍重。"既家居用制钱，遇大钱辄手自选留充束脩之数。曰："万一先生付典当赎衣物，有小钱拣退，是我之罪也。"

"陶器厚薄"之训，详《行述》㊽中。辉祖尚忆公言："做人积福，须耐得几层剥削㊾，方可传之子孙。如布如缎，自然耐久，绢便薄脆。降而如纸，亦须作高丽纸㊿，可以揭得数层，若为竹纸，触手便破矣。"盖皆以厚为道。

外父㊿王坦人先生，公㊿执友也。辉祖十一岁时，先生过舍，公命出见衣兰色布袍，吾母曰："儿以敝衣见新亲㊿不雅观，须假绸衣衣之。"公曰："何碍！此时衣绸、衣布无关荣辱。今父母为之衣绸，而他年自以布衣终其身，乃为辱耳。"会有邀公喜宴者，公以持服㊿辞，其人坚欲引辉祖去，吾母曰："君将远行，儿不能无应酬，令与人熟识亦可。"公曰："儿欲熟人，人不与儿熟也。儿能自立，人乐与交，何患无熟人？"终不许。

显妣方太宜人轶事

吾母见背㊿，辉祖未有识知，不能详记行谊。读家静山先生㊿撰传略，见梗概。祖母性严峻，御㊼家人，辞色不少假贷㊽。获有过误，吾母辄身承之。而时时私敕㊾家人曰："若慎母干太孺人㊿怒，吾向非爱若，恐高年人不耐气耳。"一日，缝人制祖母衣，不戒于熨襟且焦，吾母急出己衣付质库㉑，市他缣，秉烛成之。

显妣王太宜人轶事

曾祖祭田㉒三亩，吾祖所置也。诸父辈共谋鬻㉓之。是时辉祖年十四，家甚窭㉔，书券者㉕虑辉祖有后言，邀列名分价，吾母不可。书券者曰："列名卖，不列名亦卖。特不列名，则价不得分耳。"吾母曰："吾虽贫，何忍分此价？"书券者曰："不分价，亦不能不值祭也。"吾母曰："譬祖传止吾儿一人，愿永值祭，无他词。"产遂废㉖。而诸父或绝或散四方，吾母岁时奉祭唯谨。

辉祖自年十五六，以假货资生，至二十二习幕事㉗，子钱累七百余金。至年三十岁，脩尚不满百金，吾母口食不给，而责家之息，付必以时。或劝少缓，曰："不可使吾儿无面目对人。"往往忍饥竟日，唯吾生母及吾前妇㉘知之而已。风树之痛㉙，所为百身莫赎也。

吾母终年无梦，梦必征㉚。乾隆十四年岁丁卯元日㉛语辉祖曰："吾顷梦，中堂燃巨烛六七条，面南坐者数人，东西侍者十余人，汝祖、汝父与焉。奂若叔向上拜跪起立，东西侍者数人，向上揖语，不可辨闻。面南者曰：'应与宗铨、宗献。'奂若叔又拜跪如初。汝祖、汝父向上揖，复揖奂若叔。奂若叔答揖，若不豫然。烛遂熄，不知是何祥也？汝其志之。"是年七月，辉祖将应省试㉜，而奂若叔病。吾母曰："叔屡试屡踬，今病不能试，而汝继之，或将售此，其所以不豫乎？"亡何，辉祖下第㉝。叔五男子析产，则尚友堂㉞住宅为铨（克标）兄献（奕宸）弟阄得。又数年，献出游，以所受小楼三间，暂典赵氏。又十二年为乙未，吾母弃养㉟。辉祖将治丧，无宾舍。代献弟赎楼款宾，又十八年壬子，楼归辉祖。忆吾母言，始恍然悟吾祖、父之所以揖也。又岁己卯八月十四日，辉祖省闱㊱遘疾，试竣舆归，水浆不入口，昼夜卧，转侧需人，魂时时从顶上出。医师莫名其证，治方温凉歧杂，气不绝如丝。至九月初六日，办附身具㊲矣。吾母梦："中堂簇簇数十人中，多古冠服者，吾祖、吾父皆西隅侍立。堂中声喁喁㊳，若辩论然。久之，闻一人大言舍多舍少，见一戴红纬帽、隆准高颧、须鬑鬑㊴者，向上跪曰：'该留垃圾'（垃圾，辉祖小名也），吾祖，吾父遂叩首出，有号泣以从者，吾祖，吾父皆揖之。"梦甫觉，而友人徐颐亭（梦龄）至，辨脉定证，一药而起。未一月，堂伯父所生三子，堂叔父所生一子，相继没。明年，堂叔亦没。曾祖支下唯辉祖独存，以至今日。曾祖旅没云南，无遗像，故老言曾祖状貌与吾母所梦符合。盖辉祖之生，曾祖实相之矣。记此二梦，见祖荫非可倖邀⑧。我后人可不求所以仰承先泽⑧之故与？

显生妣徐太宜人轶事

吾母自生辉祖时得脾泄疾，时时惫困，执作不少休，前妇⑧请代不许。及辉祖有妾，吾母犹亲司爨火。辉祖固请命妾代劳，吾母曰："渠⑧不善用薪，炊一顿饭吾可三顿，汝心血钱，吾不忍耗也。"力疾⑧耐勤苦，大率类此。

病起出汲，至门不能举步，门固有石条可坐，邻媪劝少憩，吾母曰："此过路人坐处，非妇人所宜。"倚柱立，邻媪代汲以归。

尝病头晕，会宾至，剥龙眼⑧肉治汤，吾母煎其核饮之，晕少定，曰："核犹如是，肉当更补也。"后复病，辉祖市龙眼肉以遂，则挥去曰："此可办一餐饭，吾何须此。"固却不食。羊角之痛⑧，至今常有余恨。

吾母寡言笑，与继母同室居，谈家事外，终日织作无他语。既病，画师写真，请略一解颐⑧，吾母不应。次早语家人曰："吾夜间历忆生平，无可喜事。何处觅得笑来？"呜呼！是可知吾母苦境矣。

辉祖既孤，力不能从师，吾母请于嫡母曰："儿不学，汪氏必替⑧，岁需脩脯十指可给⑧也。"故虽病不废织作。凡纺木棉花，必择最白者另为一机，洁而韧，市价逾常直。每获千钱，选留大钱三百，储为馆谷⑩之用。

吾母治庖⑪以洁为主。尝言："物无贵贱，得味自善。手段无高低，尽心自合宜。"当吾师郑又庭夫子主讲家塾时，辉祖方奇穷，膳羞皆吾母手理。今五十余年矣，吾师追述往事，犹言馆餐之洁，莫若我家肴，虽不丰，无不适口。则当日之精于中馈⑫，可想见也。

【注释】

① 唐越国公华：即汪华。安徽绩溪人。初保隋，后降唐。官任总管歙、宣、杭、睦、饶、婺六州军事，歙州刺史，封越国公。爽后：汪爽后代。
② 婺源：江西婺源。
③ 庆元之鄞：公元1149年庆元府的鄞县，今浙江宁波。

④ 嘉定十年：南宋宁宗赵扩年号，公元1217年。

⑤ 因家大义：在大义邨安家落户。

⑥ 临川：今江西临川。

⑦ 宣城：今安徽宣城。

⑧ 祔（fù）：合葬。孔颖达注《礼记》："周公以来，盖始祔葬，祔即合也，言将合丧合前丧。"

⑨ 黔：贵州省别称。

⑩ 山阴：今浙江绍兴。贾（gǔ）人：商人，生意人。

⑪ 厝（cuò）：棺柩停放或浅埋以待改葬。潘岳赋："痛存亡之殊制兮，将迁神而安厝。"

⑫ 椟（dú）：原意为形体较小如木匣之棺，这里指用小型棺材装殓。

⑬ 行：辈分。《汉书·苏武传》："汉天子，我丈人行也。"

⑭ 吉壤：下葬的吉祥地。

⑮ 季：第四子或最小的。如伯、仲、叔、季。

⑯ 孺人：明清时七品官之母或妻的封号。

⑰ 文林郎：文官散官名称，清代文职正七品散官。

⑱ 诰赠：清制，五品官以上的曾祖父母、祖父母、父母及妻之亡者受帝王的诰命追赠封号。

⑲ 宜人：明清时封赠五品官之母或妻的封号。

⑳ 篜（zào，有读chào）室：妾，通房丫头。小妻曰妾、曰孺、曰姬、曰侧室、曰篜室。

㉑ 旌（jīng）表：表彰。汉后对"义夫、节妇、孝子、顺孙"行旌表，常立牌坊、赐匾额。

㉒ 国子监：古代的最高学府，即"国学"，又称国子学、国子寺、太学。

㉓ 四子书：《四书》——《论语》《大学》《中庸》《孟子》四部儒家经典为孔子、曾子、子思、孟子的言行录，故合称《四子书》。

㉔ 毋（wú）：通"毋"。不要。

㉕ 同怀：同胞兄弟姐妹。此指其祖父同胞兄弟。

㉖ 析产：分家。

㉗ 同爨（cuàn）：爨，灶。同锅煮饭。

㉘ 族长（zhǎng）：族中行辈最高且负责宗族事务的男者。

㉙ 房长（zhǎng）：家族中各房之长。

㉚ 克日：限定日期。

㉛ 率（shuài）释怨：一般解除怨念。

㉜ 愿人：老实谨慎之人。

㉝ 涂（tú）：通"途"。道路。

㉞ 廉：考察，视察，访查。

㉟ 私橐（tuó）：自己的钱袋。
㊱ 博士弟子：博士所教授的学生，此指国子监监生。
㊲ 失馆：失学。
㊳ 关目：戏曲术语。泛指情节的安排和构思。
㊴ 绣襦记：传奇剧。明薛近兖作，取材于《李娃传》《李亚仙》《曲江池》等。
㊵ 耄（mào）：八九十岁老人。
㊶ 祖妣（bǐ）：已故之祖母。
㊷ 垂：接近、将近，快要。
㊸ 迨（dài）：等到，达到。
㊹ 靳色：吝色，舍不得，小气。
㊺ 举念：思念在心。
㊻ 孺慕：幼童爱慕父母之情。大凡：大概。
㊼ 束脩：脩，干肉。十条干肉为束脩，古代给教师的学费。
㊽ 行述：指另外有关奉直公的一篇文章。
㊾ 剥削：指分析、剖析。
㊿ 高丽纸：产于高丽（今朝鲜）用绵茧造的纸。
(51) 外父：岳父。
(52) 公：汪辉祖之父。
(53) 新亲：此指未来的岳父。
(54) 持服：开始服丧叫成服、持服。
(55) 见背：父母或长辈去世。《陈情表》："生孩六月，慈父见背。"
(56) 静山先生：即汪静山。
(57) 御：上级对下级的治理，管理。
(58) 假臧（cáng）：隐忍、宽容。
(59) 敕（chì）：告诫。
(60) 太孺人：此指祖母。
(61) 付质库：交付到当铺。
(62) 祭田：供祭祀的田产。
(63) 鬻（yù）：卖。《汉书》："通财鬻货曰商。"
(64) 窭（jù）：贫寒，贫穷。《尔雅》："窭者，贫也。"
(65) 书券（quàn）者：写契据者。此指汪辉祖堂叔伯中的一个人。
(66) 废：此指将田产变卖。
(67) 习幕事：学作幕友的一套本事。幕友俗称"师爷"。
(68) 生母：指徐氏。前妇：指王氏。

⑥⑨ 风树之痛：《韩诗外传》："树欲静而风不止，子欲养而亲不待。"比喻父母亡故不能奉养。
⑦⑩ 征（zhēng）：证明，证验，应验。《尚书·洪范》："念用庶征。"
⑦① 乾隆十四年：公元1749年。元日：正月一日。
⑦② 省试：元、明以后分省考试，即乡试。
⑦③ 下第：即"落第"。科举考试未中。
⑦④ 尚友堂：汪奂若家正房之名。
⑦⑤ 弃养：父母死亡曰弃养。此指汪辉祖母亲去世。
⑦⑥ 省闱（wéi）：省考（乡试）的考场。
⑦⑦ 附身具：即寿衣。
⑦⑧ 嚅（yú）嚅：低声说话。
⑦⑨ 须蠊（lián）蠊：胡须稀疏。《乐府诗集》："为人洁白晳，蠊蠊颇有须。"
⑧⑩ 倖邀：侥幸求得。
⑧① 先泽：祖先的功业德泽。陆游诗："先泽倘未衰，岂无五秉粟？"
⑧② 前妇：此指汪辉祖的嫡妻王氏。
⑧③ 渠（qú）：第三人称代词，即她，他。
⑧④ 力疾：勉强支撑病体。
⑧⑤ 龙眼：果名，又名"桂圆"。
⑧⑥ 羊角之痛：对母未能报答的哀痛之情。
⑧⑦ 解颐：开颜欢笑。
⑧⑧ 替：衰败，衰废。《说文解字》："並，废也。"並，俗字作"替"。
⑧⑨ 十指可给：靠手工劳动可以交付学费。
⑨⑩ 馆谷：即学费的又一种说法。
⑨① 治庖：烧菜做饭。
⑨② 中馈：妇女在家主持供膳诸事。

卷二
律己

尽心

心宰万事，人之成人，全恃此心。为此一事，即当尽心。于此一事所谓尽者，就此一事筹其始，以虑其终而已。人非圣贤，乌能念念①皆善？全在发念时将是非分界辨得清楚，把握得定，求其可以见天，可以见人，自然去不善以归于善。不特名教纲常[2]大节所系，断断差不得念头，即细至日用应酬，略一放心，便有不妥贴处。亡友孙迟舟（辰东）尝语余曰："朱子[3]言：'人同此心，心同此理。'今竟有事出理外者，心有不同乎？"余应之曰："同此理方为心，同此心方为人。若在理外，昔人谓之全无心肝，即孟子[4]所云禽兽也。"我辈总当于同处求之，故惟事事合于人心，始能自尽其心。

人须实做

具五官，备四肢，皆谓之人。曰君臣、曰父子、曰夫妇、曰兄弟、曰朋友，是人之总名。曰士、曰工、曰农、曰商，是人之分类。然臣不能忠，子不能孝，便不成为臣、子。士不好学，农不力田，便不成为士、农。欲尽人之本分，全在各人做法。谚有云："做宰相，做百姓，做爷娘，做儿女。"凡有一名，皆有一"做"字。至于无可取材，则直斥曰"没做"，以痛绝之。故"人"是虚名，求践其名，非实做不可。

人从本上做起

俗曰"做人"，即有子[5]曰"为人"。尝读《论语》开端数章，"圣功"[6]"王道"[7]次第井井[8]。圣人以学不厌自居。只一"学"字，已该千古人道之全。学者，所以成其为人，记者，恐人之为学无下手处，故紧接其"为人"也。《孝弟》一章，虑有干誉[9]之学，次以巧令鲜仁，一贯之。传曾子[10]以鲁得之，记曾子为学人榜样，而圣功备矣。《道千乘》[11]一章，王道也。圣功，王道基于《弟子》。故《弟子》一章，孝弟信仁俱于前数章见过，此即弟子务本之学。以行，不以文。川如以文为学，则子夏[12]列文学之科，何以言学只在君亲朋友实地？故做人须从本上起，方有着力处。

做人先立志

做人如行路，然举步一错，便归正不易。必先有定志，始有定力。范文正[13]做秀才时，即以天下为己任。文信国[14]为童子时，见学宫所祠乡先生欧阳修[15]、杨邦乂[16]、胡铨[17]像皆谥"忠"，即欣然慕之曰："没不俎豆[18]其间非夫也。"卒之范为名臣，文为忠臣。亦有悔过立志如周处[19]，少时无赖，闻父老三害之言，杀虎斩蛟，折节厉学，终以忠勇著名，皆由志定也。故孟子曰："懦夫有立志[20]。"

盖不能立志，则长为懦夫而已矣。

须耐困境

番禺庄滋圃先生（有恭）抚浙㉑时，手书客座楹贴㉒曰："常觉胸中生意满，须知世上苦人多。"识者已知为宰相之器。人生自少至壮，罕有全履泰境㉓者。惟耐的挫磨方成豪杰。不但贫贱是玉成之美，即富贵中亦不少困境。此处立不定脚根，终非真实学问。

常存退一步想

存一进念，不论在家、在官，总无泰然之日。时时作退一步想，则无境不可历，无人不可处。天下必有不如我者，以不如我者自镜㉔，未有心不平、气不和者。心平气和，君子之所由坦荡荡㉕也。

时日不可虚度

非仅"时不可失"之谓也。穿一日暖衣，吃一日饱饭，费几多织妇农夫心力？得能安享便是非常福分。此一日中各事其事：男则读书者读书，习艺者习艺；女则或纺、或绩、或浣汲、或缝纫，不敢怠惰偷安，是为衣食无愧。不然，人以劳奉我，我以逸耗人，享福之时，折福已多。富贵子弟或致衣食无觅处，职㉖是之由。

作事要认真

"世事宜假不宜真"，此有激之谈，非庄语㉗也。毕竟假者立败，真者颠扑㉘不破。虽认真之始，未必不为取巧者讥笑，然脚踏实地，事无不成。即成之后，谤疑冰释矣。

作事要有恒

能认真于始而不免中辍，断断不可。谚曰："扳罾㉙守店，言罾不必得鱼，手不离罾，必可得鱼。"店不必获息，身不离店，必可获息。贵有恒也。又曰："磨得鸭嘴尖鸡贱。"言变计未必逢时，以无恒也。故作事欲成，全以有恒为主。

事必期于有成

作事之成与不成，即一事而可卜终身。福泽有首无尾，其人必无收束。尝历历验之，颇不甚爽。"不为则已，为则必要于成。"㉚朱子所以垂训也。"靡不有初，鲜克有终。"㉛诗人所以示诫也。念之哉，毋为有识者目笑。

要顾廉耻

事之失其本心㉜，品不齿于士类，皆从寡廉鲜耻而起。顾廉耻乃忌惮，有忌惮乃能检束，能检束自为君子而不为小人。

贵慎小节

着新衣者，恐有污染，时时爱护。一经垢玷，便不甚惜。至于浣亦留痕，则听其敝㉝矣。儒者，凛凛清操㉞，无敢试以不肖之事。稍不自谨，辄为人所持，其势必至于逾闲败检㉟。故自爱之士，不可有一毫自玷，当于小节先加严慎。

当爱名

圣贤为学，以实不以名。然君子疾没世㊱而名不称焉。实至名归，亦学者所尚。谓名不足爱，将肆行无忌。故三代㊲以下患无好名之士。好孝名，断不敢有不孝之心；好忠名，断不敢为不忠之事。始于勉强驯致，自然事事皆归实践矣。第㊳务虚名而不敦㊴实行，斯名败而诟訕㊵随之，大为可耻。

勿好胜

夫爱名非好胜也。唯恐失名，自能求以实副。专以好胜为念，必至心驰于外务㊶。胜人之虚名，忘修己之实学，则人以虚名相奉，势且堕人之术，受人之愚，而不自知其弊，终至失己而后已。

财色两关尤当着力

世言累人㊷者曰："酒色财气。"然酗酒斗狠，乡党㊸自好者尚知儆戒。唯"财色"二字，非有定识、定力，鲜不移其所守。昔人言："道有黄金不动心，室有美人不炫目，方是真正豪杰。"余独有要箴二则，能临境猛省，便百魔俱退。

财箴曰："货悖而入者，亦悖而出。"色箴曰："淫人妻女者，妻女亦被人淫。"天道好还⑭，相在尔室矣。

因果之说不可废

因果虽二氏⑮之言，然《易》六十四卦皆言吉凶祸福，《书》四十八篇皆言灾祥成败，《诗》之《雅》《颂》，推本福禄寿考之故。无所为而为善，无所畏而不为不善。惟贤者能之，降而中才不能无藉于惩劝。余年十五，检败簏⑯得先人旧遗《太上感应篇图释》⑰半部。诵其词，绎其旨，考其事，善不善之报，捷如桴鼓⑱。自念少孤多病，惧以身之不修，废坠先祀，怵然⑲默誓。日晓起皲⑳洗讫，庄诵《感应篇》一过，方读他书。有一不善念起，辄用以自儆。比在幕中，率以为常，日治官文书，惟恐造孽，不敢不尽心竭力。从宦亦然，历五十年，幸不为大人君子所弃，盖得力于经义者犹鲜，而得力于《感应篇》者居多。故因果之说，实足纠绳㉑。夙夜为中人说法，断不可废。

不可责报于目前

"惠迪吉，从逆凶。"㉒理之一定，然亦有不可尽凭者。阴骘文㉓所云："近报在自己，远报在儿孙"也。为善必报，君子道其常而已。不当以他人恶有未报，中道游移，以致为善不终。

名过实者造物所忌

造物忌名，非实至名归之名，乃声闻过情之名也。盛名所归，不但其实难副，兼恐其后难继。幸而得名，兢兢业业，求即于无过，自为鬼神呵护。若以名自炫，必有物焉败之。验往征今，若合符节㉔。

不可妄与命争

贫富贵贱，降才已定。但天不与人以前知，听人之自尽所为。人能居心仁恕，作事勤合，久之必邀天鉴。机械㉕变诈之人，剥人求富，倾㉖人求贵，幸得富贵，辄谓人力胜天，可与命争，不知营谋而得亦有命所当然。心术徒坏，天谴㉗随之。向使循分而行，固未尝不得也。

少年富贵须自爱

世上辛苦一生不得一垅，皓首穷经不得一第者。或袭祖先余荫，或藉文字因缘，少年时号素封跻朊仕[58]，此非常之福也。幸履福基，时存惜福之心，行修福之事，福自无量。不然，禄算[59]绵长，良不易易[60]。

处丰难于处约

处约固大难事。然势处其难，自知检饬，酬应未周，人亦谅之。至境地丰亨，人多求全责备，小不称副，便致訾尤[61]。加以淫佚骄奢，嗜欲易纵，品行一玷，补救无从。覆舟之警，常在顺风。故快意时，更当处处留意。

欲不可纵

纵欲败度，立身之大患，当于起手处力防其渐。凡声、色、货、利，可以启骄奢淫佚之弊者，其端[62]断不可开。

贫贱当励气节

气节与肆慢不同。肆慢者，以贫贱骄人，必至恃贫无赖。位卑言高，皆获罪之道也。不淟涊[63]以乞怜，不唯阿[64]以附势，固穷厉志，守义不移。富者，余而自傲。贵者，莫不敬其有守，谓之气节。

择稳处立脚

如行军然，出奇制胜，危道也。仁人之师，堂堂正正，胜固万全，负亦不至只轮不返。两利相权，取其重；两害相形[65]，取其轻。宁按部而就班，不行险以侥幸。是为隐处立脚。

居官当凛法纪

职无论大小，位无论崇卑，各有本分。当为之事，少不循分即干功令[66]。凡用人、理财、事上、接下，时存敬畏之心，庶几身名并泰。

宦归尤当避嫌

幸而宦成归里，当以谨身立行，矜式㊿乡党。一切公事不宜干预，地方官长无相往还。遇有知交故旧，更宜引嫌避谢。稍可指摘，即为后进揶揄㊽。

守身

《大学》《中庸》《论语》言身甚详。诚身为始事，致身为终事。而孟子独言"守身为大㊾。"盖知所守，则穷通寿夭无一敢轻。战陈㊿无勇，亦为非孝。杀身成仁，未为亏体，极守之能事矣！然圣贤甚爱此身，不肯轻掷，曰免于刑戮，曰隐，曰危行言逊，无一非守身之义。《诗》云："既明且哲，以保其身。"㊿终以保身为守身之正。能立身扬名，以显其亲，尚已。其次，莫如夙夜匪懈，常凛怀刑之思，全受而全归之，盖棺论定，得称善人，庶可见先人于九原㊿。嗟乎！穷而在下，尺步绳趋㊿，犹易自主。幸而通显，地愈高势愈危。此义不可一日忘也。

【注释】

① 念念：每一个想法。
② 纲常：儒学"三纲五常"之简称。"三纲"即"君为臣纲，父为子纲，夫为妻纲"；"五常"即"仁、义、礼、智、信"。
③ 朱子：即朱熹，字元晦，一字仲晦，号晦庵、晦翁。徽州婺源（今属江西）人。南宋理学家、思想家、哲学家、教育家。晚年徙居建阳考亭，又主讲紫阳书院，故亦称考亭、紫阳。曾任秘阁修撰等职。儒学的重要代表人物。著有《四书章句集注》。
④ 孟子：名轲，字子舆。山东邹城人。战国时期的思想家、政治家、教育家，孔子学说的继承者，有"亚圣"之称。著有《孟子》。
⑤ 有子：姓有名若，字子有，世称"有子"，春秋末鲁国人，孔子弟子。
⑥ 圣功：至高无上的功业德行。
⑦ 王道：即儒家的以"仁义"治天下为王道。
⑧ 井井：井井有条。《荀子》："井井兮其有理也。"
⑨ 干誉：追求名誉。
⑩ 曾子：即曾参，字子舆，春秋末鲁国人，孔子的得意门人。
⑪ 道千乘：此句出自《论语·学而》。道，治理，领导。千乘，此喻大国。
⑫ 子夏：即卜商，字子夏，春秋末晋国人，孔子学生，"孔门十哲"之一，"孔门七十二贤"之一。相传《诗》《春秋》等儒家经典是由他传授下来的。

⑬ 范文正：范仲淹，字希文，江苏苏州人。北宋大臣、文学家。官参知政事等。著《范文正公文集》，谥号"文正"。

⑭ 文信国：即文天祥，字宋瑞、履善，号文山。江西吉安人。南宋端宗时为右丞相，封信国公。募兵抗元，兵败被俘，不屈遇害。著《文山先生全集》。

⑮ 欧阳修：字永叔，号醉翁、六一居士。江西吉水人。北宋文学家，"唐宋八大家"之一。曾任参知政事。谥号"文忠"。撰《新五代史》《欧阳文忠公集》。

⑯ 杨邦乂：字晞稷（希稷）。江西吉水人。宋政和五年进士，建炎初任溧阳知县。谥号"忠襄"。

⑰ 胡铨：字邦衡，号澹庵。江西吉安人。宋高宗建炎二年进士。官枢密院编修官，官至兵部侍郎。谥号"忠简"。著《澹庵文集》。

⑱ 俎豆：俎和豆都是古代祭祀器具。

⑲ 周处：字子隐。江苏人。少孤，横行乡里，人把他和南山虎、长桥蛟并提，合成"三害"。他决心改过，上山杀虎，入水斩蛟。官至御史中丞。著《默语》《风土记》等。

⑳ 懦夫有立志：此句出自《孟子·万章》："故闻伯夷之风者，顽夫廉，懦夫有立志。"

㉑ 庄滋圃：庄有恭，字容可，号滋圃。广州番禺人。乾隆初廷试第一，累官至福建巡抚。抚浙：浙江巡抚。

㉒ 楹贴：又称"楹联"，柱子上的对联。

㉓ 泰境：安宁的环境，平稳的社会。

㉔ 自镜：自我照镜，比喻自我对照引以为戒。

㉕ 坦荡荡：心胸宽广，泰然自得。《论语·述而》："君子坦荡荡，小人长戚戚。"

㉖ 职：主要。

㉗ 庄语：庄重而严正的议论。

㉘ 颠扑：跌打。

㉙ 扳罾（zēng）：又称"板缯网"。一种长方形的小型捕鱼网具。此比喻耐心等待。《楚辞·九歌》："扳罾何为兮，木上作鱼网。"

㉚ 此二句出自《四书集注·中庸》。

㉛ 此二句出自《诗经·大雅·荡》，意为事多有开头，却少有结尾。

㉜ 本心：哲学名词。意指心的本然。南宋·陆九渊提出"发明本心"，认为道德意识是人心固有，只要按照"本心"去做，自然会做好。

㉝ 敝：破旧。

㉞ 凛凛清操：威严而清高的操守。

㉟ 逾闲败检：不遵守礼法，越出法度。

㊱ 此句出自《论语·卫灵公》。疾：害怕，忧虑。《庄子》："水生之虫，不疾易水。"没世：终身，永远，一辈子。

㊲ 三代：此指夏、商、周三代。

㊳ 第：但。
㊴ 敦：勤勉。《荀子》："以敦比其事业，而不敢怠傲。"
㊵ 诟讪（gòu shàn）：辱骂和讥笑。
㊶ 外务：分外的事。
㊷ 累（lěi）人：使人受害。
㊸ 乡党：周制以五百家为党，一万二千五百家为乡，后因以"乡党"泛指乡里。
㊹ 天道好（hào）还：《老子》："以道佐人主者，不以兵强天下，其事好还。"后指以天道循环、报应不爽为"天道好还"。
㊺ 二氏：此指释、道两家。
㊻ 败簏：用竹子、柳条等编成的破旧书箱。
㊼ 太上感应篇图释：书名。作者不详，托名太上老君之言，宣扬因果报应和伦理纲常。
㊽ 桴（fú）鼓：桴，鼓槌。击鼓，鼓即发声，比喻相呼应。成语"效如桴鼓"。
㊾ 怵然：害怕。
㊿ 靧（huì）：洗脸。
㉛ 纠绳：亦作"纠绳"。督察纠正。
㉜ 此句出自《尚书·大禹谟》。惠：顺。迪：道理。凶：不吉利。遵循道就吉利，顺从恶就凶。
㉝ 阴骘（zhì）文：劝人布施阴德之文。
㉞ 符节：古代作凭证的信物，一分为二，各持一半，用时两相吻合为信。此指"名"与"实"要两相吻合。
㉟ 机械：机巧，巧诈。
㊱ 倾：排挤。
㊲ 天谴：指上天的惩罚。
㊳ 膴（wǔ）仕：高官厚禄。
㊴ 禄算：俸禄。
㊵ 良不易易：的确不太容易做到。
㊶ 愆（qiān）尤：罪过；过失。
㊷ 端：事物的开头。
㊸ 沗䁥（tiǎn niǎn）：污浊。此指失节之事。
㊹ 唯阿：唯唯诺诺。
㊺ 形：对照，对比。
㊻ 功令：古代对官员进行考核和录用的法规。
㊼ 矜式：敬重。
㊽ 揶揄（yé yú）：嘲弄，戏弄，侮辱。
㊾ 守身为大：此句出自《孟子·离娄上》。意为君子独善其身，不为身外之事所染。

⑦ 战陈（zhèn）：陈，同"阵"。布阵交战。
⑦ 此句出自《诗经·大雅·烝民》。
⑦ 九原：九泉，黄泉。
⑦ 尺步绳趋：尺、绳，尺度，规矩。比喻法度和规章。步、趋，走路，比喻行事活动。

卷三
治家

统于所尊则整齐

一家之中，天合人合，气味不同，刚克柔克，性情亦异，惟受尊长约束，方能画一。不然，妯娌以贫富相耀，姑嫂以疏戚生嫌，僬焉①不可终日矣。

孝以顺为先

"顺亲"二字，又见于《中庸》。谚云："孝不如顺。"盖孝无形而顺有迹。顺之未能，孝于何有？如谓父母亦有万不当顺之故，则几谏②一章自有可措手处。玩紫阳③"愉色婉容"四字，何等委折？天下无不是之父母，必先引咎于己，方能归善于亲。一味戆直，激成父母于过，即所谓不顺也。若欲与父母平分曲直，以己之是，形亲之非，不孝由于不顺，罪莫大焉。

惟孝裕后

人能孝顺也，只尽得子职，原不应望报于天，亦无望报于天而后勉为孝顺之理。然天道于此，报施最分明，最迅速，不待他证也。吾曾祖生子三人，吾祖父、祖母独善事吾曾祖母，故止钟福于吾祖一支。吾祖生吾父暨吾叔父二人，吾父、吾二母独善事吾祖父、祖母，吾生母尤力为其难（详徐太宜人行述），故吾以伶仃孤苦之身，得至成立。念吾祖母遗言，吾生母自当有后。知吾生母之必当有后，则知事亲者，不可不奉吾生母为法矣。

继娶难为父

妇未必皆贤也，而所生子女无怼④母之人。不幸丧耦⑤，处不得不继之势，遇不贤妇强分畛域⑥，调剂之苦，天实为之。幸而妇知大义，未尝不慈，而前妻子女外视其母，至父有诲劳，辄归过于后母所为。为之父者，责善不能，避嫌不可，动而得谤，是谁之过与？

事后母

后母难事尚宜事之以礼，况易事者乎？然往往遇易事之母，而被以难事之名，使母称不义，父号不慈。是诚何心？或曰"是有间⑦之者"。贤如吾母王太宜人，蔑以加矣。然余年十三岁，太宜人约饬⑧素严，族叔某私语余曰："若母慈汝，固万不如慈汝妹也。"余大以为不然，奉太宜人教益谨。不四年，某子死。又十余年，某死，今为之后者亦死。向使⑨余惑某言，其能有今日乎？人在自为耳，为子而以人言，即于不孝人。果任其咎欤？否欤！

事鳏父寡母更宜曲体

寡居之母，虽有妇⑩可依，有女可侍，然妇有子女，女有夫婿，不能专依膝下。疾病饮食，苦有不能言者。至于父老鳏居，真茕茕⑪矣。向见吾族某翁，中年丧耦，至八十余岁，寝食孑然。尝语余曰："吾拭面巾久如败丝瓜，求换一方不可得"，言已泣下。余蠱⑫焉伤之。曾告其诸子，皆弗顾也。未几，子亦身历其境，穷且过之，天鉴不远，可不畏哉！

友难于孝

人于父母，容有不敢直言之隐。若兄弟，则事事可以推诚共白⑬，其势比事父母较易，而往往难尽其道者，盖家庭龃龉⑭多起妇言。父子天性，谗不能行。妇非甚不孝，尚不敢肆论⑮舅姑⑯，子稍有天良，必无徇妇忤⑰亲之事。至妯娌相猜，谗言易入，起于芥蒂，酿为参商⑱。不知自父母视之，毫无区别，不能友爱，即非孝顺。故先圣引《书》云："惟孝，友于兄弟"⑲也。历来手足不和，多从利起。昔人有言："父母有事，譬如少生兄弟一人；父母分财，譬如多生兄弟一人。"能三复此言，妇言又何自而生。

冢子宜肩重任

冢子⑳之生，多在父母盛年。及父母生幼子，冢子已届成立，往往所生子女年齿与弟妹相等。贫贱之家，分劳立业，责在冢子，不当以力由己出，区弟妹而贰之㉑。幸为富贵之胄㉒，则受庇独早，子女并承余荫。迨父母衰迈，自宜以受庇之身，庇其弟妹。先图自逸，知有己之子女，不顾父母之子女，父母其能安乎？知其不安，而忍而为此，是可忍也，孰不可忍㉓！

弟当敬事兄长

父兄并称，故谚云："长兄如父。"其年龄既长，其阅历必多。为之弟者，自应受其训诫，敬而事之。凡事禀承，自有裨益。若俨然抗行，是谓不弟，必非福器。

齐家须从妇人起

"齐"之云者，一不一以归于一㉔也。妇自外来，母教不必尽同。一家之中，有一妇不遵家督，不守家范，或服饰鲜妍，或餐起迟晏，便规矩参差，不能画一。往岁与客论《诗》，儿子继坊、继培侍，培方八岁，忽问坊曰："太史采风㉕，不专女子，何以二南㉖之诗，男少于女？"坊无以应。余曰："化㉗男子易，化女子难。至女子皆化，则男子之率教可知。"虽一时臆说，每举以质人㉘，无异辞。姑录之，以谂㉙来者。

妇言不可听

不听妇言，大非易事。盖妇人之性，多有偏蔽，全在为之良人㉚者，随事随时婉转化导，使于大段道理一一分明，自然无礼无义之言不敢轻易出口，故不在禁于既言之后，而在制于未言之先。屡言之而屡不听，则顽者易疲，黠者必恚㉛，渐开反目之端，必戾同心㉜之义。惟相忘于无言，太和之气自在门内矣。

妇人不良咎在其夫

妇人以夫为天，未有不愿夫妇相爱者。屡憎于夫，岂其所性？惟言之莫予违也，驯至喋喋不休㉝。为之夫者，御之以正，无论明理之妇，知所自处。即不甚明理者，亦渐知感悟。故吾谓男子之能孝弟者，其妇必不敢不孝不睦。妇之不良，大率男子有以成之。

女子当教以妇道

妇性不驯，皆由为女子时失教。夫今日之女，他日之人妇也。以其为女而骄纵之，一旦受姑嫜㉞督约，苦不可耐。贤者尚能自勉，不才者必上下交謷㉟矣。语云："百了女做不得一了妇㊱"，可不豫㊲乎！

佳子弟多由母贤

妇人贤明，子女自然端淑。今虽胎教不讲，然子禀母气，一定之理。其母既无不孝不弟之念，又无非道非义之心，子女禀受端正，必无戾气㊳。稍有知识，不导以诳语，引以詈人㊴，后来蒙养较易。妇人不贤，子则无以裕其后，女则或以误其夫。故妇人关系重要。

教子弟须权其才质

子弟才质，断难一致。当就其可造，委曲诲成；责以所难，必致偾事㊵。昔宋胡安国㊶，少时桀骜不可制，其父锁之空室，先有小木数百段，安国尽取刻为人形。父乃置书万卷其中，卒为大儒。大寀细桷㊷，大匠苦心，父兄之教子弟亦然。

子弟勿使有私财

爱子弟辄私以财，此大谬事。天下悖理之行，皆非徒手可为。向余自十六七岁，至三十岁，内外知识未坚，血气未定，凡目之所接，心之所萌，可以丧名，可以败俭者，无不可为。幸囊无一钱，煽诱之所不到，余亦不能与华奢子弟参错为伍，遂由强制以臻自然，得厉名节，不为大人君子所弃。欲求子弟自爱，先不可使有私财。

谨财用出入

不惟寒素之家用财以节，幸处丰泰，尤当准入量出。一日多费十钱，百日即多费千钱，"不节若则嗟若"㊸。富家儿一败涂地，皆由不知节用而起。

财贵能用

"节用"云者，非不用也。特不宜妄用耳。"钱"之义为"泉"，取其流，无取其滞。惟事必需用，故贵有财。若疾病而靳㊹医药，吉凶而断往来，无济于用，与无财何异？且有积之数十年而销之不过数年者，其祖父悭吝过甚，其子孙糜费必多。盈虚之道，历历不爽㊺。

勿贪不义之利

所贵乎有财者，以能为所当为，可得体面也。若义非当，取必越分。悖礼而取之，当其取之之时，怨毒所丛，诟及父母，诅及子孙，体面已伤。此等近利之徒，不过炫裘马[46]饰妻妾，当为之事必不能为。即为父母营养葬，为子孙求田宅，庸人羡之，达人鄙之。不体面又孰甚焉？何如安贫守分，人人敬礼者之为有体面乎！

勿争虚体面

不顾体面，必不知自立。若虚饰体面，则又万万不可。盖体面之说，起于流俗，儒者惟知有心术而已。勉争体面，不得不诡无为有。其弊也，假借子钱[47]斥卖产业，不至水落石出不止流，至末路体面不能终保，将心术亦不能自固矣。是亦不可以已乎！

俭与吝啬不同

俭，美德也。俗以吝啬当之，误矣。省所当省曰俭，不宜省而省，谓之吝啬。顾吝与啬又有辨，《道德经》[48]："治人事天莫如啬。"[49]注云："啬者，有余不尽用之意。吝，则鄙矣。"俭之为弊，虽或流于吝，然与其奢也，宁俭。治家者不可不知。

非俭不能惜福

俭之为益，非仅省财而已，惜福必多。尝见富贵之家，子孙多不肖，或动与疾病相值。勤耕务织者，往往康强，后人亦知守分，暴殄[50]与惜福之别也。昔吾浙有达官宠妾占熊[51]，属吏以珠补绣蟒[52]为献，达官大悦。无识之吏闻风竞起，凡献蟒袍二百余件，皆定制顾绣[53]，其长不逾二尺。余曰："此儿必不育，不则必败其家。"闻者大诧。余曰："蟒袍非常服可比，计二十岁状元及第，三十岁作太平宰相，八十岁荣归，亦不能衣蟒至二百余件之多。今襁褓中遽受此数，恐福已消尽耳。"皆笑余迂阔。不数岁，达官贿败，此儿纳刑部[54]狱。未几病殇。反是以观，则惜福者延龄。古人岂欺我哉！

服用戒过奢

服饰器用，俱视各人自家身分。不自审量，务为逾分之美，不但损福，并足招尤[55]。同侪共耦[56]之中，人皆朴素，我独奢华，即不遭诮谯[57]，亦莫与亲近，为轻薄子所诟，不可也。为长厚人所远，如之何其可。

俭非勤不可

余言："佐治[58]、学治，皆以勤为本。"治家亦然。不惟贫者力食，非勤不可。即富者租息之增减，管钥[59]之出纳，无一不须筹画。婢媪之功，僮奴之课，不历历钩稽[60]，则怠者不儆[61]，劳者无劝，未有不相率而归于惰者。至宾祭[62]酬酢[63]，在在皆关心力。不则，濡迟误事，简略贻讥。胜我者以为慢，不如我者以为骄，慢与骄，咎所由起也。谚曰："男也勤，女也勤，三餐茶饭不求人。女也懒，男也懒，千百万亩终讨饭。"盖谚也，而深于道矣。

妇道尤以勤为要

勤，固男子之职，而妇人尤甚。米薪琐屑，日用百须，男子止能总计大纲。一切筹量赢绌[64]，随时督察，惟妇人是倚。妇人不知操持，必多无益之费。谚有云："盐瓶跌倒醋瓶翻"，一无收束，安能不至千创百孔，甚至贷假、典质[65]，以饰男子观听。往往饶富之户，室已屡空，而主人尚不自知。极于无可补苴[66]，男子亦难自主。故治家之道，先须教妇人以勤。

妇职不可不修

妇人不勤，必且废职。作厌井臼[67]，而莫大于弃针黹、远庖厨。此二事乃妇人要职，富家女视为不屑，綦履[68]属缝妇，粥饭属庖人。主妇坐享其成，物力艰难，一无知识。而婢仆乘机偷盗，茫无检点。且妇职既废，穿衣吃饭外，无所用心，则抹牌观剧，皆越职为之。驯致家索[69]，岂曰天命哉！昔胡偶韩[70]先生（文伯）尝言，守扬州时籍没[71]颍州府王太守泰兴[72]原籍，居室壮丽，百物具备，而独无厨灶。诘之，则门外酒肆领本开张，宅中饔飧食物皆给单支算，不自举火。此自妇人不治中馈，充类以至于尽也。故教妇人以勤，先从缝纫、烹饪始。

妇不宜男当买妾

娶妇著代承祧⑦为重。既不宜,男礼宜置妾。贤明之妇,自知大义。不幸而妇性猜妒,亦当晓以无后之礼。偏于所爱,纵之使骄,曲徇悍妇之私,忍绝先人之祀,生无以对里党,死无以见祖宗,真不可为人,不可为子。

置妾不当取其才色

为宗祊⑦而置妾,非得已也。当择其厚重有福相者,毋以色选,即才艺亦非所尚。盖厚重之人,必能下其正室⑦,有福相可因子贵。矜才者巧,恃色者佻,皆非载福之器,且断断难与正室相安,所系于家道甚钜⑦。

有子勿轻置妾

美女入室,恶女之仇,自古为然。故素相爱敬之伉俪,因妾生嫌,渐致反目,妇已有子,自可毋庸置妾。产贫后富,先贱后贵者,尤所不宜。实于品行有关,不仅室家可虑。

勿使妾操家

吾越⑦作妾,类皆大家婢女。过江吴产,多以室女为之。然亦小家女也,素无姆教⑦。明理达义,百无二三,全赖正室拊循化诲⑦,苟因正室愿朴或衰老,令妾主持内政,必有不知大礼之处,若正室无子,以有子之妾操家,势且尾大不掉⑧,害有不可胜言者,终非其子之幸也。

娶醮妇宜慎

妇人义止从一,故能以夫为天。既已贰之⑧,妇德乖矣,分不宜娶,不待智者而知也。然或家贫而不能备礼,或丧耦而已近衰年,非醮妇⑧莫为之室者,欲延祧祀不得不权宜⑧迁就,大非幸事。此与室女有间,尽可从容访问,以家贫性顺,无子女者为尚。不然,慎毋草草。至贪其媵资⑧,尤为大谬。

无子当立后

无后为大⑧,人尽知之。然往往不肯立后者,一则偏听妇言,虑嗣子⑧不能孝顺；一则嗣子之本生父母攘踞嗣产为己物，反致所后之亲不得顾问，故人以立后为畏。不知一朝怛化⑧⑦，争继争财，喧呶肆起，鬼而有知，虽悔何追。故不幸年老无子，当于昭穆⑧⑧相当之中序立⑧⑨一人，以杜争端，才不才自关家运，腹出子何尝皆克肖⑨⑩哉！

勿以异姓乱宗

立继须择同宗之人，一脉感通方能格享。同姓不宗，已难续祀，何况异姓？《意林》⑨①载《风俗通》⑨②称："周翁仲妻产女，会屠者产男，密以钱易之。后翁仲使见鬼，周光与儿同祭先茔祭所，但见屠儿持刃割肉，别有人带青绶⑨③彷徨东厢不进，妻具陈其事，翁仲曰：'凡有子者，欲承先祖。先祖不享，何用？'遂送还屠家。"近纪晓岚⑨④先生（昀）《槐西杂志》⑨⑤有视鬼者曰："人家继子凡异姓者，虽女之子，妻之侄，祭时皆所生来享，所后者弗来也。凡同族者，虽五服⑨⑥以外，祭时皆所后来享，所生者虽亦来，而配食于侧，弗敢先也。惟于某抱养张某子，祭时乃所后来，享后知其数世前于氏妇怀孕，嫁张生，是子之祖也。"盖异姓之不享，古今一致。不幸无字，当以族子为后。慎勿为妇言所惑，子异姓之子，自斩其祀。

无子可继宜依礼祔食

异姓不可为后，而服属⑨⑦之亲又无可择立，若必执继绝之说强为序继⑨⑧，则怀利⑨⑨者纷起，而争甚谓也。夫承继专为承祭，但使烝尝⑩⑩有属，何庸似续旁求？《礼》有祔食⑩①于祖之文，以丧葬余赀，祔为祖考祭产，俾有后者轮年祔祭，鬼自永不忧馁。息争端而延久祀，莫善于此。

不可求为人后

恩莫重于父子，出为人后，以义裁恩，事难由己。择立之所不及，议立之所不到，而曰："吾应为后"，忘本贪财，不孝极矣。功令先尽同父周亲，次以服制旁推，言其常也。继言嗣子不得于所后之亲，听告官别立贤爱，通其变也。盖谊非天属⑩②，全以义维。故重贤爱，甚于重周亲。既择立、议立，皆非主名，则其不得于所后之亲，情事甚明。虽已立，尚听告官，况犹未立，而欲以势力争之？天道有知，岂能昌后⑩③！

圣天子矜怜无告孀妇[104]立继,听其自主。虽独子,亦所不禁。近来争端渐息,觊利[105]以弃亲者,亦可自惕矣。

祭先宜敬

羊跪乳,乌反哺[106],物犹知本,何况于人!祭先之道,不惟物之致丰,尤贵心之致敬。即力有所绌,不能备物,诚意勿渝[107],先人亦格享之。不然,能邀福佑者,未之有也。

祭产宜豫

贤孝子孙,原不倚产承祭。但子姓繁多,不能尽属有力。万一力不副心,必致奉祀不虔[108]。古人先备祭器,所以敦水源、木本之思也。且祀产不定,则祭之规模皆难豫立。丰俭无常,亦乖礼制。吾族迁萧[109]始祖传世二十有余,计年六百余岁,而历代墓祭至今勿替,祀产之益彰彰矣。

值祭不宜论产

亦有支下子孙以他事废弃祭产。废产者固为不孝,若以产废之故,即诿祭于废产之人,应轮祭而不值祭,坐视先灵之馁,此则视废产者不孝尤甚。盖子孙不致山穷水尽、贫极无聊,必不敢废弃祭产。祭产既废,其不能料理祭祀,大概可知。我尚饔飧足给,而忍俎豆不供,尤而效之,罪莫大焉。是必有善处之方,所当随时斟酌。

宾宴宜洁

自奉不可不俭,以俭待宾,则断断不可。且不必主于丰也。不速之客,家常餐茗亦当以洁为敬。即一顿客饭,而中馈之勤惰可见。

勿淹葬[110]

人有恒言曰:"死者入土为安。"圣人复起斯言不易。顾[111]吾越淹葬之习,恬不为怪。贫者犹曰:"无力。"素封[112]之家,妄求吉壤,月宕岁延[113],有一再传而停柩于堂、厝棺于野者,甚或改卜佳城[114],屡屡迁掘,没者不宁,生者不顺,不知古来发祥大地,其子孙未尝人人富贵。大率获福之人,类能守身敬祖。亦如子孙孝事祖父母、父母者，见爱于祖父母、父母。不孝者不爱也。为人子孙，不自求多福，而借祖父母、父母遗魄为祈福之具，其不获罪于天者，鲜⑮矣。

疾病宜速治

疾起即药，易于见效，因循不治，医师束手。俭啬之人靳于医药，猥曰⑯："死生有命。"夫疾即不死，而抱疾以生，何累如之。治家以勤，勤非康宁不可。故疾病以速治为贵。

婚嫁宜量力

嫁娶之事，动曰颜面攸关。千方百计，典借饰观。无本之流，涸可立待。成婚后，稍不周到，徒费口舌，有因而龃龉者。订姻之初，宜从朴实，勿为媒妁所诳，作重聘厚奁⑰之想，庶无后悔。

相子择妇

相女配夫，古人言之。不知聘妇尤当相子。若子不才而徒希门阀⑱，女子甚贤，自安义命。非然者，天壤之间，乃有王郎⑲。必将薄视其夫，酿为家门之祸。礼聘之始，何可不慎！

攀高亲无益

嫁女胜吾家，娶妇不如吾家，则女子能执妇道。前贤虑事极周。世俗多援系之见，无论嫁娶，总惟胜己者是求。夫富与富接，贵与贵比，人情也。两家地位相当，自尔往来稠密。稍分高下，渐判亲疏，势实使然，贤者不免。故五伦⑳之内，不缀姻亲，气谊浃洽㉑，即为朋友。如不相孚，虽姻何益。

缔姻宜取厚德之家

子孙繁昌，类皆先世积善所致。择婿聘妇，俱望其裕后兴宗。残刻之家，富不可保，贵亦难恃。目前荣盛，转睫凋零。惟恭俭孝友，家风醇谨者，其子女目濡耳染㉒，无浇薄习气，可以为婿，可以为妇。虽境地平常，余庆所钟㉓，必有承其流泽者。

奴婢宜督约

幸有奴婢，足供使令，逸矣。然凡为奴婢，知识多愚，筋骨多懈，非主人董率[124]，鲜能尽分，随才器使。因时督约[125]，须处处精神周到，方可收指臂之助，其劳有过于无奴婢者。若稍耽安逸，听奴婢之自为，弊将错出矣。《袁氏世范》[126]于待婢仆之道，言重词复有以夫。

奴婢不中用宜速遣

奴婢之长，以能护主为上。既不遵约束，或意在他图，急宜邀中遣去。如以身价、雇价未清，勉强容留，愚者爱惜气力，遇事因循；黠者勾串外人，乘机偷盗。家贼难防，闭门养虎，自贻[127]伊戚，悔之晚矣。

奴婢疾病宜善遣

风寒小疾，必无他虑者无论。若病势稍觉可虑，即当邀同中保，交还亲属，量予药资，听其调治。既见待人之厚，兼无意外之虞。一切所用之人，皆当如是。

婢女当养其廉耻

婢亦室女，特其父母贫窭[128]，及幼失所亲，不得自居于室耳。他日或为人妾，或为人妇，总望其有所成就。当于驱使之中，教以闺房之义。事之近于亵者，语之近于狎者，无使见闻。俾知爱惜廉耻，自无荡检逾闲[129]之虑，亦惜福之一端也。

乳媪不宜轻雇

"教儿婴孩[130]"，古训也。富贵之家较贫贱者，尤须加谨。其受害之源，全在乳媪[131]。盖乳媪一流，多单门下户，贪吃懒做者为之。恣儿所欲，固其欢心，至势不可离，辄挟儿为奇货，百方求全，以逞其私。主母以儿故，不得不委曲贪忍，害有不可更仆数者。其恣儿之法：儿有知识，则导之索玩好，求衣食，争好丑，竞多寡。小不如意，教以诟詈[132]泼赖之方。仆从莫之敢忤，日以骄纵，少成习惯。故大家子弟一坏而不可检制。古人养子，原皆自乳，或雇乳则择端良之妇。顾[133]妇之端良者，何可多得？且又安肯为人乳哺？苟非产母缺乳，万不得已，断断不宜雇媪乳儿。不惟可以省气，可以省费，实关于婴儿之成败者不细。

保全节操

妇人嫠居⑭而能矢志不贰，或抚孤，或立后，其遇可矜，其行可敬，虽有遗资，总当善遇。若遭贫窭，更为无告，房族不幸而有是人，必须曲意保全，俾成完行。吾母两太宜人⑮，艰难植节，吾所身亲。具官宁远⑯，习俗不重贞节，会有茂才⑰孀妻，贫难自立，谆谕族长于祭祀中，节赢资膳，坚其壹志。其后他族闻风式法，守节遂多。因知妇人立节，不可不思所以曲全⑱之道。

无志秉节者不可强

秉节⑲之妇，固当求所以保全之矣。其或性非坚定，不愿守贞，或势逼饥寒，万难终志，则孀妇改适⑭，功令亦所不禁，不妨听其自便，以通人纪之穷⑭，强为之制，必有出于常理外者，转非美事。

酒最偾事

酒以成礼合欢，原不可少，耽之必至偾事⑫。且好饮者，多在晚夕，一人衔杯未止，举家停镫⑬以俟。奴仆则伺隙滋弊，厨灶则遗火可虞⑭。故饮酒不可无节，而居家为最。

戏具不宜蓄

赌博之事万不可犯，犯必破家。即一切赌具，亦不可蓄。尝有新年无事，偶尔消闲，子弟相习成风，因之废时荡产。即笙、箫、鼓、板之类，虽非骰、牌可比，然亦足荒正务，总以勿蓄为宜。

架上不可有淫书

淫词艳语，最足坏人心术。子弟成童，天性未漓⑭，尚不至为物欲所诱。日见淫书，必至目摇神荡，不能自制。间或蹈于匪僻⑭，关系甚大。故书架之上，断不可存此等书籍。

田宅交易须分明

典买田产，须确查户贯、字号、段落、四至⑭、界址、佃人⑭、租额，有无典买他处？一一分明。然后凭中立契。屋宅则间数、椽瓦、墙壁、门窗、正路、旁径，以及花木、砖石，凡宅中所有一切，须注载清白。售主当面交割，然后受产⁽¹⁴⁹⁾，自无后患。如或爱得些小便宜，必有余累。弱者累在及身，强者累贻后嗣。十常居其八九矣。

便宜产业不宜受

产业各有时价，正项交关无所谓便宜者。且得业者亏亦不当。妄想便宜，无端而价值比大众较廉，其中必有欺隐、影射、重卖、盗卖等弊。贪小承受，必致讼费不赀⁽¹⁵⁰⁾。或乘人窘急，多方准折⁽¹⁵¹⁾，自谓得计，此则巧取昧心，甚非诒谷⁽¹⁵²⁾之道。前室⁽¹⁵³⁾王宜人尝诵："吃亏时节便宜在，贵买家私受用多"二语，不知所本，义明理足。吾子孙能世世书为座右箴，必有食其报者。

契税不可漏

田产税契，例限一年，漏匿不税，当罚契价一半入官。故不税之契，刁劣卖主得以藉词找贴⁽¹⁵⁴⁾，即为讹诈之由。遇多事地方官、书役，更得借端滋扰，按例议罚，所伤实大。

勿欠额赋

国课早完，民之职也。黠者、疲者，率属户书⁽¹⁵⁵⁾捺搁⁽¹⁵⁶⁾，不即依限完纳。究之延欠，不过半年，终须全完。先费贿托之资，后受差追之扰，是谓至愚。

官项不宜借

官中出借，如生息银两、出陈仓谷之类。初时经承⁽¹⁵⁷⁾传语，未必无些须利益，息价或轻于民间。一经具领，则银有扣折，谷有搀合。领既入官，不得不受，及于邀还官款，加平色⁽¹⁵⁸⁾，加斛面⁽¹⁵⁹⁾，层层吃亏。其或稍逾时日，则追呼随之，至有典鬻⁽¹⁶⁰⁾应比，祸及子孙者。既累且辱，不可不绝之于初。

勿受来历不明之物

此种物事，大概皆过路人赍售。亦有三姑六婆⁽¹⁶¹⁾中转鬻者。急于脱变，价直视寻常稍轻，来历多不可问。草率成交，必贻后患。昔有人以数十文钱买一铜壶，已而官捕查起强盗正赃，辗转根讯，事幸得白，家已全破。故物良价贱，率系来历不明，断断不可贪小承受。

勿贪重息出贷

以本生息，治家者不能不为。然借户奸良不一，最须审察。经纪诚实之人掂斤簸两[162]，子母相权[163]，必不肯借重息作本。其不较息钱，急于告贷者，原无必偿之志。谚所云："口渴吃咸菜卤也"，利上加利，亦所不较。而终归于一无所偿。故甘出重息之户，不宜出贷。

勿因息轻举债

缓急相通，举债亦不能免。要必不得已，而后为之。须先权应借之故，得已即已。或因借主息轻，以为不妨多借，不知多借则多用，已为失算。若出轻息以博重息，从而牟利，则人负我，而我不能负人，尤速贫之道也。

债宜速偿

假债济急，即当先筹偿之之术。与人期约，不可失信。谚云："有借有还，再借不难。"真格言也。因循不果，多至子大于母，则偿之愈难，索之愈急。不惟交谊终亏，势且负累日重。

子孙多产宜分析

累世同居，岂非美事！然众口难调，强之转为不美。盖子多则妇多。妇人之性最难齐一，至孙妇更难矣。产业赀财不为分析，不肖之妇各私所私，费用浩繁。有家长所不能检者，致贫之道即基于此。一朝撒手，兄弟、妯娌疑少争多，必酿家门之祸。《礼》有之："六十曰老。"而传年力就衰，即当手定分书[164]，按股折授[165]，以杜身后衅端。

析产宜酌留公项

呜呼！是言也。余固有为言之也，使为子者皆能以事亲为心。为之亲者何必过虑及此。顾余尝见衰老之人，尽将产业分授诸男。遇有所需，向诸男索一文钱不可得。仰屋咨嗟，束手饮泣。而不肖子孙且曰："老人已日受膳奉，何有用钱之处？"

茹苦[166]莫诉。故既分产，必须自留公项。生则为膳，死则为祭，庶可不致看儿孙眉眼。呜呼！后世受产子孙，读是语而不恻然生孝亲之念者，其能邀福于祖宗乎！

有室有家之男女宜为曲谅

父母之爱其子，岂有穷期！男虽有室，犹若孩提；女虽有家，犹若在室[167]。顾有室即有儿女之事，有家即有舅姑之奉，爱则维均。孝如有别，为父母者，须当曲为体谅，善自譬解，方可无失其慈。不然，鲜不郁而成愤，怒征辞色矣。然女生外向，服且从降，义有专重，分不得齐父母于舅姑，男则何可厚儿女薄父母哉！

嫁女亦须体恤

习俗务为奁送，吾意不以为然。然生女虽不如男，而鞠抚[168]无异。且女子适人，舅姑娣姒[169]间有不能不曲尽其意者，不专恃以顺为正，仪文不至，多为获咎之端。且女子既嫁，止能受庇于父母尔。至兄弟而迹疏矣，至内侄而迹愈疏矣。可以庇而不庇之，使其无可告诉，亦属亏慈。特义须量力。妇人无识，损男以益女，则于情不惬[170]也。

爱怜少子长孙之故

成立之子日与亲远，少子常依膝下，爱所由钟也。父母于子，皆望见其成立。子尚少而身渐老，势恐不及庇之有成，怜所由起也。以怜生爱，以爱增怜，情也，亦理也。成立者以为父母偏爱，忌而疏之，则爱怜愈甚矣。至祖爱长孙，《袁氏世范》以为由少子而推之，此则未然。盖人之性情，大衰老而渐宽，祖之见孙，多在中年以后。孙畏父严，而乐祖宽，常与祖近，祖亦藉以自娱。此其所以爱欤。

勿营多藏

力求储积为子孙计，非不善也。然子孙之贤者，不赖祖父基业。苟其不肖，多财何益！天下总无聚而不散之理。苦求其聚，凡可以自利者，无所不至，阴谋曲构，鬼笑人诅。聚之愈巧，散之愈速。惟勤俭所遗，庶几久远耳。

宜量力赡族

同一祖系，一支富贵，必有数支贫贱，非祖荫有厚薄也。气之所行，盈虚相间，有损始有益，此盛则彼衰，理固然耳。我幸富贵，如之何不念贫贱者？顾富贵无止境，亦无定象。衣食有羡⑰，即为丰饶。俸禄有余，即为充裕。宜俭约自持，节损所赢，以广祖宗之庇。有服之亲无子者，或立后，或祔食，使鬼不忧馁。极贫者，或给资，或分产，使人无失所。高曾以上，则置义田以恤之。昔宋范文正⑫赡族义田⑬，至今弗替。其规模宏远，虽万难几及，然自就己力，量赢筹办，为平地一篑⑭之基，何患无继起以成其美者！必待甚有余而后为之，则终无为之之日矣。吾祖无百亩之户，公事动多掣肘，仁术一无可行。余凤锲于中⑮，而佐幕⑯食贫，窃禄未久有志焉，无能为也。后有贤达者，尚其念旃⑰。

宜储书籍

"遗金满籯，不如一经"⑱，古人所以称书为良田也。暴发之户，非无秀彦⑲，苦于无书可读，虚负聪明。为父兄者，早为储蓄，俾知开卷有益之故。中人以上，固可望为通儒；中人以下，亦可免为俗物。或谓书非急需，急而求售，必亏原直。呜呼！是薄待子孙之说也。子孙至于售书，不才极矣。以购书之资置产，终归罄荡⑳。若其才者，则读家藏书籍，大用大效，小用小效，又岂必以资产为凭藉哉！

造宅不宜过丽

宅取安居，惟坚朴者可久。子孙贤才，自能别恢基业。如系中人之质，必使力易葺治，方无倾圮㉑之患。盖居是宅者，不必皆无力也。丁口繁多，有一二人力不能齐，即难一律整顿。每见世家大族，其门户厅堂，往往剥落，以葺治之不易也。故造宅不宜过丽。乾隆十八年㉒，武进㉓布商张氏，承买藉没㉔张藩司㉕（括）之青山庄别墅，毁拆花木亭台，得直缴官，而以庄地为蔬圃。当时群讶其俗。迨二十一年，总督㉖尹公按部常州㉗，欲至庄揽胜，闻庄废而止。假令别墅犹存，则为当道游观之所，转须时时葺治，重贻后累㉘。知此义者，庶可治家。

长斋拜经宜戒

衰翁老妇，嫁婚事毕，藉诵佛号，消遣岁日，亦爱养精神之一端。至特杀本所当戒，托茹素以全物命，未为不可。有等愚暗之人，妄听僧尼簧鼓㉙，男既诵经拜佛，女复长斋礼忏，甚至妇废蚕织，深扃㉚佛堂之内，目蓐室㉛为暗房。姑不恤妇，姒不顾娣，少妇免身，一切付之蓐母㉜，有酿成大患者。菩萨慈悲，岂忍致是！吾祖母，吾二母，俱恪守妇行，不信长斋，不礼经卷，考终备福，可知皇天与善，在此而不在彼。家法具在，慎毋为邪说所摇。

女尼宜绝其往来

三姑六婆，先民所戒，尼姑一种，尤易惑人。裙钗无识，爱闻祸福之谈。此辈莠言[103]，可人托经卷为名，鼓舌摇唇，诳财骗物，兼致婢媪之类亦被煽蛊，不惟耗财，终且滋事。故宜早防其渐，禁止往来。

【注释】

① 儳（chàn）焉：不安宁。韩愈文："患言讷词直，辛事不成，徒使其躬儳焉而不终日"。
② 几谏：《论语·里仁》中几谏的章节。
③ 紫阳：朱熹之父曾读书于此，朱熹为纪念其父，给自己的听事堂题名为"紫阳书堂"。后人以"紫阳"称朱熹或朱子之学。
④ 怼（duì）：抵触、对抗。引申为怨恨。《广雅》："怼，恨也。"
⑤ 耦：通"偶"。配偶。
⑥ 畛（zhěn）域：范围，界限。《庄子》："泛泛乎其若四方之无穷，其无所畛域。"
⑦ 间（jiàn）：离间，挑拨，使人不和。
⑧ 约饬：亦作"约勒""约敕"。《明史》："约饬将士，毋得张贼声势。"约束教导。
⑨ 向使：假使，假令。《后汉书》："向使臣退军官渡，绍必鼓行而前。"
⑩ 妇：此指儿媳。
⑪ 茕（qióng）茕：孤独无依的样子。《诗经·小雅·正月》："忧心茕茕，念我无禄。"
⑫ 蠚（xī）：伤痛其心。
⑬ 推诚共白：诚信待人，坦白无私。
⑭ 龃龉（jǔ yǔ）：牙齿上下不合，比喻意见不合，话不投机。
⑮ 肆论：放肆地谈论。
⑯ 舅姑：丈夫的母亲，即公婆。
⑰ 忤（wǔ）：违反、抵触、不顺从。《柳毅传》："复忤宾客。"
⑱ 参商：指参星和商星，二星在天空此出彼没，彼出此没，不能同出同没。比喻双方对立、隔绝、亲友互不来往。杜甫诗："人生不相见，动如参与商。"
⑲ 此句出自《尚书·君陈》，意为唯有孝顺父母，方能友爱兄弟。
⑳ 冢（zhǒng）子：嫡长子。《礼记》："父没母存，冢子御食。"
㉑ 贰之：对待自己的子女及弟妹，怀有二心。

㉒ 胄：从由从月，头盔。引申为受保护的帝王或贵族的子孙。
㉓ 此句出自《论语·八佾》："孔子谓季氏八佾舞于庭，是可忍，孰不可忍也。"意为如果这样的事都可容忍，还有什么不能容忍，形容不可容忍到极点。
㉔ 一不一以归于一：首"一"指一家。第二个"一"指一致。第三个"一"指统一。意为一家的一切不一致处，应归于统一。
㉕ 太史：官名。西周、春秋时太史掌起草文书、策命诸侯卿大夫、记载史事等。隋改太史监，唐改太史局，又改司天台。明、清均称钦天监。采风：古代民歌为"风"，故称搜集民间歌谣为"采风"。
㉖ 二南：《诗经·国风》中《周南》《召南》的合称，共二十五篇，其多为男女爱情之歌。
㉗ 化：教化。
㉘ 质人：请人评判。
㉙ 谂（shěn）：规谏、劝告。
㉚ 良人：丈夫。
㉛ 黠（xiá）：聪慧、机灵。韩愈文："驱我令去，小黠大痴。"恚（huì）：怨恨、愤怒。《说文解字》："恚，恨也。"《广雅》："恚，怒也。"
㉜ 戾（lì）：违背，违反。同心：齐心，志同道合。
㉝ 喋喋不休：说话没完没了。
㉞ 姑嫜（zhāng）：即公婆。
㉟ 交鏊（zhōu）：互相龃龉，不团结。
㊱ 百了女做不得一了妇：精明能干的女子，不一定能做好媳妇。
㊲ 豫：预防。
㊳ 戾（lì）气：邪恶之气，凶残之气。
㊴ 詈（lì）人：骂人。
㊵ 偾（fèn）事：败事。
㊶ 胡安国：字康侯，福建崇安人，北宋学者。官任中书舍人兼侍讲、宝文阁学士。谥号"文定"。著《春秋传》《通鉴举要补遗》等。
㊷ 大栾（máng）：即房屋的大梁。细桷（jué）：精致的方形椽子。大木为栾，细木为桷。
㊸ 此句出自《易·节》，意为不能节制，则嗟叹伤悔。
㊹ 靳：吝惜、吝啬。
㊺ 历历不爽：分明可数，没有差错。
㊻ 此句出自《论语·庸也》："赤之适齐也，乘肥马，衣轻裘。"裘马：皮衣肥马。形容生活奢侈。
㊼ 子钱：贷款之利息。
㊽ 道德经：书名，即《老子》，亦称《老子五千文》。老子李耳著，道家的经典著作。

㊾ 此句出自《道德经》第五十九章。

㊿ 暴殄：任意浪费，糟蹋。

(51) 占熊：占卜为“熊”。《诗经·小雅·斯干》：“大人占之，维熊维罴，男子之祥。”郑玄注：“熊罴在山，阳之祥也，故为生男。”占熊指生一个有吉祥之兆的男孩。

(52) 珠补绣蟒：缀有珍珠、绣有蟒蛇图案的华贵官服。

(53) 顾绣：又称“露香园顾绣”，中国传统刺绣工艺之一。起源于明代上海顾名世家而得名。

(54) 刑部：掌管刑法、狱讼事务的官署，属六部之一。似今之公安部厅局。

(55) 招尤：自取其辱。

(56) 同侪（chái）：同辈。共耦：共同生活。

(57) 诮谑（xuè）：责备和取笑。

(58) 佐治：辅助治理政事。

(59) 管钥：钥匙。引申为管理钱物。

(60) 钩稽：考察审核。

(61) 儆（jǐng）：使人警醒，不犯错误。《说文解字》：“儆，戒也。”成语“以儆效尤”。

(62) 宾祭：按礼俗祭祀祖先。

(63) 酬酢（zuò）：宴请敬酒，主敬客曰“酬”，客还主曰“酢”。

(64) 赢绌：赢，有余。绌，不足。

(65) 典质：用实物作抵押。

(66) 补苴（jū）：补缀，缝补。刘向文：“今民衣敝不补，履决不苴。”

(67) 井臼：打水舂米。指妇女的家务劳动。

(68) 綦（qí）履：服装和鞋。

(69) 家索：家中一切浪费殆尽。

(70) 胡偶韩：胡文伯，号偶韩，山东海阳人。清代官员，任训导、知州、知府等。

(71) 籍没：没收财物归公。

(72) 泰兴：在今江苏省泰兴市。

(73) 承祧（tiāo）：承奉祭祀祖先的宗庙。后指承继为后嗣。

(74) 宗祊：宗庙。后世祭祖先的处所。

(75) 下其正室：谦让于丈夫的嫡妻。

(76) 甚钜：钜通“巨”。非常大。

(77) 越：古越为今浙江北部。作者是浙江萧山人，故称“吾越”。

(78) 姆教：家庭女师的教诲。

(79) 拊循化诲：安抚感化之教诲。

(80) 尾大不掉：比喻下属实力强大，难以驾驭，而指挥不灵。

(81) 贰之：不专一。此指妇女再嫁。

㉘ 醮（jiào）妇：再嫁妇女。

㉝ 权宜：暂时的办法。权宜之计。

㉞ 媵（yìng）资：女子出嫁时陪送的财物。

㉟ 无后为大：古俗语："不孝有三，无后为大"，无继承人是最大的不孝。

㊱ 嗣（sì）子：旧时无子者以同辈兄弟或他们之子过继，称"嗣子"。

㊲ 怛（dá）化：意为见人垂死，不去惊动他。后亦称死亡为"怛化"。

㊳ 昭穆：泛指家族的辈分。见前注p736㉗。

㊴ 序立：依序确立。

㊵ 克：此处引申为才质好。肖：相貌相似。

㊶ 意林：书名。唐·马总编。南朝梁·庾仲容取周、秦以来诸家杂记一百零七家，摘录其要语，辑成三十卷。马总以为繁略失当，加以增删，取名《意林》。

㊷ 风俗通：书名。即《风俗通义》。汉·应劭撰，三十卷。

㊸ 青绶：青色印带。汉代御史大夫位上卿，银印青绶。此指青绶之官。

㊹ 纪晓岚：纪昀，字晓岚，一字春帆，今河北献县人。清学者、政治家、文学家。乾隆进士。官至礼部尚书、协办大学士。能诗及骈文。有《纪文达公遗集》《槐西杂志》等。

㊺ 槐西杂志：书名。纪昀撰，共四卷。记述轶文杂事，是笔记体著作。

㊻ 五服：旧时的丧服制度，分斩衰、齐衰、大功、小功、缌麻五种，通称"五服"，以示亲疏。

㊼ 服属：五服之内亲属。

㊽ 序继：按次第排列继嗣。

㊾ 怀利：指心中藏有贪恋财物的企图。

⑩ 烝（zhēng）尝：冬祭曰烝，秋祭曰尝。泛指祭祀。

⑪ 祔食：新死者与先祖合享祭祀。

⑫ 天属：有血缘关系的直系亲属。

⑬ 昌后：使后代兴旺发达。

⑭ 孀（shuāng）妇：寡妇。

⑮ 觊（jì）利：希望得到的私利。柳宗元："父兄鬻卖，以觊其利。"

⑯ 羊跪乳，乌反哺：羊羔跪着吃奶，是感激母羊的哺乳之恩。小乌鸦长大后会觅食喂养老乌鸦。《百孝经》诗后尚有："羔羊跪乳尚知孝，乌鸦反哺孝亲颜。为人若是不知孝，不如禽兽实可怜。"

⑰ 渝：违背。

⑱ 虔（qián）：虔诚，恭敬。

⑲ 萧：指浙江省杭州市萧山区。

⑩ 淹（yān）葬：拖延葬期，久久不营葬。
⑪ 顾：但，然而。
⑫ 素封：无官爵封邑而拥有资财的富人。
⑬ 月宕（dàng）岁延：指岁月时间长久。宕，拖延。
⑭ 佳城：风水好的墓地。
⑮ 鲜：非常少。成语"鲜为人知"。
⑯ 猥曰：错误地说。
⑰ 奁（lián）：镜匣。此指女子出嫁的嫁妆。
⑱ 门阀：门第和阀阅的合称。指古代的世代显贵之家。
⑲ 天壤之间，乃有王郎：《晋书·列女传》载，晋代名媛谢道韫嫁王羲之的儿子王凝之，谢才华高于王，谢不称意，叔父谢安慰解之。道韫曰："不知天壤之中，乃有王郎！"王郎即王凝之。郎，称丈夫。后因称妇女对所嫁丈夫不满意为抱"天壤王郎"之恨。
⑳ 五伦：儒家称君臣、父子、夫妇、兄弟、朋友之间的五种人伦关系和忠、孝、悌、忍、善五种言行准则。又名"五常"。
㉑ 浃洽：和谐，融洽。唐代权载之文："威慧交修，上下浃洽。"
㉒ 目濡（rú）耳染：亦作"耳濡目染"。形容耳朵经常听到，眼睛经常看到，不知不觉受到影响。韩愈文："目濡耳染，不学以能。"
㉓ 余庆所钟：余福惠及后人。钟，聚，集。
㉔ 董率：督查统率。
㉕ 督约：监督约束。
㉖ 袁氏世范：书名。南宋·袁采著。被称为《颜氏家训》之亚。本书收录，请读者参阅。
㉗ 贻（yí）：遗留，留下。《诗经·周颂·思文》："贻我来牟。"
㉘ 贫窭（jù）：贫困。
㉙ 荡检逾闲：行为放荡，不守礼法，并越过范围和规章。
㉚ 教儿婴孩：出自《礼记·内则》。意为教育后代必须从婴儿而起。
㉛ 乳媪：乳母，奶妈，奶娘。
㉜ 诟詈：辱骂。
㉝ 顾：不过。
㉞ 嫠（lí）居：寡居。
㉟ 两太宜人：宜人，古代妇人因丈夫或子孙任高官而得的一种封号。两太宜人，是作者对其嫡母和亲母的尊称。
㊱ 宁远：地名。今湖南省宁远县。

⑬⑦ 茂才：即秀才。东汉时为避光武帝刘秀名讳，改秀才为茂才。后也有称秀才为茂才。
⑬⑧ 曲全：委曲求全。勉强迁就，求得事情的完成。
⑬⑨ 秉节：保持节操，谨慎稳重。
⑭⓪ 改适：改嫁。《北齐书》："越姥因尔改适，生子数人。"
⑭① 人纪之穷：立身处世的道德规范之终结。穷，终极。
⑭② 偾（fèn）事：败事，坏事。《礼记》："一言偾事，一人定国。"
⑭③ 镫（dēng）：古代盛放熟食的器皿。
⑭④ 可虞：使人忧虑。
⑭⑤ 未漓：尚未消失。漓，同"离"，消失。
⑭⑥ 匪僻：邪恶，不正，邪僻。《大学衍义》："勿令左右近习诱以匪僻。"
⑭⑦ 四至：土地术语。指田地、住宅或墓地四个方位与相邻土地的交接界线。
⑭⑧ 佃人：佃户，租种地主田地的农民。
⑭⑨ 受产：指典买人接受所买田产。
⑮⓪ 不訾（zǐ）：不可计算和估量。
⑮① 准折：折价。
⑮② 诒谷：孙志祖，字诒谷，号约斋。浙江杭州人。乾隆进士，官御史。著有《读书脞录》《家语疏正》《文选考异》《文选李注补正》等。
⑮③ 前室：前妻。此指作者前妻。
⑮④ 贴：通"帖"。文书。此指买卖双方订的契约。
⑮⑤ 户书：类似于现在的"户口簿"。
⑮⑥ 捺搁：往后延续，搁置。
⑮⑦ 经承：又名承差。清代各部院役吏的总称，分供事、儒士、经承三类。
⑮⑧ 平色：平，指银量轻重；色，指银质高下。合指银的质量。古代用生银买卖兑换，必须兼计平色。
⑮⑨ 斛（hú）面：斛，量器名，亦容量单位。古代以十斗为斛。斛面，指量器盛粮的满缺，是官吏收赋粮时的一种额外聚敛。
⑯⓪ 典鬻（yù）：典押出卖。旧指活卖，约定期限，到期可赎回，不同"绝卖"。
⑯① 三姑六婆：三姑指尼姑、道姑、卦姑。六婆指牙婆、媒婆、师婆、虔婆、药婆、稳婆。"三姑六婆"比喻旧时不务正业的妇女。
⑯② 掂斤簸两：簸，亦作"播"。掂斤簸两，较量轻重。常比喻在琐事上斤斤计较。
⑯③ 子母相权：子，子钱，借贷之利息；母，母钱，借贷之本钱；权，比较。子母相权，借贷的利息与本钱相权衡比较。
⑯④ 分书：子孙分割祖先遗产时所立契据。
⑯⑤ 折授：折算授给。

⑯ 茹苦：忍受悲苦。茹，忍受。
⑯ 在室：古时女子未嫁，或已嫁而遭遣回娘家，并称"在室"。后来一般称未结婚为"在室"。
⑯ 鞠抚：养育抚养。
⑯ 娣姒：妯娌。弟兄之妻的合称。
⑰ 惬（qiè）：恰当，合适。
⑰ 羡：剩余，有余。
⑰ 范文正：即范仲淹，见前注p641注㉒。据《义田记》载，范仲淹方显贵时，购置良田数千亩，专用于赡养接济族人或鳏寡孤独，或供嫁娶丧葬及读书缺资者用。实为义田之首创。
⑰ 义田：为供养祖先或帮助贫困者所置的田产。
⑰ 一篑：一筐土。
⑰ 夙锲（qiè）于中：早已铭刻在心中。
⑰ 佐幕：指在官署幕府中担任职务者。
⑰ 旃（zhān）："之焉"的合音，在此相当于"之"。
⑰ 此句出自《汉书·韦贤传》："遗子黄金满籯，不如一经。"《三字经》收载："人遗子，金满籯，我教子，唯一经。"
⑰ 秀彦：出众的人才。《晋书》："诗中孔恂、王恂、杨济同列，为一时秀彦。"
⑱ 罄荡：荡然无存。
⑱ 倾圮（pǐ）：倒塌，坍毁。
⑱ 乾隆十八年：1753年。
⑱ 武进：今江苏省常州市武进区。
⑱ 藉没：没收财产入官。藉，通"籍"。
⑱ 藩司：官名。明、清时布政使别称。主管一省人事与财务。
⑱ 总督：官名。清代地方最高长官。
⑱ 常州：今江苏省常州市。
⑱ 重（chóng）贻后累：重新给后代留下负担。
⑱ 簧鼓：笙竽皆有簧，吹之则出声。比喻以花言巧语迷惑人。
⑲ 扃（jiōng）：关门闭户。《说文解字》："扃，外闭之关也。"
⑲ 蓐（rù）室：产房之旧称。
⑲ 蓐母：接生婆，今产科医生。
⑲ 莠言：丑恶之言。《诗经·小雅·正月》："好言自口，莠言自口。"毛注："莠，丑也。"

卷四
应世
勿欺

天下无肯受欺之人，亦无被欺而不知之人。智者，当境即知；愚者，事后亦知。知有迟早，而终无不知。既已知之，必不甘再受之。至于人皆不肯受其欺，而欺亦无所复用；无所复用，其欺则一步不可行矣。故应世之方，以勿欺为要，人能信我勿欺，庶几① 利有攸往②。

处事宜小心

事无大小，粗疏必误。一事到手，总须慎始虑终，通筹全局，不致忤人累己，方可次第施行。诸葛武侯③万古名臣，只在小心谨慎。吕新吾④先生坤《吕语集粹》曰："待人三自反，处事两如何。"⑤ 小心之说也。余尝书以自儆，觉数十年受益甚多。

大节不可迁就

一味头方亦有不谐，时处些小通融，不得不曲体人情。若于身名大节攸关，须立定脚跟，独行我志。虽蒙讥被谤，均可不顾。必不宜舍己徇人，迁就从事。

宁吃亏

俗以"忠厚"二字为"无用"之别名，非达⑥话也。凡可以损人利己之方，力皆能为而不肯为。是谓宅心忠待物厚，忠厚者，往往吃亏，为儇薄⑦人所笑。然至竟不获大咎。林退斋⑧先生遗训曰："若等只要学吃亏。"从古英雄只为不能吃亏，害多少事？能学吃亏充之，即是圣贤克己工夫。

勿图占便宜

譬如路分三条，中为公，甲行其左，乙行其右，各相安也。甲跨中之左半，乙犹听之。跨至中之右半，乙纵无言，见者诧矣。若并乙之右一条而涉足焉，乙虽甚弱，不能忍也。倘遇两强，安能不竟至相竞，而曲直判，是非分，甲转无地可容。"占便宜者失便宜。"千古通论。

勿任性

不如意事常八九。事之可以竞气者，多矣。原竞气之由，起于任性。性躁则气动，气动则忿生，忿生则念念皆偏。在朝、在野，无一而可。到气动时，再反身理会一番，曲意按捺，自认一句不是，人便气平；让人一句是，我愈得体。

遇横逆尤当忍耐

凶狠狂悖之徒，或事不干己无故侵陵，或受人唆使借端扰诈⑨，孟子所谓"横逆"也。此等人廉耻不知，性命不惜，稍不耐性，构成衅端，同于金注⑩，悔无及矣。须于最难忍处，勉强承受，则天下无不可处之境。曩馆长洲⑪时，有丁氏无赖子，负吴氏钱，虑其索也，会妇病剧，负以图赖，吴氏子斥其无良，吴氏妇好语慰之，出私橐赠丁妇，丁妇属夫急归，遂卒于家。耐性若吴氏妇，其知道乎！

让人有益处

且横逆者未尝无天良也，让之既久，亦知愧悟。遇有用人之处，渠未必不能出力。

断不可启讼

不惟官断十条路，难操胜券也。即幸胜矣，候批示，劳邻证，饶舌央人，屈膝对簿⑫，书役之需索，舟车之往来，废事损财，所伤不小。总不如忍性耐气，听亲党调处，归于无事。彼激播唆讼者，非从中染指，即假公济私。一被摇惑，如纵孤舟于骇浪之中，彼第立身高岸，不能为力。胜则居功，负则归过于本人无用，断不可听。

勿斗争

逞一朝之忿，忘其身以及其亲。圣训切著，有理不在高声。争且不必，况斗乎？余阅事数十年，凡官中命案，不必多伤，亦不必致命也，偶然失手，便为正凶。故争竞之时，万万不可举手挞人。

言语宜慎

多言宜戒,即直言亦不可率发。惟善人能受尽言,善人岂可多得哉!朋友之分,忠告善道。善道云者,委婉达意与直言不同,尚须不可则止。余素戆直,往往言出而悔。深知直言未易之故。若借沽直之名,冷语尖言,讦⑬人私隐,心不可问,贾祸亦速,又不在此例。古云:"出口侵人,要算人受得"。又曰:"伤心之语,毒于阴兵。"⑭非阅历人,不能道也。

小人不可忤

与君子忤,可以情遣,可以理谕,谅我无他,不留嫌怨。小人气质,用事志在必胜。忤之则隐怒不解,必图报复。故遇小人无礼,当容以大度。即宜公言,亦须稍留余地,庶不激成瑕衅。

嫉恶不宜太甚

余性褊急,遇不良人,略一周旋,心中辄半日作恶。不惟良友屡以为诫,即闺人亦尝谆切规谏。临事之际,终不能改。比读史至后汉党锢⑮,前明东林⑯,见坐此病者,大且祸国,小亦祸身。因书圣经:"人而不仁,疾之已甚,乱也。"⑰十言于儿,时时寓目警心,稍稍解包荒⑱之义。涵养气质,此亦第一要事。

善恶不可不分

然善恶之辨,断不可小有模糊。或曰:皂白分则取舍严,取舍严则门户立,非大度之说也。曰:不然。不知而徇之,谓之闇⑲;知而容之,谓之大度。闇则为人玩矣。毋显受人玩,宁佯受人欺。

勿苛人所短

此即使人以器之道也。人无全德,亦无全才。鸡鸣狗盗⑳之技,有时能济大事。但悉心自审,必有能、有不能,自不敢苛求于人。故与人相处,不当恃己之长,先宜谅人之短。

勿过刚

刚为阳德。正人之性，大概多刚。然过刚必折，总非淑世淑身[21]之道。千古君子为小人谗陷，率由于此。当为受者层层设想，使其有以自容，则宽柔以教，原不必全露锋棱[22]。

遇事宜排解

乡民不堪多事，治百姓当以息事宁人为主。如乡居，则排难解纷为睦邻要义。万一力难排解，即奉身而退，切不可袒摰[23]激事。如见人失势，从而下石，尤不可为。为者，必遭阴祸[24]。

勿预人讼事

切己之事尚不宜讼事，在他人何可干预？如邻佐干证之类，断断不宜列名。盖庭鞫[25]时语挟两端，则易遭官府诃遣。公言之，必与负者为仇，大非保身之哲。

勿轻作居间

姻族中遇有立继、公议之事，于分于理不能自外者，不得不与。即不得已而讼案有名，亦不得不昌言[26]。此有公议可凭，非一人所得偏也。若事关田产资财，恐有未了者，总不宜与事居间[27]，后干讼累。至官司交易，一涉银钱，便为赃私过付，牵连获罪，尤当避而远之。

势力不可恃

恃势逞力，必有过分之事，损福取祸，万万不可。谚云："有一日太阳晒一日谷。"又云："有尺水行尺船。"皆刻薄语也。有太阳时，须算到阴云霖雨；有水时，须算到河流浅涸，自不敢恣所欲为。能以礼下人，全在有势力时，若本无势力可倚，不得不畏首畏尾，非让人也。天道恶盈，凛之哉！

信不可失

以身涉世，莫要于信。此事非可袭取，一事失信，便无事不使人疑。果能事事取信于人，即偶有错误，人亦谅之。吾无他长，惟不敢作诳语。生平所历，愈尤不少,然宗族姻党㉘,仕宦交游,幸免龃龉。皆曰某不失信也。古云:"言语虚花,到老终无结果。"如之何弗惧!

勿傍人门户

他人位高多金,与我何涉?依门傍户㉙,徒为识者所鄙。且受恩如受债,一仰人鼻息,便终身不能自振。惟竖起脊骨,忍苦奋厉,方为有志之士。

勿贪受赠遗

势当穷迫无路,亦不得不藉人援手。无论姻亲、朋友,望其提携,切不可受其遗赠。盖品题作佳士,在人不费,在我有益。世无乐于解橐者。至靳㉚我以言,酬我以资,其情分尽矣。断不能再为发棠㉛之复。是受一人惠,即绝一人交,不可误贪近利。

贫贱勿取厌亲友

贫贱之人,仆仆于富贵亲友之家,纵一无干求见之者,总疑其有所请乞。且地处富贵,类无闲空工夫。我以闲散之身,参伍㉜其间,原不免有众里嫌身㉝之状。久则厌生,或为同辈所轻,或为阍人㉞所慢,甚无谓也。

富贵勿薄视姻邻

生女无人道喜,载生男子,姻邻并贺,非贱女而贵男也。谓女生外向,而男子兴宗,荣可旁及也。原思辞禄,夫子即教以与邻里乡党,其义甚明,幸而得志,当存此心。如倚势以逞,至邻党寒心,姻亲侧目,未有不速祸者。刻薄之名,又其余事已。故身处富贵,遇单微㉟戚友,必须从优礼款,并训约子弟、僮仆,不许稍有亵狎㊱,俾可久远往还,以尽笃亲㊲重故之谊。

须予人可近

春夏发生,秋冬肃杀,天道也。惟人亦然。有春夏温和之气者,类多福泽;专秋冬严凝之气者,类多枯槁。固要岩岩特立,令人不可干犯,亦须有蔼然气象,予人㊳可近。孤芳自赏,毕竟无兴旺之福。

失意人当礼遇

趋炎附势，君子不为。然热闹场中遇落寞人，多不暇照应。不知我目中无彼，而彼目中有我，淡泊相遭即似有心倨侮㉟。余年十四五时，身孤貌寝㊵，家难多端，几不为宗亲齿。数山阴㊶李惟一先生，族姑夫也，一见相赏，谓"孺子不凡"，辄有知己之感，益自奋励，至今犹常念之。故生平遇失意人及孤儿、寒士，无不加意礼遇，亦有无意中得其力者。俗传："锦上添花，不如雪中送炭。"言近指远㊷，当百复㊸也。

保全善类

浇薄㊹之徒，恶直丑正，非其同类，多被谤毁，受摧折。专赖端人君子为之调护扶持。遇此种事务，宜审时察势，竭力保全；切勿附和随声，致善类无以自树。事之关人名节者，更不可不慎。

敬官长

朝廷设官以治尊卑相统。不特富户、平人当守部民之分，即曾居显宦，总在地方官管内，礼宜谦恭致敬。俗所谓"宰相归来拜县门"也。若身在仕途，亦宜约敕㊺子弟、家人，谨遵法度。投鼠忌器㊻之故，不可不知。万不可被里人怂恿，把持抗阻，为官长之所憎嫉。

勿交结官长

仕路最险。同官为寮，可以公事往来。宦成退居，已不必与地方官晋接。若分止士庶，断不宜交结官长。盖略与官近，易为乡里属目㊼。即不敢小有干预，而姻友之涉讼者，不无望其盼睐㊽。谢而绝之，嫌怒遂生，彼不知自慎，以致身败名裂，更无论已。

睦邻有道

望衡对宇，声息相通，不惟盗贼、水火呼援必应，即间有力作之需，亦可借佽将伯㊾。若非平时辑睦，则如秦人㊿视越人[51]之肥瘠矣。辑睦之道：富，则用财稍宽；贵，则行己尽礼；平等，则宁吃亏，毋便宜。忍耐谦恭，自于物无忤。虽强暴者，皆久而自格。

受恩不可不报

士君子欲求自立，受恩之名，断不可居。事势所处，不得不受人恩，即当刻刻在念，力图酬报。如事过辄忘，施者纵不自功，亦问心有愧。

索债毋太急

负债须索，常情也。其人果力不能偿，亦勿追求太急。迫之于穷懦者，典男鬻女㊷，既获罪于天。强者，征色发声，亦取怨于人。甚有抱惭无地酿成他故者，不可不虑。

贷亲不如贷友

炎凉之见起于至亲。倘境处贫困，向富戚告贷，我原意在必偿，彼先疑我必赖。以必偿之债，被必赖之名，无论未必肯贷。即肯贷矣，其声音笑貌总有一种夷然不屑㊸光景。自爱之士，谁能堪此！且十年消长不一，他日有求于我，稍不遂意，辄以前事相苛。余为童子时，闻邻家有先世叨亲戚之助，至其子孙尚苦訾议者，故向当奇穷之日，每从朋友通融，不烦亲戚假借。盖朋友有通财之义，果称相知，自关休戚。既偿之后，无他口实。故存必偿之念者，贷于亲，不若贷于友。

宜量友力

然竭人之忠，尽人之欢，则又不可。虽密友至交，前通㊹未偿，必不宜再向饶舌。即我处必贷之势，亦先须权友之是否能贷。倘友实力有不及，而我必强以所难，安得不取憎于人！

讳贫伪贫皆不必

富少贫多，古今一致，故士以安贫为贵。然非佚居无事也，特不肯为悖理远天之事耳。有道而贫，儒者所耻，自当劼㊺躬循分，求可免于长贫。若以贫为讳，将饰虚为盈，必致寡廉不顾。至实已不贫，而伪为贫状，此在居家则欲疏亲简友。在居官则图亏帑婪赃㊻。鄙哉！不足道也。

受怜受忌皆不可

我丈夫也，何事可不如人而下气低头、乞人怜我，耻乎不耻！若才智先人，事事欲求出色，则锋棱太露，为人所忌，必至获咎。故受怜不可，受忌亦不可。

与人共事不可不慎

不幸与君子同过，犹可对人。幸与小人同功，已为失己。况君子必不诿过，小人无不居功。与人共事，何可不慎！故刚正若难逢时而坚守不移，终为人重。唯阿似易谐俗⑤⑦，而得中无主，卒受人愚。欲处处讨好，必处处招尤。乡愿⑤⑧固不可为，亦不易为也。

勿破人机关

此远怨之道也。一切财利交关、婚姻撮合、至亲密友相商，自应各以实告。如事非切己，何必攻瑕讦隐⑤⑨，破人机关！昔有愿人为盗诬引⑥⑩，屡质不脱，莫知所由。久之身以刑伤，家以讼破。盗始曰："吾今仇雪矣。某年除夕，吾鬻缸已售，汝适路过，指缸有渗漏，售主不受，吾无以济用，因试为窃，后遂滑手为之，致有今日。非汝，吾缸得鬻，岂为盗哉！"呜呼！天下有结怨于人，而己尚懵然者，大抵自口召之。金人之铭⑥①，可不终身诵欤！

知受侮方能成人

为人所侮，事最难堪。然中人质地快意时，每多大意，不免有失。无端受侮，必求所以远侮之方。遇事怕错，自然无错。逢人怕尤，自然寡尤。事事涵养气度，即处处开扩识见。至事理明彻，终为人敬礼。余向孤寒时，未知自立，幸屡丁家衅，受一番侮，发一回愤，愈侮愈愤，黾勉⑥②有成，故知受侮者方能成人。

老成人不可忽

少年之人惟天分颖异者，见理早彻，处事能周。如非过人之质，类多血气用事，壮往致悔。涉历一番，则精细一番。故持重之说，专归老成。不独学问中人，即野叟鄙夫，阅事既多，识议亦时中肯綮⑥③。谚云："若要好，问三老⑥④。"大舜⑥⑤之察迩言⑥⑥，诗人⑥⑦之询刍荛⑥⑧，非务乎其名也。言出老成人，须反覆寻绎，不可以其易而忽之。

先友宜敬事

先人取友，必有数事相契，方与定交。其言论、风采，亦必有与先人相类之处。手泽犹珍，况先友乎！余不幸少孤，不逮事父，吾父执友一无识面。年十八，授徒郡城，遇山阴会稽先辈，询及吾父名号，肃然敬对。有曰向曾同文会者，有曰向尝共师门者。余皆谨执犹子⑩之礼。或以为太过，余曰："先人既蒙垂念，非友而何？敬父执即所以尊吾父也。"至今念之此意，差可上质⑩先人。

故人子宜念

读嵇叔夜⑪《绝交书》，令人气结。彼所谓交本非义合，无怪其然。果以文字相知，性情相洽，非攀援声气可比，不幸宿草⑫更新，只鸡⑬增痛，遇其后嗣，自当为之保护。如孤儿未立，有待扶持，更不宜冷眼相看，致负故人于泉下。

不必议论二氏

老释⑭二氏之学，固儒者弗道。然庸夫、愚妇，不畏物议，而畏报应。不惧官长，而惧鬼神。存其说，未始不足阴辅。皇治何必以隶籍儒门力与为难？且今之道士、比邱⑮，诚不尽守老子、如来。法律即我辈谈性命、为文章，亦岂人圣工夫！无昌黎⑯、考亭⑰之精实学诣，而摭拾辟二氏陈言，虚张吾帜，不几躬自薄，而厚责于人乎！余生平于二氏之徒一无还往，而未尝放言攻击。自愧业儒浮浅，无以折其心而关其口也。故佞奉⑱二氏妄求福佑虽断断不可，要不妨听其自为生灭，置诸不论不议之条。

【注释】

① 庶几：也许，也可以。
② 攸往：秋天的稻谷呈现长久且圆满的状态，即秋收丰硕。比喻利益在后。
③ 诸葛武侯：诸葛亮，字孔明，今山东沂南人。三国蜀汉政治家、军事家。
④ 吕新吾：即吕坤，字叔简，号新吾、心吾，河南宁陵人。明学者。万历进士。任山西巡抚，迁升刑部侍郎。著有《呻吟语》《去伪斋文集》《吕语集粹》等。
⑤ 此句出自《吕语集粹》："天下无难处之事，只消得两个如之何；天下无难处之人，只消得三个必自反。"三自反：多次反躬自问。两如何：从正反两面考虑怎么办。

⑥ 达：通晓，明白。
⑦ 儇（xuān）薄：轻佻而有小聪明。
⑧ 林退斋：官尚书。古代有一个道德高尚、修养良好的人（林退斋），儿孙很多，临终前对儿孙说："你们要学会吃亏，自古英雄不能吃亏者，害了许多事！而能忍辱吃亏者，成就了许多事。"
⑨ 扰诈：侵扰欺诈。
⑩ 金注：在此指用黄金作赌注。《庄子·达生》："以瓦注者巧，以钩注者惮，以黄金注者殙。"
⑪ 曩（nǎng）馆：从前的寓所。这里名词动用，指住在从前的寓所。长洲：古县名，今江苏省苏州市。
⑫ 对簿：对簿公堂，法官依据起诉状审问原被告双方。
⑬ 讦（jié）：用言论攻击别人短处或揭发别人的隐私。
⑭ 阴兵：又称鬼兵。传说中阴间地府鬼魂组成的军队。比喻阴险可怕。
⑮ 党锢：东汉桓帝宦官专权，士大夫李膺、陈藩等联合太学生抨击宦官集团。宦官诬其结为朋党，诽谤朝廷，李膺等二百多人遂被捕，后释放，终身不许为官。汉灵帝时，李膺等被起用，与大将军窦武谋诛宦官，事败，李膺等百余人被杀，并陆续杀死、流徙、囚禁六七百人。
⑯ 东林："东林党"。即明万历年间，吏部郎中顾宣成革职还乡，倡议重修无锡东林书院，并与高攀龙等人在书院讲学，对明政多所评议，而名流响应，声名大著，被称为"东林党"。天启中，宦官魏忠贤专权。东林诸人坚决与之相抗，遂遭严酷迫害。直至崇祯即位，魏忠贤失宠自尽，党禁始解。
⑰ 此句出自《论语·泰伯》，意为做人而不讲仁义，憎恶过分，也是乱的根源。
⑱ 包荒：包含荒秽，谓度量宽大。后称能容忍为包荒。
⑲ 闇：愚昧不明，糊涂不清。
⑳ 鸡鸣狗盗：《史记·孟尝君列传》载，战国时，孟尝君出使秦国被秦昭王囚禁，孟尝君门下擅狗盗的食客夜入秦宫，盗狐裘献于幸姬，始获释。复有一客装鸡啼，赚开城门，方得脱险。
㉑ 淑世淑身：济世救人，使周围的人和自身都变得善良、美好。
㉒ 锋棱：锋，兵器之刀锋；棱，物体的棱角。锋棱，比喻人之锐气。
㉓ 袒掔（tǎn bāng）：偏袒相助。
㉔ 阴祸：冥间灾祸。犹如遭报应。
㉕ 庭鞫：当堂审问。
㉖ 昌言：直言不讳，正当言论。
㉗ 居间：充当中间调解人。

㉘ 姻党：犹姻族。即有姻亲关系的各家族或其成员，因共同利益而联结在一起。
㉙ 依门傍户：指依靠他人，不能自立。
㉚ 靳：吝惜。
㉛ 发棠：《孟子·尽心下》："齐饥，陈臻曰：'国人皆以夫子将复为发棠。'"棠，齐地名。孟子曾劝齐王发棠城的积谷，赈济饥民。后称"发棠"为请求赈灾。
㉜ 参伍：亦作"参五"。交互错杂。《史记》："参伍之道，行参以谋多，揆伍以责失。"
㉝ 众里嫌身：指在众人之中遭到厌恶。
㉞ 阍（hūn）人：守门人。
㉟ 单微：疏远卑贱的人。《韩非子》："朝廷群下，直凑单微，不敢相逾越。"
㊱ 亵狎（xiè xiá）：举止不严肃，行为不庄重。韩愈诗："虽亲不亵狎，虽远不悖谬。"
㊲ 笃亲：笃爱亲属。《资治通鉴》："笃亲念故，无所遗弃。"
㊳ 予人：给人。此语出自《道德经》，意为尽力照顾别人，而自己更丰富。后有谚语："予人玫瑰，手有余香。"
㊴ 倨（jù）侮：傲慢不恭。《韩非子》："虑事广肆，则曰草野而倨侮。"
㊵ 貌寝：亦作"貌侵"。相貌丑陋，短小，状貌不扬。《史记》："武安者，貌侵，生贵甚。"
㊶ 山阴：今浙江省绍兴市。
㊷ 言近指远：语出《孟子》："言近而指远者，善言也。"语言浅近而含义深远。
㊸ 百复：反复体味。
㊹ 浇薄：刻薄，不淳厚。
㊺ 约敕（chì）：亦作"约饬"。约束诫饬。
㊻ 投鼠忌器：《汉书·贾谊传》："里谚曰：'欲投鼠而忌器'，此善谕也。鼠近于器，尚惮不投，恐伤其器，况于贵臣之近主乎！"比喻有所顾忌，做事不敢放手。
㊼ 属目：同"瞩目"。注视。
㊽ 盼睐（lài）：眷顾，垂青。《北梦琐言》："四君子，蒙其盼睐者，因是进升。"
㊾ 借伙（cì）：帮助。将（qiāng）伯：此语出自《诗经·小雅·正月》："将伯助也。"毛传："将，请也；伯，长也。"后称向人求助。亦指别人对己之帮助。
㊿ 秦人：秦始皇统一全国，世称中国人为秦人。
51 越人：世称长江中下游以南者为越人。
52 典男鬻（yù）女：典卖子女。典，抵押。鬻，卖。
53 夷然不屑：鄙视而看不上眼（不屑一顾）。
54 前逋（bū）：以前所欠的钱物。
55 劬（qú）：劳苦。
56 婪赃：贪污受贿。
57 谐俗：与时俗相谐和。

㊹ 乡愿：指乡里伪善欺世的人。
㊾ 攻瑕：指责别人的过失。瑕，玉之斑点，喻缺点、过失。讦（jié）隐：揭发别人隐私。
⑩ 诬引：诬诟攀引他人入罪。
㉛ 金人之铭：此语出自《孔子家语·观周》："孔子观周，遂入太祖后稷之庙，庙堂右阶之前，有金人焉。三缄其口而铭其背曰，古人慎言人也。"此指人之慎言。金人，铜铸的人像。
㉜ 黾（mǐn）勉：勤勉，努力。
㉝ 綮（qǐ）：同"棨"。古代用木刻成的符信，出入关津时用作凭证。
㉞ 三老：古时掌教化的乡官。
㉟ 大舜：姚姓，一作妫姓，号有虞氏，名重华，史称虞舜。传说中父系氏族社会后期部落联盟领袖。
㊱ 迩（ěr）言：浅近的话或身边亲信者的话。《诗经·小雅·小旻》："维迩言是听，维迩言是争。"
㊲ 诗人：此指《诗经》作者。
㊳ 刍荛（chú ráo）：《诗经·大雅·板》："先民有言，询于刍荛。"割草打柴的人，多指乡野鄙陋之人。
㊴ 犹子：如同儿子。
㊵ 质：对，对象。《左传·徐无鬼》："自夫子之死也，吾无以为质矣。"
㊶ 嵇叔夜：嵇康，字叔夜，安徽省濉溪县人。三国曹魏文学家、思想家、音乐家、官中散大夫。世称"嵇中散"。为"竹林七贤"之一。著《嵇中散集》。
㊷ 宿草：隔年草。后为悼念亡友之辞。
㊸ 只鸡："只鸡絮酒"之缩语。此语出自《后汉书·徐稚传》："稚尝为太尉黄琼所辟，不就，及琼卒归葬，稚乃负粮徒步到江夏赴之，设鸡酒薄祭，哭毕而去，不告姓名。"后为吊祭亡友之典故。
㊹ 老：即老子。春秋时思想家，道家学派的创始人。一说即老聃，姓李名耳，字伯阳，河南鹿邑人，著《老子》。释：即佛教创始人释迦牟尼，又名"如来"。
㊺ 比邱：佛教名词。即"比丘"。意为乞者。佛教指出家修行的男僧。
㊻ 昌黎：指韩愈。唐文学家、哲学家。虽系出颍川，著籍河南，亦每以昌黎自称，故后世称之为"韩昌黎"。
㊼ 考亭：指朱熹。南宋理学家、思想家、哲学家、教育家。晚年居住和讲学于考亭，建竹林精舍。宋理宗为了崇祀朱熹，于淳祐四年（1244年）赐名考亭学院。后称其学派为"考亭学派"。
㊽ 佞（nìng）奉：用花言巧语奉承。

卷五
蕃后
裕后有本

欲求子孙繁炽久长,谋积聚,图风水,皆末也。其本全在存心利物。肯受一分亏,即子孙饶一分益。创业之家,多由赤手;成名之子,半属孤儿,并不恃祖父资产。昔有人谈宦缺美恶者,余笑曰:"缺虽恶,总胜秀才课徒。吾未见官鬻妻妾,只见官卖儿孙。"闻者诧曰:"恶有是?"余历数数十年中闻见:横虐厚敛①,蓄可累世者,一弹指间子孙零落,为被虐者所嗤。而清苦慈惠之吏,子孙类能继起作官。如此,居家可知。

济美不易

世济其美,昔贤所荣,不特名公钜卿也。业儒、力田②之家,世世清白,相承亦复不易。数传十百人中,有一不肖子,即为门第之辱。固由积之不厚,亦因教之不先故。欲后嗣贤达,非教不可。

教当始于孩提

孩提之时,天性未漓,当先固其真性,断不可导以詈人。闻詈人则呵止之,使有忌惮。若詈及人之父母者,尤为损福,万不宜姑恕。他如扑打虫豸③之类,虽细事,总干天和④,须明白戒禁,养其慈祥之气。至拜跪仪节,亦当随事教导,则爱敬行乎自然矣。

宜令知物力艰难

巨室子弟,挥霍任意,总因不知物力艰难之故。当有知识时,即宜教以福之应惜。一衣一食为之讲解来历,令知来处不易。庶物理⑤、人情,渐渐明白。以之治家,则用度有准;以之临民⑥,则调剂有方;以之经国,则知明而处当。

宜令习劳

爱子弟者动曰:"幼小不宜劳力。"此谬极之论。从古名将相,未有以懦怯成功。筋骨柔脆，则百事不耐。闻之旗人教子，自幼即学习礼仪、骑射。由朝及暮，无片刻闲暇。家门之内，肃若朝纲⑦。故能诸务娴熟，通达事理，可副⑧国家任使。欲望子弟大成，当先令其习劳。

宜令知用财之道

财之宜用与用之宜俭，前已详哉言之。但应用不应用之故，须令子弟从幼明晰。能于不必用财（如僭分、继富等类）及万万不可用财（如缠头⑨、赌博等类）之处，无所摇惑，则有用之财不致浪费。遇有当用（如嫁婚、医药、丧祭、赠遗等类）之处，方可取给裕如，于心无疚。昔吴越⑩有达官公子，务为豪侈，积负数千金，将鬻产以偿。受产者约日成交，公子张筵款接，薄暮未至。居间人⑪出视，则布衣草履，为阍者所拒，伫候门外半日矣。导之入曰："此某也。"公子敬而礼之。宴毕赠以仪曰："先生教我，不敢弃产。"居间人询其故，曰："彼力能受吾产，尚刻苦如此。吾罪过，何面目见先人。"遂痛改前之所为，出衣饰尽偿宿负⑫，谢门下客⑬，减奴仆，节日用，讫为保家令子。今已再传，犹袭其余资云。

宜令勿游手好闲

此患多在富贵之家。盖贫贱者以力给养，势不能游手好闲。富贵子弟衣鲜齿肥，无所忧虑。又资财饶足，帮闲门客及不肖臧获⑭相与，渲其聪明，蛊其心志，障蔽其父兄之耳目，顺其所欲，导之以非，庄语不闻，異言⑮不入，舍嬉娱之外，毫无所长。一旦势去财空，亲知星散，求粗衣淡饭不可常得。岂非失教之故欤？小说家称："富家儿中落，持金碗行乞，知乞之可以得食，而不知金碗之可以易粟。"语虽恶谑，有至义⑯焉。

宜杜华奢之渐

略省人事，无不爱吃、爱穿、爱好看。极力约制，尚虞其纵。稍一徇⑰之，则恃为分所当然。少壮必至华奢，富者破家，贵者逞欲。宜自幼时，即杜其渐，不以姑息为慈。

父严不如母严

家有严君⑱，父母之谓也。自母主于慈，而严归于父矣。其实，子与母最近，子之所为，母无不知，遇事训诲，母教尤易。若母为护短，父安能尽知？至少成习惯，父始惩之于后，其势常有所不及。慈母多败[19]，男有所恃也。故教子之法，父严不如母严。

蒙师宜择

为子弟择师，夫[20]人知之。独于训蒙之师，多不加意。不知句读、音义所关最钜。初上口时，未能审正，后来改定，便觉吃力。吾谓童蒙受业，能句读[21]分明、音义的确，则书理自易领会。尝闻村塾蒙师课徒"道盛德至善"[22]句，"道盛"二字逗断，读者不察，辄以"道"与"德"对，"盛"与"至善"对，岂非句读不清之明验欤？故延[23]蒙师不可不择，为人训蒙亦不可不深省。

不宜受先生称字

师严则道尊。人生在三[24]，事之如一，师与君、亲并重。微特弟子事师，必当隆礼。即为师者，亦不宜稍有降格。吾为童子时，见塾师之呼弟子，无不称名。二十年前，有称字[25]者矣。近遇成童弟子，或止称其字之上一字，而冠以老字呼者，应者俱安之若泰。师道凌夷[26]至此，而欲弟子知所严惮，岂不难哉！望子弟有成者，先宜教以不敢受先生称字。

读书以有用为贵

所贵于读书者，期应世经务也。有等嗜古之士，于世务一无分晓。高谈往古，务为淹雅。不但任之以事，一无所济。至父母号寒，妻子啼饥，亦不一顾。不知通人云者，以通解情理，可以引经制事。季康子[27]问从政，子曰："赐[28]也达，于从政乎何有？"达即通之谓也。不则迂阔[29]而无当于经济[30]，诵《诗三百》[31]虽多，亦奚以为？世何赖此两脚书橱[32]耶！

读书求于己有益

书之用无穷。然学焉，而得其性之所近，当以己为准。己所能勉者，奉以为规；己所易犯者，奉以为戒；不甚干涉者，略焉。则读一句，即受一句之益。余少时，读《太上感应篇》[33]，专用此法。读"四子书"，惟守"君子怀刑"[34]及"守身为大"[35]二语，已觉一生用力不尽。

须学为端人

希贤希圣，儒者之分。顾圣贤品业，何可易几？既禀儒术，先须学为端人㊱。绳趋尺步㊲，宁方毋圆㊳。名士放诞㊴之习，断不可学。

作文字不可有名士气

父兄延师授业，皆望子弟策名成务，无责其为名士者。士人自命宜以报国兴宗为志，功令自童子试至成进士，必由四书文㊵进身。钟鼎勋猷㊶，皆成进士后为之。能早成一日进士，便可早做一日事业。可以济物，可以扬名。好高务远者，嘐嘐然㊷以名士自居，薄场屋㊸文字，不足揣摩，误用心力，与寒畯㊹角胜，迨白首无成，家国一无所补。刊课艺炫鬻虚声，颜氏㊺所讥訑痴符㊻也。抑知前明以来，四书文之传世者，类皆甲科㊼中人。苦志青衿㊽，仅仅百中之一。何去何从，其可昧所择欤？

文字勿涉刺诽

言为心声，先贵立诚。无论作何文字，总不可无忠孝之念。涉笔游戏已伤大雅，若意存刺诽，则天谴人祸未有不相随属者。"言者无罪，闻者足戒。"㊾古人虽有此语，却不可援以为法。凡触讳之字，讽时之语，临文时切须检点。读乌台诗案㊿，坡公㈤非遇神宗㈥，安能曲望矜全。盖唐宋风气不同，使杜少陵㈦、李义山㈧辈，遇邢、章㈨诸人，得不死文字间乎？士君子守身如执玉，慎不必以文字乐祸。

勿作秽亵词

文以载道，表章忠孝，维持纲纪，尚已。降而托于寓言，比兴㈩诙谐㈪，犹之可也。至秽词亵语㈫，下笔时心已不正，阅者神识昏摇，必有因而骧行㈬者。他人之孽，皆吾所造。人谪鬼祸，忏悔无期。自来文人多悲薄命㈭，未必不由于此。

文章关福泽

文章气象㈮，关一生福泽。凡享顺遂之境者，其文类皆和平中正㈯，无幽忧萧飒㈰之气。动辄慨叹，断非福征。且习不加察，纵其笔之所如，势必伤时骂坐，召怨蒙愆[64]。至应试之文，尤以醇雅为贵。

读古人文取法宜慎

作文宜慎，读文先不可不择。尝见塾师授业，好选前人悲感恣肆之作，令子弟诵习，谓可开拓心胸，引申议论。读之者不能得其神髓，而仅学其皮毛，所误不小。吾友江西新城鲁洁非[65]，素书[66]往还，论文相契。别有唐宋八家[67]选本，凡伤时感事之语，细加评节，具有苦心。

勿轻为人作诗文序

诗文之序，所以道作者之意，非遍览全集，不能得其窾要[68]。万一集中文字失于检核，既为作序，不能以未见自解。代人受过，关系非轻。故非于作者心术、品诣深知有素，断不到徇一时请托，冒昧措辞。至乡曲文人，多不知文章体裁，其所撰述，更宜详审。

勿记录时事

"不在其位，不谋其政"[69]，圣训也。位卑言高[70]之罪，孟子又剀切[71]示之。唐宋文人私记间及国事，然多与史传龃龉[72]。盖所闻异辞，所传向异辞，类非确实。昔有不解事人，以耳食[73]为笔记，谬妄触忤，祸及身家，皆由不遵圣贤彝训[74]所致。故日记、札记等项，断不宜撦拾[75]时事。

浮薄子弟不可交

血气未定时，习于善则善，习于恶则恶，交游不可不谨。与朴实者交，其弊不过拘迂而止。交浮薄子弟，则声色货利，处处被其煽惑。才不可恃，财不可恃，卒至隳世业、玷家声，祸有不可偻指数[76]者。

勿轻换帖称兄弟

交满天下，知心实难。余生平识面颇多，从无凶隙之事。然以心相印者，寥寥可数。惟此数人，势隔形分，穷通一致[77]。每见世俗结缔，动辄齿叙[78]，同怀兄弟，莫之或先[79]。有朝见而夕盟者，有甲款而乙附者。公宴之后，涂遇[80]不相知名，大可笑也。既朋友，即系五伦[81]之一，何必引为兄弟？如其无益，不如涂人。故功令换帖[82]之禁，皆宜遵守，不必专在仕途也。

择友有道

人不易知，知人亦复不易。居家能伦纪周笃[83]，处世能财帛分明，其人必性情真挚，可以倚赖。若其人专图利便，不顾讥评，纵有才能，断不可信。轻与结纳，鲜[84]不受累。或云"略行取才"[85]，亦是一法，然千古君子之受害于小人，多是"怜才"二字误之。

业儒亦治生之术

子弟非甚不才，不可不业儒[86]。治儒业日讲古先道理，自能爱惜名义，不致流为败类。命运亨通，能由科第入仕，固为美善，即命运否塞[87]，藉翰墨[88]糊口，其途尚广，其品尚重。故治儒业者，不特为从宦之阶，亦资治生[89]之术。

读书胜于谋利

不特此也，文字之传可千古，而藏镪[90]不过数世。文字之行可天下，而藏镪不过省、郡。文字之声价，公卿至为折节[91]，而藏镪虽多，止能雄于乡里。文字之感孚[92]，子孙且蒙余荫，而藏镪既尽，无以庇其后人。故君子之泽[93]，以业儒为尚。

勿慕读书虚名

然"业儒"二字须规实效，若徒务虚名，转足误事。富厚之家，不论子弟资禀[94]，强令读书。丰其衣食，逸其肢体，至壮岁无成，而强者气骄，弱者性懒，更无他业可就，流为废材。子弟固不肖，实父兄有以致之。故塾中子弟，至年十四五不能力学，即当就其材质，授以行业。农、工、商、贾，无不可为。谚云："三十六行，行行出贵人。"有味乎其言之也。

勿任子弟匿瑕作伪

为父兄者，无不愿子弟学问胜人。然因其本领平常，姑听匿瑕不出[95]及作伪盗名，则万万不可。故子弟所作文字，遇亲友索观，必须责令面奉[96]教益。凡有文会[97]，亦不当稍任规避。盖受人指摘，可望感愧奋发，功力渐进。若意在藏拙，未有不燕石自珍⑱者。至作伪之弊，尤为可虑。窗下倩⑲、雇⑩、捉刀⑩，习为常技。临场必有怀挟⑩、枪手⑱等事。作奸犯科，所关匪细。近阅邸抄⑭：江西有一童生，县试时以枪手考列第一，院试败露，学使奏鞫⑯治罪。其父年逾八十，亦坐远戍，不准收赎⑯。原其由起，始于匿瑕，终于作伪。涓涓不绝，将成江河，可不戒于初乎！

不宜轻令子弟附学

独学无耦，则孤陋寡闻，敬业之所以乐群也。然附学⑰他处，同门人众，品诣必有参差，苟蹈⑱群居之戒，即鲜广益之功，全在择师而事，不宜徒骛虚声。倘人师难得，又不若扃户下帷⑲，严惮父兄之教矣。故冀子弟不染习气，以家塾⑳延师为尚。

授徒勿误人子弟

业儒者，以授徒为第一事。弟子终身北面⑪，礼至重，品至崇，须令弟子晓然于为人之本，不仅在文艺也。然文艺亦断不可荒。有种不自爱重之人，靦然⑫拥皋比⑬，谈经史，于主者前高自位置，而教其弟子则惟恐不称主者之旨。遇有所作，私为删润⑭，以诳其父兄，此固不足污人齿颊⑮。即不至是，而约敕不严，纵弟子之肆。课程不密，长弟子之惰。所误何可胜道⑯？大概二十岁内读书，为人俱要立定基址。一过二十，不特寒畯子弟多内顾之忧，不能专心键户⑰。即富贵儿郎，亦有婚宦牵率。自五六岁至二十岁，全在为之师者范之以正，诲之有方。凡人相处，不合则离。惟师席必终一年之局。韶光⑱如水，禁得抛荒几个一年？且父兄既将子弟付托师长，势不复身亲考校。师长荒之，则竟就荒，可乎不可？弟子材质不同，造就匪易。聪明者，必当成之于学；顽钝者，亦宜曲为诱励，令多读数卷书，省识为人之分，庶几不负师长之任。曩⑲读《曲洧旧闻》⑳，屯留王诰㉑，少应进士举，家贫，训幼学为业。屡取乡荐㉒，而于省试㉓不利。每赴省试，必梦胡僧㉔谓曰："君此行徒虚耳。君骨相虽主有才，而不应得禄位。寿可过耳顺㉕。外是非余所知也。"年五十余，又将赴省试。梦前僧相贺曰："君是举必登第无疑。"梦中诘之曰："师向语我不当得禄位，今何云登第也？"僧曰："以君教导童子用心笃挚，不负其父母所托。为有阴德，故天益君算，报君以禄位。"因引至一官府，指庭下所陈乐器曰："君记之，异时当自悟也。"时范蜀公㉖

方献新乐,诏于廷和殿案试。诰意廷试必问乐,凡古今乐事无不经意。试赋题为《"乐调四时"和"遂预正奏"》[127]。名于马涓[128]榜下。赐第历官数任,以奉议郎[129]致仕,年至七十有七。近又见稗官[130]载:武进有老学究教读数十年,勤恳不倦。乾隆辛酉元日[131],邻叟梦文昌司命[132]甄别新科举人名次,一生以行玷应黜,司命难其选补,旁一神曰:"某学究可。"司命曰:"学问欠优。"神曰:"某教读认真,不误人子弟。"司命曰:"若是,可矣。"果于是年江南乡试中式[133]。循是以思,不负子弟之父母者,德可夺命。彼素行无他玷而终绌于试[134]者,得毋有误人子弟之愆欤!

力田勿欠人租息

士之次莫如农,此本业也。因天时,乘地利,尽己之力,以收其成,不须因人轻重。即佃人之田,依额偿租,亦可于人无求。偶逢歉岁,自有乡例可循。乃无耻下农恃顽欠租,或致公庭追比[135],辱莫甚焉。纵佃主怜而不控,亦为乡里不齿。况其势必至于无田可佃,难免冻馁之戚。

艺事无不可习

人惟游惰,必致饥寒。其余一名一艺,皆可立业成家。但须行之以实,持之以恒。有一事昧己瞒人,便为人鄙弃。昔仁和[136]张氏,以说书[137]艺花为生,得有辛工,随手散去。有劝其为子孙计者。曰:"吾福子孙多矣。"诘之。曰:"若辈[138]生具耳、目、手、足,尽可自活。"真达识[139]哉!

幕道不可轻学

吾越业儒无成及儒术不足治生,皆迁而之幕[140],以幕之与儒近也。然幕之为道,负荷甚重,必心术正、才识敏、周于虑、勤于力、廉于守、安于分者,方可为之,不则,逐响依声[141],误人自误。谚云:"作幕吃儿孙饭。"非幕之必损德也,乃不可为幕。而漫为之者,德必损也。余衣食于幕,垂三十年,从不敢薄视幕客。顾目之所接,未敢尽惬于心。比从宦数年,身亲民事,益知隔壁听声[142],迥异当场辨色[143]。幕中无心之过,所在多有。甚不愿吾子孙更习此事。势或不得已而为之,则《佐治药言》[144]具在,不可不潜心玩味,以补吾过。

习医宜慎

语曰:"儒学医,菜作齑。"言其易也。又曰:"不为良相,则为良医。"盖医以活人为道,其功甚大。然天之寒燠异候⁽¹⁴⁵⁾,地之燥湿异宜,人之强弱异质。拘泥成方,杀人必多。非儒业精深,未易办此。以性命所寄,博衣食之资,何可不慎!尝见医家以病试药,消补递换,凉热互更,或致病因加剧。岁己卯⁽¹⁴⁶⁾乡试,八月初九日,昼夜雨号,舍水没至踝,余于十二日得病。试毕舆回僵卧,勺水不进,汗流不止,肢体滞重,不能转侧,医屡易不效。余自分不起⁽¹⁴⁷⁾,九月初七日备后事矣。执友徐颐亭(梦龄)过访诊视曰:"此号舍水气直达上部也。"投以"人参、肉桂、附子"。一剂,而泻水数升;两剂,能扶床立;三剂,而啖粥。不数日霍然⁽¹⁴⁸⁾。盖颐亭同试,故能直探病源。向使不遇颐亭,讵有济乎?后有为救贫计者,宁从他术,切勿妄习岐黄⁽¹⁴⁹⁾。倘必习之,宜细玩古书,潜心体验。遇贫苦人,尤须加意,慎勿高抬声价,至药料不正,最足累病。市肆售药,道地⁽¹⁵⁰⁾绝少,此亦大伤阴德业。此者,必不可以伪乱真,负心害命。读《袁氏世范》⁽¹⁵¹⁾,戒货假药一条,仁人之用心苦矣。

勿妄言相墓术

幕客、医师之外最足误人者,莫如相墓师⁽¹⁵²⁾卜葬之术。言人人殊,袭其词而不能通其理,毫厘千里,为祸甚大。古云:"只有人发地,未有地发人。"积善之家,自获吉壤。积不善之家,虽有吉壤,而福不足以承之,转为厉阶⁽¹⁵³⁾。吾目中所见,因求地而破产者,比比⁽¹⁵⁴⁾也。先陇⁽¹⁵⁵⁾不幸侵于蚁水,不得不迁。若冀子孙富贵,迁葬父祖遗骸,不孝甚矣。而相墓之无识者,好持迁葬之说,自神其术,造孽何可胜算!其他误于取舍,营葬水蚁之地,致令破家绝嗣,得不蒙阴谴⁽¹⁵⁶⁾乎?吾喜览百氏之书⁽¹⁵⁷⁾,独不读地理家言,惧蔽于识⁽¹⁵⁸⁾也。后人慎毋轻学相墓师以误人,亦毋为相墓师所惑以自误。

作事须专

无论执何艺业,总要精力专注。盖专一有成,二三鲜效。凡事皆然。譬以千金资本专治一业,获息必夥⁽¹⁵⁹⁾。百分其本,以治百业,则不特无息,将并其本而失之。人之精力亦复犹是。

临财须清白

财利交关,最足见人真品。天下无不能计利之人,其不屑屑较量,甘于受亏者,特大度包荒耳。显占一分便宜,阴被一分轻薄。故虽至亲、密友,簿记必须清白。

勿自是

事到恰好之谓"是"。读书应世大率"是"处少,"不是"处多。常恐"不是",则必精求其"是",可以为学,可以淑身[160]。一有"自是"之念,便觉"不是"在人,争端易起。穷则忤人[161],达则病国,可勿慎诸!

勿自矜

读书中状元,从宦为宰相,皆儒者分内事。况状元、宰相尚是空名。循名责实,大惧难副。又况不能为状元、宰相乎?恃才而狂,挟贵而骄,昔人所谓"器小易盈"。非惟不直一钱,且有从而获祸者。《易》曰:"谦受益,满招损。"[162]万事皆然。举一隅,余可类推。

当明知止知足之义

致显宦、号素封,皆由祖宗积累。承庥食报[163],当念国恩家庆酬称两难。刻刻矜持,尚防蹉跌。一意进取,必致肆行无忌。日中则昃[164],月盈则亏[165],将有噬脐无及[166]者。"知止不殆""知足不辱"二语,当铭之座右[167],时时深省。

言动当念先人

人非圣贤,不能终身无过。盖棺论定之后,犹视子孙贤否,以资尚论。子孙贤,则人举其父祖善行,推福所自来。子孙不肖,则人摘其父祖瑕疵,溯殃所由积。为人子孙,奈何以一己行事,上累父祖。班孟坚[168]因张安世[169]而恕张汤,朱晦翁[170]因张栻而宽张浚[171]。常存此念,庶不敢贻玷先人。

门阀不可恃

幸踵祖宗门阀[172],席丰履厚,得所凭依。进身之途,治生之策,诸比常人较易。然必克自树立,则延誉有人。汲引有人,在在[173]事半而功倍。若穿衣吃饭之外，曾无寸长足录，虽门阀清华，于身无补，适足为人鄙弃，玷辱家声。所谓银匠之后有节度使⁽¹⁷⁴⁾，不足耻。节度使之后为银匠，乃足耻也。尝闻人言：会稽陶堰陶氏，当前明时，甲科鼎盛，郡邑鲜与伦比。同里陈氏有成进士者，乘轿拜客，陶氏无赖子见而揶揄之曰："小家儿，何遽学官样？"进士下轿谢曰："惶恐惶恐！寒族无奈兄辈人多，小家名不敢辞，贵族大家只是弟辈一流人多。"耳闻者哑然。进士固器小，然陶氏子当前受辱，可为恃门阀者炯戒⁽¹⁷⁵⁾！

干蛊大难

祖父有隐疵，全赖子孙荡涤。第积垢有因，湔洗⁽¹⁷⁶⁾不易。与君子同功，不得并君子扬名。与小人同过，必且代小人受谤。无他，憎其父祖者，刻核其子孙。人情类然。故"犁牛之子"虽骍角⁽¹⁷⁷⁾，而人欲勿用也。不幸而处此境地，尤当痛自饬厉，事事求全，归善于亲，不可有毫厘失行，予人口实。我能使人敬人，自不敢道及前愆⁽¹⁷⁸⁾，我能使人爱人，更不忍追言先慝⁽¹⁷⁹⁾，方为贤孝子孙。昔山阴沈某，少负文誉，尝膺博学鸿词科⁽¹⁸⁰⁾荐举。御试⁽¹⁸¹⁾黜落，人咎其所出不良，自号"牛粪灵芝"。以灵芝自比，而比其亲⁽¹⁸²⁾于牛粪，坎壈⁽¹⁸³⁾终身，为乡党不齿。生二子：一号"蔗皮"⁽¹⁸⁴⁾，一号"角心"⁽¹⁸⁵⁾，并无所取材。今寂寂久矣，不知"干蛊"⁽¹⁸⁶⁾之义，获罪于天如此。

须作子孙榜样

贤子孙，良不易为。即欲为贤祖父，亦谈何容易！创业成家者，固非劳心勉力不可。即承先人余荫，小不勤饬，断不能守成善后。生之而无以为养、无以为教，便孤祖父之名。夫子教我以正，夫子未出于正，子孙虽不敢显言，未尝不敢腹诽⁽¹⁸⁷⁾。无论居何等地位，一言一动，要想作子孙榜样，自然不致放纵。

不可道他人先世短处

浇薄小人，不乐成人之美，好道他人先世短处，以资谈柄。试设身以处，先人被人瑕疵，于心何安！损福招祸，莫此为甚。况吹毛索瘢，何所不至？万一他人反唇相稽，污我先人以不美之名，不孝之罪更何以自解。能一转念，断不忍轻易出口。不特此也，尝闻争詈之时，以诟辱人之先世为快，虽怒不择言与有心攻讦不同，然毕竟口孽⁽¹⁸⁸⁾，且使子孙效为。刻薄总非昌后之道。

为后人留余地

高明之家，鬼瞰其室。造物忌巧，天道恶盈[188]。居家刻薄者，资无久享，居官贪残者，后有余殃。盖火烈为人所畏，既成烬，便无火气。水懦为人所狎，虽断流犹剩水痕。故称世曰泽。诵"君子有穀，贻孙子"[189]之诗，可以知所藉手。

穷达皆以操行为上

士君子立身行世，各有分所当为。俗见以富贵子孙，光前耀后，其实操行端方，人人敬爱。虽贫贱终身，无惭贤孝之目。若陟高位、拥厚资，而下受人诅，上干[191]国纪，身辱名裂，固玷家声。即幸保荣利，亦为败类。古人所以崇令名也。余尝持此论，励官箴[192]、规士行，识者不以为非。故所言蕃后诸条，多安贫守分之事，不专望子孙富贵。且富贵何可多得？苟能富贵，愿日诵"思贻父母令名"[193]之句。

得志当思种德

为学志科名，末已然，达则行道，究以入仕为贵。人人可以做官，我独幸荷国恩，此由祖德绵长，适逢运会[194]，第政柄在手，不能种德[195]，便至造孽，总无中立之理。曩辛卯[196]赴礼部试，吴蓂庵（斐）明府[197]同上计车[198]，言吾邑风水单薄，鲜世传进士，且进士之后，类多不振。余曰："然则不如返辙为老举人，留儿孙科第矣。"因历数式微之家，则皆进士而起家知县者。余曰："是非进士之不大其后，而知县之自骤其先也。"盖官之有权者，种德不难，造孽亦易。微特知县，等而上之，至于督抚及风宪[199]、刑名之官，无不如是。惟得志时，常以造孽为戒。惟恐于物有伤，自然于人有济。庶先人之泽，不致自我而湮。

人当于世有用

"有用"云者，不必在得时而驾也。即伏处草野，凡有利于人之事，知无不为；有利于人之言，言无不尽。使一乡称为善士，交相推重，皆薰其德而善良，是亦为朝廷广教化矣。硁硁然[200]画地，以趋求为自了汉[201]，尚非天地生人之意。

恶与过不同

"恶"与"过"迹多相类，只争有心无心之别。过出无心，犹可对人。若有心为恶,则举念[202]时干造物之诛,行事后,致世人之怒。不必其在大也,大事多从小事起,必不可为。

清议不可犯

常人逞口势固不能尽弭,然不授之以隙,亦未必无端生谤。至为士君子清议所不容,则真有靦[203]面目矣。故事之有干清议者,虽有小利,断不可忍耻为之,流为无所忌惮之小人。

宜知盈虚消长之理

谚云:"十年富贵轮流做。"庚金[204]伏于盛夏。暑气方炎,凉飚旋起。处极盛时,非刻刻存敬畏之心,必不能持盈保泰。艺花者,费一年辛力,才博三春蕊发[205],花开满足,转眼凋零甚矣。兴之难,而败之易也。梅之韵幽而长,桂之香艳而短,千叶之花无实。故发泄不可太尽,菁华不宜太露。余自有知识迄于今兹,五、六十年间所见,戚友兴者什之二,败者什之八。大概谨约者兴久,放纵者败速。匪惟天道,有人事焉。知此义者,可以蕃后。

听言不可不察

人有失误,惟祖若父可以厉色严词,明白教诲。伯叔兄长,色稍和,词稍缓矣。朋友之规谏,旁引曲喻[206]而已,全在自家留心体察。闻有谈他人得失者,总须反观自照。必待实指本身,已成笨伯[207]。若褒如充耳[208],先圣所谓吾未如之何也已矣。其他种种世事,亦毕生学习不尽。惟听一事解一事,触类引申,便无地非学矣。至祖父、家庭,叙述亲友盛衰、贤否,原想子孙知所法戒,更不可作闲话听过,方不负教诲苦心。

宜常念忠恕之道

余数十年间阅事,方悟忠恕之道[209]须臾不可离。盖心有一毫不尽,事必无成。只知有己而不知有人,必到处窒碍[210]。觉"忠恕"二字理,日在人眼前。不常存此心,微特不能希贤希圣,即求为寻常寡过之人,亦不可得。

圣贤实可学而至

孟子谓"人皆可以为尧舜"[211]，止在"孝""弟"二字，原非强人所难。读孔子"老安"[212]数语，益知圣贤之道，事事切近。人未有不欲安我之老、信我之友、怀我之幼者。特我之外不暇计耳。去一"我"字，扩而充之，便是天下一家气象。圣贤何尝不可学而至哉！

人在自为

天之生人，原不忍令其冻饿，虽残废无能，尚可名一技以自活，况官体具备乎？上之可为圣、为贤；下之至为奸、为慝[213]。贵之可为公、为卿；贱之至为乞、为隶。在人之自为，而天无与焉。父母之于子亦然。流俗妄人乃谓祖、父未有资产，以致子孙穷困。此大悖之说也。必有资产而后可为祖、父，则成家多在中年以后，娶妇生子非五六十岁不可。有是理乎？不能为祖、父光大门闾，而以不肖之身归罪祖、父。为此说者，全无心肝，觍然人面[214]。而袭其说以自宽，吾知其能为祖、父者罕矣。

不孝者不祥

孝能裕后，前已切实言之。今复申以此条者，盖孝量无尽，而不孝易见。孩稚稍有知识，父母即取坊本刻像二十四孝故事[215]，为之讲解，冀迪其良知，又费几许心力，方得授室[216]成人。世风浇薄，一有室家，即置父母于不顾，专为妻子。惜力靳资财如性命，视手足为途人，甚且发于声，不仅诽于腹。纵为父母者隐忍不言，天能不夺其魄乎？故有孝而不报者，未有不孝而不报者。孝而不报，必孝有未至。不孝之报，则其子眼见其父之所为，必且过之。孙则更甚于子，一再传之，后欲求一不孝之子孙，亦不可得。余不逮事父二母，又不获安一日之养，天地间大罪人也。惟念吾祖、吾父，并以孝友著闻，微末[217]之躬上承三世，故禀二母之教，不敢不孝。今有男子五人矣。尽解此义，勉承先泽[218]，吾之幸也。苟或不然，吾祖、吾父实昭鉴之，讵肯令不孝子克蕃[219]厥后哉！

善恶不在大

有利于人，皆谓之善；有损于人，皆谓之恶。不必显征于事也。一念之起，鬼神如见，尚不愧于屋漏⑳，君子所以慎诸幽独㉑。凡人发念，大都专求利己，故恶多于善。久之习惯，尽流于恶所。当童稚时，即导以善端。童稚无善可为，但节其嗜好，正其爱恶，使之习大驯顺，不敢分毫恣纵！自然由幼至长，渐渐恶念少而善念多，可为树德之基。袁了凡㉒先生《功过格》㉓是检身要术，余于佐幕时尝试行之，借以自饬㉔。宦游以后，役役奔走，万念起止不常，境过辄忘，不及填注，此事遂废。比来年衰少睡，昼之所为每于枕上记忆，善事极鲜，而不可上质鬼神之事，终不敢为。后人常存此意，或者可无大恶，庶几日即于善，为善必昌，蕃后之本，端在于是。

双节赠言不可不读

吾家士行㉕、壶则㉖，不待他师，亦不烦远引。吾祖吾父，世德相仍。吾少禀母训，惟恐遏佚㉗前光。既为二母请旌㉘乞言天下，更恐当代作者薄吾不肖，靳㉙先人以言，寝兴检励、求不见恶于有道仁人。幸蒙群雅斐然投赠，复愧不克负荷。是以将吏湖南留别都门，前辈有最好官箴，《双节传》㉚及"怕羞银管赠言人"之句益用。凛凛焉窃禄㉛数年，黾勉奉职，惧贻二母怨恫㉜，为赠言诸公之玷。会有下堂㉝之厄，循例求退。今老矣，衔恤余生，弥忧末路㉞。盖自中年以来，兢兢栗栗，幸免大戾㉟。皆《双节》文字之教也。后世子孙不敢有忝㊱先人，自不敢稍亏索行。故赠言集录二十八卷，续集二十二卷，是律己准绳，治家矩镬㊲，应世范模，欲蕃后者，不可一日不读。

申嫡庶之辨

嫡庶㊳等差，礼不可紊。生顺殁宁㊴，分定则安。吾生母事吾继母一生恭谨，属纩㊵遗言，唯命孝事主母。以故余得仰承慈荫，守身庇后。念曾祖以来，惟余一人承祧㊶，实由吾生母节抚绵延，是以向为考妣造圹㊷，止分昭穆㊸，吾生母一圹与嫡继二母两圹相并，所谓礼因义起也。会稽陶氏之有嫡子者，欲援余为例，即以是说答之。凡有嫡子者，自不当与嫡耦㊹，恐后世子孙不明此分，故余自治生圹㊺，妾不与焉。异时妾非如吾生母者，不得视吾生母之制。

传世名系

生子命名，当避先讳。吾宗旧谱，未免失检。大率单名居多，二名联属，可无此弊。曾祖而降，惟吾祖一支。自吾祖以逮吾孙，取义五行相生，递嬗[246]约系四十言，来者世占一字，增缀二名，用章先德词曰："世思秉正，立本为先。志学日上，庸行宜全。成名守道，庶其克贤。兴宗奉国，庆泽[247]以延。承启惟善，佑德在天。"

【注释】

① 横虐厚敛：横征暴敛。
② 力田：用力于田。此指从事农业生产。
③ 虫豸（zhì）：小动物的通称。《九思·怨上》："虫豸兮夹余，悯怅兮自悲。"
④ 天和：指自然祥和之气。
⑤ 物理：事物和常理。非今自然科学中的物理学。
⑥ 临民：统治百姓。《国语》："夫神以精明临民者也。"
⑦ 朝纲：朝廷的法度纲纪。《南史》："自晋中兴以来，朝纲弛紊。"
⑧ 副：担负，担当。
⑨ 缠头：赠送女妓财物。杜甫诗："笑时花近眼，舞罢锦缠头。"
⑩ 吴越：浙江一带。古称吴越之地。
⑪ 居间人：中介人，中间人。
⑫ 宿负：旧欠的债务。《忆颐儿时就婚外家》："念当年毕婚娶，譬如偿宿负。"
⑬ 门下客：即"门下士""门客""食客"。寄食于权贵之家而无职业者。李白《少年行》："府县尽为门下客，王侯皆是平交人。"
⑭ 臧（zāng）获：古代对奴婢的贱称。
⑮ 巽（xùn）言：恭顺委婉的言语。《论语·子罕》："巽与之言，能无说乎？"
⑯ 至义：同"至意"。极深远的用意。《汉书》："览五经之文，原圣人之至意，深思天地之戒。"
⑰ 徇：曲从，顺从。
⑱ 严君：严父慈母，父母之代称。
⑲ 格：一定的规格和标准。龚自珍诗："我劝天公重抖擞，不拘一格降人才。"
⑳ 夫：发语词。无字意。
㉑ 句读（dòu）：也作"句逗"。古文无标点符号，读者学习或朗读自行断句。
㉒ 盛德至善：指道德修养达到最高境界。
㉓ 延：聘请，引进。《礼记·曲礼》："主人延客祭。"
㉔ 在三：指父、师、君。《国语·晋语一》："民生于三，事之如一：父生之，师教之，君食之。"后称父、师、君为"在三"。

㉕ 称字：字，表字。古代人名分姓、名、字。称字，指称呼表字。称字表示尊重对方。
㉖ 凌夷：衰落，衰败，走下坡路。《旧唐书》："今威柄凌夷，藩臣跋扈。"
㉗ 季康子：即季孙肥，姬姓，季氏，名肥。谥号"康"，史称"季康子"。孙为尊称。春秋时鲁国正卿。
㉘ 赐：即子贡。春秋时卫国人，端木氏，名赐。孔子得意弟子。孔门十哲之一。经商曹、鲁间，富至千金，为孔子弟子中首富。
㉙ 迂（yū）阔：思想行为不切实际。《汉书》："上以其言迂阔，不甚宠异也。"
㉚ 经济：即经世济民，治理国家。《晋书》："足下沉识淹长，思综通练，起而明之，足以经济。"
㉛ 诗三百：《诗经》的代称。《诗经》本为三百零五篇，举其整数，则言"三百"。
㉜ 两脚书橱：《南史·陆澄传》："澄当世称为硕学，读《易》三年不解文义，欲撰《宋书》竟不成。王俭戏之曰：'陆公，书橱也。'"后以"两脚书橱"指读书甚多但不善于应用的人。
㉝ 太上感应篇：道教书名。托名太上老君之言，讲因果报应、纲常伦理，劝诫人们"诸恶莫作，众善奉行"。
㉞ 君子怀刑：此句出自《论语·里仁》。此句意为，君子用法制来规范自己的思想与行为。
㉟ 守身为大：此句出自《孟子·离娄上》。意为君子独善其身，不为身外之事所染。
㊱ 端人：正直之士，正派之人。《孟子·离娄下》："夫尹公之他，端人也，其取友必端矣。"
㊲ 绳趋尺步：人的行为符合法度规矩，毫不随便。《宋史·朱熹传》："方是时，士之绳趋尺步。"绳、尺，本指工匠正曲直、量长短的工具，引申为法度。
㊳ 宁方毋圆：宁可做正直之人，也不可做圆滑之人。
㊴ 放诞：放纵不守规范。《南史》："少好文学，放诞任气。"
㊵ 四书文：即八股文。晚清科举考试的文体之一，因其试题出于《四书》，故称"四书文"。
㊶ 钟鼎勋猷（yóu）：古铜器上面铭刻功勋、功劳。
㊷ 嘐（xiāo）嘐然：志大而言夸的样子。《孟子·尽心下》："何以谓之狂也？其志嘐嘐然。"
㊸ 薄场屋：轻视科举时代士子考试的考场。薄，漠视、轻视、瞧不起。场屋，科举的考场。
㊹ 寒畯（jùn）：同"寒俊"。穷而有才的读书人。
㊺ 颜氏：指颜之推，见本书《颜氏家训》p28。
㊻ 詅（líng）痴符：古代方言。指没有才学而好夸耀的人。

㊼ 甲科：明清通称进士为甲科。

㊽ 青衿：青色交领的长衫。此指未中进士的秀才。亦指学子。

㊾ 此语出自《诗经·周南·关雎序》："言之者无罪，闻之者足以戒。"唐·白居易《与元九书》："言者无罪，闻者足戒。言者闻者，莫不两尽其心焉。"意为说的人没有罪，听的人足以引为鉴。

㊿ 乌台诗案：乌台，御史台。苏轼因诗获罪，系御史台狱，世称"乌台诗案"。

(51) 坡公：苏轼，字子瞻，号东坡居士。四川眉山人。北宋文学家、书画家。

(52) 神宗：即北宋皇帝，宋神宗赵顼，英宗之子。

(53) 杜少陵：杜甫，字子美。唐朝大诗人，襄阳人。官任左拾遗，世称"杜拾遗"。自称少陵野老，人称杜少陵。又任工部员外郎，世称"杜工部"。著有《杜工部集》。

(54) 李义山：即李商隐，字义山，号玉溪生，河南沁阳人。唐朝诗人。著《李义山诗集》。后人辑有《樊南文集》《樊南文集补编》。

(55) 邢、章：指邢恕和章惇。均为宋代人。擅长摘录他人文字而罗织罪名，加害于人。

(56) 比兴：中国古代诗歌写作常用的两种技巧。朱熹解释："比，以彼物比此物。兴，先言他物以引起所咏之词也。"比，比喻。兴，兴起。比兴，通常指通过外物、景象而抒发、传达思想感情。

(57) 诙谐：轻度幽默。指轻松地开玩笑，不带讽刺意味。

(58) 秽词亵（xiè）语：肮脏污秽的语言。

(59) 隳（huī）行：恶劣的品行。

(60) 薄命：英年早逝。成语"红颜薄命"。

(61) 气象：原指自然界的景色。此指文章的内容、思想和情感。

(62) 和平中正：心平气和而又正直。

(63) 幽忧萧飒：过度忧劳而又寂寞凄凉。

(64) 召怨蒙愆（qiān）：招致怨恨而又受过。

(65) 鲁洁非：鲁九皋。字洁非，号山木。乾隆进士，夏县知县。著《山木居士集》。

(66) 素书：古人书信写在白绢上，因称"素书"。

(67) 唐宋八家：唐代韩愈、柳宗元和宋代欧阳修、苏洵、苏轼、苏辙、王安石、曾巩八位文学家，以散文著称。

(68) 窾（kuǎn）要：要害，关键。《醒世恒言》："他引古证今，议论悉中窾要。"

(69) 此句出自《论语·泰伯》。意为各司本职。

(70) 位卑言高：身处下位却议论高官主持的政务。

(71) 剀（kǎi）切：切中事理，切实。《新唐书》："凡二百余集，无不剀切当帝心者。"

(72) 盩戾（zhōu lì）：不一致。盩，引；戾，通"捩"，扭转。

(73) 耳食：耳朵听说的事。比喻轻信传闻。

(74) 彝训：尊长对后辈的教诲、训诫。

(75) 摭（zhí）拾：摘取，拾取。

(76) 偻（lǚ）指数：屈指而数。偻指，屈指。《荀子》："虽有圣人之知，未能偻指也。"

(77) 穷通一致：贫困与显达不同，思想感情却一致。

(78) 齿叙：同"叙齿""序齿"。按年龄大小排列顺序。此指结为异姓兄弟。齿，此指年龄。

(79) 莫之或先：没有什么事比这件事更重要。

(80) 涂遇：路上相遇。涂，同"途"，道路。

(81) 五伦：古代称君臣、父子、兄弟、夫妇、朋友之间的五种人伦关系和忠、孝、悌、忍、善五种言行准则。又称"五常"。

(82) 换帖：旧时异姓结为兄弟，互换书有姓名、年龄、籍贯、家世的文书。另，旧时订婚，择吉日换帖。

(83) 伦纪周笃：人与人之间道德关系通达厚道。

(84) 鲜：少，少有。

(85) 略行取才：忽略其大节品质而取用他的才干。

(86) 业儒：以儒学为业。

(87) 否（pǐ）塞：闭塞不通，犹困厄。《抱朴子》："逸伦之士，不以否塞而薄其节。"

(88) 翰墨：义同笔墨。后泛指文章、书法、画。曹丕《典论》："古之作者，寄身于翰墨，见意于篇籍。"

(89) 治生：谋生。

(90) 镪（qiǎng）：钱串，成串的钱。此泛指钱财。《蜀都赋》："货殖私庭，藏镪巨万。"

(91) 公卿至为折节：折节，屈己下人，降低身份。这句是说，连公卿高官都为之敬佩。

(92) 感孚：使人感动信服。

(93) 泽：通"择"。选择。

(94) 资禀：天资禀赋。

(95) 匿瑕不出：掩盖缺点、错误，不出示于人，不给别人看。

(96) 面奉：当面呈献。

(97) 文会：《论语·颜渊》："君子以文会友。"文士饮酒赋诗或切磋学问的聚会。

(98) 燕石自珍：指对自己的东西非常珍视和爱惜。意同成语"敝帚自珍"。燕石，假玉石，与瓦砾无异。

(99) 倩：请人执笔。

(100) 雇：出钱叫人做事。

(101) 捉刀：代人作文章为"捉刀"。

(102) 怀挟：在应试中怀藏挟带为作弊而准备的东西。

(103) 枪手：冒名顶替别人参加考试或撰写论文并获取报酬的人。

⑭ 邸抄：又称"邸报"。中国古代报纸的通称。专门用于朝廷传知朝政的文书或政治情报的新闻文抄。主要登载皇帝谕旨、臣僚奏章和朝廷动态等内容。

⑮ 奏鞫（jū）：上奏章，审讯。

⑯ 收赎：凡老幼、废疾、笃疾、妇人犯流放罪，准其以银赎罪，谓之收赎。《元典章·杀卑幼》："同法司拟合徒四年，决杖九十。缘本人年七十八岁，依旧例合行收赎，合征钞三十二贯。"

⑰ 附学：旧时谓附入他人家塾读书。

⑱ 苟蹈：如果遵循。

⑲ 下帷：放下室内悬挂的窗帘。引申为闭门苦读。

⑳ 家塾：相传周代二十五家为一闾，闾有巷，巷首门边设家塾，用以教授居民子弟。后称聘老师在家教授子弟为家塾。

㉑ 北面：古代君见臣，尊长见卑幼，面向南而坐，故以北面为向人称臣。

㉒ 觍（tiǎn）然：惭愧的样子。此意为毫无愧色的样子。

㉓ 拥皋比：《左传·庄公十年》："蒙皋比而先犯之。"杜预注："皋比，虎皮。"后称讲学者的座席为"皋比"，并称任教为"坐拥皋比"。

㉔ 删润：删改润色。

㉕ 污人齿颊：污垢人的面颊，此意不值得一谈。意极为卑劣。

㉖ 胜道：尽说，一一数说。

㉗ 键户：关门闭户。此指专心学习。

㉘ 韶光：美好的时光。此指美好的青春年华。

㉙ 曩（nǎng）：从前，过去，以往。

㉚ 曲洧旧闻：书名。南宋朱弁撰，十卷。此书多追述北宋遗事，尚有诗文考评、神怪谐谑等内容。

㉛ 屯留：山西屯留县（今山西省长治市屯留区）。王诰：宋元祐年间进士。

㉜ 乡荐：唐代考进士，由州县地方官推举，称乡荐。

㉝ 省试：唐宋时由尚书省举行的考试，又称会试。

㉞ 胡僧：西藏喇嘛僧。

㉟ 耳顺：六十岁。《论语·为政》："六十而耳顺。"

㊱ 范蜀公：范镇，字景仁，陕西秦岭人。北宋翰林学士。累封蜀郡公，故称范蜀公。著《东斋记事》。

㊲ 遂预正奏：正要整顿奏乐之法。

㊳ 马涓：四川南部人。北宋进士。

㊴ 奉议郎：文散官员。宋初为从六品上阶。太平兴国初改称奉直郎。

㊵ 稗官：野史小说。

⑬¹ 乾隆辛酉元日：公元1741年正月初一。
⑬² 文昌司命：又称"文曲星""文星"。神话中主宰功名、禄位的神。
⑬³ 江南：省名。清代江苏、安徽两省。乡试：科举时代，每三年，各省的科举考试，谓之乡试，中举者称举人。中式：科举考试中举。
⑬⁴ 绌（chù）于试：绌，通"黜"，废除。未中举而落榜。
⑬⁵ 追比：旧时地方官吏严逼百姓限期交税、交差，逾期受杖责以示警惩，称"追比"。
⑬⁶ 仁和：旧县名。今杭州。
⑬⁷ 说书：旧时艺人在庙宇、茶肆中讲史或说故事，俗称说书。
⑬⁸ 若辈：这些人，这等人。此指其子孙。
⑬⁹ 达识：通晓事理，有透彻的见识。
⑭⁰ 迁而之幕：改变专业，转而去学习幕客之道。
⑭¹ 逐响依声：追逐言讯，依据声音。意为看风使舵。
⑭² 隔壁听声：隔着墙壁听声音。即没有亲临目睹。意同成语"道听途说"。
⑭³ 迥异当场：与亲临现场大不相同。辨色：辨别脸上的神色。
⑭⁴ 佐治药言：本书作者（汪辉祖）的另一著作。一卷，续一卷，共六十六则。此书主要论述佐幕者所谓持己待人之道。
⑭⁵ 寒燠（yù）异候：寒冷与温暖的气候有差异。
⑭⁶ 岁己卯：此指乾隆己卯二十四年（公元1759年），作者参加乡试而大病之年。
⑭⁷ 不起：不能起床。即病不愈，将死。
⑭⁸ 霍然：快速，突然。此指病快速痊愈。
⑭⁹ 岐黄：岐伯和黄帝二人的合称。相传为医家之祖，著《黄帝内经》，为中医典籍，后世以"岐黄"代称中医。
⑮⁰ 道地：亦作"地道"。真实，真正。多指真正是有名产地出产的药材。
⑮¹ 袁氏世范：名书。宋代袁采所著。世称"《颜氏家训》之亚"。见本书所载。
⑮² 相（xiàng）墓师：古代专门从事察看墓地风水和占卜的人。
⑮³ 厉阶：祸端。
⑮⁴ 比比：屡屡，频频，到处。成语"比比皆是"。
⑮⁵ 先陇：亦作"先垄"，此指祖先墓地。
⑮⁶ 阴谴：冥冥中受到的责罚。
⑮⁷ 百氏之书：指诸子百家的著作。
⑮⁸ 蔽于识：见识为别人言语所惑乱。
⑮⁹ 夥（huǒ）：多。成语"获益甚夥"。
⑯⁰ 淑身：以善修身。
⑯¹ 忤人：与人不合，触犯他人。

⑯ 谦受益，满招损：谦虚则进，骄满则退。此语出自《尚书·大禹谟》。此称"《易》"，系作者误记。
⑯ 承庥（xiū）食报：承袭祖先的庇荫，应当以相应的行动来报答。庥，庇荫，保护。
⑯ 日中则昃：指正午后，太阳西斜。
⑯ 月盈则亏：月亮十五满后则减少。
⑯ 噬脐无及：咬自己的肚脐眼是不可能的。比喻后悔已晚。
⑯ 铭之座右：座右铭。
⑯ 班孟坚：班固，字孟坚，陕西扶风人。东汉著名史学家、文学家。著《汉书》《白虎通义》等。
⑯ 张安世：张汤、张安世为父子，汉代人。张汤是治狱颇严的酷吏，张安世是为政颇具才华的良吏，一酷一良，子比父贤，所以班固在撰写《汉书·张汤传》时，念张安世之贤，则宽恕了张汤之酷。
⑰ 朱晦翁：南宋哲学家、教育家朱熹。
⑰ 张浚、张栻：为父子，南宋人。张浚因力主抗金，但战绩不佳，曾先后被秦桧及主和派排挤去职。而张栻却以理学闻世，为南宋理学大家，与朱熹齐名。朱熹认为张栻贤于其父，在撰述《张浚行状》时，则宽容张浚。
⑰ 门阀：门第和阀阅的合称。指旧社会中世代为官的名门望族。
⑰ 在在：处处，到处，各方面。成语"在在皆是"。
⑰ 节度使：唐时始设，授职时赐给双旌双节，故称"节度使"，总揽重要地区的军民、财政大权。所辖区内各州刺史（郡守）均为其下属。
⑰ 炯戒：彰明昭著的警戒。亦作"炯诫"。
⑰ 湔（jiān）洗：洗涤，清除。此句意为祛除父辈的毛病。
⑰ 此句出自《论语·雍也》："子谓仲弓曰：'犁牛之子骍且角，虽欲勿用，山川其舍诸。'"此句意为耕牛虽贱，其子高贵，虽不想用其子作祭祀，山川恐怕也不愿舍弃之。汪祖辉意为出身微贱者，尽管自身素质佳，人还是想舍弃之不用。
⑰ 前愆：前辈的过失。
⑰ 先慝（tè）：先辈的过错。慝，邪恶，罪恶，过错。
⑱ 博学鸿词科：亦称"博学宏词""博学宏辞""宏博""宏词"。唐代科举考试制科之一。以考选学问渊博，擅长文章之士。
⑱ 御试：殿试。科举时代，帝王于宫殿内考试贡举之士。
⑱ 亲：指父母。
⑱ 坎壈（lǎn）：困穷，不得志。
⑱ 蔗皮：甘蔗皮。比喻废物。
⑱ 角心：牛羊角之心。比喻废物。

⑱⑥ 干蛊（gàn gǔ）：语出《周易·蛊》。意为处事有才能而能矫正父母之过。蛊，事。
⑱⑦ 腹诽：亦作"腹非"。口虽不言，心中暗自讥笑。《史记》："汤奏当异九卿见令不便，不入言而腹诽，论死。"
⑱⑧ 口孽：同"口业"，本为佛教语。佛教以口、身、意为三业。口业指妄言（撒谎、妄语）、恶口（说脏话、骂人）、两舌（议论长知、搬弄是非）和绮语（华而不实之语）。
⑱⑨ 恶（wù）盈：恶贯满盈。
⑲⑩ 此句出自《诗经·鲁颂·有駜》，意为君子有善迹在身，要留给子孙。
⑲① 干（gān）：冲犯，冒犯，触犯。《说文解字》："干，犯也。"
⑲② 官箴：原指百官对帝王的劝诫之词，后指对官吏的劝诫之词。箴，劝告，规戒。
⑲③ 此句出自《礼记·内则》，意为想到会带给父母良好的名誉。
⑲④ 运会：时势。
⑲⑤ 种（zhòng）德：布行德惠，施恩德于人。
⑲⑥ 辛卯：乾隆三十六年，即公元1771年。
⑲⑦ 吴菉庵：即吴斐，号菉庵，浙江萧山人。乾隆三十六进士。明府：汉魏以来，对太守牧尹皆称府君，或明府君，省称明府。此指太守吴斐。
⑲⑧ 上计车：上计，古时郡臣年终须将全年人口、赋税收入、盗贼、狱讼等事书写于木券报告朝廷考核。上计车，指官吏年终进京奏事时所用之车。
⑲⑨ 风宪：古代御史之称，掌纠弹百官、正吏治之职。似今日之检察院和纪委。
⑳⑩ 硁（kēng）硁然：浅薄固执。
⑳① 自了汉：只顾自己不顾大局的人。
⑳② 举念：初萌念头。
⑳③ 觍（tiǎn）：害羞，不自然。《诗经·小雅·何人斯》："有觍面目，视人罔极。"
⑳④ 庚金：五行之一，于位为西，于时为秋。此指秋天。
⑳⑤ 三春：农历正月为孟春，二月称仲春，三月称季春，合称三春。蕊发：花蕊初绽。
⑳⑥ 旁引曲喻：引用别的道理，婉转说明。
⑳⑦ 笨伯：蠢笨的人。
⑳⑧ 襃（yòu）如充耳：此句出自《诗经·国风·邶风·旄丘》："叔兮伯兮，襃如充耳。"襃，常代笑容。意为面带笑容却塞耳不闻。后作"充耳不闻"。
⑳⑨ 忠恕之道：是儒家的根本为人处世之道，分忠道和恕道。前者是对己，要求极认真、极虔诚的态度；后者是要求理解、尊重、宽恕别人。
⑳⑩ 窒碍：障碍，阻碍。苏辙诗："庶几摔倒行而终有窒碍，乞下有司早议成法。"
⑳⑪ 此句出自《孟子·告子下》。
⑳⑫ 老安：此句出自《论语·公冶长》："老者安之，朋友信之，少者怀之。"

㉑㉓ 慝（tè）：把心隐藏起来，存有邪恶，阴奸之人。《释文》："慝，言隐匿其情以饰非。"
㉑㉔ 觍然人面：谓厚着面皮，不知羞耻。
㉑㉕ 二十四孝故事：古代宣传的二十四个尽孝的典型人物、事迹。
㉑㉖ 授室：把家事交付给新妇，后称为子娶妇为授室。
㉑㉗ 微末：犹言卑微低贱，亦用作自我的谦词。
㉑㉘ 先泽：祖先的功业德泽。陆游诗："先泽倘未衰，岂无五秉粟？"
㉑㉙ 克蕃：能够繁荣昌盛。
㉒㉒⓪ 不愧于屋漏：不欺暗室。古人床在屋的北窗旁，因西北角上开有天窗，日光由此照射入室，故称屋漏。
㉒㉒① 慎诸幽独：此句出自《礼记·中庸》："莫见乎隐，莫显乎微，故君子慎乎独也。"即"慎独"。独处时应谨慎不苟。
㉒㉒② 袁了凡：即袁黄，字坤仪，号了凡，明朝浙江嘉善人，万历进士，兵部主事。崇尚程朱理学，著《两行斋集》《皇都水利》《评注八代文宗》等。见本书《了凡四训》。
㉒㉒③ 功过格：相传明朝云谷禅师教袁了凡每日记录自己行事，善事一件记事件，恶事则抵消善事。这种记事法称为"功过格"。
㉒㉒④ 自饬（chì）：自身整顿，儆戒。
㉒㉒⑤ 士行：士大夫的行为准则。《旧唐书》："崔颢者，登进士第，有俊才，无士行，好蒲博饮酒。"
㉒㉒⑥ 壸则：妇女行为的准则和榜样。
㉒㉒⑦ 遏佚：断绝，丧失。
㉒㉒⑧ 请旌：旧制，凡忠孝节义之人，可向朝廷请求表扬，谓之请旌。
㉒㉒⑨ 靳：嘲笑，奚落，戏辱。
㉒㉓⓪ 双节传：书名。此指为二母节操而作的传。
㉒㉓① 窃禄：盗窃俸禄。此是做官的自谦之词。司马光诗："贱生偶承乏，窃禄聊自庇。"
㉒㉓② 怨恫：恐惧怨恨。又作"怨痛"。
㉒㉓③ 下堂：降阶而到堂下。此指汪辉祖之母去世。
㉒㉓④ 弥忧末路：充满忧虑的人生晚年。
㉒㉓⑤ 戾（lì）：罪过，过错。《国语》："余，罪戾之人也。"
㉒㉓⑥ 有忝（tiǎn）：愧对，羞辱。《说文解字》："忝，辱也。"
㉒㉓⑦ 矩彟（yuē）：规则，法度。彟，指尺度，标准。《明史·选举志》："时方崇尚新奇，厌薄先民矩彟。"
㉒㉓⑧ 嫡：正妻所生之子。庶：妾所生之子。
㉒㉓⑨ 殁（mò）宁：指去世后恪守孝道。殁，死。宁，守父母之丧。《汉书》："前博士弟子父母死，殁宁三年。"

㉔⓪ 属纩（kuàng）：人将死，在口鼻上放丝绵，以观察是否断气，指临终。纩，新丝绵。
㉔① 承祧（tiāo）：承继奉祀祖先的宗庙。南朝梁《立太子诏》："自昔哲后，降及近代，莫不立储，守器承祧。"
㉔② 圹：坟墓。
㉔③ 止分昭穆：昭穆，古代宗法制度，宗庙或墓地的辈次排列，始祖居中，二世、四世、六世……位于始祖的左方，称昭；三世、五世、七世……位于右方，称穆。用以分别宗族内部的长幼、亲疏、远近。《周礼》："辨庙祧之昭穆。"止分昭穆，此指只分左右，不分尊卑。
㉔④ 耦：二人并肩耕作。此意为并列。
㉔⑤ 生圹：生前预造的坟墓。《后汉书》："四像居宾位，自画其像居主位，皆为赞颂。此生圹之始也。"
㉔⑥ 递嬗（shàn）：依次更替，逐步演变。
㉔⑦ 庆泽：指皇帝的恩泽。

卷六
述师 述友

童子试①

陈秋崖夫子讳其凝②，江苏上元③人，雍正庚戌④进士，官太仆寺卿⑤。乾隆十一年⑥提督浙江学政⑦。九月科试，取辉祖入县学⑧。

乡试

博虚宥夫子讳卿额。满洲镶红旗⑨人。乾隆戊辰⑩进士。初名纶音惠，改今讳。国子监司业⑪。乾隆三十三年戊子⑫，浙江乡试正典试⑬，后终奉天府尹⑭。

陆耳山夫子讳锡熊。江苏上海人，乾隆辛巳⑮进士。壬午⑯召试，钦赐内阁中书⑰，为戊子⑱浙江副典试，终都察院⑲左副御史。

曾洞庄夫子讳光先。湖南湘潭人，乾隆乙丑⑳进士。象山县知县。戊子㉑分诗五房㉒，为辉祖本房师㉓。后加通判衔，罢官，终钱塘行馆㉔。辉祖年十八，应丁卯㉕乡试，时祈神签云："举头莫道青云远，得路先凭博陆侯。"每遇乡闱㉖，辄盼霍姓㉗典试，不可得。后客平湖，年已三十八，将去馆祷于文昌祠，签云："应得光先兼裕后㉘，功名一路到耆颐。"至是科，座主为博、陆二姓，而房师之讳直著文昌。签语遇合㉙，前定如此。

会试㉚

嵇拙修夫子名璜㉛，江苏无锡人。雍正庚戌㉜进士。日讲起居注官㉝，兵部尚书㉞。乙未㉟大总裁㊱。今经筵讲官㊲，太子太保㊳，文渊阁㊴大学士，文渊阁领阁事，兼吏部尚书㊵。

王惺园夫子名杰，陕西韩城人。乾隆辛巳㊶进士。刑部右侍郎，乙未副总裁。今经筵讲官，东阁大学士，管礼部事务。周海山太夫子煌㊷，撰先人墓表㊸，夫子手书勒石㊹。

阿雨斋夫子讳肃，满洲镶白旗人。乾隆甲戌㊺进士。都察院左副都御史，乙未副总裁。历内阁学士㊻兼礼部侍郎，终光禄寺少卿㊼。

汤辛斋夫子讳先甲，江苏宜兴人。乾隆辛未㊽进士。翰林院编修㊾，乙未分诗一房，为辉祖本房师。终广东学政。

受业

薄夫子，淇县人。不能追记讳字。辉祖六岁受业㊿。

家静山夫子讳崇智，同出高祖支下。辉祖自七岁至十岁受业，训诂㉛之学皆禀师授。旅没京师。无子。辉祖属族兄凤琳（绶）归其丧㉜，今尚无为之后者。

郑又亭夫子，名嘉礼。同县人。县学生。先君子将为粤东之游，预聘延主塾，辉祖年十一至十四岁，受业四年。馆课勤密，不使得有暇晷㉝。今年七十有九，辉祖不逮事父㉞，夫子为先君子礼聘，见夫子如见吾父，夫子亦视辉祖如子。呼名受拜，不假辞色。白头师弟㉟肃然也，近今馆师，更无能继之者。

徐冠周夫子讳冕。上虞㊱人，馆族叔奂若先生家。辉祖年十五从学。当是时，家难交讧㊲，夫子语辉祖曰："汝不成名，门户必隳㊳。当念二母辛苦，用百倍功充汝才，不患不成进士也。"又曰："吾年逾六十，我儿未十岁，不知他日吾子得如汝否？"视辉祖亦如子。辉祖年三十，客长洲㊴，从上虞郑茂才（源）询知：夫子久弃人事㊵，世兄补博士弟子，终未得一见也。

茅再鹿夫子讳绳武，一字诒孙。山阴人。县学生。舅氏王深甫先生内侄，馆韩德师先生家。辉祖年十六，为童子师课㊶表弟二人。遇文期㊷，则从夫子乞题作文。夫子谦甚，不以师道自居，然诲教切至，历二年不倦。

张百斯夫子讳嗣益。山阴人。岁贡生。授徒鱼化桥家塾。辉祖年十八,为乾隆丁卯⁶³科初应乡试之前,仍为童子师,乞夫子命题,求教凡四月。

许虚斋夫子讳廷秀。江苏山阳⁶⁴人。乾隆甲子⁶⁵科举人。戊辰⁶⁶三月,先外父王坦人先生官山阳典史,恐辉祖以蒙师废学,招至甥馆,从夫子游,凡八月,以疾辞归,明年己巳⁶⁷,仍受业于百斯夫子。

冯夫子佚名字。山阴人。县学生。馆安昌沈氏,庚午闱前⁶⁸,从游二十余日。

杨鲁蕃夫子名际昌。山阴人。乾隆辛酉⁶⁹举人。辛未⁷⁰馆坦人先生从兄家。辉祖授徒里中作举业文,邮呈求教,夫子导之以正,且有相赏于文字外者,讫一年。

孙景溪夫子讳尔周。山东昌邑人。乾隆乙丑⁷¹进士。令内邱调吴桥⁷²,丁外艰⁷³。岁己卯⁷⁴,辉祖客苏松粮储道胡偶韩先生(文伯)所,夫子服将阕⁷⁵,探戚官中,录课艺求教夫子,授以场屋律度:曰相题,曰炼局,曰运气,曰选调,曰遣词,曰炼字。反复讲解,每夜至四更方息。凡四阅月,稍稍领受。忝窃科名,皆夫子训也。后有业儒者,饮水思源,不得忘所自来。夫子历官四川宁远⁷⁶知府。归老。以子西林先生含中官陕西按察使,诰封通议大夫⁷⁷。

亡友

孙西林先生(含中),景溪师子也。乾隆辛巳⁷⁸,师令秀水⁷⁹,辉祖佣书⁸⁰幕中,先生试礼部中式⁸¹,来官廨省觐⁸²,得共晨夕。一日侍坐,师曰:"若两人操心制行,异日当为端士⁸³,可齿叙如同气⁸⁴,毋忘今日之谊。"辉祖敬谢:"不敢当。"师曰:"子毋辞,士君子论交,不以穷达⁸⁵异趣。况子岂终幕客者?子毋辞。"先生与辉祖同生庚戌⁸⁶,长辉祖二十四旬有奇⁸⁷,遂兄事焉。越一年余别去。癸未⁸⁸选庶吉士⁸⁹,丙戌⁹⁰改户部主事⁹¹。而辉祖于戊子⁹²忝充秋赋⁹³。己丑⁹⁴至京师,主先生寓庐,不知身之在客也,辛卯⁹⁵秋九月,先生由员外郎出为宁绍台⁹⁶兵备道⁹⁷,款辉祖入幕,凡四月,以会试辞⁹⁸。比下第南归⁹⁹,先生已调江苏河库道¹⁰⁰。甲午量移苏松太¹⁰¹兵备道,屡以师命召,辉祖母老,不果往。先生旋司臬¹⁰²陕西。丁酉¹⁰³来浙开藩¹⁰⁴,再四招延,且属韩城师道意辉祖,过辱下交¹⁰⁵,惧为人指目¹⁰⁶,固辞,先生不之强也。有机事辄相邀商榷,有所建白¹⁰⁷,罔弗采纳。戊戌¹⁰⁸六月,手书相订,辉祖将俶装¹⁰⁹,而先生中暍¹¹⁰捐馆舍¹¹¹,凭棺一恸¹¹²已矣。生平先生为政,持大体,廉仁平恕,守正不阿。是时,大吏颇与先生龃龉,而先生能力行其志。发引¹¹³日,道路手香跪哭,灵輀[114] 不得前。至今述遗爱，犹多泣下。辉祖为先生所部，而冠先生于亡友[115]者，尊师命也。

罗台山（有高），江西瑞金[116]人。乾隆乙酉[117]举人。己丑[118]会试，以邵二云（晋涵）先容[119]，得订交焉。又七年，余佐慈溪知县黄补斋（元炜）幕中，台山方主觐县[120]。邵双桥（洪）家迻[121]以来，共晨夕者二旬。奉《双节堂赠言》，句为论定[122]。越二年，叙别于钱塘寓舍。凡《赠言》中古文，一一次第点正。通《内典》[123]，尝进余以摄生之道，余未之能行也。而台山以己亥[124]正月卒于家。

孙迟舟（辰东），初名辰。归安[125]人。乾隆壬辰[126]举礼部试第一，第一甲第二名进士及第[127]。官翰林院编修。先是岁丙戌，迟舟方持父服[128]，课平湖知县刘冰斋（国烜）二子学，余治申韩家言[129]，佐平湖幕，称莫逆交。甲午[130]丁内艰，主讲东阳书院，余客海宁，屡寄文字商正。丙申[131]，余再馆平湖，迟舟服阕[132]，过余叙别。明年，迟舟举男[133]，余举女。因有婚姻之订，是为庚子[134]之春。其后秋分，校顺夫乡试，卒于闱中。

来江皋（起峻），同邑长河里人。乾隆壬辰进士。余之交江皋也，始自辛卯[135]公车[136]，继以壬辰水同舟，陆同车，京邸[137]同寓舍，志趣并同。官户部湖广司额外主事。以父母笃老，引疾归，授徒于船楼家塾。甲午亦为余评骘[138]课艺，已而迭丁内外艰[139]，会经理西江塘水利，劳病卒。

陶午庄（廷珍），会稽人。乾隆庚寅[140]冬扁舟过访，出试文相质[141]，遂订交。明年举于乡，丁未[142]补咸安宫教习[143]。丁内艰，归，校订《双节堂赠言》甚力。辛丑拣发[144]甘肃，累署知县，借补直隶肃州州同[145]。卒于官，以弟子为后[146]。

张潜亭（羲年），余姚[147]人。乾隆乙酉[148]拔贡生[149]，宫于潜[150]，训导俸满[151]，保举以知县用，请留"四库馆"[152]效力，赐国子监助教衔，充《四库全书》纂修官。丁酉[154]中顺天乡试举人，戊戌[155]下第[156]，特赐一体殿试[157]，届期疾作，遂不起。

徐颐亭（梦龄），山阴[158]人。国子监生。精医术。屡试省闱不遇。治危证多愈。余有回生之感，详《习医宜慎》条。会戚属邀赴口外[159]，旅没。仲子嘉会[160]，能世其业，季子端揆[161]，以孝友著称。

严古缘（果），仁和[162]人。乾隆庚寅[163]举人。先是壬申[164]二月，恩科乡试第三场于号舍[165]订交。垂三十年，久而愈笃。性肫挚[166]。别数月，必作画幅题句寄赠，情溢楮墨[167]间，弟铁桥（诚），乙酉举人，豪爽过于兄，诗笔高迈，亦工绘事，兼精篆刻。先四年卒。

家⁽¹⁶⁸⁾昌年（永祚），六世祖支下，犹子行⁽¹⁶⁹⁾也。家奇穷，年四十方室⁽¹⁷⁰⁾。诗法徐渭⁽¹⁷¹⁾，画师米芾⁽¹⁷²⁾。事母笃孝，有礼聘者，不忍出游离膝下，忍贫为童子师，以终其身。年八十余，及见曾孙而卒。弟介甫（永祺），年十六为山阴贾人司筦钥⁽¹⁷³⁾。贾人父疾，属侍医师治药，念母衰病，力不能延医，夜读医书，晓就医师求方脉之理，久之，工医术。母倚其药而生者，三十余年。为余治病辄效，言必以正，曰："疾病皆由不自爱而起，或以先天不足归咎父母，不孝甚矣。"初，余习幕学，语余曰："侄见郡城幕者多浪费，愿叔戒之。"又曰："叔祖浮厝⁽¹⁷⁴⁾十余年，当亟谋安葬，此事无促迫者，不可以远游故，一刻忘也。"其相爱大率类是。先昌年卒。余为作《汪氏二孝子传》云。

孙惠畴（世采），山阴人。仲姊婿⁽¹⁷⁵⁾也。余孤且寒，年十四五时，颇不为姻党⁽¹⁷⁶⁾所礼，独荷款接勤挚。性豪爽善饮。急人难如己，不治家人生产。游吴越⁽¹⁷⁷⁾间，无所遇。归而病酒，至于没。子四人，长继英，能修内，行佐幕，仁谨有闻。

陆三德（天胜），同里⁽¹⁷⁸⁾人。有至性，重然诺，能知大义，为乡党信重。长余十岁，少时误陷缧绁⁽¹⁷⁹⁾，先大父雪出之⁽¹⁸⁰⁾。岁元旦起，即至大父像前礼拜。先赠公⁽¹⁸¹⁾赴粤东时，属料理家事，已而赠公丧归。遇力作，无寒暑，早晚有呼必应。力佣自给，独不受余一钱。曰："吾受朝三翁⁽¹⁸²⁾未报，且诺十三叔⁽¹⁸³⁾不可负也。"余入试省闱，执劳无倦色。至戊子，忝列科榜，欣然曰："吾固知朝三翁当有后也。"视余如弟，历四十年，名余不改。又四年而没。没之前夕，余客海宁归，亟过访⁽¹⁸⁴⁾，执余手曰："好尚得见弟一面，恨不及待弟官也。"盖余自少孤至成立，人情屡易，始终如一者，一人而已。

方望山（鲁），同邑路西人。初以治疾相识，久之志趣甚洽，交相敬也。为人质直无城府⁽¹⁸⁵⁾，急人之病如在己身。遇敦请⁽¹⁸⁶⁾，虽极贫之家，严寒酷暑，皆立赴。其术以疏气为先，谓病率起于气滞，故定方多用"逍遥散"⁽¹⁸⁷⁾加减，所治辄效，时人号称"方逍遥"。子孔昭，亦工医有声。

于体乾（士宏），同邑峡山人。乾隆丙午⁽¹⁸⁸⁾举人，性纯孝，与弟汝夔友爱甚挚。余自己卯乡试寓舍订交。长余一岁，余兄事之。后历试无不同寓。至戊子⁽¹⁸⁹⁾，余忝充秋赋，君攻苦益力。于家塾旁置小屋一楹⁽¹⁹⁰⁾，几坐皆设仄版⁽¹⁹¹⁾，如号舍⁽¹⁹²⁾然。课日食息其中。曰："习此，则闱中宽绰，可以从容构思。"庶几一当又八试，始与儿子继坊同出唐一峰先生门下。年已五十有八，太孺人年逾八十，君不忍离寝门,上计戚友多劝驾者,太孺人亦促办装,因过余里门叙年谊⑬。余敬谢曰:"白头兄弟何当为儿辈屈!"君笑曰:"盼同年何可易得?肯不叙耶!"盖订交后四年,继坊甫生⑭,而君辱与同榜,宜其言之慨也。具述太孺人命。余曰:"如兄者,其报国日长乎?"君跃然起,执余手曰:"微子⑮孰肯作是言,吾计决矣。"遂不行,已而余之湖南宁远,君向晦徒步至义桥江干叙别,勉余以"亲民"⑯之义,出《福惠全书》⑰一册相饷⑱。越二年,而凶问至宁远,为罢食者数日。年不副德,遇不副才。士论至今惜之。

【注释】

① 童子试:简称童试,亦称小考、小试。科举制度中的低级考试,取得生员(秀才)资格的考试。

② 陈秋崖夫子讳其凝:即陈老先生名其凝,字秋崖。讳(huì),对君主、尊长的名字不直称而避讳。对已去世的人,要书写其名时,前面加"讳"以表示尊敬。《说文解字》:"讳,忌也。"

③ 上元:今江苏省南京市。

④ 雍正庚戌:雍正八年,即公元1730年。

⑤ 太仆寺卿:太仆寺长官。职掌皇帝车马、牧马政令之官员。

⑥ 乾隆十一年:公元1746年。

⑦ 提督学政:学政,又称督学使者、学政使,俗称大宗师、学台。朝廷委派到各省主持院试、岁试,并督察各地学官和生员的官员。

⑧ 县学:旧时供生员读书的学校,以备参加高一级之考试。

⑨ 满洲镶红旗:满洲八旗之一。八旗分别为正黄、正白、正红、正蓝、镶黄、镶白、镶红、镶蓝八旗。清制,满族户口以兵籍编制,以旗的颜色相区别,旗色有八种,故称八旗。

⑩ 乾隆戊辰:乾隆十三年,即公元1748年。

⑪ 国子监司业:国子监祭酒的副二官,从四品下。

⑫ 乾隆三十三戊子:公元1768年。

⑬ 正典试:正主考。典试为主持考试的官员。

⑭ 奉天府尹:奉天,今辽宁沈阳。府尹,掌一府政事的行政长官,相当于今日的市长之职位。

⑮ 乾隆辛巳:乾隆二十六年,即公元1761年。

⑯ 壬午:乾隆二十七年,即公元1762年。

⑰ 内阁中书:清内阁属官。职掌撰拟、记载、翻译、缮写等事。

⑱ 戊子：乾隆三十三年，即公元1768年。
⑲ 都察院：明、清中央监察机构。长官为左、右都御史。主掌监察、弹劾及建议。与刑部、大理寺并称三法司。
⑳ 乾隆乙丑：乾隆十年，即公元1745年。
㉑ 戊子：乾隆三十三年，即公元1768年。
㉒ 分诗五房：考房按诗韵的排列分拈考房，分在五房阅卷。
㉓ 房师：科举制度中，举人、进士对荐举本人试卷的同考官的尊称。
㉔ 通判："通判州事"的省称。明、清时与同知分掌巡捕、诉讼、治农、水利、牧马等事项。并对州府的长官有监察的责任。钱塘：今浙江省杭州市。行馆：旧时官员出行在外暂居的地方。
㉕ 丁卯：乾隆十二年，即公元1747年。
㉖ 乡闱（wéi）：即"乡试""秋试""秋闱"。科举时代士人应乡试的考场。
㉗ 辄盼霍姓：因汉代霍光（霍去病异母弟）曾封"博陆侯"，而神签有"得路先凭博陆侯"句，故汪辉祖误会在霍姓考官的手下可中考。是上上签。
㉘ 光先兼裕后：光于前，裕于后。
㉙ 遇合：本指君臣相得。此指神签与事实恰恰相合。
㉚ 会试：明、清时每三年一次在京城举行的中央考试，凡各省的举人皆可参加。考中者称贡士。
㉛ 嵇璜：字尚佐、黼庭，晚年号拙修。乾隆年间任南河、东河河道总督。谥号"文恭"。
㉜ 雍正庚戌：雍正八年，即公元1730年。
㉝ 日讲起居注官：清顺治十二年（公元1655年）开始设置"日讲官"，按日入内值班，为皇帝进讲经文。康熙九年（公元1670年）设起居注馆，由日讲官兼任"摄记注官"。雍正以后成为定制，于是称之为日讲起居注官。职掌为侍直起居，记载皇帝言行。此职由翰林院、詹事府、左右春坊、司经局官以原衔兼任。
㉞ 兵部尚书：兵部主官，别称大司马。统管全国军事的行政长官。相当于现今军委副主席、国防部长、总参谋长和后勤部长的总称。
㉟ 乙未：乾隆四十年，即公元1775年。
㊱ 大总裁：会试大主考。
㊲ 经筵讲官：亦称"经筵官""经筵讲读官"。皇帝与侍读、侍讲等官讨论经史等事称之为"经筵"。清制，经筵讲官由大学士、各部尚书、侍郎、詹事、国子监祭酒及翰林院侍读、侍讲中选派。
㊳ 太子太保：东宫官员，别称太子太师、太子太傅。为太子六傅之一。负责以道德辅教太子。
㊴ 文渊阁：清代专门贮藏《四库全书》的藏书阁。乾隆建在紫禁城内。

㊵ 吏部尚书：吏部长官。负责全国官员的选举、任命、品阶、封爵、调动、考课等事务。
㊶ 乾隆辛巳：乾隆二十六年，即公元 1761 年。
㊷ 周煌：字景垣，号海山，四川涪陵人。乾隆进士。官至左都御史。谥号"文恭"。著《琉球国志》《海山诗稿》等。
㊸ 墓表：刻在墓碑上以纪念死者的文字。
㊹ 勒石：雕刻在石碑上。
㊺ 乾隆甲戌：乾隆十九年，即公元 1754 年。
㊻ 内阁学士：内阁官名，通称"阁学"。位在大学士之下。负责敷奏本章、传达诏命。按例兼礼部侍郎衔。
㊼ 光禄寺：负责祭祀、朝会、饮宴的机构。少卿：光禄寺的副职。
㊽ 乾隆辛未：乾隆十六年，即公元 1751 年。
㊾ 翰林院：官署名。唐代初置，负责修书撰史，起草诏书，为皇室成员侍读，担任科举考试官等。编修：翰林院的职官之一，负责文献（国史、实录、会要等）修撰工作。
㊿ 受业：从师学习。
㈤ 训诂：亦称"训故""诂训""故训"。即解释古书中词句的意义。
㈥ 归丧：人死后，将尸体运回故乡办理丧事。
㈦ 暇晷（guǐ）：闲暇时间。
㈧ 不逮事父：没来得及侍奉父亲。这是对父亲死亡的婉转说法。
㈨ 白头师弟：年岁很大的师弟。
㈩ 上虞：今浙江省上虞市。
㈦ 家难（nàn）交讧（hòng）：家庭灾患交错，争吵不断。
㈧ 隳（huī）：毁坏，败亡。
㈨ 长洲：今江苏省苏州市。
㈩ 弃人事：即死亡。对死的一种婉转说法。
㈠ 师课：又称"月考"。清代书院院长每月出题一次考核书院学生称之为师课，是相对于每三个月由官府出题考试一次的官课（期考）而言的。
㈡ 文期：考核作文的时期。
㈢ 乾隆丁卯：乾隆十二年，即公元 1747 年。
㈣ 山阳：今江苏省淮安县。
㈤ 乾隆甲子：乾隆九年，即公元 1744 年。
㈥ 戊辰：乾隆十三年，即公元 1748 年。
㈦ 明年己巳：乾隆十四年，即公元 1749 年。
㈧ 庚午闱前：此指乾隆十五年（公元 1750 年）乡试之前。
㈨ 乾隆辛酉：乾隆六年，即公元 1741 年。

⑦ 辛未：乾隆十六年，即公元1751年。
⑦ 乾隆乙丑：乾隆十年，即公元1745年。
⑦ 内邱：今河北内丘县。吴桥：今河北省吴桥县。
⑦ 丁外艰：遭父丧，父亲去世。
⑦ 岁己卯：己卯年。乾隆二十四年，即公元1759年。
⑦ 服将阕：服丧将要期满。阕（què），去除。《周礼》"亡者阕之。"
⑦ 宁远：今四川省西昌市。
⑦ 按察使：巡抚的属官，隶属各省总督、巡抚。通议大夫：文散官名，清制为正三品官阶。
⑦ 乾隆辛巳：乾隆二十六年，即公元1761年。
⑦ 师令秀水：孙景溪老师做秀水县县令。秀水县，即今浙江省嘉兴市。
⑧ 佣书：受雇为人抄书。此指汪辉祖做书记之类工作的幕客。
⑧ 先生试礼部中（zhòng）式：试礼部，即参加礼部试。礼部试即会试。这句是说，孙西林应礼部会试并考中。
⑧ 官廨：此指秀水县县衙。省觐（xǐng jìn）：晚辈对尊长的问候进见。
⑧ 端士：品行端庄、正直的人。《大戴礼记》："于是皆选天下端士。"
⑧ 可齿叙如同气：可以结为异姓兄弟。齿叙，同"序齿"，按年龄长幼排序，此指结为异姓兄弟。同气，有血统关系的亲属。
⑧ 穷达：困顿与显达，失意与得意。《墨子》："穷达、赏罚、幸否，有极，人之知力，不能为焉。"
⑧ 同生庚戌：同出生于庚戌年，即公元1730年。
⑧ 长（zhǎng）辉祖二十四旬有（yòu）奇（jī）：二十四旬，二百四十天。有，又。奇，零数。这句是说（孙西林）比我大八个多月。
⑧ 癸未：乾隆二十八年，即公元1763年。
⑧ 庶吉士：亦称"庶常"，在庶常馆学习。由进士并擅长文学、书法的人充当。由学士、侍郎等为教习，督其学业。一般三年后经过考试散馆，分发任用，根据成绩分别等第，二甲授编修，三甲授检讨，其余则给事中、御史或外放为州、县官。
⑨ 丙戌：乾隆三十一年，即公元1766年。
⑨ 户部：六部之一，掌土地、户籍、赋税、财政收支等事务。主事：以文牍为主的官员。清代，进士分部，须先补主事，经一定年限升任员外郎、郎中，主事也分掌郎中、员外郎之职，在部司中往往握有实权。
⑨ 戊子：乾隆三十三年，即公元1768年。
⑨ 忝充：愧列（榜中）。即中式的自谦说法。秋赋：秋闱中式，即乡试考中。
⑨ 己丑：乾隆三十四年，即公元1769年。

(95) 辛卯：乾隆三十六年，即公元 1771 年。
(96) 员外郎：官名。六部尚书下设二十四司，每司有郎中、员外郎。员外郎为曹司副官。出：调充外任官员。宁绍台：今浙江宁海、绍兴、台州一带地区。
(97) 兵备道：各省所设整饬兵备的道员，为文官，主要协助总兵钤制武臣训督战士。
(98) 以会试辞：用会试推辞。
(99) 下第：这里指会试落榜。南归：回到南方。
(100) 河库道：官名。清代始置。属江南河道总督，驻清江浦，掌管河道、河工钱款的出纳。
(101) 甲午：乾隆三十九年，即公元 1774 年。量移：被贬谪的官员遇赦而酌情就近安置。苏松太：苏州、松江、太仓地区。
(102) 司臬（niè）：司法、执法官的泛称，清代多指按察使。
(103) 丁酉：乾隆四十二年，即公元 1777 年。
(104) 开藩：布政使的别称，又称藩台、价藩、辅藩等，清代为督抚的僚属，专管一省的民政和财政。
(105) 过辱：谦词，过分地辜负。下交：地位高与地位低的人结交。
(106) 指目：手指目视。即指指点点地说闲话。
(107) 建白：提出建议或陈述主张。
(108) 戊戌：乾隆四十三年，即公元 1778 年。
(109) 俶（chù）装：整理行装。《后汉书》李贤注："俶，整也。"
(110) 中暍（zhòng yē）：中暑。《伤寒论》："太阳中暍，发热恶寒，身重而疼痛，其脉弦细芤迟。"
(111) 捐馆舍：死亡的婉辞。《战国策》："今奉阳君捐馆舍。"
(112) 凭棺：靠着棺柩。一恸（tòng）：大哭一场。
(113) 发引：出殡，灵车启行。《风俗通》："以天年终，而诸君各怀进退，未肯发引。"
(114) 灵輀（ér）：载运棺柩的车。
(115) 冠先生于亡友：把先生放在亡友名字的前头。冠，加在前头。
(116) 瑞金：今江西省瑞金市。
(117) 乾隆乙酉：乾隆三十年，即公元 1765 年。
(118) 己丑：乾隆三十四年，即公元 1769 年。
(119) 邵二云：邵晋涵，字二云。先容：事先为人加褒扬介绍。
(120) 鄞县：今浙江省宁波市鄞州区。
(121) 迓（yà）：迎接。此引申为会面。《尔雅》："迓，迎也。"
(122) 匄（gài）：乞求，乞讨。此处指恳求、请求。《通俗文》："匄，求也。"古通"丐"。
(123) 内典：佛教徒称佛经为《内典》。
(124) 己亥：乾隆四十四年，即公元 1779 年。
(125) 归安：今浙江省湖州市吴兴区。

⑫⑥ 乾隆壬辰：乾隆三十七年，即公元1772年。

⑫⑦ 进士及第：清代科举考试中，列榜有甲、乙次第，只有殿试一甲的一、二、三名赐"进士及第"，其他的称"进士出身"或"同进士出身"。

⑫⑧ 方持父服：正服父丧期间。古代在服丧期内不能做官、应考等。

⑫⑨ 治：研究、学习。申韩家言：申，指申不害；韩，指韩非。二人都是战国法家代表人物。

⑬⓪ 甲午：乾隆三十九年，即公元1774年。

⑬① 丙申：乾隆四十一年，即公元1776年。

⑬② 服阕：服丧期满除服。《旧唐书》："丁父忧去职，服阕，拜右散骑常侍。"

⑬③ 举男：举，养育。生男孩。

⑬④ 庚子：乾隆四十五年，即公元1780年。

⑬⑤ 辛卯：乾隆三十六年，即公元1771年。

⑬⑥ 公车：送考生进京考试的皇家马车。《后汉书》："安帝雅闻衡善术学，公车特征拜郎中，再迁为太史令。"

⑬⑦ 京邸：京师的客舍、旅店。

⑬⑧ 评骘（zhì）：评定。《说文解字》："骘，定也，升也。"

⑬⑨ 迭丁内外艰：父、母接连去世。迭，接着、屡次。丁内艰，母亲去世。丁外艰，父亲去世。

⑭⓪ 乾隆庚寅：乾隆三十五年，即公元1770年。

⑭① 质：评定，质询。

⑭② 丁未：乾隆五十二年，即公元1787年。

⑭③ 咸安宫教习：咸安宫官学的教习。咸安宫官学，教育八旗子弟的学校。创始于雍正七年（公元1729年），掌教习内务府三旗所属满、蒙优秀子弟。设管理、协理各一人，以内大臣兼充。又有郎中、员外郎各二人。满教习十三人，汉教习九人，掌教满语、翻译及弓箭等。

⑭④ 拣发：清制，各省督抚因本省人员不及，可奏请朝廷于候补人员中拣选若干人归该省使用。被选中任用的人称"拣发"。

⑭⑤ 肃州：今甘肃省酒泉市。州同：即"州同知"，为知州的佐官。

⑭⑥ 弟子：此指弟弟的儿子。为后：过继为继子（因陶廷珍无子）。

⑭⑦ 余姚：今浙江省余姚市。

⑭⑧ 乾隆乙酉：乾隆三十年，即公元1765年。

⑭⑨ 拔贡生：又称"拔贡"。清代"五贡"之一。乾隆时规定，每十二年（逢酉年）由各省学政在府、州、县生员中选学、行兼优者，贡入国子监，称"拔贡"。拔贡再经廷试合格，取一等者任京官，二等任知县，三等任教职。

⑮⓪ 宫于潜：学校在今湖北省潜江市。

⑮ 训导俸满：训导，学官名。清代府学设教授，州学设学政，县学设教谕，其副职皆称训导，共掌教育所属生员。俸满，官员在任满一定年限后按例升调。

⑯ 四库馆：即《四库全书》馆。清乾隆三十七年（公元1772年）所设编纂《四库全书》的机构。

⑰ 四库全书：全称《钦定四库全书》，在乾隆皇帝主持下，由纪昀等360多位高官、学者编撰，分经、史、子、集四部，故名四库。共有3500多册，7.9万卷，约8亿字，为我国传统文化最丰富、最完备的集成丛书。

⑱ 丁酉：乾隆四十二年，即公元1777年。

⑲ 戊戌：乾隆四十三年，即公元1778年。

⑳ 下第：落榜。《后汉书》："试儒生四十余人，上第赐位郎中，次太子舍人，下第者罢之。"

㉑ 殿试：科举考试中最高一级。清制，省试后集中京师会试，会试中式后再行殿试，由帝王亲临殿廷进行考试。明、清殿试后分为三甲，一甲三名，赐进士及第，通称状元、榜眼、探花。二甲若干名，赐进士出身，第一名通称传胪。三甲若干名，赐同进士出身。

㉒ 山阴：今浙江省绍兴市。

㉓ 口外：长城以外地区。包括内蒙古、河北北部及至新疆一带，但不包括东三省。东三省称"关外"。

㉔ 仲子：第二个儿子。兄弟排行次序为伯、仲、叔、季。嘉会：人名。

㉕ 季子：第四个儿子。端揆：人名。

㉖ 仁和：今浙江省杭州市。

㉗ 乾隆庚寅：乾隆三十五年，即公元1770年。

㉘ 壬申：乾隆十七年，即公元1752年。

㉙ 号舍：又号"号房"。乡试、会试期间考生应试与住宿的场所。以数十至上百间由北向南排列，列与列之间如长巷，每巷以《千字文》编号。巷口有栅，考生进入号房即行封闭。房内两侧砖墙有上、下二坎，可插入木板，上板作试桌，下板作凳。晚间将上板插入下坎，拼成卧榻。答卷、饮食、坐卧皆在其中。一科三场共九日。

㉚ 肫（zhūn）挚：真挚，诚恳。

㉛ 楮（chǔ）墨：纸和墨。又指书画或文字。《史通》："猖狂生态，正复跃见楮墨间。"楮，落叶乔木，树皮可制宣纸，故古时作纸的代称。

㉜ 家：本家人，同宗族的人，此指汪永祚。

㉝ 犹子行（háng）：兄弟的儿子一辈人，子侄辈人。

㉞ 室：成立家室，娶妻。

㉟ 法：师法，取法，学习。徐渭：初字文清，改字文长，今浙江绍兴人。明代文学家、书画家。著《徐文长全集》《徐文长佚稿》等书。

⑫ 米芾：初名黻，字元章。世居太原，迁襄阳，后定居润州（今江苏镇江）。北宋书画家。著《书史》《画史》等书。

⑬ 贾（gǔ）：商人，生意人。筦（guǎn）钥：亦作"管钥"。掌管钥匙。即主管。

⑭ 浮厝：用砖石将棺木四角垫高，离地三寸，暂不入土埋葬。

⑮ 仲姊婿：二姐夫。

⑯ 姻党：犹姻族。即有姻亲关系的各家族或其成员，因共同利益而联结在一起。《东周列国志》："只有郑文公捷，原是楚王姻党，俱晋来附。"

⑰ 吴越：古地名，今江苏东南和浙江北部一带。

⑱ 同里：江苏省苏州市吴江区同里镇。

⑲ 缧绁（léi xiè）：拘系犯人的绳索。借指监狱。

⑳ 雪出之：为之（陆天胜）昭雪并释放。

㉑ 先赠公：即"先公"，汪辉祖之父。因其"敕赠文林郎"，故称"先赠公"。

㉒ 朝三翁：即汪辉祖之祖父，因其字朝宗，行三，故乡里人如此称之。

㉓ 十三叔：汪辉祖之父汪楷，行十三。

㉔ 亟过访：赶快来看望。

㉕ 无城府：胸怀坦白。城府，隐蔽之处，喻人居心深密。《明史·张居正传》："然深沉有城府，莫能测也。"

㉖ 敦请：诚挚邀请。《后汉书》："帝亦思旧京，因遣使敦请催，求东归，十反乃许。"

㉗ 逍遥散：《太平惠民和剂局方》方剂。由柴胡、当归、白芍、白术、茯苓、甘草组成。主治肝郁血虚，脾失健运。功用健肝解郁，健脾和营。

㉘ 乾隆丙午：乾隆五十一年，即公元1786年。

㉙ 戊子：乾隆三十三年，即公元1768年。

㉚ 一楹（yíng）：房舍一间。

㉛ 几坐：小桌子和座位。设：用。仄版：狭窄的版。

㉜ 号舍：见前注p943⑯。

㉝ 年谊：同年登科的互称年家，相互间的友谊称年谊。

㉞ 甫生：甫，开始，才。才出生。

㉟ 微子：此指宋朝的谢密，字弘微，南宋大臣，以简约话语，使人服顺。这句是说，就是谢弘微也说不出这么简约而启迪人的话。

㊱ 亲民：亲近民众。《大学》："大学之道，在明明德，在亲民，在止于至善。"

㊲ 福惠全书：作者清人黄六鸿，字思湖，江西新昌人，康熙官员，官至谏官。该书对州县钱谷、刑名、户口徭役编审、土地清丈、保甲、教育、荒政、邮政等言之甚详，对地方弊端内幕亦有揭露，是了解清代地方社会情况的重要资料。

㊳ 饷（xiǎng）：赠送。《吴历》："以诗赋饷孙权。"

敬义堂家训

［清］纪大奎

纪大奎（1756—1825年），字向辰，号慎斋，江西临川龙溪人。清代史学家、文学家、理学名家。由拔贡知四川什邡。工书。著有《慎斋遗书》十余种。

本文录自《纪慎斋先生全集》。

人生天地间，孝弟①自是头一件事。《论语》开首两章，便说"其为人也孝弟"，可见不孝弟便不得为人。古人书中说孝弟事极多。大凡读到此处，便当悚然惕然，一一想到自己身上，天性自然触发，安得复为不孝之子。

人子或不能常在父母膝下，总要刻刻不忘父母。《诗》云："无父母贻罹"②，盖女子一嫁，便离却父母。故以此惕醒之，何况男子，但凡做一事，必想到此事有益我父母否？无玷辱我父母否？不失我父母心志否？涉一处，必想到此处可慰我父母望念否？不为我父母忧虑否？食一美食，穿一好衣，居处一好境界，必想到我父母曾享此否？我今享此，可不愧父母否？当大寒大暑之时，必想到我父母，不知安适否？当饥寒困厄之时，必想到我父母，不知何如，莫也如此否？时时处处如此在心，安得尚有不孝之行！且安得不为善人，为吉人，天地安得不覆佑他！若处处总不想到父母，天性既漓，非心日长，渐渐不知其所至，天地安能覆佑得他。比如树枝，离了根干土壤，自然枯槁，纵有和风甘雨，岂能受其生养。此理最明，人人可晓。

兄弟不和，多由妇人起。兄弟本是一气，妇人以异姓合在一处，若非十分贤德，必然私心日起，必然嫌疑易生，全在男子心中有大把柄。古人云："不听妇人言。"但此事极难，枕畔巧语，影响牵合，或因缘妯娌③小错，密语为之张大，或装借自己小容忍，密语极口含冤，或讦人巧，或露己拙，使男子细细察之，竟不觉堕其术中，渐不可解，所以妇人之言，不但不是处不可听，便说得似是处，也不可听。妇人之行，不但不好处，要识他底真，便装得极好处，也要识得他未必是他底真。总之看得父母兄弟一团天性十分真切，如大树深根固蒂，牢不可拔，著些斜风碎雨，又岂能摇动。但凡妇人纵使质习偏戾，终属天地柔气所生，只要丈夫成得个主宰，能为他表率，丈夫果孝顺，妇人毕竟不敢悍逆。丈夫果勤俭，妇人毕竟不孜纵逸。丈夫果正直无私，妇人毕竟不敢多端煽惑，久之渐渐都为好人。所谓夫唱妇随，所谓妻子好合，如鼓瑟琴。此乃乾坤阴阳气机中，自然感召之理，人特不能细细体验耳。

勤是人生最紧事，不认贫富贵贱，总是一样。韩文公④云："食焉而怠其事，必有天殃。"此语要牢牢记著，要细细想著。盖人无一日不食，所食五谷菜蔬各物，都是天地精力生成底。人如何坦然承受得，若不尽心竭力，报答天地生育之恩，天必降之灾殃，万不可免，此理万万年再不得错。天再不肯放过懒惰人，《易》云："天行健。"天也只是勤，人如何敢懒，懒人天如何不诛。

韩文公所云其事者，如士农工商，公卿大夫，各有本职，分当尽之事，若分外之事，便算不得其事了。范文正公⑤读书时，每夜将寝，必思今日所做功课，与所食相称，方才安睡。若功课少了，便挑灯再读。凡人生本分内事，皆当如此。

俭亦人生最要紧事。官不俭，则必至于贪。士民不俭，则必至于滥。贪则遂为罪人矣，滥则遂为小人矣，岂不可怕！

勤字要紧，愚者犹能知之。俭字要紧，智者或反不察。每自谓不拘小节，不知既无以寡己过，又无以示子孙。其所损者，不既大乎！

俭不但是衣食，当知节省。凡一切无益之事，无益之费，皆是。

每见乡里间，凡家业初裕者，其人未有不俭，一传再传，而子孙不知祖父之艰难，则未有不奢，未有不纵，奢纵未有不败，往往不过数十年间事耳。

有一等侈子弟，不听正言，辄谓人生行乐耳，须富贵问为。不知古人此语，自有志者看去，便有大道理在内，如孔子饭疏食饮水，曲肱而枕之，乐亦在其中矣，此便是人生行乐耳。不义而富且贵，于我如浮云，此便是须富贵何为，并不是以奢侈为行乐。愚人看得奢侈是行乐，君子看他却正是作苦。

又有一等富贵子弟，不甘俭朴，辄谓素富贵行乎富贵，不知行乎富贵，是要致君泽民，不是自身要受用。

有一等不肖子弟，见人俭仆，便嗤笑之，以为鄙吝。若果是处事待人，当做不做，当与不与，便真是鄙吝。若只是自奉菲薄，布衣蔬食，不作无益，不为浪费，便是理之当然。以此为鄙吝者，此子必属败类，断无成就。

五金货财，原是天地所生，天地所宝。暴殄者固受天诛，厚藏者亦遭鬼瞰⑥。所以节俭是美德，鄙吝又是怨府。要晓得自处宜俭，处事待人又宜慷慨，或周济贫乏，或矜恤孤寡，或救灾拯难，或恤邻厚族。力所能为，则当慨然为之。若一味积聚，全不肯散，当与不与，当济不济，当用不用，辜负天生地宝，所谓守财奴，究竟何尝守得。

大凡子弟须从小时约束，饮食必示之节制，不可因有余而任其醉饱。衣服必示之朴素，不可因余而任其华美。长幼必示之有序，不可任其先后逾越。内外必示之有别，不可任其男女混杂。言语必令之简默，不可任其谈笑喧哗。举动必令之雍容⑦，不可任其轻浮挥霍。虫蚁物命，必令之知爱，不可任其游戏残杀。五谷字纸，必令之知惜，不可任其践踏污秽。久之习见习闻，既有以消其嗜欲残忍之心，又有以生其礼义恭谨之志，自然成一好人，容易无难矣。或幼时一无约束，长大必然恣肆。所谓少成若天性，习惯成自然。虽欲其为好人，不可得矣。

凡人无论贫富，总要有常业。若资质愚蒙，不能读书，便不论农工商贾，称其材力，习成一业，只要专心成立，便是好子弟。最怕三心二意，杂乱不专。又怕心高志大，虚华不实，此两要人误尽浮生，百事无成矣。

有等子弟，少时不肯学习艺业，惰纵惯了，长大竟成无用之人，此等便是游民。纵使祖父产业丰厚，终必消耗，不能久享。

但凡习艺业，做买卖，总要一心归正，守天理，安本分。凡一切冒险驾空底生意，切不要做。凡一切欺哄诈伪底⑧生意，切不要做，趁几个良心钱，虽少耐久。得几个昧心钱，虽多不耐久。

又有一等伤生害命底艺业，如屠钓渔猎之类，更万万不可做。天道好生，畜类好杀，人与物类不同，全靠心中有一团生意，方能与天道相感通，方能受天地鬼神之福。若屠猎之事，生机日亡，福分日减，岂可以受天地栽培，试看物类好杀，物类亦往往遭杀。盖生意绝，则杀气与杀气相感召也。君子远庖厨，也是要保全此心中生气，世间好艺业不少，何苦必要学此孽根⑨，戒之！戒之！

人总要有好生之德，方可以为人，不但伤生害命底艺业，断不可做，就是人家厨馔中，若无故伤生，习以为常。一种乖忍不祥之气，便渐渐日积月累，令人隐隐不觉，所以富贵人家，或不能长久，或生乖戾子孙，或遭意外祸患，盖即此口腹一端伤生不少，不祥之气所钟者已大也，岂不可怕！

我今谆戒子孙，除祭祀宾客吉凶等事，不能尽废烹宰。此外惟事老亲者，随时酌用鸡鸭旨甘等物，若平常无故宰鸡鸭等物充食，便是残忍，便是暴恶。鬼神之所恶，天地之所怒，断断不可犯此，痛戒之！痛戒之！

又祭祀宾客吉凶等事，亦可用酌用猪鸡鹅鸭，此外非人家当用之飞禽走兽，俱不宜用，致少年子弟妄动杀机。至于牛犬，尤万不可用。古人尚有燕⑩宾客不忍烹杀，多预备海干，如蛏蛤等类，以代鸡鸭者。何况牛犬，肆行宰杀干怒鬼神，且世间可充庖馔之味不少，何苦必用此耶。古人戒牛犬之文甚多，宜留心细玩之。

又水鲜中，惟鱼可用，此外如蛙鳖螺蚌蟹虾鳅鳝等类。凡无鳞者，断不可供厨馔，虽有故，亦不宜用。盖无鳞之鱼最难死，故其死最酷，与杀牛之惨，皆仁人所不忍言。且如蛙类，死时其形似人，去其头与皮，犹能跳跃，目不忍睹，耳不忍闻。又凡此类，每一餐，杀害至数命或数十命，是亦不可已乎。凡此等情形，未曾提破⑪，未曾见闻，所以食之不觉。若自此一提破，心中便惨然不忍，何苦为一刻口腹，使家人操此恶手乎。痛戒之！痛戒之！

或疑海味多属无鳞，何以不戒？盖久干之物，生气不存，无害于我恻隐之心，故可用。要晓得戒杀是要保全我恻隐之心，体天地好生之德，并不是吃斋求福底念头，我子孙宜知之。

或以孟子"鱼鳖不可胜食"为言，不知下文"养生丧死无憾"。原是养亲之生，即下文"七十食肉"之始事，不是平人少壮可以常食此物也。下节"七十者衣帛食肉，黎民则但曰不饥不寒而已"，故朱子注云："少壮之人，不得衣帛食肉也。"

或谓戒杀近于佛道，不知古圣人立法甚严，礼有君大夫士无故不杀之文，又曰："庶人无故不食珍。"可见君大夫士之贵，无故不杀生，何况平人。庶人无故，尚不得食珍味，何况杀生。

或谓人人都戒杀，则物类充满世间，此乃强辞文恶之言。所谓一语干天地之和者，吾未尝见人日食虎豹，并不见虎豹充满人间，且我见山邨内尽有一邨不食蛙鳅者，彼地蛙鳅亦不见独多，况且戒杀与不戒杀，在人各自保其生气，以还于天地，何用过虑到人人都戒杀，且我有何力量，能令人人都戒杀。此等阻人好生之言，必犯鬼神之恶，不可不知。

五常之德，第一是仁，人全赖此一点仁心。《中庸》言："仁者，人也。"《孟子》言："仁人，心也。"又言："无恻隐之心，非人也。"又言："亲亲而仁民，仁民而爱物。"张子⑫言："民吾同胞，物吾与也。"李自翱⑬云："天地之间，万物生焉。"人之于万物，一物也，受气而成形，一为物而一为人，得之甚难也。可见天地生物，惟人身最难得，幸而得为人身，须要兢兢保全此不忍之心，视人与我同此身，视物与人同此命，此中肫然，满腔生理，自然穷则于人无害，达则于民有济。至于爱物，差等虽殊，却与仁民，同是一个根原所发，若残忍于物，无所顾惜，此中恻隐之心，安得不亡。涉身处世，必然知有己而不知有人。一切纵欲悖义刻薄不仁之事，日习日熟，久而不知其非矣。故君子观人于微，盖微处可以见其心，人物之介，只在此心。差之毫厘，谬以千里矣，岂不可惧！

凡仁爱之心，都是从恻怛中出，若有沽名钓誉念头，便是私意，须要体验此中一点恻怛处。

大凡人要受得苦，受得苦，方能干得事，担得福。范文正公画粥断齑⑭时，便能以天下为己任。古人谓："咬得菜根，百事可做。"人若受不得苦，决然担不得事，受不得福。

大凡人要吃得亏，吃得亏便是得便宜，若不肯吃亏，纵使在我理直，也不足服人心也，不免招灾惹祸，所以说争之不足，让之有余。孟子谓："横逆之来，三自反。"⑮愚人谓如此，难以处世，不知如此，便容易处世，切不要将此事看错了。

人不肯吃亏，一半固是自私，一半却也是好胜，不知越有势力，越要让人。越富贵，越要损己益人，自处越退，身份越高，切不要为好胜之心误了。

大抵处世接物，谦让是宝贝，忠恕是根基，尽己之心为忠，推己之心以待人为恕。凡事总要设身处地，自然不至于薄于待人，最怕知有己而不知有人，此是刻薄人病根。若能视人犹己，安有此病。古人谓："忠恕"二字，一生受用不尽。

大凡人要晓得忧患，孔子谓："人无远虑，必有近忧。"⑯孟子谓："生于忧患，死于安乐。"⑰凡贪图安乐底人，都是过死日子，可怕可怕！

又要晓得孔子所谓"远虑"，孟子所谓"忧患"，都是教人立根本之计，并不是叫人计功谋利，患得患失，贪生怕死，畏祸求福。要知戒谨恐惧，是治心之本。敏行慎言，是治身之本。孝友勤俭，是治家之本。忠义恻怛，是涉世之本。诸如此类，总要存得天地之心，当得鬼神之格，忧勤惕厉，根基牢固。可以一日，可以百年，方是能远虑，方是能忧患。若但终日皇皇⑱，惟利是趋，义也不顾，羞恶之心也不顾，刻薄也不顾，以此为远虑，却不知正是苟且目前，徒为日后之忧。以此为忧患，却不知正是肆无忌惮，徒为子孙之害。剜尽一腔天理，种得一株祸苗，岂不可惧！岂不可叹！

《孟子》曰："无恻隐之心，非人也；无羞恶之心，非人也；无辞让之心，非人也；无是非之心，非人也⑲。"可见人岂有无此四端之理，只病在不肯细细体认，不肯勤勤扩充，遂至本心尽亡，不自知其所至矣。四个非人也，情词悱恻，能令读者抚心自问，慨然兴起，又能令读者悯念斯人，悲感欲涕。可怜孟子一片婆心，为天下万世存人道，人岂可不猛省悔悟，甘自居于非人，忍自陷于禽兽乎！大抵《孟子》一书，教人极恳切，能逐章体认，激昂读之，未有不感发兴起者。

先辈谓人家读书种子，决不可断了。盖礼义从读书中出，若断了书种，便渐渐亡了礼义，成甚人家！故子弟若非十分下愚，总宜努力读书，果能专心努力，何患读书不成。

读书便要读真书，有等子弟，假装读书，欺诳父母，三五燕朋，群居嬉戏，少年误过光阴，长大遂成废物，或为浪子飘零，或作沟中饿殍。自作之孽，不可活也。

读书原是要识道理，务德业，并不只是为功名，若不慕天地之理，不究身心之业，纵使功名显贵，亦是不肖子孙。若道理明白，可以立身，可以正家，可以应世处事，虽终身不得一衿，亦为祖父光荣。

大凡聪明子弟，幼时岁月，尤可宝贵，不必沾沾考试，急取功名，将此少年好光阴，转辗耽延于考棚城市之中，以致学问不立，老大无成，悔之已晚，惜之已迟。此在父兄看得到，虑得大，方不误杀好子弟，要紧！要紧！

举业[20]工夫，原是发挥圣贤道理。若学务根柢，自能出言有章。若不务根本，只是些时文讲章、试帖[21]词赋之类，穷年穷日夜，埋头此中，沉溺不反。将一部《四书》，只是要讲究某字应如何描写，某章应如何诠发，一切经史古书，都不过是典制文料，此等学法，纵使工夫熟到绝顶，未必不是转粪丸之蛣蜣[22]；纵使功名做到尽头，未必不是戴乌纱之戏子，世上要我何用。

读书人，总要晓得功名自有分定，若命运当得，只要文章了了明白，便往往得之。若命运不当得，虽揣摩到万分成熟，往往白首场屋[23]，可见终年揣摩时文，直是枉费工夫，不如将此工夫去学古通经，反身求道，到得命运好时，名实都相称，便为有用之才。即使命运不好终身蹇滞，学之在我者，固已得之矣，何至名实都丧，古人所谓早知穷达有命，恨不十年读书。盖悔之已晚矣，可不戒哉！

古人有言，富贵功名，要须自然而至者，仁义道德，当在勉强而行之。此语最好，若富贵功名，不听其自然，一味钻营奔竞，或通关节，或乞情面，或行贿赂，或预先拜门，或屈身忍诟，如此等类，出身既已不正，安问事业设施，安问仁义道德，先考每言及此，辄连唾不已，宁可子孙为农夫，为老童生，不愿其为此显贵也。

士为四民之首，然世间农工商贾，都是真底，士却大半是假底。如农所作，真是五谷，工所作，真是器用，商贾所交易，真是货物。士所读书，却只作时文用，并不是孔孟真道理。所学文字，却只做富贵利达用，并不是身世真经济[24]。以此为四民之首，试一思之，岂不赧然汗下！然且饮食衣服，居处快乐，据四民所不敢望之势，享四民所不得享之福，所以为天地之蠹，犯鬼神之忌，不可不悚然自愧，惕然自厉也。

聪明子弟，往往好作诗歌杂文，写愁写怨，寓意褒讥，动辄谓才不遇时，谓世无知己，此古来文士之通病也。若果汲汲于经世之才，果兢兢于圣贤无不可知之学，自然酝酿深醇，气象浑厚，断不至沦入此种。惟其志不在大，器量易满，识趣易隘，气习易坏，稍不适意，一腔牢骚，满口笑骂，此不但不得读书之乐，而适以自苦，不但不足动人之爱，而反招人忌，亦何为乎！倘[25]有聪明子弟，宜知所戒。先考又尝谓：不是知音不与弹一语，在深识者，便将他作儆戒语。惟恐或在不知者前卖弄己长，致形人短，使我终为轻薄子也。在浅识人，便将他作骄吝语，傲慢世人，夷然不屑，此两样设心，不可不辨。

凡作诗，好为牢骚语者，未尝想到温柔敦厚之旨故也，好为艳辞绮语者，未尝想到思无邪[26]之旨故也，所以人要善读书。

笔墨固宜检点，出言尤宜谨慎。不可逞快口，恣辩锋，或议论短长，或讥评贤否，或狎侮讪笑，或游从戏谑。大抵敬心日亡，则肆念日长，发于语言，形于动静。不知其非，不独大伤忠厚，兼且招尤取怨。古语云：病从口入，祸从口出。慎之！慎之！

读书要刻刻见得古书所载，我所不能处甚多，不要只见得我所能处已不少，要刻刻见得古人言行。我所不及处甚大，不要只见得他人不及我处亦不少，又要晓得我所不能处，皆是人所当能，不是可以将就歇手底，我所处不及处，皆是人所可及，不是断然绝人攀跻[27]底，如此早作夜思，汲汲皇皇[28]，自然愧心日生，精力日强，见识日高，胸次日大，自然那些狂念、妄念、忿念、戾念，高已卑人念，纵肆念，怨天尤人念，富贵利达念，钻营苟得念，以及飞扬浮躁之气，苟且偷安之习，一切都渐渐消灭了。虽未即到古人地位，却不知不觉渐渐进于高明，不至沦于污下。

先儒谓："读书要能变化气质。"盖人性无不善，气质却不免有醇疵。只要自己晓得疵处，便好用功去变化他，如晓得气质昏惰，便振刷精神以变化之，晓得气质狂傲，便谦恭自下以变化之。气质忿躁，和顺以变化之。气质放肆，敛抑以变化之。气质刻薄，时思恻隐。气质浮浅，务为深沉。气质畏葸，则常观忠义慷慨之事，以激发之。气质局促，则多识前言往行之美，以开扩之。性缓则思佩弦㉙之义，性急则思佩韦㉚之义。诸如此类，难以悉举。总之，时时以义理用事，刻刻以忠恕存心，则天性自见，病根自除，又何患为气质所胜。

人未必便能无过，须要勤勤省察，有则改之，惟恐有过不知，或不及改，则终身之累矣，没身之悔矣。大抵不幸而有过，固不可文饰遂非，亦不得因此自馁。先儒有句云："过也如日月之食，复其见天地之心。"此意最好。

朱子《大学》㉛或问中，《格物致知》一章，为学之道，本末兼该，最详且尽。陆子白鹿洞㉜讲义，《君子喻于义》一章，切中学者膏肓㉝之病，当时闻之有流涕者。此二篇必须时常诵读，反观内省，最足启发志气，真千古至大之文。又如周子㉞《太极图说》，张子《西铭》㉟，大程子㊱答《定性书》，二程㊲《颜子所好何学论》，李翱㊳《复性书》《白鹿洞学规》，皆天地间大文章，人特习而不察，若时时讽诵，时时反观内省，自然愈读愈妙，愈有益，终身味之不能尽矣。若能以此数篇，植立胸中，做大骨子，再去读古来许多名家，许多奇文，便都是此理精液所化，无不津津有味。与我性灵相关浃，身心相触发，手足相舞蹈，莫知其然而然。凡天地间，可传可诵之文，未有不足以感人者也，虽制艺之文亦然。若读书差了念头，路径各别，便万万不能知此，但知从语言文字工拙处，讨古人消息，及段落间架处，仿古人样子，此如隔靴搔痒，买椟还珠㊴，刻舟求剑，按图索骥㊵，虽日读奇文何益。无论学问不成，即以之为文，亦必不能工矣。盖理不足，则心不灵，气不充，天下未有不得其本而能善其末，丧其根而能畅茂其枝叶者，未有翦彩为花而能结实，刻木为人而能有呼吸者。

周子教人以诚为本，程子以天理为本，朱子以明善复初践履笃实为本，陆子㊶以求其放心，先立乎其大者为本，阳明子㊷以致良知为本，为学之道备矣。又董子㊸以正其谊不谋其利，明其道不计其功为本，安定先生㊹以经义治事为本，范文正公以先天下之忧而忧，后天之乐而乐为本。明体达用，幼学壮行，莫妙于此。

读书原是要求自得于己，不可有徇人之心。如朱子、陆子、阳明子皆大贤大儒，其所以教人，实皆于我切实有益，只要虚心体受，皆是我师，皆能使我入圣贤路，使我不流于小人之归。不必执其异同之见，替古人争持门户，其实于我无与也。若乃邀朋引类，结社讲学，党同伐异，攻击求胜，此纯是客气用事，尤非为己之学。至于一事不合，意气相争，甚且矜言士类，睥睨㊺乡里。此则士习之大弊，反不如不读书人，浑浑噩噩㊻无彼此之见也。

　　读书一登科第后，须防得意之弊，若自此矜满，此人一生休矣，岂复得成为人，须要倍加忧勤惕厉。细思我学问所成就，不知果可以为世用否？不知果能有益民生否？果能有裨政事否？不知果能为士民表率否？果能为僚属矜式否？不知入果能为良臣否？果能为循吏否？不知将来果能无愧史册否？不为后人笑骂否？此身在山林中，可以藏拙，一登仕籍，无复可藏，一言一行，关系不小，思之思之！真觉懔懔可畏，岌岌可危，惟有战战兢兢，求其所未能，勉其所未至，不敢稍自宽假，稍自暇逸，又何得意矜之有，知此者可望为好官，反此者无乃为宵小㊼乎！此是出身最要紧关头，万万不可差错。

　　又有一切皆自谓己能，视天下事毫无足难，究竟临事时，手忙脚乱，东歪西倒，全无可恃，反不如谨厚朴讷之人，常看自己不能胜任，到临事时，竟能小心尽力，办理不误，所以古圣贤，无不战兢惕厉，一生常如不足，此并非故意谦虚。盖体用讲求，虽素定于中，事变之来，却无一定，每有看不到之处，料不及之处，防备不周之处，必须时时敬畏，庶几无咎。若轻易之人，常事多苟且塞责，变事则无识妄行，安得不败。

　　《周易》象占中，多说无咎，无咎二字最难。凡事必合乎天理，顺乎人情，方可言无咎。古人谓："吉凶悔吝"四字，吉一而凶悔吝三，然则天下事，安可轻易视之乎。

　　大凡身登仕路，最要晓得步步节俭，不失书生素履，上之可勉为淡泊宁静之儒，下之亦不受将来身家之累。若饮食车服务为美观，用度不敷，必至借贷，借贷易得，艰苦愈忘，渐渐奢侈，不觉其非，债累既多，受患日重，方自谓我身既贵，何愁不富，试思富从何来，到得水穷山尽，必至肆行掊克㊽，横取非义，既大伤于天理，或遂陷于刑戮，不过始于不能节俭，遂有必至于此之势，可不早思之！早戒之！

　　读书既登科第，若还政事上自揣不过，宁可再认真读书，练习政治，且莫轻涉仕途㊾，致贻后悔。京官事少，尚可就阅历中步讲求。若一为外官，事务业脞㊿，生灵所系，实难轻试。州县一官，亲民尤切，稍一失脚，其害非小。倘胸中毫无主持，反不如呈请改教为善。盖州县官最易失脚，至难防闲，得此者，不可不懔懔畏惧也。

大抵州县一官，无知之人，多看得是金坑银窟，当其候选之时，兄弟子侄，亲戚朋友，通家世谊，都已一眼注定，是将来有钱之官，自己胸中，却也安排是将来有钱之官，此便种定一个肆无忌惮之根，布成一个不可收拾之局，放心借债，放心浪用，缺尚未得，祸胎已种，此第一关，先已失脚也。

及至得缺，若平日是洁，己寡交之人，出京尚不十分拮据，否则七扣八扣对扣之债，四处张罗，加以都中交游，荐人效用，不受则情面难却，受之则此辈长随，得意妄行，殆甚于得缺之官，每人皆不下千金百金之债，眈眈逐逐，都将取必于官，取必于官之书役、官之百姓，此官初出蓬茅，一切利弊窦径，又未必如此辈之无微不悉。此初出京时，又先已失脚也。

及至到省，上官皆清正无欲，同寅㊿皆勤慎办事，足以生其畏惮之心，切磋之益，可谓幸矣。倘或不然，则仪物之馈送，酬应之纷华，公馆服用之侈靡，歌舞燕会之恣肆，习其事以为常，丧其心而不觉，而幕友长随之荐，又逐日加增，大抵身未到任，而前后之债，或且以万计，内外之人，或且以百计，若果尔，则已成不可救药之死证，尚复能自振拔乎！此初到省时，又已失脚也。

及将赴任，书役之狡黠者，先至公馆，与家人结纳，窥探本官情性好尚，及负累之轻重，啖之以利，或千或万，枯竭措以应之。又辄指陈地方事宜，民情浇恶，颠倒附和，侃侃可听，于是奸书蠹役，盘根深固，侵民而官不能知，侵官而官不能制，久之官之亏空者半，吏之亏空者半，发之则其害速，不发之则其害益重，而祸悉归于官矣，此将到任时，先已失脚也。

到任以后，查算交代仓库无亏幸矣，倘或亏欠累累，前任则又皆曰："此非我亏缺也。上官之应酬若干，差事之支应若干，公分之扣除若干，工程之捐垫若干，役食饭食之长支垫若干，铺垫陈设珠玉器皿之价值若干，历任流抵之虚款若干。"欲覆之则恐上司之怒不可撄，欲发之则恐大狱之兴不敢启，欲弃官而去，则身负之累已不可救，于是隐忍出结姑以议单欠约之空纸，抵此身家性命之实忧。若果身无重累，竭力奉公，犹可渐为弥补之计，若复习视为常，辗转效尤，日甚一日，而此生此世，无复有脱身之期矣，此交代时一失脚也。

到任以后，上司清正无欲，经年不必往省，或有疑难之案，上司只有据理驳诘，属员可以禀明更改，无吹毛之指摘。无故意之刁难，得以专心地方勤求民隐，事无壅积，心无疑忌，此官之幸，实地方之幸，士民之幸也。倘或事多掣肘，欲难遂意，今日上府，明日上省，费用之繁，弥缝之多，职业之旷，种种弊患，至于上司之按临，差事之来往，人壅公分之酬应，不一而足。以上百端难以缕述，稍若不能自振，则此身如在阱中，步步皆失脚也。

以上种种失脚，倘读书明理，练达世故，深知百病根源，慨然能自振拔，又有善处之道，和而不流，中立而不倚，一心运用。惟以爱民勤政为汲汲，以节用寡过为殷殷，庶几幸免倾跌矣。否则茫然以应，苟然以尝，始也陷于不自知，继遂迫于不得已，既存一不得不贪之心，又操乎为所欲为之势，初犹酌量取携，渐则肆其吞噬。家人书役得以因缘为奸，幕友官亲无不串通作弊，欲心只见其易炽，邪侈只见其易滋，庖厨之烹杀，衣服之新丽，声色之沉酣，醉饱之昏愦，博奕之恣肆，金玉之玩好，子弟之奢侈，妻妾之淫溢，仆婢之纵恣，日染而日甚，愈流而愈肆，冥然而不觉，荡然而不能返，以至同僚之嬉集，上官之宴会，歌童之赏赐，戏班之资赡，泄泄沓沓，彼此成风，民之待理者，羁困于巧吏悍役之家，事之待治者，堆积于尘封蠹食之案，呜呼！以百姓之膏血，为我等纵欲之需，以万民之身命，为我等儿戏之物，谓天其果无知乎，谓鬼神其果无知乎，谓民其果无知乎，此则失脚之中之大失脚也。

由是失脚愈深，火坑愈大，愈贪而愈不足救，愈不足救而愈贪，至于无展布，则不可以久居其地，而又迫于骑虎难下之势，不得为升调之策，冀或可以挹彼注兹㊷，于是失脚尤甚，而丞贰中之署其地者，贤者或一时难以展其力，不贤者则百计愈以肆其害。民怨之积，不可复舒，毒气之所酝酿其郁之也，为水旱之灾，其溃之也，为祸乱之变。自古以来，民不爱生，其始皆由于牧民者之爱其生也。呜呼！州县一官，所系岂细故哉，读书者，奈何甘心失脚以为民病也。

凡此种种失脚，总由读书无识，误以州县官为金坑银窟，不知廉俸之处，彼所谓金坑银窟者，从天降耶，从地出耶。果能出身以正，一无沾累，居官以正；一无苟且，驭家人以正；一无所施其蛊惑，驭书役以正；一无所得其窥伺，恭俭以示其表率，官亲无所生其汏侈，精诚以行其端方，幕友无所施其操纵，清勤既著，上官虽尊，而无所生其苛责，忠信既孚，应酬虽薄，而无所生其怨望，如此则官虽贫，亦足以为政，又何所用其金坑银窟耶。稍一不能，则理有未得，心有未正，志不能不屈，气不能不馁，事不能不隐忍而迁就，养廉之设，不足以供其百端之费，则不得不取之于民，取之既惯，则大取之，大取之既惯，则大用之。

上司既皆知其大取大用，则亦计其所取以取之，于是不足以抵其大用，而官之势穷，官之命已邻于死，官之子孙命，亦俱邻于死，身困家亡祀绝，必至之事，必然之理。孽由自作，祸由自趋，非不幸也。所谓金坑银窟者，果安在乎，至是而始悔当初读书之不明，岂不迟哉！至是而又悔当初之不如改居教职。呜呼！误矣，善乎，贤者之言曰："吾斯之未能信，何况非贤者乎。"吾子孙或有能掇科第者，亟宜反衷自量，万勿以无本之学，不肖之身，轻躐仕途，妄居民社，既以殃民，又以自祸，又以祸其子孙也，切戒之！切戒之！

总之，身在仕途，必当以忠诚慈爱之心为本，存心忠诚者，官无论大小，凡一命之荣，必思所以图报，敬事后食，人臣之义。黾勉㊾尽职，尚恐有愧，又安肯以富贵为纵欲之场乎。存心慈爱者，刻刻以民为心，官无论内外，要知此身无非斯民所托命之身，事无论巨细，要知此事无非斯民所托命之事，又安忍以势位肆意之场乎。果有忠诚慈爱恻怛之心，又何患无处之之道，而必至于步步失脚，如上云云乎。若无忠诚慈爱之心，不过天地之僇㊾，直不须再说。

总之，人断不可有苟求富贵之心，一有此心，百端瓦裂矣。此在未之先，读书时，便当卓然以正心为本，要练得此心极坚定，嗜欲动不得，生死摇不得，祸患困不得，富贵淫不得，威武屈不得㊿。要想古人何以便能如此，我因何便未必能如此，思之又思，练之又练，自然众理可以藏得，万事可以应得，一团生气，懔懔㊿在中，此身便有用之身，安往而不宜。若不操练此心，任其存亡，当贫困之时，便不能确然自守，败检丧行，徒为人菲薄，当富贵之时，便不能卓然自树，蔑德忍耻，徒为人唾骂。究竟贫困终难苟免，富贵适为祸根，即使暂时得意，不过梦幻泡影，其实心中一块死气，此身便如行尸走肉，是谓天地之僇焉而已矣。

凡人所遇之境，安能皆顺，要知能处逆境，方能处顺境，夫子曰："不仁者不可以久处约，不可以长处乐。"㊿张子曰："富贵福泽，将厚吾之生也，贫贱忧戚，庸玉汝于成也。"可见逆来顺受，亦不但是委心任运，此中正有本心仁在，有事天之理在。如《孟子》："所谓莫非命也。"顺受其正，所谓殀寿不贰，修身俟之。所谓动心忍性，增益其所不能，孔子所谓："造次必于是，颠沛必于是，"所谓内省不疚。夫何忧何惧，《中庸》所谓："上不怨天，下不尤人。"㊿素位而行，无入而不自得是也。自得非快意之谓，正是自己心中能得天地之理，语其极，则如孟子居天下之广居，立天下之正位，行天下之大道，方是自得之至。人若能存此心，则无往不可以自勉励，又何顺境逆道之有。

凡人拔俗自立，要须在胸中有把柄，不得在外面露圭角(59)。所以学问要有真涵养，人不易识，亦不至于形人之所短。《周易》第一爻，便重在潜，至外卦之极，则言亢之，悔矣。且学人心中，常有欲然不足之意，外面又安得有岸然(60)不同之象，非但是以晦为明，以圆为方也。

《周易》每卦大象，有君子以云云，正是圣人学《易》，见诸行事之实，学者从此体会，卦卦反之于身，求君子之所以，则体用具备，随其造诣浅深，皆能有所至。若夫三才之精，性命之奥，神而明之，则存乎其人矣。

圣贤之书，千言万语，恳恳切切，只要成就一个人字，然人或终日诵读，视为口头常语，不知警策，故古人又有《功过格》(61)《感应篇》(62)等书，最足令人启发，最能有益身心，不可不熟读以自考察，尤要有常，不可因循作辍。余初见此书，猛然汗下，每夜逐玩一遍，私记功过，后适有人知之，笑曰："颜子四勿(63)工夫，岂不直截，何用他求。"余爽然心服，自是只日诵四语，久之熟而不察，绳检渐松，泛泛无成，不觉潜滋暗长之为患。盖四勿工夫简易，非贤者明健之资，安能如此爽快直截，《功过格》《感应篇》则逐件逐条，可以详细检勘，步步省察，中人以下寡过之法，莫妙于此。故颜子以四勿为目，学者则当以四勿为纲，以《功过格》《感应篇》等为目，不可为人言所误。凡大言服人者，未必俱从自身体验中来也。

不特大言多误人，亦有日读《功过格》，日诵《感应篇》以欺人，而实以此暗售其诡谲险诈之私者，又有日谈《功过格》，日诵《感应篇》以自欺，而欲以此抵销其旦昼妄行之恶者，故凡实心悔过迁善往往铭心刻骨，不使人易知，非口耳辞色之为也。

读《功过格》《感应篇》阴骘文诸书，断不可萌邀福之心，只要求其寡过迁善，借此科条，便我检察而已。

作善，降之百祥；作不善，降之百殃。"积善之家，必有余庆；积不善之家，必有余殃。"(64)此天道之自然。然又要晓得，善人以理直为福，以生顺死安为福，不以世间祸福为祸福。又要晓得，善人得福谓之祥，恶人得福谓之殃。

先儒于鬼神之说，天堂地狱之说，往往力辨其无，先儒不过据己所见如此，未必尽能通天彻地，何从遂决知其无，只虑世人谄事鬼神，惑于僧道，信邪悖正，弃伦害理，故毅然辨之，所以有功于世也。

其实人苟为善，自然合天之理，不必拜佛媚神，鬼神无不敬之。人苟为不善，既已拂天之理，纵使拜佛念经，鬼神亦必诛之。至于人家，任听僧道往来，妇女拜忏，体面尽丧，礼法蔑亡，伤风败俗，恬不知怪，究之福不中邀，祸不中灭，徒为鬼神所憎恶耳，戒之！戒之！

总而言之，尽其在我听其在天八字，是做人要诀。我有一毫之不尽，即不可谓之听天，天有一毫之不听，即不能尽其在我。尽者，尽其理之所当然也；听者，听其所过之自然也。尽其理之当然，则道之在我者，默有契于天，听其遇之自然，则祸福之在天者，毫无与我，如此庶可谓之曰人矣。

以上种种训诫，出于先考平日所常言者，十居七八，间有随事推广补足之处，要无非本于先考之意，语语明白，不但读书者容易体会，即不习文理者亦可晓。不孝大奎⑥自愧少壮蹉跎⑥，不克副先考之望，抚心悲叹，昊天何极，今衰矣。兢兢录此，犹愿与兄弟共守遗训，以庶几不负所生，我子孙宜深体此意，努力行之，不可自暴自弃。大凡自弃者，有一等是甘心谓我不能行，有一等是以此为古老迂谈，不合时宜。今不可行，不知此所言，皆日常行之理，人人可行，时时可行，有何彼我之殊？有何古今之异？谓我不能行者，甘绝于天，其罪在己，谓今不可行者，流毒于人，其罪尤大矣。戒之！戒之！勉为吉人可也。

【注释】

① 孝弟：亦作"孝悌"。孝顺父母，敬爱兄长。《论语·学而》："其为人也孝弟，而好犯上者鲜矣。"朱熹注："善事父母为孝，善事兄长为弟。"
② 此句出自《诗经·小雅·斯干》："无非无仪，唯酒食是议，无父母贻罹。"贻：遗。罹：忧，遭受苦难或不幸。
③ 妯娌（zhóu li）：两兄弟之妻为妯娌关系。
④ 韩文公：韩愈，字退之，河南孟州人。唐代杰出的文学家、哲学家，"唐宋八大家"之首。官吏部侍郎。自称"郡望昌黎"，世称"韩昌黎"。谥号"文"，又称"韩文公"，有《韩昌黎集》。
⑤ 范文正公：范仲淹，字希文，祖籍陕西彬县，后迁苏州。北宋著名的思想家、政治家、军事家、文学家。官任陕西经略安抚招讨副使、参知政事，政绩卓著。文学成就突出，倡导的"先天下之忧而忧，后天下之乐而乐"的思想，对后世影响深远。谥号"文正"，世称"范文正公"。著《范文正公文集》。
⑥ 鬼瞰（kàn）：鬼神窥望。《文选》："高明之家，鬼瞰其室。"瞰，窥看、窥视、窥望。

又作俯视，如鸟瞰。

⑦ 雍容：形容仪态温文大方。《汉书》："宣为人好威仪，进止雍容。"成语"雍容华贵"。

⑧ 底：同"的"。古文"底"，白话文改"的"。

⑨ 孽（niè）根：祸根，罪恶的根源。

⑩ 燕：古同"宴"。

⑪ 提破：点破，说明。《都城记胜》："盖小说者，能讲一朝一代故事，顷刻间提破。"

⑫ 张子：张载，字子厚，陕西眉县人。北宋著名思想家、教育家、理学创始人之一。世称"横渠先生"，尊称"张子"。著《正蒙》《横渠易说》等书。

⑬ 李自翱：生平不详，不知何许人也。疑为李翱之误。见后注p960㊳。

⑭ 齑（jī）：捣碎的姜、蒜、韭菜等。韩愈《送穷文》："太学四年，朝齑暮盐。"

⑮ 此句出自《孟子·离娄下》："有人于此，其待我以横逆，则君子必自反也。"横逆：强暴之道加于我，君子必自反思。

⑯ 此句出自《论语·卫灵公》，意为人若无长远的打算和计划，那么近期的事情就会有忧虑和困难。

⑰ 此句出自《孟子·告子下》，意为忧患使人生存，安乐使人灭亡。

⑱ 终日皇皇：即惶惶不可终日，惊恐不安连一天都过不去，形容惊恐不安到了极点。

⑲ 此句出自《孟子·公孙丑上》，此四"非人"也，后有人之有"四端"。

⑳ 举业：应科举考试，也专指科举时应试的诗文、学业、课业、文字，也指八股文。

㉑ 试帖：即试帖诗，又名赋得体，起源于唐代，多为四韵、六韵，少用八韵，后成为科举考试项目之一，宋神宗始，至元明两代取消，自清·乾隆恢复。唐《本事诗》："崔曙进士作《明堂火珠》诗试帖。"

㉒ 蛣蜣（jié qiāng）：即昆虫蜣螂。

㉓ 场屋：又名"科场"，科举考试地的房间。《资治通鉴》："景庄老于场屋，每被黜。"

㉔ 经济：经世济民。宋·梅尧臣："我实山野人，不识经济宜。"

㉕ 倘：假使，如果。袁枚《祭妹文》："汝倘有灵。"

㉖ 思无邪：此句出自《论语·为政第二》。子曰："《诗》三百，一言以蔽之，曰'思无邪'。"孔子解释思无邪为思想意识纯正。原句出自《诗经·鲁颂·駉》："思无邪，思马斯徂。"思为语音词，无意义。

㉗ 跻（jī）：登，上升。《说文解字》："跻，登也。"

㉘ 汲汲皇皇：急切匆忙。陆九渊《与周元忠》："必有汲汲皇皇，不敢顷刻自安之意。"

㉙ 佩弦：弦，弓弦。弓弦是拉紧的，佩弦自戒，常比喻有益的规劝。

㉚ 佩韦：韦，熟牛皮，松而性缓。性急，佩韦自戒。《韩非子》："西门豹之性急，故佩韦以自缓；董安于之性缓，故佩弦以自急。故以有余补不足，以长续短之谓明主。"

㉛ 大学：此指南宋大儒朱熹撰著的《大学章句》。原是《小戴礼记》第四十二篇，相

传为曾子所著，后与《中庸》《论语》《孟子》并称"四书"，为儒学经典。

㉜ 白鹿洞：指白鹿洞书院，位于九江庐山玉老峰下，是我国最早建立的书院之一。

㉝ 膏肓（huāng）：中医以心脏下部为膏，心与膈膜之间为肓，为不救治之病所，后比喻难以救药的失误或缺点。《晋书》："不能自奉养，财不出外，天下人谓为膏肓之疾。"

㉞ 周子：周敦颐，字茂叔，号濂溪，湖南道县人。北宋著名哲学家、理学派开山鼻祖，作《太极图说》，推阴阳五行之理。

㉟ 张子：张载，字子厚，陕西眉县横渠镇人，世称"横渠先生"。北宋进士，官著作佐郎。北宋大儒，思想家、教育家，理学创始人之一。著《张子全书》，《西铭》为其中一卷。

㊱ 大程子：程颢，字伯淳，世称"明道先生"。北宋进士，官任京西路提刑。北宋儒学代表。作《定性书》，为回答张横渠问如何定性的一封回信。

㊲ 二程：程颢、程颐兄弟俩，河南洛阳人。北宋理学大家、奠基者，开创洛学学派。程颢，字伯淳，又称"明道先生"。程颐，字正叔，又称"伊川先生"。世称"二程"。程颐在游太学时，作《颜子所好何学论》。其思想及著作均收入《二程集》中。

㊳ 李翱：字习之，甘肃秦安人。唐代文学家、哲学家。官任国子监博士、礼部郎中、桂州刺史、山南东道节度使等职。崇尚儒家，排挤佛家。作《复性书》三篇，论述"性命之源"，制订"白鹿洞书院学规"。谥号"文"，世称"李文公"。著《李文公集》。

㊴ 买椟（dú）还珠：《韩非子》记载楚国人到郑国卖珍珠，郑国人买下装潢华丽的珍珠匣子，退还了珍珠的故事。比喻没有眼光，取舍不当。

㊵ 按图索骥（jì）：骥，良马。按照画像去寻求良马。比喻墨守成规和拘泥教条办事。

㊶ 陆子：陆九韶、陆九龄、陆九渊三兄弟，江西抚州人。南宋哲学家、教育家，其学说世称"三陆子之学"。陆九韶，字子美，号梭山居士。陆九龄，字子寿，世称"复斋先生"。陆九渊，字子静，世称"象山先生"。著《梭山文集》《复斋文集》《象山先生全集》。

㊷ 阳明子：王守仁，字伯安，浙江余姚人。明代哲学家、教育家。因筑室阳明洞中，世称"阳明先生"。官至南京兵部尚书。发展三陆子学说，反对程朱学说，在明代影响较大，谥号"文成"。其弟子搜辑整理他的著作，并另有撰写，合刊为《王文成公全书》。

㊸ 董子：董仲舒，河北景县人。汉代著名思想家、哲学家、政治家、教育家。提出"罢黜百家，独尊儒术"和"三纲五常"伦理，是汉代儒家大师，后称"董子"。著《春秋繁露》《董子文集》。

㊹ 安定先生：胡瑗，字翼之，江苏泰州人，世居陕西子长县安定堡，世称"安定先生"。北宋学者、理学先驱、思想家、教育家。官任太子中舍、光禄寺丞、天章阁侍讲。七次应试不中，四十岁返回家乡，建立安定书院（江苏省泰州中学旧址），

从事教育。

㊺ 睥睨（pì nì）：原是古代皇帝的一种仪杖，后指斜眼看人，侧目而视，示厌恶和高傲。《史记》："睥睨故久立，与其客语。"

㊻ 浑浑皞皞（hào）：糊里糊涂，愚昧无知，而扬扬得意。

㊼ 宵（xiāo）小：原指盗贼昼伏夜出，后泛指小人、伪君子、坏人。《禾已黄歌》："蝗兮蝗兮禾已黄，恩斯勤斯匪尔粮，何不往啮彼宵小之肝肠。"

㊽ 掊（póu）克：聚敛，收刮民财。《诗经·大雅·荡》："曾是强御，曾是掊克。"

㊾ 仕途：做官的途径、做官的道路和过程。《论语》："学而优则仕。"

㊿ 脞（cuǒ）：琐细、琐碎、烦琐。

(51) 同寅：同在一个部门当官的人，亦称"同僚"。《尚书·皋陶谟》："同寅恭和衷哉。"

(52) 挹（yì）彼注兹：比喻取一方以补助另一方。有拆东墙补西墙之意。此指官场挪用公款以补漏。

(53) 黾（mǐn）勉：努力，勉力，尽力。《诗经·邶风·抑》："黾勉同心，不宜有怒。"

(54) 僇（lù）：侮辱。《史记》："故僇辱以惩后，令无妄言者。"

(55) 此句取材于《孟子·滕文公下》："富贵不能淫，贫贱不能移，威武不能屈。"

(56) 懔（lǐn）懔：危惧不安。《尚书·泰誓中》："百姓懔懔，若崩厥角。"

(57) 此句取自《论语·里仁》。约：穷困，贫穷。乐：富贵、安乐。

(58) 此句取自《中庸·第十四章》。尤：责怪，归罪。另《论语·宪问》："不怨天，不尤人，下学而上达。"成语"怨天尤人"，源自于此。

(59) 圭（guī）角：原指须弥佛座底部的龟角。后比喻人的锋芒有棱角。《礼记》孔颖达注："圭角谓圭之锋芒有棱角，言儒者身恒方正，若物有圭角。"

(60) 岸然：严正高傲。《鹤林玉露》："谒忠定以探其意，忠定岸然不交一谈。"成语"道貌岸然"。

(61) 功过格：初由宋代程朱理学家们逐日登记行为善恶以自勉自省的簿格，后流传于民间，记载善行填功格内，恶行填过格内，并用正负数标示，每月底总计积分。

(62) 感应篇：《太上感应篇》，系道教经典，主要劝人遵守道德规范，时刻止恶修善。由此动彼谓之感，由彼答此谓之应。"太上"指太上老君，道家至尊。

(63) 颜子四勿：此句取自《论语·颜渊》："非礼勿视，非礼勿听，非礼勿言，非礼勿动。"

(64) 此句取自《周易·坤》，意为积善的人和家庭，必有更多喜庆之事，而作恶坏德的人和家庭迟早必有祸害。

(65) 大奎：作者自己，名大奎。

(66) 蹉跎（cuō tuó）：虚度光阴而毫无作为。《明日歌》："明日复明日，明日何其多。我生待明日，万事成蹉跎。"

家范辑要

[清] 邓淳

邓淳（1776—1850年），字粹如，号朴庵，广东东莞人。出生于四世官宦之家，主持龙溪书院，支持林则徐在广东禁烟。著作颇丰，著《宝安诗正》《主一斋随笔》《邓氏献征录》《朴庵存稿》《岭南丛述》等。

端立志向

七尺昂昂，有为即至，惟圣与贤，先立厥志，志趣不坚，中道颠坠。凡我宗亲，穷达弗贰①。

陈忠肃公②曰：幼学之士，先要分别人品之上下，何者是圣贤所为之事？何者是下愚所为之事，向善背恶，去彼取此，此幼学所当先也。颜子、孟子，亚圣也。学之虽未至，亦可为贤人。今学者若能知此，则颜孟之事，我亦可学。言温而气和，则颜子之不迁，渐可学矣。过而能悔，又不惮改，则颜子之不贰，渐可学矣。知理鬻之戏，不如俎豆③。念慈母之爱，至于三迁，自幼令老，不厌不改，终始一意，则我之不动心，亦可以如孟子矣。若夫立志不高，则其学皆常人之事，语及颜孟，则不敢当也。其心必曰："我为孩童，岂敢学颜孟哉！"此人不可以语上矣。先生长者，见其卑下，岂肯与之语哉！先生长者不肯与之语，则其所与语，皆下等人也。言不忠信，下等人也；行不笃敬，下等人也；过而不知悔，下等人也；悔而不知改，下等人也。闻下等之语，为下等之事，譬如坐于房舍之下，四面皆墙壁也，虽欲开明，不可得矣。（《小学》）

古之学者一，今之学者三，异端不与焉。一曰文章之学，二曰训诂之学，三曰儒者之学。欲趋道，舍儒者之学不可，言学便以道为志，言人便以圣为志。（《二程遗书》）

学者，学圣贤之所为也，欲为圣贤之所为，须是闻圣贤所得之道，若只要博通古今，为文章忠信愿懿④，不为非义之士而已，则古来如此等人不少。然以为闻道则不可，学而不闻道，犹不学也。志学之士，当知天下无不可为之理，尤不可见之道。思之宜深，毋使心支而易昏，守之宜笃，毋使为浅而易奇。要当以身体之，以心验之，则天地之心，自陈露于目前。古人之大体已在我矣。不然，未免口耳之学，古之学者，以圣人为师，其学有不主，故德有差焉。人见圣人之难为也，故凡学以圣人为可至，必以狂而窃笑之。夫圣人固未易至，昔舍圣人而学，是将何所取则乎？以圣人为师，犹学射而立的⑤然，的立于此，然后射者可视之而求中，若其射不中，则在人而已，不立之的，仅以为准。（《龟山全集》）

书不记，熟读可记；义不精，细思可精。惟有志不立，直是无着力处。而今人贪利禄而不贪道义，要作贵人而不要作好人，皆是志不立之病。直须反复思量，究见病痛起处，勇猛奋跃，不复作此等人，见得圣贤所说千古万语，都无一字不是实语，方始立得此志。（《朱子语类》）

为学须有阶渐，然合下立志，亦须略见义理大概规模，于自己方寸间，若有惕然愧惧，奋然勇决之志，然听可以加之讨论玩索之功，存养省察之力，而期于有得。（《朱子语类》）

世俗之学，所以与圣贤不同者，亦不难见，圣贤直是真个去做，说正心，直要正心；说诚意，直要意诚，修身齐家，皆非空言。今之学者，说正心，但将正心吟咏一晌；说诚意，又将诚意吟咏一晌；说修身，又将圣贤许多说修身处讽诵而已。或掇拾言语，缀辑时文。如此为学，却于自家身上有何交涉。今之朋友，固有乐闻圣贤之学，而终不能去世俗之陋者，无他，只是志不立尔。

圣人设教，无非因人固有之理而品节之，使由是而学焉，则德无不明，身无不修矣。今之学者，有气高者，则驰骛于空无玄妙之域，明敏者，类以该博为尚，科名为心，又其下者，不过终于诗句浮词，以取容而已，未尝知有圣贤之学也。夫圣贤之学，得之于己，可以成善治、美风俗、兴教化，三代可复也。或者以为圣人之道，高远难至，非后学之敢及。殊不知有生之类，其性本同，但圣人不为物欲所昏耳。今学者诚能存养省察，使本心常明，物欲不行，则天性自全，圣人可学而至矣。圣人岂隐其易者，仅使人由于艰难阻绝之域哉！又有以为道学固美，但非也，俗所尚，不利行耳，殊不知日用之间，无非此道之流行，近自洒扫应对事亲接物之间，推而至于公民爱物，无所用而不周，无所施而不利，特由教养无方，人不自察耳。居仁不揆愚陋⑥，窃⑦有志于斯焉。于是不敢自私，将欲与有志之士，讲明而践之，故为此规以告同类，必先开发此志，然后进于有为也。（《胡敬斋集》）

志不立，天下无可成之事，虽百工技艺，未有不本于志者。志不立，如无舵之舟，无衔之马，漂荡奔逸，何所底乎？昔人有言，使为善，而父母怒之，兄弟怨之，宗族乡党⑧恶之，如此而不为善可以。为善则父母爱之，兄弟悦之，宗族乡党敬信之，何苦而不为善；使为恶，而父母爱之，兄弟悦之，宗族乡党敬信之，如此而为恶可以。为恶则父母怒之，兄弟怨之，宗族乡党贱恶之，何苦而必为恶。诸生念此，可以知所立志矣！

吴献臣⑨先生《立志说》曰：君子所就之大，未有不由于志之大者。志也者，所以期其所至，而求必至焉者也。志之所至，气必至焉。有毅然必至之志，而终身不能至焉者，天下未尝有也。有不能至者，必其志之未定也。志之未定者，汛然⑩而思，率然而行，忽然而罢，茫然而无所执者也。夫志贵乎定，而尤不可不审乎其初；志于富贵，则所以终其身者富贵也；志于功名，则所以终其身者功名也；志于道德，则所以终其身者道德也。是三者志一异于初，而终身人品之高下，邈乎不相及。故曰："志不可不审也。"昔者伊尹⑪耕于有莘之野也，其志固欲使君为尧舜之君，民为尧舜之民也。颜渊⑫之居于陋巷也，其志固欲以圣人为归也。是故尹卒为王者之佐，渊卒为亚圣之徒，古之人其所志者大，故其所就者大也。吾观程伯淳⑬：自十五六时，慨然有求道之志，宁学圣人而未至，不欲以一善成名，宁欲以一物不被泽为己病。不欲以一时之利为己功，其志之大有如此者，而其所就为天下完人，为龙德正中。范希文⑭自做秀才时便以天下为己任，先天下之忧而忧，后天下之乐而乐。其志之大有如此者。一旦仁宗大用之，而事业显于天下。呜呼伯淳者！岂颜氏之徒之欤！希文者，岂伊尹之徒欤！岂所谓豪杰之士，旷百世一见者欤。伯淳何人也？希文何人也？予何人也？有为者亦若是，吾何畏彼哉！其志愈坚，则其为之也愈力。其为愈力，则其齐之也不难。故志乎二公者，则亦终为二公而已矣！《书》曰："功崇惟志。"⑮《传》曰："有志者竟成。"此之谓也。（《东湖集》）

张鄧西⑯训子曰：人生天地间，只要卓然立志，努力向前，做个好人，又不可在外面装饰，须从心地上用功，朝朝暮暮，操存此心，不会放逸，心为一身之主，操存不余，则一切物欲，乌能引之。日积月累，庶几心地光明，动作中节，不问穷达，不论大小，所存皆是好事，始得成个好人。生死受用，皆在于此。若心无所主，而使声色货利反而入夺我主位，则动作云为，皆是贼作主，邪僻放恣，何所不至，即使偶得名位，适足为长欲导淫，作过损德之资，上寿祖宗，下

毒子孙，其害可胜道哉！(《全人矩矱》)

仲舒[17]不窥园门，倪宽带经锄耘。前人焚舟尘甑，志上进也。为士者首先立志，须要抖擞精神，一意寻向上去，如撑水上船，如赶军中期，直到大休歇处，方肯息肩，则志超者品亦超，方成宇宙奇男子。(《人事通》)

圣贤之道，原非高远，不外纲常伦纪，日用常行之事，不为不肖，则可以为圣贤。孟子曰："人之所以异于禽兽者几希，学者但存一不为禽兽之心，则禹汤文武周公，亦皆与我不异，此不为不肖，不为禽兽，亦敢曰我不能乎？"科举之学，固是人生不可少之一端，虽孔孟生于今日，不能不应科举，但以科举文章，遂尽一生之事业，则醯鸡蜗牛[18]，渺乎小耳。科名为止境，富贵相汩没，而无欲为圣贤之一念，以提撕警觉，其流断有不可胜言者。取法于上，仅得其中，学圣不成，犹可以为贤人。学贤人不成，犹可以为善士，学科名富贵之庸人而不成，则怨尤斗号，徼幸万一，必将无所不至。或人于不肖，流于禽兽而后止，非自暴自弃之甚乎？前圣已往，后圣未来，先王之道，孰与为开，我不敢为圣贤，谁当肩斯位者。程子曰："言学便以道为志，言人便以圣为志，自谓不能者，自贼者也。"学者立志圣贤，则一举一动，自不敢与圣贤相违悖。日积月累，由粗而精，由勉强而自然，何圣贤之不可几及哉！(《棉杨学准》)

王问字子裕，无锡人，尝愿屏居三十年，读尽天下有用之书。擢第后，归里读书六年，然后廷试，历仕至广东佥事，即投劾归，杜门却扫者四十年，卒酬其志。尝书屏曰："训吾以道德者，拜而师之，授我以文艺者，敬而爱之，贻我清言者，洗耳而听之，求我以书画者，量己以应之，告我以家事及时事者，厌闻之，语我以公府事，隐几不应，绝之。"(《常州志》)

崇尚孝弟

尧舜之道，基于孝弟。凡今之人，胡为作伪，得亲顺亲，埙篪并契[19]，孰令致之，天性所系。

子路见于孔子曰："负重涉远，不择地而休，家贫亲老，不择禄而仕，昔者由也，事二亲之时，尝食藜藿之实，为亲负米百里之外。亲没之后，南游于楚，从车百乘，积粟万钟，累茵而坐，列鼎而食，愿欲食藜藿，为亲负米，不可复得也。"孔子曰："由也事亲，可谓生事尽力，死事尽思者也。"(《家语》)

曾子曰："往而不返者亲，子欲养而亲不待。是故椎牛而祭墓，不如鸡豚逮亲存也。故吾尝仕齐为吏，禄不过钟釜，尚犹欣欣而喜者，非以为多也，乐逮其亲也。既没之后，吾尝南游于楚，得尊官焉。堂高九仞，榱题[20]三尺，转毂百乘，犹北乡而泣涕者，非为贱也，悲不逮吾亲也。(《韩诗外传》)

凡为人子者，出必告，反必面，有宾客不敢坐于正厅，升降不敢由东阶，上下马不敢当厅，凡事不敢自拟其父。

凡父母舅姑有疾，子妇无故不离侧，亲调尝药饵而供之。父母有疾，子色不满容，不戏笑，不宴游。舍置余事，专以迎医检方合药为务，疾已复初。

凡子受父母之命，必藉记而佩之，时省而速行之，事毕，则反命焉。或所命有不可行者，则和色柔声，具是非利，害而白之，待父母之许，然后改之。若不许，苟于事无大害者，亦当曲从。若以父母之命为非，而直行己志，虽所执皆是，犹为不顺之子，况未必是乎？

凡子之事父母，父母所爱，亦当爱之，所敬亦当敬之，至于犬马尽然，况于人乎？(《居家杂仪》)

圣人一身，浑是天理，故极天下之乐，不足以动其事亲之心。极天下之苦，不足以害其事亲之心。一心所慕，惟知有亲，看是甚么物事，皆是至轻，施于兄弟亦然。但知是我弟，便当恭敬其兄。我是兄，便当友爱其弟，更不问如何。舜诚信而喜象[21]，周公诚信而任管叔[22]，此天理人情之至，其用心一也。(《朱子全书》)

孝子事亲，不可使亲有冷澹心，不可使亲有烦恼心，不可使亲有惊怖心，不可使亲有愁闷心，不可使亲有怨恨心，不可使亲有愧悔心，不可使亲有缺少心，不可使亲有难言心。先意承志，尽力服劳，此之谓悦亲，此之谓色养，此之谓顺德。世人无所不爱，而爱儿女之心最真。吾谓为人子者，不必他求，只以体贴儿女之心，体贴父母，便是至孝。(《罗氏世编》)

父母生子极早，必待二三十岁，子能成家自立，手挣钱财，身登贵显，极早亦必待二三十岁。然则为人父母者，等得子能养时，年已近五六十岁，譬如持短烛行长路，奔趋投店，尚恐烛灭，况敢逍遥于中路哉！为人子者拥妻抱子，饱食安眠，岂知堂上发白齿落之人，又复芟除[23]一日耶？妻子之年方少，享用之日甚长，况妻可再续，子可再生，而生身父母，一去不复，上天下地，寻觅无门，言念及此，速宜孝养。(《姚弱侯集》)

小不孝之所以习成者有四：一曰骄宠，二曰习惯，三曰乐纵，四曰忘恩记怨。大不孝之所以习成者有四：一私财，二恋妻子，三嫖荡，四争妒。此数者常人之习情，然亦未尝无真性，但积久不知其愉耳。是宜急急唤醒，早早克治，时时思量，勿谓亲心之慈，我可自恕。勿谓世道之薄，我犹胜。(《吉迪录》)

孝之大纲有四：一曰立德，二曰承家，三曰保身，四曰养志。其间遇有不齐，才有各异，要在随分随力，尽其所当尽，实有一段至诚之意行乎其中，终其身至于瞑目，无毫发之遗憾，其于孝也庶几乎？(《劝孝集说》)

有似孝而非孝者。父母有过当几谏，若但知顺亲于情，而不知顺亲于理，或有任其偏僻，而致戾于一家，取憎于乡里，得罪于鬼神，此成亲之恶者，恶得为孝？有自谓孝，而实非孝者，能服劳，能奉养，而有德色，其于父母，或嫌其老，而称逸以安置之。或惮其腐，而托故以违离之，意色冷淡，尊而不亲。更有一种好游者，舍堂上之乐，结朋友之欢，异乡远省，累月穷年，乌得为孝？又有人见为孝，而神见非孝者，生亦尽养，事亦承欢，而备物鲜情，绝无真乐，及殁之日，衾棺尽美，哭踊随常，亦无真哀，此鬼神视之甚明者也。又有一时称孝，而不能高千古，不能满一心者，其人于前弊一无所犯，而未闻大道，修身尽性之事，尚有缺陷，终是堕落遗体，莫报亲恩，为人子者急宜自省。(《劝孝集说》)

老年人大都迂阔惜财，尪弱㉔昏耄偏爱，为子孙者，倘于此起一厌心，人不孝而自知，急宜回省。(《劝孝集说》)

又有父母侍孝尤切者，一曰老，二曰病，三曰鳏寡，四曰贫乏，以及婢妾而为生母。凡此愁苦倍甚，为子孙者，益当孝倍常儿。(《劝孝集说》)

谚云："檐头滴水从高下，逆子还生忤逆儿。"此两语可寒逆子之胆，常见人之不孝父母者，所生之子，其忤逆更甚于己，此乃己身为之则效，亦是造物为之报施。(《劝孝集说》)

凡为人子者，须要低声下气，语气详缓，不可高言喧哄，浮言戏笑，父兄长上有所教督，当低首听受，不可妄自议论，长上检责，或有过误，不可便自分解，姑且隐嘿，久却徐徐条陈。(《训学斋规》)

烹庖得法，即蔬菜亦若肥甘。制治失宜，虽良肉犹如嚼蜡。养亲者倘不能躬亲，务必教训妻孥婢子，知此意也。(《人生必读书》)

子之孝，不如率妇以为孝，妇能养亲者也，朝夕不离，洁奉甘旨，而亲心悦。故公姑得一孝妇，胜得一孝子。妇能孝，又须导孙以为孝，孙能娱亲者也。依依膝下，顺承靡违，而亲心悦，故祖父添一孝孙，又增一辈孝子。(《诱善录》)

父母有心事萦绕于中，子当代之筹画，代之处置，必须解释其事而后已，莫漠外视之，绝不动念，听其忧煎，是直尔为尔，我为我，何异路人相视乎！亲之郁结从此益增，子之忍心于斯可见。休戚不关，后将有不可忍者而亦忍之矣。更有于父母之饮食居处，疾病疴养，绝不究心，不知定省为何事，毛裹之爱，斯人尚有存焉否耶。昔在任尽言至孝，母老多病，未尝离左右，其母得疾之由，或以饮食，或以燥湿，或语言稍多，或忧喜稍过，尽言皆朝暮候之，五脏六腑中事，洞见曲折，不待切脉而后知，不待延医而自治，此真能悉父母之隐微者也。为人子者，当则效之。（《诱善录》）

父母生我身，罔极[25]恩难酬。欲报罔极恩，立德为最优，下至世俗孝，服劳供馔馐。岂有劳父力，为我效马牛。世乃有愚父，捐捐图财赇[26]。吾生需几何？祇为儿孙谋。更有世人要身居得为秋。剥吸不知厌，作餍齐山邱。趋庭数纨裤，攫攘[27]无惭羞。助亲陷不义，翻谓堪箕裘。吾今劝人子，而父如堕沟。何不跪泣谏，大人其少休。积金贻我曹，欲为箧中留，不知悖入货。召害同戈予。儿今愿不受，弃去同遗溲。称家具菽水，不至遗亲忧。子能贱财赇，亲惑其少瘳。终将至允若，舜孝良其俦[28]。（《七劝》）

为人子者，岂惟功名富贵之气，不可加诸其亲，即道德文章之概，亦难形之于己。盖父母之前，宜廑孺慕[29]，是即赤子之心也。朱子注："色难。"曰："孝子之有深爱者，必有和气，有和气者，必有愉色；有愉色者，必有婉容。事亲之际，惟色为难也。"今人愁容、怒容、德容、傲色、狂态、鄙态、玩状、蠢状，唐突抵触，各以其时纷形于父母之侧，而一见其妻妾子女，转眼之间，如拨云雾，如睹青天，不觉其和而自和，不觉其愉而自愉，不觉其婉而自婉。噫嘻异哉！此岂赋性之恶，其咎在天与？抑习俗之漓[30]，人心日丧也。夫父母受之，非不伤也，但暗忍而容之耳。伤之者何？情之难堪者，受之他人，且不甘焉。矧[31]其子也，忍之而容之者何？盖彼既已生之，亦事之莫可如何者矣。于是或顾影而兴嗟，或怡风而洒泪，忧怀莫解，病即随之。嗟乎！人未生子，期子之心日切。子既生矣，抑又长矣。百年岁月无多，而以有限之精神，耗于无穷之郁抑，劬劳[32]既竭之于前，愁苦又续之于后，是生子适足以为累也。（《教孝编》）

《韩诗外传》[33]皋鱼[34]泣曰："树欲静而风不止，子欲养而亲不待。"凡人读此，莫不亟思谋养矣。然古语有云："老亲之腹，非盗囊也，何故常盛不义之物。"故《诗序》曰："白华[35]，孝子之洁白也，可见不洁白，不可以为孝子。"此又谋养亲者之所当知也。（《人生必读书择要》）

父母万有一先去世的，单留鳏父寡母，最为苦楚，全要你为子者加倍体贴，不敢寂寞孤悽，才是好子。我看今人只知携自己妻子入房，团聚欢乐，全不念老亲一人，悽惨苦楚，若在风雨寒暑，过时过节，更是难堪。为子者若不存心照管，试问生子何用？（《传家宝》）

祖父母与父母服，虽有三年期服之别，然当尽孝则一。盖父母为吾身所自出，而祖父母又亲身所自出也。吾欲孝吾亲，而不能体吾亲之心，以孝祖父母，尚可谓之孝乎？况祖父母之年必高，高年之人，苟无人尽心服事，诸苦毕集，无处可告，故其罪与不孝父母同。若少孤而受教养之恩，长孙有承重之责者，其当竭力供职，尤毋容以孙自诿[36]矣。（《梁氏家范》）

罗威字德仁，番禺[37]人，禀性淳悫，幼知礼让，八岁丧父，哀如成人。事母至孝，服勤奉养，寒夜身先温席，母乃寝，制行高雅，口无俚言，不迹权门，待妻孥如宾客，耕先世遗田以自给。邻家牛数犯其稼，威屡刈刍[38]潜纳其门。牛主怪之，已乃知其威，感其长者，自是不忍犯。出遇老稚负戴于涂[39]，辄代其任。邑人化之，孝慈成俗。令异其行，辟召署门下史，威辞不就，强之，则偕母遁于增城[40]。令去，复还。后居母丧，积毁骨立，蔬食三年，既葬庐墓，朝夕哀泣，鹿止其旁，驯绕如家畜。世以为孝感所致。（《广州先贤传》）

古之人言孝必兼悌，孔子曰："弟子入则孝，出则悌。"[41]《书》云："惟孝友于兄弟。"[42]明乎能孝者必能悌，而不悌者必不可称孝者何也？父母犹身心也，兄弟犹手足也，未有手足伤，而身心不痛者，亦未有兄弟不和，而父母能安者。故亲在而不和，则父母之心不安，亲殁而不和，则父母之神不安，岂有令父母之心神不安，而可为孝子乎？是不和兄弟，即不孝父母也。故不悌之罪，等于不孝。（《人生必读书》）

父母而下，惟有兄弟，孩提时无刻不追随相好，兄长而弟幼，无日不提携怀抱，长各有室，或听妻子言语，或因财帛交易，多致参商[43]。有余则妒忌，不足则较量，及患难相临，虽至厚之亲朋，终不若至薄之兄弟，若能同居共灶为妙。然势有不得不分者，如食指多寡不同，人事厚薄不一，各有亲戚交游，各有好尚不齐，然难称众心，易生水火，各行其志，则事无条理，况妯娌和睦者少，米盐口语，易致争端，分灶而不分居为上。甚至分居，兄友弟恭，当愈加和好，不然外患将至，身家难保矣。语云："兄弟同居忍便安，莫因毫末起争端。眼前生子又兄弟，留与儿孙作样看。"念之哉！

谨慎言语

孔子观于周之太庙,有金人焉,三缄其口,而铭其背曰:"古之慎言人也。戒之哉!无多言,多言多败;无多事,多事多害。安乐必戒,无行所悔。勿谓何伤,其祸将长;勿谓不害,其祸将大;勿谓莫闻,天妖伺人。荧荧[44]不灭,炎炎奈何?涓涓不壅,将成江河;绵绵不绝,将成纲罗。青青不伐,将寻斧柯。诚能慎之,福之根也。口是何伤,祸之门也。"(《家语》)

称人之善,宜就迹上言,议人之失,宜就心上言。盖人之初心,本身无恶,特以利欲驱之,故失正理。其始甚微,其终至于不可救,仁人虽恶其去道之远,然亦未尝不愍[45]其昏暗无知,误至此极也。故议之必从始失之地言之,使其人闻之,足以自新而无怨。而吾之言,亦自为长厚切要之言。善迹既著,即从而美之,必更求隐微,主为一定之论,在人闻则乐而自勉,在我则为有实验,而又无他日之弊也。(《许鲁斋集》)

切不可随众议论前人长短。在古人之后,议古人之失则易;处古人之位,为古人之事则难。又曰:"一言不妄发,则言出而人信服之。"(《读书》)

有道德者,必不多言;有信义者,必不多言;有才谋者,必不多言。惟见夫细人狂人佞人,乃多言耳。明道曰:"德则言自简。"(《蔡虚斋集》)

凡一事而关人终身,纵实见实闻,不可著口。凡一语而伤我长厚,虽闺谈酒虐,慎勿形言。

蝉之为物,饮风吸露,最称无求,犹不免螳螂之患,为其噪也,故君子不以清高而忘慎密。(《福寿全书》)

不妄语,不多语,不道人隐事,不摘人微过,不言己无干事,论人无舍短而弃长,论己无登枝而忘本。交浅者无深言,调别者无与强言,阴刻者无与言衷情,轻疏者无与言密事。语财者不及非分,语色者不及邪缘,勿弹射官箴,勿月旦人品,不偏爱憎,不及风闻,谈经济外,宁谈艺术,可以给用。谈日用外,宁谈山水,可以息机。谈心心性,宁谈因果,可以劝善。(《福寿全书》)

自非生知之圣,未有言而不思者,貌深沉而言安定,若蹇若疑,欲发欲留,虽有失焉者寡矣。神奋扬而语急速,若涌若悬,半跐半晦[46],虽有得焉者寡矣。简而当事,曲而当情,精而当理,确而当时,一言而济事,一言而服人,一言而明道,是谓修辞之善者。其要旨有二,曰澄心,曰定气。(《新吾粹语》)

懋勤职业

魏文帝[47]曰：古人贱尺璧而贵寸阴，惧乎时之过己，而人多不强力，贫贱则慑于饥寒，富贵则流于逸乐，遂营目前之务，而遗千载之功，日月逝于上，体貌衰于下，忽然与万物迁化，斯志士所大痛也。(《文章正宗》)

长沙陶公[48]曰：大禹圣人，乃惜寸阴，至于众人，当惜分阴，岂可逸游荒醉，生无益于时，死无益于后，是自弃也。(《读书乐趣》)

黄氏曰：蠹家莫甚于坐食，即童男女十许岁，宜度力分授，洒扫纺绩之事，毋令闲旷，期各食其力。(《王氏家戒》)

凡士农工商，勤则职业修，仰事俯育有赖；惰则职业失，资身无策，不免姗笑姻里。然所谓勤者，非徒尽力，实要尽道，士先德行，次文艺，勿舞弄文法，颠倒是非。造歌谣，匿名帖，举贡勿出入公门，有玷行止。仕宦勿以贿败官，贻辱祖宗；农勿窃占田水，纵畜作践，欺赖佃租；工勿淫巧，售敝伪什器；商勿纨裤冶游，酒色浪费，至赌博一事，倾家荡产，招祸速衅，无不由此。犯者会族鸣官治之。(《王士晋宗规》)

子弟资性拙纯，莫将举业久担，早令练达公私百务，大都教子要做好人，不定要做好官。农桑本务，商贾末业，书画医卜，皆可食力资生。人有常业，则富不为非，贫不失节，但不可皆不学，以延读书种子，尤不可入僧道，作书算手，充门隶，作媒人中保，为椎埋屠宰，并出嗣异姓[49]。(《许氏家则》)

学问不进，只是因循姑待，优游孟浪。浮生有限，如奔电逝波，试看四五十年前，人物澌灭[50]安在。后之视今，犹今之视昔。贪恋无益之虚名，耽误有为之实事。古人惜及分阴，为过一刻，即抛却一刻也。(《臆说》)

陶谦[51]年十四，尚骑竹马儿戏，后举茂才，位至牧伯。陈子昂[52]年十八，从博徒游，后精经史，为唐大儒。苏洵[53]三十始读书，为欧公所许。姚元崇[54]少以射猎为娱，四十读书，后为贤相。欧公[55]学书在半百外。王右军[56]书至五十三乃成。凡少时中堕，而不终始成名，乃暮年不学，而以颓老自废者，当服此药。(《读书药》)

徐庶[57]少时，任侠击剑，几死人手，折节学问，遂与卧龙齐名。胡安国[58]少时，桀傲不可制，其父锁之空室，辄戏刻小木为人形。父乃置书万卷其中，三月览尽，为世大儒。张仲举[59]少时，蹴鞠走马，作音乐，父兄以为忧，一旦翻

然易业,竟以诗文名海内。凡有豪气,不知学为文章,惮于自新者,当服此药。(《读书药》)

任末年十四时,学无常师,负笈不远险阻。或依林木之下,编茅为庵,削荆为笔,蘸树汁为墨,夜则映星望月,暗则缚麻蒿以自照。观书有含意者,题其衣裳,以记其事,门徒悦其勤学,更以净衣易之,临终戒曰:"夫人好学,虽死若存,不学者虽存,谓之存尸走肉耳。"(《拾遗记》)

教训子弟

子弟不谨,家教不先,欲养其质,训诲宜专,爱以其道,无禽犊然。陶钧德器,世泽绵绵。

古人生子,能食能言而教之。大学之法,以豫为先。人之幼也,知思未有所至,便当以格言至论日陈于前,虽未晓知,且当薰室,使盈耳充腹,久自安习。若固有之,虽以他言惑之,不能入也。若为之不豫,及乎稍长,私意偏好生于内,众口辨言铄[60]于外,欲其纯完,不可得也。(《二程遗书》)

柳玭[61]尝戒其子曰:"凡门第高,可畏不可恃也,立身行己,一事有失,则得罪重于他人,死无以见先人于地下。门高则骄心易生,族盛则为人所嫉,懿行[62]实才,人未信之,少有疵累,众皆指之。"(《小学》)

夫人无英气,固安于卑陋,而不足以语上。其成有之,而此以制之,则又反为所使,而不肯逊志于学,此学者之通患也。所以古人设教自洒扫应对进退之节,礼、乐、射、御、书、数之文,皆使之抑下者,以从事于其间,而不敢忽,然后可以消磨其飞扬倔强之气,而为入德之阶。今既无此矣,唯有读书一事,尚可以为摄伏身心之助,然不循序而致谨焉,则亦未有益也。故今为贤者计,且当就日用间致其下学之功,读书穷理,则细立课程,耐烦著实,而勿求速解。操存持守,则随时随处,省觉收敛,而毋计近功。如此积累,做得三五年工夫,庶几心意渐驯,根本粗立,而有可据之地。不然,终恐徒为此气所使,而不得有所就也。(《朱子全书》)

子孙才分有限,无如之何?然不可不使读书,贫则教训童稚,以给衣食,但书种不绝足矣。若能布衣草履,从事农圃,足迹不至城市,弥是佳事,关中村有魏郑公[63]庄,诸孙皆为农,张浮休过之,留诗云:"儿童不识字,耕稼郑公庄。"仕宦不可常,不仕则农无可憾也。但切不可迫于衣食,为市井小人耳,戒之戒

之!(《放翁家训》)

后生才锐者最易坏,若有之,父兄当以为忧,不可为喜也。即须常加检束,令熟读经子,训以宽厚恭谨,勿令与浮薄者游处。如此十许年,志趣自成。不然,其可虑之事,盖非一端,吾此言,后人之药石也,各须谨之,毋贻后悔。(《放翁家训》)

闺门之内,古人有胎教,又有能言之教,父兄又有《小学》之教、《大学》之教,是以子弟易于成材。今俗教子弟何如?上者教之作文,取科第功名止矣。功名之上,道德未教也。次者教之杂字束笺,以便商贾书计。下者教之状词活套,以为他日刁猾之地。是虽教之,实害之矣。族中各父兄,须知子弟当教之,又须知教法之当正,养正之当豫,七岁便入乡塾,学字学书,随其资质,渐长有知识,便择端悫⑭师友,将正经书史,严加训迪,务使变化气质,陶镕德性。他日若做秀才做官,固为良士、为廉吏。就是为农、为工、为商,亦不失为醇谨君子。(《王士晋宗规》)

养蒙之道,父兄则教育以隆师亲友,师长则教以事亲从兄,乃能入孝出弟,而学业为有造。若父兄于子弟之前,非议其师长,师长于弟子之前,诋毁其父兄,其不相率于不孝不弟,而傲戾⑮自贤者几希矣。(《张杨园集》)

教子宜自胎教始,妇妊子者,戒过饱、多睡、房欲、暴怒、跛倚及食野味辛热,宜听古诗鼓琴,道嘉言善行,阅贤孝容义图画,劳逸以节,动止以礼,则生子形容端雅,气质中和。若婴孩怀抱,毋太饱暖,宁饥稍寒,则筋骨坚凝,气岑精爽,毋饬金玉绮縠⑯,以导衡侈,以召蟊贼。及能言能行能食,良知端倪发见,便防放逸,言常数毋诳,行常教后长,食常教让美取恶,衣常教习布素,禁羡华丽。及就傅,智慧日长,须防诱溺,慎择严正塾师,检约以洒扫应对,进退仪节,勿虚文故事,一皆身教,躬习倡之,俾自有忻然趋命。(《许氏家则》)

宋倪公思有云:"十贤子孙,未必能兴家,一不肖子孙,破家为有余。他事皆可区处,惟子孙不肖,无策可治。人不知教子孙,而徒为营生,不为子孙积善,而为子孙积财,多积不义之才,以付不肖子孙。助纣为虐,其败尤速。予亲见姻戚家,子幼教之无素,稍长不授以习业,逐至一败不可救药。"诵倪公此言,不禁为之三叹!(《王氏家戒》)

世间平人多,贵人少,科甲岂可常得乎?然书香不可绝。书香一绝,则家声渐落于卑贱。家声既卑,则出入渐鄙陋。人既鄙陋,则上无君子之交,下无治生之智。其安于农樵负担者,犹为善也。甚至人既粗蠢,心复雄高,狎比下贱,冥行蹈险。呜呼!人生至此,不忍言矣。若敖之鬼⑰,从此长馁矣,猛念及此,安可不教子读书。(《张氏家训》)

《林文安公家训》,首嘱子弟读书。俗云:"读书必登科甲。"苟不能,不如早弃之,去营生理,免费了钱财,又惰了手脚。此俗见也。余谓多读一岁书,多一岁之受用。多读一月书,多一月之受用。下笔之际,腕如心转。理路既熟,出口成章,不至求人,言辞自然雅顺,礼节自然娴熟,然后知祖父多遗我十亩田,不如多送我读一岁书也。(《高氏塾铎》)

【注释】

① 穷达弗贰:穷困和发达,都不可有贰变的想法。
② 陈忠肃公:陈瓘,字莹中,福建沙县人。南宋名臣。著《四明尊尧集》《了斋集》。
③ 知理鬻(yù)之戏,不如俎(zǔ)豆:懂得土地买卖之类的游戏,不如设立祭祀祭品有价值。鬻,买卖。俎豆,俎和豆是古代祭祀时盛肉类等食品的两种器皿。
④ 忠信愿懿:忠义诚信,希望美好。
⑤ 的:箭靶的中心。成语"有的放矢"。此比喻树立学习的目标。
⑥ 不揆(kuí)愚陋:不揣测愚蠢粗劣。
⑦ 窃:代词,自己的谦词。《触詟说赵太后》:"窃爱怜之。"《战国策》:"窃自恕。"
⑧ 乡党:指乡里、家乡,乡族朋友。《资治通鉴》:"还付乡党。"
⑨ 吴献臣:吴廷举,字献臣,号东湖,广西梧州人。明朝官员,官至工部右侍郎、兵部右侍郎,死后追赠太子少保。
⑩ 汛然:如潮水泛滥。
⑪ 伊尹:伊挚,商朝初著名政治家、思想家、军事家、医学家、厨圣。辅助商汤灭夏桀,建立商朝。著《伊训》《汤液经》等。
⑫ 颜渊:颜回,字子渊,尊称颜子,春秋末期鲁国人。孔子的得意门生,"孔门七十二贤"之首,儒家"五大圣人"之一。颜渊素以德行著称。
⑬ 程伯淳:程颢(hào),字伯淳,河南洛阳人。北宋哲学家、教育家、诗人。北宋理学奠基人。与其弟程颐,世称"二程"。后为南宋理学家朱熹继承和发展,世称"程朱学派"。其著作皆收入《二程全书》。
⑭ 范希文:范仲淹,字希文,江苏人。北宋著名政治家、文学家、名臣。官至参知政事、龙图阁直学士。谥号"文正"。著《范文正公文集》。
⑮ 此句出自《尚书·周书》:"功崇惟志,业广惟勤。"意为取得伟大功业是由于有伟大

的志向，完成伟大的功业在于辛勤不懈的努力。
⑯ 张鄫西：明代大名府太守。
⑰ 仲舒：董仲舒，河北景县人。西汉著名的思想家、政治家、教育家、哲学家、儒学大师。著《春秋繁露》等。
⑱ 醯（xī）鸡蜗牛：瓮里的鸡和蜗牛，比喻见识浅薄而渺小。
⑲ 埙（xūn）：古代闭口吹奏乐器。篪（chí）：古代横吹竹管乐器。并契：相互配合默契。
⑳ 榱（cuī）题：亦作"榱提"。屋椽的端头，即屋之椽木。《孟子》："堂高数仞，榱题数尺。"
㉑ 象：舜帝同父异母之弟，曾多次谋杀舜未遂，舜即位后仍宽恕象，并予以封地。
㉒ 管叔：周公的弟弟。
㉓ 芟（shān）除：原指除草、割草。此指度过一天的时光。
㉔ 尪（wāng）弱：衰弱，瘦弱。《新唐书》："（怀古）素尪弱，不能骑。"
㉕ 罔极：父母的恩德无穷。《诗经·小雅·蓼莪》："父兮生我，母兮鞠我……欲报之德，昊天罔极。"朱熹注："言父母之恩，如天无穷，不知所以为报也。"
㉖ 搰（hú）搰：用力的样子。此指辛辛苦苦。财赇（qiú）：钱财。
㉗ 攫攘（jué rǎng）：争夺，掠夺。苏轼《大悲阁记》："一人而千心，内自相攫攘，何暇能应物。"
㉘ 俦（chóu）：同类，相同。《鬼谷子》："俦善博惠。"
㉙ 廑（qín）：怀念，挂念。孺慕：幼童对父母的爱慕，泛指深挚的敬爱和仰慕。
㉚ 漓：浅薄。
㉛ 矧（shěn）：况且，何况。柳宗元《敌戒》："矧今之人，曾不是思。"
㉜ 劬（qú）劳：劳苦，劳累。特指父母抚养儿女的劳累。《诗经·小雅·蓼莪》："哀哀父母，生我劬劳。"
㉝ 韩诗外传：书名。西汉博士韩婴（"韩诗学"的创始人）撰。《韩诗外传》是一部记述中国古代史实、传闻的著作，共十卷。
㉞ 皋鱼：人名，春秋人。《韩诗外传》卷九载："皋鱼三失。"
㉟ 白华：白花。《诗经·小雅·白华》："白华菅兮，白茅束兮。"此为白花代表孝子的洁白无瑕。
㊱ 诿（wěi）：推托，推诿，把责任推给别人。
㊲ 番禺：今广州市番禺区，位于广州南部。
㊳ 刈刍（yì chú）：割牲口吃的草。
㊴ 涂：通"途"，道路。《论语》："道听涂说。"《庄子》："适遇牧马童子问涂焉。"
㊵ 增城：今广州市增城区，位于广州东部。
㊶ 本句出自《论语·学而》，意为年轻人在父母身边要孝顺父母，离开家里要敬爱兄长。

㊷ 本句出自《论语·为政》："孝乎！惟孝友于兄弟，施于有政。"意为兄弟情谊深厚，且实施于政事上。

㊸ 参(shēn)商：原指天空中的参星和商星彼出此没，此出彼没，不能同时出现。此喻彼此对立，不和睦，亲友隔绝，彼此不相往来。杜甫诗："人生不相见，动如参与商。"

㊹ 荧荧：此指星星之火，可以燎原。

㊺ 愍(mǐn)：同"悯"。怜悯。《陈情表》："祖母刘，愍臣孤弱，躬亲抚养。"

㊻ 半跲(jiá)半晦：半明半暗。此句原出自明·吕坤《呻吟语》。

㊼ 魏文帝：曹丕，字子恒，三国时著名的政治家、文学家，曹魏的开国皇帝。曹操之次子。

㊽ 长沙陶公：陶侃，字士行，本为江西都昌人，后迁居江西九江。东晋名将，封长沙郡公，世称"长沙陶公"，谥号"桓"。

㊾ 出嗣异姓：子孙过嗣给异姓人家。

㊿ 澌(sī)灭：消亡，消失。《隐居通议》："往时故迹，销磨澌灭，后生小子，无复能之。"

㉑ 陶谦：字恭祖，安徽宣城人。汉末群雄之一，官至安东将军、徐州牧，破黄巾，后被曹操所灭。

㉒ 陈子昂：字伯玉，四川射洪人。唐代诗人，系"仙宗十友"之一。官至右拾遗，世称"陆拾遗"。

㉓ 苏洵：字明允，自号老泉，四川眉山人。北宋文学家，与其子苏轼、苏辙，世称"三苏"，且"唐宋八大家"之一。

㉔ 姚元崇：又名姚崇，字元之，河南陕县人。唐代三朝，两次拜宰相，兼兵部尚书，系"唐朝四大贤相"（房玄龄、杜如晦、宋璟）之一。谥号"文贞"（碑文）。

㉕ 欧公：欧阳修，字永叔，号醉翁、六一居士，江西吉水人。北宋政治家、文学家。系"千古文章四大家"（韩愈、柳宗元、苏轼）之一，又系"唐宋八大家"之一。

㉖ 王右军：王羲之，字逸少，浙江会稽人。东晋著名书法家，官至右军将军，世称"王右军"。

㉗ 徐庶：字元直，河南许昌人。东汉末年刘备的谋士，后归曹操，官任右中郎将、御史中丞。

㉘ 胡安国：又名胡迪，字康侯，号青山，福建武夷人。北宋著名学者、政治家、理学家、经学家。谥号"文定"。著《春秋传》。

㉙ 张仲举：辽国圣宗开泰九年状元。

㉚ 铄(shuò)：渗入。此喻教育、规劝。《孟子》："仁义礼智，非由外铄我也，我固有之也。"

(61) 柳玭：陕西耀州人。唐末官员，累官起居郎、中书舍人、御史中丞。著《柳玭家训》，见本书。

(62) 懿行：高尚的行为。成语“嘉言懿行”。

(63) 魏郑公：魏徵，字玄成，河北晋州人。唐朝著名政治家、思想家、文学家、史学家。唐太宗时“一代名相”，封郑国公，谥号“文贞”。

(64) 端悫（què）：端正诚实，作风正派而谨慎。《荀子》：“而能致恭敬、忠信、端悫以慎行之，则可谓大孝矣。”

(65) 傲戾（lì）：骄傲乖戾。《重修宜兴县学记》：“至于中和孝友，皆能尽其微妙，而无有粗疏傲戾之气。”

(66) 绮縠（hú）：绉纱一类的丝织品。诸葛亮《治人》：“绮罗绫縠，玄黄衣帛，此非庶人之所服也。”

(67) 若敖之鬼：此句出自《左传》：“鬼犹求食，若敖氏之鬼，不其馁尔？”若敖氏为春秋时楚国人，若敖氏的鬼将因灭宗而无人祭祀至饿死。后比喻没有后代而绝嗣。

里堂家训

[清]焦循

焦循（1763—1820年），字里堂，江苏扬州人。清代哲学家、数学家、戏曲理论家。著《孟子正义》《里堂学算记》《易章句》《易通释》《剧说》等。

本文取《传砚斋丛书》和《合众图书馆丛书》作底本校注。

读书之士至以鲜衣、美履夸耀于人，是惑也！至曰在外应酬不得不如此，益可笑。士以课徒为业，何用应酬！

家之不幸，莫如不肯教子弟。教子弟读书，不可不专，不可不严。人于他事，或有不能至，读书未有不能者。不必问资质之清浊[①]，只以读书一途导之驱之[②]，未有不能者也。其读之不成者，皆教之不专不严之咎也。

幼时先使之识字，即愚，一日识四字不难也。自六岁至十二岁可识万字矣。至此，便为之解说字义，分析平仄[③]，徐徐使习时文[④]，使习诗，使习书法。此三者少有可观，庶可入学。入学庶可训蒙谋食，此根本也。根本立，则必使之知经学[⑤]、史学及典章制度，六书[⑥]、九数[⑦]、天文、地理，以渐而博洽贯通。若资质过人，则习时文时，便可博览，然究以时文为主。

所谓根本者：习时文、习诗，习字，少有可观也，不必定在入学后。总之，习一事[⑧]必期于实有所得，最忌虚名假托。风云月露之诗，无题目之束缚，无规矩绳尺，易于作伪。故子弟学诗，必以试帖[⑨]，或使之咏物，只以工稳、和协[⑩]、切题期之。

天下之学，患乎不深。深矣，患乎不博。深且博矣，患乎无规矩、绳墨[⑪]以定其是非。既深且博又有规矩、绳墨以定其是非者，唯天文、历算耳。其义深奥难明，而其条理、度数又出于自然而不容臆造。然此学唯性质[⑫]沉厚者能为之，虚浮、妄动之人不能入也。于此学能明，天下无难明之学矣，譬犹历过崎岖，自无险境。且性质浮动之人，果能耐心为此，知识既通，而气亦宁静。吾友汪孝婴[⑬]亦如是言。

圣贤之学，以日新为要。三年前闻其人之谈如是，三年后闻其人之谈仍如是，其人可知矣。越五年、十年，而其学仍如故者，知其本口耳剽窃，原无心得，斯亦不足议也矣。孔子曰："当仁不让于师"⑭，宜有味乎斯言也。

说经不能自出其性灵⑮，而守执一说以自处蔽⑯，如人不能自立，投入富贵有势力之家，以为之奴，乃扬扬得意⑰，假主之气以凌人。受其凌者，或又附之，则奴之奴也。既为奴之奴，则主人之堂阶、户牖⑱且未尝窥见，猥⑲曰："吾述而不作也，吾好古敏求也。"⑳ 此类依草附木㉑最为可憎。

吴玉松太史谓余不名一物，汪孝婴谓余大公无我，沈凫林谓余从善如流。此三者㉒，余何敢当？而志实如此。余生平与朋友交，必求其胜我处而学之，自髫龄㉓以牵于今，皆如是也。

子弟必使之有业，士、农、工、商四者皆可为。若不为，则闲民矣。闲民而后无收入。无收入，则饥饿，则无所不为。四民之中，执业一业，岁必有所入，有收入而量以为出，可不饿矣。

时于自有时文之绳尺，不可入于卑俗，亦不可入于孤高；不可入于拙滞，亦不可入于放纵。余别有论诗文之书，守之可也。

生一子，必曰资质蠢，不能读书，一可恨也；既入学，便以为已成，不复穷究经史，二可恨也；生质稍可读书，便以虚名夸饰于人，不使实有进益，三可恨也；府县试稍能前列，岁科试㉔间列高等，便自诩为名士，四可恨也；夤缘㉕奔走，以求仕路，不顾生汁，不实力读书，五可恨也。

陆稼书先生撰《崇明老人记》㉖云：崇明县中有吴姓老人者，年已九十九岁，其妇亦九十七岁。生四子，壮年家贫，鬻子以自给，四子并为富家奴，及长，咸能自立，各自赎身娶妇，遂同居而共养父母。卜室㉗于县治之西，列肆㉘共五间。伯㉙开花米店，仲开布庄，叔开腌腊，季开南北杂货，四铺并列，其中一间为出入之所。四子奉养父母，曲㉚尽孝道。始拟膳，每月一轮家，周而复始。其媳曰："翁姑㉛老矣，若一月一轮，则必历三月后方得侍奉颜色㉜，太疏。"复拟每日一家，周而复始。媳又曰："翁姑老矣，若一日一轮，则历三日后方得奉颜色，亦疏。"乃以一餐为率㉝，如早餐伯，则午餐仲，晚餐叔，则明日早餐季，周而复始。若逢五及十，则四子共设于中堂，父母南向坐，东则四子及诸孙辈，西则四媳及诸孙媳辈，分昭穆㉞坐定，以次称觞献寿，率㉟以为常。老人饮食之时，后置一橱，橱中每家各置钱一串，每串五十文。老人每食毕，反手于橱中随意取钱一串，即往市中嬉，买果饼啖之。橱中钱缺，则其子潜补之，不令老人知也。老人间往知交游，或博奕，或樗蒲㊱。四子知其所往，随遣人密持钱二三百文，安置所游家，并嘱其家伴输钱于老人。老人胜则踊跃持钱归，老人亦不知也，亦率以为常。盖数十年无异云。老人夫妇至今犹无恙，其长子年七十七岁，余子皆颁白，孙与曾孙约共二十余人。崇明总兵刘兆以联表其门曰："百龄夫妇，齐看五世儿孙绕膝。"洵不诬也。记之以告世之为人子者。

　　人负我债，而其人力不能偿，我因不索而毁其券，此盛德事，尚非难也。唯我负人债，而势可以不偿，而竭力以偿之则仁者事矣。先君子㊲病时，于债负之可以不还者，恐身后循等㊳负之，阴㊴援以良田而返其券。越半月，先君子即逝，逝后乃知其事。后人识之。

　　韩昌黎㊵言，古之民也四，今之民也六，六者四民之外，有僧与道士也。我谓六者之外，又有四民，曰：倡、优、隶、卒㊶。此四者，人之所贱，然既失业，不为僧与道士，即将为倡、优、隶、卒。夫生一子，而终至于是，因祖若父之所不顾。而究之，皆祖若父致之，何也？不使之有业也。吾家有书可读，有田可耕，宜以读书为业，子孙当世世守之。吾见名人之后至于不识字，总由姑息，不使之习旧业。且儒者子孙失业有两端，一由作宦，一由娶妇于市井之家，不知书为何物，姑息其子，遂至流为屠沽㊷。作宦则所见闻皆浮苹㊸而不实。此二者当慎之也！

【注释】

① 清浊：高下。

② 导之驱之：顺着道路走。

③ 平仄：汉字音调分平、上、去、入四声，平声自成一类，称平，上、去、入为一类，称仄，合称平仄。

④ 时文：科举考试的文章。这里指八股文。

⑤ 知经学：研究儒家经典著作。

⑥ 六书：古人分析汉字字形而归纳出来的六种条例或六类字，即指事、象形、形声、会意、转注、假借。

⑦ 九数：古代的九种计算方法，即方田、粟米、差分、少广、商功、均输、方程、盈不足、旁要。

⑧ 习一事：学习和钻研一个问题。

⑨ 试帖：试帖诗，又名赋得体，科举考试的诗体，起源于唐代。多取古人诗句为题，

并指明以其中某字为韵，题前冠以"赋得"二字得名，多用排律，内容要求歌功颂德，粉饰太平。

⑩ 和协：声律相协。

⑪ 规矩、绳墨：规矩，画圆和方的工具，如尺、规。绳墨，量平直的工具，如绳子、墨斗。比喻应当遵守的标准和法则。《管子》："法律政令者，吏民规矩绳墨。"

⑫ 性质：禀性，天性，气质。《荀子》："夫人虽有性质美而心辩知，必将求贤，师而事之，择良友，而友之。"

⑬ 汪孝婴：清代学者，焦循之友，著《列子卢注考证一卷》。《焦循诗文集》载一首《哭汪孝婴》。

⑭ 此句出自《论语·卫灵公》，意为担当实现仁道的重任，即使和老师相比，也不逊色。

⑮ 性灵：指新的见解、思想、精神。《晋书》："夫性之表，不知所以发于咏歌。"

⑯ 处蔽：遮掩，隐蔽。

⑰ 扬扬得意：又作"洋洋得意"，十分得意的样子。

⑱ 户牖（yǒu）：门窗。《淮南子》："夫户牖者，风气之所以往来。"

⑲ 猥（wěi）：谦词，降低自己身份。《前出师表》："猥自枉屈。"

⑳ 此句出自《论语·述而》，意为我阐述前人已有的说法，而无自己的思想。我喜好古学而勉力追求。

㉑ 依草附木：比喻托名或攀附名人。

㉒ 此三者：吴玉松、汪孝婴、沈兔林三人。皆为焦循之至朋好友。

㉓ 髫（tiáo）龄：幼年。髫，儿童下垂的头发。

㉔ 岁科试：岁试和科试。岁试，学政每年对所属府、州、县的生员、廪生举行的考试，分别优劣，酌定赏罚。科试，生员应乡试前的预备性考试，生员经科试得一、二、三等者方可参加乡试。

㉕ 夤（yín）缘：喻攀附上升，向上巴结。《旧唐书》："乔松孤立，萝茑夤缘，柔附凌云，岂曰能贤。"

㉖ 陆稼书：陆陇其，字稼书，浙江平湖人。清代经学家。官任嘉定、灵寿知县，四川道御史。著有《困勉录》《三鱼堂文集》等。崇明：在长江入海口崇明岛上。今属上海市。

㉗ 卜室：选择居室。《明史》："可大约束旗尉，捐俸助之，卜室处其妻子。"

㉘ 肆：店铺。《随书》："帝命三市店肆，皆设帷帐。"

㉙ 伯：兄弟排行的次序。伯为老大，老二、老三、老四分别是仲、叔、季。《左传》："亦唯伯仲叔季图之。"

㉚ 曲：极，无不。《荀子》："曲得所谓焉。"

㉛ 翁姑：公公、婆婆。

㉜ 颜色：脸上的表情。成语"和颜悦色"。
㉝ 率（lǜ）：标准，限度，规格。《史记》："有军功者，各以率受上爵。"
㉞ 昭穆：按照长幼、上下等的次序排列座位。
㉟ 率（shuài）：沿袭，遵守，遵循。《诗经·大雅·假乐》："率由旧章。"
㊱ 樗（chū）蒲：古代的棋类游戏，因骰子是樗木制成，故名樗蒲。后来泛称赌博。
㊲ 先君子：亡父。"先"是对死去人的尊称。
㊳ 循等：照例。
㊴ 阴：秘密，暗地。这里指没让家里人知道。
㊵ 韩昌黎：韩愈，字退之，河南孟州人。自称"郡望昌黎"，世称"韩昌黎""昌黎先生"。唐代著名的文学家、思想家、哲学家、政治家。官至监察御史、吏部侍郎。著《韩昌黎集》。
㊶ 倡：歌舞艺人。优：演剧的人。隶：奴仆，仆人。卒：衙门的差役。
㊷ 屠沽：卖肉的和卖酒的。亦泛指职业微贱的人。
㊸ 浮苹：即"浮萍"，无根的水草，随水漂流，比喻人的漂泊不定。

治家格言

[清] 彭定求

彭定求（1645—1719年），字勤止，又字凝祉，又字南畇，江苏苏州人。清代学者，康熙十五年状元，授修撰。著《儒门法语》《孝经纂注》《南畇文集》《元宰必读书》《彭凝祉先生杂说》等。

本文取《彭凝祉先生杂说》的《附录》中的后四篇作底本校注。

治家格言

凡治家，须起早。桌要抹，地要扫。粗布衣，菜饱饱。靠神天，奉三宝①。孝父母，敬兄嫂。为夫妇，和顺好。贫不欺，富不扰。官钱粮，先要了。出人情，看起倒②。成家子，粪似宝。败家子，钱如草。有家财，结交好。急难中，朋友少。花正红，香酌少。不作媒，莫作保。闲是非，都不扰。忍耐些，少烦恼。要富贵，读书好。学手艺，要心巧。做买卖，要公道。耕种田，勤耨草。养鸡鸭，不养鸟。勤俭好，无价宝。身不单，肚又饱。近来人，眼孔③小。只扶起，不扶倒。光阴快，人易老。有时运，置家早。命颠沛④，守到老。甘淡薄，天知道。将银钱，莫费了。但为人，须学好。

成家十富

第一富：不辞辛苦做道路⑤（勤俭富）。

第二富：买卖公平多主顾⑥（忠厚富）。

第三富：听得鸡鸣下床铺（当心富）。

第四富：手脚不停理家务（终久富）。

第五富：当心火盗管门户（谨慎富）。

第六富：不去为非生法度（守分富）。

第七富：合家大小相帮助（同心富）。

第八富：妻儿贤惠无欺妒（帮家富）。

第九富：教训子孙立门户（后代富）。
第十富：存心积德天加护（为善富）。

败家十穷

第一穷：只因放荡不经营（渐渐穷）。
第二穷：不惜钱财手头松（容易穷）。
第三穷：朝朝睡到日头红（糟蹋穷）。
第四穷：家有田地不务农（懒惰穷）。
第五穷：结识豪杰做亲朋（攀高穷）。
第六穷：好打官司逞英雄（斗气穷）。
第七穷：借债纳利妆门风（自弄穷）。
第八穷：妻孥懒惰子飘蓬（命当穷）。
第九穷：子孙相交不良朋（勾驹⑦穷）。
第十穷：好赌贪花捻酒钟⑧（彻底穷）。

语录

西山真先生⑨曰："择善固执，惟日孜孜⑩。耳听善言，不堕三恶⑪。人有善愿，天必从之。终身行善，善犹不足。一日行恶，恶自有馀。但存心里正，不用问前程。但能依本分，前程不用问。若要有前程，莫做没前程。"

司马温公⑫曰："积金以遗子孙，子孙未必能守；积书以遗子孙，子孙未必能读。不如积阴德于冥冥⑬之中，以为子孙长久之计。心好命又好，发达荣华早；心好命不好，一生也温饱。命好心不好，前程恐难保；心命都不好，穷苦直到老。"

《景行录》⑭曰："为子孙作富者，十败其九；为人行方便者，其后受惠。与人方便，自己方便。日日行方便，时时发善心。千金万典，孝义为先。天上人间，方便第一。见人之善，而寻己之善，如此方为有益。"

《太上感应篇》⑮曰："祸福无门，惟人自召。善恶之报，如影随形。所以人心起于善，善未为而吉神已随之。或心起于恶，恶未为而凶神已随之。其有曾行恶事，后自改悔，久之必获吉庆，所谓转祸为福也。"

东岳圣帝⑯垂训："天地无私，神明暗察。不为享祭而降福，不为尽礼而降祸。凡人有势不可倚尽,有福不可享尽,贫困不可欺尽,此三者乃天地循环,周而复始。故一日行善,福虽未至,祸自远矣;一日行恶,祸虽未至,福自远矣。行善之人,如春园之草,不见其长,日有所增;行恶之人,如磨刀之石,不见其损,日有所亏。一毫之善,与人方便;一毫之恶,劝人莫作。"

子曰:"为善者天报之以福,为不善者天报之以祸。"⑰

《尚书》⑱云:"作善降之百祥,作不善降之百殃。"

徐神翁⑲曰:"积善逢善,积恶逢恶,仔细思量,天地不错。善有善报,恶有恶报,若还不报,时辰未到。"

平生行善天加善,若是愚顽受祸殃,任是凶残贪险辈,高飞远走也难藏。

行藏虚实自家知,祸福因由更问谁?善恶到头终有报,只争来早与来迟。

闲中检点平生事,静里思量日所为,常把一心行正道,自然天地不相亏。

《景行录》云:"以忠孝遗子孙者昌,以智术遗子孙者亡。以谦接物者强,以善自卫者良。"

恩义广施,人生何处不相逢。冤仇莫结,路逢险处难回避。

邵康节⑳先生戒子孙曰:"上品之人,不教而善;中品之人,教而后善;下品之人,教亦不善。不教而善,非圣而何?教而后善,非贤而何?教亦不善,非愚而何?"

帝君又垂训曰:"妙药难医冤债病,横财不富命穷人,亏心折尽平生福,幸㉑短天教一世贫。生事事生君莫怨,害人人害汝休嗔,天地自然皆有报,远在儿孙近在身。"

吴真人㉒曰:"短倖亏心只自贫,莫生巧计弄精神,得便宜处休欢喜,失却便宜也莫嗔,十分惺惺㉓使五分,留取五分与儿孙,十分惺惺都使尽,后代儿孙不如人。"

越奸越巧越贫穷,奸狡原来天不容,富贵若从奸狡得,世间呆汉吸西风。

【注释】

① 三宝:此指道家的内三宝,即精、气、神。作者彭定求信奉道教,故讲道家三宝。
② 起倒:随俗俯仰、浮沉。陈师道诗:"起倒不供聊应俗,高低莫可只随缘。"
③ 眼孔:眼光、眼界,见识。文天祥诗:"不是白兵生眼孔,一团冤血有谁知?"
④ 颠沛:本指树连根拔起而倒仆,后用以形容人事困顿、社会动乱。

⑤ 做道路：指从事各种劳动。
⑥ 主顾：顾客。《王粲登楼》："酒店门前三尺布，人来人往图主顾。"
⑦ 勾驹：干坏事的小马驹。
⑧ 贪花：即贪恋女色。捻酒钟：指酗酒。
⑨ 西山真先生：真德秀，字景元，后改希元，福建浦城人。南宋理学家，官至参知政事，世称"西山先生"，卒谥"文忠"。著《真文忠公集》。
⑩ 孜孜：勤勉，不懈怠。成语"孜孜不倦"。
⑪ 三恶：即佛教所说的三恶趣或三恶道，即地狱、饿鬼和畜生。《百喻经》："于佛法中永失其善，堕于三恶。"
⑫ 司马温公：司马光，字君实，陕州夏县涑水乡（今山西夏县）人，世称"涑水先生"。北宋大臣、史学家，哲宗时官至宰相，谥号"文正"，追封温国公。
⑬ 冥冥：鬼神暗中的境界。
⑭ 景行录：书名，元人史弼，字君佐，号紫微老人撰。
⑮ 太上感应篇：道家经典，作者不详，而托名老子之师太上。该书内容主要是劝人为善，遵守道德规范，宣传善有善报，恶有恶报的因果关系。
⑯ 东岳圣帝：又称东岳大帝，道教所尊奉的东岳泰山庙中的泰山神，相传他管人间生死。
⑰ 此句出自《孔子家语·在厄第二十》。
⑱ 尚书：书名。其中有"惟上帝不常，作善降之百祥，作不善降之百殃。"
⑲ 徐神翁：徐守信，江苏泰州人。北宋道士，人称徐神翁，著《徐神翁语录》。
⑳ 邵康节：邵雍，字尧夫，自号安乐先生，北宋理学家。卒后元祐中谥"康节"。
㉑ 倖：侥幸。《玉篇》："倖，侥幸。"
㉒ 吴真人：吴本（tāo），福建漳州人。北宋名医，人称神医，大道公，又称保生大帝。
㉓ 惺惺：聪明机灵。《曾公遗录》："皇子……虽三岁未能行，然能语言，极惺惺。"成语"惺惺惜惺惺"。

资敬堂家训

[清] 王师晋

王师晋(1804—1880年),字以庄,号静斋,原籍浙江秀水县新塍镇,后迁至苏州吴江县今吴江区盛泽镇。清代学者。

《资敬堂家训》取《丙子丛编》(王师晋曾孙王大隆刻校)作底本校注。

卷上

读《五经》①《四子书》②,须要句句体认,反之于身,宛如先圣贤相对晤语动静云为,须依圣贤做去;暗室屋漏③,常如天地鬼神鉴察,动念须存。曾子④之三省,颜子⑤之四勿,庶几可以为家庭之肖子,圣经当佩之,终身不可离之顷刻。古圣人以天亶⑥聪明,一身阅历,著成经传,大之可以位天地,育万物,小之可以修身齐家。存之于心,则温厚和平。发之于外,则博厚高深。试看古来能读书之人,居家诚意正心,文章尔雅为乡里之俊良,立朝显亲扬民,致君泽民为朝廷之柱石,非体验圣贤之志,焉能若此。

凡看书籍,须有合于孔圣并经书典籍者,方可专心体认,如悖于圣训者,当烧毁不可存留在家,其余闲杂书籍同。

为人之道,内则尽其孝弟,外则须择交正人君子,必爽直,必诚实,平居必好学与之交,庶得其益。若轻浮小人,必作事消沮闭藏,虽文采足观,断不可与订交。见富贵者奉承,不遗余力;见贫寒者,即轻薄之,此等小人,亦不可近。更有一等貌为君子,心术险狠,一堕其术,丧身亡家。孔子所谓乡愿⑦是也,当远之,如鸩酒毒蛇,以不见为幸。师长品学兼优,尽心教读,当事之如父。倘家有正事,竭力相助,得其欢心,一切奉侍皆须虔洁子弟,成人以后,心存利济,观圣贤一生,总要斯世斯人同归乐利,老安少怀,何等心肠。吾人学问渊深,出而为官,存心教养,伏而在下,著书立说,可法天下后世。居家保守先业,持己以俭,待人以宽,时存悲悯之心,目击老幼残疾,穷民无告,皆当救援,一切飞走动植之物,亦须护持天地之心,好生人当常体此意,至于亲族之孤寒者,更宜格外扶持。如遇年荒米珠薪桂，穷人难以存活，当仗义疏财，人我一体为念。

言语须要谦和，不可凌人，试观谦卦六爻，皆吉言语。尖酸刻薄，妄自夸大，既亏人品，复干天和，寻至破家辱身，非细故也。《诗》云："白圭之玷，尚可磨也；斯言之玷不可为也。"⑧须日日讽诵，以戒口过。

处家之道，既有产业，用度自宽，然必立一章程，方可永久不替，计一年之所入，均作十股，一年家用，先生束修⑨，伏腊⑩供给，置办衣服，一应杂费，只用五股，有余而不可尽，其余三股，作周济族中亲戚之困乏者，贤士之穷厄，乡里之饥寒者，余两股，备凶荒、意外不虞之用，别置簿收贮。予生平最爱陆梭山⑪《正本制用》篇，须细心读之，不可一日忘也。

处家之道，有余断不可放债。放债之弊，不可枚举。一则已受盘剥之名，人受催迫之累伤情而结怨毒，莫此为甚。族谊亲情，有过不去者，不如周恤之，人与己可以两忘。居家调度得宜，续置清白房产，收些花息⑫最为稳妥，货殖一道，如资质不近，断不可勉强行之，事出勉强，必有破伤之祸，苟其才足经营，每年籴些稻米，丰年或稍亏折，凶年亦可济人，古人有经济之才，治家宽然有余，出仕亦可惠及黎民。

读书一道，人人志在显扬，文字必须博大昌明、高华名贵，其功却自简练，揣摩得来。然尤重者，须志在圣贤，暗室屋漏之中，有神明也。常存先圣先贤之志，诵读之下，宜反诸身心，何者可以企及之，何者可以则效之。力量有余，留心经济之书，兵政、河渠、钱漕⑬、法律，皆宜详悉，为通儒之学，不可以文章诗赋，蔚然可观，遂侈然⑭自足。

汝生于庚子，今年丙午才七岁，祖父以尔尚聪明，且二房惟此一孙，格外钟爱，嗣父母亦以中年抚汝，不加痛责，以后年齿渐长，知识渐开，祖父母当格外孝敬，本生父母当孝，嗣父母尔诞生时即抚汝，幼多小恙，无时不留心于汝也，尔思之，当孝否乎！以后待本生兄弟当友爱，有过失，婉言劝之，同读书，作文互相讲解，勉励彼此，成名待本生姊妹如兄弟一般，四姊从小照应汝，尔每欺侮之嗣母，以汝幼小不加痛责，以后年齿渐大，当爱当敬，不得幼小时光景也，尔待之好，嗣父母，心中亦安矣。

为学之道，须要有专心，有恒心，有勇心，有纯一不已之心，方能成就一大器。何为专心？如读《论语》，细加融会，不知《论语》外又有书，读他经亦然。方能读一经，得一经之益。何为恒心？为学之要，如织机然，积缕成丝，积丝成寸，积寸成尺，积尺以成丈匹，此贤母训子之语，实千古为学之定则。若半途而废，如绢止半匹，不能成功。何为勇心？"舜，人也；我，亦人也。"[15]古之人功德，被天下遗泽及后世，只此一点，自强不息之心，便做到圣贤地步。故为学须以古人为法则，所谓："学如不及，犹恐失之"[16]者也。何为纯一不息之心？人之为学，须如川之流，不舍昼夜；如天之健，运行不息；如日月之代明，不分晦朔。人生自少壮以至于老，无一非学之境，无一非学之时。厄穷当学，显达当学。所学者何？修身齐家、致君泽民之理而已。凡此言学，虽未必尽，然即此以用力，亦可追仰古人矣。

　　祖父为人，一生克勤克俭，有余则散之，昆季赒恤[17]族亲，并及邻里乡党，其行事无惭衾影，心地可质神明，常以族中人口繁多，其间不无贫乏，欲立一赒恤，一定章程，尔生父亦常有此心，欲效范文正公义田之法[18]，创设义庄，以赡族人，然此事创之非易，守之极难，既有此心，必得玉成[19]，其事守成之法，积德读书，方能世守不替。

以上道光丙午年书。

　　前书此屈指已十四年矣，计书时尔年七岁，予因多病，作此以代面训，后获天地祖宗福荫，竟尔复原，然病根未脱，精神更不如前尔，今科进京，终属学问浅薄，春闱[20]报罢，无足忧愤，况年才弱冠，从师学问，正可深造有得，尔自料诗文等，不能远胜于人，家中人少，公车可以不去，倘有福泽，留贻子孙可也。

　　尔子祖锡已半岁，将来教育全在尔身，五六岁至十三四五岁，须外严内宽，训之勤劳，贤师傅不计束脩，十分恭敬，功课须密不可间断，书中道理常为讲解，诗亦要读，发其聪明，规矩礼貌，时时训诫，至十五六七岁学问长进，只须好师傅，贤朋友，朝夕诱掖，自能有成，不可一味严督《大学》，有止慈之训，子子孙孙教道均当如是。祖锡之姊，今年才三岁，将来长成教之和顺恭敬，择书香积德之家，为之择配。至于同曾祖兄弟叔侄，均要伊学好向善，励学自己如是。望诸兄弟子侄均如是。倘贫寒，宜周济，远族亦然。如匪僻不法凶狠暴戾，禀知尊长，将伊惩治，不能一概周济，庶有劝惩，不得已分析，总以忍让为第一，三哥至八弟兄，六人尔在，予名下只有一人，让大房多分些为要，总以一团和气，可对天地，气量要大，包涵一切，凡入自己钱要省俭，公账钱更要省俭，须知祖父于子孙本属一体，何得我一人妄用，彼痴人每以公账钱妄用，殊不知祖父一身心血，创于子孙，子孙十分福器，安享守成，今乃不知爱惜，昏梦颠倒，死而后已。如此等无知妄用，家业弄坏，只能分析，亦出无法耳。

为人之道，道学经济文章为重，其次书算亦有经济存焉，不可不精，大而司农㉑抚藩，小而道府州县，则以天地自然之利，济国家之用而有余，不精则昏聩糊涂，贻害百姓寮属之贪墨，胥吏之侵削，幕友之欺蒙，百弊丛生，何从觉察。即居家之道，一年所入几何，所出若干，亦要精为核算，方不至于疏漏，陆梭山《正本制用篇》不丰不俭，总以余一余三为治家，长久之计，积德力学，固为人之根本，而理财裕家之道，亦最宜留心。

以上咸丰七八间书。

今同治五年十月，迁居苏城已两年矣。见风俗之浮华如故，民间之凋敝日甚，前汤文正㉒抚吴告示云："吴中风俗，外示殷实内鲜。盖藏不谓数百年来，经乱离遭兵火，而风气不改，可慨也。"已吾家苏城已置田产，守田读书，求圣贤之志，总以致君泽民为学。倘有余功，诗文亦要诵读，因策名登仕，以此为正途，如忝列科名，进退必须以天理为重，不可贪缘妄求时势，日坏权奸，用事不可悍然与之为敌，即使退归田里，亦可以致君泽民之理，训迪乡里后生暨子孙英俊者。总之，人生在世时，存利济之心，方不同于凡物耳。

同治五年十月十九日记时年六十有三。

凡遇年荒，灾象已露，粮食未贵，速宜往四处乡镇籴米数千石，杂粮亦可，籼米更好，陆续粜出，使乡里稍沾微惠。自己米店即亏本，断不可居奇，以取奸利，后子孙或入仕途，遇天灾流行，不能补救，当速筹银两，总以竭尽心力挽回劫数，或出或处，均当如此存心，自己饮食服用，均要节俭，留有余，以补不足。

昨今两日，天气晴朗，丰年之象，深为心喜。然人生在世，值离乱惊惶则恐惧修省，一遇时世平，安则易生逸乐，此常人之心皆然。士君子有志于圣贤，富不以时之安危，变其节操，财色最足昏人志气，财非必贪墨无厌也。有一念厚己薄人，即当除之于念虑。色非必耽于花柳也，即雇媪侍婢有一念不正，其何以对天地神祇，何以对祖宗，何以对子孙。予初起看书，亦就其浅近者，时相则效，身心性命之地，毫无觉察，反身多愧，近则绳之。幽居独处之地，觉一念不正，即多罪过，然欲心之正念之纯凛乎。若朽索之驭六马，难之其然，人不可不勉其难，至工夫纯熟，熙熙皞皞㉓，同曾点之游春，以视夫子饭，疏食饮水，乐以忘忧，此中功夫，层级相去又远。吾之言此，诚知精粗不类，然心之所欲，言不暇细较也。

同治六年二月十三日。

连日天好，命工人浇灌花木，细思得农人种植之法，士子科举之功，学人进修之业也。夫花木取其馨香美丽，非有污秽之物培之，则花木必不茂盛。农夫不加粪土于田中，焉能五谷丰登，以供祭祀，以养群生。士子非励志读书，焉能纡青拖紫。前之，苦后之甘，恒为倚伏。大凡学人饮冰茹蘖，猛志潜修，棲棲皇皇㉔上不受知于君相，下不见信于同人。追其后大，则享祀万世，小亦感格天人，吾于浇灌花木而得此理，后之人，毋以事小而不致思也。

思古人，立师保傅以训嗣君，师以圣学启迪其心，保以成其德，养其身，傅以辅相。其德业学问，自天子至于庶人，其爱子之心，同所以期望之保。爱之无不同，则父母之心，无不欲子之成圣贤，享寿考，然而为子孙能体父母之心者，千而一焉，万而一焉。何则天理之明，不能敌嗜欲之私，嗜欲之私，日重天理之明日，暗房帷燕溺之私，父母有不能言者，至父母所不能言，而父母之心伤矣。何则幽恐其伤德明，恐其伤身，在父母之心，自怨自艾㉕，而子之心能体父母之心否乎？闺门之内，自以为无人知，庸何伤，不知外面之传播若新闻，一人传十，十人传百遍，乡间无不知之。

予夫妇花甲已周老而多病，近来于天人感应之理，似稍有得，看下辈作一循天理事，心生欢喜，作一伤天理事，心中便懊恼，书最喜看《五经》《四子书》，奉为圭臬㉖，本不待言。近时最服膺者袁了凡㉗先生《四训》，张文端㉘《聪训斋语》，㉙宋朝二范㉚集见其公忠体国，本朝汤文正集忠君爱民之心，溢于言表，施愚山㉛先生集真心笃爱，言之有物，其余如陆宣公㉜奏议，韩文公㉝集忠诚贯日天，才奇伟明，阳明先生㉞集理学经济，可师可法。历代伟人，不一而足，就予所钦佩略举一二，以示尊崇。

同治六年九月十三日记。

做人之道，备于《五经》《四子书》，其浅近切于近时，莫如《聪训斋语》第一立品，第二读书，第三俭用保家，第四积德养身，第五择交。凡人品行端方，暗室不欺，非但人敬之，即鬼神亦重之。读书精而上之，可以希圣希贤，次之亦可显亲扬名，其余通达事理，非读书何以能之。凡治家之道，不一于俭用最为上策，奢侈靡丽，破家之源。勤俭持家，量入为出，岂非保家之首务乎。凡世家大族，未兴之先，皆积德累仁，修身养性，节嗜欲，慎喜怒，安淡泊，远声色，货利外人，观其发达之易，不知其祖先，修身积德，已多历岁时矣。

凡交朋友，须择孝弟忠信刻苦读书之人，交之有益，如入芝兰之室，不觉其香已，亦与之俱化，如浮薄子弟，虽文采足观，亦宜远之。切记！切记！

余家迁苏城后，因减赋漕粮，轻不致赔累，故以薄资改置田产，然后之子孙须知，田间出息甚微，力作甚苦，惰农察实，早早更换良农，恤其饥寒。倘有婚丧大事，力不能完者，或免或减，酌其轻重，当与家人父子一体视之，断不可苛刻，以慰先人之心。子孙如发科甲，漕粮宜早完，勿染疲玩习气。张文端公《恒产琐言》《聪训斋语》不可不时时诵读，记于心中，无论居家作官，当奉为宝训。

同治八年五月记。

凡作坟茔，平阳以清空为贵，不可堆土于冢后作幽城，四围只可扎竹篱，通气墓门，上下只须直棂以通内外，断不可闭塞。凡平阳地，必须有浜环抱，则入气方清如一片，平铺散漫无主，断不成地，绘此一图，以概其余。若奥妙曲折，须看全书，方有把握，平阳不开口，神仙难下手，开口两面，有支浜插进环抱，愈紧愈妙，水来去均要曲折，欲来未来，欲去不去，扬扬悠悠，顾我欲留予在玄墓。见潘氏祖茔，山落平阳外面，进港水，九曲到头，一无分支，至到头忽然开阳，书云：九典入明堂，当朝宰相㉟。洵非虚语，山地十分难看，其大要须开面大。凡石山数十来，龙至结穴处，必将粗硬之气，刷开石块，均生于龙虎之间，正面则龙虎之内，有牛角砂，牛角砂之内，有蝉翼，砂起窝钳，乳突穴后起化生，脑唇檐面前，拖出余气有数十丈，朝山端方平正最为上地，山地难看，必须生长山乡熟悉情形，方能明白此中奥妙，否则门外汉，多此道难言。聊绘一图，形容万一，范坟天平山，满山皆黑石，惟当开面之处，则老硬化为和柔，一味融和，到结穴处，坦然平阳，余气如宝剑出匣，天地间真穴最为宝贵。

山龙欲其开面，龙虎砂分开，奇形丑态，顽石俱无，方谓开面，然后再细看脉球，檐朝山清秀斯为上路。

补录同治五年。

卷下 以下皆于日记中摘录

余今第一次，登楼登高望远，爽心豁目。前年迁居钮家巷，次年春添建祖祠两进，左右旁屋，亦俱落成，拮据绸缪㊱，因思土木之功，古人所戒过分华美，足以破家，然妥祖宗之灵，植子孙之居，又不得不及时谋之推之，治国治家，无不皆然。后生小子当及时读书勤学，如房屋之预备料物，其德业有成，如房屋之落成，至于得位行道，如房屋之为宾祭燕享。第一要立志，始终不易心术，一坏如木料之出白蚁，不可修葺，苟居心忠良，修德不耀，如屋虽旧，后之人起而润泽之，焕然一新，家声复振矣。

同治五年四月二十二日。

天气晴朗，以袁了凡四训，付侄孙辈观看。大凡为圣贤，须立志发愤，即世之成事业者亦俱有发愤志向，然后可成，断无有懈怠玩忽而可成事业者，年轻小辈，思之勉之，亹勉㊲何事不可为，怠荒一事不能成，二语足以尽之。

二十四日。

偶忆《大学》格物㊳之学，周公东征三年，凯归而劳将士，作诗以贻之，叙及婚姻家室之事，如家人父子欢叙一堂，三军之士闻之，自然感激，有事如手足之护头目，所谓以生道杀民，虽死不怨杀者，后世以势迫胁，种种反是欲下之从命也难矣。故格物之学，先从此等处悟，最为明白。清晨睡觉思《大学》明德㊴新民，次及格物，聊记数语，待质高明。

歙县㊵汪灿兄来说，伊戚李氏平时有数十万家赀，乱后老辈已故，小辈几不能自存，因思富贵功名，天之所以赏善人，幸而得此权势爵位，刻刻存忠君爱民之心，享富厚者，时时存济物利人之念，则富贵功名，庶可常享，否则转眼即空，更有祸患随之，人亦当知保之难，失之易，即家庭之内，待父母一团和气，待妻子亦须肃雍，反是则倒行逆施矣。

二十七日。

有友来谈，谈及苏城殷富之家，经乱离后毁去者，不计其数，其有自作孽者比比皆是，祖父父母辛苦创立之基业，狎邪浪费，自谓取之无穷，用之不竭，不数年而身亡家破，此等人若非祖父根基，照此行为，久作饿莩，焉能俟之中年。凡人不论贫富贵贱，须勤苦刻励。为士者，奋志诗书，显亲扬名，农工商贾，亦须夙兴夜寐克勤本业，庶几承先裕后，无负前人。

五月初三日。

苏地当离乱之后，废园湖石面颇多，价亦廉，因叠石为山，总无真趣，且劳人力，费钱财，不如随意种花，四时均有生意，培植花果与培植子弟其理相通，后之人不可惑于浮言，石工当永戒！

六年三月二十六日。

巽斋弟彭复斋兄至园中叙谈，复斋云："做人家当为善，读书能聚，族中皆如此，三年当有成效。"

四月初八日。

四鼓时睡醒，偶思颜子问为邦，圣人告以三代制度大端，继即云放郑声㊶，远佞人㊷，盖治天下之本，如格致诚正修齐治平等事，颜子早体验于身心，不须相告，故以历代崇尚尽善规模告之，其末即注意于郑声，佞人可见。为政者，当访贤能相佐，不可以佥人立左右，治乱之机，相为倚伏，圣人之虑患深矣。天下淫书，最当焚毁，不可遗祸后世，其尤可恨者，淫戏害人，使年轻子弟相率而为禽兽之行，其罪不减于盗贼，盗贼取人之财，淫书淫戏害人之心。有心世道者，事权在手，务使灭绝，穷而在下，见此等书，有即毁弃，不使贻留，亦圣贤之徒也，因论郑声佞人附及之。

七月二十六日。

徐子春兄来说及安节局嫠妇㊸，中秋例无酒食，且无余资，问予可有月饼多否，予家中无多存，付伊洋钱，俾分给之。因思文王惠鲜鳏寡，幼时读书，匆匆过去，细味之鳏则无人矜怜，如鱼之彻夜不能合目，寡则茹蘖饮冰，孤灯相泣，至孤独之苦，更不待言。文王泽及枯骨，安有见人之忧愁困苦，不恻然于中耶，故发政施仁，必先此四者。又思致君泽民，为官之大节，人人知之，其如何致君？如何泽民？则无人理会之者。所谓致君，必须如尧舜，为贤圣之君，方为能尽其心，此以大臣之事君者言，若小臣亦有致君道理，策名入仕己之身，即为君之身，便当一心为国，不当有一毫私心，此便是小臣致君道理，否则不为大臣，将终身无致君之责乎。至于下民困苦，如大旱年岁，田禾望泽甚殷，必须大雨时行，方足以救枯槁，此以荒乱之世之泽民者，言若太平丰乐之年，亦有泽民道理，民未知教，扇以和风，教以忠孝友悌，轻徭薄赋以惠养之，此亦是泽民道理也。乃今之为官者则不然，视君为同人，公共之君，我一人何能为力，视民如鱼肉，我衣之食之，传子孙之基业，得上官之欢心，悉在于此。其为国家之弊病，下民之脂膏，直为漠视，遇灾荒之年，皇上有赈济，同官有捐廉，邻省有协助，往往博其名无其实，无怪乎间舍萧条，居民离散，半为沟中之人㊹也，岂知贪官之财贿，置田宅生产炫耀乡里。上天有眼，或为赃私发觉，或为盗贼劫掠，或为水火所烬，又有为不肖子孙肆其挥霍，果报昭然大可哀。已后之子孙，如有为外官者，谨视此篇。

八月十二日。

天晴，大西北风，将兰花藏无风有日处。凡物皆要位置合宜得其性，无不茂盛。予上年冬因兰过干，浇水洒未干透，藏于阴处不见阳光，今年大半已坏，因思格物致知之学，均要深明其理，威极则伤，恩极则滥，无偏无陂，平正公直，加以学力殷殷善问，凡事其庶几焉。夫兰其小焉者也。

十一月初三日。

昨晚无事，长孙祖锡年十岁，喜听古今事，与之言汉高祖⁴⁵创业，并及韩、彭⁴⁶辅佐之功，被吕后⁴⁷听谗伤害等事，祖锡以为近于刻，予思亦以为然，然功大不赏，非退藏谦逊，断难保全。再与之讲汉文帝，与南粤王诏书⁴⁸，与佗答报书，见帝王不尚威武而崇仁义，伊亦似有领悟，意可见读经书之外，亦宜纬以历朝史鉴，后世规模去三代远甚，汉高祖豁达大度，比之三代圣王，犹砥砆⁴⁹之于美玉。文帝差，近三代之治惜乎，辅佐无周召之才，故终不能比隆三代。

十一月初六日。

清晨，思《中庸》性道之学，其重在慎独，独居发念无人知，而己自知，其念正，即景星庆云，其念非，即烈风淫雨，无思无虑，静中立其本，则中喜怒哀乐见于外，光明朗照，悉协其宜，则和能推此意，以及于家国，化嚣凌之习，转淳朴之风，斯为尚矣。

十一月初十日。

完长洲元和粮米后世子孙，无论有科名，无科名，国课宜早完，遇邑尊仁慈，当急公输，将无负厚我之意，遇贪残暴虐，亦应忍耐早完，免受追呼之扰，其贪廉自有公论，断不可徇同人之约，干预上控，至结怨无已时也。

初十日。

天阴雨，田地久干，春熟有碍，得此甘霖叠沛，明年春菜麦有收矣。闻有以迟延完粮为能者，余颇不以为然。

十二日。

乡间载泥来培壅树木，思树木非土不植培之，宜勤人家，安可不勤，修令德以培植子孙，思之惧，思之危，声色货利，戕身家之斧斤也。庶几慎独，以立其基，积善以养其根，一团和气，如春令温和，绵绵密密，不使乖戾之气中于身心，则人家可以悠久矣。

七年四月二十三日。

黎明时睡醒，思为人之道，与种树同，修德存心如根本，积功累行，譬之培植壅护，科名富贵，譬之开花结果，愈培植则花果愈密，然敷荣灿烂，不过一时之盛，桃李荣于春，荷花盛于夏，桂香于秋，梅艳于冬，其余零落摧残之时，多惟根本不伤，可应时而发，人家亦然。事权在手，作福作威，如花树之，或用火烘，或用硫磺等发热之药，渗于本根，一时敷荣茂盛，倍于寻常，然而根本既伤，非枯即萎，可不惧哉！

重阳日。

园梅盛开，观之徘徊不欲去，窃[50]思人之嗜好，各有不同，有爱妖姬艳妾，流年忘反，告伊观梅不愿也。有爱银钱，持筹握算，心如辘轳，无片刻之息，邀伊纵步观梅不愿也。至于登博弈之场，呼卢喝雉，身家且不顾及，又何暇为此清净之游，然则继和靖之后爱之好之，尚有人焉否耶。

八年正月十八日。

余穿衫子，领口小，钮紧觉闷，常不钮。今日幼孙祖询，年四岁，一见即呼曰："爹爹钮好。"余因思整齐严肃皆出于天理。《中庸》："斋明盛服，非礼不动，所以修身也。"[51]未有谑浪啸傲而能修身者，幼童何知亦知整齐之为美，可见礼出于天理信然。

初十日。

苏城风俗宜学，其诚朴好善，当痛戒其奢靡之习。

三十日。

天密雨甚凉，圃中秋色老，少年汉宫秋，秋葵、凤仙[52]之类，摧减十之二三，因思苍苍然后凋之，松柏四季无妖艳之色，以悦人目，至百卉尽凋，贞劲之姿如故，非内蕴厚而能如是耶。

七月二十五日。

余同子侄，迁居苏城已阅六年，见时势艰难，兢兢业业，苏地聪明俊雅安分力学者不少，奢侈靡丽不知遇灾而惧者亦复不少，愿子弟崇节俭以保身家，勤学问以远鄙俗，积阴德以贻子孙，能照此行，为将来不作经营，谨守田产，住苏城可迁于乡以省浮费亦可。

除夕前二日。

有乡人来云，今年春花比上年好，农人春耕、夏耘、秋敛、冬藏，终夕勤劳无一日休息，当炎蒸之候，富贵人纳凉，广厦犹嫌暑热，乘早晚出门，犹虞辛苦。农人披蓑荷笠，终日暴于烈日之中，年轻子弟，怙侈灭义㊾，不知所用银钱，从农人汗血中来，为人能深体此意，屏绝奢华，待佃户存心宽厚，多方体恤，庶几可以多守几年。

九年三月十三日。

晚间密雨见庭中鹊巢，因之有感焉。本月上旬，天气颇好，两鹊终日衔树枝，以成此巢，迩日㊾天寒密雨，可以住巢中休息。昔周公以王室比鹊巢，孔子诵此诗而叹美之，孟子又述之天下国家，总以忧勤而得怠荒，而失先君以家寒，未读诗书常诵未雨绸缪㊿之句，深有合于古、昔圣贤之旨，士农工商用几年辛苦成立事业，亦可在林间怡养数年，人心天理均当如此。

二月十九日。

《语》云："由俭入奢易，由奢入俭难。"㊿ 思未雨绸缪之计，不能不置恒产以养其恒心，然冬季收租过宽，则慢钱漕何著，过紧则伤德，天怒人怨，又恐破家，至于钱漕，多出胥吏之手，过软弱为胥吏、鱼肉验过硬劲又防闯事贾祸，随机应变，全在措置得宜，能省俭处即省俭，俭以养廉俭为美德。若济人利物之处而亦啬，于用则为吝，吝与俭不同，有公私之分，去奢华捐粉饰，留有余，以补不足，是真俭也。若一味鄙啬是守财虏，所为又为人所轻贱也。俭之一字，诸美毕备，非独钱已也。俭于嗜欲，可以保元育神；俭于言语，可以息是非，养精气；俭于饮食，可以养脾胃；俭于思虑，可以壹心静志；俭于交游，可以省酬应；俭于忿怒，可以免怨。尤诸如此类，不可枚举，推类以思天下事，无一事不当俭者，三复斯言，可以守身保家矣。

三月十八日。

晚间于园中，与桢儿四侄说及苏地，并各处人家，兴者少，废者多，缘极盛时，只知奢华，不知植德，转瞬而富贵，皆空必也，教之孝弟忠信礼义廉耻，以植其基，济人利物，以广其量，庶几上格天心稍可悠久，后之人能世世如是，所谓世德传家者即此矣。

六月十八日。

静坐思《大学》一书，圣人之道，放之弥六合，卷之则退藏于密，自天子至于庶人，由是学，由是行，天下治平即由是而致，何等力量，试即缉熙，敬止一语，时时存于意念之间，一放纵即离于敬，离于敬即有不善之事，生于其间，可不惧哉！

七月二十八日。

前日，偶然带翻水盂，泼水在桌上，桢儿将抹布一揩，桌上遂有痕迹，细擦之尚不能净，因悟损友，日浸月染，被其所污不少，非痛改力行，琢磨功深，安能尽去其污，可见日亲贤良师傅，虽不见骤然有益，而馨香日久与之俱化，若损友则一刻不可近，戒之！慎之！

十一月初四日。

园中看新竹，挺生有不可遏之势。人之为学，亦须蒸蒸日上，不可存委靡不振之心，勃然怒发无倚傍他人，有特立独行之概，其庶几哉。十年二月二十八日。

长孙祖锡年十四，学时尚好效人与之，讲王文成示徐曰，仁应试语高忠宪，示揭阳诸友读书法，又复七规冯恭定理学举业，一则年轻人，但知荣华富贵，而不知敦品励行，纵发达亦无足取，古语云："立朝不是好官人，由居家，不是好处士，平素不是好处士，由小时不是好学生，童蒙之教，大有关系如此。"

四月二十九日。

与八侄讲朱文公谕学者，冯恭定公论理学举业，一则高忠宪公示揭阳诸友读书法。八侄年十五岁，性颇灵动，讲此使知向上一层，并以君子上达，小人下达之旨，使之知所趋向焉。

三十日。

前几日挥汗如雨，一凉即可穿夹衣，观于此，可以悟寒暑循环之理。十二三日田间鳅鳝均热死，新栽之秧亦热坏，幸有此凉，得渐渐醒复。凡人不可一直向前，富贵功名是偶然，祖宗培植数十年，然后开花结果，一斫丧即萎枯，再加壅护，然后成一大树。凡为人之道，常存一敬畏之心，作一事动一念，常恐得罪于天地鬼神，小心翼翼，承先启后，不敢败坏祖宗父母之德泽，庶几可以为人矣。

凡读书士子，须下忘食忘寝之功，有人一己百，人十己千之诣力，自可成名立业，成名之后，须与地方兴利除害，忠君报国，亏空固不可，若孳孳㊲为利，同市井一般，不如家居之为得也。限于天资，无力读书，亦须孳孳向善，勤苦劳力，以谋衣食，修德累功，以培植子孙。

五月十六日。

天晴凉，思寒往暑来，暑往寒来，天地循环，以成岁功，此是常理。惟人心乖戾，上干天怒，于是有刀兵水火之劫，所以古昔圣人明于此理，敬天勤民，忧畏之心，不敢有一息怠荒，以迓天㊳和圣人，在下满腔悲悯，欲拯民而不得，则著书立说，为万世法，千百世之后，感召和甘，所以至圣先师，超出于群圣之上,至人家之兴也亦然,其上世心术总合乎天理,其废也实悖乎天理,善不善之分,可不惧哉!

十七日。

观养正图,范云从文惠太子,幸东田,观获稻文惠,顾云曰:"甚快!"云曰:"三时之务,亦甚勤劳,愿殿下知稼穑之艰难,无殉一朝之晏佚也。"文惠改容谢之,及出侍中,萧缅握云手曰:"不谓今日,复见谠言。"又后世有聂夷中[59]悯农诗,曰:"锄禾日当午,汗滴禾下土,谁知盘中餐,粒粒皆辛苦。"又曰:"二月卖新丝,五月粜新谷,医得眼前疮,剜却心头肉。"言农夫困穷,未有丝先图卖,未有谷先图粜,皇皇然救急不暇也,非但帝王之家,当知物力艰难,即世家大族,富室子弟,均当知之。近世知之者甚鲜[60],所以出仕,不知民情艰苦,居家不知廉洁自守。又宋艺祖征处士王昭素[61]为国子博士,昭素有学行艺,祖召见便殿时,年七十余矣,问以治世养生之术,对曰:"治世莫如爱民,养生莫如寡欲。"太祖爱其言,书于屏几。养正图,武王践阼三日,召师尚父而问曰:"黄帝、颛顼[62]之道,可得而见欤[63]?"曰:"在丹书。"王欲闻之,则斋斋三日,王端冕,师尚父亦端冕,奉书而入,王东面立,尚父西面道书之,言曰:"敬胜怠者吉,怠胜敬者灭,义胜欲者从,欲胜义者凶。"王闻书之言,怵若恐惧而戒书于席,四端而铭焉。

六月初四日。

观明史,有明一代举废存亡,灿然在目,其兴也励精图治,振作有为,其存也,尚有存天理爱民生,其废也亡也,临朝听政为具文,旷官失职为常事,甚至败坏祖宗之典制,奄寺横行,诛戮正人,国亦遂亡,岂非人事之失欤!

六月初九日。

孙儿祖锡读唐诗至韦公,身多疾病,思田里野有流亡愧俸钱,伊吟咏不辍,余亦为之心动。凡人同生天地间,均欲其得所,然而难矣。有心人,时刻留意,方有补于万一。

七月二十一日。

重看《日知录》[64]观其读书有心得,自融会贯通,后独出意见,实为有用之书。

二十七日。

余至书塾,与张欣木兄,论栽培倾覆之理不爽分毫,有目前是利,日后是害,目前是害,日后是利,惟明者作事能合乎天理,近虽不见,远则可知也。灯下有感，书此以自警！

十二月十四日。

读《豳风·七月》⑥之篇，见周公忠爱之心，忧勤刻挚。凡人于幼年时，无不好奢恶俭，况人主乎。周公以成王年幼，预养其勤俭，作苦之心使之，习与性成，以后成王不失为令主，皆周公先于童稚之年，使瞽矇朝夕讽诵之力也，后东征归时，三军服其教，东人感其化，愿信宿留之，而不得此，其所以为圣人欤。

十一年正月二十五日。

子弟固望其聪明，读书有成否，则诚实一派，亦颠扑不破，若好浮华，走时路最为下品。

五月二十一日。

朱柏庐⑥先生家训，有禁止三姑六婆无相往来，实闲家之要道，妇女无知，惟玩好是珍，此须责在男子要谕，以正道理，婚嫁之物，称家有无，一切过为华美者，一概禁绝之，勿使奇技淫巧，以伤祖宗诚朴之风，以启后之子孙奢靡之习。

九月望日。

上日既言朴诚之足，尚又不可不勤以为主，士而业精于勤则发，不发则后之子孙必有发者，农工商贾无不以勤而兴，惰而废，而勤又不可不俭，一切饮食、衣服、玩好之物，皆足以破家，不俭则不廉，俭以养廉一语最可玩味。古圣克勤于邦，克俭于家，所以垂为万世法也。

十六日。

圣贤之学，非所敢望而不可无，此志或见识已窥于高远，或学问已造于精纯，虽未能融化，而由此做进去，便是希贤地步，下此则积功累仁，思有过几于无过，由勉强以进于自然，亦不失为醇谨之士。

十二年五月二十九日。

传家久远，不外读书积德四字。若纷纷势利，真如烟花过眼，须臾变灭。

十三年二月二十四日。

勤俭治家之本，和顺齐家之本，谨慎保家之本，诗书起家之本，忠孝传家之本。以父母之心为心，天下无不友之兄弟；以祖宗之心为心，天下无不和之族人；以天地之心为心，天下无不爱之民物。

三月初六日。

跋⑰

【注释】

① 五经：指五本儒家经典《诗》《书》《礼》《易》《春秋》。
② 四子书：指四位儒学大家的经典——《论语》（孔子）、《大学》（曾子）、《中庸》（子思）、《孟子》（孟子），又称《四书》，与上《五经》，合称《四书五经》。
③ 暗室屋漏：暗室指没有光亮的房间，屋漏指室内摆放小帐的地方。比喻别人看不到的隐私之处。
④ 曾子：名参，字子舆，山东嘉祥人。春秋时著名思想家，儒学大家，相传著《大学》。孔子晚期弟子。曾子三省："吾日三省吾身。为人谋而不忠乎？与朋友交而不信乎？传不习乎？"出自《论语·学而》。
⑤ 颜子：字子渊，名回，号渊，山东兖州人。春秋之大儒，儒家"五大圣人"之一，孔子最得意的门生，"孔门七十二贤"之首。颜子四勿："非礼勿视，非礼勿听，非礼勿言，非礼勿动。"出自《论语·颜渊》。
⑥ 天亶（dǎn）：天性，天然。亶，诚然，信然。《尔雅》："亶，信也；又，诚也。"
⑦ 乡愿：《论语·阳货》："乡愿，德之贼也"。孔子反对乡愿，主张只有仁、礼可使人成为君子。乡愿是指社会上不分是非，言行不一，伪善欺世的"老好人"。
⑧ 此句出自《诗经·大雅·抑》。圭：玉器。玷：美玉上的斑点。美玉上的斑点可以打磨掉，而人之言论中有毛病就无法挽回，故必须谨慎自己的言语。
⑨ 束修：亦作"束脩"，原意指干肉条。古代学生奉赠老师的礼物，后转为学生应交的学费。《论语》："自行束脩以上，吾未尝无诲焉。"
⑩ 伏腊：原指伏祭和腊祭，后借指家庭生活所需物质资料。《金史》："督妻孥耕织以给伏腊。"
⑪ 陆梭山：名九韶，字子美，江西抚州人。南宋著名学者，与其弟九龄、九渊合称"三陆子"，著《梭山文集》《梭山日记》，所著《陆梭山公家训》分《居家正本》和《居家制用》两篇。见本书。
⑫ 花息：利息。黄宗羲《原君》："此我产业之花息也。"
⑬ 钱漕：钱粮。古代的税米多漕运至京，故称粮为漕。
⑭ 侈（chǐ）然：骄傲自大。《东周列国志》："齐侯勇悍残忍，嗣守大国，侈然有图伯之心。"
⑮ 此句取材自《孟子·滕文公上》："舜何人也，予何人也，有为者亦若是。"
⑯ 此句取自《论语·泰伯》，意为勤奋学习，犹恐迷失或遗忘。
⑰ 赒（zhōu）恤：又作"周恤"，周济救助。《礼记·孔子闲居》："凡民有丧，匍匐救之。"郑玄注："救之，周恤之。"
⑱ 范文正公义田之法：范仲淹，字希文，苏州人。北宋杰出的思想家、政治家、文学家。谥号"文正"，世称"范文正公"。范仲淹克勤克俭，省下余资，置办义田，周

济宗族穷人及贫苦百姓，同时又办义学，教育无钱子弟。古代义田之首创。

⑲ 玉成：成全，促成。《石斋歌》："海内完名已玉成，平生贞志同金断。"

⑳ 春闱：又名"春试"。唐宋礼部试士和明清京城会试，均在春季举行，故名。《西厢记》："平日春闱较才艺，策名屡获科甲。"

㉑ 司农：古代官名，负责教民农耕的农官。汉代为九卿之一，掌管钱粮之事，又称大司农，相当今之财政部长和农业部长。

㉒ 汤文正：汤斌，字孔伯，号荆岘，河南睢县人。清代政治家、理学家、书法家，官至工部尚书。谥号"文正"，世称"汤文正"。为官一生清廉。

㉓ 熙（xī）皞（hào）皞：欢乐愉快，心情舒畅的样子。

㉔ 棲棲皇皇：也作"棲棲惶惶"，恐惧不安，惶惶不可终日。

㉕ 自怨自艾（yì）：此句出自《孟子·万章上》，原意是悔恨自己的错误，自己改正。现今只指悔恨，而不改正。艾，割草，比喻改正错误。

㉖ 圭臬（guī niè）：圭，古代测日影以计时的器具；臬，古代测日影的标杆以计时和测量土地的仪器。引申为事物的标尺、准则和法度。《履园丛话》："世之言学者，以先生为圭臬云。"成语"奉为圭臬"。

㉗ 袁了凡：袁黄，初名表，后改黄，字庆远，又字坤仪、仪甫，初号学海，后改了凡，后称了凡先生。浙江嘉善人。明代著名思想家，著《了凡四训》。

㉘ 张文端：张鹏翮，四川遂宁人。清代官员，官至文华殿大学士兼吏部尚书。谥号"文端"，世称"张文端""遂宁相国"。著《张文端公全集》。

㉙ 聪训斋语：书名。清代学者、官员张英著，字敦复，号乐圃，官至文华殿大学士兼礼部尚书。著《聪训斋语》《恒产琐言》两本家训。见本书。此处作者将《聪训斋语》作者写为张文端，误。

㉚ 宋朝二范：宋代范仲淹和次子范纯仁。范仲淹见前注。范纯仁，字尧夫，北宋宰相，谥号"忠宣"，著《范忠宣公集》。

㉛ 施愚山：本名施闰章，字尚白，号愚山，安徽宣城人。清初著名诗人，其弟子中以蒲松龄（《聊斋志异》的作者）最负盛名。

㉜ 陆宣公：陆贽，字敬舆，浙江嘉兴人。唐朝著名政治家、政论家、文学家。官至兵部侍郎、中书侍郎、同平章事。谥号"宣"，追赠兵部尚书。著《陆宣公翰苑集》《陆氏集验方》。

㉝ 韩文公：韩愈，字退之，河南孟州人。唐代文学家，"唐宋八大家"之首。哲学家、政治家，官任国子祭酒、吏部侍郎等职。谥号"文"，世称"韩文公"。自称"郡望昌黎"，世称"韩昌黎"。著《韩昌黎集》。

㉞ 阳明先生：王守仁，字伯安，号阳明子，世称"阳明先生"，又称"王阳明"。浙江余姚人。明代著名的思想家、哲学家、文学家、军事家、教育家。创立阳明学派。

谥号"文成"。著《王文成公全书》。

㉟ 此句出自风水名著《雪心赋》,意为在阳宅和阴宅前,能看见一条九曲河流过,是大吉大利,可以催生宰相一类的大官人才。

㊱ 拮据绸缪(móu):事前做好准备,防备家庭经济窘迫困难。

㊲ 黾(mǐn)勉:勉励,努力,尽力。《诗经·邶风·抑》:"黾勉同心,不宜有怒。"

㊳ 格物:格是穷究之意。格物是探究事物的道理,纠正人的行为。《大学》:"致知在格物,格物而后知至。"格物致知是儒家研究认识论、方法论和世界观的学科。

㊴ 《大学》明德:《大学》开篇:"大学之道,在明明德,在亲民,在止于至善。"明德至善是《大学》的核心思想,意为追求光明正大的品德,使自身的境界达到至善至美。此是儒家的最高追求。

㊵ 歙(shè)县:古代歙州,今属安徽省黄山市。

㊶ 郑声:春秋时郑、卫地区的民间音乐,具有新鲜活泼、热情奔放的向上特点,且具有广泛的群众性,但与儒家提倡的雅乐相悖而受排斥。

㊷ 佞(nìng)人:善于花言巧语,阿谀奉承的人。《论语·卫灵公》:"放郑声,远佞人,郑声淫,佞人殆。"

㊸ 嫠(lí)妇:寡妇。《左传》:"初,莒有妇人,莒子杀其夫,已为嫠妇。"《前赤壁赋》:"舞幽壑之潜蛟,泣孤舟之嫠妇。"此为独居的女人。词句嫠妇指前者。

㊹ 沟中之人:此指死亡而葬于山沟无茔地的流浪穷苦人。沟,山沟。

㊺ 汉高祖:刘邦,汉朝开国皇帝,杰出的政治家,卓越的战略家,汉民族和汉文化的伟大的开拓者之一。庙号"太祖",谥号"高皇帝",司马迁《史记》中称高祖,后世沿称汉高祖。

㊻ 韩、彭:韩信和彭越,均是辅助刘邦统一中国,建立汉朝的开国元勋和功臣。韩信,江苏淮阴人。西汉开国功臣,汉初三杰(萧何、张良)之一,汉初三大名将(彭越、英布)之一。彭越,号彭仲,山东菏泽人。西汉开国功臣,汉初三大名将(韩信、英布)之一。

㊼ 吕后:吕雉,字娥姁(xū),汉高祖刘邦的皇后,世称"吕后""汉高后""吕太后"等。汉初为巩固自己的权势,造谣设计陷害淮阴侯韩信和梁王彭越。

㊽ 汉文帝与南粤王诏书:西汉初南粤王赵佗独自称帝,汉高祖奈何不得,汉文帝下发诏书,示弱隐强,言真情切,而使南粤王归顺汉朝。

㊾ 碔砆(wǔ fū):亦作"珷玞""碔砆"。似玉之石。《子虚赋》李善注:"硬石、碔砆,皆石之次玉者。"唐代陈子昂文:"文彩构槛,碔砆砌阶。"

㊿ 窃:自己的谦词。《触詟说赵太后》:"窃爱怜之。"

㉛ 此句出自《中庸·第二十章》,意为端庄仪态,用来恭敬自身,不合礼法的不轻举妄动,如此正是培养修养的方法。

㊾ 秋葵：又名黄秋葵，锦葵科一年生草本植物，可供观赏、药用、食用，有蔬菜之王之称。凤仙，即凤仙花，又名指甲花、急性子、凤仙透骨草、凤仙花科一年生草本花卉。可供观赏、药用。花和叶可染红指甲。

㊼ 怙（hù）侈（chǐ）灭义：放纵奢欲。《尚书·毕命》："怙侈灭义，服美于人。"

㊽ 迩（ěr）日：近日，近来。明代卢象升文："且迩日世途风波，百千其状。"

㊿ 未雨绸缪（móu）：《诗经·国风·鸱鸮》："迨天之未阴雨，彻彼桑土，绸缪牖户。"绸缪，用绳索捆绑。原意是在未下雨之时，就要把门户捆绑牢固。后比喻做好事前的准备工作。

56 此句出自宋代司马光《训俭示康》，非出自《论语》，作者王师晋误记。

57 孼（niè）孼：装饰华丽。《诗经·卫风·硕人》："庶姜孼孼，庶士有朅。"毛诗："孼孼，盛饰。"

58 迓（yà）天：天神。迓，迎接。《尔雅》："迓，迎也。"

59 聂夷中：字坦之，山西运城人。唐末诗人。引用二句皆出聂氏《咏田家》，已成家喻户晓的诗句。

60 鲜：少。《诗经·大雅·荡》："靡不有初，鲜克有终。"成语"鲜为人知""寡廉鲜耻"。

61 王昭素：河南延津人。北宋博士，学者。精通老庄、《诗》《易》，不慕名利。宋太祖征召封官不就，宋太祖授其为国子博士。

62 颛顼（zhuān xū）：传说中的上古帝王，黄帝之孙，五帝之一，号高阳氏。

63 欤（yú）：文言文句末语气词，表示疑问、感叹、反诘等语气。

64 日知录：系明末清初著名学者、大思想家顾炎武所著，属杂记体，内容宏富，贯通古今，有条目一千余条，可分八类，对后世影响很大。

65 豳风·七月：《诗经》十五国风之一，共七篇，是先秦时代豳地华夏民歌。豳，古都邑名，今陕西旬邑、彬县一带。

66 朱柏庐：朱用纯，字致一，号柏庐，江苏昆山人。明末清初著名理学家、教育家。著《治家格言》《愧讷集》《大学中庸讲义》等。

67 跋：文后有六人之文章，均系侄、儿、孙、友撰写，内容为阐述其价值及执行情况等。因内容与家训少涉及，且文字冗长，故删去。读者鉴谅！

高氏塾铎

[清] 高拱京

高拱京（生卒不详），号安蔬老人，生平不详。清朝官员。
本篇取《丛书集成续编》作底本校注。

余晚岁归田①，教家之念倍切。闲居追忆过庭之年②，所闻祖父之训，日以嘉言渐泯为忧。因取《小学》③，及先正格言，中今时子弟之膏肓④者，纂⑤为六则。太文则览者弗省，太多则览者弗竟。用是杂以俚言，使人易晓，题曰塾铎⑥。聊以徇于门内，振余之子孙云尔。

好读书

林文安公⑦家训，首嘱子弟读书。俗云读书必登科甲⑧，苟⑨不能，不如早弃之，去营生理⑩，免费了钱财，又惰了手脚。此俗见也。余谓多读一岁书，多一岁之受用；多读一月书，多一月之受用。下笔之际，腕如心转，理路既熟，出口成章，不至求人，言辞自然雅驯，礼节自然娴熟，然后知祖父多遗我十亩田，不如多送我读一岁书也。若曰不科甲，尚可舌耕⑪，又其后已。

读书必有暗地工夫，方能进益。一边读，一边想，坐则读，闲则记，夜则思量，至于与众游适，亦念念在此，必求理路透彻而后已，此真读也。若口吾伊⑫而心玩好，身学馆而心务外，日计有余，月计不足，徒糜廪饩⑬以瞒父兄，其父兄不知，亦曰读书无益，此是假读，与不读者同。故余以读书在能好，好则嗜之如饴，慕之如宝，而于读思过半矣。

谨交友

交贵择友，阳明先生⑭《客座铭》言之悉矣。然知人甚难，益友损友，何从辨之？余有一法，教尔曹分别。凡其人于吾前，言多箴规，口多药石，望之俨然⑮，不作献谀之态者，益友也。窥我唾馀，投我之所喜，谬为恭敬，以奉承我者，损友也。所谈吐，皆古昔先生，贯穿经史，间及时事，亦深中款綮⑯者，此益友也。发人阴私，谈人妇女，阑入于嫖赌骨董，津津垂涎者，损友也。又有一等柔顺之人，嘱以事，能做，托以专对，能言，我有时怒骂，亦能消受。以为可作一臂之用，而不知柔顺之中，尝存狡狯，他日得权，又别一番面孔矣。防之防之！

治生勤

古人云："自食其力。"惟力然后得食，未有坐而得食者。坐而得食，世惟有两样人：贵人之子、富人之子是也。父祖用许多力，得了富贵，而子享之，此享父祖之余力也。若父祖既不富贵，而我不用力而食，其可得乎？故勤为治生⑰之至要也。先正云："勤有三益：曰民生在勤，勤则不匮，是勤可以免饥寒，一益也；农民昼则力作，夜则甘寝，邪心淫念，无从而生，是勤可以远淫僻，二益也；户枢不蠹，流水不腐，周公论三宗，文王必归之无逸⑱，是勤可以致寿考，三益也。"然治生之道，读书之暇，即当用力农圃，不惮胼胝⑲之劳，与亚旅杂作，自获有秋。至于商贾，古以为末作⑳。若夫掾吏㉑，虽曰捷径，恐坏心术。子孙虽极窘迫，切勿濡足㉒。

处家俭

粒粒丝丝，皆是辛苦，人谁不知，而用度毕竟流于侈者，为门面故也。与士绅交游，便学士绅用度。与素封㉓结姻，便学素封用度。倘不如此，恐被士绅素封耻笑。世人为"体面"二字，荡却家赀者多矣。语云："自奉要俭，待客要丰。"今观文节公㉔训家，待客亦是俭，且不怕客怪。温公㉕待客，尝食三簋，盛食五簋，东坡㉖效之。吾曹读其书，独不能法其事乎！况俭有四益："人之贪淫，未有不生于奢侈者，俭则不至于贪，何从而淫，是俭可以养德，一益也；人之福禄，只有此数，暴殄糜费，必至短促，撙节㉗爱养，自能长久，是俭可以养寿，二益也；醉浓饱鲜，昏人神志，菜羹蔬食，肠胃清虚，是俭可以养神，三益也；奢者妄取苟存，志气卑辱，一从俭约，则于人无求，于己无愧，是俭可以养气，四益也。"东坡云："本是悭，文之以美名曰俭。"此谑谭㉘也。

恤穷困

陈眉公㉙云："夜雨聚谈，大有佳趣，一丐者冒雨啼号，谭兴㉚索然。"何者？一体故也。譬如轻裘肥马，踏雪看梅，遇见翳桑㉛饿夫，寸缕㉜弗掩，则必为之恻然。恻之则必有以恤之。非恤其人也，宽我一念难忍之心也。尝见水西黄氏㉝家训，岁计子息之入，抽十分之一以赈困乏，用之如其数而止，来岁复然，历世不倦，厥后子孙有登入座者，此最可法。余效其意而润色之，为之次序：先宗族，次知识㉞，次乡里，次鳏寡，若夫沙门㉟游僧，则其最后也。

行方便

　　凡济人之事，有二：以钱财济人，是为舍施，功德诚钜；不以钱财济人，而能益人，是为方便。君曹寒素，所当念念记忆者。何谓方便？隐人之恶，扬人之善，不言人闺阁之事，成就人之美事也。人有商量为恶者，出一言劝改之；有商量为善者，出一言诱掖之。或所劝改，是两冤家，其人听吾言而即解释，则阴德大矣。盖有行善之事，而无为善之名，虽曰方便，实曰阴德。尝观孔子释迦㊱，何曾有财利施人，不过只诲人不倦而已。如是看来，是言语亦做得大功德，吾辈岂可泛然而出言乎？语云："不交好友，不如闭门；不出好言，不如沉默。"是又一道也。

　　余始为六则以示子孙，讵意天步㊲艰难，于吾身及见之，将何以再丁宁子侄，以免祸于乱世乎？《语》云："邦有道，危言危行；邦无道，危行言孙。"㊳此后世界，言孙，行尤当孙，俗云："退一步天高地阔"是也。余一执友，平生无他长，只是不讨人便宜，让便宜与人而已，余爱敬之。今举以勉儿辈，当服膺㊴弗失。或者不得罪于冥冥㊵，庶可免祸于昭昭㊶矣。

【注释】

① 归田：指辞官回故乡。《钱神论》："官中无人，不如归田。"成语"解甲归田"。
② 过庭之年：原意系孔子对子鲤的庭教。比喻受父教之时。
③ 小学：书名，朱熹及其弟子刘清之编，六卷，分内外篇。是旧时教育儿童的教材。
④ 膏肓：古代医学称心脏下部为膏，心与隔膜之间为肓，后用以称病极深重、难以医治为膏肓之疾。此指要害。
⑤ 檃（yǐn）：就原有文章、著作加以剪裁、改写。
⑥ 塾铎：私塾的教令。
⑦ 林文安公：林瀚，字亨大，明代大臣，累官南京吏部尚书，谥号"文安"，世称"林文安公"。
⑧ 科甲：旧称科举为科甲。明清时特指举人及进士入仕者为科甲出身。
⑨ 苟：暂且，倘若，如果，假使。《前出师表》："苟全性命于乱世，不求闻达于诸侯。"

⑩ 生理：谋生之道。杜甫诗："艰难昧生理，飘泊到如今。"
⑪ 舌耕：旧时教授生徒，恃口说谋生，故称舌耕。苏轼诗："先生本舌耕，文字浩千顷。"
⑫ 吾伊：读书声。
⑬ 廪饩：官府供给的粮食之类的生活物资。《南史》："敕所在给汝廪饩。"
⑭ 阳明先生：王守仁，字伯安，浙江余姚人。明代哲学家、政治家、军事家、教育家。因其曾筑室于故乡阳明洞，自号阳明子，学者遂称之为"阳明先生"。著《王阳明全集》。
⑮ 俨然：严肃庄重的样子。《战国策》："今先生俨然不远千里而庭教之，愿以异日。"
⑯ 款綮：指要害部分。
⑰ 治生：经营家业，谋生计。《管子》："父老归而治生，丁壮者归而薄业。"
⑱《尚书》中有《无逸》，为周公告诫成王勿耽于享乐之辞。其中有"昔在殷王中宗，严恭寅畏，天命自度，治民祗惧，不敢荒宁。肆中宗之享国七十有五年。其在高宗，时旧劳于外，爰暨小人。作其即位，乃或亮阴，三年不言。其惟不言，言乃雍。不敢荒宁，嘉靖殷邦。至于小大，无时或怨。肆高宗之享国五十有九年。其在祖甲，不义惟王，旧为小人。作其即位，爰知小人之依，能保惠于庶民，不敢侮鳏寡。肆祖甲之享国三十有三年"。
⑲ 胼胝（pián zhī）：手掌脚底因长期劳动摩擦而生的老茧。
⑳ 末作：又称末生、末业。即不重要的工作，旧指工商业。《管子》："末作文巧禁则民无所游食，民无所游食则必农。"
㉑ 掾吏：分曹治事的小吏。杜甫诗："曾为掾吏趋三辅，忆在潼关诗兴多。"
㉒ 濡足：涉足。
㉓ 素封：无官爵封邑而拥有资财的富人。《史记》："今有无秩禄之奉，爵邑之入，而乐与之比者，命曰素封。"
㉔ 文节公：舒芬，字国裳，明代学者，学者称梓溪先生，万历中追谥"文节"。著《舒文节公全集》。
㉕ 温公：司马光，字君实，北宋大臣、史学家。谥号"文正"，追封温国公。
㉖ 东坡：苏轼，字子瞻，北宋文学家，贬谪黄州时，曾筑室于东坡，并自号东坡居士。
㉗ 暴殄（tiǎn）：任意糟蹋东西。成语"暴殄天物"。撙（zǔn）节：节省。
㉘ 谑谭：戏谑之论。
㉙ 陈眉公：陈继儒，字仲醇，号眉公，上海松江人，明代学者。
㉚ 谭兴：谈话的兴致。
㉛ 翳桑：地名，春秋时晋灵辄饿于此，赵盾见而赐之饮食。后亦用以指绝粮的贫民。
㉜ 寸缕：极少的布帛。
㉝ 水西黄氏：不知何许人。
㉞ 知识：指读书人。

㉟ 沙门：僧徒。泛指出家者。梵语的音译。
㊱ 释迦：即释迦牟尼，佛教的创始人。
㊲ 讵（jù）：文言副词。难道，岂。天步：国运，时运。《诗经·小雅·白华》："天步艰难，之子不犹。"
㊳ 此句出自《论语·宪问》。危：正直。意为国家有道，要正言正行，国家无道，还要正直，但说话要随和和谨慎。
㊴ 服膺（yīng）：谨记在心间。《礼记》："回之为人也，择乎中庸，得一善，则拳拳服膺而弗失之矣。"膺，心间。
㊵ 冥冥：鬼神暗中处。成语"冥冥之中"。
㊶ 昭昭：光明，明亮，清楚，明白。《老子》："俗人昭昭，我独昏昏。"

庭 训

[清] 靳辅

靳辅（1633—1692年），字紫垣，辽宁辽阳人。清代学者，内阁学士。官任河道总督，世称"靳河台"，治理水利有建树，可称水利专家。

此家训被清代学者石成金收载入《传家宝·家训钞》中，易名《靳河台庭训》。今亦据作底本校注。

居家最要于勤。盖勤则一家之人不至于惰废，而无游手闲食，以相率为不义之事。敬姜①之教子曰："民劳则思，思则善心生；逸则淫，淫则忘善，忘善则恶心生。"此之谓也。要知自天子以至于庶人，无一人无职事者。若主公主母早起晚睡，先尽其家长之职，以率其男女子弟，令各勉其卑幼之职。又率其外内婢仆，令各供其力役之职。凡男子则耕读工商，妇人则纺织针黹②。无分贵贱，各竭其力，既可以成人，又可以成家。谚云："成人不自在，自在不成人。"切须知此。

治家莫要于俭。俭非鄙吝之谓也。先总计一家人口若干，每岁衣食用度必须若干，因而制财用之经，量入为出，一切凶吉之费皆有限制，又须常留赢余，以备不时意外之需。至于堂室、舟车、服饰、器用，则概从俭朴，勿矜胜而观美，则可免窘乏难继之患。

嫁娶之礼，当称家有无，随宜厚薄，原无一定不易之例。世俗务求饰观，竭力成礼之后，即至贫乏。试思一时虚文，何益于儿女生计？或有实济，而本家困乏如此，日后何能再行别项礼节！又见女子自矜嫁资之厚，骄慢其夫，夫不能屈，而有终身唯唯从命者。可见嫁厚之资，反为伤伦害义之物矣。且士庶③之家，财产易尽，固当善留余地，即宦家禄入有限，若非作贪官，作罪孽，何从供其靡费乎！大抵败名坏品，多由于用度过奢，不独嫁娶一事为然也。

居家固宜从俭，待客又宜尽礼。盖凡不能绝人逃世④，未免有亲戚故旧⑤来往通情。必须礼貌相待，施报得宜。至于周恤贫穷，有无相通，亦当量力从事。但各家各户，不必招致在家，朝夕同居，恐人心不一，或日久慢生⑥，致起口舌，反以德而成怨也。

每见亲友相与，有始亲而终疏者，多起于奴辈之轻慢失礼，或两家奴仆斗口角力，主人误信先入之言，各护其短，遂致嫌衅横生，是以御下不得不严。但凡奴辈与他家上下人等争竞，不问理之曲直，先责自己家人，然后再为剖析，则奴辈自知顾忌，且彼忿争之气亦平矣。昔人云："奴仆得罪于人，犹可恕也；若我得罪于人，不可恕也。"此语有深见。

主人御仆，犹君之御臣也，须恩威并济。凡衣食等类，必须一体周备，令无怨言。其无心之过，些小之失，可恕则恕之。或严谕戒饬，令勿再犯。如坏法乱纪，酗酒赌博，有关大体者，须严明公正，从重处之。切不可姑息，以长奸邪。

仆妇分虽主仆，谊与儿女一般。即有姿色可观，当思物各有主，不可倚势淫污，大损阴德⑦。既失家主之体，必萌弑逆之祸。切戒切戒！

家中勿令僮仆演学唱戏。盖戏乃是妖冶之态，淫滥之由，习见习闻，令人渐渐惑乱。男子必放荡务外，妇女或邪心暗动，以致出乖露丑，败坏门风。即或父母上寿，婚嫁大礼，可唤现成优伶，止偶一为之。

亲戚故旧则有名分之行辈，朋友则有年齿之长幼，此礼貌之有差等也。乃世情薄俗，往往以富贵贫贱分别礼貌之重轻，何异市井⑧僮奴见识！

世趋日下，安能尽得贤士而友之！但令寻常朋友中，有稍存信行，不失恒心者，即为端人⑨。当至诚相与，以厚道先施。或我施而彼不报，亦姑以情恕。如其改心易行，万不可交。亦须善为远之，不可一旦绝人已甚，所谓"君子绝交，不出恶声"也。

居官之要，曰清，曰慎，曰勤，而济之以和。清则清白，一心不敢自私自利；慎则事事敬谨，不敢毫有贻误；勤则夙夜匪懈，不敢苟且晏安。至于事上使下之际，一以和平之气行之，务期有济于公事而已。从此建功立业，无可限量，总不外此四者。至于常人，凡损人之财切莫想，其慎、勤、和亦不可缺。

女子通文识字而能明大义者，固为贤德，然不可多得。其他便喜看曲本小说，挑动邪心，甚至舞文弄法，做出无耻丑事，反不如不识字，守拙安分之为愈也。陈眉公⑩云："女子无才便是德。"可谓至言。

女正位乎内，理该不出闺门。除父母有疾病死丧，或兄弟姊妹有嫁娶大礼，方许回母家过宿。至于岁时归宁⑪，或偶有女眷宴会，只许朝去暮回，不许过宿。若些须小事，亦不得屡往行走。

男子有道义之交，有学问之交，有周旋患难之交，尚须慎交益友，不可滥交匪人。女子原无结交之理，竟有与疏远人认亲，或与邻里拜姊妹。其意何为？非贪财物，即便淫乱。闺门不谨，自此始矣。

妇女不可往寺庙焚香，亦不可令尼姑、女巫、卖婆、媒婆等人来往出入。至于弹唱、说书⑫，摇惑耳目，污乱心志，一概不容入门。媒婆只用于娶媳嫁女之时，闲时不许频来行走。

子弟方幼时，天性未坏，良知良能随处发现。宜及时教导，令其远于邪僻，近于礼义。至日就长大，则识见渐开，学问渐熟，自会做向上人矣。

生子要善养其性情，莫竟付乳母、婢仆，恐其朝夕见闻，无非下流气习，说谎作乖，忿争不逊，日与顽童劣婢，嬉笑放荡。至稍至五六岁，已病入骨髓矣。

子弟失教，其因有二：一曰上学迟；二曰不重师。上学之期，当在五六岁内。出就外傅，便有拘束，则知所忌惮，且得希见保母，渐去其陋习也。至于择师，尤为紧要。若师范不端，训诲无法，如何得有正道开发之益！若求得良师，倘待之不加隆重，师或限于父母溺爱，不便严加督课，小儿明知有亲护短，辄敢凌忽师长。乃至僮仆皆至欺侮师长，失其威权，则事事掣肘，坐卧不安，岂能始终有成！每见尊师之家，以诚敬之，至付托之重，而子弟多有名儒显达者，皆尊师严训之明效也。

【注释】

① 敬姜：春秋时鲁大夫公父穆伯之妻，公父文伯之母。一次公父文伯退朝，见其母正纺织，便说："以歊之家，而主犹绩，惧干季孙之怒也，其以歊为不能事主乎！"其母叹曰："鲁其亡乎！使僮子备官而未之闻也？居，吾语女。昔圣王之处民也，择瘠土而处之，劳其民而用之，故长王天下。夫民劳则思，思则善心生；逸则淫，淫则忘善，忘善则恶心生。沃土之民不材，逸也；瘠土之民莫不向义，劳也。"

② 针黹（zhǐ）：针线活。《西厢记》："年一十九岁，针黹女工诗词书算，无不能者。"

③ 士庶：士人和普通百姓。《管子》："士庶人有善而大夫不进，可罚也。"

④ 绝人逃世：逃离人世，不与人发生关系。

⑤ 故旧：老朋友，旧相识。《论语》："故旧不遗，则民不偷。"

⑥ 慢生：即生轻忽、怠慢之心。

⑦ 阴德：暗中施德于人。《淮南子》："有阴德者必有阳报，有阴行者必有昭名。"

⑧ 市井：指城市底层的无赖、流俗之人。

⑨ 端人：正直的人。《孟子》："夫尹公之他，端人也。"

⑩ 陈眉公：陈继儒，字仲醇，号眉公，明代文学家、书画家。

⑪ 归宁：指已嫁女子回娘家省亲。《诗经·周南·葛覃》："归宁父母。"

⑫ 说书：旧时艺人在庙宇、茶肆中讲史或说故事，俗称说书，一般只说不唱，大约起源于宋代。

天基遗言

[清] 石成金

石成金（生卒不详），字天基，号惺斋愚人，江苏扬州人。清代医学家、学者。著作颇丰，多达百余部，《传家宝》最负盛名。

世事十条

莫旷业

凡为一事业，就要专心为之，不可三心二意，又想他念。我的心念，甚是寻常，并不思量大富大贵。两儿莫把读书看轻了，即或不能上进，道理先已明了。或可授徒，得脩资①，少助薪蔬②。如贸易利息，不可贪多。柴米烛炭，是人家日用必需，可去专心习学。在家生理，甚是安稳。假如出外买卖，虽然利多，却离家别业，受怕担惊，甚不稳妥。总之士农工商，只要勤俭安分，自然饱暖。成家但安稳，即是极好的快乐，切不可听信坏人，以大利诱惑。我眼见许多人为图大利，连现在的家财都弄穷了。

附歌：戒后人，莫旷业，各安本分毋休歇。时时勤谨不辞劳，合家饱暖同欢悦。

莫广居

我只有小屋十余间，前厅后住，且又向南，仆房厨厕俱全，一瓦一木，俱是我亲自督工起造，甚是坚固，尽足居住，子孙莫嫌矮小。即或日后人口众多，可于近旁添置几间。要知心宽强如屋宽，若是妄想高堂大厦，以图壮观，必致另迁而费用极多，自寻穷苦矣。切戒切戒！

附歌：戒后人，莫广居，人少房多枉痴愚。只要心中好欢快，何须高堂徒空虚。

莫卖田

我的田地都是我辛勤置买，平日我的好衣也不敢穿，美看也不敢吃。我一家衣食用度，都赖此田过活。日后子孙虽有急事，切不可轻易将田典卖与人，自绝养生之计。

附歌：戒后人，莫卖田，田禾是我命根源。合家食用都出此，轻易典卖苦熬煎。

莫借债

除官粮、私债、饥寒至紧之外，其余杂用，俱不可轻易借人利债。要知时光迅速，瞬息一月，倏忽半年，终日辛勤，求来利息，都是代人奔忙。必致日渐贫穷。切勿以借得来或以人肯借与我，反为欣喜得意。至于官粮，尤当早完。切莫拖欠致累捉比③，不独加倍费用，且苦恼受罪，都是自取。又家有余资，切不可图利放债。要知亲友若不饥寒至贫者，决不来借。及至借去，后来取讨，势必为难，结怨招恨，皆由于此。

附歌：戒后人，莫借债，会借债负穷得快。终日营求替人忙，身家脸面都大坏。

莫费财

一年用度，完官粮若干，合家食米若干，薪蔬人情杂费若干，将收的田上租粮若干，贸易利息若干，预先量入为出，常留有余，以备喜庆并意外凶荒之用。凡一切不急之事，尽行省减。即每日饮食，两粥一饭。衣服鲜华者，只备一件，以为喜庆之用。若不酌量多少，任意浪费，必致贫穷。大略世上破家荡产之事，约有十件：一是谋买科名官爵；一是结交势宦④；一是教习戏子，并学吹唱；一是多畜姬妾、俊童；一是起造华堂、高屋、池馆、园亭；一是好告状，打官事，喜斗殴，争强胜；一是嫖；一是赌；一是好吃懒做，不务生业，多养闲汉出入；一是勉强学富贵人家行事，假装体面。此十件之内，只消一件，家业必败。若或再有几件，穷得甚速。若到了破败穷苦之时，谁来拯救？虽然追悔，怎的悔得来。

附歌：戒后人，莫费财，盈余都自俭中来。常常蓄积家能富，奢侈无益更招灾。

莫来会

银钱摇会⑤，每月出若干，零星聚整趸⑥，且济亲友之急用，原是好事。怎奈目今人情坏极，我眼见许多人，因会事或是死逃匿散，或是赊欠取讨，以致打骂告状，尚不清偿，何苦来由？今后有来请会者，切莫应承，免了许多气恼。且恐临摇会时，或值自己无银，免了许多忧虑备措。即有至亲好友，急难之事需用者，宁可量力少助。还与不还，任听人意。在我心地坦然，好大快乐。

附歌：戒后人，莫来会，来会每每吃大累。世情薄恶有盈虚，何苦将钱讨憔悴。

莫结讼

好兵者国必亡，好讼者家必破。事有万不可已，才可经官，稍可者惟当忍让。宁为懦夫，切莫尚气。既省了许多银钱，又省了许多求人，更又免了自己许多忧惊惨苦。

附歌：戒后人，莫结讼，告状先要银钱用。赔了工夫受苦辛，诸凡忍耐休轻动。

莫多事

人只勤俭谨慎，安分过活，就是极大的快乐。但凡灯头会首⑦，公呈公举⑧，作媒作保，代人干证、敛分出头⑨做事等类，每遭祸害无已，都是自寻苦吃。至于不择人而滥交，不择事而轻习，俱当切戒！

附歌：戒后人，莫多事，多事多累宜省事。烦恼都因强出头，甘心守拙为高士。

莫骄人

见一切人，无论贵贱贫富，惟当谦虚和悦。若或高傲自大，人皆憎恶，乃量小福薄之人也。

附歌：戒后人，莫骄人，气傲心高灾祸生。仗倚富贵偏招怨，谦多还是福多人。

莫当仆

家人奴仆，只宜论年雇用。言定每年工银若干，按季支付。好则多用几年，坏则令其别雇，彼此俱便。倘如用银投当，若人坏既不能驱去，而身价又不能完偿。每每经官呈告，反惹气恼，又费银钱。惟婢女则宜买断，仍须问明本地，曾否受聘立契，开明并无婚配，以防长大谋赎。

附歌：戒后人，莫当仆，奴仆下人常不足。要穿要吃要赚钱，更怕旗丁逃拐毒。

后事十条

不厚敛：幻身⑩埋土，当以速化为佳。随常布衣服，不必绸丝厚殓。其棺不可宽厚，既不便抬，且高大不易卸，何必将有用之资，空埋于土！

不报丧：我的知交最少，不可遍讣，惹人笑话。

不斋醮：即有高僧高道，譬如他人吃饭，我不能饱，何况庸常僧道甚多，且我生平无恶，何用忏荐⑪！

不伴材：我心朗然无畏，何须子女家人为伴。

不开吊：我为人朴实，知交稀少，亲友无多，不必开吊。如有来者，两儿俱以此话向说。

不久停：死以入土为安，百日内送葬于先人之侧。

不坐夜：富贵家送殡之夜，优席鼓乐，亲朋陪从，徒杀生造罪，今当切戒！

不奢送：我在生最喜俭朴，岂有死后又喜奢华之理！凡僧道鼓乐，纸扎亭幡⑫等项，一概都不用。

不荤供：柩前灵前，若荤供，自必杀生害命，徒为生人哺啜，反与死者加罪。以后只须蔬肴几品，清香一炷，虔诚供奉，余俱不必。

不烧锞：纸锞纸锭皆哄鬼之物，我虽去世，却不被人欺哄，俱不可用。

或问予曰："观子没后遗训，凡讣吊斋祭诸事，一概不用，固是高明超俗之见。然而夫妻父子之情意何由以伸乎？"予谓之曰："予生平一言一行，俱喜真实，而恶虚伪。岂去世之后，反改其守耶！凡世俗讣吊斋祭诸事，徒饰生人耳目。究与死者毫无裨益，又何为乎！但须计斋祭杂费，需用若干，留存此银，以行实德。或济鳏残⑬、贫病之饥寒，或修桥路以利跋涉，或施茶汤，或买物放生⑭，种种善举，神佛必大加喜悦。而予之不昧者，亦大加喜悦矣。岂不胜虚伪杂费于万万哉！至妻子眷属，有不忘情谊者，要知有生必有死，犹昼夜、阴阳之理，大数⑮奚逃！只须于灵位前，时常念佛，以节哀楚。凡出言行事，俱守我之仁厚勤俭，不堕家声，是即孝道矣。若夫虚伪杂事既戒不为，又吝财不德，大非我之训意也。"

【注释】

① 脩资：即束脩，旧时学生的学费。
② 薪蔬：柴火和蔬菜，指日常生活之需。
③ 捉比：捉拿，追征。
④ 势宦：有权势、做官的人。《太上感应篇》："显官子弟多不振，势宦之家多破残。"
⑤ 摇会：旧时民间的集资方法，用于亲朋之间互助。

⑥ 趸（dǔn）：聚集，整批。
⑦ 灯头会首：指做各种灯会或聚会的发起人、主持人。
⑧ 公呈公举：指做公众联名向上级呈请某事或举荐某人的主持人。
⑨ 敛分出头：指主持分财物的领头人。
⑩ 幻身：佛教语。佛教把人的身体看成是虚幻的，故称之为幻身。《圆觉经》："彼之众生，幻身灭故，幻心亦灭。"
⑪ 忏荐：忏悔和用食物祭祀。
⑫ 亭幡：用纸扎的亭子和旗帜，用于丧事的冥器。
⑬ 瞽残：眼瞎等残疾人。
⑭ 放生：此指佛教的放生活动，不杀鱼鸟等小生物，并予释放，以示慈悲和修身。《列子》："正旦放生，示有恩也。"
⑮ 大数：气数，自然的分限，命运注定的寿限。《金史》："吾大数亦将终。我死，汝等当念我。"

丰川家训

[清] 王心敬

王心敬（1656—1738年），字尔缉，号丰川，陕西西安人。清代学者，教授于江汉书院。著《丰川集》《关学编》《江汉讲义》《丰川易说》《丰川语录》《尚书质疑》等书。

本文取《课子随笔钞》作底本校注。

古人有言曰："君子言善行善，则千里之外应之；言行不善，则千里之外违之。"言行之发，荣辱之主也，可不慎欤！然吾以为，问在人之应违①尚远。言而不善，一言或且沽生平之祸，或且折终身之福。行而不善，一事或且伤天地之和，或且累毕世之品，其于吾身正甚切也。然吾以为问之生平终身，问之天地毕世，亦尚远耳。言行不当反之，此心莫见莫显之昭著，不啻十目十手之指视，这些处如何可堪！

子弟如气质驽下②，不能博涉《五经》全史，经如《书经》《礼记》，却须精习一部《小学》③。《性理纲目》④《大学衍义》⑤数书，亦须教之。常行观玩，使知做人正路，性命源流，圣学宗旨，古今治乱，历代人物梗概。断不可令习天文谶纬⑥，星相术数⑦。至于字，乃日用必不可废之事，却须教之学习。晋唐名帖，但习之有常，纵不大佳，亦自不至于粗恶刺目。若画则虽清事，却不可学。无论精到为难，即学成家，数费如许心徒为他人，供扇头纸上之戏玩，亦何为乎！且子弟高识者，少将画作适情事尚可，有如视为美技良术，更不事事，则败家丧品，皆由于此。故断然禁戒，不可令习也。

凡所读之书，读时期于反上身来，贴切理会，遇事遇境，期将所读者依傍行习。久之则书与我浃洽，读时既津津有味，行事亦非格格不合。汝读一部胜十部，读一句胜十句也。若徒入耳出口，虽多奚益！

为人子者，须时时有显亲扬名、立身行道之意。

兄弟同胞，是曰天显⑧。其人贤智，固为我切近师友。即中材下愚，亦我同气连枝，当倍加轸怜⑨。况父母鞠子之哀，此义亦须深念。岂可不兄友弟恭，义厚恩深!

　　人家欲家道之绵长，教子乃其首务。须以严正为贵，正则子不至于越礼犯分，严则子不至于纵欲败度。积习久之，自然习惯成性。但得中材，当能守分循矩，不失为世上善人。但得善人，则家世所益，亦非浅鲜。

　　南人无论贫富贵贱，无生子不教读书者，此意甚好。盖人生本善，一经读书，无论气质好者，可望成就，即中材能识得三二分义理，亦是保身家之藉资。我北人见识鄙吝浅俗，但一分贫穷，便不令子弟读书从师，甚且有阖乡⑩百十家无一蒙师，至使富足之家，数十口无一识丁⑪之人，此风最是可笑可惜也。日后子孙，但非痴聋瘖哑，当七八岁后，必须令之从师读书，至十二三岁为断，以下些义理种子。

　　教子弟第一戒其虚浮，禁其奢侈。盖虚浮不戒，习以成性，将来必至丧却人品，坏忠厚家风。奢侈不禁，缘为固然，将来必至荡业败产，困顿流离。

　　子弟清灵而虚华不实，此是妖孽，切勿欣喜纵放，急须教之朴实。

　　饮食无求奢，衣服无求美，器具但取坚，房屋但求固，田产无太多，亦只期于足用而止。不特物忌太盈，天地之福，当为爱惜。亦恐使子孙视为固然，志骄心盈，益求华好，不知爱惜，则倾覆由之也。

　　处亲戚朋友，忍小忿，吃大亏，是交久无衅⑫之道。

【注释】

① 应违：响应和违背。
② 驽下：低下。
③ 小学：南宋朱熹及其弟子刘清之所编的一部启蒙教科书，凡分内外篇，内篇包括立教、明伦、敬身和稽古，外篇则有嘉言和善行。
④ 性理纲目：儒家著作。
⑤ 大学衍义：南宋真德秀撰，以《礼记》中的《大学》为本，援引儒家典籍和史事，并附己说，讲修身、齐家、治国之道。明邱濬曾予增补，使之从四十三卷扩至一百六十卷。
⑥ 谶纬：谶书和纬书的合称。谶书是预言未来事象和吉凶得失的文字图录，纬书是以儒宗经义，附会人事吉凶、预言治乱兴衰一类的书。
⑦ 星相：星命和相术。把人的出生年月日时，配以天干地支成八字，按天星运数，附会人事，推算人的命运，称为星命。相术，一种观察人的形貌，以预言其命运的方

术。术数：用阴阳五行生克制化的数理来推断人事吉凶。
⑧ 天显：上天显示的道理。
⑨ 轸怜：痛惜，怜悯。
⑩ 阖乡：全乡。
⑪ 蒙师：启蒙教师。识丁：识字。
⑫ 无衅：无争端，无嫌隙。

余庆堂十二戒

[清] 刘德新

刘德新,字裕公,辽宁开原人。清朝浚县知县清代学者,其生平不详。

原序

余愚朴无似,总角①时入家塾,闻先生长者,训经书义,辄于圣贤大道理,慨然有触于心,常述以语人。人靳予②曰:"子将为道学先生③耶?"余曰:"道学不可为,孰是可为者?"比及成童,少知自好,不为趻踔④无赖之行。岁庚戌⑤,余年二十有四,初筮仕⑥来,后虽少不更事,无益于卫水伾山⑦间,而此心犹凛凛如昨。听政暇,曾撷古今格言数十项,汇而题之曰《赠言》。业已授梓⑧,为同人之献矣。因而思朋友且有规劝之义,岂于所亲爱之子若弟,而反无一言为诲耶!爰条事之可戒者十有二,各为之论。其论以是非可否言者,十之三。以祸福利害言者,十之七。盖是非可否之谈,平而难入,而祸福利害之说,警而易从,予为子若弟诲,故不禁痛切谆复⑨言之如此。且以见余之立论,乃要诸人情世事之所必至。不但袭道学⑩义理⑪之成语也。

戒妄念

海鸟有信天翁者,拙而不能攫鱼以食,但食他鸟啖啄之余。夫他鸟之啖啄者,日所余几何,而乃待以为命,吾为信天翁惧矣。然卒不闻海上有饿死之信天翁,何也?君子曰:"观此可以悟处境法焉。"贵贱贫富死生,有司其权者曰天,天不可以人为也;有定其分者曰命,命不可以力竞也。吾顺吾天,吾安吾命。知止知足之间,自有不殆不辱之理⑫。岂必形逐逐⑬,意营营⑭。以与天较,与命衡,而卒无如此天与命何哉!夫实地莫负于见在,悬思莫牵于将来。见在者,可据之地也。未来者,难知之乡也。诸快乐之观,从实地出也;诸苦恼之况,从悬思⑮成也。衣不过被体已耳,虽目前之鹑衣缊袍⑯,亦自若也。奚必为他年谋千金之裘。食不过充腹已耳,虽目前之箪食瓢饮⑰,亦自乐也。奚必为他年计万钱之奉。居不过容膝已耳，虽目前之蓬户瓮牖⑱，亦自安也。奚必为他年筹千万间之厦。古人有言曰："非无足财也，心不足也；非无安居也，心不安也。"夫有可足之财，而心不足；有可安之居，而心不安。舍可据之地，而间难知之乡；弃快乐之观，而耽苦恼之况。知者固当如是耶。盖吾人之道德品谊，当向胜于我者思之，则希圣齐贤⑲，而奋励之心自起。吾人之居处服食，当向不如我者思之，则随缘安分，而觊觎⑳之念自消。苟非然者，不以不如人之道德品谊为耻，而以胜于我之居处服食为羡，身在今日，心在他年，欲根不断，愁火常煎，势将多病易老，无益有损。吾窃叹衡命㉑之人，终不如信天之鸟也。

戒恃才

语曰："美女不病不娇，才士不狂不韵。"此非君子之言也。美女何以病，怙其美而为柔怯可怜之状，故病也；才士何以狂，逞其才而为宕轶不羁㉒之行，故狂也。此岂贞女正人之所为，而世乃以是为诩诩㉓哉！美女而有幽闲贞静之仪，乃以全其美也，才士而有沉潜渊默㉔之气，乃以成其才也。吾于世之所称为才者，不能无议焉。夫才之实，不易言也；才之名，不易副也。古大贤圣，如虞之五臣㉕，周之十乱㉖，孔子乃以才目之，而今人岂有其千百之一二耶！而何以言才耶！即曰以一才一艺论也，则是如财赋，如兵戎，如礼乐，如刑名，凡人之诸乎是者，皆才也。而世之论才者，又不以是。盖不过以文章之一事言耳。夫持三寸管㉗。以摛㉘纸上之空言，亦何益于天下事！而乃以是为才，且自恃耶！且其以是文章之才自恃者，又未必真有是文章之才也。为制艺㉙者，少知属比偶，即自负曰："吾茅归㉚矣，吾王瞿㉛矣。"为古文者，少知工铺叙，即自负曰："吾欧韩㉜矣，吾秦汉㉝矣。"为近体古风㉞者，少知媲㉟青白，别仄平，即自负曰："吾李杜㊱矣，吾陶谢㊲矣。"好大言，沽虚誉，此近世之通病也。吾闻之，司马光㊳与人不言政事，而言文章；欧阳修㊴与人不言文章，而言政事。夫有其才者，且不矜，而乃无是才以妄自炫耶！里妇效西施之颦㊵，而自曰美女，鲰生㊶学子建㊷之步，而自曰才士。吾恐不足当旁观者之粲然一笑也。

戒挟势

有喻以势之可恃者，曰："燕火风上。"以烧风下之草，莫之能返也；投石山巅，以击山底之人，莫之能拒也。予即以势之不可恃者喻曰："仆于平壤者，不必尽折足也，若踬㊸高山之脊，则糜矣；蹶于行潦㊹者，不必尽濡首㊺也，若坠大河之泓㊻，则没矣。”呜呼！世之名家贵胄㊼、高爵巨官，其席㊽祖父阀阅㊾之势。以及据一己赫奕㊿之势者，皆蹑履高山之脊，而荡舟大河之泓也。吾谓其当兢兢然，厪登高临深之惧，而以宠荣为惊，以盛满为戒。为求无至于山之踬，河之坠，而罹彼糜骨没身之祸，亦云幸矣。况乃乘顺风负山之便，而遂欲甘心于一日，矜己凌人，肆毛鸷(51)之威，报睚眦(52)之怨，以为此爇火投石之行耶！吾恐器满则覆碁累则倾。其以之爇人者终以自焚也。以之投人者，终以自击也。请以古人论，李勣曰：“吾见房杜(53)，仅能立门户，遭不肖子孙，颠覆殆尽。”然则祖父阀阅之势，其可恃耶！主父偃为武帝所宠，公卿畏其口，赂遗至千金，或谓其太横，偃不悛(54)，后竟以事族。然则一己赫奕之势，其可恃耶！夫祖父之势不可恃，一己之势不可恃，而世之人，乃更有要公卿，通宾客，依城托社，援他人之势，以恐吓陵轹(55)其乡里之人，如所谓狐假虎威者，抑又何为哉！

戒怙富

《洪范》之次五福也，二曰富；其次六极(56)也，四曰贫。贫者富之反也。今必执向子(57)富不如贫之说为言，无乃论之不近人情，而于经训有悖耶？虽然富亦何过，顾所以处富者何如耳。富而能散为上，能保次之，最下则怙其富。疏广(58)曰：“富者众之怨也。”夫彼此同阎闬(59)，各家其家，各事其事，何嫌何疑，顾独有怨于富者则何耶？是有由。有无不均，多寡相耀，苟非安贫守道之君子，鲜不生一艳慕心。生一惭愧心。而且心羡其盛者，反口刺其非，耻我之不足者，遂忌人之有余，此恒人必至之情也。为富者当此之际，苟上之不能慕卜式、马援(60)之义，输粟分财以佐国家之急，以赒乡族之艰。次又不能制节谨度，绝其僭心(61)，革其奢习，以求免于罪戾。而顾凭财贿为气势，虎耽狼顾，恣为兼并武断不法之行，以陵轹其内外亲疏之人。夫如是，则众之怨者，不将更结为仇耶！揆其猖狂自恃之意。岂不曰：权贵可以苞苴(62)请也，官长可以贿赂通也，罪犯可以金粟赎也，纵无礼于若，若将奈我何？呜呼！以是而言，千金之子，不死于市，诚如陶朱公(63)所述矣。然试问朱公杀人之中男，何以卒不赦于楚，而其兄竟以丧归耶！

戒骄傲

予尝读《易》，至《谦》卦而有感也。《易》之为卦，六十有四。其吉凶悔吝(64)，错见于六爻者，比比是也，独《谦》则六爻皆吉焉。谦之时义，诚大矣哉！夫知谦之吉，则反乎谦之悔吝凶，可无问也。世之人昧于此义，乃故存一自先自上之心，而发之以不肯后人，不肯下人之气，而恣睢睥睨⑥之态出焉。此其为类有二：一则以势自雄。谓人既在吾后，吾自宜先之；人既在吾下，吾自宜上之。此所谓富贵者骄人，以尊傲卑者也。一则以才自命，谓我虽在彼后，而有所以先之者；我虽在彼下，而有所以上之者。此所谓贫贱者骄人，以卑傲尊者也。吾以为是二者皆过也。以势自雄，此非善居其势者也；以才自命，此亦非善用其才者也。吾且不述三代⑥以后之为骄傲败者，而述三代以前之为骄傲败者。今之人，孰不知丹朱⑥为不肖子耶，孰不知鲧⑥为凶人耶，然亦知丹朱与鲧之所以为不肖子，为凶人耶！尧咨若时而放齐以朱对，咨俾乂而四岳以鲧⑥对，是朱与鲧之在当日，必具有绝人之才，为众所推许者也。然朱终以嚚讼⑦不获嗣位。而鲧终以方命圮族⑦，绩用弗成见殛⑦，遂得不肖子凶人之名，使后世传之，几不知其为何如恶劣人。然则骄傲之为害，一至是耶？噫！"谦受益，满招损。"⑦此不易之理也。人奈何甘受其损而不自求其益也！

戒残刻

吾读班氏⑦《酷吏传》，于他人不为齿，而窃⑦喟然叹惜于严延年⑦也。昌邑之变⑦，延年抗疏谓擅废立无人臣礼，君子韪之，以为烈比彝齐⑦。且考其生平，亦廉正无私，是延年固汉臣中之不多见者。乃以疾恶太严，过行杀戮，竟被祸如其母氏之言⑦，而史氏⑦遂以之与宁成、尹赏⑦辈，同类并讥，万世播恶声焉则甚矣残刻之行！为能杀人身而败人名也。间尝推原其故，盖天地以生万物为心，人之仁慈好生者，顺天地之心者也，故降之以福；人之残刻好杀者，逆天地之心者也，故降之以祸。以好生得生，以好杀招杀，理有固然，事所必至，亦何惜乎，延年之身名俱丧耶！或者曰："信如是，则世之为官吏者，将必出重囚，翻大狱，以行所为阴德事，而因觊于驷马三公⑧之报耶？"予曰："非是之谓也。"法不可以不守也，情亦不可以不原也。彼有可杀之道，而吾必生之，是谓纵有罪。彼有可生之道，而吾必杀之，是谓贼不辜。然则贼不辜，不甚于释有罪耶？善乎欧阳氏之言曰："求其生而不得，则死者与我俱无憾也。"此真仁人心也。然吾以为欲制残刻之行于当官，当养仁慈之心于平日何则？屠之门无仁人，岂其性固然，习使之也。古之人，于无故而伐一木，杀一兽，拟之曰不孝，斯盖绝其忍心⑧³之萌，而以成其不忍人之德也欤！

戒放荡

子夏曰："大德不逾闲，小德出入可也。"⑧⁴儒者犹病其言，以为观人则可，自律则非。盖圣贤之道，慎小谨微，以求寡过。虽一举足，一启口，亦不敢轻且易，而谓何事可荡轶于礼法之外耶！不谓世之恣纵者，匪惟小有出入，抑且大闲罔顾焉。厌为绳尺⑧⁵所拘，耽习⑧⁶夫猖狂不羁之行，往往曰："礼非为吾辈设也，吾游方之外⑧⁷也。"揆其意，岂不以昔之七贤八达⑧⁸辈为口实耶！然亦思此七贤八达辈，为何如人耶？虽其中，不无因世之变，有托而逃，为混迹尘埃以自匿者，而要其越闲败检⑧⁹，得罪名教者，固比比矣。或以废君臣之义，或以绝母子之恩，或以溃男女之防，而且诩诩然相推曰："此贤也，达也。"因之一倡万和，而天下之风俗由是坏，而天下之纪纲由是隳⑨⁰。晋室败亡之祸，实出于此。君子深痛其祸，而究其为厉之阶⑨¹，谓其罪浮于桀纣，而顾可真以是为贤且达耶！或曰："晋人既不可学，则必师宋人矣。清谈之放，道学之迂，一间⑨²耳。放差能乐，迂徒自苦，亦何必舍此取彼为？"予曰："苦乐固别，福祸亦殊。"礼者，古所制也；法者，今所守也。尔弃礼，不惧败矩度；尔蔑法，不惧罹罪辜耶！楚子将出师，入告夫人邓曼曰："余心荡。"曼曰："王禄尽矣，盈而荡，天之道也。"楚子果卒于师⑨³。夫荡于心，为死亡之兆，则荡于身者，又当何如也！然则儒者主敬之学，固养心之道，而实保身之道也欤！

戒豪华

语云："德过百人曰豪。"是豪之为名，以德称也。又云："和顺积中，英华发外。"是华之为义，亦以德著也。洵如是，亦何恶于豪华，而为之戒哉！而不知此古人性分⑨⁴之谓，非今人势分⑨⁵之谓也。今人所矜为豪，多在驾高车，驱驷马，意气扬扬自得之间；而所艳为华，亦不过崇轮奂⑨⁶，美裘裳，以照耀于闾阎市井⑨⁷中已耳。此非范质⑨⁸所讥为纵得见童怜，还为识者鄙者耶？吾且不论此虎皮羊质，玉外珉中，见讥于有道长者，而窃为若人瞿瞿⑨⁹有祸福之惧焉。何以见其然也？人心好胜，天地忌盈，豪过则灭，华甚则竭，此必至之势也。不思古人宫成缺隅，衣成缺衽之义耶？试取从来之最豪华者论富莫过于石季伦⑩⁰、李赞皇⑩¹。季伦以人臣，与贵戚⑩²斗富，虽以天子助之犹为之诎。赞皇饮食珠玉之奉，过于王者。然一则为孙秀所收，一则有岭南之窜，卒不克以免其身焉。岂非其暴殄之行，有干天道故耶？夫以季伦之文章，赞皇之勋业，犹且至是，况在区区辈耶？诸葛武侯[104]云："澹泊以明志，宁静以致远。"吾于其言有感。

戒轻薄

尝读苏子瞻[104]传，有云嬉戏笑骂，皆成文章。在作传者，盖以是为之称也，而不知其一生受祸之本正坐此，何则？苏子以雄视百代之才，不能沉潜静默，以养成其远大之器，顾以笔墨为玩弄。当时之人，摭拾其九泉蛰龙[105]之辞，而必置之死也，安知非，受其侮辱者，而假此以为报复耶？此亦不厚重之祸也。予即以是类，著之为世之轻薄子诫焉。虽轻薄之事，予亦不能缕举[106]，而所最忌者三。一则勿以己之少，慢人之老也。无论近父近兄，礼宜尚齿[107]。即以人生百年计之，自少至老，旦暮事耳。今日红颜之子，不即他日白头之翁耶！况寿夭不齐，安知不老者犹存而少者或没耶！杨亿少入禁掖，每侮其同官[108]之老者。一人曰："老终留与君。"一人曰："莫与他，免为人侮。"杨后未艾[109]而卒。此以少慢老，轻薄之可戒者也。一则勿以己之长，哂人之短也。天下事，吾所知能者，不胜所不知不能者。顾于人所不知不能者哂之，曷亦自反而计吾所知能者几何耶！温庭筠谒时相，相询以故实，温曰："事出《南华》，非僻也，冀相公燮理之暇，姑宜稽古。"[110]时相薄其人而恶之，温卒不获一第。此以长哂短轻薄之可戒者也。一则勿以己之全，笑人之缺也。大凡形体不全之人，其讳护为最重，我故为玩其所不足，以中其所忌，鲜有不深激其怒者。郤克[111]与鲁卫诸臣，使于齐，其形各有所缺，齐以其类为迎，且令妇人帏观之，克大怒，誓以必报，后卒有鞌之师。此以全笑缺轻薄之可戒者也。若引而伸之，触类而长之，其于轻薄之行，不思过半哉！

戒酗酒

《传》有曰："兵犹火也，不戢将自焚。"吾即以酒犹兵也，不弭将自杀。吾今戒若以勿崇于饮，但袭取前人之言曰："内丧若德，外丧若仪云云也。"若或德仪之不恤，将有迂吾言而哑然笑者。吾且不为若德计，若仪计，而为若性命计。若当群然举白鲸吸[112]，自豪，岂不曰："吾求一醉之为快也。"而不知醉中之祸，有不可胜言者。若之量，为酒所胜，颓然而倒，不知天之高，地之厚，非梦如梦，非死如死，吁危矣。迨至梦幸得觉，死幸得苏，而宿醒所苦，呕心吐肝，辄为作数日恶。夫吾人之身，寒暑燥湿之不克当者，宁堪经此摧折耶！即若之量，不为酒所胜，而不能不为酒所使。酒胜则气麄[113]，气麄则胆壮，喜而狂呼大笑，已可丑也。况一有所触，怫然而怒，非言可劝，非力可排，因而骂坐行殴，杯盘之地，顿成戈矛之场。其以之得亡身丧家之惨者，盖比比[114]也。是知酒弱者祸迟，酒强者祸速，然迟速皆祸也，弱与强皆无一可者也。呜呼！人之湎于酒者，纵不恤若德若仪，独不恤若性命耶！

戒赌博

事之有益于人者，虽古凶人之所遗，吾亦有取焉。若鲧之城、桀之瓦，是也。事之无益于人者，虽古圣贤之所遗，吾亦无取焉。如尧之奕、老之樗蒱[115]是也。夫以无益而不取，况乎其有害耶！旧事相沿，新机递创，浸假而有掷骰打叶之戏，浸假而有混江马吊[116]之名。且昔人以之适性情者，今人以之规财贿，而赌博之事纷然出焉。予尝曰："小人而赌博，盗之媒也；君子而赌博，贪之囮[117]也。"曷言之！夫赌博以求利，断未有能得利者。胜者什之一，负者什之九，此所谓乞头[118]而外，无赌钱不输之方也。乃负矣，必求一胜；再负矣，而又必求一胜。再三再四之不已，卒之有负无胜，则吾赀以罄，吾债以积，而心益以热，则凡苟可以得财贿者，将何所不至哉！吾故曰："此盗之媒贪之囮也。"而世之人，或有甚吾言者曰："吾辈之为此也，虽不无金钱之注，然岂真以规财贿耶！不过为适性情故耳。"纵百万一掷，曾无芥蒂于胸中，而乃一以为盗媒，一以为贪囮，且君子与小人同讥耶？而不知更不然，事不可以或废也，时不可以或失也。孔子之贤博奕，所以甚言不用心之不可耳，岂真以为贤耶！以可用之心，而用之不可用之物，则误用之心，与不用正相等，况身列士大夫之林，而可为此牧竖[119]小人之事耶！而且心术以此坏焉，何也？觊觎之念一动，则必弄机关[120]。而且体貌以此亵焉，何也？计较之心太明，则必起争竞。而且身命以此轻焉，何也？胜负之情正切，则必忘饮食，废寝眠。以是而言，非所谓不徒无益，而又害之者耶！夫不为其有益而无害者，而为其无益而有害者，适足以见其人之愚，而自贻伊戚也。噫！

戒宿娼

世之荡轶子，出入于狎邪青楼[121]中，而以风流自命。或有绳尺之士，过而讥之。彼且曰："吾不钻穴隙相窥，踰[122]墙相从，自觉贤于尾生、相如[123]远矣。"

寻常以金钱买歌笑，于阴骘何损，于名教何伤，而乃过为律耶！予曰："是大不然。"夫语以可否，而不悟者，语以利害，未有不悟者也。若亦知夫倚门跕屣⑫者之为何如人耶！凡人之大无耻者，必其大无情者也。彼以一人身，为千万人传妻之身，朝送秦人，暮迎楚客。其以前日陪欢于人者，今日陪欢于我。即知其以今日结爱于我者，异日更结爱于人也。彼为假情之娱，我为真情之认，我作有情之痴，彼作无情之黠，呼！亦愚矣。况且以是荡吾赀，败吾名，祸吾身。夫人之拥有厚赀者，岂无自而来，是非祖父积累之所贻，必吾身筋力之所致也，而顾荡诸有情无情之场，是何异取箧中金，而掷之于水耶！且使为此狂夫浪子之行，而无贻辱于父母也，无贻讥于乡党也，或无害。有此行，乃父母恶之矣，乡党贱之矣，亦何苦而出于此耶！更虑者，铅华香腻之地，实垢污凝渍之乡也。中其秽浊即成恶疾，已成恶疾，便为废人。斧斤鸩毒之祸，当未必烈如此。人生实难，而顾可自促其死哉！嗟乎！人之出入于狎邪青楼中者，闻吾言亦可以猛然省矣！

【注释】

① 总角：古人在未成年时，头发梳成两个发髻，如头顶两角，故称总角，后用以指儿时。成语"总角之交"。
② 靳予：嘲弄我，嘲笑我，奚落我，戏辱我。
③ 道学先生：指思想、作风特别迂腐可笑之读书人。
④ 跅（tuò）弛：行为放荡不循规矩、不受约束的人。成语"跅驰之材"。
⑤ 庚戌：清雍正八年，即公元1730年。
⑥ 筮仕：古人将出仕做官，先占卜吉凶，称之为筮仕，后用以指出仕为官。
⑦ 卫水伾山：卫水，古水名，源出河北正定。伾山，河南浚县内。
⑧ 授梓（zǐ）：指交付雕版印刷。
⑨ 谆复：反复叮咛。成语"谆谆教诲"。
⑩ 道学：指宋明理学。
⑪ 义理：宋代理学又称义理之学，简称义理。
⑫《老子》第四十四章有"知足不辱，知止不殆，可以长久"句。知足：即自知满足。知止：即适可而止。不殆：不危险。
⑬ 逐逐：急于得利。《吹剑四录》："中人以下，逐逐利欲。"
⑭ 营营：奔走钻营。《庄子》："全汝形，抱汝生，无使汝思虑营营。"
⑮ 悬思：挂念。齐己诗："东越常悬思，山门在永嘉。"
⑯ 鹑衣：指衣服破旧褴褛。杜甫诗："乌几重重缚，鹑衣寸寸针。"缊（yùn）袍：以乱

麻衬于其中的袍子。《论语》："衣敝缊袍，与衣狐貉者立而不耻者，其由也与。"

⑰ 箪食瓢饮：《论语·雍也》："子曰：'贤哉，回也！一箪食，一瓢饮，在陋巷，人不堪其忧，回也不改其乐。贤哉，回也！'"箪是古代盛饭的竹器。后以"箪食瓢饮"比喻生活贫苦。

⑱ 蓬户：用蓬蒿编做成的门户。瓮牖：用破旧的瓮口做的窗户。皆指穷人的陋室。

⑲ 希圣齐贤：仰慕圣人，向贤者看齐。希望达到圣贤的境界。

⑳ 觊觎（jì yú）：非分的希望或企图。《三国志》："群凶觊觎，分裂诸夏。"

㉑ 衡命：与命运相抗衡。《史记》："国有道，即顺命；无道，即衡命。"

㉒ 宕轶不羁：放纵而无拘无束。

㉓ 诩诩：自鸣得意、自吹自擂的样子。

㉔ 渊默：深沉不语。《庄子》："尸居而龙见，渊默而雷声。"

㉕ 虞之五臣：指虞舜时的五位臣子，即禹、稷、契、皋陶和伯益。

㉖ 周之十乱：指周武王时十位具有治国平乱才能的大臣，即周公旦、召公奭、太公望、毕公、容公、太颠、闳夭、散宜生、南宫适及文母。《论语·泰伯》有"舜有臣五人而天下治。武王曰：'予有乱臣十人。'孔子曰：'才难，不其然乎？唐虞之际，于斯为盛。有妇人焉，九人而已。三分天下有其二，以服事殷。周之德，其可谓至德也已矣。'"

㉗ 三寸管：指毛笔。徐渭文："负奇姿，承世学，抱三寸管，以与一时隽彦，校驰驷于上下之间。"

㉘ 摛（chī）：铺张，传布。《说文解字》："摛，舒也。"

㉙ 制艺：又作制义，指八股文。

㉚ 茅归：指明代文学家茅坤和归有光。

㉛ 王瞿：疑指明代文学家王世贞和瞿九思。

㉜ 欧韩：指宋代文学家欧阳修和唐代文学家韩愈。

㉝ 秦汉：指秦汉古文。

㉞ 古风：诗体的一种，凡五言七言之非绝非律者，都可称之为古风。

㉟ 媲（pì）：匹配，配偶。《五经文字》："媲，配也。"

㊱ 李杜：指唐代文学家李白和杜甫。

㊲ 陶谢：指六朝文学家陶渊明和谢灵运。

㊳ 司马光：字君实，北宋大臣、史学家。历仕仁宗、英宗、神宗、哲宗四朝，哲宗时为相，谥号"文正"，追封温国公，著有《温国文正司马公文集》等。

㊴ 欧阳修：字永叔，自号醉翁、六一居士。北宋文学家、史学家，官至枢密副使、参知政事，谥号"文忠"。著《新五代史》《欧阳文忠公集》，并与宋祁合修《新唐书》。

㊵ 西施：春秋时越国美女，后亦用作绝色美女的代称。颦：皱眉。成语"东施效颦"。

㊶ 鲰（zōu）生：浅薄无知的人。《史记》裴骃注："鲰，小人貌。"

㊷ 子建：曹操之子曹植，字子建，少善诗文，曹操多次想立为嗣以代曹丕，故深为丕所忌。曹丕即位后，令其七步成诗，否则杀掉他，他应声诵“煮豆持作羹，漉菽以为汁。萁在釜下燃，豆在釜中泣。本自同根生，相煎何太急？”

㊸ 踬：被东西绊倒，跌倒。《左传》：“杜回踬而颠。”

㊹ 行潦：沟中的积水。《诗经·召南·采蘋》：“于人采藻？于彼行潦。”

㊺ 濡首：专心致志，埋头。赖家度文：“濡首下帷，足不越户。”

㊻ 泓：水深的样子。

㊼ 贵胄（zhòu）：指贵族子弟。

㊽ 席：凭借。《汉书》：“吕产、吕禄席太后之宠。”

㊾ 阀阅：功绩和经历，也用以指世家门第。

㊿ 赫奕：光显，盛大。《魏书》：“富贵赫奕，当舅戚之家。”

(51) 毛鸷：比喻施政猛烈。

(52) 睚眦：怒目而视，借以指小怨小忿。成语“睚眦必报”。

(53) 李勣：唐代大臣。本姓徐，名世勣，字懋功，曾参加隋末义军，降唐后赐姓李，因避太宗讳而单名勣，因战功封英国公，高宗时为尚书左仆射，进位司空。房杜：指唐太宗时的宰相房玄龄和杜如晦。

(54) 主父偃：西汉大臣，武帝时上书言事，任郎中，一年内四迁官，至中大夫。后出任齐王相，因揭发齐王与其姊通奸，迫齐王自杀，以此得罪诛。不悛：不悔改。

(55) 陵轹（lì）：欺压。《史记》：“楚灵王兵强，陵轹中国。”

(56) 五福：《尚书·洪范》：“五福：一曰寿，二曰富，三曰康宁，四曰攸好德，五曰考终命。”六极：《尚书·洪范》：“六极：一曰凶短折，二曰疾，三曰忧，四曰贫，五曰恶，六曰弱。”

(57) 向子：向秀，字子期，河南武陟人。魏晋哲学家、文学家，“竹林七贤”之一。

(58) 疏广：西汉大臣，字仲翁，号黄老，山东苍山人。宣帝时为太傅，后谢病免归。以“（子孙）贤而多财，则损其志；愚而多财，则益其过”，故不为子孙置田产。

(59) 阎闬：里中门，也指里巷。《说文解字》：“阎，里中门也。”“闬，门也，汝南平舆里门曰闬。”

(60) 卜式：西汉河南洛阳人，以牧羊致富，武帝征匈奴，军费告急，他多次把私财捐献给国家，后官至御史大夫，赐爵关内侯。马援：字文渊，陕西兴平人。东汉著名军事家，开国功臣之一。后拜伏波将军，封新息侯。

(61) 僭（jiàn）心：非分之心。

(62) 苞苴：行贿的财物。《荀子》杨倞注：“货贿必以物苞里，故总谓之苞苴。”

(63) 陶朱公：范蠡，字少伯，春秋时楚人。仕越为大夫，佐勾践灭吴后，弃官至陶，称朱公，经商致富。

(64) 悔吝：悔恨。《易·谦》六爻为“初六：谦谦君子，用涉大川，吉。六二：鸣谦，贞吉。九三：劳谦君子，有终，吉。六四：无不利，𢫦谦。六五：不富以其邻，利用侵伐，无不利。上六：鸣谦，利用行师征邑国。"

⑥5 恣睢：狂妄、凶暴，任意做坏事。《史记》："暴戾恣睢，聚党数千人，横行天下。"睥睨（pì nì）：斜视，藐视。《淮南子》："过者莫不左右睥睨而掩鼻"。

⑥6 三代：指夏、商、周。

⑥7 丹朱：帝尧之子，不肖，惟慢游是好。尧因为不能以天下之病而利一人，所以禅位于舜。

⑥8 鲧：相传为禹之父，封崇伯，治水无功，被舜杀于羽山。

⑥9 《尚书·尧典》："帝曰：'畴咨若有时登庸？'放齐曰：'胤子朱启明。'"又："帝曰：'咨！四岳，汤汤洪水方割，荡荡怀山襄陵，浩浩滔天。下民其咨，有能俾乂？'佥曰：'於！鲧哉。'"若时：治理好四时，或顺应天道。放齐：人名，尧之臣子。俾乂：使治理。四岳：官名，主持四岳的祭祀，为诸侯之长。

⑦0 嚚（yín）讼：说话虚妄，奸诈而好争讼。《尚书·尧典》："吁！嚚讼，可乎！"

⑦1 方命圮族：违命毁坏族类。《尚书·尧典》："吁，咈哉！方命圮族。"

⑦2 见殛（jí）：被杀。《说文解字》："殛，诛也。"

⑦3 此句出自《尚书·大禹谟》："满招损，谦受益，时乃天道。"

⑦4 班氏：班固，字孟坚，陕西扶风人。东汉著名史学家、文学家。著《汉书》《白虎通义》《两都赋》等。

⑦5 窃：自己的谦词。《战国策》："窃自恕。"

⑦6 严延年：西汉酷吏，字次卿，少学法律，宣帝时为侍御史，后为河南太守。敏于政事，然疾恶太甚，又巧为狱文，冬月沧囚，流血数里，河南号称"屠伯"。后坐怨望诽谤不道，被杀弃市。

⑦7 昌邑之变：指汉昭帝死后，大司马、大将军霍光迎立昌邑王刘贺，仅二十七日，又因其与昭帝宫人淫乱而废之。

⑦8 彝齐：即夷齐，指商末的伯夷和叔齐兄弟。

⑦9 其母氏之言：严延年为河南太守时，其母从东海来，适见报囚，便止都亭，不肯入府。责延年曰："天道神明，人不可独杀，我不自意老当见壮子被刑戮也。行矣，去汝东归，扫除墓地耳。"岁馀，延年果败，东海莫不贤其母。

⑧0 史氏：指东汉史学家班固。见上注⑦4。

⑧1 宁成：西汉酷吏，好气，为小吏必陵其长吏，曾为济南都尉、内吏。尹赏：西汉酷吏，曾为楼烦长、粟邑令、长安令、执金吾，所至穷治奸恶，以至盗贼止，亡命散走。

⑧2 三公：辅佐帝王主管军政大权的最高官员，历代所指不一。

⑧3 忍心：狠心，生性残忍。

⑧4 此句出自《论语·子张》。意即人的重大节操不能逾越界限，但小节稍稍放松一点是可以的。

� 绳尺：工匠所用的墨线和尺子。比喻法度、规矩。陆游诗："今虽自力，而不合于有司之绳尺。"

㊻ 耽习：玩乐，沉溺。

㊼ 方之外：即世俗礼法之外。《庄子》："彼游方之外者也。"

㊽ 七贤：即"竹林七贤"，指三国魏末的阮籍、嵇康、山涛、向秀、阮咸、王戎和刘伶。八达：同一时期的八位通达之士。晋光逸、胡毋辅之、谢鲲、阮放、毕卓、羊曼、桓彝及阮孚八人散发裸裎，闭室酒饮，不舍昼夜，时人谓之"八达"。

㊾ 越闲败检：超越法度，败坏操行。

㊿ 隳（huī）：毁坏，崩毁。《过秦论》："隳名城。"

㉛ 厉之阶：祸之根。

㉜ 一间：一样。差距和间隙很小。

㉝ 《左传》庄公四年有"四年春王三月，楚武王荆尸，授师孑焉，以伐随。将齐，入告夫人邓曼曰：'余心荡。'邓曼叹曰：'王禄尽矣。盈而荡，天之道也。先君其知之矣，故临武事，将发大命，而荡王心焉。若师徒无亏，王薨于行，国之福也。'王遂行，卒于樠木之下。"楚子：楚武王。心荡：心跳。

㉞ 性分：天性，本性。《新唐书》："吾自性分不可易，非畏人知也。"

㉟ 势分：权势，地位。《西畴常言》："凡居人上，有势分之临。"

㊱ 轮奂：高大华美，高大众多。成语"美轮美奂"。

㊲ 闾阎：泛指民间。《史记》："甘茂起下蔡闾阎，显名诸侯。"市井：街市。《管子》尹知章注："立市必四方，若造井之制，故曰市井。"

㊳ 范质：字文素，北宋初大臣，后唐进士，后周时累至枢密院，太祖时加侍中，封鲁国公。

㊴ 瞿瞿：神情不安的样子。《易·震》："震索索，视瞿瞿。"

⑩⓪ 石季伦：晋富豪石崇，字季伦，小名齐奴，历任散骑侍郎、荆州刺史等职，曾劫远使商客，致富不赀。于河阳置金谷园，与贵戚王恺、羊琇等以豪侈相尚，后为赵王司马伦嬖人孙秀所谮，被杀。

⑩① 李赞皇：字贞一，唐代大臣，历官给事中、常州刺史、浙西观察使，以治行封赞皇县子，世称"赞皇公"。

⑩② 贵戚：皇帝的内外亲戚，这里指王恺。石崇与"贵戚王恺、羊琇之徒以奢靡相尚。恺以饴澳釜，崇以蜡代薪；恺作紫丝袍布步障四十里，崇作锦步障四十里以敌之；崇涂屋以椒，恺用赤石脂。崇、恺争豪如此。武帝每助恺，尝以珊瑚树视之，高二尺许，枝柯扶疏，世所罕比，恺以示崇。崇便以铁如意击之，应手而碎。恺既惋惜，又以为疾己之宝，声色方厉。崇曰：'不足恨，今还卿。'乃命左右悉取珊瑚树，有高三四尺者六七株，条干绝俗，光彩耀日，如恺比者甚众，恺惘然自失矣。"

⑩③ 诸葛武侯：三国蜀丞相诸葛亮，字孔明，三国政治家、军事家、文学家。后主刘禅

时，以丞相封武乡侯，兼领益州牧，谥号"忠武侯"。

⑭ 苏子瞻：苏轼，字子瞻，北宋文学家。官至礼部尚书。熙宁时因讪谤朝政，被贬谪黄州，绍圣中又贬谪惠州、琼州。

⑮ 蛰龙：蛰伏的龙，比喻隐士。元好问诗："蛰龙何年卧，万国待霖雨。"

⑯ 观（luó）举：逐条详细地陈述。《文学源流》："嗣续之繁，勿容观举。"

⑰ 尚齿：尊重老人。《礼记》："同爵尚齿，老者在上也。"

⑱ 杨亿：字大年，北宋学者、文学家。真宗时两为翰林学士，官至工部侍郎，兼史馆修撰。为人性耿介，尚名节，文格雄健，尤长于典章制度。禁掖：宫中旁殿，泛指帝王所居之地。同官：一起做官的人。

⑲ 未艾：没有老。《陈处士姚夫人墓志铭》："则知叔明未艾，而乡人固尚其德矣。"

⑳ 温庭筠：原名岐，字飞卿。唐代文学家，诗词风格沉艳，多写闺情，与李商隐齐名，时称温李。时相：当时的宰相。故实：典故，出处。《南华》：《南华经》，也称《南华真经》，《庄子》的别称。燮理：协调治理。稽古：研习古事。

㉑ 却克：春秋时晋国人，成公时为大夫，曾受命征会于齐，齐顷公帷妇人使观之，却克跛足，登阶时，妇人笑之。却克怒，出而誓曰："所不此报，无能涉河！"谥号"献"。

㉒ 举白：干杯，举杯告尽。《珊瑚钩诗话》："饮酒痛釂，谓之举白。"鲸吸：比喻豪饮。杜甫《饮中八仙歌》："饮如长鲸吸百川，衔杯乐圣称世贤。"

㉓ 气麤（cū）：气粗。麤，古同"粗"。

㉔ 比比：形容很多。成语"比比皆是"。

㉕ 樗蒲（chū pú）：博戏名，以掷骰决胜负，最初骰用樗木制成，故名。后来泛称赌博。

㉖ 马吊：纸牌名。起源于明代天启年间，共四十张，凡分万贯、十万贯、索子和文钱四种花色。

㉗ 囮（é）：媒鸟，引诱他鸟前来的经过训练的鸟。《说文解字》："率鸟者，系生鸟以来之，名曰囮。"

㉘ 乞头：唐宋开赌场并向赢钱赌徒抽钱的人。又指观赌而向赢家讨取头钱的人。

㉙ 牧竖：牧童。《牧竖》："牧竖持蓑笠，逢人气傲然。卧牛吹短笛，耕却傍溪田。"

㉚ 机关：权谋机诈。《红楼梦》："机关算尽太聪明，反误了卿卿性命。"

㉛ 青楼：妓院。杜牧《遣怀》："十年一觉扬州梦，赢得青楼薄幸名。"

㉜ 窬（yú）：通"逾"，从墙上爬过去。成语"穿窬之盗"。

㉝ 尾生：又作尾生高，传说为战国时鲁国人，他曾与一女子约会于桥下，届时女子没来，河水上涨，他仍不去，抱着桥柱被淹死。事见《庄子·盗跖》。相如：即西汉辞赋家司马相如，字长卿，四川成都人。过饮于临邛大富商卓王孙时，以琴心挑其寡居之女卓文君，并相与私奔。著《上林赋》《子虚赋》《长门赋》等。

㉞ 倚门跕（diǎn）屣：斜倚门户，拖着鞋子，足尖轻轻着地而行。指妓女的姿态。

训子书

[清] 林则徐

林则徐(1785—1850年),字少穆,又字元抚、石麟,晚号俟村老人、俟村退叟、瓶泉居士、栎社散人。福建侯官人。晚清政治家、思想家、诗人、民族英雄。晚清官员,累任湖广总督、云贵总督,官至一品。因主张严禁鸦片,1839年6月3日在虎门销烟,有"民族英雄"之誉。谥号"文忠"。著《林文忠公政书》等。

本文取林则徐家书作底本校注。

大儿知悉:父自五月十一日动身赴广东,沿途经五十余日,今始安抵羊城①。风涛险恶,不可言喻。唯静心平气,或默背五经,或返躬思过,故虽颠簸不堪,而精神尚好。因思世途险巇②,不亚风涛,入世者苟非先胸有成竹,立定脚根,必不免为所席卷以去。近朱者赤,近墨者黑,此择有之道应尔也。若于世事,则应息息谨慎,步步为营。若才不逮③而思邀幸④,或力不及而谋躐等⑤,又或胸无主宰、盲人瞎马,则祸患之来,不旋踵矣。此为父五十年阅历有得之谈,用以切嘱吾儿者也。汝母汝弟,身体闻均安好,汝二弟且极用功好学,父闻之心为一快。客居在外,饥饱寒暖,须时加调护。友朋应酬,虽不可少,而亦要有限制。批阅公牍,更宜仔细,切不可假手他人。对于长官,尤应恭顺小心。即同僚之间,亦应虚心和气。为父作官三十年来,未尝以疾言遽色⑥加人。吾儿随父久,当亦目睹之也。闲是闲非,不特少管,更应少听。一有差池,不但殃及汝身,即为父亦有不测也。慎之慎之!元抚手示。

大儿知悉:刻接汝母书,家中大小均平安,甚慰。吾儿在京,身躯当亦如常,惟须加意调护,勿使万里外老人担忧也。广东起居饮食尚适,勿念。惟鸦片充斥,戕生耗财,殊为可忧。闻此风已传至各地,故乡子弟,亦有不幸染此癖者,殊属可恨。京中情况如何?有此毒物否?嗜此者,大率因夜眠不足,精神困顿,初则害为药品,以为稍吸无妨,继则惟知其害,而已欲罢不能矣。一失足成千古恨,吾儿须切戒之!勿以为稍吸为不足虑,更勿以暂吸为不足成瘾,须知此物之毒，不减鸩酒⑦。初吸之似可振起精神，实则饮鸩止渴耳。借款到手，似觉舒展，实则害已中于身矣！盖借明后日之精神，以助吾此时之精神耳。一吸以后，不吸便觉委顿，而瘾成矣。迨既成瘾，则虽吸亦无效，犹之人当债务满身时，不再借固无以成活，即借亦不过用以支付利息，未能受用，卒之越弄越僵，不至毙命不止。吾儿须牢记之，慎勿堕入也。闻吾儿睡时甚迟，此甚不可。作事须有定时，朝早起而晚早眠，况京官究属清闲，不比外省官吏，一至夕阳在山，已可出部，何必弄至深更夜半？又闻吾儿极好宾客，人在外作客，友朋固不可少，然须择人而友。京官中虽多仕流，吾儿所交者，未必尽为匪人，然亦不可不慎。言语亦宜谨慎，鸦片一物，更须屏绝，否则非吾子也！元抚示。

大儿知悉：接来信，知吾儿三载在外，十月内将回籍一次，并顺道沿海路来粤一游，甚为欣慰。吾儿三载离乡，汝母汝妇，虽在家安居，然或则倚闾望儿，或则登楼思夫。客子归乡，天伦之乐融如，吾儿有此家思，不以外物而撄情⑧，为父殊深喜许。父十一载在外，虽坐八轩⑨、食方丈⑩，意气豪然，然一念及家中状况，觉居官虽好，不如还乡，特以君恩深重，公务冗忙，有志未能申耳。吾儿在都，位不过司务，旅进旅退，毫无建树，而一官在身，学业反多荒弃，诚不如暂时回籍之尚得事母持家，且可重温故业，与古人为友，足以长进学识也。男儿读书，本为致君泽民，然四十而仕，尚未为迟。吾儿年方三十，不过君恩高厚，邀幸成名，何德能才，而能居此。交友日益多，志气日益损，阅历未深而遽服官，实非载福之道。为父平日所以不言者，恐阻汝壮志，长汝暮气。今吾儿既日知汲长绠短⑪，思告假回籍，孝以事母，静以修学，实先得吾心，又何阻为？唯有一言嘱汝：服官应时时作归计，勿贪利禄，勿恋权位，而一旦归家，则又应时时作用世计，勿儿女情长，勿荒弃学业，须磨励自修，以为一旦之用。是则用舍行藏⑫，无施不可矣！吾儿牢记之！迩⑬来身体如何？须加意当心。父年事虽高，然精神甚旺，饭量较前增高，汝母在家，亦甚康健，可勿深念。汝弟秋闱⑭，虽蒙荐卷，未能入彀⑮，此正才力不足，未可怨天尤人，闻甚郁抑，吾儿寄家书时，可以善言婉劝之，父有不便言焉。来书字迹颇潦草，何匆促至是？后宜戒之！元抚手谕。

二儿知悉：接来信知大儿已有家书寄家，本月底可以动身，下月底可以回里，辛盘卯酒⑯，一享天伦之乐，甚善！但何以父处尚未有信来？岂途中有遗失耶？自大儿出门后，家中无人主持，汝母虽明达贤慧，然究系女流，外事仍不便过问,大儿回家后,父可释然⑰矣。大儿前来信,云将来粤,此大可不必,彼三门三载,定省⑱久旷,此次回家后,正可上以孝事母,下以友抚弟,即夫妇之间,亦得唱随之乐,何必行装甫⑲卸,便惘惘⑳出门?唯吾儿在家已久,前以大儿在外,家中老母,无人侍奉,故留汝在家,今大儿已回,汝便可来粤一省老父,以尽人子孝养之责。况吾儿年虽将立,而居家日久,未识世途,读书贵在用世,徒读死书而全无阅历,亦岂所宜?汝兄阅历深而才学薄,虽折桂探杏㉑,而实学实浅,居京三年,所学者全官场习气,根柢未固,斧斤已来㉒。故嘱其告假回籍,事亲修学,以为日后实用之资。吾儿读书固不多,而世道更为茫然,古人游学并重,诚为此也。一俟大儿回家后,吾儿即可来粤。闽粤海道,相去甚迩,即走漳州陆路,亦半月可达。长儿事母,次儿事父,较之各处一方者,实胜多多也。此间名师又多,吾儿来后,更可问业请益,以广智识,慎勿贪恋家园,不图远大。男儿蓬矢桑弧㉓,所为何来,而可如妇人女子之缩屋称贞哉?况为父已年近六旬,一人在外,倍觉凄冷,儿辈忍心,而可定省久缺恋家乡以自娱乎?腊鼓㉔声里,当倚闾以望汝来也。汝母汝嫂身体均安否?汝弟年幼,当随时督率,勿令荒嬉,明春科试,务须应考。吾儿亦宜努力用功,光阴可贵,勿自暴弃。父在署,身体甚佳,唯公事大忙,精神觉不似前,发亦渐星星㉕,故极望吾儿来此,以娱晨昏。元抚手谕。

字谕汝舟儿知悉:接来信知已安然抵家,甚慰。母子兄弟夫妇,三年隔别,一旦重逢,其快乐当非寻常人所可言喻。今将新岁矣,辛盘卯酒,团圞㉖乐叙,亦家庭间一大快事。父受恩高厚,不获岁时归家,上拜祖宗,下蓄妻子,怅触㉗为何如。唯有努力报国,以上答君恩耳。官虽不做,人不可不做。在家时应闭户读书,以期奋发。一旦用世,不致上负高厚,下玷祖宗。吾儿虽早年成功,折桂探杏,然正皇恩浩荡,邀幸以得之,非才学应如是也,此宜深知之。即为父开八轩、握秉衡㉘,亦半出皇恩之赐,非正有此才力也。故吾儿益宜读书明理。亲友虽疏,问候不可不勤;族党虽贫,礼节不可不慎。即兄弟夫妇,亦宜尽相当之礼。持盈乃可保泰,慎勿以作官骄人。而用力之要,尤在多读圣贤书,否则即易流于下,古人仕而优而学,吾儿仕尚未优,而可夜郎自大、弃书不读哉!次儿去岁可不必来,风雪严寒,道途跋涉,实足令为父母者不安,姑俟明春三月,再来未迟。吾儿更可不必来,家有长子曰"家督",持家事母,正吾儿应为之事、应尽之职,毋庸舍彼来此也。父身体甚好,入冬后会服补药一帖,精神尚健,饮食起居亦极安适，毋念。元抚手谕。

字谕拱枢知悉：尔年已十三矣，余当尔年已补博士弟子员，尔今文章尚未全篇，并且文笔稚气，难望有成，其故由于不专心攻苦所致。昨接尔母来书，云尔喜习画，夫画本属一艺，古来以画传名者，指不胜屈，不过泰半㉙是名士高人、达官显宦，方足令人敬慕。若心中茅塞未开，所画必多俗气，只能充作画匠耳。若欲成画师，须将腹笥㉚储满，诗词兼擅，薄有微名，则画笔自必超脱，庶不被人贱视也。

字谕汝舟儿：尔叨蒙天恩高厚、祖宗积德，年才二十八，已成进士，授职编修㉛，是为侥幸成名，切不可自满，宜守三戒：一戒傲慢；二戒奢华；三戒浮躁。尔既奉母弟居京华，务宜体我寸心，常持勤敬与和睦。凡家庭间能守得几分勤敬，未有不兴；能守得几分和睦，未有不发。若不勤不和之家，未有不败者也。尔昔在侯官，将此四字于族戚人家验之，必以吾言为有证也。尔性懒，书案上诗文乱堆，不好收拾洁净，此是败家气象。嗣后务宜痛改，细心收拾，即一纸一缕，皆宜检拾伶俐，以为弟辈之榜样。勿以为是公子，是编修，一举一动皆须人服侍也。尔能勤，二弟皆学勤；尔能和，二弟皆学和；尔能孝，二弟皆学孝。尔为一家之表率，慎之慎之！

字谕聪彝儿：尔兄在京供职，余又远戍塞外，惟尔奉母与弟妹居家，责任綦重㉜，所当谨守者有五：一须勤读敬师；二须孝顺奉母；三须友于爱弟；四须和睦亲戚；五须爱惜光阴。尔今年已十九矣，余年十三补弟子员，二十举于乡，尔兄十六入泮㉝，二十二登贤书㉞。尔今犹是青衿一领，本则三子中，惟尔资质最钝，余固不望尔成名，但望尔成一拘谨笃实子弟。尔若堪弃文学稼，是余所最欣喜者。盖农居四民之首，为世间第一等高贵之人，所以余在江苏时，即嘱尔母购置北郭隙地，建筑别墅，并收买四围粮田四十亩，自行雇工耕种，即为尔与拱儿，预为学稼之谋。尔今已为秀才矣，就此抛撇诗文，常居别墅，随工人以学习耕作，黎明即起，终日勤勤而不知倦，便是长田园之好子弟。至于拱儿年仅十三，犹是白丁㉟，尚非学稼之年，宜督其勤恳用功。姚师乃侯官名师，及门弟子㊱，领乡荐、捷礼闱㊲者，不胜偻指计，其所改拱儿之窗课，能将不通语句改易数字，便成警句，如此圣手，莫说侯官士林中，都推重为名师，只恐遍中国亦罕有第二人也。拱儿既得此名师，若不发愤攻苦，太不长进矣。前月寄来窗课五篇，文理尚通，惟笔下太嫌枯涩，此乃欠缺看书功夫之故。尔宜督其爱惜光阴，除诵读作文外,余暇须披阅史集。惟每看一种,须自首至末,详细阅完,然后再易他种,最忌东拉西扯,阅过即忘,无补实用。并须预备看书日记册,遇有心得,随手摘录。苟有费解或疑问,亦须摘出,请姚师讲解,则获益良多矣!

【注释】

① 羊城:广州的别称,又称花城,广东省省会。传说古代有五位仙人,各骑一只羊到广州游玩,临别时留下一茎六出的谷穗,祝福广州人丰衣足食。后人纪念五位仙人,雕塑五羊,故称五羊城。
② 险巇(yǎn):同"险戏"。意为险阻崎岖,旧时常用来比喻处世艰难。宋代陈藻诗:"我见前程多险巇,朝闻夕可宁不怡。"
③ 逮:及;到。《说文解字》:"逮,及也。"成语"力有未逮"。
④ 邀幸:希求得赏识。《魏书》:"吾乘时邀幸,得为吏部尚书。"
⑤ 躐(liè)等:不按秩序;逾越等级。《礼记》:"幼者听而弗问,学不躐等也。"
⑥ 遽(jù)色:惊慌的神色。《后汉书》:"虽在仓卒,未尝疾言遽色。"
⑦ 鸩酒:毒酒。《秦并六国平话》:"吕不韦自度,恐秦诛之,乃饮鸩酒而死。"
⑧ 撄情:扰乱情怀。又作"撄宁"。
⑨ 八轩:人抬的有围棚或帷幕的车。显示官爵显赫。
⑩ 方丈:一丈见方。《孟子·尽心下》:"食前方丈",吃饭时一丈见方的地方摆满了菜肴,谓菜肴罗列之多,形容吃得阔气。
⑪ 汲长绠短:亦作"绠短汲深"。《荀子·荣辱》:"短绠不可汲深井之泉。"绠,汲水桶上的绳索。比喻能力小,难以胜任艰难之事。
⑫ 用舍行藏:亦作"用行舍藏"。《论语·述而》:"子谓颜渊曰:'用之则行,舍之是藏,唯我与尔有是夫。'"用,指被任用;舍,指不被任用。行,谓出仕;藏,谓退隐。意为见用时出仕,不见用则退隐。
⑬ 迩(ěr):近,近来。《说文解字》:"迩,近也。"成语"遐迩闻名"。
⑭ 秋闱:科举制度中的秋天的乡试。黄潜诗:"右辖升庸日,秋闱献艺初。"
⑮ 入彀(gòu):进入弓箭的射程以内。此处喻指取得科名。彀,张满的弓弩。
⑯ 辛盘卯酒:辛盘,古时风俗,元旦、立春用葱、韭菜等五种辛味菜作食品,表示迎新。卯酒,早晨饮酒。
⑰ 释然:心中平静而喜悦。司马光《论财利疏》:"君臣释然相庆,不复以民食为念。"
⑱ 定省(xǐng):即"昏定晨省",旧时子女侍奉父母的礼节。早晨问候,晚间服侍就寝。
⑲ 甫:刚刚,方才。《明史·海瑞传》:"瑞抚吴甫半岁。"
⑳ 惘惘:惶遽而无所适从。《九章》:"超惘惘而遂行。"

㉑ 折桂探杏：折桂，比喻科举及第。典出《晋书·郤诜传》。探杏，唐代新科进士在杏园举行庆宴，因以"探杏"喻"探花"。此处之意与"折桂"同。
㉒ 根抵未固，斧斤自来：斧斤，砍木的刀斧。树木扎根未牢而斧斤已至。此二句意为，学业不实，基础不牢，不足以应付世用。
㉓ 蓬矢桑弧：此句出自《礼记·内则》："国君世子生，告于君……射人以桑弧蓬矢六射天地四方。"蓬梗做的箭，桑木做的弓。象征男子应有志于四方。后用为勉励人应怀大志之辞。
㉔ 腊鼓：旧时风俗。于腊日或腊前一日击鼓，以驱疫，因称"腊鼓"，此指腊月时候。
㉕ 星星：形容鬓发花白。邵氏诗："壮时尝有意功名，不觉星星白发生。"
㉖ 团圞（luán）：亦作"团栾"。团聚。杜荀鹤诗："兄弟团圞乐，羁孤远近归。"
㉗ 怅（chéng）触：怅，感触。《青山庄歌》："我闻此语心怅触，信有兴衰如转毂。"
㉘ 握秉衡：握，掌握。秉，容量标准器具。衡，重量标准器具。比喻执掌政权。
㉙ 泰半：大半，多半。《汉书》："收泰半之赋。"颜师古注："泰半，三分取其二。"
㉚ 腹笥（sì）：笥，书箱。后称腹中所记的书籍和所有的学问为"腹笥"。杨亿诗："讲学情田埆，谈经腹笥虚。"
㉛ 编修：官名。主要负责文献修撰工作，包括国史、实录、会要等内容。明清时期以进士担任。
㉜ 綦（qí）重：綦，极，甚。极重，非常重要。成语"言之綦详"。
㉝ 入泮：科举时代，童生应岁试、科试而取中入县学，又称"进学"。文中称考取秀才。
㉞ 登贤书：贤书本意是举荐贤能的名单，后世因乡试考中为"登贤书"，即考中举人。
㉟ 白丁：指平民，没有功名的人。《陋室铭》："谈笑有鸿儒，往来无白丁。"
㊱ 及门弟子：又称"受业弟子"，登门求学的弟子。《论语》："从我于陈、蔡者，皆不及门也。"
㊲ 礼闱：即礼部试，也称"会试"。明清两代每三年一次在京城举行的考试。考中者称"贡士"。明清科举考试分级，初试考中者为童生；县试、府试、院试考中者为生员；乡试考中者为举人；会试考中者为贡士；殿试考中者为进士，第一名为状元。

曾文正公家训

[清]曾国藩

曾国藩（1811—1872年），字涤生，号伯涵，湖南湘乡人。清末政治家、军事家、理学家、文学家、湘军的创立者和统帅、洋务运动的代表。晚清四大名臣之首，官至两江总督、直隶总督，封毅勇侯。晚清散文"湘乡派"创始人。谥号"文正"。追赠太傅。著《曾文正公全集》。

本文节选自《曾国藩家书》，凡叙家中琐事均删，仅留家训、家风、家规内容校注。

字谕纪鸿儿：家中之来营者，多称尔举止大方，余为少慰。凡人多望子孙为大官，余不愿为大官，但愿为读书明理之君子。勤俭自持，习劳习苦，可以处乐，可以处约①，此君子也。余服官②二十年，不敢稍染官宦气习，饮食起居，尚守寒素家风，极检也可，略丰也可，太丰则我不敢也。

凡仕官之家，由俭入奢易，由奢返俭难。尔年尚幼，切不可贪爱奢华，不可惯习懒惰。无论大家小家，士农工商，勤苦俭约，未有不兴，骄奢倦怠，未有不败。尔读书写字，不可间断，早晨要起早，莫坠高曾祖考以来相传之家风，吾父吾叔皆黎明即起，尔之所知也。

凡富贵功名，皆有命定，半由人力半由天事，惟学作圣贤全由自己作主，不与天命相干涉。吾有志学为圣贤，少时欠居敬③工夫，至今犹不免偶有戏言戏动。尔宜举止端庄，言不妄发，则入德之基也。

咸丰六年九月廿九日。

字谕纪泽：八月一日，刘会撰来营，接尔第二号信，并薛晓帆信，得悉家中母子平安，至以为慰。汝读四书，无甚心得，由不能"虚心涵泳，切己体察"④，朱子教人读书之法，此二语为精当。尔现读《离娄》⑤，即如《离娄》首章"上无道揆，下无法守"⑥，我往年读之，亦无甚警惕，近岁在外办事，乃知上之人必揆诸道，下之人必守乎法。若人人以道揆自许，从心而不从法，则下凌上矣。"爱人不亲"⑦章，往年读之，不甚亲切，近岁阅历日久，乃知治人不治者，智不足也。此切己体察之一端也。

"涵泳"二字，最不易识，余尝以意测之，曰"涵"者，如春则之润花，如清渠之溉稻。雨之润花，过小则难透，过大则离披⑧，适中则涵濡而滋液；清渠之溉稻，过小则枯槁，过多则伤涝，适中则涵养而勃兴。如鱼之游水，如人之濯足。程子谓："鱼跃于渊，活泼泼地。"庄子言："濠梁观鱼，安知非乐。"此鱼水之快也。左太冲⑨有"濯足万里流"之句，苏子瞻⑩有"夜卧濯足诗"，有"浴罢诗"，亦人性乐水者之一快也，善读书者，则须视书如水，而视此心如花如稻如鱼，如濯足，则"涵泳"二字，庶可得之于意言之表。尔读书易于解说文义，却不甚能深入，可就朱子"涵泳""体察"二语，悉心求之。

咸丰八年八月初三日。

字谕纪泽：闻尔至长沙，已逾月余，而无禀来营，何也？少庚讣信百余件，闻皆尔亲笔写之，何不发刻⑪？或倩⑫人帮写？非谓尔宜自惜精力，盖以少庚年未三十，情有等差，礼有隆杀⑬，则精力亦不宜过竭耳。近想已归家度岁。

今年家中因温甫叔之变，气象较之往年，迥不相同。余因去年在家，争辩细事，与乡里鄙人无异，至今抱憾，故虽在外，亦恻然寡欢。尔当体我此意，于叔祖各叔母前，尽些爱敬之心，常存休戚⑭一体之念，无怀彼此歧视之见。则老辈内外必器爱尔，后辈兄弟姊妹必以尔为榜样。日处日亲，愈久愈敬，若使宗族乡党，皆曰纪泽之量，大于其父之量，则余欣然矣。

余前有信教尔学作赋，尔复禀未提及，又有信言"涵养"二字，尔复禀亦未之及，嗣后我信中所论之事，尔宜一一禀复。余于本朝大儒，自顾亭林⑮之外，最好高邮王氏之学⑯。王安国以鼎甲⑰官至尚书，谥"文肃"，正色立朝。生怀祖先生念孙，经学精卓。生王引之，复以鼎甲官尚书，谥"文简"。三代皆好学深思，有汉韦氏⑱、唐颜氏⑲之风。

余自憾学问无成，有愧王文肃公远甚，而望尔辈为怀祖先生，为伯申氏，则梦寐之际，未尝须臾忘也。怀祖先生所著《广雅疏证》《读书杂志》，家中无之，伯申氏所著《经义述闻》《经传释词》《皇清经解内》有之，尔可试取一阅，其不知者，写信来问。本朝穷经⑳者，皆精小学㉑，大约不出段王两家之范围耳。

咸丰八年十二月十三日。

字谕纪泽：前次子诸叔父信中，复示尔所问各书帖之目。乡间苦于无书，然尔生今日，吾家之书，业已百倍于道光中年矣。买书不可不多，而看书不可不知所择，以韩退之㉒为千古大儒，而自述其所服膺㉓之书不过数种：曰《易》、曰《书》、曰《诗》、曰《春秋》《左传》、曰《庄子》、曰《离骚》、曰《史记》、曰相如㉔、子云㉕。柳子厚㉖自述其所得，正者曰《易》、曰《诗》、曰《礼》、曰《春秋》，旁者曰《谷梁》、曰《孟》《荀》、曰《老庄》、曰《国语》、曰《离骚》、曰《史记》。二公所读之书，皆不甚多。

本朝善读古书者，余最好高邮王氏父子，曾为尔屡言之矣。今观怀祖先生《读书杂志》中所考订之书，曰《逸周书》、曰《战国策》、曰《史记》、曰《汉书》、曰《管子》、曰《晏子》、曰《墨子》、曰《荀子》、曰《淮南子》、曰《后汉书》、曰《老庄》、曰《吕氏春秋》、曰《韩非子》、曰《杨子》、曰《楚辞》、曰《文选》，凡十六种，又《别注广雅疏证》一种。伯申先生《经义述闻》中所考订之书，曰《易》、曰《书》、曰《诗》、曰《周官》、曰《礼仪》、曰《大戴礼》、曰《礼记》、曰《左传》、曰《国语》、曰《公羊》、曰《谷梁》、曰《尔雅》，凡十二种。王氏父子之博古，今所罕见，然亦不满三十种也。

余于《四书五经》㉗之外，最好《史记》《汉书》《庄子》《韩文》四种，好之十余年，惜不能熟读精攻。又好《通鉴》《文选》及姚惜抱㉘所选《古文辞类纂》，所选《十八家诗抄》四种，共不过十余种。早岁笃志为学，恒思将此十余书贯穿精通，略作劄记㉙，仿顾亭林、王怀祖之法。今年齿㉚衰老，时事日艰，所志不克成就，中夜㉛思之，每自悔愧。儿若能成吾之志，将《四书五经》及余所好之八种，一一熟读而深思之，略作劄记，以志所得，则余欢欣快慰，夜得甘寝，此外别无所求矣。

至王氏父子所考订之书二十八种，凡家中所无者，尔可开一单来，余当一一购得寄回。学问之途，自汉至唐，风气略同，自宋至明，风气略同，国朝㉜又自成一种风气，不过阎百诗㉝、戴东原㉞、江慎修㉟、钱辛楣㊱、秦味经㊲、段懋堂㊳、王怀祖数人，而风会所扇，群彦云兴。尔有志读书，不必别标汉学之名目，而不可不一窥数君子之门径。凡有所见所闻，随时禀知，余随时谕答，较之当面问答，更易长进也。

咸丰九年四月二十一日。

字谕纪泽：京中书到时，有胡刻《通鉴》一部，留家中讲解，即将吾圈过一部寄来营可也。又汲古阁㊴初印《五代史》一部亦寄来。皮衣等件，速速寄来。

吾买帖数十部，下次寄尔。此谕。

咸丰九年九月二十四日。

字谕纪泽儿：接尔十九、二十九日两禀，知喜事完毕，新妇能得尔母之欢，是即家庭之福。我朝列圣相承，总是寅正[40]即起，至今二百年不改。我家高曾祖考相传早起，吾得见竟希公、星冈公，皆未明即起，冬寒起坐约一个时辰，始见天亮。吾父竹亭公亦甫黎明即起，有事则不待黎明，每夜必起看一二次不等。此尔所及见者也。余近亦黎明即起，思有以绍先人之家风。尔既冠授室[41]，当以早起为第一先务，自力行之，亦率新妇力行之。

余平生坐[42]无恒之弊，万事无成，德无成，业无成，已可深耻矣。逮办理军事，自矢靡他。中间本志变化，尤无恒之大者，用为内耻。尔若稍有成就，须从"有恒"二字下手。

余尝细观星冈公仪表绝人，全在一重字，余行路容止，亦颇重厚，盖取法于星冈公。尔之容止甚轻，是亦大弊病，以后宜时时留心，无论行坐，均须重厚。

早起也，有恒也，重也，三者皆尔最要之务。早起是先人之家法，无恒是吾身之大耻，不重是尔之短处，故特谆谆戒之！

吾前一信，答尔所问者三条，一字中换笔，一敢告马走，一注疏得失，言之颇详，尔来禀何以并未提及！以后凡接我教尔之言，宜条条禀复，不可疏略。此外教尔之事，则详于寄寅皆先生看读写作一纸中矣。此谕。

咸丰九年十月十四日。

字谕纪泽：初一接尔十六日禀，澄叔已移寓新居，则黄金堂老宅，尔为一家之主矣。昔吾祖星冈公最讲治家之法，第一要起早，第二打扫洁净，第三诚修祭祀，第四善待亲族邻里，凡亲族邻里来家，无不恭敬款接，有急必周济之，有讼必排解之，有喜庆必贺之，有疾必问，有丧必吊。此四事之外，于读书种菜等事，尤为刻刻留心，故余近写家信，常常提及"书蔬鱼猪"四端者，盖祖父相传之家法也。尔现因读书无暇，此八字[43]纵不能一一亲自经理，亦不可不识得此意。请朱建四先生细心经理，八者缺一不可。其诚修祭祀一端，则须尔母随时留心。凡器皿第一等好者，留作祭祀之用，饮食第一等好者，亦备祭祀之需。凡人家不讲究祭祀，纵然兴旺，亦不长久。至要至要！

尔所论看文选之法，不为无见。吾观汉魏文人，有二端最不可及，一曰训诂精确，二曰声调铿锵。说文训诂之学，自中唐以后，人多不讲，宋以后说经，尤不明训诂,及至我朝巨儒,始通小学。段茂堂、王怀祖两家遂精研乎古人文字声音之末,乃知《文选》中古赋所用之字,无不典雅精当。尔若能熟读段王两家之书,则知眼前常见之字。凡宋唐文人误用者,惟六经不误,《文选》中汉赋亦不误也。即以尔禀中所论《三都赋》言之,如"蔚若相如,皭㊹若君平"。以一"蔚"字该括相如之文章,以一"皭"字该括君平之道,此虽不尽关乎训诂,亦足见下字之不苟矣。至声调之铿锵,如"开高山以迎山,列绮窗而瞰江""碧出苌宏之血,鸟生杜宇之魂""洗兵海岛,刷马江洲""数军实乎桂林之苑,飨戎旅乎落星之楼"等句,音响节奏,皆后世所不能及。尔看《文选》,能从此二者用心,则渐有入理处矣。

咸丰十年闰三月初四日。

字谕纪泽纪鸿两儿:泽儿看书,天分高而文笔不甚劲挺,又说话太易,举止太轻。此次在祁门,为日过浅,未将一"轻"字之弊除尽,以后须于说于走路时,刻刻留心。鸿儿文笔劲挺,可慰可喜。此次连珠文,先生改者若干字,拟体系何人主意?再行详禀告我。银钱田产,最易长骄气逸气,我家中断不可积钱,断不可买田,尔兄弟努力读书,决不怕没饭吃。至嘱。

咸丰十年十月十六日。

字谕纪泽:每日饭后走数千步,是养生第一秘诀。尔每餐食毕,可至唐家铺一行,或至澄叔家一行,归来大约可三千余步,三个月后,必有大效矣。尔看完《后汉书》,须将《通鉴》看一遍,即将京中带回之《通鉴》,仿照余法,用笔点过可也。

尔走路近略重否?说话略钝否?千万留心!此谕。

咸丰十年十二月二十四日。

字谕纪泽:尔问文中雄奇之道,雄奇以行气为上,造句次之,选字又次之。然未能有文不古雅而句能古雅,句不古雅而气能古雅者,亦未有字不雄奇而句能雄奇,句不雄奇而气能雄奇者。是文章之雄奇,其精处在行气,其粗处全在造句选字也。余好古人雄奇之文,以昌黎为第一,扬子云次之,二公之行气,本之天授,至于人事之精能。昌黎则造句之工夫居多,子云则造字之工夫居多。

尔问叙事志传之文,难于行气,是殊不然。昌黎如曹成王碑、韩许公碑,固属千奇万变,不可方物㊺,即卢夫人之铭、女挐之志,寥寥短篇,亦复雄奇倔强。尔试将此四篇熟看,则知二大二小,各极妙矣。尔所作雪赋,词意颇雅,惟气势不畅，对仗不工。两汉不尚对仗，潘陆则对矣，江鲍徐庚则工对矣。尔宜从对仗上用工夫。此嘱。

咸丰十一年正月初四。

字谕纪泽：尔信极以袁婿为虑，余亦不料其遽尔[46]学坏至此。余即日当作信教之，尔等在家，却不宜过露痕迹。人所以稍顾体面者，冀人之敬重也。若人之傲慢鄙弃，业已露出，则索性荡然无耻，摒弃不顾，甘与正人为仇，而以后不可救药矣。我家内外大小，于袁婿处礼貌，均不可疏忽。若久不悛改，将来或接至皖营，延师教之亦可。大约世家子弟，钱不可多，衣不可多，事虽至小，所关颇大。

同治元年五月廿四日。

字谕纪泽：凡世家子弟，衣食起居，无一不与寒士相同，庶可成大器。若沾染富贵气习，则难望有成。吾忝为将相，而所有衣服，不值三百金，愿尔等常守此俭朴之风，亦惜福之道也。其照例应用之钱，不可过啬。谒圣后，拜客数家，即行归里。今年不必乡试，一则工夫尚早，二则恐体弱难耐劳也。此谕。

同治元年五月廿七日。

字谕纪泽：和张邑侯诗，音节近古，可慰可慰。五言诗若能学到陶潜[47]、谢朓[48]一种和淡之味、和谐之音，亦天下之至乐，人间之至福也。尔既无志于科名禄位，尔能多读古书，时时哦诗[49]作字，以陶写性情，则一生受用不尽。第宜束身圭璧[50]，法王羲之、陶渊明之襟怀潇洒则可，法嵇阮[51]之放荡名教[52]，则不可耳。

家中贺喜之客，请金权恭敬款接，不可简慢，至要至要！

家中有殿板[53]《职官表》一书，余欲一看，便中寄来。钞本《国史文苑儒林传》尚在否？查出禀知。此嘱。

同治元年七月四日。

字谕纪泽儿：尔诗胎息近古，用字亦皆的当。惟四言诗最难有声响、有光芒，虽《文选》章孟以后诸作，亦复尔雅有余，精光不足。扬子云之《州箴》《百官箴》诸四言，刻意摹古，亦乏作作[54]之光，渊渊[55]之声。余生平于古人四言，最好韩公之作，如《祭柳子厚文》《祭张署文》《进学解》《送穷文》诸四言，皆光如皎日，响如春霆，即其他凡墓志之铭词，及集中如《淮西碑》《元和圣德》各四言诗，亦皆于奇崛之中迸出声光。其要不外意义层出，笔仗雄拔而已。外则《班孟坚汉书叙传》一篇，亦四言中之最隽雅者。尔将此数篇熟读成诵，则于四言之道，自韩公而自有悟境。

镜和诗雅洁清润，实为吾乡罕见之才，但亦少奇矫之致㊾。凡诗文欲求雄奇矫变，总须用意有超群离俗之想，乃能脱去恒蹊㊿。尔前信读《马汧督诔》，谓其沉郁似《史记》，极是，极是，余往年亦笃好斯篇，尔若于斯篇及《芜城赋》《哀江南赋》《九辨》《祭张署文》等篇，吟玩不已，则声情自茂，文思汩汩㊽矣！

同治元年十一月初四日。

字谕纪泽：罗婿性情可虑，然此无可如何之事。尔谆嘱三妹柔顺恭谨，不可有片语违忤。三纲之道，君为臣纲，父为子纲，夫为妻纲，是地维所赖以立、天柱所赖以尊。故《传》曰："君，天也。父，天也。夫，天也"，《仪礼》记曰："君，至尊也。父，至尊也。夫，至尊也。君虽不仁，臣不可以不忠。父虽不慈，子不可以不孝。夫虽不贤，妻不可以不顺。"吾家读书居官，世守礼仪，尔当告诫大妹三妹，忍耐顺受。

吾于诸女妆奁甚薄，然使女果贫困，吾亦必周济而覆育之。目下陈家微窘，袁家、罗家并不忧贫，尔谆劝诸妹，以能耐劳忍气为要。吾服官多年，亦常在"耐劳忍气"四字上做工夫也。

同治二年正月廿四日。

字寄纪瑞侄左右：吾家累世以来，孝弟勤俭。辅臣公以上吾不及见，竟希公、星冈公皆未明即起，竟日㊾无片刻暇逸。竟希公少时，在陈氏宗祠读书，正月上学，辅臣公给钱一百，为零用之需，五月归来时，仅用去二文，尚余九十八文，还其父，其俭如此。星冈公当孙入翰林之后，犹亲自种菜收粪。吾父竹亭公之勤俭，则尔等所及见也。今家中境地，虽渐宽裕，侄与诸昆弟切不可忘却先世之艰难，有福不可享尽，有势不可使尽。

勤字工夫，第一贵早起，第二贵有恒，俭字工夫，第一莫华丽衣服，第二莫多用仆婢雇工。凡将相无种㊿，圣贤豪杰亦无种，只要人肯立志，都可做得到的。侄等处最顺之境，当最富之年，明年又从最贤之师。但须立定志向，何事不可成！何人不可作！愿吾侄早勉之也。

荫生㊽尚算正途功名，可以考御史，待侄十八九岁，即与纪泽同进京应考。然侄此际专心读书，宜以八股试帖为要，不可专恃荫生为基。总以乡试、会试能列榜前，益为门户之光。纪官闻甚聪慧，侄亦以立志二字，兄弟互相劝勉，则日进无疆矣！

同治二年十二月十四日。

字谕纪泽、纪鸿两儿：纪泽于陶诗㊷之识度不能领会，试取《饮酒》二十首、《拟古》九首、《归田园居》五首、《咏贫士》七首等篇，反复读之，若能窥其胸之广大，寄托之遥深，则知此公于圣贤豪杰，皆已升堂入室㊷。尔能寻其用意深处，下次试解说一二首寄来。

又问有一专长，是否须兼三者，乃为合作，此则断断不能。韩无阴柔之美，欧无阳刚之美，况于他人而能兼之？凡言兼众长者，皆其一无所长者也。

鸿儿言此表范围曲成，横竖相合，足见善于领会。至于纯熟文字，极力揣摩，固属切实工夫。然少年文字，总贵气象峥嵘，东坡所谓"蓬蓬勃勃，如釜上气"。古文如贾谊《治安策》《贾山至言》、太史公《报任安书》、韩退之《原道》、柳子厚《封建论》、苏东坡《上神宗书》，时文如黄陶庵㊷、吕晚村㊷、袁简斋㊷、曹寅谷㊷，墨卷如《墨选观止》《乡墨精锐》中所选两排三叠之文，皆有最盛之气势。尔当兼在气上用功，无徒在揣摩上用功。大约偶句多、单句少，段落多、分段少，莫拘场屋之格式，或三五百字，长或八九百字、千余字皆无不可。虽系四书题，或用后世之史事，或论目下之时务，亦无不可。总须将气势展得开，笔仗使得强，乃不至于束缚拘滞，愈紧愈呆。嗣后尔每月作五课揣摩之文，作一课气势之文。讲揣摩者，送师阅改，讲气势者，寄余阅改。四象表㊷中，惟气势之属太阳者，最难能而可贵。古来文人，虽偏于彼三者，而无不在气势上痛下功夫。两儿均宜勉之！

同治四年七月初三日。

字谕纪泽：尔十一日患病，十六日尚神倦头眩，不知近已全愈否？吾于凡事皆守"尽其在我，听其在天"二语，即养生之道亦然。体强者如富人，因戒奢而益富；体弱者如贫人，因节啬而自全。节啬非独食色之性也，即读书用心，亦宜俭约，不使太过。

余《八本》篇中，言养生以少恼怒为本。又尝教尔胸中不宜太苦，须活泼泼地，养得一段生机，亦去恼怒之道也。既戒恼怒，又知节啬，养生之道，已尽其在我者矣。此外寿之长短、病之有无，一概听其在天，不必多在妄想，去计较他。凡多服药饵、求祷神祇，皆妄想也。吾于医药、祷祝等事，皆记星冈公之遗训而稍加推阐，教尔后辈，尔可常常与家中内外言之。

同治四年九月初一日。

字谕纪泽纪鸿两儿：余若长逝，灵柩自以由运河搬回江南归湘为便，中间虽有临清至张秋一节，须改陆路，较之全行陆路者差易。去年由海船送来之书籍木器等，过于繁重，断不可全行带回，须细心分别去留，可送者分送，可毁者焚毁，其必不可弃者，乃行带归，毋贪琐物而化途费。其在保定自制之木器，全行分送。沿途谢绝一切，概不收礼，但水陆略求兵勇护送而已。

余所作古文，黎莼斋抄录颇多，顷渠已照抄一分，寄余处存稿，此外黎所未抄之文，寥寥无几。尤不可发送别人，不特篇帙太多，且少壮不克努力，志亢而才不足以副之，刻出适以彰其陋耳。如有知旧[69]劝刻余集者，婉言谢之可也。

余生平略涉儒先之书，见圣贤教人修身，千言万语，而要以不忮不求[70]为重。忮者，嫉贤害能、妒功争宠，所谓"怠者能修，忌者畏人修"[71]之类也。求者，贪利贪名、怀土怀惠[72]，所谓"未得怀患，既得患失"[73]之类也。忮不常见，每发露于名业相侔[74]、势位相垺[75]之人；求不常见，每发露于货财相接、仕进相妨之际。将欲造福，先去忮心，所谓"人能充无欲害人之心，而仁不可胜用"[76]也。将欲立品，先去求心，所谓"人能无穿窬之心，而义不可胜用"[77]也。忮不能去，满怀皆是荆棘；求不能去，满腔即是卑污。余于此二者，常加克治，恨尚未能扫净。尔等欲心地干净，宜于二者痛下工夫，并愿子孙世世戒之。附作忮求诗二首录后。

历览有国有家之兴，皆由克俭克勤所致，其衰也，则反是。余生平亦颇以勤字自励，而实不能勤，故读书无手抄之册，居官无可存之牍。生平亦好以俭字教人，而自问实不能俭，今署中内外服役之人，厨房日用之数，亦云奢矣。其故由于前在军营，规模宏阔，相沿未改，近因多病，医药之资漫无限制。由俭入奢，易于下水；由奢反俭，难于登天。在两江交卸时，尚存养廉二万金，在余初意，不料有此。然似此放手用去，转瞬即已立尽。尔辈以后居家，须学陆梭山[78]之法，每月用银若干两，限一成数，封另称出，本月用毕，只准赢余，不准亏欠。衙门奢侈之习，不能不彻底痛改。余初带兵之时，立志不取军营之银以自肥其私，今日差幸[79]，不负始愿。然亦不愿子孙过于贫困，低颜求人，惟在尔辈力崇俭德，善持其后而已。

孝友为家庭之祥瑞。凡所称因果报应，他事或不尽验，独孝友则立获吉庆，反是则立获殃祸，无不验者。吾早岁久宦京师，于孝养之道多疏，后来展转兵间，多获诸弟之助，而吾毫无裨益于诸弟。余兄弟姊妹各家，均有田宅之安，大抵皆九弟扶助之力，我身殁之后，尔等视两叔如父，事叔母如母，视堂兄弟如手足。凡事皆从省啬，独待诸叔之家，则处处从厚。待堂兄弟以德业相劝、过失相规，期于彼此有成，为第一要义，其次则亲之欲其贵，爱之欲其富。常常以吉祥善事，代诸昆季默为祷祝，自当鬼神共钦⑧。温甫、季洪两弟之死，余内省自有惭德。澄侯、沅甫两弟渐老，余此身不审⑧ 能否相见，尔辈若能从"孝友"二字切实讲求，亦足为弥缝缺憾耳！

附忮求诗二首

善莫大于恕，德莫凶于妒。妒者妾妇行，琐琐⑧ 奚比数？己拙忌人能，己塞忌人遇。己若无事功，忌人得成务。己若无党援⑧，忌人得多助。势位苟相敌，畏逼又相恶。己无好闻望，忌人文名著；己无贤子孙，忌人后嗣裕。争名日夜奔，争利东西骛。但期一身荣，不惜他人污。闻灾或欣幸，闻祸或悦豫⑧。问渠何以然？不自知其故。尔室神来格，高明鬼所顾。天道常好还，嫉人还自误。幽明⑧ 丛诟忌，乖气相回互。重者裁汝躬，轻亦减汝祚。我今告后生，悚然大觉悟。终身让人道，曾不失寸步；终身祝人善，曾不损尺布。消除嫉妒心，普天零甘露。家家获吉祥，我亦无恐怖！（上⑧ 不忮）

知足天地宽，贪得宇宙隘。岂无过人姿，多欲为患害。在约每思丰，居困常求泰。富来千乘车，贵求万钉带。未得求速偿，既得求勿坏。芬馨比椒兰，磐固方泰岱。求荣不知厌，志亢神愈忕，岁燠有时寒，日明有时晦。时来多善缘，运去生灾怪。诸福不可期，百殃纷来会。片言动招尤，举足便有碍。戚戚抱殷忧，精爽日凋瘵。矫首望八荒⑧，乾坤一何大？安荣无遽欣，患难无遽憝⑧。君看十人中，八九无倚赖。人穷多过我，我穷犹可耐。而况处夷涂⑧，奚事生嗟忾⑨？于世少所求，俯仰有余快。俟命堪终古，曾不愿乎外。（上不求）

日课四条

一曰慎独则心安 自修之道，莫难于养心。心既知有善、知有恶，而不能实用其力，以为善去恶，则谓之自欺。方寸⑨ 之自欺与否，盖他人所不及知，而己独之。故《大学》之"诚意"章两言慎独。果能好善如好好色，恶恶如恶恶臭，力去人欲以存天理，则《大学》之所谓"慊自"、《中庸》之所谓"戒慎恐惧"皆能切实行之。即曾子所谓"自反而缩"、孟子所谓"俯不愧、仰不怍"、所谓"养心莫善于寡欲"皆不外乎是。故能慎独，则内省不疚，可以对天地、质鬼神，断无行有不慊于心则馁之时。人无一内愧之事，则天君泰然，此心常快足宽平，是人生第一自强之道，第一寻乐之方，守身之先务也！

二曰主敬则强身 "敬"之一字，孔门持以教人，春秋士大夫亦常言之，至程朱㊷则千言万语不离此旨。内而专静纯一，外而整齐严肃，"敬"之工夫也；出门如见大宾，使民如承大祭，"敬"之气象也；修己以安百姓，笃恭而天下平，"敬"之效验也。程子谓："上下一于恭敬，则天地自位，万物自育，气无不和，四灵毕集，聪明睿智，皆由此出。以此事天飨帝，盖谓敬则无美不备也！"吾谓"敬"字切近之效，就在能固人肌肤之会、筋骸之束。庄敬日强，安肆日偷，皆自然之征应。虽有衰年病躯，一遇坛庙祭献之时、战阵危急之际，亦不觉神为之悚、气为之振。斯足知"敬"能使人身强矣！若人无众寡，事无大小，一一恭敬，不敢怠慢，则身体之强健又何疑乎！

三曰求仁则人悦 凡人之生，皆得天地之理以成性，得天地之知以成形。我与民物，其大本乃同出一源，若但知私己，而不知仁民爱物，是于大本一源之道已悖而失之矣！至于尊官厚禄，高居人上，则有拯民溺救民饥之责。读书学古，粗知大义，即有觉后知、觉后觉之责。若但知自了，而不知教养庶汇㊽，是于天之所以厚我者，辜负甚大矣！孔门教人，莫大于求仁，而其最切者，莫要于"欲立立人，欲达达人"数语。立者，自立不惧，如富人百物有余，不假外求；达者，四达不悖，如贵人登高一呼，群心四应。人孰不欲己立己达？若能推以立人达人，则与物同春矣！后世论求仁者，莫精于张子㊾之《西铭》，彼其视民胞物与，宏济群伦，皆事天者性分当然之事。必如此，乃可谓之人；不如此，则曰悖德、曰贼。诚如其说，则虽尽立天下之人，尽达天下之人，而曾无善劳之足言，人有不悦而归之者乎？

四曰习劳则神钦 凡人之情，莫不好逸而恶劳。无论贵贱智愚老少，皆贪于逸而惮于劳，古今之所同也。人一日所着之衣、所进之食，与一日所行之事、所用之力相称，则旁人赞之、鬼神许之，以为彼自食其力也。若农夫织妇，终岁勤动，以成数石之粟、数尺之布。而富贵之家，终岁逸乐，不营一业，而食必珍羞，衣必锦绣，酣豢高眠，一呼百诺，此天下最不平之事，鬼神所不许也！其能久乎？古之圣君贤相，若汤之昧旦丕显㊿、文王日昃不遑[51]、周公夜以继日、坐以待旦，盖无时不以勤劳自励。《无逸》[52]一篇，推之于勤则寿考，逸则夭亡，历历不爽。为一身计，则必操习技艺，磨炼筋骨，困知勉行，操心危虑，而后可以增智慧而长才识。为天下计，则必己饥己溺，一夫不获，引为余辜。大禹之周乘四载，过门不入。墨子之摩顶放踵⑱，以利天下，皆极俭以奉身，而极勤以救民。故荀子好称大禹、墨翟之行，以其勤劳也。军兴以来，每见人有一材一技而耐艰苦者，无不见用于人，见称于时，其绝无材技、不惯作劳苦，皆唾弃于时、饥冻就毙。故勤则寿，逸则夭。勤则有材而见用，逸则无能而见弃。勤则博济斯民而神祇钦仰，逸则无补于人而神鬼不歆⑲。是以君子欲为人神所凭依，莫大于习劳也！

余衰年多病，目疾日深，乃难挽回。汝及诸侄辈，身体强壮者少。古之君子，修己治家，必能心安身强，而后有振兴之象。必使人悦神钦，而后有骈集之祥。今书此四条，老年用自警惕，以补昔岁之愆，并令二子各自勖勉，每夜以此四条相课，每月终以此四条相稽，转寄诸侄共守，以期有成焉！

同治六年九月初四日。

【注释】

① 处约：生活在穷困之中。《论语》："不仁者，不可以久处约。"
② 此句出自《礼记·内则下》："五十命为大夫，服官政。"服官政，本指任卿、大夫之职，后通称做官为"服官政"。
③ 居敬：遵循敬肃之礼。《论语》："居敬而行简，以临其民，不亦可乎？"
④ 此句出自朱熹理学家六条读书法：循序渐进、熟读精思、虚心涵泳、切己体察、着紧用力、居敬持志。
⑤ 离娄：《孟子·离娄》。
⑥ 此句出自《孟子·离娄上》。道揆：准则，法度。朱熹注："道，义理也；揆，度也。道揆，谓以理度量事物而制其宜。"
⑦ 此句出自《孟子·离娄上》："爱人不亲，反其仁；治人不治，反其治；礼人不答，反其敬；行有不得者，皆反求诸己，其身正而天下归之。"
⑧ 离披：衰残，凋亡。白居易诗："蓼花始零落，蒲叶稍离披。"
⑨ 左太冲：左思，字太冲，山东淄博人，西晋文学家。官秘书郎。其《三都赋》致"洛阳为纸贵"。后人辑有《左太冲集》。
⑩ 苏子瞻：苏轼，字子瞻，又字和仲，号东坡居士，四川眉山人。北宋文学家，"唐宋八大家"之一。书画家、美食家。
⑪ 发刻：交付刻版印刷。《桃花扇》："目下发刻，恐有错字，在此对阅。"
⑫ 倩（qiàn）：请，央求。《煎茶》："蜀茶倩个云僧碾，自拾枯松三四支。"

⑬ 隆杀（shā）：尊卑、高下、厚薄。《礼记》郑玄注："尊者礼隆，卑者礼杀，尊卑之别也。"

⑭ 休戚：喜乐和忧虑，幸福与祸患。成语"休戚与共"。

⑮ 顾亭林：顾炎武，本名绛，别名继坤，后改炎武，号亭林，江苏昆山人。明末清初著名思想家、史学家、语言学家。与黄宗羲、王夫之并称明末清初三大儒。著《日知录》《音学五书》《亭林诗文集》《韵补正》《天下郡国利病书》等。

⑯ 王氏之学：王安国、王念孙、王引之祖孙三代，皆清朝音韵训诂学大家。江苏高邮人。王安国，字书城，雍正榜眼，官至吏部尚书。王念孙，字怀祖，乾隆进士，官永定河道。王引之，字伯申，嘉庆进士，官工部尚书。

⑰ 鼎甲：科举制度中状元、榜眼、探花的总称。鼎有三足，一甲三名，故称。

⑱ 韦氏：韦玄成，字少翁。朝廷赏其节，拜河南太守。元帝时继父相位封侯。玄成为相七年，守正持重不及父，而文采则过之。谥号"共"。

⑲ 颜氏：颜师古，名籀，陕西西安人。唐代训诂学家，官至中书侍郎。著《汉书注》《急就章注》等。

⑳ 穷经：钻研经学。成语"皓首穷经"。

㉑ 小学：文字学、训诂学、音韵学的总称。

㉒ 韩退之：韩愈，字退之，河南孟州人。哲学家、思想家、政治家。"唐宋八大家"之首，世称"韩昌黎"。累官监察御史、吏部侍郎。谥号"文"。

㉓ 服膺：谨记在心；衷心信服。

㉔ 相如：司马相如，字长卿，四川成都人。西汉著名辞赋家、文学家、诗人。著《子虚赋》《长门赋》《上林赋》《美人赋》《大人赋》等，"千金难买相如赋"之誉。

㉕ 子云：扬雄，字子云，四川成都人。西汉辞赋家，"汉赋四大家"之一。著《太玄》《法言》《方言》《甘泉赋》《长杨赋》等。

㉖ 柳子厚：柳宗元，字子厚，唐代文学家、哲学家。

㉗ 四书五经：四书指《大学》《中庸》《论语》《孟子》，五经指《诗》《书》《礼》《易》《春秋》。四书五经泛指儒家经典著作。

㉘ 姚惜抱：姚鼐，字姬传，室名"惜抱轩"，安徽桐城人，乾隆进士，散文家。治学以经为主，兼及子史、诗文，为桐城派的代表之一。著《惜抱轩全集》《文后集》等。

㉙ 劄（zhá）记：读书笔记。

㉚ 年齿：年龄。

㉛ 中夜：半夜。曹植诗："盛年处房室，中夜起长叹。"

㉜ 国朝：旧称本朝为"国朝"。

㉝ 阎百诗：阎若璩，字百诗。清代经学家。

㉞ 戴东原：戴震，字东原。清代思想家、大学者。
㉟ 江慎修：江永，字慎修。清代经学家，音韵学家。
㊱ 钱辛楣：钱大昕，字辛楣，一字晓徵。清代学者。
㊲ 秦味经：秦蕙田，字树峰，号味经。清代学者。
㊳ 段懋堂：段玉裁，字若膺，号懋堂。清代文字训诂学家、经学家。著《说文解字注》。
㊴ 汲古阁：明末江苏常熟毛晋藏书阁名。藏书八万四千余册，多宋元刻本。后校刻书籍亦多以"汲古阁"名义刊行。
㊵ 寅正：寅，十二时辰之一，即凌晨三点至五点。
㊶ 授室：本意是将家事交给新妇，后称为子娶妻为授室。
㊷ 坐：犯。
㊸ 八字：曾国藩家训中"书、蔬、鱼、猪、早、扫、考、宝"八件事，即好好读书，园中种菜，塘中养鱼，栏中养猪，做事赶早，打扫环境，诚修祭祀，善待亲邻。
㊹ 皭（jiào）：洁白，干净。《史记》："皭然泥而不滓。"
㊺ 方物：识别。《国语》："民神杂糅，不可方物。"
㊻ 遽（jǔ）尔：忽然，突然。
㊼ 陶潜：即陶渊明，见前注p853⑳。
㊽ 谢朓（tiǎo）：字玄晖，河南太康人。南朝著名诗人，创"永明体"。官至尚书吏部郎，又称谢吏部，与"大谢"谢灵运同族，世称"小谢"。
㊾ 哦（ó）诗：吟诗。
㊿ 圭璧：美好而贵重的玉器。比喻美好的品德。
51 嵇阮：三国魏嵇康、阮籍两诗人的合称，皆以酗酒、孤高、放荡著称。皆为"竹林七贤"人物。
52 名教：指以正名定分为主的儒家礼教。
53 殿板："武英殿板"的简称。清代的官刻本，因刻印书籍的机构设武英殿，故名。
54 作作：形容光芒四射。《史记》："作作有芒。"
55 渊渊：鼓声。《诗经·小雅·采芑》："伐鼓渊渊，振旅阗阗。"
56 奇矫之致：奇特出众到极点。
57 恒蹊：传统，俗套。成语"不落恒蹊""不由恒蹊"。
58 汩（gǔ）汩：比喻文思勃发的样子。韩愈文："当其取于心而注于手也，汩汩然来矣。"
59 竟日：一天到头，从早到晚，整天，终日。《列子》："不笑者竟日。"
60 将相无种：意为人的富贵与否并不是天生的。汪洙《神童诗》："将相本无种，男儿当自强。"
61 荫（yīn）生：旧时凭借上代余荫取得的监生资格。清制，凡现任大官或遇庆典给予的称为"恩荫",由于先代殉职所给予的称为"难荫"。二者通称"荫生"。名义上是入监读书,事实只需经过一次考试就可予一定的官职。

㉖ 陶诗:陶渊明的诗。

㉗ 升堂入室:此句出自《论语·先进》:"由也升堂矣,未入于室也。"比喻学习所达到的境地有程度深浅的差别。后用以赞扬人在学问或技能方面有高深的造诣。

㉘ 黄陶庵:黄淳耀,字蕴生,号陶庵,上海嘉定人。明末进士,研习经籍,造诣深厚。

㉙ 吕晚村:吕留良,字用晦,号晚村。明清之际思想家。

㉚ 袁简斋:袁枚,号简斋,字子才。清代诗人。

㉛ 曹寅谷:清代学者。

㉜ 四象表:四象,指春、夏、秋、冬四时;或谓指水、火、木、金,布于四方;或谓太阴、太阳、少阴、少阳。此处当指后者。

㉝ 知旧:知交,旧友。《三国志》:"禄赐散之宗族知旧,家无余财。"

㉞ 不忮(zhì)不求:此句出自《诗经·邶风·雄雉》:"不忮不求,何用不臧!"意为不嫉妒,不贪求。

㉟ 此句出自韩愈《原毁》,意为懒惰的人不追求学习进步,而嫉妒别人的人又害怕别人学习进步。

㊵ 怀土怀惠:此句出自《论语·里仁》"小人怀土""小人怀惠"之句。朱熹注:"怀土为安溺其处之安,怀惠为贪利。"

㊶ 此句出自《论语》,意为患得患失。患:忧愁,担心,生怕。

㊷ 相侔(móu):相等,同样。

㊸ 相埒(liè):相等。《梁书》:"时有会稽虞骞,工为五言诗,名与逊相埒。"

㊹ 此句出自《孟子·尽心下》,意为人们心里如充满不想害人的念头,仁爱之心就用之不尽。

㊺ 此句出自《孟子·尽心下》,意为人们心里若无偷盗的念头,那么仁义就用之不尽。穿窬(yú):穿墙打洞的盗窃行为。

㊻ 陆梭山:名九韶,字子美,江西抚州人。南宋著名学者。事见本书《居家正本制用》。

㊼ 差幸:尚可庆幸。差,尚,略。

㊽ 钦:钦敬,恭敬。《尔雅》:"钦,敬也。"

㊾ 不审:不知。《阅微草堂笔记》:"此怪非鬼非狐,不审何物。"

㊿ 琐琐:卑微、细小,平庸。《诗经·小雅·节南山》:"琐琐姻亚,则无膴仕。"

㊷ 党援:朋党的援助。《后汉书》:"乃各外交党援,以相图谋。"

㊸ 悦豫:高兴。豫,快乐。《两都赋》:"是以众庶悦豫,福应尤盛。"

㊹ 幽明:泛指可见和不可见、有形和无形的事物。《易》韩康伯注:"幽明者,有形无形之象。"

㊁ 上:原书作"右",今改横排本,故改"上"。下同。
㊷ 八荒:八方荒远之地。颜师古注《汉书》云:"八荒,八方荒忽极远之地也。"又《说苑·辨物》云:"八荒之内有四海,四海之内有九州。"
㊸ 邃憝(duì):深深的怨恨。憝,怨恨。
㊹ 夷涂:夷,平坦。涂,同"途",指顺境。
㊺ 嗟忾(jiē kài):感叹。
㊻ 方寸:心思,心绪。《三国志》:"今已失老母,方寸乱矣。"成语"方寸已乱"。
㊼ 程朱:即北宋儒学大家程颢、程颐和南宋儒学大家朱熹。
㊽ 庶汇:天下万民。
㊾ 张子:张载,字子厚,凤翔郿县(今陕西眉县)人。北宋思想家、教育家、理学创始人之一。
㊿ 若汤之昧旦丕显:汤,商汤。昧旦,黎明;拂晓。丕显,大明。
㉉ 文王日昃不遑:文王,周文王。日昃,太阳西斜。不遑,无闲暇,无空闲。
㉊ 无逸:《尚书·周书》的篇名。
㉋ 摩顶放(fàng)踵:从头顶到脚跟都擦伤了,形容不畏劳苦,不顾身体。此句出自《孟子·尽心上》:"墨子兼爱,摩顶放踵,利天下为之。"放,至,到。
㉌ 歆:飨,谓祭祀时神灵先享其气。《诗经·大雅·生民》:"其香始升,上帝居歆。"

致儿子书

[清]张之洞

张之洞(1837—1909年),字孝达,号香涛,河北南皮人。晚清军事家,洋务运动代表之一,教育家。进士出身,累官湖广总督、两广总督、军机大臣。"晚清中兴四大名臣"(曾国藩、李鸿章、左宗棠)之一。著《劝学篇》《张文襄公全集》。谥号"文襄"。

吾儿知悉:汝出门去国,已半月余矣。为父未尝一日忘汝。父母爱子,无微不至,其言恨不能一日不离汝,然必令汝出门者,盖欲汝用功上进,为后日国家干城之器①、有用之才耳。方今国事扰攘,外寇纷来,边境累失,腹地亦危,振兴之道,第一即在治国。治国之道不一,而练兵实为首端。汝自幼即好弄,在书房中,一遇先生外出,即跳掷嬉笑,无所不为。今幸科举早废,否则汝亦终以一秀才老其身,决不能折桂探杏②,为金马玉堂③中人物也。故学校肇开,即送汝入校。当时诸前辈犹多不以为然,然余固深知汝之性情,知决非科甲中人,故排万难送汝入校。果也,除体操外,绝无寸进。余少年登科,自负清流④,而汝若此,真令余愤愧欲死。然世事多艰,习武亦佳,因送汝东渡,入日本士官学校肄业,不与汝之性情相违。汝今既入此,应努力上进,尽得其奥。勿惮劳,勿恃贵,勇猛刚毅,务必养成一军人资格。汝之前途,正亦未有限量。国家正在用武之秋,汝只患不能自立,勿患人之不己知⑤。志之!志之!勿忘!勿忘!抑余又有诫汝者,汝随余在两湖,固总督大人之贵介子⑥也,无人不恭待汝。今则去国万里矣,汝,平日所挟以傲人者,将不复可挟,万一不幸肇祸,反足贻堂上以忧。汝此后当自视为贫民、为贱卒,苦身戮力,以从事于所学,不特得学问上之益,而可借是磨炼身心。即后日得余之庇,毕业而后,得一官一职,亦可深知在下者之苦,而不致予智自雄⑦。余五旬外之人也,服官一品,名满天下,然犹兢兢也,常自恐惧,不敢放恣。汝随余久,当必亲炙⑧之,勿自以为贵介子弟而漫不经心,此则非余之所望于尔也,汝其慎之!寒暖更宜自己留意,尤戒有狎邪赌博等行为,即幸不被人知悉,亦耗费精神,抛荒学业。万一被人发觉,甚或为日本官吏拘捕，则余之面目，将何所在？汝固不足惜，而余则何如？更宜力除，至嘱！至嘱！余身体甚佳，家中大小，亦均平安，不必系念。汝尽力求学，勿妄外骛。汝苟竿头⑨日上，余亦心广体胖矣。父涛示，五月十九日。

【注释】

① 干城之器：捍卫国家的重要将领。干，盾牌。城，城墙。《诗经·周南·兔罝》："赳赳武夫，公侯干城。"
② 折桂探杏：科举时期，乡试在农历八月（桂月）举行，考中称折桂，会试在农历三月（杏月）举行，考中称探杏。
③ 金马玉堂：汉代的金马门是学士待诏处和玉堂殿供待诏学士议事处，后世用以称翰林院或翰林学士。
④ 清流：常用以称负有时望、不肯与权贵同流合污的清正名流。
⑤ 此句出自《论语》，意为你只需要担心自己不能自强自立，不必担心别人不了解你。
⑥ 介子：介，大，对贵族之子弟的敬称。
⑦ 予智自雄：唯我独尊而妄自称雄。成语"予智自雄"，语出《管子》。
⑧ 亲炙（zhì）：谓亲身受到教益。炙，比喻受到熏陶。《孟子》朱熹注："亲近而熏炙之也。"
⑨ 竿头：竹竿的顶端，比喻学问、成绩达到很高程度。成语"百尺竿头"。

与子书

[清] 左宗棠

左宗棠（1812—1885年），字季高，又字朴存，湖南湘阴人。晚清著名军事家、政治家、湘军著名将领、洋务运动代表人物之一，"晚清中兴四大名臣"（曾国藩、李鸿章、张之洞）之一。官至东阁大学士、军机大臣，追赠太傅，谥号"文襄"。著《左文襄公全集》。

本文录自《左文襄公全集》。

孝威知之：吾以婞直狷狭①之性，不合时宜，自分长为农夫以没世。遭际乱离，始应当事之聘，出深山而入围城，初意亦只保卫桑梓②，未敢侈谈大局也。文宗显皇帝③以中外文章论荐，始有意乎其为人，凡两湖之人，及官于两湖者，无不垂询及之。以未著朝籍之人，辱荷恩知如此，亦希世之奇遇。骆、曾、胡④之保，则已在圣明洞鉴之后矣。……

吾三十五岁而生尔，尔生七岁，吾入长沙居戎幕，虽延师课尔，未及躬亲训督。我近事尔亦不及周知，宜多谬误。兹略举一二示之。二伯所言，不愿侄辈有纨绔气，此语诚然，儿等当敬听勿违，永保先泽。吾家积代⑤寒素，先世苦况，百纸不能详。尔母归⑥我时，我已举于乡，境遇较前稍异。然吾与尔母言及先世艰窘之状，未尝不泣下沾襟也。吾二十九初度时在小淹馆中，曾作诗八首，中一首述及吾父母贫苦之状，有四句云："研田终岁营儿铺，糠屑轻时当餐飧，乾坤忧痛何时毕，忍属儿孙咬菜根。"至自每一讽咏及之，犹悲怆不能自已。自入军以来，非宴客不用海菜，穷冬犹衣缊袍⑦，冀与士卒同此苦趣，亦念享受不可丰，恐先世所贻余福，至吾身而折尽耳。古人训子弟以"咬得菜根，百事可作"，若吾家则更宜有进于此者。菜根视糠屑，则已为可口矣。尔曹念之，忍效纨绔所为乎！更有一语属尔：近时聪明子弟，文艺粗有可观，便自高位置，于人多所凌忽，不但同辈中无诚心推许之人，即名辈居先者，亦貌敬而心薄之，举止轻脱，疏放自喜，更事⑧日浅，偏好纵言高论，德业不加进，偏好闻人过失，好以言语侮人、文字讥人，与轻薄之徒互相标榜，自命为名士，此近时所谓"名士气"

吾少时亦曾犯此，中年稍稍读书，又得师友箴规之益，乃少自损抑。每一念及从前倨傲⑨之态、诞妄⑩之谈，时觉惭赧，尔母或笑举前事相规，辄掩耳不欲听也。尔宜戒之！勿以尔父少年举动为可效也。至子弟好交结淫朋逸友，今日戏场，明日酒馆，甚至嫖赌鸦片，无事不为，是为下流种子。或喜看小说传奇，诲淫长惰，令人损德丧耻，此皆不肖之尤，固不必论。

吾以德薄能浅之人，忝窃高位，督师十年，未克一郡，救一方，上负朝廷，下孤⑪民望，尔辈闻吾败固宜忧，闻吾胜不可以为喜。既奉抚浙之命，则浙之土地人民，皆责之我；既奉督办之命，则东南大局，亦将与有责焉。有见过之时，无见功之日。每咏韦苏州⑫"自惭居处崇，未睹斯民康"之诗，不知何时始释此重负也！尔辈若稍存一矜夸⑬之心、说一高兴之话，只增我耻，亦从知之。明年既定负笈入山，从伯父读书，可将此帖别写一通，置之案头，时加省览，如日与我对，庶免我忧。此帖亦宜与润儿及癸叟、世延传观，并各抄一分，俾悉我意。

孝、威兄弟同览：连接尔等来信，知眷属平安，尔母病体，尚能如常，甚慰我意！丰孙模本字，甚秀劲可爱。闻其喜读书，天性亦厚，尤为欢慰！但年齿尚小，每日功课，断不可多。能念两百字，只令念百字；能写百字，只令写五十字。起坐听其自由，不可太加拘束。饮食宜淡泊，衣冠宜朴洁。久久，自然成一读书子弟，便是过望。吾家积世寒素，吾骤致大名，美已尽矣，须时常蕴酿元气，再重之积累，庶可多延时日也。先生品既端，既是难得，勋同性分本不高，难于开晓，不能怪先生不善教诱也。最怕轻儇⑭刻薄之流，一经延致，便令子弟不成好样也，慎之！……

今岁湖南水灾过重，灾异叠见，吾捐廉万两助赈，并不入奏。回思道光二十八、九年⑮，柳庄散米散药，情景如昨，彼时吾以寒士为此，人以为义可也。至今时位至总督，握钦符⑯，养廉⑰岁得二万两，区区之赈，为德于乡，亦何足云！有道及此者，谨谢之，慎勿如世俗求叙，至要至要！吾尝言："士人居乡里，能救一命，即一功德"，以其无活人之权也。若居然高官厚禄，则所托命者奚止数万，数百万、数千万！纵能时存活人之心，时作活人之事，尚未知所活几何，其求活未能、欲救未得者，皆罪过也，况敢以之为功乎？自入关陇以来，首以赈抚为急，总不欲令吾目中见一饿毙之人，吾见中闻一饿毙之事。陇之苦况，与浙江严州光景相似,而荒瘠过之,人民百不存一矣。……

孝同知悉:……

尔与勋,学业既无长进,岁科不能望高等,故我拟为尔捐廪贡[18],为勋捐附贡[19],可应京兆试,免岁科两度奔驰。尔意既不愿就,则捐贡之说,当作罢论。如尔等能作文应试,固我所乐也。由廪附平进,岂非好事!况将来呈递遗摺[20],尚可盼望加恩乎!已致吉田,此事无庸议矣。尔辈少小未尝用心读书,就天分而论,尔优于勋,然自汝兄亡后,家事分心,又不肯就师肄业,致所学旋荒,诗文不进,且日退矣。付呈课文与诗,均不见思路笔路,且语句亦多疵类,肤庸浅滑,下笔满纸。盖由平时于义理少研求,惟揣摩时文腔调,以至于此。我驰驱戎马,未暇督课,又未能择延名师与尔讲习,于尔辈何尤。兹将诗文评改寄还,尔可细心阅看。入居节署,读书最乐,勉之!时不可失也!

孝宽、威知之:我于二十八日开船,是夜泊三汊矶,廿九日泊湘阴县城外,三十日即过湖抵岳州。南风甚正,舟行顺速,可毋念也。我此次北行,非其素志,尔等虽小,当亦略知一二。世局如何,家事如何,均不必为尔等言之。惟刻难忘者,尔等近年读书无甚进境,气质毫未变化,恐日复一日,将求为寻常子弟不可得,空负我一片期望之心耳。夜间思及,辄不成眠。今复为尔等言之。(尔等能领受与否,则我不能强之,然固不能已于言也。)

读书要目到、口到、心到。尔读书不看清字画偏旁,不辨明句读,不记清头尾,是目不到也。喉、舌、唇、牙、齿五音,并不清晰伶俐,朦胧含糊,听不明白,或多几字,或少几字,只图混过,就是口不到也。经传精义奥旨,初学固不能通,至于大略粗解,原易明白。稍肯用心体会,一字求一字下落,一句求一句道理,一事求一事原委。虚字审其神气,实字测其义理,自然渐有所悟。一时思索不得,即请先生解说,一时尚未融释,即将上下文或别章别部义理相近者反复推寻,务其了然于心,了然于口,始可放手。总要将此心,运在字里行间,时复思绎[21],乃为心到。

今尔等读书总是混过日子,身在案前,耳目不知用到何处。心中胡思乱想,全无收敛归著之时,悠悠忽忽,日复一日,好似读书是答应人家功夫,是欺哄人家,掩饰人家耳目的勾当。昨日所不知不能者,今日仍是不知不能,其去年所不知不能者，今年仍是不知不能。孝威今年十五，孝宽今年十四，转眼就长大成人矣。从前所知所能者，究竟能比乡村子弟之佳者否？试自忖之。

　　读书做人，先要立志，想古来圣贤豪杰是我这般年纪时，是何气象！是何学问！是何才干！我现在哪一件可以比他！想父母命我读书，延师训课，是何志愿？是何意思？我哪一件可以对父母？看同时一辈人，父母常背后夸赞者，是何好样？斥詈者，是何坏样？好样要学，坏样断不可学。心中要想个明白，立定主意，念念要学好，事事要学好，自己坏样一概猛省猛改，断不许少有回护，不可因循苟且。务期与古时圣贤豪杰少小时志气一般，方可慰父母之心，免被他人耻笑。志患不立，尤患不坚。偶然听一段好话，听一件好事，亦知歆动羡慕，当时亦说我要与他一样。不过几日几时，此念就不知如何销歇去了。此是尔志不坚，还由不能立志之故。如果一心向上，有何事业不能做成！

　　陶桓公㉒有云："大禹惜寸阴，吾辈当惜分阴。"古人用心之勤如此。韩文公㉓云："业精于勤而荒于嬉。"凡事皆然，不仅读书，而读书更要勤苦，何也？百工技艺，医学、农学均是一件事，道理尚易通晓，至吾儒读书，天地民物莫非己任，宇宙古今事理，均须融澈于心，然后施为有本。人生读书之日最是难得，尔等有成与否，就在此数年上见分晓。若仍如从前悠忽过日，再数年依然故我，还能冒读书名色充读书人否？思之，思之！

　　孝威气质轻浮，心思不能沉下，年逾成童㉔而童心未化，视听言动，无非一种轻扬浮躁之气。屡经谕责，毫不知改。孝宽气质昏惰，外蠢内傲，又贪嬉戏，毫无一点好处可取。开卷便昏昏欲睡，全不提醒振作。一至偷闲玩耍，便觉分外精神。年已十四而诗文不知何物，字画又丑劣不堪。见人好处，不知自愧，真不知将来作何等人物！我在家时常训督，未见悛改。我今出门，想起尔等顽钝不成材料光景，心中片刻不能放下。尔等如有人心，想尔父此段苦心，亦知自愧自恨，求痛改前非以慰我否。

　　亲朋中子弟佳者颇少，我不在家，尔等在塾读书，不必应酬交接。外受傅㉕训，入奉母仪可也。读书用功，最要专一无间断。今年以我北行之故，亲朋子侄来家送我，先生又以送耽误功课，闻二月初三、四始能上馆，所谓"一年之计在于春"者，又去月余矣！若夏秋有科考，则忙忙碌碌又过一年，如何是好？今特谕尔：自二月初一日起，将每日功课，按月各写一小本寄京一次，便我查阅。如先生是日未在馆，亦即注明，使我知之。屋前街道，屋后菜园，不准擅出行走。

如奉母命出外，亦须速出速归，"出必告，反必面"。㉖断不可任意往来。同学之友，如果诚实发愤，无妄言妄动，固宜为同类。倘或不然，则同斋割席㉗，勿与亲昵为要！家中书籍，勿轻易借人，恐有损失。如必须借看者，每借去则粘一条于书架，注明某日某人借去某书，以便随时取回。

【注释】

① 婞（xìng）直狷狭：婞直，性情倔强。狷狭，器量狭小而性情急躁。
② 桑梓（zǐ）：古代人常在家屋旁种桑树和梓树，后比喻故乡。《诗经·小雅·小弁》："桑梓之地，父母之邦。"
③ 文宗显皇帝：晚清咸丰帝，庙号文宗，谥号"显皇帝"。
④ 骆、曾、胡：指骆秉章、曾国藩、胡林翼。此三人皆曾保荐左宗棠。
⑤ 积代：累世，世代。《隋书》："积代相传。"
⑥ 归：旧时女子出嫁为"归"。《说文解字》："归，女嫁也。"
⑦ 缊（yùn）袍：以乱麻为絮的袍子。成语："缊袍不耻。"语出《论语·子罕》。
⑧ 更事：阅历世事，经历。成语"少不更事"。
⑨ 倨傲：傲慢不恭，高傲自大。《庄子》："夫子犹有倨傲之容。"
⑩ 诞妄：荒诞虚妄。
⑪ 孤：古同"辜"，辜负。《答苏武书》："陵虽孤恩，汉亦负德。"
⑫ 韦苏州：韦应物（737—786年），唐代诗人，陕西人。曾任江州、苏州刺史，故称"韦江州"或"韦苏州"。其诗以写田园风物著名，语言简淡。有《韦苏州集》。
⑬ 矜夸：自我夸耀，骄傲自夸。《颜氏家训》："孙楚矜夸凌上。"
⑭ 轻儇（xuān）：轻佻，不庄重。司马光文："容止轻儇，言行丑恶。"
⑮ 道光二十八、九年：公元1848、1849年，这两年中国水灾频频，以湖广受灾最重。
⑯ 钦符：符，兵符，朝廷传达命令和调征兵将的凭证。此处指左宗棠掌有重权。
⑰ 养廉：清制，官吏于常俸之外规定按职务等级每年另给银钱，号为"养廉银"。雍正以后，其数额亦有固定，与正俸无异。
⑱ 廪贡：科举时代，府、州、县的廪生被选拔升入国子监读书，称为贡生。此指通过纳捐取得的贡生。
⑲ 附贡：此指通过纳捐取得的贡生，称附贡、增贡、廪贡、例贡。
⑳ 遗摺（zhé）：即遗表。
㉑ 思绎：思索、寻究事理。《哭耿子庸》："粗言杂俚语，无不可思绎。"
㉒ 陶桓公：陶侃，字士行。本为江西都昌人，后迁居江西九江。官至荆、江二州刺史，东晋名将。谥号"桓"。他勤慎吏职，风节高尚，为人所称。

㉓ 韩文公：韩愈，字退之，谥号"文"。唐代文学家、哲学家。见前注 p1052 注 ㉒。
㉔ 成童：郑玄注《礼记·内训》云："成童，十五以上。"
㉕ 傅：指开馆设教的先生。
㉖ 此句出自《弟子规》，意为外出要告知父母去向，回家也必须当父母面告知平安，总是免父母挂念。
㉗ 同斋割席：三国魏管宁与朋友华歆同席读书，见有人乘华丽轿过门，华氏弃书外出观看，管宁便割断坐席，与之绝交。成语"割席绝交"。后比喻朋友之间因志不同道不合而绝交。